2025 변호사시험 대비
[제9판]

꼭 봐야 할
형소법
핵심기출 OX

PREFACE

『꼭 봐야 할 핵심기출 OX(오엑스)』(꼭기오)시리즈는 수험생들이 압도적으로 선택하고 있는『UNION 기출문제집』시리즈(인해 간)에 근간을 두면서도 합격을 위한 실전용 최적 교재로서 개발되었습니다. 간단하게 그 특징을 살펴보면 다음과 같습니다..

첫째, 지금까지 출제된 모든 기출문제[변호사시험 13회분(2012~2024), 모의시험 36회분(2011~2023)]를 심층분석하여 핵심기출문제를 중심으로 오엑스(O,X) 처리하였습니다.

둘째, 최고의 문제만을 엄선하였을 뿐만 아니라 중복 없이 입체적으로 배열함으로써 수험 효과성을 극대화하였습니다.

셋째, 최신판례를 업데이트하였을 뿐만 아니라 교차검토를 통하여 신뢰 받을 수 있는 교재로서 완성도를 극대화하였습니다.

모쪼록 본서를 통해 시험을 준비하시는 모든 분들에게 합격의 영광이 있기를 간절히 바랍니다. 도서출판 인해 역시 수험생의 의견을 최우선시 하여 더 좋은 교재가 될 수 있도록 노력을 멈추지 않을 것임을 약속드립니다.

또한 본 교재가 출간되기까지 도와주시고 세심하게 신경써주신 도서출판 인해 사장님과 오지훈, 강윤지, 오나경 디자이너에게 감사의 마음을 전합니다.

2024.06 희망이 오는 길목에서
MGI 메가고시 연구소

CONTENTS

▶ 기출지문 · 07

제1편 | 서 론 · 09

제1장 형사소송법 · 10
  제1절 형사소송법의 의의와 성격 · 10
  제2절 형사소송법의 법원과 적용범위
   · 10
  제3절 형사소송법의 역사 · 10

제2장 형사소송법의 이념과 구조 · 11
  제1절 형사소송의 지도이념 · 11
  제2절 형사소송의 기본구조 · 12

제3장 소송절차의 기본이론 · 12
  제1절 소송절차의 기본구조 · 12
  제2절 소송절차이분론 · 14

제2편 | 소송주체와 소송범위 · 17

제1장 소송의 주체 · 18
  제1절 법원 · 18
  제2절 검사 · 34
  제3절 피고인 · 35
  제3절 변호인 · 42

제2장 소송행위와 소송조건 · 67
  제1절 소송행위의 의의와 종류 · 67
  제2절 소송행위의 일반적 요소 · 67
  제3절 소송행위의 가치판단 · 70
  제4절 소송조건 · 76

제3편 | 수사와 공소 · 79

제1장 수 사 · 80
  제1절 수사의 의의와 구조 · 80
  제2절 수사의 개시 · 85
  제3절 임의수사 · 104

제2장 강제처분과 강제수사 · 116
  제1절 체포와 구속 · 116
  제2절 압수·수색·검증 · 157
  제3절 수사상의 증거보전 · 203

제3장 수사의 종결 · 209
  제1절 검사의 수사종결 · 209
  제2절 공소제기 후의 수사 · 217

제4장 공소의 제기 · 222
  제1절 공소와 공소권이론 · 222
  제2절 공소제기의 기본원칙 · 222
  제3절 공소제기의 방식 · 232
  제4절 공소제기의 효과 · 248
  제5절 공소시효 · 249

제4편 | 공 판 · 269

제1장 공판절차 · 270
  제1절 공판절차의 기본원칙 · 270
  제2절 공판심리의 범위 · 271
  제3절 공판준비절차 · 309
  제4절 공판정의심리 · 313
  제5절 공판기일의 절차 · 319
  제6절 증인신문·감정과 검증 · 328
  제7절 공판절차의 특칙 · 349

제2장 증 거 · 368
  제1절 증거의 의의와 종류 · 368
  제2절 증명의 기본원칙 · 369
  제3절 자백배제법칙 · 384
  제4절 위법수집증거배제법칙 · 389
  제5절 전문법칙 · 416
  제6절 당사자의 동의와 증거능력 · 488
  제7절 탄핵증거 · 497
  제8절 자백과 보강증거 · 502
  제9절 공판조서의 증명력 · 517

제3장 재 판 · 520
  제1절 재판의 기본개념 · 520
  제2절 종국재판 · 520
  제3절 재판의 효력 · 535
  제4절 소송비용 · 544

제5편 | 상소·비상구제절차·특별절차 · 547

제1장 상 소 · 548
  제1절 상소 통칙 · 548
  제2절 항 소 · 587
  제3절 상 고 · 605
  제4절 항 고 · 612

제2장 비상구제절차 · 625
  제1절 재 심 · 625
  제2절 비상상고 · 647

제3장 재판의 집행과 형사보상 · 651
  제1절 재판의 집행 · 651
  제2절 형사보상 · 651

제4장 특별절차 · 652
  제1절 약식절차 · 652
  제2절 즉결심판절차 · 660
  제3절 배상명령절차 · 663
  제4절 소년에 대한 특별절차 · 663

▶ 판례색인 · 671

꼭 봐야 할 형소법 핵심기출 OX

기출지문

꼭 봐야 할 형소법 핵심기출 OX

제1편 서론

제1장 형사소송법
제2장 형사소송법의 이념과 구조
제3장 소송절차의 기본이론

제1장 형사소송법

제1절 형사소송법의 의의와 성격

23년(1) 모의

1. 형사소송의 목적은 적정절차에 의한 실체적 진실의 신속한 발견이다.

해설 법원은 공소사실의 동일성이 인정되는 범위 내에서 공소가 제기된 범죄사실에 포함된 보다 가벼운 범죄사실이 인정되는 경우에 심리의 경과에 비추어 피고인의 방어권행사에 실질적인 불이익을 초래할 염려가 없다고 인정되는 때에는 공소장이 변경되지 않았더라도 직권으로 공소장에 기재된 공소사실과 다른 범죄사실을 인정할 수 있고, 이와 같은 경우 공소가 제기된 범죄사실과 대비하여 볼 때 실제로 인정되는 범죄사실의 사안이 중대하여 공소장이 변경되지 않았다는 이유로 이를 처벌하지 않는다면 적정절차에 의한 신속한 실체적 진실의 발견이라는 형사소송의 목적에 비추어 현저히 정의와 형평에 반하는 것으로 인정되는 경우라면 법원으로서는 직권으로 그 범죄사실을 인정하여야 할 것이다(대판 1999.11.09. 99도3674).

정답

제2절 형사소송법의 법원과 적용범위

23년(1) 모의

2. 재기수사의 명령이 있는 사건에 관하여 지방검찰청 검사가 다시 불기소처분을 하려는 경우에는 미리 그 명령청의 장의 승인을 얻도록 한 검찰사건사무규칙의 규정은 법규적 효력을 가진다.

해설 재기수사의 명령이 있는 사건에 관하여 지방검찰청검사가 다시 불기소처분을 하고자 하는 경우에는 미리 그 명령청의 장의 승인을 얻도록 한 검찰사건사무규칙의 규정은 검찰청 내부의 사무처리지침에 불과한 것일 뿐 법규적 효력을 가진 것이 아니다(헌재 1991.07.08. 91헌마42).

정답

제3절 형사소송법의 역사

제2장 형사소송법의 이념과 구조

제1절 형사소송의 지도이념

23년(1) 모의

3. 「헌법」 제12조의 적법절차의 원칙은 법률이 정한 형식적 절차와 실체적 내용이 모두 합리성과 정당성을 갖춘 적정한 것이어야 한다는 실질적 의미를 지니고 있는 것으로서 특히 형사소송절차와 관련시켜 적용함에 있어서는 형사소송절차의 전반을 기본권 보장의 측면에서 규율하여야 한다는 기본원리를 천명하고 있다.

　　해설 우리 헌법 제12조 제1항 후문은 "누구든지 법률에 의하지 아니하고는 체포·구속·압수·수색 또는 심문을 받지 아니하며, 법률과 적법한 절차에 의하지 아니하고는 처벌·보안처분 또는 강제노역을 받지 아니한다"고 규정하여 적법절차의 원칙을 헌법원리로 수용하고 있는바, 이 적법절차의 원칙은 법률이 정한 형식적 절차와 실체적 내용이 모두 합리성과 정당성을 갖춘 적정한 것이어야 한다는 실질적 의미를 지니고 있는 것으로서 특히 형사소송절차와 관련시켜 적용함에 있어서는 형사소송절차의 전반을 기본권 보장의 측면에서 규율하여야 한다는 기본원리를 천명하고 있는 것으로 이해하여야 한다(헌재 1996.12.26. 94헌바1(전합)).

정답

23년(1) 모의

4. 구속사건에 대해서는 법원이 구속기간 내에 재판을 하면 되므로 구속만기 25일을 앞두고 제1회 공판이 있었다 하여 헌법에 정한 신속한 재판을 받을 권리를 침해하였다 할 수 없다.

　　해설 구속사건에 대해서는 법원이 구속기간내에 재판을 하면 되는 것이고 구속만기 25일을 앞두고 제1회 공판이 있었다 하여 헌법에 정한 신속한 재판을 받을 권리를 침해하였다 할 수 없다(대판 1990.06.12. 90도672).

정답

23년(1) 모의

5. 우리나라 형사소송법은 그 해석상 소송절차의 전반에 걸쳐 기본적으로 당사자주의 소송구조를 취하고 있다.

　　해설 형사소송(刑事訴訟)의 구조(構造)를 당사자주의(當事者主義)와 직권주의(職權主義) 중 어느 것으로 할 것인가의 문제는 입법정책(立法政策)의 문제로서 우리나라 형사소송법(刑事訴訟法)은 그 해석상 소송절차(訴訟節次)의 전반에 걸쳐 기본적으로 당사자주의(當事者主義) 소송구조(訴訟構造)를 취하고 있는 것으로 이해되는바, 당사자주의(當事者主義)에 충실하려면 제1심 법원(法院)에서 항소법원(抗訴法院)으로 소송기록(訴訟記錄)을 바로 송부(送付)함이 바람직하다(대판 1995.11.30. 92헌마44).

정답

제2절 형사소송의 기본구조

제3장 소송절차의 기본이론

제1절 소송절차의 기본구조

21년(3) 모의

6. 비례성원칙은 강제수사와 임의수사를 동시에 지배하는 원리이다.

해설 비례성의 원칙이란 형사절차에 의한 개인의 기본권침해는 사건의 중요성과 기대되는 형벌에 비추어 상당성이 유지될 때에만 허용된다는 원칙을 말한다. 헌법 제12조 제1항의 적법절차의 원칙에 관한 규정과 형사소송법 제199조 제1항에서 '수사에 관하여는 그 목적을 달성하기 위하여 필요한 수사를 할 수 있다. 다만, 강제처분은 이 법률에 특별한 규정이 있는 경우에 한하며, 필요한 최소한도의 범위 안에서만 하여야 한다'고 하여 비례성의 원칙을 명시하고 있다. 비례성의 원칙은 구체적으로 ⅰ) 수사의 결과로 얻어지는 이익과 수사에 따른 법익침해가 부당하게 균형을 잃지 않도록 하고(균형성원칙) ⅱ) 수사가 필요한 최소한의 범위에 그쳐야 하고(필요성원칙 내지 최소침해원칙), ⅲ) 수사방법도 수사목적을 달성하는데 적합한 것이어야한다(적합성원칙)는 부분원칙으로 나누어 볼 수 있다. 이러한 비례성의 원칙은 임의수사도 필요한 한도에서 허용된다고 하여 임의수사에도 당연히 적용되며 강제수사에 있어서는 형사소송의 목적을 달성하기 위하여 최후의 수단으로서만 허용되게 함으로써 임의수사의 원칙과 강제수사법정주의를 이끌어내고 있는 것이다(이창현, 형사소송법 제3판, p.267).

정답 ○

21년(3) 모의

7. 고소의 추완은 적법절차보다 절차의 안정적 실현을 중시하는 제도이다.

해설 고소의 추완이란 친고죄에 있어서 고소가 없음에도 불구하고 공소를 제기한 후에 비로소 고소가 있는 경우를 말한다. 고소의 추완은 고소가 소송조건인 친고죄에 대하여만 문제되는데, 고소의 추완에 의하여 공소가 적법하게 될 수 있는가에 대하여 학설대립이 있다. … (소극설 中) 고소의 추완을 부정하는 견해이다. ⅰ) 친고죄에 있어서 고소는 공소제기의 적법·유효조건이므로 고소가 없는 공소제기는 무효로 된다고 해야 하고, ⅱ) 공소제기는 절차의 형식적 확실성이 강하게 요청되는 소송행위이므로 무효의 치유를 인정해서는 안된다고 한다(임동규, 형사소송법 제13판, p.152).

정답

21년(3) 모의

8. 고소불가분원칙은 당사자주의적 소송구조를 근거로 하고 있다.

해설 고소불가분원칙은 직권주의적 소송구조를 근거로 하고 있다.

인용 **당사자주의의 의의** : 당사자주의란 당사자, 즉 검사와 피고인에게 소송의 주도적 지위를 인정하여 당사자의 공격과 방어에 의하여 심리가 진행되고 법원은 제3자의 입장에서 당사자의 주장과 입증활동을 기초로 사실을 판단하는 소송구조를 말한다(이은모, 형사소송법 제6판, p.25).

인용 **직권주의의 의의** : 직권주의란 소송의 주도적 지위를 법원에 인정하여 법원이 직권으로 소송을 진행하고(직권심리주의), 증거를 수집·조사하는(직권탐지주의) 소송구조를 말한다(이은모, 형사소송법 제6판, p.26).

인용 **객관적 불가분의 원칙의 의의** : 친고죄에 있어서 하나의 범죄사실의 일부분에 대한 고소나 그 취소는 그 범죄사실 전부에 대하여 효력이 발생한다는 원칙을 말한다. 하나의 범죄사실은 소송법상 불가분적으로 다루어져야 한다는 것, 고소에 있어서 범죄사실의 신고가 정확하지 않을 수도 있다는 것, 처벌의 범위까지 고소권자의 의사에 좌우되어서는 안된다는 것을 그 이유로 한다. 객관적 불가분의 원칙은 하나의 범죄사실을 전제로 한 원칙이므로 수죄, 즉 실체적 경합범에 대하여는 적용되지 않는다(이은모, 형사소송법 제6판, p.187).

인용 **주관적 불가분의 원칙의 의의** : 친고죄의 공범 중 1인 또는 수인에 대한 고소나 그 취소는 다른 공범자에 대하여도 효력이 있다(형사소송법 제233조). 고소의 주관적 불가분의 원칙을 인정하는 것은 고소가 본래 특정한 범인에 대한 것이 아니라 범죄사실에 대한 것이라는 점, 고소권자가 지정한 범인만을 처벌하는 것은 형벌권 행사에 있어서 불공평한 결과를 초래할 수 있다는 점을 그 이유로 한다(이은모, 형사소송법 제6판, p.188).

정답 ×

21년(3) 모의

9. 공소장변경제도는 실체적 진실발견과 적법절차 이념 모두에 기여한다.

해설 공소장변경제도는 공소장에 기재되어 있지 않은 사실이라도 그것이 공소사실과 동일성이 인정되는 경우 법원의 심판의 대상이 될 수 있도록 길을 열어주므로 실체적 진실발견에 기여하고, 동일성이 인정되는 사실일지라도 공소장변경이 있는 경우에만 이를 심판할 수 있도록 하므로 적법절차 이념에도 기여하는 제도이다.

인용 **적법절차의 원칙의 의의** : 적법질차의 원칙이란 헌법정신을 구현한 공정한 법정절차에 의하여 형벌권이 실현되어야 한다는 원리를 말한다(이은모, 형사소송법 제6판, p.17).

인용 **실체적 진실주의의 의의** : 실체적 진실주의란 법원이 소송의 실체에 관하여 객관적 진실을 발견하여 사안의 진상을 명백히 할 것을 요구하는 형사소송법상의 원칙을 말한다(이은모, 형사소송법 제6판, p.20).

인용 **공소장 변경의 제도적 가치** : 공소장에 기재된 공소사실은 검사가 수사결과를 기초로 구성한 구체적인 범죄사실의 주장이다. 그리고 공판에서는 공소사실을 중심으로 당사자의 주장과 입증이 행하여지며, 그 결과 공소장기재의 공소사실과 다른 범죄사실이 증명되는 경우도 있게 된다. 이러한 경우 공소장변경제도는 공소장에 기재된 공소사실과 동일성이 인정되는 사실도 법원의 심판의 대상이 될 수 있는 길을 열어 적정한 형벌권 행사를 가능하게 하면서도, 한편으로 법원은 동일성이 인정되는 사실일지라도 공소장변경이 있는 경우에만 이를 심판할 수 있도록 함으로써 피고인의 방어권을 보장하는 역할을 수행하게 된다. 이와 같이 공소장변경제도는 피고인의 방어권 보장과 함께 실체적 진실발견과 국가형벌권의 적정한 행사를 가능하게 하는데 그 제도적 가치가 있다(이은모, 형사소송법 제6판, p.439).

정답

21년(3) 모의

10. 기소법정주의는 규문주의적 소송구조를 전제로 한다.

해설 기소법정주의는 재판기관과 소추기관이 분리되어 있음을 전제로 하므로, 탄핵주의적 소송구조를 전제로 하는 제도에 해당한다.

인용 **규문주의** : 규문주의란 법원이 스스로 절차를 개시하고 심리·재판하는 절차방식을 말한다(이은모, 형사소송법 제6판, p.24).
인용 **탄핵주의** : 탄핵주의란 재판기관과 소추기관을 분리하여 소추기관의 공소제기에 의하여 형사절차를 개시하고, 법원은 재판기관으로서 심판을 행하는 절차방식을 말한다(이은모, 형사소송법 제6판, p.25).
인용 **기소법정주의의 의의** : 기소법정주의는 범죄의 객관적 혐의가 인정되고 소송조건이 구비되어 있는 경우에는 반드시 공소를 제기할 것을 요구하는 입법주의를 말한다(이은모, 형사소송법 제6판, p.378).

정답

제2절 소송절차이분론

꼭 봐야 할 형소법 핵심기출 OX

제2편
소송주체와 소송범위

제1장 소송의 주체
제2장 소송행위와 소송조건

제1장 소송의 주체

제1절 법원

Ⅰ 법원의 의의와 종류
Ⅱ 법원의 구성
Ⅲ 법원의 관할

1. 관할의 의의
2. 법정관할
  (1) 고유관할

 22년 변시

1. 제1심 법원의 소재지가 피고인이 현재 거주하는 곳인 이상, 그 범죄지나 주소지가 아니더라도 그 판결에 토지관할 위반의 위법은 없다.

▸해설 형사소송법 제4조 참조.

> 형사소송법 제4조(토지관할) ① 토지관할은 범죄지, 피고인의 주소, 거소 또는 현재지로 한다.

정답 O

20년(2) 모의

2. 지방법원 지원 판사에 대한 제척·기피사건의 관할은 지방법원 지원 합의부에 속한다.

▸해설 법원조직법 제32조 제5호 참조.

> 법원조직법 제32조(합의부의 심판권) ① 지방법원과 그 지원의 합의부는 다음의 사건을 제1심으로 심판한다. 5. 지방법원 판사에 대한 제척·기피사건

정답 O

23년(3) 모의

3. 특수강도는 관할 지방법원 지원의 합의부가 제1심으로서 심판하여야 한다.

▸해설 특수강도죄는 그 법정형이 무기 또는 5년 이상의 징역이므로 법원조직법 제32조 제1항 제3호에 해당하며 예외 사건에도 해당하지 않아 합의부 관할이다.

법원조직법 제32조(합의부의 심판권) ① 3. 사형, 무기 또는 단기 1년 이상의 징역 또는 금고에 해당하는 사건. 다만, 다음 각 목의 사건은 제외한다.
가. 「형법」 제258조의2제1항, 제331조, 제332조(제331조의 상습범으로 한정한다)와 그 각 미수죄, 제350조의2와 그 미수죄, 제363조에 해당하는 사건
나. 「폭력행위 등 처벌에 관한 법률」 제2조제3항제2호·제3호, 제6조(제2조제3항제2호·제3호의 미수죄로 한정한다) 및 제9조에 해당하는 사건
다. 「병역법」 위반사건
라. 「특정범죄 가중처벌 등에 관한 법률」 제5조의3제1항, 제5조의4제5항제1호·제3호 및 제5조의11에 해당하는 사건
마. 「보건범죄 단속에 관한 특별조치법」 제5조에 해당하는 사건
바. 「부정수표 단속법」 제5조에 해당하는 사건
사. 「도로교통법」 제148조의2제1항·제2항, 같은 조 제3항제1호 및 제2호에 해당하는 사건
아. 「중대재해 처벌 등에 관한 법률」 제6조제1항·제3항 및 제10조제1항에 해당하는 사건

정답 O

20년 변시

4. **사물관할이 같고 토지관할을 달리하는 수개의 제1심 법원들에 관련사건이 계속된 경우에 그 소속 고등법원이 같은 경우에는 그 고등법원이, 그 소속 고등법원이 다른 경우에는 대법원이, 위 제1심 법원들의 '공통되는 직근상급법원'에 해당한다.**

해설 사물관할은 같지만 토지관할을 달리하는 수개의 제1심 법원(지원을 포함한다. 이하 같다)들에 관련 사건이 계속된 경우에 있어서, 형사소송법 제6조에서 말하는 '공통되는 직근상급법원'은 그 성질상 형사사건의 토지관할 구역을 정해 놓은 '각급 법원의 설치와 관할구역에 관한 법률' 제4조에 기한 [별표 3]의 관할구역 구분을 기준으로 정하여야 할 것인바, 형사사건의 제1심 법원은 각각 일정한 토지관할 구역을 나누어 가지는 대등한 관계에 있으므로 그 상급법원은 위 표에서 정한 제1심 법원들의 토지관할 구역을 포괄하여 관할하는 고등법원이 된다. 따라서 토지관할을 달리하는 수개의 제1심 법원들에 관련 사건이 계속된 경우에 그 소속 고등법원이 같은 경우에는 그 고등법원이, 그 소속 고등법원이 다른 경우에는 대법원이 위 제1심 법원들의 공통되는 직근상급법원으로서 위 조항에 의한 토지관할 병합심리 신청사건의 관할법원이 된다(대판 2006.12.05. 2006초기335).

정답 O

15년(2) 모의

5. **제1심에서 동일사건이 사물관할을 달리하는 수개의 법원에 계속된 때에는 법원합의부가 심판한다.**

해설 합의부 우선의 원칙 : 관할의 경합이란 동일사건에 대하여 2개 이상의 법원이 관할권을 가지게 되는 경우를 말한다. 이러한 관할의 경합을 해결하기 위해 형사소송법은 일정한 규정을 두고 있는데 사물관할이 경합하는 경우, 즉 동일사건이 사물관할을 달리하는 수개의 법원에 계속된 경우에는 법원합의부가 심판한다(형사소송법 제12조). 이를 합의부 우선의 원칙이라 한다.

형사소송법 제12조(동일사건과 수개의 소송계속) 동일사건이 사물관할을 달리하는 수개의 법원에 계속된 때에는 법원합의부가 심판한다.

정답 O

18년·24년 변시, 15년(1)·(2)·18년(3)·19년(3)·20년(2) 모의

6. **(1) 토지관할의 기준인 현재지는 공소제기 당시 피고인이 현재한 장소로서 임의에 의한 현재지뿐만 아니라 적법한 강제에 의한 현재지도 이에 해당한다.**

(2) 토지관할은 공소제기 시점에 존재하면 족하며, 관할위반이 있는 경우 관할위반의 판결을 선고한 법원의 공판절차에서 작성된 공판조서·증인신문조서 등은 당해 사건에 대하여 다시 공소가 제기되면 증거로 사용할 수 있다.

해설 형사소송법 제4조 제1항은 "토지관할은 범죄지, 피고인의 주소, 거소 또는 현재지로 한다."라고 정하고, 여기서 '현재지'라고 함은 공소제기 당시 피고인이 현재한 장소로서 임의에 의한 현재지 뿐만 아니라 적법한 강제에 의한 현재지도 이에 해당한다(대판 2011.12.22. 2011도12927). 단 위법한 강제에 의한 현재지는 이에 해당하지 않는다.

토지관할은 공소제기시점에 존재하면 족하다. 관할권 없음이 명백한 때에는 판결로써 관할위반을 선고해야 한다(형사소송법 제319조). 다만 관할위반의 경우에도 그동안 행해진 소송행위는 그 효력에 영향이 없다(법 제2조). 따라서 관할위반의 판결을 선고한 법원의 공판절차에서 작성된 공판조서·증인신문조서·검증조서 등은 당해 사건에 대하여 다시 공소가 제기되면 증거로 사용할 수 있다(이주원, 『형사소송법(제5판), 14면).

형사소송법 제2조(관할위반과 소송행위의 효력) 소송행위는 관할위반인 경우에도 그 효력에 영향이 없다.

정답 O, O

15년·22년 변시, 19년(3) 모의

7. **(1) 사물관할을 달리하는 수개의 관련사건이 각각 법원합의부와 단독판사에 계속된 때에는 합의부는 결정으로 단독판사에 속한 사건을 병합하여 심리할 수 있다.**

(2) 각각 법원합의부와 단독판사에 계속된 수개의 관련사건이 토지관할을 달리하는 경우, 공통되는 직근상급법원의 결정으로 단독판사가 이를 병합심리할 수 있다.

해설 형사소송법 제10조 참조.

형사소송법 제10조(사물관할의 병합심리) 사물관할을 달리하는 수개의 관련사건이 각각 법원합의부와 단독판사에 계속된 때에는 합의부는 결정으로 단독판사에 속한 사건을 병합하여 심리할 수 있다.
형사소송규칙 제4조(사물관할의 병합심리) ① 법 제10조의 규정은 법원합의부와 단독판사에 계속된 각 사건이 토지관할을 달리하는 경우에도 이를 적용한다.

정답 O, ×

18년(2) 모의

8. 甲과 乙을 동시범의 특례를 적용하여 기소하였더라도 동시범은 형사소송법 제11조에서 말하는 '관련사건'이 아니므로 병합심리의 대상이 아니다.

해설 동시범은 형사소송법 제11조 제3호의 관련사건에 해당한다.

형사소송법 제11조(관련사건의 정의) 관련사건은 다음과 같다.
1. 1인이 범한 수죄
2. 수인이 공동으로 범한 죄
3. 수인이 동시에 동일장소에서 범한 죄
4. 범인은닉죄, 증거인멸죄, 위증죄, 허위감정통역죄 또는 장물에 관한 죄와 그 본범의 죄

정답

24년 변시, 12년(3)·20년(2)·23년(3) 모의

9. (1) 지방법원과 지방법원지원 사이의 관할의 분배는 토지관할에 속한다.

(2) 제1심 형사사건에 관하여 지방법원 본원과 지방법원 지원은 소송법상 별개의 법원이자 각각 일정한 토지관할 구역을 나누어 가지는 대등한 관계에 있으므로, 지방법원 본원에 제1심 토지관할이 인정된다고 볼 특별한 사정이 없는 한 지방법원 지원에 제1심 토지관할이 인정된다는 사정만으로 당연히 지방법원 본원에도 제1심 토지관할이 인정된다고 볼 수는 없다.

해설 각급 법원의 설치와 관할구역에 관한 법률 제4조 제1호 [별표 3]은 지방법원 본원과 지방법원 지원의 관할구역을 대등한 입장에서 서로 겹치지 않게 구분하여 규정하고 있다. 따라서 제1심 형사사건에 관하여 지방법원 본원과 지방법원 지원은 소송법상 별개의 법원이자 각각 일정한 토지관할 구역을 나누어 가지는 대등한 관계에 있으므로, 지방법원 본원과 지방법원 지원 사이의 관할의 분배도 지방법원 내부의 사법행정사무로서 행해진 지방법원 본원과 지원 사이의 단순한 사무분배에 그치는 것이 아니라 소송법상 토지관할의 분배에 해당한다(대판 2015.10.15. 2015도1803).

▶ 지방법원과 지원도 소송법상 별개의 법원이고, 이들 사이의 관할의 분배도 토지관계에 의한 분배이므로 토지관할에 해당한다(법원조직법 제3조 제2항, 제32조 제1항 참조).

법원조직법 제3조(법원의 종류) ② 지방법원 및 가정법원의 사무의 일부를 처리하게 하기 위하여 그 관할구역에 지원(支院)과 가정지원, 시법원 또는 군법원(이하 "시·군법원"이라 한다) 및 등기소를 둘 수 있다. 다만, 지방법원 및 가정법원의 지원은 2개를 합하여 1개의 지원으로 할 수 있다.
법원조직법 제32조(합의부의 심판권) ① 지방법원과 그 지원의 합의부는 다음의 사건을 제1심으로 심판한다.

정답

12년(3) 모의

10. 지방법원 단독판사의 판결에 대한 항소사건은 고등법원에 속한다.

해설 제1심법원의 판결에 대하여 불복이 있으면 지방법원 단독판사가 선고한 것은 지방법원 본원합의부에 항소할 수 있으며 지방법원 합의부가 선고한 것은 고등법원에 항소할 수 있다.

형사소송법 제357조(항소할 수 있는 판결) 제1심법원의 판결에 대하여 불복이 있으면 지방법원 단독판사가 선고한 것은 지방법원 본원합의부에 항소할 수 있으며 지방법원 합의부가 선고한 것은 고등법원에 항소할 수 있다.

정답 ×

12년(3) 모의

11. 지방법원 합의부의 제1심 결정·명령에 대한 항고사건은 대법원의 관할에 속한다.

해설 지방법원 단독판사의 제1심 판결·심판·결정·명령에 대한 항고사건은 지방법원 본원합의부의 관할에 속하고, 지방법원 합의부의 제1심 판결·심판·결정·명령에 대한 항고사건은 고등법원의 관할에 속한다(법원조직법 제32조 제2항, 제28조 제1호 참조).

정답 ×

24년 변시

12. 단독판사 관할 피고사건의 항소사건이 지방법원 지원 합의부에 계속 중일 때 그 변론종결 시까지 청구된 치료감호사건의 관할법원은 고등법원이고, 피고사건의 관할법원도 치료감호사건의 관할을 따라 고등법원이 되며, 위와 같은 치료감호사건이 지방법원 지원에 청구되어 피고사건 항소심을 담당하는 합의부에 배당된 경우 그 합의부는 치료감호사건과 피고사건을 모두 고등법원에 이송하여야 한다.

해설 치료감호법 제3조 제2항, 제4조 제5항, 제12조 제2항의 내용을 종합해 보면, 단독판사 관할 피고사건의 항소사건이 지방법원 합의부나 지방법원지원 합의부에 계속중일 때 그 변론종결 시까지 청구된 치료감호사건의 관할법원은 고등법원이고, 피고사건의 관할법원도 치료감호사건의 관할을 따라 고등법원이 된다. 따라서 위와 같은 치료감호사건이 지방법원이나 지방법원지원에 청구되어 피고사건 항소심을 담당하는 합의부에 배당된 경우 그 합의부는 치료감호사건과 피고사건을 모두 고등법원에 이송하여야 한다(대판 2009.11.12. 2009도6946, 2009감도24).

정답 ○

(2) 관련사건의 관할

18년(3) 모의

13. 토지관할을 달리하는 수개의 사건이 관련된 경우에는 1개의 사건에 관하여 관할권 있는 법원은 다른 사건까지 관할할 수 있다.

> 해설 형사소송법 제5조 참조.
>
> 형사소송법 제5조(토지관할의 병합) 토지관할을 달리하는 수개의 사건이 관련된 때에는 1개의 사건에 관하여 관할권 있는 법원은 다른 사건까지 관할할 수 있다.

정답 O

15년 변시

14. 형사소송법 제5조에 정한 관련 사건의 관할은 고유관할 사건 및 그 관련 사건이 반드시 병합되어 심리될 것을 전제요건으로 하는 것은 아니다.

> 해설 형사소송법 제5조에 정한 관련 사건의 관할은, 이른바 고유관할사건 및 그 관련 사건이 반드시 병합기소되거나 병합되어 심리될 것을 전제요건으로 하는 것은 아니고, 고유관할사건 계속 중 고유관할 법원에 관련 사건이 계속된 이상 그 후 양 사건이 병합되어 심리되지 아니한 채 고유사건에 대한 심리가 먼저 종결되었다 하더라도 관련 사건에 대한 관할권은 여전히 유지된다(대판 2008.06.12. 2006도8568).

정답 O

22년 변시, 15년(1) 모의

15. 토지관할을 달리하는 2개의 관련사건이 각각 다른 법원에 계속된 때에는 공통되는 바로 위의 상급법원은 검사나 피고인의 신청에 의하여 결정으로 한 개 법원으로 하여금 병합심리하게 할 수 있다.

> 해설 형사소송법 제6조 참조.
>
> 형사소송법 제6조(토지관할의 병합심리) 토지관할이 다른 여러 개의 관련사건이 각각 다른 법원에 계속된 때에는 공통되는 바로 위의 상급법원은 검사나 피고인의 신청에 의하여 결정(決定)으로 한 개 법원으로 하여금 병합심리하게 할 수 있다. [전문개정 2020. 12. 8.]

정답 O

14년 변시

16. 피고인 甲의 A사건은 지방법원 본원 항소부에, 甲의 B사건은 고등법원에 각각 계속되어 있는 경우 甲은 대법원의 결정에 의하여 고등법원에서 병합심리를 받을 수 있다.

해설 형사소송규칙 제4조의2 제1항 참조.

형사소송규칙 제4조의2(항소사건의 병합심리) ① 사물관할을 달리하는 수개의 관련항소사건이 각각 고등법원과 지방법원본원합의부에 계속된 때에는 고등법원은 결정으로 지방법원본원합의부에 계속한 사건을 병합하여 심리할 수 있다. 수개의 관련항소사건이 토지관할을 달리하는 경우에도 같다.

정답 ×

11년(1) 모의

17. 사물관할을 달리하는 수개의 관련사건이 각각 법원합의부와 단독 판사에 계속된 경우에는 병합심리의 결정은 직근 상급법원이 한다.

해설 수개의 사건에 대한 토지관할의 병합과는 달리 사물관할의 병합 결정은 두 법원 중 상급법원인 합의부가 하는 것이지 직근 상급법원이 하는 것은 아니다.

제9조(사물관할의 병합) 사물관할을 달리하는 수개의 사건이 관련된 때에는 법원합의부는 병합관할한다. 단, 결정으로 관할권 있는 법원단독판사에게 이송할 수 있다.

정답 ×

3. 재정관할
4. 관할의 경합

 **22년 변시**

18. 같은 사건이 사물관할을 같이하는 여러 개의 법원에 계속된 경우에 각 법원에 공통되는 바로 위의 상급법원은 검사나 피고인의 신청에 의하여 결정으로 뒤에 공소를 받은 법원으로 하여금 심판하게 할 수 있다.

해설 형사소송법 제13조 참조.

형사소송법 제13조(관할의 경합) 같은 사건이 사물관할이 같은 여러 개의 법원에 계속된 때에는 먼저 공소를 받은 법원이 심판한다. 다만, 각 법원에 공통되는 바로 위의 상급법원은 검사나 피고인의 신청에 의하여 결정으로 뒤에 공소를 받은 법원으로 하여금 심판하게 할 수 있다. [전문개정 2020. 12. 8.]

정답 ○

 **24년 변시, 11년(1)·19년(3) 모의**

19. (1) 동일사건이 사물관할을 같이하는 수개의 법원에 계속된 때에는 피고인의 주소지법원이 심판한다.
(2) 동일사건이 사물관할을 같이하는 수개의 법원에 계속된 경우, 심판을 하지 않게 된 법원은 결정으로 공소를 기각하여야 한다.

(3) 같은 사건이 사물관할이 같은 여러 개의 법원에 계속된 때에는 먼저 공소를 받은 법원이 심판하는 것이 원칙이고, 이 경우 관할의 경합으로 인해 심판을 하지 않게 된 법원은 판결로써 공소기각의 선고를 하여야 한다.

▣ 해설 ▣ 위와 같은 사실들을 앞서 본 관련법리에 비추어 보면, 이 사건 수리비 편취부분과 관련사건 공소사실은 동일사건이 사물관할을 같이하는 수개의 법원에 계속된 경우에 해당하는데, 이 경우 먼저 공소를 받은 이 사건 제1심 및 원심이 심판을 하여야 하고, 관련사건 공소사실에 대하여는 나중에 공소를 받은 법원이 법 제328조 제1항 제3호에 의하여 공소기각 결정을 하거나 이 판결이 확정되면 법 제326조 제1호에 의하여 면소판결을 하면 된다(대판 2014.4.30. 2014도2313).

형사소송법 제328조(공소기각의 결정) ①다음 경우에는 결정으로 공소를 기각하여야 한다.
3. 제12조 또는 제13조의 규정에 의하여 재판할 수 없는 때
제13조(관할의 경합) 같은 사건이 사물관할이 같은 여러 개의 법원에 계속된 때에는 먼저 공소를 받은 법원이 심판한다. 다만, 각 법원에 공통되는 바로 위의 상급법원은 검사나 피고인의 신청에 의하여 결정으로 뒤에 공소를 받은 법원으로 하여금 심판하게 할 수 있다. [전문개정 2020. 12. 8.]

▶ 한편, 동일 사건이 사물관할을 달리하는 수개의 법원에 계속된 때에는 형사소송법 제12조에 따라 법원 합의부가 심판하고, 동일사건이 동일법원에 계속된 경우에는 제327조 제3호에 따라 공소기각 판결이 선고된다.

정답 ×, ○, ×

22년(2) 모의

20. A는 절취당한 자동차를 찾다가 색깔이 유난히 눈에 띄는 그 자동차를 甲이 운전하고 다니는 것을 도로에서 보게 되어 甲을 사기혐의로 고소하였고, 甲은 사기의 공소사실로 약식기소되어 벌금 200만 원의 약식명령을 고지받자 정식재판을 청구하였다. 정식재판에서 甲에게 유죄판결이 선고·확정된 후 검사가 甲을 특수절도죄로 기소하였다면 법원은 면소판결을 선고하여야 한다.

▣ 해설 ▣ ㉮와 ㉯는 사실관계가 기본적인 점에 있어서 동일하다고 할 수 없으므로, 법원은 면소판결이 아닌 실체재판을 하여야 한다.

형사소송법 제326조(면소의 판결) 다음 경우에는 판결로써 면소의 선고를 하여야 한다.
1. 확정판결이 있은 때

▣ 판례 ▣ 형사소송법 제326조 제1호에 정한 면소사유인 '확정판결이 있는 때'에는 공소가 제기된 공소사실을 확정판결이 있는 종전 사건의 공소사실과 비교해서 그 사실의 기초가 되는 자연적·사회적 사실관계가 기본적인 점에서 동일한 경우도 포함된다(대판 2008.11.13. 2006도4885).
▣ 판례 ▣ 당초의 공소사실인 "피고인이 피해자에게 원목 하산비를 지원하면 원목전부를 납품하겠다고 거짓말을 하여 원목 하산비 명목으로 피해자로부터 금원을 편취하였다"는 사실과 공소장변경허가신청을 한 공소사실인 "피고인이 피해자가 하산해 놓은 소나무 원목을 타처에 판매인도 하여서 절취하였다"는 사실은 피고인이 피해자에게 소나무 원목을 매도한 것과 연관이 있을 뿐 그 행위가 전혀 달라서 사회적 사실관계가 기본적인 점에 있어서 동일하다고 할 수 없으므로 공소장변경은 불가하다(대판 1983.02.22. 82도2113).

정답 ×

5. 관할권 부존재의 효과
6. 사건의 이송

21년(1) 모의

21. 가정폭력범죄로서 사건의 성질·동기 및 결과, 가정폭력행위자의 성행 등을 고려하여 보호처분을 하는 것이 적절하다고 인정하는 경우에는 가정보호사건으로 처리할 수 있고, 이런 경우에는 사건을 관할 가정법원 또는 지방법원에 송치하여야 한다.

해설 가정폭력범죄의 처벌 등에 관한 특례법 제9조, 제11조 참조.

가정폭력범죄의 처벌 등에 관한 특례법 제9조(가정보호사건의 처리) ① 검사는 가정폭력범죄로서 사건의 성질·동기 및 결과, 가정폭력행위자의 성행 등을 고려하여 이 법에 따른 보호처분을 하는 것이 적절하다고 인정하는 경우에는 가정보호사건으로 처리할 수 있다. 이 경우 검사는 피해자의 의사를 존중하여야 한다.
가정폭력범죄의 처벌 등에 관한 특례법 제11조(검사의 송치) ① 검사는 제9조에 따라 가정보호사건으로 처리하는 경우에는 그 사건을 관할 가정법원 또는 지방법원(이하 "법원"이라 한다)에 송치하여야 한다.

정답 O

18년·22년·24년 변시, 15년(1)·(2)·16년(3)·18년(3) 모의

22. 합의부의 관할사건이 공소장변경에 의하여 단독판사 관할사건으로 변경된 경우, 합의부는 그 사건의 실체에 들어가 심판하여야 하고 사건을 단독판사에게 재배당할 수는 없다.

해설 제1심에서 합의부 관할사건에 관하여 단독판사 관할사건으로 죄명, 적용법조를 변경하는 공소장변경허가신청서가 제출되자, 합의부가 공소장변경을 허가하는 결정을 하지 않은 채 착오배당을 이유로 사건을 단독판사에게 재배당한 경우, 형사소송법은 제8조 제2항에서 단독판사의 관할사건이 공소장변경에 의하여 합의부 관할사건으로 변경된 경우 합의부로 이송하도록 규정하고 있을 뿐 그 반대의 경우에 관하여는 규정하고 있지 아니하며, '법관 등의 사무분담 및 사건배당에 관한 예규'에서도 이러한 경우를 재배당사유로 규정하고 있지 아니하므로, 사건을 배당받은 합의부는 공소장변경허가결정을 하였는지에 관계없이 사건의 실체에 들어가 심판하였어야 하고 사건을 단독판사에게 재배당할 수 없는데도, 사건을 재배당받은 제1심 및 원심이 사건에 관한 실체 심리를 거쳐 심판한 조치는 관할권이 없는데도 이를 간과하고 실체판결을 한 것으로서 소송절차에 관한 법령을 위반한 잘못이 있다(대판 2013.04.25. 2013도1658). ▶ 사안은 합의부 사건인 특정경제범죄 가중처벌 등에 관한 법률 위반(사기)에서 단독판사 관할인 형법상 사기죄로 공소장이 변경된 경우이다. 이 경우 합의부는 이송할 수 없고 계속 심리하여야 한다.

정답 O

14년 변시, 14년(1)·15년(1)·(2)·16년(3)·18년(2)·(3) 모의

23. 단독판사의 관할사건이 공소장변경에 의하여 합의부 관할사건으로 변경된 경우에는 단독판사는 관할위반의 판결을 선고하고 사건을 관할권이 있는 합의부에 이송해야 한다.

해설 형사소송법 제8조 제2항 참조.

> 형사소송법 제8조(사건의 직권이송) ① 법원은 피고인이 그 관할구역 내에 현재하지 아니하는 경우에 특별한 사정이 있으면 결정으로 사건을 피고인의 현재지를 관할하는 동급 법원에 이송할 수 있다.
> ② 단독판사의 관할사건이 공소장변경에 의하여 합의부 관할사건으로 변경된 경우에 법원은 결정으로 관할권이 있는 법원에 이송한다.

정답 ×

20년(2) 모의

24. 항소심에서 공소장변경에 의하여 단독판사의 관할사건이 합의부 관할사건으로 된 경우 그 합의부 관할사건에 대한 관할권이 있는 법원은 고등법원이다.

해설 항소심에서 공소장변경에 의하여 단독판사의 관할사건이 합의부 관할사건으로 된 경우에도 법원은 사건을 관할권이 있는 법원에 이송하여야 하고, 항소심에서 변경된 위 합의부 관할사건에 대한 관할권이 있는 법원은 고등법원이라고 봄이 상당하다(대판 1997.12.12. 97도2463).

정답 ○

16년(3)·19년(3)·22년(2)(3)·23년(3) 모의

25. (1) 법원은 피고인의 신청이 없으면 토지관할에 관하여 관할 위반의 선고를 하지 못한다.
(2) 토지관할에 대한 피고인의 관할 위반의 신청은 피고사건에 대한 진술 전에 하여야 한다.
(3) 피고인이 증거조사절차가 종료한 이후에 토지관할의 위반을 주장하면, 법원은 관할위반의 판결을 선고하여야 하고 실체재판을 할 수 없다.

해설 (1)토지관할에 관하여 피고인의 신청이 없으면 관할위반의 선고를 하지 못하고(형사소송법 제320조 제1항), 위와 같은 신청은 피고사건에 대한 진술 전에 하여야 한다는 제한이 있다(동조 제2항). 여기서 '피고사건에 대한 진술'을 피고인의 모두진술(동법 제286조)로 보기 때문에 (2)피고인은 관할위반의 신청을 늦어도 피고인의 모두진술 단계까지는 하여야 하고 만일 피고인이 관할위반의 신청 없이 피고사건에 대해 진술하면 관할권의 결여가 치유되어 법원은 피고사건에 대해 관할권을 가지게 되고 더 이상 관할위반의 판결을 선고할 수가 없게 된다.

> 형사소송법 제320조(토지관할 위반) ① 법원은 피고인의 신청이 없으면 토지관할에 관하여 관할 위반의 선고를 하지 못한다.
> ② 관할 위반의 신청은 피고사건에 대한 진술 전에 하여야 한다.

정답 ○, ○, ×

 14년 변시

26. 관할이전의 사유가 존재하는 경우 검사는 직근 상급법원에 관할의 이전을 신청할 의무가 있지만, 피고인은 관할의 이전을 신청할 권리만 있다.

해설 검사의 관할이전의 신청은 의무적이나, 피고인에게는 신청권이 인정되고 있다(형사소송법 제15조). 검사의 신청은 공소제기 전후를 불문하지만 피고인은 공소가 제기된 후에 한하여 신청할 수 있을 뿐이다.

> 형사소송법 제15조(관할이전의 신청) 검사는 다음 경우에는 직근 상급법원에 관할이전을 신청하여야 한다. 피고인도 이 신청을 할 수 있다.
> 1. 관할법원이 법률상의 이유 또는 특별한 사정으로 재판권을 행할 수 없는 때
> 2. 범죄의 성질, 지방의 민심, 소송의 상황 기타 사정으로 재판의 공평을 유지하기 어려운 염려가 있는 때

정답 O

19년(3) 모의

27. 법원이 검사의 공소장변경을 허용하였다고 하여 재판의 공평을 유지하기 어려울 염려가 있다고 인정되지 아니하므로 이를 이유로 한 관할이전신청은 이유없다.

해설 법원이 검사의 공소장변경을 허용하였다 하여 재판의 공평을 유지하기 어려울 염려가 있다고 인정되지 아니하므로 이를 이유로 한 관할이전신청은 이유없다(대판 1984.07.24. 84초45).

정답 O

 14년 변시

28. 법원은 소년에 대한 피고사건을 심리한 결과 보호처분에 해당할 사유가 있다고 인정하면 결정으로써 사건을 관할 소년부에 송치하여야 한다.

해설 소년법 제50조 참조.

> 소년법 제50조(법원의 송치) 법원은 소년에 대한 피고사건을 심리한 결과 보호처분에 해당할 사유가 있다고 인정하면 결정으로써 사건을 관할 소년부에 송치하여야 한다.

정답 O

IV 제척 · 기피 · 회피

1. 공평한 법원의 구성

2. 제 척

20년(1) · 23년(2) 모의

29. 甲의 피고사건에 대한 제1심 법원 재판장이 C와 5년 전에 이혼하였던 사람인 경우, 당해 재판장은 甲의 피고사건에 관한 직무집행에서 제척되지 않는다.

> **해설** 형사소송법 제17조 제2호 참조.
>
> 형사소송법 제17조 (제척의 원인) 법관은 다음 경우에는 직무집행에서 제척된다.
> 2. 법관이 피고인 또는 피해자의 친족, 호주, 가족 또는 이러한 관계가 있었던 자인 때

정답

23년(1) 모의

30. 선거관리위원장으로서 공직선거법 위반 혐의사실에 대하여 수사기관에 수사의뢰를 한 법관이 당해 형사피고사건의 재판을 하는 경우는 「형사소송법」 제17조 제6호의 제척원인인 '법관이 사건에 관하여 사법경찰관의 직무를 행한 때'에 해당한다고 볼 수 없다.

> **해설** 선거관리위원장은 형사소송법 제197조나 사법경찰관리의직무를행할자와그직무범위에관한법률에 사법경찰관의 직무를 행할 자로 규정되어 있지 아니하고 그 밖에 달리 사법경찰관에 해당한다고 볼 근거가 없으므로 선거관리위원장으로서 공직선거및선거부정방지법위반혐의사실에 대하여 수사기관에 수사의뢰를 한 법관이 당해 형사피고사건의 재판을 하는 경우 그것이 적절하다고는 볼 수 없으나 형사소송법 제17조 6호의 제척원인인 '법관이 사건에 관하여 사법경찰관의 직무를 행한 때'에 해당한다고 할 수 없다(대판 1999.04.13. 99도155).

정답 ○

20년(1)·21년(3) 모의

31. 고발사실의 일부에 대한 재정신청사건에 관여하여 그 신청을 기각한 법관이 고발사실 중 공소가 제기된 부분의 항소심에 관여한 경우는 제척사유에 해당한다.

> **해설** 고발인 공소외 1의 피고인 1에 대한 고발사실 중 검사가 불기소한 부분에 관하여 한 재정신청사건에 관여하여 이를 기각한 법관들이, 위 공소외 1의 위 고발사실 중 공소가 제기된 부분인 이 사건의 항소심에서 원심 재판장과 주심판사로 관여하였음은 기록상 분명하나, 고발사실의 일부에 대한 재정신청사건에 관여하여 그 신청을 기각한 것이 그 나머지 부분에 대한 이 사건에 있어 형사소송법 제17조 제7호에 정한 '법관이 사건에 관하여 전심재판 또는 그 기초되는 조사, 심리에 관여한 때'에 해당한다고 볼 수 없으므로, 원심 재판부 법관들에게 제척의 원인이 있다는 상고이유 주장은 이유 없다(대판 2014.01.16. 2013도10316).

정답

20년(1)·21년(3)·23년(3) 모의

32. 통역인이 피해자의 사실혼 배우자인 경우는 제척사유에 해당한다.

> **해설** 형사소송법 제17조 제2호는 '법관이 피고인 또는 피해자의 친족 또는 친족관계가 있었던 자인 때에는 직무집행에서 제척된다'고 규정하고 있고, 위 규정은 형사소송법 제25조 제1항에 의하여 통역인에게 준용되나, 사실혼관계에 있는 사람은 민법에서 정한 친족이라고 할 수 없어 형사소송법 제17조 제2호에서 말하는 친족에 해당하지 않으므로, 통역인이 피해자의 사실혼 배우자라고 하여도 통역인에게 형사소송법 제25조 제1항, 제17조 제2호에서 정한 제척사유가 있다고 할 수 없다(대판 2011.04.14. 2010도13583).

정답

19년(3)·21년(3)·23년(1) 모의

33. 공소제기 전에 검사의 청구에 의하여 형사소송법 제184조에 의한 증인신문을 한 법관은 해당 사건에 관하여 전심재판 또는 그 기초되는 조사, 심리에 관여한 법관이라고 할 수 없다.

> 해설 공소제기 전에 검사의 증거보전 청구에 의하여 증인신문을 한 법관은 형사소송법 제17조 제7호에 이른바 전심재판 또는 기초되는 조사, 심리에 관여한 법관이라고 할 수 없다(대판 1971.07.06. 71도974).

정답

21년 변시

34. 甲에 대한 약식명령을 발부한 법관이 甲의 정식재판절차의 제1심판결에 관여하였다고 하여 「형사소송법」 제17조 제7호에 정한 "법관이 사건에 관하여 전심재판 또는 그 기초되는 조사, 심리에 관여한 때"에 해당하여 제척의 원인이 된다고 볼 수는 없다.

> 해설 약식절차와 피고인 또는 검사의 정식재판청구에 의하여 개시된 제1심공판절차는 동일한 심급 내에서 서로 절차만 달리할 뿐이므로, 약식명령이 제1심공판절차의 전심재판에 해당하는 것은 아니고, 따라서 약식명령을 발부한 법관이 정식재판절차의 제1심판결에 관여하였다고 하여 형사소송법 제17조 제7호에 정한 '법관이 사건에 관하여 전심재판 또는 그 기초되는 조사, 심리에 관여한 때'에 해당하여 제척의 원인이 된다고 볼 수는 없다(대판 2002.04.12. 2002도944).

정답

15년·17년·20년 변시, 법무부(2)·14년(2)·16년(2)·21년(3) 모의

35. 약식명령을 내린 판사가 그 정식재판 절차의 항소심판결에 관여함은 「형사소송법」 제17조 제7호 소정의 '법관이 사건에 관하여 전심재판 또는 그 기초되는 조사, 심리에 관여한 때'에 해당하여 제척의 원인이 된다.

> 해설 약식명령을 한 판사가 그 정식재판 절차의 항소심판결에 관여함은 형사소송법 제17조 제7호 소정의 "법관이 사건에 관하여 전심재판 또는 그 기초되는 조사, 심리에 관여한 때"에 해당하여 제척의 원인이 된다(대판 2011.04.28. 2011도17).

> 비교판례 약식절차와 피고인 또는 검사의 정식재판청구에 의하여 개시된 제1심공판절차는 동일한 심급 내에서 서로 절차만 달리할 뿐이므로, 약식명령이 제1심공판절차의 전심재판에 해당하는 것은 아니고, 따라서 약식명령을 발부한 법관이 정식재판절차의 제1심판결에 관여하였다고 하여 형사소송법 제17조 제7호에 정한 '법관이 사건에 관하여 전심재판 또는 그 기초되는 조사, 심리에 관여한 때'에 해당하여 제척의 원인이 된다고 볼 수는 없다(대판 2002.04.12. 2002도944).

▶ 약식명령을 한 판사가 정식재판의 항소심에 관여하는 것은 형사소송법 제17조 제7호의 제척사유가 되나 제1심 공판절차에 관여하는 것은 제척사유가 되지 않는다.

정답

🍊 24년 변시, 20년(1)·23년(1) 모의

36. **만약 약식명령을 발부한 판사 R이 甲에 대한 정식재판 절차의 항소심 제2차 공판까지 관여하였다가 제3차 공판에서 경질되어 그 판결에 관여하지 아니한 경우, 전심재판에 관여한 법관이 불복이 신청된 당해 사건의 재판에 관여하였다고 할 수 없다.**

▸해설 약식명령을 발부한 법관이 그 정식재판 절차의 항소심판결에 관여함은 형사소송법 제17조 제7호, 제18조 제1항 제1호 소정의 법관이 사건에 관하여 전심재판 또는 그 기초되는 조사심리에 관여한 때에 해당하여 제척, 기피의 원인이 되나, 제척 또는 기피되는 재판은 불복이 신청된 당해 사건의 판결절차를 말하는 것이므로 약식명령을 발부한 법관이 그 정식재판 절차의 항소심 공판에 관여한 바 있어도 후에 경질되어 그 판결에는 관여하지 아니한 경우는 전심재판에 관여한 법관이 불복이 신청된 당해 사건의 재판에 관여하였다고 할 수 없다(대판 1985.04.23. 85도281).

정답

🍊 16년 변시

37. **구속적부심에 관여한 법관이 그 사건에 대한 제1심 재판에 관여한 경우 제척사유에 해당하지 않는다.**

▸해설 형사소송법 제17조 제7호의 '전심재판의 기초되는 조사·심리'란 전심재판의 내용형성에 영향을 미친 경우를 말하며, 공소제기의 전후를 불문한다. 따라서 구속적부심사에 관여한 법관은 여기에 해당하지 않는다(대판 1960.07.13. 4293형상166).

정답

16년 법무부(2)·11년(1) 모의

38. **파기환송 전의 원심재판에 관여한 법관이 환송 후의 재판에 관여한 경우에는 제척사유에 해당한다.**

▸해설 환송판결전의 원심에 관여한 재판관이 환송 후의 원심재판관으로 관여하였다 하여 형사소송법 제17조에 위배된다고 볼 수 없다(대판 1979.02.27. 78도3204).

정답

법무부(2)·11년(1)·20년(1) 모의

39. **수사단계에서 법관이 피고인에 대하여 구속영장을 발부한 경우 전심재판 또는 그 기초되는 조사, 심리에 관여한 때에 해당하여 제척원인이 된다.**

▸해설 법관이 수사단계에서 피고인에 대하여 구속영장을 발부한 경우는 형사소송법 제17조 제7호 소정의 "법관이 사건에 관하여 전심재판 또는 그 기초되는 조사, 심리에 관여한 때"에 해당한다고 볼 수 없다(대판 1989.09.12. 89도612).

정답

3. 기 피
(1) 기피의 의의
(2) 기피의 원인과 신청권자

23년(1) 모의

40. **(1) 기피신청이 소송의 지연을 목적으로 함이 명백한 경우에는 그 신청 자체가 부적법한 것이므로 신청을 받은 법원 또는 법관은 이를 결정으로 기각할 수 있다.**
(2) 검사의 공소장변경허가신청에 대하여 불허가결정을 하였다는 것만으로 기피원인으로서의 '불공평한 재판을 할 염려가 있는 때'에 해당한다고 볼 수 없다.

해설 기피신청이 소송의 지연을 목적으로 함이 명백한 경우에는 그 신청 자체가 부적법한 것이므로 신청을 받은 법원 또는 법관은 이를 결정으로 기각할 수 있는 것이고, 소송지연을 목적으로 함이 명백한 기피신청인지의 여부는 기피신청인이 제출한 소명방법만에 의하여 판단할 것은 아니고, 당해 법원에 현저한 사실이거나 당해 사건기록에 나타나 있는 제반 사정들을 종합하여 판단할 수 있다. … 검사가 한 공소장변경허가신청이 공소사실의 동일성을 해하지 아니하는 한 법원은 이를 허가하여야 함은 재항고이유에서 지적하는 바와 같으나, 그 동일성 여부에 대한 판단은 여전히 법원에 맡겨져 있을 뿐만 아니라, 원심법원이 검사의 피고인에 관한 공소장변경허가신청에 대하여 불허가 결정을 하였다고 하더라도 그러한 사유만으로 재판의 공평을 기대하기 어려운 객관적인 사정이 있다고 보기 어려우며, 기록을 살펴보아도 재판장이 피고인에 대하여 중한 죄의 유죄예단을 가지고 있다고 볼 만한 뚜렷한 자료도 없으므로 결국 원심결정에 재항고이유의 주장과 같은 법리오해 등의 위법이 있다고 할 수 없다(대결 2001.03.21. 2001모2).

정답 O,O

41. **법관이 당사자의 증거신청을 채택하지 아니하거나 이미 한 증거결정을 취소하더라도 그 사유만으로는 '불공평한 재판을 할 염려가 있는 때'에 해당한다고 보기 어렵다.**

해설 [1] 기피원인에 관한 형사소송법 제18조 제1항 제2호 소정의 "불공평한 재판을 할 염려가 있는 때"라 함은, 당사자가 불공평한 재판이 될지도 모른다고 추측할 만한 주관적인 사정이 있는 때를 말하는 것이 아니라, 통상인의 판단으로써 법관과 사건과의 관계상 불공평한 재판을 할 것이라는 의혹을 갖는 것이 합리적이라고 인정할 만한 객관적인 사정이 있는 때를 말한다. [2] 재판부가 당사자의 증거신청을 채택하지 아니하거나 이미 한 증거결정을 취소하였다 하더라도 그러한 사유만으로는 재판의 공평을 기대하기 어려운 객관적인 사정이 있다고 할 수 없고, 또 형사소송법 제299조 규정상 재판장이 피고인의 증인신문권의 본질적인 부분을 침해하였다고 볼 만한 아무런 소명자료가 없다면, 재판장이 피고인의 증인에 대한 신문을 제지한 사실이 있다는 것만으로는 법관과 사건과의 관계상 불공평한 재판을 할 것이라는 의혹을 갖는 것이 합리적이라고 인정할 만한 객관적인 사정이 있는 경우에 해당한다고 볼 수 없다(대결 1995.04.03. 95모10).

정답 O

14년(3) 모의

42. 재정신청을 한 고소인·고발인은 재정신청사건의 심리절차에서 법관에 대하여 기피신청을 할 수 있다.

> 해설 재정신청을 한 고소인이 재정신청사건의 심리절차에서 법관에 대하여 기피신청을 한 경우 "형사소송법 제262조에 정한 기간 내에 재정신청사건의 결정을 하지 아니하였다 하여 곧바로 재판부가 불공평한 재판을 할 염려가 있다고 볼 수도 없다(대결 1990.11.02. 90모44)"고 하여 기피사유가 인정되지 않는다고 하여 '기각'결정을 한 바 있는데, 이는 고소인의 법관에 대한 기피신청이 가능함을 전제로 한 것으로 볼 수 있다. 따라서 재정신청을 한 고소인 또는 고발인은 심리절차에서 법관에 대하여 기피신청을 할 수 있다.

정답 O

(3) 기피신청의 절차와 재판

 15년 · 16년 변시

43. 기피신청을 기각한 결정에 대하여는 즉시항고를 할 수 있다.

> 해설 기피신청을 기각한 결정에 대하여는 즉시항고가 가능하다(형사소송법 제23조 제1항).

> 형사소송법 제23조(기피신청기각과 즉시항고) ① 기피신청을 기각한 결정에 대하여는 즉시항고를 할 수 있다.
> ② 제20조제1항의 기각결정에 대한 즉시항고는 재판의 집행을 정지하는 효력이 없다.

정답 O

12년(3) 모의

44. 지방법원 지원 판사에 대한 제척·기피사건은 지방법원 본원 단독판사에게 속한다.

> 해설 지방법원판사에 대한 제척·기피사건은 합의부에 속한다(법원조직법 제32조 제1항 제5호).

> 법원조직법 제32조(합의부의 심판권) ① 지방법원과 그 지원의 합의부는 다음의 사건을 제1심으로 심판한다.
> 5. 지방법원판사에 대한 제척·기피사건

정답 ×

(4) 기피의 효과

4. 회피

45. 법관이 스스로 기피의 원인이 있다고 판단한 때에는 소속법원에 서면으로 회피를 신청하여야 한다.

16년 변시

> **해설** 형사소송법 제24조 참조.
>
> 형사소송법 제24조(회피의 원인 등) ① 법관이 제18조의 규정에 해당하는 사유가 있다고 사료한 때에는 회피하여야 한다.
> ② 회피는 소속법원에 서면으로 신청하여야 한다.

정답 O

5. 법원사무관 등에 대한 제척·기피·회피

제2절 검사

I 검사와 검찰청

II 검사의 조직과 구조

1. 검찰조직의 특수성

2. 검사동일체의 원칙

46. 범죄의 피해자인 검사가 그 사건의 수사에 관여하거나, 압수·수색영장의 집행에 참여한 검사가 다시 수사에 관여하였다 하여 그 수사가 위법하다고 볼 수 없다.

18년(1) 모의

> **해설** 범죄의 피해자인 검사가 그 사건의 수사에 관여하거나, 압수·수색영장의 집행에 참여한 검사가 다시 수사에 관여하였다는 이유만으로 바로 그 수사가 위법하다거나 그에 따른 참고인이나 피의자의 진술에 임의성이 없다고 볼 수는 없다(대판 2013.09.12. 2011도12918).

정답 O

3. 법무부장관의 지휘감독권 제한

III 검사의 소송법상 지위

제3절 피고인

Ⅰ 피고인의 의의
Ⅱ 피고인의 소송법상 지위
Ⅲ 무죄추정의 원칙
Ⅳ 피고인의 진술거부권

1. 진술거부권의 의의

22년(3) 모의

47. 헌법이 진술거부권을 국민의 기본적 권리로 보장하는 것은 피고인 또는 피의자의 인권을 실체적 진실발견이나 사회정의의 실현이라는 국가이익보다 우선 보호함으로써 인간의 존엄성과 가치를 보장하고 비인간적인 자백의 강요와 고문을 근절하며, 피고인 또는 피의자와 검사 사이에 무기 평등을 도모하여 공정한 재판의 이념을 실현하려는데 있다.

해설 헌법 제12조 제2항은 "모든 국민은 고문을 받지 아니하며, 형사상 자기에게 불리한 진술을 강요당하지 아니한다."고 규정하여 형사책임에 관하여 자신에게 불이익한 진술을 강요당하지 아니할 것을 국민의 기본권으로 보장하고 있다. 우리 헌법이 이와 같이 진술거부권을 국민의 기본적 권리로 보장하는 것은 첫째, 피고인 또는 피의자의 인권을 실체적 진실발견이나 사회정의의 실현이라는 국가이익보다 우선적으로 보호함으로써 인간의 존엄성과 가치를 보장하고/ 나아가 비인간적인 자백의 강요와 고문을 근절하려는 데 있고(헌법재판소 1990. 8. 27. 선고, 89헌가118 결정 참조), 둘째, 피고인 또는 피의자와 검사 사이에 무기평등(무기평등)을 도모하여 공정한 재판의 이념을 실현하려는 데 있다(헌재 1997.03.27. 96헌가11).

정답

22년(3) 모의

48. 진술거부권은 현재 피의자나 피고인으로서 수사 또는 공판절차에 계속 중인 사람뿐만 아니라 장차 피의자나 피고인이 될 사람에게도 보장되며, 형사절차뿐 아니라 행정절차나 국회에서의 조사절차 등에서도 보장된다.

해설 … 진술거부권은 현재 피의자나 피고인으로서 수사 또는 공판절차에 계속중인 자 뿐만 아니라 장차 피의자나 피고인이 될 자에게도 보장되며 형사절차뿐 아니라 행정절차나 국회에서의 조사절차 등에서도 보장된다 또한 진술거부권은 고문 등 폭행에 의한 강요는 물론 법률로써도 진술을 강요당하지 아니함을 의미한다(헌법재판소 위 결정 참조).따라서 이 사건 법률조항이 법률로써 형사상 불리한 내용의 진술을 하도록 강요하는 것이라고 인정된다면 국민의 기본권인 진술거부권을 침해하는 위헌조항이 될 수도 있는 것이다(헌재 1997.03.27. 96헌가11).

정답

22년(3) 모의

49. 형사소송법에는 피의자의 진술거부권과 피고인의 진술거부권이 각각 규정되어 있는데, 진술거부권은 고문 등 폭행에 의한 강요는 물론 법률로써도 진술을 강요당하지 아니함을 의미한다.

해설 진술거부권 진술거부권은 자기부죄거부의 특권(自己負罪拒否의 特權, privilege against self - incrimination)에서 유래하는 권리로서, 피고인 또는 피의자가 공판절차나 수사절차에서 법원 또는 수사기관의 신문에 대하여 형사상 자신에게 불리한 진술을 거부할 수 있는 권리로 묵비권(?秘權, right of silence)이라고도 하는바, 헌법이 진술거부권을 기본적 권리로 보장하는 것은 형사피의자나 피고인의 인권을 형사소송의 목적인 실체적 진실발견이나 구체적 사회정의의 실현이라는 국가적 이익보다 우선적으로 보호함으로써 인간의 존엄성과 생존가치를 보장하고 나아가 비인간적인 자백의 강요와 고문을 근절하려는데 있고, 이러한 진술거부권은 형사절차에서만 보장되는 것은 아니고 행정절차이거나 국회에서의 질문 등 어디에서나 그 진술이 자기에게 형사상 불리한 경우에는 묵비권을 가지고 이를 강요받지 아니할 국민의 기본권으로 보장되며, 이는 고문 등 폭력에 의한 강요는 물론 법률에 의하여서도 진술을 강요당하지 아니함을 의미한다(헌재 1998. 7. 16. 96헌바35 판례집 10-2, 159, 168 ; 헌재 1990. 8. 27. 89헌가118, 판례집 2, 222, 229-230).

정답 ○

2. 진술거부권의 내용

22년 변시

50. 수사기관이 피의자의 범의를 명백하게 하기 위하여 A를 참고인으로 조사하는 과정에서 진술거부권을 고지하지 않고 진술조서를 작성하였는데, 추후 계속된 수사를 통하여 A가 피의자와 공범관계에 있을 가능성이 인정되었다면 A에 대한 위 조사 당시 A는 이미 피의자의 지위에 있었다고 볼 수 있으므로 A에 대한 위 진술조서는 증거능력이 없다.

해설 피고인들이 중국에 있는 甲과 공모한 후 중국에서 입국하는 乙을 통하여 필로폰이 들어 있는 곡물포대를 배달받는 방법으로 필로폰을 수입하였다고 하여 주위적으로 기소되었는데 검사가 乙에게서 곡물포대를 건네받아 피고인들에게 전달하는 역할을 한 참고인 丙에 대한 검사 작성 진술조서를 증거로 신청한 사안에서, 피고인들과 공범관계에 있을 가능성만으로 丙이 참고인으로서 검찰 조사를 받을 당시 또는 그 후라도 검사가 丙에 대한 범죄혐의를 인정하고 수사를 개시하여 피의자 지위에 있게 되었다고 단정할 수 없고, 검사가 丙에 대한 수사를 개시할 수 있는 상태이었는데도 진술거부권 고지를 잠탈할 의도로 피의자 신문이 아닌 참고인 조사의 형식을 취한 것으로 볼 만한 사정도 기록상 찾을 수 없으며, 오히려 피고인들이 수사과정에서 필로폰이 중국으로부터 수입되는 것인지 몰랐다는 취지로 변소하였기 때문에 피고인들의 수입에 관한 범의를 명백하게 하기 위하여 丙을 참고인으로 조사한 것이라면, 丙은 수사기관에 의해 범죄혐의를 인정받아 수사가 개시된 피의자의 지위에 있었다고 할 수 없고 참고인으로서 조사를 받으면서 수사기관에게서 진술거부권을 고지받지 않았다는 이유만으로 그 진술조서가 위법수집증거로서 증거능력이 없다고 할 수 없는데도, 아무런 객관적 자료 없이 丙이 피고인들 범행의 공범으로서 피의자 지위에 있다고 단정한 후 진술거부권 불고지로 인하여 丙에 대한 진술조서의 증거능력이 없다고 본 원심판결에는 법리오해의 위법이 있고, 이러한 위법은 주위적 공소사실을 무죄로 인정한 판결 결과에 영향을 미쳤다(대판 2011.11.10. 2011도8125).

정답

20년 변시

51. 모든 국민은 형사상 자기에게 불리한 진술을 강요당하지 아니할 권리가 보장되어 있으므로, 법원이 피고인의 진술거부권 행사를 가중적 양형의 조건으로 삼는 것은 어떠한 경우에도 허용될 수 없다.

해설 형법 제51조 제4호에서 양형의 조건의 하나로 정하고 있는 범행 후의 정황 가운데에는 형사소송절차에서의 피고인의 태도나 행위를 들 수 있는데, 모든 국민은 형사상 자기에게 불리한 진술을 강요당하지 아니할 권리가 보장되어 있으므로(헌법 제12조 제2항), 형사소송절차에서 피고인은 방어권에 기하여 범죄사실에 대하여 진술을 거부하거나 거짓 진술을 할 수 있고, 이 경우 범죄사실을 단순히 부인하고 있는 것이 죄를 반성하거나 후회하고 있지 않다는 인격적 비난요소로 보아 가중적 양형의 조건으로 삼는 것은 결과적으로 피고인에게 자백을 강요하는 것이 되어 허용될 수 없다고 할 것이나, 그러한 태도나 행위가 피고인에게 보장된 방어권 행사의 범위를 넘어 객관적이고 명백한 증거가 있음에도 진실의 발견을 적극적으로 숨기거나 법원을 오도하려는 시도에 기인한 경우에는 가중적 양형의 조건으로 참작될 수 있다(대판 2001.03.09. 2001도192).

정답

15년(3) 모의

52. 도로교통법에서 운전자에게 교통사고의 신고의무를 규정하여 벌칙으로 강제하더라도 형사책임과 관계되는 사항에는 적용되지 않는 것으로 해석하는 한 진술거부권을 침해하는 것이 아니다.

해설 교통사고를 일으킨 운전자에게 신고의무를 부담시키고 있는 도로교통법 제50조 제2항, 제111조 제3호는, 피해자의 구호 및 교통질서의 회복을 위한 조치가 필요한 범위내에서 교통사고의 객관적 내용만을 신고하도록 한 것으로 해석하고, 형사책임과 관련되는 사항에는 적용되지 아니하는 것으로 해석하는 한 헌법에 위반되지 아니한다(헌재 1990.08.27. 89헌가118).

정답

15년(3) 모의

53. 법인이 피고인일 경우 그 법인의 대표자도 진술거부권의 주체가 된다.

해설 진술거부권의 주체에는 제한이 없다(헌법 제12조 제2항). 피고인뿐만 아니라 피의자, 법인이 피고인인 경우 대표자, 외국인에게도 인정된다.

헌법 제12조 ② 모든 국민은 고문을 받지 아니하며, 형사상 자기에게 불리한 진술을 강요당하지 아니한다.
형사소송법 제283조의2(피고인의 진술거부권) ① 피고인은 진술하지 아니하거나 개개의 질문에 대하여 진술을 거부할 수 있다.
② 재판장은 피고인에게 제1항과 같이 진술을 거부할 수 있음을 고지하여야 한다.
형사소송법 제27조(법인과 소송행위의 대표) ① 피고인 또는 피의자가 법인인 때에는 그 대표자가 소송행위를 대표한다.

정답

12년 · 14년 변시, 12년(3) 모의

54. 수사기관이 피의자를 신문함에 있어서 피의자에게 미리 진술 거부권을 고지하지 않은 때에는 그 피의자의 진술은 위법하게 수집된 증거로서 진술의 임의성이 인정되는 경우라도 증거능력이 부정되어야 한다.

해설 형사소송법 제200조 제2항은 검사 또는 사법경찰관이 출석한 피의자의 진술을 들을 때에는 미리 피의자에 대하여 진술을 거부할 수 있음을 알려야 한다고 규정하고 있는바, 이러한 피의자의 진술거부권은 헌법이 보장하는 형사상 자기에 불리한 진술을 강요당하지 않는 자기부죄거부의 권리에 터잡은 것이므로 수사기관이 피의자를 신문함에 있어서 피의자에게 미리 진술거부권을 고지하지 않은 때에는 그 피의자의 진술은 위법하게 수집된 증거로서 진술의 임의성이 인정되는 경우라도 증거능력이 부인되어야 한다(대판 1992.06.23. 92도682).

정답 O

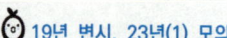 19년 변시, 23년(1) 모의

55. (1) 피고인의 제1심 법정에서의 자백이 진술거부권을 고지받지 않은 상태에서 이루어진 최초 자백과 같은 내용이더라도, 그 법정 자백이 최초 자백 이후 약 40여 일이 지난 후 공개된 법정에서 변호인의 충분한 조력을 받으면서 진술거부권을 고지받는 등 적법한 절차를 통해 임의로 이루어졌다면, 이를 유죄 인정의 증거로 사용할 수 있다.

(2) 甲은 주간에 A의 집에 들어가 자전거 1대를 절취(㉠)하여 가던 중 귀가하던 A에게 2018. 9. 1. 15:00에 체포되었다. 같은 날 15:30 甲을 지체 없이 인수받은 사법경찰관 P는 진술거부권을 고지하지 않고 질문하여 甲으로부터 ㉠은 물론 며칠 전 길에 세워 둔 B의 자전거 1대를 절취(㉡)하였다는 사실도 자백 받았다. 경찰서에 도착한 P는 甲에게 진술거부권을 고지한 후 신문하였고, 甲의 ㉠, ㉡에 관한 자백이 담긴 신문조서를 작성하였다. 甲이 제1심에서 변호인의 조력을 받고 진술거부권을 고지 받은 상태에서 ㉠, ㉡죄에 대하여 다시 자백하는 등 인과관계가 희석되었다고 하더라도 그 법정자백은 증거능력을 부여받을 수 없다.

해설 강도 현행범으로 체포된 피고인에게 진술거부권을 고지하지 아니한 채 강도범행에 대한 자백을 받고, 이를 기초로 여죄에 대한 진술과 증거물을 확보한 후 진술거부권을 고지하여 피고인의 임의자백 및 피해자의 피해사실에 대한 진술을 수집한 사안에서, 제1심 법정에서의 피고인의 자백은 진술거부권을 고지받지 않은 상태에서 이루어진 최초 자백 이후 40여 일이 지난 후에 변호인의 충분한 조력을 받으면서 공개된 법정에서 임의로 이루어진 것이고, 피해자의 진술은 법원의 적법한 소환에 따라 자발적으로 출석하여 위증의 벌을 경고받고 선서한 후 공개된 법정에서 임의로 이루어진 것이어서, 예외적으로 유죄 인정의 증거로 사용할 수 있는 2차적 증거에 해당한다(대판 2009.03.12. 2008도11437).

정답 O, ×

🕐 14년 변시 · 19년(2) · 22년(3) 모의

56. **(1) 피의자의 지위는 수사기관이 조사대상자에 대한 범죄 혐의를 인정하여 수사를 개시하는 행위를 한 때 인정되므로, 이러한 피의자 지위에 이르지 아니한 자에 대하여는 수사기관이 진술거부권을 고지하지 아니하였더라도 진술의 증거능력이 부정되지 아니한다.**

(2) 사법경찰관이 A를 참고인으로 조사하면서 A에게 미리 진술거부권을 고지하지 않은 때에는 A의 진술은 위법하게 수집된 증거로서 진술의 임의성이 인정되는 경우라도 증거능력이 부인된다.

▦해설 피의자에 대한 진술거부권 고지는 피의자의 진술거부권을 실효적으로 보장하여 진술이 강요되는 것을 막기 위해 인정되는 것인데, 이러한 진술거부권 고지에 관한 형사소송법 규정내용 및 진술거부권 고지가 갖는 실질적인 의미를 고려하면 수사기관에 의한 진술거부권 고지 대상이 되는 피의자 지위는 수사기관이 조사대상자에 대한 범죄혐의를 인정하여 수사를 개시하는 행위를 한 때 인정되는 것으로 보아야 한다. 따라서 이러한 피의자 지위에 있지 아니한 자에 대하여는 진술거부권이 고지되지 아니하였더라도 진술의 증거능력을 부정할 것은 아니다(대판 2011.11.10. 2011도8125).

정답 ○, ×

🕐 14년 변시

57. **피고인 또는 피의자는 진술거부권을 포기하고 피고사건 또는 피의사건에 관하여 진술할 수 있으며, 더 나아가 피고인의 경우에는 진술거부권을 포기하고 증인적격을 취득할 수 있다.**

▦해설 (1) 진술거부권의 포기를 인정할 것인지 여부에 대하여 ㉠ 긍정설의 견해도 있으나, ㉡ 통설은 진술을 시작한 경우에도 피고인 또는 피의자는 각개의 신문에 대하여 언제나 진술을 거부할 수 있기 때문에 진술거부권의 불행사와 달리 '포기'는 인정되지 않는다고 본다(정웅석·백승민, 형사소송법 전정증보 제6판, p.144 참조). (2) 피고인에 대하여 증인적격을 인정할 것인지 여부와 관련하여, ㉠ 피고인도 증인이 될 수 있다는 견해가 있으나, ㉡ 통설은 피고인은 당사자로서의 지위를 가지고 있으므로 제3자임을 요하는 증인이 될 수는 없으며, 피고인을 증인으로 하여 증언의무를 과하는 것은 피고인에게 보장된 진술거부권을 무의미하게 한다는 점에 비추어 피고인의 증인적격을 부정한다. 다만, 공범인 공동피고인의 다른 공범에 대한 증인적격유무에 대해서 판례는 변론이 분리되면 증인적격을 인정한다(대판 2008.06.26. 2008도3300).

정답   ×

🕐 12년 변시

58. **피고인 또는 피의자는 자신에게 불이익한 사실뿐만 아니라 이익되는 사실에 대하여도 진술을 거부할 수 있다.**

▦해설 형사소송법 조문이 단순히 '진술'을 하지 아니할 수 있다고 규정한 점에 비추어 거부할 수 있는 진술의 범위에는 제한이 없고, 자기에게 유리한지 불리한지 여부도 문제되지 않는다(형사소송법 제283조의2, 제244조의3 제1항 제1호 참조).

정답   ○

12년 변시

59. 재판장은 공판준비기일에 출석한 피고인에게 진술을 거부할 수 있음을 알려주어야 한다.

■해설 재판장은 공판준비기일에 출석한 피고인에게 진술을 거부할 수 있음을 알려주어야 한다(형사소송법 제266조의8 제6항).

형사소송법 제266조의8(검사 및 변호인 등의 출석) ① 공판준비기일에는 검사 및 변호인이 출석하여야 한다.
② 공판준비기일에는 법원사무관등이 참여한다.
③ 법원은 검사, 피고인 및 변호인에게 공판준비기일을 통지하여야 한다.
④ 법원은 공판준비기일이 지정된 사건에 관하여 변호인이 없는 때에는 직권으로 변호인을 선정하여야 한다.
⑤ 법원은 필요하다고 인정하는 때에는 피고인을 소환할 수 있으며, 피고인은 법원의 소환이 없는 때에도 공판준비기일에 출석할 수 있다.
⑥ 재판장은 출석한 피고인에게 진술을 거부할 수 있음을 알려주어야 한다.

정답 O

 12년 변시

60. 재판장은 피고인에 대하여 통상 인정신문 이전에 진술거부권에 대하여 1회 고지하면 되지만, 공판절차를 갱신하는 때에는 다시 고지하여야 한다.

■해설 형사소송규칙 제144조 제1항 제1호, 제127조 참조.

형사소송규칙 제144조(공판절차의 갱신절차) ① 법 제301조, 법 제301조의2 또는 제143조에 따른 공판절차의 갱신은 다음 각 호의 규정에 의한다.
 1. 재판장은 제127조의 규정에 따라 피고인에게 진술거부권 등을 고지한 후 법 제284조에 따른 인정신문을 하여 피고인임에 틀림없음을 확인하여야 한다.
형사소송규칙 제127조(피고인에 대한 진술거부권 등의 고지) 재판장은 법 제284조에 따른 인정신문을 하기 전에 피고인에게 진술을 하지 아니하거나 개개의 질문에 대하여 진술을 거부할 수 있고, 이익 되는 사실을 진술할 수 있음을 알려 주어야 한다.

정답 O

 12년 변시, 22년(3) 모의

61. 도로교통법상 경찰공무원이 주취운전의 혐의자에게 호흡측정기에 의한 측정에 응할 것을 요구하고 이를 거부하는 행위를 형사처벌하는 것은 진술강요에 해당한다.

■해설 헌법 제12조 제2항은 진술거부권을 보장하고 있으나, 여기서 "진술"이라함은 생각이나 지식, 경험사실을 정신작용의 일환인 언어를 통하여 표출하는 것을 의미하는데 반해, 도로교통법 제41조 제2항에 규정된 음주측정은 호흡측정기에 입을 대고 호흡을 불어 넣음으로써 신체의 물리적, 사실적 상태를 그대로 드러내는 행위에 불과하므로 이를 두고 "진술"이라 할 수 없고, 따라서 주취운전의 혐의자에게 호흡측정기에 의한 주취여부의 측정에 응할 것을 요구하고 이에 불응할 경우 처벌한다고

하여도 이는 형사상 불리한 "진술"을 강요하는 것에 해당한다고 할 수 없으므로 헌법 제12조 제2항의 진술거부권조항에 위배되지 아니한다(헌재 1997.03.27. 96헌가11).

정답

3. 진술거부권의 효과

Ⅴ 당사자능력과 소송능력

1. 당사자능력

19년(3) 모의

62. 형사미성년자도 공소가 제기되면 당사자가 된다.

해설 자연인은 나이나 책임능력의 유무와 관계없이 언제나 당사자능력이 인정된다. 따라서 14세 미만의 형사미성년자(형법 제9조)도 공소가 제기되면 당사자능력을 갖게 되며, 원칙적으로 책임능력이 없으나 특별법(예, 담배사업법 제31조)에 의하여 처벌되는 경우도 있다(이창현, 형사소송법 제3판, p.94).

정답

19년(3) 모의

63. 피고사건의 공판계속 중에 피고인 법인의 청산종료등기가 경료되더라도 피고사건이 종결되지 않는 한 형사소송법상 법인의 당사자능력은 그대로 존속한다.

해설 회사가 해산 및 청산등기 전에 재산형에 해당하는 사건으로 소추당한 후 청산종결의 등기가 경료되었다고 하여도 그 피고사건이 종결되기까지는 회사의 청산사무는 종료되지 아니하고 형사소송법상 당사자 능력도 존속한다고 할 것이다(대판 1982.03.23. 81도1450).

정답

2. 소송능력

19년(3) 모의

64. 소송능력이 없는 자에 대한 공소제기는 효력이 없다.

해설 소송능력은 당사자능력과 달리 소송조건이 아니므로 소송능력이 없는 피고인에 대하여 공소가 제기되더라도 당사자능력의 흠결과 같은 공소기각결정의 사유가 되는 것은 아니다(이창현, 형사소송법 제3판, p.97).

정답

16년(2) 모의

65. 형사소송법상 소송능력이라고 함은 소송당사자가 유효하게 소송행위를 할 수 있는 능력, 즉 피고인 또는 피의자가 자기의 소송상의 지위와 이해관계를 이해하고 이에 따라 방어행위를 할 수 있는 의사능력을 의미한다.

▶ 해설 형사소송법상 소송능력이라 함은 소송당사자가 유효하게 소송행위를 할 수 있는 능력, 즉 피고인 또는 피의자가 자기의 소송상의 지위와 이해관계를 이해하고 이에 따라 방어행위를 할 수 있는 의사능력을 의미한다(대판 2009.11.19. 2009도6058(전합)).

정답

13년·14년·22년 변시·19년(3) 모의

66. 반의사불벌죄에서 의사능력 있는 미성년자인 피해자가 처벌 희망 여부에 관한 의사표시를 함에는 법정대리인의 동의가 필요하다.

▶ 해설 반의사불벌죄에 있어서 피해자의 피고인 또는 피의자에 대한 처벌을 희망하지 않는다는 의사표시 또는 처벌을 희망하는 의사표시의 철회는, 위와 같은 형사소송절차에 있어서의 소송능력에 관한 일반원칙에 따라, 의사능력이 있는 피해자가 단독으로 이를 할 수 있고, 거기에 법정대리인의 동의가 있어야 한다거나 법정대리인에 의해 대리되어야만 한다고 볼 것은 아니다. 나아가 청소년의 성보호에 관한 법률이 형사소송법과 다른 특별한 규정을 두고 있지 않는 한, 위와 같은 반의사불벌죄에 관한 해석론은 청소년의 성보호에 관한 법률의 경우에도 그대로 적용되어야 한다. 그러므로 청소년의 성보호에 관한 법률 제16조에 규정된 반의사불벌죄라고 하더라도, 피해자인 청소년에게 의사능력이 있는 이상, 단독으로 피고인 또는 피의자의 처벌을 희망하지 않는다는 의사표시 또는 처벌희망 의사표시의 철회를 할 수 있고, 거기에 법정대리인의 동의가 있어야 하는 것으로 볼 것은 아니다(대판 2009.11.19. 2009도6058(전합)).

정답

제4절 변호인

Ⅰ 변호인제도의 의의

Ⅱ 변호인의 선임

1. 사선변호인

17년(3) 모의

67. 변호인의 수사서류에 대한 열람·등사제도는 헌법상 피고인의 신속·공정한 재판을 받을 권리 및 변호인의 조력을 받을 권리의 중요한 내용이자 구성요소이다.

해설 [1] 피고인의 신속·공정한 재판을 받을 권리 및 변호인의 조력을 받을 권리는 헌법이 보장하고 있는 기본권이고, 변호인의 수사서류 열람·등사권은 피고인의 신속·공정한 재판을 받을 권리 및 변호인의 조력을 받을 권리라는 헌법상 기본권의 중요한 내용이자 구성요소이며 이를 실현하는 구체적인 수단이 된다. 따라서 변호인의 수사서류 열람·등사를 제한함으로 인하여 결과적으로 피고인의 신속·공정한 재판을 받을 권리 또는 변호인의 충분한 조력을 받을 권리가 침해된다면 이는 헌법에 위반되는 것이다(헌재 2010.06.24. 2009헌마257).

 ○

13년 변시, 12년(3)·14년(1)·19년(3) 모의

68. (1) 형사소송법상 검사가 수사서류의 열람·등사에 관한 법원의 허용결정을 지체 없이 이행하지 아니하는 때에는 해당 증인 및 서류 등에 대한 증거신청을 할 수 없도록 규정되어 있으므로, 검사는 그와 같은 불이익을 감수하면 법원의 열람·등사의 결정을 따르지 않아도 위법하지 아니하다.

(2) 법원의 개시결정에도 불구하고 검사가 피고인에게 유리한 증거서류의 열람·등사를 거부하는 경우에는 해당 증인 및 서류 등을 증거로 신청할 수 없는 불이익을 받는 데에 불과하고 피고인의 신속·공정한 재판을 받을 권리 및 변호인의 조력을 받을 권리까지 침해하게 되는 것은 아니다.

해설 [2] 형사소송법 제266조의4 제5항은 검사가 수사서류의 열람·등사에 관한 법원의 허용 결정을 지체 없이 이행하지 아니하는 때에는 해당 증인 및 서류 등에 대한 증거신청을 할 수 없도록 규정하고 있다. … 그러므로 법원의 열람·등사 허용 결정에도 불구하고 검사가 이를 신속하게 이행하지 아니하는 경우에는 해당 증인 및 서류 등을 증거로 신청할 수 없는 불이익을 받는 것에 그치는 것이 아니라, 그러한 검사의 거부행위는 피고인의 열람·등사권을 침해하고, 나아가 피고인의 신속·공정한 재판을 받을 권리 및 변호인의 조력을 받을 권리까지 침해하게 되는 것이다(헌재 2010.06.24. 2009헌마257).

 ×, ×

17년(3) 모의

69. 수사서류에 대한 법원의 열람·등사 허용 결정이 있음에도 검사가 열람·등사를 거부하는 경우, 수사서류 각각에 대하여 검사가 열람·등사를 거부할 정당한 사유가 있는지를 심사할 필요 없이 거부행위는 그 자체로써 기본권의 침해이다.

해설 [3] 신속하고 실효적인 구제절차를 형사소송절차 내에 마련하고자 열람·등사에 관한 규정을 신설한 입법취지와, 검사의 열람·등사 거부처분에 대한 정당성 여부가 법원에 의하여 심사된 마당에 헌법재판소가 다시 열람·등사 제한의 정당성 여부를 심사하게 된다면 이는 법원의 결정에 대한 당부의 통제가 되는 측면이 있는 점 등을 고려하여 볼 때, 이 사건과 같이 수사서류에 대한 법원의 열람·등사 허용 결정이 있음에도 검사가 열람·등사를 거부하는 경우 수사서류 각각에 대하여 검사가 열람·등사를 거부할 정당한 사유가 있는지를 심사할 필요 없이 그 거부행위 자체로써 청구인들의 기본권을 침해한다(헌재 2010.06.24. 2009헌마257).

 ○

14년(1) 모의

70. 검사가 열람·등사 등에 관한 법원의 결정을 지체 없이 이행하지 아니하는 때에는 해당 증인 및 서류 등에 대한 증거신청을 할 수 없고 법원은 증거개시명령이 완전히 이행될 때까지 공판기일을 연기하거나 공소권의 남용을 이유로 공소기각판결을 내릴 수 있다.

> **해설** 법원의 증거개시 결정에 대한 검사의 불이행의 경우 법원의 조치로서 형사소송법은 증거신청 불가(제266조의4 제5항), 직권증거조사(제295조)만을 규정하고 있다. 따라서 검사가 열람·등사 또는 서면의 교부에 관한 법원의 결정을 지체 없이 이행하지 아니하는 때에는 해당 증인 및 서류 등에 대한 증거신청을 할 수 없을 뿐이지, 공소권남용으로 보아 공소기각판결을 내릴 수는 없다.
>
> 형사소송법 제266조의4(법원의 열람·등사에 관한 결정) ⑤ 검사는 제2항의 열람·등사 또는 서면의 교부에 관한 법원의 결정을 지체 없이 이행하지 아니하는 때에는 해당 증인 및 서류 등에 대한 증거신청을 할 수 없다.
> 형사소송법 제295조(증거신청에 대한 결정) 법원은 제294조 및 제294조의2의 증거신청에 대하여 결정을 하여야 하며 직권으로 증거조사를 할 수 있다.

정답 ×

19년 변시, 17년(3)·19년(1)·22년(2) 모의

71. (1) 피고인에게 공판조서의 열람 또는 등사청구권을 부여한 이유는 그 조서의 정확성을 담보함과 아울러 피고인의 방어권을 충실하게 보장하려는 데 있다.
(2) 피고인이 공판조서에 대해 열람 또는 등사를 청구하였는데 법원이 불응하여 피고인의 열람 또는 등사청구권이 침해된 경우, 그 공판조서를 유죄의 증거로 할 수 없으나 그 공판조서에 기재된 증인의 진술은 다른 절차적 위법이 없는 이상 증거로 할 수 있다.

> **해설** 형사소송법 제55조 제1항이 피고인에게 공판조서의 열람 또는 등사청구권을 부여한 이유는 공판조서의 열람 또는 등사를 통하여 피고인으로 하여금 진술자의 진술내용과 그 기재된 조서의 기재내용의 일치 여부를 확인할 수 있도록 기회를 줌으로써 그 조서의 정확성을 담보함과 아울러 피고인의 방어권을 충실하게 보장하려는 데 있으므로 피고인의 공판조서에 대한 열람 또는 등사청구에 법원이 불응하여 피고인의 열람 또는 등사청구권이 침해된 경우에는 그 공판조서를 유죄의 증거로 할 수 없을 뿐만 아니라, 공판조서에 기재된 당해 피고인이나 증인의 진술도 증거로 할 수 없다(대판 2003.10.10. 2003도3282).

정답  ○, ×

16년(31)·17년(3) 모의

72. 검찰청이 보관하고 있는 불기소처분기록에 포함된 불기소결정서는 변호인의 열람·지정에 의한 공개의 대상이 되지 않는다.

::해설 검찰청이 보관하고 있는 불기소처분기록에 포함된 불기소결정서는 형사피의자에 대한 수사의 종결을 위한 검사의 처분 결과와 이유를 기재한 서류로서, 작성 목적이나 성격 등에 비추어 이는 수사기관 내부의 의사결정과정 또는 검토과정에 있는 사항에 관한 문서도 아니고, 그 공개로써 수사에 관한 직무의 수행을 현저하게 곤란하게 하는 것도 아니므로, 달리 특별한 사정이 없는 한 변호인의 열람·지정에 의한 공개의 대상이 된다(대판 2012.05.24. 2012도1284).

정답 ×

 15년 변시

73. 공소제기 전의 변호인 선임은 제1심에도 그 효력이 있다.

::해설 형사소송법 제32조 제2항 참조.

형사소송법 제32조(변호인선임의 효력) ① 변호인의 선임은 심급마다 변호인과 연명날인한 서면으로 제출하여야 한다.
② 공소제기 전의 변호인 선임은 제1심에도 그 효력이 있다.

정답 ○

 15년 변시

74. 공소사실의 동일성이 인정되어 공소장이 변경된 경우, 변호인 선임의 효력은 변경된 공소사실에도 미친다.

::해설 변호인 선임의 효력은 당해 피고사건과 동일성이 인정되는 사건의 전부에 미치는 것이 원칙이므로 공소장 변경에 의하여 공소사실이 변경된 경우에도 변호인 선임의 효력에는 영향이 없다.

정답 ○

 15년 변시, 11년(1) 모의

75. 원심법원에서의 변호인 선임은 파기환송 또는 파기이송이 있은 후에도 효력이 있다.

::해설 형사소송규칙 제158조, 형사소송법 제366조, 제367조 참조.

형사소송규칙 제158조(변호인 선임의 효력) 원심법원에서의 변호인 선임은 법 제366조 또는 법 제367조의 규정에 의한 환송 또는 이송이 있은 후에도 효력이 있다.
형사소송법 제366조(원심법원에의 환송) 공소기각 또는 관할위반의 재판이 법률에 위반됨을 이유로 원심판결을 파기하는 때에는 판결로써 사건을 원심법원에 환송하여야 한다.
형사소송법 제367조(관할법원에의 이송) 관할인정이 법률에 위반됨을 이유로 원심판결을 파기하는 때에는 판결로써 사건을 관할법원에 이송하여야 한다. 단, 항소법원이 그 사건의 제1심관할권이 있는 때에는 제1심으로 심판하여야 한다.

정답 ○

2. 국선변호인

(1) 국선변호인제도 의의

🕒 19년 변시

76. 헌법상 보장되는 '변호인의 조력을 받을 권리'는 변호인의 충분한 조력을 받을 권리를 의미하므로, 피고인에게 국선변호인의 조력을 받을 권리를 보장하여야 할 국가의 의무에는 피고인이 국선변호인의 실질적 조력을 받을 수 있도록 할 의무가 포함된다.

▸ 해설 헌법상 보장되는 '변호인의 조력을 받을 권리'는 변호인의 '충분한 조력'을 받을 권리를 의미하므로, 피고인에게 국선변호인의 조력을 받을 권리를 보장하여야 할 국가의 의무에는 피고인이 국선변호인의 실질적 조력을 받을 수 있도록 할 의무가 포함된다(대판 2015.12.23. 2015도9951).

정답 ○

(2) 국선변호인의 선정

19년(2)·20년(2)·20년(3)·22년(1)·23년(1)(3) 모의

77. (1) 甲은 미성년자인 친딸 A를 강제추행하였다는 범죄사실로 재판을 받고 있다. 甲은 누나인 乙로 하여금 A의 허위진술을 유도해서 녹음하여 증거로 제출하도록 부탁하였다. 乙은 A와 자신의 딸인 B가 자연스럽게 대화하도록 하면서 '아빠가 때려서 그것 때문에 화나서 아빠가 몸에다 손댔다고 거짓말하였다.'는 취지로 한 A의 허위진술을 유도하여 자신의 휴대폰에 녹음하고, 이 진술이 담긴 녹음파일과 그 녹취록을 담당재판부에 증거로 제출하였다. 甲에 대한 공판절차에서 피해자 A에게 변호사가 없는 경우 법원은 직권으로 A를 위한 국선변호사를 선정해야 한다.

(2) 국선변호인은 피고인의 방어권을 보충하기 위한 자이므로 피해자에게 국선변호인이 선정될 수는 없다.

▸ 해설 아동·청소년의 성보호에 관한 법률 제30조 및 제27조 참조 ▶ 선정해야 한다가 아니라 선정 할 수 있다가 답이다.

> 아동·청소년의 성보호에 관한 법률 제30조(피해아동·청소년 등에 대한 변호사선임의 특례)
> ① 아동·청소년대상 성범죄의 피해자 및 그 법정대리인은 형사절차상 입을 수 있는 피해를 방어하고 법률적 조력을 보장하기 위하여 변호사를 선임할 수 있다.
> ② 제1항에 따른 변호사에 관하여는 「성폭력범죄의 처벌 등에 관한 특례법」 제27조제2항부터 제6항까지를 준용한다.
> 성폭력범죄의 처벌 등에 관한 특례법 제27조(성폭력범죄 피해자에 대한 변호사 선임의 특례)
> ⑥ 검사는 피해자에게 변호사가 없는 경우 국선변호사를 선정하여 형사절차에서 피해자의 권익을 보호할 수 있다.

정답 ×, ×

15년(1) 모의

78. 피고인이 국선변호인 선정신청을 하였음에도 법원이 피고인의 신청에 대하여 결정을 하지 않은 것은 위법하다.

> **해설** 피고인이 탄원서에서 경제적 어려움으로 인하여 변호인을 선임할 수 없다는 이유로 증인의 위증을 밝히기 위한 은행구좌 및 자금경로의 조사와 증인신문 및 감정신청을 위하여 형사소송법 제33조 제5호에 의한 국선변호인 선임신청을 법원에 하였음에도 법원이 피고인의 위 신청에 대하여 아무런 결정을 하지 아니한 것은 위법하다(대판 1995.02.28. 94도2880).

정답

19년 변시, 23년(3) 모의

79. 이해가 상반된 피고인들 중 어느 피고인이 법무법인을 변호인으로 선임하고, 법무법인이 담당변호사들을 지정하였을 때, 법원이 그 담당변호사들 중 1인 또는 수인을 다른 피고인을 위한 국선변호인으로 선정한다면, 다른 피고인은 국선변호인의 실질적 조력을 받을 수 없게 되고, 이러한 국선변호인 선정은 국선변호인의 조력을 받을 피고인의 권리를 침해하는 것이다.

> **해설** 공소사실 기재 자체로 보아 어느 피고인에 대한 유리한 변론이 다른 피고인에게는 불리한 결과를 초래하는 경우 공동피고인들 사이에 이해가 상반된다. 이해가 상반된 피고인들 중 어느 피고인이 법무법인을 변호인으로 선임하고, 법무법인이 담당변호사를 지정하였을 때, 법원이 담당변호사 중 1인 또는 수인을 다른 피고인을 위한 국선변호인으로 선정한다면, 국선변호인으로 선정된 변호사는 이해가 상반된 피고인들 모두에게 유리한 변론을 하기 어렵다. 결국 이로 인하여 다른 피고인은 국선변호인의 실질적 조력을 받을 수 없게 되고, 따라서 국선변호인 선정은 국선변호인의 조력을 받을 피고인의 권리를 침해하는 것이다(대판 2015.12.23. 2015도9951).

정답

18년(2)·20년(2) 모의

80. 1인의 피고인에게 수인의 국선변호인을 선정할 수 있지만, 수인의 피고인 사이에 이해관계가 상반되지 않더라도 이들에게 동일한 국선변호인을 선정하는 것은 위법하다.

> **해설** 형사소송규칙 제15조 참조.

> 형사소송규칙 제15조(변호인의 수) ① 국선변호인은 피고인 또는 피의자마다 1인을 선정한다. 다만, 사건의 특수성에 비추어 필요하다고 인정할 때에는 1인의 피고인 또는 피의자에게 수인의 국선변호인을 선정할 수 있다.
> ② 피고인 또는 피의자 수인 간에 이해가 상반되지 아니할 때에는 그 수인의 피고인 또는 피의자를 위하여 동일한 국선변호인을 선정할 수 있다.

정답

19년 변시, 19년(2) 모의

81. 피고인에 대하여 제1심법원이 집행유예를 선고하였으나 검사만이 양형부당을 이유로 항소한 경우, 항소심이 변호인이 선임되지 않은 피고인에 대하여 검사의 양형부당 항소를 받아들여 형을 선고하는 경우에는 판결 선고 후 피고인을 법정구속한 뒤에 국선변호인을 선정하는 것이 바람직하다.

해설 헌법상 변호인의 조력을 받을 권리와 형사소송법의 여러 규정, 특히 형사소송법 제70조 제1항, 제201조 제1항에 의하면 구속사유는 피고인의 구속과 피의자의 구속에 공통되고, 피고인의 경우에도 구속사유에 관하여 변호인의 조력을 받을 필요가 있는 점 및 국선변호인 제도의 취지 등에 비추어 보면, 피고인에 대하여 제1심법원이 집행유예를 선고하였으나 검사만이 양형부당을 이유로 항소한 사안에서 항소심이 변호인이 선임되지 않은 피고인에 대하여 검사의 양형부당 항소를 받아들여 형을 선고하는 경우에는 판결 선고 후 피고인을 법정구속한 뒤에 비로소 국선변호인을 선정하는 것보다는, 피고인의 권리보호를 위해 판결 선고 전 공판심리 단계에서부터 형사소송법 제33조 제3항에 따라 피고인의 명시적 의사에 반하지 아니하는 범위 안에서 국선변호인을 선정해 주는 것이 바람직하다(대판 2016.11.10. 2016도7622).

정답 ×

(3) 국선변호인 선정의 유형

 12년 변시, 13년(3) 모의

82. 피고인이 미성년자 또는 70세 이상인 경우에는 필요적 변호사건에 해당한다.

해설 형사소송법 제282조, 제33조 제1항 제2호·제3호 참조.

형사소송법 제282조(필요적 변호) 제33조 제1항 각 호의 어느 하나에 해당하는 사건 및 같은 조 제2항·제3항의 규정에 따라 변호인이 선정된 사건에 관하여는 변호인 없이 개정하지 못한다. 단, 판결만을 선고할 경우에는 예외로 한다.

형사소송법 제33조(국선변호인) ① 다음 각 호의 어느 하나에 해당하는 경우에 변호인이 없는 때에는 법원은 직권으로 변호인을 선정하여야 한다.
1. 피고인이 구속된 때
2. 피고인이 미성년자인 때
3. 피고인이 70세 이상인 때
4. 피고인이 듣거나 말하는 데 모두 장애가 있는 사람인 때
5. 피고인이 심신장애가 있는 것으로 의심되는 때
6. 피고인이 사형, 무기 또는 단기 3년 이상의 징역이나 금고에 해당하는 사건으로 기소된 때

정답

23년(3) 모의

83. 법원이 국선변호인을 반드시 선정해야 하는 사유 중 하나인 '피고인이 심신장애의 의심이 있는 때'란 소송기록과 소명자료에 드러난 제반 사정에 비추어 피고인의 의식상태나 사물에 대한 변별능력, 행위통제능력이 결여되거나 저하된 상태로 의심되어 피고인이 공판심리단계에서 효과적으로 방어권을 행사하지 못할 우려가 있다고 인정되는 경우까지도 포함한다.

해설 헌법상 변호인의 조력을 받을 권리와 형사소송법에 국선변호인 제도를 마련한 취지 등에 비추어 보면, 법원이 국선변호인을 반드시 선정해야 하는 사유로 형사소송법 제33조 제1항 제5호에서 정한 '피고인이 심신장애의 의심이 있는 때'란 진단서나 정신감정 등 객관적인 자료에 의하여 피고인의 심신장애 상태를 확신할 수 있거나 그러한 상태로 추단할 수 있는 근거가 있는 경우는 물론, 범행의 경위, 범행의 내용과 방법, 범행 전후 과정에서 보인 행동 등과 아울러 피고인의 연령·지능·교육 정도 등 소송기록과 소명자료에 드러난 제반 사정에 비추어 피고인의 의식상태나 사물에 대한 변별능력, 행위통제능력이 결여되거나 저하된 상태로 의심되어 피고인이 공판심리단계에서 효과적으로 방어권을 행사하지 못할 우려가 있다고 인정되는 경우를 포함한다(대판 2019.09.26. 2019도8531).

정답 O

23년(1) 모의

84. 법원은 피고인의 나이·지능 및 교육 정도 등을 참작하여 권리보호를 위하여 필요하다고 인정하면 피고인의 명시적 의사에 반하지 아니하는 범위에서 국선변호인을 선정하여야 한다.

해설 형사소송법 제33조 제3항 참조.

형사소송법 제33조(국선변호인) ③ 법원은 피고인의 나이·지능 및 교육 정도 등을 참작하여 권리보호를 위하여 필요하다고 인정하면 피고인의 명시적 의사에 반하지 아니하는 범위에서 변호인을 선정하여야 한다.

정답 O

12년 변시, 13년(3)·19년(2)·20년(2) 모의

85. 「형사소송법」 제33조 제1항 제1호 소정의 '피고인이 구속된 때'라고 함은 피고인이 당해 형사사건에서 이미 구속되어 재판을 받고 있는 경우를 의미하는 것이므로, 변호인 없는 불구속 피고인에 대하여 국선변호인을 선정하지 않은 채 판결을 선고한 다음 법정구속을 하더라도 구속되기 이전까지는 위 규정이 적용된다고 볼 수 없다.

해설 형사소송법 제33조 제1항 제1호 소정의 '피고인이 구속된 때'라고 함은 피고인이 당해 형사사건에서 이미 구속되어 재판을 받고 있는 경우를 의미하는 것이므로, 불구속 피고인에 대하여 판결을 선고한 다음 법정구속을 하더라도 구속되기 이전까지는 위 규정이 적용된다고 볼 수 없다(대판 2011.03.10. 2010도17353).

정답 O

🍊 23년 변시, 23년(1) 모의

86. 직권으로 국선변호인을 선정하여야 하는 사유 중 하나인 「형사소송법」 제33조 제1항 제1호의 '피고인이 구속된 때'라고 함은 피고인이 당해 형사사건에서 구속되어 재판을 받고 있는 경우를 의미하고, 피고인이 별건으로 구속되어 있거나 다른 형사사건에서 유죄로 확정되어 수형 중인 경우는 이에 해당하지 아니한다.

해설 구속제도는 형사소송의 진행과 형벌의 집행을 확보하기 위하여 법이 정한 요건과 절차에 따라 피고인의 신병을 확보하는 제도이다. 형사소송법 제33조 제1항은 국선변호인을 반드시 선정해야 하는 사유를 정하고 있는데, 그 제1호에서 정한 '피고인이 구속된 때'라고 함은, 피고인이 형사사건에서 구속되어 재판을 받고 있는 경우를 의미하고, 피고인이 별건으로 구속되어 있거나 다른 형사사건에서 유죄로 확정되어 수형 중인 경우는 이에 해당하지 않는다(대판 2017.05.17. 2017도3780)

정답 O

🍊 12년 변시, 13년(3)·18년(2)·(3) 모의

87. 판결만을 선고할 경우에는 필요적 변호사건이라도 변호인의 출석 없이 개정할 수 있다.

해설 국선변호의 규정에 따라 변호인이 선정된 사건에 관하여는 변호인 없이 개정하지 못하나, 판결만을 선고할 경우에는 예외로 한다(형사소송법 제282조 참조).

형사소송법 제282조(필요적 변호) 제33조 제1항 각 호의 어느 하나에 해당하는 사건 및 같은 조 제2항·제3항의 규정에 따라 변호인이 선정된 사건에 관하여는 변호인 없이 개정하지 못한다. 단, 판결만을 선고할 경우에는 예외로 한다.

정답 O

🍊 11년(1)·18년(2) 모의

88. 법원의 재량에 의해 국선변호인이 선정된 사건에서는 변호인 없이도 개정할 수 있다.

해설 국선변호인의 선정은 법원이 필요하다고 인정하는 때에 재량으로 할 수 있지만, 일단 선정이 되었다면 피고인의 변호인의 조력을 받을 권리를 실질적으로 보장하기 위하여 변호인 없이 개정할 수 없도록 규정하고 있다(형사소송법 제33조 제3항, 제282조).

형사소송법 제282조(필요적 변호) 제33조 제1항 각 호의 어느 하나에 해당하는 사건 및 같은 조 제2항·제3항의 규정에 따라 변호인이 선정된 사건에 관하여는 변호인 없이 개정하지 못한다. 단, 판결만을 선고할 경우에는 예외로 한다.
형사소송법 제33조(국선변호인) ③ 법원은 피고인의 연령·지능 및 교육 정도 등을 참작하여 권리보호를 위하여 필요하다고 인정하는 때에는 피고인의 명시적 의사에 반하지 아니하는 범위 안에서 변호인을 선정하여야 한다.

정답 ×

(4) 국선변호인 선정의 법적성질

(5) 국선변호인 선정의 내용

(6) 국선변호인 선정이 필요한 기타의 경우

12년·15년·17년 변시, 13년(3)·18년(2)·20년(1)·(2) · 23년(3) 모의

89. 구속영장이 청구되어 심문을 하는 피의자에게 변호인이 없는 경우 지방법원판사는 직권으로 변호인을 선정하여야 하고, 영장의 청구가 기각되더라도 선정의 효력은 제1심까지 지속된다.

해설 피의자에게 변호인이 없는 경우 지방법원판사는 직권으로 변호인을 선정하여야 하며, 영장청구가 기각되면 국선변호인 선정의 효력은 상실된다(형사소송법 제201조의2 제8항 참조).

형사소송법 제201조의2(구속영장 청구와 피의자 심문) ⑧ 심문할 피의자에게 변호인이 없는 때에는 지방법원판사는 직권으로 변호인을 선정하여야 한다. 이 경우 변호인의 선정은 피의자에 대한 구속영장 청구가 기각되어 효력이 소멸한 경우를 제외하고는 제1심까지 효력이 있다.

정답

Ⅲ 변호인의 지위

14년 변시, 13년(1)·18년(2)·19년(1)·20년(1) 모의

90. 진술거부권은 헌법과 형사소송법에 의하여 피고인에게 주어진 권리이므로 변호인이 이를 피고인에게 알려주고 그 행사를 권고하는 것은 진실의무에 위배되지 않는다.

해설 변호사인 변호인에게는 변호사법이 정하는 바에 따라서 이른바 진실의무가 인정되는 것이지만, 변호인이 신체구속을 당한 사람에게 법률적 조언을 하는 것은 그 권리이자 의무이므로 변호인이 적극적으로 피고인 또는 피의자로 하여금 허위진술을 하도록 하는 것이 아니라 단순히 헌법상 권리인 진술거부권이 있음을 알려 주고 그 행사를 권고하는 것을 가리켜 변호사로서의 진실의무에 위배되는 것이라고는 할 수 없다(대결 2007.01.31. 2006모657).

정답

23년(1) 모의

91. 변호사는 당사자 일방으로부터 상의를 받아 그 수임을 승낙한 사건의 상대방이 위임하는 사건에 관하여는 그 직무를 행할 수 없다"는 「변호사법」 제31조의 입법 취지 등에 비추어 볼 때, 동일한 변호사가 민사사건에서 형사사건의 피해자에 해당하는 상대방 당사자를 위한 소송대리인으로서 소송행위를 하는 등 직무를 수행하였다가 나중에 실질적으로 동일한 쟁점을 포함하고 있는 형사사건에서 피고인을 위한 변호인으로 선임되어 변호활동을 하는 등 직무를 수행하는 것은 금지된다.

해설 변호사법 제31조 제1호는 '변호사는 당사자 일방으로부터 상의를 받아 그 수임을 승낙한 사건의 상대방이 위임하는 사건에 관하여는 그 직무를 행할 수 없다'고 규정하고 있는바, 위 규정의 입법

취지 등에 비추어 볼 때, 동일한 변호사가 민사사건에서 형사사건의 피해자에 해당하는 상대방 당사자를 위한 소송대리인으로서 소송행위를 하는 등 직무를 수행하였다가 나중에 실질적으로 동일한 쟁점을 포함하고 있는 형사사건에서 피고인을 위한 변호인으로 선임되어 변호활동을 하는 등 직무를 수행하는 것 역시 금지된다고 봄이 상당하다(대판 2009.02.26. 2008도9812).

정답 O

13년(1) 모의

92. **형사소송에 있어서 변호인은 민사소송과는 달리 피고인의 대리인에 그치는 것이 아니라 피고인의 보호자의 지위에 있으므로, 변호인이 피고인에게 불이익한 증거의 존재를 알고 있다하더라도 법원에 그 증거를 제출할 의무는 없다.**

해설 변호인은 피고인 또는 피의자의 방어권행사를 도와주기 위한 보호자로서의 지위와 법원·검사와 함께 형사절차에 있어서 실체적 진실발견의 임무를 수행해야 하는 사법기관으로서의 공익적 지위라고 하는 이중적 지위를 가지고 있다. 변호인의 공익적 지위로부터 나오는 변호인의 진실의무는 변호인이 적극적으로 진실발견에 협력할 의무 즉 적극적 의무를 의미하는 것이 아니고 부당한 방법으로 진실발견을 방해하지 아니할 의무 즉 소극적 의무를 지는데 불과할 뿐이다. 따라서 변호인이 피고인 등과의 접견을 통하여 그가 유죄임을 안 경우에도 이 사실을 법관이나 검사에게 고지할 의무가 있는 것은 아니다. 변호인에게는 진실의무 외에 비밀유지의무(변호사법 제26조)가 있으며 그것은 변호인의 신뢰관계의 기초가 되는 것이기 때문이다. 따라서 이 경우에도 증거불충분 등의 이유로 무죄변론을 하는 것은 변호인의 공익적 지위에 반하는 것이 아니며 오히려 이 경우 유죄변론을 하게 된다면 피고인의 보호자라는 기본적 지위에 반하게 된다(정웅석·백승민, 형사소송법 전정증보 제6판, p.325 이하 참조).

정답 O

13년(1) 모의

93. **변호인이 면담의 기회에 피고인의 자백을 통하여 그가 유죄임을 안 경우에도 이를 검사나 법원에 고지할 의무가 없고, 오히려 절차상의 하자를 이유로 형식재판을 구할 수 있음은 물론 유죄판결의 증거가 불충분함을 이유로 무죄의 변론을 할 수 있다.**

해설 변호인이 피고인과의 접견을 통하여 피고인이 유죄임을 안 경우에도 이를 검사나 법원에 고지할 의무가 있는 것은 아니다. 변호인에게는 진실의무 이외에 비밀유지의무가 있으며 그것은 변호인의 신뢰관계의 기초가 되는 것이기 때문이다. 따라서 변호인은 이 경우에도 입증의 부족이나 미비를 이유로 무죄의 변론을 할 수 있다고 해야 한다. 변호인은 피고인의 자백에도 구속되지 않는다. 피고인의 자백이 사실과 다르다고 믿은 때에는 변호인은 당연히 무죄의 변론을 해야 한다.

Ⅳ 변호인의 권한

1. 대리권

21년(1) 모의

94. 甲은 내연관계이던 A와의 유사성행위 장면이 담긴 동영상을 몰래 찍었다. A가 결별을 요구하면서 연락을 피하자 甲은 '네 애에게 동영상 먼저 보낸다' 등의 문자메시지, A의 남편과의 대화내역을 캡처한 화상, A와의 대화내역을 녹음한 음향, A와의 유사성행위 동영상 등을 20여일에 걸쳐 총 535회 연속적으로 A에게 카카오톡으로 전송하였다. 또 '너 톡 안 보면 니 남편, 애들에게 사진 보낸다, 너가 날 또 배신해?'라는 문자메시지를 보내면서 내연관계 사실을 A의 가족들에게 알릴 것처럼 겁을 주었다. A는 수사기관에 甲을 고소하였고 검사는 甲의 위 범죄사실 전부를 기소하면서 A에게 「성폭력범죄의 처벌 등에 관한 특례법」에 따라 국선변호사 L을 선정해주었다. L은 제1심 판결 선고 직전 재판부에 'A는 甲과 합의했으므로 이 사건 고소를 취소하고, 甲에 대한 처벌을 원하지 않는다는 의사를 표시한다'는 내용 등을 기재한 '고소취소 및 처벌불원서'를 제출했으나 제1심법원은 공소사실 전부에 대하여 유죄판결을 선고하였다.
L은 형사절차에서 A의 대리가 허용될 수 있는 모든 소송행위에 대한 포괄적인 대리권을 가진다. (다툼이 있는 경우 판례에 의함)

해설 성폭력범죄의 처벌 등에 관한 특례법 제27조 제5항 및 제6항 참조.

성폭력범죄의 처벌 등에 관한 특례법 제27조(성폭력범죄 피해자에 대한 변호사 선임의 특례)
① 성폭력범죄의 피해자 및 그 법정대리인(이하 "피해자등"이라 한다)은 형사절차상 입을 수 있는 피해를 방어하고 법률적 조력을 보장하기 위하여 변호사를 선임할 수 있다.
⑤ 제1항에 따른 변호사는 형사절차에서 피해자등의 대리가 허용될 수 있는 모든 소송행위에 대한 포괄적인 대리권을 가진다.
⑥ 검사는 피해자에게 변호사가 없는 경우 국선변호사를 선정하여 형사절차에서 피해자의 권익을 보호할 수 있다.

정답

13년(1) 모의

95. 변호인은 피의자나 피고인이 할 수 있는 모든 소송행위에 대하여 포괄적인 대리권을 가지며 따라서 피의자 또는 피고인이 증거방법으로서의 지위에서 행하는 진술 등의 행위에 대해서도 포괄적 대리가 허용되고, 이는 사선변호인과 국선변호인 사이에 차이가 없다.

해설 변호인의 권한에는 변호인이 피고인 또는 피의자의 소송행위를 대리하는 권한(대리권)과 변호인에게 인정되는 고유한 권한(고유권)이 있다. 사선변호인과 국선변호인, 변호사인 변호인과 특별변호인은 그 권한에 있어서 차이가 없다. 대리권과 관련하여서, 변호인은 피고인 또는 피의자가 할 수 있는 소송행위로서 성질상 대리가 허용될 수 있는 모든 소송행위에 대하여 포괄적 대리권을 가진다. 한편 피고인은 당사자로서의 지위와 증거방법으로서의 지위를 가지고 있는데, 일반적으로 피고인이 당사자로서 하는 소송행위에는 대리가 허용되지만 증거방법으로서의 행위에는 대리가 인정되지 않는다.

정답

11년(1) 모의

96. 변호인은 피고인이 원하지 않더라도 그의 보석을 청구할 수 있다.

해설 보석청구는 독립대리권으로서 피고인의 의사에 반하여도 행사할 수 있다.

형사소송법 제94조(보석의 청구) 피고인, 피고인의 변호인·법정대리인·배우자·직계친족·형제자매·가족·동거인 또는 고용주는 법원에 구속된 피고인의 보석을 청구할 수 있다.

정답 O

2. 고유권

(1) 고유권의 의의와 종류

13년(1) 모의

97. 변호인의 고유권은 피의자나 피고인의 권리가 소멸하더라도 이에 영향을 받지 않고 변호인이 독자적으로 행사할 수 있는 권리라는 점에서 본인의 권리가 상실되면 대리인인 변호인의 권리도 함께 소멸하는 대리권과 다르다.

해설 변호인의 고유권이란 변호인의 권리로 특별히 규정된 것 중에서 성질상 대리권이라고 볼 수 없는 것을 말한다. 또한 피의자나 피고인의 권리가 소멸하더라도 이에 영향을 받지 않고 변호인이 독자적으로 행사할 수 있는 권리라는 점에서 본인의 권리가 상실되면 대리인인 변호인의 권리도 함께 소멸하는 대리권과 다르다고 할 수 있다.

정답 O

(2) 변호인의 접견교통권

23년(3) 모의

98. 사법경찰관이 甲을 피의자신문 하던 중 甲의 옆에 착석한 국선변호인 L에게 수사방해 및 수사기밀유출에 대한 우려가 없고, 조사실의 장소적 제약이 없음에도 甲의 뒤에 가서 앉으라고 요청하였다면, 이는 변호인의 변호권을 침해하는 것이다.

해설 변호인이 피의자신문에 자유롭게 참여할 수 있는 권리는 피의자가 가지는 변호인의 조력을 받을 권리를 실현하는 수단이므로 헌법상 기본권인 변호인의 변호권으로서 보호되어야 한다. 피의자신문에 참여한 변호인이 피의자 옆에 앉는다고 하여 피의자 뒤에 앉는 경우보다 수사를 방해할 가능성이 높아진다거나 수사기밀을 유출할 가능성이 높아진다고 볼 수 없으므로, 이 사건 후방착석요구행위의 목적의 정당성과 수단의 적절성을 인정할 수 없다. 이 사건 후방착석요구행위로 인하여 위축된 피의자가 변호인에게 적극적으로 조언과 상담을 요청할 것을 기대하기 어렵고, 변호인이 피의자의 뒤에 앉게 되면 피의자의 상태를 즉각적으로 파악하거나 수사기관이 피의자에게 제시한 서류 등의 내용을 정확하게 파악하기 어려우므로, 이 사건 후방착석요구행위는 변호인인 청구인의 피의자 신문 참여권을 과도하게 제한한다. 그런데 이 사건에서 변호인의 수사방해나 수사기밀의 유출에 대한 우려가 없고, 조사실의 장소적 제약 등과 같이 이 사건 후방착석요구행위를 정당화할 그 외의 특별한 사정도 없으므로, 이 사건 후방착석요구행위는 침해의 최소성 요건을 충족하지 못한다. 이 사건 후방착석요구행위로 얻어질 공익보다는 변호인의 피의자신문참여권 제한에 따른 불이익의 정도가 크므로, 법익의 균형성 요건도 충족하지 못한다. 따라서 이 사건 후방착석요구행위는 변호인인 청구인의 변호권을 침해한다(헌결 2017.11.30. 2016헌마503).

99. 21년 · 23년 변시, 19년(2)·21년(2) · 22년(2) 모의

변호사 K는 A가 소속된 노동조합으로부터 시위 중 체포되는 조합원에 대한 신속한 접견을 의뢰받았다. 경찰이 시위 중인 노동자 A를 체포하는 것을 본 K는 자신이 A의 변호인이 되겠다고 외치며 A와의 접견교통권을 행사하려고 하였으나 이를 경찰이 제지하는 과정에서 몸싸움이 발생하였다. K는 A를 태운 경찰승합차를 자신의 몸으로 막았고, 현장을 지휘하던 경찰간부 甲은 K를 공무집행방해죄의 현행범으로 체포하면서 체포이유 등을 고지하지 아니하였다. K는 甲을 고소하였으나 검찰은 '혐의 없음'의 불기소처분을 하였고, 이후 K는 적법한 절차를 거쳐 재정신청을 하였다. 이 사건에 관한 설명 중 옳지 않은 것은? (다툼이 있는 경우 판례에 의함)

1) 변호인 선임에 관한 서면을 제출하지 않았지만 변호인이 되려는 의사를 표시하고 객관적으로 변호인이 될 가능성이 있는 경우에 이와 같이 변호인이 되려는 자에게도 피의자를 접견할 권한이 있기 때문에 수사기관이 정당한 이유 없이 접견을 거부해서는 안된다.

해설 형사소송법 제34조는 "변호인 또는 변호인이 되려는 자는 신체구속을 당한 피고인 또는 피의자와 접견하고 서류 또는 물건을 수수할 수 있으며 의사로 하여금 진료하게 할 수 있다."라고 규정하고 있으므로, 변호인이 되려는 의사를 표시한 자가 객관적으로 변호인이 될 가능성이 있다고 인정되는데도, 형사소송법 제34조에서 정한 '변호인 또는 변호인이 되려는 자'가 아니라고 보아 신체구속을 당한 피고인 또는 피의자와 접견하지 못하도록 제한하여서는 아니 된다(대판 2017.03.09. 2013도16162). ▶ 사례의 경우 변호사 K는 A가 소속된 노동조합으로부터 시위 중 체포되는 조합원에 대한 신속한 접견을 의뢰받았고, 경찰이 시위 중인 노동자 A를 체포하는 것을 보고 자신이 A의 변호인이 되려는 의사를 객관적으로 표시하였는바, K는 A의 변호인이 될 가능성이 있다고 인정되므로 A와의 접견교통권이 제한되어서는 아니 된다.

2) 경찰에 의한 A의 체포가 형사소송법에서 정한 절차를 준수하지 않았다고 볼 사정이 있다면 K는 일련의 체포 과정에서 그 위법성을 지적하면서 항의할 수 있다.

해설 수사기관에 의한 체포가 형사소송법에서 정한 절차를 준수하지 않았다고 볼 사정이 있다면 체포된 피의자의 변호인이 되려는 자는 일련의 체포 과정에서 그 위법성을 지적하면서 항의할 수 있다고 보아야 한다(대판 2017.03.09. 2013도16162).

3) 현행범인 체포의 요건을 갖추었는지 여부에 관한 검사나 사법경찰관 등의 판단에는 상당한 재량의 여지가 있으나, 체포 당시 상황으로 보아도 요건 충족 여부에 관한 검사나 사법경찰관 등의 판단이 경험칙에 비추어 현저히 합리성을 잃은 경우 그 체포는 위법하다.

> **해설** 현행범인 체포의 요건을 갖추었는지에 관한 검사나 사법경찰관 등의 판단에는 상당한 재량의 여지가 있으나, 체포 당시 상황으로 보아도 요건 충족 여부에 관한 검사나 사법경찰관 등의 판단이 경험칙에 비추어 현저히 합리성을 잃은 경우 그 체포는 위법하다(대판 2017.03.09. 2013도16162).
>
> **정답** O

4) 甲의 K에 대한 현행범인 체포행위는 외형상으로는 경찰의 직무집행 범위에 속한다고 하더라도 실질은 직무집행의 법령상 요건과 필요성 및 상당성을 결여한 것으로서 「형법」제124조의 직권남용체포죄에 해당한다.

> **해설** 사례의 경우 ① 경찰간부 甲은 변호사 K를 체포할 당시에는 현장 지휘관의 임무를 맡고 있었으므로 인신구속 절차를 숙지하고 있었다고 보임에도 불구하고 K를 공무집행방해죄의 현행범으로 체포하면서 체포이유 등을 고지하지 않았다. 그리고 ② 변호사 K가 다른 조합원들과 합세하여 A를 도주하게 하거나 범행 현장의 증거를 인멸하려고 하는 등의 사정이 없었으므로, K의 A에 대한 접견 요청을 체포 현장에서 수락한다고 하여 체포제도 본래의 목적에 반한다고 볼 수 없는 점 등을 고려하면, 변호인이 되려는 변호사 K가 A와의 접견교통권을 행사하는 과정에서 경찰과 몸싸움을 하고 A를 태운 경찰승합차를 자신으로 몸으로 막은 것은 변호인이 되려는 자의 접견교통권의 한계를 일탈하였다고 볼 수 없다. 따라서 K에게는 공무집행방해죄의 현행범인에 해당한다고 볼 수 없음에도 甲은 사법경찰관으로서 직권을 남용하여 변호사 K를 체포하고 그 권리행사를 방해하였다고 할 것이고, 甲은 K에 대한 체포행위가 직무집행의 법령상 요건과 필요성 및 상당성을 결여한 것임을 적어도 미필적으로나마 인식하고 있었다고 할 것이다. 따라서 甲에게는 직권남용체포죄와 직권남용권리행사방해죄가 성립한다.

> **판례** [1] 변호인 또는 변호인이 되려는 자의 접견교통권은 신체구속제도 본래의 목적을 침해하지 아니하는 범위 내에서 행사되어야 하므로, 변호인 또는 변호인이 되려는 자가 구체적인 시간적·장소적 상황에 비추어 현실적으로 보장할 수 있는 한계를 벗어나 피고인 또는 피의자를 접견하려고 하는 것은 정당한 접견교통권의 행사에 해당하지 아니하여 허용될 수 없다. 다만 접견교통권이 그와 같은 한계를 일탈한 것이어서 허용될 수 없다고 판단함에 있어서는 신체구속을 당한 사람의 헌법상 기본적 권리인 변호인의 조력을 받을 권리의 본질적인 내용이 침해되는 일이 없도록 신중을 기하여야 한다. [2] 범죄의 고의는 확정적 고의뿐만 아니라 결과 발생에 대한 인식이 있고 이를 용인하는 의사인 이른바 미필적 고의도 포함하므로, 피고인이 인신구속에 관한 직무를 집행하는 사법경찰관으로서 체포 당시 상황을 고려하여 경험칙에 비추어 현저하게 합리성을 잃지 않은 채 판단하면 체포 요건이 충족되지 아니함을 충분히 알 수 있었는데도, 자신의 재량 범위를 벗어난다는 사실을 인식하고 그와 같은 결과를 용인한 채 사람을 체포하여 권리행사를 방해하였다면, 직권남용체포죄와 직권남용권리행사방해죄가 성립한다(대판 2017.03.09. 2013도16162).
>
> **정답** O

5) K의 재정신청에 대해 재정법원이 甲에게 재정신청사실을 통지하여 주지 아니하고 공소제기결정을 한 경우, 이러한 공소제기결정은 법원이 재정신청서를 송부받은 후 피의자에게 그 사실을 통지하도록 한 「형사소송법」 제262조 제1항에 위반하여 위법하고 그 위법은 중대하고 명백하여 공소제기결정에 따른 검사의 공소제기 절차에도 당연히 승계되므로 이러한 공소제기는 법률의 규정에 위반되어 무효인 때에 해당한다.

> **해설** 법원이 재정신청서를 송부받았음에도 송부받은 날부터 형사소송법 제262조 제1항에서 정한 기간 안에 피의자에게 그 사실을 통지하지 아니한 채 형사소송법 제262조 제2항 제2호에서 정한 공소제기결정을 하였더라도, 그에 따른 공소가 제기되어 본안사건의 절차가 개시된 후에는 다른 특별한 사정이 없는 한 본안사건에서 위와 같은 잘못을 다툴 수 없다(대판 2017.03.09. 2013도16162).
> ▶ 즉, 재정신청서를 송부받은 법원이 甲에게 그 사실을 통지하지 않은 채 심리를 진행하여 이 사건 공소제기결정을 하였다고 하더라도, 공소제기가 법률의 규정에 위반되어 무효인 때에 해당하지 않는다.

정답

🕐 13년 변시

100. 신체구속을 당한 피고인 또는 피의자에 대한 변호인의 접견교통권은 수사기관의 처분 등에 의해 이를 제한할 수 없고, 다만 법령에 의하여서는 제한이 가능하다.

> **해설** 변호인의 구속된 피고인 또는 피의자와의 접견교통권은 피고인 또는 피의자 자신이 가지는 변호인과의 접견교통권과는 성질을 달리하는 것으로서 헌법상 보장된 권리라고는 할 수 없고, 형사소송법 제34조에 의하여 비로소 보장되는 권리이지만, 신체구속을 당한 피고인 또는 피의자의 인권보장과 방어준비를 위하여 필수불가결한 권리이므로, 수사기관의 처분 등에 의하여 이를 제한할 수 없고, 다만 법령에 의하여서만 제한이 가능하다(대결 2002.05.06. 2000모112).

정답

🕐 13년 변시, 19년(1)·23년(3) 모의

101. 신체구속을 당한 사람이 그 변호인을 자신의 범죄행위에 공범으로 가담시키려고 하였다는 사정만으로 신체구속을 당한 사람과 그 변호인의 접견교통권을 금지하는 것은 정당화될 수 없다.

> **해설** 신체구속을 당한 피의자 또는 피고인이 범한 것으로 의심받고 있는 범죄행위에 해당 변호인이 관련되어 있다는 등의 사유에 기하여 그 변호인의 변호활동을 광범위하게 규제하는 변호인의 제척과 같은 제도를 두고 있지 아니한 우리 법제 아래에서는, 변호인의 접견교통의 상대방인 신체구속을 당한 사람이 그 변호인을 자신의 범죄행위에 공범으로 가담시키려고 하였다는 등의 사정만으로 그 변호인의 신체구속을 당한 사람과의 접견교통을 금지하는 것이 정당화될 수는 없다(대결 2007.01.31. 2006모656).

정답

🕐 13년 변시

102. 수사기관이 구금장소를 임의적으로 변경하여 접견교통을 어렵게 한 것은 접견교통권의 행사에 중대한 장애를 초래하는 것이므로 위법하다.

해설 구속영장에는 청구인을 구금할 수 있는 장소로 특정 경찰서 유치장으로 기재되어 있었는데, 청구인에 대하여 위 구속영장에 의하여 1995. 11. 30. 07:50경 위 경찰서 유치장에 구속이 집행되었다가 같은 날 08:00에 그 신병이 조사차 국가안전기획부 직원에게 인도된 후 위 경찰서 유치장에 인도된 바 없이 계속하여 국가안전기획부 청사에 사실상 구금되어 있다면, 청구인에 대한 이러한 사실상의 구금장소의 임의적 변경은 청구인의 방어권이나 접견교통권의 행사에 중대한 장애를 초래하는 것이므로 위법하다(대결 1996.05.15. 95모94).

정답 O

(3) 변호인의 피의자신문참여권

🕐 23년 · 24년 변시, 21년(3) · 23년(3) 모의

103. 피압수자가 수사기관에 압수·수색영장의 집행에 참여하지 않는다는 의사를 명시하였다면 특별한 사정이 있는 경우를 제외하고는 그 변호인에게 압수·수색영장의 집행에 참여할 기회를 별도로 보장하지 않아도 무방하다.

해설 형사소송법 제219조, 제121조가 규정한 변호인의 참여권은 피압수자의 보호를 위하여 변호인에게 주어진 고유권이다. 따라서 설령 피압수자가 수사기관에 압수·수색영장의 집행에 참여하지 않는다는 의사를 명시하였다고 하더라도, 특별한 사정이 없는 한 그 변호인에게는 형사소송법 제219조, 제122조에 따라 미리 집행의 일시와 장소를 통지하는 등으로 압수·수색영장의 집행에 참여할 기회를 별도로 보장하여야 한다(대판 2020.11.26. 2020도10729).

정답 ×

19년(1) 모의

104. 수사기관은 변호인이 피의자신문을 방해하거나 수사기밀을 누설할 염려가 있는 경우 변호인의 피의자신문 참여권을 제한할 수 있다.

해설 변호인의 피의자신문 참여권을 규정한 형사소송법 제243조의2 제1항에서 '정당한 사유'란 변호인이 피의자신문을 방해하거나 수사기밀을 누설할 염려가 있음이 객관적으로 명백한 경우 등을 말하는 것이므로, 수사기관이 피의자신문을 하면서 위와 같은 정당한 사유가 없는데도 변호인에 대하여 피의자로부터 떨어진 곳으로 옮겨 앉으라고 지시를 한 다음 이러한 지시에 따르지 않았음을 이유로 변호인의 피의자신문 참여권을 제한하는 것은 허용될 수 없다(대판 2008.09.12. 2008모793). 형사소송법 제243조의2 제1항 및 검찰사건사무규칙 제22조 제1항 참조.

형사소송법 제243조의2(변호인의 참여 등) ① 검사 또는 사법경찰관은 피의자 또는 그 변호인·법정대리인·배우자·직계친족·형제자매의 신청에 따라 변호인을 피의자와 접견하게 하거나 정당한 사유가 없는 한 피의자에 대한 신문에 참여하게 하여야 한다.
검찰사건사무규칙 제22조(변호인의 피의자신문 등 참여) ① 검사는 법 제243조의2제1항에 따라 피의자 또는 그 변호인·법정대리인·배우자·직계친족·형제자매의 신청이 있는 경우 변호인의 참여로 인하여 신문이 방해되거나, 수사기밀이 누설되는 등 정당한 사유가 있는 경우를 제외하고는 피의자에 대한 신문에 변호인을 참여하게 해야 한다.

정답

15년 변시, 법무부(1)·12년(2)·14년(2)·17년(3)·18년(2) 모의

105. 피의자신문에 참여한 변호인은 신문 후 의견을 진술할 수 있는 것이 원칙이나, 신문 중이라도 부당한 신문방법에 대하여 이의를 제기할 수 있고, 검사 또는 사법경찰관의 승인을 얻어 의견을 진술할 수 있다.

해설 형사소송법 제243조의2 제3항 참조.

형사소송법 제243조의2(변호인의 참여 등) ③ 신문에 참여한 변호인은 신문 후 의견을 진술할 수 있다. 다만, 신문 중이라도 부당한 신문방법에 대하여 이의를 제기할 수 있고, 검사 또는 사법경찰관의 승인을 얻어 의견을 진술할 수 있다.

정답

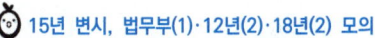
15년 변시, 법무부(1)·12년(2)·18년(2) 모의

106. 수사기관이 변호인의 피의자신문 참여를 부당하게 제한하거나 중단시킨 경우에는 준항고를 통해 다툴 수 있다.

해설 변호인에게 퇴실을 명한 행위는 변호인의 피의자신문 참여권을 침해한 처분에 해당하므로, 이를 이유로 준항고로 다툰 것은 적법하다(대결 2008.09.12. 2008모793).

형사소송법 제417조(준항고) 검사 또는 사법경찰관의 구금, 압수 또는 압수물의 환부에 관한 처분과 제243조의2에 따른 변호인의 참여 등에 관한 처분에 대하여 불복이 있으면 그 직무집행지의 관할법원 또는 검사의 소속검찰청에 대응한 법원에 그 처분의 취소 또는 변경을 청구할 수 있다.

정답

18년(2) 모의

107. 변호인선임에 관한 서면을 제출하지 아니한 변호인도 피의자신문에 참여할 수 있다.

해설 변호인의 선임은 변호인과 선임자가 연명·날인한 서면인 변호인선임서를 제출함으로써 행한다(형사소송법 제32조 제1항). 변호인선임서는 수사단계에서는 검사 또는 사법경찰관에게 제출하여야 하고 변호인은 선임에 의하여 변호인으로서의 권리와 의무가 발생한다(이은모, 형사소송법(제6판), p.99). 따라서 변호인이 되려는 자의 접견을 허용하는 형사소송법 제34조와는 달리 변호인의 참여만을 허용하는 형사소송법 제243조의2의 경우 변호인선임서를 제출하지 않아 선임되지 않은 변호인은 변호인으로서의 권리가 없으므로 피의자신문에 참여할 수 없다(검찰사건사무규칙 제9조의2 제2항 참조).

검찰사건사무규칙 제9조의2(변호인의 피의자신문 참여) ① 「형사소송법」 제243조의2 제1항의 "정당한 사유"란 변호인의 참여로 인하여 신문 방해, 수사기밀 누설 등 수사에 현저한 지장을 초래할 우려가 있다고 인정되는 경우를 말한다.
② 검사는 「형사소송법」 제243조의2제1항의 신청이 있는 경우 신청인에게 변호인 참여 전에 변호인선임에 관한 서면을 제출하도록 하여야 한다.

정답

12년(2) 모의

108. 참여의 기회를 주면 족하며, 참여를 신청한 변호인이 신문장소에 출석하지 아니하거나 출석을 거부한 때에는 변호인의 참여 없이도 신문할 수 있다.

해설 변호인이 피의자신문 과정에 참여하는 것을 허용한다는 것은 참여 기회를 부여한다는 의미이지 참여 없이 신문이 불가능하다는 의미는 아니므로, 참여를 신청한 변호인이 합리적인 시간 내에 참여하지 아니하거나, 출석거부 등 참여할 수 없음이 명백한 경우 변호인의 참여 없이 신문할 수 있다고 볼 것이다.

정답

12년(2) 모의

109. 피의자신문에 참여한 변호인의 의견이 기재된 피의자신문조서는 변호인에게 열람하게 한 후 변호인으로 하여금 기명날인 또는 서명하게 하여야 한다.

해설 변호인의 의견이 기재된 피의자신문조서는 변호인에게 열람하게 한 후 변호인으로 하여금 그 조서에 기명날인 또는 서명하게 하여야 한다(형사소송법 제243조의2 제4항).

형사소송법 제243조의2(변호인의 참여 등) ③ 신문에 참여한 변호인은 신문 후 의견을 진술할 수 있다. 다만, 신문 중이라도 부당한 신문방법에 대하여 이의를 제기할 수 있고, 검사 또는 사법경찰관의 승인을 얻어 의견을 진술할 수 있다.
④ 제3항에 따른 변호인의 의견이 기재된 피의자신문조서는 변호인에게 열람하게 한 후 변호인으로 하여금 그 조서에 기명날인 또는 서명하게 하여야 한다.

정답

23년 변시

110. 수사기관이 피의자신문 시 정당한 사유가 없음에도 변호인 참여를 거부하는 처분을 하는 경우에 변호인은 준항고를 할 수 있다.

해설 변호인의 피의자신문 참여권을 규정한 형사소송법 제243조의2 제1항에서 '정당한 사유'란 변호인이 피의자신문을 방해하거나 수사기밀을 누설할 염려가 있음이 객관적으로 명백한 경우 등을 말하는 것이므로, 수사기관이 피의자신문을 하면서 위와 같은 정당한 사유가 없는데도 변호인에 대하여 피의자로부터 떨어진 곳으로 옮겨 앉으라고 지시를 한 다음 이러한 지시에 따르지 않았음을 이유로 변호인의 피의자신문 참여권을 제한하는 것은 허용될 수 없다(대결 2008.09.12. 2008모793).

…형사소송법 제417조는 검사 또는 사법경찰관의 구금에 관한 처분에 불복이 있으면 법원에 그 처분의 취소 또는 변경을 청구할 수 있다고 규정하고 있는바, 이는 피의자의 구금 또는 구금 중에 행하여지는 검사 또는 사법경찰관의 처분에 대한 유일한 불복방법인 점에 비추어 볼 때, 영장에 의하지 아니한 구금이나 변호인 또는 변호인이 되려는 자와의 접견교통권을 제한하는 처분뿐만 아니라 구금된 피의자에 대한 신문에 변호인의 참여(입회)를 불허하는 처분 역시 구금에 관한 처분에 해당하는 것으로 보아야 한다(대판 2003.11.11. 2003모402).

형사소송법 제243조의2(변호인의 참여 등) ① 검사 또는 사법경찰관은 피의자 또는 그 변호인·법정대리인·배우자·직계친족·형제자매의 신청에 따라 변호인을 피의자와 접견하게 하거나 정당한 사유가 없는 한 피의자에 대한 신문에 참여하게 하여야 한다.
형사소송법 제417조(준항고) 검사 또는 사법경찰관의 구금, 압수 또는 압수물의 환부에 관한 처분과 제243조의2에 따른 변호인의 참여 등에 관한 처분에 대하여 불복이 있으면 그 직무집행지의 관할법원 또는 검사의 소속검찰청에 대응한 법원에 그 처분의 취소 또는 변경을 청구할 수 있다.

정답

3. 변호인의 기록열람·등사권

(1) 기록열람·등사권의 의의

(2) 법원이 보관하고 있는 서류 등의 열람·등사

(3) 수사기관이 보관하고 있는 서류 등의 열람·등사

 23년 변시

111. 피의자 또는 그 변호인은 검사 또는 사법경찰관이 수사 중인 사건에 관한 본인의 진술이 기재된 부분 및 본인이 제출한 서류의 전부 또는 일부에 대한 열람·복사를 신청할 수 있다.

해설 검사와 사법경찰관의 상호협력과 일반적 수사준칙에 관한 규정 제69조 제1항 참조.

검사와 사법경찰관의 상호협력과 일반적 수사준칙에 관한 규정 제69조(수사서류 등의 열람·복사)
① 피의자, 사건관계인 또는 그 변호인은 검사 또는 사법경찰관이 수사 중인 사건에 관한 본인의 진술이 기재된 부분 및 본인이 제출한 서류의 전부 또는 일부에 대해 열람·복사를 신청할 수 있다.

정답

20년(1) 모의

112. 구속적부심사건 피의자의 변호인에게는 수사기록 중 고소장과 피의자신문조서의 내용을 알 권리가 인정된다.

해설 고소로 시작된 형사피의사건의 구속적부심절차에서 피구속자의 변호를 맡은 변호인으로서는 피구속자에 대한 고소장과 경찰의 피의자신문조서를 열람하여 그 내용을 제대로 파악하지 못한다면 피구속자가 무슨 혐의로 고소인의 공격을 받고 있는 것인지 그리고 이와 관련하여 피구속자가 수사기관에서 무엇이라고 진술하였는지 그리고 어느 점에서 수사기관 등이 구속사유가 있다고 보았는지 등을 제대로 파악할 수 없게 되고 그 결과 구속적부심절차에서 피구속자를 충분히 조력할 수 없음이 사리상 명백하므로 위 서류들의 열람은 피구속자를 충분히 조력하기 위하여 변호인에게 반드시 보장되지 않으면 안되는 핵심적 권리이다. 고소로 시작된 형사피의사건의 구속적부심절차에서 피구속자의 변호를 맡은 변호인으로서는 피구속자가 무슨 혐의로 고소인의 공격을 받고 있는 것인지 그리고 이와 관련하여 피구속자가 수사기관에서 무엇이라고 진술하였는지 그리고 어느 점에서 수사기관 등이 구속사유가 있다고 보았는지 등을 제대로 파악하지 않고서는 피구속자의 방어를 충분히 조력할 수 없다는 것은 사리상 너무도 명백하므로 이 사건에서 변호인은 고소장과 피의자신문조서의 내용을 알 권리가 있다(헌재 2003.03.27. 2000헌마474).

정답

 12년(3)·14년(1)·17년(2)·19년(3)·20년(2) 모의

113. (1) 법원의 증거개시에 관한 결정에 대하여는 즉시항고를 할 수 있다.
(2) 법원이 검사에게 열람·등사 또는 서면의 교부를 허용할 것을 명하거나 또는 열람 또는 등사의 시기·방법을 지정하거나 조건·의무를 부과하는 경우, 이러한 법원의 결정에 대하여 검사는 집행정지의 효력이 있는 즉시항고의 방법으로 불복할 수 있다.
(3) 공판준비기일에서 변호인의 증거개시신청에 대하여 법원이 검사에게 수사서류 등의 열람·등사 또는 서면의 교부를 허용할 것을 명하였다면 그 결정에 대하여는 항고할 수 없다.

해설 제1심법원이 변호인의 신청을 받아들여 검사에게 영상녹화물의 열람·등사를 허용할 것을 명하는 취지의 결정을 하였는데, 검사가 그 결정 중 등사를 허용한 부분에 불복한다는 취지로 보통항고를 제기하자 이를 기각하는 결정을 한 사안에서, 대법원은 "형사소송법 제402조는 '법원의 결정에 대하여 불복이 있으면 항고를 할 수 있다. 단, 이 법률에 특별한 규정이 있는 경우에는 예외로 한다.'고 규정하고, 제403조 제1항은 '법원의 관할 또는 판결 전의 소송절차에 관한 결정에 대하여는 특히 즉시항고를 할 수 있는 경우 외에는 항고하지 못한다.'고 규정하고 있다. 그런데 형사소송법 제266조의4에 따라 법원이 검사에게 수사서류 등의 열람·등사 또는 서면의 교부를 허용할 것을 명한 결정은 피고사건 소송절차에서의 증거개시와 관련된 것으로서 제403조에서 말하는 '판결 전의 소송절차에 관한 결정'에 해당한다 할 것인데, 위 결정에 대하여는 형사소송법에서 별도로 즉시항고에 관한 규정을 두고 있지 않으므로 제402조에 의한 항고의 방법으로 불복할 수 없다고 보아야 한다"고 판시하였다(대결 2013.01.24. 2012모1393).

> 형사소송법 제266조의4(법원의 열람·등사에 관한 결정) ① 피고인 또는 변호인은 검사가 서류등의 열람·등사 또는 서면의 교부를 거부하거나 그 범위를 제한한 때에는 법원에 그 서류등의 열람·등사 또는 서면의 교부를 허용하도록 할 것을 신청할 수 있다.
> ② 법원은 제1항의 신청이 있는 때에는 열람·등사 또는 서면의 교부를 허용하는 경우에 생길 폐해의 유형·정도, 피고인의 방어 또는 재판의 신속한 진행을 위한 필요성 및 해당 서류등의 중요성 등을 고려하여 검사에게 열람·등사 또는 서면의 교부를 허용할 것을 명할 수 있다. 이 경우 열람 또는 등사의 시기·방법을 지정하거나 조건·의무를 부과할 수 있다.
> 형사소송법 제402조(항고할 수 있는 재판) 법원의 결정에 대하여 불복이 있으면 항고를 할 수 있다. 단, 이 법률에 특별한 규정이 있는 경우에는 예외로 한다.
> 형사소송법 제403조(판결 전의 결정에 대한 항고) ① 법원의 관할 또는 판결 전의 소송절차에 관한 결정에 대하여는 특히 즉시항고를 할 수 있는 경우 외에는 항고하지 못한다.

정답 ×, ×, ○

🕐 13년·21년 변시, 14년(2)·19년(3) 모의

114. 피고인에게 변호인이 있는 경우에도 피고인은 검사에게 공소제기된 사건에 관한 서류 또는 물건의 목록과 공소사실의 인정 또는 양형에 영향을 미칠 수 있는 서류 등의 열람·등사 또는 서면의 교부를 신청할 수 있다.

해설 증거개시절차에서 변호인이 있는 피고인은 검사가 증거로 신청하게 될 서류의 열람만을 신청할 수 있을 뿐, 등사 또는 서면의 교부를 신청할 수는 없다.

> 형사소송법 제266조의3(공소제기 후 검사가 보관하고 있는 서류 등의 열람·등사) ① 피고인 또는 변호인은 검사에게 공소제기된 사건에 관한 서류 또는 물건(이하 "서류 등"이라 한다)의 목록과 공소사실의 인정 또는 양형에 영향을 미칠 수 있는 다음 서류 등의 열람·등사 또는 서면의 교부를 신청할 수 있다. 다만, 피고인에게 변호인이 있는 경우에는 피고인은 열람만을 신청할 수 있다.

정답 ×

12년(3)·14년(1) 모의

115. 피고인 또는 변호인은 공소제기 후 검사가 보관하고 있는 사건 관련 서류나 물건을 열람·등사할 수 있으며 무기평등의 원칙에 따라 피고인 측도 증거개시의무를 진다.

해설 개정 형사소송법은 피고인 측의 증거개시의무를 인정하고 있다(형사소송법 제266조의3, 제266조의11 제1항 참조).

형사소송법 제266조의3(공소제기 후 검사가 보관하고 있는 서류 등의 열람·등사) ① 피고인 또는 변호인은 검사에게 공소제기 된 사건에 관한 서류 또는 물건(이하 "서류 등"이라 한다)의 목록과 공소사실의 인정 또는 양형에 영향을 미칠 수 있는 다음 서류 등의 열람·등사 또는 서면의 교부를 신청할 수 있다. 다만, 피고인에게 변호인이 있는 경우에는 피고인은 열람만을 신청할 수 있다.
형사소송법 제266조의11(피고인 또는 변호인이 보관하고 있는 서류 등의 열람·등사) ① 검사는 피고인 또는 변호인이 공판기일 또는 공판준비절차에서 현장부재·심신상실 또는 심신미약 등 법률상·사실상의 주장을 한 때에는 피고인 또는 변호인에게 다음 서류 등의 열람·등사 또는 서면의 교부를 요구할 수 있다.

정답 O

19년(3) 모의

116. 검사는 열람·등사 또는 서면의 교부를 거부하거나 그 범위를 제한하는 때에는 14일 이내에 피고인 또는 변호인에게 그 이유를 서면 또는 구두의 방법으로 통지하여야 한다.

해설 형사소송법 제266조의3 제3항 참조.

형사소송법 제266조의3 (공소제기 후 검사가 보관하고 있는 서류 등의 열람·등사) ③ 검사는 열람·등사 또는 서면의 교부를 거부하거나 그 범위를 제한하는 때에는 지체 없이 그 이유를 서면으로 통지하여야 한다.

정답 ×

 13년 변시

117. 피고인 또는 변호인이 검사에게 열람·등사 또는 교부를 신청할 수 있는 서류 등에는 공소사실의 인정 또는 양형에 영향을 미칠 수 있는 서류 또는 물건만 해당되고, 녹음테이프와 비디오테이프 등 특수매체는 사생활 침해 및 전파가능성이 높기 때문에 포함되지 않는다.

해설 녹음테이프·비디오테이프 등의 특수매체도 포함된다(형사소송법 제266조의3 제6항).

형사소송법 제266조의3(공소제기 후 검사가 보관하고 있는 서류 등의 열람·등사) ⑥ 제1항의 서류 등은 도면·사진·녹음테이프·비디오테이프·컴퓨터용 디스크, 그 밖에 정보를 담기 위하여 만들어진 물건으로서 문서가 아닌 특수매체를 포함한다. 이 경우 특수매체에 대한 등사는 필요 최소한의 범위에 한한다.

정답 ×

12년(3)·14년(1) 모의

118. 증거개시의 대상이 되는 '공소사실의 인정 또는 양형에 영향을 미칠 수 있는 서류 등'에는 검사가 증인으로 신청할 사람의 성명·사건과의 관계 등을 기재한 서면 또는 그 사람이 공판기일 전에 행한 진술을 기재한 서류 등과 위 서류 등의 증명력에 관련된 서류 등 피고인 또는 변호인이 행한 법률상·사실상 주장과 관련된 서류 등이 포함된다.

해설 형사소송법 제266조의3 제1항 참조.

형사소송법 제266조의3(공소제기 후 검사가 보관하고 있는 서류 등의 열람·등사) ① 피고인 또는 변호인은 검사에게 공소제기 된 사건에 관한 서류 또는 물건(이하 "서류 등"이라 한다)의 목록과 공소사실의 인정 또는 양형에 영향을 미칠 수 있는 다음 서류 등의 열람·등사 또는 서면의 교부를 신청할 수 있다. 다만, 피고인에게 변호인이 있는 경우에는 피고인은 열람만을 신청할 수 있다.
 1. 검사가 증거로 신청할 서류등
 2. 검사가 증인으로 신청할 사람의 성명·사건과의 관계 등을 기재한 서면 또는 그 사람이 공판기일 전에 행한 진술을 기재한 서류등
 3. 제1호 또는 제2호의 서면 또는 서류등의 증명력과 관련된 서류등
 4. 피고인 또는 변호인이 행한 법률상·사실상 주장과 관련된 서류 등(관련 형사재판확정기록, 불기소처분기록 등을 포함한다)

정답 O

 13년 변시

119. 검사는 피고인 또는 변호인의 신청이 있는 경우 서류 등의 목록에 대하여는 열람 또는 등사를 거부할 수 없다.

해설 검사는 상당한 이유가 있다고 인정하는 때에는 열람·등사 또는 서면의 교부를 거부하거나 그 범위를 제한할 수 있으나(형사소송법 제266조의3 제2항), 그러한 경우에도 서류 등의 목록에 대하여는 열람 또는 등사를 거부할 수 없다(동조 제5항).

형사소송법 제266조의3(공소제기 후 검사가 보관하고 있는 서류 등의 열람·등사) ② 검사는 국가안보, 증인보호의 필요성, 증거인멸의 염려, 관련 사건의 수사에 장애를 가져올 것으로 예상되는 구체적인 사유 등 열람·등사 또는 서면의 교부를 허용하지 아니할 상당한 이유가 있다고 인정하는 때에는 열람·등사 또는 서면의 교부를 거부하거나 그 범위를 제한할 수 있다.
⑤ 검사는 제2항에도 불구하고 서류 등의 목록에 대하여는 열람 또는 등사를 거부할 수 없다.

정답   O

12년(3) 모의

120. 피고인 또는 변호인은 검사가 서류 등의 열람·등사 또는 서면의 교부를 거부하거나 그 범위를 제한한 때에는 법원에 그 서류 등의 열람·등사 또는 서면의 교부를 허용하도록 할 것을 신청할 수 있다.

해설 형사소송법 제266조의4 제1항 참조.

형사소송법 제266조의4(법원의 열람·등사에 관한 결정) ① 피고인 또는 변호인은 검사가 서류등의 열람·등사 또는 서면의 교부를 거부하거나 그 범위를 제한한 때에는 법원에 그 서류등의 열람·등사 또는 서면의 교부를 허용하도록 할 것을 신청할 수 있다.

정답 O

(4) 피고인 또는 변호인의 증거개시

🕐 13년 변시

121. 검사는 피고인 또는 변호인이 공판기일 또는 공판준비절차에서 현장부재·심신상실 또는 심신미약 등 법률상·사실상의 주장을 한 때에는 피고인 또는 변호인에게 그 주장과 관련된 서류 등의 열람·등사 또는 서면의 교부를 요구할 수 있다.

해설 형사소송법 제266조의11 제1항 참조.

형사소송법 제266조의11(피고인 또는 변호인이 보관하고 있는 서류등의 열람·등사) ① 검사는 피고인 또는 변호인이 공판기일 또는 공판준비절차에서 현장부재·심신상실 또는 심신미약 등 법률상·사실상의 주장을 한 때에는 피고인 또는 변호인에게 다음 서류등의 열람·등사 또는 서면의 교부를 요구할 수 있다.
1. 피고인 또는 변호인이 증거로 신청할 서류등
2. 피고인 또는 변호인이 증인으로 신청할 사람의 성명, 사건과의 관계 등을 기재한 서면
3. 제1호의 서류등 또는 제2호의 서면의 증명력과 관련된 서류등
4. 피고인 또는 변호인이 행한 법률상·사실상의 주장과 관련된 서류등

정답 O

12년(3) 모의

122. 검사가 피고인의 심신장애와 관련된 서류 등의 열람·등사를 법원에 신청하고 법원이 그 열람·등사를 명하였음에도 피고인이 이를 불이행하였다면 피고인은 해당 서류 등에 대한 증거신청을 할 수 없을 뿐만 아니라 법원이 직권으로 그에 대한 증거조사를 할 수도 없다.

해설 증거개시제도는 검사보유의 증거뿐만 아니라 피고인 측 보유 증거에 대해서도 인정된다(형사소송법 제266조의11 제1항). 피고인의 방어권을 부당하게 침해하지 않도록 하기 위해 피고인 또는 변호인이 공판기일 또는 공판준비절차에서 현장부재·심신상실 또는 심신미약 등 법률상·사실상의 주장을 한 때에 비로소 증거개시를 요구할 수 있도록 하여 시간적으로 제약을 가하고 있다. 검사는 피고인 또는 변호인이 제1항에 따른 요구를 거부한 때에는 법원에 그 서류 등의 열람·등사 또는 서면의 교부를 허용하도록 할 것을 신청할 수 있으며(형사소송법 제266조의11 제3항), 피고인 측이 증거개시에 관한 법원의 결정을 지체없이 이행하지 아니할 때에는 해당 증인 및 서류에 대한 증거신청을 할 수 없다(형사소송법 제266조의11 제4항에서 제266조의4 제5항의 증거신청권의 박탈 규정이 준용). 다만 이러한 경우에도 법원은 필요한 경우에 직권으로 증거를 조사할 수 있다(형사소송법 제266조의13 제2항).

정답 ×

제2장 소송행위와 소송조건

제1절 소송행위의 의의와 종류

제2절 소송행위의 일반적 요소

I 소송행위의 주체

16년(1) 모의

123. 피고인이 법인인 때에는 그 대표자가 소송행위를 대표하며 수인이 공동하여 법인을 대표하는 경우에는 소송행위에 관하여도 공동으로 대표한다.

해설 형사소송법 제27조 제1항, 제2항 참조.

제27조(법인과 소송행위의 대표) ① 피고인 또는 피의자가 법인인 때에는 그 대표자가 소송행위를 대표한다. ② 수인이 공동하여 법인을 대표하는 경우에도 소송행위에 관하여는 각자가 대표한다.

정답

II 소송행위의 내용
III 소송행위의 방식

1. 소송행위의 방식

21년(1) 모의

124. 소송에 관한 서류는 공판의 개정 전에는 공익상 필요 기타 상당한 이유가 없으면 공개하지 못한다.

해설 형사소송법 제47조 참조.

형사소송법 제47조(소송서류의 비공개) 소송에 관한 서류는 공판의 개정 전에는 공익상 필요 기타 상당한 이유가 없으면 공개하지 못한다.

정답

2. 서류의 송달

14년(2)·16년(3) 모의

125. 변호인이 선임된 사안에서 공소장변경신청서 부본은 피고인과 변호인 모두에게 송달하여야 한다.

■해설 형사소송규칙 제142조 제3항은 공소장변경허가신청서가 제출된 경우 법원은 그 부본을 피고인 또는 변호인에게 즉시 송달하여야 한다고 규정하고 있는데, 피고인과 변호인 모두에게 부본을 송달하여야 하는 취지가 아님은 문언상 명백하므로, 공소장변경신청서 부본을 피고인과 변호인 중 어느 한 쪽에 대해서만 송달하였다고 하여 절차상 잘못이 있다고 할 수 없다(대판 2013.07.12. 2013도5165).

정답

18년(1) 모의

126. 다른 사건으로 신체구속을 당한 자에게는 송달영수인에 관한 규정을 적용하지 않는다.

■해설 형사소송법 제60조 제4항이 규정한 신체구속을 당한 자라 함은 그 사건에서 신체를 구속 당한 자를 가리키는 것이요 다른 사건으로 신체구속을 당한 자는 여기에 해당되지 아니한다고 보는 것이 상당하므로 다른 사건으로 신체구속을 당한 자로서는 이 강도상해사건에 관하여는 송달받기 위한 신고의무를 면제받을 수 없는 것이다(대결 1976.11.10. 76모69).

정답

16년(1)·18년(1) 모의

127. 교도소 또는 구치소에 구속된 자에 대한 송달은 그 소장에게 송달하면 구속된 자에게 전달된 여부와 관계없이 효력이 발생한다.

■해설 교도소 또는 구치소에 구속된 자에 대한 송달은 그 소장에게 송달하면 구속된 자에게 전달된 여부와 관계없이 그 효력이 생긴다(대판 1992.03.10. 91도3237).
▶ 형사소송법은 서류의 송달에 관하여 법률에 다른 규정이 없는 때에는 민사소송법을 준용하며(형사소송법 제65조), 민사소송법에서는 교도소·구치소 또는 국가경찰관서의 유치장에 체포·구속 또는 유치된 사람에게 할 송달은 교도소·구치소 또는 국가경찰관서의 장에게 한다고 규정하고 있다(민사소송법 제182조).

정답

18년(1) 모의

128. 법원이 수감 중인 피고인에 대하여 공소장 부본과 피고인소환장 등을 종전 주소지 등으로 송달하거나 공시송달의 방법으로 송달하였다면 이는 위법하다.

■해설 피고인이 구치소나 교도소 등에 수감 중에 있는 경우는 형사소송법 제63조 제1항에 규정된 '피고인의 주거, 사무소, 현재지를 알 수 없는 때'나 '소송촉진 등에 관한 특례법' 제23조에 규정된 '피고인의 소재를 확인할 수 없는 경우'에 해당한다고 할 수 없으므로, 법원이 수감 중인 피고인에

대하여 공소장 부본과 피고인소환장 등을 종전 주소지 등으로 송달한 경우는 물론 공시송달의 방법으로 송달하였더라도 이는 위법하다고 보아야 한다. 따라서 법원은 주거, 사무소, 현재지 등 소재가 확인되지 않는 피고인에 대하여 공시송달을 할 때에는 검사에게 주소보정을 요구하거나 기타 필요한 조치를 취하여 피고인의 수감 여부를 확인할 필요가 있다(대판 2013.06.27. 2013도2714).

정답

18년(1) 모의

129. 피고인이 재판권이 미치지 않는 장소에 있는 경우에는 공시송달을 할 수 없다.

해설 형사소송법 제63조 참조.

> 형사소송법 제63조(공시송달의 원인) ① 피고인의 주거, 사무소와 현재지를 알 수 없는 때에는 공시송달을 할 수 있다.
> ② 피고인이 재판권이 미치지 아니하는 장소에 있는 경우에 다른 방법으로 송달할 수 없는 때에도 전항과 같다.

정답

18년(1) 모의

130. 최초의 공시송달은 법원게시장에 공시한 날로부터 2주일을 경과하면 그 효력이 생기고, 2회 이후의 공시송달은 5일을 경과하면 그 효력이 있다.

해설 형사소송법 제64조 참조.

> 형사소송법 제64조(공시송달의 방식) ④ 최초의 공시송달은 제2항의 공시를 한 날로부터 2주일을 경과하면 그 효력이 생긴다. 단, 제2회이후의 공시송달은 5일을 경과하면 그 효력이 생긴다.

정답

12년(2) 모의

131. 공시송달의 방법으로 소환한 피고인이 불출석하는 경우 다시 공판기일을 지정하고 공시송달의 방법으로 피고인을 재소환한 후 그 기일에도 피고인이 불출석하여야 비로소 피고인의 불출석 상태에서 재판절차를 진행할 수 있다.

해설 소송촉진 등에 관한 특례규칙 제19조 제2항의 규정에 의하면, 제1심 공판절차에서 피고인에 대한 소환이 공시송달로 행하여지는 경우에도 법원이 피고인의 진술 없이 재판을 하기 위하여는 공시송달의 방법으로 소환받은 피고인이 2회 이상 불출석할 것이 요구된다. 그러므로 공시송달의 방법으로 소환한 피고인이 불출석하는 경우 다시 공판기일을 지정하고 공시송달의 방법으로 피고인을 재소환한 후 그 기일에도 피고인이 불출석하여야 비로소 피고인의 불출석 상태에서 재판절차를 진행할 수 있다(대판 2011.05.13. 2011도1094).

정답

Ⅳ 소송행위의 일시와 장소

21년(1) 모의

132. 「형사소송법」 제318조의4 제1항 및 제3항에서 규정하고 있는 판결선고기간은 불변기간 또는 효력기간에 해당하여 기간이 경과한 소송행위는 무효가 된다.

> **해설** 불변기간이란 기간이 경과한 후에 행한 소송행위는 무효가 되는 경우로서 원칙적으로 연장이 허용되지 않는 기간을 말하며, 효력기간이라고도 한다. 불변기간은 법정기간의 일종으로 법원 이외의 당사자 등 소송관계인 등이 행하는 소송행위 중에 많으며 기간이 경과한 소송행위는 무효가 되므로 실무에서도 가장 중요한 고려사항이 되고 있다. … 훈시기간이란 기간이 경과한 후에 행한 소송행위도 그 효력에 영향이 없는 기간을 말한다. … 고소고발사건의 처리기간(법 제257조), 재정결정기간(법 제262조), 보석 등의 결정기한(규칙 55조), 판결선고기간(법 제318조의4 제1항, 제3항), 항소사건 및 상고사건에 있어서 소송기록과 증거물의 송부기간(법 제361조, 제377조), 사형집행명령의 시기(법 제465조) 등이 이에 해당한다(이창현, 형사소송법 제3판, p.163). ▶ 형사소송법 제318조의4 제3항 참조.

> **형사소송법 제318조의4(판결선고기일)** ① 판결의 선고는 변론을 종결한 기일에 하여야 한다. 다만, 특별한 사정이 있는 때에는 따로 선고기일을 지정할 수 있다.
> ② 변론을 종결한 기일에 판결을 선고하는 경우에는 판결의 선고 후에 판결서를 작성할 수 있다.
> ③ 제1항 단서의 선고기일은 변론종결 후 14일 이내로 지정되어야 한다.

정답

제3절 소송행위의 가치판단

Ⅰ 소송행위의 해석

Ⅱ 소송행위의 성립과 불성립

12년(2)·14년(1)·13년(3)·16년(2)·21년(3) 모의

133.
(1) 소송행위로서 요구되는 본질적인 개념요소가 결여되어 소송행위로 성립되지 아니한 경우에는, 소송행위가 성립되었으나 무효인 경우와는 달리 하자의 치유문제는 발생하지 않으나, 추후 당해 소송행위가 적법하게 이루어진 경우에는 그 때부터 위 소송행위가 성립된 것으로 볼 수 있다.

(2) 원래 공소제기가 없었음에도 피고인의 소환이 이루어지는 등 사실상의 소송계속이 발생한 상태에서 검사가 약식명령을 청구하는 공소장을 제1심법원에 제출하면, 소송계속의 발생시로 소급하여 공소제기의 효력이 인정된다.

(3) 원래 공소제기가 없었음에도 피고인의 소환이 이루어지는 등 사실상의 소송계속이 발생한 상태에서 검사가 약식명령을 청구하는 공소장을 제1심법원에 제출하고, 위 공소장에 기하여 공판절차를 진행한 경우 제1심법원은 공소를 기각하여야 한다.

■해설 [1] 소송행위가 성립하기 위하여는 소송행위에 요구되는 소송법상의 정형을 충족하기 위한 본질적 개념요소를 구비하여야 할 것이고, 공소제기는 법원에 대하여 특정한 형사사건의 심판을 요구하는 검사의 법률행위적 소송행위로서 형사소송법 제254조 제1항은 공소를 제기함에는 공소장을 관할법원에 제출하여야 하도록 규정하고, 같은 조 제3항은 위 공소장에는 피고인의 성명 기타 피고인을 특정할 수 있는 사항, 죄명, 공소사실, 적용법조 등 일정한 사항을 기재하도록 하고 있는바, 형사소송법이 공소의 제기에 관하여 위와 같은 서면주의와 엄격한 요식행위를 채용한 것은 공소의 제기에 의해서 법원의 심판이 개시되므로, 심판을 구하는 대상(공소사실 및 피고인)을 명확하게 하고 피고인의 방어권을 보장하기 위한 것이라 할 것이어서 검사에 의한 공소장의 제출은 공소제기라는 소송행위가 성립하기 위한 본질적 요소라고 보아야 할 것이므로, 이러한 공소장의 제출이 없는 경우에는 소송행위로서의 공소제기가 성립되었다고 할 수 없다. [2] 공소장의 제출이 없어 공소제기가 성립하지 않았다고 볼 경우에 추후 공소장이 법원에 제출되었다면 그 제출시에 공소제기가 있다고 볼 수 있는지 여부(적극) : 소송행위로서 요구되는 본질적인 개념요소가 결여되어 소송행위로 성립되지 아니한 경우에는 소송행위가 성립되었으나 무효인 경우와는 달리 하자의 치유문제는 발생하지 않으나, 추후 당해 소송행위가 적법하게 이루어진 경우에는 그 때부터 위 소송행위가 성립된 것으로 볼 수 있다(대판 2003.11.14. 2003도2735).

■판례 (3) 기록에 의하면, 제1심법원은 이 사건에 대하여 공소제기가 있는 것으로 보고 사건번호를 부여하고 2002. 12. 27.을 제1회 공판기일로 정한 다음 피고인을 소환하였고, 제1회 공판기일에서 피고인에 대하여 인정심문을 한 다음 공소제기 절차상의 문제점을 검토하기 위하여 공판기일을 연기한 사실, 검사는 2003. 1. 21. 피고인에 대하여 벌금 50,000원의 형을 구하는 약식명령을 청구하는 공소장을 제출하였고, 이에 따라 제1심법원은 2002. 1. 22.에 실시된 제2회 공판기일에서 피고인에 대하여 인정심문을 다시 실시하고, 피고인에게 진술거부권을 고지한 다음 검사가 제출한 위 공소장에 의하여 피고인 신문절차를 진행하였으며, 피고인이 공소사실을 부인하자, 검사로부터 증거를 제출받아 증거조사를 거치는 등 공판기일을 진행한 사실이 인정된다. 그렇다면 이 사건은 원래 공소제기가 없었음에도 피고인의 소환이 이루어지는 등 사실상의 소송계속이 발생한 상태에서 검사가 약식명령을 청구하는 공소장을 제1심법원에 제출하여 이 때 비로소 적법한 공소제기가 있게 되었다고 할 수 있고, … (대판 2003.11.14. 2003도2735).

■정답 ○, ×, ×

23년(1) 모의

134. 법원이 경찰서장의 즉결심판 청구를 기각하여 경찰서장이 사건을 관할 지방검찰청으로 송치하였으나 검사가 이를 즉결심판에 대한 피고인의 정식재판청구가 있는 사건으로 오인하여 그 사건기록을 법원에 송부하였다면, 공소제기가 성립되었다고 볼 수 있다.

■해설 … 이 사건의 경우와 같은 즉결심판 청구기각의 결정이 있어 경찰서장이 관할 지방검찰청 또는 지청의 장에게 송치한 사건의 경우에는 검사만이 공소를 제기할 수 있고, 공소를 제기할 경우에는 검사는 형사소송법 제254조에 따른 공소장을 작성하여 법원에 제출하여야 할 것임에도, 검사가 이를 즉결심판에 대한 피고인의 정식재판청구가 있은 사건으로 오인하여 그 사건기록을 법원에 송부한 경우에는 이러한 검사의 사건기록 송부행위는 외관상 즉결심판에 대한 피고인의 정식재판청구가 있는 사건의 사건기록 송부행위와 차이가 없다고 할지라도, 공소제기의 본질적 요소라고 할 수 있는 검사에 의한 공소장의 제출이 없는 이상 기록을 법원에 송부한 사실만으로 공소제기가 성립되었다고 볼 수 없다 할 것이고, 따라서 이러한 경우에는 소송행위로서의 공소제기가 있었으나 공소제기의 절차가 법률의 규정에 위반하여 무효인 경우에 해당한다고 할 수 없다(대판 2003.11.14. 2003도2735).

■정답

Ⅲ 소송행위의 유효와 무효

1. 소송행위의 유효와 무효의 의의
2. 무효의 원인

17년(3) 모의

135. 교도관이 내어 주는 상소권포기서를 항소장으로 잘못 믿은 채 확인도 하지 않고 서명·무인한 경우, 그 항소포기는 유효하지 않다.

▸해설 항소포기와 같은 절차형성적 소송행위가 착오로 인하여 행하여진 경우 그 행위가 무효로 되기 위하여는 그 착오가 행위자 또는 대리인이 책임질 수 없는 사유로 발생하였을 것이 요구된다. 교도관이 내어 주는 상소권포기서를 항소장으로 잘못 믿은 나머지 이를 확인하여 보지도 않고 서명 무인한 경우, 항소포기가 유효하다(대판 1995.08.17. 95모49).

정답 ×

23년(1) 모의

136. "변호인의 선임은 심급마다 변호인과 연명날인한 서면으로 제출하여야 한다"고 규정하고 있는 「형사소송법」 제32조 제1항의 변호인선임신고서는 특별한 사정이 없는 한 원본을 의미한다고 할 것이고, 사본은 이에 해당하지 않는다.

▸해설 … 형사소송법 제32조 제1항 은 " 변호인의 선임은 심급마다 변호인과 연명날인한 서면으로 제출하여야 한다. " 고 규정하고 있는바, 위 규정에서 말하는 변호인선임신고서는 특별한 사정이 없는 한 원본을 의미한다고 할 것이고, 사본은 이에 해당하지 않는다고 할 것이다(대결 2005.01.20. 2003모429).

정답 ○

17년(3)·22년(3) 모의

137. 변호인선임신고서를 제출하지 아니한 변호인이 변호인 명의로 약식명령에 대한 정식재판청구서만 제출하고 정식재판청구기간 경과 후에 비로소 변호인선임신고서를 제출한 경우 이 정식재판청구서는 정식재판청구로서의 효력이 없다.

▸해설 정식재판청구서에 첨부된 변호인선임신고서가 원본이 아닌 사본이어서 적법한 변호인선임신고서가 아니고, 변호인선임신고서 원본을 첨부하여 다시 접수한 정식재판청구서는 정식재판청구기간 이후에 제출된 것이라는 이유로 적법한 정식재판청구가 이루어지지 않았다(대결 2005.01.20. 2003모429).

정답 ○

3. 무효의 치유
(1) 의 의
(2) 소송행위의 추완

17년(3) 모의

138. 세무공무원의 고발 없이 조세범칙사건의 공소가 제기된 후에 세무공무원이 고발을 하여도 그 공소절차의 무효는 치유되지 않는다.

> **해설** 세무공무원의 고발 없이 조세범칙사건의 공소가 제기된 후에 세무공무원이 고발을 하여도 그 공소절차의 무효가 치유된다고 할 수 없다(대판 1970.07.28. 70도942).

정답 O

 17년 변시, 14년(1)·16년(1) 모의

139. 친고죄는 피해자의 고소가 있어야 공소를 제기할 수 있고 공소제기 이후 고소의 추완은 허용되지 아니하며, 이는 비친고죄로 기소되었다가 친고죄로 공소장이 변경되는 경우에도 동일하다.

> **해설** 강간죄는 친고죄로서 피해자의 고소가 있어야 죄를 논할 수 있고 기소 이후의 고소의 추완은 허용되지 아니한다 할 것이며 이는 비친고죄인 강간치사죄로 기소되었다가 친고죄인 강간죄로 공소장이 변경되는 경우에도 동일하다 할 것이니, 강간치사죄의 공소사실을 강간죄로 변경한 후에 이르러 비로소 피해자의 부가 고소장을 제출한 경우에는 강간죄의 공소 제기절차는 법률의 규정에 위반하여 무효인 때에 해당한다(대판 1982.09.14. 82도1504). ▶ 다만 강간죄를 친고죄로 규정한 형법 제306조는 2012. 12. 18. 형법 개정으로 삭제되었으므로 현행법상은 친고죄가 아니다.

정답 O

15년(3)·16년(2)·20년(3)·22년(3)·23년(3) 모의

140. 검사의 기명날인 또는 서명이 없는 상태로 관할법원에 공소장이 제출된 경우 그 공소의 제기는 특별한 사정이 없는 한 무효이나, 공소를 제기한 검사가 공소장에 기명날인 또는 서명을 추완하는 등의 방법에 의하여 공소의 제기가 유효하게 될 수 있다.

> **해설** 형사소송법 제254조 제1항은 "공소를 제기함에는 공소장을 관할법원에 제출하여야 한다."고 정한다. 한편 형사소송법 제57조 제1항은 "공무원이 작성하는 서류에는 법률에 다른 규정이 없는 때에는 작성 연월일과 소속공무소를 기재하고 기명날인 또는 서명하여야 한다."고 정하고 있다. 여기서 '공무원이 작성하는 서류'에는 검사가 작성하는 공소장이 포함되므로, 검사의 기명날인 또는 서명이 없는 상태로 관할법원에 제출된 공소장은 형사소송법 제57조 제1항에 위반된 서류라 할 것이다. 그리고 이와 같이 법률이 정한 형식을 갖추지 못한 공소장 제출에 의한 공소의 제기는 특별한 사정이 없는 한 그 절차가 법률의 규정에 위반하여 무효인 때(형사소송법 제327조 제2호)에 해당한다. 다만 이 경우 공소를 제기한 검사가 공소장에 기명날인 또는 서명을 추완하는 등의 방법에 의하여 공소의 제기가 유효하게 될 수 있다(대판 2012.09.27. 2010도17052).

정답 O

24년 변시

141. **피고인을 특정하지 않은 공소제기임에도 피고인과 변호인이 이의를 제기하지 않고 변론에 응하였다면 그 공소제기의 하자는 치유된다.**

해설 [1] 형사소송법이 공소의 제기에 관하여 서면주의와 엄격한 요식행위를 채용한 것은 공소의 제기에 의해서 법원의 심판이 개시되므로 심판을 구하는 대상을 명확하게 하고 피고인의 방어권을 보장하기 위한 것이다. 따라서 위와 같은 엄격한 형식과 절차에 따른 공소장의 제출은 공소제기라는 소송행위가 성립하기 위한 본질적 요소라고 할 것이므로, 공소의 제기에 현저한 방식 위반이 있는 경우에는 공소제기의 절차가 법률의 규정에 위반하여 무효인 경우에 해당하고, 위와 같은 절차위배의 공소제기에 대하여 피고인과 변호인이 이의를 제기하지 아니하고 변론에 응하였다고 하여 그 하자가 치유되지는 않는다.
[2] 검사가 공판기일에서 피고인 등이 특정되어 있지 않은 공소장변경허가신청서를 공소장에 갈음하는 것으로 구두진술하고 피고인과 변호인이 이의를 제기하지 않은 사안에서, 이를 적법한 공소제기로 볼 수 없다고 본 사례(대판 2009.2.26. 2008도11813).

형사소송법 제254조(공소제기의 방식과 공소장) ③공소장에는 다음 사항을 기재하여야 한다.
1. 피고인의 성명 기타 피고인을 특정할 수 있는 사항
형사소송규칙 제117조(공소장의 기재요건) ①공소장에는 법 제254조제3항에 규정한 사항외에 다음 각호의 사항을 기재하여야 한다. <개정 1996. 12. 3., 2007. 10. 29.>
1. 피고인의 주민등록번호 등, 직업, 주거 및 등록기준지. 다만, 피고인이 법인인 때에는 사무소 및 대표자의 성명과 주소
2. 피고인이 구속되어 있는지 여부

정답

15년(3) 모의

142. **검사가 공판기일에 피고인 등이 특정되어 있지 않은 공소장변경허가신청서를 공소장에 갈음하는 것으로 구두진술하였다면, 이는 공소제기의 절차가 법률의 규정에 위반하여 무효인 경우이므로 피고인과 변호인이 이에 대하여 이의를 제기하지 않았다고 하더라도 그 하자가 치유되지 않는다.**

해설 [1] 형사소송법이 공소의 제기에 관하여 서면주의와 엄격한 요식행위를 채용한 것은 공소의 제기에 의해서 법원의 심판이 개시되므로 심판을 구하는 대상을 명확하게 하고 피고인의 방어권을 보장하기 위한 것이다. 따라서 위와 같은 엄격한 형식과 절차에 따른 공소장의 제출은 공소제기라는 소송행위가 성립하기 위한 본질적 요소라고 할 것이므로, 공소의 제기에 현저한 방식 위반이 있는 경우에는 공소제기의 절차가 법률의 규정에 위반하여 무효인 경우에 해당하고, 위와 같은 절차위배의 공소제기에 대하여 피고인과 변호인이 이의를 제기하지 아니하고 변론에 응하였다고 하여 그 하자가 치유되지는 않는다. [2] 검사가 공판기일에서 피고인 등이 특정되어 있지 않은 공소장변경허가신청서를 공소장에 갈음하는 것으로 구두진술하고 피고인과 변호인이 이의를 제기하지 않은 경우, 이를 적법한 공소제기로 볼 수 없다(대판 2009.02.26. 2008도11813).

정답

22년(2) 모의

143. 피해자가 협박죄로 고소하였다가 그 고소를 취소한 경우 검사가 공소를 제기할 당시에는 그 범죄사실을 협박죄로 기소하였지만 그 후 공갈미수로 공소장 변경이 허용된 이상 그 공소제기의 하자는 치유된다.

해설 공갈죄의 수단으로서 한 협박은 공갈죄에 흡수될 뿐 별도로 협박죄를 구성하지 않으므로, 그 범죄사실에 대한 피해자의 고소는 결국 공갈죄에 대한 것이라 할 것이어서 그 후 고소가 취소되었다 하여 공갈죄로 처벌하는 데에 아무런 장애가 되지 아니하며, 검사가 공소를 제기할 당시에는 그 범죄사실을 협박죄로 구성하여 기소하였다 하더라도, 그 후 공판 중에 기본적 사실관계가 동일하여 공소사실을 공갈미수로 공소장 변경이 허용된 이상 그 공소제기의 하자는 치유된다(대판 1996.09.24. 96도2151).

정답 O

15년 변시, 11년(1)·16년(1) 모의

144. 변호인이 될 자가 변호인선임서를 제출하지 아니한 채 항소이유서를 제출하고, 이유서 제출기간 경과 후에 선임서를 제출한 경우 위 항소이유서 제출은 적법·유효하다고 할 수 없다.

해설 판례는 변호인 선임신고를 하기 전에 항소이유서를 제출하고 항소이유서 제출기간이 도과한 후에 변호인 선임서를 제출한 경우 항소이유서의 효력을 부인하였으며(대결 1969.10.04. 69모68), 정식재판 청구와 관련하여 동일한 취지로 판시한 바 있다.

판례 변호인선임신고서를 제출하지 아니한 변호인이 변호인 명의로 정식재판청구서만 제출하고, 형사소송법 제453조 제1항이 정하는 정식재판청구기간 경과 후에 비로소 변호인선임신고서를 제출한 경우, 변호인 명의로 제출한 위 정식재판청구서는 적법·유효한 정식재판청구로서의 효력이 없다(대결 2005.01.20. 2003모429).

정답 O

(3) 공격·방어방법의 소멸에 의한 하자의 치유

4. 소송행위의 취소와 철회

17년(3) 모의

145. 「형사소송법」 제318조에 의하여 증거로 할 수 있음을 동의한 경우, 제1심에서 한 증거동의를 제2심에서 취소 또는 철회할 수 있다.

해설 형사소송법 제318조에 규정된 증거동의의 의사표시는 증거조사가 완료되기 전까지 취소 또는 철회할 수 있으나, 일단 증거조사가 완료된 뒤에는 취소 또는 철회가 인정되지 아니하므로 제1심에서 한 증거동의를 제2심에서 취소할 수 없고, 일단 증거조사가 종료된 후에 증거동의의 의사표시를 취소 또는 철회하더라도 취소 또는 철회 이전에 이미 취득한 증거능력이 상실되지 않는다(대판 1996.12.10. 96도2507).

정답 ×

Ⅳ 소송행위의 적법과 부적법

17년(3)·20년(2)·22년(1) 모의

146. 몰수나 추징의 선고는 본안 종국판결에 부수되는 처분에 불과한 것이므로, 피고인이 몰수나 추징에 대하여만 항소를 제기하였다면 항소심법원은 상소를 기각해야 한다.

해설 피고사건의 재판 가운데 몰수 또는 추징에 관한 부분만을 불복대상으로 삼아 상소가 제기되었다 하더라도, 상소심으로서는 이를 적법한 상소제기로 다루어야 하고, 그 부분에 대한 상소의 효력은 그 부분과 불가분의 관계에 있는 본안에 관한 판단 부분에까지 미쳐 그 전부가 상소심으로 이심된다(대판 2008.11.20. 2008도5596).

정답

제4절 소송조건

1. 소송조건의 의의와 종류

2. 소송조건의 조사와 흠결

20년(3) 모의

147. 법원은 직권으로 소송조건의 존부를 조사하여야 한다.

해설 소송조건의 존부에 대해서 수사절차에서는 수사기관이, 공판절차에서는 법원이 직권으로 조사하여야 하는 것이 원칙이다(이창현, 형사소송법 제3판, p.188).

정답

20년(3) 모의

148. 법원이 교통사고처리특례법 위반사건에서 소송조건이 결여되어 공소기각의 판결을 하여야 하는 경우라도 사건의 실체에 관한 심리가 이미 완료된 때에는 피고인의 이익을 위하여 예외적으로 무죄판결을 선고하여도 위법하지는 않다.

해설 교통사고처리 특례법 제3조 제1항, 제2항 단서, 형법 제268조를 적용하여 공소가 제기된 사건에서, 심리 결과 교통사고처리 특례법 제3조 제2항 단서에서 정한 사유가 없고 같은 법 제3조 제2항 본문이나 제4조 제1항 본문의 사유로 공소를 제기할 수 없는 경우에 해당하면 공소기각의 판결을 하는 것이 원칙이다. 그런데 사건의 실체에 관한 심리가 이미 완료되어 교통사고처리 특례법 제3조 제2항 단서에서 정한 사유가 없는 것으로 판명되고 달리 피고인이 같은 법 제3조 제1항의 죄를 범하였다고 인정되지 않는 경우, 같은 법 제3조 제2항 본문이나 제4조 제1항 본문의 사유가 있더라도, 사실심법원이 피고인의 이익을 위하여 교통사고처리특례법 위반의 공소사실에 대하여 무죄의 실체판결을 선고하였다면, 이를 위법이라고 볼 수는 없다(대판 2015.05.14. 2012도11431).

정답

20년(3), 21년(1)·22년(1)(3) 모의

149. 항소심은 피고인이 반의사불벌죄에 있어서 처벌불원의 의사표시의 부존재를 항소이유로 주장하지 않은 경우에는 제1심판결 선고 전에 처벌불원의 의사표시가 있었는지 여부를 직권으로 조사·판단할 필요는 없다.

> **해설** 이른바 반의사불벌죄에 있어서 처벌불원의 의사표시의 부존재는 소극적 소송조건으로서 직권조사사항이라 할 것이므로 당사자가 항소이유로 주장하지 아니하였다고 하더라도 원심은 이를 직권으로 조사·판단하여야 한다(대판 2002.03.15. 2002도158).

정답 ×

20년(3) 모의

150. 소송조건이 결여되어 공소기각의 판결이 선고되었더라도 사후에 그 소송조건이 보완된 때에는 동일한 범죄사실에 대하여 다시 공소를 제기할 수 있다.

> **해설** 공소기각재판이 선고 또는 고지되면 소송은 그 심급에서 종결된다. 공소기각재판은 형식재판이므로 일사부재리의 효력이 발생하지 않는다. 그러므로 소송조건을 보완하여 다시 공소제기를 할 수 있다(임동규, 형사소송법 제13판, p.713).

정답 ○

20년(3) 모의

151. 소송조건이 결여되어 실체심판을 하지 못하고 형식재판을 한 때라도 일사부재리의 효력이 발생하는 경우가 있다.

> **해설** 형식재판설은 면소판결을 피고사건의 실체심리에 들어가지 않고 소송조건이 결여된 경우에 형식적으로 소송을 종결시키는 재판이라고 보는 견해이다. 이에 의하면 형식재판은 원칙적으로 일사부재리의 효력이 인정되지 않지만 면소판결의 사유인 소송조건은 소송추행이 이익 내지 실체심리의 필요성이 없는 경우에 해당되고 이는 공소기각의 재판과는 달리 사후에 보완할 수 없다는 점에서 면소판결은 일사부재리의 효력이 인정된다고 일반적으로 이해되고 있다. … 판례는 공소사실에 기재되어 있는 범죄사실에 관하여 면소사유가 있으면 실체심리를 하지 않고 면소판결을 하여야 하고, 피고인이 면소판결에 대하여 무죄의 실체판결을 구하여 상소할 수 없다고 하여 형식재판설의 입장을 취하고 있는 것으로 평가된다. … 면소판결이 확정되면 일사부재리의 효력이 발생한다(이창현, 형사소송법 제3판, p.1073, 1081).

정답 ○

3. 소송조건의 추완

꼭 봐야 할 형소법 핵심기출 OX

제3편
수사와 공소

제1장 수 사
제2장 강제처분과 강제수사
제3장 수사의 종결
제4장 공소의 제기

제1장 수사

제1절 수사의 의의와 구조

I 수사의 의의

1. 수사의 개념

2. 수사와 내사의 구별

19년(2) · 22년(2) 모의

1. 내사는 범죄혐의 유무를 확인하기 위하여 범죄인지 전에 행해지는 수사기관 내부의 조사활동에 불과하므로, 내사 그 자체만으로는 피내사자에게 어떠한 의무를 부과하거나 피내사자의 기본권에 직접적이고 구체적인 침해를 가한다고 볼 수 없다.

> **해설** 내사는 범죄혐의 유무를 확인하기 위하여 범죄인지 전에 행해지는 수사기관 내부의 조사활동에 불과하므로, 그 과정에서 피내사자의 기본권을 제한하는 별도의 처분이 있었음을 구체적으로 특정하여 다투지 않는 이상, 단지 내사 그 자체만으로는 피내사자에게 어떠한 의무를 부과하거나 피내사자의 기본권에 직접적이고 구체적인 침해를 가한다고 볼 수 없으므로, 헌법소원심판의 대상이 되는 공권력 행사로 보기 어렵다(헌재 2011.02.15. 2011헌마30).

정답 ○

22년(2) 모의

2. 피의자라고 하기 위해서는 수사기관에 의하여 범죄의 인지 등으로 수사가 개시되어 있을 것을 필요로 하지만, 그 이전의 단계라도 장차 형사입건될 가능성이 크다면 피의자에 해당한다.

> **해설** 형법 제155조 제3항(모해 증거인멸죄)에서 말하는 '피의자'라고 하기 위해서는 수사기관에 의하여 범죄의 인지 등으로 수사가 개시되어 있을 것을 필요로 하고, 그 이전의 단계에서는 장차 형사입건될 가능성이 크다고 하더라도 그러한 사정만으로 '피의자'에 해당한다고 볼 수는 없다(대판 2008.08.15. 2008도12127).

정답 ×

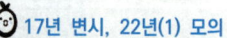 17년 변시, 22년(1) 모의

3. 진술거부권 고지의 대상이 되는 피의자의 지위는 수사기관이 범죄인지서를 작성하는 등의 형식적인 사건수리 절차를 거치기 전이라도 조사대상자에 대하여 범죄의 혐의가 있다고 보아 실질적으로 수사를 개시하는 행위를 한 때에 인정되므로, 진술조서의 형식을 취하더라도 실질이 피의자신문조서의 성격을 가지는 경우에는 수사기관은 진술을 듣기 전에 조사대상자에게 미리 진술거부권을 고지하여야 한다.

▣해설 피의자의 진술을 기재한 서류 또는 문서가 수사기관에서의 조사 과정에서 작성된 것이라면, 그 것이 '진술조서, 진술서, 자술서'라는 형식을 취하였다고 하더라도 피의자신문조서와 달리 볼 수 없고, 수사기관에 의한 진술거부권 고지의 대상이 되는 피의자의 지위는 수사기관이 범죄인지서를 작성하는 등의 형식적인 사건수리 절차를 거치기 전이라도 조사대상자에 대하여 범죄의 혐의가 있다고 보아 실질적으로 수사를 개시하는 행위를 한 때에 인정된다. 특히 조사대상자의 진술 내용이 단순히 제3자의 범죄에 관한 경우가 아니라 자신과 제3자에게 공동으로 관련된 범죄에 관한 것이거나 제3자의 피의사실뿐만 아니라 자신의 피의사실에 관한 것이기도 하여 실질이 피의자신문조서의 성격을 가지는 경우에 수사기관은 진술을 듣기 전에 미리 진술거부권을 고지하여야 한다(대판 2015.10.29. 2014도5939).

▶ 따라서 어느 정도 구체적인 범죄혐의를 인지한 경우 수사가 개시되는 것이며 이는 판례의 입장에 따라 실질적인 개념으로 파악되는바 진술조서의 형식을 취하더라도 실질이 피의자신문조서의 성격을 가지는 경우 조사대상자에게 진술거부권 고지 등 피의자의 권리가 원칙적으로 보장되어야 한다.

 정답 O

3. 수사기관

18년(1) 모의

4. **(1) 검사는 사법경찰관의 긴급체포의 승인 및 구속영장의 청구가 피의자의 인권에 대한 부당한 침해를 초래하지 않도록 긴급체포의 적법성 여부를 심사하면서 수사서류 뿐만 아니라 피의자를 검찰청으로 출석시켜 직접 대면조사할 수 있는 권한을 가진다.**

(2) 검사가 구속영장 청구 전에 피의자를 대면조사하기 위하여 사법경찰관에게 피의자를 검찰청으로 인치할 것을 명하는 것은 적법·타당한 수사지휘 활동에 해당하고, 수사지휘를 전달받은 사법경찰관은 이를 준수할 의무를 진다.

▣해설 사법경찰관이 검사에게 긴급체포된 피의자에 대한 긴급체포 승인 건의와 함께 구속영장을 신청한 경우, (1)검사는 긴급체포의 승인 및 구속영장의 청구가 피의자의 인권에 대한 부당한 침해를 초래하지 않도록 긴급체포의 적법성 여부를 심사하면서 수사서류 뿐만 아니라 피의자를 검찰청으로 출석시켜 직접 대면조사할 수 있는 권한을 가진다고 보아야 한다. 따라서 이와 같은 목적과 절차의 일환으로 (2)검사가 구속영장 청구 전에 피의자를 대면조사하기 위하여 사법경찰관리에게 피의자를 검찰청으로 인치할 것을 명하는 것은 적법하고 타당한 수사지휘 활동에 해당하고, 수사지휘를 전달받은 사법경찰관리는 이를 준수할 의무를 부담한다(대판 2010.10.28. 2008도11999).

 정답 O, O

Ⅱ 수사의 구조
Ⅲ 수사의 조건

1. 수사의 필요성

20년 변시, 12년(3)·13년(1)·14년(1)·15년(1)·18년(1)·22년(2) 모의

5. 친고죄나 고발이 있어야 공소를 제기할 수 있는 죄에 있어서 고소 또는 고발은 이른 바 소추조건에 불과하고 당해 범죄의 성립요건이나 수사의 조건은 아니므로, 고소나 고발이 있기 전에 수사를 하였다는 이유만으로 그 수사가 위법하다고 볼 수는 없다.

    ∷해설 친고죄나 세무공무원 등의 고발이 있어야 논할 수 있는 죄에 있어서 고소 또는 고발은 이른바 소추조건에 불과하고 당해 범죄의 성립 요건이나 수사의 조건은 아니므로, 위와 같은 범죄에 관하여 고소나 고발이 있기 전에 수사를 하였다고 하더라도, 그 수사가 장차 고소나 고발이 있을 가능성이 없는 상태 하에서 행해졌다는 등의 특단의 사정이 없는 한, 고소나 고발이 있기 전에 수사를 하였다는 이유만으로 그 수사가 위법하다고 볼 수는 없다(대판 1995.02.24. 94도252).

    정답 ○

2. 수사의 상당성

20년(3) 모의

6. 甲은 乙이 다른 사람들의 시선을 가려주는 사이 지하철에서 A의 옆구리에 칼을 들이 대고 스마트폰을 강취하였다. 마침 지하철범죄 예방·검거를 위하여 잠복 중이던 사법 경찰관 P는 이들의 범행을 목격하였다. P가 다가가자 乙은 눈치를 채고 도주하였고, P는 甲을 현행범인으로 체포하면서 스마트폰을 임의제출 방식으로 압수하였다. 그 후 P는 압수조서를 작성하였다. 압수조서의 압수경위란에는 ⑤ P가 피고인의 범행과 관련하여 목격한 내용이 기재되어 있었다.

    P의 행위는 위법한 함정수사에 해당한다.

    ∷해설 함정수사라 함은 본래 범의를 가지지 아니한 자에 대하여 수사기관이 사술이나 계략 등을 써서 범죄를 유발하게 하여 범죄인을 검거하는 수사방법을 말하는 것이므로, 범의를 가진 자에 대하여 범행의 기회를 주거나 단순히 사술이나 계략 등을 써서 범죄인을 검거하는 데 불과한 경우에는 이를 함정수사라고 할 수 없다(대판 2007.07.26. 2007도4532). 사안은 위법한 함정수사에 해당하지 않는다.

    정답 ×

17년 변시, 15년(3) 모의

7. 경찰관이 노래방의 도우미 알선 영업 단속 실적을 올리기 위하여 손님으로 가장한 후 노래방 업주에게 도우미를 불러줄 것을 요청하였으나 거절당하였음에도 거듭 이를 요 구하여 그 업주가 도우미를 불러주었다면 위법한 함정수사에 해당한다.

[해설] 경찰관이 노래방의 도우미 알선 영업 단속 실적을 올리기 위하여 그에 대한 제보나 첩보가 없는데도 손님을 가장하고 들어가 도우미를 불러낸 경우, 위법한 함정수사로서 공소제기가 무효이다(대판 2008.10.23. 2008도7362).

정답 ○

 17년·20년 변시, 13년(1)·14년(1)·18년(1) 모의

8. **(1) 본래 범의를 가지지 아니한 자에 대하여 수사기관이 사술이나 계략 등을 써서 범의를 유발하게 하여 범죄인을 검거하는 함정수사는 위법하며, 이러한 함정수사에 기한 공소제기는 그 절차가 법률의 규정에 위반하여 무효인 때에 해당한다.**

(2) 위법한 함정수사에 기하여 공소를 제기한 피고사건은 범죄로 되지 아니하므로 「형사소송법」 제325조의 규정에 따라 법원은 판결로써 무죄를 선고하여야 한다.

[해설] 범의를 가진 자에 대하여 단순히 범행의 기회를 제공하거나 범행을 용이하게 하는 것에 불과한 수사방법이 경우에 따라 허용될 수 있음은 별론으로 하고, (1)본래 범의를 가지지 아니한 자에 대하여 수사기관이 사술이나 계략 등을 써서 범의를 유발케 하여 범죄인을 검거하는 함정수사는 위법함을 면할 수 없고, 이러한 함정수사에 기한 공소제기는 그 절차가 법률의 규정에 위반하여 무효인 때에 해당한다. … 결국 이 부분 공소는 범의를 가지지 아니한 사람에 대하여 수사기관이 범행을 적극 권유하여 범의를 유발케 하고 범죄를 행하도록 한 뒤 범행을 저지른 사람에 대하여 바로 그 범죄행위를 문제 삼아 공소를 제기하는 것으로서 적법한 소추권의 행사로 볼 수 없으므로, (2)형사소송법 제327조 제2호에 규정된 공소제기의 절차가 법률의 규정에 위반하여 무효인 때에 해당한다는 이유로 공소기각 판결을 선고하여야 한다(대판 2005.10.28. 2005도1247).

정답 ○, ×

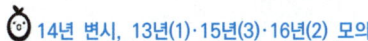 14년 변시, 13년(1)·15년(3)·16년(2) 모의

9. **(1) 수사기관과 직접 관련이 있는 유인자가 피유인자와의 개인적인 친밀관계를 이용하여 피유인자의 동정심이나 감정에 호소하거나, 금전적·심리적 압박이나 위협 등을 가하거나, 거절하기 힘든 유혹을 하거나, 또는 범행방법을 구체적으로 제시하고 범행에 사용될 금전까지 제공하는 등으로 과도하게 개입함으로써 피유인자로 하여금 범의를 일으키게 하는 것은 위법한 함정수사에 해당한다.**

(2) 유인자가 수사기관과 직접적인 관련을 맺지 아니한 상태에서 피유인자를 상대로 단순히 수차례 반복적으로 범행을 부탁하였을 뿐 수사기관이 사술이나 계략 등을 사용하였다고 볼 수 없는 경우에는 그로 인하여 피유인자의 범의가 유발되었고, 유인자의 제보로 수사가 개시되었더라도 이는 위법한 함정수사에 해당하지 아니한다.

[해설] 본래 범의를 가지지 아니한 자에 대하여 수사기관이 사술이나 계략 등을 써서 범의를 유발케 하여 범죄인을 검거하는 함정수사는 위법하다 할 것인바, 구체적인 사건에 있어서 위법한 함정수사에 해당하는지 여부는 해당 범죄의 종류와 성질, 유인자의 지위와 역할, 유인의 경위와 방법, 유인에 따른 피유인자의 반응, 피유인자의 처벌 전력 및 유인행위 자체의 위법성 등을 종합하여 판단하여야

한다. 따라서 (1)수사기관과 직접 관련이 있는 유인자가 피유인자와의 개인적인 친밀관계를 이용하여 피유인자의 동정심이나 감정에 호소하거나, 금전적·심리적 압박이나 위협 등을 가하거나, 거절하기 힘든 유혹을 하거나, 또는 범행방법을 구체적으로 제시하고 범행에 사용될 금전까지 제공하는 등으로 과도하게 개입함으로써 피유인자로 하여금 범의를 일으키게 하는 것은 위법한 함정수사에 해당하여 허용되지 아니한다 할 것이지만, (2)유인자가 수사기관과 직접적인 관련을 맺지 아니한 상태에서 피유인자를 상대로 단순히 수차례 반복적으로 범행을 부탁하였을 뿐, 수사기관이 사술이나 계략 등을 사용하였다고 볼 수 없는 경우는, 설령 그로 인하여 피유인자의 범의가 유발되었다 하더라도 위법한 함정수사에 해당하지 아니한다(대판 2008.07.24. 2008도2794).

 정답 O, O

15년(3) 모의

10. **경찰관이 취객을 상대로 한 이른바 부축빼기 절도범을 단속하기 위하여, 공원 인도에 쓰러져 있는 취객 근처에서 감시하고 있다가, 마침 피고인이 나타나 취객을 부축하여 10m 정도를 끌고 가 지갑을 뒤지자 현장에서 체포하여 기소한 경우, 위법한 함정수사라고 할 수 없다.**

해설 [1]범의를 가지지 아니한 자에 대하여 수사기관이 사술이나 계략 등을 써서 범의를 유발케 하여 범죄인을 검거하는 함정수사는 위법함을 면할 수 없고, 이러한 함정수사에 기한 공소제기는 그 절차가 법률의 규정에 위반하여 무효인 때에 해당한다 할 것이지만, 범의를 가진 자에 대하여 단순히 범행의 기회를 제공하는 것에 불과한 경우에는 위법한 함정수사라고 단정할 수 없다. [2]경찰관이 취객을 상대로 한 이른바 부축빼기 절도범을 단속하기 위하여, 공원 인도에 쓰러져 있는 취객 근처에서 감시하고 있다가, 마침 피고인이 나타나 취객을 부축하여 10m 정도를 끌고 가 지갑을 뒤지자 현장에서 체포하여 기소한 경우, 위법한 함정수사에 기한 공소제기가 아니다(대판 2007.05.31. 2007도1903).

 정답 O

15년(3) 모의

11. **수사기관이 피고인의 범죄사실을 인지하고도 피고인을 바로 체포하지 않고 추가 범행을 지켜보고 있다가 범죄사실이 많이 늘어난 뒤에야 피고인을 체포한 경우 위법한 함정수사에 해당한다.**

해설 수사기관에서 공범이나 장물범의 체포 등을 위하여 범인의 체포시기를 조절하는 등 여러 가지 수사기법을 사용한다는 점을 고려하면, 수사기관이 피고인의 범죄사실을 인지하고도 피고인을 바로 체포하지 않고 추가 범행을 지켜보고 있다가 범죄사실이 많이 늘어난 뒤에야 피고인을 체포하였다는 사정만으로는 피고인에 대한 수사와 공소제기가 위법하다거나 함정수사에 해당한다고 할 수 없다(대판 2007.06.29. 2007도3164).

 정답 ✗

제2절 수사의 개시

I 수사의 단서

🕐 15년 변시, 14년(1)·19년(2)·22년(2) 모의

12. (1) 범죄인지절차는 수사기관의 사무처리절차규정에 불과하므로, 인지절차를 밟기 전에 수사를 하였다고 하더라도 그 수사가 장차 인지의 가능성이 전혀 없는 상태하에서 행해졌다는 등의 특별한 사정이 없는 한, 인지절차가 이루어지기 전에 수사를 하였다는 이유만으로 그 수사가 위법하다고 볼 수는 없다.

(2) 검사가 「검찰사건사무규칙」에 따른 범죄인지 절차를 밟지 않은 상태에서 행한 피의자신문은 위법한 수사에 해당하며, 당해 피의자신문조서는 증거능력이 없다.

해설 검찰사건사무규칙 제2조 내지 제4조에 의하면, 검사가 범죄를 인지하는 경우에는 범죄인지서를 작성하여 사건을 수리하는 절차를 거치도록 되어 있으므로, 특별한 사정이 없는 한 수사기관이 그와 같은 절차를 거친 때에 범죄인지가 된 것으로 볼 것이나, 범죄의 인지는 실질적인 개념이고, 이 규칙의 규정은 검찰행정의 편의를 위한 사무처리절차 규정이므로, 검사가 그와 같은 절차를 거치기 전에 범죄의 혐의가 있다고 보아 수사를 개시하는 행위를 한 때에는 이 때에 범죄를 인지한 것으로 보아야 하고, 그 뒤 범죄인지서를 작성하여 사건수리 절차를 밟은 때에 비로소 범죄를 인지하였다고 볼 것이 아니며, 이러한 인지절차를 밟기 전에 수사를 하였다고 하더라도, 그 수사가 장차 인지의 가능성이 전혀 없는 상태하에서 행해졌다는 등의 특별한 사정이 없는 한, 인지절차가 이루어지기 전에 수사를 하였다는 이유만으로 그 수사가 위법하다고 볼 수는 없고, 따라서 그 수사과정에서 작성된 피의자신문조서나 진술조서 등의 증거능력도 이를 부인할 수 없다(대판 2001.10.26. 2000도2968).

정답  ○, ×

20년(2) 모의

13. (1) 용의자의 인상착의 등에 의한 범인식별 절차에 있어 용의자의 사진 한 장만을 목격자에게 제시하여 범인 여부를 확인하게 하는 것은 그 사진상의 인물이 범인으로 의심받고 있다는 무의식적 암시를 목격자에게 줄 수 있는 가능성이 있다.

(2) 목격자 진술의 신빙성을 높이기 위한 조치를 취하지 않았다면 피해자의 진술 외에 그 용의자를 범인으로 의심할 만한 다른 정황이 존재한다든가 하는 등의 부가적인 사정이 있더라도 그 진술의 신빙성은 낮다고 보아야 한다.

(3) 범인식별 절차에 있어 목격자 진술의 신빙성을 높게 평가할 수 있게 하려면, 범인의 인상착의 등에 관한 목격자의 진술 내지 묘사를 사전에 상세히 기록화한 다음, 용의자를 포함하여 그와 인상착의가 비슷한 여러 사람을 동시에 목격자와 대면시켜 범인을 지목하도록 하여야 한다.

(4) 목격자 진술의 신빙성을 높이기 위한 조치는 동영상제시·가두식별 등에 의한 범인식별 절차와 사진제시에 의한 범인식별 절차에서 목격자가 용의자를 범인으로 지목한 후에 이루어지는 범인식별 절차에도 적용되어야 한다.

▪해설 용의자의 인상착의 등에 의한 범인식별 절차에서 용의자 한 사람을 단독으로 목격자와 대질시키거나 용의자의 사진 한 장만을 목격자에게 제시하여 범인 여부를 확인하게 하는 것은 사람의 기억력의 한계 및 부정확성과 구체적인 상황하에서 용의자나 그 사진상의 인물이 범인으로 의심받고 있다는 무의식적 암시를 목격자에게 줄 수 있는 가능성으로 인하여(1), 그러한 방식에 의한 범인식별 절차에서의 목격자의 진술은, 그 용의자가 종전에 피해자와 안면이 있는 사람이라든가 피해자의 진술 외에도 그 용의자를 범인으로 의심할 만한 다른 정황이 존재한다든가 하는 등의 부가적인 사정이 없는 한 그 신빙성이 낮다고 보아야 하므로(2), 범인식별 절차에 있어 목격자의 진술의 신빙성을 높게 평가할 수 있게 하려면, 범인의 인상착의 등에 관한 목격자의 진술 내지 묘사를 사전에 상세히 기록화한 다음, 용의자를 포함하여 그와 인상착의가 비슷한 여러 사람을 동시에 목격자와 대면시켜 범인을 지목하도록 하여야 하고(3), 용의자와 목격자 및 비교대상자들이 상호 사전에 접촉하지 못하도록 하여야 하며, 사후에 증거가치를 평가할 수 있도록 대질 과정과 결과를 문자와 사진 등으로 서면화하는 등의 조치를 취하여야 하고, 사진제시에 의한 범인식별 절차에 있어서도 기본적으로 이러한 원칙에 따라야 한다. 그리고 이러한 원칙은 동영상제시·가두식별 등에 의한 범인식별 절차와 사진제시에 의한 범인식별 절차에서 목격자가 용의자를 범인으로 지목한 후에 이루어지는 동영상제시·가두식별·대면 등에 의한 범인식별 절차에도 적용되어야 한다(4)(대판 2008.01.17. 2007도5201).

정답 O, ×, O, O

18년(1)·20년(2) 모의

14. (1) 범죄 발생 직후 목격자의 기억이 생생하게 살아있는 상황에서 현장이나 그 부근에서 범인식별 절차를 실시하는 경우에는, 용의자와 목격자의 일대일 대면도 허용된다.
(2) 경찰관과 피해자가 함께 범죄현장에서 범인을 추적하다 골목길에서 범인을 놓친 직후 경찰관이 골목길에 면한 집을 탐문하여 용의자를 확정한 경우, 그 현장에서 피해자를 데려와 용의자와 일대일 대면으로 범인을 식별하게 하는 것은 허용된다.

▪해설 일반적으로 용의자의 인상착의 등에 의한 범인식별 절차에서 용의자 한 사람을 단독으로 목격자와 대질시키거나 용의자의 사진 한 장만을 목격자에게 제시하여 범인 여부를 확인하게 하는 것은, 사람의 기억력의 한계 및 부정확성과 구체적인 상황하에서 용의자나 그 사진상의 인물이 범인으로 의심받고 있다는 무의식적 암시를 목격자에게 줄 수 있는 가능성으로 인하여, 그러한 방식에 의한 범인식별 절차에서의 목격자의 진술은, 그 용의자가 종전에 피해자와 안면이 있는 사람이라든가 피해자의 진술 외에도 그 용의자를 범인으로 의심할 만한 다른 정황이 존재한다든가 하는 등의 부가적인 사정이 없는 한 그 신빙성이 낮다고 보아야 한다. 따라서 범인식별 절차에서 목격자의 진술의 신빙성을 높게 평가할 수 있게 하려면, 범인의 인상착의 등에 관한 목격자의 진술 내지 묘사를 사전에 상세히 기록화한 다음, 용의자를 포함하여 그와 인상착의가 비슷한 여러 사람을 동시에 목격자와 대면시켜 범인을 지목하도록 하여야 하고, 용의자와 목격자 및 비교대상자들이 상호 사전에 접촉하지 못하도록 하여야 하며, 사후에 증거가치를 평가할 수 있도록 대질 과정과 결과를 문자와 사진 등으로 서면화하는 등의 조치를 취하여야 한다. 그러나 범죄 발생 직후 목격자의 기억이 생생하게 살아 있는 상황에서 현장이나 그 부근에서 범인식별 절차를 실시하는 경우에는, 목격자에 의한 생생하고 정확한 식별의 가능성이 열려 있고 범죄의 신속한 해결을 위한 즉각적인 대면의 필요성도 인정할 수 있으므로, 용의자와 목격자의 일대일 대면도 허용된다(대판 2009.06.11. 2008도12111).

 O, O

Ⅱ 변사자의 검시
Ⅲ 불심검문
1. 의 의
2. 대 상

14년(2)·16년(1) 모의

15. 불심검문 대상자에게 체포나 구속에 이를 정도의 혐의가 있음을 요하지 아니한다.

해설 경찰관직무집행법의 목적, 법 제1조 제1항, 제2항, 제3조 제1항, 제2항, 제3항, 제7항의 내용 및 체계 등을 종합하면, 경찰관이 법 제3조 제1항에 규정된 대상자 해당 여부를 판단할 때에는 불심검문 당시의 구체적 상황은 물론 사전에 얻은 정보나 전문적 지식 등에 기초하여 불심검문 대상자인지를 객관적·합리적인 기준에 따라 판단하여야 하나, 반드시 불심검문 대상자에게 형사소송법상 체포나 구속에 이를 정도의 혐의가 있을 것을 요한다고 할 수는 없다(대판 2014.02.27. 2011도13999).

3. 방 법

14년(2) 모의

16. 경찰관은 행하여지려고 하는 범죄행위를 안다고 인정되는 자를 정지시켜 질문할 수 있다.

해설 경찰관직무집행법 제3조 제1항 제2호 참조.

경찰관직무집행법 제3조(불심검문) ① 경찰관은 다음 각 호의 어느 하나에 해당하는 사람을 정지시켜 질문할 수 있다.
 1. 수상한 행동이나 그 밖의 주위 사정을 합리적으로 판단하여 볼 때 어떠한 죄를 범하였거나 범하려 하고 있다고 의심할 만한 상당한 이유가 있는 사람
 2. 이미 행하여진 범죄나 행하여지려고 하는 범죄행위에 관한 사실을 안다고 인정되는 사람

14년(2)·16년(1) 모의

17. 경찰관이 불심검문 대상자에게 질문하기 위하여 부근의 경찰관서에 동행할 것을 요구할 수 있으나, 대상인은 이를 거부할 수 있다.

해설 경찰관직무집행법 제3조 제2항 참조.

경찰관직무집행법 제3조(불심검문) ② 경찰관은 제1항에 따라 같은 항 각 호의 사람을 정지시킨 장소에서 질문을 하는 것이 그 사람에게 불리하거나 교통에 방해가 된다고 인정될 때에는 질문을 하기 위하여 가까운 경찰서·지구대·파출소 또는 출장소(지방해양경비안전관서를 포함하며, 이하 "경찰관서"라 한다)로 동행할 것을 요구할 수 있다. 이 경우 동행을 요구받은 사람은 그 요구를 거절할 수 있다.

14년(2) 모의

18. 임의동행을 요구하는 경우와 달리 단순히 질문만 하는 경우, 경찰관은 자신의 신분을 표시하는 증표를 제시하고 소속자 성명을 밝히면 충분하고 목적과 이유를 설명할 필요는 없다.

해설 경찰관직무집행법 제3조 제4항 참조.

경찰관직무집행법 제3조(불심검문) ④ 경찰관은 제1항이나 제2항에 따라 질문을 하거나 동행을 요구할 경우 자신의 신분을 표시하는 증표를 제시하면서 소속과 성명을 밝히고 질문이나 동행의 목적과 이유를 설명하여야 하며, 동행을 요구하는 경우에는 동행 장소를 밝혀야 한다.

정답

19년 변시

19. 불심검문하는 사람이 경찰관이고 검문하는 이유가 자신의 범죄행위에 관한 것임을 피고인이 충분히 알고 있었다고 보이더라도, 경찰관이 신분증을 제시하지 않았다면, 그 불심검문은 위법하다.

해설 경찰관직무집행법(이하 '법'이라 한다) 제3조 제4항은 경찰관이 불심검문을 하고자 할 때에는 자신의 신분을 표시하는 증표를 제시하여야 한다고 규정하고, 경찰관직무집행법 시행령 제5조는 위 법에서 규정한 신분을 표시하는 증표는 경찰관의 공무원증이라고 규정하고 있는데, 불심검문을 하게 된 경위, 불심검문 당시의 현장상황과 검문을 하는 경찰관들의 복장, 피고인이 공무원증 제시나 신분 확인을 요구하였는지 여부 등을 종합적으로 고려하여, 검문하는 사람이 경찰관이고 검문하는 이유가 범죄행위에 관한 것임을 피고인이 충분히 알고 있었다고 보이는 경우에는 신분증을 제시하지 않았다고 하여 그 불심검문이 위법한 공무집행이라고 할 수 없다(대판 2014.12.11. 2014도7976).

정답

4. 소지품 검사

14년(2)·16년(1) 모의

20. 경찰관은 불심검문 대상자에 대한 질문에 수반하여 흉기의 소지 여부를 조사할 수 있다.

해설 경찰관직무집행법 제3조 제3항 참조.

경찰관직무집행법 제3조(불심검문) ③ 경찰관은 제1항 각 호의 어느 하나에 해당하는 사람에게 질문을 할 때에 그 사람이 흉기를 가지고 있는지를 조사할 수 있다.

정답

5. 자동차 검문

Ⅳ 고소

1. 고소의 의의

2. 고소의 절차

(1) 고소권자

 23년 변시

21. 「민법」상 행위능력이 없는 사람이라도 피해를 입은 사실을 이해하고 고소에 따른 사회생활상의 이해관계를 알아차릴 수 있는 사실상의 의사능력을 갖추었다면 고소능력이 인정된다..

> **해설** 고소를 함에는 고소능력이 있어야 하는바, 이는 피해를 받은 사실을 이해하고 고소에 따른 사회생활상의 이해관계를 알아차릴 수 있는 사실상의 의사능력으로 충분하므로 민법상의 행위능력이 없는 자라도 위와 같은 능력을 갖춘 자에게는 고소능력이 인정되고, 범행 당시 고소능력이 없던 피해자가 그 후에 비로소 고소능력이 생겼다면 그 고소기간은 고소능력이 생긴 때로부터 기산하여야 한다(대판 2007.10.11. 2007도4962).

정답 ○

22년(2) · 23년(2) 모의

22. 대리인에 의한 고소가 적법하게 이루어지기 위하여서는 대리인이 고소를 할 때 위임장을 제출하는 방법으로 대리인에 의한 고소라는 점을 명확히 표시할 것이 요구된다.

> **해설** 형사소송법 제236조의 대리인에 의한 고소의 경우, 대리권이 정당한 고소권자에 의하여 수여되었음이 실질적으로 증명되면 충분하고, 그 방식에 특별한 제한은 없으므로, 고소를 할 때 반드시 위임장을 제출한다거나 '대리'라는 표시를 하여야 하는 것은 아니고, 또 고소기간은 대리고소인이 아니라 정당한 고소권자를 기준으로 고소권자가 범인을 알게 된 날부터 기산한다(대판 2001.09.04. 2001도3081).

정답 ×

 21년 · 23년 변시

23. 피해자의 법정대리인은 피해자의 고소권 소멸 여부에 관계없이 고소할 수 있고, 이러한 고소권은 피해자의 명시한 의사에 반하여도 행사할 수 있다.

> **해설** 형사소송법 제225조 제1항이 규정한 법정대리인의 고소권은 무능력자의 보호를 위하여 법정대리인에게 주어진 고유권이므로, 법정대리인은 피해자의 고소권 소멸 여부에 관계없이 고소할 수 있고, 이러한 고소권은 피해자의 명시한 의사에 반하여도 행사할 수 있다(대판 1999.12.24. 99도3784).

정답 ○

22년(3) 모의

24. 피해자의 법정대리인은 독립하여 고소할 수 있으므로, 고소 당시에 이혼한 생모도 피해자의 친권자로서 독립하여 고소할 수 있다.

해설 모자관계는 호적에 입적되어 있는 여부와는 관계없이 자의 출생으로 법률상 당연히 생기는 것이므로 고소당시 이혼한 생모라도 피해자인 그의 자의 친권자로서 독립하여 고소할 수 있다(대판 1987.09.22. 87도1707).

정답 O

22년(3) 모의

25. 법정대리인의 고소권의 성격을 고유권으로 보는 견해와 독립대리권으로 보는 견해는 법정대리인이 피해자의 명시한 의사에 반하여 고소할 수 있다는 점에서는 차이가 없다.

해설 피해자의 법정대리인 고소권의 성질에 관하여 … '독립하여 고소할 수 있다'고 하므로 법정대리인이 피해자의 명시의 의사에 반하여 고소할 수 있음은 분명하나 구체적으로 고소권의 성질에 대하여는 고유권설과 독립대리권설로 견해가 나뉘고 있다(이창현, 형사소송법 제3판, p.235). ▶ 판례는 고유권설 입장.

참조판례 형사소송법 제225조 제1항이 규정한 법정대리인의 고소권은 무능력자의 보호를 위하여 법정대리인에게 주어진 고유권이므로, 법정대리인은 피해자의 고소권 소멸 여부에 관계없이 고소할 수 있고, 이러한 고소권은 피해자의 명시한 의사에 반하여도 행사할 수 있다(대판 1999.12.24. 99도3784).

정답 O

 18년 변시, 20년(1) 모의

26. 고소권자로부터 고소권한을 위임받은 대리인이 친고죄에 대하여 고소를 한 경우, 고소기간은 대리인이 아니라 고소권자가 범인을 알게 된 날부터 기산한다.

해설 형사소송법 제236조의 대리인에 의한 고소의 경우, 대리권이 정당한 고소권자에 의하여 수여되었음이 실질적으로 증명되면 충분하고, 그 방식에 특별한 제한은 없으므로, 고소를 할 때 반드시 위임장을 제출한다거나 '대리'라는 표시를 하여야 하는 것은 아니고, 또 고소기간은 대리고소인이 아니라 정당한 고소권자를 기준으로 고소권자가 범인을 알게 된 날부터 기산한다(대판 2001.09.04. 2001도3081).

정답 O

22년(2) 모의

27. A의 고소가 없음에도 검사가 甲을 「정보통신망 이용촉진 및 정보보호 등에 관한 법률」 제70조 제2항의 명예훼손과 「형법」 제311조에 규정된 모욕으로 기소한 경우, 명예훼손과 모욕에 대하여 법원은 「형사소송법」 제327조 제2호에 따른 공소기각판결을 하여야 한다.

해설 정보통신망 이용촉진 및 정보보호 등에 관한 법률 제70조 제2항의 명예훼손죄는 친고죄가 아니므로 고소가 없더라도 검사의 기소는 적법하다.

정보통신망 이용촉진 및 정보보호 등에 관한 법률 제70조(벌칙) ① 사람을 비방할 목적으로 정보통신망을 통하여 공공연하게 사실을 드러내어 다른 사람의 명예를 훼손한 자는 3년 이하의 징역 또는 3천만원 이하의 벌금에 처한다. <개정 2014. 5. 28.>
② 사람을 비방할 목적으로 정보통신망을 통하여 공공연하게 거짓의 사실을 드러내어 다른 사람의 명예를 훼손한 자는 7년 이하의 징역, 10년 이하의 자격정지 또는 5천만원 이하의 벌금에 처한다.
③ 제1항과 제2항의 죄는 피해자가 구체적으로 밝힌 의사에 반하여 공소를 제기할 수 없다.
형법 제311조(모욕) 공연히 사람을 모욕한 자는 1년 이하의 징역이나 금고 또는 200만원 이하의 벌금에 처한다. <개정 1995. 12. 29.>
형법 제312조(고소와 피해자의 의사) ① 제308조와 제311조의 죄는 고소가 있어야 공소를 제기할 수 있다. <개정 1995. 12. 29.>
② 제307조와 제309조의 죄는 피해자의 명시한 의사에 반하여 공소를 제기할 수 없다. <개정 1995. 12. 29.>

정답

23년·24년 변시

28. 법원이 선임한 부재자 재산관리인이 그 관리대상인 부재자의 재산에 대한 범죄행위에 관하여 법원으로부터 고소권 행사에 관한 허가를 얻은 경우 부재자 재산관리인은 「형사소송법」 제225조 제1항에서 정한 법정대리인으로서 적법한 고소권자에 해당한다.

해설 법원이 선임한 부재자 재산관리인이 그 관리대상인 부재자의 재산에 대한 범죄행위에 관하여 법원으로부터 고소권 행사에 관한 허가를 얻은 경우 부재자 재산관리인은 형사소송법 제225조 제1항에서 정한 법정대리인으로서 적법한 고소권자에 해당한다고 보아야 한다. 그 이유는 다음과 같다. (가) 형사소송법은 "피해자의 법정대리인은 독립하여 고소할 수 있다."라고 정하고 있다(제225조 제1항 참조). 법정대리인이 갖는 대리권의 범위는 법률과 선임 심판의 내용 등을 통해 정해지므로 독립하여 고소권을 가지는 법정대리인의 의미도 법률과 선임 심판의 내용 등을 통해 정해진다.(나) 고소권은 일신전속적인 권리로서 피해자가 이를 행사하는 것이 원칙이나, 형사소송법이 예외적으로 법정대리인으로 하여금 독립하여 고소권을 행사할 수 있도록 한 이유는 피해자가 고소권을 행사할 것을 기대하기 어려운 경우 피해자와 독립하여 고소권을 행사할 사람을 정하여 피해자를 보호하려는 데 있다(대판 2022.05.26. 2021도2488).

정답

(2) 고소의 방법

22년(3) 모의

29. 친고죄에 있어서 수사기관이 고소권자를 피해자로서 신문한 참고인진술조서에 범인의 처벌을 요구하는 의사표시가 기재되면 고소는 적법하다.

>> 해설 친고죄에서 고소는, 고소권 있는 자가 수사기관에 대하여 범죄사실을 신고하고 범인의 처벌을 구하는 의사표시로서 서면뿐만 아니라 구술로도 할 수 있고, 다만 구술에 의한 고소를 받은 검사 또는 사법경찰관은 조서를 작성하여야 하지만 그 조서가 독립된 조서일 필요는 없으며, 수사기관이 고소권자를 증인 또는 피해자로서 신문한 경우에 그 진술에 범인의 처벌을 요구하는 의사표시가 포함되어 있고 그 의사표시가 조서에 기재되면 고소는 적법하다(대법 2011.06.24. 2011도4451).

정답 O

23년 변시

30. 고소에 있어서 범죄사실의 특정 정도는 고소인의 의사가 수사기관에 대하여 일정한 범죄사실을 지정신고하여 범인의 소추처벌을 구하는 의사표시가 있었다고 볼 수 있을 정도면 충분하며, 범인의 성명이 불명이거나 범행의 일시·장소·방법 등이 명확하지 않다고 하더라도 그 효력에는 아무 영향이 없다.

>> 해설 고소는 범죄의 피해자등이 수사기관에 대하여 범죄사실을 신고하여 범인의 소추처벌을 구하는 의사표시이므로 그 범죄사실등이 구체적으로 특정되어야 할 것이나, 그 특정의 정도는 고소인의 의사가 수사기관에 대하여 일정한 범죄사실을 지정신고하여 범인의소추처벌을 구하는 의사표시가 있었다고 볼수 있을 정도면 그것으로 충분하고, 범인의 성명이 불명이거나 또는 오기가 있었다거나 범행의 일시·장소·방법 등이 명확하지 않거나 틀리는 것이 있다고 하더라도 그 효력에는 아무 영향이 없다(대판 1984. 10.23. 84도1704).

정답 O

20년(1) 모의

31. 피해자가 고소장을 제출하여 처벌희망의사를 분명히 표시한 후 고소를 취소한 바 없다면 비록 고소 전에 피해자가 처벌을 원치 않았다 하더라도 피해자의 고소는 유효하다.

>> 해설 고소는 범죄의 피해자 기타 고소권자가 수사기관에 대하여 범죄사실을 신고하여 범인의 소추를 구하는 의사표시를 말하는 것으로서, 단순한 피해사실의 신고는 소추·처벌을 구하는 의사표시가 아니므로 고소가 아니다. 또한, 피해자가 고소장을 제출하여 처벌을 희망하는 의사를 분명히 표시한 후 고소를 취소한 바 없다면 비록 고소 전에 피해자가 처벌을 원치 않았다 하더라도 그 후에 한 피해자의 고소는 유효하다(대판 2008.11.27. 2007도4977).

정답 O

🕐 17년 변시, 23년(2) 모의

32. 모욕죄의 피해자가 경찰청 인터넷 홈페이지에 '甲과 乙을 철저히 조사해 달라'는 취지의 민원을 접수하는 형태로 甲과 乙에 대한 조사를 촉구하는 의사표시를 하였더라도 「형사소송법」에 따른 적법한 고소를 한 것으로 볼 수 없다.

해설 피해자가 경찰청 인터넷 홈페이지에 '피고인을 철저히 조사해 달라'는 취지의 민원을 접수하는 형태로 피고인에 대한 조사를 촉구하는 의사표시를 한 것은 형사소송법에 따른 적법한 고소로 보기 어렵다(대판 2012.02.23. 2010도9524).

정답

13년(1)·22년(2) 모의

33. 친고죄에서 고소는 서면뿐만 아니라 구술로도 할 수 있고, 다만 구술에 의한 고소를 받은 검사 또는 사법경찰관은 조서를 작성하여야 하지만 그 조서가 독립된 조서일 필요는 없으며, 수사기관이 고소권자를 증인 또는 피해자로서 신문한 경우에 그 진술에 범인의 처벌을 요구하는 의사표시가 포함되어 있고 그 의사표시가 조서에 기재되면 고소는 적법하다.

해설 친고죄에 있어서의 고소는 고소권 있는 자가 수사기관에 대하여 범죄사실을 신고하고 범인의 처벌을 구하는 의사표시로서 서면뿐만 아니라 구술로도 할 수 있는 것이고, 다만 구술에 의한 고소를 받은 검사 또는 사법경찰관은 조서를 작성하여야 하지만 그 조서가 독립된 조서일 필요는 없으며 수사기관이 고소권자를 증인 또는 피해자로서 신문한 경우에 그 진술에 범인의 처벌을 요구하는 의사표시가 포함되어 있고 그 의사표시가 조서에 기재되면 고소는 적법하게 이루어진 것이다(대판 1985.03.12. 85도190). ▶ 수사기관이 고소권자를 참고인으로 조사하여 참고인진술조서에 기재한 경우도 유효한 고소이다.

정답

(3) 고소의 기간

🕐 21년 변시

34. 변호사 甲이 친고죄의 피해자인 의뢰인 乙로부터 가해자인 A에 대한 고소대리권을 수여받아 고소를 제기한 경우, 고소기간은 고소대리인인 甲이 범죄사실을 알게 된 날부터 기산한다.

해설 형사소송법 제230조 제1항 본문은 "친고죄에 대하여는 범인을 알게 된 날로부터 6월을 경과하면 고소하지 못한다."고 규정하고 있는바, 여기서 범인을 알게 된다 함은 통상인의 입장에서 보아 고소권자가 고소를 할 수 있을 정도로 범죄사실과 범인을 아는 것을 의미하고, 범죄사실을 안다는 것은 고소권자가 친고죄에 해당하는 범죄의 피해가 있었다는 사실관계에 관하여 확정적인 인식이 있음을 말한다(대판 2001.10.09. 2001도3106).

정답

22년(1) 모의

35. 甲과 乙은 함께 신용카드를 훔쳐 사용하기로 공모한 후 2022. 2. 1. 09:00경 A의 자취방에 들어가 A가 보관하고 있던 B(甲의 동거하지 않는 사촌동생) 소유의 신용카드 1매를 훔치고, 같은 날 09:30경 ○○마트에서 시가 금 1백만 원 상당의 스마트폰 1대를 할부로 구입하면서 그 대금을 위 신용카드로 결제한 위 신용카드를 제자리에 가져다 놓았다. B가 甲이 처벌되기를 원하는 경우 6개월 내에 甲을 고소하여야 한다.

해설 신용카드 부정사용죄 및 사기죄는 친고죄가 아니므로 형사소송법 제230조 제1항의 적용이 없다.

형사소송법 제230조 (고소기간) ① 친고죄에 대하여는 범인을 알게 된 날로부터 6월을 경과하면 고소하지 못한다. 단, 고소할 수 없는 불가항력의 사유가 있는 때에는 그 사유가 없어진 날로부터 기산한다.

정답 ×

21년 변시

36. 영업범 등 포괄일죄의 경우 고소권자가 범죄행위가 계속되는 도중에 범인을 알았다 하더라도 최후의 범죄행위가 종료한 때에 고소기간이 진행된다.

해설 형사소송법 제230조 제1항에서 말하는 '범인을 알게 된 날'이란 범죄행위가 종료된 후에 범인을 알게 된 날을 가리키는 것으로서, 고소권자가 범죄행위가 계속되는 도중에 범인을 알았다 하여도, 그 날부터 곧바로 위 조항에서 정한 친고죄의 고소기간이 진행된다고는 볼 수 없고, 이러한 경우 고소기간은 범죄행위가 종료된 때부터 계산하여야 하며, 동종행위의 반복이 당연히 예상되는 영업범 등 포괄일죄의 경우에는 최후의 범죄행위가 종료한 때에 전체 범죄행위가 종료된 것으로 보아야 한다 (대판 2004.10.28. 2004도5014).

정답 ○

(4) 고소의 제한

3. 고소불가분의 원칙
(1) 고소불가분의 원칙의 의미
(2) 객관적 불가분의 원칙
(3) 주관적 불가분의 원칙

13년·21년 변시, 13년(1)·15년(1)·16년(1) 모의

37. 조카 2명이 친구 1명과 함께 동거하지 않는 삼촌의 물건을 절취한 경우 삼촌이 조카들의 친구에 대해서만 고소를 하면 조카들에 대해서는 고소의 효력이 미치지 않는다.

해설 절대적 친고죄에 있어서는 공범 중 1인에 대한 고소의 효력은 전원에 대하여 미친다. 반면, 친족상도례의 경우와 같이 범인과 피해자사이에 일정한 신분관계가 있는 경우에만 친고죄로 되는 상대적 친고죄에 있어서는 비신분자에 대한 고소의 효력은 신분관계 있는 공범에게는 미치지 아니하며, 신분관계 있는 자에 대한 고소취소는 비신분자에게 효력이 없다(대판 1964.12.15. 64도481). 사안의 경우 조카와 삼촌과의 관계는 동거하지 않는 친족으로서 조카에 대하여만 상대적 친고죄가 되고(형법 제344조, 제328조 제2항), 조카들의 친구에 대하여는 친고죄가 아니므로 그에 대한 고소의 효력은 조카들에 미치지 않는다. 참고로 친족 2인 이상이 공범인 경우에는 1인의 친족에 대한 고소는 다른 친족에도 효력이 미치므로 사안에서 조카 중 1인에 대한 고소가 있다면 그 효력은 다른 조카에게도 미치게 된다.

형법 제344조(친족간의 범행) 제328조의 규정은 제329(절도-편저자주)조 내지 제332조의 죄 또는 미수범에 준용한다.
형법 제328조(친족 간의 범행과 고소) ① 직계혈족, 배우자, 동거친족, 동거가족 또는 그 배우자간의 제323조의 죄는 그 형을 면제한다.
② 제1항 이외의 친족 간에 제323조의 죄를 범한 때에는 고소가 있어야 공소를 제기할 수 있다.
형사소송법 제233조(고소의 불가분) 친고죄의 공범 중 그 1인 또는 수인에 대한 고소 또는 그 취소는 다른 공범자에 대하여도 효력이 있다.

정답 ○

20년(2) 모의

38. 甲과 乙은 무전취식을 공모한 후 甲과는 동거하고 있지 않은 甲의 삼촌 A가 운영하는 식당에서 식사 후 식비를 지급하지 않고 도주하였다. 옆자리에 있던 사법경찰관 P1은 도주하는 甲을 뒤쫓아 식당에서 15분간 뒤쫓아 2Km 떨어진 공원에서 甲을 체포한 후 미란다 고지를 하였다. 한편 무전취식 사건 검문검색 지령을 받고 정복차림으로 순찰하던 사법경찰관 P2는 乙을 발견하고 "인근에서 무전취식 사건이 있었는데 인상착의가 비슷하니 검문에 협조해 달라"고 말하며 정지를 요구하였다. 乙이 정지하지 않고 지나치자 P2는 乙을 가로막고 검문에 응할 것을 재차 요구하였고, 乙은 P2를 폭행한 후 도주하였다.

甲과 乙이 기소된 후 A가 甲에 대한 고소를 취소한 때에는 법원은 乙에게도 공소기각의 판결을 선고하여야 한다.

해설 공범인 甲과 乙 중 甲과의 관계에서만 친고죄가 되고 乙과의 관계에서는 친고죄가 되지 않는 상대적 친고죄에서는 고소의 주관적불가분원칙이 적용되지 않으므로 甲에 대한 고소취소의 효과는 乙에게 미치지 않는다. 따라서 乙에게 공소기각판결을 선고할 수 없다.

형사소송법 제233조(고소의 불가분) 친고죄의 공범 중 그 1인 또는 수인에 대한 고소 또는 그 취소는 다른 공범자에 대하여도 효력이 있다.
형사소송법 제232조(고소의 취소) ① 고소는 제1심 판결선고 전까지 취소할 수 있다.
형사소송법 제327조(공소기각의 판결) 다음 경우에는 판결로써 공소기각의 선고를 하여야 한다.
 5. 고소가 있어야 죄를 논할 사건에 대하여 고소의 취소가 있을 때

정답 ×

🍊 13년·18년 변시, 11년(1)·13년(1)·15년(1)·18년(1)·20년(1)·23년(1) 모의

39. (1) 피해자가 반의사불벌죄의 공범 중 그 1인에 대하여 처벌을 희망하는 의사를 철회한 경우, 다른 공범자에 대하여도 처벌희망의사가 철회된 것으로 볼 수 없다.
(2) 친고죄에 있어서 고소불가분의 원칙을 규정한 형사소송법 제233조의 규정은 반의사불벌죄에 준용되지 않는다.
(3) 출판물에 의한 명예훼손죄의 공범 중 1인에 대한 고소 또는 그 취소는 다른 공범자에 대하여는 효력이 없다.

해설 형사소송법이 고소와 고소취소에 관한 규정을 하면서 제232조 제1항, 제2항에서 고소취소의 시한과 재고소의 금지를 규정하고 제3항에서는 반의사불벌죄에 제1항, 제2항의 규정을 준용하는 규정을 두면서도, 제233조에서 고소와 고소취소의 불가분에 관한 규정을 함에 있어서는 반의사불벌죄에 이를 준용하는 규정을 두지 아니한 것은 처벌을 희망하지 아니하는 의사표시나 처벌을 희망하는 의사표시의 철회에 관하여 친고죄와는 달리 공범자간에 불가분의 원칙을 적용하지 아니하고자 함에 있다고 볼 것이지, 입법의 불비로 볼 것은 아니다(대판 1994.04.26. 93도1689).

정답 O, O, O

🍊 14년 변시, 16년(1)·22년(2)(3) 모의

40. 조세범에 대한 국세청장 등의 고발에도 고소·고발 불가분의 원칙이 적용되므로 양벌규정에 의하여 처벌받는 법인에 대한 고발은 그 행위자인 자연인에게까지 미친다.

해설 형사소송법 제233조는 공범에게 불리한 규정이므로 만약 적용된다고 해석한다면 피고인에게 불리하게 형벌법규의 문언을 유추해석한 경우에 해당하므로 죄형법정주의에 반하여 허용될 수 없다.

판례 조세범처벌법 제6조는 조세에 관한 범칙행위에 대하여는 원칙적으로 국세청장 등의 고발을 기다려 논하도록 규정하고 있는바, 같은 법에 의하여 하는 고발에 있어서는 이른바 고소·고발 불가분의 원칙이 적용되지 아니하므로, 고발의 구비 여부는 양벌규정에 의하여 처벌받는 자연인 행위자와 법인에 대하여 개별적으로 논하여야 한다(대판 2004.09.24. 2004도4066).

형사소송법 제233조(고소의 불가분) 친고죄의 공범 중 그 1인 또는 수인에 대한 고소 또는 그 취소는 다른 공범자에 대하여도 효력이 있다.

정답 X

⏱ 21년 변시, 14년(1)·(2) 모의

41.
(1) 「독점규제 및 공정거래에 관한 법률」 위반에서 소추조건으로 되어 있는 공정거래위원회의 고발에 친고죄의 주관적 불가분 원칙을 규정한 「형사소송법」 제233조를 유추적용할 수 있다.

(2) 피고인 A, B는 공동하여 공정거래위원회의 고발이 있어야 공소를 제기할 수 있는 독점규제및공정거래에관한법률위반의 범행을 저질렀는데, 공정거래위원회가 A만 고발하였다 하더라도, 고발대상에서 제외된 B에 대하여도 고발의 효력이 미치므로 법원은 B에 대하여 공소기각판결을 하여서는 아니된다.

해설 (1) 독점규제 및 공정거래에 관한 법률 제71조 제1항이 소추조건으로 명시하고 있는 공정거래위원회의 '고발'에 '고소불가분의 원칙'을 규정한 형사소송법 제233조를 유추적용할 수 없다(대판 2010.09.30. 2008도4762). ▶ (2) 공정거래위원회의 고발 대상에서 제외된 피고인들에 대한 독점규제 및 공정거래에 관한 법률 위반의 공소사실에 관하여, 소추요건의 결여를 이유로 공소기각판결을 선고한 원심의 조치를 수긍한 사례

 ×, ×

4. 고소의 취소와 포기
(1) 고소의 취소

⏱ 22년 변시

42.
제1심 법원이 반의사불벌죄로 기소된 피고인에 대하여 「소송촉진 등에 관한 특례법」 제23조에 따라 피고인에 대한 송달불능보고서가 접수된 때부터 6개월이 지나도록 피고인의 소재를 확인할 수 없어 피고인의 진술 없이 유죄를 선고하여 판결이 확정된 경우, 만일 피고인이 항소권회복청구를 함으로써 항소심 재판을 받게 되었다면 피해자는 그 항소심 절차에서 처벌을 희망하는 의사표시를 철회할 수 없다.

해설 제1심 법원이 반의사불벌죄로 기소된 피고인에 대하여 소송촉진 등에 관한 특례법(이하 '소송촉진법'이라고 한다) 제23조에 따라 피고인의 진술 없이 유죄를 선고하여 판결이 확정된 경우, 만일 피고인이 책임을 질 수 없는 사유로 공판절차에 출석할 수 없었음을 이유로 소송촉진법 제23조의2에 따라 제1심 법원에 재심을 청구하여 재심개시결정이 내려졌다면 피해자는 재심의 제1심 판결 선고 전까지 처벌을 희망하는 의사표시를 철회할 수 있다. 그러나 피고인이 제1심 법원에 소송촉진법 제23조의2에 따른 재심을 청구하는 대신 항소권회복청구를 함으로써 항소심 재판을 받게 되었다면 항소심을 제1심이라고 할 수 없는 이상 항소심 절차에서는 처벌을 희망하는 의사표시를 철회할 수 없다(대판 2016.11.25. 2016도9470).

  ○

23년(2)(3) 모의

43. A가 甲을 고소하여 甲을 피고인으로 하는 형사재판이 진행되고 있던 중 제1심 판결 선고 전 A와 甲 사이의 관련 민사사건에서 "이 사건과 관련하여 서로 상대방에 대하여 제기한 형사 고소 사건 일체를 모두 취하한다"라는 내용의 조정이 성립된 경우, A의 甲에 대한 고소는 취소된 것으로 간주된다.

해설 고소인이 위 조정이 성립된 이후에도 수사기관 및 제1심 법정에서 여전히 피고인의 처벌을 원한다는 취지로 진술하고 있으며 달리 고소인이 고소취소 또는 처벌불원의 의사를 표시하기 위하여 위 조정조서 사본 등을 수사기관이나 제1심 법정에 제출하지 아니하였다는 이유로, 위와 같은 조정이 성립된 것만으로는 고소인이 수사기관이나 제1심 법정에 피고인에 대한 고소를 취소하였다거나 처벌을 원하지 아니한다는 의사를 표시한 것으로 보기 어렵다. (대판 2004.03.25.2003도8136).

정답 ×

23년(2) 모의

44. A가 주거침입으로 甲을 고소했고 이로 인해 甲이 공소제기된 경우, 제1심 절차가 진행되던 중 A가 고소를 취소하더라도 법원은 이로 인한 공소기각판결을 선고할 수 없다.

해설 비친고죄에 대한 고소의 취소가 있다고 하여 공소기각판결을 하여야 하는 것은 아니다.

정답 ○

20년 변시, 23년(3) 모의

45. (1) 甲이 A를 죽이겠다고 협박한 행위에 대하여 제1심판결선고 전까지 A가 처벌불원 의사를 표시한 경우, 법원은 그에 대해서는 공소기각판결을 선고하여야 한다.

(2) 甲과 乙은 길거리에서 서로 몸싸움을 하였다. 출동한 경찰관 P가 甲과 乙을 현행범으로 체포하려고 하자 甲이 P의 얼굴을 주먹으로 쳐 P에게 2주간의 치료를 요하는 타박상을 가하였다. 乙이 제1심에서 폭행죄로 벌금 100만 원을 선고받고 항소하였는데, 항소심 계속 중 甲이 乙에 대한 처벌의사를 철회하였다면, 항소심 법원은 乙에게 공소기각판결을 하여야 한다.

해설) 형사소송법 제232조 제1항 및 제3항은 피해자의 명시한 의사에 반하여 공소를 제기할 수 없는 반의사불벌죄 사건에서 처벌을 희망하는 의사표시는 제1심판결 선고 전까지 철회할 수 있다고 정하고 있다. 반의사불벌죄 사건에서 처벌을 희망하는 의사표시의 철회를 어느 시점까지로 제한할 것인지는 형사소송절차 운영에 관한 입법정책의 문제로, 위 규정은 국가형벌권의 행사가 피해자의 의사에 의하여 좌우되는 현상을 장기간 방치하지 않으려는 목적에서 그 철회 시한을 획일적으로 제1심판결 선고 시까지로 제한한 것으로 볼 수 있다. (대판 2022. 11.30. 2022도11786)
항소심 계속 중이라면 1심판결 이후이므로 甲이 乙에 대한 처벌의사를 철회하여도 공소기각판결을 선고할 수 없다.

> 형법 제260조(폭행, 존속폭행) ① 사람의 신체에 대하여 폭행을 가한 자는 2년 이하의 징역, 500만원 이하의 벌금, 구류 또는 과료에 처한다.
> ② 자기 또는 배우자의 직계존속에 대하여 제1항의 죄를 범한 때에는 5년 이하의 징역 또는 700만원 이하의 벌금에 처한다.
> ③ 제1항 및 제2항의 죄는 피해자의 명시한 의사에 반하여 공소를 제기할 수 없다.
> 형사소송법 제232조(고소의 취소) ① 고소는 제1심 판결선고 전까지 취소할 수 있다.
> ② 고소를 취소한 자는 다시 고소하지 못한다.
> ③ 피해자의 명시한 의사에 반하여 죄를 논할 수 없는 사건에 있어서 처벌을 희망하는 의사표시의 철회에 관하여도 전2항의 규정을 준용한다.
> 형사소송법 제327조(공소기각의 판결) 다음 경우에는 판결로써 공소기각의 선고를 하여야 한다.
> 6. 피해자의 명시한 의사에 반하여 죄를 논할 수 없는 사건에 대하여 처벌을 희망하지 아니하는 의사표시가 있거나 처벌을 희망하는 의사표시가 철회되었을 때

정답 O, ×

23년(2) 모의

46. 사실적시 명예훼손죄의 피해자가 수사기관에 대하여 가해자에 대한 처벌희망의 의사표시를 한 바는 없으나 처벌불원의 의사표시를 하였던 경우, 이후 피해자의 고소는 재고소를 금지하는 「형사소송법」 규정에 위반된다.

 고소 자체는 형사소송법에 위배되지 않는다. 다만, 이와 별개로 처벌불원의사표시가 있는 이상 공소권 없음 또는 공소기각판결이 선고될 것이다.

> 형사소송법 제232조(고소의 취소) ① 고소는 제1심 판결선고 전까지 취소할 수 있다.
> ② 고소를 취소한 자는 다시 고소할 수 없다.
> ③ 피해자의 명시한 의사에 반하여 공소를 제기할 수 없는 사건에서 처벌을 원하는 의사표시를 철회한 경우에도 제1항과 제2항을 준용한다.

정답 ×

18년 변시

47. 친고죄에서 고소권자의 고소가 유효함에도 고소의 효력이 없다는 이유로 공소를 기각한 제1심 판결에 대하여 항소심 절차가 진행되던 중 고소인이 고소를 취소하였는데 항소심이 제1심의 공소기각 부분이 위법하다는 이유로 사건을 파기환송한 경우, 환송 후의 제1심 법원은 고소취소를 이유로 공소기각판결을 선고할 수 없다.

 피고인의 간통 공소사실에 대한 배우자의 고소가 효력이 없다는 이유로 공소를 기각한 제1심 판결에 대하여 항소심 절차가 진행되던 중 고소인이 고소를 취소하였는데, 항소심이 공소기각 부분이 위법하다는 이유로 사건을 파기·환송하였고 환송 후의 제1심 및 원심이 간통을 유죄로 인정한 사안에서, 고소취소가 항소심에서 종전 제1심 공소기각판결이 파기되고 사건이 제1심법원에 환송된 후 진행된 환송 후 제1심판결이 선고되기 전에 이루어진 것으로서 적법하므로, 형사소송법 제327조 제5

호에 의하여 판결로써 공소를 기각하였어야 하는데도 이에 관한 실체판단에 나아가 유죄를 인정한 원심판결에는 친고죄의 고소취소 시기에 관한 법리오해의 위법이 있다(대판 2011.08.25. 2009도9112).

정답 ×

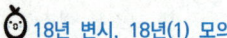 18년 변시, 18년(1) 모의

48. **(1)** 친고죄에서 고소권자가 고소를 취소하는 의사표시를 하였다 하더라도 그 후 고소취소를 철회하는 의사표시를 다시 하였다면 유효한 고소가 있다고 보아야 한다.

(2) 친고죄로 고소를 제기하였다가 공소제기 전 고소를 취소한 후 고소기간 내에 다시 동일한 친고죄로 고소하여 공소제기된 경우, 수소법원은 「형사소송법」 제327조 제2호의 '공소제기의 절차가 법률의 규정에 위반하여 무효인 때'에 해당함을 이유로 판결로써 공소기각의 선고를 하여야 한다.

해설 형사소송법 제232조에 의하면 고소는 제1심판결 선고 전까지 취소할 수 있되 고소를 취소한 자는 다시 고소할 수 없으며, 한편 고소취소는 범인의 처벌을 구하는 의사를 철회하는 수사기관 또는 법원에 대한 고소권자의 의사표시로서 형사소송법 제239조, 제237조에 의하여 서면 또는 구술로써 하면 족한 것이므로, (1)고소권자가 서면 또는 구술로써 수사기관 또는 법원에 고소를 취소하는 의사표시를 하였다고 보여지는 이상 그 고소는 적법하게 취소되었다고 할 것이고, 그 후 고소취소를 철회하는 의사표시를 다시 하였다고 하여도 그것은 효력이 없다 할 것이다. 위 의사표시로서 저작권법위반의 점에 대한 고소인의 고소는 적법하게 취소되었다고 할 것이어서 이 사건 공소제기 전에 저작권법위반의 (2)공소사실에 대한 고소취소가 있었다고 보아 공소를 기각한 제1심의 판단은 정당하다(대판 2007.04.13. 2007도425).

정답 ×, ○

16년(1) 모의

49. 모욕죄와 감금죄가 상상적으로 경합하는 경우 감금죄에 대한 고소는 모욕죄에 영향을 미치지 않고 모욕죄에 대한 고소의 취소는 감금죄에 대하여 효력이 없다.

해설 형법 제40조의 소위 상상적 경합은 1개의 행위가 수개의 죄에 해당하는 경우에는 과형상 1죄로서 처벌한다는 것이고, 또 가장 중한 죄에 정한 형으로 처벌한다는 것은 경한 죄는 중한 죄에 정한 형으로 처단된다는 것이지, 경한 죄는 그 처벌을 면한다는 것은 아니므로, 이 사건에서 중한 강간미수죄가 친고죄로서 고소가 취소되었다 하더라도 경한 감금죄(폭력행위등처벌에 관한 법률 위반)에 대하여는 아무런 영향을 미치지 않는다(대판 1983.04.26. 83도323). ▶ 위 판례는 종래 강간죄가 친고죄로 규정되어 있을 때의 판례이나, 과형상 일죄의 일부분만이 친고죄이고 나머지 부분은 비친고죄인 경우 친고죄에 대한 고소의 효력이 비친고죄에 대해 미치지 않고 또한 비친고죄에 대한 고소의 효력이 친고죄에 대하여 미치지 않으며 친고죄에 대한 고소의 취소는 비친고죄에 대하여 효력이 없다는 법리는 여전히 유효하다.

정답 ○

 14년·18년·22년 변시, 15년(3)·20년(1)·22년(1)(2)(3) 모의

50. (1) 친고죄에서 일단 공범자에 대하여 제1심판결이 선고되면 다른 공범자에 대하여도 고소를 취소할 수 없고 설령 취소를 하더라도 효력이 발생하지 않는다 할 것인데, 이러한 법리는 필요적 공범에만 해당하고 임의적 공범에는 해당하지 않는다.

(2) 업무상비밀누설죄의 공범 중 그 일부에 대하여 제1심판결이 선고된 후에는 아직 제1심판결이 선고되지 않은 다른 공범자에 대하여는 고소를 취소하여도 그 효력이 없다.

> **해설** 친고죄의 공범 중 그 일부에 대하여 제1심판결이 선고된 후에는 제1심판결 선고 전의 다른 공범자에 대하여는 그 고소를 취소할 수 없고 그 고소의 취소가 있다 하더라도 그 효력을 발생할 수 없으며, 이러한 법리는 필요적 공범이나 임의적 공범이냐를 구별함이 없이 모두 적용된다(대판 1985.11.12. 85도1940).
>
> **정답** ×, ○

 21년 변시, 15년(3) 모의

51. 고소의 취소는 수사기관 또는 법원에 대한 법률행위적 소송행위이므로 관련 민사사건에서 '이 사건과 관련하여 서로 상대방에 대하여 제기한 형사고소 사건 일체를 모두 취하한다'는 내용이 포함된 조정이 성립되었다면, 정당한 고소취소의 의사표시를 한 것이다.

> **해설** 피고인 1과 고소인 공소외인 사이의 수원지방법원 성남지원 2005드합319(본소), 2005드합333(반소) 이혼 등 청구사건에서 2007. 1. 12. 위 고소인이 피고인 1에 대한 형사고소를 취소하기로 하는 조항이 포함된 내용의 임의조정이 성립된 사정만으로 위 고소인이 고소취소의 의사표시를 한 것으로 보기 어렵다(대판 2008.11.27. 2008도2493). ▶ 현재는 간통죄가 폐지되었으나 다른 친고죄에서도 위 판례의 법리를 적용할 수 있다.
>
> **정답** ×

 14년·21년 변시, 11년(1)·13년(2)·15년(3) 모의

52. 비친고죄에 해당하는 죄로 기소되어 항소심에서 친고죄에 해당하는 죄로 공소장이 변경된 후 공소제기 전에 행하여진 고소가 취소되었다면 항소심법원은 공소기각의 판결을 선고하여야 한다.

> **해설** 본래 고소의 대상이 된 피고소인의 행위가 친고죄에 해당할 경우 소송요건인 그 친고죄의 고소를 취소할 수 있는 시기를 언제까지로 한정하는가는 형사소송절차운영에 관한 입법정책상의 문제이기에 형사소송법의 그 규정은 국가형벌권의 행사가 피해자의 의사에 의하여 좌우되는 현상을 장기간 방치하지 않으려는 목적에서 고소취소의 시한을 획일적으로 제1심 판결 선고시까지로 한정한 것이고, 따라서 그 규정을 현실적 심판의 대상이 된 공소사실이 친고죄로 된 당해 심급의 판결선고시까지 고소인이 고소를 취소할 수 있다는 의미로 볼 수는 없다 할 것이어서, 항소심에서 공소장의 변경에 의하여 또는 공소장변경절차를 거치지 아니하고 법원 직권에 의하여 친고죄가 아닌 범죄를 친고죄로 인정하였더라도 항소심을 제1심이라 할 수는 없는 것이므로, 항소심에 이르러 비로소 고소인이 고소를 취소하였다면 이는 친고죄에 대한 고소취소로서의 효력은 없다(대판 1999.04.15. 96도1922(전합)). ▶ 따라서 이 경우 공소기각판결을 할 수 없고 실체판결을 하여야 한다.
>
> **정답** ×

15년(3) 모의

53. 친고죄에서 처벌을 구하는 의사표시의 철회는 공법상의 의사표시로서 조건부 의사표시는 허용되지 않는다.

▫해설 친고죄의 경우 고소는 소송조건이 되므로 절차적 확실성을 해하는 조건부 고소나 조건부 고소취소는 허용되지 않는다.

판례 친고죄에서 처벌을 구하는 의사표시의 철회는 수사기관이나 법원에 대한 공법상의 의사표시로서 내심의 조건부 의사표시는 허용되지 않는 것이므로, 위 의사표시로서 저작권법위반의 점에 대한 고소인의 고소는 적법하게 취소되었다고 할 것이어서 이 사건 공소제기 전에 저작권법위반의 공소사실에 대한 고소취소가 있었다고 보아 공소를 기각한 제1심의 판단은 정당하다(대판 2007.04.13. 2007도425).

정답 O

15년(1)·18년(1)·20년(1)·22년(1) 모의

54. 고소의 취소나 처벌을 희망하는 의사표시의 철회는 수사기관 또는 법원에 대한 법률행위적 소송행위이므로 공소제기 전에는 고소사건을 담당하는 수사기관에, 공소제기 후에는 고소사건의 수소법원에 대하여 이루어져야 한다.

▫해설 고소의 취소나 처벌을 희망하는 의사표시의 철회는 수사기관 또는 법원에 대한 법률행위적 소송행위이므로 공소제기 전에는 고소사건을 담당하는 수사기관에, 공소제기 후에는 고소사건의 수소법원에 대하여 이루어져야 한다(대판 2012.02.23. 2011도17264).

정답 O

(2) 고소의 포기

22년 변시, 15년(3)·23년(2) 모의

55. 형사소송법은 고소권의 포기에 관하여 아무런 규정이 없으므로 사적 자치의 원리에 따라 고소권자는 고소 전에 고소권을 포기할 수 있다.

▫해설 친고죄에 있어서의 피해자의 고소권은 공법상의 권리라고 할 것이므로 법이 특히 명문으로 인정하는 경우를 제외하고는 자유처분을 할 수 없고 따라서 일단 한 고소는 취소할 수 있으나 고소 전에 고소권을 포기할 수 없다고 함이 상당할 것이다(대판 1967.05.23. 67도471).

정답 ×

Ⅴ 고발

16년(1) 모의

56. 동일한 부가가치세의 과세기간 내에 행하여진 조세포탈기간이나 포탈액수의 일부에 대한 조세포탈죄의 고발이 있는 경우 그 고발의 효력은 그 과세기간 내의 조세포탈기간 및 포탈액수 전부에 미친다.

> **해설** 고발은 범죄사실에 대한 소추를 요구하는 의사표시로서 그 효력은 고발장에 기재된 범죄사실과 동일성이 인정되는 사실 모두에 미치므로, 범칙사건에 대한 고발이 있는 경우 그 고발의 효과는 범칙사건에 관련된 범칙사실의 전부에 미치고 한 개의 범칙사실의 일부에 대한 고발은 그 전부에 대하여 효력이 생기므로, 동일한 부가가치세의 과세기간 내에 행하여진 조세포탈기간이나 포탈액수의 일부에 대한 조세포탈죄의 고발이 있는 경우 그 고발의 효력은 그 과세기간 내의 조세포탈기간 및 포탈액수 전부에 미친다. 따라서 일부에 대한 고발이 있는 경우 기본적 사실관계의 동일성이 인정되는 범위 내에서 조세포탈기간이나 포탈액수를 추가하는 공소장변경은 적법하다(대판 2009.07.23. 2009도3282).

15년(1) 모의

57. 각 사업 년도마다 1개의 범죄가 성립하는 법인세포탈범죄의 일부에 대한 고발의 효력은 그 일죄의 전부에 미친다.

> **해설** 법인세는 사업연도를 과세기간으로 하는 것이므로 그 포탈범죄는 각 사업연도마다 1개의 범죄가 성립하고, 일죄의 관계에 있는 범죄사실의 일부에 대한 공소제기 및 고발의 효력은 그 일죄의 전부에 대하여 미친다(대판 2005.01.14. 2002도5411).

14년 변시

58. 세무공무원 등의 고발이 있어야 공소를 제기할 수 있는 조세범처벌법위반죄에 대하여 고발을 받아 수사한 검사가 불기소처분을 하였다가 나중에 공소를 제기하는 경우에는 세무공무원 등의 새로운 고발이 있어야 하는 것은 아니다.

> **해설** 검사의 불기소처분에는 확정재판에 있어서의 확정력과 같은 효력이 없어 일단 불기소처분을 한 후에도 공소시효가 완성되기 전이면 언제라도 공소를 제기할 수 있으므로, 세무공무원 등의 고발이 있어야 공소를 제기할 수 있는 조세범처벌법 위반죄에 관하여 일단 불기소처분이 있었더라도 세무공무원 등이 종전에 한 고발은 여전히 유효하다. 따라서 나중에 공소를 제기함에 있어 세무공무원 등의 새로운 고발이 있어야 하는 것은 아니다(대판 2009.10.29. 2009도6614).

Ⅵ 자수

14년(2) 모의

59. 피고인이 경찰관의 여죄 추궁 끝에 다른 범죄사실을 자백한 경우는 자수라고 할 수 없다.

 [1] 자수라 함은 범인이 스스로 수사책임이 있는 관서에 자기의 범행을 자발적으로 신고하고 그 처분을 구하는 의사표시를 말하고, 가령 수사기관의 직무상의 질문 또는 조사에 응하여 범죄사실을 진술하는 것은 자백일 뿐 자수로는 되지 않는다. [2] 경찰관이 피고인의 강도상해 등의 범행에 관하여 수사를 하던 중 국립과학수사연구소의 유전자검색감정의뢰회보 등을 토대로 피고인의 여죄를 추궁한 끝에 피고인이 강도강간의 범죄사실과 특수강도의 범죄사실을 자백하였음을 알 수 있으므로 이를 자수라고 할 수 없다(대판 2006.09.22. 2006도4883).

정답 O

제3절 임의수사

Ⅰ 임의수사와 강제수사

1. 임의수사와 강제수사의 구별 : 기본권침해 기준설(通·判)
2. 임의수사의 원칙과 강제수사의 규제
  (1) 임의수사의 원칙

23년(3) 모의

60. 수사기관이 범죄를 수사하면서 불특정, 다수의 출입이 가능한 장소에 통상적인 방법으로 출입하여 아무런 물리력이나 강제력을 행사하지 않고 통상적인 방법으로 위법행위를 확인하는 것은 특별한 사정이 없는 한 임의수사의 한 방법으로서 허용된다.

 수사기관이 범죄를 수사하면서 불특정, 다수의 출입이 가능한 장소에 통상적인 방법으로 출입하여 아무런 물리력이나 강제력을 행사하지 않고 통상적인 방법으로 위법행위를 확인하는 것은 특별한 사정이 없는 한 임의수사의 한 방법으로서 허용되므로 영장 없이 이루어졌다고 하여 위법하다고 할 수 없다(대판 2023.04.27. 2018도8161).

정답 O

  (2) 강제수사의 규제

17년(3) 모의

61. 주취운전을 하였다고 인정할 만한 상당한 이유가 있다는 이유만으로 이루어지는 음주측정을 위하여 수사상 강제처분에 관한 「형사소송법」의 절차에 따르지 아니한 채 이루어진 운전자 강제연행은 위법한 체포에 해당한다.

해설 교통안전과 위험방지를 위한 필요가 없음에도 주취운전을 하였다고 인정할 만한 상당한 이유가 있다는 이유만으로 이루어지는 음주측정은 이미 행하여진 주취운전이라는 범죄행위에 대한 증거수집을 위한 수사절차로서의 의미를 가지는 것인데, 구 도로교통법(2005. 5. 31. 법률 제7545호로 전문 개정되기 전의 것)상의 규정들이 음주측정을 위한 강제처분의 근거가 될 수 없으므로 위와 같은 음주측정을 위하여 당해 운전자를 강제로 연행하기 위해서는 수사상의 강제처분에 관한 형사소송법상의 절차에 따라야 하고, 이러한 절차를 무시한 채 이루어진 강제연행은 위법한 체포에 해당한다(대판 2006.11.09. 2004도8404).

정답 ○

16년(3) 모의

62. 사법경찰관 P가 호흡측정을 하였지만 당시의 구체적 상황에 비추어 호흡측정기의 오작동 등으로 인하여 호흡측정 결과에 오류가 있다고 인정할 만한 객관적이고 합리적인 사정이 있는 경우에는 P가 피의자 甲에게 혈액채취에 의한 혈중알코올농도 측정을 요구하면 甲은 이에 응할 의무가 있다.

해설 음주운전에 대한 수사 과정에서 음주운전 혐의가 있는 운전자에 대하여 구 도로교통법 제44조 제2항에 따른 호흡측정이 이루어진 경우에는 그에 따라 과학적이고 중립적인 호흡측정 수치가 도출된 이상 다시 음주측정을 할 필요성은 사라졌으므로 운전자의 불복이 없는 한 다시 음주측정을 하는 것은 원칙적으로 허용되지 아니한다. 그러나 운전자의 태도와 외관, 운전 행태 등에서 드러나는 주취정도, 운전자가 마신 술의 종류와 양, 운전자가 사고를 야기하였다면 경위와 피해 정도, 목격자들의 진술 등 호흡측정 당시의 구체적 상황에 비추어 호흡측정기의 오작동 등으로 인하여 호흡측정 결과에 오류가 있다고 인정할 만한 객관적이고 합리적인 사정이 있는 경우라면 그러한 호흡측정 수치를 얻은 것만으로는 수사의 목적을 달성하였다고 할 수 없어 추가로 음주측정을 할 필요성이 있으므로, 경찰관이 음주운전 혐의를 제대로 밝히기 위하여 운전자의 자발적인 동의를 얻어 혈액 채취에 의한 측정의 방법으로 다시 음주측정을 하는 것을 위법하다고 볼 수는 없다. 이 경우 운전자가 일단 호흡측정에 응한 이상 재차 음주측정에 응할 의무까지 당연히 있다고 할 수는 없으므로, 운전자의 혈액 채취에 대한 동의의 임의성을 담보하기 위하여는 경찰관이 미리 운전자에게 혈액 채취를 거부할 수 있음을 알려주었거나 운전자가 언제든지 자유로이 혈액 채취에 응하지 아니할 수 있었음이 인정되는 등 운전자의 자발적인 의사에 의하여 혈액 채취가 이루어졌다는 것이 객관적인 사정에 의하여 명백한 경우에 한하여 혈액 채취에 의한 측정의 적법성이 인정된다(대판 2015.07.09. 2014도16051).

정답 ×

14년(2)·18년(3) 모의

63. 수사기관이 금융회사가 발행하는 매출전표의 거래명의자에 관한 정보를 수사목적으로 금융회사에 요구하는 경우 법관이 발부한 영장에 의하여야 한다.

해설 수사기관이 범죄 수사를 목적으로 금융실명거래 및 비밀보장에 관한 법률(이하 '금융실명법'이라 한다) 제4조 제1항에 정한 '거래정보 등'을 획득하기 위해서는 법관의 영장이 필요하고, 신용카드에 의하여 물품을 거래할 때 '금융회사 등'이 발행하는 매출전표의 거래명의자에 관한 정보 또한 금융실명법에서 정하는 '거래정보 등'에 해당하므로, 수사기관이 금융회사 등에 그와 같은 정보를 요구하는 경우에도 법관이 발부한 영장에 의하여야 한다. 그럼에도 수사기관이 영장에 의하지 아니하고 매출전표의 거래명의자에 관한 정보를 획득하였다면, 그와 같이 수집된 증거는 원칙적으로 형사소송법 제308조의2에서 정하는 '적법한 절차에 따르지 아니하고 수집한 증거'에 해당하여 유죄의 증거로 삼을 수 없다(대판 2013.03.28. 2012도13607).

정답 O

3. 임의수사의 적법성의 한계
(1) 임의동행

21년(2) 모의

64. X 회사의 대표 甲은 자금문제로 평소 이용하던 Y 새마을금고 이사장 乙에게 2천만 원의 수표발행을 의뢰했다. 甲과 친분이 두터운 乙은 수표자금을 입금받지 아니한 채 甲에게 금 2천만 원의 자기앞수표를 발행하여 주었다. 또한 甲은 새마을금고를 통하여 지급이 이루어지는 금 3천만 원의 약속어음을 발행하면서 약속어음발행용으로 신고된 인장이 아닌 자신의 다른 인장을 날인하였다. 이 약속어음을 수취한 丙은 약속어음의 액면금액을 금 5천만 원으로 개서하여 이를 丁에게 교부하였고, 丁은 액면금액을 다시 8천만 원으로 개서하였다. 丙에 대하여 수사하던 사법경찰관 K는 丙의 동의를 받아 인근 경찰서로 동행하였다.

임의동행은 오로지 丙의 자발적인 의사에 의하여 수사관서 등에의 동행이 이루어졌음이 객관적인 사정에 의하여 명백하게 입증된 경우에 한하여 그 적법성이 인정된다. (다툼이 있는 경우 판례에 의함)

해설 형사소송법 제199조 제1항은 "수사에 관하여 그 목적을 달성하기 위하여 필요한 조사를 할 수 있다. 다만, 강제처분은 이 법률에 특별한 규정이 있는 경우에 한하며, 필요한 최소한도의 범위 안에서만 하여야 한다."고 규정하여 임의수사의 원칙을 명시하고 있는바, 수사관이 수사과정에서 당사자의 동의를 받는 형식으로 피의자를 수사관서 등에 동행하는 것은, 상대방의 신체의 자유가 현실적으로 제한되어 실질적으로 체포와 유사한 상태에 놓이게 됨에도, 영장에 의하지 아니하고 그 밖에 강제성을 띤 동행을 억제할 방법도 없어서 제도적으로는 물론 현실적으로도 임의성이 보장되지 않을 뿐만 아니라, 아직 정식의 체포·구속단계 이전이라는 이유로 상대방에게 헌법 및 형사소송법이 체포·구속된 피의자에게 부여하는 각종의 권리보장 장치가 제공되지 않는 등 형사소송법의 원리에 반하는 결과를 초래할 가능성이 크므로, 수사관이 동행에 앞서 피의자에게 동행을 거부할 수 있음을 알려 주었거나 동행한 피의자가 언제든지 자유로이 동행과정에서 이탈 또는 동행장소로부터 퇴거할 수 있었음이 인정되는 등 오로지 피의자의 자발적인 의사에 의하여 수사관서 등에의 동행이 이루어졌음이 객관적인 사정에 의하여 명백하게 입증된 경우에 한하여, 그 적법성이 인정되는 것으로 봄이 상당하다(대판 2006.07.06. 2005도6810).

정답 O

21년(2) 모의

65. **사법경찰관이 "동행을 거부하더라도 강제로 연행할 수 있다"고 언급하였으나, 사법경찰관이 동행할 당시에 물리력을 행사한 바 없고 상대방도 명시적으로 거부의사를 표명한 적이 없는 경우에는 적법한 임의동행에 해당한다.**

해설 사법경찰관이 피고인을 동행할 당시에 물리력을 행사한 바가 없고, 피고인이 명시적으로 거부의사를 표명한 적이 없다고 하더라도, 사법경찰관이 피고인을 수사관서까지 동행한 것은 위에서 본 적법요건이 갖추어지지 아니한 채 사법경찰관의 동행 요구를 거절할 수 없는 심리적 압박 아래 행하여진 사실상의 강제연행, 즉 불법 체포에 해당한다(대판 2006.07.06. 2005도6810).

정답 ×

23년(3) 모의

66. **마약류 투약 혐의의 수사를 위한 「형사소송법」 제199조 제1항에 따른 임의동행의 경우에도, 동행한 사람을 6시간을 초과하여 경찰서에 머물게 할 수 없다는 「경찰관 직무집행법」 제3조 제6항이 적용된다.**

해설 원심은, 피고인에 대한 임의동행은 경찰관 직무집행법 제3조 제2항에 의한 것인데 같은 법 제3조 제6항을 위반하여 불법구금 상태에서 제출된 피고인의 소변과 모발은 위법하게 수집된 증거라고 판단하였다. 그러나 임의동행은 경찰관 직무집행법 제3조 제2항에 따른 행정경찰 목적의 경찰활동으로 행하여지는 것 외에도 형사소송법 제199조 제1항에 따라 범죄 수사를 위하여 수사관이 동행에 앞서 피의자에게 동행을 거부할 수 있음을 알려 주었거나 동행한 피의자가 언제든지 자유로이 동행과정에서 이탈 또는 동행장소로부터 퇴거할 수 있었음이 인정되는 등 오로지 피의자의 자발적인 의사에 의하여 이루어진 경우에도 가능하다. 기록에 의하면, 경찰관은 당시 피고인의 정신 상태, 신체에 있는 주사바늘 자국, 알콜솜 휴대, 전과 등을 근거로 피고인의 마약류 투약 혐의가 상당하다고 판단하여 경찰서로 임의동행을 요구하였고, 동행장소인 경찰서에서 피고인에게 마약류 투약 혐의를 밝힐 수 있는 소변과 모발의 임의제출을 요구하였음을 알 수 있다. 그렇다면 이 사건 임의동행은 마약류 투약 혐의에 대한 수사를 위한 것이어서 형사소송법 제199조 제1항에 따른 임의동행에 해당한다. 그런데도 원심이 이 사건 임의동행을 경찰관 직무집행법 제3조 제2항에 따른 것으로 속단하여 위와 같이 판단한 데에는 임의동행에 관한 법리를 오해한 잘못이 있다(대판 2020.05.14. 2020도398).

정답

16년(1)·(2)·18년(2) 모의

67. **이전의 임의동행이 불법체포에 해당한다고 하더라도 6시간이 지난 후 정상적인 긴급체포의 절차를 밟았다면 그 긴급체포는 적법하다.**

해설 비록 사법경찰관이 피고인을 동행할 당시에 물리력을 행사한 바가 없고, 피고인이 명시적으로 거부의사를 표명한 적이 없다고 하더라도, 사법경찰관이 피고인을 수사관서까지 동행한 것은 위에서 본 적법요건이 갖추어지지 아니한 채 사법경찰관의 동행 요구를 거절할 수 없는 심리적 압박 아래 행하여진 사실상의 강제연행, 즉 불법 체포에 해당한다고 보아야 할 것이고, 사법경찰관이 그로부터 6시간 상당이 경과한 이후에 비로소 피고인에 대하여 긴급체포의 절차를 밟았다고 하더라도 이는 동행의 형식 아래 행해진 불법 체포에 기하여 사후적으로 취해진 것에 불과하므로, 그와 같은 긴급체포 또한 위법하다고 아니 할 수 없다(대판 2006.07.06. 2005도6810).

정답 ×

(2) 보호실유치
(3) 승낙수색과 승낙검증
(4) 거짓말탐지기 사용

4. 임의수사와 강제수사의 한계
(1) 전기통신의 감청

🕐 17년·18년·21년·23년 변시, 12년(3)·20년(1) 모의

68.
(1) 수사기관이 A로부터 피고인의 폭력행위등처벌에관한법률위반(단체등의구성·활동)범행에 대한 진술을 듣고 추가적인 정보를 확보할 목적으로, 구속수감되어 있던 A에게 그의 압수된 휴대전화를 제공하여 피고인과 통화하게 하고 위 범행에 관한 통화내용을 녹음하게 한 경우, 그 녹음 자체는 물론 이를 근거로 작성된 녹취록 첨부 수사보고는 설령 피고인의 증거동의가 있는 경우에도 이를 유죄의 증거로 사용할 수 없다.

(2) 수사기관이 피고인의 마약류관리에관한법률위반(향정)죄의 추가적인 증거를 확보할 목적으로 필로폰 투약혐의로 구속수감 중인 공소외인에게 그의 압수된 휴대전화를 제공하여 그로 하여금 피고인과 통화하고 피고인의 이 사건 공소사실 범행에 관한 통화 내용을 녹음하게 한 경우 그 녹음파일은 '타인 간의 대화'라고 할 수 없으므로 증거능력이 있다.

해설 수사기관이 甲으로부터 피고인의 마약류관리에 관한 법률 위반(향정) 범행에 대한 진술을 듣고 추가적인 증거를 확보할 목적으로, 구속수감되어 있던 甲에게 그의 압수된 휴대전화를 제공하여 피고인과 통화하고 위 범행에 관한 통화 내용을 녹음하게 한 행위는 불법감청에 해당하므로, 그 녹음 자체는 물론 이를 근거로 작성된 녹취록 첨부 수사보고는 피고인의 증거동의에 상관없이 그 증거능력이 없다(대판 2010.10.14. 2010도9016).

정답 ○, ×

🕐 17년·19년 변시, 12년(3) 모의

69.
(1) 대화에 원래부터 참여하지 않은 제3자가 일반 공중이 알 수 있도록 공개되지 아니한 타인간의 발언을 녹음하거나 전자장치 또는 기계적 수단을 이용하여 청취한 것은 특별한 사정이 없는 한 「통신비밀보호법」에 위반된다.

(2) 「통신비밀보호법」 제3조 제1항은 "공개되지 아니한 타인간의 대화를 녹음 또는 청취하지 못한다."라고 규정하고 있는데, 3인 간의 대화에서 그 중 한 사람이 그 대화를 녹음 또는 청취하는 경우에 다른 두 사람의 발언은 그 녹음자 또는 청취자에 대한 관계에서 위 규정에서 말하는 '타인 간의 대화'라고 할 수 없다.

해설 (1) 통신비밀보호법 제3조 제1항이 "공개되지 아니한 타인간의 대화를 녹음 또는 청취하지 못한다."라고 정한 것은, 대화에 원래부터 참여하지 않는 제3자가 그 대화를 하는 타인들 간의 발언을 녹음해서는 아니 된다는 취지이다. (2) 3인 간의 대화에 있어서 그 중 한 사람이 그 대화를 녹음하는 경우에 다른 두 사람의 발언은 그 녹음자에 대한 관계에서 '타인 간의 대화'라고 할 수 없으므로, 이와 같은 녹음행위가 통신비밀보호법 제3조 제1항에 위배된다고 볼 수는 없다(대판 2006.10.12. 2006도4981).

정답 O, O

⏱ 17년·23년 변시, 20년(2) 모의

70.
(1) 전자우편이 송신되어 수신인이 이를 확인하는 등으로 이미 수신이 완료된 전기통신에 관하여 남아 있는 기록이나 내용을 열어보는 등의 행위는 「통신비밀보호법」에서 규정하는 '전기통신의 감청'에 포함되지 않는다.

(2) 송·수신 중인 이메일은 감청의 대상이지만, 송·수신이 완료된 이메일은 압수·수색·검증의 대상이 된다.

(3) 「통신비밀보호법」상 감청은 전기통신이 이루어지고 있는 상황에서 실시간으로 그 전기통신의 내용을 지득·채록하는 경우와 통신의 송·수신을 직접적으로 방해하는 경우를 의미하는 것이지 이미 수신이 완료된 전기통신에 관하여 남아 있는 기록이나 내용을 열어보는 등의 행위는 포함하지 않는다.

해설 통신비밀보호법상 '감청'이란 대상이 되는 전기통신의 송·수신과 동시에 이루어지는 경우만을 의미하고, 이미 수신이 완료된 전기통신의 내용을 지득하는 등의 행위는 포함되지 않는다(대판 2012.10.25. 2012도4644).

정답 O, O, O

(2) 사진촬영

14년(1) 모의

71. 수사기관이 범죄를 수사함에 있어 현재 범행이 행하여지고 있거나 행하여진 직후이고, 증거보전의 필요성 및 긴급성이 있으며, 일반적으로 허용되는 상당한 방법에 의하여 범죄현장을 촬영한 경우에는 위 촬영이 영장 없이 이루어졌다 하더라도 이를 위법하다고 할 수 없다.

해설 누구든지 자기의 얼굴 기타 모습을 함부로 촬영당하지 않을 자유를 가지나 이러한 자유도 국가권력의 행사로부터 무제한으로 보호되는 것은 아니고 국가의 안전보장·질서유지·공공복리를 위하여 필요한 경우에는 상당한 제한이 따르는 것이고, 수사기관이 범죄를 수사함에 있어 현재 범행이 행하여지고 있거나 행하여진 직후이고, 증거보전의 필요성 및 긴급성이 있으며, 일반적으로 허용되는 상당한 방법에 의하여 촬영을 한 경우라면 위 촬영이 영장 없이 이루어졌다 하여 이를 위법하다고 단정할 수 없다(대판 1999.09.03. 99도2317).

정답 O

23년(3) 모의

72. 범죄수사를 위한 경찰의 촬영행위는 현재 범행이 이루어지고 있거나 행하여진 직후이고, 증거보전의 필요성 및 긴급성이 있으며, 일반적으로 허용되는 상당한 방법에 의한 경우라면 그 촬영행위가 영장 없이 이루어졌더라도 위법하다고 할 수 없으나, 집회·시위 현장에서의 촬영행위는 일반적 인격권, 개인정보자기결정권 및 집회의 자유 등의 기본권 제한을 수반하는 것이므로 영장 없이 이루어졌다면 그 자체로 위법하다.

해설 옥외집회·시위에 대한 경찰의 촬영행위는 증거보전의 필요성 및 긴급성, 방법의 상당성이 인정되는 때에는 헌법에 위반된다고 할 수 없으나, 경찰이 옥외집회 및 시위 현장을 촬영하여 수집한 자료의 보관·사용 등은 엄격하게 제한하여, 옥외집회·시위 참가자 등의 기본권 제한을 최소화해야 한다… 다만 경찰의 촬영행위는 일반적 인격권, 개인정보자기결정권 및 집회의 자유 등 기본권 제한을 수반하는 것이므로 필요최소한에 그쳐야 한다(형사소송법 제199조 제1항 단서 참조). 따라서 범죄수사를 위한 경찰의 촬영행위는 현재 범행이 이루어지고 있거나 행하여진 직후이고, 증거보전의 필요성 및 긴급성이 있으며, 일반적으로 허용되는 상당한 방법에 의한 경우로 제한되어야 한다. 그러한 경우라면 그 촬영행위가 영장 없이 이루어졌다 하더라도 위법하다고 할 수 없다(헌결 2018.08.30. 2014헌마843).

정답 ×

Ⅱ 임의수사의 방법

1. 피의자신문

21년(2) 모의

73. 피의자신문의 경우 피의자에게 출석의무는 없으므로 피의자는 출석을 거부할 수 있고, 일단 출석하여 신문 중에도 언제나 퇴거할 수 있다.

해설 피의자신문은 임의수사이므로 피의자에게 출석의무는 없다. 따라서 피의자는 출석을 거부할 수 있으며 일단 출석하여 신문 중에도 언제든지 퇴거할 수 있다(이창현, 형사소송법 제3판, p.283).

판례 피의자신문 절차는 어디까지나 법 제199조 제1항 본문, 제200조의 규정에 따른 임의수사의 한 방법으로 진행되어야 하므로, 피의자는 헌법 제12조 제2항과 법 제244조의3에 따라 일체의 진술을 하지 아니하거나 개개의 질문에 대하여 진술을 거부할 수 있고, 수사기관은 피의자를 신문하기 전에 그와 같은 권리를 알려주어야 한다(대결 2013.07.01. 2013모160).

정답 ○

17년(3) · 22년(1) 모의

74. 피의자신문조서를 작성할 때에는 피의자에게 진술한 대로 기재되지 아니하였거나 사실과 다른 부분의 유무를 물어 피의자가 증감 또는 변경의 청구 등 이의를 제기하거나 의견을 진술한 때에는 이를 조서에 추가로 기재하여야 하며, 피의자가 이의를 제기하였던 부분은 읽을 수 있도록 남겨두어야 한다.

해설 형사소송법 제244조 참조.

> 형사소송법 제244조(피의자신문조서의 작성) ② 제1항의 조서는 피의자에게 열람하게 하거나 읽어 들려주어야 하며, 진술한 대로 기재되지 아니하였거나 사실과 다른 부분의 유무를 물어 피의자가 증감 또는 변경의 청구 등 이의를 제기하거나 의견을 진술한 때에는 이를 조서에 추가로 기재하여야 한다. 이 경우 피의자가 이의를 제기하였던 부분은 읽을 수 있도록 남겨두어야 한다.

정답 ○

 15년 변시, 17년(3) 모의

75. (1) 사법경찰관이 피의자신문 전에 고지하는 진술거부권의 내용에는 진술거부권을 포기하고 행한 진술은 법정에서 유죄의 증거로 사용될 수 있다는 사항이 포함되어야 한다.

(2) 수사기관은 피의자를 신문하기 전에 변호인의 조력을 받을 수 있다는 것을 알려주어야 한다.

해설 형사소송법 제244조의3 참조.

> 형사소송법 제244조의3(진술거부권 등의 고지) ① 검사 또는 사법경찰관은 피의자를 신문하기 전에 다음 각 호의 사항을 알려주어야 한다.
> 1. 일체의 진술을 하지 아니하거나 개개의 질문에 대하여 진술을 하지 아니할 수 있다는 것
> 2. 진술을 하지 아니하더라도 불이익을 받지 아니한다는 것
> 3. (1)진술을 거부할 권리를 포기하고 행한 진술은 법정에서 유죄의 증거로 사용될 수 있다는 것
> 4. (2)신문을 받을 때에는 변호인을 참여하게 하는 등 변호인의 조력을 받을 수 있다는 것

정답 ○, ○

 13년·15년·19년 변시, 법무부(1)·13년(1)·14년(2)·16년(2)·18년(1)·(2)·22년(1)·23년(2) 모의

76. (1) 구속영장에 의해 구치소에 구금된 피의자가 검사의 소환에 불응하고 출석하지 않는 경우 검사가 그 피의자를 강제로 출석시킬 수 있도록 법원은 구금된 사람의 구인을 위한 영장을 발부할 수 있다.

(2) 검사가 긴급체포된 피의자에 대하여 구속영장을 청구하여 적법하게 피의자를 구속하였는데 피의자가 피의자신문을 위한 출석요구에 응하지 아니하면서 검찰청 조사실에의 출석을 거부하는 경우, 검사는 그 구속영장의 효력에 의하여 피의자를 강제로 조사실로 구인할 수 있다.

해설 구인을 위한 구속영장은 '체포되지 않은 피의자'의 구속영장실질심사를 위해 도입된 제도이며, '구금된 사람'의 구인을 위한 영장은 존재하지 않는 제도이다. 따라서 구금된 피의자가 검사의 출석요구(소환)에 불응한 경우, 구인을 위한 영장을 발부받을 필요 없이 구금상태를 이용하여 구속영장의 효력으로서 검찰청 등으로 그 피의자를 인치하면 된다.

판례 형사소송법(이하 '법'이라고 한다) 제70조 제1항 제1호, 제2호, 제3호, 제199조 제1항, 제200조, 제200조의2 제1항, 제201조 제1항의 취지와 내용에 비추어 보면, 수사기관이 관할 지방법원 판사가 발부한 구속영장에 의하여 피의자를 구속하는 경우, 그 구속영장은 기본적으로 장차 공판정에의 출석이나 형의 집행을 담보하기 위한 것이지만, 이와 함께 법 제202조, 제203조에서 정하는 구속기간의 범위 내에서 수사기관이 법 제200조, 제241조 내지 제244조의5에 규정된 피의자신문의 방식으로 구속된 피의자를 조사하는 등 적정한 방법으로 범죄를 수사하는 것도 예정하고 있다고 할 것이다. 따라서 구속영장 발부에 의하여 적법하게 구금된 피의자가 피의자신문을 위한 출석요구에 응하지 아니하면서 수사기관 조사실에 출석을 거부한다면 수사기관은 그 구속영장의 효력에 의하여 피의자를 조사실로 구인할 수 있다고 보아야 한다. 다만 이러한 경우에도 그 피의자신문 절차는 어디까지나 법 제199조 제1항 본문, 제200조의 규정에 따른 임의수사의 한 방법으로 진행되어야 하므로, 피의자는 헌법 제12조 제2항과 법 제244조의3에 따라 일체의 진술을 하지 아니하거나 개개의 질문에 대하여 진술을 거부할 수 있고, 수사기관은 피의자를 신문하기 전에 그와 같은 권리를 알려주어야 한다(대결 2013.07.01. 2013모160).

정답 ×, ○

14년(1) · 22년(3) · 23년(3) 모의

77. (1) 장애인 등 특별히 보호를 요하는 피의자를 신문하는 경우 피의자와 신뢰관계에 있는 자를 동석하게 할 수 있는데, 수사기관이 재량에 따라 이를 허락하더라도 동석한 사람으로 하여금 피의자를 대신하여 진술하도록 하여서는 아니 된다.

(2) 사법경찰관이 고령인 甲을 피의자로 조사할 때 동석한 甲의 배우자 B가 甲을 대신하여 진술한 부분이 甲에 대한 피의자신문조서에 기재되어 있다면, 그 부분은 B의 진술을 기재한 조서에 해당하므로 참고인진술조서로서의 증거능력 요건을 충족하여야 유죄 인정의 증거로 사용할 수 있다.

해설 형사소송법 제244조의5는 검사 또는 사법경찰관은 피의자를 신문하는 경우 피의자가 신체적 또는 정신적 장애로 사물을 변별하거나 의사를 결정·전달할 능력이 미약한 때나 피의자의 연령·성별·국적 등의 사정을 고려하여 그 심리적 안정의 도모와 원활한 의사소통을 위하여 필요한 경우에는, 직권 또는 피의자·법정대리인의 신청에 따라 피의자와 신뢰관계에 있는 자를 동석하게 할 수 있도록 규정하고 있다. 구체적인 사안에서 위와 같은 동석을 허락할 것인지는 원칙적으로 검사 또는 사법경찰관이 피의자의 건강 상태 등 여러 사정을 고려하여 재량에 따라 판단하여야 할 것이나, 이를 허락하는 경우에도 동석한 사람으로 하여금 피의자를 대신하여 진술하도록 하여서는 안 된다. 만약 동석한 사람이 피의자를 대신하여 진술한 부분이 조서에 기재되어 있다면 그 부분은 피의자의 진술을 기재한 것이 아니라 동석한 사람의 진술을 기재한 조서에 해당하므로, 그 사람에 대한 진술조서로서의 증거능력을 취득하기 위한 요건을 충족하지 못하는 한 이를 유죄 인정의 증거로 사용할 수 없다(대판 2009.06.23. 2009도1322).

정답 ○, ○

13년(1) 모의

78. 피의자의 진술은 조서에 기재하거나 녹음테이프에 녹화하여야 하며, 신문이 끝난 후에는 피의자에게 그 내용을 확인하고 이의를 제기하거나 추가할 수 있는 기회를 보장하여야 한다.

해설 피의자의 진술은 조서에 기재하여야 한다(형사소송법 제244조 제1항)고 규정하고는 있지만 녹음테이프로 녹화하여야 한다는 규정은 없다.

형사소송법 제244조(피의자신문조서의 작성) ① 피의자의 진술은 조서에 기재하여야 한다.

정답 ×

2. 피의자 이외의 자의 조사

21년(2) 모의

79. 참고인의 지위는 피의자의 그것과 달리 수사에 대한 협조자로서 당연히 진술을 거부할 수 있기 때문에 검사 또는 사법경찰관이 참고인으로부터 진술을 듣기 전에 참고인에게 진술거부권을 고지할 필요는 없으며, 참고인은 조사 중에도 아무런 제한 없이 조사장소로부터 자유롭게 퇴거할 수 있다.

해설 피의자에 대한 진술거부권 고지는 피의자의 진술거부권을 실효적으로 보장하여 진술이 강요되는 것을 막기 위해 인정되는 것인데, 이러한 진술거부권 고지에 관한 형사소송법 규정내용 및 진술거부권 고지가 갖는 실질적인 의미를 고려하면 수사기관에 의한 진술거부권 고지 대상이 되는 피의자 지위는 수사기관이 조사대상자에 대한 범죄혐의를 인정하여 수사를 개시하는 행위를 한 때 인정되는 것으로 보아야 한다. 따라서 이러한 피의자 지위에 있지 아니한 자에 대하여는 진술거부권이 고지되지 아니하였더라도 진술의 증거능력을 부정할 것은 아니다(대판 2011.11.10. 2011도8125). 참고인조사는 임의수사이므로 참고인은 수사기관에 대하여 출석의무나 진술의무를 부담하지 않는다. 따라서 참고인은 증인과는 달리 소환 또는 구인의 대상이 되지 않으며, 불출석에 따른 과태료나 감치 등의 제재도 받지 않는다(이은모, 형사소송법 제6판, p.226). ▶ 참고인은 피의자가 아니므로 진술거부권 고지의 대상이 아니고, 출석의무가 없으므로 조사 중에 아무런 제한 없이 조사장소로부터 자유롭게 퇴거할 수 있다.

정답   ○

21년(1) 모의

80. 甲은 전철역에서 우연히 보게 된 중학교 1학년인 여학생 A에게 다가가 갑자기 A의 엉덩이를 갑자기 쓸어 만졌다. 甲에 대한 유죄의 증거로 아래의 증거가 제출되었다. A의 진술을 기재한 사법경찰관 작성의 진술조서(㉮), A로부터 甲에게 추행을 당하였다는 이야기를 들었다는 B(A의 모)의 사법경찰관 작성의 진술조서(㉯) 및 법정진술(㉰), B가 A로부터 들었다는 A의 피해사실을 B로부터 다시 전해 들어서 알게 되었다는 C(A의 부)의 법정진술(㉱).

사법경찰관은 ㉮의 작성시 A 또는 A의 법정대리인이 원하지 아니하는 의사를 표시하지 않는 한 A의 진술내용과 조사과정을 영상물 녹화장치로 촬영·보존하여야 한다. (다툼이 있는 경우 판례에 의함)

해설 성폭력범죄의 처벌 등에 관한 특례법 제30조 제1항 및 제2항 참조.

성폭력범죄의 처벌 등에 관한 특례법 제30조(영상물의 촬영·보존 등) ① 성폭력범죄의 피해자가 19세 미만이거나 신체적인 또는 정신적인 장애로 사물을 변별하거나 의사를 결정할 능력이 미약한 경우에는 피해자의 진술 내용과 조사 과정을 비디오녹화기 등 영상물 녹화장치로 촬영·보존하여야 한다.
② 제1항에 따른 영상물 녹화는 피해자 또는 법정대리인이 이를 원하지 아니하는 의사를 표시한 경우에는 촬영을 하여서는 아니 된다. 다만, 가해자가 친권자 중 일방인 경우는 그러하지 아니하다.

정답

20년 변시

81. 법원은 13세 미만의 피해자를 증인으로 신문하는 경우, 재판에 지장을 초래할 우려가 있는 등 부득이한 경우가 아닌 한 피해자와 신뢰관계에 있는 자를 동석하게 하여야 한다.

해설 형사소송법 제163조의2 제2항 참조.

형사소송법 제163조의2(신뢰관계에 있는 자의 동석) ② 법원은 범죄로 인한 피해자가 13세 미만이거나 신체적 또는 정신적 장애로 사물을 변별하거나 의사를 결정할 능력이 미약한 경우에 재판에 지장을 초래할 우려가 있는 등 부득이한 경우가 아닌 한 피해자와 신뢰관계에 있는 자를 동석하게 하여야 한다.

정답

22년 변시, 13년(1)·17년(2)·21년(2) 모의

82. 수사기관의 참고인진술에 대한 영상녹화는 참고인의 동의를 얻어야 가능하나 피의자의 진술을 녹화하는 것은 피의자에게 미리 영상 녹화사실을 알려주면 그의 동의 없이도 가능하다.

해설 참고인의 진술에 대한 영상녹화는 참고인의 동의를 얻어야 가능하지만, 피의자의 진술에 대한 영상녹화를 함에 있어 피의자의 동의를 받을 필요는 없다(형사소송법 제221조 제1항, 제244조의2 제1항 참조).

형사소송법 제221조(제3자의 출석요구 등) ① 검사 또는 사법경찰관은 수사에 필요한 때에는 피의자가 아닌 자의 출석을 요구하여 진술을 들을 수 있다. 이 경우 그의 동의를 받아 영상녹화 할 수 있다.
형사소송법 제244조의2(피의자진술의 영상녹화) ① 피의자의 진술은 영상녹화 할 수 있다. 이 경우 미리 영상녹화사실을 알려주어야 하며, 조사의 개시부터 종료까지의 전 과정 및 객관적 정황을 영상녹화하여야 한다.

정답

16년(1)·17년(2)·23년(2) 모의

83. (1) 성폭력범죄의 피해자가 19세 미만이거나 신체적인 또는 정신적인 장애로 사물을 변별하거나 의사를 결정할 능력이 미약한 경우에는 피해자의 진술 내용과 조사 과정을 비디오녹화기 등 영상물 녹화장치로 촬영·보존하여야 한다.

(2) 19세 미만의 성폭력 범죄 피해자의 진술이 적법하게 녹화된 경우 그 영상녹화물에 수록된 피해자의 진술은 공판준비기일 또는 공판기일에 피해자나 조사 과정에 동석하였던 신뢰관계에 있는 사람 또는 진술조력인의 진술에 의하여 그 성립의 진정함이 인정된 경우에 증거로 할 수 있다.

해설 성폭력범죄의 처벌 등에 관한 특례법 제30조 참조.

성폭력범죄의 처벌 등에 관한 특례법 제30조(영상물의 촬영·보존 등) ① (1)성폭력범죄의 피해자가 19세 미만이거나 신체적인 또는 정신적인 장애로 사물을 변별하거나 의사를 결정할 능력이 미약한 경우에는 피해자의 진술 내용과 조사 과정을 비디오녹화기 등 영상물 녹화장치로 촬영·보존하여야 한다.
⑥ (2)제1항에 따라 촬영한 영상물에 수록된 피해자의 진술은 공판준비기일 또는 공판기일에 피해자나 조사 과정에 동석하였던 신뢰관계에 있는 사람 또는 진술조력인의 진술에 의하여 그 성립의 진정함이 인정된 경우에 증거로 할 수 있다.

정답

3. 사실조회

제2장 강제처분과 강제수사

제1절 체포와 구속

I 형사소송법상의 인신구속제도
II 피의자의 체포
1. 체포의 의의
2. 체포영장에 의한 체포

21년 변시

84. 영장을 집행함에 있어서는 원본을 제시하여야 하므로, A가 체포영장을 소지하지 아니하여 영장 원본을 제시할 수 없는 경우 급속을 요하는 경우라도 영장을 집행할 수 없다.

> **해설** 체포영장을 소지하지 아니한 경우 급속을 요하는 대에는 피의자에 대하여 피의사실의 요지와 영장이 발부되었음을 말하고 집행할 수 있다. 이 경우 집행을 완료한 후에는 신속히 체포영장을 제시해야 한다(형사소송법 제200조의6, 제85조 제3항, 제4항)(이창현, 형사소송법 제3판, p.303).

> 형사소송법 제200조의6(준용규정) 제75조, 제81조제1항 본문 및 제3항, 제82조, 제83조, 제85조제1항·제3항 및 제4항, 제86조, 제87조, 제89조부터 제91조까지, 제93조, 제101조제4항 및 제102조제2항 단서의 규정은 검사 또는 사법경찰관이 피의자를 체포하는 경우에 이를 준용한다. 이 경우 "구속"은 이를 "체포"로, "구속영장"은 이를 "체포영장"으로 본다.
> 형사소송법 제85조(구속영장집행의 절차) ③ 구속영장을 소지하지 아니한 경우에 급속을 요하는 때에는 피고인에 대하여 공소사실의 요지와 영장이 발부되었음을 고하고 집행할 수 있다.
> ④ 전항의 집행을 완료한 후에는 신속히 구속영장을 제시하여야 한다.

정답 ✕

23년(3) 모의

85. 甲의 고소가 있자 사법경찰관 P1, P2, P3는 2021. 8. 4. 적법하게 체포영장을 발부받아 다음 날 함께 甲의 주거지 앞에서 甲을 기다리다가 같은 날 12:05경 甲에게 체포영장이 발부되어 집행한다고 말하고 甲을 체포하였다. 그러나 사법경찰관들은 체포 당시 甲에 대한 체포영장을 소지하지는 않았다. 사법경찰관들이 甲의 주거지 앞에서 甲을 기다리다가 체포한 것은 체포영장의 제시 없이 체포할 수 있는 급속을 요하는 때에 해당하므로, 위법한 체포에 해당하지 않는다.

> **해설** 사법경찰관 등이 체포영장에 의하여 피의자를 체포하기 위해서는 체포영장을 소지하여 이를 제시하는 것이 원칙이고, 다만 급속을 요하는 때에는 피의자에 대하여 공소사실의 요지와 영장이 발

부되었음을 고하고 체포할 수 있으며, 이러한 경우 사후에 체포영장을 제시하여야 한다(헌법 제12조 제3항, 형사소송법 제200조의6, 제85조 제1항, 제3항, 제4항). 여기서 체포영장의 제시 없이 체포할 수 있는 '급속을 요하는 때'란 애초 사법경찰관 등이 적법하게 발부된 체포영장을 소지할 여유가 없이 피의자를 조우한 경우 등을 가리킨다(대판 2017. 9. 26. 선고 2017도9458 등 참조). 기록에 의하면, ① 검사의 청구에 따라 서울북부지방법원 판사가 2021. 8. 4. 피고인에 대한 체포영장을 발부한 사실, ② 서울강북경찰서 경위가 2021. 8. 5. 피고인의 주거지 앞에서 피고인을 기다리다가 같은 날 12:05경 피고인에게 체포영장이 발부되어 집행한다고 말하고 피고인을 체포한 사실, ③ 경찰관은 위 체포 당시 피고인에 대한 체포영장을 소지하지 않은 사실을 인정할 수 있다. 위 인정사실을 앞에서 본 법리에 비추어 보면, 경찰관이 피고인에 대한 위 체포영장이 발부된 다음 날 이를 집행하기 위하여 피고인의 주거지 앞에서 피고인을 기다리다가 체포한 것을 두고 '체포영장을 소지할 여유가 없이 피의자를 조우한 경우' 등의 '급속을 요하는 때'에 해당한다고 볼 수는 없다. 따라서 피고인에 대한 위 체포는 체포영장 사본 미교부의 위법성 여부와 관계없이 헌법 제12조 제3항, 형사소송법 제200조의6, 제85조 제1항, 제3항을 위반한 것으로서 위법한 체포에 해당한다(서울고등법원 2022.08.17. 2022노540, 대판 2022.12.15. 선고 2022도10564).

정답

86. **(1) 체포영장에 의해 피의자를 체포하기 위해서는 정당한 이유 없이 출석요구에 응하지 아니하거나 응하지 아니할 우려가 있을 것이 요구된다.**

(2) 체포영장의 청구를 받은 지방법원판사는 상당하다고 인정하더라도 명백히 체포의 필요가 인정되지 아니하는 경우에는 체포영장을 발부하여서는 아니 된다.

(3) 피의자가 죄를 범하였다고 의심할 만한 상당한 이유가 있고 정당한 이유 없이 출석요구에 응하지 아니하거나 아니할 우려가 있는 때라고 하더라도 명백히 체포의 필요가 인정되지 아니하는 경우에는 지방법원판사는 체포영장의 청구를 기각하여야 한다.

해설 형사소송법 제200조의2 참조.

형사소송법 제200조의2(영장에 의한 체포) ① (1),(3)피의자가 죄를 범하였다고 의심할 만한 상당한 이유가 있고, 정당한 이유없이 제200조의 규정에 의한 출석요구에 응하지 아니하거나 응하지 아니할 우려가 있는 때에는 검사는 관할 지방법원판사에게 청구하여 체포영장을 발부받아 피의자를 체포할 수 있고, 사법경찰관은 검사에게 신청하여 검사의 청구로 관할지방법원판사의 체포영장을 발부받아 피의자를 체포할 수 있다. 다만, 다액 50만원 이하의 벌금, 구류 또는 과료에 해당하는 사건에 관하여는 피의자가 일정한 주거가 없는 경우 또는 정당한 이유 없이 제200조의 규정에 의한 출석요구에 응하지 아니한 경우에 한한다. ② 제1항의 (2)청구를 받은 지방법원판사는 상당하다고 인정할 때에는 체포영장을 발부한다. 다만, 명백히 체포의 필요가 인정되지 아니하는 경우에는 그러하지 아니하다.

형사소송규칙 제96조의2(체포의 필요) 체포영장의 청구를 받은 판사는 체포의 사유가 있다고 인정되는 경우에도 피의자의 연령과 경력, 가족관계나 교우관계, 범죄의 경중 및 태양 기타 제반 사정에 비추어 (3)피의자가 도망할 염려가 없고 증거를 인멸할 염려가 없는 등 명백히 체포의 필요가 없다고 인정되는 때에는 체포영장의 청구를 기각하여야 한다.

정답

13년·16년 변시, 18년(3) 모의

87.
(1) 영장에 의해 피의자를 체포한 경우 체포한 때부터 48시간 이내에 구속영장을 발부받지 못하면 즉시 석방하여야 한다.

(2) 검사가 현행범인을 인도받은 후 현행범인을 구속하고자 하는 경우에는 48시간 이내에 구속영장을 청구하여야 하고 그 기간 내에 구속영장을 청구하지 아니하는 때에는 즉시 석방하여야 한다.

> 해설 48시간 이내에 구속영장을 청구하면 족하며 반드시 발부를 받아야하는 것은 아니다. 한편, 그 기간 내에 구속영장을 청구하였으나 사후에 영장을 발부받지 못한 때에는 피의자를 즉시 석방하여야 한다(형사소송법 제200조의2 제5항).

> 형사소송법 제200조의2(영장에 의한 체포) ⑤ (1),(2)체포한 피의자를 구속하고자 할 때에는 체포한 때부터 48시간이내에 제201조의 규정에 의하여 구속영장을 청구하여야 하고, 그 (2)기간 내에 구속영장을 청구하지 아니하는 때에는 피의자를 즉시 석방하여야 한다.
> 형사소송법 제213조의2(준용규정) 제87조, 제89조, 제90조, 제200조의2 제5항 및 제200조의5의 규정은 검사 또는 사법경찰관리가 현행범인을 체포하거나 현행범인을 인도받은 경우에 이를 준용한다.

정답  ×, ○

23년(3) 모의

88. 외국인을 체포·구속하는 경우 지체 없이 외국인에게 영사통보권 등이 있음을 고지하지 않았다면, 그러한 체포나 구속 절차는 국내법과 같은 효력을 가지는 「영사관계에 관한 비엔나협약」을 위반한 것으로 위법하다.

> 해설 협약 제36조 제1항 (b)호, 경찰수사규칙 제91조 제2항, 제3항이 외국인을 체포·구속하는 경우 지체 없이 외국인에게 영사통보권 등이 있음을 고지하고, 외국인의 요청이 있는 경우 영사기관에 체포·구금 사실을 통보하도록 정한 것은 외국인의 본국이 자국민의 보호를 위한 조치를 취할 수 있도록 협조하기 위한 것이다. 따라서 수사기관이 외국인을 체포하거나 구속하면서 지체 없이 영사통보권 등이 있음을 고지하지 않았다면 체포나 구속 절차는 국내법과 같은 효력을 가지는 협약 제36조 제1항 (b)호를 위반한 것으로 위법하다(대판 2022.04.28. 2021도17103).

정답 ○

13년(2) 모의

89. 신체구속을 신중히 하고 피의자의 방어권을 최대한 보장하기 위하여 판사는 구속영장의 경우와 마찬가지로 체포영장을 발부하기 위하여 직권으로 피의자를 심문하는 것이 가능하다.

> 해설 구속영장실질심사제도는 피의자에 대한 구속영장의 발부단계에서 적용되는 제도로서 피의자에 대한 체포영장의 발부단계에서는 그 적용이 없다. 따라서 구속영장의 청구를 받은 지방법원판사는 필요적으로 피의자를 심문하여 영장의 발부여부를 결정하여야 하는 반면에, 체포영장의 청구를 받은 지방법원판사는 청구가 상당하다고 판단되면 영장을 발부한다.

형사소송법 제200조의2(영장에 의한 체포) ② 제1항의 청구를 받은 지방법원판사는 상당하다고 인정할 때에는 체포영장을 발부한다. 다만, 명백히 체포의 필요가 인정되지 아니하는 경우에는 그러하지 아니하다.
형사소송법 제201조의2(구속영장 청구와 피의자 심문) ① 제200조의2·제200조의3 또는 제212조에 따라 체포된 피의자에 대하여 구속영장을 청구 받은 판사는 지체 없이 피의자를 심문하여야 한다. 이 경우 특별한 사정이 없는 한 구속영장이 청구된 날의 다음날까지 심문하여야 한다.

정답 ×

12년(3) 모의

90. 체포영장을 청구함에는 증거인멸의 사유 또는 도주우려의 사유를 기재하여야 한다.

해설 형사소송규칙 제95조에 따르면 증거인멸의 사유와 도주우려의 사유는 구속사유이나 체포사유는 아니며, 체포영장 청구서의 기재사항에도 해당하지 않는다.

형사소송규칙 제95조(체포영장청구서의 기재사항) 체포영장의 청구서에는 다음 각 호의 사항을 기재하여야 한다.
1. 피의자의 성명(분명하지 아니한 때에는 인상, 체격, 그 밖에 피의자를 특정할 수 있는 사항), 주민등록번호 등, 직업, 주거
2. 피의자에게 변호인이 있는 때에는 그 성명
3. 죄명 및 범죄사실의 요지
4. 7일을 넘는 유효기간을 필요로 하는 때에는 그 취지 및 사유
5. 여러 통의 영장을 청구하는 때에는 그 취지 및 사유
6. 인치구금할 장소
7. 법 제200조의2 제1항에 규정한 체포의 사유
8. 동일한 범죄사실에 관하여 그 피의자에 대하여 전에 체포영장을 청구하였거나 발부받은 사실이 있는 때에는 다시 체포영장을 청구하는 취지 및 이유
9. 현재 수사 중인 다른 범죄사실에 관하여 그 피의자에 대하여 발부된 유효한 체포영장이 있는 경우에는 그 취지 및 그 범죄사실

형사소송법 제200조의2(영장에 의한 체포) ① 피의자가 죄를 범하였다고 의심할 만한 상당한 이유가 있고, 정당한 이유없이 제200조의 규정에 의한 출석요구에 응하지 아니하거나 응하지 아니할 우려가 있는 때에는 검사는 관할 지방법원판사에게 청구하여 체포영장을 발부받아 피의자를 체포할 수 있고, 사법경찰관은 검사에게 신청하여 검사의 청구로 관할지방법원판사의 체포영장을 발부받아 피의자를 체포할 수 있다. 다만, 다액 50만 원이하의 벌금, 구류 또는 과료에 해당하는 사건에 관하여는 피의자가 일정한 주거가 없는 경우 또는 정당한 이유없이 제200조의 규정에 의한 출석요구에 응하지 아니한 경우에 한한다.

정답

3. 긴급체포

(1) 긴급체포의 의의

(2) 긴급체포의 요건

⏱ 12년·18년 변시, 13년(2)·(3)·15년(3)·18년(3) 모의

91. (1) 긴급체포의 요건을 갖추었는지 여부는 체포 당시의 상황을 기초로 판단하여야 하고, 이에 관한 수사주체의 판단에는 상당한 재량의 여지가 있다.

(2) 긴급체포의 요건이 모두 갖추어졌는지 여부는 체포 당시의 상황만이 아니라 체포 후에 밝혀진 사정까지 포함하여 판단하되 그러한 수사기관의 판단은 경험칙에 비추어 현저히 합리성을 벗어나는 것이어서는 안 된다.

해설 긴급체포는 영장주의원칙에 대한 예외인 만큼 형사소송법 제200조의3 제1항의 요건을 모두 갖춘 경우에 한하여 예외적으로 허용되어야 하고, 요건을 갖추지 못한 긴급체포는 법적 근거에 의하지 아니한 영장 없는 체포로서 위법한 체포에 해당하는 것이고, 여기서 긴급체포의 요건을 갖추었는지 여부는 사후에 밝혀진 사정을 기초로 판단하는 것이 아니라 체포 당시의 상황을 기초로 판단하여야 하고, 이에 관한 검사나 사법경찰관 등 수사주체의 판단에는 상당한 재량의 여지가 있다고 할 것이나, 긴급체포 당시의 상황으로 보아서도 그 요건의 충족 여부에 관한 검사나 사법경찰관의 판단이 경험칙에 비추어 현저히 합리성을 잃은 경우에는 그 체포는 위법한 체포라 할 것이다(대판 2006.09.08. 2006도148).

정답 ○, ×

18년(3) 모의

92. 피해자를 상해에 이르게 한 특정범죄가중처벌등에관한법률위반(도주차량)죄는 1년 이상의 유기징역 또는 500만원 이상 3천만원 이하의 벌금에 처하므로, 이는 긴급체포의 대상이 된다.

해설 형사소송법 제200조의3 참조.

형사소송법 제200조의3(긴급체포) ① 검사 또는 사법경찰관은 피의자가 사형·무기 또는 장기 3년이상의 징역이나 금고에 해당하는 죄를 범하였다고 의심할 만한 상당한 이유가 있고, 다음 각 호의 어느 하나에 해당하는 사유가 있는 경우에 긴급을 요하여 지방법원판사의 체포영장을 받을 수 없는 때에는 그 사유를 알리고 영장없이 피의자를 체포할 수 있다. 이 경우 긴급을 요한다 함은 피의자를 우연히 발견한 경우등과 같이 체포영장을 받을 시간적 여유가 없는 때를 말한다.
1. 피의자가 증거를 인멸할 염려가 있는 때
2. 피의자가 도망하거나 도망할 우려가 있는 때

정답 ○

(3) 긴급체포의 절차

20년(3) 모의

93. 혈중알콜농도 0.09% 상태에서 운전하다 교통사고를 내고 도주한 甲은 동거녀 乙로 하여금 수사기관에 범인임을 자처하고 허위의 자백을 하게 하였다. 甲으로부터 이러한 사정을 들은 甲의 친구 사법경찰관 丙은 甲의 부탁에 따라 위 사건에 관한 수사상황 등을 수시로 甲에게 알려주었다. 이를 알게 된 검사는 丙에게 출석요구를 하였고 丙은 검찰청으로 자진출석하였다가 혐의를 추궁당하자 진술을 거부하며 귀가하려고 하였다. 그러자 검사는 체포의 이유를 말하지 않고 丙을 긴급체포하였다.

검사의 丙에 대한 긴급체포는 적법하다.

▪해설 검사 또는 사법경찰관은 피의자를 체포하는 경우에는 피의사실의 요지, 체포의 이유와 변호인을 선임할 수 있음을 말하고 변명할 기회를 주어야 한다(형사소송법 제200조의5). 사안에서 검사가 체포이유를 말하지 않고 丙을 긴급체포 한 것은 위법하다.

18년 변시

94. 도로교통법위반사건에서 기소유예 처분을 받은 A가 그 후 이 사건에 대해 진정서를 검찰청에 제출함으로써 이루어진 진정사건을 담당한 검사가, A에 대한 위 피의사건을 재기한 후 담당검사인 자신의 교체를 요구하고자 부장검사 부속실에서 대기하고 있던 A를 도로교통법위반죄로 긴급체포하였다면, 이러한 체포는 위법하다.

▪해설 도로교통법위반 피의사건에서 기소유예 처분을 받은 재항고인이 그 후 혐의 없음을 주장함과 동시에 수사경찰관의 처벌을 요구하는 진정서를 검찰청에 제출함으로써 이루어진 진정사건을 담당한 검사가, 재항고인에 대한 위 피의사건을 재기한 후 담당검사인 자신의 교체를 요구하고자 부장검사 부속실에서 대기하고 있던 재항고인을 위 도로교통법위반죄로 긴급체포하여 감금한 경우, 그 긴급체포는 형사소송법이 규정하는 긴급체포의 요건을 갖추지 못한 것으로서 당시의 상황과 경험칙에 비추어 현저히 합리성을 잃은 위법한 체포에 해당한다(대판 2003.03.27. 2002모81).

18년 변시

95. A에 대한 사기혐의에 대한 고소사건을 담당하던 경찰관이 A가 회사에도 출근하지 않고 거주지에도 귀가하지 않는 등 소재를 감추자 법원의 압수수색영장에 의한 휴대전화 위치추적 등의 방법으로 A의 소재를 파악하려고 하던 중, 주거지로 귀가하던 A를 발견하고 긴급체포하였다면, 이러한 체포는 적법하다.

▪해설 이 사건 피고인에 대한 고소사건을 담당하던 경찰관은 피고인의 소재 파악을 위해 피고인의 거주지와 피고인이 경영하던 공장 등을 찾아가 보았으나, 피고인이 공장 경영을 그만 둔 채 거주지에

도 귀가하지 않는 등 소재를 감추자 법원의 압수수색영장에 의한 휴대전화 위치추적 등의 방법으로 피고인의 소재를 파악하려고 하던 중, 2004. 10. 14. 23:00경 주거지로 귀가하던 피고인을 발견하고, 피고인이 계속 소재를 감추려는 의도가 다분하고 증거인멸 및 도망의 염려가 있다는 이유로 피고인을 사기 혐의로 긴급체포한 사실을 알 수 있는바, 위 법리 및 이 사건 긴급체포의 경위 등에 비추어 보면 피고인에 대한 긴급체포가 위법한 체포에 해당한다고 보기는 어렵다(대판 2005.12.09. 2005도7569).

정답 ○

🍊 18년·19년 변시, 18년(2)·(3) 모의

96. **A가 필로폰을 투약한다는 제보를 받은 경찰관이 A의 주거지를 방문하였다가, 그곳에서 A를 발견하고 A의 전화번호로 전화를 하여 나오라고 하였으나 응하지 않자 A의 집 문을 강제로 열고 들어가 긴급체포한 경우, 경찰관이 A의 신원과 주거지 및 전화번호 등을 모두 파악하고 있었고, 당시 마약 투약의 범죄 증거가 급속하게 소멸될 상황도 아니었다면, 위법한 체포이다.**

해설 피고인이 필로폰을 투약한다는 제보를 받은 경찰관이 제보된 주거지에 피고인이 살고 있는지 등 제보의 정확성을 사전에 확인한 후에 제보자를 불러 조사하기 위하여 피고인의 주거지를 방문하였다가, 현관에서 담배를 피우고 있는 피고인을 발견하고 사진을 찍어 제보자에게 전송하여 사진에 있는 사람이 제보한 대상자가 맞다는 확인을 한 후, 가지고 있던 피고인의 전화번호로 전화를 하여 차량 접촉사고가 났으니 나오라고 하였으나 나오지 않고, 또한 경찰관임을 밝히고 만나자고 하는데도 현재 집에 있지 않다는 취지로 거짓말을 하자 피고인의 집 문을 강제로 열고 들어가 피고인을 긴급체포한 사안에서, 피고인이 마약에 관한 죄를 범하였다고 의심할 만한 상당한 이유가 있었더라도, 경찰관이 이미 피고인의 신원과 주거지 및 전화번호 등을 모두 파악하고 있었고, 당시 마약 투약의 범죄 증거가 급속하게 소멸될 상황도 아니었던 점 등의 사정을 감안하면, 긴급체포가 미리 체포영장을 받을 시간적 여유가 없었던 경우에 해당하지 않아 위법하다(대판 2016.10.13. 2016도5814).

정답 ○

🍊 20년 변시, 12년(3)·13년(3)·17년(2)·18년(3)·19년(1) 모의

97. **(1) 긴급체포 된 피의자를 구속하고자 할 경우 검사는 피의자를 체포한 때부터 48시간 이내에 구속영장을 발부 받아야 한다.**

(2) P가 甲을 긴급체포한 후 48시간 이내에 법관으로부터 사후체포영장을 발부받지 아니하고 검사에게 신청하여 법원에 구속영장을 청구하였더라도 위법한 것은 아니다.

(3) 피의자를 긴급체포한 때로부터 48시간 이내에 구속영장을 청구하지 아니한 때에는 피의자를 즉시 석방하여야 한다.

(4) 검사가 긴급체포한 피의자를 구속하기 위하여 관할지방법원판사에게 구속영장을 청구하였으나 구속영장을 발부받지 못한 때에는 피의자를 즉시 석방하여야 한다.

(5) 검사는 긴급체포한 피의자에 대하여 구속영장을 청구하지 아니하고 석방한 경우에는 즉시 긴급체포서의 사본 등을 법원에 통지하여 사후승인을 얻어야 한다.

해설 형사소송법 제200조의4 제4항 참조.

형사소송법 제200조의4(긴급체포와 영장청구기간) ① 검사 또는 사법경찰관이 제200조의3의 규정에 의하여 피의자를 체포한 경우 피의자를 구속하고자 할 때에는 지체 없이 검사는 관할지방법원판사에게 구속영장을 청구하여야 하고, 사법경찰관은 검사에게 신청하여 검사의 청구로 관할지방법원판사에게 구속영장을 청구하여야 한다. 이 경우 (1)(2)구속영장은 피의자를 체포한 때부터 48시간 이내에 청구하여야 하며, 제200조의3 제3항에 따른 긴급체포서를 첨부하여야 한다.
② 제1항의 규정에 의하여 (3)(4)구속영장을 청구하지 아니하거나 발부받지 못한 때에는 피의자를 즉시 석방하여야 한다.
④ (5)검사는 제1항에 따른 구속영장을 청구하지 아니하고 피의자를 석방한 경우에는 석방한 날부터 30일 이내에 서면으로 다음 각 호의 사항을 법원에 통지하여야 한다. 이 경우 긴급체포서의 사본을 첨부하여야 한다.
  1. 긴급체포 후 석방된 자의 인적사항
  2. 긴급체포의 일시·장소와 긴급체포하게 된 구체적 이유
  3. 석방의 일시·장소 및 사유
  4. 긴급체포 및 석방한 검사 또는 사법경찰관의 성명

정답 ×, ○, ○, ○, ×

23년(2) 모의

98. 긴급체포된 피의자는 피의사건명, 체포일시·장소, 범죄사실의 요지 등을 통지받을 자로서 그의 동거인이나 고용주를 정할 수 있다.

해설 규칙 제51조에 제1항에 따라 긴급체포된 피의자는 통지받을 자로 동거인 또는 고용주를 지정할 수 있다고 할 것이다.

형사소송규칙 제100조(준용규정) ① 제46조, 제49조제1항 및 제51조의 규정은 검사 또는 사법경찰관의 피의자 체포 또는 구속에 이를 준용한다. 다만, 체포영장에는 법 제200조의2제1항에서 규정한 체포의 사유를 기재하여야 한다.
형사소송규칙 제51조(구속의 통지) ① 피고인을 구속한 때에 그 변호인이나 법 제30조제2항에 규정한 자가 없는 경우에는 피고인이 지정하는 자 1인에게 법 제87조제1항에 규정한 사항을 통지하여야 한다..
형사소송법 제87조(구속의 통지) ① 피고인을 구속한 때에는 변호인이 있는 경우에는 변호인에게, 변호인이 없는 경우에는 제30조제2항에 규정한 자 중 피고인이 지정한 자에게 피고사건명, 구속일시·장소, 범죄사실의 요지, 구속의 이유와 변호인을 선임할 수 있는 취지를 알려야 한다.

정답 ○

13년(3) 모의

99. 검사 또는 사법경찰관은 피의자를 긴급체포하는 경우, 피의사실의 요지, 체포의 이유와 변호인을 선임할 수 있음을 말하고 변명할 기회를 주어야 한다.

해설 형사소송법 제200조의5 참조.

> 형사소송법 제200조의5(체포와 피의사실 등의 고지) 검사 또는 사법경찰관은 피의자를 체포하는 경우에는 피의사실의 요지, 체포의 이유와 변호인을 선임할 수 있음을 말하고 변명할 기회를 주어야 한다.

정답 O

100. **사법경찰관이 피의자를 긴급체포하기 위하여 달아나는 피의자를 쫓아가 붙들거나 폭력으로 대항하는 피의자를 실력으로 제압하는 경우에도, 피의사실의 요지, 체포의 이유와 변호인을 선임할 수 있음을 반드시 긴급체포를 위한 실력행사에 들어가기 이전에 미리 고지하여야 한다.**

해설 사법경찰관 등이 체포영장을 소지하고 피의자를 체포하기 위해서는 체포영장을 피의자에게 제시하고(형사소송법 제200조의6, 제85조 제1항), 피의사실의 요지, 체포의 이유와 변호인을 선임할 수 있음을 말하고 변명할 기회를 주어야 한다(형사소송법 제200조의5). 이와 같은 체포영장의 제시나 고지 등은 체포를 위한 실력행사에 들어가기 이전에 미리 하여야 하는 것이 원칙이다. 그러나 달아나는 피의자를 쫓아가 붙들거나 폭력으로 대항하는 피의자를 실력으로 제압하는 경우에는 붙들거나 제압하는 과정에서 하거나, 그것이 여의치 않은 경우에는 일단 붙들거나 제압한 후에 지체 없이 하여야 한다(대판 2017.09.21. 2017도10866).

정답 X

101. **(1) 피고인이 수사 당시 긴급체포되었다가 수사기관의 조치로 석방된 후 법원이 발부한 구속영장에 의하여 구속이 이루어진 경우 「형사소송법」 제200조의4 제3항, 제208조에 규정된 재체포 또는 재구속 제한에 위배되는 위법한 구속이라고 볼 수 없다.**
(2) 긴급체포하였다가 석방된 자는 중요한 증거가 발견된 경우라도 체포영장에 의하지 않고는 동일한 범죄사실로 재차 긴급체포할 수 없다.
(3) 긴급체포되었다가 구속영장을 청구하지 아니하거나 발부받지 못하여 석방된 자는 영장 없이는 동일한 범죄사실에 관하여 체포하지 못한다.

해설 형사소송법 제200조의4 제3항은 영장 없이는 긴급체포 후 석방된 피의자를 동일한 범죄사실에 관하여 체포하지 못한다는 규정으로, 위와 같이 석방된 피의자라도 법원으로부터 구속영장을 발부받아 구속할 수 있음은 물론이고, 같은 법 제208조 소정의 '구속되었다가 석방된 자'라 함은 구속영장에 의하여 구속되었다가 석방된 경우를 말하는 것이지, 긴급체포나 현행범으로 체포되었다가 사후영장발부 전에 석방된 경우는 포함되지 않는다 할 것이므로, 피고인이 이 사건의 수사 당시 긴급체포되었다가 수사기관의 조치로 석방된 사실이 있음을 이유로 하여 그 후 법원이 발부한 구속영장에 의하여 이루어진 구속을 앞서 본 법조에 위배되는 위법한 구속이라고 논란하는 상고이유의 주장은 받아들일 수 없다(대판 2001.09.28. 2001도4291). ▶ 긴급체포되었다가 석방된 자는 영장 없이는 동일한 범죄사실에 관하여 체포하지 못한다(형사소송법 제200조의4 제3항). 형사소송법 제208조 제1항과 비교하여야 한다.

> 형사소송법 제200조의4(긴급체포와 영장청구기간) ② 제1항의 규정에 의하여 구속영장을 청구하지 아니하거나 발부받지 못한 때에는 피의자를 즉시 석방하여야 한다.
> ③ 제2항의 규정에 의하여 석방된 자는 영장 없이는 동일한 범죄사실에 관하여 체포하지 못한다.
> 형사소송법 제208조(재구속의 제한) ① 검사 또는 사법경찰관에 의하여 구속되었다가 석방된 자는 다른 중요한 증거를 발견한 경우를 제외하고는 동일한 범죄사실에 관하여 재차 구속하지 못한다.

정답 O, O, O

4. 현행범인의 체포
(1) 현행범인의 의의

20년(2) 모의

102. 甲과 乙은 무전취식을 공모한 후 甲과는 동거하고 있지 않은 甲의 삼촌 A가 운영하는 식당에서 식사 후 식비를 지급하지 않고 도주하였다. 옆자리에 있던 사법경찰관 P1은 도주하는 甲을 뒤쫓아 식당에서 15분간 뒤쫓아 2Km 떨어진 공원에서 甲을 체포한 후 미란다 고지를 하였다. 한편 무전취식 사건 검문검색 지령을 받고 정복차림으로 순찰하던 사법경찰관 P2는 乙을 발견하고 "인근에서 무전취식 사건이 있었는데 인상착의가 비슷하니 검문에 협조해 달라"고 말하며 정지를 요구하였다. 乙이 정지하지 않고 지나치자 P2는 乙을 가로막고 검문에 응할 것을 재차 요구하였고, 乙은 P2를 폭행한 후 도주하였다.

P1이 甲을 현행범인으로 체포한 것은 적법하다.

해설 甲이 식당에서 무전취식하고 도주 할 때 그 식당 옆자리 있던 사법경찰관이 甲을 뒤쫓아 가 체포한 후 지체 없이 미란다원칙을 고지하였으므로 적법한 현행범 체포에 해당한다.

참조판례 형사소송법 제211조가 현행범인으로 규정한 "범죄의 실행(實行)의 즉후(卽後)인 자"라고 함은, 범죄의 실행행위를 종료한 직후의 범인이라는 것이 체포하는 자의 입장에서 볼 때 명백한 경우를 일컫는 것이다(대판 2007.04.13. 2007도1249).
참조판례 사법경찰리가 현행범인으로 체포하는 경우에는 반드시 범죄사실의 요지, 구속의 이유와 변호인을 선임할 수 있음을 말하고 변명할 기회를 주어야 하며, 이러한 법리는 비단 현행범인을 체포하는 경우뿐만 아니라 긴급체포의 경우에도 마찬가지로 적용되는 것이고, 이와 같은 고지는 체포를 위한 실력행사에 들어가기 전에 미리 하여야 하는 것이 원칙이나, 달아나는 피의자를 쫓아가 붙들거나 폭력으로 대항하는 피의자를 실력으로 제압하는 경우에는 붙들거나 제압하는 과정에서 하거나, 그것이 여의치 않은 경우에는 일단 붙들거나 제압한 후에 지체없이 하여야 한다(대판 2010.06.24. 2008도11226).

형사소송법 제211조(현행범인과 준현행범인) ① 범죄의 실행 중이거나 실행의 즉후인 자를 현행범인이라 한다.
② 다음 각 호의 1에 해당하는 자는 현행범인으로 간주한다.
 1. 범인으로 호창되어 추적되고 있는 때
 2. 장물이나 범죄에 사용되었다고 인정함에 충분한 흉기 기타의 물건을 소지하고 있는 때
 3. 신체 또는 의복류에 현저한 증적이 있는 때
 4. 누구임을 물음에 대하여 도망하려 하는 때

정답 O

16년(3) 모의

103. 사법경찰관이 호흡에 의한 음주측정을 요구하자 특별한 이유 없이 이를 거부하는 경우라도 사법경찰관은 이를 현행범으로 체포할 수 없다.

 교통안전과 위험방지를 위하여 필요하다고 인정하거나 도로교통법 제44조 제2항의 규정에 위반하여 술에 취한 상태에서 자동차 등을 운전하였다고 인정할 만한 상당한 이유가 있는 때에는 운전자가 술에 취하였는지 여부를 측정할 수 있으며 운전자는 이러한 경찰공무원의 측정에 응하여야 한다고 규정하고 있으므로, 교통안전과 위험방지를 위하여 필요한 경우가 아니라고 하더라도 음주측정요구 당시의 객관적 사정을 종합하여 볼 때 운전자가 술에 취한 상태에서 자동차 등을 운전하였다고 인정할 만한 상당한 이유가 있고 운전자의 음주운전 여부를 확인하기 위하여 필요한 경우에는 사후의 음주측정에 의하여 음주운전 여부를 확인할 수 없음이 명백하지 않는 한 경찰공무원은 당해 운전자에 대하여 음주측정을 요구할 수 있고, 당해 운전자가 이에 불응한 경우에는 같은 법 제107조의2 제2호 소정의 음주측정불응죄가 성립한다(대판 1997.06.13. 96도3069). ▶ 사안의 甲의 상태는 음주운전을 하였다고 보기에 상당한 이유가 있으므로 음주측정에 응해야 하고 거부시 음주측정불응죄로 현행범 체포가 가능하다.

정답 X

20년·22년 변시, 13년(2)·18년(2) 모의

104. 순찰 중이던 경찰관이 교통사고를 낸 차량이 도주하였다는 무전연락을 받고 주변을 수색하다가 교통사고가 발생한 지점에서 거리상으로는 약 1km 떨어져 있고 시간상으로도 교통사고 후 10분 정도 이후 시점에서 피의자를 발견하고 그가 내린 차량의 범퍼 등의 파손상태로 보아 사고차량으로 인정된다고 판단되어 준현행범으로 체포한 경우 적법한 현행범체포에 해당한다.

 순찰 중이던 경찰관이 교통사고를 낸 차량이 도주하였다는 무전연락을 받고 주변을 수색하다가 범퍼 등의 파손상태로 보아 사고차량으로 인정되는 차량에서 내리는 사람을 발견한 경우, 형사소송법 제211조 제2항 제2호 소정의 '장물이나 범죄에 사용되었다고 인정함에 충분한 흉기 기타의 물건을 소지하고 있는 때'에 해당하므로 준현행범으로서 영장 없이 체포할 수 있다(대판 2000.07.04. 99도4341).

정답 O

🕐 20년 변시, 11년(1)·18년(1) 모의

105. **(1)** 형사소송법 제211조가 현행범인으로 규정한 "범죄의 실행의 즉후인 자"라고 함은, 범죄의 실행행위를 종료한 직후의 범인이라는 것이 일반인의 입장에서 볼 때 명백한 경우를 말한다.

(2) 현행범인으로 규정된 '범죄의 실행의 즉후인 자'라고 함은 범죄의 실행행위를 종료한 직후의 범인이라는 것이 체포를 당하는 자의 입장에서 볼 때 명백한 경우를 일컫는 것이다.

> 해설 형사소송법 제211조가 현행범인으로 규정한 '범죄의 실행의 즉후인 자'라고 함은, 범죄의 실행행위를 종료한 직후의 범인이라는 것이 '체포하는 자의 입장'에서 볼 때 명백한 경우를 일컫는 것으로서, 위 법조가 제1항에서 본래의 의미의 현행범인에 관하여 규정하면서 '범죄의 실행의 즉후인 자'를 '범죄의 실행 중인 자'와 마찬가지로 현행범인으로 보고 있고, 제2항에서는 현행범인으로 간주되는 준현행범인에 관하여 별도로 규정하고 있는 점 등으로 미루어 볼 때, '범죄의 실행행위를 종료한 직후'라고 함은, 범죄행위를 실행하여 끝마친 순간 또는 이에 아주 접착된 시간적 단계를 의미하는 것으로 해석되므로, 시간적으로나 장소적으로 보아 체포를 당하는 자가 방금 범죄를 실행한 범인이라는 점에 관한 죄증이 명백히 존재하는 것으로 인정되는 경우에만 현행범인으로 볼 수 있다(대판 2002.05.10. 2001도300).

 ×, ×

(2) 현행범인의 체포

🕐 22년 변시

106. 순찰 중인 사법경찰관 P가 교통사고를 낸 차량이 도주하였다는 무전연락을 받고 주변을 수색하다가 사고시점으로부터 약 10분 후 사고지점과 약 1km 떨어진 도로변에서 범퍼 등의 파손상태로 보아 사고차량으로 인정되는 차량에서 내리는 甲을 발견하고 체포하였다. (다툼이 있는 경우 판례에 의함)

1) P가 甲을 영장 없이 체포하기 위해서는 甲에게 도망 또는 증거인멸의 염려가 있어야 하고, 만약 체포 당시 상황을 기초로 판단하였을 때에 이러한 요건을 갖추지 못하였다면 그러한 체포는 위법한 체포에 해당한다.

> 해설 현행범인은 누구든지 영장 없이 체포할 수 있는데(형사소송법 제212조), 현행범인으로 체포하기 위하여는 행위의 가벌성, 범죄의 현행성·시간적 접착성, 범인·범죄의 명백성 이외에 체포의 필요성 즉, 도망 또는 증거인멸의 염려가 있어야 하고, 이러한 요건을 갖추지 못한 현행범인 체포는 법적 근거에 의하지 아니한 영장 없는 체포로서 위법한 체포에 해당한다. 여기서 현행범인 체포의 요건을 갖추었는지는 체포 당시 상황을 기초로 판단하여야 하고, 이에 관한 검사나 사법경찰관 등 수사주체의 판단에는 상당한 재량 여지가 있으나, 체포 당시 상황으로 보아도 요건 충족 여부에 관한 검사나 사법경찰관 등의 판단이 경험칙에 비추어 현저히 합리성을 잃은 경우에는 그 체포는 위법하다고 보아야 한다(대판 2011.05.26. 2011도3682).

 ○

2) P가 甲을 체포해서 조사 중 위 교통사고와 무관한 별건 범죄를 발견하고 그 수사를 위하여 甲의 주거지에 있는 甲 소유의 휴대전화를 긴급히 압수할 필요가 있는 경우 체포한 때부터 24시간 이내라면 영장 없이 압수할 수 있다.

해설 형사소송법 제217조 참조. ▶ 형사소송법 제217조는 긴급체포시에 적용된다.

형사소송법 제217조(영장에 의하지 아니하는 강제처분) ① 검사 또는 사법경찰관은 제200조의3에 따라 체포된 자가 소유·소지 또는 보관하는 물건에 대하여 긴급히 압수할 필요가 있는 경우에는 체포한 때부터 24시간 이내에 한하여 영장 없이 압수·수색 또는 검증을 할 수 있다.
② 검사 또는 사법경찰관은 제1항 또는 제216조제1항제2호에 따라 압수한 물건을 계속 압수할 필요가 있는 경우에는 지체 없이 압수수색영장을 청구하여야 한다. 이 경우 압수수색영장의 청구는 체포한 때부터 48시간 이내에 하여야 한다.
③ 검사 또는 사법경찰관은 제2항에 따라 청구한 압수수색영장을 발부받지 못한 때에는 압수한 물건을 즉시 반환하여야 한다.

정답 ×

3) P는 甲을 체포하면서 영장 없이 사고차량에 설치된 블랙박스를 甲의 의사에 반하여서도 압수할 수 있고, 이를 계속 압수할 필요가 있는 경우에는 검사를 통하여 지체 없이 압수·수색영장을 청구하여야 한다.

해설 형사소송법 제212조, 제216조 제1항 제2호, 제217조 참조.

형사소송법 제212조(현행범인의 체포) 현행범인은 누구든지 영장없이 체포할 수 있다.
형사소송법 제216조(영장에 의하지 아니한 강제처분) ① 검사 또는 사법경찰관은 제200조의2·제200조의3·제201조 또는 제212조의 규정에 의하여 피의자를 체포 또는 구속하는 경우에 필요한 때에는 영장 없이 다음 처분을 할 수 있다.
 2. 체포현장에서의 압수, 수색, 검증
형사소송법 제217조(영장에 의하지 아니하는 강제처분) ② 검사 또는 사법경찰관은 제1항 또는 제216조제1항 제2호에 따라 압수한 물건을 계속 압수할 필요가 있는 경우에는 지체 없이 압수수색영장을 청구하여야 한다. 이 경우 압수수색영장의 청구는 체포한 때부터 48시간 이내에 하여야 한다.

정답 ○

20년(3) 모의

107. 사법경찰관이 현행범인을 체포한 후 구속영장을 신청하지 아니하고 석방한 경우에는 즉시 검사에게 보고하여야 하고, 검사는 석방일로부터 30일 이내에 일정한 사항을 법원에 통지하여야 한다.

해설 검사의 사법경찰관리에 대한 수사지휘 및 사법경찰관리의 수사준칙에 관한 규정 제38조 참조.

검사의 사법경찰관리에 대한 수사지휘 및 사법경찰관리의 수사준칙에 관한 규정 제38조(현행범인의 조사 및 석방) ① 사법경찰관리가 현행범인을 체포하거나 인수하였을 때에는 약물 복용 또는 음주 등으로 인하여 조사가 현저히 곤란한 경우가 아니면 지체 없이 조사하고, 계속 구금할 필요가 없다고 인정할 때에는 즉시 석방하여야 한다.
② 사법경찰관은 제1항에 따라 현행범인을 석방하였을 때에는 별지 제32호서식의 피의자 석방 보고서에 석방일시와 석방사유를 적어 지체 없이 그 사실을 검사에게 보고하여야 하며, 그 문서의 사본을 수사기록에 편철하여야 한다.
③ 체포한 현행범인을 석방할 때에는 현행범인 체포 원부에 석방일시 및 석방사유를 적어야 한다.
형사소송법 제200조의4(긴급체포와 영장청구기간) ④ 검사는 제1항에 따른 구속영장을 청구하지 아니하고 피의자를 석방한 경우에는 석방한 날부터 30일 이내에 서면으로 다음 각 호의 사항을 법원에 통지하여야 한다. 이 경우 긴급체포서의 사본을 첨부하여야 한다.

16년(3)·18년(1)·(2) 모의

108. 영장에 의한 체포나 긴급체포를 위해서는 체포의 필요성, 즉 도망 또는 증거인멸의 염려가 있어야 하지만, 현행범체포의 경우는 그러하지 아니하다.

해설 현행범인은 누구든지 영장 없이 체포할 수 있다(형사소송법 제212조). 현행범인으로 체포하기 위하여는 행위의 가벌성, 범죄의 현행성·시간적 접착성, 범인·범죄의 명백성 이외에 체포의 필요성 즉, 도망 또는 증거인멸의 염려가 있어야 하고, 이러한 요건을 갖추지 못한 현행범인 체포는 법적 근거에 의하지 아니한 영장 없는 체포로서 위법한 체포에 해당한다(대판 2011.05.26. 2011도3682).

16년(3) 모의

109. 사법경찰관 P는 정보통신망 이용촉진 및 정보보호 등에 관한 법률 위반(음란물유포)의 범죄혐의를 이유로 발부받은 압수·수색영장에 기하여 피의자 甲의 주거지를 수색하는 과정에서 대마가 발견되자, 甲을 마약류관리에 관한 법률 위반(대마)죄의 현행범으로 체포하였다. 사법경찰관 P는 체포한 때부터 48시간 이내에 구속영장을 발부받지 아니한 때에는 甲을 즉시 석방하여야 한다.

해설 체포한 피의자를 구속하고자 할 때에는 체포한 때부터 48시간 이내에 구속영장을 청구하여야 하고, 그 기간 내에 구속영장을 청구하지 아니하는 때에는 피의자를 즉시 석방하여야 한다(형사소송법 제200조의2 제5항).

형사소송법 제200조의2(영장에 의한 체포) ⑤ 체포한 피의자를 구속하고자 할 때에는 체포한 때부터 48시간이내에 제201조의 규정에 의하여 구속영장을 청구하여야 하고, 그 기간내에 구속영장을 청구하지 아니하는 때에는 피의자를 즉시 석방하여야 한다.

🍊 20년 변시

110. 검사 또는 사법경찰관리 아닌 자가 현행범인을 체포한 때에는 즉시 검사 등에게 인도하여야 하는데, 여기서 '즉시'라고 함은 반드시 체포시점과 시간적으로 밀착된 시점이어야 하는 것은 아니고, '정당한 이유 없이 인도를 지연하거나 체포를 계속하는 등으로 불필요한 지체를 함이 없이'라는 뜻이다.

해설 현행범인은 누구든지 영장 없이 체포할 수 있고(형사소송법 제212조), 검사 또는 사법경찰관리(이하 '검사 등'이라고 한다) 아닌 이가 현행범인을 체포한 때에는 즉시 검사 등에게 인도하여야 한다(형사소송법 제213조 제1항). 여기서 '즉시'라고 함은 반드시 체포시점과 시간적으로 밀착된 시점이어야 하는 것은 아니고, '정당한 이유 없이 인도를 지연하거나 체포를 계속하는 등으로 불필요한 지체를 함이 없이'라는 뜻으로 볼 것이다(대판 2011.12.22. 2011도12927). ▶ 형사소송법 제212조, 동법 제213조 제1항 참조.

제212조(현행범인의 체포) 현행범인은 누구든지 영장없이 체포할 수 있다.
제213조(체포된 현행범인의 인도) ① 검사 또는 사법경찰관리 아닌 자가 현행범인을 체포한 때에는 즉시 검사 또는 사법경찰관리에게 인도하여야 한다.

정답 ○

 18년 변시, 15년(3)·18년(1)·22년(1)·23년(3) 모의

111. 검사 또는 사법경찰관리가 아닌 이에 의하여 현행범인이 체포된 후 불필요한 지체 없이 검사 또는 사법경찰관리에게 인도된 경우 체포 후 구속영장 청구시한인 48시간의 기산점은 체포시가 아니라 검사 또는 사법경찰관리가 현행범인을 인도받은 때라고 할 것이다.

해설 검사 등이 현행범인을 체포하거나 현행범인을 인도받은 후 현행범인을 구속하고자 하는 경우 48시간 이내에 구속영장을 청구하여야 하고 그 기간 내에 구속영장을 청구하지 아니하는 때에는 즉시 석방하여야 한다(형사소송법 제213조의2, 제200조의2 제5항). 위와 같이 체포된 현행범인에 대하여 일정 시간 내에 구속영장 청구 여부를 결정하도록 하고 그 기간 내에 구속영장을 청구하지 아니하는 때에는 즉시 석방하도록 한 것은 영장에 의하지 아니한 체포 상태가 부당하게 장기화되어서는 안 된다는 인권보호의 요청과 함께 수사기관에서 구속영장 청구 여부를 결정하기 위한 합리적이고 충분한 시간을 보장해 주려는 데에도 그 입법취지가 있다고 할 것이다. 따라서 검사 등이 아닌 이에 의하여 현행범인이 체포된 후 불필요한 지체 없이 검사 등에게 인도된 경우 위 48시간의 기산점은 체포시가 아니라 검사 등이 현행범인을 인도받은 때라고 할 것이다(대판 2011.12.22. 2011도12927). ▶ 형사소송법 제213조의2, 동법 제200조의2 제5항 참조.

> 형사소송법 제213조의2(준용규정) 제87조(체포의 통지), 제89조(접견교통권), 제90조(변호인선임의뢰), 제200조의2 제5항(48시간 내에 구속영장 청구) 및 제200조의5(사전고지)의 규정은 검사 또는 사법경찰관리가 현행범인을 체포하거나 현행범인을 인도받은 경우에 이를 준용한다.
> 형사소송법 제200조의2(영장에 의한 체포) ⑤ 체포한 피의자를 구속하고자 할 때에는 체포한 때부터 48시간이내에 제201조의 규정에 의하여 구속영장을 청구하여야 하고, 그 기간내에 구속영장을 청구하지 아니하는 때에는 피의자를 즉시 석방하여야 한다.

정답 ○

18년·19년·21년·22년 변시, 11년(1)·15년(3)·18년(1)·(2)·20년(1) 모의

112. 사법경찰관리가 현행범인을 체포하는 경우에 범죄사실의 요지, 체포 이유와 변호인을 선임할 수 있음을 말하고 변명할 기회를 주어야 하며, 이와 같은 고지는 항상 체포를 위한 실력행사에 들어가기 전에 미리 하여야 하며 체포 이후나 상대방의 저항을 제압한 후에 하면 위법하다.

해설 형사소송법 제72조는 '피고인에 대하여 범죄사실의 요지, 구속의 이유와 변호인을 선임할 수 있음을 말하고 변명할 기회를 준 후가 아니면 구속할 수 없다.'고 규정하는 한편, 이 규정은 같은 법 제213조의2에 의하여 검사 또는 사법경찰관리가 현행범인을 체포하거나 일반인이 체포한 현행범인을 인도받는 경우에 준용되므로, 사법경찰리가 현행범인으로 체포하는 경우에는 반드시 범죄사실의 요지, 구속의 이유와 변호인을 선임할 수 있음을 말하고 변명할 기회를 주어야 할 것임은 명백하며, 이러한 법리는 비단 현행범인을 체포하는 경우뿐만 아니라 긴급체포의 경우에도 마찬가지로 적용되는 것이고, 이와 같은 고지는 체포를 위한 실력행사에 들어가기 이전에 미리 하여야 하는 것이 원칙이나, 달아나는 피의자를 쫓아가 붙들거나 폭력으로 대항하는 피의자를 실력으로 제압하는 경우에는 붙들거나 제압하는 과정에서 하거나, 그것이 여의치 않은 경우에라도 일단 붙들거나 제압한 후에는 지체 없이 행하여야 한다(대판 2000.07.04. 99도4341).

> 형사소송법 제213조의2(준용규정) 제87조, 제89조, 제90조, 제200조의2 제5항 및 제200조의5의 규정은 검사 또는 사법경찰관리가 현행범인을 체포하거나 현행범인을 인도받은 경우에 이를 준용한다.
> 형사소송법 제200조의5(체포와 피의사실 등의 고지) 검사 또는 사법경찰관은 피의자를 체포하는 경우에는 피의사실의 요지, 체포의 이유와 변호인을 선임할 수 있음을 말하고 변명할 기회를 주어야 한다.

정답

13년(2)·20년(3) 모의

113. 사인(私人)이 현행범인을 체포하는 경우에는 반드시 범죄사실의 요지, 구속의 이유와 변호인을 선임할 수 있음을 말하고 변명할 기회를 주어야 한다.

해설 형사소송법 제213조, 제213조의2, 제200조의5 참조.

형사소송법 제213조(체포된 현행범인의 인도) ① 검사 또는 사법경찰관리 아닌 자가 현행범인을 체포한 때에는 즉시 검사 또는 사법경찰관리에게 인도하여야 한다.
형사소송법 제213조의2(준용규정) 제87조(체포의 통지), 제89조(접견교통권), 제90조(변호인선임의뢰), 제200조의2 제5항(48시간 내에 구속영장 청구) 및 제200조의5(사전고지)의 규정은 검사 또는 사법경찰관리가 현행범인을 체포하거나 현행범인을 인도받은 경우에 이를 준용한다.
형사소송법 제200조의5(체포와 피의사실 등의 고지) 검사 또는 사법경찰관은 피의자를 체포하는 경우에는 피의사실의 요지, 체포의 이유와 변호인을 선임할 수 있음을 말하고 변명할 기회를 주어야 한다.

정답

 19년 변시

114. 벌금형에 따르는 노역장유치의 집행을 위하여 형집행장을 발부하여 구인하는 경우에도 구속이유의 고지에 관한 「형사소송법」 제72조가 준용된다.

해설 벌금형에 따르는 노역장유치는 실질적으로 자유형과 동일한 것으로서 그 집행에 대하여는 자유형의 집행에 관한 규정이 준용된다(형사소송법 제492조). 구금되지 아니한 당사자에 대하여 형의 집행기관인 검사는 그 형의 집행을 위하여 당사자를 소환할 수 있고, 당사자가 소환에 응하지 아니한 때에는 형집행장을 발부하여 구인할 수 있다(형사소송법 제473조). 형사소송법 제475조는 이 경우 형집행장의 집행에 관하여 형사소송법 제1편 제9장에서 정하는 피고인의 구속에 관한 규정을 준용한다고 규정하고 있고, 여기서 '피고인의 구속에 관한 규정'은 '피고인의 구속영장의 집행에 관한 규정'을 의미한다고 할 것이므로, 형집행장의 집행에 관하여는 구속의 사유에 관한 형사소송법 제70조나 구속이유의 고지에 관한 형사소송법 제72조가 준용되지 아니한다(대판 2013.09.12. 2012도2349).

정답

 13년 변시

115. 현행범체포에 있어서 체포의 목적을 달성하기 위하여 필요한 범위 내에서 사인이라도 강제력을 행사할 수 있다.

해설 사인이 현행범인을 체포하는 행위는 법령(형사소송법 제212조)에 의한 행위로서 위법성이 조각된다. 다만 위법성이 조각되는 것은 직접 체포에 필요한 행위에 제한된다(예: 협박, 체포, 도주의 저지). 따라서 살해, 상해, 타인의 주거에의 침입, 무기사용 등은 허용되지 않는다.

형사소송법 제212조(현행범인의 체포) 현행범인은 누구든지 영장 없이 체포할 수 있다.

정답

12년(3) 모의

116. 일반 사인의 경우에도 현행범 체포 규정에 의하여 피의자를 체포하기 위하여 영장 없이 타인의 주거에 들어갈 수 있다.

해설 검사 또는 사법경찰관이 현행범인을 체포하는 경우에 필요한 때에는 영장 없이 타인의 주거에 들어가 피의자를 수색할 수 있고, 체포현장에서의 압수·수색·검증을 할 수 있다(형사소송법 제216조 제1항 제1호, 제2호). 그러나 일반 사인이 현행범인을 체포하기 위하여 타인의 주거에 들어갈 수는 없다. 판례도 이러한 경우 주거침입죄가 성립한다고 판시하였다.

판례 현행범을 추적하여 그 범인의 父의 집에 들어가서 동인과 시비 끝에 상해를 입힌 경우에 주거침입죄가 성립한다(대판 1965.12.21. 65도899).

정답

19년(3) 모의

117. 乙은 노상에 주차하여 둔 甲의 차에 만능열쇠로 열고 들어가 2시간 동안 휴식을 취하고 있었는데, 이를 발견한 甲이 항의하자 乙은 화풀이로 주머니에서 열쇠를 꺼내 甲의 차를 긁었다. 이에 격분한 甲이 乙을 체포하는 과정에서 乙의 멱살을 수회 잡아 흔들어 乙에게 약 2주간의 치료를 요하는 흉부찰과상을 가하였다. 이 사안에 관한 설명으로 옳지 않은 것은? (다툼이 있는 경우에는 판례에 의함)

(1) 현행범인은 누구든지 영장 없이 체포할 수 있으므로, 甲의 현행범인 체포는 법령에 의한 행위로서 정당행위이다.

(2) 乙은 재물손괴죄의 현행범인이다.

(3) 현행범체포는 정당행위의 일반적 요건을 갖추었는지 여부에 따라 결정되어야 하고 반드시 소극적인 방어행위에 한정되어야 하는 것은 아니다.

(4) 甲이 乙을 체포함에 있어서 멱살을 잡은 행위는 사회통념상 체포를 위하여 필요한 범위 내에서의 강제력 행사라고 볼 수 있으므로 위법성이 조각된다.

해설 어떠한 행위가 위법성조각사유로서의 정당행위가 되는지 여부는 구체적인 경우에 따라 합목적적, 합리적으로 가려져야 할 것인바, 정당행위를 인정하려면 첫째 그 행위의 동기나 목적의 정당성, 둘째 행위의 수단이나 방법의 상당성, 셋째 보호법익과 침해법익의 권형성, 넷째 긴급성, 다섯째 그 행위 이외의 다른 수단이나 방법이 없다는 보충성의 요건을 모두 갖추어야 할 것이다(대판 1998.10.13. 97도3337). 그리고 현행범인은 누구든지 영장 없이 체포할 수 있으므로(형사소송법 제212조) 사인의 현행범인 체포는 법령에 의한 행위로서 위법성이 조각된다고 할 것인데, 현행범인 체포의 요건으로서는 행위의 가벌성, 범죄의 현행성·시간적 접착성, 범인·범죄의 명백성 외에 체포의 필요성 즉, 도망 또는 증거인멸의 염려가 있을 것을 요한다고 보아야 함은 소론과 같다고 할 것이다. 그러나 이 사건에서 피해자가 재물손괴죄의 현행범인에 해당함은 명백하고, 피해자는 당시 열쇠로 피고인의 차를 긁고 있다가 피고인이 나타나자 부인하면서 도망하려고 하였다는 것이므로 위에서 말하는 체포의 필요성의 요건도 갖추었다고 할 것이다. 같은 취지의 원심 판단은 정당하다(대판

1999.01.26. 98도3029).적정한 한계를 벗어나는 체포행위는 그 부분에 관한 한 법령에 의한 행위로 될 수 없다고 할 것이나, 적정한 한계를 벗어나는 행위인가 여부는 결국 앞서 본 정당행위의 일반적 요건을 갖추었는지 여부에 따라 결정되어야 할 것이지 소론이 주장하고 있는 바와 같이 그 행위가 소극적인 방어행위인가 적극적인 공격행위인가에 따라 결정되어야 하는 것은 아니다. 피고인의 차를 손괴하고 도망하려는 피해자를 도망하지 못하게 멱살을 잡고 흔들어 피해자에게 전치 14일의 흉부찰과상을 가한 경우, 정당행위에 해당한다고 본 사례(대판 1999.01.26. 98도3029).

정답 O, O, O, O

19년(2) 모의

118. A회사의 공장을 점거하여 농성 중이던 A회사 노동조합 조합원인 K 등이 경찰과 부식 반입 문제를 협의하거나 기자회견장 촬영을 위해 공장 밖으로 나오자, 경찰들은 '고착관리'라는 명목으로 K 등을 방패로 에워싸 30~40분 동안 이동하지 못하게 하였다. 우연히 이 광경을 목격한 변호사 甲의 항의를 받고 나서야 비로소 경찰들은 K 등에게 체포의 이유 등을 고지하였다. 甲은 경찰들에게 항의하면서 변호사 신분증을 손에 든 채 수회에 걸쳐 변호사임을 밝히면서 K 등에 대한 접견을 요청하였으나 경찰들은 방패로 甲을 강하게 밀어내었고, 甲은 경찰의 유형력 행사에 저항하여 경찰들의 방패를 손으로 잡아당기거나 경찰들을 발로 차고 몸으로 밀어 경찰관 P에게 상해를 입혔다. 이 사례에 관한 설명 중 옳은 것은? (다툼이 있는 경우 판례에 의함)

1) 경찰들이 K 등을 이동하지 못하게 하는 과정에서 체포의 이유 등을 고지하지 않다가 30~40분이 지난 후 甲의 항의를 받고 나서 체포의 이유 등을 고지한 것은 적법하다.

해설 (판결이유 중) 공소외 1이 피고인을 출입국관리법 위반죄 등의 현행범으로 체포하면서 지체없이 피의사실의 요지, 체포이유, 변호인선임권 등을 고지하는 등의 절차를 밟았던 것으로 보기 어렵다. 따라서 위 공소외 1의 체포행위는 적법한 공무집행이라고 볼 수 없으므로 공무집행방해죄의 구성요건을 충족하지 아니하고, 피고인이 위 공소외 1의 위와 같은 체포를 면하려고 반항하는 과정에서 그에게 상해를 가한 것은 불법 체포로 인한 신체에 대한 현재의 부당한 침해에서 벗어나기 위한 행위로서 정당방위에 해당하여 위법성이 조각된다고 할 것임에도 불구하고, 위 공소외 1의 피고인에 대한 행위를 적법한 공무집행으로 보아 위 공소사실을 유죄로 인정한 1심판결을 그대로 유지한 원심판결에는 공무집행방해죄 및 상해죄에 관한 법리를 오해하거나 심리를 다하지 아니한 위법이 있다고 할 것이다(대판 2006.11.23. 2006도2732).

정답 ×

2) 경찰들이 K 등을 에워싸고 이동하지 못하게 가둔 행위는 형사소송법상 체포에 해당하지 않는다.

해설 ○○자동차 주식회사△△공장을 점거하여 농성 중이던 □□□□노동조합○○자동차지부 조합원인 공소외 1 등이 2009. 6. 26. 경찰과 부식 반입 문제를 협의하거나 기자회견장 촬영을 위해 공장 밖으로 나오자, 전투경찰대원들은 '고착관리'라는 명목으로 위 공소외 1 등 6명의 조합원을 방패로 에워싸 이동하지 못하게 하였다. 위 조합원들이 어떠한 범죄행위를 목전에서 저지르려고 하거나 이들의 행위로 인하여 인명·신체에 위해를 미치거나 재산에 중대한 손해를 끼칠 우려 등 긴급한 사정이 있는 경우가 아닌데도 방패를 든 전투경찰대원들이 위 조합원들을 둘러싸고 이동하지 못하게 가둔 행위는 구 경찰관 직무집행법 제6조 제1항에 근거한 제지 조치라고 볼 수 없고, 이는 형사소송법상 체포에 해당한다(대판 2017.03.15. 2013도2168).

Ⅲ 피의자와 피고인의 구속

1. 구속의 의의와 목적
2. 구속의 요건
3. 피의자의 구속
  (1) 구속영장의 청구

🕐 18년 변시

119. 체포한 피의자를 구속하고자 할 때에는 체포한 때로부터 48시간 이내에 구속영장을 청구하여야 하고, 그 기간 내에 구속영장을 청구하지 아니하는 때에는 즉시 피의자를 석방하여야 한다.

▦해설 형사소송법 제200조의4 참조.

형사소송법 제200조의4(긴급체포와 영장청구기간) ① 검사 또는 사법경찰관이 제200조의3의 규정에 의하여 피의자를 체포한 경우 피의자를 구속하고자 할 때에는 지체 없이 검사는 관할지방법원판사에게 구속영장을 청구하여야 하고, 사법경찰관은 검사에게 신청하여 검사의 청구로 관할지방법원판사에게 구속영장을 청구하여야 한다. 이 경우 구속영장은 피의자를 체포한 때부터 48시간 이내에 청구하여야 하며, 제200조의3제3항에 따른 긴급체포서를 첨부하여야 한다.
② 제1항의 규정에 의하여 구속영장을 청구하지 아니하거나 발부받지 못한 때에는 피의자를 즉시 석방하여야 한다.

13년 변시, 17년(2)·18년(1)·23년(3) 모의

120. (1) 체포된 피의자에 대하여 구속영장을 청구 받은 판사는 지체 없이 피의자를 심문하여야 하고, 이 경우 특별한 사정이 없는 한 구속영장이 청구된 날의 다음날까지 심문하여야 한다.
(2) 체포된 피의자에 대한 구속영장을 청구 받은 판사는 피의자가 죄를 범하였다고 의심할 만한 이유가 있는 경우에 구인영장을 발부하여 피의자를 구인한 후 심문하여야 한다.
(3) 甲이 체포되지 않은 상태에서 구속영장이 청구되었다면, 영장담당판사는 甲이 죄를 범하였다고 의심할 만한 이유가 있는 경우에 구인을 위한 구속영장을 발부하여 甲을 구인한 후 심문하여야 한다.
(4) 구속영장을 청구 받은 지방법원 판사는 체포된 피의자에 대하여 지체 없이 피의자를 심문하여야 하나, 체포되지 않은 피의자에 대하여는 직권으로 심문 여부를 결정한다.

▦해설 형사소송법 제201조의2 참조.
(4)체포여부와 무관하게 구속전피의자심문은 지방법원판사가 필요적으로 취해야 하는 절차이다.

형사소송법 제201조의2(구속영장 청구와 피의자 심문) ① 제200조의2·제200조의3 또는 제212조에 따라 (1)체포된 피의자에 대하여 구속영장을 청구받은 판사는 지체 없이 피의자를 심문하여야 한다. 이 경우 특별한 사정이 없는 한 구속영장이 청구된 날의 다음날까지 심문하여야 한다.
② (2)(3) 제1항 외의 피의자에 대하여 구속영장을 청구받은 판사는 피의자가 죄를 범하였다고 의심할 만한 이유가 있는 경우에 구인을 위한 구속영장을 발부하여 피의자를 구인한 후 심문하여야 한다. 다만, 피의자가 도망하는 등의 사유로 심문할 수 없는 경우에는 그러하지 아니하다.

정답 ○, ×, ○, ×

17년(1)·18년(1) 모의

121. 검사가 구속영장을 청구함에 있어서 이전에 동일한 범죄사실에 관하여 그 피의자에 대하여 구속영장을 청구하거나 발부받은 사실이 있을 때에는 다시 구속영장을 청구하는 취지 및 이유를 기재하여야 한다.

해설 형사소송법 제201조 제5항 참조.

형사소송법 제201조(구속) ⑤ 검사가 제1항의 청구를 함에 있어서 동일한 범죄사실에 관하여 그 피의자에 대하여 전에 구속영장을 청구하거나 발부받은 사실이 있을 때에는 다시 구속영장을 청구하는 취지 및 이유를 기재하여야 한다.

정답 ○

22년(3) 모의

122. 검사가 사법경찰관이 신청한 영장을 정당한 이유 없이 판사에게 청구하지 아니한 경우 사법경찰관이 관할 고등검찰청에 영장청구 여부에 대한 심의를 신청하기 위해서는 「검찰청법」에 따른 항고를 거쳐야 한다.

해설 형사소송법 제221조의5 참조.

형사소송법 제221조의5(사법경찰관이 신청한 영장의 청구 여부에 대한 심의) ① 검사가 사법경찰관이 신청한 영장을 정당한 이유 없이 판사에게 청구하지 아니한 경우 사법경찰관은 그 검사 소속의 지방검찰청 소재지를 관할하는 고등검찰청에 영장 청구 여부에 대한 심의를 신청할 수 있다.

정답 ×

(2) 구속 전 피의자심문제도

16년(1) 모의

123. 성폭력범죄의 피해자가 형사절차상 입을 수 있는 피해를 방어하고 법률적 조력을 보장하기 위하여 선임한 변호사는 피의자에 대한 구속 전 피의자심문절차에 출석하여 의견을 진술할 수 없다.

해설 성폭력범죄의 처벌 등에 관한 특례법 제27조 제1항, 제3항 참조.

> 성폭력범죄의 처벌 등에 관한 특례법 제27조(성폭력범죄 피해자에 대한 변호사 선임의 특례) ① 성폭력범죄의 피해자 및 그 법정대리인(이하 "피해자등"이라 한다)은 형사절차상 입을 수 있는 피해를 방어하고 법률적 조력을 보장하기 위하여 변호사를 선임할 수 있다.
> ③ 제1항에 따른 변호사는 피의자에 대한 구속 전 피의자심문, 증거보전절차, 공판준비기일 및 공판절차에 출석하여 의견을 진술할 수 있다. 이 경우 필요한 절차에 관한 구체적 사항은 대법원규칙으로 정한다.

정답

(3) 구속영장의 발부

21년(2)·22년(3) 모의

124. **수사기관이 구속영장의 발부를 받은 후에도 피의자를 구속하지 아니하거나 석방할 수 있다는 점은 구속영장의 법적 성격을 허가장설로 보는 입장의 논거이다.**

해설 구속영장의 법적 성격 … 허가장설(許可狀設)은 구속영장의 집행주체가 검사이므로 법원이 피의자를 구속해도 괜찮다고 허가하는 허가장이라고 보는 견해이다. ① 강제수사를 포함한 수사의 주체는 수사기관이고, ② 수사기관은 구속영장을 발부받은 후에도 피의자를 구속하지 아니하거나 구속한 피의자를 석방할 수가 있다는 것(법 제204조)을 논거로 하고 있다(이창현, 형사소송법 제3판, p.344).

수사단계이든 공판단계이든 수사나 재판의 필요상 구속 등 강제처분을 하지 않을 수 없는 경우는 있게 마련이지만 강제처분을 받는 피의자나 피고인의 입장에서 보면 심각한 기본권의 침해를 받게 되므로 헌법은 강제처분의 남용으로부터 국민의 기본권을 보장하기 위한 수단으로 영장주의를 천명한 것이다. 특히 강제처분 중에서도 중립적인 심판자로서의 지위를 갖는 법원에 의한 강제처분에 비하여 수사기관에 의한 강제처분의 경우에는 범인을 색출하고 증거를 확보한다는 수사의 목적상 적나라하게 공권력이 행사됨으로써 국민의 기본권을 침해할 가능성이 큰 만큼 수사기관의 인권침해에 대한 법관의 사전적·사법적 억제를 통하여 수사기관의 강제처분 남용을 방지하고 인권보장을 도모한다는 면에서 영장주의의 의미가 크다고 할 것이다. 이러한 면에서 법원이 직권으로 발부하는 영장과 수사기관의 청구에 의하여 발부하는 구속영장의 법적 성격은 같지 않다. 즉, 전자는 명령장으로서의 성질을 갖지만 후자는 허가장으로서의 성질을 갖는 것으로 이해되고 있다(헌재 1997.03.27. 96헌바28).

> 형사소송법 제204조(영장발부와 법원에 대한 통지) 체포영장 또는 구속영장의 발부를 받은 후 피의자를 체포 또는 구속하지 아니하거나 체포 또는 구속한 피의자를 석방한 때에는 지체없이 검사는 영장을 발부한 법원에 그 사유를 서면으로 통지하여야 한다. <개정 1995. 12. 29.>

정답

(4) 구속영장의 집행

23년(3) 모의

125. 형사재판 과정에서 범죄사실의 존재를 증명함에 충분한 증거가 없다는 이유로 무죄판결이 확정되었더라도 그러한 사정만으로 바로 검사의 구속이 위법하다고 할 수 없고, 구속에 관한 검사의 판단이 그 당시의 자료에 비추어 경험칙이나 논리칙상 도저히 합리성을 긍정할 수 없는 정도에 이른 경우에만 위법성을 인정할 수 있다.

> **해설** 검사는 수사기관으로서 피의사건을 조사하여 진상을 명백히 하고, 죄를 범하였다고 의심할 만한 상당한 이유가 있는 피의자에게 증거 인멸 및 도주의 염려 등이 있을 때에는 법관으로부터 영장을 발부받아 피의자를 구속할 수 있으며, 나아가 수집·조사된 증거를 종합하여 객관적으로 볼 때, 피의자가 유죄를 받을 가능성이 있는 정도의 혐의를 가지게 된 데에 합리적인 이유가 있다고 판단될 때에는 피의자에 대하여 공소를 제기할 수 있으므로 그 후 형사재판 과정에서 범죄사실의 존재를 증명함에 충분한 증거가 없다는 이유로 무죄판결이 확정되었다고 하더라도 그러한 사정만으로 바로 검사의 구속 및 공소제기가 위법하다고 할 수 없고, 그 구속 및 공소제기에 관한 검사의 판단이 그 당시의 자료에 비추어 경험칙이나 논리칙상 도저히 합리성을 긍정할 수 없는 정도에 이른 경우에만 그 위법성을 인정할 수 있다(대판 2002.02.22. 2001다23447).

정답

(5) 구속기간

22년(1) 모의

126. 체포된 피의자를 구속영장에 의하여 구속한 경우에 그 구속기간은 피의자를 체포한 날부터 기산한다.

> **해설** 형사소송법 202조, 제203조, 제203조의2 참조.
>
> **형사소송법 제202조(사법경찰관의 구속기간)** 사법경찰관이 피의자를 구속한 때에는 10일 이내에 피의자를 검사에게 인치하지 아니하면 석방하여야 한다.
> **형사소송법 제203조(검사의 구속기간)** 검사가 피의자를 구속한 때 또는 사법경찰관으로부터 피의자의 인치를 받은 때에는 10일 이내에 공소를 제기하지 아니하면 석방하여야 한다.
> **형사소송법 제203조의2(구속기간에의 산입)** 피의자가 제200조의2·제200조의3·제201조의2제2항 또는 제212조의 규정에 의하여 체포 또는 구인된 경우에는 제202조 또는 제203조의 구속기간은 피의자를 체포 또는 구인한 날부터 기산한다.

정답

🕰 15년·21년 변시

127. 독신인 甲은 보험금을 지급받을 목적으로, 2014. 10. 1. 23:30 화재보험에 가입된 혼자 사는 자신의 단독주택에 휘발유를 뿌린 뒤 라이터로 불을 붙였다. 때마침 불길에 휩싸인 甲의 주택을 보고 깜짝 놀라 달려 나온 이웃주민 A가 甲을 덮쳐 넘어뜨려 체포하였다. A는 甲을 붙잡은 상태에서 곧바로 경찰서에 신고하였고, 이 신고를 받고 출동한 경찰관 B는 2014. 10. 2. 00:10 A로부터 甲을 인도받으면서 피의사실의 요지, 체포이유 등을 고지하였다. B는 甲의 자백과 함께 방화범행의 증거물에 대한 조사를 마치고, 검사에게 구속영장을 신청하면서 수사관계서류를 관할 검찰청에 접수하였고, 검사는 같은 날 17:00 관할 법원에 구속영장청구서 및 수사관계서류를 접수시켰다. 관할법원 영장전담판사는 2014. 10. 3. 10:00 구속 전 피의자심문절차를 실시하였고, 같은 날 13:00 구속영장을 발부하면서, 수사관계서류를 검찰청에 반환하였다. B의 구속절차가 적법하다면, B는 2014. 10. 13. 24:00까지 甲을 검사에게 인치하여야 한다.

해설 사법경찰관의 구속기간은 10일이고(형사소송법 제202조), 현행범 체포에 의하여 체포된 때에는 체포된 때로부터 구속기간 기산하고(형사소송법 제203조의2) 구속기간에 관하여는 초일은 시간을 계산함이 없이 1일로 산정한다(형사소송법 제66조). 따라서 구속기간의 기산점은 2014. 10. 2. 이 된다. 한편 구속영장을 청구한 경우 영장실질심사(구속전피의자심문)이 행해지고 이 경우 법원이 구속영장청구서·수사 관계 서류 및 증거물을 접수한 날부터 구속영장을 발부하여 검찰청에 반환한 날까지의 기간은 사법 경찰관의 구속기간에 이를 산입하지 아니하므로(형사소송법 제201조의2 제7항) 2014. 10. 2. 17:00에 수사관계서류를 접수하고 2014. 10. 3. 13:00에 법원이 구속영장발부하면서 수사관계서류를 검찰청에 반환하였으므로 2일이 연장되어 사법경찰관 B의 구속기간은 2014. 10. 13. 24:00까지이다.

> 형사소송법 제66조(기간의 계산) ① 기간의 계산에 관하여는 시로써 계산하는 것은 즉시부터 기산하고 일, 월 또는 연으로써 계산하는 것은 초일을 산입하지 아니한다. 단, 시효와 구속기간의 초일은 시간을 계산함이 없이 1일로 산정한다.
> 형사소송법 제202조(사법경찰관의 구속기간) 사법경찰관이 피의자를 구속한 때에는 10일 이내에 피의자를 검사에게 인치하지 아니하면 석방하여야 한다.
> 형사소송법 제203조의2(구속기간에의 산입) 피의자가 제200조의2·제200조의3·제201조의2 제2항 또는 제212조의 규정에 의하여 체포 또는 구인된 경우에는 제202조 또는 제203조의 구속기간은 피의자를 체포 또는 구인한 날부터 기산한다.
> 형사소송법 제201조의2(구속영장 청구와 피의자 심문) ⑦ 피의자심문을 하는 경우 법원이 구속영장청구서·수사 관계 서류 및 증거물을 접수한 날부터 구속영장을 발부하여 검찰청에 반환한 날까지의 기간은 제202조 및 제203조의 적용에 있어서 그 구속기간에 이를 산입하지 아니한다.

정답

(6) 재구속의 제한

 18년 변시

128. 「형사소송법」제208조(재구속의 제한) 소정의 '구속되었다가 석방된 자'의 범위에는 구속영장에 의하여 구속되었다가 석방된 경우뿐 아니라 긴급체포나 현행범으로 체포되었다가 사후영장발부 전에 석방된 경우도 포함된다.

해설 형사소송법 제200조의4 제3항은 영장 없이는 긴급체포 후 석방된 피의자를 동일한 범죄사실에 관하여 체포하지 못한다는 규정으로, 위와 같이 석방된 피의자라도 법원으로부터 구속영장을 발부받아 구속할 수 있음은 물론이고, 같은 법 제208조 소정의 '구속되었다가 석방된 자'라 함은 구속영장에 의하여 구속되었다가 석방된 경우를 말하는 것이지, 긴급체포나 현행범으로 체포되었다가 사후영장발부 전에 석방된 경우는 포함되지 않는다 할 것이므로, 피고인이 수사 당시 긴급체포되었다가 수사기관의 조치로 석방된 후 법원이 발부한 구속영장에 의하여 구속이 이루어진 경우 앞서 본 법조에 위배되는 위법한 구속이라고 볼 수 없다(대판 2001.09.28. 2001도4291).

정답 ×

17년(1)·18년(2)·22년(3) 모의

129. 수사기관에 의하여 구속되었다가 석방된 자는 다른 중요한 증거를 발견한 경우를 제외하고는 동일한 범죄사실에 관하여 재차 구속하지 못하나, 이때 1개의 목적을 위하여 수단결과의 관계에서 행하여진 행위는 동일한 범죄사실로 간주한다.

해설 형사소송법 제208조 참조.

형사소송법 제208조(재구속의 제한) ① 검사 또는 사법경찰관에 의하여 구속되었다가 석방된 자는 다른 중요한 증거를 발견한 경우를 제외하고는 동일한 범죄사실에 관하여 재차 구속하지 못한다.
② 전항의 경우에는 1개의 목적을 위하여 동시 또는 수단결과의 관계에서 행하여진 행위는 동일한 범죄사실로 간주한다.

정답 ○

 13년·20년 변시, 18년(1)·19년(3) 모의

130. (1) 구속기간의 만료로 피고인에 대한 구속의 효력이 상실된 후 항소법원이 피고인에 대한 판결을 선고하면서 피고인을 구속하였다면 이는 위법한 재구속 또는 이중구속에 해당한다.
(2) 구속되었다가 석방된 피의자 또는 피고인은 다른 중요한 증거가 발견된 경우가 아니면 동일한 범죄사실에 관하여 재차 구속하지 못한다.
(3) 구속되었거나 공소제기 후 수소법원이 석방한 피고인은 다른 중요한 증거가 발견된 경우가 아니면 동일한 범죄사실에 관하여 재차 구속하지 못한다는 재구속의 제한은 법원이 피고인을 구속하는 경우에는 적용되지 않는다.

해설 형사소송법 제208조 규정은 법원이 피고인을 구속하는 경우에는 적용되지 않는다. 즉 법원이 피고인을 재구속하는 때에는 제한이 없다.

> **형사소송법 제208조(재구속의 제한)** ① 검사 또는 사법경찰관에 의하여 구속되었다가 석방된 자는 다른 중요한 증거를 발견한 경우를 제외하고는 동일한 범죄사실에 관하여 재차 구속하지 못한다.

> **판례** 항소법원은 항소피고사건의 심리 중 또는 판결선고 후 상고제기 또는 판결확정에 이르기까지 수소법원으로서 형사소송법 제70조 제1항 각호의 사유 있는 불구속 피고인을 구속할 수 있고 또 수소법원의 구속에 관하여는 검사 또는 사법경찰관이 피의자를 구속함을 규율하는 형사소송법 제208조의 규정은 적용되지 아니하므로 (1)구속기간의 만료로 피고인에 대한 구속의 효력이 상실된 후 항소법원이 피고인에 대한 판결을 선고하면서 피고인을 구속하였다 하여 위 법 제208조의 규정에 위배되는 재구속 또는 이중구속이라 할 수 없다(대결 1985.07.23. 85모12).

정답 ×, ×, ○

4. 피고인의 구속
(1) 구속영장의 발부
(2) 구속영장의 집행

21년(2) 모의

131. 피고인이 피의자였을 때 「형사소송법」 제72조에서 정한 사전 청문절차 없이 발부된 구속영장에 기하여 구속되었으나 이후 제1심법원이 위 구속의 위법을 시정하기 위하여 구속취소결정을 하고 적법한 청문절차를 밟아 구속사유가 있음을 인정하여 같은 날 피고인에 대한 구속영장을 새로 발부하였다면 적법하게 발부된 새로운 구속영장에 기하여 피고인에 대한 구속이 계속되었다고 본다.

해설 이 사건 범죄사실에 관하여 형사소송법 제72조에서 정한 사전 청문절차 없이 발부된 구속영장에 기하여 2018. 1. 19. 구속되었다. 그러나 제1심법원이 위 구속의 위법을 시정하기 위하여 2018. 4. 13. 구속취소결정을 하고 적법한 청문절차를 밟아 구속사유가 있음을 인정하고 같은 날 피고인에 대한 구속영장을 새로 발부하였다. 이와 같이 적법하게 발부된 새로운 구속영장에 따라 피고인에 대한 구속이 계속되었다. 피고인이 위 청문절차에서부터 제1심과 원심의 소송절차에 이르기까지 변호인의 조력을 받았다. 위와 같은 사실관계를 기록에 비추어 살펴보면, 피고인에 대한 신체구금 과정에 피고인의 방어권이 본질적으로 침해되어 원심판결의 정당성마저 인정하기 어렵다고 볼 정도의 위법은 없다(대판 2019.02.28. 2018도19034).

> **참고판례** 형사소송법 제72조는 "피고인에 대하여 범죄사실의 요지, 구속의 이유와 변호인을 선임할 수 있음을 말하고 변명할 기회를 준 후가 아니면 구속할 수 없다."고 규정하고 있는바, 이는 피고인을 구속함에 있어 법관에 의한 사전 청문절차를 규정한 것으로서, 구속영장을 집행함에 있어 집행기관이 취하여야 하는 절차가 아니라 구속영장 발부함에 있어 수소법원 등 법관이 취하여야 하는 절차라 할 것이므로, 법원이 피고인에 대하여 구속영장을 발부함에 있어 사전에 위 규정에 따른 절차를 거치지 아니한 채 구속영장을 발부하였다면 그 발부결정은 위법하다고 할 것이다. 그러나 위 규정은 피고인의 절차적 권리를 보장하기 위한 규정이므로 이미 변호인을 선정하여 공판절차에서 변명과 증거의 제출을 다하고

그의 변호 아래 판결을 선고받은 경우 등과 같이 위 규정에서 정한 절차적 권리가 실질적으로 보장되었다고 볼 수 있는 경우에는, 이에 해당하는 절차의 전부 또는 일부를 거치지 아니한 채 구속영장을 발부하였다 하더라도 이러한 점만으로 그 발부결정이 위법하다고 볼 것은 아니라 할 것이다(대결 2000.11.10. 2000모134).

정답 O

19년(1) 모의

132. 이미 변호인을 선정하여 공판절차에서 변명과 증거의 제출을 다하고 그의 변호 아래 판결을 선고받아 피고인의 절차적 권리가 실질적으로 보장되었다고 볼 수 있는 경우에는 법원이 피고인에 대하여 구속영장을 발부할 때 사전에 피고인에 대하여 범죄사실의 요지의 고지 등 사전청문절차의 전부 또는 일부를 거치지 아니한 채 구속영장을 발부하였다는 점만으로 그 발부결정이 위법하다고 볼 것은 아니다.

해설 형사소송법 제72조의 '피고인에 대하여 범죄사실의 요지, 구속의 이유와 변호인을 선임할 수 있음을 말하고 변명할 기회를 준 후가 아니면 구속할 수 없다'는 규정은 피고인을 구속함에 있어서 법관에 의한 사전 청문절차를 규정한 것으로서, 법원이 사전에 위 규정에 따른 절차를 거치지 아니한 채 피고인에 대하여 구속영장을 발부하였다면 발부결정은 위법하다. 한편 위 규정은 피고인의 절차적 권리를 보장하기 위한 규정이므로 이미 변호인을 선정하여 공판절차에서 변명과 증거의 제출을 다하고 그의 변호 아래 판결을 선고받은 경우 등과 같이 위 규정에서 정한 절차적 권리가 실질적으로 보장되었다고 볼 수 있는 경우에는 이에 해당하는 절차의 전부 또는 일부를 거치지 아니한 채 구속영장을 발부하였더라도 이러한 점만으로 발부결정을 위법하다고 볼 것은 아니지만, 사전 청문절차의 흠결에도 불구하고 구속영장 발부를 적법하다고 보는 이유는 공판절차에서 증거의 제출과 조사 및 변론 등을 거치면서 판결이 선고될 수 있을 정도로 범죄사실에 대한 충분한 소명과 공방이 이루어지고 그 과정에서 피고인에게 자신의 범죄사실 및 구속사유에 관하여 변명을 할 기회가 충분히 부여되기 때문이므로, 이와 동일시할 수 있을 정도의 사유가 아닌 이상 함부로 청문절차 흠결의 위법이 치유된다고 해석하여서는 아니 된다(대결 2016.06.14. 2015모1032).

 정답 O

(3) 피고인의 구속기간

21년(3)·23년(3) 모의

133. 제1심판결이 그 판결선고 전의 미결구금일수 중 일부만 본형에 산입하고 기피신청일 다음 날부터 기피사건 재항고 기각결정 전날까지의 구금기간을 본형에 산입하지 아니한 것은 위법이 아니다.

해설 형사소송법 제92조 제3항에 의하면 같은 법 제22조에 의한 기피신청으로 인하여 공판절차가 정지된 기간은 구속기간에 산입하지 아니한다고 규정되어 있는바, 그 취지는 본안의 심리기간을 확보하기 위한 것뿐이므로 기피신청으로 인하여 공판절차가 정지된 상태의 구금기간도 판결선고 전의 구금일수에는 산입되어야 하는 것이고, 따라서 제1심판결이 위 구금기간을 미결구금일수에 산입하지 아니한 것은 잘못이라고 할 것이나 판결선고 전의 구금일수는 법률상 당연히 통산할 경우가 아닌 이상 그 전부를 산입할 것인가 또는 그 일부만을 산입할 것인가의 여부는 판결법원의 자유재량에 속하는 것이므로, 제1심판결이 그 판결선고 전의 미결구금일수 중 일부만을 본형에 산입하고 기피신청일 다음날부터 기피사건 재항고 기각결정 전날까지의 구금기간을 본형에 산입하지 아니하였다고 하더라도 이를 위법이라고 할 것은 아니다(대판 2005.10.14. 2005도4758).

형사소송법 제92조, 제22조 참조.

> 형사소송법 제22조(기피신청과 소송의 정지) 기피신청이 있는 때에는 제20조제1항의 경우를 제한 외에는 소송진행을 정지하여야 한다. 단, 급속을 요하는 경우에는 예외로 한다.
> 형사소송법 제92조(구속기간과 갱신) ①구속기간은 2개월로 한다.
> ② 제1항에도 불구하고 특히 구속을 계속할 필요가 있는 경우에는 심급마다 2개월 단위로 2차에 한하여 결정으로 갱신할 수 있다. 다만, 상소심은 피고인 또는 변호인이 신청한 증거의 조사, 상소이유를 보충하는 서면의 제출 등으로 추가 심리가 필요한 부득이한 경우에는 3차에 한하여 갱신할 수 있다.
> ③ 제22조, 제298조제4항, 제306조제1항 및 제2항의 규정에 의하여 공판절차가 정지된 기간 및 공소제기전의 체포·구인·구금 기간은 제1항 및 제2항의 기간에 산입하지 아니한다.

정답

134. **(1) 甲에 대한 공소제기 전 체포 및 구속기간은 제1심 법원의 구속기간에 산입하지 아니하고, 공판과정에서 구속을 계속할 필요가 있는 때에는 제1심 법원은 결정으로 2개월 단위로 2차에 한하여 구속기간을 갱신할 수 있다.**

(2) 피고인에 대한 구속기간에는 공소제기전의 체포기간도 산입한다.

해설 형사소송법 제92조 참조.

> 형사소송법 제92조(구속기간과 갱신) ① 구속기간은 2개월로 한다.
> ② 제1항에도 불구하고 (1)특히 구속을 계속할 필요가 있는 경우에는 심급마다 2개월 단위로 2차에 한하여 결정으로 갱신할 수 있다. 다만, 상소심은 피고인 또는 변호인이 신청한 증거의 조사, 상소이유를 보충하는 서면의 제출 등으로 추가 심리가 필요한 부득이한 경우에는 3차에 한하여 갱신할 수 있다.
> ③ 제22조, 제298조제4항, 제306조제1항 및 제2항의 규정에 의하여 공판절차가 정지된 기간 및 (2)공소제기전의 체포·구인·구금 기간은 제1항 및 제2항의 기간에 산입하지 아니한다.

정답

5. 관련문제
(1) 이중구속과 별건구속

🕐 13년 변시, 18년(1)·(3)·19년(1)·(3)·21년(2)·22년(1)(3) 모의

135.
(1) 피고인에 대한 1차 구속영장 표지에 그 죄명 중 하나로 무고가 기재되어 있으나 그 구속영장의 공소사실에는 무고에 관한 기재가 전혀 없는 경우, 1차 구속영장의 효력은 무고의 공소사실에 대하여는 원칙적으로 미치지 아니하므로 1차 구속기간이 만료될 무렵에 무고죄로 피고인을 구속하였다는 사정만으로 구속이 위법하다고 할 수 없다.

(2) 구속의 효력은 원칙적으로 구속영장에 기재된 범죄사실에만 미치는 것이므로, 구속기간이 만료될 무렵에 종전 구속영장에 기재된 범죄사실과 다른 범죄사실로 피고인을 구속하였다는 사정만으로는 구속이 위법하다고 할 수 없다.

해설 형사소송법 제75조 제1항은, "구속영장에는 피고인의 성명, 주거, 죄명, 공소사실의 요지, 인치구금할 장소, 발부연월일, 그 유효기간과 그 기간을 경과하면 집행에 착수하지 못하며 영장을 반환하여야 할 취지를 기재하고 재판장 또는 수명법관이 서명날인하여야 한다."고 규정하고 있는바, 구속의 효력은 원칙적으로 위 방식에 따라 작성된 구속영장에 기재된 범죄사실에만 미치는 것이므로, 구속기간이 만료될 무렵에 종전 구속영장에 기재된 범죄사실과 다른 범죄사실로 피고인을 구속하였다는 사정만으로는 피고인에 대한 구속이 위법하다고 할 수 없다(대결 1996.08.12. 96모46 참조). 기록에 의하면, 재항고인에 대한 이 사건 1차 구속영장 표지에 그 죄명 중 하나로 무고가 기재되어 있으나 그 구속영장의 공소사실에는 무고에 관한 기재가 전혀 없으므로, 이 사건 1차 구속영장의 효력은 무고의 공소사실에 대하여는 원칙적으로 미치지 아니한다고 볼 것이고, 달리 그 효력이 무고의 공소사실에도 미친다고 볼 만한 특별한 사정이 있음을 찾아볼 수도 없다. 따라서 원심이 재항고인에 대하여 이 사건 공소사실 중 무고의 점을 구속영장의 공소사실로 하여 이 사건 2차 구속영장을 발부한 것은 정당하고, 거기에 재항고이유에서 주장하는 바와 같은 헌법, 형사소송법, 형사소송규칙 등 관계규정을 위반한 위법이 있다고 할 수 없다(대결 2000.11.10. 2000모134).

정답 O, O

(2) 검사의 체포·구속장소 감찰권

Ⅳ 피고인과 피의자의 접견교통권

1. 접견교통권의 의의
2. 변호인과의 접견교통권

🕐 13년·20년·21년 변시, 16년(1)·(2)·19년(2)·22년(2) 모의

136. (1) 甲은 A로부터 5억 원을 빌리면서 변제기에 변제하지 못할 경우 자기 소유의 X부동산으로 대물변제하기로 약속하였다. 甲은 위 변제기를 지나 B에게 X부동산을 3억 원에 매도하고 소유권이전등기를 해 주었다. 한편 甲은 아버지의 예금통장을 절취한 후 현금지급기에서 미리 알고 있던 비밀번호를 입력하여 아버지의 예금계좌에서 자신의 계좌로 500만 원을 이체하였다. 甲은 수사단계에서 불구속 상태로 조사를 받던 중 변호인접견을 요청하였으나 거절당했다. 그 이후 압수된 위 예금통장이 법정에서 증거물로 제출되었다. 甲은 불구속 피의자이므로 변호인과의 접견교통권이 인정되지 아니한다.

(2) 임의동행의 형식으로 수사기관에 연행된 피의자에게는 변호인과의 접견교통권이 인정되지만 임의동행의 형식으로 연행된 피내사자의 경우에는 인정되지 않는다.

(3) 피조사자 신분이라고 하더라도 변호인과의 접견교통권은 피조사자의 인권보장과 방어준비를 위한 필수불가결한 권리이므로 법령에 의한 제한이 없는 한 법원의 결정으로도 이를 제한할 수 없다.

▦해설 헌법 제10조는 "모든 국민은 인간으로서의 존엄과 가치를 가지며 행복을 추구할 권리를 가진다"고 규정하고 있고, 같은 법 제12조 제1항 후문은 "누구든지 법률에 의하지 아니하고는 체포·구속·압수·수색 또는 신문을 받지 아니하며, 법률과 적법한 절차에 의하지 아니하고는 처벌·보안처분 또는 강제노역을 받지 아니한다"고 규정하여 형사소송에 있어서 적법절차주의를 선언하고 있으며 이를 구체화하기 위하여 같은 조 제4항은 "누구든지 체포 또는 구속을 당한 때에는 즉시 변호인의 조력을 받을 권리를 가진다"고 규정하고 있으며, (1)형사소송법 제30조 제1항은 피고인 또는 피의자는 변호인을 선임할 수 있다고 규정하여 변호인의 조력을 받을 권리를 불구속 피고인 또는 피의자에게까지 확대하고 있는바 이와 같은 변호인의 조력을 받을 권리를 실질적으로 보장하기 위하여는 변호인과의 접견교통권의 인정이 당연한 전제가 된다고 할 것이므로, (2)임의동행의 형식으로 수사기관에 연행된 피의자에게도 변호인 또는 변호인이 되려는 자와의 접견교통권은 당연히 인정된다고 보아야 할 것이고, 임의동행의 형식으로 연행된 피내사자의 경우에도 마찬가지라 할 것이다. 형사소송법 제34조는 변호인 또는 변호인이 되려는 자에게 구속을 당한 피고인 또는 피의자에 대하여까지 접견교통권을 보장하는 취지의 규정이므로 위 접견교통권을 위와 달리 해석할 법령상의 근거가 될 수 없다. 이와 같은 접견교통권은 피고인 또는 피의자나 피내사자의 인권보장과 방어준비를 위하여 필수불가결한 권리이므로 법령에 의한 제한이 없는 한 수사기관의 처분은 물론 법원의 결정으로도 이를 제한할 수 없다고 할 것이다(대결 1996.06.03. 96모18).

정답 ×, ×, ○

13년 변시

137. 미결수용자의 변호인 접견권은 국가안전보장·질서유지 또는 공공복리를 위해 필요한 경우 법률로써 제한될 수 있다.

> 해설 헌법재판소가 91헌마111 결정에서 미결수용자와 변호인과의 접견에 대해 어떠한 명분으로도 제한할 수 없다고 한 것은 구속된 자와 변호인 간의 접견이 실제로 이루어지는 경우에 있어서의 '자유로운 접견', 즉 '대화내용에 대하여 비밀이 완전히 보장되고 어떠한 제한, 영향, 압력 또는 부당한 간섭 없이 자유롭게 대화할 수 있는 접견'을 제한할 수 없다는 것이지, 변호인과의 접견 자체에 대해 아무런 제한도 가할 수 없다는 것을 의미하는 것이 아니므로 미결수용자의 변호인 접견권 역시 국가안전보장·질서유지 또는 공공복리를 위해 필요한 경우에는 법률로써 제한될 수 있음은 당연하다 (헌재 2011.05.26. 2009헌마341).

정답 O

3. 비변호인과의 접견교통권
4. 접견교통권의 침해에 대한 구제

Ⅴ 체포·구속적부심사제도

1. 체포·구속적부심사제도의 의의
2. 비교법적 고찰
3. 체포·구속적부심사제도의 내용
(1) 심사의 청구

19년(1) 모의

138. 수사기관이 청구인들을 각 체포한 후 청구인들 모두를 체포의 법정 시한인 48시간 가까이 계속 구금하다가 체포시한 종료가 임박한 시점에 이르러서야 석방한 경우, 체포적부심사를 거치지 않고 곧바로 헌법소원을 청구할 수 있다.

> 해설 헌법재판소법 제68조 제1항에 의하면, 공권력의 행사 또는 불행사로 인하여 헌법상 보장된 기본권을 침해받은 자는 헌법소원심판을 청구할 수 있으나, 다른 법률에 구제절차가 있는 경우에는 그 절차를 모두 거친 후가 아니면 이를 청구할 수 없다. 우리 헌법 제12조 제6항은, "누구든지 체포……를 당한 때에는 적부의 심사를 법원에 청구할 권리를 가진다."고 명시하고 있고, 이에 따라 형사소송법 제214조의2 제1항은 "체포……된 피의자 또는 그 변호인, 법정대리인, 배우자, 직계친족, 형제자매나 가족, 동거인 또는 고용주는 관할법원에 체포……의 적부심사를 청구할 수 있다."고 규정함으로써, 부당한 체포에 대한 구제절차로서 체포적부심사를 규정하고 있다. 이와 같이, 체포에 대하여는 헌법과 형사소송법이 정한 체포적부심사라는 구제절차가 존재함에도 불구하고, 청구인들은 위 체포적부심사 절차를 거치지 않고 이 사건 헌법소원심판을 청구하였으므로, 이 사건 심판청구는 법률이 정한 구제절차를 거치지 않고 제기된 것으로서 보충성의 원칙에 반하여 부적법하다(헌재 2010.09.30. 2008헌마628).

정답

14년(2) 모의

139. 구속이 적법하게 이루어졌으나 그 이후에 피해자와 합의한 피의자는 구속적부심사를 청구할 수 있다.

해설 적부심사의 청구사유는 체포 또는 구속의 적부이다. 여기서 체포 또는 구속의 적부란 체포 또는 구속의 불법뿐만 아니라 부당 즉 구속계속의 필요성에 대한 판단을 포함한다. 체포영장 또는 구속영장의 발부가 위법하지 않은 경우라 할지라도 구속계속의 필요성이 인정되지 않는 경우의 구속계속에 대하여도 적부심사를 청구할 수 있다. 구속계속의 필요성은 피해변상·합의 또는 고소취소와 같은 사정변경이 있는 경우에 주로 문제되는 것이지만, 반드시 구속 후의 사정변경을 요건으로 하는 것은 아니다.

 정답 ○

 13년·18년·22년·23년 변시, 12년(3)·17년(1)·18년(1)·(3)·20년(3)·22년(3)·23년(3) 모의

140.
(1) 피고인은 구속적부심사를 청구할 수 없다.
(2) 피의자를 구속한 사법경찰관은 구속된 피의자와 그 변호인 등에게 구속적부심사를 청구할 수 있음을 알려야 한다.
(3) 공범 또는 공동피의자의 구속적부심사 순차청구가 수사방해의 목적임이 명백하다고 하더라도 법원은 피의자에 대한 심문 없이 그 청구를 기각할 수는 없다.
(4) 체포·구속적부심사의 청구를 받은 법원은 청구서가 접수된 때로부터 48시간 이내에 피의자를 심문하고 수사관계서류와 증거물을 조사하여야 한다.
(5) 체포적부심사청구를 받은 법원이 그 청구가 이유 있다고 인정한 때에는 결정으로 체포된 피의자의 석방을 명하여야 하며, 검사는 이 결정에 대하여 항고하지 못한다.
(6) 구속적부심사청구 후 검사가 피의자를 기소한 경우, 법원은 심문 없이 결정으로 청구를 기각하여야 하며 피고인은 수소법원에 보석을 청구할 수 있다.
(7) 체포적부심사절차에서 보증금 납입을 조건으로 체포된 피의자를 석방할 수 있다.
(8) 법원은 구속적부심사에서 구속된 피의자가 죄증을 인멸할 염려가 있다고 믿을만한 충분한 이유가 있는 때에는 보증금납입조건부 피의자석방결정을 할 수 없다.
(9) 검사는 구속적부심문기일에 출석하여 의견을 진술할 수 없다.
(10) 체포적부심사를 청구한 피의자에게 변호인이 없는 때에는 지체 없이 국선변호인을 선정해야 하나, 심문 없이 적부심사청구에 대해 기각 결정을 하는 경우에는 그러하지 아니하다.
(11) 구속영장을 발부한 법관은 구속적부심사에 관여하지 못하지만, 구속영장을 발부한 법관 외에는 구속적부심사를 할 판사가 없는 경우에는 그러하지 아니하다.
(12) 구속적부심사를 청구한 피의자에 대하여 검사가 공소를 제기한 경우에도 법원이 적부심사를 행하여 청구의 이유 유무에 따라 청구기각결정이나 석방결정을 하여야 한다.

해설 형사소송법 제214조의2 참조.

> 형사소송법 제214조의2(체포와 구속의 적부심사) ① (1)체포 또는 구속된 피의자 또는 그 변호인, 법정대리인, 배우자, 직계친족, 형제자매나 가족, 동거인 또는 고용주는 관할법원에 체포 또는 구속의 적부심사를 청구할 수 있다.
> ② (2)피의자를 체포 또는 구속한 검사 또는 사법경찰관은 체포 또는 구속된 피의자와 제1항에 규정된 자 중에서 피의자가 지정하는 자에게 제1항에 따른 적부심사를 청구할 수 있음을 알려야 한다.
> ③ (3)법원은 제1항에 따른 청구가 다음 각 호의 어느 하나에 해당하는 때에는 제4항에 따른 심문 없이 결정으로 청구를 기각할 수 있다.
>   1. 청구권자 아닌 자가 청구하거나 동일한 체포영장 또는 구속영장의 발부에 대하여 재청구한 때
>   2. 공범 또는 공동피의자의 순차청구가 수사방해의 목적임이 명백한 때
> ④ (4)제1항의 청구를 받은 법원은 청구서가 접수된 때부터 48시간 이내에 체포 또는 구속된 피의자를 심문하고 수사관계서류와 증거물을 조사하여 (5)그 청구가 이유없다고 인정한 때에는 결정으로 이를 기각하고, 이유있다고 인정한 때에는 결정으로 체포 또는 구속된 피의자의 석방을 명하여야 한다. (6)심사청구 후 피의자에 대하여 공소제기가 있는 경우에도 또한 같다.
> ⑤ (7)법원은 구속된 피의자(심사청구후 공소제기된 자를 포함한다)(편저자 주 : '체포된 피의자'는 포함되지 않음)에 대하여 피의자의 출석을 보증할 만한 보증금의 납입을 조건으로 하여 결정으로 제4항의 석방을 명할 수 있다. (8)다만, 다음 각 호에 해당하는 경우에는 그러하지 아니하다.
>   1. 죄증을 인멸할 염려가 있다고 믿을만한 충분한 이유가 있는 때
>   2. 피해자, 당해 사건의 재판에 필요한 사실을 알고 있다고 인정되는 자 또는 그 친족의 생명·신체나 재산에 해를 가하거나 가할 염려가 있다고 믿을만한 충분한 이유가 있는 때
> ⑥ 제5항의 석방결정을 하는 경우에 주거의 제한, 법원 또는 검사가 지정하는 일시·장소에 출석할 의무 기타 적당한 조건을 부가할 수 있다.
> ⑦ 제99조 및 100조는 제5항에 따라 보증금의 납입을 조건으로 하는 석방을 하는 경우에 준용한다.
> ⑧ (5)제3항과 제4항의 결정에 대하여는 항고하지 못한다.
> ⑨ (9)검사·변호인·청구인은 제4항의 심문기일에 출석하여 의견을 진술할 수 있다.
> ⑩ (10)체포 또는 구속된 피의자에게 변호인이 없는 때에는 제33조의 규정을 준용한다(편저자 주 : 이는 심문 없이 청구를 기각하는 경우에도 마찬가지임).
> ⑪ 법원은 제4항의 심문을 하는 경우 공범의 분리심문이나 그 밖에 수사상의 비밀보호를 위한 적절한 조치를 취하여야 한다.
> ⑫ (11)체포영장 또는 구속영장을 발부한 법관은 제4항부터 제6항까지의 심문·조사·결정에 관여하지 못한다. 다만, 체포영장 또는 구속영장을 발부한 법관 외에는 심문·조사·결정을 할 판사가 없는 경우에는 그러하지 아니하다.
> ⑬ 법원이 수사 관계 서류와 증거물을 접수한 때부터 결정 후 검찰청에 반환된 때까지의 기간은 제200조의2 제5항(제213조의2에 따라 준용되는 경우를 포함한다) 및 제200조의4제1항의 적용에 있어서는 그 제한기간에 산입하지 아니하고, 제202조·제203조 및 제205조의 적용에 있어서는 그 구속기간에 산입하지 아니한다.
> ⑭ 제201조의2제6항은 제4항에 따라 피의자를 심문하는 경우에 준용한다.

정답 ○, ○, ×, ○, ○, ×, ×, ○, ×, ×, ○, ○

23년 변시

141. 체포영장에 의해 체포된 피의자뿐만 아니라 체포영장에 의하지 아니하고 긴급체포된 피의자도 체포적부심사의 청구권자에 해당한다.

해설 헌법 제12조 제6항은 누구든지 체포 또는 구속을 당한 때에는 적부의 심사를 법원에 청구할 권리를 가진다고 규정하고 있고, 형사소송법 제214조의2 제1항은 체포영장 또는 구속영장에 의하여 체포 또는 구속된 피의자 등이 체포 또는 구속의 적부심사를 청구할 수 있다고 규정하고 있는바, 형사소송법의 위 규정이 체포영장에 의하지 아니하고 체포된 피의자의 적부심사청구권을 제한한 취지라고 볼 것은 아니므로 긴급체포 등 체포영장에 의하지 아니하고 체포된 피의자의 경우에도 헌법과 형사소송법의 위 규정에 따라 그 적부심사를 청구할 권리를 가진다(대판 1997.08.27.자 97모21).

정답

(2) 법원의 심사

⏱ 12년·15년·17년·18년·21년 변시, 13년(3)·18년(1)·(2) 모의

142. 구속적부심사를 청구한 피의자에게 변호인이 없는 때에는 지방법원판사는 직권으로 변호인을 선정하여야 하고, 이 경우 변호인의 선정은 피의자에 대한 구속영장 청구가 기각되어 효력이 소멸한 경우를 제외하고는 제1심까지 효력이 있다.

해설 형사소송규칙 제16조 및 형사소송법 제201조의2 제8항 참조. ▶ 형사소송법 제201조의2 제8항은 구속 전 피의자심문에 대한 규정이나 형사소송규칙 제16조 제1항에 공소제기 전의 국선변호인 선정사유로 구속적부심사의 경우와 동일하게 규정하고 있으므로 구속적부심사에서의 국선변호인 선정의 효력도 동일하다고 보는 것이 타당하다.

> 형사소송규칙 제16조(공소가 제기되기 전의 국선변호인 선정) ① 법 제201조의2에 따라 심문할 피의자에게 변호인이 없거나 법 제214조의2에 따라 체포 또는 구속의 적부심사가 청구된 피의자에게 변호인이 없는 때에는 법원 또는 지방법원 판사는 지체 없이 국선변호인을 선정하고, 피의자와 변호인에게 그 뜻을 고지하여야 한다.
> 형사소송법 제201조의2(구속영장 청구와 피의자 심문) ⑧ 심문할 피의자에게 변호인이 없는 때에는 지방법원판사는 직권으로 변호인을 선정하여야 한다. 이 경우 변호인의 선정은 피의자에 대한 구속영장 청구가 기각되어 효력이 소멸한 경우를 제외하고는 제1심까지 효력이 있다.

정답

12년(3) 모의

143. 구속적부심사의 청구를 받은 법원은 피의자에 대한 심문이 종료된 때부터 24시간 이내에 청구에 대한 결정을 하여야 한다.

해설 형사소송규칙 제106조 참조.

> 형사소송규칙 제106조(결정의 기한) 체포 또는 구속의 적부심사청구에 대한 결정은 체포 또는 구속된 피의자에 대한 심문이 종료된 때로부터 24시간 이내에 이를 하여야 한다.

정답

(3) 석방의 결정

144. 법원의 석방 결정은 결정서의 등본이 검찰청에 송달된 때에 효력을 발생한다.

> **해설** 석방결정은 재판의 선고 또는 고지 이외의 기타의 경우에 해당하므로 결정의 효력은 그 결정서의 등본이 검찰청에 송달된 때에 발생한다(형사소송법 제42조 참조).
>
> 형사소송법 제42조(재판의 선고, 고지의 방식) 재판의 선고 또는 고지는 공판정에서는 재판서에 의하여야 하고 기타의 경우에는 재판서등본의 송달 또는 다른 적당한 방법으로 하여야 한다. 단, 법률에 다른 규정이 있는 때에는 예외로 한다.

정답 ○

(4) 재체포·재구속의 제한

145. (1) 체포 또는 구속적부심에서 법원의 석방 결정에 의하여 석방된 피의자는 새로운 증거를 발견한 경우를 제외하고는 동일한 범죄사실에 대하여 재차 구속하지 못한다.

(2) 체포·구속적부심사결정에 의하여 석방된 피의자가 도망하거나 죄증을 인멸하는 경우를 제외하고는 동일한 범죄사실에 관하여 재차 체포 또는 구속하지 못한다.

> **해설** 체포 또는 구속적부심사결정에 의하여 석방된 피의자가 도망하거나 죄증을 인멸하는 경우를 제외하고는 동일한 범죄사실에 관하여 재차 체포 또는 구속하지 못한다(제214조의3). 재구속의 제한(제208조 제1항)과 혼동하지 말아야 한다.
>
> 형사소송법 제214조의3(재체포 및 재구속의 제한) ① 제214조의2 제4항의 규정에 의한 체포 또는 구속적부심사결정에 의하여 석방된 피의자가 도망하거나 죄증을 인멸하는 경우를 제외하고는 동일한 범죄사실에 관하여 재차 체포 또는 구속하지 못한다.
>
> 형사소송법 제208조(재구속의 제한) ① 검사 또는 사법경찰관에 의하여 구속되었다가 석방된 자는 다른 중요한 증거를 발견한 경우를 제외하고는 동일한 범죄사실에 관하여 재차 구속하지 못한다.

정답 ×, ○

(5) 보증금납입조건부 피의자석방

146. 긴급체포된 피의자가 체포적부심사를 청구하였는데 체포 자체는 상당하지만 피의자에게 증거인멸의 염려 내지 피해자 등에 대한 가해 염려가 있다고 믿을만한 충분한 이유가 없는 경우, 법원은 출석을 보증할 만한 보증금의 납입을 조건으로 하여 피의자의 석방을 명할 수 있다.

해설 형사소송법은 수사단계에서의 체포와 구속을 명백히 구별하고 있고 이에 따라 체포와 구속의 적부심사를 규정한 같은 법 제214조의2에서 체포와 구속을 서로 구별되는 개념으로 사용하고 있는 바, 같은 조 제4항(개정법상 제5항)에 기소 전 보증금 납입을 조건으로 한 석방의 대상자가 '구속된 피의자'라고 명시되어 있고, 같은 법 제214조의3 제2항의 취지를 체포된 피의자에 대하여도 보증금 납입을 조건으로 한 석방이 허용되어야 한다는 근거로 보기는 어렵다 할 것이어서 현행법상 체포된 피의자에 대하여는 보증금 납입을 조건으로 한 석방이 허용되지 않는다(대결 1997.08.27. 97모21).

정답

 23년 변시

147. 구속된 피의자로부터 구속적부심사의 청구를 받은 법원이 보증금납입조건부 피의자석방결정을 내린 경우 보증금이 납입된 후에야 피의자를 석방할 수 있다.

해설 형사소송법 제214조의2, 제100조 , 제98조 참조

> 형사소송법 제214조의2(체포와 구속의 적부심사)
> ⑦ 제5항에 따라 보증금 납입을 조건으로 석방을 하는 경우에는 제99조와 제100조를 준용한다
> 형사소송법 제100조(보석집행의 절차)
> ① 제98조제1호·제2호·제5호·제7호 및 제8호의 조건은 이를 이행한 후가 아니면 보석허가결정을 집행하지 못하며, 법원은 필요하다고 인정하는 때에는 다른 조건에 관하여도 그 이행 이후 보석허가결정을 집행하도록 정할 수 있다.
> 제98조(보석의 조건)
> 7. 법원이 지정하는 방법으로 피해자의 권리 회복에 필요한 금전을 공탁하거나 그에 상당하는 담보를 제공할 것

정답 ○

148. 보석보증금몰수결정은 반드시 보석취소결정과 동시에 하여야만 하는 것이 아니라 보석취소결정 후에 별도로 할 수도 있다.

해설 형사소송법 제102조 제2항은 "보석을 취소할 때에는 결정으로 보증금의 전부 또는 일부를 몰수할 수 있다."라고 규정하고 있는바, 이는 보석취소사유가 있어 보석취소결정을 할 경우에는 보석보증금의 전부 또는 일부를 몰수하는 것도 가능하다는 의미로 해석될 뿐, 문언상 보석보증금의 몰수는 반드시 보석취소와 동시에 결정하여야 한다는 취지라고 단정하기는 어려운 점, 같은 법 제103조에서 보석된 자가 유죄판결 확정 후의 집행을 위한 소환에 불응하거나 도망한 경우 보증금을 몰수하도록 규정하고 있어 보석보증금은 형벌의 집행 단계에서의 신체 확보까지 담보하고 있으므로, 보석보증금의 기능은 유죄의 판결이 확정될 때까지의 신체 확보도 담보하는 취지로 봄이 상당한 점, 보석취소결정은 그 성질상 신속을 요하는 경우가 대부분임에 반하여, 보증금몰수결정에 있어서는 그 몰수의 요부(보석조건위반 등 귀책사유의 유무) 및 몰수 금액의 범위 등에 관하여 신중히 검토하여야 할 필요성도 있는 점 등을 아울러 고려하여 보면, 보석보증금을 몰수하려면 반드시 보석취소와 동시에 하여야

만 가능한 것이 아니라 보석취소 후에 별도로 보증금몰수결정을 할 수도 있다. 그리고 형사소송법 제104조가 구속 또는 보석을 취소하거나 구속영장의 효력이 소멸된 때에는 몰수하지 아니한 보증금을 청구한 날로부터 7일 이내에 환부하도록 규정되어 있다고 하여도, 이 규정의 해석상 보석취소 후에 보증금몰수를 하는 것이 불가능하게 되는 것도 아니다(대결 2001.05.29. 2000모22(전합)).

정답 O

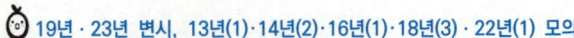 19년 · 23년 변시, 13년(1) · 14년(2) · 16년(1) · 18년(3) · 22년(1) 모의

149. 법원이 구속된 피의자에 대하여 피의자의 출석을 보증할 만한 보증금납입을 조건으로 석방결정을 한 때에는 「형사소송법」 제402조에 따른 항고를 할 수 없다.

해설 형사소송법 제402조의 규정에 의하면, 법원의 결정에 대하여 불복이 있으면 항고를 할 수 있으나 다만 같은 법에 특별한 규정이 있는 경우에는 예외로 하도록 되어 있는바, 체포 또는 구속적부심사절차에서의 법원의 결정에 대한 항고의 허용 여부에 관하여 같은 법 제214조의2 제8항은 제3항과 제4항의 기각결정 및 석방결정에 대하여 항고하지 못하는 것으로 규정하고 있을 뿐이고 제5항에 의한 석방결정에 대하여 항고하지 못한다는 규정은 없을 뿐만 아니라, 같은 법 제214조의2 제4항의 석방결정은 체포 또는 구속이 불법이거나 이를 계속할 사유가 없는 등 부적법한 경우에 피의자의 석방을 명하는 것임에 비하여, 같은 법 제214조의2 제5항의 석방결정은 구속의 적법을 전제로 하면서 그 단서에서 정한 제한사유가 없는 경우에 한하여 출석을 담보할 만한 보증금의 납입을 조건으로 하여 피의자의 석방을 명하는 것이어서 같은 법 제214조의2 제4항의 석방결정과 제5항의 석방결정은 원래 그 실질적인 취지와 내용을 달리 하는 것이고, 또한 기소 후 보석결정에 대하여 항고가 인정되는 점에 비추어 그 보석결정과 성질 및 내용이 유사한 기소 전 보증금 납입 조건부 석방결정에 대하여도 항고할 수 있도록 하는 것이 균형에 맞는 측면도 있다 할 것이므로, 같은 법 제214조의2 제5항의 석방결정에 대하여는 피의자나 검사가 그 취소의 실익이 있는 한 같은 법 제402조에 의하여 항고할 수 있다(대결 1997.08.27. 97모21). ▶ 판례에 따르면 피의자보석결정은 판결 전 소송절차에 관한 결정이지만 항고가 허용된다.

정답 ×

18년(3) 모의

150. 피의자가 보증금납입조건부 석방을 허가받기 위해서는 구속적부심사를 청구해야 한다.

해설 보증금납입조건부 석방결정제도는 피고인에 대한 보석제도와 유사하나 피의자 등은 석방결정을 받기 위해서 구속적부심사청구를 해야한다(임동규, 형사소송법 제13판, p.221).

정답 O

13년(1) 모의

151. 피의자에게는 보증금납입조건부 석방청구권이 인정되지 않는다.

> 해설 보증금납입조건부 피의자석방제도란 피의자에 대하여 보증금납입을 조건으로 구속의 집행을 정지하는 제도를 말한다. 보증금납입조건부 피의자석방제도는 보석제도를 피의자까지 확대한 것이라 할 수 있다. 다만, 형사소송법은 보석을 피의자에게 준용하는 대신에 구속적부심사와 결합하여 보증금납입조건부 피의자석방제도를 신설하였다. 보증금납입조건부 피의자석방제도는 ① 구속적부심사의 청구가 있을 때에만 허용되며, ② 법원의 직권에 의하여 적당한 조건을 부가하여 석방을 명할 수 있을 뿐인 직권보석·재량보석이며, ③ 피의자에게 보석청구권이 인정되는 것은 아니라는 점에 특색이 있다.
>
> 형사소송법 제214조의2(체포와 구속의 적부심사) ⑤ 법원은 구속된 피의자(심사청구 후 공소제기 된 자를 포함한다)에 대하여 피의자의 출석을 보증할 만한 보증금의 납입을 조건으로 하여 결정으로 제4항의 석방을 명할 수 있다. 다만, 다음 각 호에 해당하는 경우에는 그러하지 아니하다.
>   1. 죄증을 인멸할 염려가 있다고 믿을만한 충분한 이유가 있는 때
>   2. 피해자, 당해 사건의 재판에 필요한 사실을 알고 있다고 인정되는 자 또는 그 친족의 생명·신체나 재산에 해를 가하거나 가할 염려가 있다고 믿을만한 충분한 이유가 있는 때
> ⑥ 제5항의 석방결정을 하는 경우에 주거의 제한, 법원 또는 검사가 지정하는 일시·장소에 출석할 의무 기타 적당한 조건을 부가할 수 있다.

4. 체포·구속적부심사제도의 개선

Ⅵ 보 석

1. 보석의 의의

13년 변시

152. 보석은 유효한 구속영장을 전제로 구속의 집행을 정지시키는 것에 불과하다.

> 해설 보석은 구속의 집행만을 정지하는 제도인데 보석이 취소된 때에는 정지되어 있던 구속영장의 효력이 당연히 부활된다는 점에서 구속영장을 전면적으로 실효시키는 구속취소와 구별된다.

2. 보석의 종류
3. 보석의 절차
(1) 보석의 청구

19년(3) 모의

153. 피고인이 집행유예 기간 중에 재차 동일한 범죄를 저질러 집행유예가 취소되고 구속되어 있는 상태에서 보석을 청구한 경우, 법원은 피고인에 대하여 보석을 허가할 수 없다.

::해설:: 집행유예가 취소되고 구속되어 있는 상태에서 보석을 청구하는 경우에도 법원은 피고인에 대하여 보석을 허가할 수 있다.

::판례:: 피고인이 집행유예의 기간 중에 있어 집행유예의 결격자라고 하여 보석을 허가할 수 없는 것은 아니고 형사소송법 제95조는 그 제1 내지 5호 이외의 경우에는 필요적으로 보석을 허가하여야 한다는 것이지 여기에 해당하는 경우에는 보석을 허가하지 아니할 것을 규정한 것이 아니므로 집행유예기간중에 있는 피고인의 보석을 허가한 것이 누범과 상습범에 대하여는 보석을 허가하지 아니할 수 있다는 형사소송법 제95조 제2호의 취지에 위배되어 위법하다고 할 수 없다(대결 1990.04.18. 90모22).

정답 ×

(2) 법원의 심리
(3) 법원의 결정
(4) 보석조건의 결정
(5) 보석의 집행

4. 보석의 취소·실효

19년(3) 모의

154. 구속영장의 효력이 소멸한 때에는 주거제한 등의 보석조건은 즉시 그 효력을 상실한다.

::해설:: 형사소송법 제104조의2 제1항 참조.

형사소송법 제104조의2 (보석조건의 효력상실 등) ① 구속영장의 효력이 소멸한 때에는 보석조건은 즉시 그 효력을 상실한다.

정답 ○

5. 보증금의 몰취와 환부
6. 보석허가결정에 대한 항고

 16년 변시

155. 보석을 허가하거나 구속을 취소하는 법원의 결정에 대하여 검사는 즉시항고를 할 수 있다.

::해설:: 구속을 취소하는 결정에 대하여 검사는 즉시항고를 할 수 있으나, 보석을 허가하는 결정에 대하여는 검사는 보통항고를 할 수 있을 뿐 즉시항고를 할 수 없다.

형사소송법 제97조(보석, 구속의 취소와 검사의 의견) ④ 구속을 취소하는 결정에 대하여는 검사는 즉시항고를 할 수 있다.
형사소송법 제403조(판결 전의 결정에 대한 항고) ① 법원의 관할 또는 판결 전의 소송절차에 관한 결정에 대하여는 특히 즉시항고를 할 수 있는 경우 외에는 항고하지 못한다.

② 전항의 규정은 구금, 보석, 압수나 압수물의 환부에 관한 결정 또는 감정하기 위한 피고인의 유치에 관한 결정에 적용하지 아니한다.

정답

(5) 보석의 집행

7. 보석의 취소·실효와 보증금의 몰취·환부
8. 보석제도의 개선

Ⅶ 구속의 집행정지와 실효

1. 구속의 집행정지

18년(1) 모의

156. 법원은 상당한 이유가 있는 경우 결정으로 구속의 집행을 정지할 수 있으며, 구속집행 정지결정을 할 때에는 급속을 요하는 경우를 제외하고 검사의 의견을 물어야 한다.

해설 형사소송법 제101조 제1항, 제2항 참조.

형사소송법 제101조(구속의 집행정지) ① 위 법원은 상당한 이유가 있는 때에는 결정으로 구속된 피고인을 친족·보호단체 기타 적당한 자에게 부탁하거나 피고인의 주거를 제한하여 구속의 집행을 정지할 수 있다.
② 전항의 결정을 함에는 검사의 의견을 물어야 한다. 단, 급속을 요하는 경우에는 그러하지 아니하다.

정답

13년(3)·19년(1) 모의

157. 상소기간 중 구속의 집행정지에 대한 결정은 소송기록이 원심법원에 있는 때에는 원심법원이 하여야 한다.

해설 상소기간 중 또는 상소중의 사건에 관하여 구속기간의 갱신, 구속의 취소, 보석, 구속의 집행정지와 그 정지의 취소에 대한 결정은 소송기록이 원심법원에 있는 때에는 원심법원이 하여야 한다(형사소송법 제105조).

형사소송법 제105조(상소와 구속에 관한 결정) 상소기간 중 또는 상소 중의 사건에 관하여 구속기간의 갱신, 구속의 취소, 보석, 구속의 집행정지와 그 정지의 취소에 대한 결정은 소송기록이 원심법원에 있는 때에는 원심법원이 하여야 한다.

정답

2. 구속의 실효

(1) 구속의 취소

18년(1) 모의

158. 구속의 사유가 없거나 소멸된 때에는 법원은 직권 또는 검사·피고인·변호인과 변호인 선임권자의 청구에 의하여 결정으로 구속을 취소하여야 한다.

▶해설 형사소송법 제93조 참조.

> 형사소송법 제93조(구속의 취소) 구속의 사유가 없거나 소멸된 때에는 법원은 직권 또는 검사, 피고인, 변호인과 제30조제2항에 규정한 자의 청구에 의하여 결정으로 구속을 취소하여야 한다.

정답

18년(1) 모의

159. 이미 구속영장이 실효된 경우라도 피고인이 계속 구금되어 있는 때에는 구속의 취소결정을 할 수 있다.

▶해설 형사소송법 제93조에 의한 구속의 취소는 구속영장에 의하여 구속된 피고인에 대하여 구속의 사유가 없거나 소멸된 때에 법원이 직권 또는 피고인 등의 청구에 의하여 결정으로 구속을 취소하는 것으로서, 그 결정에 의하여 구속영장이 실효되므로, 구속영장의 효력이 존속하고 있음을 전제로 하는 것이고, 다른 사유로 이미 구속영장이 실효된 경우에는 피고인이 계속 구금되어 있더라도 위 규정에 의한 구속의 취소 결정을 할 수 없다(대결 1999.09.07 99초355).

정답

(2) 구속의 당연실효

12년 변시, 17년(1)·18년(1)·19년(3) 모의

160. (1) 구속기간이 만료되었거나 무죄, 면소, 형의 면제·선고유예·집행유예, 공소기각, 벌금 또는 과료를 과하는 판결이 선고된 때에는 구속영장의 효력이 상실된다.

(2) 법원이 구속 피고인에 대하여 집행유예의 판결을 선고하는 경우 구속영장의 효력이 소멸하므로 판결의 확정 전이라도 피고인을 석방하여야 한다.

▶해설 (1)무죄, 면소, 형의 면제, 형의 선고유예, 형의 집행유예, 공소기각 또는 벌금이나 과료를 과하는 판결이 선고된 때에는 구속영장은 효력을 잃는다(형사소송법 제331조). (2)이 경우 판결 선고와 동시에 구속영장이 실효되므로 판결의 확정을 기다릴 필요 없이 검사는 즉시 피고인의 석방을 지휘하여야 한다.

> 형사소송법 제331조(무죄등 선고와 구속영장의 효력) 무죄, 면소, 형의 면제, 형의 선고유예, 형의 집행유예, 공소기각 또는 벌금이나 과료를 과하는 판결이 선고된 때에는 구속영장은 효력을 잃는다.

정답

18년(1) 모의

161. 사형 또는 자유형의 판결이 확정되면 그날로부터 형의 집행이 시작되므로 구속영장은 그 효력이 상실된다.

해설 형법 제84조 제1항은 형기는 판결이 확정된 날로부터 기산한다고 규정하므로 사형 또는 자유형의 판결이 확정되면 구속영장의 효력은 상실되고 판결이 확정된 날로부터 형의 집행이 시작된다.

형법 제84조(형기의 기산) ① 형기는 판결이 확정된 날로부터 기산한다.

정답

제2절 압수·수색·검증

I 대물적 강제처분

II 압수와 수색

1. 압수와 수색의 의의
2. 압수와 수색의 목적물

 22년 변시

162. 압수·수색영장에 기재된 혐의사실과의 객관적 관련성은 압수·수색영장에 기재된 혐의사실 자체 또는 그와 기본적 사실관계가 동일한 범행과 직접 관련되어 있는 경우는 물론 범행 동기와 경위 등을 증명하기 위한 간접증거나 정황증거 등으로 사용될 수 있는 경우에도 인정될 수 있다.

해설 형사소송법 제215조 제1항은 "검사는 범죄수사에 필요한 때에는 피의자가 죄를 범하였다고 의심할 만한 정황이 있고 해당 사건과 관계가 있다고 인정할 수 있는 것에 한정하여 지방법원판사에게 청구하여 발부받은 영장에 의하여 압수, 수색 또는 검증을 할 수 있다."라고 정하고 있다. 따라서 영장 발부의 사유로 된 범죄 혐의사실과 무관한 별개의 증거를 압수하였을 경우 이는 원칙적으로 유죄 인정의 증거로 사용할 수 없다. 그러나 압수·수색의 목적이 된 범죄나 이와 관련된 범죄의 경우에는 그 압수·수색의 결과를 유죄의 증거로 사용할 수 있다. 압수·수색영장의 범죄 혐의사실과 관계있는 범죄라는 것은 압수·수색영장에 기재한 혐의사실과 객관적 관련성이 있고 압수·수색영장 대상자와 피의자 사이에 인적 관련성이 있는 범죄를 의미한다. 그중 혐의사실과의 객관적 관련성은 압수·수색영장에 기재된 혐의사실 자체 또는 그와 기본적 사실관계가 동일한 범행과 직접 관련되어 있는 경우는 물론 범행 동기와 경위, 범행 수단과 방법, 범행 시간과 장소 등을 증명하기 위한 간접증거나 정황증거 등으로 사용될 수 있는 경우에도 인정될 수 있다(대판 2017.12.05. 2017도13458).

정답

22년(1) 모의

163. 압수·수색영장에 기재된 대상자와 피의자 사이의 인적 관련성은 피의자가 대상자의 공동정범이나 교사범 등 공범이나 간접정범은 물론 필요적 공범 등인 경우에도 인정될 수 있다.

> 해설 영장 발부의 사유로 된 범죄 혐의사실과 무관한 별개의 증거를 압수하였을 경우 이는 원칙적으로 유죄 인정의 증거로 사용할 수 없다. 그러나 압수·수색의 목적이 된 범죄나 이와 관련된 범죄의 경우에는 그 압수·수색의 결과를 유죄의 증거로 사용할 수 있다. 압수·수색영장의 범죄 혐의사실과 관계있는 범죄라는 것은 압수·수색영장에 기재한 혐의사실과 객관적 관련성이 있고 압수·수색영장 대상자와 피의자 사이에 인적 관련성이 있는 범죄를 의미한다. 그중 혐의사실과의 객관적 관련성은 압수·수색영장에 기재된 혐의사실 자체 또는 그와 기본적 사실관계가 동일한 범행과 직접 관련되어 있는 경우는 물론 범행 동기와 경위, 범행 수단과 방법, 범행 시간과 장소 등을 증명하기 위한 간접증거나 정황증거 등으로 사용될 수 있는 경우에도 인정될 수 있다. 그 관련성은 압수·수색영장에 기재된 혐의사실의 내용과 수사의 대상, 수사 경위 등을 종합하여 구체적·개별적 연관관계가 있는 경우에만 인정되고, 혐의사실과 단순히 동종 또는 유사 범행이라는 사유만으로 관련성이 있다고 할 것은 아니다. 그리고 피의자와 사이의 인적 관련성은 압수·수색영장에 기재된 대상자의 공동정범이나 교사범 등 공범이나 간접정범은 물론 필요적 공범 등에 대한 피고사건에 대해서도 인정될 수 있다(대판 2017.12.05. 2017도13458).

정답

21년(2) 모의

164. 헌법상 출판에 대한 사전검열이 금지되므로 출판물의 내용이 형벌법규에 위반하여 범죄를 구성하는 경우라도 출판 직전에 그 출판물을 증거물이나 몰수할 물건으로 압수할 수 없다.

> 해설 출판에 대한 사전검열이 헌법상 금지된 것으로서 어떤 이유로도 행정적인 규제방법으로 사전검열을 하는 것은 허용되지 않으나 출판내용에 형벌법규에 저촉되어 범죄를 구성하는 혐의가 있는 경우에 그 증거물 또는 몰수할 물건으로서 압수하는 것은 재판절차라는 사법적 규제와 관련된 것이어서 행정적인 규제로서의 사전검열과 같이 볼 수 없고, 다만 출판 직전에 그 내용을 문제삼아 출판물을 압수하는 것은 실질적으로 출판의 사전검열과 같은 효과를 가져올 수도 있는 것이므로 범죄혐의와 강제수사의 요건을 엄격히 해석하여야 할 것이다(대결 1991.02.26. 91모1).

정답

21년(1) 모의

165. 甲은 지하철 역사 내에서 휴대폰으로 옆에 서 있는 A(30세, 여)의 치마 아래로 드러난 허벅지 부위를 몰래 촬영하였다. 甲의 행동을 수상하게 생각하여 甲을 주시하고 있던 사법경찰관 P는 甲을 현행범으로 체포하면서 현장에서 임의제출 방식으로 甲의 휴대폰을 압수하였다. P는 甲의 휴대폰을 조사하는 과정에서 甲이 이전에 자신의 노트북 컴퓨터를 이용하여 B(20세, 여)와 화상채팅을 하던 중 B가 스스로 가슴 등을 만지는 장면을 화상카메라에 비추자 甲이 자신의 노트북 컴퓨터 화면을 휴대폰으로 촬영하여 저장해 놓은 사진을 발견하였다. 甲은 A, B에 대하여 각각 「성폭력범죄의 처벌 등에 관한 특례법」 제14조(카메라 등을 이용한 촬영) 위반죄로 기소되었는데, A에 대한 범죄의 유죄입증을 위한 증거로 P가 체포현장에서 임의제출 받은 甲의 휴대폰, 그곳에 저장되어 있는 A의 사진 출력물이 제출되었으며, B에 대한 범죄의 유죄입증을 위한 증거로 위 甲의 휴대폰과 그곳에 저장되어 있는 B의 사진 출력물이 제출되었다. 다음 설명 중 옳은 것은? (다툼이 있는 경우 판례에 의함)

만약 P가 임의제출의 형식에 의하지 아니하고 A에 대한 범죄혐의로 압수·수색영장을 발부받아 적법하게 甲의 휴대폰을 압수하였다면, 甲의 A에 대한 촬영행위와 B에 대한 촬영행위는 동종 또는 유사 범행에 해당하므로 甲의 B에 대한 범죄는 압수·수색영장에 기재한 혐의사실과 객관적 관련성이 있는 범죄에 해당한다.

해설 형사소송법 제215조 제1항은 "검사는 범죄수사에 필요한 때에는 피의자가 죄를 범하였다고 의심할 만한 정황이 있고 해당 사건과 관계가 있다고 인정할 수 있는 것에 한정하여 지방법원판사에게 청구하여 발부받은 영장에 의하여 압수, 수색 또는 검증을 할 수 있다."라고 정하고 있다. 따라서 영장 발부의 사유로 된 범죄 혐의사실과 무관한 별개의 증거를 압수하였을 경우 이는 원칙적으로 유죄 인정의 증거로 사용할 수 없다. 그러나 압수·수색의 목적이 된 범죄나 이와 관련된 범죄의 경우에는 그 압수·수색의 결과를 유죄의 증거로 사용할 수 있다. 압수·수색영장의 범죄 혐의사실과 관계있는 범죄라는 것은 압수·수색영장에 기재한 혐의사실과 객관적 관련성이 있고 압수·수색영장 대상자와 피의자 사이에 인적 관련성이 있는 범죄를 의미한다. 그중 혐의사실과의 객관적 관련성은 압수·수색영장에 기재된 혐의사실 자체 또는 그와 기본적 사실관계가 동일한 범행과 직접 관련되어 있는 경우는 물론 범행 동기와 경위, 범행 수단과 방법, 범행 시간과 장소 등을 증명하기 위한 간접증거나 정황증거 등으로 사용될 수 있는 경우에도 인정될 수 있다. 그 관련성은 압수·수색영장에 기재된 혐의사실의 내용과 수사의 대상, 수사 경위 등을 종합하여 구체적·개별적 연관관계가 있는 경우에만 인정되고, 혐의사실과 단순히 동종 또는 유사 범행이라는 사유만으로 관련성이 있다고 할 것은 아니다. 그리고 피의자와 사이의 인적 관련성은 압수·수색영장에 기재된 대상자의 공동정범이나 교사범 등 공범이나 간접정범은 물론 필요적 공범 등에 대한 피고사건에 대해서도 인정될 수 있다(대판 2017.12.05. 2017도13458).

정답

🕙 21년 변시

166. 법관이 압수·수색영장을 발부하면서 '압수할 물건'을 특정하기 위하여 기재한 문언은 이를 엄격하게 해석하여야 하므로, 압수·수색영장의 범죄사실과 기본적 사실관계가 동일한 범행 또는 동종·유사의 범행과 관련된다고 의심할만한 상당한 이유가 있는 물건까지 압수하였다면 위법한 압수에 해당한다.

해설 헌법과 형사소송법이 구현하고자 하는 적법절차와 영장주의의 정신에 비추어 볼 때, 법관이 압수수색영장을 발부하면서 '압수할 물건'을 특정하기 위하여 기재한 문언은 이를 엄격하게 해석하여야 하고, 함부로 피압수자 등에게 불리한 내용으로 확장 또는 유추해석하는 것은 허용될 수 없다. 그러나 압수의 대상을 압수수색영장의 범죄사실 자체와 직접적으로 연관된 물건에 한정할 것은 아니고, 압수수색영장의 범죄사실과 기본적 사실관계가 동일한 범행 또는 동종·유사의 범행과 관련된다고 의심할 만한 상당한 이유가 있는 범위 내에서는 압수를 실시할 수 있다(대판 2018.10.12. 2018도6252).

정답

🕙 24년 변시, 23년(2)(3) 모의

167. 수사기관이 범죄 혐의사실과 관련 있는 정보를 선별하여 압수한 후에도 그와 관련이 없는 나머지 정보를 삭제·폐기·반환하지 아니한 채 그대로 보관하고 있다면 범죄 혐의사실과 관련이 없는 부분에 대하여는 압수의 대상이 되는 전자정보의 범위를 넘어서는 전자정보를 영장 없이 압수·수색하여 취득한 것이어서 위법하고, 사후에 법원으로부터 압수·수색영장이 발부되었다거나 피고인이나 변호인이 이를 증거로 함에 동의하였다고 하여 그 위법성이 치유된다고 볼 수 없다.

해설 수사기관이 범죄 혐의사실과 관련 있는 정보를 선별하여 압수한 후에도 그와 관련이 없는 나머지 정보를 삭제·폐기·반환하지 아니한 채 그대로 보관하고 있다면 범죄 혐의사실과 관련이 없는 부분에 대하여는 압수의 대상이 되는 전자정보의 범위를 넘어서는 전자정보를 영장 없이 압수·수색하여 취득한 것이어서 위법하고, 사후에 법원으로부터 압수·수색영장이 발부되었다거나 피고인이나 변호인이 이를 증거로 함에 동의하였다고 하여 그 위법성이 치유된다고 볼 수 없다(대법원 2022. 1. 14. 선고 2021모1586 판결).

정답

🕙 22년 변시, 19년(1)·20년(3) 모의

168. (1) 영장 발부의 사유로 된 범죄 혐의사실과 무관한 별개의 증거를 압수하였을 경우 이는 원칙적으로 유죄 인정의 증거로 사용할 수 없으나 압수·수색의 목적이 된 범죄나 이와 관련된 범죄의 경우에는 그 압수·수색의 결과를 유죄의 증거로 사용할 수 있다.

(2) 별건 압수수색에서 예외적으로 허용되는 피의자와의 인적 관련성은 압수·수색영장에 기재된 대상자의 공동정범이나 교사범 등 공범이나 간접정범은 물론 필요적 공범 등에 대한 피의사건에 대해서도 인정될 수 있다.

해설 영장 발부의 사유로 된 범죄 혐의사실과 무관한 별개의 증거를 압수하였을 경우 이는 원칙적으로 유죄 인정의 증거로 사용할 수 없다. 그러나 압수·수색의 목적이 된 범죄나 이와 관련된 범죄의 경우에는 그 압수·수색의 결과를 유죄의 증거로 사용할 수 있다. 압수·수색영장의 범죄 혐의사실과 관계있는 범죄라는 것은 압수·수색영장에 기재한 혐의사실과 객관적 관련성이 있고 압수·수색영장 대상자와 피의자 사이에 인적 관련성이 있는 범죄를 의미한다. 그중 혐의사실과의 객관적 관련성은 압수·수색영장에 기재된 혐의사실 자체 또는 그와 기본적 사실관계가 동일한 범행과 직접 관련되어 있는 경우는 물론 범행 동기와 경위, 범행 수단과 방법, 범행 시간과 장소 등을 증명하기 위한 간접증거나 정황증거 등으로 사용될 수 있는 경우에도 인정될 수 있다. 그 관련성은 압수·수색영장에 기재된 혐의사실의 내용과 수사의 대상, 수사 경위 등을 종합하여 구체적·개별적 연관관계가 있는 경우에만 인정되고, 혐의사실과 단순히 동종 또는 유사 범행이라는 사유만으로 관련성이 있다고 할 것은 아니다. 그리고 피의자와 사이의 인적 관련성은 압수·수색영장에 기재된 대상자의 공동정범이나 교사범 등 공범이나 간접정범은 물론 필요적 공범 등에 대한 피고사건에 대해서도 인정될 수 있다(대판 2017.12.05. 2017도13458).

 ○, ○

13년·14년 변시, 13년(2)·16년(2)·17년(3)·23년(1) 모의

169. 압수·수색영장에서 압수할 물건을 '압수장소에 보관중인 물건'이라고 기재하고 있는 것을 '압수장소에 현존하는 물건'으로 해석하는 것은 적법절차원칙과 영장주의에 반한다.

해설 헌법과 형사소송법이 구현하고자 하는 적법절차와 영장주의의 정신에 비추어 볼 때, 법관이 압수·수색영장을 발부하면서 '압수할 물건'을 특정하기 위하여 기재한 문언은 엄격하게 해석하여야 하고, 함부로 피압수자 등에게 불리한 내용으로 확장 또는 유추 해석하여서는 안 된다. 따라서 압수·수색영장에서 압수할 물건을 '압수장소에 보관중인 물건'이라고 기재하고 있는 것을 '압수장소에 현존하는 물건'으로 해석할 수는 없다(대판 2009.03.12. 2008도763).

 ○

16년(3)·20년(2) 모의

170. (1) 전자정보에 대한 압수·수색영장을 집행할 때에는 원칙적으로 혐의사실과 관련된 부분만을 문서 출력물로 수집하거나 수사기관이 휴대한 저장매체에 해당 파일을 복사하는 방식으로 이루어져야 한다.

(2) 전자정보에 대한 압수·수색영장의 집행에 있어서는 원칙적으로 그 기억된 정보의 범위를 정하여 출력하거나 복제하여 제출받아야 하나, 그 범위를 정하여 출력하거나 또는 복제하는 방법이 불가능한 경우에는 정보저장매체 등을 압수할 수 있다.

해설 전자정보에 대한 압수·수색영장을 집행할 때에는 원칙적으로 영장 발부의 사유인 혐의사실과 관련된 부분만을 문서 출력물로 수집하거나 수사기관이 휴대한 저장매체에 해당 파일을 복사하는 방식으로 이루어져야 하고, 집행현장 사정상 위와 같은 방식에 의한 집행이 불가능하거나 현저히 곤란한 부득이한 사정이 존재하더라도 저장매체 자체를 직접 혹은 하드카피나 이미징 등 형태로 수사

기관 사무실 등 외부로 반출하여 해당 파일을 압수·수색할 수 있도록 영장에 기재되어 있고 실제 그와 같은 사정이 발생한 때에 한하여 위 방법이 예외적으로 허용될 수 있을 뿐이다(대결 2011.05.26. 2009모1190). ▶ 형사소송법 제106조 제3항, 제219조 참조.

> 형사소송법 제106조(압수) ③ 법원은 압수의 목적물이 컴퓨터용디스크, 그 밖에 이와 비슷한 정보저장매체(이하 이 항에서 "정보저장매체등"이라 한다)인 경우에는 기억된 정보의 범위를 정하여 출력하거나 복제하여 제출받아야 한다. 다만, 범위를 정하여 출력 또는 복제하는 방법이 불가능하거나 압수의 목적을 달성하기에 현저히 곤란하다고 인정되는 때에는 정보저장매체등을 압수할 수 있다.
> 형사소송법 제219조(준용규정) 제106조, 제107조, 제109조 내지 제112조, 제114조, 제115조제1항 본문, 제2항, 제118조부터 제132조까지, 제134조, 제135조, 제140조, 제141조, 제333조제2항, 제486조의 규정은 검사 또는 사법경찰관의 본장의 규정에 의한 압수, 수색 또는 검증에 준용한다. 단, 사법경찰관이 제130조, 제132조 및 제134조에 따른 처분을 함에는 검사의 지휘를 받아야 한다.

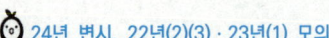

171. 임의제출된 정보저장매체에서 압수의 대상이 되는 전자정보의 범위를 넘어서는 전자정보에 대해 수사기관이 영장 없이 압수·수색하여 취득한 증거는 위법수집증거로서 증거능력이 없고, 설령 사후에 압수·수색영장이 발부되었거나 피고인이나 변호인이 이를 증거로 함에 동의하였더라도 그 위법성이 치유되지 않는다.

해설 임의제출된 정보저장매체에서 압수의 대상이 되는 전자정보의 범위를 초과하여 수사기관이 임의로 전자정보를 탐색·복제·출력하는 것은 원칙적으로 위법한 압수·수색에 해당하므로 허용될 수 없다. 만약 전자정보에 대한 압수·수색이 종료되기 전에 범죄혐의사실과 관련된 전자정보를 적법하게 탐색하는 과정에서 별도의 범죄혐의와 관련된 전자정보를 우연히 발견한 경우라면, 수사기관은 더 이상의 추가 탐색을 중단하고 법원으로부터 별도의 범죄혐의에 대한 압수·수색영장을 발부받은 경우에 한하여 그러한 정보에 대하여도 적법하게 압수·수색을 할 수 있다. 따라서 임의제출된 정보저장매체에서 압수의 대상이 되는 전자정보의 범위를 넘어서는 전자정보에 대해 수사기관이 영장 없이 압수·수색하여 취득한 증거는 위법수집증거에 해당하고, 사후에 법원으로부터 영장이 발부되었다거나 피고인이나 변호인이 이를 증거로 함에 동의하였다고 하여 그 위법성이 치유되는 것도 아니다(대판 2021.11.18. 2016도348(전합)).

22년(2) 모의

172. 수사기관이 제출자의 의사를 쉽게 확인할 수 있음에도 이를 확인하지 않은 채 특정 범죄혐의사실과 관련된 전자정보와 그렇지 않은 전자정보가 혼재된 정보저장매체를 임의제출받은 경우, 그 정보저장매체에 저장된 전자정보 전부가 임의제출되어 압수된 것으로 취급할 수는 없다.

해설 수사기관이 제출자의 의사를 쉽게 확인할 수 있음에도 이를 확인하지 않은 채 특정 범죄혐의사실과 관련된 전자정보와 그렇지 않은 전자정보가 혼재된 정보저장매체를 임의제출받은 경우, 그 정보저장매체에 저장된 전자정보 전부가 임의제출되어 압수된 것으로 취급할 수는 없다(대판 2021.11.18. 2016도348(전합)).

22년(2)·23년(3) 모의

173. 甲이 휴대전화기 내의 동영상을 임의제출할 당시 제출 범위를 명확히 밝히지 않았다면, B에 대한 영상은 임의제출의 동기가 된 A에 대한 불법촬영 범행과 구체적·개별적 연관관계가 있는 전자정보라고 할 수 없으므로 이 부분은 유죄의 증거로 쓸 수 없다.

해설 제출자의 구체적인 제출범위에 관한 의사를 제대로 확인하지 않아 임의제출자의 의사에 따른 전자정보 압수의 대상과 범위가 명확하지 않거나 이를 알 수 없는 경우에는 임의제출에 따른 압수의 동기가 된 범죄혐의사실과 관련되고 이를 증명할 수 있는 최소한의 가치가 있는 전자정보에 한하여 압수의 대상이 된다. 이때 범죄혐의사실과 관련된 전자정보에는 범죄혐의사실 그 자체 또는 그와 기본적 사실관계가 동일한 범행과 직접 관련되어 있는 것은 물론 범행 동기와 경위, 범행 수단과 방법, 범행 시간과 장소 등을 증명하기 위한 간접증거나 정황증거 등으로 사용될 수 있는 것도 포함될 수 있다. 다만 그 관련성은 임의제출에 따른 압수의 동기가 된 범죄혐의사실의 내용과 수사의 대상, 수사의 경위, 임의제출의 과정 등을 종합하여 구체적·개별적 연관관계가 있는 경우에만 인정되고, 범죄혐의사실과 단순히 동종 또는 유사 범행이라는 사유만으로 관련성이 있다고 할 것은 아니다. 범죄혐의사실과 관련된 전자정보인지를 판단할 때는 범죄혐의사실의 내용과 성격, 임의제출의 과정 등을 토대로 구체적·개별적 연관관계를 살펴볼 필요가 있다. 특히 카메라의 기능과 정보저장매체의 기능을 함께 갖춘 휴대전화인 스마트폰을 이용한 불법촬영 범죄와 같이 범죄의 속성상 해당 범행의 상습성이 의심되거나 성적 기호 내지 경향성의 발현에 따른 일련의 범행의 일환으로 이루어진 것으로 의심되고, 범행의 직접 증거가 스마트폰 안에 이미지 파일이나 동영상 파일의 형태로 남아 있을 개연성이 있는 경우에는 그 안에 저장되어 있는 같은 유형의 전자정보에서 그와 관련한 유력한 간접증거나 정황증거가 발견될 가능성이 높다는 점에서 이러한 간접증거나 정황증거는 범죄혐의사실과 구체적·개별적 연관관계를 인정할 수 있다.(대판 2021.12.16. 2017도2592).

휴대전화를 이용한 불법촬영 범죄의 경우, 그 안에 저장되어 있는 같은 유형의 전자정보에서 발견되는 간접증거나 정황증거는 범죄혐의사실과 구체적·개별적 연관관계가 인정될 수 있다(대판 2021.11.18. 2016도348(전합)).

22년(2) 모의

174. 피의자가 소유·관리하는 정보저장매체를 피의자 아닌 피해자 등 제3자가 임의제출하였다 하더라도 임의제출의 동기가 된 범죄혐의사실과 구체적·개별적 연관관계가 있는 전자정보에 한하여 압수의 대상이 되는 것으로 더욱 제한적으로 해석하여야 할 필요는 없다.

해설 피의자가 소유·관리하는 정보저장매체를 피의자 아닌 피해자 등 제3자가 임의제출하는 경우, 임의제출의 동기가 된 범죄혐의사실과 구체적·개별적 연관관계가 있는 전자정보에 한하여 압수의 대상이 되는 것으로 더욱 제한적으로 해석하여야 한다(대판 2021.11.18. 2016도348(전합)).

3. 압수수색의 절차

21년(2) 모의

175. 사법경찰관리도 관할구역 외에서 압수·수색영장을 집행하거나 당해 관할구역의 사법경찰관리에게 집행을 촉탁할 수도 있으며, 법원사무관 등은 압수·수색영장의 집행에 관하여 필요한 때에는 사법경찰관리에게 보조를 구할 수 있다.

> 해설 형사소송법 제83조 및 제115조 및 제117조 참조.

> 형사소송법 제83조(관할구역 외에서의 구속영장의 집행과 그 촉탁) ② 사법경찰관리는 필요에 의하여 관할구역 외에서 구속영장을 집행할 수 있고 또는 당해 관할구역의 사법경찰관리에게 집행을 촉탁할 수 있다.
> 형사소송법 제115조(영장의 집행) ① 압수·수색영장은 검사의 지휘에 의하여 사법경찰관리가 집행한다. 단, 필요한 경우에는 재판장은 법원서기관 또는 서기에게 그 집행을 명할 수 있다.
> ② 제83조의 규정은 압수·수색영장의 집행에 준용한다.
> 형사소송법 제117조(집행의 보조) 법원의 서기관 또는 서기는 압수·수색영장의 집행에 관하여 필요한 때에는 사법경찰관리에게 보조를 구할 수 있다.

정답

22년(3) 모의

176. X회사의 대표이사 甲은 乙에게 X회사가 출고 받을 예정인 4.5톤 화물차 1대를 매도하되 乙은 이를 X회사에 지입하여 화물차 운송영업에 사용하기로 약정하였다. 이후 乙은 화물차의 신차대금, 보험료, 취·등록세 등 일체의 비용을 모두 지급하였고 甲은 위 화물차의 소유권을 X회사 명의로 신규 등록하였다. 甲은 乙에게 신차를 인도하기 이전에 위 화물차에 대해 A를 저당권자로 하는 채권가액 7천만 원의 저당권을 설정하고 A로부터 7천만 원을 대출받았다. 검사 S는 甲을 배임죄로 기소하였다. 사법경찰관이 甲의 피의사실과 관련하여 영장을 발부받아 압수·수색을 한다면, 그 처분을 받는 자에게 압수·수색영장을 반드시 제시하여야 하는데 그 처분을 받는 자가 甲이라면 그 사본을 교부까지 하여야 한다.

> 해설 형사소송법 제118조 참조.

> 형사소송법 제118조(영장의 제시와 사본교부) 압수·수색영장은 처분을 받는 자에게 반드시 제시하여야 하고, 처분을 받는 자가 피고인인 경우에는 그 사본을 교부하여야 한다. 다만, 처분을 받는 자가 현장에 없는 등 영장의 제시나 그 사본의 교부가 현실적으로 불가능한 경우 또는 처분을 받는 자가 영장의 제시나 사본의 교부를 거부한 때에는 예외로 한다. <개정 2022. 2. 3.> [제목개정 2022. 2. 3.]

정답

21년(1) 모의

177. 압수, 수색 또는 검증에 관하여는 조서를 작성하여야 하며 이는 공판기일에 공판정에서의 압수와 검증의 경우에도 그대로 적용되므로 이를 공판조서에 기재하는 것에 그치지 않고 별도의 조서를 작성하여야 한다.

■해설 형사소송법 제49조, 제51조, 제56조 참조. ▶ 공판기일에 공판정에서의 압수와 검증의 경우 공판조서에 기재하는 것으로 족하고 별도의 조서를 작성할 필요가 없음

> 형사소송법 제49조(검증 등의 조서) ① 검증, 압수 또는 수색에 관하여는 조서를 작성하여야 한다.
> 형사소송법 제51조(공판조서의 기재요건) ① 공판기일의 소송절차에 관하여는 참여한 법원사무관등이 공판조서를 작성하여야 한다.
> ② 공판조서에는 다음 사항 기타 모든 소송절차를 기재하여야 한다.
>   10. 공판정에서 행한 검증 또는 압수
> 형사소송법 제56조(공판조서의 증명력) 공판기일의 소송절차로서 공판조서에 기재된 것은 그 조서만으로써 증명한다.

정답

23년 변시, 21년(1)(3)·22년(3)·23년(1) 모의

178. 사법경찰관이 乙을 현행범으로 체포하는 현장에서 乙로부터 휴대전화를 임의제출받아 적법하게 압수하였다고 하더라도 그 압수를 계속할 필요가 있는 때에는 지체 없이 압수·수색영장을 신청해야 한다.

■해설 범죄를 실행 중이거나 실행 직후의 현행범인은 누구든지 영장 없이 체포할 수 있고(형사소송법 제212조), 검사 또는 사법경찰관은 피의자 등이 유류한 물건이나 소유자·소지자 또는 보관자가 임의로 제출한 물건은 영장 없이 압수할 수 있으므로(제218조), 현행범 체포현장이나 범죄 현장에서도 소지자 등이 임의로 제출하는 물건은 형사소송법 제218조에 의하여 영장 없이 압수하는 것이 허용되고, 이 경우 검사나 사법경찰관은 별도로 사후에 영장을 받을 필요가 없다(대판 2019.11.14. 2019도13290).

정답

23년(1) 모의

179. 범인으로부터 압수한 물품에 대하여 몰수의 선고가 없어 그 압수가 해제된 것으로 간주되더라도 공범자에 대한 재판에서 그 물품이 몰수될 가능성이 있다면 검사는 그 압수해제된 물품을 다시 압수할 수 있다.

■해설 형사소송법 제215조, 제219조, 제106조 제1항의 규정을 종합하여 보면, 검사는 범죄수사에 필요한 때에는 증거물 또는 몰수할 것으로 사료하는 물건을 법원으로부터 영장을 발부받아서 압수할 수 있는 것이고, 합리적인 의심의 여지가 없을 정도로 범죄사실이 인정되는 경우에만 압수할 수 있는 것은 아니라 할 것이며, 한편 범인으로부터 압수한 물품에 대하여 몰수의 선고가 없어 그 압수가 해제된 것으로 간주된다고 하더라도 공범자에 대한 범죄수사를 위하여 여전히 그 물품의 압수가 필요하다거나 공범자에 대한 재판에서 그 물품이 몰수될 가능성이 있다면 검사는 그 압수해제된 물품을 다시 압수할 수도 있다(대결 1997.01.09. 96모34).

정답

21년(1) 모의

180. 압수·수색영장의 집행 과정에서 피압수자의 지위가 참고인에서 피의자로 전환될 수 있는 증거가 발견될 경우 그 증거가 압수·수색영장에 기재된 범죄사실과 객관적으로 관련되어 있다면 이는 압수·수색영장의 집행 범위 내에 있으나, 피압수자의 지위가 참고인에서 피의자로 전환되었으므로 다시 피압수자에 대하여 영장을 발부받고 헌법상 변호인의 조력을 받을 권리를 고지하거나 압수·수색영장에 참여할 의사를 확인하여야 한다.

해설 검찰은 1차 압수·수색영장의 집행 과정에서 압수목록 교부서를 작성하여 공소외 1에게 교부하였고, 공소외 1은 이미징(imaging) 등 참관 여부 확인서와 임의제출 동의서를 작성하여 교부하는 등 공소외 1의 참여권이 충분히 보장되었다. 또한 압수·수색영장의 집행 과정에서 피압수자의 지위가 참고인에서 피의자로 전환될 수 있는 증거가 발견되었더라도 그 증거가 압수·수색영장에 기재된 범죄사실과 객관적으로 관련되어 있다면 이는 압수·수색영장의 집행 범위 내에 있다. 따라서 다시 공소외 1에 대하여 영장을 발부받고 헌법상 변호인의 조력을 받을 권리를 고지하거나 압수·수색과정에 참여할 의사를 확인해야 한다고 보기 어렵다(대판 2017.12.05. 2017도13458).

정답

22년(3) 모의

181. 검사 또는 사법경찰관은 수사 또는 형의 집행을 위하여 필요한 경우 전기통신사업자에게 통신사실확인자료의 열람이나 제출을 요청할 수 있는데, 대상범죄의 제한은 없으나 서면으로 관할 지방법원 또는 지원의 허가를 받아야 한다.

해설 통신비밀보호법 제13조 참조.

통신비밀보호법 제13조(범죄수사를 위한 통신사실 확인자료제공의 절차) ① 검사 또는 사법경찰관은 수사 또는 형의 집행을 위하여 필요한 경우 전기통신사업법에 의한 전기통신사업자(이하 "전기통신사업자"라 한다)에게 통신사실 확인자료의 열람이나 제출(이하 "통신사실 확인자료제공"이라 한다)을 요청할 수 있다. ③ 제1항 및 제2항에 따라 통신사실 확인자료제공을 요청하는 경우에는 요청사유, 해당 가입자와의 연관성 및 필요한 자료의 범위를 기록한 서면으로 관할 지방법원(군사법원을 포함한다. 이하 같다) 또는 지원의 허가를 받아야 한다. 다만, 관할 지방법원 또는 지원의 허가를 받을 수 없는 긴급한 사유가 있는 때에는 통신사실 확인자료제공을 요청한 후 지체 없이 그 허가를 받아 전기통신사업자에게 송부하여야 한다. <개정 2005. 5. 26., 2019. 12. 31., 2021. 9. 24.>

정답

 23년 변시

182. 乙로부터 휴대전화를 임의제출받은 이상 사법경찰관이 경찰서에서 휴대전화의 정보를 탐색함에 있어서는 乙 또는 그의 변호인의 참여를 요하지 아니한다.

해설 압수의 대상이 되는 전자정보와 그렇지 않은 전자정보가 혼재된 정보저장매체나 그 복제본을 임의제출받은 수사기관이 그 정보저장매체 등을 수사기관 사무실 등으로 옮겨 이를 탐색·복제·출력하는 경우, 그와 같은 일련의 과정에서 형사소송법 제219조, 제121조에서 규정하는 피압수·수색 당사자(이하 '피압수자'라 한다)나 그 변호인에게 참여의 기회를 보장하고 압수된 전자정보의 파일 명세가 특정된 압수목록을 작성·교부하여야 하며 범죄혐의사실과 무관한 전자정보의 임의적인 복제 등을 막기 위한 적절한 조치를 취하는 등 영장주의 원칙과 적법절차를 준수하여야 한다. 만약 그러한 조치가 취해지지 않았다면 피압수자 측이 참여하지 아니한다는 의사를 명시적으로 표시하였거나 임의제출의 취지와 경과 또는 그 절차 위반행위가 이루어진 과정의 성질과 내용 등에 비추어 피압수자 측에 절차 참여를 보장한 취지가 실질적으로 침해되었다고 볼 수 없을 정도에 해당한다는 등의 특별한 사정이 없는 이상 압수·수색이 적법하다고 평가할 수 없고, 비록 수사기관이 정보저장매체 또는 복제본에서 범죄혐의사실과 관련된 전자정보만을 복제·출력하였다 하더라도 달리 볼 것은 아니다(대판 2021.11.18. 2016도348).

정답

23년 변시

183. 수사기관이 2022. 09. 12. 甲을 성폭력범죄의처벌등에관한특례법위반(카메라등이용촬영)의 현행범으로 체포하면서 휴대전화를 임의제출받은 후 피의자신문과정에서 甲과 함께 휴대전화를 탐색하던 중 2022. 06.경의 동일한 범행에 관한 영상을 발견하고 그 영상을 甲에게 제시하였으며 甲이 해당 영상을 언제, 어디에서 촬영한 것인지 쉽게 알아보고 그에 관해 구체적으로 진술하였던 경우에 甲에게 전자정보의 파일 명세가 특정된 압수목록이 작성·교부되지 않았더라도 甲의 절차상 권리가 실질적으로 침해되었다고 볼 수 없다.

해설 피고인이 휴대전화로 성명 불상 피해자들의 신체를 그 의사에 반하여 촬영하거나(이하 '1~7번 범행'이라고 한다), 짧은 치마를 입고 횡단보도 앞에서 신호를 기다리던 피해자의 다리를 몰래 촬영하여(이하 '8번 범행'이라고 한다) 성폭력범죄의 처벌 등에 관한 특례법 위반(카메라등이용촬영)으로 기소되었는데, 8번 범행 피해자의 신고를 받고 출동한 경찰관이 현장에서 피고인으로부터 임의제출 받아 압수한 휴대전화를 사무실에서 탐색하는 과정에서 1~7번 범행의 영상을 발견한 사안에서, 1~7번 범행에 관한 동영상은 촬영 기간이 8번 범행 일시와 가깝고, 8번 범행과 마찬가지로 버스정류장 등 공공장소에서 촬영되어 임의제출의 동기가 된 8번 범죄혐의사실과 관련성 있는 증거인 점, 경찰관은 임의제출 받은 휴대전화를 피고인이 있는 자리에서 살펴보고 8번 범행이 아닌 영상을 발견하였으므로 피고인이 탐색에 참여하였다고 볼 수 있는 점, 경찰관이 피의자신문 시 1~7번 범행 영상을 제시하자 피고인은 그 영상이 언제 어디에서 찍은 것인지 쉽게 알아보고 그에 관해 구체적으로 진술하였으므로, 비록 피고인에게 압수된 전자정보가 특정된 목록이 교부되지 않았더라도 절차 위반행위가 이루어진 과정의 성질과 내용 등에 비추어 절차상 권리가 실질적으로 침해되었다고 보기 어려운 점(대판 2022.02.17. 2019도4938).

정답

◎ 23년 변시

184. 甲이 A 소유 모텔 객실에 위장형 카메라를 몰래 설치해 불법촬영을 하였는데 이후 甲의 범행을 인지한 수사기관이 A로부터 임의제출 형식으로 위 카메라를 압수한 경우, 카메라의 메모리카드에 사실상 대부분 압수의 대상이 되는 전자정보만이 저장되어 있어 해당 전자정보인 불법촬영 동영상을 탐색·출력하는 과정에서 위 임의제출에 따른 통상의 압수절차 외에 별도의 조치가 따로 요구되는 것은 아니므로, 甲에게 참여의 기회를 보장하지 않고 전자정보 압수목록을 작성·교부하지 않았다는 점만으로 곧바로 위 임의제출물의 증거능력을 부정할 수 없다.

해설 수사기관이 임의제출받은 정보저장매체가 그 기능과 속성상 임의제출에 따른 적법한 압수의 대상이 되는 전자정보와 그렇지 않은 전자정보가 혼재될 여지가 거의 없어 사실상 대부분 압수의 대상이 되는 전자정보만이 저장되어 있는 경우에는 소지·보관자의 임의제출에 따른 통상의 압수절차 외에 피압수자에게 참여의 기회를 보장하지 않고 전자정보 압수목록을 작성·교부하지 않았다는 점만으로 곧바로 증거능력을 부정할 것은 아니다(대판 2021.11.25. 2019도7342).

 정답 O

◎ 21년 변시, 21년(1)·22년(2) 모의

185. 음주운전과 관련한 도로교통법위반죄의 범죄수사를 위하여 미성년자인 피의자의 혈액채취가 필요한 경우에도 피의자에게 의사능력이 있다면 피의자 본인만이 혈액 채취에 관한 유효한 동의를 할 수 있고, 피의자에게 의사능력이 없는 경우에도 명문의 규정이 없는 이상 법정대리인이 피의자를 대리하여 동의할 수는 없다.

해설 형사소송법상 소송능력이란 소송당사자가 유효하게 소송행위를 할 수 있는 능력, 즉 피고인 또는 피의자가 자기의 소송상의 지위와 이해관계를 이해하고 이에 따라 방어행위를 할 수 있는 의사능력을 의미하는데, 피의자에게 의사능력이 있으면 직접 소송행위를 하는 것이 원칙이고, 피의자에게 의사능력이 없는 경우에는 형법 제9조 내지 제11조의 규정의 적용을 받지 아니하는 범죄사건에 한하여 예외적으로 법정대리인이 소송행위를 대리할 수 있다(형사소송법 제26조). 따라서 음주운전과 관련한 도로교통법 위반죄의 범죄수사를 위하여 미성년자인 피의자의 혈액채취가 필요한 경우에도 피의자에게 의사능력이 있다면 피의자 본인만이 혈액채취에 관한 유효한 동의를 할 수 있고, 피의자에게 의사능력이 없는 경우에도 명문의 규정이 없는 이상 법정대리인이 피의자를 대리하여 동의할 수는 없다(대판 2014.11.13. 2013도1228).

 정답 O

◎ 21년 변시, 21년(1) 모의

186. 수사기관이 휴대전화 등을 압수할 당시 압수당한 피의자가 수사관에게 압수·수색영장의 내용을 보여 달라고 요구하였으나 수사관이 영장의 겉표지만 보여 주고 내용은 확인시켜 주지 않았더라도, 그 후 변호인이 피의자조사에 참여하면서 영장을 확인하였다면 압수처분은 위법하지 아니하다.

해설 수사기관이 재항고인의 휴대전화 등을 압수할 당시 재항고인에게 압수·수색영장을 제시하였는데 재항고인이 영장의 구체적인 확인을 요구하였으나 수사기관이 영장의 범죄사실 기재 부분을 보여주지 않았고, 그 후 재항고인의 변호인이 재항고인에 대한 조사에 참여하면서 영장을 확인한 사안에서, 수사기관이 위 압수처분 당시 재항고인으로부터 영장 내용의 구체적인 확인을 요구받았음에도 압수·수색영장의 내용을 보여주지 않았던 것으로 보이므로 형사소송법 제219조, 제118조에 따른 적법한 압수·수색영장의 제시라고 인정하기 어렵다(대결 2020.04.16. 2019모3526).

정답

 20년 · 24년 변시, 23년(2) 모의

187. **(1)** 수사기관이 피의자의 동의 없이 피의자의 소변을 채취하는 것은 법원으로부터 감정처분허가장을 받아 '감정에 필요한 처분'으로 할 수 있지만, 압수수색영장을 받아 집행할 수도 있다.

(2) 범죄 증거를 수집할 목적으로 피의자의 동의 없이 이루어지는 강제채뇨는 피의자에게 신체적 고통이나 장애를 초래하고 수치심이나 굴욕감을 주며 인간으로서의 존엄과 가치를 침해하는 수사방법이므로 「형사소송법」 제215조에 따라 판사로부터 압수·수색영장을 적법하게 발부받았더라도 허용되지 않는다.

해설 수사기관이 범죄 증거를 수집할 목적으로 피의자의 동의 없이 피의자의 소변을 채취하는 것은 법원으로부터 감정허가장을 받아 형사소송법 제221조의4 제1항, 제173조 제1항에서 정한 '감정에 필요한 처분'으로 할 수 있지만(피의자를 병원 등에 유치할 필요가 있는 경우에는 형사소송법 제221조의3에 따라 법원으로부터 감정유치장을 받아야 한다), 형사소송법 제219조, 제106조 제1항, 제109조에 따른 압수·수색의 방법으로도 할 수 있다. 이러한 압수·수색의 경우에도 수사기관은 원칙적으로 형사소송법 제215조에 따라 판사로부터 압수·수색영장을 적법하게 발부받아 집행해야 한다. 압수·수색의 방법으로 소변을 채취하는 경우 압수대상물인 피의자의 소변을 확보하기 위한 수사기관의 노력에도 불구하고, 피의자가 인근 병원 응급실 등 소변 채취에 적합한 장소로 이동하는 것에 동의하지 않거나 저항하는 등 임의동행을 기대할 수 없는 사정이 있는 때에는 수사기관으로서는 소변 채취에 적합한 장소로 피의자를 데려가기 위해서 필요 최소한의 유형력을 행사하는 것이 허용된다. 이는 형사소송법 제219조, 제120조 제1항에서 정한 '압수·수색영장의 집행에 필요한 처분'에 해당한다고 보아야 한다. 그렇지 않으면 피의자의 신체와 건강을 해칠 위험이 적고 피의자의 굴욕감을 최소화하기 위하여 마련된 절차에 따른 강제 채뇨가 불가능하여 압수영장의 목적을 달성할 방법이 없기 때문이다(대판 2018.07.12. 2018도6219).

정답

19년(1)·(2)·22년(3) 모의

188. **(1) 법원이 발부한 영장에 도뇨관을 이용한 강제채뇨를 허용하는 내용이 기재되지 않았더라도 P가 부득이하여 최후수단으로 강제채뇨한 것은 적법하다.**

(2) 수사기관은 범죄 증거를 수집할 목적으로 피의자의 동의 없이 법원으로부터 영장을 발부받아 소변을 압수할 수 있지만, 도뇨관을 사용한 강제채뇨의 방법으로는 압수할 수 없다.

해설 [1] 강제 채뇨는 피의자가 임의로 소변을 제출하지 않는 경우 피의자에 대하여 강제력을 사용해서 도뇨관(catheter)을 요도를 통하여 방광에 삽입한 뒤 체내에 있는 소변을 배출시켜 소변을 취득·보관하는 행위이다. 수사기관이 범죄 증거를 수집할 목적으로 하는 강제 채뇨는 피의자의 신체에 직접적인 작용을 수반할 뿐만 아니라 피의자에게 신체적 고통이나 장애를 초래하거나 수치심이나 굴욕감을 줄 수 있다. 따라서 피의자에게 범죄 혐의가 있고 그 범죄가 중대한지, 소변성분 분석을 통해서 범죄 혐의를 밝힐 수 있는지, 범죄 증거를 수집하기 위하여 피의자의 신체에서 소변을 확보하는 것이 필요한 것인지, 채뇨가 아닌 다른 수단으로는 증명이 곤란한지 등을 고려하여 범죄 수사를 위해서 강제 채뇨가 부득이하다고 인정되는 경우에 최후의 수단으로 적법한 절차에 따라 허용된다고 보아야 한다. 이때 의사, 간호사, 그 밖의 숙련된 의료인 등으로 하여금 소변 채취에 적합한 의료장비와 시설을 갖춘 곳에서 피의자의 신체와 건강을 해칠 위험이 적고 피의자의 굴욕감 등을 최소화하는 방법으로 소변을 채취하여야 한다. [2] 수사기관이 범죄 증거를 수집할 목적으로 피의자의 동의 없이 피의자의 소변을 채취하는 것은 법원으로부터 감정허가장을 받아 형사소송법 제221조의4 제1항, 제173조 제1항에서 정한 '감정에 필요한 처분'으로 할 수 있지만(피의자를 병원 등에 유치할 필요가 있는 경우에는 형사소송법 제221조의3에 따라 법원으로부터 감정유치장을 받아야 한다), 형사소송법 제219조, 제106조 제1항, 제109조에 따른 압수·수색의 방법으로도 할 수 있다. 이러한 압수·수색의 경우에도 수사기관은 원칙적으로 형사소송법 제215조에 따라 판사로부터 압수·수색영장을 적법하게 발부받아 집행해야 한다. 압수·수색의 방법으로 소변을 채취하는 경우 압수대상물인 피의자의 소변을 확보하기 위한 수사기관의 노력에도 불구하고, 피의자가 인근 병원 응급실 등 소변 채취에 적합한 장소로 이동하는 것에 동의하지 않거나 저항하는 등 임의동행을 기대할 수 없는 사정이 있는 때에는 수사기관으로서는 소변 채취에 적합한 장소로 피의자를 데려가기 위해서 필요 최소한의 유형력을 행사하는 것이 허용된다. 이는 형사소송법 제219조, 제120조 제1항에서 정한 '압수·수색영장의 집행에 필요한 처분'에 해당한다고 보아야 한다. 그렇지 않으면 피의자의 신체와 건강을 해칠 위험이 적고 피의자의 굴욕감을 최소화하기 위하여 마련된 절차에 따른 강제 채뇨가 불가능하여 압수영장의 목적을 달성할 방법이 없기 때문이다(대판 2018.07.12. 2018도6219).

정답 ○, ×

23년(2) 모의

189. **음주운전 여부에 관한 조사방법 중 혈액 채취는 상대방의 신체에 대한 직접적인 침해를 수반하는 방법이므로 운전자의 동의 없이 임의로 채혈조사를 하는 것은 허용되지 아니한다.**

해설 음주운전 여부에 관한 조사방법 중 혈액 채취(이하 '채혈'이라고 한다)는 상대방의 신체에 대한 직접적인 침해를 수반하는 방법으로서, 이에 관하여 도로교통법은 호흡조사와 달리 운전자에게 조사에 응할 의무를 부과하는 규정을 두지 아니할 뿐만 아니라, 측정에 앞서 운전자의 동의를 받도록 규정하고 있으므로(제44조 제3항), 운전자의 동의 없이 임의로 채혈조사를 하는 것은 허용되지 아니한다(대판 2016.12. 27. 2014두46850).

정답

 23년 변시

190. 甲은 혈중알코올농도 0.12%의 술에 취한 상태로 승용차를 운전하다가 편도 2차선 도로에서 중앙선을 침범한 과실로 다른 승용차를 충격하여 상대 차량 운전자인 A에게 상해를 입혔다. 교통사고로 인한 부상자들은 구급차에 실려 병원으로 후송되었는데, 甲은 의식이 없는 상태에 있었다. 교통사고 신고를 받은 사법경찰관 P는 교통사고 현장을 점검하고, 곧바로 甲이 치료를 받고 있는 병원으로 출동하였으며, 甲의 신체나 의복류에 술 냄새가 강하게 나서 甲이 음주운전을 하다가 교통사고를 낸 것으로 보고 甲의 병원 후송 직후에 그에 관한 증거를 수집하고자 한다.

이에 관한 정오를 판단하시오. (다툼이 있는 경우 판례에 의함)

1) 만약 甲이 위 혈중알코올농도(0.12%)에도 불구하고 교통사고 당시 음주의 영향으로 정상적인 운전이 곤란한 상태였음이 인정되지 않고, 수사기관에 피해자 A의 甲에 대한 처벌불원서가 제출되었다면, 검사는 교통사고처리특례법위반(치상)의 점에 대하여는 공소를 제기할 수 없다.

■ 해설 교통사고처리 특례법 제3조 제2항 제2호 참조.

교통사고처리 특례법 제3조(처벌의 특례) ① 차의 운전자가 교통사고로 인하여 「형법」 제268조의 죄를 범한 경우에는 5년 이하의 금고 또는 2천만원 이하의 벌금에 처한다.
② 차의 교통으로 제1항의 죄 중 업무상과실치상죄(業務上過失致傷罪) 또는 중과실치상죄(重過失致傷罪)와 「도로교통법」 제151조의 죄를 범한 운전자에 대하여는 피해자의 명시적인 의사에 반하여 공소(公訴)를 제기할 수 없다. 다만, 차의 운전자가 제1항의 죄 중 업무상과실치상죄 또는 중과실치상죄를 범하고도 피해자를 구호(救護)하는 등 「도로교통법」 제54조제1항에 따른 조치를 하지 아니하고 도주하거나 피해자를 사고 장소로부터 옮겨 유기(遺棄)하고 도주한 경우, 같은 죄를 범하고 「도로교통법」 제44조제2항을 위반하여 음주측정 요구에 따르지 아니한 경우(운전자가 채혈 측정을 요청하거나 동의한 경우는 제외한다)와 다음 각 호의 어느 하나에 해당하는 행위로 인하여 같은 죄를 범한 경우에는 그러하지 아니하다. <개정 2016. 01. 27., 2016. 12. 02.>
  2. 「도로교통법」 제13조제3항을 위반하여 중앙선을 침범하거나 같은 법 제62조를 위반하여 횡단, 유턴 또는 후진한 경우

정답

2) 호흡조사에 의한 甲의 음주측정이 불가능하고 혈액채취에 대한 동의를 받을 수도 없을 뿐만 아니라 법원으로부터 혈액채취에 관한 감정처분허가장이나 압수영장을 발부받을 시간적 여유가 없는 경우에 P는 교통사고 발생시각으로부터 사회통념상 범행직후라고 볼 수 있는 시간 내에 증거수집을 위해 「의료법」상 의료인의 자격이 있는 자로 하여금 의료용 기구로 의학적인 방법에 따라 필요최소한의 혈액을 채취하게 하여 이를 압수할 수 있는데, 다만 이때에는 사후에 압수영장을 발부받아야 한다.

해설 음주운전 중 교통사고를 야기한 후 피의자가 의식불명 상태에 빠져 있는 등으로 도로교통법이 음주운전의 제1차적 수사방법으로 규정한 호흡조사에 의한 음주측정이 불가능하고 혈액 채취에 대한 동의를 받을 수도 없을 뿐만 아니라 법원으로부터 혈액 채취에 대한 감정처분허가장이나 사전 압수영장을 발부받을 시간적 여유도 없는 긴급한 상황이 생길 수 있다. 이러한 경우 피의자의 신체 내지 의복류에 주취로 인한 냄새가 강하게 나는 등 형사소송법 제211조 제2항 제3호가 정하는 범죄의 증적이 현저한 준현행범인의 요건이 갖추어져 있고 교통사고 발생 시각으로부터 사회통념상 범행 직후라고 볼 수 있는 시간 내라면, 피의자의 생명·신체를 구조하기 위하여 사고현장으로부터 곧바로 후송된 병원 응급실 등의 장소는 형사소송법 제216조 제3항의 범죄 장소에 준한다 할 것이므로, 검사 또는 사법경찰관은 피의자의 혈중알코올농도 등 증거의 수집을 위하여 의료법상 의료인의 자격이 있는 자로 하여금 의료용 기구로 의학적인 방법에 따라 필요최소한의 한도 내에서 피의자의 혈액을 채취하게 한 후 그 혈액을 영장 없이 압수할 수 있다. 다만 이 경우에도 형사소송법 제216조 제3항 단서, 형사소송규칙 제58조, 제107조 제1항 제3호에 따라 사후에 지체 없이 강제채혈에 의한 압수의 사유 등을 기재한 영장청구서에 의하여 법원으로부터 압수영장을 받아야 한다(대판 2012.11.15. 2011도15258).

정답 O

3) 만약 P가 교통사고 소식을 듣고 달려온 甲의 배우자 동의를 받아 「의료법」상 의료인의 자격이 있는 자로 하여금 甲의 혈액을 채취하도록 하였다면 사후에 압수영장을 발부받았는지 여부와 상관없이 이는 적법한 수사이다.

해설 … 이와 달리 음주운전 중 교통사고를 당하여 의식불명 상태에 빠져 병원에 후송된 피의자에 대해 수사기관이 수사의 목적으로 의료진에게 요청하여 혈액을 채취하였다거나 피의자의 가족으로부터 피의자의 혈액을 채취하는 것에 대한 동의를 받았다는 사정이 있다고 하더라도, 위와 같이 기본적 인권 보장을 위해 마련된 적법한 절차에 따르지 아니한 위 각 증거의 증거능력을 배제하는 것이 오히려 헌법과 형사소송법이 적법절차의 원칙과 실체적 진실 규명의 조화를 통하여 형사 사법 정의를 실현하려고 한 취지에 반하는 결과를 초래하는 것으로 평가되는 예외적인 경우에 해당한다고 볼 수는 없다(대판 2011.05.13. 2009도10871).

정답

20년(3)·23년(2) 모의

191. 사법경찰관 P는 甲의 마약류관리에 관한 법률 위반 혐의를 포착하고 압수·수색·검증영장을 발부받아 주거지에서 사용 흔적이 있는 주사기 5개를 압수하였다. 영장기재사항에는 압수대상물로 피의자의 소변 30cc와 모발 100수도 기재되어 있었다. P는 압수를 위해 甲을 2시간 정도 설득했으나 甲은 소변의 임의제출을 거부하고 영장집행에 저항하며 자해하였다.

(1) P가 甲의 자해를 제압하고 인근 병원 응급실로 데려가 의사로 하여금 도뇨관(카테터)으로 소변 30cc를 채취하게 하여 압수하였다면 이는 '압수·수색영장의 집행에 필요한 처분'을 통해 이루어진 적법한 압수이다.

(2) P가 영장을 집행하기 위하여 甲을 병원 응급실로 데리고 가는 과정에서 공무집행에 항거하는 甲을 제지하고 자해 위험을 방지하기 위해 수갑과 포승을 사용한 경우 경찰관 직무집행법에 따라 허용되는 경찰장구의 사용으로서 적법하다.

해설 피고인이 메트암페타민(일명 '필로폰')을 투약하였다는 마약류 관리에 관한 법률 위반(향정) 혐의에 관하여, 피고인의 소변(30cc), 모발(약 80수), 마약류 불법사용 도구 등에 대한 압수·수색·검증영장을 발부받은 다음 경찰관이 피고인의 주거지를 수색하여 사용 흔적이 있는 주사기 4개를 압수하고, 위 영장에 따라 3시간가량 소변과 모발을 제출하도록 설득하였음에도 피고인이 계속 거부하면서 자해를 하자 이를 제압하고 수갑과 포승을 채운 뒤 강제로 병원 응급실로 데리고 가 응급구조사로 하여금 피고인의 신체에서 소변(30cc)을 채취하도록 하여 이를 압수한 사안에서, (1) 피고인에 대한 피의사실이 중대하고 객관적 사실에 근거한 명백한 범죄 혐의가 있었다고 보이고, 경찰관의 장시간에 걸친 설득에도 피고인이 소변의 임의 제출을 거부하면서 판사가 적법하게 발부한 압수영장의 집행에 저항하자 경찰관이 다른 방법으로 수사 목적을 달성하기 곤란하다고 판단하여 강제로 피고인을 소변 채취에 적합한 장소인 인근 병원 응급실로 데리고 가 의사의 지시를 받은 응급구조사로 하여금 피고인의 신체에서 소변을 채취하도록 하였으며, 그 과정에서 피고인에 대한 강제력의 행사가 필요 최소한도를 벗어나지 않았으므로, 경찰관의 조치는 형사소송법 제219조, 제120조 제1항에서 정한 '압수영장의 집행에 필요한 처분'으로서 허용되고, 한편 (2) 경찰관이 압수영장을 집행하기 위하여 피고인을 병원 응급실로 데리고 가는 과정에서 공무집행에 항거하는 피고인을 제지하고 자해 위험을 방지하기 위해 수갑과 포승을 사용한 것은 경찰관 직무집행법에 따라 허용되는 경찰장구의 사용으로서 적법하다는 이유로, 같은 취지에서 피고인의 소변에 대한 압수영장 집행이 적법하다고 본 원심판단을 수긍한 사례(대판 2018.07.12. 2018도6219).

정답 ○, ○

21년 변시, 19년(1)·20년(2)·22년(1) 모의

192. 수사기관이 정보저장매체에 기억된 정보 중에서 키워드 또는 확장자 검색 등을 통해 범죄 혐의사실과 관련 있는 정보를 선별한 다음 정보저장매체와 동일하게 비트열 방식으로 복제하여 생성한 파일을 제출받아 압수하였더라도, 수사기관이 수사기관 사무실에서 압수된 이미지 파일을 탐색·복제·출력하는 과정에서 피의자 등에게 참여의 기회를 보장하여야 한다.

해설 형사소송법 제219조, 제121조에 의하면, 수사기관이 압수·수색영장을 집행할 때 피의자 또는 변호인은 그 집행에 참여할 수 있다. 압수의 목적물이 컴퓨터용디스크 그 밖에 이와 비슷한 정보저장매체인 경우에는 영장 발부의 사유로 된 범죄 혐의사실과 관련 있는 정보의 범위를 정하여 출력하거나 복제하여 이를 제출받아야 하고, 피의자나 변호인에게 참여의 기회를 보장하여야 한다. 만약 그러한 조치를 취하지 않았다면 이는 형사소송법에 정한 영장주의 원칙과 적법절차를 준수하지 않은 것이다. 수사기관이 정보저장매체에 기억된 정보 중에서 키워드 또는 확장자 검색 등을 통해 범죄 혐의사실과 관련 있는 정보를 선별한 다음 정보저장매체와 동일하게 비트열 방식으로 복제하여 생성한 파일(이하 '이미지 파일'이라 한다)을 제출받아 압수하였다면 이로써 압수의 목적물에 대한 압수·수색 절차는 종료된 것이므로, 수사기관이 수사기관 사무실에서 위와 같이 압수된 이미지 파일을 탐색·복제·출력하는 과정에서도 피의자 등에게 참여의 기회를 보장하여야 하는 것은 아니다(대판 2018.02.08. 2017도13263)

정답 ×

193. (1) 정보저장매체를 임의제출한 피압수자에 더하여 임의제출자 아닌 피의자에게도 참여권이 보장되어야 하는 '피의자의 소유·관리에 속하는 정보저장매체'란, 피의자가 압수·수색 당시 또는 이와 시간적으로 근접한 시기까지 해당 정보저장매체를 현실적으로 지배·관리하면서 그 정보저장매체 내 전자정보 전반에 관한 전속적인 관리처분권을 보유·행사하고, 달리 이를 자신의 의사에 따라 제3자에게 양도하거나 포기하지 아니한 경우로서, 피의자를 그 정보저장매체에 저장된 전자정보에 대하여 실질적인 피압수자로 평가할 수 있는 경우를 말한다.

(2) 실질적인 피압수자에 해당하는지 여부는 압수·수색 당시 외형적·객관적으로 인식가능한 사실상의 상태를 기준으로 판단하여야 하는바, 피의자나 그 밖의 제3자가 과거 그 정보저장매체의 이용 내지 개별 전자정보의 생성·이용 등에 관여한 사실이 있다거나 그 과정에서 생성된 전자정보에 의해 식별되는 정보주체에 해당한다는 사정이 있다면 그들을 실질적으로 압수·수색을 받는 당사자로 취급하여야 한다.

(3) 수사기관이 피의자의 소유·관리에 속하는 정보저장매체에 대하여 압수·수색영장을 집행할 때에는 과거 그 정보저장매체의 이용 내지 개별 전자정보의 생성·이용 등에 관여한 사실이 있는 자 모두에게 그 집행에 참여할 기회를 보장해 주어야 한다.

(4) 정보저장매체를 임의제출한 피압수자에 더하여 임의제출자 아닌 피의자에게도 참여권이 보장되어야 하는 '피의자의 소유·관리에 속하는 정보저장매체'에 해당하는지 여부는 전자정보에 의해 식별되는 정보주체의 정보자기결정권을 고려할 때 압수·수색 당시 외형적·객관적으로 인식 가능한 사실상의 상태가 아니라 민사법상 권리의 귀속에 따른 법률적·사후적 판단을 기준으로 판단하여야 한다.

해설 강제처분의 직접 당사자이자 형식적 피압수자인 정보저장매체의 현실적 소지·보관자 외에 소유·관리자가 별도로 존재하고, 강제처분에 의하여 그의 전자정보에 대한 사생활의 비밀과 자유, 정보에 대한 자기결정권, 재산권 등을 침해받을 우려가 있는 경우, 그 소유·관리자는 참여권의 보장 대상인 실질적 피압수자라고 보아야 한다. 이때 실질적 피압수자가 압수·수색의 원인이 된 범죄혐의사실의 피의자일 것을 요하는 것은 아니다(대판 2023.9.18. 2022도7453(전합)). 정보저장매체를 임의제출한 피압수자에 더하여 임의제출자 아닌 피의자에게도 참여권이 보장되어야 하는 '피의자의 소유·관리에 속하는 정보저장매체'란, 피의자가 압수·수색 당시 또는 이와 시간적으로 근접한 시기까지 해당 정보저장매체를 현실적으로 지배·관리하면서 그 정보저장매체 내 전자정보 전반에 관한 전속적인 관리처분권을 보유·행사하고, 달리 이를 자신의 의사에 따라 제3자에게 양도하거나 포기하지 아니한 경우로서, 피의자를 그 정보저장매체에 저장된 전자정보 전반에 대한 실질적인 압수·수색 당사자로 평가할 수 있는 경우를 말하는 것이다. 이에 해당하는지 여부는 민사법상 권리의 귀속에 따른 법률적·사후적 판단이 아니라 압수·수색 당시 외형적·객관적으로 인식 가능한 사실상의 상태를 기준으로 판단하여야 한다. 이러한 정보저장매체의 외형적·객관적 지배·관리 등 상태와 별도로 단지 피의자나 그 밖의 제3자가 과거 그 정보저장매체의 이용 내지 개별 전자정보의 생성·이용 등에 관여한 사실이 있다거나 그 과정에서 생성된 전자정보에 의해 식별되는 정보주체에 해당한다는 사정만으로 그들을 실질적으로 압수·수색을 받는 당사자로 취급하여야 하는 것은 아니다(대판 2022.1.27. 2021도11170).

정답 ○,×,×,×

 23년 변시, 20년(2) 모의

194. 수사기관은 압수 직후 현장에서 압수물 목록을 바로 작성하여 교부해야 하는 것이 원칙이고 압수된 전자정보의 상세목록에는 정보의 파일 명세가 특정되어 있어야 하며 수사기관은 이를 출력한 서면을 교부하거나 전자파일 형태로 복사해 주거나 이메일을 전송하는 등의 방식으로도 할 수 있다.

해설 압수물 목록은 피압수자 등이 압수처분에 대한 준항고를 하는 등 권리행사절차를 밟는 가장 기초적인 자료가 되므로, 수사기관은 이러한 권리행사에 지장이 없도록 압수 직후 현장에서 압수물 목록을 바로 작성하여 교부해야 하는 것이 원칙이다(대판 2009. 03. 12. 2008도763 판결 참조). 이러한 압수물 목록 교부 취지에 비추어 볼 때, 압수된 정보의 상세목록에는 정보의 파일 명세가 특정되어 있어야 하고, 수사기관은 이를 출력한 서면을 교부하거나 전자파일 형태로 복사해 주거나 이메일을 전송하는 등의 방식으로도 할 수 있다(대판 2018.02.08. 2017도13263).

정답 ○

 13년·14년·17년·21년 변시, 13년(2)·17년(3)·18년(3)·21년(1) 모의

195. 압수·수색영장은 처분을 받는 자에게 반드시 제시하여야 하지만 현장에서 압수·수색을 당하는 사람이 여러 명일 경우에는 그 장소의 관리책임자에게 영장을 제시하는 것으로 족하다.

해설 압수·수색영장은 처분을 받는 자에게 반드시 제시하여야 하는바, 현장에서 압수·수색을 당하는 사람이 여러 명일 경우에는 그 사람들 모두에게 개별적으로 영장을 제시해야 하는 것이 원칙이다. 수사기관이 압수·수색에 착수하면서 그 장소의 관리책임자에게 영장을 제시하였다고 하더라도, 물건을 소지하고 있는 다른 사람으로부터 이를 압수하고자 하는 때에는 그 사람에게 따로 영장을 제시하여야 한다(대판 2009.03.12. 2008도763).

정답 ×

16년·17년·19년·21년·22년 변시, 17년(3)·21년(1)·(2) 모의

196. 압수·수색영장은 처분을 받는 자에게 반드시 제시하여야 하지만, 피처분자가 현장에 없거나 현장에서 그를 발견할 수 없는 경우 등 영장 제시가 현실적으로 불가능한 경우에는 영장을 제시하지 아니한 채 압수·수색을 하더라도 위법하지 아니하다.

해설 형사소송법 제219조가 준용하는 제118조는 "압수·수색영장은 처분을 받는 자에게 반드시 제시하여야 한다."고 규정하고 있으나, 이는 영장제시가 현실적으로 가능한 상황을 전제로 한 규정으로 보아야 하고, 피처분자가 현장에 없거나 현장에서 그를 발견할 수 없는 경우 등 영장제시가 현실적으로 불가능한 경우에는 영장을 제시하지 아니한 채 압수·수색을 하더라도 위법하다고 볼 수 없다 (대판 2015.01.22. 2014도10978).

정답 O

 19년 변시, 22년(3) 모의

197. 압수·수색영장은 피압수자로 하여금 법관이 발부한 영장에 의한 압수·수색이라는 사실을 확인함과 동시에 압수·수색영장에 필요적으로 기재하도록 정한 사항이나 그와 일체를 이루는 사항을 충분히 알 수 있도록 제시하여야 한다.

해설 관련 규정과 영장 제시 제도의 입법 취지 등을 종합하여 보면, 압수·수색영장을 집행하는 수사기관은 피압수자로 하여금 법관이 발부한 영장에 의한 압수·수색이라는 사실을 확인함과 동시에 형사소송법이 압수·수색영장에 필요적으로 기재하도록 정한 사항이나 그와 일체를 이루는 사항을 충분히 알 수 있도록 압수·수색영장을 제시하여야 한다(대판 2017.09.21. 2015도12400).

정답 O

19년 변시, 21년(2) 모의

198. 정보통신서비스 회사에서 보관 중인 이메일에 대하여 압수·수색영장을 집행하면서 팩스로 영장사본을 송신하였다면, 집행 시에 그 영장의 원본을 제시하지 않더라도 위법하지 않다.

해설 원심은, 수사기관이 2010. 1. 11. 공소외 1 주식회사에서 압수수색영장을 집행하여 피고인이 공소외 2에게 발송한 이메일을 압수한 후 이를 증거로 제출하였으나, 수사기관은 위 압수수색영장을 집행할 당시 공소외 1 주식회사에 팩스로 영장 사본을 송신한 사실은 있으나 영장 원본을 제시하지 않았고 또한 압수조서와 압수물 목록을 작성하여 이를 피압수·수색 당사자에게 교부하였다고 볼 수도 없다고 전제한 다음, 위와 같은 방법으로 압수된 위 각 이메일은 헌법과 형사소송법 제219조, 제118조, 제129조가 정한 절차를 위반하여 수집한 위법수집증거로 원칙적으로 유죄의 증거로 삼을 수 없고, 이러한 절차 위반은 헌법과 형사소송법이 보장하는 적법절차 원칙의 실질적인 내용을 침해하는 경우에 해당하고 위법수집증거의 증거능력을 인정할 수 있는 예외적인 경우에 해당한다고 볼 수도 없어 증거능력이 없다는 이유로, 이 부분 공소사실을 무죄로 판단한 제1심판결을 그대로 유지하였다. 원심의 판단은 앞에서 본 법리에 기초한 것으로서 정당하고, 거기에 압수 절차나 압수물의 증거능력에 관한 법리를 오해하는 등의 잘못이 없다(대판 2017.09.07. 2015도10648).

정답 ×

🕐 20년 변시, 18년(3) 모의

199. 압수수색영장에 저장매체 자체를 직접 또는 하드카피나 이미징 등 형태로 수사기관 사무실 등 외부로 반출하여 해당 파일을 압수수색할 수 있도록 기재되어 있지 않더라도 수사기관이 전자정보의 복사 또는 출력이 불가능하거나 현저히 곤란한 부득이한 사정이 있을 때에는 압수목적물인 저장매체 자체를 수사관서로 반출할 수 있다.

> **해설** 전자정보에 대한 압수·수색영장의 집행에 있어서는 원칙적으로 영장 발부의 사유로 된 혐의사실과 관련된 부분만을 문서 출력물로 수집하거나 수사기관이 휴대한 저장매체에 해당 파일을 복사하는 방식으로 이루어져야 하고, 집행현장의 사정상 위와 같은 방식에 의한 집행이 불가능하거나 현저히 곤란한 부득이한 사정이 있더라도 그와 같은 경우에 그 저장매체 자체를 직접 또는 하드카피나 이미징 등 형태로 수사기관 사무실 등 외부로 반출하여 해당 파일을 압수·수색할 수 있도록 영장에 기재되어 있고 실제 그와 같은 사정이 발생한 때에 한하여 예외적으로 허용될 수 있을 뿐이다(대법 2014.02.27. 2013도12155).

정답

🕐 19년·21년 변시, 17년(3)·20년(2) 모의

200. A는 자신에 대한 세무조사가 진행되자 지인으로부터 세무사 甲을 소개받았다. 甲은 세무공무원에게 실제로 청탁할 의사와 능력이 없음에도 세무공무원에게 로비하여 세무조사에서 편의를 봐 줄 수 있게 하고 부과될 세금을 많이 낮춰 줄 것이니 공무원에게 사용할 로비자금을 A에게 요구하였고, 이에 A는 甲에게 3,000만 원을 건네 주었다. 그런데 A는 생각했던 것보다 별다른 도움을 받지 못하자 수사기관에 甲을 고소하였다. 이에 검사는 A를 조사한 후 법원으로부터 변호사법위반 및 사기에 관한 압수·수색영장을 발부받아 甲의 사무실에서 컴퓨터 하드디스크를 압수하여 수사기관으로 가지고 왔다. 검사는 하드디스크에 저장된 정보를 탐색하던 중 성명불상 여자의 치마 속이 찍힌 사진 여러 장을 발견하였음에도 별도로 영장을 발부받지 않고 이를 출력한 다음, 甲에 대한 피의자신문 과정에서 이를 제시하자, 甲은 지하철에서 무단 촬영한 사진이라고 자백하였다. 검사는 甲을 변호사법위반, 사기, 성폭력범죄의처벌등에관한특례법위반(카메라등이용촬영·반포등)으로 기소하였다.

(1) 저장매체에 대한 압수·수색 과정에서 범위를 정하여 출력·복제하는 방법이 불가능하거나 압수의 목적을 달성하기에 현저히 곤란한 예외적인 사정이 인정되어 전자정보가 담긴 저장매체를 수사기관 사무실 등으로 옮겨 복제·탐색·출력하는 경우, 피압수자나 변호인에게 참여 기회를 보장하고 혐의사실과 무관한 전자정보의 임의적인 복제 등을 막기 위한 적절한 조치를 취하는 등 영장주의 원칙과 적법절차를 준수하여야 한다.

(2) 만약 위 컴퓨터 하드디스크 자체의 반출이 적법하다고 하여도, 위 치마 속을 촬영한 사진은 위법하게 수집한 증거이므로 성폭력범죄의처벌등에관한특례법위반(카메라등이용촬영·반포등)에 관한 유죄의 증거로 사용할 수 없는 것이 원칙이다.

(3) 전자정보에 대한 압수·수색영장에 기하여 저장매체 자체를 반출한 후 유관정보를 탐색하는 과정에서 당해 영장의 범죄혐의와는 다른 별도의 범죄혐의와 관련된 증거를 발견하게 되어 이를 압수하려는 경우에는 더 이상의 집행을 중단하고 법원으로부터 별도의 범죄혐의에 대한 압수·수색영장을 발부받아야 한다.

해설 (1) 저장매체에 대한 압수·수색 과정에서 범위를 정하여 출력 또는 복제하는 방법이 불가능하거나 압수의 목적을 달성하기에 현저히 곤란한 예외적인 사정이 인정되어 전자정보가 담긴 저장매체 또는 하드카피나 이미징 등 형태(이하 '복제본'이라 한다)를 수사기관 사무실 등으로 옮겨 복제·탐색·출력하는 경우에도, 그와 같은 일련의 과정에서 형사소송법 제219조, 제121조에서 규정하는 피압수·수색 당사자(이하 '피압수자'라 한다)나 변호인에게 참여의 기회를 보장하고 혐의사실과 무관한 전자정보의 임의적인 복제 등을 막기 위한 적절한 조치를 취하는 등 영장주의 원칙과 적법절차를 준수하여야 한다. … (2) 전자정보에 대한 압수·수색에 있어 저장매체 자체를 외부로 반출하거나 하드카피·이미징 등의 형태로 복제본을 만들어 외부에서 저장매체나 복제본에 대하여 압수·수색이 허용되는 예외적인 경우에도 혐의사실과 관련된 전자정보 이외에 이와 무관한 전자정보를 탐색·복제·출력하는 것은 원칙적으로 위법한 압수·수색에 해당하므로 허용될 수 없다. 그러나 (3) 전자정보에 대한 압수·수색이 종료되기 전에 혐의사실과 관련된 전자정보를 적법하게 탐색하는 과정에서 별도의 범죄혐의와 관련된 전자정보를 우연히 발견한 경우라면, 수사기관은 더 이상의 추가 탐색을 중단하고 법원에서 별도의 범죄혐의에 대한 압수·수색영장을 발부받은 경우에 한하여 그러한 정보에 대하여도 적법하게 압수·수색을 할 수 있다. 나아가 이러한 경우에도 별도의 압수·수색 절차는 최초의 압수·수색 절차와 구별되는 별개의 절차이고, 별도 범죄혐의와 관련된 전자정보는 최초의 압수·수색영장에 의한 압수·수색의 대상이 아니어서 저장매체의 원래 소재지에서 별도의 압수·수색영장에 기해 압수·수색을 진행하는 경우와 마찬가지로 피압수·수색 당사자(이하 '피압수자'라 한다)는 최초의 압수·수색 이전부터 해당 전자정보를 관리하고 있던 자라 할 것이므로, 특별한 사정이 없는 한 피압수자에게 형사소송법 제219조, 제121조, 제129조에 따라 참여권을 보장하고 압수한 전자정보 목록을 교부하는 등 피압수자의 이익을 보호하기 위한 적절한 조치가 이루어져야 한다(대결 2015.07.16. 2011모1839(전합)).

정답 O, O, O

 23년 변시, 22년(2) 모의

201. 피해자 등 제3자가 피의자의 소유·관리에 속하는 정보저장매체를 영장에 의하지 않고 임의제출한 경우에는 특별한 사정이 없는 한 피의자에게도 참여권을 보장하고 압수한 전자정보 목록을 교부하는 등 피의자의 절차적 권리를 보장하기 위한 적절한 조치가 이루어져야 한다.

해설 피해자 등 제3자가 피의자의 소유·관리에 속하는 정보저장매체를 영장에 의하지 않고 임의제출한 경우에는 실질적 피압수·수색 당사자(이하 '피압수자'라 한다)인 피의자가 수사기관으로 하여금 그 전자정보 전부를 무제한 탐색하는 데 동의한 것으로 보기 어려울 뿐만 아니라 피의자 스스로 임의제출한 경우 피의자의 참여권 등이 보장되어야 하는 것과 견주어 보더라도 특별한 사정이 없는 한 형사소송법 제219조, 제121조, 제129조에 따라 피의자에게 참여권을 보장하고 압수한 전자정보 목록을 교부하는 등 피의자의 절차적 권리를 보장하기 위한 적절한 조치가 이루어져야 한다(대판 2022.01.27. 2021도11170(전합)).

정답 O

⏱ 20년·22년 변시

202. 수사기관이 甲의 뇌물수수 범행을 범죄사실로 하여 발부받은 압수수색영장을 집행하는 과정에, 乙과 丙 사이의 甲과 무관한 별개의 뇌물수수에 관한 대화가 녹음된 녹음파일을 발견한 경우, 별도의 압수수색영장을 발부받지 않더라도 위 녹음파일을 乙과 丙에 대한 뇌물수수죄의 증거로 사용할 수 있다.

해설 사법기관이 피의자 甲의 공직선거법 위반 범행을 영장 범죄사실로 하여 발부받은 압수·수색영장의 집행 과정에서 乙, 丙 사이의 대화가 녹음된 녹음파일(이하 '녹음파일'이라 한다)을 압수하여 乙, 丙의 공직선거법 위반 혐의사실을 발견한 사안에서, 압수·수색영장에 기재된 '피의자'인 甲이 녹음파일에 의하여 의심되는 혐의사실과 무관한 이상, 수사기관이 별도의 압수·수색영장을 발부받지 아니한 채 압수한 녹음파일은 형사소송법 제219조에 의하여 수사기관의 압수에 준용되는 형사소송법 제106조 제1항이 규정하는 '피고사건' 내지 같은 법 제215조 제1항이 규정하는 '해당 사건'과 '관계가 있다고 인정할 수 있는 것'에 해당하지 않으며, 이와 같은 압수에는 헌법 제12조 제1항 후문, 제3항 본문이 규정하는 영장주의를 위반한 절차적 위법이 있으므로, 녹음파일은 형사소송법 제308조의2에서 정한 '적법한 절차에 따르지 아니하고 수집한 증거'로서 증거로 쓸 수 없고, 그 절차적 위법은 헌법상 영장주의 내지 적법절차의 실질적 내용을 침해하는 중대한 위법에 해당하여 예외적으로 증거능력을 인정할 수도 없다(대판 2014.01.16. 2013도7101).

정답

17년(2) 모의

203. 법원이 공판정에서 압수·수색을 할 때에는 영장을 요하지 않으나 공판정 외에서 압수·수색을 할 때에는 영장을 발부하여야 한다.

해설 형사소송법 제113조 참조.

형사소송법 제113(압수 · 수색영장) 공판정 외에서 압수 또는 수색을 함에는 영장을 발부하여 시행하여야 한다.

정답 ○

⏱ 17년 변시, 13년(2) 모의

204. 검사가 압수·수색하는 과정에서 급속을 요하는 때에는 압수·수색영장을 집행하면서 참여권자에 대한 사전통지를 생략하였다고 하더라도 적법절차원칙에 위배되지 않는다.

해설 형사소송법 제122조 단서에 해당하는 경우에는 사전통지 없이 압수·수색이 가능하므로 언제나 사전통지를 해야 하는 것은 아니다.

형사소송법 제122조(영장집행과 참여권자에의 통지) 압수·수색영장을 집행함에는 미리 집행의 일시와 장소를 전조에 규정한 자에게 통지하여야 한다. 단, 전조에 규정한 자가 참여하지 아니한다는 의사를 명시한 때 또는 급속을 요하는 때에는 예외로 한다.

판례 피의자 또는 변호인은 압수·수색영장의 집행에 참여할 수 있고(형사소송법 제219조, 제121조), 압수·수색영장을 집행함에는 원칙적으로 미리 집행의 일시와 장소를 피의자 등에게 통지하여야 하나(형사소송법 제122조 본문), '급속을 요하는 때'에는 위와 같은 통지를 생략할 수 있다(형사소송법 제122조 단서). 여기서 '급속을 요하는 때'라고 함은 압수·수색영장 집행 사실을 미리 알려주면 증거물을 은닉할 염려 등이 있어 압수·수색의 실효를 거두기 어려울 경우라고 해석함이 옳고, 그와 같이 합리적인 해석이 가능하므로 형사소송법 제122조 단서가 명확성의 원칙 등에 반하여 위헌이라고 볼 수 없다(대판 2012.10.11. 2012도7455).

정답

16년·17년·19년·22년 변시, 12년(2)·13년(2)·15년(2)·16년(1)·18년(3)·21년(2)·(3) 모의

205. 압수·수색영장의 유효기간이 남아 있더라도 수사기관이 압수·수색영장을 제시하고 집행에 착수하여 그 집행을 종료하였다면 이를 다시 제시하고 압수·수색할 수 없다.

해설 형사소송법 제215조에 의한 압수·수색영장은 수사기관의 압수·수색에 대한 허가장으로서 거기에 기재되는 유효기간은 집행에 착수할 수 있는 종기를 의미하는 것일 뿐이므로, 수사기관이 압수·수색영장을 제시하고 집행에 착수하여 압수·수색을 실시하고 그 집행을 종료하였다면 이미 그 영장은 목적을 달성하여 효력이 상실되는 것이고, 동일한 장소 또는 목적물에 대하여 다시 압수·수색할 필요가 있는 경우라면 그 필요성을 소명하여 법원으로부터 새로운 압수·수색영장을 발부 받아야 하는 것이지, 앞서 발부 받은 압수·수색영장의 유효기간이 남아있다고 하여 이를 제시하고 다시 압수·수색을 할 수는 없다(대결 1999.12.01. 99모161).

정답

23년(3) 모의

206. 피의자에 대한 구속영장의 집행이 그 발부 시로부터 정당한 사유 없이 시간이 지체되어 이루어졌더라도, 구속영장이 그 유효기간 내에 집행되었다면 정당한 사유 없이 지체된 기간 동안의 체포 내지 구금 상태는 위법하지 아니하다.

해설 헌법이 정한 적법절차와 영장주의 원칙, 형사소송법이 정한 체포된 피의자의 구금을 위한 구속영장의 청구, 발부, 집행절차에 관한 규정을 종합하면, 법관이 검사의 청구에 의하여 체포된 피의자의 구금을 위한 구속영장을 발부하면 검사와 사법경찰관리는 지체 없이 신속하게 구속영장을 집행하여야 한다. 피의자에 대한 구속영장의 제시와 집행이 그 발부 시로부터 정당한 사유 없이 시간이 지체되어 이루어졌다면, 구속영장이 그 유효기간 내에 집행되었다고 하더라도 위 기간 동안의 체포 내지 구금 상태는 위법하다(대판 2021.04.29. 2020도16438).

정답

15년 변시, 16년(1) 모의

207. 여관, 음식점 기타 야간에 공중이 출입할 수 있는 장소에는 공개한 시간 내에 한하여 일출 전 일몰 후에도 압수수색영장을 집행할 수 있으나 이 경우 반드시 영장에 야간집행을 할 수 있다는 기재가 있어야 한다.

해설 원칙적으로 압수·수색영장의 야간집행에 있어서 영장에 야간집행의 기재가 있어야 하지만(형사소송법 제125조), 여관, 음식점 기타 야간에 공중이 출입할 수 있는 장소의 경우에는 공개한 시간 내에 한하여 야간집행의 기재가 없어도 야간에 집행이 가능하다(동법 제126조 제2호).

형사소송법 제125조(야간집행의 제한) 일출 전, 일몰 후에는 압수·수색영장에 야간집행을 할 수 있는 기재가 없으면 그 영장을 집행하기 위하여 타인의 주거, 간수자 있는 가옥, 건조물, 항공기 또는 선차 내에 들어가지 못한다.

형사소송법 제126조(야간집행제한의 예외) 다음 장소에서 압수·수색영장을 집행함에는 전조의 제한을 받지 아니한다.
1. 도박 기타 풍속을 해하는 행위에 상용된다고 인정하는 장소
2. 여관, 음식점 기타 야간에 공중이 출입할 수 있는 장소. 단, 공개한 시간 내에 한한다.

정답

15년·19년 변시

208. 우편물 통관검사절차에서 이루어지는 우편물의 개봉, 시료채취, 성분분석 등의 검사는 수출입물품에 대한 적정한 통관 등을 목적으로 한 행정조사의 성격을 가지는 것으로서 수사기관의 강제처분이라고 할 수 없으므로, 압수·수색영장 없이 우편물의 개봉, 시료채취, 성분분석 등 검사가 진행되었다고 하더라도 특별한 사정이 없는 한 위법하다고 볼 수 없다.

해설 관세법 제246조 제1항, 제2항, 제257조, '국제우편물 수입통관 사무처리'(2011. 9. 30. 관세청고시 제2011-40호) 제1-2조 제2항, 제1-3조, 제3-6조, 구 '수출입물품 등의 분석사무 처리에 관한 시행세칙'(2013. 1. 4. 관세청훈령 제1507호로 개정되기 전의 것) 등과 관세법이 관세의 부과·징수와 아울러 수출입물품의 통관을 적정하게 함을 목적으로 한다는 점(관세법 제1조)에 비추어 보면, 우편물 통관검사절차에서 이루어지는 우편물의 개봉, 시료채취, 성분분석 등의 검사는 수출입물품에 대한 적정한 통관 등을 목적으로 한 행정조사의 성격을 가지는 것으로서 수사기관의 강제처분이라고 할 수 없으므로, 압수·수색영장 없이 우편물의 개봉, 시료채취, 성분분석 등 검사가 진행되었다 하더라도 특별한 사정이 없는 한 위법하다고 볼 수 없다(대판 2013.09.26. 2013도7718).

정답

13년(2) 모의

209. 수사기관이 작성하여 피압수자 등에게 교부해야 하는 압수물 목록은 압수 직후 현장에서 바로 작성하여 교부해야 하는 것이 원칙이다.

해설 공무원인 수사기관이 작성하여 피압수자 등에게 교부해야 하는 압수물 목록에는 작성연월일을 기재하고, 그 내용은 사실에 부합하여야 한다. 압수물 목록은 피압수자 등이 압수물에 대한 환부·가환부신청을 하거나 압수처분에 대한 준항고를 하는 등 권리행사절차를 밟는 가장 기초적인 자료가 되므로, 이러한 권리행사에 지장이 없도록 압수 직후 현장에서 바로 작성하여 교부해야 하는 것이 원칙이다(대판 2009.03.12. 2008도763).

정답 O

19년 변시

210. 사법경찰관이 압수·수색대상인 컴퓨터 하드디스크를 수사기관의 사무실로 적법하게 반출하여 그 하드디스크 자체를 탐색하여 혐의사실과 관련된 전자정보를 문서로 출력하거나 파일로 복제하는 일련의 과정은 전체적으로 하나의 영장에 기한 압수·수색의 일환에 해당한다.

해설 수사기관의 전자정보에 대한 압수·수색은 원칙적으로 영장 발부의 사유로 된 범죄 혐의사실과 관련된 부분만을 문서 출력물로 수집하거나 수사기관이 휴대한 저장매체에 해당 파일을 복제하는 방식으로 이루어져야 한다. 다만 예외적으로 저장매체 자체를 직접 반출하거나 그 저장매체에 들어 있는 전자파일 전부를 하드카피나 이미징(imaging) 등의 형태(이하 '복제본'이라 한다)로 수사기관 사무실 등 외부로 반출하는 방식으로 압수·수색하는 것이 허용될 수 있다. 가령 현장의 사정이나 전자정보의 대량성으로 말미암아 관련 정보 획득에 긴 시간이 들거나 전문 인력에 의한 기술적 조치가 필요한 경우 등과 같이 범위를 정하여 출력하거나 복제하는 방법이 불가능하거나 압수의 목적을 달성하기에 현저히 곤란하다고 인정되는 때에 한하여 저장매체 자체 또는 복제본을 외부에 반출하는 방식으로 압수·수색을 할 수 있다고 보아야 한다. 저장매체 자체 또는 적법하게 획득한 복제본을 탐색하여 혐의사실과 관련된 전자정보를 문서로 출력하거나 파일로 복제하는 일련의 과정은 전체적으로 하나의 영장에 따른 압수·수색이라고 볼 수 있다(대판 2017.11.14. 2017도3449).

정답 O

🕐 19년·22년 변시, 19년(1)·21년(1) 모의

211. **(1)** 수사기관이 피의자의 이메일 계정에 대한 접근권한에 갈음하여 발부받은 압수·수색영장의 집행에 필요한 처분은 원격지 서버에 있는 피의자의 이메일 등 관련 전자정보를 수색장소의 정보처리장치로 내려받거나 그 화면에 현출시키는 행위와 같이 집행의 목적을 달성하기 위한 필요 최소한도의 범위 내에서 그 수단과 목적에 비추어 사회통념상 상당하다고 인정되는 행위이어야 한다.

(2) 수사기관이 피의자의 이메일 계정에 대한 접근권한에 갈음하여 발부받은 영장에 따라 영장 기재 수색장소에 있는 컴퓨터 등 정보처리장치를 이용하여 적법하게 취득한 피의자의 이메일 계정 아이디와 비밀번호를 입력하는 등 피의자가 접근하는 통상적인 방법에 따라 원격지의 저장매체에 접속하고 그곳에 저장되어 있는 피의자의 이메일 관련 전자정보를 수색장소의 정보처리장치로 내려받거나 그 화면에 현출시키는 방법으로 수집한 증거는 증거능력이 인정된다.

(3) (2)의 경우, 원격지의 저장매체가 국외에 있는 경우라 하더라도 피의자의 이메일 관련 전자정보는 증거능력이 인정된다.

해설 압수·수색은 대상물의 소유자 또는 소지자를 상대로 할 수 있고, 이는 해당 소유자 또는 소지자가 피고인이나 피의자인 경우에도 마찬가지이다(형사소송법 제106조 제1항, 제2항, 제107조 제1항, 제108조, 제109조 제1항, 제219조 참조). 또한 정보저장매체에 저장된 전자정보에 대한 압수·수색은 영장 발부의 사유로 된 범죄 혐의사실과 관련된 부분만을 출력하거나 복제하는 방법으로 하여야 하고, 다만 범위를 정하여 출력 또는 복제하는 방법이 불가능하거나 압수의 목적을 달성하기에 현저히 곤란하다고 인정되는 때에는 정보저장매체 자체를 압수할 수 있다(형사소송법 제106조 제3항, 제219조 참조). … 나아가 압수·수색할 전자정보가 압수·수색영장에 기재된 수색장소에 있는 컴퓨터 등 정보처리장치 내에 있지 아니하고 그 정보처리장치와 정보통신망으로 연결되어 제3자가 관리하는 원격지의 서버 등 저장매체에 저장되어 있는 경우에도, (2)수사기관이 피의자의 이메일 계정에 대한 접근권한에 갈음하여 발부받은 영장에 따라 영장 기재 수색장소에 있는 컴퓨터 등 정보처리장치를 이용하여 적법하게 취득한 피의자의 이메일 계정 아이디와 비밀번호를 입력하는 등 피의자가 접근하는 통상적인 방법에 따라 원격지의 저장매체에 접속하고 그곳에 저장되어 있는 피의자의 이메일 관련 전자정보를 수색장소의 정보처리장치로 내려받거나 그 화면에 현출시키는 것 역시 피의자의 소유에 속하거나 소지하는 전자정보를 대상으로 이루어지는 것이므로 그 전자정보에 대한 압수·수색을 위와 달리 볼 필요가 없다. … 위와 같은 사정을 종합하여 보면, (1)피의자의 이메일 계정에 대한 접근권한에 갈음하여 발부받은 압수·수색영장에 따라 원격지의 저장매체에 적법하게 접속하여 내려받거나 현출된 전자정보를 대상으로 하여 범죄 혐의사실과 관련된 부분에 대하여 압수·수색하는 것은, 압수·수색영장의 집행을 원활하고 적정하게 행하기 위하여 필요한 최소한도의 범위 내에서 이루어지며 그 수단과 목적에 비추어 사회통념상 타당하다고 인정되는 대물적 강제처분 행위로서 허용되며, 형사소송법 제120조 제1항에서 정한 압수·수색영장의 집행에 필요한 처분에 해당한다. 그리고 (3)이러한 법리는 원격지의 저장매체가 국외에 있는 경우라 하더라도 그 사정만으로 달리 볼 것은 아니다(대판 2017.11.29. 2017도9747).

정답 ○, ○, ○

4. 압수수색에 있어서의 영장주의의 예외

(1) 체포구속 목적의 피의자 수사

13년 변시, 12년(3)·15년(1)·17년(2) 모의

212. 검사 또는 사법경찰관은 영장에 의한 체포의 경우 필요한 때에는 영장 없이 타인의 주거에서 피의자를 수색할 수 있다.

> 해설 2019.12.31.자로 형사소송법 제216조 제1항 제1호 단서가 개정되었음에 유의한다.

> 형사소송법 제216조(영장에 의하지 아니한 강제처분) ① 검사 또는 사법경찰관은 제200조의2·제200조의3·제201조 또는 제212조의 규정에 의하여 피의자를 체포 또는 구속하는 경우에 필요한 때에는 영장없이 다음 처분을 할 수 있다. <개정 1995.12.29, 2019.12.31>
> 1. 타인의 주거나 타인이 간수하는 가옥, 건조물, 항공기, 선차 내에서의 피의자 수색. 다만, 제200조의2 또는 제201조에 따라 피의자를 체포 또는 구속하는 경우의 피의자 수색은 미리 수색영장을 발부받기 어려운 긴급한 사정이 있는 때에 한정한다.

정답

13년·16년 변시, 12년(3)·15년(1)·16년(2)·17년(1)·(2) 모의

213. 사법경찰관이 현행범을 체포하는 경우에 필요한 때에는 영장 없이 타인의 주거나 타인이 간수하는 가옥, 건조물, 항공기, 선차 내에서 피의자를 찾기 위하여 수색할 수 있다.

> 해설 형사소송법 제216조 제1항 제1호 참조.

> 형사소송법 제216조(영장에 의하지 아니한 강제처분) ① 검사 또는 사법경찰관은 제200조의2·제200조의3·제201조 또는 제212조의 규정에 의하여 피의자를 체포 또는 구속하는 경우에 필요한 때에는 영장없이 다음 처분을 할 수 있다. <개정 1995.12.29, 2019.12.31>
> 1. 타인의 주거나 타인이 간수하는 가옥, 건조물, 항공기, 선차 내에서의 피의자 수색. 다만, 제200조의2 또는 제201조에 따라 피의자를 체포 또는 구속하는 경우의 피의자 수색은 미리 수색영장을 발부받기 어려운 긴급한 사정이 있는 때에 한정한다.

정답

(2) 체포현장에서의 압수·수색·검증

22년(3) 모의

214. 수사기관이 적법하게 현행범을 체포할 때 필요한 경우라면 체포에 착수하지 아니한 상태라도 영장없이 체포현장에서 압수·수색·검증을 할 수 있다.

> 해설 체포현장의 시간적 범위에 있어서 체포현장은 체포행위와 압수수색 사이에 시간적 접착성이 있는 장소이어야 하는데, 구체적으로 학설은 ① 체포행위와 압수수색이 시간적으로 접착되어 있으면 족하다는 체포접착설, ② 압수수색 당시에 피의자가 현장에 있으면 족하다는 체포현장설, ③ 압수수

색 당시에 피의자가 현장에 있고 체포에 착수할 것을 요한다는 체포착수설, ④ 피의자가 현실적으로 체포되었을 것을 필요로 한다는 체포실현설로 나뉘고, 판례는 체포착수설의 입장이다.(출처-이창현 교수의 형사교실)

> (경찰관들이 노래연습장에서의 주류 판매에 대한 신고를 받고 현장에 출동하여 위반 사실을 확인하기 위해 노래연습장 내부를 수색하자, 영업주가 물리력을 행사해 저지한 행위를 공무집행방해죄로 기소한 사건에서) 경찰관들의 행위는 ① 형사소송법 제216조 제3항이 정한 '긴급을 요하여 법원 판사의 영장을 받을 수 없는 때'의 요건을 갖추지 못하였고 ② 또한 현행범체포에 착수하지 아니한 상태여서 제216조 제1항 제2호, 제212조가 정하는 '체포현장에서의 압수·수색' 요건을 갖추지 못하였으므로, 영장없이 압수·수색업무로서의 적법한 직무집행으로 볼 수 없다고 판단한 사례 (대판 2017.11.29. 2014도16080)

정답 ×

 20년 변시·20년(1)·22년(2) 모의

215. (1) 경찰관 P는 甲의 체포현장에서 영장 없이 甲 차량에 설치되어 있는 블랙박스 저장장치를 압수·수색할 수 없다.

(2) 검사 또는 사법경찰관은 체포현장에서 영장 없이 압수한 물건을 계속 압수할 필요가 있는 경우에는 지체 없이 압수수색영장을 청구하여야 하는데, 이 경우 압수수색영장의 청구는 압수한 때부터 48시간 이내에 하여야 한다.

해설 (1) 형사소송법 제216조 제1항 제2호 참조, (2) 제217조 제2항 참조.
▶ (2)의 경우 체포한 때로부터 48시간 이내임을 유의한다.

> 형사소송법 제216조(영장에 의하지 아니한 강제처분) ① 검사 또는 사법경찰관은 제200조의2·제200조의3·제201조 또는 제212조의 규정에 의하여 피의자를 체포 또는 구속하는 경우에 필요한 때에는 영장없이 다음 처분을 할 수 있다. <개정 1995.12.29, 2019.12.31>
> 2. 체포현장에서의 압수, 수색, 검증
> 형사소송법 제217조(영장에 의하지 아니하는 강제처분) ② 검사 또는 사법경찰관은 제1항 또는 제216조 제1항제2호에 따라 압수한 물건을 계속 압수할 필요가 있는 경우에는 지체 없이 압수수색영장을 청구하여야 한다. 이 경우 압수수색영장의 청구는 체포한 때부터 48시간 이내에 하여야 한다.

정답 ×, ×

 16년 변시

216. 사법경찰관은 속칭 '대포통장' 거래 혐의로 체포영장이 발부된 피의자를 공원에서 체포한 후 피의자를 주거지에 데리고 가 범행 증거물인 통장을 영장없이 압수할 수 있다.

해설 체포현장의 의미와 관련하여 어느 정도의 시간적 접착을 요하는지 문제가 되는데, 이에 대하여 시간·장소적 접착설, 체포착수설, 현장설 및 현실적 체포설이 대립하나 체포현장에서의 압수·수색·검증이 체포와의 사이에 시간적 접착을 요한다는 점에 대하여는 이론이 없다. 따라서 설문처럼 체포행위를 행한 장소와는 다른 장소의 경우 증거물의 존재를 인정할 개연성이 없고 체포행위와 시간적·장소적 접착성도 인정되지 않는 경우이어서 체포현장이라고 할 수 없으므로 영장없이 압수·수색을 할 수 없다. ▶ 약 사법경찰관이 피의자를 '긴급체포'한 경우라면 형사소송법 제217조 제1항에 해당하여 통장을 압수할 수 있지만, 지문은 사법경찰관이 피의자를 '영장에 의하여 체포'한 것임을 주의해야 한다.

> 형사소송법 제216조(영장에 의하지 아니한 강제처분) ① 검사 또는 사법경찰관은 제200조의2(영장에 의한 체포)·제200조의3(긴급체포)·제201조(구속) 또는 제212조(현행범인의 체포)의 규정에 의하여 피의자를 체포 또는 구속하는 경우에 필요한 때에는 영장 없이 다음 처분을 할 수 있다.
>   2. 체포현장에서의 압수, 수색, 검증

정답

217. 체포현장에서 영장 없이 압수 하였으나 사후영장을 발부 받지 않은 압수물의 경우라도 추후 당사자가 동의하면 증거로 사용할 수 있다.

해설 형사소송법 제216조 제1항 제2호, 제217조 제2항, 제3항은 사법경찰관은 형사소송법 제200조의3(긴급체포)의 규정에 의하여 피의자를 체포하는 경우에 필요한 때에는 영장 없이 체포현장에서 압수·수색을 할 수 있고, 압수한 물건을 계속 압수할 필요가 있는 경우에는 지체 없이 압수·수색영장을 청구하여야 하며, 청구한 압수수색영장을 발부받지 못한 때에는 압수한 물건을 즉시 반환하여야 한다고 규정하고 있는바, 형사소송법 제217조 제2항, 제3항에 위반하여 압수수색영장을 청구하여 이를 발부받지 아니하고도 즉시 반환하지 아니한 압수물은 이를 유죄 인정의 증거로 사용할 수 없는 것이고, 헌법과 형사소송법이 선언한 영장주의의 중요성에 비추어 볼 때 피고인이나 변호인이 이를 증거로 함에 동의하였다고 하더라도 달리 볼 것은 아니다(대판 2009.12.24. 2009도11401).

정답

15년(1)·16년(2)·20년(1) 모의

218. 사법경찰관이 현행범을 체포하는 경우에 체포현장인 타인의 주거에서 영장 없이 압수, 수색, 검증을 할 수 있다. 이 경우에 급속을 요하는 경우에 타인의 주거에서 압수·수색영장을 집행함에는 주거주, 간수자 또는 이에 준하는 자를 참여하게 하여야 한다.

해설 체포·구속현장에서 영장없이 압수·수색을 하는 경우 급속을 요하는 때는 영장집행시의 주거주나 간수자의 참여 규정(제123조 제2항)과, 야간집행의 제한 규정(제125조)이 적용되지 않는다(형사소송법 제220조 참조).

> 형사소송법 제216조(영장에 의하지 아니한 강제처분) ① 검사 또는 사법경찰관은 제200조의2·제200조의3·제201조 또는 제212조의 규정에 의하여 피의자를 체포 또는 구속하는 경우에 필요한 때에는 영장 없이 다음 처분을 할 수 있다. <개정 1995. 12. 29., 2019. 12. 31.>
>   1. 타인의 주거나 타인이 간수하는 가옥, 건조물, 항공기, 선차 내에서의 피의자 수색. 다만, 제200조의2 또는 제201조에 따라 피의자를 체포 또는 구속하는 경우의 피의자 수색은 미리 수색영장을 발부받기 어려운 긴급한 사정이 있는 때에 한정한다.
>   2. 체포현장에서의 압수, 수색, 검증

형사소송법 제220조(요급처분) 제216조의 규정에 의한 처분을 하는 경우에 급속을 요하는 때에는 제123조제2항, 제125조의 규정에 의함을 요하지 아니한다.
형사소송법 제123조(영장의 집행과 책임자의 참여) ① 공무소, 군사용의 항공기 또는 선차 내에서 압수·수색영장을 집행함에는 그 책임자에게 참여할 것을 통지하여야 한다.
② 전항에 규정한 이외의 타인의 주거, 간수자 있는 가옥, 건조물, 항공기 또는 선차 내에서 압수·수색영장을 집행함에는 주거주, 간수자 또는 이에 준하는 자를 참여하게 하여야 한다.
③ 전항의 자를 참여하게 하지 못할 때에는 인거인 또는 지방공공단체의 직원을 참여하게 하여야 한다.
형사소송법 제125조(야간집행의 제한) 일출 전, 일몰 후에는 압수·수색영장에 야간집행을 할 수 있는 기재가 없으면 그 영장을 집행하기 위하여 타인의 주거, 간수자 있는 가옥, 건조물, 항공기 또는 선차 내에 들어가지 못한다.

12년(2)·(3) · 23년(3) 모의

219. **수사기관이 준현행범을 체포하는 경우에는 사후에 지체 없이 압수·수색영장을 받는 조건으로 체포현장에서 영장 없이 압수·수색할 수 있다.**

해설 준현행범인도 현행범인으로 간주되는바(형사소송법 제211조 제2항), 검사 또는 사법경찰관은 준현행범을 체포하는 경우에도 체포현장에서 영장없이 압수·수색·검증을 할 수 있다(동법 제216조 제1항 제2호). 수사기관은 제216조 제1항 제2호에 따라 체포현장에서 영장 없이 압수·수색할 수 있고 물건을 계속 압수할 필요가 있는 경우에 체포한 때부터 48시간 이내에 압수·수색영장을 청구하면 된다.

제211조(현행범인과 준현행범인) ① 범죄의 실행 중이거나 실행의 즉후인 자를 현행범인이라 한다.
② 다음 각 호의 1에 해당하는 자는 현행범인으로 간주한다.
 1. 범인으로 호창되어 추적되고 있는 때
 2. 장물이나 범죄에 사용되었다고 인정함에 충분한 흉기 기타의 물건을 소지하고 있는 때
 3. 신체 또는 의복류에 현저한 증적이 있는 때
 4. 누구임을 물음에 대하여 도망하려 하는 때
형사소송법 제216조(영장에 의하지 아니한 강제처분) ① 검사 또는 사법경찰관은 제200조의2(영장에 의한 체포)·제200조의3(긴급체포)·제201조(구속) 또는 제212조(현행범인의 체포)의 규정에 의하여 피의자를 체포 또는 구속하는 경우에 필요한 때에는 영장 없이 다음 처분을 할 수 있다.
 2. 체포현장에서의 압수, 수색, 검증
형사소송법 제217조(영장에 의하지 아니하는 강제처분) ② 검사 또는 사법경찰관은 제1항 또는 제216조 제1항 제2호에 따라 압수한 물건을 계속 압수할 필요가 있는 경우에는 지체 없이 압수수색영장을 청구하여야 한다. 이 경우 압수수색영장의 청구는 체포한 때부터 48시간 이내에 하여야 한다.

(3) 피고인 구속현장에서의 압수·수색·검증

12년(3)·18년(2)·22년(2) 모의

220. 검사 또는 사법경찰관은 피고인에 대한 구속영장을 집행하는 경우 구속현장에서 영장 없이 압수·수색을 할 수 있다.

> 해설 형사소송법 제216조 제1항 제2호, 제2항 참조.
>
> 형사소송법 제216조(영장에 의하지 아니한 강제처분) ① 검사 또는 사법경찰관은 제200조의2(영장에 의한 체포)·제200조의3(긴급체포)·제201조(구속) 또는 제212조(현행범인의 체포)의 규정에 의하여 피의자를 체포 또는 구속하는 경우에 필요한 때에는 영장 없이 다음 처분을 할 수 있다.
> 2. 체포현장에서의 압수, 수색, 검증
> ② 전항 제2호의 규정은 검사 또는 사법경찰관이 피고인에 대한 구속영장의 집행의 경우에 준용한다.

(4) 범죄장소에서의 압수·수색·검증

19년(1)·20년(2) 모의

221. 甲은 자동차를 운행하여 가던 중 앞서가고 있는 A의 포터 화물차 차량 뒤에서 시속 70Km의 속도로 30~40m의 거리를 두고 운행하다가 때마침 진행방향 전방에서 반대방향의 중앙선을 침범한 乙의 차량과 A의 차량이 충돌하는 사고가 발생한 후 A의 차량 뒷 적재함 부분을 자신의 승용차의 앞부분으로 들이받았다. A는 119 구급대에 의해 병원으로 후송되던 중 흉부손상으로 사망하였다. 사법경찰관 P가 사고 현장에 임하여 작성한 실황조사서는 법관으로부터 사후영장을 발부받지 않는 한 증거능력이 인정되지 않는다.

> 해설 사법경찰관 사무취급이 작성한 실황조서가 사고발생 직후 사고장소에서 긴급을 요하여 판사의 영장없이 시행된 것으로서 형사소송법 제216조 제3항에 의한 검증에 따라 작성된 것이라면 사후영장을 받지 않는 한 유죄의 증거로 삼을 수 없다(대판 1989.03.14. 88도1399).

14년·16년 변시, 16년(3)·17년(3)·18년(3)·22년(2) 모의

222. 음주운전 혐의가 있는 피의자가 교통사고를 야기한 후 의식불명의 상태로 병원 응급실에 후송되었고 피의자의 신체와 의복에서 술 냄새 등이 현저하더라도 병원 응급실을 범죄 장소에 준한다고 볼 수 없으므로 영장 없이 채혈할 수 없다.

> 해설 음주운전 중 교통사고를 야기한 후 피의자가 의식불명 상태에 빠져 있는 등으로 도로교통법이 음주운전의 제1차적 수사방법으로 규정한 호흡조사에 의한 음주측정이 불가능하고 혈액 채취에 대한 동의를 받을 수도 없을 뿐만 아니라 법원으로부터 혈액 채취에 대한 감정처분허가장이나 사전 압수영장을 발부받을 시간적 여유도 없는 긴급한 상황이 생길 수 있다. 이러한 경우 피의자의 신체 내지 의복류에 주취로 인한 냄새가 강하게 나는 등 형사소송법 제211조 제2항 제3호가 정하는 범죄의 증적이

현저한 준현행범인의 요건이 갖추어져 있고 교통사고 발생 시각으로부터 사회통념상 범행 직후라고 볼 수 있는 시간 내라면, 피의자의 생명·신체를 구조하기 위하여 사고현장으로부터 곧바로 후송된 병원 응급실 등의 장소는 형사소송법 제216조 제3항의 범죄 장소에 준한다 할 것이므로, 검사 또는 사법경찰관은 피의자의 혈중알코올농도 등 증거의 수집을 위하여 의료법상 의료인의 자격이 있는 자로 하여금 의료용 기구로 의학적인 방법에 따라 필요최소한의 한도 내에서 피의자의 혈액을 채취하게 한 후 그 혈액을 영장 없이 압수할 수 있다. 다만 이 경우에도 형사소송법 제216조 제3항 단서, 형사소송규칙 제58조, 제107조 제1항 제3호에 따라 사후에 지체 없이 강제채혈에 의한 압수의 사유 등을 기재한 영장청구서에 의하여 법원으로부터 압수영장을 받아야 한다(대판 2012.11.15. 2011도15258).

> 형사소송법 제216조(영장에 의하지 아니한 강제처분) ③ 범행 중 또는 범행직후의 범죄 장소에서 긴급을 요하여 법원판사의 영장을 받을 수 없는 때에는 영장없이 압수, 수색 또는 검증을 할 수 있다. 이 경우에는 사후에 지체없이 영장을 받아야 한다.

정답

20년 변시, 12년(3)·16년(2)·18년(2)·22년(2) 모의

223. 검사 또는 사법경찰관은 범행 중 또는 범행직후의 범죄현장에서 긴급을 요하여 법원판사의 영장을 받을 수 없는 때에는 영장 없이 압수·수색 또는 검증을 할 수 있다. 이 경우 사후에 지체 없이 영장을 받아야 한다.

해설 형사소송법 제216조 제3항 참조.

> 형사소송법 제216조(영장에 의하지 아니한 강제처분) ③ 범행 중 또는 범행직후의 범죄 장소에서 긴급을 요하여 법원판사의 영장을 받을 수 없는 때에는 영장없이 압수, 수색 또는 검증을 할 수 있다. 이 경우에는 사후에 지체없이 영장을 받아야 한다.

정답

15년(1)·18년(2)·22년(2) 모의

224. (1) 검사 또는 사법경찰관은 범행 중 또는 범행 직후의 범죄 장소에서 긴급을 요하여 영장을 발부받을 수 없는 때에는 영장 없이 압수·수색 또는 검증을 할 수 있고, 이는 피의자의 체포·구속을 전제로 하지 않는다.

(2) 경찰관이 음주운전을 적발한 후 주취운전자를 체포하지 아니하면서도 영장없이 그 차량열쇠를 압수하였다면, 이 압수조치는 위법하다.

해설 형사소송법 제216조 제3항의 범죄장소에서의 압수·수색·검증은 피의자의 체포·구속을 전제로 하지 않는다는 점에서 체포현장에서의 압수수색과는 다르다. 즉 체포현장에서의 압수·수색이 피의자의 체포 또는 구속을 전제로 한 현장성을 강조하는 반면, 본 규정은 '현행범 상황 및 준현행범 상황'의 현장성을 강조하면서도 피의자의 체포 또는 구속을 전제로 하지 않는다는 점에 특색이 있다(정웅석·백승민 형사소송법 제6판 p242).

판례 주취운전이라는 범죄행위로 당해 음주운전자를 구속·체포하지 아니한 경우에도 필요하다면 그 차량열쇠는 범행 중 또는 범행 직후의 범죄장소에서의 압수로서 형사소송법 제216조 제3항에 의하여 영장 없이 이를 압수할 수 있다(대판 1998.05.08. 97다54482).

정답 O, ×

(5) 긴급체포시의 압수·수색·검증

17년(2) 모의

225. 사법경찰관이 긴급체포 시 압수한 물건에 관하여 사후영장을 발부받지 않은 경우에도 피고인이나 변호인이 증거로 함에 동의하였다면 이를 증거로 사용할 수 있다.

해설 형사소송법 제216조 제1항 제2호, 제217조 제2항, 제3항은 사법경찰관은 형사소송법 제200조의3(긴급체포)의 규정에 의하여 피의자를 체포하는 경우에 필요한 때에는 영장 없이 체포현장에서 압수·수색을 할 수 있고, 압수한 물건을 계속 압수할 필요가 있는 경우에는 지체 없이 압수수색영장을 청구하여야 하며, 청구한 압수수색영장을 발부받지 못한 때에는 압수한 물건을 즉시 반환하여야 한다고 규정하고 있는바, 형사소송법 제217조 제2항, 제3항에 위반하여 압수수색영장을 청구하여 이를 발부받지 아니하고도 즉시 반환하지 아니한 압수물은 이를 유죄 인정의 증거로 사용할 수 없는 것이고, 헌법과 형사소송법이 선언한 영장주의의 중요성에 비추어 볼 때 피고인이나 변호인이 이를 증거로 함에 동의하였다고 하더라도 달리 볼 것은 아니다(대판 2009.12.24. 2009도11401).

정답 ×

17년·18년·19년 변시, 12년(3)·15년(1)·16년(3)·17년(1)·18년(2)·22년(2) 모의

226. (1) 「형사소송법」 제217조 제1항은 수사기관이 피의자를 긴급체포한 상황에서 피의자가 체포되었다는 사실이 공범이나 관련자들에게 알려짐으로써 관련자들이 증거를 파괴하거나 은닉하는 것을 방지하고, 범죄사실과 관련된 증거물을 신속히 확보할 수 있도록 하기 위한 것이므로, 긴급체포된 자가 체포현장이 아닌 장소에서 소유·소지 또는 보관하는 물건을 압수할 수는 없다.

(2) 검사 또는 사법경찰관은 현행범으로 체포된 자가 소유·소지 또는 보관하는 물건에 대하여 체포한 때부터 24시간 이내에 한하여 영장 없이 압수·수색을 할 수 있고, 압수한 물건을 계속 압수하려면 체포 후 48시간 이내에 압수수색영장을 청구하여야 한다.

해설 (1) 형사소송법 제217조 제1항은 수사기관이 피의자를 긴급체포한 상황에서 피의자가 체포되었다는 사실이 공범이나 관련자들에게 알려짐으로써 관련자들이 증거를 파괴하거나 은닉하는 것을 방지하고, 범죄사실과 관련된 증거물을 신속히 확보할 수 있도록 하기 위한 것이다. 이 규정에 따른 압수·수색 또는 검증은 체포현장에서의 압수·수색 또는 검증을 규정하고 있는 형사소송법 제216조 제1항 제2호와 달리, 체포현장이 아닌 장소에서도 긴급체포된 자가 소유·소지 또는 보관하는 물건을 대상으로 할 수 있다(대판 2017.09.12. 2017도10309).

형사소송법 제217조(영장에 의하지 아니하는 강제처분) ① 검사 또는 사법경찰관은 (2)제200조의3(긴급체포)에 따라 체포된 자가 소유·소지 또는 보관하는 물건에 대하여 긴급히 압수할 필요가 있는 경우에는 체포한 때부터 24시간 이내에 한하여 영장 없이 압수·수색 또는 검증을 할 수 있다.
② 검사 또는 사법경찰관은 제1항 또는 제216조 제1항 제2호에 따라 압수한 물건을 계속 압수할 필요가 있는 경우에는 지체 없이 압수수색영장을 청구하여야 한다. 이 경우 압수수색영장의 청구는 체포한 때부터 48시간 이내에 하여야 한다.

정답 ×, ×

22년(3) 모의

227. 사법경찰관이 마약류거래를 하고 있는 피의자를 긴급체포한 후 체포현장에서 약 2km 떨어진 피의자의 주거지에서 체포한 때부터 24시간 이내의 야간에 수색하여 범죄혐의와 관련된 물건을 압수한 후 체포한 때부터 48시간 이내에 검사의 청구로 사후 압수·수색영장을 발부받았다면, 그 물건의 압수는 적법하다.

해설 검사 또는 사법경찰관은 긴급체포된 자가 소유·소지 또는 보관하는 물건에 대하여는 긴급히 압수할 필요가 있는 경우에는 체포한 때부터 24시간 이내에 한하여 영장 없이 압수·수색 또는 검증을 할 수 있고(형사소송법 제217조 제1항), 압수한 물건을 계속 압수할 필요가 있는 경우에는 지체 없이 압수수색영장을 청구하여야 한다. 이 경우 압수수색영장의 청구는 체포한 때부터 48시간 이내에 하여야 한다(같은 조 제2항). 형사소송법 제217조 제1항은 수사기관이 피의자를 긴급체포한 상황에서 피의자가 체포되었다는 사실이 공범이나 관련자들에게 알려짐으로써 관련자들이 증거를 파괴하거나 은닉하는 것을 방지하고, 범죄사실과 관련된 증거물을 신속히 확보할 수 있도록 하기 위한 것이다. 이 규정에 따른 압수·수색 또는 검증은 체포현장에서의 압수·수색 또는 검증을 규정하고 있는 형사소송법 제216조 제1항 제2호와 달리, 체포현장이 아닌 장소에서도 긴급체포된 자가 소유·소지 또는 보관하는 물건을 대상으로 할 수 있다(대판 2017.09.12. 2017도10309). ▶ 서울지방경찰서 소속 경찰관들이 마약류 거래를 하고 있는 피고인을 긴급체포한 뒤 같은 날 영장 없이 체포 현장에서 약 2km 떨어진 피고인의 주거지에 대한 수색을 실시해서 메트암페타민 약 4.82g이 들어 있는 비닐팩 1개(증제2호) 등을 추가로 찾아내어 압수한 사건.

형사소송법 제220조(요급처분) 제216조의 규정에 의한 처분을 하는 경우에 급속을 요하는 때에는 제123조제2항, 제125조의 규정에 의함을 요하지 아니한다. ▶ 제217조는 포함되지 않는다.
형사소송법 제125조(야간집행의 제한) 일출 전, 일몰 후에는 압수·수색영장에 야간집행을 할 수 있는 기재가 없으면 그 영장을 집행하기 위하여 타인의 주거, 간수자 있는 가옥, 건조물, 항공기 또는 선차 내에 들어가지 못한다.

정답 ○

16년 변시

228. 무면허운전으로 현행범체포 된 피의자에 대하여 절도 범행이 의심되는 상황에서 사법경찰관은 경찰서 주차장에 세워 둔 피의자 차량의 문을 열고 내부를 수색하여 절도 범행의 증거물인 현금, 수표 등을 영장없이 압수할 수 있다.

해설 검사 또는 사법경찰관은 피의자를 체포하거나 구속하는 경우에 필요한 때에는 영장 없이 체포현장에서 압수·수색·검증을 할 수 있다(형사소송법 제216조 제1항 제2호). 여기서 체포현장이란 영장에 의한 체포, 긴급체포, 현행범인 체포의 현장뿐만 아니라 구속의 현장도 포함하는 의미이다(이은모, 형사소송법 제6판, p.330). 그리고 체포현장에서 영장 없이 압수·수색·검증할 수 있는 대상은 당해 체포의 원인이 되는 범죄사실에 관한 증거에 한정됨은 물론이다(형사소송법 제215조 참조). 다만 체포의 원인이 된 범죄사실과 관련성이 있다고 인정되는 물건을 적법하게 압수한 경우에는 이를 당해 피의자의 다른 범죄사실에 대한 증거로 사용하는 것은 허용된다고 보아야 한다(대판 2008.07.10. 2008도2245)(이은모, 형사소송법 제6판, p.332). ▶ 무면허운전과 절도범행은 관계가 있다고 인정하기 어려운바, 사법경찰관은 경찰서 주차장에 세워 둔 피의자 차량의 문을 열고 내부를 수색하여 절도 범행의 증거물인 현금, 수표 등을 영장없이 압수할 수 없다.

> 형사소송법 제215조(영장에 의하지 아니하는 강제처분) ① 검사는 범죄수사에 필요한 때에는 피의자가 죄를 범하였다고 의심할 만한 정황이 있고 해당 사건과 관계가 있다고 인정할 수 있는 것에 한정하여 지방법원판사에게 청구하여 발부받은 영장에 의하여 압수, 수색 또는 검증을 할 수 있다.
> ② 사법경찰관이 범죄수사에 필요한 때에는 피의자가 죄를 범하였다고 의심할 만한 정황이 있고 해당 사건과 관계가 있다고 인정할 수 있는 것에 한정하여 검사에게 신청하여 검사의 청구로 지방법원판사가 발부한 영장에 의하여 압수, 수색 또는 검증을 할 수 있다.

정답

16년 변시, 17년(1)·18년(1) 모의

229. 경찰관이 전화금융사기 범행의 혐의자를 긴급체포하면서 형사소송법 제217조 제1항에 따라 그가 보관하고 있던 다른 사람의 주민등록증, 운전면허증 등을 적법하게 압수한 경우, 이를 위 혐의자의 점유이탈물횡령죄 범행에 대한 증거로 사용할 수 있다.

해설 [1] 구 형사소송법 제217조 제1항 등에 의하면 검사 또는 사법경찰관은 피의자를 긴급체포한 경우 체포한 때부터 48시간 이내에 한하여 영장 없이, 긴급체포의 사유가 된 범죄사실 수사에 필요한 최소한의 범위 내에서 당해 범죄사실과 관련된 증거물 또는 몰수할 것으로 판단되는 피의자의 소유, 소지 또는 보관하는 물건을 압수할 수 있다. 이때, 어떤 물건이 긴급체포의 사유가 된 범죄사실 수사에 필요한 최소한의 범위 내의 것으로서 압수의 대상이 되는 것인지는 당해 범죄사실의 구체적인 내용과 성질, 압수하고자 하는 물건의 형상·성질, 당해 범죄사실과의 관련 정도와 증거가치, 인멸의 우려는 물론 압수로 인하여 발생하는 불이익의 정도 등 압수 당시의 여러 사정을 종합적으로 고려하여 객관적으로 판단하여야 한다. [2] 경찰관이 이른바 전화사기죄 범행의 혐의자를 긴급체포하면서 그가 보관하고 있던 다른 사람의 주민등록증, 운전면허증 등을 압수한 경우, 이는 구 형사소송법 제217조 제1항에서 규정한 해당 범죄사실의 수사에 필요한 범위 내의 압수로서 적법하므로, 이를 위 혐의자의 점유이탈물횡령죄 범행에 대한 증거로 인정된다(대판 2008.07.10. 2008도2245).

정답

(6) 임의제출한 물건의 압수

22년 변시

230. 甲과 乙은 A를 살해하기로 공모하고 A의 집으로 찾아가, 乙이 망을 보고 있는 동안 甲은 가지고 있던 식칼로 A를 찔러 살해하였다. 우연히 이를 목격한 행인 B가 경찰에 신고하였고, 사법경찰관 P는 甲과 乙의 범행 직후 A의 집에 도착하여 그 현장에서 甲을 적법하게 체포하고, 甲으로부터 범행에 사용한 식칼을 임의로 제출받아 압수하면서 즉석에서 현장검증을 실시하여 검증조서를 작성하였다. 한편 P는 위 압수한 식칼에 관하여 사후에 압수영장을 발부받지 않았고, B에 대하여는 진술조서를 작성하였다. (다툼이 있는 경우 판례에 의함)

1) P가 실시한 현장검증은 체포현장에서의 검증에 해당하여 영장 없이 할 수 있다.

해설 형사소송법 제216조 참조.

형사소송법 제212조(현행범인의 체포) 현행범인은 누구든지 영장없이 체포할 수 있다.
형사소송법 제216조(영장에 의하지 아니한 강제처분) ① 검사 또는 사법경찰관은 제200조의2·제200조의3·제201조 또는 제212조의 규정에 의하여 피의자를 체포 또는 구속하는 경우에 필요한 때에는 영장 없이 다음 처분을 할 수 있다. <개정 1995. 12. 29., 2019. 12. 31.>
1. 타인의 주거나 타인이 간수하는 가옥, 건조물, 항공기, 선차 내에서의 피의자 수색. 다만, 제200조의2 또는 제201조에 따라 피의자를 체포 또는 구속하는 경우의 피의자 수색은 미리 수색영장을 발부받기 어려운 긴급한 사정이 있는 때에 한정한다.
2. 체포현장에서의 압수, 수색, 검증

정답

2) 甲이 B에 대한 진술조서를 증거로 함에 동의하지 않은 경우라도 위 진술조서에 기재된 B의 주소로 보낸 증인소환장이 주소불명으로 송달되지 않자 검사가 증인신청을 철회하였다면, 위 진술조서를 甲에 대한 유죄 인정의 증거로 사용할 수 있다.

해설 제1심법원이 증인 甲의 주소지에 송달한 증인소환장이 송달되지 아니하자 甲에 대한 소재탐지를 촉탁하여 소재탐지 불능 보고서를 제출받은 다음 甲이 '소재불명'인 경우에 해당한다고 보아 甲에 대한 경찰 및 검찰 진술조서를 증거로 채택한 사안에서, 검사가 제출한 증인신청서에 휴대전화번호가 기재되어 있고, 수사기록 중 甲에 대한 경찰 진술조서에는 집 전화번호도 기재되어 있으며, 그 이후 작성된 검찰 진술조서에는 위 휴대전화번호와 다른 휴대전화번호가 기재되어 있는데도, 검사가 직접 또는 경찰을 통하여 위 각 전화번호로 甲에게 연락하여 법정 출석의사가 있는지 확인하는 등의 방법으로 甲의 법정 출석을 위하여 상당한 노력을 기울였다는 자료가 보이지 않는 사정에 비추어, 甲의 법정 출석을 위한 가능하고도 충분한 노력을 다하였음에도 부득이 甲의 법정 출석이 불가능하게 되었다는 사정이 증명된 경우라고 볼 수 없어 형사소송법 제314조의 '소재불명 그 밖에 이에 준하는 사유로 인하여 진술할 수 없는 때'에 해당한다고 인정할 수 없는데도, 이와 달리 보아 甲에 대한 경찰 및 검찰 진술조서가 형사소송법 제314조에 의하여 증거능력이 있는 것으로 인정한 원심판결에 법리오해의 위법이 있다고 한 사례(대판 2013.04.11. 2013도1435).

정답

3) 甲이 B에 대한 진술조서를 증거로 함에 동의하지 않아 B를 증인으로 소환하였으나 B가 증인소환장을 송달받고도 법원의 소환에 계속하여 불응하고 구인장도 집행되지 않아 B에 대한 법정에서의 신문이 불가능한 경우, 검사가 B에 대한 구인장의 강제력에 기하여 B의 법정 출석을 위한 가능하고도 충분한 노력을 다하였음에도 불구하고 부득이 B의 법정 출석이 불가능하게 되었다는 사정을 입증더라도 위 진술조서를 甲에 대한 유죄 인정의 증거로 사용할 수 없다.

해설 법원이 수회에 걸쳐 진술을 요할 자에 대한 증인소환장이 송달되지 아니하여 그 소재탐지촉탁까지 하였으나 그 소재를 알지 못하게 된 경우 또는 진술을 요할 자가 일정한 주거를 가지고 있더라도 법원의 소환에 계속 불응하고 구인하여도 구인장이 집행되지 아니하는 등 법정에서의 신문이 불가능한 상태의 경우에는 형사소송법 제314조 소정의 "공판정에 출정하여 진술을 할 수 없는 때"에 해당한다고 할 것이므로, 그 진술 내용이나 조서의 작성에 허위개입의 여지가 거의 없고 그 진술내용의 신빙성이나 임의성을 담보할 구체적이고 외부적인 정황이 있는 경우에는 그 진술조서의 증거능력이 인정된다(대판 2000.06.09. 2000도1765).

4) 검사가 위 식칼을 乙에 대한 증거로 제출하였다면, 乙이 이를 증거로 함에 동의하지 않은 경우라도 乙에 대한 유죄 인정의 증거로 사용할 수 있다.

해설 범죄를 실행 중이거나 실행 직후의 현행범인은 누구든지 영장 없이 체포할 수 있고(형사소송법 제212조), 검사 또는 사법경찰관은 피의자 등이 유류한 물건이나 소유자·소지자 또는 보관자가 임의로 제출한 물건은 영장 없이 압수할 수 있으므로(제218조), 현행범 체포현장이나 범죄 현장에서도 소지자 등이 임의로 제출하는 물건은 형사소송법 제218조에 의하여 영장 없이 압수하는 것이 허용되고, 이 경우 검사나 사법경찰관은 별도로 사후에 영장을 받을 필요가 없다(대판 2019.11.14. 2019도13290). ▶식칼은 증거물이므로 피고인이 공판과정에서 증거동의를 하지 않더라도 위법수집증거가 아니라면 전문법칙이 적용되지 않아 증거능력이 인정될 수 있다.

18년·20년 변시, 14년(2)·17년(3) 모의

231. 범행현장에서 사법경찰관이 범행의 도구인 피고인 소유의 쇠파이프를 피고인의 주거지 앞마당에서 발견하였으면서도 그 소지자 또는 보관자가 아닌 피해자로부터 임의로 제출받아 쇠파이프를 압수한 후 압수물을 찍은 사진을 증거로 제출한 경우, 피고인이 증거사용에 동의하였다면 위 사진은 증거로 사용할 수 있다.

해설 형사소송법 제218조는 '사법경찰관은 소유자, 소지자 또는 보관자가 임의로 제출한 물건을 영장 없이 압수할 수 있다'고 규정하고 있는바, 위 규정을 위반하여 소유자, 소지자 또는 보관자가 아닌 자로부터 제출받은 물건을 영장 없이 압수한 경우 그 압수물 및 압수물을 찍은 사진은 이를 유죄 인정의 증거로 사용할 수 없는 것이고, 헌법과 형사소송법이 선언한 영장주의의 중요성에 비추어 볼 때 피고인이나 변호인이 이를 증거로 함에 동의하였다고 하더라도 달리 볼 것은 아니다(대판 2010.01.28. 2009도10092).

형사소송법 제218조(영장에 의하지 아니한 압수) 검사, 사법경찰관은 피의자 기타인의 유류한 물건이나 소유자, 소지자 또는 보관자가 임의로 제출한 물건을 영장없이 압수할 수 있다.

정답 ×

19년(1) 모의

232. 甲은 A를 살해하기 위하여 A가 자고 있는 X빌라 2층 유리창을 향하여 화염병에 불을 붙여 던졌으나, 그 화염병이 B가 살고 있는 X빌라 1층의 유리창을 깨고 들어가 거실 커튼에 불이 붙어 불길이 솟아올라 술에 취해 자고 있던 B가 질식사 하였다. CCTV를 통해 甲의 범행을 확인한 사법경찰관 P는 빌라 관리인으로부터 위 영상을 임의 제출받고, 甲을 긴급체포한 후 범행을 자백 받았다. P가 임의제출 받은 CCTV 영상녹화물은 위법수집증거가 아니다.

해설 경찰관이 간호사로부터 진료 목적으로 이미 채혈되어 있던 피고인의 혈액 중 일부를 주취운전 여부에 대한 감정을 목적으로 임의로 제출 받아 이를 압수한 경우, 당시 간호사가 위 혈액의 소지자 겸 보관자인 병원 또는 담당의사를 대리하여 혈액을 경찰관에게 임의로 제출할 수 있는 권한이 없었다고 볼 특별한 사정이 없는 이상, 그 압수절차가 피고인 또는 피고인의 가족의 동의 및 영장 없이 행하여졌다고 하더라도 이에 적법절차를 위반한 위법이 있다고 할 수 없다(대판 1999.09.03. 98도968).
▶ 빌라관리인으로부터 임의제출 받은 영상녹화물은 위법수집증거가 아니다.

형사소송법 제218조(영장에 의하지 아니한 압수) 검사, 사법경찰관은 피의자 기타인의 유류한 물건이나 소유자, 소지자 또는 보관자가 임의로 제출한 물건을 영장없이 압수할 수 있다.

정답

 19년·21년 변시, 17년(1)·20년(3)·22년(2) 모의

233. 검사 또는 사법경찰관이 현행범을 체포하는 현장이나 범행 중 또는 범행 직후의 범죄 장소에서 소지자 등이 임의로 제출하는 물건을 영장 없이 압수한 경우에는 사후에 지체 없이 영장을 발부받아야 한다.

해설 검사 또는 사법경찰관은 형사소송법 제212조의 규정에 의하여 피의자를 현행범 체포하는 경우에 필요한 때에는 체포 현장에서 영장 없이 압수·수색·검증을 할 수 있으나, 이와 같이 압수한 물건을 계속 압수할 필요가 있는 경우에는 체포한 때부터 48시간 이내에 지체 없이 압수영장을 청구하여야 한다(형사소송법 제216조 제1항 제2호, 제217조 제2항). 그리고 검사 또는 사법경찰관이 범행 중 또는 범행 직후의 범죄 장소에서 긴급을 요하여 판사의 영장을 받을 수 없는 때에는 영장 없이 압수·수색 또는 검증을 할 수 있으나, 이 경우에는 사후에 지체 없이 영장을 받아야 한다(동법 제216조 제3항). 다만 형사소송법 제218조에 의하면 검사 또는 사법경찰관은 피의자 등이 유류한 물건이나 소유자·소지자 또는 보관자가 임의로 제출한 물건은 영장 없이 압수할 수 있으므로, 현행범 체포 현장이나 범죄 장소에서도 소지자 등이 임의로 제출하는 물건은 위 조항에 의하여 영장 없이 압수할 수 있고, 이 경우에는 검사나 사법경찰관이 사후에 영장을 받을 필요가 없다(대판 2016.02.18. 2015도13726).

> **형사소송법 제217조(영장에 의하지 아니하는 강제처분)** ② 검사 또는 사법경찰관은 제1항 또는 제216조 제1항 제2호에 따라 압수한 물건을 계속 압수할 필요가 있는 경우에는 지체 없이 압수수색영장을 청구하여야 한다. 이 경우 압수수색영장의 청구는 체포한 때부터 48시간 이내에 하여야 한다.
> **형사소송법 제218조(영장에 의하지 아니한 압수)** 검사, 사법경찰관은 피의자 기타인의 유류한 물건이나 소유자, 소지자 또는 보관자가 임의로 제출한 물건을 영장없이 압수할 수 있다.

정답 ×

 14년·17년 변시, 22년(1) 모의

234. 교도관이 재소자가 맡긴 비망록을 수사기관에 임의로 제출한 경우 그 비망록의 증거사용에 대하여 재소자의 사생활의 비밀 기타 인격적 법익이 침해되는 등의 특별한 사정이 없는 한 반드시 재소자의 동의를 받아야 하는 것은 아니다.

해설 형사소송법 및 기타 법령상 교도관이 그 직무상 위탁을 받아 소지 또는 보관하는 물건으로서 재소자가 작성한 비망록을 수사기관이 수사 목적으로 압수하는 절차에 관하여 특별한 절차적 제한을 두고 있지 않으므로, 교도관이 재소자가 맡긴 비망록을 수사기관에 임의로 제출하였다면 그 비망록의 증거사용에 대하여도 재소자의 사생활의 비밀 기타 인격적 법익이 침해되는 등의 특별한 사정이 없는 한 반드시 그 재소자의 동의를 받아야 하는 것은 아니다. 따라서 검사가 교도관으로부터 그가 보관하고 있던 피고인의 비망록을 뇌물수수 등의 증거자료로 임의로 제출받아 이를 압수한 경우, 그 압수절차가 피고인의 승낙 및 영장 없이 행하여졌다고 하더라도 이에 적법절차를 위반한 위법이 있다고 할 수 없다(대판 2008.05.15. 2008도1097).

정답 ○

  23년·24년 변시, 22년(1)·23년(2) 모의

235. 甲은 짧은 치마를 입고 지하철 에스컬레이터를 이용하는 여성 A의 치마 밑으로 휴대전화 카메라를 넣어 약 1분간 속옷과 신체를 촬영하다가 A에게 발각되었다. A의 신고를 받고 출동한 경찰관은 甲으로부터 휴대전화를 임의제출 받았다. (다툼이 있는 경우 판례에 의함)

1) 만약 甲이 위 범죄현장에서 현행범인으로 체포되었던 경우, 통상 현행범인 체포현장에서 자신의 죄책을 증명하는 물건을 스스로 제출할 의사가 있다고 해석할 수 없고 현행범인으로 체포된 자에 대하여는 「형사소송법」 제216조 제1항 제2호에 따라 긴급압수가 가능하므로 임의제출에 의한 압수는 허용되지 않는다.

해설 형사소송법 제218조에 의하면 검사 또는 사법경찰관은 피의자 등이 유류한 물건이나 소유자·소지자 또는 보관자가 임의로 제출한 물건은 영장 없이 압수할 수 있으므로, 현행범 체포 현장이나 범죄 장소에서도 소지자 등이 임의로 제출하는 물건은 위 조항에 의하여 영장 없이 압수할 수 있고, 이 경우에는 검사나 사법경찰관이 사후에 영장을 받을 필요가 없다(대판 2016.2.18. 2015도13726).

> 형사소송법 제218조(영장에 의하지 아니한 압수) 검사, 사법경찰관은 피의자 기타인의 유류한 물건이나 소유자, 소지자 또는 보관자가 임의로 제출한 물건을 영장없이 압수할 수 있다.

정답 ×

2) **경찰관이 甲으로부터 휴대전화를 임의제출 받으면서 휴대전화에 담긴 정보 중 무엇을 제출하는지 甲으로부터 임의제출의 범위를 명확히 확인하지 않았다면 범행 동기와 경위, 수단과 방법, 시간과 장소 등에 관한 간접증거나 정황증거로 사용될 수 있는 정보는 압수의 대상에 포함될 수 없다.**

▣ 해설 수사기관이 전자정보를 담은 매체를 피의자로부터 임의제출 받아 압수하면서 거기에 담긴 정보 중 무엇을 제출하는지 명확히 확인하지 않은 경우, 임의제출의 동기가 된 범죄혐의사실과 관련되고 이를 증명할 수 있는 최소한의 가치가 있는 정보여야 압수의 대상이 되는데, 범행 동기와 경위, 수단과 방법, 시간과 장소 등에 관한 간접증거나 정황증거로 사용될 수 있는 정보도 그에 포함될 수 있다. 수사기관이 피의자로부터 범죄혐의사실과 관련된 전자정보와 그렇지 않은 전자정보가 섞인 매체를 임의제출 받아 사무실 등지에서 정보를 탐색·복제·출력하는 경우 피의자나 변호인에게 참여의 기회를 보장하고 압수된 전자정보가 특정된 목록을 교부해야 하나, 그러한 조치를 하지 않았더라도 절차 위반행위가 이루어진 과정의 성질과 내용 등에 비추어 피의자의 절차상 권리가 실질적으로 침해되지 않았다면 압수·수색이 위법하다고 볼 것은 아니다(대판 2022.2.17. 2019도4938).

정답 ×

3) **만약 甲이 위 촬영물을 A에게 보내 주었다면 촬영물을 타인에게 제공한 때에 해당하여 성폭력범죄의처벌등에관한특례법위반(카메라등이용촬영·반포등)죄가 별도로 성립한다.**

▣ 해설 성폭력처벌법 제14조 제1항에서 '반포'와 별도로 열거된 '제공'은, '반포'에 이르지 아니하는 무상 교부행위로서 '반포'할 의사 없이 '특정 1인 또는 소수의 사람'에게 무상으로 교부하는 것을 의미하는데, 성폭력처벌법 제14조 제1항에서 촬영행위뿐만 아니라 촬영물을 반포·판매·임대·제공 또는 공공연하게 전시·상영하는 행위까지 처벌하는 것이 촬영물의 유포행위를 방지함으로써 피해자를 보호하기 위한 것임에 비추어 볼 때, 촬영의 대상이 된 피해자 본인은 성폭력처벌법 제14조 제1항에서 말하는 '제공'의 상대방인 '특정 1인 또는 소수의 사람'에 포함되지 않는다고 봄이 타당하다. 따라서 피해자 본인에게 촬영물을 교부하는 행위는 다른 특별한 사정이 없는 한 성폭력처벌법 제14조 제1항의 '제공'에 해당한다고 할 수 없다(대판 2018.8.1. 2018도1481).

정답 ×

4) **甲이 A를 촬영한 후 일정 시간이 경과하여 위 영상정보가 주기억장치에 입력되었다고 하더라도 그 촬영된 영상정보가 전자파일 등의 형태로 영구저장되지 않은 채 사용자에 의해 강제종료되었다면 성폭력범죄의처벌등에관한특례법위반(카메라등이용촬영·반포등)죄의 미수에 해당한다.**

해설 구 성폭력범죄의 처벌 및 피해자보호 등에 관한 법률(2010. 4. 15. 법률 제10258호 성폭력범죄의 피해자보호 등에 관한 법률로 개정되기 전의 것) 제14조의2 제1항 … 중 위 '카메라 등 이용 촬영죄'는 카메라 기타 이와 유사한 기능을 갖춘 기계장치 속에 들어 있는 필름이나 저장장치에 피사체에 대한 영상정보가 입력된 상태에 도달하면 이로써 그 범행은 기수에 이른다고 보아야 할 것이다. 그런데 최근 기술문명의 발달로 등장한 디지털카메라나 동영상 기능이 탑재된 휴대전화 등의 기계장치는, 촬영된 영상정보가 사용자 등에 의해 전자파일 등의 형태로 저장되기 전이라고 하더라도 일단 촬영이 시작되면 곧바로 그 촬영된 피사체의 영상정보가 기계장치 내의 RAM(Random Access Memory) 등 주기억장치에 입력되어 임시저장되었다가 이후 저장명령이 내려지면 기계장치 내의 보조기억장치 등에 저장되는 방식을 취하는 경우가 많고, 이러한 저장방식을 취하고 있는 카메라 등 기계장치를 이용하여 동영상 촬영이 이루어졌다면 그 범행은 촬영 후 일정한 시간이 경과하여 그 영상정보가 그 기계장치 내의 주기억장치 등에 입력됨으로써 이미 기수에 이르는 것이지, 그 촬영된 영상정보가 전자파일 등의 형태로 영구저장되지 않은 채 사용자에 의해 강제종료되었다는 이유만으로 미수에 그쳤다고 볼 수는 없다(대판 2011.6.9. 2010도10677).

정답

5) 경찰관이 압수·수색영장을 발부받아 甲의 집에서 다른 저장매체를 압수하고, 그 저장매체와 연동된 클라우드에 접속하여 그곳에 저장된 불법촬영 영상을 증거로 확보하기 위해서는 압수·수색영장의 압수할 물건에 원격지 서버 저장 전자정보가 포함되어 있어야 한다.

해설 압수할 전자정보가 저장된 저장매체로서 압수·수색영장에 기재된 수색장소에 있는 컴퓨터, 하드디스크, 휴대전화와 같은 컴퓨터 등 정보처리장치와 수색장소에 있지는 않으나 컴퓨터 등 정보처리장치와 정보통신망으로 연결된 원격지의 서버 등 저장매체(이하 '원격지 서버'라 한다)는 소재지, 관리자, 저장 공간의 용량 측면에서 서로 구별된다. … 따라서 수사기관이 압수·수색영장에 적힌 '수색할 장소'에 있는 컴퓨터 등 정보처리장치에 저장된 전자정보 외에 원격지 서버에 저장된 전자정보를 압수·수색하기 위해서는 압수·수색영장에 적힌 '압수할 물건'에 별도로 원격지 서버 저장 전자정보가 특정되어 있어야 한다. 압수·수색영장에 적힌 '압수할 물건'에 컴퓨터 등 정보처리장치 저장 전자정보만 기재되어 있다면 컴퓨터 등 정보처리장치를 이용하여 원격지 서버 저장 전자정보를 압수할 수는 없다(대판 2022.6.30. 2022도1452).

정답

 24년 변시

236. 피의자가 휴대전화를 임의제출하면서 휴대전화에 저장된 전자정보가 아닌 클라우드 등 제3자가 관리하는 원격지에 저장되어 있는 전자정보를 수사기관에 제출한다는 의사로 수사기관에게 클라우드 등에 접속하기 위한 아이디와 비밀번호를 임의로 제공하였다면 위 클라우드 등에 저장된 전자정보를 임의제출하는 것으로 볼 수 있다.

해설 피의자가 휴대전화를 임의제출하면서 휴대전화에 저장된 전자정보가 아닌 클라우드 등 제3자가 관리하는 원격지에 저장되어 있는 전자정보를 수사기관에 제출한다는 의사로 수사기관에게 클라우드 등에 접속하기 위한 아이디와 비밀번호를 임의로 제공하였다면 위 클라우드 등에 저장된 전자정보를 임의제출하는 것으로 볼 수 있다(대판 2021.7.29. 2020도14654).

정답

5. 압수물의 처리
(1) 압수물의 보관과 폐기
(2) 압수물의 환부와 가환부

23년(1) 모의

237. 범인으로부터 압수한 물품에 대하여 몰수의 선고가 없어 그 압수가 해제된 것으로 간주되더라도 공범자에 대한 재판에서 그 물품이 몰수될 가능성이 있다면 검사는 그 압수해제된 물품을 다시 압수할 수 있다.

> 해설 피고인에게 의견을 진술할 기회를 주지 아니한 채 한 가환부결정은 형사소송법 제135조에 위배하여 위법하고 이 위법은 재판의 결과에 영향을 미쳤다 할 것이다(대결 1980.02.05. 80모3).

정답

21년(2) 모의

238. X 전자 가전제품 설치기사 甲은 어느 날 자정 무렵 퇴근하던 중 A의 주택 창문이 약간 열려 있는 것을 발견하고 휴대하고 있던 드라이버로 창문을 물리적으로 훼손하지 않고 분리한 후 안으로 들어가 A 소유 손목시계를 가지고 나왔다. 甲은 이 범죄(제1사건)에 대하여 벌금 3백만 원의 약식명령을 받았으며, 이후 정식재판을 청구하여 2019. 9. 유죄가 인정되어 벌금 3백만 원이 선고되었다. 甲은 2019. 10. 다른 기회에 범한 상해죄(제2사건)로 징역 1년의 유죄판결을 선고받았다. 甲은 제1사건과 제2사건 모두에 대하여 항소하였고 검사는 제2사건에 대하여서만 항소하였는데, 항소심 법원은 제1사건과 제2사건을 병합심리한 후 제1심 판결을 모두 파기하고 각 죄에 대하여 유죄를 인정하고 경합범 가중을 하여 징역형을 선고하였다. 이 사건에 관한 설명 중 옳은 것은? (다툼이 있는 경우 판례에 의함)

1) 甲이 소지하고 있던 A 소유 손목시계가 적법하게 압수되었는데 이후 A가 그 반환을 청구하는 경우, 손목시계가 甲의 유죄입증을 위한 증거로 제출된 이상 A는 재판이 종료되기 이전에는 손목시계를 환부받을 수 없다.

> 해설 압수한 장물(손목시계)이 甲의 유죄입증을 위한 증거로 제출되었더라도, 피해자 A에게 환부할 이유가 명백한 때에는 피고사건의 종결 전이라도 결정으로 피해자 A에게 환부할 수 있다(형사소송법 제134조).

> 형사소송법 제134조(압수장물의 피해자환부) 압수한 장물은 피해자에게 환부할 이유가 명백한 때에는 피고사건의 종결 전이라도 결정으로 피해자에게 환부할 수 있다.

> 판례 형사소송법 제134조에 의하면, 압수한 장물은 피해자에게 환부할 이유가 명백한 때에는 피고사건의 종결 전이라도 결정으로 피해자에게 환부할 수 있다고 규정하고 있고 이 규정은 같은법 제219조에 의하여 검사가 압수한 경우에도 준용이 되는 바, 위 법조에서 **"환부할 이유가 명백한 때"** 라 함은 사법상 피해자가 그 압수된 물건의 인도를 청구할 수 있는 권리 있음이 명백한 경우를 의미하고 위 인도청구권에 관하여 사실상, 법률상 다소라도 의문이 있는 경우에는 환부할 명백한 이유가 있는 경우라고는 할 수 없다(대결 1984.07.16. 84모38).

정답

2) **甲이 사용한 드라이버가 X 전자 소유인 때에도 甲의 범행 도구로 이용된 이상 법원은 이를 몰수할 수 있다.**

해설 몰수는 범인 이외의 자의 소유에 속하지 않아야 한다. 범인에는 공범자(공동정범·교사범·종범·필요적공범)도 포함된다고 해석되므로 범인 자신의 소유물은 물론 공범자의 소유물에 대해서도 몰수할 수 있으며, 이때 공범의 소추 여부는 불문한다(대판 2006.11.23. 2006도5586). 따라서 드라이버가 범인이 아닌 X전자 소유인 때에는 법원이 이를 몰수할 수 없다.

형법 제48조(몰수의 대상과 추징) ① 범인 외의 자의 소유에 속하지 아니하거나 범죄 후 범인 외의 자가 사정을 알면서 취득한 다음 각 호의 물건은 전부 또는 일부를 몰수할 수 있다.
 1. 범죄행위에 제공하였거나 제공하려고 한 물건
 2. 범죄행위로 인하여 생겼거나 취득한 물건
 3. 제1호 또는 제2호의 대가로 취득한 물건
② 제1항 각 호의 물건을 몰수할 수 없을 때에는 그 가액(價額)을 추징한다.
③ 문서, 도화(圖畫), 전자기록(電磁記錄) 등 특수매체기록 또는 유가증권의 일부가 몰수의 대상이 된 경우에는 그 부분을 폐기한다.
[전문개정 2020. 12. 8.] [시행일 : 2021. 12. 9.]

정답

17년(1)·(2) 모의

239. **(1) 법원이 압수를 계속할 필요가 없다고 인정되는 압수물은 피고사건 종결 전이라도 결정으로 환부하여야 하고 증거에 공할 압수물은 소유자, 소지자, 보관자 또는 제출인의 청구에 의하여 가환부하여야 한다.**

(2) 법원이 증거에만 공할 목적으로 압수한 물건으로서 그 소유자 또는 소지자가 계속 사용하여야 할 물건은 사진촬영 기타 원형보존의 조치를 취하고 가환부할 수 있다.

해설 (1),(2) 형사소송법 제133조 제1항, 제2항

형사소송법 제133조(압수물의 환부, 가환부) ① (1)압수를 계속할 필요가 없다고 인정되는 압수물은 피고사건 종결 전이라도 결정으로 환부하여야 하고 증거에 공할 압수물은 소유자, 소지자, 보관자 또는 제출인의 청구에 의하여 가환부할 수 있다.
② (2)증거에만 공할 목적으로 압수한 물건으로서 그 소유자 또는 소지자가 계속 사용하여야 할 물건은 사진촬영 기타 원형보존의 조치를 취하고 신속히 가환부하여야 한다.

정답

20년 변시, 17년(2) 모의

240. (1) 甲은 A로부터 5억 원을 빌리면서 변제기에 변제하지 못할 경우 자기 소유의 X부동산으로 대물변제하기로 약속하였다. 甲은 위 변제기를 지나 B에게 X부동산을 3억 원에 매도하고 소유권이전등기를 해 주었다. 한편 甲은 아버지의 예금통장을 절취한 후 현금지급기에서 미리 알고 있던 비밀번호를 입력하여 아버지의 예금계좌에서 자신의 계좌로 500만 원을 이체하였다. 甲은 수사단계에서 불구속 상태로 조사를 받던 중 변호인접견을 요청하였으나 거절당했다. 그 이후 압수된 위 예금통장이 법정에서 증거물로 제출되었다. 법원은 위 예금통장 절취사실이 유죄로 인정될 경우, 위 예금통장에 대하여 판결로써 피해자에게 환부하는 선고를 하여야 한다.
(2) 가환부한 장물에 대하여 별단의 선고가 없는 때에는 환부의 선고가 있는 것으로 간주한다.

해설 (1)(2) 형사소송법 제333조 제3항 참조.

형사소송법 제333조(압수장물의 환부) ① (1)압수한 장물로서 피해자에게 환부할 이유가 명백한 것은 판결로써 피해자에게 환부하는 선고를 하여야 한다.
② 전항의 경우에 장물을 처분하였을 때에는 판결로써 그 대가로 취득한 것을 피해자에게 교부하는 선고를 하여야 한다.
③ (2)가환부한 장물에 대하여 별단의 선고가 없는 때에는 환부의 선고가 있는 것으로 간주한다.
④ 전3항의 규정은 이해관계인이 민사소송절차에 의하여 그 권리를 주장함에 영향을 미치지 아니한다.

정답

17년(1) 모의

241. 수사기관이 영장 발부의 사유로 된 혐의사실과 무관한 물건을 압수한 후 이를 피압수자에게 환부한 다음 임의제출을 받은 경우라 하더라도 최초의 압수가 위법한 이상 그 물건은 증거로 할 수 없다.

해설 검사 또는 사법경찰관은 범죄수사에 필요한 때에는 피의자가 죄를 범하였다고 의심할 만한 정황이 있는 경우에 판사로부터 발부받은 영장에 의하여 압수·수색을 할 수 있으나, 압수·수색은 영장 발부의 사유로 된 범죄 혐의사실과 관련된 증거에 한하여 할 수 있으므로, 영장 발부의 사유로 된 범죄 혐의사실과 무관한 별개의 증거를 압수하였을 경우 이는 원칙적으로 유죄 인정의 증거로 사용할 수 없다. 다만 수사기관이 별개의 증거를 피압수자 등에게 환부하고 후에 임의제출받아 다시 압수하였다면 증거를 압수한 최초의 절차 위반행위와 최종적인 증거수집 사이의 인과관계가 단절되었다고 평가할 수 있으나, 환부 후 다시 제출하는 과정에서 수사기관의 우월적 지위에 의하여 임의제출 명목으로 실질적으로 강제적인 압수가 행하여질 수 있으므로, 제출에 임의성이 있다는 점에 관하여는 검사가 합리적 의심을 배제할 수 있을 정도로 증명하여야 하고, 임의로 제출된 것이라고 볼 수 없는 경우에는 증거능력을 인정할 수 없다(대판 2016.03.10. 2013도11233).

정답

17년(1)·21년(1) 모의

242. 준항고도 그 이익이 있어야 청구할 수 있고 소송계속 중 준항고로 달성하고자 하는 목적이 이미 이루어졌거나 시일의 경과 등으로 그 이익이 상실된 경우에는 준항고는 그 이익이 없어 부적법하다.

해설 수사기관의 압수물의 환부에 관한 처분의 취소를 구하는 준항고는 일종의 항고소송이므로, 통상의 항고소송에서와 마찬가지로 그 이익이 있어야 하고, 소송 계속 중 준항고로써 달성하고자 하는 목적이 이미 이루어졌거나 시일의 경과 또는 그 밖의 사정으로 인하여 그 이익이 상실된 경우에는 준항고는 그 이익이 없어 부적법하게 된다(대결 2015.10.15. 2013모1970).

정답

23년(1) 모의

243. 검사는 증거에 사용할 압수물에 대하여 가환부의 청구가 있는 경우 가환부를 거부할 수 있는 특별한 사정이 없는 한 가환부에 응하여야 한다.

해설 형사소송법 제218조의2 제1항은 '검사는 사본을 확보한 경우 등 압수를 계속할 필요가 없다고 인정되는 압수물 및 증거에 사용할 압수물에 대하여 공소제기 전이라도 소유자, 소지자, 보관자 또는 제출인의 청구가 있는 때에는 환부 또는 가환부하여야 한다'고 규정하고 있다. 따라서 검사는 증거에 사용할 압수물에 대하여 가환부의 청구가 있는 경우 가환부를 거부할 수 있는 특별한 사정이 없는 한 가환부에 응하여야 한다(대결 2017.09.29. 2017모236).

정답

17년·21년 변시, 12년(2)·23년(1) 모의

244. 피압수자인 피의자가 압수물에 대하여 소유권을 포기하였다 하더라도 환부사유가 생기고 피압수자가 환부를 청구하면 검사는 이를 환부하여야 한다.

해설 피압수자 등 환부를 받을 자가 압수 후 그 소유권을 포기하는 등에 의하여 실체법상의 권리를 상실하더라도 그 때문에 압수물을 환부하여야 하는 수사기관의 의무에 어떠한 영향을 미칠 수 없고, 또한 수사기관에 대하여 형사소송법상의 환부청구권을 포기한다는 의사표시를 하더라도 그 효력이 없어 그에 의하여 수사기관의 필요적 환부의무가 면제된다고 볼 수는 없으므로, 압수물의 소유권이나 그 환부청구권을 포기하는 의사표시로 인하여 위 환부의무에 대응하는 압수물에 대한 환부청구권이 소멸하는 것은 아니다(대결 1996.08.16. 94모51(전합)).

정답

III 수사상 검증
IV 수사상의 감정유치

제3절 수사상의 증거보전

Ⅰ 증거보전

1. 증거보전의 의의
2. 증거보전의 요건과 절차

17년(2) · 23년(1) 모의

245. 증거보전은 제1회 공판기일 전에 한하여 인정되므로 재심청구사건에서는 증거보전을 청구할 수 없다.

> 해설 증거보전이란 장차 공판에 있어 사용하여야 할 증거가 멸실되거나 또는 사용하기 곤란한 사정이 있을 경우에 당사자의 청구에 의하여 공판 전에 미리 그 증거를 수집 보전하여 두는 제도로서 제1심 제1회 공판기일 전에 한하여 허용되는 것이다(형사소송법 제184조 참조). 그러므로 재심청구를 한 사건에 이런 증거보전절차는 허용되지 아니하는 것으로 해석된다(대결 1984.03.29. 84모15).

정답

17년·18년 변시, 17년(2)·19년(2)·(3)·22년(2)·23년(1) 모의

246. (1) 甲과 乙이 뇌물을 주고받는 사이로 필요적 공범관계에 있는 경우라도 검사는 수사단계에서 甲에 대한 증거를 미리 보전하기 위하여 판사에게 乙을 증인으로 신문할 것을 청구할 수 있다.

(2) 공무원인 甲은 건설회사 대표 乙에게 자신이 속한 부서가 관장하는 관급공사를 수주할 수 있게 해주겠다고 약속하고, 그 대가로 乙로부터 2016. 3. 15. 1,000만 원을, 2016. 4. 1. 1,500만 원을 받았다. 그 후 甲은 乙에게 직무상 비밀인 관급공사의 예정가격을 알려주어 乙이 공사를 수주하게 되었다. 검사는 수사단계에서 甲에 대한 증거를 미리 보전하기 위하여 필요한 경우라도 甲과 乙은 필요적 공범이므로 판사에게 乙을 증인으로 신문할 것을 청구할 수 없다.

> 해설 공동피고인과 피고인이 뇌물을 주고 받은 사이로 필요적 공범관계에 있다고 하더라도 검사는 수사단계에서 피고인에 대한 증거를 미리 보전하기 위하여 필요한 경우에는 판사에게 공동피고인을 증인으로 신문할 것을 청구할 수 있다(대판 1988.11.08. 86도1646).

정답

24년 변시, 13년(1)·19년(2) 모의

247. 증거보전절차에서 행해지는 증인신문의 경우에도 지방법원 판사는 신문의 일시와 장소를 피의자·피고인 및 변호인에게 미리 통지하여야 하며, 증거보전에 의하여 작성된 조서는 법관의 조서이므로 절대적 증거능력이 있다.

해설 판사가 형사소송법 제184조에 의한 증거보전절차로 증인신문을 하는 경우라도 검사, 피의자, 변호인에게 증인신문의 시일과 장소를 미리 통지하여 증인신문에 참여할 수 있는 기회를 주어야 한다. 증거보전에 의해 작성된 조서는 형사소송법 제311조에 의해 절대적 증거능력이 인정된다.

> 형사소송법 제163조(당사자의 참여권, 신문권) ② 증인신문의 시일과 장소는 전항의 규정에 의하여 참여할 수 있는 자에게 미리 통지하여야 한다. 단, 참여하지 아니한다는 의사를 명시한 때에는 예외로 한다.
> 형사소송법 제311조(법원 또는 법관의 조서) 공판준비 또는 공판기일에 피고인이나 피고인 아닌 자의 진술을 기재한 조서와 법원 또는 법관의 검증의 결과를 기재한 조서는 증거로 할 수 있다. 제184조 및 제221조의2의 규정에 의하여 작성한 조서도 또한 같다.

정답 O

3. 증거보전 후의 절차

II 증인신문의 청구

1. 증인신문의 청구의 의의

2. 증인신문의 청구의 요건과 절차

248. (1) 증거보전 및 증인신문의 청구를 받은 판사는 증인신문에 관하여 법원 또는 재판장과 동일한 권한이 있다.
(2) 증거보전청구를 기각한 판사의 결정에 대하여는 3일 이내에 항고할 수 있다.
(3) 증인신문의 청구를 기각하는 결정에 대하여는 3일 이내에 항고할 수 있다.

해설 (2)증거보전을 위한 증인신문을 청구하는 경우에는 기각결정에 대해 3일 이내 항고할 수 있다(형사소송법 제184조 제4항). 그러나 형사소송법 제221조의2에 의하여 (3)증인신문을 청구하는 경우에 기각결정에 대하여는 3일 이내에 항고할 수 있다는 규정이 없다.

> 형사소송법 제184조(증거보전의 청구와 그 절차) ① 검사, 피고인, 피의자 또는 변호인은 미리 증거를 보전하지 아니하면 그 증거를 사용하기 곤란한 사정이 있는 때에는 제1회 공판기일 전이라도 판사에게 압수, 수색, 검증, 증인신문 또는 감정을 청구할 수 있다.
> ② (1)전항의 청구를 받은 판사는 그 처분에 관하여 법원 또는 재판장과 동일한 권한이 있다.
> ③ 제1항의 청구를 함에는 서면으로 그 사유를 소명하여야 한다.
> ④ (2)제1항의 청구를 기각하는 결정에 대하여는 3일 이내에 항고할 수 있다.
> 형사소송법 제221조의2(증인신문의 청구) ① 범죄의 수사에 없어서는 아니될 사실을 안다고 명백히 인정되는 자가 전조의 규정에 의한 출석 또는 진술을 거부한 경우에는 검사는 제1회 공판기일전에 한하여 판사에게 그에 대한 증인신문을 청구할 수 있다.
> ④ (1)제1항의 청구를 받은 판사는 증인신문에 관하여 법원 또는 재판장과 동일한 권한이 있다.

정답 O, O, ×

18년 변시, 13년(1)·17년(2) 모의

249. (1) 범죄의 수사에 없어서는 아니 될 사실을 안다고 명백히 인정되는 자가 형사소송법 제221조(제3자의 출석요구 등)의 규정에 의한 출석 또는 진술을 거부한 경우에는 검사는 제1회 공판기일 전에 한하여 판사에게 그에 대한 증인신문을 청구할 수 있다.

(2) 피의자, 피고인 또는 변호인은 증인신문(제221조의2)을 청구할 수 없다.

(3) 검사의 증인신문청구에 따라 판사가 증인신문기일을 정한 때에도 특별히 수사에 지장이 있다고 인정되는 경우 판사는 피의자 또는 변호인에게 그 기일과 장소 및 증인신문에 참여할 수 있다는 취지를 통지하지 않고 증인신문을 할 수 있다.

해설 형사소송법 제221조의2의 증인신문을 청구할 수 있는 자는 '검사'로 규정되어 있으므로 피의자, 피고인 또는 변호인은 본조에 의한 증인신문을 청구할 수 없다.

형사소송법 제221조의2(증인신문의 청구) ① (1)범죄의 수사에 없어서는 아니될 사실을 안다고 명백히 인정되는 자가 전조의 규정에 의한 출석 또는 진술을 거부한 경우에는 (2)검사는 제1회 공판기일 전에 한하여 판사에게 그에 대한 증인신문을 청구할 수 있다.
⑤ (3)판사는 제1항의 청구에 따라 증인신문기일을 정한 때에는 피고인·피의자 또는 변호인에게 이를 통지하여 증인신문에 참여할 수 있도록 하여야 한다.

13년(1)·22년(2) 모의

250. 판사가 제1회 공판기일 전의 증인신문을 실시할 경우에는 피고인, 피의자 또는 변호인에게 신문기일의 장소 및 증인신문에 참여를 할 수 있다는 취지를 통지하여야 한다.

해설 판사가 형사소송법 제221조의2(증인신문의 청구)에 따른 증인신문을 실시할 경우에는 피고인, 피의자 또는 변호인에게 신문기일과 장소 및 증인신문에 참여할 수 있다는 취지를 통지하여야 한다(형사소송규칙 제112조).

19년(3) 모의

251. (1) 형사소송법 제221조의2에 따라 판사가 검사의 청구에 의하여 참고인에 대한 증인신문을 한 때에는 지체 없이 이에 관한 서류를 검사에게 송부하여야 한다.

(2) 형사소송법 제221조의2에 따라 피고인, 피의자 또는 변호인은 판사의 허가를 얻어 참고인에 대한 증인신문에 관한 서류와 증거물을 열람 또는 등사할 수 있다.

해설 (1)증인신문을 한 때에는 지체없이 이에 관한 서류를 검사에게 송부하여야 한다(형사소송법 제221조의2 제6항). 증인신문에 관한 서류를 검사에게 송부하도록 한 것은 수사보안을 위한 것이고, (2)증거보전의 경우와는 달리 피고인·피의자 또는 변호인에게 열람·등사권이 없다(이창현, 형사소송법 제3판, p.506)

23년(1) 모의

252. 범죄의 수사에 없어서는 아니 될 사실을 안다고 명백히 인정되는 피의자 아닌 자가 출석 또는 진술을 거부한 경우에는 검사는 제1회 공판기일 전에 한하여 판사에게 그에 대한 증인신문을 청구할 수 있으며, 이를 위해서는 증인의 진술로 증명할 대상인 피의사실이 존재하여야 하나 이때의 피의사실은 수사기관이 어떤 자에 대하여 내심으로 혐의를 품고 있는 정도의 상태만으로는 존재한다고 할 수 없다.

해설 형사소송법 제221조의2 제2항에 의한 검사의 증인신문청구는 수사단계에서의 피의자 이외의 자의 진술이 범죄의 증명에 없어서는 안될 것으로 인정되는 경우에 공소유지를 위하여 이를 보전하려는데 그 목적이 있으므로 이 증인신문청구를 하려면 증인의 진술로서 증명할 대상인 피의사실이 존재하여야 하고, 피의사실은 수사기관이 어떤 자에 대하여 내심으로 혐의를 품고 있는 정도의 상태만으로는 존재한다고 할 수 없고 고소, 고발 또는 자수를 받거나 또는 수사기관 스스로 범죄의 혐의가 있다고 보아 수사를 개시하는 범죄의 인지 등 수사의 대상으로 삼고 있음을 외부적으로 표현한 때에 비로소 그 존재를 인정할 수 있다.(대판 1989.6.20. 89도648)

정답 O

13년(1)·18년(3)·19년(2)·22년(2) 모의

253. 성폭력범죄의 피해자나 그 법정대리인은 피해자가 공판기일에 출석하여 증언하는 것에 현저히 곤란한 사정이 있을 때에는 그 사유를 소명하여 해당 성폭력범죄를 수사하는 검사에게 증거보전의 청구를 요청할 수 있다.

해설 성폭력범죄의 처벌 등에 관한 특례법 제41조 제1항 참조.

> 성폭력범죄의 처벌 등에 관한 특례법 제41조(증거보전의 특례) ① 피해자나 그 법정대리인 또는 경찰은 피해자가 공판기일에 출석하여 증언하는 것에 현저히 곤란한 사정이 있을 때에는 그 사유를 소명(疏明)하여 제30조에 따라 촬영된 영상물 또는 그 밖의 다른 증거에 대하여 해당 성폭력범죄를 수사하는 검사에게 「형사소송법」 제184조(증거보전의 청구와 그 절차) 제1항에 따른 증거보전의 청구를 할 것을 요청할 수 있다. 이 경우 피해자가 16세 미만이거나 신체적인 또는 정신적인 장애로 사물을 변별하거나 의사를 결정할 능력이 미약한 경우에는 공판기일에 출석하여 증언하는 것에 현저히 곤란한 사정이 있는 것으로 본다.
> ② 제1항의 요청을 받은 검사는 그 요청이 타당하다고 인정할 때에는 증거보전의 청구를 할 수 있다.

정답 O

24년·23년 변시, 13년(1)·17년(1)·19년(2)·22년(2)·23년(1) 모의

254. 「형사소송법」 제184조에 의한 증거보전(A)과 제221조의2에 의한 증인신문의 청구(B)에 관한 설명의 정오를 판단하시오(다툼이 있는 경우 판례에 의함)

1) A는 피의자 또는 피고인이 형사입건이 되기 전에는 청구할 수 없다.

2) 피의자신문에 해당하는 사항을 A의 방법으로 청구할 수는 없고, 설령 A의 방법으로 피의자를 신문하였고 그 신문내용 가운데 다른 공범에 관한 부분의 진술이 있다 하더라도 그 공범이 그 신문 당시 형사입건이 되어 있지 않았다면 그 공범에 관한 증거보전의 효력도 인정할 수 없다.

해설 형사소송법 184조에 의한 증거보전은 피고인 또는 피의자가 형사입건도 되기 전에 청구할 수는 없고 또 피의자신문에 해당하는 사항을 증거보전의 방법으로 청구할 수 없다고 함이 상당하다 할 것인 바 이 사건의 기록에 의하면 증거보전 신청은 원심 공동피고인이 피의자로 있던 때에 대한 것인데 그 신문내용을 보면 같은 피고인을 증인신문한 것으로 기재되어 있다. 이는 피의자를 그 스스로의 피의 사실에 대한 증인으로 바로 신문한 것으로 위법하여 같은 피고인에 대한 증거능력이 없음은 물론 그 신문내용 가운데 다른 공범에 관한 부분의 진술이 있다 하더라도 그 공범이 또한 그 신문당시 형사입건되어 있지 않았다면 그 공범에 관한 증거보전의 효력도 인정할 수 없는 것이다(대판 1979.6.12. 79도792).

정답 ,

3) 판사가 A절차에 의한 증인신문을 하는 경우에는 검사, 피의자 또는 변호인에게 증인신문의 시일과 장소를 미리 통지하여 증인신문에 참여할 수 있는 기회를 주어야 하나, 참여의 기회를 주지 아니한 경우라도 피고인과 변호인이 증인신문조서를 증거로 할 수 있음에 동의하여 별다른 이의 없이 적법하게 증거조사를 거친 경우에는 위 증인신문조서는 증거능력이 인정된다.

해설 판사가 형사소송법 제184조에 의한 증거보전절차로 증인신문을 하는 경우에는 동법 제221조의2에 의한 증인신문의 경우와는 달라 동법 제163조에 따라 검사, 피의자 또는 변호인에게 증인신문의 시일과 장소를 미리 통지하여 증인신문에 참여할 수 있는 기회를 주어야 하나 참여의 기회를 주지 아니한 경우라도 피고인과 변호인이 증인신문조서를 증거로 할 수 있음에 동의하여 별다른 이의없이 적법하게 증거조사를 거친 경우에는 위 증인신문조서는 증인신문절차가 위법하였는지의 여부에 관계없이 증거능력이 부여된다(대판 1988.11.8. 86도1646).

정답

4) 법정 외에서 증인신문을 실시함에 있어서 피고인에 대하여 통지하지 아니하여 참여 기회를 주지 않은 잘못이 있더라도 그 후 속개된 공판기일에서 피고인과 변호인이 그 증인신문조사에 대하여 별 의견이 없다고 진술하였다면 그 잘못은 책문권의 포기로 치유된다.

해설 법정 외에서 증인신문을 실시함에 있어서 피고인에 대하여 통지하지 아니하여 참여 기회를 주지 않은 잘못이 있다고 하더라도 그 후 속개된 공판기일에서 피고인과 변호인이 그 증인신문조사에 대하여 별 의견이 없다고 진술하였다면 그 잘못은 책문권의 포기로 치유된다 할 것이다(대판 1980.05.20. 80도306).

정답

5) 제1회 공판기일 전에 「형사소송법」 제184조에 의한 증거보전절차에서 증인신문을 하면서, 그 증인신문의 일시와 장소를 피의자 및 변호인에게 미리 통지하지 아니하여 증인신문에 참여할 수 있는 기회를 주지 아니하였고 변호인이 제1심 공판기일에 위 증인신문에서 작성된 증인신문조서의 증거조사에 관하여 이의신청을 하였더라도, 그 증인이 후에 법정에서 그 증인신문조서의 진정성립을 인정하면 증거능력이 인정된다.

해설 제1회 공판기일 전에 형사소송법 제184조에 의한 증거보전절차에서 증인신문을 하면서, 위 증인신문의 일시와 장소를 피의자 및 변호인에게 미리 통지하지 아니하여 증인신문에 참여할 수 있는 기회를 주지 아니하였고, 또 변호인이 제1심 공판기일에 위 증인신문조서의 증거조사에 관하여 이의신청을 하였다면, 위 증인신문조서는 증거능력이 없다 할 것이고, 그 증인이 후에 법정에서 그 조서의 진정성립을 인정한다 하여 다시 그 증거능력을 취득한다고볼 수도 없다(대판 1992.02.28. 91도2337).

정답 ×

6) 검사 또는 사법경찰관에게 임의의 진술을 한 참고인이 공판기일에 전의 진술과 다른 진술을 할 염려가 있고 그의 진술이 범죄의 증명에 없어서는 아니 될 것으로 인정될 경우에도 검사는 제1회 공판기일 전에 한하여 B의 절차에 따라 판사에게 그에 대한 증인신문을 청구할 수 있다.

해설 "검사 또는 사법경찰관에게 임의의 진술을 한 자가 공판기일에 전의 진술과 다른 진술을 할 염려가 있고 그의 진술이 범죄의 증명에 없어서는 아니 될 것으로 인정될 경우에는 검사는 제1회 공판기일 전에 한하여 판사에게 그에 대한 증인신문을 청구할 수 있다."는 구 형사소송법 제221조의2 제2항에 대해 헌법재판소는 적법절차의 원칙 및 공정한 재판을 받을 권리를 침해한다는 이유로 위헌결정(헌재 1996.12.26. 94헌바1)을 하였고, 2007년 개정법은 동조 제2항을 삭제하였다. 따라서 '진술번복염려'가 있다는 사유로는 제1회 공판기일 전의 증인신문을 청구할 수 없다.

형사소송법 제221조의2(증인신문의 청구) ① 범죄의 수사에 없어서는 아니될 사실을 안다고 명백히 인정되는 자가 전조의 규정에 의한 출석 또는 진술을 거부한 경우에는 검사는 제1회 공판기일 전에 한하여 판사에게 그에 대한 증인신문을 청구할 수 있다.
② 삭제 <2007.6.1>
③ 제1항의 청구를 함에는 서면으로 그 사유를 소명하여야 한다.
④ 제1항의 청구를 받은 판사는 증인신문에 관하여 법원 또는 재판장과 동일한 권한이 있다.
⑤ 판사는 제1항의 청구에 따라 증인신문기일을 정한 때에는 피고인·피의자 또는 변호인에게 이를 통지하여 증인신문에 참여할 수 있도록 하여야 한다.
⑥ 판사는 제1항의 청구에 의한 증인신문을 한 때에는 지체없이 이에 관한 서류를 검사에게 송부하여야 한다.

정답 ×

23년(1) 모의

255. 소송관계인의 참여 없이 법정 외에서 시행한 증인신문조서에 대하여 공판기일에서 증거조사를 시행하지 아니 하였다면 그 증인신문조서는 증거능력이 인정되지 않는다.

해설 소송관계인의 참여없이 법정외에서 시행한 증인신문조서에 대하여 공판기일에서 증거조사 그 자체를 시행하지 아니 하였다면 그 증인신문 조서는 증거능력이 있을 수 없다(대판 1967.07.04. 67도613).

정답

제3장 수사의 종결

제1절 검사의 수사종결

Ⅰ 수사절차의 종결

Ⅱ 검사의 사건처리

1. 공소의 제기

21년(1) 모의

256. 하나의 행위가 여러 범죄의 구성요건을 동시에 충족하는 경우에 공소제기권자는 자의적으로 공소권을 행사하여 소추재량을 현저히 벗어났다는 등의 특별한 사정이 없는 한 증명의 난이 등 여러 사정을 고려하여 그 중 일부 범죄에 관해서만 공소를 제기할 수도 있다.

해설 하나의 행위가 여러 범죄의 구성요건을 동시에 충족하는 경우 공소제기권자는 자의적으로 공소권을 행사하여 소추재량을 현저히 벗어났다는 등의 특별한 사정이 없는 한 증명의 난이 등 여러 사정을 고려하여 그중 일부 범죄에 관해서만 공소를 제기할 수도 있다(대판 2017.12.05. 2017도13458).

정답

2. 불기소 처분

21년(1)·23년(1) 모의

257. (1) 일반사법경찰관뿐만 아니라 특별사법경찰관 역시 범죄를 수사하여 범죄혐의가 있다고 인정되는 경우에는 사건을 송치해야 하지만 그 밖의 경우에는 검사에게 사건을 송치하지 않을 수 있으므로, 특별사법경찰관에게 1차 수사종결권이 인정된다.

(2) 사법경찰관의 불송치결정의 통지를 받은 고소인·고발인·피해자 또는 그 법정대리인은 해당 사법경찰관의 소속 관서를 지휘하는 지방검찰청 검사장에게 이의를 신청할 수 있고, 사법경찰관은 불송치결정에 대하여 고소인 등의 이의신청이 있는 경우에는 검사에게 사건을 송치할 수 있다.

(3) A가 사법경찰관으로부터 고소사건에 대한 불송치 통지를 받을 당시 외국에 거주하고 있더라도, A의 부인 C는 사법경찰관의 불송치 결정에 대하여 이의신청을 할 수 없다.

해설 형사소송법 제245조의5,6,7,8 참조. ▶ 2021년부터 검찰의 직접 수사 범죄 범위를 제한하고 경찰에 1차 수사권과 수사종결권을 부여하는 내용의 개정 형사소송법 및 검찰청법이 시행되었다. 종전에는 경찰 수사가 종료되면 결과와 관계 없이 모든 사건을 검찰에 송치하여 검찰이 최종 결정을 하였으나, 올해부터는 경찰이 수사한 결과 혐의가 인정되지 않는다고 판단하면 '불송치 결정'을 하여 경찰에서 수사를 자체 종결할 수 있게 되었다. 다만 경찰은 불송치 결정을 한 이후 관계서류 등을 검사에게 송부하여 최대 90일간 검토를 받아야 한다. 만일 검사가 그 결정이 위법, 부당하다고 판단하는 경우 (1회에 한하여) 경찰에 재수사 요청을 할 수 있다. 따라서 '특별사법경찰관에게만' 독자적인 수사종결권이 인정된다고 한정하는 것이 틀린 지문이다. 또한 고소인·고발인과 피해자는 경찰의 불송치 결정에 대하여 '해당 사법경찰관의 소속 관서의 장에게' 이의신청을 할 수 있다. 이의신청을 받은 경찰은 검사에게 지체없이 사건을 '송치하여야' 한다. 이러한 이의신청권을 보장하기 위하여, 불송치 결정 시 경찰은 고소인 등에게 불송치 취지와 그 이유를 통지하여야 한다. 반면, 경찰 수사 결과 혐의가 인정되는 경우에는 종전과 같이 사건을 검찰에 송치한다. 이에 대하여 검사는 공소 제기 여부 결정 또는 공소 유지에 필요한 경우에는 경찰에 보완수사를 요구할 수 있고, 이 경우 경찰은 정당한 이유가 없는 한 이를 이행하고 그 결과를 통보하여야 한다.

형사소송법 제245조의5(사법경찰관의 사건송치 등) 사법경찰관은 고소·고발 사건을 포함하여 범죄를 수사한 때에는 다음 각 호의 구분에 따른다.
 1. 범죄의 혐의가 있다고 인정되는 경우에는 지체 없이 검사에게 사건을 송치하고, 관계 서류와 증거물을 검사에게 송부하여야 한다.
 2. 그 밖의 경우에는 그 이유를 명시한 서면과 함께 관계 서류와 증거물을 지체 없이 검사에게 송부하여야 한다. 이 경우 검사는 송부받은 날부터 90일 이내에 사법경찰관에게 반환하여야 한다.
[본조신설 2020. 2. 4.] [시행 2021. 6. 9.]
형사소송법 제245조의6(고소인 등에 대한 송부통지) 사법경찰관은 제245조의5제2호의 경우에는 그 송부한 날부터 7일 이내에 서면으로 고소인·고발인·피해자 또는 그 법정대리인(피해자가 사망한 경우에는 그 배우자·직계친족·형제자매를 포함한다)에게 사건을 검사에게 송치하지 아니하는 취지와 그 이유를 통지하여야 한다. [본조신설 2020. 2. 4.] [시행 2021. 6. 9.]
형사소송법 제245조의7(고소인 등의 이의신청) ① 제245조의6의 통지를 받은 사람은 해당 사법경찰관의 소속 관서의 장에게 이의를 신청할 수 있다.
② 사법경찰관은 제1항의 신청이 있는 때에는 지체 없이 검사에게 사건을 송치하고 관계 서류와 증거물을 송부하여야 하며, 처리결과와 그 이유를 제1항의 신청인에게 통지하여야 한다.
[본조신설 2020. 2. 4.] [시행 2021. 6. 9.]
형사소송법 제245조의8(재수사요청 등) ① 검사는 제245조의5제2호의 경우에 사법경찰관이 사건을 송치

하지 아니한 것이 위법 또는 부당한 때에는 그 이유를 문서로 명시하여 사법경찰관에게 재수사를 요청할 수 있다.
② 사법경찰관은 제1항의 요청이 있는 때에는 사건을 재수사하여야 한다.
[본조신설 2020. 2. 4.] [시행 2021. 6. 9.]

정답 ×, ×, ○

21년(1) 모의

258. 공소보류는 기소유예와 유사하지만 「국가보안법」 위반사건의 피의자에 대해서만 적용되며, 공소보류 기간이 정해져 있어서 공소보류를 받은 사람에 대한 공소의 제기 없이 2년을 경과한 때에는 소추할 수가 없으며 공소보류가 취소된 경우에는 동일한 범죄사실로 재구속할 수 있다.

해설 국가보안법 제20조 참조. ▶ 피의사건에 대하여 범죄의 혐의가 인정되고 소송조건이 구비된 경우라도 피의자의 연령, 성행, 지능과 환경, 범행의 동기, 수단과 결과, 범행 후의 정황 등을 참작하여 공소를 제기하지 않을 수 있는데, 이를 기소유예라고 한다. 기소유예와 유사한 제도로서 공소보류처분이 있다(이은모, 형사소송법 제6판, p.356).

국가보안법 제20조(공소보류) ① 검사는 이 법의 죄를 범한 자에 대하여 형법 제51조의 사항을 참작하여 공소제기를 보류할 수 있다.
② 제1항에 의하여 공소보류를 받은 자가 공소의 제기없이 2년을 경과한 때에는 소추할 수 없다.
③ 공소보류를 받은 자가 법무부장관이 정한 감시·보도에 관한 규칙에 위반한 때에는 공소보류를 취소할 수 있다.
④ 제3항에 의하여 공소보류가 취소된 경우에는 형사소송법 제208조의 규정에 불구하고 동일한 범죄사실로 재구속할 수 있다.

정답 ○

20년(2) 모의

259. 甲은 왕복 4차선 도로에서 승용차를 운전하여 가던 중 전방주시를 태만히 하여 앞에서 달리던 A의 경차를 추돌하였다. 이 사고로 A의 차량이 전복되고 A는 전치 6주의 상해를 입었다. 사법경찰관 P는 현장에 출동하여 실황조사서를 작성하였다.
甲이 「교통사고처리특례법」 제4조 제1항이 정하는 보험 또는 공제에 가입하였다면 검사는 甲에 대하여 공소제기를 할 수 없다.

해설 교통사고처리특례법 제4조 제1항 참조.

교통사고처리 특례법 제4조(보험 등에 가입된 경우의 특례) ① 교통사고를 일으킨 차가 「보험업법」 제4조, 제126조, 제127조 및 제128조, 「여객자동차 운수사업법」 제60조, 제61조 또는 「화물자동차 운수사업법」 제51조에 따른 보험 또는 공제에 가입된 경우에는 제3조 제2항 본문에 규정된 죄를 범한 차의 운전자에 대하여 공소를 제기할 수 없다. 다만, 다음 각 호의 어느 하나에 해당하는 경우에는 그러하지 아니하다.
 1. 제3조제2항 단서에 해당하는 경우
 2. 피해자가 신체의 상해로 인하여 생명에 대한 위험이 발생하거나 불구(不具)가 되거나 불치(不治) 또는 난치(難治)의 질병이 생긴 경우
 3. 보험계약 또는 공제계약이 무효로 되거나 해지되거나 계약상의 면책 규정 등으로 인하여 보험회사, 공제조합 또는 공제사업자의 보험금 또는 공제금 지급의무가 없어진 경우

정답 ○

🍊 17년 변시

260. 검사는 피의사실이 인정되는 경우에 반드시 공소를 제기하여야 하는 것이 아니라 피의자의 연령, 피해자에 대한 관계, 범행의 동기 및 수단과 결과 등을 참작하여 소추를 필요로 하지 아니하는 경우에는 기소유예 처분을 할 수 있다.

해설 피의사실이 인정되나 범인의 연령, 성행, 지능과 환경, 피해자와의 관계, 범행의 동기, 수단과 결과, 범행 후의 정황 등을 참작하여 소추를 필요로 하지 않는 경우에는 '기소유예' 처분을 할 수 있다(검찰사건사무규칙 제69조 제3항 제1호).

검찰사건사무규칙 제69조(증인신문의 청구) ③ 불기소결정의 주문은 다음과 같이 한다.
 1. 기소유예 : 피의사실이 인정되나 「형법」 제51조 각호의 사항을 참작하여 소추를 필요로 하지 아니하는 경우
형법 제51조(양형의 조건) 형을 정함에 있어서는 다음 사항을 참작하여야 한다.
 1. 범인의 연령, 성행, 지능과 환경
 2. 피해자에 대한 관계
 3. 범행의 동기, 수단과 결과
 4. 범행 후의 정황

정답 O

🍊 17년 변시

261. 검사는 피의사실이 범죄구성요건에는 해당하지만 위법성조각사유나 책임조각사유 등 법률상 범죄의 성립을 조각하는 사유가 있는 경우에는 혐의없음 처분을 한다.

해설 피의사실이 범죄구성요건에 해당하나 법률상 범죄의 성립을 조각하는 사유가 있어 범죄를 구성하지 아니하는 경우에는 "죄가안됨" 처분을 한다(검찰사건사무규칙 제69조 제3항 제3호).

검찰사건사무규칙 제69조(증인신문의 청구) ③ 불기소결정의 주문은 다음과 같이 한다.
3. 죄가안됨 : 피의사실이 범죄구성요건에 해당하나 법률상 범죄의 성립을 조각하는 사유가 있어 범죄를 구성하지 아니하는 경우

정답 ×

3. 타관송치

Ⅲ 검사의 처분통지
Ⅳ 불기소처분에 대한 불복

 17년 변시·11년(1)·13년(3)·18년(2) · 20년(1)·21년(3) · 22년(1) 모의

262. 고등법원이 재정신청에 대하여 공소제기의 결정을 한 경우, 관련절차에 따라 담당검사로 지정된 검사는 공소를 제기하여야 하고, 공소를 취소할 수도 없다.

▶해설 법원이 공소제기를 결정한 경우에 재정결정서를 송부받은 관할 지방검찰청 검사장 등은 지체 없이 담당 검사를 지정하고 지정받은 검사는 공소를 제기하여야 한다(형사소송법 제262조 제6항). 이 공소제기에 대하여 검사는 이를 취소할 수 없다(동법 제264조의2).
⇨ 법원의 재정신청 인용은 검사로 하여금 반드시 공소를 제기하도록 함으로써 이 범위 내에서 검사의 기소독점주의가 배제되는 것이다.

> 형사소송법 제262조(증인신문의 청구) ② 법원은 재정신청서를 송부받은 날부터 3개월 이내에 항고의 절차에 준하여 다음 각 호의 구분에 따라 결정한다. 이 경우 필요한 때에는 증거를 조사할 수 있다.
> 1. 신청이 법률상의 방식에 위배되거나 이유 없는 때에는 신청을 기각한다.
> 2. 신청이 이유 있는 때에는 사건에 대한 공소제기를 결정한다.
> ⑥ 제2항제2호의 결정에 따른 재정결정서를 송부받은 관할 지방검찰청 검사장 또는 지청장은 지체 없이 담당 검사를 지정하고 지정받은 검사는 공소를 제기하여야 한다.
>
> 형사소송법 제264조의2(공소취소의 제한) 검사는 제262조제2항제2호의 결정에 따라 공소를 제기한 때에는 이를 취소할 수 없다.

정답 ○

 23년 · 24년 변시

263. 재정신청이 있으면 재정결정이 확정될 때까지 공소시효의 진행이 정지되고, 법원의 공소제기결정에 의해 공소를 제기한 검사는 공소사실의 동일성이 인정되는 한 공소장변경을 할 수 있으나 공소취소는 할 수 없다.

▶해설 형사소송법 제262조 제1항 제2호의 심판에 부하는 결정이 있는 때에는 그 사건에 대하여 공소의 제기가 있는 것으로 간주되므로 그 후에는 통상의 공판절차에서와 마찬가지로 기본적인 사실관계가 동일한 한 공소사실 및 적용법조의 변경이 가능하고, 이와 같은 법리는 형사소송법 제260조가 형법 제123조 내지 제125조의 죄에 대해서만 재정신청을 할 수 있는 길을 열어 놓았다 하여 그 결론을 달리하는 것이 아니다(대판 1989.3.14. 88도2428). ▶ 구 형사소송법 적용 사안이다.

> 형사소송법 제262조의4(공소시효의 정지 등) ①제260조에 따른 재정신청이 있으면 제262조에 따른 재정결정이 확정될 때까지 공소시효의 진행이 정지된다. <개정 2007. 12. 21., 2016. 1. 6.>
> 제262조(심리와 결정) ②법원은 재정신청서를 송부받은 날부터 3개월 이내에 항고의 절차에 준하여 다음 각 호의 구분에 따라 결정한다. 이 경우 필요한 때에는 증거를 조사할 수 있다.
> 2. 신청이 이유 있는 때에는 사건에 대한 공소제기를 결정한다.
> ⑥제2항제2호의 결정에 따른 재정결정서를 송부받은 관할 지방검찰청 검사장 또는 지청장은 지체 없이

담당 검사를 지정하고 지정받은 검사는 공소를 제기하여야 한다. [전문개정 2007. 6. 1.]
제264조의2(공소취소의 제한) 검사는 제262조제2항제2호의 결정에 따라 공소를 제기한 때에는 이를 취소할 수 없다.

정답 O

23년(2) 모의

264. 법원은 재정신청사건을 심리함에 있어서 구두변론에 의하지 않고 절차를 진행할 수 있으며, 필요한 경우 사실조사를 할 수 있다.

 재정신청사건의 심리는 항고의 절차에 준하므로(법 제262조 제2항) 구두변론에 의하지 않고 절차를 진행할 수 있으며, 필요한 경우에는 사실조사를 할 수도 있다(법 제37조 제2항, 제3항).

정답 O

19년(2) 모의

265. 재정신청서를 송부받은 법원은 송부받은 날부터 10일 이내에 피의자 및 재정신청인에게 그 사유를 통지하여야 한다.

 형사소송법 제262조 제1항 참조.

형사소송법 제262조(심리와 결정) ① 법원은 재정신청서를 송부받은 때에는 송부받은 날부터 10일 이내에 피의자에게 그 사실을 통지하여야 한다.

정답 O

19년(2) 모의

266. 재정신청서에 재정신청을 이유 있게 하는 사유가 기재되어 있지 않은 경우에는 법원은 재정신청을 기각하여야 한다.

 재정신청의 제기기간 내에 법원의 심판에 부칠 사건의 범죄사실 및 증거 등 재정신청을 이유 있게 하는 사유를 기재하지 아니한 경우에 해당하여 법률의 방식에 위배된다는 이유로 재정신청을 기각한 원심이 정당하다(2002.02.23. 2000모216).

형사소송법 제262조(심리와 결정) ② 법원은 재정신청서를 송부받은 날부터 3개월 이내에 항고의 절차에 준하여 다음 각 호의 구분에 따라 결정한다. 이 경우 필요한 때에는 증거를 조사할 수 있다.
 1. 신청이 법률상의 방식에 위배되거나 이유 없는 때에는 신청을 기각한다.
 2. 신청이 이유 있는 때에는 사건에 대한 공소제기를 결정한다.

정답 O

🕐 17년 변시

267. 고소권자인 고소인이 검사의 불기소처분에 불복하여 재정신청을 하려면 「검찰청법」 제10조에 따른 항고를 반드시 거친 후, 그 검사 소속의 지방검찰청 소재지를 관할하는 고등법원에 재정신청서를 제출하여야 한다.

해설 재정신청을 하려면 검찰청법 제10조에 따른 항고를 거쳐야 하는 것이 원칙이지만 형사소송법 제260조 제2항 각 호의 사유에 해당하는 경우에는 그 예외가 인정된다.

형사소송법 제260조(재정신청) ① 고소권자로서 고소를 한 자(「형법」 제123조부터 제126조까지의 죄에 대하여는 고발을 한 자를 포함한다. 이하 이 조에서 같다)는 검사로부터 공소를 제기하지 아니한다는 통지를 받은 때에는 그 검사 소속의 지방검찰청 소재지를 관할하는 고등법원(이하 "관할 고등법원"이라 한다)에 그 당부에 관한 재정을 신청할 수 있다. 다만, 「형법」 제126조의 죄에 대하여는 피공표자의 명시한 의사에 반하여 재정을 신청할 수 없다.
② 제1항에 따른 재정신청을 하려면 「검찰청법」 제10조에 따른 항고를 거쳐야 한다. 다만, 다음 각 호의 어느 하나에 해당하는 경우에는 그러하지 아니하다.
 1. 항고 이후 재기수사가 이루어진 다음에 다시 공소를 제기하지 아니한다는 통지를 받은 경우
 2. 항고 신청 후 항고에 대한 처분이 행하여지지 아니하고 3개월이 경과한 경우
 3. 검사가 공소시효 만료일 30일 전까지 공소를 제기하지 아니하는 경우

검찰청법 제10조(항고 및 재항고) ① 검사의 불기소처분에 불복하는 고소인이나 고발인은 그 검사가 속한 지방검찰청 또는 지청을 거쳐 서면으로 관할 고등검찰청 검사장에게 항고할 수 있다. 이 경우 해당 지방검찰청 또는 지청의 검사는 항고가 이유 있다고 인정하면 그 처분을 경정(更正)하여야 한다.

정답

🕐 23년 · 24년 변시

268. 재정신청 제기기간이 경과한 후에 재정신청보충서를 제출하면서 원래의 재정신청 대상으로 되어 있지 않은 고발사실을 재정신청의 대상으로 추가한 경우, 그 재정신청보충서에서 추가한 부분에 대한 재정신청은 법률상 방식에 어긋난 것으로서 부적법하다.

해설 재정신청 제기기간이 경과된 후에 재정신청보충서를 제출하면서 원래의 재정신청에 재정신청 대상으로 포함되어 있지 않은 고발사실을 재정신청의 대상으로 추가한 경우, 그 재정신청보충서에서 추가한 부분에 관한 재정신청은 법률상 방식에 어긋난 것으로서 부적법하다(대판 1997.4.22. 97모30).

정답

🕐 17년 · 24년 변시

269. 고등법원의 재정신청 기각결정이 확정된 사건에 대하여는 다른 중요한 증거를 발견한 경우를 제외하고는 소추할 수 없는데, 이 경우 재정신청 기각결정이 확정된 사건이라 함은 재정신청사건을 담당하는 법원에서 공소제기의 가능성과 필요성 등에 관한 심리와 판단이 현실적으로 이루어져 재정신청 기각결정의 대상이 된 사건만을 의미한다.

■해설 형사소송법 제262조 제2항, 제4항과 형사소송법 제262조 제4항 후문의 입법 취지 등에 비추어 보면, 형사소송법 제262조 제4항 후문에서 말하는 '제2항 제1호의 결정이 확정된 사건'은 재정신청사건을 담당하는 법원에서 공소제기의 가능성과 필요성 등에 관한 심리와 판단이 현실적으로 이루어져 재정신청 기각결정의 대상이 된 사건만을 의미한다. 따라서 재정신청 기각결정의 대상이 되지 않은 사건은 형사소송법 제262조 제4항 후문에서 말하는 '제2항 제1호의 결정이 확정된 사건'이라고 할 수 없고, 재정신청 기각결정의 대상이 되지 않은 사건이 고소인의 고소내용에 포함되어 있었다 하더라도 이와 달리 볼 수 없다(대판 2015.09.10. 2012도14755).

정답 O

⏱ 23년 · 24년 변시

270. 교도소에 있는 고소인이 재정신청 제기기간 내에 재정신청서를 교도소장 또는 그 직무를 대리하는 사람에게 제출하였다면, 비록 그 재정신청서가 위의 기간 안에 불기소처분을 한 검사가 소속한 지방검찰청의 검사장 또는 지청장에게 도달하지 아니하였다 하더라도 적법하게 제출된 것으로 본다.

■해설 재정신청서에 대하여는 형사소송법에 제344조 제1항과 같은 특례규정이 없으므로 재정신청서는 같은 법 제260조 제2항이 정하는 기간 안에 불기소 처분을 한 검사가 소속한 지방검찰청의 검사장 또는 지청장에게 도달하여야 하고, 설령 구금중인 고소인이 재정신청서를 그 기간 안에 교도소장 또는 그 직무를 대리하는 사람에게 제출하였다 하더라도 재정신청서가 위의 기간 안에 불기소 처분을 한 검사가 소속한 지방검찰청의 검사장 또는 지청장에게 도달하지 아니한 이상 이를 적법한 재정신청서의 제출이라고 할 수 없다(대판 1998.12.14. 98모127).

관련판례 법정기간 준수에 대하여 도달주의 원칙을 정하고 재소자 피고인 특칙의 예외를 개별적으로 인정한 형사소송법의 규정 내용과 입법 취지, 재정신청절차가 형사재판절차와 구별되는 특수성, 법정기간 내의 도달주의를 보완할 수 있는 여러 형사소송법상 제도 및 신속한 특급우편제도의 이용 가능성 등을 종합하여 보면, 재정신청 기각결정에 대한 재항고나 그 재항고 기각결정에 대한 즉시항고로서의 재항고에 대한 법정기간의 준수 여부는 도달주의 원칙에 따라 재항고장이나 즉시항고장이 법원에 도달한 시점을 기준으로 판단하여야 하고, 거기에 재소자 피고인 특칙은 준용되지 아니한다(대판 2015.7.16. 2013모2347(전합)).

정답 ×

제2절 공소제기 후의 수사

I 수사의 시간적 범위

II 공소제기 후의 임의수사

1. 임의수사의 범위
2. 피고인의 신문

20년(1)·(3) 모의

271. (1) 검사 작성의 피고인에 대한 진술조서가 공소제기 후에 작성된 것이라는 이유만으로 곧 그 증거능력이 없다고 할 수는 없다.
(2) 검사는 공소제기 후에도 피고인의 진술을 듣고 조서를 작성할 수 있다.

해설 검사작성의 피고인 1에 대한 진술조서가 공소제기 후에 작성된 것이라는 이유만으로 곧 그 증거능력이 없다고 할 수는 없으므로 원심이 이를 증거로 채택하였다고 하여 공판중심주의 내지 재판공개의 원칙에 위배된 것이라고도 할 수 없다(대판 1984.09.25. 84도1646).

정답 O, O

3. 참고인 등의 조사

24년 변시, 21년(3) 모의

272. 검사가 공판기일에 증인으로 신청하여 신문할 사람을 특별한 사정없이 미리 수사기관에 소환하여 면담하는 절차를 거친 후 증인이 법정에서 피고인에게 불리한 내용의 진술을 한 경우라도, 검사가 증인신문 전 면담 과정에서 증인에 대한 회유나 압박, 답변 유도나 암시 등으로 증인의 법정진술에 영향을 미치지 않았다는 점이 담보된다면 증인의 법정진술을 신빙할 수 있다.

해설 헌법은 제12조 제1항 후문에서 적법절차의 원칙을 천명하고, 제27조에서 재판받을 권리를 보장하고 있다. 형사소송법은 이를 실질적으로 구현하기 위하여, 피고사건에 대한 실체심리가 공개된 법정에서 검사와 피고인 양 당사자의 공격·방어활동에 의하여 행해져야 한다는 당사자주의와 공판중심주의, 공소사실의 인정은 법관의 면전에서 직접 조사한 증거만을 기초로 해야 한다는 직접심리주의와 증거재판주의를 기본원칙으로 채택하고 있다. 이에 따라 공소가 제기된 후에는 그 사건에 관한 형사절차의 모든 권한이 사건을 주재하는 수소법원에 속하게 되며, 수사의 대상이던 피의자는 검사와 대등한 당사자인 피고인의 지위에서 방어권을 행사하게 된다. 이러한 형사소송법의 기본원칙에 비추어 보면, 검사가 공판기일에 증인으로 신청하여 신문할 사람을 특별한 사정 없이 미리 수사기관에 소환하여 면담하는 절차를 거친 후 증인이 법정에서 피고인에게 불리한 내용의 진술을 한 경우, 검사가 증인신문 전 면담 과정에서 증인에 대한 회유나 압박, 답변 유도나 암시 등으로 증인의 법정진술에 영향을 미치지 않았다는 점이 담보되어야 증인의 법정진술을 신빙할 수 있다고 할 것이다. 검사가 증인신문 준비 등 필요에 따라 증인을 사전 면담할 수 있다고 하더라도 법원이나 피고인의 관여 없이 일방적으로 사전 면담하는 과정에서 증인이 훈련되거나 유도되어 법정에서 왜곡된 진술을 할 가능성도 배제할 수 없기 때문이다. 증인에 대한 회유나 압박 등이 없었다는 사정은 검사가 증인의 법정진술이나 면담과정을 기록한 자료 등으로 사전면담 시점, 이유와 방법, 구체적 내용 등을 밝힘으로써 증명하여야 한다(대판 2021.06.16. 2020도15891).

정답 O

21년(2) · 22년(1) 모의

273. 공무원 甲은 자신의 직무와 관련 있는 기업인 乙에게, 甲의 지인 丙에게 3,000만 원을 제공하고 丙의 자녀에게는 등교편의를 제공할 것을 요구하였다. 乙은 자신이 경영하는 회사의 직원 A를 통해 甲의 요구사항을 모두 이행하였다.

1) 乙에게 제1심에서 무죄판결이 선고되어 검사가 항소한 후, 항소심 공판기일에 증인으로 신청하여 신문할 수 있는 A를 특별한 사정없이 미리 수사기관에 소환하여 작성한 진술조서는 乙이 이를 증거로 삼는 데 동의하지 않는 한 증거능력이 없다.

2) A가 항소심 법정에서 수사기관에 소환되어 작성된 1)의 위 진술조서와 같은 취지로 乙에게 불리한 내용을 진술을 한 경우, A가 항소심 증인신문 전 수사기관에서 진술한 내용이 법정진술에 영향을 미쳤음이 인정되는 때에만 A의 법정 진술의 증거능력은 부정된다.

해설 제1심에서 피고인에 대하여 무죄판결이 선고되어 검사가 항소한 후, 수사기관이 항소심 공판기일에 증인으로 신청하여 신문할 수 있는 사람을 특별한 사정 없이 미리 수사기관에 소환하여 작성한 진술조서는 피고인이 증거로 할 수 있음에 동의하지 않는 한 증거능력이 없다. 검사가 공소를 제기한 후 참고인을 소환하여 피고인에게 불리한 진술을 기재한 진술조서를 작성하여 이를 공판절차에 증거로 제출할 수 있게 한다면, 피고인과 대등한 당사자의 지위에 있는 검사가 수사기관으로서의 권한을 이용하여 일방적으로 법정 밖에서 유리한 증거를 만들 수 있게 하는 것이므로 당사자주의·공판중심주의·직접심리주의에 반하고 피고인의 공정한 재판을 받을 권리를 침해하기 때문이다. 위 참고인이 나중에 법정에 증인으로 출석하여 위 진술조서의 성립의 진정을 인정하고 피고인 측에 반대신문의 기회가 부여된다 하더라도 위 진술조서의 증거능력을 인정할 수 없음은 마찬가지이다. 위 참고인이 법정에서 위와 같이 증거능력이 없는 진술조서와 같은 취지로 피고인에게 불리한 내용의 진술을 한 경우, 그 진술에 신빙성을 인정하여 유죄의 증거로 삼을 것인지는 증인신문 전 수사기관에서 진술조서가 작성된 경위와 그것이 법정진술에 영향을 미쳤을 가능성 등을 종합적으로 고려하여 신중하게 판단하여야 한다(대판 2019.11.28. 2013도6825).

정답 O, ×

14년 변시, 13년(3)·15년(2)·(3)·20년(2)·(3) 모의

274. 공판기일에서 이미 증언을 마친 증인을 검사가 소환한 후 피고인에게 유리한 그 증언 내용을 추궁하여 이를 일방적으로 번복시키는 방식으로 작성한 진술조서는, 그 후 원진술자인 종전 증인이 다시 법정에 출석하여 증언을 하면서 그 진술조서의 성립의 진정함을 인정하고 피고인측에 반대신문의 기회가 부여되었다 하더라도 증거능력이 없다.

■해설 공판준비 또는 공판기일에서 이미 증언을 마친 증인을 검사가 소환한 후 피고인에게 유리한 그 증언 내용을 추궁하여 이를 일방적으로 번복시키는 방식으로 작성한 진술조서를 유죄의 증거로 삼는 것은 당사자주의·공판중심주의·직접주의를 지향하는 현행 형사소송법의 소송구조에 어긋나는 것일 뿐만 아니라, 헌법 제27조가 보장하는 기본권, 즉 법관의 면전에서 모든 증거자료가 조사·진술되고 이에 대하여 피고인이 공격·방어할 수 있는 기회가 실질적으로 부여되는 재판을 받을 권리를 침해하는 것이므로, 이러한 진술조서는 피고인이 증거로 할 수 있음에 동의하지 아니하는 한 그 증거능력이 없다고 하여야 할 것이고, 그 후 원진술자인 종전 증인이 다시 법정에 출석하여 증언을 하면서 그 진술조서의 성립의 진정함을 인정하고 피고인측에 반대신문의 기회가 부여되었다고 하더라도 그 증언 자체를 유죄의 증거로 할 수 있음은 별론으로 하고 위와 같은 진술조서의 증거능력이 없다는 결론은 달리할 것이 아니다(대판 2000.06.15. 99도1108(전합)).

정답

4. 사실조회

Ⅲ 공소제기 후의 강제수사

1. 구 속

20년(1) 모의

275. 수사기관은 공소제기 후에도 피고인이나 제3자가 소지하고 있는 피고사건에 관한 증거물을 임의로 제출하면 영장 없이 이를 압수할 수 있다.

■해설 임의제출물의 압수는 제출자가 수사기관에 그 반환을 요구할 수 없다는 점에서 강제수사의 일종이지만, 점유취득과정에 강제력이 행사되지 않으므로 공소제기 후에도 허용된다(임동규, 형사소송법 제13판 p.287, 이은모, 형사소송법 제6판 p.362).

정답

20년(1)·(3) 모의

276. (1) 검사는 불구속으로 기소된 피고인에게 구속사유가 있더라도 수소법원 이외의 판사로부터 구속영장을 발부받아 피고인을 구속할 수는 없다.

(2) 공소제기 후에는 수사기관에 의한 피고인의 구속이 허용되지 않는다.

■해설 검사가 불구속상태에서 피고인을 기소한 후 수소법원 이외의 법관으로부터 영장을 발부받아 피고인을 구속할 수 있는가의 문제이다. 공소제기 후 행하는 피고인의 구속은 수소법원의 권한에 속하므로, 불구속으로 기소된 피고인이 증거를 인멸하거나 도주할 우려가 있어서 구속할 필요가 있는 경우에도 검사는 수소법원 이외의 지방법원판사로부터 영장을 발부받아 피고인을 구속할 수 없고, 수소법원의 직권에 의한 구속을 촉구할 수 있을 뿐이라고 하여야 한다(이은모, 형사소송법 제6판, p.361).

▶ 공소제기 후의 피고인에 대한 구속은 수소법원의 권한에 속하므로(법 제70조) 검사는 불구속으로 기소된 피고인에 대하여 구속사유가 있다고 하여도 수소법원 이외의 법관으로부터 구속영장을 발부받아 피고인을 구속할 수는 없다. 피고인은 공판절차에서 검사와 대등한 당사자이고 수사기관에 의한 구속의 대상은 피의자로 한정(법 제201조)되어 있기 때문이다.

형사소송법 제70조(구속의 사유) ① 법원은 피고인이 죄를 범하였다고 의심할 만한 상당한 이유가 있고 다음 각 호의 1에 해당하는 사유가 있는 경우에는 피고인을 구속할 수 있다.
제201조(구속) ① 피의자가 죄를 범하였다고 의심할 만한 상당한 이유가 있고 제70조제1항 각 호의 1에 해당하는 사유가 있을 때에는 검사는 관할지방법원판사에게 청구하여 구속영장을 받아 피의자를 구속할 수 있고 사법경찰관은 검사에게 신청하여 검사의 청구로 관할지방법원판사의 구속영장을 받아 피의자를 구속할 수 있다. 다만, 다액 50만원이하의 벌금, 구류 또는 과료에 해당하는 범죄에 관하여는 피의자가 일정한 주거가 없는 경우에 한한다.

정답 O, O

2. 압수·수색·검증

 12년 변시, 12년(3)·17년(3)·20년(1)·22년(1) 모의

277. 검사가 공소제기 후 「형사소송법」 제215조에 따라 수소법원 이외의 지방법원 판사에게 청구하여 발부받은 영장에 의하여 압수된 예탁금 거래내역표는 위법수집증거로서 증거능력이 부정된다.

해설 형사소송법은 제215조에서 검사가 압수·수색 영장을 청구할 수 있는 시기를 공소제기 전으로 명시적으로 한정하고 있지는 아니하나, 헌법상 보장된 적법절차의 원칙과 재판받을 권리, 공판중심주의·당사자주의·직접주의를 지향하는 현행 형사소송법의 소송구조, 관련 법규의 체계, 문언 형식, 내용 등을 종합하여 보면, 일단 공소가 제기된 후에는 피고사건에 관하여 검사로서는 형사소송법 제215조에 의하여 압수·수색을 할 수 없다고 보아야 하며, 그럼에도 검사가 공소제기 후 형사소송법 제215조에 따라 수소법원 이외의 지방법원 판사에게 청구하여 발부받은 영장에 의하여 압수·수색을 하였다면, 그와 같이 수집된 증거는 기본적 인권 보장을 위해 마련된 적법한 절차에 따르지 않은 것으로서 원칙적으로 유죄의 증거로 삼을 수 없다(대판 2011.04.28. 2009도10412).

정답 O

 22년 변시, 20년(3)·21년(3) 모의

278. (1) 「형사소송법」 제215조는 검사가 압수·수색영장을 청구할 수 있는 시기를 공소제기 전으로 한정하고 있지 않지만, 그럼에도 일단 공소가 제기된 후에는 피고사건에 관하여 검사로서는 「형사소송법」 제215조에 의하여 압수·수색을 할 수 없다.

(2) 검사가 공소제기 후 제1회 공판기일전에 수소법원 이외의 지방법원 판사에게 청구하여 발부받은 영장에 의하여 압수·수색을 한 경우 이를 통해 수집된 증거는 원칙적으로 유죄의 증거로 삼을 수 있다.

해설 형사소송법은 제215조에서 검사가 압수·수색 영장을 청구할 수 있는 시기를 공소제기 전으로 명시적으로 한정하고 있지는 아니하나, 헌법상 보장된 적법절차의 원칙과 재판받을 권리, 공판중심주의·당사자주의·직접주의를 지향하는 현행 형사소송법의 소송구조, 관련 법규의 체계, 문언 형식, 내용 등을 종합하여 보면, 일단 공소가 제기된 후에는 피고사건에 관하여 검사로서는 형사소송법 제215조에 의하여 압수·수색을 할 수 없다고 보아야 하

며, 그럼에도 검사가 공소제기 후 형사소송법 제215조에 따라 수소법원 이외의 지방법원 판사에게 청구하여 발부받은 영장에 의하여 압수·수색을 하였다면, 그와 같이 수집된 증거는 기본적 인권 보장을 위해 마련된 적법한 절차에 따르지 않은 것으로서 원칙적으로 유죄의 증거로 삼을 수 없다(대판 2011.04.28. 2009도010412). ▶ 검사가 공소제기 후 형사소송법 제215조에 따라「피의자가 죄를 범하였다고 의심할 만한 정황이 있고 해당 사건과 관계가 있어 범죄수사에 필요하다는 이유」만으로 수소법원 이외의 지방법원 판사에게 청구하여 발부받은 영장에 의하여 압수·수색을 하였다면, 그와 같이 수집된 증거는 기본적 인권 보장을 위해 마련된 적법한 절차에 따르지 않은 것으로서 원칙적으로 유죄의 증거로 삼을 수 없다. ▶ 형사소송법 제184조에 의하면「미리 증거를 보전하지 아니하면 그 증거를 사용하기 곤란한 사정이 있는 때」에만 검사는 공소제기 후 제1회 공판기일 전에 증거보전 청구를 할 수 있다.

> 형사소송법 제184조(증거보전의 청구와 그 절차) ① 검사, 피고인, 피의자 또는 변호인은 미리 증거를 보전하지 아니하면 그 증거를 사용하기 곤란한 사정이 있는 때에는 제1회 공판기일 전이라도 판사에게 압수, 수색, 검증, 증인신문 또는 감정을 청구할 수 있다.
> ② 전항의 청구를 받은 판사는 그 처분에 관하여 법원 또는 재판장과 동일한 권한이 있다.
> ③ 제1항의 청구를 함에는 서면으로 그 사유를 소명하여야 한다.
> ④ 제1항의 청구를 기각하는 결정에 대하여는 3일 이내에 항고할 수 있다.
> 형사소송법 제215조(압수, 수색, 검증) ① 검사는 범죄수사에 필요한 때에는 피의자가 죄를 범하였다고 의심할 만한 정황이 있고 해당 사건과 관계가 있다고 인정할 수 있는 것에 한정하여 지방법원판사에게 청구하여 발부받은 영장에 의하여 압수, 수색 또는 검증을 할 수 있다.
> ② 사법경찰관이 범죄수사에 필요한 때에는 피의자가 죄를 범하였다고 의심할 만한 정황이 있고 해당 사건과 관계가 있다고 인정할 수 있는 것에 한정하여 검사에게 신청하여 검사의 청구로 지방법원판사가 발부한 영장에 의하여 압수, 수색 또는 검증을 할 수 있다.

정답 ○, ×

제4장 공소의 제기

제1절 공소와 공소권이론

제2절 공소제기의 기본원칙

Ⅰ 국가소추주의 · 기소독점주의
Ⅱ 기소편의주의
Ⅲ 공소의 취소

1. 공소취소와 기소변경주의의 의의

18년(1) 모의

279. 검사가 일단 제기한 공소를 철회하는 소송행위를 공소취소라 하고, 공소사실 중 일부를 철회하는 것을 공소사실의 철회라 한다.

> 해설 공소장변경의 방식에 의한 공소사실의 철회는 공소사실의 동일성이 인정되는 범위 내의 일부 공소사실에 한하여 가능한 것이므로, 공소장에 기재된 수개의 공소사실이 서로 동일성이 없고 실체적 경합관계에 있는 경우에 그 일부를 소추대상에서 철회하려면 공소장변경의 방식에 의할 것이 아니라 공소의 일부취소절차에 의하여야 한다(대판 1992.04.24. 91도1438).

	공소취소	공소사실의 철회
개념	검사가 제기한 공소를 철회하는 소송행위	검사가 공소사실 중 일부를 철회하는 것
방식	서면원칙, 단 공판정에서는 구술 可	서면원칙, 단 공판정에서는 구술 可
재기소의 제한	공소기각 결정 확정 후 그 범죄사실에 대하여는 다른 중요한 증거가 발견되지 않는 한 재기소 不許	제한 ×

정답

2. 공소취소의 절차

14년(1) 모의

280. 서로 동일성이 없고 실체적 경합관계에 있는 수개의 공소사실 중 일부 공소사실을 삭제한다는 검사의 공소장변경신청이 있는 경우, 공소장변경신청서 중 공소를 취소하는 취지가 명백하다면 공소취소신청이라는 형식을 갖추지 아니하였더라도 법원은 그 부분 공소를 기각하여야 한다.

[해설] [1] 공소장변경의 방식에 의한 공소사실 또는 적용법조의 철회는 공소사실의 동일성이 인정되는 범위내의 일부 공소사실 또는 적용법조에 한하여 가능한 것이므로, 공소장에 기재된 수개의 공소사실이 서로 동일성이 없고 실체적 경합관계에 있는 경우에 그 일부를 소추대상에서 철회하려면 공소장변경의 방식에 의할 것이 아니라 공소의 일부 취소절차에 의하여야 한다. [2] 서로 동일성이 없고 실체적 경합관계에 있는 수개의 공소사실중 일부 공소사실을 삭제한다는 검사의 공소장변경신청이 있는 경우 위 절차가 가항에서 본 법리에 어긋난 잘못이 있기는 하나 그 공소장변경신청서중 공소를 취소하는 취지가 명백하다면 공소취소신청이라는 형식을 갖추지 아니하였더라도 법원은 그 부분 공소를 기각하여야 할 것이다(대판 1986.09.23. 86도1487).

정답 ○

18년(1) 모의

281. 공소취소는 반드시 서면으로 해야 하나, 공소사실의 철회는 서면이나 구술로도 할 수 있다.

[해설] 형사소송법 제255조 참조.

> 형사소송법 제255조(공소의 취소) ① 공소는 제1심판결의 선고 전까지 취소할 수 있다.
> ② 공소취소는 이유를 기재한 서면으로 하여야 한다. 단, 공판정에서는 구술로써 할 수 있다.

정답 ×

18년(1)·20년(2) 모의

282. 공소취소는 1심판결선고 전까지 가능하나 재심절차에서는 공소취소를 할 수 없다.

[해설] 제1심판결이 선고된 이상 동 판결이 확정되어 이에 대한 재심소송절차가 진행중에 있다 하여 공소취소를 할 수 없다(대판 1976.12.28. 76도3203).

정답 ○

3. 공소취소의 효과
(1) 공소기각의 결정

13년(1)·21년(2) 모의

283. 검사가 협박죄의 공소를 취소하면 법원은 결정으로 공소를 기각하여야 한다.

[해설] 공소가 취소되었을 때 결정으로 공소를 기각하여야 한다(형사소송법 제328조 제1항 제1호).

> 형사소송법 제328조(공소기각의 결정) ① 다음 경우에는 결정으로 공소를 기각하여야 한다.
> 1. 공소가 취소 되었을 때

정답   ○

23년(3) 모의

284. 제1심 재판 중 甲이 심장질환으로 갑자기 사망하였다면 법원은 면소의 판결을 선고하여야 한다.

▶해설 형사소송법 제328조 참조

형사소송법 제328조(공소기각의 결정) ① 다음 경우에는 결정으로 공소를 기각하여야 한다.
2. 피고인이 사망하거나 피고인인 법인이 존속하지 아니하게 되었을 때

정답

(2) 재기소의 제한

18년(1) 모의

285. (1) 실체적 경합관계에 있는 수개의 공소사실의 전부 또는 일부를 철회하는 공소취소를 하고 공소기각결정이 확정된 경우에는 재기소제한이 있다.
(2) 포괄일죄로 기소된 공소사실 중 일부에 대하여 공소장변경방식으로 이루어지는 공소사실의 일부철회의 경우에는 재기소제한이 적용되지 않는다.

▶해설 공소사실의 동일성이 인정되지 아니하고 (1)실체적 경합관계에 있는 수개의 공소사실의 전부 또는 일부를 철회하는 공소취소의 경우 그에 따라 공소기각의 결정이 확정된 때에는 그 범죄사실에 대하여는 형사소송법 제329조의 규정에 의하여 다른 중요한 증거가 발견되지 않는 한 재기소가 허용되지 아니하지만, 이와 달리 (2)포괄일죄로 기소된 공소사실 중 일부에 대하여 형사소송법 제298조 소정의 공소장변경의 방식으로 이루어지는 공소사실의 일부 철회의 경우에는 그러한 제한이 적용되지 아니한다(대판 2004.09.23. 2004도3203).

정답

Ⅳ 기소강제절차

1. 기소강제절차의 의의

2. 재정신청

20년(2) 모의

286. 검사의 불기소처분에 대하여 고소인이 재정신청을 할 수 있는 범죄에는 제한이 없으나, 고발인이 재정신청할 수 있는 범죄에는 제한이 있다.

해설 형사소송법 제260조 제1항 참조

형사소송법 제260조(재정신청) ① 고소권자로서 고소를 한 자(「형법」제123조부터 제126조까지의 죄에 대하여는 고발을 한 자를 포함한다. 이하 이 조에서 같다)는 검사로부터 공소를 제기하지 아니한다는 통지를 받은 때에는 그 검사 소속의 지방검찰청 소재지를 관할하는 고등법원(이하 "관할 고등법원"이라 한다)에 그 당부에 관한 재정을 신청할 수 있다. 다만, 「형법」제126조의 죄에 대하여는 피공표자의 명시한 의사에 반하여 재정을 신청할 수 없다.

정답 O

15년 변시, 법무부(2)·11년(1) 모의

287. 검사의 불기소처분에 대하여 고소권자의 경우 재정신청을 할 수 있는 대상 범죄에 제한이 없으며, 기소유예 처분에 대해서도 재정신청을 할 수 있다.

해설 형사소송법 제260조에 의하면 고발한 자의 경우에는 '형법 제123조부터 제125조까지의 죄에 대하여 고발을 한 자'로서 그 대상에 일정한 제한이 있으나 고소한 경우에는 그 대상범죄에 제한이 없다. 또한 재정신청이 기소편의주의를 규제하기 위한 제도라는 점에서 기소유예가 그 대상이 됨은 물론(대결 1988.01.29. 86모58), 협의의 불기소 처분 외에 기소중지, 참고인 중지 등도 포함된다.

정답 O

15년 · 24년 변시, 법무부(1)·13년(3) 모의

288. (1) 재정신청은 법원의 결정이 있을 때까지 취소할 수 있으며 그 취소의 효력은 다른 공동신청권자에게 미치지 않는다.
(2) 재정신청을 취소한 자는 다시 재정신청을 할 수 없다.

해설 (1) 형사소송법 제264조 제1항, 제3항 참조. (2) 형사소송법 제264조 제2항 참조.

형사소송법 제264조(대리인에 의한 신청과 1인의 신청의 효력, 취소) ① 재정신청은 대리인에 의하여 할 수 있으며 공동신청권자 중 1인의 신청은 그 전원을 위하여 효력을 발생한다.
② 재정신청은 제262조 제2항의 결정이 있을 때까지 취소할 수 있다. 취소한 자는 다시 재정신청을 할 수 없다.
③ 전항의 취소는 다른 공동신청권자에게 효력을 미치지 아니한다.

정답 O, O

12년(2) 모의

289. 재정신청이 있는 경우 재정신청서를 제출받은 지방검찰청 검사장 또는 지청장은 신청이 이유 있는 것으로 인정하는 때에는 즉시 공소를 제기하고 그 취지를 관할 고등법원과 재정신청인에게 통지하고, 신청이 이유 없는 것으로 인정하는 때에는 30일 이내에 관할 고등법원에 송부한다.

■해설 형사소송법 제261조 참조.

> 형사소송법 제261조(지방검찰청검사장 등의 처리) 제260조 제3항에 따라 재정신청서를 제출받은 지방검찰청검사장 또는 지청장은 재정신청서를 제출받은 날부터 7일 이내에 재정신청서·의견서·수사 관계 서류 및 증거물을 관할 고등검찰청을 경유하여 관할 고등법원에 송부하여야 한다. 다만, 제260조 제2항 각 호의 어느 하나에 해당하는 경우에는 지방검찰청검사장 또는 지청장은 다음의 구분에 따른다.
> 1. 신청이 이유 있는 것으로 인정하는 때에는 즉시 공소를 제기하고 그 취지를 관할 고등법원과 재정신청인에게 통지한다.
> 2. 신청이 이유 없는 것으로 인정하는 때에는 30일 이내에 관할 고등법원에 송부한다.

정답

3. 고등법원의 심리와 결정

 15년 변시

290. 공소취소에 대해서는 재정신청을 할 수 없다.

■해설 재정신청의 대상은 검사의 불기소 처분이다. 공소취소(형사소송법 제255조)는 공소제기 이후 수소법원에 소송계속이 생겼다가 검사가 이미 제기한 공소를 철회하는 것이어서 재정신청의 대상이 될 수 없다(신동운, 신형사소송법 제5판, p.510 ; 이재상, 형사소송법 제9판, p.375).

정답

15년 변시, 11년(1)·13년(3)·14년(3)·18년(2)·19년(2)·20년(2)·22년(3)·23년(2) 모의

291.
(1) 재정신청인은 고등법원의 재정신청에 대한 기각결정에 대하여 즉시항고를 할 수 있다.
(2) 재정신청인은 검사의 불기소처분에 따른 재정신청에 대한 법원의 재정신청기각 또는 공소제기의 결정에 불복할 수 없으며, 재정신청이 법률상의 방식을 준수하였음에도 법원이 방식위배의 신청이라고 잘못 보아 그 신청이유에 대한 실체 판단 없이 형식적인 사유로 기각한 경우에도 동일하다.

■해설 2016.1.6. 개정 형사소송법은 재정신청 기각결정에 대해서도 제415조에 따른 즉시항고를 할 수 있다고 규정하였다(제262조 제4항 전단). 따라서 재정신청인은 재정신청 기각결정에 대해서 헌법·법률·명령 또는 규칙 위반을 이유로 대법원에 즉시항고(재항고)를 할 수 있다(신호진, 2016년판 형사소송법요론, p.243).

> 형사소송법 제262조(심리와 결정) ② 법원은 재정신청서를 송부받은 날부터 3개월 이내에 항고의 절차에 준하여 다음 각 호의 구분에 따라 결정한다. 이 경우 필요한 때에는 증거를 조사할 수 있다.
> 1. 신청이 법률상의 방식에 위배되거나 이유 없는 때에는 신청을 기각한다.
> 2. 신청이 이유 있는 때에는 사건에 대한 공소제기를 결정한다.
> ④ 제2항 제1호의 결정에 대하여는 제415조에 따른 즉시항고를 할 수 있고, 제2항 제2호의 결정에 대하여는 불복할 수 없다. 제2항 제1호의 결정이 확정된 사건에 대하여는 다른 중요한 증거를 발견한 경우를 제외하고는 소추할 수 없다.
> 형사소송법 제415조(재항고) 항고법원 또는 고등법원의 결정에 대하여는 재판에 영향을 미친 헌법·법률·명령 또는 규칙의 위반이 있음을 이유로 하는 때에 한하여 대법원에 즉시항고를 할 수 있다.

정답

19년 변시, 17년(1)·19년(2)·22년(1)·23년(2) 모의

292. 만약 구치소에 있는 甲이 검사의 불기소처분에 대하여 재정신청을 하였으나 법원으로부터 기각결정을 받고 이에 재항고를 제기하고자 한다면, 그 재항고에 대한 법정기간의 준수 여부는 재항고장이 법원에 도달한 시점을 기준으로 판단하여야 하고, 거기에 「형사소송법」 제344조 제1항에서 정한 재소자 피고인 특칙은 준용되지 아니한다.

해설 형사소송절차에서 법원에 제출하는 서류는 법원에 도달하여야 제출의 효과가 발생하며, 각종 서류의 제출에 관하여 법정기간의 준수 여부를 판단할 때에도 당연히 해당 서류가 법원에 도달한 시점을 기준으로 하여야 한다. 한편 형사소송법은 이러한 도달주의 원칙에 대한 예외로서, 교도소 또는 구치소에 있는 피고인이 제출하는 상소장에 대하여 상소의 제기기간 내에 교도소장이나 구치소장 또는 그 직무를 대리하는 사람에게 이를 제출한 때에 상소의 제기기간 내에 상소한 것으로 간주하는 재소자 피고인에 대한 특칙(제344조 제1항)을 두고 있다. 그런데 형사소송법은 상소장 외에 재소자가 제출하는 다른 서류에 대하여는 재소자 피고인 특칙을 일반적으로 적용하거나 준용하지 아니하고, 상소권회복의 청구 또는 상소의 포기나 취하(제355조), 항소이유서 및 상고이유서 제출(제361조의3 제1항, 제379조 제1항), 재심의 청구와 취하(제430조), 소송비용의 집행면제 신청, 재판의 해석에 대한 의의(疑義)신청과 재판의 집행에 대한 이의신청 및 취하(제490조 제2항) 등의 경우에 개별적으로 재소자 피고인 특칙을 준용하는 규정을 두고 있으며, 재정신청절차에 대하여는 재소자 피고인 특칙의 준용 규정을 두고 있지 아니하다. 이와 같이 형사소송법이 법정기간의 준수에 대하여 도달주의 원칙을 정하고 그에 대한 예외로서 재소자 피고인 특칙을 제한적으로 인정하는 취지는 소송절차의 명확성, 안정성과 신속성을 도모하기 위한 것이며, 재정신청절차에 대하여 재소자 피고인 특칙의 준용 규정을 두지 아니한 것도 마찬가지이다. 위와 같이 법정기간 준수에 대하여 도달주의 원칙을 정하고 재소자 피고인 특칙의 예외를 개별적으로 인정한 형사소송법의 규정 내용과 입법 취지, 재정신청절차가 형사재판절차와 구별되는 특수성, 법정기간 내의 도달주의를 보완할 수 있는 여러 형사소송법상 제도 및 신속한 특급우편제도의 이용 가능성 등을 종합하여 보면, 재정신청 기각결정에 대한 재항고나 그 재항고 기각결정에 대한 즉시항고로서의 재항고에 대한 법정기간의 준수 여부는 도달주의 원칙에 따라 재항고장이나 즉시항고장이 법원에 도달한 시점을 기준으로 판단하여야 하고, 거기에 재소자 피고인 특칙은 준용되지 아니한다(대판 2015.07.16. 2013모2347(전합)).

정답

14년(3) 모의

293. 친고죄에 대한 재정신청사건을 심리하는 중에 고소가 취소된 경우에는 법원은 공소기각판결로 소송을 종결시켜야 한다.

해설 재정신청은 고소인이나 고발인(형법 제123조 내지 제126조에 한함)이 할 수 있고, 고소·고발을 취소한 자는 재정신청을 할 수 없다. 친고죄에 대한 재정신청사건을 심리하는 중에 고소가 취소된 경우 재정신청권자가 아닌 자가 재정신청을 한 것이므로 형사소송법 제262조 제2항 제1호의 '신청이 법률상 방식에 위배하는 때'에 해당하여 법원은 공소기각판결이 아니라 신청에 대한 기각결정을 하여야 한다.

형법 제260조(재정신청) ① 고소권자로서 고소를 한 자(「형법」 제123조부터 제126조까지의 죄에 대하여는 고발을 한 자를 포함한다. 이하 이 조에서 같다)는 검사로부터 공소를 제기하지 아니한다는 통지를

받은 때에는 그 검사 소속의 지방검찰청 소재지를 관할하는 고등법원(이하 "관할 고등법원"이라 한다)에 그 당부에 관한 재정을 신청할 수 있다. 다만, 「형법」 제126조의 죄에 대하여는 피공표자의 명시한 의사에 반하여 재정을 신청할 수 없다.
형사소송법 제262조(심리와 결정) ② 법원은 재정신청서를 송부받은 날부터 3개월 이내에 항고의 절차에 준하여 다음 각 호의 구분에 따라 결정한다. 이 경우 필요한 때에는 증거를 조사할 수 있다.
1. 신청이 법률상의 방식에 위배되거나 이유 없는 때에는 신청을 기각한다.

정답

23년(3) 모의

294. 재정신청사건의 심리는 특별한 사정이 없는 한 공개하지 아니한다.

해설 형사소송법 제262조 제3항

형사소송법 제262조(심리와 결정)
③ 재정신청사건의 심리는 특별한 사정이 없는 한 공개하지 아니한다.

정답 O

23년(3) 모의

295. 재정신청을 기각하는 법원의 결정에 대하여는 즉시항고를 할 수 있지만, 공소를 제기하는 결정에 대하여는 불복할 수 없다.

해설 형사소송법 제262조 제4항

형사소송법 제262조(심리와 결정)
② 법원은 재정신청서를 송부받은 날부터 3개월 이내에 항고의 절차에 준하여 다음 각 호의 구분에 따라 결정한다. 이 경우 필요한 때에는 증거를 조사할 수 있다.
1. 신청이 법률상의 방식에 위배되거나 이유 없는 때에는 신청을 기각한다.
2. 신청이 이유 있는 때에는 사건에 대한 공소제기를 결정한다.
④ 제2항제1호의 결정에 대하여는 제415조에 따른 즉시항고를 할 수 있고, 제2항제2호의 결정에 대하여는 불복할 수 없다. 제2항제1호의 결정이 확정된 사건에 대하여는 다른 중요한 증거를 발견한 경우를 제외하고는 소추할 수 없다.

정답 O

14년(3) 모의

296. 검사의 무혐의 불기소처분에 대한 재정신청사건을 심리한 결과 범죄의 객관적 혐의는 인정되나 공소시효가 완성된 경우에는 재정신청을 기각하여야 한다.

해설 재정신청사건을 심리한 결과 범죄의 객관적 혐의가 인정되더라도 검사의 불기소처분 당시 공소시효가 완성되었다면 불기소처분이 이유 있는 경우이므로 법원은 재정신청을 기각하여야 한다(형사소송법 제262조 제2항 제1호).

판례 재항고인 주장의 이 사건 독직폭행사건은 사고시부터 5년의 공소시효가 완성되어 검사의 불기소처분 당시에는 공소권이 없으므로 이건 재정신청은 허용되지 않는다(대결 1990.07.16. 90모34).

정답 ○

14년(3)·23년(3) 모의

297. 검사의 공소를 제기하지 아니하는 처분의 당부에 관한 재정신청을 판단하는 법원은 검사의 무혐의 불기소처분이 위법하더라도 기록에 나타난 모든 사정을 고려하여 기소유예의 불기소처분을 할 만한 사건이라고 인정되는 경우에는 재정신청을 기각할 수 있다.

해설 공소를 제기하지 아니하는 검사의 처분의 당부에 관한 재정신청이 있는 경우에 법원은 검사의 무혐의 불기소처분이 위법하다 하더라도 기록에 나타난 여러 가지 사정을 고려하여 기소유예의 불기소처분을 할 만한 사건이라고 인정되는 경우에는 재정신청을 기각할 수 있다(대판 2015.02.12. 2012도4842).

정답 ○

23년 변시, 13년(3)·19년(2)·23년(2) 모의

298. 법원이 재정신청서에 재정신청을 이유 있게 하는 사유가 기재되어 있지 않음에도 이를 간과한 채 공소제기의 결정을 하여 그에 따른 공소가 제기되어 본안사건의 절차가 개시되었다면, 다른 특별한 사정이 없는 한 그 본안사건에서 위와 같은 잘못을 다툴 수 없다.

해설 법원이 재정신청서에 재정신청을 이유 있게 하는 사유가 기재되어 있지 않음에도 이를 간과한 채 형사소송법 제262조 제2항 제2호 소정의 공소제기결정을 한 관계로 그에 따른 공소가 제기되어 본안사건의 절차가 개시된 후에는, 다른 특별한 사정이 없는 한 이제 그 본안사건에서 위와 같은 잘못을 다툴 수 없다. 그렇지 아니하고 위와 같은 잘못을 본안사건에서 다툴 수 있다고 한다면 이는 재정신청에 대한 결정에 대하여 그것이 기각결정이든 인용결정이든 불복할 수 없도록 한 같은 법 제262조 제4항의 규정취지에 위배하여 형사소송절차의 안정성을 해칠 우려가 있기 때문이다. 또한 위와 같은 잘못은 본안사건에서 공소사실 자체에 대하여 무죄, 면소, 공소기각 등을 할 사유에 해당하는지를 살펴 무죄 등의 판결을 함으로써 그 잘못을 바로잡을 수 있다. 뿐만 아니라 본안사건에서 심리한 결과 범죄사실이 유죄로 인정되는 때에는 이를 처벌하는 것이 오히려 형사소송의 이념인 실체적 정의를 구현하는 데 보다 충실하다는 점도 고려하여야 한다(대판 2010.11.11. 2009도224).

정답

12년(2)·13년(3)·23년(2) 모의

299. 법원은 재정신청사건을 심리하는 중 재정신청을 한 고소인 또는 고발인 등의 신청이 있으면 관련 서류의 전부 또는 일부를 열람 또는 등사하게 할 수 있으나, 피의자의 사생활 침해, 수사의 비밀 저해, 민사사건에의 악용될 우려 등의 사정이 있으면 이를 허용하지 않을 수 있다.

 재정신청사건은 아직 기소가 되기 전이므로 수사기록에 대해 피의자나 고소인 등 이해관계인이 무분별하게 기록을 열람·등사하는 경우 수사의 비밀을 해칠 우려가 있으며 피의자의 인권보장에도 반할 소지가 있어, 원칙적으로 재정신청 사건의 심리 중에는 관련 서류 및 증거물에 대한 열람 또는 등사가 허용되지 않는다(형사소송법 제262조의2 참조).

형사소송법 제262조의2(재정신청사건 기록의 열람·등사 제한) 재정신청사건의 심리 중에는 관련 서류 및 증거물을 열람 또는 등사할 수 없다. 다만, 법원은 제262조 제2항 후단의 증거조사과정에서 작성된 서류의 전부 또는 일부의 열람 또는 등사를 허가할 수 있다.

정답 ×

12년(2)·20년(2) 모의

300. 재정신청사건의 심리는 항고절차에 준하여 진행되며 심리 중에는 증거조사가 허용되지 아니한다.

 재정신청사건의 심리 중 필요한 때에 증거조사가 가능하다(형사소송법 제262조 제2항).

정답 ×

12년 변시, 12년(2) 모의

301. 재정신청에 대하여 법원의 공소제기 결정이 있게 되면 공소제기가 의제되므로 이는 불고불리의 원칙의 예외라고 할 수 있다.

해설 기소강제절차에서도 소추와 심판의 분리원칙(탄핵주의)과 불고불리원칙은 유지된다. 즉 법원이 공소제기 여부를 결정하지만 법원의 결정으로 공소제기가 의제되는 것이 아니라 공소제기 검사가 제기해야 한다(형사소송법 제262조 제2항 제2호, 동조 제6항 참조).

형사소송법 제262조(심리와 결정) ② 법원은 재정신청서를 송부 받은 날부터 3개월 이내에 항고의 절차에 준하여 다음 각 호의 구분에 따라 결정한다. 이 경우 필요한 때에는 증거를 조사할 수 있다.
1. 신청이 법률상의 방식에 위배되거나 이유 없는 때에는 신청을 기각한다.
2. 신청이 이유 있는 때에는 사건에 대한 공소제기를 결정한다.
⑥ 제2항 제2호의 결정에 따른 재정결정서를 송부 받은 관할 지방검찰청 검사장 또는 지청장은 지체 없이 담당 검사를 지정하고 지정받은 검사는 공소를 제기하여야 한다.

정답 ×

 20년 변시, 11년(1)·20년(2) 모의

302. (1) 재정신청을 기각하는 결정이 확정된 사건을 다시 소추할 수는 없다.

(2) 재정신청을 기각한 법원의 결정이 확정된 사건에 대하여는 다른 중요한 증거를 발견한 경우를 제외하고는 소추할 수 없다.

■해설 제262조 제2항 제1호의 재정신청을 기각하는 결정이 확정된 사건에 대하여는 다른 중요한 증거를 발견한 경우에는 다시 소추할 수 있다(형사소송법 제262조 제4항).

형사소송법 제262조(심리와 결정) ④ 제2항 제1호의 결정에 대하여는 제415조에 따른 즉시항고를 할 수 있고, 제2항 제2호의 결정에 대하여는 불복할 수 없다. 제2항 제1호의 결정이 확정된 사건에 대하여는 다른 중요한 증거를 발견한 경우를 제외하고는 소추할 수 없다.

정답 ×, ○

 23년 변시

303. 「형사소송법」 제262조 제4항 후문은 재정신청 기각결정이 확정된 사건에 대하여는 다른 중요한 증거를 발견한 경우를 제외하고는 소추할 수 없다고 규정하고 있는바, 여기에서 '다른 중요한 증거를 발견한 경우'에는 단순히 재정신청 기각결정의 정당성에 의문이 제기되거나 범죄피해자의 권리를 보호하기 위하여 형사재판절차를 진행할 필요가 있는 정도의 증거가 있는 경우는 포함되지 않는다.

■해설 형사소송법 제262조 제4항 후문은 재정신청 기각결정이 확정된 사건에 대하여는 다른 중요한 증거를 발견한 경우를 제외하고는 소추할 수 없다고 규정하고 있다. 여기에서 '다른 중요한 증거를 발견한 경우'란 재정신청 기각결정 당시에 제출된 증거에 새로 발견된 증거를 추가하면 충분히 유죄의 확신을 가지게 될 정도의 증거가 있는 경우를 말하고, 단순히 재정신청 기각결정의 정당성에 의문이 제기되거나 범죄피해자의 권리를 보호하기 위하여 형사재판절차를 진행할 필요가 있는 정도의 증거가 있는 경우는 여기에 해당하지 않는다(대판 2018.12.28. 2014도17182).

정답 ○

 22년(1)·23년(2) 모의

304. 재정신청 기각결정이 확정된 후 관련된 분쟁의 민사판결에서 확정된 사실인정의 결과에 비추어 기왕에 제출되었던 증거자료의 내용과 피고인 및 피해자의 수사기관에서의 진술을 재검토할 여지가 발생한 경우, 검사가 대상사건에 대하여 다시 공소를 제기하는 것은 적법하다.

■해설 형사소송법 제262조 제4항 후문은 재정신청 기각결정이 확정된 사건에 대하여는 다른 중요한 증거를 발견한 경우를 제외하고는 소추할 수 없다고 규정하고 있다. 여기에서 '다른 중요한 증거를 발견한 경우'란 재정신청 기각결정 당시에 제출된 증거에 새로 발견된 증거를 추가하면 충분히 유죄의 확신을 가지게 될 정도의 증거가 있는 경우를 말하고, 단순히 재정신청 기각결정의 정당성에 의문이 제기되거나 범죄피해자의 권리를 보호하기 위하여 형사재판절차를 진행할 필요가 있는 정도의

증거가 있는 경우는 여기에 해당하지 않는다. 그리고 관련 민사판결에서의 사실인정 및 판단은, 그러한 사실인정 및 판단의 근거가 된 증거자료가 새로 발견된 증거에 해당할 수 있음은 별론으로 하고, 그 자체가 새로 발견된 증거라고 할 수는 없다(대판 2018.12.28. 2014도17182).

정답 ×

제3절 공소제기의 방식

I 공소장의 제출

24년 변시

305. 공소장에 검사의 간인이 없더라도 공소장의 형식과 내용이 연속된 것으로 일체성이 인정되고 동일한 검사가 작성하였다고 인정되는 한, 그 공소장을 효력이 없는 서류라고 할 수는 없다.

해설 공소를 제기하려면 공소장을 관할법원에 제출하여야 한다(형사소송법 제254조 제1항). 공무원이 작성하는 서류에는 간인하거나 이에 준하는 조치를 하여야 한다(형사소송법 제57조 제2항). 여기서 '공무원이 작성하는 서류'에는 검사가 작성하는 공소장이 포함된다. '간인'은 서류작성자의 간인으로서 1개의 서류가 여러 장으로 되어 있는 경우 그 서류의 각 장 사이에 겹쳐서 날인하는 것이다. 이는 서류 작성 후 그 서류의 일부가 누락되거나 교체되지 않았다는 사실을 담보하기 위한 것이다. 따라서 공소장에 검사의 간인이 없더라도 그 공소장의 형식과 내용이 연속된 것으로 일체성이 인정되고 동일한 검사가 작성하였다고 인정되는 한 그 공소장을 형사소송법 제57조 제2항에 위반되어 효력이 없는 서류라고 할 수 없다. 이러한 공소장 제출에 의한 공소제기는 그 절차가 법률의 규정에 위반하여 무효인 때(형사소송법 제327조 제2호)에 해당한다고 할 수 없다(대판 2021.12.30. 2019도16259).

정답

19년(1)·20년(3)·23년(3) 모의

306. 공소사실에 포함시켜야 할 범행 내용이나 피해 목록이 방대하여 저장매체를 이용한 공소제기를 허용해야 할 현실적인 필요가 있어서 검사가 공소사실의 일부를 컴퓨터 프로그램을 통하여 열어보거나 출력할 수 있는 전자적 형태의 문서로 작성한 다음 종이문서로 출력하지 않은 채 저장매체 자체를 서면인 공소장에 첨부하여 제출한 경우, 법원은 서면인 공소장에 기재된 부분뿐만 아니라 저장매체에 저장된 전자문서 부분을 포함하여 공소사실을 판단한다.

해설 형사소송법은 공소제기에 관하여 엄격한 방식에 의한 서면주의를 채택하고 있고, 공소제기에 관하여 전자문서나 전자매체를 이용할 수 있도록 한 입법적 조치는 마련되어 있지 않다. 따라서 검사가 전자문서나 저장매체를 이용하여 공소를 제기한 경우, 법원은 저장매체에 저장된 전자문서 부분을 제외하고 서면인 공소장에 기재된 부분만으로 공소사실을 판단하여야 한다. 만일 그 기재 내용만으로는 공소사실이 특정되지 않은 부분이 있다면 검사에게 특정을 요구하여야 하고, 그런데도 검사가 특정하지 않는다면 그 부분에 대해서는 공소를 기각할 수밖에 없다(대판 2017.02.15. 2016도19027).

정답

19년(1) 모의

307. 고소권자가 비친고죄로 고소한 사건을 검사가 친고죄로 공소제기하였다면, 법원은 고소가 유효하게 존재하는지를 직권으로 조사·심리하여야 한다.

> 해설 법원은 검사가 공소를 제기한 범죄사실을 심판하는 것이지 고소권자가 고소한 내용을 심판하는 것이 아니므로, 고소권자가 비친고죄로 고소한 사건이더라도 검사가 사건을 친고죄로 구성하여 공소를 제기하였다면 공소장 변경절차를 거쳐 공소사실이 비친고죄로 변경되지 아니하는 한, 법원으로서는 친고죄에서 소송조건이 되는 고소가 유효하게 존재하는지를 직권으로 조사·심리하여야 한다(대판 2015.11.17. 2013도7987).

정답

Ⅱ 공소장의 기재사항

1. 필요적 기재사항

21년(2) 모의

308. 문서의 위조여부가 문제되는 사건에서 그 위조된 문서가 압수되어 현존하고 있는 경우, 그 범죄 일시와 장소, 방법 등은 범죄의 동일성 인정과 이중기소의 방지, 시효저촉 여부 등을 가름할 수 있는 범위에서 문서의 위조사실을 뒷받침할 수 있는 정도로만 기재되어 있으면 충분하다.

> 해설 공소사실의 기재는 범죄의 일시, 장소와 방법을 명시하여 사실을 특정할 수 있도록 하여야 하는데, 문서의 위조 여부가 문제되는 사건에서 그 위조된 문서가 압수되어 현존하고 있는 이상, 그 범죄 일시와 장소, 방법 등은 범죄의 동일성 인정과 이중기소의 방지, 시효저촉 여부 등을 가름할 수 있는 범위에서 사문서의 위조사실을 뒷받침할 수 있는 정도로만 기재되어 있으면 충분하다(대판 2009.06.11. 2008도11042).

정답

21년(1) 모의

309. 외국인 甲은 바람이 세게 불어 담뱃불을 붙이기가 어렵자 A 소유의 사과나무 밭에서 마른 풀을 모아 놓고 성냥불을 켜 담뱃불을 붙였다. 甲은 그 불이 완전히 소화되었는지를 확인하지 아니한 채 자리를 떠났고, 남은 불씨가 A 소유의 사과나무에 옮겨 붙어 사과나무 217주 등을 불태웠다. 경찰조사에서 甲은 평소 가지고 있던 외국인 B의 여권을 제시하면서 B의 모든 인적사항을 모용하였다. 검사는 B를 공소장에 피고인으로 적시하여 공소를 제기한 후 제1회 공판기일에서 甲이 B의 성명을 모용한 사실이 밝혀졌으며 A의 부인 C가 甲의 통역인으로 나와 통역하였다.

공소장에 B가 피고인으로 표시되었더라도 검사는 甲에 대하여 공소를 제기한 것이므로, 검사는 공소장의 인적 사항의 기재를 정정하면 되고 공소장변경을 할 필요는 없다. (다툼이 있는 경우 판례에 의함)

해설 피의자가 다른 사람의 성명을 모용한 탓으로 공소장에 피모용자가 피고인으로 표시되었다 하더라도 이는 당사자의 표시상의 착오일 뿐이고 검사는 모용자에 대하여 공소를 제기한 것이므로 모용자가 피고인이 되고 피모용자에게 공소의 효력이 미친다고 할 수 없고, 이와 같은 경우 검사는 공소장의 인적 사항의 기재를 정정하여 피고인의 표시를 바로잡아야 하는 것인바, 이는 피고인의 표시상의 착오를 정정하는 것이지 공소장을 변경하는 것이 아니므로 형사소송법 제298조에 따른 공소장변경의 절차를 밟을 필요가 없고 법원의 허가도 필요로 하지 아니한다(대법원 1993.01.19. 92도2554).

정답 O

13년(2)·16년(2)·(3)·18년(3)·20년(1) 모의

310. 피고인이 타인의 성명 등 인적사항을 도용하였기 때문에 검사가 피모용자를 피고인으로 기재하여 공소를 제기한 때에는 피고인이 특정되었다고 볼 수 없으므로 검사가 이를 정정하지 아니하는 경우에는 법원은 공소기각의 판결을 선고하여야 한다.

해설 [1] 피의자가 다른 사람의 성명을 모용한 탓으로 공소장에 피모용자가 피고인으로 표시되었다 하더라도 이는 당사자의 표시상의 착오일 뿐이고 검사는 모용자에 대하여 공소를 제기한 것이므로 모용자가 피고인이 되고 피모용자에게 공소의 효력이 미친다고 할 수 없고, 이와 같은 경우 검사는 공소장의 인적 사항의 기재를 정정하여 피고인의 표시를 바로잡아야 하는 것인바, 이는 피고인의 표시상의 착오를 정정하는 것이지 공소장을 변경하는 것이 아니므로 형사소송법 제298조에 따른 공소장변경의 절차를 밟을 필요가 없고 법원의 허가도 필요로 하지 아니한다. [2] 위 [1]항에 있어 검사가 공소장의 피고인 표시를 정정하여 모용관계를 바로잡지 아니한 경우에는 외형상 피모용자 명의로 공소가 제기된 것으로 되어 있어 공소제기의 방식이 형사소송법 제254조의 규정에 위반하여 무효라 할 것이므로 법원은 공소기각의 판결을 선고하여야 하고, 검사가 피고인 표시를 바로잡은 경우에는 처음부터 모용자에 대한 공소의 제기가 있었고 피모용자에 대한 공소의 제기가 있었던 것이 아니므로 법원은 모용자에 대하여 심리하고 재판을 하면 되지 원칙적으로 피모용자에 대하여 심판할 것이 아니다(대판 1993.01.19. 92도2554).

정답 O

16년(2) 모의

311. 강간죄 또는 강제추행죄에 대한 공소사실을 "피고인이 1980. 12. 일자불상경부터 1981. 9. 5. 전일경까지 사이에 피해자를 협박하여 약 20여회 강간 또는 강제추행하였다."라고 기재한 경우, 그 범행일시가 명시되지 아니하여 공소사실을 특정한 것으로 볼 수 없다.

해설 미성년자의제강간죄 또는 미성년자의제강제추행죄는 행위시마다 1개의 범죄가 성립하므로 이 사건 공소사실중 "피고인이 1980. 12. 일자불상경부터 1981. 9. 5. 전일경까지 사이에 피해자를 협박하여 약 20여회 강간 또는 강제추행하였다."는 부분은 그 범행일시가 명시되지 아니하여 동 공소사실부분에 대한 공소는 기각을 면할 수 없다(대판 1982.12.14. 82도2442).

정답 O

18년(2) 모의

312. '성명불상자들과 합동하여 통행 중인 성명불상 여자로부터 품명불상의 재물을 절취하였다'는 공소장의 기재는 공소사실이 특정되었다고 볼 수 없다.

해설 피고인이 절취하였다는 물품이 "품명불상의 재물"이라고만 표현되었음은 그것이 과연 재물성을 가진 것인지조차 알 길이 없어 이 사건 범죄의 특별구성요건을 충족하는 구체적 사실이라고 할 수 없고 또 피고인이 "성명불상자들과 합동하여 통행중인 성명불상 여자로부터 품명불상의 재물을 절취하였다"는 공소장의 기재는 공소의 원인 사실이 다른 사실과 구별될 수 있도록 특정된 것이라고 볼 수도 없으므로 부적법한 공소이다(대판 1975.11.25. 75도294).

정답 O

18년(2) 모의

313. '불상의 방법으로 피해자를 가격하여 그 충격으로 피해자가 뒤로 넘어지면서 우측 후두부가 도로 바닥에 부딪쳐 사망에 이르렀다'는 기재만으로 폭행치사죄의 폭행사실을 특정한 적법한 공소제기에 해당한다.

해설 유죄판결에는 그 판결 이유에 범죄사실과 증거의 요지, 법령의 적용을 명시하여야 할 것인바, 여기서 범죄사실은 특정한 구성요건에 해당하는 위법하고 유책한 구체적 사실을 말하고, 폭행치사죄는 폭행죄를 범하여 사람을 사망에 이르게 한 죄이므로 이를 유죄로 인정한 판결이유에는 피고인이 폭행의 구체적 사실이 명시되어야 할 것인데, 판결이유에서 범죄사실을 '피고인이 불상의 방법으로 피해자를 가격하여 그 충격으로 피해자가 뒤로 넘어지면서 우측 후두부가 도로 바닥에 부딪쳐 사망에 이르렀다'고 기재한 것만으로는 피고인이 범한 폭행 사실의 구체적 사실을 기재하였다고 할 수 없다(대판 1999.12.28. 98도4181).

정답 X

14년·19년 변시, 20년(3)·21년(2)·22년(1) 모의

314. 공소장의 기재사실 중 일부가 명확하지 아니한 경우 법원이 검사에게 석명을 구하지 않고 곧바로 공소기각판결을 하면 심리미진의 위법이 될 수 있다.

해설 공소장의 기재가 불명확한 경우 법원은 형사소송규칙 제141조의 규정에 의하여 검사에게 석명을 구한 다음, 그래도 검사가 이를 명확하게 하지 않은 때에야 공소사실의 불특정을 이유로 공소를 기각함이 상당하다고 할 것이므로, 원심이 검사에게 공소사실 특정에 관한 석명에 이르지 아니한 채 곧바로 위와 같이 공소사실의 불특정을 이유로 공소기각의 판결을 한 데에는, 공소사실의 특정에 관한 법리를 오해하였거나 심리를 미진한 위법이 있다(대판 2006.05.11. 2004도5972).

형사소송규칙 제141조(석명권등) ① 재판장은 소송관계를 명료하게 하기 위하여 검사, 피고인 또는 변호인에게 사실상과 법률상의 사항에 관하여 석명을 구하거나 입증을 촉구할 수 있다.
② 합의부원은 재판장에게 고하고 제1항의 조치를 할 수 있다.
③ 검사, 피고인 또는 변호인은 재판장에 대하여 제1항의 석명을 위한 발문을 요구할 수 있다.

정답   O

🕙 14년·19년 변시, 21년(2) 모의

315. 교사범이나 방조범의 경우 교사나 방조의 사실뿐만 아니라 정범의 범죄사실도 특정하여야 한다.

해설 협의의 공범의 경우 공범의 범죄사실뿐만 아니라 그 전제가 되는 정범의 구성요건을 충족하는 구체적인 사실도 기재하여야 한다.

판례 정범의 성립은 교사범, 방조범의 구성요건의 일부를 형성하고 교사범, 방조범이 성립함에는 먼저 정범의 범죄행위가 인정되는 것이 그 전제요건이 되는 것은 공범의 종속성에 연유하는 당연한 귀결이며, 따라서 교사범, 방조범의 사실 적시에 있어서도 정범의 범죄 구성요건이 되는 사실 전부를 적시하여야 하고, 이 기재가 없는 교사범, 방조범의 사실 적시는 죄가 되는 사실의 적시라고 할 수 없다(대판 1981.11.24. 81도2422).

정답 O

18년(1) 모의

316. 사문서변조의 공소사실에 변조행위의 일시·장소와 방법, 변조의 실행행위자 등이 기재되지 않았다는 이유만으로 공소사실이 특정되지 않았다고 할 수 없다.

해설 형사소송법 제254조 제4항이 "공소사실의 기재는 범죄의 시일, 장소와 방법을 명시하여 사실을 특정할 수 있도록 하여야 한다"고 규정한 취지는, 법원의 심리 및 판단의 대상을 한정함으로써 심판의 능률과 신속을 꾀함과 동시에 방어의 범위를 특정하여 피고인의 방어권 행사를 쉽게 해 주기 위한 것이다. 따라서 검사로서는 그 규정에서 들고 있는 세 가지 특정 요소를 종합하여 다른 사실과 식별이 가능하도록 범죄구성요건에 해당하는 구체적 사실을 기재하여야 한다. 사문서변조의 공소사실에 변조행위의 일시·장소와 방법, 변조의 실행행위자 등이 기재되지 않은 사안에서, 범죄구성요건의 특정 요소에 관한 기재 자체가 누락된 것이므로 형사소송법의 규정이 요구하는 특정한 사실의 기재로 볼 수 없다(대판 2009.01.15. 2008도9327).

정답 ×

🕙 19년 변시, 18년(1)·21년(2) 모의

317. 포괄일죄에 있어서 공소사실의 특정은 그 일죄의 일부를 구성하는 개개의 행위를 구체적으로 특정하지 않더라도 전체 범행의 시기와 종기, 범행방법, 피해자나 상대방, 범행횟수, 피해액의 합계 등을 명시하면 족하다.

해설 포괄일죄에 있어서 그 일죄의 일부를 구성하는 개개의 행위에 대하여 구체적으로 특정하지 아니하더라도 그 전체 범행의 시기와 종기, 범행방법, 범행횟수 또는 피해액의 합계 및 피해자나 상대방을 명시하면 이로써 그 범죄사실은 특정되는 것이지만, 공소사실에 범죄구성요건을 충족하는 구체적 사실은 기재되어야 하므로 포괄일죄의 공소사실에도 대표적인 특정 범죄사실 또는 당해 범죄의 구체적인 범행방법 등을 거시한 다음 전체 범행의 시기와 종기, 범행횟수 또는 피해액의 합계 및 피해자나 상대방 등을 명시함으로써 당해 구성요건을 충족하는 구체적인 사실이 기재되도록 하여야 할 것이다(대판 2009.07.23. 2008도5930).

정답 O

318. 유가증권변조 사건의 공소사실이 범행일자를 '2005. 1.말경에서 같은 해 2. 4.사이'로, 범행장소를 '서울 불상지'로, 범행방법을 '불상의 방법으로 수취인의 기재를 삭제'로 되어 있는 경우, 변조된 유가증권이 압수되어 현존하고 있는 이상 공소사실이 특정되었다고 볼 수 있다.

해설 유가증권변조의 공소사실이 범행일자를 "2005. 1.말경에서 같은 해 2. 4.사이"로, 범행장소를 "서울 불상지"로, 범행방법을 "불상의 방법으로 수취인의 기재를 삭제"한 것으로 되어 있다 하더라도, 유가증권변조 여부가 문제로 된 이 사건에서 그 변조된 유가증권이 압수되어 현존하고 있는 이상, 위 범죄의 일시와 장소 및 방법의 기재는 범죄의 동일성 인정과 이중기소 방지, 시효저촉 여부, 토지관할을 가름할 수 있는 범위 내에서 그 유가증권변조 사실을 뒷받침한다고 보기에 충분하여 그 구성요건 해당사실이 다른 범죄사실과 판별할 수 있는 정도로 기재되어 있고 이 부분 공소범죄의 성격에 비추어 그 개괄적 표시가 부득이 하며 그에 대한 피고인의 방어권 행사에 지장이 없다고 보이므로, 공소사실이 특정되지 아니하여 공소제기가 위법하다고 볼 수 없다(대판 2008.03.27. 2007도11000).

정답 ○

319. 공소사실의 기재는 범죄의 일시, 장소와 방법을 명시하여 특정하여야 하나, 그 일부가 다소 불명확하게 적시되어 있더라도 그와 함께 기재된 다른 사항에 의하여 특정할 수 있으면 공소제기의 효력에는 영향이 없다.

해설 공소사실의 특정은 공소의 원인이 된 사실을 다른 공소사실과 구별할 수 있는 정도로 그 일시, 장소, 방법, 목적, 물건 등을 적시하여 일응 특정하게 하면 족한 것이고, 그 일부가 다소 불명확하게 적시되어 있다 하더라도 그와 함께 적시된 다른 사항들에 의하여 그 공소사실을 특정할 수 있는 한 그 공소제기의 효력에는 아무런 영향이 없다(대판 2008.07.10. 2008도1664).

정답 ○

320. 필요 이상 엄격하게 공소사실의 특정을 요구하는 것도 공소의 제기와 유지에 장애를 초래할 수 있으므로, 범죄의 일시는 이중기소나 시효에 저촉되지 않을 정도로, 장소는 토지관할을 가늠할 수 있을 정도로, 그리고 방법에 있어서는 범죄구성요건을 밝히는 정도로 기재하면 족하다.

해설 공소장에의 공소사실 기재는 법원에 대하여 심판의 대상을 한정하고 피고인에게 방어의 범위를 특정하여 그 방어권행사를 용이하게 하기 위하여 요구되는 것이므로 범죄의 일시, 장소, 방법 등 소인을 명시하여 사실을 가능한 한 명확하게 특정할 수 있도록 하는 것이 바람직하나, 그렇다고 해서 필요 이상 엄격하게 특정을 요구하는 것도 공소의 제기와 유지에 장애를 초래할 수 있으므로, 범죄의 일시는 이중기소나 시효에 저촉되지 않을 정도로, 장소는 토지관할을 가늠할 수 있을 정도로, 그리고 방법에 있어서는 범죄구성요건을 밝히는 정도로 기재하면 족하다(대판 1992.09.14. 92도1532).

정답 O

13년(2)·17년(1) 모의

321. 공소장에 적용법조의 기재에 오기나 누락이 있는 경우라 할지라도 이로 인하여 피고인의 방어에 실질적인 불이익을 주지 않는 한 공소제기의 효력에는 영향이 없고, 법원으로서도 공소장 변경의 절차를 거침이 없이 곧바로 공소장에 기재되어 있지 않은 법조를 적용할 수 있다.

해설 공소장에 적용법조를 기재하는 이유는 공소사실의 법률적 평가를 명확히 하여 피고인의 방어권을 보장하고자 함에 있는 것이므로, 적용법조의 기재에 오기나 누락이 있는 경우라 할지라도 이로 인하여 피고인의 방어에 실질적인 불이익을 주지 않는 한 공소제기의 효력에는 영향이 없고, 법원으로서도 공소장 변경의 절차를 거침이 없이 곧바로 공소장에 기재되어 있지 않은 법조를 적용할 수 있다(대판 2006.04.28. 2005도4085).

정답 O

18년(2) 모의

322. 공소장이 적법하게 변경되었다면, 당초의 공소장에 공소사실이 특정되지 않았는지의 여부는 더 이상 문제가 되지 아니한다.

해설 법원은 공소장에 기재된 공소사실과 적용법조를 기초로 하여 이에 대하여 형식적 또는 실체적 심판을 행하는 것이나 반드시 공소제기 당시의 공소사실과 적용법조에 구속되는 것이 아니라 소송의 진행을 거쳐 사실심리의 가능성 있는 최종 시점인 판결선고시를 기준으로 하여 이때 특정된 공소사실과 적용법조가 현실적인 심판의 대상이 된다고 할 것이다. 검사는 법원의 허가를 얻어 공소사실 또는 적용법조를 변경할 수 있고 법원은 동일성을 해하지 아니하는 한도에서 허가하도록 되어 있어 검사의 공소장변경은 동일성의 범위 내에서 법원의 허가를 받으면 족하고 그밖에 이를 변경하는데 아무런 제한이 없는 바, 이 사건의 경우 검사가 공소사실을 장물알선 사실로 변경허가신청을 하고 제1심의 피고인에 대한 최초의 심리기일의 기소요지 진술단계에서 법원이 그 변경을 허가하였으므로 위 사건의 공소사실은 상습절도 사실로부터 장물알선 사실로 적법하게 변경되어 이 사건 제1심 판결 선고시에는 장물알선 사실만이 심판의 대상이 되고 당초의 공소사실이었던 상습절도 사실은 심판의 대상에서 제외되며 법원은 변경된 장물알선 사실에 대하여서만 형식적 또는 실체적 판단을 하여야 하는 것이다. 그런데 기소당시에 이중기소된 위법이 있었다 하여도 그 후 공소사실 및 적용법조가 적법하게 변경되어 새로운 사실의 소송계속상태가 있게 된 때에까지 그 이중기소된 위법상태가 계속 존재하게 된다고 볼 것은 아니라 할 것이다(대판 1989.02.14. 85도1435).

정답 O

2. 임의적 기재사항
(1) 범죄사실과 적용법조의 예비적·택일적 기재
(2) 허용범위

24년 변시, 13년(2)·(3)·17년(2)·18년(1)·(2)·20년(3)·23년(2) 모의

323.
(1) 범죄사실 상호간에 범죄의 일시, 장소, 수단 및 객체 등이 달라서 수개의 범죄사실로 인정되는 경우에도 이들 수개의 범죄사실을 예비적 또는 택일적으로 기재할 수 있다.

(2) 검사가 강요죄를 주위적 공소사실로, 업무방해죄를 예비적 공소사실로 하여 甲을 기소한 경우, 동일성이 인정되지 않는 별개의 범죄사실을 예비적으로 기재한 것이므로 이는 법률의 규정에 위반한 공소제기에 해당한다.

해설 형사소송법 제254조 제5항에 수개의 범죄사실과 적용 법조를 예비적 또는 택일적으로 기재할 수 있다 함은 수개의 범죄사실 간에 범죄사실의 동일성이 인정되는 범위 내에서는 물론 그들 범죄사실 상호간에 범죄의 일시, 장소, 수단 및 객체 등이 달라서 수개의 범죄사실로 인정되는 경우에도 이들 수개의 범죄사실을 예비적 또는 택일적으로 기재할 수 있다는 취지다(대판 1966.03.24. 65도114(전합)).

정답

3) 법원의 심리·판단

21년(2) 모의

324. 甲은 A 소유 폐가의 내부와 외부에 쓰레기를 모아놓고 태워 그 불길이 폐가에 옮겨붙었다. 당시 폐가는 벌판에 홀로 있었고, 지붕과 문짝, 창문이 없고 담장과 일부 벽체가 붕괴되어 있었다. 검사는 甲을 주위적으로는 일반건조물방화죄로, 예비적으로는 일반물건방화죄로 기소하였다. 이 사건에 관한 설명 중 옳지 않은 것은? (다툼이 있는 경우 판례에 의함)

1) 만약 일반건조물방화죄가 유죄로 인정되는 경우, 법원은 판결이유에서도 일반물건방화죄에 대하여 판단할 필요가 없다.

해설 공소장에는 수개의 범죄사실과 적용법조를 예비적 또는 택일적으로 기재할 수 있다(형사소송법 제254조 제5항). 예비적 기재의 경우에는 법원의 심리·판단의 순서도 검사의 기소 순위에 의하여 제한받는다. 따라서 법원이 검사의 주위적 공소사실을 판단하지 아니하고 예비적 공소사실만 판단하는 것은 위법이라고 해야 한다(대판 1975.12.23. 75도3238). 예비적·택일적 기재의경우에 법원이 그 어느 하나로 유죄를 선고한 때에는 [판결주문]에서는 유죄만을 선고하면 족하고 다른 사실에 대한 판단은 요하지 않는다. 택일적 기재의 경우에는 [판결이유]에서도 다른 사실에 대한 판단이 필요 없고, 검사가 다른 사실을 유죄로 인정하지 않은 것을 이유로 항소할 수도 없다(대판 1981.6.9. 81도1269). 예비적 기재의 경우에 주위적 공소사실을 유죄로 인정한 때에도 [판결이유]에서 예비적 공소사실에 대한 판단은 요하지 않는다. 이에 반하여 예비적 공소사실을 유죄로 인정한 경우, [판결이유]에서 주위적 공소사실을 판단해야 한다(대판 1976.05.26. 76도1126). 법원이 판단의 순서에 제한을 받는 이상 주위적 공소사실을 판단하는 것은 당연하기 때문이다. 예비적·택일적으로기재된 모든 공소사실에 대하여 무죄를 선고하는 경우에는 [판결이유]에서 모든 범죄사실 또는 적용법조에

대한 판단을 요한다(이재상, 형사소송법 제9판 p.389-390). 그러나 [판결주문]에서 주위적 공소사실과 예비적 공소사실에 대하여 따로 무죄를 선고할 필요는 없다. ▶ 사례에서 주위적 공소사실인 일반건조물방화죄가 유죄로 인정되는 경우, 법원은 판결이유에서 예비적 공소사실인 일반물건방화죄에 대하여 판단할 필요가 없다.

정답 O

21년(2) 모의

2) 甲에 대하여 무죄판결이 확정된 경우에는 국가는 甲에게 재판에 소요된 비용을 보상하여야 하는데, 甲은 무죄판결이 확정된 사실을 안 날로부터 3년·무죄판결이 확정된 때부터 5년 이내에 비용보상을 청구하여야 한다.

해설 국가가 무죄판결이 확정된 경우에는 당해 사건의 피고인이었던 자에 대하여 그 재판에 소요된 비용을 보상하여야 한다(형사소송법 제194조의2 제1항). 이때 청구는 무죄판결이 확정된 사실을 안 날부터 3년, 무죄판결이 확정된 때부터 5년 이내에 하여야 한다(형사소송법 제194조의3 제2항).

형사소송법 제194조의2(무죄판결과 비용보상) ① 국가는 무죄판결이 확정된 경우에는 당해 사건의 피고인이었던 자에 대하여 그 재판에 소요된 비용을 보상하여야 한다.
형사소송법 제194조의3(비용보상의 절차 등) ② 제1항에 따른 청구는 무죄판결이 확정된 사실을 안 날부터 3년, 무죄판결이 확정된 때부터 5년 이내에 하여야 한다. <개정 2014.12.30>

정답 O

17년(2)·18년(2)·22년(1) 모의

325. 사건을 수사한 검사는 甲을 주위적으로 강제추행죄, 예비적으로 공연음란죄로 기소하였다. 법원은 강제추행의 공소사실에 대한 심판 없이 공연음란의 공소사실을 유죄로 인정할 수 있다.

해설 예비적 기재를 한 경우에는 기재한 순서에 따라 심리를 진행해야 한다. 따라서 주위적 공소사실을 간과하고 예비적 공소사실을 먼저 판단하면 상소이유가 된다(대판 1976.05.25. 76도1126(전합)).

정답 ×

12년(2)·15년(2)·21년(1)·22년(3) 모의

326. (1) 검사가 절도죄로 공소제기 한 피고인 甲에게 제1심은 유죄판결을 선고하였는데, 그 후 항소심 진행 중 검사가 장물죄를 예비적으로 추가하는 공소장변경을 신청하였다면, 공소장변경신청이 적법하여 이를 허가한 항소심은 절도죄에 대하여 유죄판결을 하는 경우라도 판결이유에서 장물죄에 대하여 적시하여야 한다.

(2) 甲은 A에게서 돈을 빌리면서 담보 명목으로 甲의 B에 대한 채권을 A에게 양도하였는데, 甲은 B에게 채권양도 통지를 하기 전에 B로부터 채권을 추심하여 임의로 소비하였다. 검사가 사기를 주위적으로, 횡령을 예비적으로 공소제기하고 법원이 사기에 대하여만 유죄로 인정한 경우 횡령에 대한 판단은 주문에 표시할 필요가 없다.

해설 주위적 공소사실이 유죄로 인정되는 경우에는 판결주문에 유죄를 선고하고 판결이유에서도 예비적 공소사실에 대하여는 판단을 할 필요가 없다(이창현, 형사소송법 제3판, p.564).

정답 ×, ○

23년(2) 모의

327. 검사가 乙을 사기죄로 공소제기한 후, 제1심 공판절차에서 장물취득죄를 예비적으로 추가하는 공소장변경이 이루어졌고, 이후 제1심법원이 장물취득에 대해 유죄를 선고하고 사기에 대해서는 판결이유에서 무죄로 판단한 경우, 사기죄 부분에 대해 乙은 항소할 수 없지만 검사는 항소할 수 있다.

해설 주위적 공소사실을 무죄로, 예비적 공소사실을 유죄로 판단하여 판결주문에 예비적 공소사실에 대해 유죄를 선고하고 판결이유에서 주위적 공소사실에 대해 무죄판단을 한 경우에도 판결주문과 판결이유를 함께 고려하여 주위적 공소사실을 인정하지 않은 것이 위법하여 객관적으로 잘못이라고 인정하면 그 시정을 구하는데 상소이익이 있으므로 검사는 상소할 수가 있다(이창현, 형사소송법 제8 p.1180. 피고인의 경우 무죄부분에 대한 상소는 그 이익이 없어 허용되지 않는다.

정답 ○

19년(3) · 23년(2) 모의

328. 검사가 ©의 사실에 대하여 명예훼손죄를 주위적 공소사실로, 모욕죄를 예비적 공소사실로 하여 甲에 대한 공소를 제기한 경우, 법원이 예비적 공소사실인 모욕죄만 유죄로 인정하자 검사는 항소하지 않고 甲만 유죄 부분에 대하여 항소하였다면 주위적 공소사실도 항소심의 심판대상에 포함된다.

해설 검사가 주위적으로 뇌물공여죄, 예비적으로 배임증재죄로 기소한 사안에서, 항소심이 뇌물공여죄 부분은 무죄로 판단하고 배임증재죄 부분을 유죄로 인정한 경우, 피고인만 예비적 공소사실 부분에 대하여 상고하였더라도 주위적 공소사실 부분 역시 상고심의 심판대상에 포함된다(대판 2006.05.25. 2006도1146).

정답 ○

13년(2) · 18년(1) · 21년(3) 모의

329. (1) 동일한 사실관계에 대하여 서로 양립할 수 없는 적용법조의 적용을 주위적·예비적으로 기소한 경우, 예비적 공소사실만 유죄로 인정되고 그 부분에 대하여 피고인만 상소하였다면, 주위적 공소사실은 상소심의 심판대상에 포함되지 않는다.

(2) 예비적·택일적으로 기재된 범죄사실은 상소심에 있어서도 심판의 대상이 되기 때문에, 항소심법원은 원심판결을 파기하면서 원심법원이 판단하지 아니하였던 예비적 공소사실을 유죄로 인정할 수 있고, 택일적 공소사실 가운데 하나의 사실을 인정한 원심판결을 파기하고 다른 사실을 유죄로 인정할 수도 있다.

[해설] (1) 원래 주위적·예비적 공소사실의 일부에 대한 상소제기의 효력은 나머지 공소사실 부분에 대하여도 미치는 것이고, 동일한 사실관계에 대하여 서로 양립할 수 없는 적용법조의 적용을 주위적·예비적으로 구하는 경우에는 예비적 공소사실만 유죄로 인정되고 그 부분에 대하여 피고인만 상소하였다고 하더라도 주위적 공소사실까지 함께 상소심의 심판대상에 포함된다(대판 2006.05.25. 2006도1146). (2) 공소사실과 적용법조가 택일적으로 기재되어 공소가 제기된 경우에 그중 어느 하나의 범죄사실 만에 관하여 유죄의 선고가 있은 제1심 판결에 대하여 항소가 제기되었을 때 항소심에서 항소이유 있다고 인정하여 제1심판결을 파기하고 자판을 하는 경우에는 다시 사건 자체에 대하여 판결을 하는 것이어서 택일적으로 공소제기 된 범죄사실 가운데 제1심판결에서 유죄로 인정된 이외의 다른 범죄사실이라도 그것이 철회되지 아니하는 한 당연히 항소심의 심판의 대상이 된다고 할 것이므로 항소심으로서는 제1심에서 유죄로 인정되었던 공소사실 이외의 다른 범죄사실을 새로 선택하여 유죄로 인정할 수도 있다(대판 1975.06.24. 70도2660).

[정답] ×, ○

 24년 변시

330. 甲에 대한 항소심에서 공소사실 모두에 대하여 무죄판결이 선고되고 검사가 이에 대하여 상고를 한 경우, 상고심에서 예비적 공소사실 부분이 파기되어야 한다면 이에 따라 이와 동일체 관계에 있는 주위적 공소사실 부분도 함께 파기될 수밖에 없다.

[해설] 원심이 이 사건 공소사실 중 횡령의 점에 관하여 보이스피싱 조직원을 피해자로 삼은 주위적 공소사실을 무죄로 판단한 것은 정당하다. 그러나 이와 달리 공소외인을 피해자로 삼은 예비적 공소사실도 무죄로 판단한 데에는 횡령죄에서의 위탁관계 등에 관한 법리를 오해한 위법이 있다. 이 점을 지적하는 상고이유 주장은 이유 있다. …그러므로 원심판결 중 횡령의 점에 관한 예비적 공소사실 부분은 파기되어야 하고, 이에 따라 이와 동일체 관계에 있는 주위적 공소사실 부분도 함께 파기될 수밖에 없으므로, 원심판결 중 횡령 부분을 파기하고, 이 부분 사건을 다시 심리·판단하도록 원심법원에 환송하며, 검사의 나머지 상고를 기각하기로 하여 주문과 같이 판결한다(대판 2018.7.19. 2017도17494(전합)). ▶ 주문: 원심판결 중 횡령 부분을 파기하고, 이 부분 사건을 서울남부지방법원에 환송한다. 검사의 나머지 상고를 기각한다.

[관련판례] 원래 주위적·예비적 공소사실의 일부에 대한 상고제기의 효력은 나머지 공소사실 부분에 대하여도 미치는 것이고, 동일한 사실관계에 대하여 서로 양립할 수 없는 적용법조의 적용을 주위적·예비적으로 구하는 경우에는 예비적 공소사실만 유죄로 인정되고 그 부분에 대하여 피고인만 상고하였다고 하더라도 주위적 공소사실까지 함께 상고심의 심판대상에 포함된다. 이때 상고심이 예비적 공소사실에 대한 원심판결이 잘못되었다는 이유로 원심판결을 전부파기환송한다면, 환송 후 원심은 예비적 공소사실은 물론 이와 동일체 관계에 있는 주위적 공소사실에 대하여도 이를 심리·판단하여야 한다(대판 2023.12.28. 2023도10718).

[정답] ○

III 공소장일본주의

1. 공소장일본주의의 의의와 근거

2. 공소장일본주의의 내용

21년(1) 모의

331. 여죄는 심판대상이 되는 범죄사실 이외의 다른 범죄사실로서 예단을 생기게 할 수 있는 사항이므로 당연히 공소장에 기재할 수 없고 공소시효가 완성된 범죄사실을 공소사실 이외의 사실로 기재한 것은 위법하다.

해설 형사소송법 제254조 제3항은 공소장에 동항 소정의 사항들을 필요적으로 기재하도록 한 규정에 불과하고 그 이외의 사항의 기재를 금지하고 있는 규정이 아니므로 공소시효가 완성된 범죄사실을 공소범죄 사실 이외의 사실로 기재한 공소장이 위 형사소송법 제254조 제3항의 규정에 위배된다고 볼 수 없다(대판 1983.11.08. 83도1979). ▶ 여죄란 심판대상이 되는 범죄사실 이외의 다른 범죄사실로서 예단을 생기게 할 수 있는 사항이므로 당연히 공소장에 기재할 수 없다고 보아야 한다. 실제 공소장에 여죄가 기재된 경우의 처리방법에 대하여는 견해가 나뉘고 있다. 판례는 공소시효가 완성된 범죄사실을 공소사실 이외의 사실로 기재한 경우를 위법하지 않다고 보고 있다(이창현, 형사소송법 제3판, p.568).

> 형사소송법 제254조 (공소제기의 방식과 공소장) ③ 공소장에는 다음 사항을 기재하여야 한다.
> 1. 피고인의 성명 기타 피고인을 특정할 수 있는 사항
> 2. 죄명
> 3. 공소사실
> 4. 적용법조

정답

17년(1) 모의

332. 상습범가중 또는 누범가중의 경우에는 공소장에 누범이나 상습범을 구성하는 전과사실을 기재하는 것이 허용된다.

해설 전과는 예단을 생기게 할 수 있는 사항이지만, 상습범이나 누범과 같이 전과가 범죄구성요건에 해당하거나 범죄사실에 준하는 경우 공소사실의 특정을 위해 전과의 기재가 허용된다고 할 것이다.

정답

17년(1)·18년(1)·21년(3) 모의

333. 공소장의 공소사실 첫머리에 피고인이 전에 받은 소년부송치처분과 직업 없음을 기재하였다 하더라도 이는 피고인을 특정할 수 있는 사항을 기재한 것으로 공소제기의 절차가 법률의 규정에 위반된 것이라고 할 수 없다.

해설 공소장의 공소사실 첫머리에 피고인이 전에 받은 소년부송치처분과 직업 없음을 기재하였다 하더라도 이는 형사소송법 제254조 제3항 제1호에서 말하는 피고인을 특정할 수 있는 사항에 속하

는 것이어서 그와 같은 내용의 기재가 있다 하여 공소제기의 절차가 법률의 규정에 위반된 것이라고 할 수 없고 또 헌법상의 형사피고인에 대한 무죄추정조항이나 평등조항에 위배되는 것도 아니다(대판 1990.10.16. 90도1813).

정답 O

16년(3) · 22년(2) 모의

334. 공소제기 당시 피고인이 구속되어 있거나 체포 또는 구속된 후 석방된 경우, 공소장에는 체포영장, 긴급체포서, 구속영장 기타 구속에 관한 서류를 각 첨부하여서는 아니된다.

 형사소송규칙 제118조 제1항 참조.

> 형사소송법 제118조(공소장의 첨부서류) ① 공소장에는, 공소제기전에 변호인이 선임되거나 보조인의 신고가 있는 경우 그 변호인선임서 또는 보조인신고서를, 공소제기전에 특별대리인의 선임이 있는 경우 그 특별대리인 선임결정등본을, 공소제기당시 피고인이 구속되어 있거나, 체포 또는 구속된 후 석방된 경우 체포영장, 긴급체포서, 구속영장 기타 구속에 관한 서류를 각 첨부하여야 한다.

정답 ✕

16년(3) · 21년(3) · 22년(2) 모의

335. (1) 범죄의 직접적인 동기 또는 공소범죄사실과 밀접불가분의 관계에 있는 동기를 공소사실에 기재하는 것이 공소장일본주의 위반이 아니다.

(2) 살인, 방화죄로 공소가 제기된 경우에 공소사실에 기재된 동기가 공소범죄사실의 직접적인 동기가 아닌 경우에도 그 동기의 기재는 공소장의 효력에 영향을 미치지 아니한다.

 살인, 방화 등의 경우 범죄의 직접적인 동기 또는 공소범죄사실과 밀접불가분의 관계에 있는 동기를 공소사실에 기재하는 것이 공소장일본주의 위반이 아님은 명백하고, 설사 범죄의 직접적인 동기가 아닌 경우에도 동기의 기재는 공소장의 효력에 영향을 미치지 아니한다(대판 2007.05.11. 2007도748). ▶ 범죄의 동기는 범죄사실이 아니므로 이를 공소장에 기재하는 것은 적절하지 못하지만 이는 단순한 여사기재로서 공소제기를 무효로 하지 않는다.

정답 O, O

16년(3) · 22년(2) 모의

336. 특허권·상표권 침해사범처럼 사안의 성질상 도면 등에 의한 공소사실의 특정이 필요한 경우에는 서류의 내용을 요약 또는 사본하여 이를 첨부할 수 있다.

 공소사실의 기재는 본질적으로 역사적으로 이미 발생한 사실을 그에 관한 자료를 기초로 범죄사실로 재구성하여 표현하는 것이어서 그 정도의 차이가 있을 뿐 필연적으로 장차 증거로 제출될 서류 기타 물건에 담긴 정보를 기술하는 형식에 의하게 되고, 특히 명예훼손·모욕·협박 등과 같이 특정한 표현의 구체적인 내용에 따라 범죄의 성부가 판가름되는 경우나 특허권·상표권 침해사범처럼 사안의 성질상 도면 등에 의한 특정이 필요한 경우 등에는 서류 기타 물건의 내용을 직접 인용하거나 요약 또는 사본하여 첨부할 수밖에 없다(대판 2009.10.22. 2009도7436(전합)).

정답 O

18년(3) 모의

337. 검사가 누범가중의 사유가 되는 피고인의 전과사실을 공소장에 기재하지 않았더라도 법원은 피고인을 누범으로 처벌할 수 있다.

해설 누범가중의 사유가 되는 전과사실은 범죄사실이 아니므로 공소장에 기재된 바 없다하더라도 이를 심리 처단할 수 있다할 것이다(대판 1971.12.21. 71도2004).

정답 O

3. 공소장일본주의 위반의 효과

21년(2)·23년(3) 모의

338. 공소장 기재의 방식에 관하여 피고인 측으로부터 아무런 이의가 제기되지 아니하였고 법원 역시 범죄사실의 실체를 파악하는데 지장이 없다고 판단하여 그대로 공판절차를 진행한 결과 증거조사절차가 마무리되어 법관의 심증형성이 이루어진 단계에서는, 소송절차의 동적 안정성 및 소송경제의 이념 등에 비추어 더 이상 공소장일본주의 위배를 주장하여 이미 진행된 소송절차의 효력을 다툴 수는 없다.

해설 공소장일본주의에 위배된 공소제기라고 인정되는 때에는 그 절차가 법률의 규정을 위반하여 무효인 때에 해당하는 것으로 보아 공소기각의 판결을 선고하는 것이 원칙이다. 그러나 공소장 기재의 방식에 관하여 피고인측으로부터 아무런 이의가 제기되지 아니하였고 법원 역시 범죄사실의 실체를 파악하는 데 지장이 없다고 판단하여 그대로 공판절차를 진행한 결과 증거조사절차가 마무리되어 법관의 심증형성이 이루어진 단계에서는 소송절차의 동적 안정성 및 소송경제의 이념 등에 비추어 볼 때 이제는 더 이상 공소장일본주의 위배를 주장하여 이미 진행된 소송절차의 효력을 다툴 수는 없다고 보아야 한다(대판 2009.10.22. 2009도7436(전합)).

정답 O

21년(1) 모의

339. 피고인의 변호인이 공소장 기재방식에 대하여 의견서로 공소장일본주의에 반한다는 이의를 하더라도 법원이 공판절차 초기 쟁점정리 과정에서 공소장 중 모두사실은 범죄의 구성요건과 상관이 없어 심리하지 않겠다고 고지하고 증거조사 등의 공판절차를 진행하였다면 공소장 기재방식의 하자가 치유된다.

해설 피고인의 변호인이 제1심 제1회 공판기일 전에 제출한 의견서에서 이 사건 공소장이 공소장일본주의에 위배된다고 기재하였고 제1심 제1회 공판기일에서 공소사실 낭독 후에 그 의견서를 진술하여 공소장 기재 방식에 대하여 이의를 한 이상, 공소장일본주의 위배 여부는 공소장에 기재된 사실이 법관에게 예단을 생기게 하여 법관이 범죄사실의 실체를 파악하는 데 장애가 될 수 있는지 여부를 기준으로 판단하여야 하며, 비록 제1심 법원이 공판절차 초기 쟁점정리 과정에서 이 사건 공소장 중 모두사실은 범죄의 구성요건과 상관이 없어 심리하지 않겠다고 고지하고 증거조사 등의 공판절차를 진행하였다 하더라도 공소장 기재 방식의 하자가 치유된다고 볼 수 없다(대판 2015.01.29. 2012도2957).

정답 ×

법무부(2) · 13년(3) · 16년(2) · (3) · 19년(1) · 20년(3) · 21년(3) · 22년(2) 모의

340. **(1) 공소장일본주의에 위배된 공소제기는 법률의 규정에 위배된 것으로서 치유될 수 없는 것이므로, 이에 대하여는 공소기각의 판결을 하여야 한다.**

(2) 검사의 공소제기가 공소장일본주의에 위배되었으나 피고인 측으로부터 아무런 이의가 제기되지 아니하였고 법원도 그대로 공판절차를 진행한 결과 증거조사절차가 마무리되었다면 더 이상 공소장일본주의의 위배를 주장하여 이미 진행된 소송절차의 효력을 다툴 수 없다.

해설 공소장일본주의에 위배된 공소제기라고 인정되는 때에는 그 절차가 법률의 규정을 위반하여 무효인 때에 해당하는 것으로 보아 공소기각의 판결을 선고하는 것이 원칙이다. 그러나 공소장 기재의 방식에 관하여 피고인측으로부터 아무런 이의가 제기되지 아니하였고 법원 역시 범죄사실의 실체를 파악하는 데 지장이 없다고 판단하여 그대로 공판절차를 진행한 결과 증거조사절차가 마무리되어 법관의 심증형성이 이루어진 단계에서는 소송절차의 동적 안정성 및 소송경제의 이념 등에 비추어 볼 때 이제는 더 이상 공소장일본주의 위배를 주장하여 이미 진행된 소송절차의 효력을 다툴 수는 없다고 보아야 한다(대판 2009.10.22. 2009도7436(전합)).

정답 ×, ○

17년(1) 모의

341. **공소장일본주의에 위배하여 공소가 제기된 경우 공판절차가 진행되어 법관의 심증형성의 단계에 이른 때에는 피고인 측으로부터 이의가 유효하게 제기되어 있더라도 공소장일본주의 위배의 하자가 치유된다.**

해설 공소장일본주의에 위배된 공소제기라고 인정되는 때에는, 그 절차가 법률의 규정에 위반하여 무효인 때에 해당하는 것으로 보아 공소기각의 판결을 선고하는 것이 원칙이다(형사소송법 제327조 제2호). 다만 공소장 기재의 방식에 관하여 피고인 측으로부터 아무런 이의가 제기되지 아니하였고 법원 역시 범죄사실의 실체를 파악하는 데 지장이 없다고 판단하여 그대로 공판절차를 진행한 결과 증거조사절차가 마무리되어 법관의 심증형성이 이루어진 단계에 이른 경우에는 소송절차의 동적 안정성 및 소송경제의 이념 등에 비추어 볼 때 더 이상 공소장일본주의 위배를 주장하여 이미 진행된 소송절차의 효력을 다툴 수 없다고 보아야 하나, 피고인 측으로부터 이의가 유효하게 제기되어 있는 이상 공판절차가 진행되어 법관의 심증형성의 단계에 이르렀다고 하여 공소장일본주의 위배의 하자가 치유된다고 볼 수 없다(대판 2015.01.29. 2012도2957).

정답 ×

4. 공소장일본주의 원칙의 예외

20년(3) 모의

342. 경찰서장의 청구에 의해 즉결심판을 받은 피고인으로부터 적법한 정식재판의 청구가 있는 경우 검사가 법원에 사건기록과 증거물을 그대로 송부하지 아니하고 즉결심판이 청구된 위반 내용과 동일성 있는 범죄사실에 대하여 약식명령을 청구하였다면 법원은 공소기각의 판결을 하여야 한다.

해설 즉결심판에 관한 절차법 제14조 제1항, 제3항, 제4항 및 형사소송법 제455조 제3항에 의하면, 경찰서장의 청구에 의해 즉결심판을 받은 피고인으로부터 적법한 정식재판의 청구가 있는 경우 경찰서장의 즉결심판청구는 공소제기와 동일한 소송행위이므로 공판절차에 의하여 심판하여야 한다. 원심판결 이유에 의하면, 원심은 그 판시와 같은 사실을 인정한 다음, 즉결심판에 대하여 피고인의 정식재판 청구가 있는 경우 경찰서는 검찰청으로, 검찰청은 법원으로 정식재판청구서를 첨부한 사건기록과 증거물을 그대로 송부하여야 하고 검사의 별도의 공소제기는 필요하지 아니한데도 검사가 정식재판을 청구한 즉결심판 사건에 대하여 법원에 사건기록과 증거물을 그대로 송부하지 아니하고 즉결심판이 청구된 위반 내용과 동일성 있는 범죄사실에 대하여 약식명령을 청구하였다는 이유로, 이 사건 공소제기 절차는 법률의 규정에 위반하여 무효인 때에 해당하거나 공소가 제기된 사건에 대하여 다시 공소가 제기되었을 때에 해당한다고 판단하여 이 사건 공소를 기각하였다. 원심판결 이유를 앞서 본 법리에 비추어 살펴보면, 위와 같은 원심의 판단은 정당하고, 거기에 상고이유 주장과 같이 즉결심판에 대한 정식재판청구 후의 사건기록 송부 및 소송행위 하자의 치유에 관한 법리를 오해한 잘못이 없다(대판 2017.10.12. 2017도10368).

  정답 ○

19년(1) 모의

343. 즉결심판에 대한 정식재판청구로 제1회 공판기일 전에 사건기록 및 증거물이 관할법원에 송부되었다면 이는 공소장일본주의 위반으로 보아야 한다.

해설 즉결심판에 관한 절차법에 의하면, 즉결심판은 관할 경찰서장 또는 관할 해양경찰서장(이하 '경찰서장'이라고 한다)이 청구하고(제3조 제1항), 경찰서장은 즉결심판의 청구와 동시에 즉결심판을 함에 필요한 서류 또는 증거물을 판사에게 제출하여야 한다(제4조). 또한 즉결심판의 청구가 있는 때에는 판사는 사건이 즉결심판을 할 수 없거나 즉결심판절차에 의하여 심판함이 적당하지 아니하다고 인정되어 결정으로 즉결심판의 청구를 기각하는 경우를 제외하고 즉시 심판을 하여야 한다(같은 법 제6조). 이와 같이 즉결심판에 관한 절차법이 즉결심판의 청구와 동시에 판사에게 증거서류 및 증거물을 제출하도록 한 것은 즉결심판이 범증이 명백하고 죄질이 경미한 범죄사건을 신속·적정하게 심판하기 위한 입법적 고려에서 공소장일본주의가 배제되도록 한 것이라고 보아야 한다. 또한 피고인이 즉결심판에 대하여 정식재판을 청구한 경우 판사는 정식재판청구서를 받은 날부터 7일 이내에 경찰서장에게 정식재판청구서를 첨부한 사건기록과 증거물을 송부하고, 경찰서장은 지체없이 관할 지방검찰청 또는 지청의 장에게 이를 송부하여야 하며, 관할 지방검찰청 또는 지청의 장은 지체없이 관할 법원에 이를 송부하여야 한다(즉결심판에 관한 절차법 제14조 제3항). 이에 따라 법원은 즉결심판에 대한 정식재판의 청구가 적법한 때에는 공판절차에 의하여 심판하여야 하는바(같은 법 제14조 제4항, 형사소송법 제455조 제3항), 위 규정에 따라 정식재판청구에 의한 제1회 공판기일 전에 사건기록 및 증거물이 경찰서장, 관할 지방검찰청 또는 지청의 장을 거쳐 관할 법원에 송부된다고 하여 그 이전에 이미 적법하게 제기된 경찰서장의 즉결심판청구의 절차가 위법하게 된다고 볼 수 없고, 그 과정에서 정식재판이 청구된 이후에 작성된 피해자에 대한 진술조서 등이 사건기록에 편철되어 송부되었다고 하더라도 달리 볼 것은 아니다(대판 2011.01.27. 2008도7375).

 ✗

5. 관련문제
 (1) 증거개시의 문제
 (2) 공판기일 전의 증거제출

제4절 공소제기의 효과

Ⅰ 공소제기의 의의
Ⅱ 공소제기의 소송법상 효과
Ⅲ 공소제기의 효력이 미치는 범위

1. 사건 범위의 한정

🍊 24년 변시

344. 공소사실이 인정되지 않는 경우에 이와 관련되지 않은 범죄사실을 법원이 인정하여 몰수·추징을 선고하는 것은 불고불리의 원칙에 위반된다.

 형법 제49조 단서는 "행위자에게 유죄의 재판을 아니할 때에도 몰수의 요건이 있는 때에는 몰수만을 선고할 수 있다."라고 규정하고 있으나, 우리 법제상 공소의 제기 없이 별도로 몰수만을 선고할 수 있는 제도가 마련되어 있지 않으므로, 위 규정에 근거하여 몰수를 선고하기 위해서는 몰수의 요건이 공소가 제기된 공소사실과 관련되어 있어야 하고, 공소가 제기되지 않은 별개의 범죄사실을 법원이 인정하여 그에 관하여 몰수나 추징을 선고하는 것은 불고불리의 원칙에 위반되어 허용되지 않는다(대판 2022.11.17. 2022도8662).

 ○

2. 공소제기의 인적 효력범위

3. 공소제기의 물적 효력범위

(1) 공소사실의 단일성과 동일성

17년(2) 모의

345. 범죄사실의 일부에 대한 공소는 그 효력이 전부에 미친다.

> 형사소송법 제248조(공소효력의 범위) ① 공소는 검사가 피고인으로 지정한 사람 외의 다른 사람에게는 그 효력이 미치지 아니한다.
> ② 범죄사실의 일부에 대한 공소는 그 효력이 전부에 미친다.

정답

(2) 일죄의 일부에 대한 공소제기

12년 변시

346. 작위범인 허위공문서작성죄와 부작위범인 직무유기죄가 상상적 경합관계에 있는 경우, 작위범인 허위공문서작성죄로 기소하지 않고 부작위범인 직무유기죄로만 기소할 수 있다.

해설 하나의 행위가 부작위범인 직무유기죄와 작위범인 허위공문서작성·행사죄의 구성요건을 동시에 충족하는 경우, 공소제기권자는 재량에 의하여 작위범인 허위공문서작성·행사죄로 공소를 제기하지 않고 부작위범인 직무유기죄로만 공소를 제기할 수 있다(대판 2008.02.14. 2005도4202).

정답

제5절 공소시효

Ⅰ 공소시효의 의의 및 본질

14년(1) 모의

347. 공소시효의 본질을 실체법적인 것으로 보는 견해는 공소시효의 정지에 관한 규정의 유추적용을 부정한다.

해설 공소시효제도 실질은 국가형벌권의 소멸이라는 점에서 형의 시효와 마찬가지로 실체법적 성격을 갖고 있는 것이어서, 그 예외로서 시효가 정지되는 경우는 특별히 법률로서 명문의 규정을 둔 경우에 한하여야 하고 법률에 명문으로 규정되어 있지 아니한 경우 다른 제도인 형사소송법상 재정신청에 관한 규정을 유추적용하여 공소시효의 정지를 인정하는 것은 피의자의 법적 지위의 안정을 법률상 근거 없이 침해하는 것이 되며, 이는 당재판소가 사실상 입법행위를 하는 결과가 되므로 헌법소원사건이 심판에 회부된 경우라고 하더라도 심판대상인 피의사실에 대한 공소시효는 정지되지 아니한다(헌재 1993.09.27. 92헌마284).

정답

22년(3) 모의

348. 사람을 살해한 범죄(종범 제외)로 사형에 해당하는 범죄에 대하여는 형사소송법에 규정된 공소시효를 적용하지 아니한다.

해설 형사소송법 제253조의2 참조.

형사소송법 제253조의2(공소시효의 적용 배제) 사람을 살해한 범죄(종범은 제외한다)로 사형에 해당하는 범죄에 대하여는 제249조부터 제253조까지에 규정된 공소시효를 적용하지 아니한다. [본조신설 2015. 7. 31.]

정답

Ⅱ 공소시효의 기간

1. 시효기간

21년(1) 모의

349. 공소시효기간의 기준이 되는 형은 처단형이며 2개 이상의 형을 병과하거나 2개 이상의 형에서 그 1개를 과할 범죄에는 그 중 중한 형을 기준으로 공소시효의 기간을 결정한다.

해설 공소시효는 개별 구성요건이 규정하고 있는 법정형을 기준으로 완성한다(이창현, 형사소송법, p.575). 2개 이상의 형을 병과하거나 2개 이상의 형에서 그 1개를 과할 범죄에는 중한 형에 의하여 전조의 규정을 적용한다(형사소송법 제250조).

형사소송법 제250조 (2개 이상의 형과 시효기간) 2개 이상의 형을 병과하거나 2개 이상의 형에서 그 1개를 과할 범죄에는 중한 형에 의하여 전조의 규정(공소시효의 기간)을 적용한다.
[전문개정 2020. 12. 8.] [시행일 : 2021. 12. 9.]

정답 ×

22년(3) 모의

350. 두 개 이상의 형을 병과할 범죄에 대해서는 가장 중한 형의 장기에 그 2분의 1까지 가중한 기간에 의하여 공소시효의 기간을 결정한다.

해설 형사소송법 제250조 참조.

형사소송법 제250조(두 개 이상의 형과 시효기간) 두 개 이상의 형을 병과(併科)하거나 두 개 이상의 형에서 한 개를 과(科)할 범죄에 대해서는 무거운 형에 의하여 제249조를 적용한다.

정답

2. 시효기간의 기준

22년(1) 모의

351. 공소제기 후 공소장이 변경된 경우에 있어서 변경된 공소사실에 대한 공소시효의 완성 여부는 공소장변경시가 아니라 공소제기시를 기준으로 판단한다.

해설 공소장 변경이 있는 경우에 공소시효의 완성 여부는 당초의 공소제기가 있었던 시점을 기준으로 판단할 것이고 공소장 변경시를 기준으로 삼을 것은 아니다(대판 2001.08.24. 2001도2902).

정답

23년 변시, 21년(1) 모의

352. 공소장변경에 의하여 공소사실이 변경됨에 따라 그 법정형에 차이가 생긴 경우에는 변경된 공소사실에 대한 법정형이 공소시효기간의 기준이 되며, 법원이 공소장변경절차를 거치지 않고 직권으로 다른 사실을 인정한 경우에도 그 다른 사실에 대한 법정형이 기준이 된다.

해설 공소장변경절차에 의하여 공소사실이 변경됨에 따라 그 법정형에 차이가 있는 경우에는 변경된 공소사실에 대한 법정형이 공소시효기간의 기준이 된다고 보아야 하므로 공소제기 당시의 공소사실에 대한 법정형을 기준으로 하면 공소제기 당시 아직 공소시효가 완성되지 않았으나 변경된 공소사실에 대한 법정형을 기준으로 하면 공소제기 당시 이미 공소시효가 완성된 경우에는 공소시효의 완성을 이유로 면소판결을 선고하여야 한다(대법원 2001. 8. 24. 선고 2001도2902 판결 등 참조). 이러한 법리는 법원이 공소장을 변경하지 않고도 인정할 수 있는 사실에 대한 법정형을 기준으로 하면 공소제기 당시 이미 공소시효가 완성된 경우에도 마찬가지로 적용된다(대판 2001.08.24. 2001도2902).

정답

17년·18년·22년·23년 변시, 15년(1)·17(3)·19(1)·20년(1) 모의

353. (1) 공소장변경이 있는 경우에 공소시효의 완성 여부는 당초의 공소제기가 있었던 시점을 기준으로 판단할 것이고, 공소장 변경 시를 기준으로 삼을 것은 아니다.
(2) 공소장변경절차에 의하여 공소사실이 변경됨에 따라 그 법정형에 차이가 있는 경우, 변경된 공소사실에 대한 법정형이 공소시효기간의 판단기준이 된다.
(3) 공소장변경을 통해 피고인에 대한 공소사실이 공갈에서 뇌물수수로 변경될 경우, 피고인에 대해 적용될 공소시효의 기간은 공갈죄를 기준으로 한다.
(4) 공소사실에 대한 법정형을 기준으로 하면 공소제기 당시 아직 공소시효가 완성되지 않았으나 변경된 공소사실에 대한 법정형을 기준으로 하면 공소제기 당시 이미 공소시효가 완성된 경우, 면소판결을 선고하여야 한다.

해설 (1)공소장 변경이 있는 경우에 공소시효의 완성 여부는 당초의 공소제기가 있었던 시점을 기준으로 판단할 것이고 공소장 변경시를 기준으로 삼을 것은 아니지만, (2)(3)공소장변경절차에 의

하여 공소사실이 변경됨에 따라 그 법정형에 차이가 있는 경우에는 변경된 공소사실에 대한 법정형이 공소시효기간의 기준이 된다고 보아야 하므로 (4)공소제기 당시의 공소사실에 대한 법정형을 기준으로 하면 공소제기 당시 아직 공소시효가 완성되지 않았으나 변경된 공소사실에 대한 법정형을 기준으로 하면 공소제기 당시 이미 공소시효가 완성된 경우에는 공소시효의 완성을 이유로 면소판결을 선고하여야 한다(대판 2013.07.26. 2013도6182).

 O, O, ×, O

12년(3)·14년(1)·15년(1)·(3)·22년(3) 모의

354. 범죄 후 법률의 변경에 의하여 법정형이 가벼워진 경우에는 당해 범죄사실에 적용될 가벼운 법정형에 따라 공소시효의 기간을 정한다.

해설 범죄 후 법률의 개정에 의하여 법정형이 가벼워진 경우에는 형법 제1조에 의하여 당해 범죄사실에 적용될 가벼운 법정형(신법의 법정형)이 공소시효기간의 기준으로 된다(대판 1987.12.22. 87도84).

정답 O

12년(3)·14년(1)·15년(1)·16년(1)·19년(2)·22년(2) 모의

355. 공소제기후 공소장변경이 행해진 경우에 공소제기의 효력은 공소장에 기재된 공소사실과 동일성이 인정되는 사실에 대해서 미치므로, 공소제기시를 기준으로 변경된 공소사실의 공소시효의 완성 여부를 결정하는 것이 타당하다.

해설 공소장 변경이 있는 경우에 공소시효의 완성 여부는 당초의 공소제기가 있었던 시점을 기준으로 판단할 것이고 공소장 변경시를 기준으로 삼을 것은 아니다(대판 2002.10.11. 2002도2939).

 O

12년 변시, 법무부(1)·(2)·12년(3)·15년(2)·22년(2) 모의

356. 사기죄와 변호사법위반죄의 상상적 경합범에서 후자의 공소시효가 완성되었다고 하여 전자의 공소시효까지 완성되는 것은 아니다.

해설 1개의 행위가 여러 개의 죄에 해당하는 경우 형법 제40조는 이를 과형상 일죄로 처벌한다는 것에 지나지 아니하고, 공소시효를 적용함에 있어서는 각 죄마다 따로 따져야 할 것인바, 공무원이 취급하는 사건에 관하여 청탁 또는 알선을 할 의사와 능력이 없음에도 청탁 또는 알선을 한다고 기망하여 금품을 교부받은 경우에 성립하는 사기죄와 변호사법 위반죄는 상상적 경합의 관계에 있으므로, 변호사법 위반죄의 공소시효가 완성되었다고 하여 그 죄와 상상적 경합관계에 있는 사기죄의 공소시효까지 완성되는 것은 아니다(대판 2006.12.08. 2006도6356).

 O

23년(2) 모의

357. 검사가 2020. 12. 30. 피고인을 "2013. 12.경부터 2014. 1.경 사이에 약 10분 동안 소란을 피워 피해자의 정상적인 주점 영업 업무를 방해하였다"라는 혐의로 공소제기한 경우, 업무방해죄의 공소시효기간이 7년인데 법원이 범행일시에 대하여 검사에게 석명을 구하지 않고 공소시효가 완성되지 아니하였다고 보아 피고인에 대하여 유죄판결한 것은 위법하다.

해설 원심이 유죄로 인정한 위 업무방해죄의 법정형은 형법 제314조 제1항에 따라 5년 이하의 징역 또는 1,500만 원 이하의 벌금이므로 형사소송법 제249조 제1항 제4호에 의하면 공소시효가 7년인데, 이 부분 공소는 2020. 12. 30. 제기되었다. 위 공소사실은 반복적 행위, 수일에 걸쳐 발생한 행위가 아니라 특정일에 발생한 행위이므로, 범행일이 2013. 12. 31. 이후인지 여부에 따라 공소시효의 완성 여부가 달라지는데, 이 부분 공소사실의 일시는 '2013. 12.경부터 2014. 1.경 사이'이므로, 공소시효 완성 여부를 판별할 수 없다. 따라서 이 부분 공소사실은 구체적으로 특정되었다고 할 수 없다. 그렇다면, 원심으로서는 검사에게 석명을 구하여 이 부분 범행일시에 관하여 공소사실을 특정하도록 요구하고, 만약 특정하지 아니하면 공소를 기각하였어야 하는데, 원심은 유죄의 실체판단을 하였다. 이러한 원심의 조치에는 공소사실 특정에 관한 법리를 오해하여 판결에 영향을 미친 잘못이 있다(대판 2022.11.17. 2022도8257).

정답

23년(3) 모의

358. 「형법」에 의하여 형을 가중 또는 감경한 경우에는 가중 또는 감경하지 아니한 형에 의하여 공소시효기간의 규정을 적용한다.

해설 형사소송법 제251조(형의 가중, 감경과 시효기간) 「형법」에 의하여 형을 가중 또는 감경한 경우에는 가중 또는 감경하지 아니한 형에 의하여 제249조의 규정을 적용한다.

정답

12년(3)·15년(1) 모의

359. (1) 중지미수범의 경우 공소시효기간은 미수감경된 형을 기준으로 한다.

(2) 업무자가 아닌 甲이 업무자인 乙의 업무상횡령죄에 공동정범으로 가담한 경우 甲에 대해 적용된 공소시효는 형법 제33조 단서에 따라 횡령죄의 법정형을 기준으로 한다.

해설 공소시효기간의 기준이 되는 형은 처단형이 아니라 법정형이다. 형법에 의하여 형을 가중 또는 감경할 경우에는 가중 또는 감경하지 아니한 형이 시효기간의 기준이 된다. 한편 교사범 또는 종범의 경우에는 정범의 형을 기준으로 해야 하지만, 필요적 공범에 있어서는 개별적으로 판단하지 않을 수 없다. 그리고 설문과 같이 신분관계로 인하여 성립될 범죄에 비신분자가 가담한 경우에 판례는 형법 제33조 해석과 관련하여 본문은 범죄의 성립을, 단서는 과형을 규정한 것으로 본다. 이에 의하면 甲에게는 업무상횡령죄가 성립하지만 단서에 따라 횡령죄로 처단될 뿐이므로, 업무상횡령죄를 기준으로 공소시효기간을 결정하게 된다.

정답 ×, ×

3. 공소시효의 기산점

⏱ 21년 변시, 23년(2) 모의

360. A 분양대책위원회의 공동대표인 甲이 업무상 임무에 위배하여 주상복합아파트 일부 세대에 관한 분양계약서를 받아 그에 관한 소유권이전등기를 하여 재산상 이익을 취득하려고 하였으나 소유권이전등기를 마치지 못하였다. 이에 대하여 경찰의 내사가 시작되자 甲은 사법경찰관 丙의 동생인 乙에게 1,000만 원을 주면서 이를 丙에게 주고 사건을 미리 잘 무마해 줄 것을 부탁하였고, 乙은 丙에게 같은 취지의 부탁을 하며 1,000만 원을 전달하였다. 그 후, 甲은 영국으로 출국하였다.

1) A 분양대책위원회 대표자 甲이 업무상 임무에 위배하여 乙로부터 오피스텔 분양계약서를 받아 그에 관한 소유권이전등기를 하여 재산상 이익을 취득하려고 하였으나 이후 분양계약서를 반환하여 오피스텔에 대한 소유권이전등기절차를 마치지 못하게 된 경우, 甲의 범죄에 대한 공소시효는 乙에게서 오피스텔 분양계약서를 받은 시점부터 진행한다.

해설 공소시효는 범죄행위가 종료한 때부터 진행한다(형사소송법 제252조 제1항). 미수범은 범죄의 실행에 착수하여 행위를 종료하지 못하였거나 결과가 발생하지 아니한 때에 처벌받게 되므로(형법 제25조 제1항), 미수범의 범죄행위는 행위를 종료하지 못하였거나 결과가 발생하지 아니하여 더 이상 범죄가 진행될 수 없는 때에 종료하고, 그때부터 미수범의 공소시효가 진행한다. …이 부분 업무상 배임미수 범행은, 피고인 1이 피해자 대책위원회에 대한 업무상 임무에 위배하여 ○○○○○ 2층 오피스텔 28세대에 관한 분양계약에 따라 소유권이전등기를 하여 재산상 이익을 취득하려다가 이 사건 금전지급약정에 따라 2007. 2. 8. 공소외 1 회사 등에게 분양계약서를 반환하여 더 이상 ○○○○○ 2층 28세대에 관한 소유권이전등기절차를 진행할 수 없게 됨으로써 미수에 그친 경우에 해당한다. 이 부분 업무상 배임미수죄에 있어 범죄행위의 종료시기는 위와 같이 이 사건 금전지급약정 및 분양계약서 반환으로 더 이상 소유권이전등기절차를 진행할 수 없게 된 때이다(대판 2017.07.11. 2016도14820).

▶ 지문의 경우 공소시효는 분양계약서를 받은 시점이 아니라 이를 반환한 시점부터 진행한다

정답

2) 甲의 제3자 뇌물교부죄에 대한 공소시효 기산점은 甲의 범죄행위가 최종적으로 종료한 때인 乙이 丙에게 1,000만 원을 전달한 때이다.

해설 제3자 뇌물 교부죄는 즉시범으로 증뢰자가 뇌물에 공할 목적으로 금품을 제3자에게 교부하면 기수가 되고 공소시효가 기산 된다. 즉, 甲이 乙에게 1000만원을 건네주었을 때가 공소시효 기산점이다.

관련판례 형법 제133조 제2항은 증뢰자가 뇌물에 공할 목적으로 금품을 제3자에게 교부하거나 또는 그 정을 알면서 교부받는 증뢰물 전달행위를 독립한 구성요건으로 하여 이를 같은 조 제1항의 뇌물공여죄와 같은 형으로 처벌하는 규정으로서, 그 중 제3자의 증뢰물 전달죄는 증뢰자나 수뢰자가 아닌 제3자가 증뢰자로부터 수뢰할 사람에게 전달될 금품이라는 정을 알면서 그 금품을 받은 때에 성립한다고 할 것이다(대판 2008. 3. 14. 선고 2007도10601). 구 정당법(2011. 7. 21. 법률 제10866호로 개정되기 전

의 것, 이하 '정당법'이라 한다) 제53조, 제22조 제1항에서 규정하는 공무원이나 사립학교의 교원이 정당의 당원이 된 죄와 구 국가공무원법(2010. 3. 22. 법률 제10148호로 개정되기 전의 것, 이하 '국가공무원법'이라 한다) 제84조, 제65조 제1항에서 규정하는 공무원이 정당 그 밖의 정치단체에 가입한 죄는 공무원이나 사립학교의 교원 등이 정당 등에 가입함으로써 즉시 성립하고 그와 동시에 완성되는 즉시범이므로 그 범죄성립과 동시에 공소시효가 진행한다(대판 2014.05.16. 2012도12867).

19년(1) 모의

361. 대한민국에서 불법체류자로 생활하다가 적발되어 중국으로 강제퇴거 당한 甲은 중국에서 성명과 생년월일이 변경된 신분증과 호구부를 발급받아 위장결혼을 통해 재입국하여 외국인등록을 마친 후, 2009. 12. 24. 법무부에 그와 같은 사실을 숨긴 채 변경된 인적사항으로 귀화허가신청서를 작성하여 이를 접수·심사하는 담당공무원에게 제출하여, 2011. 12. 9.경 귀화를 허가받아 대한민국 국적을 취득하였고, 2018. 7. 29. 위계에 의한 공무집행방해죄(공소시효 7년)로 기소되었다(다툼이 있는 경우 판례에 의함).

1) 공소시효는 범죄행위가 기수에 이른 때로부터 진행한다.

> **해설** 공소시효는 범죄행위 종료시에 진행한다. 위계공무집행방해죄는 미수범 처벌규정이 없으므로 기수에 이르러야 공소시효가 진행하지만, 상대적으로 답을 고르기 위해 틀린 지문으로 처리한다.

2) 이 사건에서 공소시효의 기산점은 2009. 12. 24. 이다.

> **해설** 이 사건 공소시효 기산점은 귀화허가를 받은 때인 2011. 12. 09. 이다.

3) 법원은 甲에게 면소판결을 선고하여야 한다.

> **해설** 귀화허가를 받은 때로부터 7년이 지나지 않은 때에 이루어진 공소제기 이므로 유무죄 판단을 하여야 한다.

> **판례** 피고인이 허위사실이 기재된 귀화허가신청서를 담당공무원에게 제출하여 그에 따라 귀화허가업무를 담당하는 행정청이 그릇된 행위나 처분을 하여야만 위계에 의한 공무집행방해죄가 기수 및 종료에 이른다고 할 것이고, 한편 단지 허위사실이 기재된 귀화허가신청서를 제출하여 접수되게 한 사정만으로는 구체적인 직무집행을 저지하거나 현실적으로 곤란하게 하는 데까지 이르렀다고 단정할 수 없다(대판 2017.04.27. 2017도2583).

12년(3)·14년(1)·16년(2) 모의

362. (1) 포괄일죄의 경우 공소시효의 기산점은 최종의 범죄행위가 종료된 때이다.

(2) 甲은 범죄단체에 가입하여 활동함으로써 '폭력행위 등 처벌에 관한 법률'제4조 제1항에 해당하는 경우, 범죄단체 가입에 대한 공소시효는 범죄단체 구성원으로서의 활동의 범죄행위가 종료한 때로부터 진행한다.

해설 범죄단체를 구성하거나 이에 가입한 자가 더 나아가 구성원으로 활동하는 경우 이는 포괄일죄의 관계에 있다고 봄이 타당하다. 한편 포괄일죄의 공소시효는 최종의 범죄행위가 종료된 때로부터 진행하고, 포괄일죄로 되는 개개의 범죄행위가 다른 종류인 죄의 확정판결 전후에 걸쳐 행하여진 때에는 그 죄는 두 죄로 분리되지 않고 확정판결 후인 최종 범죄행위 시점에 완성되는 것이다(대판 2015.09.10. 2015도7081).

정답 O, O

16년(2) 모의

363. 정당법에서 규정하는 공무원이나 사립학교의 교원이 정당의 당원이 된 죄와 국가공무원법에서 규정하는 공무원이 정당 그 밖의 정치단체에 가입한 죄는 공무원이나 사립학교의 교원 등이 정당 등에 가입함으로써 즉시 성립하고 그와 동시에 완성되는 즉시범이므로 그 범죄성립과 동시에 공소시효가 진행한다.

해설 구 정당법 제53조, 제22조 제1항에서 규정하는 공무원이나 사립학교의 교원이 정당의 당원이 된 죄와 구 국가공무원법 제84조, 제65조 제1항에서 규정하는 공무원이 정당 그 밖의 정치단체에 가입한 죄는 공무원이나 사립학교의 교원 등이 정당 등에 가입함으로써 즉시 성립하고 그와 동시에 완성되는 즉시범이므로 그 범죄성립과 동시에 공소시효가 진행한다(대판 2014.05.16. 2012도12867).

정답 O

21년 변시, 15년(3) 모의

364. 공무원이 그 직무에 관하여 금전을 무이자로 차용한 경우에는 그 차용 당시에 금융이익 상당의 뇌물을 수수한 것으로 보아야 하므로 그 공소시효는 금전을 무이자로 차용한 때로부터 기산한다.

해설 공소시효는 범죄행위를 종료한 때로부터 진행하는데(형사소송법 제252조 제1항), 공무원이 직무에 관하여 금전을 무이자로 차용한 경우에는 차용 당시에 금융이익 상당의 뇌물을 수수한 것으로 보아야 하므로, 공소시효는 금전을 무이자로 차용한 때로부터 기산한다(대판 2012.02.23. 2011도7282).

정답 O

4. 공소시효의 계산

Ⅲ 공소시효의 정지

1. 공소시효정지의 의의

22년(3) 모의

365. 헌법에 "대통령은 내란 또는 외환의 죄를 범한 경우를 제외하고는 재직 중 형사상의 소추를 받지 아니한다."라고 규정한 것은 공소시효의 진행에 대한 소극적 요건을 규정한 것이므로, 공소시효의 정지에 관한 규정이라고 보아야 한다.

> **해설** 헌법 제84조는 "대통령은 내란 또는 외환의 죄를 범한 경우를 제외하고는 재직 중 형사상의 소추를 받지 아니한다."라고 규정하여, 재직 중인 대통령에 대한 공소권행사의 헌법상 장애사유를 규정하고 있다. 위 규정은 비록 대통령으로 재직하는 기간 동안 내란 또는 외환의 죄를 제외한 범죄에 대하여 공소시효가 정지된다고 명시하여 규정하지는 않았으나 공소시효의 진행에 대한 소극적 요건을 규정한 것이므로, 공소시효의 정지에 관한 규정이라고 보아야 한다(대판 2020.10.29. 2020도3972).

정답

2. 공소시효정지의 사유

21년(1) · 22년(1)(3) 모의

366. 재정신청에 대한 고등법원의 재정결정의 내용이 기각결정인 경우에도 재판에 영향을 미친 헌법·법률·명령 또는 규칙의 위반이 있음을 이유로 하는 때에는 대법원에 즉시항고를 할 수 있으므로 즉시항고에 따라 재정결정이 확정될 때까지 공소시효의 진행이 정지된다.

> **해설** 재정신청이 있으면 재정결정이 확정될 때까지 공소시효의 진행이 정지되는데(제262조의4 제1항), 재정신청에 대한 고등법원의 재정결정의 내용이 기각결정인 경우 재판에 영향을 미친 헌법·법률·명령 또는 규칙의 위반이 있음을 이유로 하는 때에는 대법원에 즉시항고를 할 수 있고(형사소송법 제262조 제4항, 제2항 제2호, 제415조), 즉시항고 제기기간 내와 그 제기가 있는 때에는 재판의 집행은 정지되므로(형사소송법 제410조), 재정신청 기각결정에 대하여 즉시항고를 할 경우 그에 따라 재정결정이 확정될 때까지 공소시효의 진행이 정지된다.

> 형사소송법 제262조의4(공소시효의 정지 등) ① 제260조에 따른 재정신청이 있으면 제262조에 따른 재정결정이 확정될 때까지 공소시효의 진행이 정지된다. <개정 2007. 12. 21., 2016. 1. 6.>
> ② 제262조제2항제2호의 결정이 있는 때에는 공소시효에 관하여 그 결정이 있는 날에 공소가 제기된 것으로 본다.

정답

21년(1) 모의

367. 공소가 제기되면 공소시효의 진행이 정지되며 공소기각 또는 관할위반의 재판이 확정된 때로부터 다시 진행하므로, 공소가 제기되면 소송조건을 갖추지 않더라도 공소시효는 정지된다.

해설 공소가 제기되면 공소시효의 진행이 정지되며, 공소기각 또는 관할위반의 재판이 확정된 때로부터 다시 진행한다(제253조 제1항). 공소제기가 있으면 비록 소송조건을 결여한 경우에도 공소시효는 정지된다(이은모, 형사소송법 제6판, p.419).

정답 O

23년(3) 모의

368. 피고인의 신병이 확보되기 전에 공소가 제기되었더라도 그러한 사정만으로 공소제기가 부적법한 것이 아니고, 공소가 제기되면 공소시효의 진행이 정지된다.

해설 형사소송법 제253조 제1항은 "시효는 공소의 제기로 진행이 정지되고 공소기각 또는 관할위반의 재판이 확정된 때로부터 진행한다."라고 정하고 있다. 피고인의 신병이 확보되기 전에 공소가 제기되었다고 하더라도 그러한 사정만으로 공소제기가 부적법한 것이 아니고, 공소가 제기되면 위 규정에 따라 공소시효의 진행이 정지된다(대판 2017.01.25. 2016도15526).

정답 O

24변시, 20년(3)·21년(1) 모의

369. (1) 공범의 1인에 대한 공소시효의 정지는 다른 공범자에게 대하여 효력이 미치므로, 공범 중 1인이 형사처분을 면할 목적으로 국외에 있는 경우 그 기간 동안 다른 공범의 공소시효는 정지된다.
(2) 乙이 뇌물수수방조죄의 처벌을 회피할 목적으로 미국으로 출국한 경우, 그 도피 기간 동안 공범인 甲의 뇌물수수죄에 대한 공소시효도 정지된다.

해설 국외도피에는 공범특칙이 적용되지 않는다. 공범 중 1인의 국외도피는 다른 공범자에게 시효정지의 효력이 미치지 않는다. 즉, 공범 중 1인의 국외도피 기간 동안에도 다른 공범자에 대한 공소시효는 그대로 진행된다(이주원, 『형사소송법』(제5판), 293면).

형사소송법 제253조(시효의 정지와 효력) ① 시효는 공소의 제기로 진행이 정지되고 공소기각 또는 관할위반의 재판이 확정된 때로부터 진행한다.
② 공범의 1인에 대한 전항의 시효정지는 다른 공범자에게 대하여 효력이 미치고 당해 사건의 재판이 확정된 때로부터 진행한다.
③ 범인이 형사처분을 면할 목적으로 국외에 있는 경우 그 기간 동안 공소시효는 정지된다.

정답 ×,×

20년(2) 모의

370. 甲은 乙과 丙에게 A의 다리를 부러뜨려주면 크게 사례하겠다고 약속하였으나 범행 당일 자신의 잘못을 뉘우치고 乙과 丙에게 전화를 걸어 "없었던 일로 해달라!"고 했지만 乙과 丙은 甲의 부탁을 거절하고 범행의지를 굽히지 않았다. 乙과 丙은 A의 집 앞에서 A를 공동으로 가격했고, A가 실신하자 乙과 丙은 A가 사망한 것으로 착각하고 범행을 은폐할 목적으로 인근 야산에 A를 묻었는데 그로 인하여 질식사하였다. 甲은 형사처벌을 면하기 위하여 외국으로 도주하였고, 검사는 乙과 丙을 기소하였다.
乙과 丙에 대한 공소제기로 인한 공소시효의 정지는 甲에게 대하여 효력이 미치고 甲에 대한 공소시효는 乙과 丙 사건의 재판이 확정된 때로부터 진행한다.

> **해설** 乙과 丙 사건의 재판이 확정되더라도 甲이 외국에서 돌아오지 않는 한 甲의 공소시효는 진행되지 않는다. ▶ 형사소송법 제253조 참조.

> 형사소송법 제253조(시효의 정지와 효력) ① 시효는 공소의 제기로 진행이 정지되고 공소기각 또는 관할위반의 재판이 확정된 때로부터 진행한다.
> ② 공범의 1인에 대한 전항의 시효정지는 다른 공범자에게 대하여 효력이 미치고 당해 사건의 재판이 확정된 때로부터 진행한다.
> ③ 범인이 형사처분을 면할 목적으로 국외에 있는 경우 그 기간 동안 공소시효는 정지된다.

정답

16년·17년·20년·21년·22년·24년 변시, 15년(3)·16년(2)·18년(3)·19년(1)·(3)·20년(1)·(3)·23년(3) 모의

371. (1) 丙이 뇌물공여죄로 기소되어 유죄판결이 확정된 경우, 甲의 뇌물수수죄에 대한 공소시효는 丙에 대한 위 형사사건이 기소된 때로부터 확정된 때까지 정지된다.
(2) 甲이 乙과 공모하여 공무원 丁에게 전달해 달라며 丙에게 뇌물 6,000만 원을 교부한 사실로 2011. 6. 29. 甲에 대하여 공소가 제기되었다. 그런데 위 사실과 관련하여 乙, 丙, 丁에 대한 공소가 2006. 1. 10. 제기되어 乙에 대한 유죄판결은 2007. 4. 27. 확정되고, 丙과 丁에 대한 유죄판결은 2007. 7. 27. 확정되었다. 이 때 甲의 범죄에 대한 공소시효 정지기간은 2006. 1. 10.부터 2007. 4. 27.까지이다.

> **해설** 甲은 乙과 임의적 공범관계에 있으며, 丙·丁과는 대향범 관계에 있다. 공범의 1인에 대한 공소시효의 정지는 다른 공범자에게 효력이 미치고, 당해 사건의 재판이 확정된 때로부터 진행하는바(형사소송법 제253조 제2항), 최근 판례에 의하면 동조에서 말하는 공범에는 대향범관계에 있는 자는 포함되지 않는다. 따라서 乙에 대한 공소가 제기된 때부터 乙에 대한 재판이 확정된 때까지 甲의 공소시효가 정지되고, 위 공소정지의 효과가 丙에게는 미치지 않는다.

> 제253조(시효의 정지와 효력) ① 시효는 공소의 제기로 진행이 정지되고 공소기각 또는 관할위반의 재판이 확정된 때로부터 진행한다.
> ② 공범의 1인에 대한 전항의 시효정지는 다른 공범자에게 대하여 효력이 미치고 당해 사건의 재판이 확정된 때로부터 진행한다.

판례 뇌물공여죄와 뇌물수수죄 사이와 같은 이른바 대향범 관계에 있는 자는 강학상으로는 필요적 공범이라고 불리고 있으나, 서로 대향된 행위의 존재를 필요로 할 뿐 각자 자신의 구성요건을 실현하고 별도의 형벌규정에 따라 처벌되는 것이어서, 2인 이상이 가공하여 공동의 구성요건을 실현하는 공범관계에 있는 자와는 본질적으로 다르며, 대향범 관계에 있는 자 사이에서는 각자 상대방의 범행에 대하여 형법 총칙의 공범규정이 적용되지 아니한다. 이러한 점들에 비추어 보면, 형사소송법 제253조 제2항에서 말하는 '공범'에는 뇌물공여죄와 뇌물수수죄 사이와 같은 대향범 관계에 있는 자는 포함되지 않는다(대판 2015.02.12. 2012도4842).

정답 ×, ○

 23년 변시, 19년(1)·23년(3) 모의

372. 甲은 乙과 공모하여 2005. 2. 3. 공무원 丙에게 6,000만 원을 교부하였다. 그 후 乙과 丙은 2006. 1. 10. 각각 뇌물공여죄와 수뢰죄로 기소되었으나 甲은 도피하여 기소되지 않았다. 乙에 대하여는 2007. 4. 27. 유죄판결이 확정되고, 丙에 대해서는 2007. 5. 15. 유죄판결이 확정되었다. 이 후 甲이 검거되자 검사는 뇌물공여죄로 甲을 기소하였다. 한편 형사소송법 제249조 제1항 제3호는 2007. 12. 21. 개정되어, 장기 10년 미만의 징역 또는 금고에 해당하는 범죄에 대한 공소시효가 5년에서 7년으로 연장되었다(다툼이 있는 경우 판례에 의함).

1) 2007. 12. 21. 개정된 형사소송법규정은 공소시효제도에 근거한 개인의 신뢰와 공소시효의 연장을 통하여 달성하려는 공익을 비교형량하여 공익이 개인의 신뢰보호이익에 우선하는 경우에 헌법상 정당화될 수 있다.

해설 공소시효를 정지·연장·배제하는 내용의 특례조항을 신설하면서 소급적용에 관한 명시적인 경과규정을 두지 아니한 경우에 그 조항을 소급하여 적용할 수 있다고 볼 것인지에 관하여는 이를 해결할 보편타당한 일반원칙이 존재할 수 없는 터이므로 적법절차원칙과 소급금지원칙을 천명한 헌법 제12조 제1항과 제13조 제1항의 정신을 바탕으로 하여 법적 안정성과 신뢰보호원칙을 포함한 법치주의 이념을 훼손하지 아니하도록 신중히 판단하여야 한다(대판 2015.05.28. 2015도1362).

 정답 ○

2) 甲에 대한 공소시효는 2005. 2. 3.부터 진행한다.

해설 공소시효는 범죄행위가 종료한 때로부터 진행한다(형사소송법 제252조 제1항). 사안의 경우 甲이 뇌물을 교부한 2005. 2. 3. 수뢰죄가 기수에 이르며 그때로부터 공소시효가 진행한다.

 정답 ○

3) **(1)** 乙의 범죄에 대한 기소로 2006. 1. 10.부터 2007. 4. 27.까지 甲의 범죄에 대한 공소시효의 진행이 정지된다.
   (2) 만일 丙이 기소되지 않았더라도 乙의 범죄에 대한 기소로 2006. 1. 10.부터 2007. 5. 15.까지 丙의 범죄에 대하여서도 공소시효의 진행이 정지된다.
   (3) 「형사소송법」 제253조 제2항은 공범 중 1인에 대한 공소의 제기로 다른 공범자에 대하여도 공소시효가 정지되도록 규정하고 있는데, 위 조항에서 말하는 '공범'에는 뇌물공여죄와 뇌물수수죄 사이와 같은 대항범 관계에 있는 자는 포함되지 않는다.

   해설 甲과 乙은 서로 임의적 공범관계에 있으며, 甲·乙과 丙은 대항범 관계에 있다. 공범의 1인에 대한 공소시효의 정지는 다른 공범자에게 효력이 미치고, 당해 사건의 재판이 확정된 때로부터 진행하는바(형사소송법 제253조 제2항), 최근 판례에 의하면 동조에서 말하는 공범에는 대항범관계에 있는 자는 포함되지 않는다. 따라서 乙에 대한 공소가 제기된 때부터 乙에 대한 재판이 확정된 때까지 甲의 공소시효가 정지되고, 위 공소정지의 효과가 丙 에게는 미치지 않는다.

   제253조(시효의 정지와 효력) ① 시효는 공소의 제기로 진행이 정지되고 공소기각 또는 관할위반의 재판이 확정된 때로부터 진행한다.
   ② 공범의 1인에 대한 전항의 시효정지는 다른 공범자에게 대하여 효력이 미치고 당해 사건의 재판이 확정된 때로부터 진행한다.

   판례 뇌물공여죄와 뇌물수수죄 사이와 같은 이른바 대항범 관계에 있는 자는 강학상으로는 필요적 공범이라고 불리고 있으나, 서로 대향된 행위의 존재를 필요로 할 뿐 각자 자신의 구성요건을 실현하고 별도의 형벌규정에 따라 처벌되는 것이어서, 2인 이상이 가공하여 공동의 구성요건을 실현하는 공범관계에 있는 자와는 본질적으로 다르며, 대항범 관계에 있는 자 사이에서는 각자 상대방의 범행에 대하여 형법 총칙의 공범규정이 적용되지 아니한다. 이러한 점들에 비추어 보면, 형사소송법 제253조 제2항에서 말하는 '공범'에는 뇌물공여죄와 뇌물수수죄 사이와 같은 대항범 관계에 있는 자는 포함되지 않는다 (대판 2015.02.12. 2012도4842).

   정답  ○, ×, ○

   19년(2)·22년(2)·23년(2) 모의

373. 법률에 공소시효를 정지·연장·배제하는 특례조항을 신설하면서 소급적용에 관한 명시적인 경과규정을 두지 않은 경우, 그 조항을 소급하여 적용할 수 있는지에 관해서는 보편타당한 일반원칙이 존재하지 않는다.

   해설 공소시효를 정지·연장·배제하는 특례조항을 신설하면서 소급적용에 관한 명시적인 경과규정을 두지 않은 경우 그 조항을 소급하여 적용할 수 있는지에 관해서는 보편타당한 일반원칙이 존재하지 않고, 적법절차원칙과 소급금지원칙을 천명한 헌법 제12조 제1항과 제13조 제1항의 정신을 바탕으로 하여 법적 안정성과 신뢰보호원칙을 포함한 법치주의 이념을 훼손하지 않는 범위에서 신중히 판단해야 한다(대판 2021.02.25. 2020도3694).

   정답 ○

19년(2)·22년(2) 모의

374. 법정최고형이 징역 5년인 부정수표단속법 위반죄를 저지른 자가 중국으로 체류하다가 그곳에서 다른 범죄로 징역 14년을 선고받고 8년 이상 복역한 후 우리나라로 추방되어 위 죄로 공소제기되었다면 수감기간 동안에는 공소시효의 진행이 정지된다.

해설 국외에 체류중인 범인에게 형사소송법 제253조 제3항의 '형사처분을 면할 목적'이 계속 존재하였는지가 의심스러운 사정이 발생한 경우, 그 기간 동안 '형사처분을 면할 목적'이 있었는지 여부는 당해 범죄의 공소시효의 기간, 범인이 귀국할 수 없는 사정이 초래된 경우, 그러한 사정이 존속한 기간이 당해 범죄의 공소시효의 기간과 비교하여 도피 의사가 인정되지 않는다고 보기에 충분할 만큼 연속적인 장기의 기간인지, 귀국 의사가 수사기관이나 영사관에 통보되었는지, 피고인의 생활근거지가 어느 곳인지 등의 제반 사정을 참작하여 판단하여야 한다. 통상 범인이 외국에서 다른 범죄로 외국의 수감시설에 수감된 경우, 그 범행에 대한 법정형이 당해 범죄의 법정형보다 월등하게 높고, 실제 그 범죄로 인한 수감기간이 당해 범죄의 공소시효 기간보다도 현저하게 길어서 범인이 수감기간 중에 생활근거지가 있는 우리나라로 돌아오려고 했을 것으로 넉넉잡아 인정할 수 있는 사정이 있다면, 그 수감기간에는 '형사처분을 면할 목적'이 유지되지 않았다고 볼 여지가 있다. 그럼에도 그러한 목적이 유지되고 있었다는 점은 검사가 입증하여야 한다(대판 2008.12.11. 2008도4101).

▶ 법정최고형이 징역 5년인 부정수표단속법 위반죄를 범한 사람이 중국으로 출국하여 체류하다가 그곳에서 징역 14년을 선고받고 8년 이상 복역한 후 우리나라로 추방되어 위 죄로 공소제기된 사안에서, 위 수감기간 동안에는 형사소송법 제253조 제3항의 '형사처분을 면할 목적'을 인정할 수 없어 공소시효의 진행이 정지되지 않는다고 한 사안.

형사소송법 제253조(시효의 정지와 효력) ③ 범인이 형사처분을 면할 목적으로 국외에 있는 경우 그 기간 동안 공소시효는 정지된다.

정답

19년(3) 모의

375. 학원 승합차를 운전하던 甲은 학원 수업을 마치고 귀가하기 위하여 승합차를 탄 A(여, 11세)가 혼자 남은 틈을 타 승합차 안에서 A를 간음하기 위해 운전석에서 승객석 쪽으로 A에게 다가가 자신의 바지를 벗고 A의 바지를 벗긴 다음 간음하려고 하였으나, 삽입이 제대로 되지 아니하고 A로부터 "경찰에 신고하겠다"는 말을 듣고 이를 그만두어 그 뜻을 이루지 못하였다. 그 후 甲은 수사망이 좁혀오자 필리핀으로 도주하였고 그곳에서 심한 말다툼을 하다가 B를 살해한 혐의로 약 5년간 구금되어 재판을 받다가 증거불충분으로 무죄판결을 받고 석방되었다. 甲이 필리핀에서 구금되어 있던 기간 동안에도 A 사건 범죄에 대한 형사처분을 면할 목적이 인정될 경우, 甲의 A에 대한 행위의 공소시효는 정지된다.

해설 형사처분을 면할 목적이 인정될 경우 형사소송법 제253조 제3항에 따라 공소시효가 정지된다.

형사소송법 제253조 (시효의 정지와 효력) ① 시효는 공소의 제기로 진행이 정지되고 공소기각 또는 관할위반의 재판이 확정된 때로부터 진행한다.
② 공범의 1인에 대한 전항의 시효정지는 다른 공범자에게 대하여 효력이 미치고 당해 사건의 재판이 확정된 때로부터 진행한다.
③ 범인이 형사처분을 면할 목적으로 국외에 있는 경우 그 기간 동안 공소시효는 정지된다.

> **판례** 국외에 체류중인 범인에게 형사소송법 제253조 제3항의 '형사처분을 면할 목적'이 계속 존재하였는지가 의심스러운 사정이 발생한 경우, 그 기간 동안 '형사처분을 면할 목적'이 있었는지 여부는 당해 범죄의 공소시효의 기간, 범인이 귀국할 수 없는 사정이 초래된 경위, 그러한 사정이 존속한 기간이 당해 범죄의 공소시효의 기간과 비교하여 도피 의사가 인정되지 않는다고 보기에 충분할 만큼 연속적인 장기의 기간인지, 귀국 의사가 수사기관이나 영사관에 통보되었는지, 피고인의 생활근거지가 어느 곳인지 등의 제반 사정을 참작하여 판단하여야 한다. 통상 범인이 외국에서 다른 범죄로 외국의 수감시설에 수감된 경우, 그 범행에 대한 법정형이 당해 범죄의 법정형보다 월등하게 높고, 실제 그 범죄로 인한 수감기간이 당해 범죄의 공소시효 기간보다도 현저하게 길어서 범인이 수감기간 중에 생활근거지가 있는 우리나라로 돌아오려고 했을 것으로 넉넉잡아 인정할 수 있는 사정이 있다면, 그 수감기간에는 '형사처분을 면할 목적'이 유지되지 않았다고 볼 여지가 있다. 그럼에도 그러한 목적이 유지되고 있었다는 점은 검사가 입증하여야 한다(대판 2008.12.11. 2008도4101). ▶ 정최고형이 징역 5년인 부정수표단속법 위반죄를 범한 사람이 중국으로 출국하여 체류하다가 그곳에서 징역 14년을 선고받고 8년 이상 복역한 후 우리나라로 추방되어 위 죄로 공소제기된 사안에서, 위 수감기간 동안에는 형사소송법 제253조 제3항의 '형사처분을 면할 목적'을 인정할 수 없어 공소시효의 진행이 정지되지 않는다고 한 사례.

정답

16년(2)·21년(1) 모의

376. 피고인이 당해 사건으로 처벌받을 가능성이 있음을 인지하였다고 보기 어려운 경우라고 하더라도 피고인이 다른 고소사건과 관련하여 형사처분을 면할 목적으로 국외에 있었다면 당해 사건의 형사처분을 면할 목적으로 국외에 있었다고 볼 수 있다.

해설 피고인이 당해 사건으로 처벌받을 가능성이 있음을 인지하였다고 보기 어려운 경우라면 피고인이 다른 고소사건과 관련하여 형사처분을 면할 목적으로 국외에 있은 경우라고 하더라도 당해 사건의 형사처분을 면할 목적으로 국외에 있었다고 볼 수 없다(대판 2014.04.24. 2013도9162).

정답

377. **(1)** 「형사소송법」 제253조 제3항은 범인이 형사처분을 면할 목적으로 국외에 있는 경우 그 기간 동안 공소시효가 정지되도록 규정하고 있는데, 여기서 '범인이 형사처분을 면할 목적으로 국외에 있는 경우'에는 범인이 국외에서 범죄를 저지르고 형사처분을 면할 목적으로 국외에서 체류를 계속하는 경우도 포함된다.

(2) K주식회사 미국 뉴욕지점장 甲은 지점의 운영비를 자기 자녀들의 유학비용으로 임의로 사용한 사실이 드러났지만 처벌을 피하기 위하여, 자녀들의 공부가 아직 끝나지 않았다는 이유를 대면서 한국으로 돌아오지 않고 있다면, 甲의 해당 범죄에 대한 공소시효는 甲이 미국에 체류하는 동안 정지된다.

해설 형사소송법 제253조 제3항에서 정한 '범인이 형사처분을 면할 목적으로 국외에 있는 경우'는 범인이 국내에서 범죄를 저지르고 형사처분을 면할 목적으로 국외로 도피한 경우에 한정되지 아니하고, 범인이 국외에서 범죄를 저지르고 형사처분을 면할 목적으로 국외에서 체류를 계속하는 경우도 포함된다고 볼 것이다(대판 2015.06.24. 2015도5916).

정답

15년(1)·(3) · 22년(2) 모의

378. 범인이 형사처분을 면할 목적으로 국외에 있는 경우에 그 기간 동안 공소시효가 정지되는데, 이러한 공소시효의 정지를 위해서는 '형사처분을 면할 목적'이 인정되어야 하며, 여기에서 '형사처분을 면할 목적'은 국외 체류의 유일한 목적으로 되는 것에 한정되지 않고 범인이 가지는 여러 국외 체류 목적 중에 포함되어 있으면 충분하다.

해설 형사소송법 제253조 제3항은 "범인이 형사처분을 면할 목적으로 국외에 있는 경우 그 기간 동안 공소시효는 정지된다."고 규정하여 공소시효의 정지를 위해서는 '형사처분을 면할 목적'이 있을 것을 요구한다. 형사소송법 제253조 제3항이 정한 '형사처분을 면할 목적'은 국외 체류의 유일한 목적으로 되는 것에 한정되지 않고 범인이 가지는 여러 국외 체류 목적 중에 포함되어 있으면 족하고, 범인이 국외에 있는 것이 형사처분을 면하기 위한 방편이었다면 '형사처분을 면할 목적'이 있었다고 볼 수 있으며, '형사처분을 면할 목적'과 양립할 수 없는 범인의 주관적 의사가 명백히 드러나는 객관적 사정이 존재하지 않는 한 국외 체류기간 동안 '형사처분을 면할 목적'은 계속 유지된다(대판 2008.12.11. 2008도4101).

정답

법무부(2)·15년(1) 모의

379. 공범 중 1인의 국외도피로 인한 공소시효정지는 다른 공범자에게도 효력을 미친다.

해설 공범 중 1인에 대한 공소제기로 인한 시효정지는 다른 공범자에게도 효력이 있지만(형사소송법 제253조 제2항), 동법 제253조 제3항의 국외도피로 인한 공소시효정지는 다른 공범에게는 효력이 없다.

> 형사소송법 제253조(시효의 정지와 효력) ① 시효는 공소의 제기로 진행이 정지되고 공소기각 또는 관할위반의 재판이 확정된 때로부터 진행한다.
> ② 공범의 1인에 대한 전항의 시효정지는 다른 공범자에게 대하여 효력이 미치고 당해 사건의 재판이 확정된 때로부터 진행한다.
> ③ 범인이 형사처분을 면할 목적으로 국외에 있는 경우 그 기간 동안 공소시효는 정지된다.

정답

23년(2)(3) 모의

380. 범인이 형사처분을 면할 목적으로 국외에 있는 경우 그 기간 동안 공소시효는 정지되는데, 여기에서 정지의 대상으로 규정한 '공소시효'에는, 공소를 제기한 때로부터 25년이 경과하면 공소시효가 완성된 것으로 간주된다고 규정한 「형사소송법」 제249조 제2항의 공소시효도 포함된다.

해설 형사소송법 제253조 제3항에서 정지의 대상으로 규정한 '공소시효'는 범죄행위가 종료한 때로부터 진행하고 공소의 제기로 정지되는 구 형사소송법 제249조 제1항의 시효를 뜻하고, 그 시효와 별개로 공소를 제기한 때로부터 일정 기간이 경과하면 공소시효가 완성된 것으로 간주된다고 규정한 구 형사소송법 제249조 제2항에서 말하는 '공소시효'는 여기에 포함되지 않는다고 봄이 타당하다. 따라서 공소제기 후 피고인이 처벌을 면할 목적으로 국외에 있는 경우에도, 그 기간 동안 구 형사소송법 제249조 제2항에서 정한 기간의 진행이 정지되지는 않는다(대판 2022.09.29. 2020도13547).

정답 ×

14년(3)·23년(2) 모의

381. **(1) 공범 중 1인에 대해 약식명령이 확정된 후 그에 대한 정식재판청구권 회복결정이 있었다고 하더라도 그 사이의 기간 동안에는, 특별한 사정이 없는 한, 다른 공범자에 대한 공소시효는 정지함이 없이 계속 진행한다.**

(2) 공범 중 1인에 대한 공소의 제기로 다른 공범자에 대한 공소시효의 진행이 정지되고 나서 공소가 제기된 공범에 대하여 유죄, 무죄 또는 면소의 재판이 있는 경우, 그 재판이 확정된 때로부터 다른 공범자에 대한 공소시효가 다시 진행된다.

해설 공범 중 1인에 대한 공소의 제기로 다른 공범자에 대한 공소시효의 진행이 정지되더라도 공소가 제기된 공범 중 1인에 대한 재판이 확정되면, 그 재판의 결과가 형사소송법 제253조 제1항이 규정한 공소기각 또는 관할위반인 경우뿐 아니라 유죄, 무죄, 면소인 경우에도 그 재판이 확정된 때로부터 다시 공소시효가 진행된다고 볼 것이고, 이는 약식명령이 확정된 때에도 마찬가지라고 할 것이다. 그리고 공범 중 1인에 대해 약식명령이 확정되고 그 후 정식재판청구권이 회복되었다고 하는 것만으로는, 그 사이에 검사가 다른 공범자에 대한 공소를 제기하지 못할 법률상 장애사유가 있다고 볼 수 없을 뿐만 아니라, 그 기간 동안 다른 공범자에 대한 공소시효가 정지된다고 볼 아무런 근거도 찾을 수 없다. 그렇다면 공범 중 1인에 대해 약식명령이 확정된 후 그에 대한 정식재판청구권회복결정이 있었다고 하더라도 그 사이의 기간 동안에는, 특별한 사정이 없는 한, 다른 공범자에 대한 공소시효는 정지함이 없이 계속 진행한다고 보아야 할 것이다(대판 2012.03.29. 2011도15137).

정답 O,O

12년 변시, 14년(1)·21년(2) 모의

382. **공범 중 1인으로 기소된 자가 범죄의 증명이 없다는 이유로 무죄의 판결을 선고받아 그 판결이 확정되었더라도, 무죄로 확정된 그 피고사건에서 공범으로 지적된 진범인에 대하여 공소시효정지의 효력이 생긴다.**

판례 형사소송법 제253조 제1항, 제2항에 의하면 공소시효는 공소의 제기로 진행이 정지되고, 공범의 1인에 대한 공소시효의 정지는 다른 공범자에 대하여 효력이 미치고 당해 사건의 재판이 확정된 때로부터 진행한다고 규정하고 있는바, 위 제2항 소정의 공범관계의 존부는 현재 시효가 문제되어 있는 사건을 심판하는 법원이 판단하는 것으로서 법원조직법 제8조의 경우를 제외하고는 다른 법원의 판단에 구속되는 것은 아니라고 할 것이고, 위 형사소송법 제253조 제2항 소정의 재판이라 함은 종국재판이면 그 종류를 묻지 않는다고 할 것이나, 공범의 1인으로 기소된 자가 구성요건에 해당하는 위법행위를 공동으로 하였다고 인정되기는 하나 책임조각을 이유로 무죄로 되는 경우와는 달리 범죄의 증명이 없다는 이유로 공범 중 1인이 무죄의 확정판결을 선고받은 경우에는 그를 공범이라고 할 수 없어 그에 대하여 제기된 공소로써는 진범에 대한 공소시효정지의 효력이 없다(대판 1999.03.09. 98도4621).

> **해설** 진범이 아닌 자에 대하여 공소를 제기한 경우 진범에 대한 공소시효의 진행을 정지시키지 않는다.

정답 ×

Ⅳ 공소시효완성의 효과

15년(1)·(2) 모의

383. 공소제기 된 범죄사실에 대하여 공소시효가 완성된 경우 법원은 공소기각의 판결을 선고하여야 하며, 이를 간과하고 유·무죄의 실체 판결을 한 경우에는 항소·상고이유가 된다.

> **해설** 공소제기 된 범죄사실에 대하여 공소시효가 완성된 경우 법원은 면소판결을 선고하여야 한다 (형사소송법 제326조 제3호). 따라서 지문의 전단은 틀린 설명이고, 후문은 맞는 설명이다.
>
> 형사소송법 제326조(면소의 판결) 다음 경우에는 판결로써 면소의 선고를 하여야 한다.
>   3. 공소의 시효가 완성되었을 때
> 형사소송법 제361조의5(항소이유) 다음 사유가 있을 경우에는 원심판결에 대한 항소이유로 할 수 있다.
>   1. 판결에 영향을 미친 헌법·법률·명령 또는 규칙의 위반이 있는 때
> 형사소송법 제383조(상고이유) 다음 사유가 있을 경우에는 원심판결에 대한 상고이유로 할 수 있다.
>   1. 판결에 영향을 미친 헌법·법률·명령 또는 규칙의 위반이 있을 때

정답 ×

MEMO

꼭 봐야 할 형소법 핵심기출 OX

제4편
공판

제1장 공판절차
제2장 증거
제3장 재판

제1장 공판절차

제1절 공판절차의 기본원칙

1. 공개주의

23년(3) 모의

1. 검사, 피고인이나 변호인의 신청에 의하여 법원이 공무소 또는 공사단체에 조회를 요구하여 송부 받은 서류는 검사, 피고인 또는 변호인이 공판정에서 개별적으로 지시설명하여 조사하여야 한다.

해설 그런데 형사소송법 제291조 제1항은 "소송관계인이 증거로 제출한 서류나 물건 또는 제272조(공무소 등에 대한 조회), 제273조(공판기일 전의 증거조사)의 규정에 의하여 작성 또는 송부된 서류는 검사, 변호인 또는 피고인이 공판정에서 개별적으로 지시설명하여 조사하여야 한다.", 같은 조 제2항은 "재판장은 직권으로 전항의 서류나 물건을 공판정에서 조사할 수 있다."고 규정하고 있고, 같은 법 제292조 제1항은 "재판장은 검사, 변호인 또는 피고인에게 증거물을 제시하고 증거물이 서류인 때에는 그 요지를 고지하여야 한다."고 규정하고 있으며, 같은 법 제293조는 "재판장은 피고인에게 각 증거조사의 결과에 대한 의견을 묻고 권리를 보호함에 필요한 증거조사를 신청할 수 있음을 고지하여야 한다."고 규정하고 있으므로, 위와 같은 절차에 따른 증거조사를 거치지 않은 서류는 증거능력이 없는 것이어서 이를 사실인정의 자료로 삼을 수 없다 할 것인바(대판 1983. 7. 26. 선고 83도1448, 83감도266 , 대판 1995. 12. 12. 선고 94도3271 등 참조), 기록에 의하면, ○○데이타, 한국전파진흥협회장에 대한 각 사실조회회보는 공판정에서 적법한 증거조사를 한 흔적을 찾아볼 수 없으므로 증거능력이 없어 이를 증거로 사용할 수 없음에도 원심이 위 각 증거를 피고인들에 대한 유죄의 자료로 설시한 것은 잘못이라 할 것이다(대판 2010.05.27. 2008도2344).

2. 구두변론주의

16년(3) 모의

2. 검사가 공판정에서 구두변론을 통해 항소이유를 주장하지 않았고 피고인도 그에 대한 적절한 방어권을 행사하지 못하는 등 검사의 항소이유가 실질적으로 구두변론을 거쳐 심리되지 않았다고 평가될 경우, 항소심법원이 이러한 검사의 항소이유 주장을 받아들여 피고인에게 불리하게 제1심판결을 변경하는 것은 허용되지 않는다.

해설 공판중심주의를 실현하고 이를 통하여 피고인의 방어권을 실질적으로 보장하기 위하여 마련된 위와 같은 형사소송법과 형사소송규칙의 규정들에 비추어 볼 때, 검사가 공판정에서 구두변론을 통해 항소이유를 주장하지 않았고 피고인도 그에 대한 적절한 방어권을 행사하지 못하는 등 검사의 항소이유가 실질적으로 구두변론을 거쳐 심리되지 않았다고 평가될 경우, 항소심법원이 이러한 검사의 항소이유 주장을 받아들여 피고인에게 불리하게 제1심판결을 변경하는 것은 허용되지 않는다(대판 2015.12.10. 2015도11696).

정답 ○

3. 직접주의

16년(2) 모의

3. **구속취소청구를 불허한 결정에 관여하지 아니한 법관이 항고에 대한 의견서를 첨부하여 항고법원에 송부한 것은 직접심리주의에 반하여 위법하다.**

해설 구속취소사건에 있어서는 공판절차를 필요로 하는 것이 아니므로 공판절차의 갱신에 관한 형사소송법 제301조는 그 적용이 없고 따라서 제1심결정에 관여하지 아니한 법관이 항고에 대한 의견서를 첨부하여 항고법원에 송부하였다 하여 직접심리주의에 위배되는 위법이 있다고 할 수 없다(대결 1986.04.30. 86모10).

정답 ×

4. 집중심리주의

제2절 공판심리의 범위

I 심판의 대상
II 공소장변경

1. 공소장 변경의 의의

22년(1) · 23년(2) 모의

4. **검사의 공소장변경신청이 있으면 법원은 공소사실의 동일성을 해하지 아니하는 한도에서 이를 허가하여야 한다.**

해설 형사소송법 제298조 제1항 참조.

> 형사소송법 제298조(공소장의 변경) ① 검사는 법원의 허가를 얻어 공소장에 기재한 공소사실 또는 적용법조의 추가, 철회 또는 변경을 할 수 있다. 이 경우에 법원은 공소사실의 동일성을 해하지 아니하는 한도에서 허가하여야 한다.

정답 ○

22년(1) 모의

5. **법원은 심리의 경과에 비추어 상당하다고 인정할 때에는 공소사실 또는 적용법조의 추가 또는 변경을 요구하여야 한다.**

해설 형사소송법 제298조 제2항 참조.

> 형사소송법 제298조(공소장의 변경) ② 법원은 심리의 경과에 비추어 상당하다고 인정할 때에는 공소사실 또는 적용법조의 추가 또는 변경을 요구하여야 한다.

정답 O

13년(3) 모의

6. 공소장변경을 통해 포괄일죄나 과형상 일죄의 일부를 이루는 범죄를 철회하거나, 예비적·택일적으로 기재된 공소사실의 일부를 철회하는 것이 가능하다.

해설 철회란 추가의 경우와 반대로 공소사실 또는 적용법조를 법원의 심판대상에서 제외시키는 것을 의미한다. 철회는 포괄일죄나 과형상 일죄의 관계에 있는 여러 개의 공소사실 가운데 일부를 철회하거나 또는 예비적, 택일적으로 기재된 공소사실에 대하여 이를 철회하는 경우에 행해진다.

정답 O

2. 공소장 변경의 한계
(1) 공소사실의 동일성의 의의
(2) 공소사실의 동일성의 판단기준

23년(1) 모의 변형

7. A씨 등은 중국 소재 보이스피싱 조직 범행에 가담한 혐의로 기소됐다. 검찰은 이들을 사기 혐의로 기소했다. 1심은 이들의 혐의를 유죄로 판단해 징역 2년 6개월~3년 6개월을 각각 선고했다. 이후 항소심에서 공소장을 변경해 이들에게 범죄단체 조직·가입·활동 혐의를 추가로 적용하는 것은 가능하다.

해설 제1심판결에 대하여 검사와 피고인들 모두 항소하였고, 검사는 원심 공판절차 진행 중 적용법조에 형법 제114조를, 공소사실에 '피고인 1은 2018. 8.경 보이스피싱 범죄를 목적으로 범죄단체를 조직하고, 피고인 2, 피고인 3은 2018. 8.경 위 범죄단체에 가입하였으며, 피고인들은 범죄단체 조직 내 역할을 수행하면서 체크카드 등 접근매체를 편취하거나 대량 문자 발송 사이트를 개설하는 등의 방법으로 범죄단체 활동을 하였다'는 공소사실을 추가(이하 '범죄단체 공소사실'이라고 한다)하였고, 원심은 이를 허가한 후 제1심판결 중 피고인들에 대한 유죄 부분을 파기하고 제1심에서 유죄로 인정된 부분과 위 범죄단체 공소사실 모두에 대하여 유죄로 판단하였다. 이러한 사실관계를 앞서 본 법리에 비추어 살펴보면, 실체적 경합범 관계에 있는 이 사건 공소사실과 범죄단체 공소사실은 범행일시, 행위태양, 공모관계 등 범죄사실의 내용이 다르고, 그 죄질에도 현저한 차이가 있다. 따라서 위 두 공소사실은 동일성이 없으므로, 공소장변경절차에 의하여 이 사건 공소사실에 위 범죄단체 공소사실을 추가하는 취지의 공소장변경은 허가될 수 없다(대판 2020.12.24. 2020도10814).

정답 X

🕐 22년 변시

8. 甲은 식당을 운영하는 乙과 乙의 건물 증축공사에 필요한 형틀공사 계약을 체결한 후 그 공사를 완료하였는데, 乙이 공사대금을 주지 않자 건물 입구에 쌓아두었던 건축 자재를 일부러 치우지 않았고 이로 인해 乙은 추가 공사를 진행할 수 없었다. 이후 증축공사를 전부 완료하였으나 乙은 영업이 제대로 이루어지지 않아 건물을 담보로 X은행에서 3억 원의 대출을 받고, 채권최고액 3억 6천만 원의 근저당권을 설정해주었다. 그럼에도 영업이 나아질 기미가 없자 A에게 건물을 5억 원에 매각하기로 약정하고 계약금과 중도금을 받았다. 이후 乙 건물 인근에 도로확충개발 소문이 돌자 B가 시가 상당액인 7억 원에 건물을 매입하겠다고 하여, 乙은 B에게 매매대금을 받고 소유권이전등기를 해주었다. 한편 乙이 농수산물의원산지표시등에관한법률위반으로 단속에 걸리자 이 소식을 들은 부동산업자 丙이 "담당공무원을 잘 알고 있으니, 나에게 현금으로 500만 원만 주면 잘 해결해주겠다."라고 하여 乙은 丙에게 500만 원을 이체해주었다.

검사가 乙의 이중매매에 대해 丙이 관여하였다고 보아 丙을 공동정범으로 기소하였으나 법원이 丙에게 방조의 죄책이 인정된다고 판단하여 공소장변경없이 방조범을 인정하는 경우, 심리과정에서 방조범에 대해 전혀 언급이 없거나 공방이 이뤄지지 않았다 하더라도 이는 丙의 방어권행사에 실질적인 불이익을 초래한 것이 아니므로 위법하지 아니하다. (다툼이 있는 경우 판례에 의함)

해설 원심으로서는 설령 그 판시와 같은 사정을 들어 피고인을 조세포탈범행의 방조범으로 인정할 수 있다고 하더라도 그에 앞서 공소장변경의 절차를 거치거나 피고인에게 방조범의 성립 여부와 관련한 방어의 기회를 제공함으로써 그 방어권 행사에 불이익이 초래되지 않도록 필요한 조치를 하였어야 할 것이다. 그럼에도 불구하고 원심이 공판진행과정에서는 아무런 언급이 없다가 판결을 선고하면서, 공동정범으로는 인정되지 않지만 방조범으로는 인정이 된다고 하여 유죄로 판단한 것은 공소장변경에 관한 법리를 오해하여 판결에 영향을 미친 위법이 있는 경우에 해당한다(대판 2011.11.24. 2009도7166).

🕐 22년 변시

9. 검사가 당초 '피고인이 A 등에게 필로폰 약 0.3g을 교부하였다'고 하여 마약류관리에관한법률위반(향정)으로 공소를 제기하였다가 '피고인이 A 등에게 필로폰을 구해주겠다고 속여 A 등에게서 필로폰 대금을 편취하였다'는 사기 범죄사실을 예비적으로 추가하는 공소장변경을 신청한 경우, 위 두 범죄사실은 기본적인 사실관계가 동일하므로 공소장변경은 허용된다.

해설 검사가 당초 '피고인이 甲에게 필로폰 약 0.3g을 교부하였다'고 하여 마약류관리에 관한 법률위반(향정)으로 공소를 제기하였다가 '피고인이 甲에게 필로폰을 구해 주겠다고 속여 甲 등에게서 필로폰 대금 등을 편취하였다'는 사기 범죄사실을 예비적으로 추가하는 공소장변경을 신청한 사안에서, 위 두 범죄사실은 기본적인 사실관계가 동일하다고 볼 수 없는데도, 공소장변경을 허가한 후 사기죄를 인정한 원심판결에 법리오해의 위법이 있다(대판 2012.04.13. 2010도16659).

10. 검사는 甲이 차량을 운행하던 중 교통신호를 위반하여 A에게 상해를 입혔다는 혐의로 甲을 교통사고처리특례법위반죄로 공소제기 하였다. (다툼이 있는 경우 판례에 의함)

(1) 제1심 공판진행 중 A가 사망하게 된 경우 검사는 A의 사망의 결과에 대하여 공소장변경을 신청할 수 있고, 이 때 법원은 공소장변경을 허가하여야 한다.

(2) 甲이 신호위반으로 인한 과실로 A로 하여금 상해를 입게 하였다는 내용으로 징역 1년에 집행유예 2년을 선고받고 그 판결이 확정되었다면, 그 후 A가 사망하더라도 甲이 다시 기소되어 형사처벌을 받게 되는 것은 아니다.

해설 甲이 차량을 운행하던 중 교통신호를 위반하여 A에게 상해를 입혔다는 공소사실과 그 후 A가 사망하게 되었다는 공소사실의 기초적 사실관계가 동일하므로, 제1심 공판진행 중 A가 사망하게 된 경우에는 검사가 공소장 변경을 신청하면 법원은 이를 허가하여야 하고(형사소송법 제298조), 상해를 입혔다는 공소사실로 유죄판결이 확정된 후 A가 사망하게 되었음을 이유로 검사가 공소제기 한 경우에는 이미 확정판결이 있는 때에 해당한다는 이유로 법원은 면소판결을 하여야 한다(형사소송법 제326조 제1호).

형사소송법 제298조(공소장의 변경) ① 검사는 법원의 허가를 얻어 공소장에 기재한 공소사실 또는 적용법조의 추가, 철회 또는 변경을 할 수 있다. 이 경우에 법원은 공소사실의 동일성을 해하지 아니하는 한도에서 허가하여야 한다.
형사소송법 제326조(면소의 판결) 다음 경우에는 판결로써 면소의 선고를 하여야 한다.
1. 확정판결이 있을 때

정답 ,

11. 혈중알콜농도 0.09% 상태에서 운전하다 교통사고를 내고 도주한 甲은 동거녀 乙로 하여금 수사기관에 범인임을 자처하고 허위의 자백을 하게 하였다. 甲으로부터 이러한 사정을 들은 甲의 친구 사법경찰관 丙은 甲의 부탁에 따라 위 사건에 관한 수사상황 등을 수시로 甲에게 알려주었다. 이를 알게 된 검사는 丙에게 출석요구를 하였고 丙은 검찰청으로 자진출석하였다가 혐의를 추궁당하자 진술을 거부하며 귀가하려고 하였다. 그러자 검사는 체포의 이유를 말하지 않고 丙을 긴급체포하였다.

검사가 乙을 진범으로 알고 기소하였다가 제1심 소송계속 중 진범이 甲임을 알고 피고인을 甲으로 하는 공소장변경을 신청한 경우 법원은 이를 허가할 수 없다.

해설 사안은 위장자수에 해당한다. 이 경우 위장자수자만이 피고인이므로 피고인 특정의 문제는 생기지 않는다. 공소제기 후 위장자수임이 밝혀진 경우 검사가 형사소송법 제255조에 따라 제1심 판결 선고 전까지 피고인에 대한 공소를 취소하면 법원은 공소기각결정(형사소송법 제328조 제1항 제1호)을 하고, 검사는 진범에 대해 새로이 공소제기를 하여야 한다. 공소장변경은 허용되지 않는다.

정답

20년(1) 모의

12. (1) 甲은 자신이 소유한 H주택을 A에게 매도하는 계약을 체결하고 계약금과 중도금을 지급받았지만, 이후 동 주택을 B에게 매도하고 소유권이전등기도 마쳐 주었다. 1개월 후 (2) 甲은 C에게 자신이 소유한 목장용지 중 1/2 지분을 증여하기로 하는 증여계약을 서면으로 체결하였지만, 이후 D조합에서 2억원을 대출받으면서 동 목장용지에 관하여 D조합 앞으로 채권최고액 3억원의 근저당권설정등기를 마쳤다.
검사가 (1)에서의 甲의 행위에 대하여 먼저 공소를 제기한 경우, 공소장변경을 통하여 (2)에서의 甲의 행위를 법원의 심판대상이 되도록 할 수는 없다.

해설 검사는 공소사실의 동일성을 해지지 아니하는 범위 내에서 법원의 허가를 얻어 공소장에 기재한 공소사실 또는 적용법조의 추가·철회 또는 변경을 할 수 있고, 공소사실의 동일성은 공소사실의 기초가 되는 사회적 사실관계가 기본적인 점에서 동일하면 그대로 유지되는 것이며, 이러한 기본적 사실관계의 동일성을 판단함에 있어서는 그 사실의 동일성이 갖는 기능을 염두에 두고 피고인의 행위와 그 사회적인 사실관계를 기본으로 하되 규범적 요소도 아울러 고려하여야 한다(대판 2010.06.24. 2009도9593).
▶ (1)행위와 (2)행위의 공소사실이 시간적·장소적으로 밀접한 관계에 있다고 볼 수 없고, 일방의 범죄가 인정되는 때 타방의 범죄성립을 인정할 수 없는, 즉 양립할 수 없는 관계에 해당하지 않아 기본적 사실의 동일성 부정되므로, 검사는 공소장변경을 통하여 (2)에서의 甲의 행위를 법원의 심판대상이 되도록 할 수 없다.

정답

20년(1) 모의

13. 흉기를 휴대하고 다방에 모여 강도예비를 하였다는 공소사실과 정당한 이유 없이 폭력범죄에 공용될 우려가 있는 흉기를 휴대하고 있었다는 「폭력행위 등 처벌에 관한 법률」 제7조 위반의 공소사실은 동일성이 인정된다.

해설 흉기를 휴대하고 다방에 모여 강도예비를 하였다는 공소사실을 정당한 이유없이 폭력범죄에 공용될 우려가 있는 흉기를 휴대하고 있었다는 폭력행위등처벌에관한법률 제7조 소정의 죄로 공소장 변경을 하였다면, 그 변경전의 공소사실과 변경후의 공소사실은 그 기본적 사실이 동일하므로 공소장변경은 적법하다(대판 1987.01.20. 86도2396).

정답

20년(1) 모의

14. 거래처로부터 수금한 돈을 보관하던 중 횡령하였다는 공소사실과 그 돈의 수금권한이 없는데도 있는 것처럼 가장하고 수금하여 이를 편취하였다는 공소사실은 동일성이 인정된다.

해설 피고인이 거래처로부터 돈을 수금하였다는 기본적 사실이 동일한 이상, 이를 수금하여 보관하던중 횡령하였다고 하여 업무상 횡령으로 공소제기하였다가 다시 일부는 횡령, 일부는 수금권한이 없는데도 있는 것처럼 가장하고 수금하여 이를 편취하였다고 사기로 공소장변경을 하였다가, 다시 사기죄명을 철회하는 공소장변경을 하였다고 하여도 이는 동일한 기본적 사실에 대한 법률적 평가를 달리한데 불과하므로 공소장변경은 적법하다(대판 1984.02.28. 83도3074).

정답

20년(1) 모의

15. 과실로 교통사고를 발생시켰다는 「교통사고처리특례법」 위반의 공소사실과 고의로 교통사고를 낸 뒤 보험금을 청구하여 수령하거나 미수에 그쳤다는 사기 및 사기미수의 공소사실은 동일성이 인정되지 않는다.

해설 과실로 교통사고를 발생시켰다는 각 '교통사고처리 특례법 위반죄'와 고의로 교통사고를 낸 뒤 보험금을 청구하여 수령하거나 미수에 그쳤다는 '사기 및 사기미수죄'는 서로 행위 태양이 전혀 다르고, 각 교통사고처리 특례법 위반죄의 피해자는 교통사고로 사망한 사람들이나, 사기 및 사기미수죄의 피해자는 피고인과 운전자보험계약을 체결한 보험회사들로서 역시 서로 다르며, 따라서 위 각 교통사고처리 특례법 위반죄와 사기 및 사기미수죄는 그 기본적 사실관계가 동일하다고 볼 수 없으므로, 위 전자에 관한 확정판결의 기판력이 후자에 미친다고 할 수 없다고 한 사례(대판 2010.02.25. 2009도14263).

정답

20년(1) 모의

16. 甲이 음주소란을 피웠다는 「경범죄처벌법」 위반의 공소사실과 같은 일시 같은 장소에서 甲이 피해자와 말다툼을 하다가 도끼를 가지고 와 피해자를 향해 내리쳐 약 2주간의 치료를 요하는 두부타박상 등을 가하였다는 「(구)폭력행위 등 처벌에 관한 법률」 위반의 공소사실은 동일성이 인정되지 않는다.

해설 이 사건 경범죄처벌법위반죄의 범죄사실인 음주소란과 폭력행위등처벌에관한법률위반죄의 공소사실은 범행장소가 동일하고 범행일시도 같으며 모두 피고인과 홍순기의 시비에서 발단한 일련의 행위들임이 분명하므로, 위와 같은 요소들을 고려한다고 하더라도 양 사실은 그 기본적 사실관계가 동일한 것이라고 하지 않을 수 없다(대법원 1990. 3. 9. 선고 89도1046 판결 참조). 따라서 이 사건 경범죄처벌법위반죄에 대한 즉결심판의 기판력은 폭력행위등처벌에관한법률위반죄의 공소사실에는 미친다고 보는 것이 상당하다고 할 것이므로, 이미 확정된 즉결심판의 기판력이 이 사건 공소사실에도 미친다고 보아 피고인에 대한 이 사건 공소사실에 관하여 이미 확정판결이 있었다는 이유로 면소의 판결을 선고한 원심판결은 정당하다고 할 것이고, 원심의 위와 같은 판단에 즉결심판의 기판력이 미치는 범위에 관한 법리를 오해하여 판결에 영향을 미친 위법이 있다고 할 수 없다(대판 1996.06.28. 95도1270).

정답

13년(3)·20년(1) 모의

17. 피고인이 피해자를 살해하려고 목을 누르는 등 폭행을 가하였으나 미수에 그쳤다는 살인미수의 공소사실에 대하여 예비적으로 피고인이 피해자를 강간하려고 위와 같은 폭행을 가하였으나 미수에 그치고 피해자에게 상해를 입혔다는 강간치상의 공소사실을 추가하는 공소장변경은 공소사실의 동일성을 해친다고 볼 수 없다.

해설 피고인이 피해자를 살해하려고 목을 누르는 등 폭행을 가하였으나 미수에 그쳤다는 살인미수의 공소사실에 대하여 예비적으로 피고인이 피해자를 강간하려고 위와 같은 폭행을 가하였으나 미수에 그치고 피해자에게 상해를 입혔다는 강간치상의 공소사실을 추가하는 공소장변경은 공소사실의 동일성을 해친다고 볼 수 없다(대판 1984.06.26. 84도666).

정답 O

법무부(2)·13년(1) 모의

18. 공소사실의 동일성은 형사소송법상의 개념이므로, 두 죄의 기본적 사실관계가 동일한가의 여부는 그 규범적 요소를 전적으로 배제한 채 순수하게 사회적인 관점에서만 파악할 수는 없다.

해설 공소사실이나 범죄사실의 동일성은 형사소송법상의 개념이므로 이것이 형사소송절차에서 가지는 의의나 소송법적 기능을 고려하여야 할 것이고, 따라서 두 죄의 기본적 사실관계가 동일한가의 여부는 그 규범적 요소를 전적으로 배제한 채 순수하게 사회적, 전법률적인 관점에서만 파악할 수는 없고, 그 자연적, 사회적 사실관계나 피고인의 행위가 동일한 것인가 외에 그 규범적 요소도 기본적 사실관계 동일성의 실질적 내용의 일부를 이루는 것이라고 보는 것이 상당하다(대판 1994.03.22. 93도2080(전합)).

정답 O

12년(2) 모의

19. 甲은 A에게서 돈을 빌리면서 담보 명목으로 甲의 B에 대한 채권을 A에게 양도하였는데, 甲은 B에게 채권양도 통지를 하기 전에 B로부터 채권을 추심하여 임의로 소비하였다. 甲이 차용금을 편취한 사실과 이미 소비하여 횡령한 사실 간에는 공소사실의 동일성이 인정된다.

해설 차용금을 편취한 사실과 이미 소비하여 횡령한 사실은 비양립적인 관계에 있으므로 양 사실 간에는 공소사실의 동일성이 인정된다.

정답 O

18년(1)·19년(1) 모의

20. (1) 구속영장에 기재된 횡령죄의 범죄사실과 공소장에 기재된 사기죄의 공소사실이 범행일시 및 장소, 범행의 목적물과 그 행위의 내용에 있어서 같을지라도 구속영장의 효력은 사기죄에 미치지 않는다.

(2) 횡령혐의로 구속되었으나 사기죄로 기소된 피고인에 대하여, 구속영장에 기재된 횡령죄의 범죄사실과 공소장에 기재된 사기죄의 공소사실의 범행일시와 장소가 같고 범행의 목적물과 그 행위의 내용인 사실도 각각 같다면 사기죄에 대한 영장실질심사를 새롭게 하지 않았다고 하더라도 위법하다고 볼 수는 없다.

해설 구속영장의 효력은 구속영장에 기재된 범죄사실 및 그 사실의 기초가 되는 사회적 사실관계가 기본적인 점에서 동일한 공소사실에 미친다고 할 것이고, 이러한 기본적 사실관계의 동일성을 판단함에 있어서는 그 사실의 동일성이 갖는 기능을 염두에 두고 피고인의 행위와 그 사회적인 사실관계를 기본으로 하되 규범적 요소도 아울러 고려하여야 한다. 구속영장에 기재된 횡령죄의 범죄사실과 공소장에 기재된 사기죄의 공소사실이 범행일시 및 장소, 범행의 목적물과 그 행위의 내용에 있어서는 같으나 그 영득행위에 대한 법적인 평가만이 다를 뿐이므로 그 기본적인 사실관계는 동일하다는 이유로 구속영장의 효력이 공소사실에 미친다(대결 2001.05.25. 2001모85)

정답 ×, ○

3. 공소장 변경의 필요성
(1) 공소장 변경의 의의
(2) 필요성판단의 기준

21년(3) · 22년(3) 모의

21. 甲은 늦은 밤 인적이 드문 으슥한 골목길에서 A녀를 강간하기 위해 그녀를 넘어뜨렸고, 이 과정에서 A녀는 전치 4주의 상해를 입었다. 甲은 A녀의 몸 위로 올라타 반항을 억압한 다음 간음행위를 하려고 하였으나 A녀가 생리중인 것을 발견하고 간음을 포기하였다. 甲은 대신 이 기회에 돈이나 챙기자는 생각이 들어 항거불능상태에 빠져 있는 A녀의 핸드백에서 현금 100만원을 꺼내 가졌고 A녀의 신용카드도 꺼내서 인근 현금자동지급기에 넣어 현금서비스 50만원을 받은 후 A녀의 핸드백에 다시 돌려놓았다. 검찰 주사 K는 사건을 수사한 검사의 지시에 따라 검사의 참석없이 피의자신문조서를 작성하였으며 검사는 이 피의자신문조서에 서명날인 후 甲을 강간치상 등의 혐의로 기소하였다. 이에 관한 정오를 판단하시오. (다툼이 있는 경우 판례에 의함)

1) 법원이 甲의 강간행위와 A의 상해 사이의 인과관계에 대한 검사의 증명이 불충분하다고 판단하는 경우 법원은 공소장변경 없이 강간미수죄를 인정할 수 있다.

해설 강간미수죄는 강간치상죄의 공소사실과 동일성이 인정되고 강간치상의 공소사실에 포함되어 심리되었다고 볼 수 있으므로 공소장변경 없이 강간미수죄를 인정할 수 있다고 볼 것이다.

판례 강간치사로 기소한 것을 공소장의 변경절차없이 강간미수로 인정하였다 하더라도 강간치사죄는 결합범이므로 강간치사의 공소사실중에는 강간미수치사나 강간이나 또는 강간미수의 공소사실도 포함되어 있고 따라서 법원은 공소장의 변경없이 강간미수치사나 강간이나 또는 강간미수로 인정할 수 있다(대판 1969.02.18. 68도1601).

정답

2) 위 피의자신문조서는 甲이 공판정에서 그 성립의 진정을 인정한다고 하더라도 형사소송법 제312조 제1항에 의하여는 증거능력이 인정되지 않는다.

해설 외관상 검사가 작성한 것으로 되어 있는 피고인에 대한 피의자신문조서는 검찰주사가 이 사건을 담당한 검사가 임석하지 아니한 상태에서 피의자를 신문한 끝에 작성한 것으로서, 위 검사는 피고인에 대한 조사가 끝나고 자백하는 취지의 진술을 기재한 피의자신문조서가 작성되자 이를 살펴본 후 비로소 피고인이 조사를 받고 있던 방으로 와서 위 피의자신문조서를 손에 든 채 그에게 "이것이 모두 사실이냐"는 취지로 개괄적으로 질문한 사실이 있을 뿐, 피의사실에 관하여 피고인을 직접·개별적으로 신문한 것이 아니므로, 위 피의자신문조서를 형사소송법 312조 1항 소정의 '검사가 피의자나 피의자 아닌 자의 진술을 기재한 조서'로 볼 수 없고, 피고인이 작성한 자술서 역시 피고인을 피의자로서 조사하는 과정에서 형사소송법 244조에 의하여 피의자신문조서에 기재됨이 마땅한 피의자의 진술내용을 진술서의 형식으로 피의자로 하여금 작성하여 제출케 한 서류이므로 그 증거능력 유무 역시 검사 이외의 수사기관이 작성한 피의자신문조서와 마찬가지 기준에 의하여 결정되어야 할 것이어서, 결국 위 피의자신문조서 및 자술서는 피고인이 각 그 내용을 부인하는 이상 모두 유죄의 증거로 삼을 수 없다(대판 2003.10.09. 2002도4372).

정답 O

3) 甲의 제1심 공판진행 중에 변호인이 사퇴하였음에도 불구하고 변호인 없이 그대로 공판이 진행되어 제1심판결이 선고된 경우, 항소심 법원은 제1심판결을 파기하고 항소심에서의 진술 및 증거조사 등 심리결과에 기하여 다시 판결하여야 한다.

해설 형사소송법 제282조에 규정된 필요적 변호사건에 해당하는 사건에서 제1심의 공판절차가 변호인 없이 이루어진 경우, 그와 같은 위법한 공판절차에서 이루어진 소송행위는 무효이므로, 이러한 경우에는 항소심으로서는 변호인이 있는 상태에서 소송행위를 새로이 한 후 위법한 제1심판결을 파기하고, 항소심에서의 진술 및 증거조사 등 심리결과에 기하여 다시 판결하여야 한다(대판 1995.04.25. 94도2347).

형사소송법 제282조(필요적 변호) 제33조제1항 각 호의 어느 하나에 해당하는 사건 및 같은 조 제2항·제3항의 규정에 따라 변호인이 선정된 사건에 관하여는 변호인 없이 개정하지 못한다. 단, 판결만을 선고할 경우에는 예외로 한다. <개정 2006. 7. 19.>
형사소송법 제33조(국선변호인) ① 다음 각 호의 어느 하나에 해당하는 경우에 변호인이 없는 때에는 법원은 직권으로 변호인을 선정하여야 한다. <개정 2020. 12. 8.>
 6. 피고인이 사형, 무기 또는 단기 3년 이상의 징역이나 금고에 해당하는 사건으로 기소된 때
[전문개정 2006. 7. 19.] [시행일 : 2021. 12. 9.]
형법 제297조(강간) 폭행 또는 협박으로 사람을 강간한 자는 3년 이상의 유기징역에 처한다. <개정 2012. 12. 18.>
형법 제300조(미수범) 제297조, 제297조의2, 제298조 및 제299조의 미수범은 처벌한다. <개정 2012. 12. 18.>
형법 제301조(강간 등 상해·치상) 제297조, 제297조의2 및 제298조부터 제300조까지의 죄를 범한 자가 사람을 상해하거나 상해에 이르게 한 때에는 무기 또는 5년 이상의 징역에 처한다. <개정 2012. 12. 18.>
[전문개정 1995. 12. 29.]

정답 O

21년(3) 모의

22. 甲은 2016. 12. 04. 16:56경 자가용을 운전하여 편도 1차로의 도로로 진행하고 있었다. 그러던 중 앞에서 자전거를 타고 가던 A(15세)가 경적을 울려도 길을 비켜주지 않고 욕을 하자 승용차의 진로를 A의 앞으로 변경한 후 급하게 정차하여 충돌을 피하려는 A의 자전거를 넘어지게 하였다. 이로 인해 A는 약 2주간의 치료가 필요한 우측 족관절부 염좌 등 상해를 입었다. 이에 관한 설명 중 옳지 않은 것은? (다툼이 있는 경우 판례에 의함)

1) 검사 S가 甲을 형법 제257조(상해) 제1항이 아닌 제258조의2(특수상해) 제1항의 예에 의하여 처벌해 달라고 기소한 경우 법원은 검사의 공소장 변경 없이 형법 제257조 제1항을 적용하여 처벌할 수 없다.

해설 구성요건이 달라져도 법원에서 인정할 사실이 기재된 공소사실에 포함되는 축소사실인 경우에는 행위태양이 동일하고 그 정도가 줄어들 뿐이어서 피고인의 방어권행사에 불이익을 초래할 염려가 없으므로 공소장변경없이 축소사실을 인정할 수 있다고 할 것이다(이창현, 형사소송법 제3판, p.646).

판례 [가] 그런데도 원심은 다음과 같은 이유로 '피고인이 승용차를 운전하여 가던 중 피해자가 타고 가던 자전거 앞으로 승용차의 진로를 변경한 후 급하게 정차하여 충돌을 피하려는 피해자의 자전거를 땅바닥에 넘어지게 함으로써, 위험한 물건인 자동차를 이용하여 피해자를 폭행하여 약 2주간의 치료를 요하는 상해를 입게 하였다'는 이 사건 특수폭행치상의 공소사실에 대하여 형법 제257조 제1항의 예에 의해 벌금형을 선택한 제1심판결을 파기하고, 형법 제258조의2의 예에 따라 징역형을 선택하고 말았다. (1) 형법 제262조는 형법 제258조의2의 적용을 배제하고 있지 않고, 특수폭행치상죄를 특수상해죄의 예에 따라 처벌하더라도 형벌체계상의 부당함이나 불균형이 있어 보이지 않는다. (2) 검사가 이 사건 공소사실에 대하여 형법 제257조 제1항이 아닌 제258조의2 제1항의 예에 의하여 처벌해 달라고 기소한 이상, 검사의 공소장 변경 없이 형법 제257조 제1항을 적용하여 처벌할 수 없다. [나] 이러한 원심 판단에는 형법 제262조의 해석 및 공소장 적용법조의 구속력에 관한 법리를 오해하여 판결에 영향을 미친 잘못이 있다. 이 점을 지적하는 상고이유 주장은 이유 있다(대판 2018.07.24. 2018도3443).

정답

21년(3) 모의

2) 법원은 공소사실이 아닌 어느 처벌조항을 준용할지에 관한 해석 및 판단에 있어서 검사의 공소장 기재 적용법조에 구속되지 않는다.

해설 공소장에는 죄명·공소사실과 함께 적용법조를 기재하여야 하지만(형사소송법 제254조) 공소장에 적용법조를 기재하는 이유는 공소사실의 법률적 평가를 명확히 하여 공소의 범위를 확정하는 데 보조기능을 하도록 하고, 피고인의 방어권을 보장하고자 함에 있을 뿐이고, 법률의 해석 및 적용 문제는 법원의 전권이므로, 공소사실이 아닌 어느 처벌조항을 준용할지에 관한 해석 및 판단에 있어서는 법원은 검사의 공소장 기재 적용법조에 구속되지 않는다(대판 2018.07.24. 2018도3443).

정답

21년(3) 모의

3) 공소장에 적용법조를 기재하는 이유는 공소사실의 법률적 평가를 명확히 하여 공소의 범위를 확정하는 데 보조기능을 하도록 하고 피고인의 방어권을 보장하고자 함에 있다.

해설 공소장에는 죄명·공소사실과 함께 적용법조를 기재하여야 하지만(형사소송법 제254조) 공소장에 적용법조를 기재하는 이유는 공소사실의 법률적 평가를 명확히 하여 공소의 범위를 확정하는 데 보조기능을 하도록 하고, 피고인의 방어권을 보장하고자 함에 있으므로, 적용법조의 기재에 오기나 누락이 있는 경우라 할지라도 이로 인하여 피고인의 방어에 실질적인 불이익을 주지 않는 한 공소제기의 효력에는 영향이 없고, 법원으로서도 공소장 변경의 절차를 거침이 없이 곧바로 공소장에 기재되어 있지 않은 법조를 적용할 수 있다(대판 2006.04.14. 2005도9743).

정답 ○

21년(1) 모의

23. 甲은 승용차를 운전하여 가던 중 자전거 운전자 A와 시비가 붙자 A가 탑승한 자전거 앞으로 승용차의 진로를 변경한 후 급하게 정차하여 충돌을 피하려는 A를 땅바닥에 넘어지게 하였고, 이로써 A는 甲이 의도치 않은 약 2주간의 치료를 요하는 상해를 입게 되었다.

검사가 공소사실에 대하여 일반상해가 아닌 특수상해의 예에 의하여 처벌하여 달라고 기소한 이상, 공소장 변경 없이 일반상해 조항을 적용하여 처벌할 수 없다. (다툼이 있는 경우 판례에 의함)

해설 구성요건이 달라도 법원에서 인정할 사실이 공소장에 기재된 공소사실에 포함되는 축소사실인 경우에는 행위태양이 동일하고 그 정도가 줄어들 뿐이어서 피고인의 방어권 행사에 불이익을 초래할 염려가 없으므로 공소장변경없이 축소사실을 인정할 수 있다고 할 것이다(이창현, 형사소송법 제3판, p.646).

참고판례 법원은 공소사실의 동일성이 인정되는 범위 내에서 공소가 제기된 범죄사실에 포함된 것보다 가벼운 범죄사실이 인정되는 경우에 심리의 경과에 비추어 피고인의 방어권 행사에 실질적 불이익을 초래할 염려가 없다고 인정되는 때에는 공소장이 변경되지 않았더라도 직권으로 공소장에 기재된 공소사실과 다른 공소사실에 관하여 판단할 수 있다(대판 2011.07.28. 2009도9122).

참고판례 특수절도죄로 공소제기한 사실을 법원이 검사의 공소장변경절차없이 절도죄로 인정하더라도 공소원인 사실의 동일성에 변경이 없으므로 위법이라 할 수 없다(대판 1973.07.24. 73도1256).

형법 제257조(상해, 존속상해) ① 사람의 신체를 상해한 자는 7년 이하의 징역, 10년 이하의 자격정지 또는 1천만원 이하의 벌금에 처한다. <개정 1995. 12. 29.>
② 자기 또는 배우자의 직계존속에 대하여 제1항의 죄를 범한 때에는 10년 이하의 징역 또는 1천500만원 이하의 벌금에 처한다. <개정 1995. 12. 29.>
③ 전 2항의 미수범은 처벌한다.
형법 제258조의2(특수상해) ① 단체 또는 다중의 위력을 보이거나 위험한 물건을 휴대하여 제257조제1항 또는 제2항의 죄를 범한 때에는 1년 이상 10년 이하의 징역에 처한다.
② 단체 또는 다중의 위력을 보이거나 위험한 물건을 휴대하여 제258조의 죄를 범한 때에는 2년 이상 20년 이하의 징역에 처한다.
③ 제1항의 미수범은 처벌한다.
[본조신설 2016. 1. 6.]

정답 ×

🍊 21년 변시

24. 甲이 A종중으로부터 명의신탁을 받아 보관 중인 X토지에 관하여 A종중의 승낙 없이 B로부터 금원을 차용하면서 B 앞으로 채권최고액 3억 원의 근저당권을 설정하여 주었는데, 그 당시 X토지의 시가는 8억 원이고, 위 근저당권 설정 이전에 이미 채권최고액 2억 원의 1순위 근저당권 설정등기가 마쳐져 있었다. 한편 위 각 근저당권의 실제 피담보채무액도 위 각 채권최고액과 같다.

검사가 甲의 횡령행위에 대해 그 행위종료일부터 7년이 경과하여 특정경제범죄가중처벌등에관한법률위반(횡령)죄로 기소한 경우, 법원은 공소장 변경 없이 형법상의 횡령죄를 인정할 수 있고 특정경제범죄가중처벌등에관한법률위반(횡령)죄의 공소시효가 지나지 않았더라도 형법상 횡령죄의 공소시효가 지났다면 면소판결을 선고할 수 있다.

> **해설** 설문에서 횡령으로 취득한 이득액은 3억 원이므로 특정경제범죄법의 적용대상이 아니다. 그럼에도 검사가 갑을 특정경제범죄법위반(횡령)죄로 공소제기 하였는데, 이 경우 법원은 공소장 변경 없이 형법상 횡령죄를 인정할 수 있다. 甲의 횡령행위는 공소장에 기재된 범죄사실과 공소사실의 동일성이 인정되고 피고인의 방어권행사에 불이익을 초래할 염려도 없기 때문이다. 공소시효의 기간은 형법상 횡령죄의 법정형을 기준으로 하고, 그 기산점은 공소제기 시 이므로 이를 기준으로 횡령죄의 공소시효가 완성된 경우 면소판결을 선고하여야 한다. 공소장 변경절차를 거치지 아니하였다 하여 공소장변경절차를 거친 경우와 달리 볼 이유는 없다. ▶설문에서의 종중과 종중원 간의 명의신탁약정은 유효한 명의신탁에 해당하는바, 무효인 명의신탁 약정을 전제로 신탁재산을 임의처분 한 수탁자에게 횡령죄가 성립하지 않는다고 판시한 '대판 2021.02.18. 2016도18761(전합)'은 위 사안과 관계가 없음에 유의한다.

> **판례** 피고인의 방어권 행사에 실질적인 불이익을 초래할 염려가 없는 경우에는 공소사실과 기본적 사실이 동일한 범위 내에서 법원이 공소장변경절차를 거치지 아니하고 다르게 사실을 인정하더라도 불고불리 원칙에 위배되지 아니한다(대판 2011.06.30. 2011도1651).

> **판례** 공소장 변경이 있는 경우에 공소시효의 완성 여부는 당초의 공소제기가 있었던 시점을 기준으로 판단할 것이고 공소장 변경시를 기준으로 삼을 것은 아니다(대판 2002.10.11. 2002도2939).

> **판례** 공소장변경절차에 의하여 공소사실이 변경됨에 따라 그 법정형에 차이가 있는 경우에는 변경된 공소사실에 대한 법정형이 공소시효기간의 기준이 된다고 보아야 하므로 공소제기 당시의 공소사실에 대한 법정형을 기준으로 하면 공소제기 당시 아직 공소시효가 완성되지 않았으나 변경된 공소사실에 대한 법정형을 기준으로 하면 공소제기 당시 이미 공소시효가 완성된 경우에는 공소시효의 완성을 이유로 면소판결을 선고하여야 한다(대법원 2001. 8. 24. 선고 2001도2902 판결 등 참조). 이러한 법리는 법원이 공소장을 변경하지 않고도 인정할 수 있는 사실에 대한 법정형을 기준으로 하면 공소제기 당시 이미 공소시효가 완성된 경우에도 마찬가지로 적용된다(대판 2013.07.26. 2013도6182,2013전도123).

정답 O

🕐 21년 변시, 21년(2) 모의

25. 甲은 사실혼 관계에 있는 乙의 허락을 받아 乙명의로 승용차를 구입한 후 乙명의로 자동차 등록을 마치면서, 乙명의로 A캐피탈로부터 3,000만 원을 대출받고, A캐피탈 앞으로 위 승용차에 관하여 저당권을 설정하여 주었다. 그 후 甲은 A캐피탈의 동의 없이 사채업자 B에게 1,000만 원을 빌리면서 담보로 위 승용차를 인도하여 주었다. 현재 위 승용차는 소재불명 상태이다. 이에 A캐피탈이 甲과 乙을 고소하자 검사C는 乙을 권리행사방해죄로 서울중앙지방법원에 기소하였다. 그 후 도망갔던 甲이 뒤늦게 자수하자 검사D는 甲을 권리행사방해죄의 乙의 공동정범으로 서울동부지방법원에 약식명령을 청구하였고, 甲은 이에 불복하여 정식재판청구를 하였다. 한편, 甲에 대한 제1심 공판이 진행되던 중 '乙이 위 범행에 공모하여 가담한 적이 없다'는 이유로 乙에 대한 무죄판결이 먼저 선고되어 확정되었다.

甲은 A캐피탈에 대하여 타인의 사무를 처리하는 자의 지위에 있으므로, 법원은 공소장 변경 없이 甲에 대한 배임죄를 인정할 수 있다.

해설 피고인이 피해자 회사에 대한 관계에서 배임죄에서 정한 '타인의 사무를 처리하는 자'에 해당한다고 쉽사리 인정하기 어렵다. 또한 권리행사방해죄와 배임죄는 구성요건과 보호법익이 달라 법원이 공소장 변경 없이 배임죄를 유죄로 인정하는 것은 피고인의 방어권 행사에 실질적인 불이익을 초래할 염려가 있고, 배임죄를 유죄로 인정하지 않은 것이 현저하게 정의와 형평에 반한다고 볼 수도 없다. 따라서 원심이 공소제기된 권리행사방해죄에 대해서만 심리·판단하여 무죄를 선고한 것은 정당하고, 상고이유 주장과 같은 심리미진이나 공소장 변경 등에 관한 법리를 오해한 잘못이 없다(대판 2017.05.30. 2017도4578).

정답

18년(3) · 20년(3) · 23년(2) 모의

26. 법원은 피고인의 방어권 행사에 실질적인 불이익을 주는 것이 아니라면 공소장변경 없이 단독범으로 기소된 공소사실을 공동정범으로 인정하거나 공동정범으로 기소된 공소사실을 방조범으로 인정할 수 있다.

해설 피고인의 방어권 행사에 실질적인 불이익을 초래할 염려가 없는 경우에는 공소사실과 기본적 사실이 동일한 범위 내에서 법원이 공소장 변경절차를 거치지 않고 공소사실과 다르게 사실을 인정하더라도 불고불리의 원칙에 위배되지 않는다(대법원 2002. 3. 15. 선고 2001도970 판결 참조). 단독범으로 기소된 것을 다른 사람과 공모하여 동일한 내용의 범행을 한 것으로 인정하는 경우에 이로 말미암아 피고인에게 예기치 않은 타격을 주어 방어권 행사에 실질적 불이익을 줄 우려가 없다면 공소장 변경이 필요한 것은 아니다(대판 2018.07.12. 2018도5909).

법원은 공소사실의 동일성이 인정되는 범위 내에서 공소가 제기된 범죄사실보다 가벼운 범죄사실이 인정되는 경우에 있어서, 그 심리의 경과 등에 비추어 볼 때 피고인의 방어에 실질적인 불이익을 주는 것이 아니라면 공소장 변경 없이 직권으로 가벼운 범죄사실을 인정할 수 있다고 할 것이므로 공동정범으로 기소된 범죄사실을 방조사실로 인정할 수 있다(대판 2004.06.24. 2002도995)

정답

🕐 20년 변시

27. 甲은 乙과 공모하여 A가 운영하는 식당에서 A 소유의 현금 10만 원과 신용카드를 절취하고, 乙은 그 동안 망을 보았다. 그 후 甲은 B가 운영하는 주점에서 술을 마시고 절취한 위 신용카드를 이용하여 술값 50만 원을 결제하였는데, 이 때 甲은 술값이 기재된 매출전표의 서명란에 A의 이름을 기재하고 그 자리에서 B에게 위 매출전표를 교부하였다. 甲은 특수절도죄, 사기죄 등으로, 乙은 특수절도죄로 기소되었다. 그런데 甲은 법정에서 乙과의 범행일체를 자백하였으나 乙은 이를 모두 부인하였고, 한편 압수된 위 현금 10만 원과 신용카드가 증거물로 제출되었다.

만약 乙이 망을 본 사실이 인정되지 않는다면, 법원은 공소장변경이 없더라도 甲에 대하여 단순절도죄로 유죄를 인정할 수 있다.

해설 乙이 망을 본 사실이 인정되지 않는다면, 법원은 공소장변경절차 없이 법원은 乙을 단순절도죄로 처벌할 수 있다.

판례 특수절도죄로 공소제기한 사실을 법원이 검사의 공소장변경 절차없이 절도죄로 인정하더라도 공소원인 사실의 동일성에 변경이 없으므로 위법이라 할 수 없다(대판 1973.07.24. 73도1256).

정답 O

18년(3) 모의

28. 피고인의 방어권 행사에 실질적인 불이익을 초래하지 않는 경우, 법원은 정범에 대해 공소장변경 없이 직권으로 간접정범을 적용할 수 있다.

해설 간접정범은 정범과 동일한 형 또는 그보다 감경된 형으로 처벌되는 점 등에 비추어 볼 때, 공소장 변경 없이 직권으로 간접정범 규정을 적용하였더라도 피고인의 방어권 행사에 실질적인 불이익을 초래하였다고 할 수는 없다(대판 2017.03.16. 2016도21075).

정답 O

22년(3) 모의

29. 피고인의 방어권 행사에 실질적 불이익이 있는지 여부는 공소사실의 기본적 동일성 이외에도 법정형의 경중 및 그러한 경중의 차이에 따라 피고인이 자신의 방어에 들일 노력·시간·비용에 관한 판단을 달리할 가능성이 뚜렷한지 여부 등의 여러 요소를 종합하여 판단하여야 한다.

해설 피고인의 방어권 행사에 실질적인 불이익을 초래할 염려가 없는 경우에는 법원이 공소장변경절차 없이 일부 다른 사실을 인정하거나 적용법조를 달리한다고 할지라도 불고불리의 원칙에 위배되지 아니하지만, 방어권 행사에 있어서 실질적 불이익 여부는 그 공소사실의 기본적 동일성이라는 요소 외에도 법정형의 경중 및 그러한 경중의 차이에 따라 피고인이 자신의 방어에 들일 노력·시간·비용에 관한 판단을 달리할 가능성이 뚜렷한지 여부 등의 여러 요소를 종합하여 판단하여야 한다(대판 2007.12.27. 2007도4749).

정답 O

13년 변시, 12년(2)·17년(3)·20년(1)·21년(1) 모의

30. **(1) 일반법과 특별법이 구성요건은 동일하나 형의 범위가 차이 나는 경우, 법원은 공소장변경 없이는 형이 더 무거운 특별법의 법조를 적용하여 특별법위반의 죄로 처단할 수 없다.**

(2) 절취행위에 대하여「형법」상 상습절도죄로 기소한 경우, 구성요건이 동일하더라도 공소장변경 없이 형만 더 무거운 특정범죄가중처벌등에관한법률위반죄로 처벌할 수 없다.

해설 일반법과 특별법이 동일한 구성요건을 가지고 있고 그 구성요건에 해당하는 어느 범죄사실에 대하여 검사가 그 중 형이 가벼운 일반법의 법조를 적용하여 그 죄명으로 기소하였는데 그 일반법과 특별법을 적용할 때 형의 범위가 차이 나는 경우에는, 비록 그 공소사실에 변경이 없고 적용법조의 구성요건이 완전히 동일하다 하더라도, 그러한 적용법조의 변경이 피고인의 방어권 행사에 실질적인 불이익을 초래한다고 보아야 하며, 따라서 법원은 공소장변경 없이는 형이 더 무거운 특별법의 법조를 적용하여 특별법 위반의 죄로 처단할 수 없다(대판 2007.12.27. 2007도4749).

정답  ○, ○

13년·17년 변시, 17년(3)·19년(2)·21년(3)·23년(2) 모의

31. **(1) 공소사실의 동일성이 인정되더라도 법원은 허위사실 적시 출판물에 의한 명예훼손의 공소사실에 대하여 공소장변경 없이 사실 적시 출판물에 의한 명예훼손죄로 처벌할 수 없다.**

(2) 甲은 출판물에 의하여 허위사실을 적시하여 A의 명예를 훼손하였다는 사실로 공소제기 되었는데, 적시한 사실이 허위임에 대한 입증이 없는 경우, 법원이 사실적시에 의한 명예훼손죄를 인정하기 위해서는 공소장변경이 필요하다.

해설 [1] 형법 제307조 제2항의 허위사실적시에 의한 명예훼손의 공소사실 중에는 같은 조 제1항의 사실적시에 의한 명예훼손의 공소사실이 포함되어 있으므로, 위 허위사실 적시에 의한 명예훼손으로 기소된 사안에서 적시한 사실이 허위임에 대한 입증이 없다면 법원은 공소장변경절차 없이도 직권으로 위 사실적시에 의한 명예훼손죄를 인정할 수 있다(대판 2008.10.09. 2007도1220).

정답  ×, ×

14년(1)·17년(2)·18년(1)·(3)·19년(2) 모의

32. **법원은 심리의 경과 등에 비추어 볼 때 피고인의 방어에 실질적인 불이익을 주는 것이 아니라면 공소장변경 없이 직권으로 공동정범으로 기소된 범죄사실을 방조사실로 인정할 수 있다.**

해설 법원은 공소사실의 동일성이 인정되는 범위 내에서 공소가 제기된 범죄사실보다 가벼운 범죄사실이 인정되는 경우에 있어서, 그 심리의 경과 등에 비추어 볼 때 피고인의 방어에 실질적인 불이익을 주는 것이 아니라면 공소장 변경 없이 직권으로 가벼운 범죄사실을 인정할 수 있다고 할 것이므로 공동정범으로 기소된 범죄사실을 방조사실로 인정할 수 있다(대판 1995.09.29. 95도456).

정답 ○

20년(1)·22년(2) 모의

33. 甲은 자신이 타고 다니던 승용차를 매도한 후 다시 절취해 가져오기로 마음먹고 범행계획을 乙과 丙에게 알려 준 다음, 2022. 4. 1. A와 자동차에 대한 매매계약을 체결하고 A로부터 매매대금 1억 3000만 원을 수령한 후 소유권이전등록에 필요한 일체의 서류를 A에게 교부함과 동시에 자동차를 인도해 주었다(㉮). 그 후 甲은 ㉮사실을 乙과 丙에게 알려 주었고 乙과 丙은 2022. 4. 3. 함께 A의 인적사항과 주소지를 甲으로부터 받아서 자동차를 찾아내 이를 절취하였다(㉯). 甲이 특수절도죄로 기소되어 법원이 심리한 결과, 乙과 丙이 ㉯의 범행을 주도하였고 甲은 ㉮의 행위를 함으로써 乙과 丙의 특수절도를 방조한 것으로 인정된 경우, 甲의 방어에 실질적인 불이익을 주는 것이 아니라면 법원은 공소장변경 없이 甲을 특수절도죄의 방조범으로 처벌할 수 있다.

해설 형법상 방조행위는 정범이 범행을 한다는 정을 알면서 그 실행행위를 용이하게 하는 직접·간접의 행위를 말하므로, 방조범은 정범의 실행을 방조한다는 이른바 방조의 고의와 정범의 행위가 구성요건에 해당하는 행위라는 점에 대한 인식, 즉 정범의 고의가 있어야 한다. 이러한 방조범은 공동정범과 비교할 때 형법상 다 같이 공범의 형식으로 규정되어 있다고 하더라도 그 성립요건에서 엄연한 차이가 있고 범의의 내용도 반드시 동일하지 않다. 따라서 공동정범으로 기소된 피고인이 정범으로서의 공동가공 의사나 실행행위의 분담이 없었다고 다투는 것과 범행을 주도하는 정범의 존재를 전제로 하여 그 정범의 실행행위를 인식하면서 단순히 이를 돕는 행위를 한다는 방조의 의사 및 방조행위의 내용을 다투는 것은 방어권 행사의 내용과 접근방식에서 크게 다를 수 있다. … 이와 같은 형법상 방조행위 및 형사소송법상 공소장변경에 관한 법리에 비추어 볼 때, 공동정범으로 공소가 제기된 피고인에 대하여 법원이 공소장 변경 없이 직권으로 방조범으로 인정하여 처벌하기 위해서는, 정범의 범행에 대한 공동가공의 의사나 기능적 행위지배의 점에 대한 증명이 부족하지만 그 의심이 있다는 정도로는 부족하고 방조의 고의와 행위가 있었다는 점에 대한 적극적인 증명이 있어야 하고, 나아가 그 점에 대하여 피고인에게 방어의 기회가 제공되는 등 심리의 경과에 비추어 피고인의 방어에 실질적인 불이익을 주지 아니한 경우라야 가능할 것이다(대판 2011.11.24. 2009도7166).

정답

12년·13년 변시, 16년(3)·20년(2) 모의

34. 동일한 범죄사실을 가지고 포괄일죄로 기소된 공소사실에 대하여 실체적 경합관계에 있는 수죄를 인정한 경우 공소장변경의 절차 없이도 법원이 직권으로 유죄를 인정할 수 있다.

해설 법원이 동일한 범죄사실을 가지고 포괄일죄로 보지 아니하고 실체적 경합관계에 있는 수죄로 인정하였다고 하더라도 이는 다만 죄수에 관한 법률적 평가를 달리한 것에 불과할 뿐이지 소추대상인 공소사실과 다른 사실을 인정한 것도 아니고 또 피고인의 방어권행사에 실질적으로 불이익을 초래할 우려도 없으므로 불고불리의 원칙에 위반되는 것이 아니다(대판 1987.05.26. 87도527).

정답

23년(1) 모의

35. 甲에 대하여 명예훼손으로 공소가 제기되고 제1심 공판절차 진행 중 명예훼손죄의 성립에 필요한 구체적인 사실의 적시가 인정되지 않아 모욕죄만 인정되는 경우라면, 제1심 법원은 검사의 공소장변경신청 없이 모욕죄만을 인정하여 유죄판결을 선고할 수 있다.

해설 명예훼손죄의 공소사실에 대하여 예비적 심판청구도 없는 모욕죄로 인정하는 것은 불고불리의 원칙에 어긋난다(대판 1972.05.31. 70도1859).

정답 ×

 20년 변시

36. 甲은 2019. 8. 1. A에게 X건물을 2억 원에 매도하였다. 甲은 A로부터 2019. 8. 1. 계약금 2,000만 원, 2019. 9. 1. 중도금 8,000만 원을 지급받았다. 그런데 甲은 2019. 11. 1. A로부터 잔금 1억 원을 지급받고 소유권이전등기 관련 서류를 교부해 주기로 하였음에도 2019. 10. 1. B에게 X건물을 매매대금 3억 원에 매도하면서, B로부터 매매대금 전액을 지급받고 2019. 10. 30. B에게 그 소유권이전등기를 마쳐 주었다. 만약 甲이 Y건물을 추가로 이중매매하였고 검사가 甲의 X, Y건물에 대한 배임행위를 포괄하여 특정경제범죄가중처벌등에관한법률위반(배임)죄로 기소하였는데 법원 심리결과 단순 배임죄의 경합범으로 확인되었다면, 법원은 공소장변경이 없더라도 단순 배임죄의 경합범으로 유죄를 인정할 수 있다.

해설 사안에서 포괄일죄로 보아 특경법을 적용한 공소사실에 대하여 법원의 심리결과 경합범으로 확인된 경우 공소장 변경 없이 단순배임죄의 경합범을 인정할 수 있다. 이렇게 하여도 동일한 범죄사실을 두고 법률적 평가를 달리 한 것에 불과하여 피고인의 방어권행사에 불이익을 초래할 염려가 없기 때문이다.

판례 법원이 동일한 범죄사실을 가지고 포괄일죄로 보지 아니하고 실체적 경합관계에 있는 수죄로 인정하였다고 하더라도 이는 다만 죄수에 관한 법률적 평가를 달리한 것에 불과할 뿐이지 소추대상인 공소사실과 다른 사실을 인정한 것도 아니며 또 피고인의 방어권행사에 실질적으로 불이익을 초래할 우려도 없다고 하겠으므로 불고불리의 원칙에 위반되는 것이 아니라 할 것이다(대판 1987.05.26. 87도527).
참조판례 특경법 제3조 제1항에서 말하는 이득액은 단순 1죄의 이득액이나 혹은 포괄 1죄가 성립되는 경우의 이득액의 합산액을 의미하는 것이고 경합범으로 처벌될 수죄에 있어서 그 이득액을 합한 금액을 의미하는 것은 아니다(대판 1993.06.22. 93도743).

정답 ○

18년(1) 모의

37. 경합범으로 공소제기된 범죄사실에 대하여 법원이 그 범죄사실을 그대로 인정하면서 포괄일죄로 처단하더라도 이는 피고인의 방어에 불이익을 미치는 것이 아니므로 법원은 공소장변경 없이 포괄일죄로 처벌할 수 있다.

해설 실체적 경합범으로 공소제기된 범죄사실에 대하여 법원이 그 범죄사실을 그대로 인정하면서 다만 죄수에 관한 법률적인 평가만을 달리하여 포괄일죄로 처단하더라도 이는 피고인의 방어에 불이익을 미치는 것이 아니므로 법원은 공소장변경 없이도 포괄일죄로 처벌할 수 있다(대판 1987.07.21. 87도546).

정답

15년 변시

38. 피고인의 방어권 행사에 실질적인 불이익을 초래할 염려가 없는 경우에는 공소사실과 기본적 사실이 동일한 범위 내에서 법원이 공소장변경절차를 거치지 아니하고 다르게 사실을 인정하였다고 할지라도 불고불리의 원칙에 위배되지 아니한다.

해설 피고인의 방어권행사에 실질적인 불이익을 초래할 염려가 없는 경우에는 공소사실과 기본적 사실이 동일한 범위 내에서 법원이 공소장변경절차를 거치지 않고 다르게 인정하였다 할지라도 불고불리의 원칙에 위반되지 않는다(대판 2000.07.28. 98도4558).

정답

13년(1) 모의

39. 미수의 공소사실을 예비나 음모로 변경하는 경우에는 공소장 변경을 요하지 않는다.

해설 예비·음모는 기본범죄와는 별개의 죄이므로 공소장변경이 있어야 한다.

판례 비지정문화재수출미수죄로 기소된 공소사실을 공소장변경 없이 비지정문화재수출예비·음모죄로 인정할 수 없다(대판 1999.11.26. 99도2461).

정답

15년 변시, 13년(1)·19년(1) 모의

40. (1) 미수의 공소사실을 예비나 음모로 변경하는 경우에는 공소장 변경을 요하지 않는다.

(2) 관세포탈 미수로 인한 「특정범죄가중처벌등에 관한 법률」위반죄로 공소를 제기하고 있음이 명백한 경우, 피고인의 행위가 관세포탈의 예비로 인한 특정범죄가중처벌등에 관한 법률위반죄를 구성한다고 하더라도 검사가 공소장변경을 하지 아니한 이상, 법원은 이에 관하여 심판할 수 없다.

해설 (1)예비·음모는 기본범죄와는 별개의 죄이므로 공소장변경이 있어야 한다.

판례 세관직원에게 부탁하여 사위의 방법으로 밀수입하려고 외국에서 구입한 손목시계 등 물품을 가지고 왔다가 통관시켜 줄 세관직원을 찾지 못하여 이를 보세창고에 예치시킨 행위에 대하여 (2)관세포탈미수로 인한 특정범죄가중처벌등에 관한 법률위반죄로 공소제기된 경우에는 위 소위가 관세포탈예비로 인한 특정범죄가중처벌등에 관한 법률위반죄를 구성한다고 하더라도 검사가 공소장변경을 하지 아니한 이상 법원은 이에 관하여 심판할 수 없다(대판 1983.04.12. 82도2939).

정답 ×, ○

 12년·13년·15년 변시, 18년(1)·20년(2) 모의

41. 비록 사실인정에 변화가 없고 그 사실에 대한 법률적 평가만을 달리하는 경우라도, 배임죄로 기소된 공소사실에 대하여 법원이 공소장변경 없이 횡령죄로 인정하는 것은 구성요건을 달리하는 것이어서 허용되지 않는다.

해설 횡령죄와 배임죄는 다 같이 신임관계를 기본으로 하고 있는 같은 죄질의 재산범죄로서 그 형벌에 있어서도 경중의 차이가 없고 동일한 범죄사실에 대하여 단지 법률적용만을 달리하는 경우에 해당하므로 법원은 배임죄로 기소된 공소사실에 대하여 공소장변경 없이도 횡령죄를 적용하여 처벌할 수 있다(대판 1999.11.26. 99도2651).

참고판례 법원이 횡령죄의 공소사실에 대하여 무죄를 선고하면서 공소장변경 없이 직권으로 배임죄로 처벌하지 않은 것이 위법하지 않다. (판결이유) 이 사건에서 검사는 피고인을 기소한 횡령죄의 공소사실 부분에 대하여, 배임죄의 공소사실을 예비적 또는 택일적으로 공소장에 기재하거나 소송과정에서 이를 추가 또는 변경한 바 없고, 이 사건과 같은 경우 배임죄가 인정된다고 하여 법원이 공소장변경 없이 직권으로 피고인을 배임죄로 처벌하지 않는 것이 현저하게 정의와 형평에 반한다고 볼 수도 없으므로, 원심이 공소제기된 횡령죄에 대해서만 심리·판단하여 무죄를 선고한 결론은 정당하다(대판 2008.06.26. 2007도11125).

정답 ×

 15년 변시

42. 간접정범으로 공소가 제기된 경우, 공소장의 변경 없이 방조범 성립여부를 심리하여 판단하는 것은 피고인의 방어권 행사에 실질적 불이익을 초래할 염려가 있으므로 위법하다.

해설 위 지문은 15년 변시 1책형 21번 문제인데 법무부가 발표한 정답가안에서는 4번을 정답으로 하였다. 그러나 아래의 판례가 판시하는 바와 같이 당해 지문이 옳지 않다고 보기는 어렵다고 판단된다. 이러한 이유로 위 지문을 옳은 지문으로 처리하였음을 밝혀 둔다.

판례 피고인에 대하여 부동산 명의수탁자를 처벌하는 규정인 부동산 실권리자명의 등기에 관한 법률 제7조 제2항 위반죄의 간접정범으로 공소가 제기된 이 사건에서, 원심이 공소장의 변경도 없이 부동산 명의신탁행위의 방조범을 처벌하는 규정인 위 법률 제7조 제3항위반죄가 성립되는지 여부를 심리하여 판단하는 것은 피고인의 방어권 행사에 실질적 불이익을 초래할 염려가 없다고 보기 어려울 뿐만 아니라, 이를 심리하여 처벌하지 아니하는 것이 현저히 정의와 형평에 반하여 위법하다고 볼 수도 없다(대판 2007.10.25. 2007도4663).

비교판례 법원은 공소사실의 동일성이 인정되는 범위 내에서 공소가 제기된 범죄사실에 포함된 것보다 가벼운 범죄사실이 인정되는 경우에 심리의 경과에 비추어 피고인의 방어권 행사에 실질적 불이익을 초래할 염려가 없다고 인정되는 때에는 공소장이 변경되지 아니하였더라도 직권으로 공소장에 기재된 공소사실과 다른 공소사실에 관하여 판단할 수 있다. … 이러한 사실관계를 앞서 본 법리와 간접정범은 정범과 동일한 형 또는 그보다 감경된 형으로 처벌되는 점 등에 비추어 살펴보면, 원심이 공소장 변경 없이 직권으로 간접정범 규정을 적용한 것을 두고 피고인들의 방어권 행사에 실질적인 불이익을 초래하였다고 할 수는 없다. 원심판결에 상고이유의 주장과 같이 공소장 변경에 관한 법리를 오해하는 등의 위법이 없다(대판 2015.04.23. 2014도13148).

정답 O

14년(1) 모의

43. 상상적 경합관계에 있는 두 죄 중 어느 한 죄로만 공소가 제기된 경우, 법원이 공소장 변경절차를 거치지 아니하고 다른 죄로 바꾸어 인정하거나 다른 죄를 추가로 인정하는 것은 위법하다.

해설 심판대상과 관련하여 이원설을 따르고 있는 것이 판례의 태도인데, 이원설에 따르면 공소장에 기재된 공소사실이 현실적 심판대상이고 기재된 공소사실과 동일성이 인정되는 범위까지가 잠재적 심판대상이 된다. 따라서 잠재적 심판대상이 현실적 심판대상이 되기 위해서는 공소장변경절차를 거쳐야 한다. 상상적 경합 관계의 죄는 동일성이 인정되지만 공소제기가 되지 않은 죄는 잠재적 심판대상에 불과하므로 공소장변경절차 없이 법원이 기재되지 않은 죄를 인정한다면 불고불리원칙상 위법하다.

판례 공무원이 취급하는 사건 또는 사무에 관하여 청탁 또는 알선을 한다는 명목으로 금품·향응 기타 이익을 받거나 받을 것을 약속하고 또 제3자에게 이를 공여하게 하거나 공여하게 할 것을 약속한 때에는 위와 같은 금품을 받거나 받을 것을 약속하는 것으로써 변호사법 제111조 위반죄가 성립되고, 위 금품을 교부받은 자가 실제로 청탁할 생각이 없었다 하더라도 금품을 받은 것이 자기의 이득을 취하기 위한 것이라면 동 죄의 성립에는 영향이 없으므로, 만약 피고인이 공무원이 취급하는 사건에 관하여 청탁 또는 알선을 할 의사와 능력이 없음에도 청탁 또는 알선을 한다고 기망하고 이에 속은 피해자로부터 이른바 청탁자금 명목으로 금품을 받았다면 이러한 피고인의 행위는 형법 제347조 제1항의 사기죄와 변호사법 제111조 위반죄에 각 해당하고 위 두 죄는 상상적 경합의 관계에 있는 것이지만, 그렇다고 하여 그 중 어느 한 죄로만 공소가 제기된 경우에 법원이 공소장변경절차를 거치지 아니하고 다른 죄로 바꾸어 인정하거나 다른 죄를 추가로 인정하는 것은 불고불리의 원칙에 위배된다고 할 것이다(대판 2007.05.10. 2007도2372).

정답 O

13년(3) 모의

44. 도주차량죄(특정범죄가중처벌등에관한법률 제5조의3 제1항)의 공소사실에 대하여 심리한 결과 위 범죄는 인정되지 아니하나 업무상과실치상죄(형법 제268조)가 인정되는 경우, 법원은 검사에게 공소장변경을 요구하고 검사가 이에 응하지 아니하는 경우에는 업무상과실치상죄에 대하여 무죄를 선고하여야 한다.

해설 특정범죄가중처벌등에관한법률 제5조의3 제1항 소정의 죄는 형법 제268조의 죄를 범한 자가 피해자를 구호하지 아니하고 도주한 때에 성립하는 것으로서 형법 제268조 소정의 업무상과실치상죄는 위 특정범죄가중처벌등에관한법률 제5조의3이 정한 죄에 포함되어 있다고 보아야 할 것이므로 특정범죄가중처벌등에관한법률위반죄로 공소가 제기된 경우 법원이 이 사건을 심리한 결과 위 범죄는 인정되지 아니하나 업무상과실치상죄가 인정된다면 공소장변경절차 없이도 그 죄로 처단되어야 한다(대판 1990.12.07. 90도1283).

정답 ×

12년(2) 모의

45. 검사가 단순사기의 공소사실에 사기죄를 적용하여 기소한 경우에는 비록 상습성이 인정된다고 하더라도 공소장의 변경 없이는 법원이 상습사기죄로 인정하여 처벌할 수는 없다.

해설 검사가 단순사기의 공소사실에 형법 제347조 제1항을 적용하여 기소한 경우에는 비록 상습성이 인정된다고 하더라도 공소장의 변경 없이는 법원이 상습사기로 인정하여 처벌할 수는 없다(대판 2000.02.11. 99도4797).

정답 ○

12년(2), 18년(1)·(3) 모의

46. 공소제기된 장물취득의 점과 실제로 인정되는 장물보관의 범죄사실 사이에 법적 평가에 차이가 있을 뿐 공소사실의 동일성이 인정된다면, 법원은 공소사실의 변경이 없더라도 직권으로 장물보관의 범죄사실을 인정하여야 한다.

해설 [1] 법원은 공소사실의 동일성이 인정되는 범위 내에서 심리의 경과에 비추어 피고인의 방어권 행사에 실질적인 불이익을 초래할 염려가 없다고 인정되는 때에는, 공소장이 변경되지 않았더라도 직권으로 공소장에 기재된 공소사실과 다른 범죄사실을 인정할 수 있고, 이와 같은 경우 공소가 제기된 범죄사실과 대비하여 볼 때 실제로 인정되는 범죄사실의 사안이 가볍지 아니하여 공소장이 변경되지 않았다는 이유로 이를 처벌하지 않는다면 적정절차에 의한 신속한 실체적 진실의 발견이라는 형사소송의 목적에 비추어 현저히 정의와 형평에 반하는 것으로 인정되는 경우라면 법원으로서는 직권으로 그 범죄사실을 인정하여야 한다. [2] 공소제기 된 장물취득의 점과 실제로 인정되는 장물보관의 범죄사실 사이에는 법적 평가에 차이가 있을 뿐 공소사실의 동일성이 인정되는 범위 내에 있으므로 따로 공소사실의 변경이 없더라도 법원이 직권으로 장물보관의 범죄사실을 유죄로 인정하여야 한다(대판 2003.05.13. 2003도1366).

정답 ○

12년(2) 모의

47. 법원이 피고인의 방어권 행사에 실질적인 불이익을 초래할 염려가 없다고 인정하여 공소장변경 없이 공소장에 기재된 공소사실과 다른 범죄사실을 인정할 수 있는 경우에 그 범죄사실을 인정하지 않더라도 위법은 아니다.

∷해설 법원은 공소사실의 동일성이 인정되는 범위 내에서 공소가 제기된 범죄사실에 포함된 보다 가벼운 범죄사실이 인정되는 경우에, 심리의 경과에 비추어 피고인의 방어권행사에 실질적인 불이익을 초래한 염려가 없다고 인정되는 때에는, 공소장이 변경되지 않았더라도 직권으로 공소장에 기재된 공소사실과 다른 범죄사실을 인정할 수 있는 것이기는 하지만, 이와 같은 경우라고 하더라도 공소가 제기된 범죄사실과 대비하여 볼 때 실제로 인정되는 범죄사실의 사안이 중대하여 공소장이 변경되지 않았다는 이유로 이를 처벌하지 않는다면, 적정절차에 의한 신속한 실체적 진실의 발견이라는 형사소송의 목적에 비추어 현저히 정의와 형평에 반하는 것으로 인정되는 경우가 아닌 한, 법원이 직권으로 그 범죄사실을 인정하지 아니하였다고 하여 위법한 것이라고까지는 볼 수는 없는 것이다(대판 1990.10.26. 90도1229).

정답 O

 12년 변시, 12년(2) 모의

48. 피해자의 적법한 고소가 있어 강간죄로 기소된 공소사실에 대하여 폭행죄만을 인정한 경우 공소장변경의 절차 없이도 법원이 직권으로 유죄를 인정할 수 있다.

∷해설 원심이 유죄로 인정한 2009. 4. 22.자 폭행은 위 강간의 공소사실에 포함되어 있고, 충분한 심리가 이루어졌음을 알 수 있으므로, 원심이 적법한 고소가 존재하는 위 강간의 공소사실에 대하여 강간 범행이 인정되지 않고 다만 그 강간 범행의 수단인 폭행만이 인정된다는 이유로 공소장변경 절차 없이 폭행죄를 인정한 조치는 피고인의 방어권 행사에 실질적 불이익을 초래할 염려가 없다(대판 2010.11.11. 2010도10512). ▶ 그러나 현행 형법에 의하면 강간죄는 친고죄가 아니다.

정답 O

 12년 변시

49. 미성년자 약취 후 재물을 요구하였으나 취득하지는 못한 자에 대하여 '미성년자 약취 후 재물취득 미수'에 의한 특정범죄 가중처벌 등에 관한 법률 위반죄로 기소된 공소사실에 대하여 '미성년자 약취 후 재물요구 기수'에 의한 같은 법 위반죄를 인정한 경우 공소장변경의 절차 없이도 법원이 직권으로 유죄를 인정할 수 있다.

∷해설 미성년자 약취 후 재물을 요구하였으나 취득하지는 못한 범인을 '미성년자 약취 후 재물취득 미수'에 의한 특정범죄 가중처벌 등에 관한 법률 위반죄로 공소제기 하였는데, 법원이 공소장변경 없이 '미성년자 약취 후 재물요구 기수'에 의한 같은 법 위반죄로 인정하여 미수감경을 배제하는 것은 피고인의 방어권 행사에 실질적인 불이익을 초래한다(대판 2008.07.10. 2008도3747).

정답 X

12년·19년 변시, 법무부(2) 모의

50. 살인죄로 기소된 공소사실에 대하여 폭행치사죄를 인정한 경우 공소장변경의 절차 없이도 법원이 직권으로 유죄를 인정할 수 있다.

해설 공소가 제기된 살인죄의 범죄사실에 대하여는 그 증명이 없으나 폭행치사죄의 증명이 있는 경우에도 살인죄의 구성요건이 반드시 폭행치사 사실을 포함한다고 할 수 없고, 따라서 공소장의 변경 없이 폭행치사죄를 인정함은 결국 폭행치사죄에 대한 피고인의 방어권 행사에 불이익을 주는 것이므로, 법원은 위와 같은 경우에 검사의 공소장변경 없이는 이를 폭행치사죄로 처단할 수는 없다(대판 2001.06.29. 2001도1091).

정답

법무부(2) 모의

51. 강도상해죄로 공소제기된 사건을 야간주거침입절도죄와 상해죄로 인정한 경우 공소장변경 없이 법원이 판결할 수 있다.

해설 검사가 강도상해죄로 기소한 사실에 대하여는 그 공소사실의 동일성을 해하지 않는 범위내에서 야간주거침입절도죄와 상해죄로 인정할 수 있다(대판 1965.10.26. 65도599).

정답 ○

22년(3) 모의

52. 배심원은 강도상해죄에 대하여 무죄평결을 하였지만 담당재판부는 공소장변경절차 없이 '甲의 준강도혐의가 유죄로 인정된다.'며 징역형의 실형을 선고하였다. 공소장변경절차 없이 유죄를 선고한 법원의 행위는 적법하다.

해설 피고인의 방어권 행사에 실질적인 불이익을 초래할 염려가 없는 경우에는 공소사실과 기본적 사실이 동일한 범위 내에서 법원이 공소장변경절차를 거치지 아니하고 다르게 사실을 인정하더라도 불고불리 원칙에 위배되지 아니한다(대판 2011.06.30. 2011도1651).

정답 ○

18년(3) 모의

53. 甲과 乙이 함께 A에 대해 폭력을 행사해 상해를 가하고 그 과정에서 A가 사망에 이르게 되었고 다만 A를 칼로 찌른 것은 甲이라는 취지의 공소사실에 대해 피고인 甲이 항소심에 이르기까지 A를 칼로 찌른 것은 자신이 아니라 乙이라고 주장하는 경우에, 법원은 공소장변경 없이 '甲과 乙이 함께 폭행하면서 둘 중 누군가가 칼로 A의 왼쪽 가슴을 1회 찔러 자창상 등을 입히고 이로 인해 A를 사망에 이르게 하였다.'는 범죄사실을 인정할 수 있다.

해설 이 사건 공소사실이나 원심의 인정사실은 모두 공소외인과 피고인이 함께 피해자에 대하여 폭력을 행사하여 상해를 가하고 그 과정에서 피해자가 사망에 이르게 되었다는 점에서는 동일하고, 다만 공소사실은 피해자에 대한 공소외인과 피고인의 행위 중 부엌칼로 찌른 것이 피고인이라는 것인데, 원심은 그 행위를 공소외인이나 피고인의 둘 중 누군가가 한 것이라고 인정한 것에 지나지 아니한다. 그리고 이와 같이 공소외인과 피고인의 공동 범행 중 그 일부 행위에 관하여 피고인이 한 것이라고 기소된 것을 둘 중 누군가가 한 것이라고 인정하는 경우에는 이 때문에 피고인에게 불의의 타격을 주어 그 방어권의 행사에 실질적인 불이익을 줄 우려가 있지 아니하는 경우에는 반드시 공소장변경을 필요로 한다고 볼 수 없다(대판 2000.05.12. 2000도745).

정답 O

(3) 공소장 변경의 필요성에 대한 고찰

 24년 변시

54. 변제할 의사와 능력 없이 피해자로부터 금원을 편취하였다고 기소된 사실을 공소장변경 절차 없이 피해자에게 제3자를 소개케 하여 동액의 금원을 차용하고 피해자에게 그에 대한 보증채무를 부담케 하여 재산상의 이익을 취득하였다는 사실로 인정하였다 할지라도 거기에 어떠한 위법이 있다 할 수 없다.

해설 변제할 의사와 능력없이 피해자로부터 금원을 편취하였다고 기소된 사실을 공소장변경 절차없이 피해자에게 제3자를 소개케 하여 동액의 금원을 차용하고 피해자에게 그에 대한 보증채무를 부담케 하여 재산상의 이익을 취득하였다고 인정하였다 할지라도 위 양 범죄사실을 비교하여 보면 차용액, 기망의 태양, 피해의 내용이 실질에 있어 동일한 것이어서 피해자를 기망하여 금원을 편취하였다는 기본적 사실에 아무런 차이도 없으므로 원심의 인정사실이 공소사실의 동일성을 벗어난 것도 아닐 뿐더러 피고인이 스스로 이를 시인하고 있는 이상 피고인의 방어에 하등의 불이익을 주었다고 볼 수도 없으므로 거기에 위법이 있다 할수 없다(대판 1984.9.25. 84도312).

정답 O

 22년 변시, 19년(3) 모의

55. 공소장변경절차 없이도 법원이 심리·판단할 수 있는 죄가 한 개가 아니라 여러 개인 경우로서 피고인의 방어권 행사에 실질적 불이익이 없는 경우에, 법원으로서는 그중 어느 하나를 임의로 선택하여 심리·판단할 수 있다.

해설 공소장변경 절차 없이도 법원이 심리·판단할 수 있는 죄가 한 개가 아니라 여러 개인 경우에는, 법원으로서는 그 중 어느 하나를 임의로 선택할 수 있는 것이 아니라 검사에게 공소사실 및 적용법조에 관한 석명을 구하여 공소장을 보완하게 한 다음 이에 따라 심리·판단하여야 할 것이다(대판 2005.07.08. 2005도279).

정답 ×

4. 공소장 변경의 절차
(1) 검사의 신청에 의한 공소장 변경

20년(2) 모의

56. 검사는 甲이 영업신고를 하지 아니하고 2015. 1. 20.부터 2016. 1. 7.까지 서울시 △△구에서 ○○분식이라는 상호로 떡볶이, 김밥, 라면 등을 조리·판매하여 휴게음식점 영업행위를 하였다는 범죄사실(제1사실)로 공소를 제기하였다. 제1심 공판절차 진행 중, 甲이 영업신고를 하지 아니하고 2015. 1. 20.부터 2015. 9. 21.까지 위 ○○분식에서 위와 동일한 행위를 하였다는 범죄사실(제2사실)로 2016. 1. 27. 서울서부지방법원에서 벌금 50만 원의 약식명령을 받아 확정된 사실이 밝혀졌다.

(1) 제2사실에 대한 약식명령의 효력은 제1사실에 대하여도 미치므로 법원은 甲에게 면소판결을 선고하여야 한다.

(2) 만약 검사가 공소장 기재 범죄사실의 범행일자를 '2015. 1. 20.부터 2016. 1. 7.까지'에서 '2016. 1. 28.부터 2016. 8. 18.까지'로 변경하는 내용의 공소장변경허가신청을 하였다면 법원은 이를 허가할 수 있다.

> **해설** 공소제기 된 제1사실은 제2사실에 대한 약식명령 발령시인 2016. 1. 27. 이전에 이루어진 것이므로 면소판결을 선고하여야 한다. 그러나 약식명령 발령일 이후 범해진 식품위생법위반 행위는 확정된 약식명령에 의해 분단되어 동일성이 인정되지 않는 별개의 범죄가 되므로 공소장변경이 불가능하며 별개의 독립된 범죄로 공소를 제기하여야 한다. 따라서 법원은 검사의 공소장변경허가신청에 대해 이를 허가할 수 없다.

> **판례** 포괄일죄인 영업범에서 공소제기의 효력은 공소가 제기된 범죄사실과 동일성이 인정되는 범죄사실의 전체에 미치므로, 공판심리 중에 그 범죄사실과 동일성이 인정되는 범죄사실이 추가로 발견된 경우에 검사는 공소장변경절차에 의하여 그 범죄사실을 공소사실로 추가할 수 있다. 그러나 공소제기된 범죄사실과 추가로 발견된 범죄사실 사이에 그 범죄사실들과 동일성이 인정되는 또 다른 범죄사실에 대한 유죄의 확정판결이 있는 때에는, 추가로 발견된 확정판결 후의 범죄사실은 공소제기된 범죄사실과 분단되어 동일성이 없는 별개의 범죄가 된다. 따라서 이때 검사는 공소장변경절차에 의하여 확정판결 후의 범죄사실을 공소사실로 추가할 수는 없고 별개의 독립된 범죄로 공소를 제기하여야 한다(대판 2017.04.28. 2016노21342).

정답 ○, ×

22년(3) 모의

57. 강제추행죄로 기소된 피고인이 제1심에서 무죄가 선고되자 검사가 항소심에서 공연음란죄를 예비적으로 추가하는 공소장변경허가신청서를 제출하였는데, 항소심이 공소장변경허가신청서 부본을 피고인 또는 변호인에게 송달하거나 교부하지 않은 채 공판절차를 진행하여 제1심판결을 파기하고 예비적 공소사실인 공연음란죄를 유죄로 판단한 것은, 판결에 영향을 미친 공소장변경절차에 관한 법령 위반은 아니다.

해설 피고인이 강제추행죄로 기소되어 제1심에서 무죄가 선고되자 검사가 항소심에서 공연음란죄를 예비적으로 추가하는 공소장변경허가신청서를 제출하였는데 원심이 공소장변경허가신청서 부본을 피고인 또는 변호인에게 송달하거나 교부하지 않은 채 공판절차를 진행하여 기존 공소사실에 대하여 무죄로 판단한 제1심판결을 파기하고 예비적 공소사실을 유죄로 판단한 사안에서, 공연음란죄는 강제추행죄와 비교하여 행위 양태, 보호법익, 죄질과 법정형 등에서 차이가 있어, 기존 공소사실과 예비적 공소사실은 심판대상과 피고인의 방어대상이 서로 달라 피고인의 방어권이나 변호인의 변호권을 본질적으로 침해한 것으로 볼 수 있으므로, 원심판결에는 공소장변경절차에 관한 법령을 위반하여 판결에 영향을 미친 잘못이 있다(대판 2021.06.30. 2019도7217).

정답

19년(3) 모의

58. 포괄일죄인 영업범에서 공소제기의 효력은 공소가 제기된 범죄사실과 동일성이 인정되는 범죄사실의 전체에 미치므로, 공판심리 중에 그 범죄사실과 동일성이 인정되는 범죄사실이 추가로 발견된 경우에 검사는 공소장변경절차에 의하여 그 범죄사실을 공소사실로 추가할 수 없다.

해설 포괄일죄인 영업범에서 공소제기의 효력은 공소가 제기된 범죄사실과 동일성이 인정되는 범죄사실의 전체에 미치므로, 공판심리 중에 그 범죄사실과 동일성이 인정되는 범죄사실이 추가로 발견된 경우에 검사는 공소장변경절차에 의하여 그 범죄사실을 공소사실로 추가할 수 있다. 그러나 공소제기된 범죄사실과 추가로 발견된 범죄사실 사이에 그 범죄사실들과 동일성이 인정되는 또 다른 범죄사실에 대한 유죄의 확정판결이 있는 때에는, 추가로 발견된 확정판결 후의 범죄사실은 공소제기된 범죄사실과 분단되어 동일성이 없는 별개의 범죄가 된다. 따라서 이때 검사는 공소장변경절차에 의하여 확정판결 후의 범죄사실을 공소사실로 추가할 수는 없고 별개의 독립된 범죄로 공소를 제기하여야 한다(대판 2017.04.28. 2016도21342).

정답

18년 변시

59. 「형사소송규칙」은 "공소장변경허가신청서가 제출된 경우 법원은 그 부본을 피고인 또는 변호인에게 즉시 송달하여야 한다."라고 규정하고 있는데, 이는 피고인과 변호인 모두에게 부본을 송달하여야 한다는 취지가 아니므로 공소장변경신청서 부본을 피고인과 변호인 중 어느 한 쪽에 대해서만 송달하였다고 하여 절차상 잘못이 있다고 할 수 없다.

해설 형사소송규칙 제142조 제3항은 공소장변경허가신청서가 제출된 경우에 법원은 그 부본을 피고인 또는 변호인에게 즉시 송달하여야 한다고 규정하고 있는데, 피고인과 변호인 모두에게 부본을 송달하여야 하는 취지가 아님은 문언상 명백하므로, 공소장변경신청서 부본을 피고인과 변호인 중 어느 한 쪽에 대해서만 송달하였다고 하여 절차상 잘못이 있다고 할 수 없다(대판 2015.02.16. 2014도14843).

정답

18년 변시, 17년(2)·(3)·20년(2) 모의

60. **검사가 구술로 공소장변경 신청을 하면서 변경하려는 공소사실의 일부만 진술하고 나머지는 전자적 형태의 문서로 저장한 저장매체를 제출하였다면, 공소사실의 전부에 대하여 공소장변경 신청이 있는 것으로 보아야 한다.**

> 해설 검사가 공소장을 변경하고자 하는 때에는 그 취지를 기재한 공소장변경허가신청서를 법원에 제출하여야 하고, 다만 피고인이 재정하는 공판정에서 피고인에게 이익이 되거나 피고인이 동의하는 예외적인 경우에 한하여 법원은 구술에 의한 공소장변경을 허가할 수 있다(형사소송규칙 제142조 제1항, 제5항). 따라서 검사가 구술에 의한 공소장변경허가신청을 하는 경우에도 변경하고자 하는 공소사실의 내용은 서면에 의하여 신청을 할 때와 마찬가지로 구체적으로 특정하여 진술하여야 하므로, 검사가 구술로 공소장변경허가신청을 하면서 변경하려는 공소사실의 일부만 진술하고 나머지는 전자적 형태의 문서로 저장한 저장매체를 제출하였다면, 공소사실의 내용을 구체적으로 진술 부분에 한하여 공소장변경허가신청이 된 것으로 볼 수 있을 뿐이다. 그 경우 저장매체에 저장된 전자적 형태의 문서는 공소장변경허가신청이 된 것이라고 할 수 없고, 법원이 그 부분에 대해서까지 공소장변경허가를 하였다고 하더라도 적법하게 공소장변경이 된 것으로 볼 수 없다(대판 2016.12.29. 2016도11138).

정답 ×

24년 변시

61. **제1심법원이 공소장변경허가신청에 대한 결정을 공판정에서 고지한 경우, 그 사실은 공판조서의 필요적 기재사항이다.**

> 해설 법원은 검사의 공소장변경허가신청에 대해 결정의 형식으로 이를 허가 또는 불허가 하고, 법원의 허가 여부 결정은 공판정 외에서 별도의 결정서를 작성하여 고지하거나 공판정에서 구술로 하고 공판조서에 기재할 수도 있다. 만일 공소장변경허가 여부 결정을 공판정에서 고지하였다면 그 사실은 공판조서의 필요적 기재사항이다(형사소송법 제51조 제2항 제14호)(대판 2023.6.15. 2023도3038).

정답 ○

14년(1)·18년(1) 모의

62. **상상적 경합관계에 있는 공소사실 중 일부가 먼저 기소된 후 나머지 공소사실이 추가기소되고 이들 공소사실이 상상적 경합관계에 있음이 밝혀진 경우라면 법원은 추가기소에 대하여 공소기각의 판결을 하여야 한다.**

> 해설 판례는 포괄일죄인 상습절도나 상습사기의 소송계속 중 추가기소가 있는 경우는 석명 후 판단설을, 포괄일죄인 공중위생법위반이나 협박죄에 대해서는 공소장변경의제설을 취한바 있다(대판 1993.10.22.93도2178, 대판 1996.10.11.96도1698, 대판 1999.11.26.99도3929). 한편, 지문과 같이 상상적 경합에서의 추가기소의 경우, 석명 후 판단설을 따랐다.

판례 상상적 경합관계에 있는 공소사실 중 일부가 먼저 기소된 후 나머지 공소사실이 추가기소되고 이들 공소사실이 상상적 경합관계에 있음이 밝혀진 경우라면, 추가기소에 의하여 전후에 기소된 각 공소사실 전부를 처벌할 것을 신청하는 취지가 포함되었다고 볼 수 있어, 공소사실을 추가하는 등의 공소장변경과는 절차상 차이가 있을 뿐 실질에 있어서 별 차이가 없다. 따라서 법원으로서는 석명권을 행사하여 검사로 하여금 추가기소의 진정한 취지를 밝히도록 하여 검사의 석명에 의하여 추가기소가 상상적 경합관계에 있는 행위 중 먼저 기소된 공소장에 누락된 것을 추가 보충하는 취지로서 1개의 죄에 대하여 중복하여 공소를 제기한 것이 아님이 분명해진 경우에는, 추가기소에 의하여 공소장변경이 이루어진 것으로 보아 전후에 기소된 공소사실 전부에 대하여 실체판단을 하여야 하고 추가기소에 대하여 공소기각판결을 할 필요가 없다(대판 2012.06.28. 2012도2087).

정답 ×

20년(3) 모의

63. 甲과 乙이 공모한 대로 甲은 골목길에서 A를 구타하고 乙은 골목길 입구에서 망을 보고 있었다. A의 아들 丙은 귀가하던 중 이 장면을 목격하였으나, 丙의 옆에 있던 친구 丁이 "너의 아버지, 매일 술만 마시고 너에게 해준 것도 없는데, 왜 구하려 하느냐, 못 본 체하고 그냥 가자"라고 말했다. 이에 평소 폭력을 일삼는 아버지에 대한 증오가 컸던 丙은 아무런 행동도 취하지 않고 그 자리를 떠났다. 결국 A는 구타로 인해 전치 10주의 상해를 입었다.

검사가 乙의 별개의 범행을 상습상해죄로 추가기소하였고 법원이 이를 병합심리하는 과정에서 전후에 기소된 범행이 포괄하여 하나의 상습상해죄를 구성한다고 판단한 때에는 석명절차를 거치지 않고도 전후에 기소된 범죄사실 전부에 대하여 실체판단을 할 수 있다.

해설 이 사건 존속상해 및 폭처법 위반(상습존속상해)의 점은 모두 포괄일죄의 관계에 있다고 볼 수 있다. 그런데 검사가 단순일죄라고 하여 존속상해 범행을 먼저 기소하고 다시 포괄일죄인 폭처법 위반(상습존속상해) 범행을 추가로 기소하였는데 이를 병합하여 심리하는 과정에서 전후에 기소된 각각의 범행이 모두 포괄하여 하나의 폭처법 위반(상습존속상해)죄를 구성하는 것으로 밝혀진 경우, 이중기소에 대하여 공소기각판결을 하도록 한 형사소송법 제327조 제3호의 취지는 동일사건에 대하여 피고인으로 하여금 이중처벌의 위험을 받지 아니하게 하고 법원이 2개의 실체판결을 하지 아니하도록 함에 있으므로, 위와 같은 경우 법원이 각각의 범행을 포괄하여 하나의 폭처법 위반(상습존속상해)죄로 인정한다고 하여 이중기소를 금하는 위 법의 취지에 반하는 것이 아닌 점과 법원은 실체적 경합범으로 기소된 범죄사실에 대하여 그 범죄사실을 그대로 인정하면서 다만 죄수에 관한 법률적인 평가만을 달리하여 포괄일죄로 처단하더라도 이는 피고인의 방어에 불이익을 미치는 것이 아니므로 공소장변경 없이도 포괄일죄로 처벌할 수 있는 점에 비추어 보면, 비록 폭처법 위반(상습존속상해)죄의 포괄일죄로 공소장을 변경하는 절차가 없었다거나 추가기소의 공소장의 제출이 포괄일죄를 구성하는 행위로서 먼저 기소된 공소장에 누락된 것을 추가·보충하는 취지의 것이라는 석명절차를 거치지 아니하였다 하더라도, 법원은 전후에 기소된 범죄사실 전부에 대하여 실체판단을 할 수 있고, 추가기소된 부분에 대하여 공소기각판결을 할 필요는 없다고 할 것이다(대판 2012.01.26. 2011도15356).

정답 ○

🍊 22년 변시, 13년(3) 모의

64. 검사가 수 개의 협박 범행을 먼저 기소하고 다시 별개의 협박 범행을 추가로 기소하였는데 이를 병합하여 심리하는 과정에서 전후에 기소된 각각의 범행이 모두 포괄하여 하나의 협박죄를 구성하는 것으로 밝혀진 경우, 법원은 추가기소 된 부분에 대하여 공소기각판결을 하거나 공소장을 변경할 필요 없이 전후에 기소된 범죄사실 전부에 대하여 실체판단을 할 수 있다.

해설 검사가 수 개의 협박 범행을 먼저 기소하고 다시 별개의 협박 범행을 추가로 기소하였는데 이를 병합하여 심리하는 과정에서 전후에 기소된 각각의 범행이 모두 포괄하여 하나의 협박죄를 구성하는 것으로 밝혀진 경우, 이중기소에 대하여 공소기각판결을 하도록 한 형사소송법 제327조 제3호의 취지는 동일사건에 대하여 피고인으로 하여금 이중처벌의 위험을 받지 아니하게 하고 법원이 2개의 실체판결을 하지 아니하도록 함에 있으므로, 위와 같은 경우 법원이 각각의 범행을 포괄하여 하나의 협박죄를 인정한다고 하여 이중기소를 금하는 위 법의 취지에 반하는 것이 아닌 점과 법원이 실체적 경합범으로 기소된 범죄사실에 대하여 그 범죄사실을 그대로 인정하면서 다만 죄수에 관한 법률적인 평가만을 달리하여 포괄일죄로 처단하는 것이 피고인의 방어에 불이익을 주는 것이 아니어서 공소장변경 없이도 포괄일죄로 처벌할 수 있는 점에 비추어 보면, 비록 협박죄의 포괄일죄로 공소장을 변경하는 절차가 없었다거나 추가로 공소장을 제출한 것이 포괄일죄를 구성하는 행위로서 기존의 공소장에 누락된 것을 추가·보충하는 취지의 것이라는 석명절차를 거치지 아니하였다 하더라도, 법원은 전후에 기소된 범죄사실 전부에 대하여 실체판단을 할 수 있고, 추가기소된 부분에 대하여 공소기각판결을 할 필요는 없다(대판 2007.08.23. 2007도2595).

정답 ○

12년(2) 모의

65. 검사가 특수절도 범행을 먼저 기소하고 상습특수절도 범행을 추가기소하였으나 심리과정에서 전후에 기소된 범죄사실이 모두 포괄하여 상습특수절도의 일죄를 구성하는 것으로 밝혀진 경우 법원은 석명권을 행사하여 검사의 추가기소가 공소장변경의 취지임을 밝혀 그 범죄사실 전체에 대하여 실체판단을 하여야 한다.

해설 포괄일죄를 구성하는 일부 범죄사실이 먼저 단순일죄로 기소된 후 그 나머지 범죄사실이 포괄일죄로 추가기소되고 단순일죄의 범죄사실도 추가 기소된 포괄일죄를 구성하는 행위의 일부임이 밝혀진 경우라면, 그 추가기소에 의하여 전후에 기소된 각 범죄사실 전부를 포괄일죄로 처벌할 것을 신청하는 취지가 포함되었다고 볼 수 있어, 공소사실을 추가하는 등의 공소장변경과는 절차상 차이가 있을 뿐 그 실질에 있어서 별 차이가 없으므로, 그 경우에 검사의 석명에 의하여 추가기소의 공소장 제출은 포괄일죄를 구성하는 행위로서 먼저 기소된 공소장에 누락된 것을 추가 보충하고 죄명과 적용법조를 포괄일죄의 죄명과 적용법조로 변경하는 취지의 것으로서 1개의 죄에 대하여 중복하여 공소를 제기한 것이 아님이 분명하여진 경우에는, 그 추가기소에 의하여 공소장변경이 이루어진 것으로 보아 전후에 기소된 범죄사실 전부에 대하여 실체판단을 하여야 하고 추가기소에 대하여 공소기각판결을 할 필요가 없다(대판 1996.10.11. 96도1698).

정답 ○

11년(1)·13년(1) 모의

66. 공소장변경을 하는 검사는 공소사실 등을 예비적·택일적으로 변경할 수 있다.

해설 검사는 공소사실 등을 예비적·택일적으로도 변경할 수 있다.

판례 분묘발굴죄로 공소가 제기된 범죄사실에 대하여 예비적으로 매장및묘지등에관한법률위반죄를 추가하는 공소장변경이 된 경우에는 공소장 기재의 공소사실의 동일성에 관하여 아무런 소장이 없으므로 위 법률위반죄에 대한 공소시효의 완성 여부는 공소를 제기한 때를 기준으로 판단할 것이고, 공소장을 변경한 때를 기준으로 삼을 수 없다(대판 1992.04.24. 91도3150).

정답

12년(2)·23년(2) 모의

67. 상습범의 범죄사실에 대한 공판심리중에 그 범죄사실과 동일한 습벽에 의하여 저질러진 범죄사실이 추가로 발견되었는데 이들 범죄사실 사이에 그것들과 동일한 습벽에 의하여 저질러진 또 다른 범죄사실을 유죄로 인정한 확정판결이 있는 경우, 공소제기된 범죄사실과 추가로 발견된 확정판결 후의 범죄사실은 경합범관계에 있는 별개의 상습범이 된다.

해설 상습범에 있어서 공소제기의 효력은 공소가 제기된 범죄사실과 동일성이 인정되는 범죄사실의 전체에 미치는 것이므로 상습범의 범죄사실에 대한 공판심리 중에 그 범죄사실과 동일한 습벽의 발현에 의한 것으로 인정되는 범죄사실이 추가로 발견된 경우에는 검사는 공소장변경절차에 의하여 그 범죄사실을 공소사실로 추가할 수 있다고 할 것이나, 공소제기 된 범죄사실과 추가로 발견된 범죄사실 사이에 그것들과 동일한 습벽에 의하여 저질러진 또 다른 범죄사실에 대한 유죄의 확정판결이 있는 경우에는 전후 범죄사실의 일죄성은 그에 의하여 분단되어 공소제기 된 범죄사실과 판결이 확정된 범죄사실만이 포괄하여 하나의 상습범을 구성하고, 추가로 발견된 확정판결 후의 범죄사실은 그것과 경합범 관계에 있는 별개의 상습범이 되므로, 검사는 공소장변경절차에 의하여 이를 공소사실로 추가할 수는 없고 어디까지나 별개의 독립된 범죄로 공소를 제기하여야 한다(대판 2000.03.10. 99도2744).

정답

24년 변시, 22년(1) 모의

68. 제1심법원이 공소장변경허가신청에 대하여 불허가 결정을 한 경우, 검사는 이에 불복하여 그 결정에 대한 즉시항고를 제기할 수 있다.

해설

형사소송법 제403조(판결 전의 결정에 대한 항고) ①법원의 관할 또는 판결 전의 소송절차에 관한 결정에 대하여는 특히 즉시항고를 할 수 있는 경우 외에는 항고를 하지 못한다.

관련판례 판결전의 소송절차에 관한 결정에 대하여는 특히 즉시항고를 할 수 있는 경우 외에는 항고를 하지 못하는 것인 바, 소송사실 또는 적용법조의 추가, 철회 또는 변경의 허가에 관한 결정은 판결전의 소송절차에 관한 결정이라 할 것이므로, 그 결정을 함에 있어서 저지른 위법이 판결에 영향을 미친 경우에 한하여 그 판결에 대하여 상소를 하여 다툼으로써 불복하는 외에는 당사자가 이에 대하여 독립하여 상소할 수 없다(대법원 1987. 3. 28. 선고 87모17 판결). 환송 후 원심이 검사의 공소장변경을 허가하지 않은 데에는 포괄일죄 및 공소장변경에 관한 법리를 오해한 위법이 있고, 이러한 위법이 판결의 결과에 영향을 미쳤음이 명백하다(대판 2018.10.25. 2018도9810).

정답 ×

(2) 법원의 공소장 변경요구

11년(1)·15년(2)·19년(1)·20년(3)·21년(1)·23년(2) 모의

69. (1) 법원이 검사에게 공소장변경을 요구할 것인지 여부는 재량에 속하는 것이므로 법원이 검사에게 공소장의 변경을 요구하지 아니하였다고 하여 위법하다고 볼 수 없다.

(2) 공소장변경요구는 법원의 재량사항이나 검사가 공소장변경신청을 하지 아니하여 무죄판결을 하는 것이 현저히 정의와 형평에 반하는 경우에는 예외적으로 법원은 공소장변경 요구를 할 의무가 있다.

해설 법원의 공소장변경요구의 의무성(소극) : 법원이 검사에게 공소장 변경을 요구할 것인지 여부는 법원의 재량에 속하는 것이므로 검사에게 공소장 변경을 요구하지 아니하였다고 하여 위법하다고 볼 수 없다(대판 1993.07.13. 93도113) ▶ 형사소송법 규정상으로는 법원의 공소장변경요구의 법적 성질에 대하여 의무인 것처럼 기재되어 있지만, 판례는 재량설을 취하고 있다.

제298조(공소장의 변경) ② 법원은 심리의 경과에 비추어 상당하다고 인정할 때에는 공소사실 또는 적용법조의 추가 또는 변경을 요구하여야 한다.

정답   ○, ×

(3) 법원의 공소장변경허가

24년 변시, 23년(2) 모의

70. 포괄일죄의 경우에 그 공소장변경허가 여부를 결정함에 있어서는 포괄일죄를 구성하는 개개 공소사실별로 종전 것과의 동일성 여부를 따지기보다는 변경된 공소사실이 전체적으로 포괄일죄의 범주 내에 있는지 여부, 즉 단일하고 계속된 범의 하에 동종의 범행을 반복하여 행하고 그 피해법익도 동일한 경우에 해당한다고 볼 수 있는지 여부에 초점을 맞추어야 한다.

해설 포괄일죄에 있어서는 공소장변경을 통한 종전 공소사실의 철회 및 새로운 공소사실의 추가가 가능한 점에 비추어 그 공소장변경허가 여부를 결정함에 있어서는 포괄일죄를 구성하는 개개 공소사실별로 종전 것과의 동일성 여부를 따지기보다는 변경된 공소사실이 전체적으로 포괄일죄의 범주 내에 있는지 여부, 즉 단일하고 계속된 범의하에 동종의 범행을 반복하여 행하고 그 피해법익도 동일한 경우에 해당한다고 볼 수 있는지 여부에 초점을 맞추어야 한다(대판 2006.4.27. 2006도514).

정답 ○

21년(1) 모의

71. 공무원 甲은 건설업자 乙로부터 직무에 관하여 뇌물을 수수하면서, ㉮ 매월 현금 500만 원을 1년 동안 근무지 인근 커피숍에서 만나 정기적으로 받았고, ㉯ 뇌물을 받기 위하여 형식적으로 체결된 용역계약대금 명목으로 3,000만 원을 전달받았으며, ㉰ 시가 5,000만 원 상당의 고급승용차를 받아 이를 뇌물로 취득하였다는 공소사실로 공소가 제기되었다.

㉮ 부분에서, 만일 검사가 甲에 대한 범죄일람표에 대해 금원의 교부 일시를 "2020. 1. 하순경"에서 "2020. 1. 중순경"으로, 장소를 "甲의 근무지 인근 커피숍"에서 "甲의 근무지 당직실"로 변경하는 내용의 공소장변경을 신청한 경우, 특별한 사정이 없는 한 법원은 공소장변경을 허가하여야 한다. (다툼이 있는 경우 판례에 의함)

■해설 뇌물수수의 포괄일죄로 기소된 사안에서, 공소사실 중 금원 교부 일시 및 장소의 변경을 내용으로 하는 공소장 변경 신청에 대하여 이를 모두 허가하여야 한다(대판 2006.04.27. 2006도514).

정답

14년(1)·17년(3)·18년(3)·19년(1)·21년(1) 모의

72. 법원이 적법하게 공판의 심리를 종결한 뒤에 이르러 검사가 공소장변경허가신청을 한 경우, 법원은 공소사실의 동일성이 인정되는 한 공판의 심리를 재개하여 공소장변경을 허가하여야 한다.

■해설 형사소송법 제298조 제1항에 의한 공소장의 변경은 그 변경사유가 변론종결 이후에 발생하는 등 특별한 사정이 없는 한 법원에서 공판의 심리를 종결하기 전에 한 신청에 한하여 공소사실의 동일성을 해하지 아니하는 한도에서 허가하여야 하는 것이지, 법원이 적법하게 공판의 심리를 종결한 뒤에 이르러 검사가 공소장변경허가신청을 하였다 하여 반드시 공판의 심리를 재개하여 공소장변경을 허가하여야 하는 것이 아니며, 이는 변론재개신청과 함께 된 것이라 하더라도 마찬가지이다(대판 2000.04.11. 2000도565).

정답

19년(1)·(2)·(3)·21년(1) 모의

73. (1) 검사의 공소장변경 신청에 대하여 법원은 공소사실의 동일성을 해하지 아니하는 한도에서 공소장변경을 허가하여야 한다.

(2) 공소사실을 예비적으로 추가하는 공소장변경 신청이 있을 경우 법원은 공소사실의 동일성 여부와 관계없이 이를 허가할 수 있다.

(3) 검사의 공소장변경허가신청이 공소사실의 동일성 범위 안에 있는 것이라도 법원은 이를 허가하지 않을 수 있다.

■해설 형사소송법 제298조 제1항의 규정에 의하면, '검사는 법원의 허가를 얻어 공소장에 기재한 공소사실 또는 적용법조의 추가·철회 또는 변경을 할 수 있고', '법원은 공소사실의 동일성을 해하지

아니하는 한도에서 이를 허가하여야 한다'고 되어 있으므로, 위 규정의 취지는 검사의 공소장변경 신청이 공소사실의 동일성을 해하지 아니하는 한 법원은 이를 허가하여야 한다는 뜻으로 해석하여야 한다(대판 2018.10.25. 2018도9810).

제298조(공소장의 변경) ① 검사는 법원의 허가를 얻어 공소장에 기재한 공소사실 또는 적용법조의 추가, 철회 또는 변경을 할 수 있다. 이 경우에 법원은 공소사실의 동일성을 해하지 아니하는 한도에서 허가하여야 한다.

정답 ○, ×, ×

15년·17년 변시, 12년(2) 모의

74. 법원의 공소장변경 허가결정은 판결 전의 소송절차에 관한 결정이므로 그 결정에 대하여 독립하여 항고할 수 있다.

해설 판결 전의 소송절차에 관한 결정에 대하여는 특히 즉시항고를 할 수 있는 경우 외에는 항고를 하지 못하는 것인 바, 공소사실 또는 적용법조의 추가, 철회 또는 변경의 허가에 관한 결정은 판결 전의 소송절차에 관한 결정이라 할 것이므로, 그 결정을 함에 있어서 저지른 위법이 판결에 영향을 미친 경우에 한하여 그 판결에 대하여 상소를 하여 다툼으로써 불복하는 외에는 당사자가 이에 대하여 독립하여 상소할 수 없다 할 것이다(대결 1987.03.28. 87모17).

형사소송법 제403조(판결전의 결정에 대한 항고) ① 법원의 관할 또는 판결전의 소송절차에 관한 결정에 대하여는 특히 즉시항고를 할 수 있는 경우 외에는 항고하지 못한다.

정답 ×

17년 변시, 14년(1)·19년(2)·20년(2) 모의

75. 법원이 예비적으로 추가된 공소사실에 대하여 공소장변경 허가결정을 한 경우, 원래의 공소사실과 예비적으로 추가된 공소사실 사이에 동일성이 인정되지 않더라도 공소장변경 허가를 한 법원이 스스로 이를 취소할 수는 없다.

해설 공소사실의 동일성이 인정되지 않는 등의 사유로 공소장변경허가결정에 위법사유가 있는 경우에는 공소장변경허가를 한 법원이 스스로 이를 취소할 수 있다(대판 2001.03.27. 2001도116).

정답 ×

12년(2)·13년(1)·15년(2)·16년(1)·(2) 모의

76. 공소사실의 일부 변경이 있고 법원이 그 변경을 이유로 공판절차를 정지하지 않았다고 하더라도 공판절차의 진행상황에 비추어 그 변경이 피고인의 방어권 행사에 실질적 불이익을 주지 않는 것으로 인정되는 경우에는 이를 위법하다고 할 수는 없다.

해설 형사소송법 제298조 제4항은 공소사실의 변경 등이 피고인의 불이익을 증가할 염려가 있다고 인정될 때에는 피고인으로 하여금 필요한 방어의 준비를 하게 하기 위하여 공판절차를 정지할 수 있도록 규정하고 있는바, 공소사실의 일부 변경이 있고 법원이 그 변경을 이유로 공판절차를 정지하지 않았다고 하더라도 공판절차의 진행상황에 비추어 그 변경이 피고인의 방어권 행사에 실질적 불이익을 주지 않는 것으로 인정되는 경우에는 이를 위법하다고 할 수는 없다(대판 2005.12.23. 2005도6402).

정답

19년(3)·21년(1) 모의

77. 법원은 검사의 공소장변경이 피고인의 불이익을 증가할 염려가 있다고 피고인이나 변호인이 주장한 때에 한하여 피고인이나 변호인의 청구에 의하여 필요한 방어의 준비를 하게 하기 위하여 필요한 기간 공판절차를 정지할 수 있다.

해설 직권에 의한 공판절차 정지도 가능하다(형사소송법 제298조 제4항).

형사소송법 제298조(공소장의 변경) ④ 법원은 전3항의 규정에 의한 공소사실 또는 적용법조의 추가, 철회 또는 변경이 피고인의 불이익을 증가할 염려가 있다고 인정한 때에는 직권 또는 피고인이나 변호인의 청구에 의하여 피고인으로 하여금 필요한 방어의 준비를 하게 하기 위하여 결정으로 필요한 기간 공판절차를 정지할 수 있다.

정답

78. 공소장변경은 서면에 의하여야 하므로, 피고인이 공판정에 재정하여 그 동의하에 검사가 공판정에서 구술로 공소장변경허가신청을 한 경우에는 법원이 이를 허가하였더라도 효력이 없다.

해설 형사소송규칙 제142조 제5항 참조.

형사소송규칙 제142조(공소장의 변경) ① 검사가 법 제298조제1항에 따라 공소장에 기재한 공소사실 또는 적용법조의 추가, 철회 또는 변경(이하 "공소장의 변경"이라 한다)을 하고자 하는 때에는 그 취지를 기재한 공소장변경허가신청서를 법원에 제출하여야 한다.
⑤ 법원은 제1항의 규정에도 불구하고 피고인이 재정하는 공판정에서는 피고인에게 이익이 되거나 피고인이 동의하는 경우 구술에 의한 공소장변경을 허가할 수 있다.

정답

22년(1) 모의

79. 법원이 공소장변경을 허가한 후 공소사실의 동일성이 인정되지 않는 등의 사유로 공소장변경이 위법하다고 인정한 경우에는 스스로 그 결정을 취소할 수 있다.

> **해설** 공소사실의 동일성이 인정되지 않는 등의 사유로 공소장변경허가 결정에 위법사유가 있는 경우에는 공소장변경허가를 한 법원이 스스로 이를 취소할 수 있다(대판 1989.01.24. 87도1978).

정답 ○

(4) 항소심에서의 공소장 변경

 17년·18년 변시, 11년(1)·13년(1)·(3)·15년(2)·17년(1)·19년(1)·(3)·20년(2)·21년(3) 모의

80. 항소심의 구조가 사후심으로서의 성격만을 가지는 것은 아니므로, 피고인의 상고에 의하여 상고심에서 원심판결을 파기하고 사건을 항소심에 환송한 경우에도 공소사실의 동일성이 인정되면 항소심 법원은 공소장변경을 허가하여 변경된 공소사실을 심판대상으로 삼을 수 있다.

> **해설** 항소심의 구조를 원칙적으로 속심적 성격을 가지는 것으로 본다면 항소심에서도 공소장변경이 가능하다. 현행법상 형사항소심의 구조가 사후심으로서의 성격만을 가지는 것은 아니므로, 피고인의 상고에 의하여 상고심에서 원심판결을 파기하고 사건을 항소심에 환송한 경우에도 공소사실의 동일성이 인정되면 공소장변경을 허용하여 심판대상으로 삼을 수 있다(대판 2004.07.22. 2003도8153).
> ▸ 다만 상고심은 원칙적으로 법률심이며 사후심이므로 상고심에서는 공소장변경이 불가능하므로 주의해야한다.

정답 ○

 22년 변시

81. 피고인의 상고에 의하여 상고심에서 원심판결을 파기하고 사건을 항소심에 환송한 경우에도 공소사실의 동일성이 인정되면 공소장변경을 허용하여 이를 심판대상으로 삼을 수 있으므로, 환송 후 원심이 검사의 공소장변경신청을 허가하고 공소장변경을 이유로 직권으로 제1심 판결을 파기한 후 다시 판결할 수 있다.

> **해설** 현행법상 형사항소심의 구조가 사후심으로서의 성격만을 가지는 것은 아니므로, 피고인의 상고에 의하여 상고심에서 원심판결을 파기하고 사건을 항소심에 환송한 경우에도 공소사실의 동일성이 인정되면 공소장변경을 허용하여 이를 심판대상으로 삼을 수 있는바, 환송 후 원심이 검사의 공소장변경신청을 허가하고 공소장변경을 이유로 직권으로 제1심판결을 파기한 후 다시 판결한 조치는 옳고, 거기에 환송 후 항소심의 구조와 공소장변경 허가에 관한 법리를 오해한 위법이 있다고 할 수 없다(대판 2004.07.22. 2003도8153).

정답 ○

17년(2) 모의

82. 일죄의 관계에 있는 여러 범죄사실 중 일부의 범죄사실에 대하여 공소가 제기된 뒤에 항소심에서 나머지 부분을 추가하는 공소장변경 신청이 있는 경우에는 공소사실의 동일성이 인정되는 때에도 법원은 이를 허가하여서는 아니 된다.

해설 일죄의 관계에 있는 여러 범죄사실 중 일부에 대한 기판력은 현실적으로 심판대상이 되지 아니한 다른 부분에도 미치므로, 그 일부의 범죄사실에 대하여 공소가 제기된 뒤에 항소심에서 나머지 부분을 추가하였다고 하여 공소사실의 동일성을 해하는 것이라고 볼 수 없으므로 법원은 이를 허가하여야 한다(대판 2016.01.14. 2013도8118).

정답 ×

22년(1) 모의

83. 공갈죄의 수단으로서 한 협박은 공갈죄에 흡수될 뿐 별도로 협박죄를 구성하지 않으므로 피해자가 협박죄 부분에 대해서만 고소를 한 후 협박죄의 고소를 취소하였다고 하여도 공갈죄로 처벌하는 데에 아무런 장애가 되지 않는다.

해설 공갈죄의 수단으로서 한 협박은 공갈죄에 흡수될 뿐 별도로 협박죄를 구성하지 않으므로, 그 범죄사실에 대한 피해자의 고소는 결국 공갈죄에 대한 것이라 할 것이어서 그 후 고소가 취소되었다 하여 공갈죄로 처벌하는 데에 아무런 장애가 되지 아니하며, 검사가 공소를 제기할 당시에는 그 범죄사실을 협박죄로 구성하여 기소하였다 하더라도, 그 후 공판 중에 기본적 사실관계가 동일하여 공소사실을 공갈미수로 공소장 변경이 허용된 이상 그 공소제기의 하자는 치유된다(대판 1996.09.24. 96도2151).

정답 ○

15년 변시, 19년(2)·22년(3)·23년(1) 모의

84. (1) 친고죄에서 피해자의 고소가 없거나 고소가 취소되었음에도 친고죄로 기소되었다가 그 후 당초에 기소된 공소사실과 동일성이 인정되는 비친고죄로 공소장변경이 허용된 경우 그 공소제기의 흠은 치유된다.
(2) 피해자가 제1심에서 처벌불원의사를 표시한 후에도 검사가 항소하여 계속된 항소심에서 공소사실을 폭행에서 상해로 변경하는 공소장변경을 할 수 있고, 이 경우 항소심이 변경된 공소사실인 상해의 점에 대해 심리·판단하여 유죄로 인정한 것은 정당하다.

해설 친고죄에서 피해자의 고소가 없거나 고소가 취소되었음에도 친고죄로 기소되었다가 그 후 당초에 기소된 공소사실과 동일성이 인정되는 비친고죄로 공소장변경이 허용된 경우 그 공소제기의 흠은 치유되고(대판 1996.09.24. 96도2151), 친고죄로 기소된 후에 피해자의 고소가 취소되더라도 제1심이나 항소심에서 당초에 기소된 공소사실과 동일성이 인정되는 범위 내에서 다른 공소사실로 공소장을 변경할 수 있으며 이러한 경우 변경된 공소사실에 대하여 심리·판단하여야 하는데(대판 1990.01.25. 89도1317), 이는 반의사불벌죄에서 피해자의 '처벌을 희망하지 아니하는 의사표시' 또는 '처벌을 희망하는 의사표시의

철회'가 있는 경우에도 마찬가지로 보아야 한다. 피해자가 제1심에서 처벌불원의사를 표시한 후에도 항소심에서 공소사실을 폭행에서 상해로 변경하는 공소장변경을 할 수 있고, 이 경우 항소심이 변경된 공소사실인 상해의 점에 대해 심리·판단하여 유죄로 인정한 것은 정당하다(대판 2011.05.13. 2011도2233).

 ○,○

18년(2) 모의

85. 2015. 6. 10. 만취상태에서 길을 걷던 노숙자 A는 지나가던 행인 甲과 시비가 붙어 심하게 맞았고, 30분 후에는 또 다른 행인 乙에게 마찬가지로 시비를 붙다가 얻어맞아 기절한 채로 병원에 후송되었다. 甲, 乙의 행위가 인근의 CCTV에 모두 찍혔는데, 甲만 검거되었다. 검사는 甲을 상해혐의로 기소하였고, 2015. 7. 25. 징역 1년에 집행유예 2년이 선고되어 확정되었다. 그 후 乙이 검거되었는데, 피해자 A의 소재를 확인할 수 없었던 검사는 乙을 2017. 6. 15. 상해혐의로 기소하였다. 1심 법원인 지방법원 단독 판사가 乙에게 징역 1년을 선고하자 乙이 항소하였는데, 지방법원 합의부에서 항소심의 심리가 진행되던 2017. 8. 17. A의 사망사실이 알려졌다. A는 이미 2015. 7. 20. 뇌출혈로 사망하였는데, 행정처리의 착오로 사망사실이 뒤늦게 알려진 것이다. 이에 검사는 乙의 공소사실을 상해치사로 변경하는 공소장변경신청을 하였다. 항소심 법원에서 공소장변경을 허가하여 상해치사죄로 심판하게 되면 제1심에서는 상해치사 부분을 심리하지 않은 것이므로, 乙이 제1심판결을 받을 기회를 박탈한 것이다.

해설 재판이란 사실확정과 법률의 해석적용을 본질로 함에 비추어, 법관에 의하여 사실적 측면과 법률적 측면에서 적어도 한 차례 심리검토의 기회는 보장되어야 하는데, 항소심에서 공소장변경이 이루어졌다고 하더라도 그것은 제1심에서 판단한 공소사실과 기본적 사실관계가 동일한 범위 내에서만 허용되기 때문에 그 변경된 공소사실의 기초를 이루는 사실관계는 제1심에서도 이미 심리된 것이라고 할 수 있으므로, 항소심에서의 공소장변경이 피고인의 심급의 이익을 박탈하는 것이라고 보기도 어렵다(헌재 2012.05.31. 2010헌바128).

 ×

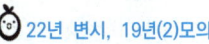 22년 변시, 19년(2)모의

86. (1) 甲은 오후 3시 A의 집에 들어가 귀중품을 가방에 담던 중 마침 귀가한 A에게 발각되자 가방도 놓아둔 채 현관 쪽으로 도주하였고, A가 甲의 왼팔을 붙잡고 거실로 끌고 갔다. 甲은 거실탁자 위에 놓여 있던 과도를 오른손으로 잡아서 A의 목에 들이대고 자신의 팔을 놓아주지 않으면 찌르겠다고 위협하였고, A가 붙잡고 있던 손을 놓자 바로 현관 밖으로 도주하였다.

(2) 甲은 A에 대한 범죄사실로 구속 기소되어 제1심에서 유죄판결을 선고받았으며, 甲과 검사 모두 항소하였다. 항소심에서 A가 실제로는 甲이 겨눈 칼에 어깨를 찔려 2주간 치료를 받았다는 사실이 뒤늦게 밝혀지자 검사는 이 사실로 공소장변경을 신청하였다.

1) 항소심의 공판절차에도 형사소송법 제370조에 따라서 공소장변경에 관한 형사소송법 제298조가 준용되므로 공소장변경이 가능하다.

> **해설** 변경된 공소사실이 당초의 공소사실과 기본적 사실관계에서 동일하다고 보는 이상 설사 그것이 새로운 공소의 추가적 제기와 다를 바 없다고 하더라도, 현행법상 형사항소심의 구조가 오로지 사후심으로서의 성격만을 가지고 있는 것은 아니어서 공소장의 변경은 항소심에서도 할 수 있는 것이므로 이를 허가한 항소심 법원의 조처에 피고인의 제1심판결을 받을 기회를 박탈하여 헌법 제27조 제1항의 법률에 의한 재판을 받을 권리를 침해한 위법이 있다고 할 수 없다(대판 1995.02.17. 94도3297).

> 형사소송법 제370조(준용규정) 제2편 중 공판에 관한 규정은 본장에 특별한 규정이 없으면 항소의 심판에 준용한다.

정답 O

2) 甲이 제1심법원에서 유죄로 선고받은 범죄사실과 항소심에서 뒤늦게 밝혀진 A의 상해 발생 사실은 공소사실의 동일성이 인정된다.

> **해설** 판례는 공소사실의 동일성은 공소사실의 기초가 되는 사회적 사실관계가 기본적인 점에서 동일한지를 기준으로 판단하여야 하는데 이때 규범적 요소도 고려하여야 한다고 한다. 사안의 흉기를 휴대한 준강도와 그 칼에 찔려 2주간의 치료를 요하는 상해를 입은 강도상해 내지 강도치상의 범죄사실은 그 범행의 장소, 일시가 서로 같고 일련의 이어진 행위이거나 흉기휴대 준강도에 포함된 전형적 위험이 결과로 실현된 것에 불과할 뿐 아니라, 죄질에서도 현저한 차이가 있는 것이 아니어서 공소사실의 동일성이 인정된다.

> **판례** 피고인에 대하여 유죄판결이 확정된 바 있는 ...범죄사실은 '피고인이 2007. 6. 10. 08:20경 경북 예천읍 백전리 135 소재 일식당에서 공소외 1과 함께 술을 마시다가 사소한 이유로 시비가 되어 몸싸움을 하던 중 공소외 1로부터 폭행을 당하자 화가 나 공소외 1을 위협하기 위하여 위 식당 앞에 세워져 있던 피고인 승용차 트렁크에서 폭력행위에 공용될 우려가 있는 흉기인 회칼을 들고 와 정당한 이유 없이 휴대하였다.'는 것이라고 인정하고, 한편 이 사건 공소사실은 '피고인이 2007. 6. 10. 08:20경 경북 예천읍 백전리 135 소재 일식당 앞 노상에서 위 식당에서 같이 술을 마시던 공소외 1과 시비되어 공소외 1로부터 폭행을 당하자 화가 나 위험한 물건인 회칼을 피고인 소유의 차량에서 꺼내어 들고 공소외 1과 시비하려고 하였고, 이를 본 피해자 공소외 2가 위 식당 안으로 들어가는 피고인을 가로막으면서 제지하자, 피해자와 시비를 벌이다가 위 회칼로 피해자의 왼쪽 종아리 부위를 1회 찔러 약 7주간의 치료를 요하는 좌측 하퇴부 좌상 및 심부열상 등을 가하였다.'는 것이다. 원래 공소사실이나 범죄사실의 동일성 여부는 사실의 동일성이 갖는 법률적 기능을 염두에 두고 피고인의 행위와 그 사회적인 사실관계를 기본으로 하되 그 규범적 요소도 고려하여 판단하여야 할 것인바(대판 1994.03.22. 93도2080(전합)), 기록과 위에서 본 사실관계에 의하면, 피고인이 흉기인 회칼을 휴대한 행위와 위 회칼로 피해자 공소외 2를 찔러 상해를 가한 행위는 피고인이 피해자에게 상해를 가하려는 단일의 범의하에 저지른 상호 수단과 결과의 관계에 있는 일련의 행위로서 밀접한 인과관계가 있다고 할 것이므로 위 공소사실과 위 확정판결의 범죄사실은 그 기본적 사실관계가 동일한 것이라고 하지 않을 수 없다(대판 2009.11.12. 2009도9189).

정답 O

3) 항소심법원이 피고인 甲에 대한 공소장변경을 허가하지 아니하더라도 위법은 아니다.

> **해설** 형사소송법 제298조 제1항은 "검사는 법원의 허가를 얻어 공소장에 기재한 공소사실 또는 적용법조의 추가, 철회 또는 변경을 할 수 있다. 이 경우에 법원은 공소사실의 동일성을 해하지 아니하는 한도에서 허가하여야 한다."고 규정하고 있으므로, 검사의 공소장변경신청이 공소사실의 동일성을 해하지 아니하는 한 법원은 이를 허가하여야 한다(대판 1999.04.13. 99도375).

정답 ×

(5) 약식명령에 대한 정식재판에서의 공소장변경

🔖 17년 변시, 17년(3)·19년(2) 모의

87. 약식명령에 대하여 피고인만 정식재판을 청구한 사건에서 공소사실의 동일성이 인정되는 경우 법정형에 유기징역형만 있는 범죄로 공소장을 변경하는 것도 허용된다.

> **해설** 약식명령에 대하여 피고인만이 정식재판을 청구한 이 사건에서 피고인에 대하여 사서명위조와 위조사서명행사의 범죄사실이 인정되는 경우에는 비록 사서명위조죄와 위조사서명행사죄의 법정형에 유기징역형만 있다 하더라도 형사소송법 제457조의2에서 규정한 불이익변경금지 원칙이 적용되어 벌금형을 선고할 수 있는 것이므로, 위와 같은 불이익변경금지 원칙 등을 이유로 이 사건 공소장변경을 불허할 것은 아니다(대판 2013.02.28. 2011도14986). ▶ 약식명령에 대하여 피고인만이 정식재판을 청구한 사건에서 당초 사문서위조 및 위조사문서행사의 공소사실로 공소제기되었으나 검사가 예비적으로 사서명위조 및 위조사서명행사의 공소사실로 공소장변경허가를 신청한 사안. ▶ 개정 형사소송법 제457조의2(형종 상향의 금지 등)에 의하더라도 동일한 결론에 이른다. 다만, 벌금형의 액수는 상향 될 수 있다.

> **형사소송법 제457조의2 (형종 상향의 금지 등)** ① 피고인이 정식재판을 청구한 사건에 대하여는 약식명령의 형보다 중한 종류의 형을 선고하지 못한다.
> ② 피고인이 정식재판을 청구한 사건에 대하여 약식명령의 형보다 중한 형을 선고하는 경우에는 판결서에 양형의 이유를 적어야 한다. [전문개정 2017.12.19]

정답

제3절 공판준비절차

Ⅰ 공판준비절차의 의의

Ⅱ 공판기일 전의 절차

14년(2) 모의

88. 법원은 공소의 제기가 있는 때에는 지체없이 공소장의 부본을 피고인 또는 변호인에게 송달하여야 한다. 단, 제1회 공판기일 전 5일까지 송달하여야 한다.

■해설 형사소송법 제266조 참조.

> 형사소송법 제266조(공소장부본의 송달) 법원은 공소의 제기가 있는 때에는 지체없이 공소장의 부본을 피고인 또는 변호인에게 송달하여야 한다. 단, 제1회 공판기일 전 5일까지 송달하여야 한다.

정답

13년(3) 모의

89. 증거조사의 신청은 실체적 공판준비의 일환으로 공판기일 전에도 허용된다.

■해설 형사소송법 제273조 제1항 참조.

> 형사소송법 제273조(공판기일 전의 증거조사) ① 법원은 검사, 피고인 또는 변호인의 신청에 의하여 공판준비에 필요하다고 인정한 때에는 공판기일 전에 피고인 또는 증인을 신문할 수 있고 검증, 감정 또는 번역을 명할 수 있다.

정답 ○

Ⅲ 공판전 준비절차

20년(1) 모의

90. 공판준비기일에 신청되지 못한 증거라도 법원은 직권으로 이를 조사할 수 있다.

■해설 형사소송법 제266조의 13 참조.

> 형사소송법 제266조의13(공판준비기일 종결의 효과) ① 공판준비기일에서 신청하지 못한 증거는 다음 각 호의 어느 하나에 해당하는 경우에 한하여 공판기일에 신청할 수 있다.
> 1. 그 신청으로 인하여 소송을 현저히 지연시키지 아니하는 때
> 2. 중대한 과실 없이 공판준비기일에 제출하지 못하는 등 부득이한 사유를 소명한 때
> ② 제1항에도 불구하고 법원은 직권으로 증거를 조사할 수 있다.

정답

20년(2) 모의

91. 법원은 공판준비절차에서 공소사실 또는 적용법조의 추가·철회 또는 변경을 허가할 수 없다.

■해설 형사소송법 제266조의9 제1항 참조.

> 형사소송법 266조의9 (공판준비에 관한 사항) ① 법원은 공판준비절차에서 다음 행위를 할 수 있다.
> 1. 공소사실 또는 적용법조를 명확하게 하는 행위
> 2. 공소사실 또는 적용법조의 추가·철회 또는 변경을 허가하는 행위

정답

16년(1) 모의

92. 법원은 공판준비절차에서 공소사실 또는 적용법조를 명확하게 하는 행위를 할 수 있다.

해설 형사소송법 제266조의9 제1항 제1호 참조.

형사소송법 제266조의9(공판준비에 관한 사항) ① 법원은 공판준비절차에서 다음 행위를 할 수 있다.
1. 공소사실 또는 적용법조를 명확하게 하는 행위

정답

13년(1)·20년(2) 모의

93. (1) 법원은 검사, 피고인 또는 변호인의 의견을 들어 공판준비기일을 지정할 수 있다.
(2) 검사, 피고인 또는 변호인은 법원에 대하여 공판준비기일의 지정을 신청할 수 있으며, 당해 신청에 관한 법원의 결정에 대하여 항고할 수 있다.
(3) 법원은 검사, 피고인 또는 변호인의 의견을 들어 공판준비기일을 지정할 수 있고, 이 경우 당해 신청에 관한 법원의 결정에 대하여는 불복할 수 없다.

해설 형사소송법 제266조의7 참조.

형사소송법 제266조의7 (공판준비기일) ① 법원은 검사, 피고인 또는 변호인의 의견을 들어 공판준비기일을 지정할 수 있다.
② 검사, 피고인 또는 변호인은 법원에 대하여 공판준비기일의 지정을 신청할 수 있다. 이 경우 당해 신청에 관한 법원의 결정에 대하여는 불복할 수 없다.

정답 ○, ×, ○

13년(1) · 23년(3) 모의

94. 공판준비기일에는 검사와 변호인이 출석하여야 하며, 법원은 공판준비기일이 지정된 사건에 관하여 변호인이 없는 때에는 직권으로 변호인을 선정하여야 한다.

해설 형사소송법 제266조의8 제1항, 제4항 참조.

형사소송법 제266조의8(검사 및 변호인 등의 출석) ① 공판준비기일에는 검사 및 변호인이 출석하여야 한다.
④ 법원은 공판준비기일이 지정된 사건에 관하여 변호인이 없는 때에는 직권으로 변호인을 선정하여야 한다.

정답

🕐 21년 변시, 13년(1) 모의

95. 피고인의 출석 없이는 공판준비기일을 개정할 수 없으며, 재판장은 출석한 피고인에게 진술을 거부할 수 있음을 알려주어야 한다.

▮해설▮ 공판준비기일에는 검사 및 변호인이 출석하여야 진행할 수 있으며, 피고인의 출석은 원칙적으로 공판준비기일 진행의 필수적인 요건은 아니다. 이와 비교하여 공판기일에서 피고인의 출석은 기일진행의 필수적 요건이다.

형사소송법 제266조의8(검사 및 변호인 등의 출석) ① 공판준비기일에는 검사 및 변호인이 출석하여야 한다.
⑥ 재판장은 출석한 피고인에게 진술을 거부할 수 있음을 알려주어야 한다.
형사소송법 제276조(피고인의 출석권) 피고인이 공판기일에 출석하지 아니한 때에는 특별한 규정이 없으면 개정하지 못한다. 단, 피고인이 법인인 경우에는 대리인을 출석하게 할 수 있다.

정답 ×

20년(2) 모의

96. 공판준비기일에는 검사 및 변호인이 출석하여야 하며, 피고인은 법원의 소환이 없는 때에도 공판준비기일에 출석할 수 있다.

▮해설▮ 형사소송법 제266조의8 참조.

형사소송법 제266조의8 (검사 및 변호인 등의 출석) ① 공판준비기일에는 검사 및 변호인이 출석하여야 한다.
⑤ 법원은 필요하다고 인정하는 때에는 피고인을 소환할 수 있으며, 피고인은 법원의 소환이 없는 때에도 공판준비기일에 출석할 수 있다.

정답

13년(1) 모의

97. 법원은 사건을 공판준비절차에 부친 뒤 3개월이 지난 때에는 공판준비절차를 종결하여야 하지만 공판의 준비를 계속하여야 할 상당한 이유가 있는 때에는 그러하지 아니하다.

▮해설▮ 형사소송법 제266조의12 참조.

형사소송법 제266조의12(공판준비절차의 종결사유) 법원은 다음 각 호의 어느 하나에 해당하는 사유가 있는 때에는 공판준비절차를 종결하여야 한다. 다만, 제2호 또는 제3호에 해당하는 경우로서 공판의 준비를 계속하여야 할 상당한 이유가 있는 때에는 그러하지 아니하다.
1. 쟁점 및 증거의 정리가 완료된 때
2. 사건을 공판준비절차에 부친 뒤 3개월이 지난 때
3. 검사·변호인 또는 소환 받은 피고인이 출석하지 아니한 때

정답 ○

제4절 공판정의심리

I 공판정의 구성

1. 판사와 검사 및 변호인의 출석

(1) 일반론

15년(3) 모의

98. 검사가 공판기일의 통지를 2회 이상 받고 출석하지 아니하거나 판결만을 선고하는 때에는 검사의 출석 없이 개정할 수 있다.

> **해설** 형사소송법 제278조 참조.
>
> 형사소송법 제278조(검사의 불출석) 검사가 공판기일의 통지를 2회 이상 받고 출석하지 아니하거나 판결만을 선고하는 때에는 검사의 출석 없이 개정할 수 있다.

정답 ○

(2) 필요적 변호사건

19년(2) · 23년(3) 모의

99. 필요적 변호사건의 제1심 공판절차가 변호인 없이 이루어진 경우 항소심으로서는 피고인의 심급의 이익을 박탈하지 않기 위하여 위법한 제1심판결을 파기하고 사건을 제1심법원으로 환송하여야 한다.

> **해설** 형사소송법 제282조에 규정된 필요적 변호사건에 해당하는 사건에서 제1심의 공판절차가 변호인 없이 이루어져 증거조사와 피고인신문 등 심리가 이루어졌다면, 그와 같은 위법한 공판절차에서 이루어진 증거조사와 피고인신문 등 일체의 소송행위는 모두 무효이므로, 이러한 경우 항소심으로서는 변호인이 있는 상태에서 소송행위를 새로이 한 후 위법한 제1심판결을 파기하고, 항소심에서의 증거조사 및 진술 등 심리 결과에 기하여 다시 판결하여야 한다(대판 2011.09.08. 2011도6325).

정답

22년(1) 모의

100. 甲은 구속된 상태에서 재판을 받고 있고, 항소심법원이 국선변호인을 선정하고 甲과 그 변호인에게 소송기록접수통지를 한 다음 甲이 사선변호인을 선임하자, 항소심법원은 국선변호인의 선정을 취소하였다. 이 사건은 필요적 변호사건에 해당한다.

해설 형사소송법 제282조 및 제33조 참조.

> 형사소송법 제282조(필요적 변호) 제33조제1항 각 호의 어느 하나에 해당하는 사건 및 같은 조 제2항·제3항의 규정에 따라 변호인이 선정된 사건에 관하여는 변호인 없이 개정하지 못한다. 단, 판결만을 선고할 경우에는 예외로 한다. <개정 2006. 7. 19.> [제목개정 2006. 7. 19.]
> 형사소송법 제33조(국선변호인) ① 다음 각 호의 어느 하나에 해당하는 경우에 변호인이 없는 때에는 법원은 직권으로 변호인을 선정하여야 한다. <개정 2020. 12. 8.>
> 1. 피고인이 구속된 때
> 2. 피고인이 미성년자인 때
> 3. 피고인이 70세 이상인 때
> 4. 피고인이 듣거나 말하는 데 모두 장애가 있는 사람인 때
> 5. 피고인이 심신장애가 있는 것으로 의심되는 때
> 6. 피고인이 사형, 무기 또는 단기 3년 이상의 징역이나 금고에 해당하는 사건으로 기소된 때
> ② 법원은 피고인이 빈곤이나 그 밖의 사유로 변호인을 선임할 수 없는 경우에 피고인이 청구하면 변호인을 선정하여야 한다. <개정 2020. 12. 8.>
> ③ 법원은 피고인의 나이·지능 및 교육 정도 등을 참작하여 권리보호를 위하여 필요하다고 인정하면 피고인의 명시적 의사에 반하지 아니하는 범위에서 변호인을 선정하여야 한다. <개정 2020. 12. 8.>
> [전문개정 2006. 7. 19.] [시행일 : 2021. 12. 9.]

정답 O

12년 변시, 15년(1)·16년(1)·(2) 모의

101. 필요적 변호사건에서 변호인 출석 없이 실체적 심리가 이루어진 경우 그 심리절차는 무효이지만, 그 이외의 적법하게 이루어진 소송행위까지 모두 무효라고 볼 수는 없다.

해설 필요적 변호사건의 공판절차가 사선 변호인과 국선 변호인이 모두 불출석한 채 개정되어 국선 변호인 선정 취소 결정이 고지된 후 변호인 없이 피해자에 대한 증인신문 등 심리가 이루어진 경우, 그와 같은 위법한 공판절차에서 이루어진 피해자에 대한 증인신문 등 일체의 소송행위는 모두 무효라고 할 것이고, 다만 필요적 변호사건에서 변호인이 없거나 출석하지 아니한 채 공판절차가 진행되었기 때문에 그 공판절차가 위법한 것이라 하더라도 그 절차에서의 소송행위 외에 다른 절차에서 적법하게 이루어진 소송행위까지 모두 무효로 된다고 볼 수는 없다(대판 1999.04.23. 99도915).

정답 O

15년(1)·21년(2) 모의

102. 필요적 변호사건에서 피고인 및 변호인의 의견진술을 듣는 것 이외의 모든 절차가 종료된 상태에서 피고인과 변호인이 재판절차의 진행을 저해할 의도로 허가 없이 퇴정한 경우에는 법원은 변호인의 진술 없이 소송절차를 진행하여 판결을 선고해도 위법하지 아니하다.

해설 비록 필요적 변호사건이라 하더라도 피고인 및 변호인의 의견진술을 듣는 것 이외의 모든 절차가 종료된 상태에서 피고인이 재판절차의 진행을 저해할 의도로 허가 없이 퇴정하고 변호인들이 이에

동조하는 취지에서 재판장의 여러 차례에 걸친 의견진술촉구에도 불구하고 의견을 진술하지 아니한 채 퇴정한 경우에는 변호인이 그 소송절차상 갖고 있는 재정의 이익이 포기 또는 상실되었다고 볼 수밖에 없는 것으로서 형사소송법 제330조의 규정에 의하여 피고인의 진술 없이 판결할 수 있는 것과 마찬가지로 변호인의 진술 없이 소송절차를 진행하여 판결을 선고한 것이 위법하다 할 수 없다(대판 1990.06.12. 90도672).

> 형사소송법 제330조(피고인의 진술없이 하는 판결) 피고인이 진술하지 아니하거나 재판장의 허가없이 퇴정하거나 재판장의 질서유지를 위한 퇴정명령을 받은 때에는 피고인의 진술없이 판결할 수 있다.

정답 ○

2. 피고인의 출석

(1) 소송무능력자의 소송행위의 대리와 대표
(2) 경미사건 및 피고인에게 유리한 재판을 하는 경우

 17년 변시

103. 면소의 재판을 할 것이 명백한 사건에 관하여는 공판기일에 피고인의 출석을 요하지 아니한다.

해설 형사소송법 제277조 제2호 참조.

> 형사소송법 제277조(경미사건 등과 피고인의 불출석) 다음 각 호의 어느 하나에 해당하는 사건에 관하여는 피고인의 출석을 요하지 아니한다. 이 경우 피고인은 대리인을 출석하게 할 수 있다.
> 2. 공소기각 또는 면소의 재판을 할 것이 명백한 사건

정답 ○

18년(3) 모의

104. 장기 3년 이하의 징역 또는 금고에 해당하는 사건에서 피고인의 불출석허가신청이 있고 법원이 이를 허가한 사건에는 피고인의 출석을 요하지 않지만, 판결을 선고하는 공판기일에는 출석하여야 한다.

해설 형사소송법 제277조 제3호 참조.

> 형사소송법 제277조(경미사건 등과 피고인의 불출석) 다음 각 호의 어느 하나에 해당하는 사건에 관하여는 피고인의 출석을 요하지 아니한다. 이 경우 피고인은 대리인을 출석하게 할 수 있다.
> 1. 다액 500만원 이하의 벌금 또는 과료에 해당하는 사건
> 2. 공소기각 또는 면소의 재판을 할 것이 명백한 사건
> 3. 장기 3년 이하의 징역 또는 금고, 다액 500만원을 초과하는 벌금 또는 구류에 해당하는 사건에서 피고인의 불출석허가신청이 있고 법원이 피고인의 불출석이 그의 권리를 보호함에 지장이 없다고 인정하여 이를 허가한 사건. 다만, 제284조에 따른 절차를 진행하거나 판결을 선고하는 공판기일에는 출석하여야 한다.

정답 ○

15년(2) 모의

105. 약식명령에 대하여 피고인만 정식재판을 청구하여 공판절차가 진행된 사건에서 판결을 선고하는 경우에는 피고인의 출석을 요하지 않는다.

> **해설** 형사소송법 제277조 제4호 참조.
>
> 형사소송법 제277조(경미사건 등과 피고인의 불출석) 다음 각 호의 어느 하나에 해당하는 사건에 관하여는 피고인의 출석을 요하지 아니한다. 이 경우 피고인은 대리인을 출석하게 할 수 있다.
>   4. 제453조 제1항에 따라 피고인만이 정식재판의 청구를 하여 판결을 선고하는 사건

정답 O

18년(3)·21년(2) 모의

106. 피고인이 출석하지 아니하면 개정하지 못하는 경우에, 구속된 피고인이 정당한 사유 없이 출석을 거부하고 교도관에 의한 인치가 불가능하거나 현저히 곤란하다고 인정되는 때에는 피고인의 출석 없이 공판절차를 진행할 수 있다.

> **해설** 형사소송법 제277조의2 참조.
>
> 형사소송법 제277조의2(피고인의 출석거부와 공판절차) ① 피고인이 출석하지 아니하면 개정하지 못하는 경우에 구속된 피고인이 정당한 사유없이 출석을 거부하고, 교도관에 의한 인치가 불가능하거나 현저히 곤란하다고 인정되는 때에는 피고인의 출석 없이 공판절차를 진행할 수 있다.
> ② 제1항의 규정에 의하여 공판절차를 진행할 경우에는 출석한 검사 및 변호인의 의견을 들어야 한다.

정답 O

(3) 피고인이 퇴정하거나 퇴정명령을 받은 경우

22년(1) 모의

107. 재판장은 피고인의 퇴정을 제지하기 위하여 필요한 처분을 할 수 있다.

> **해설** 형사소송법 제281조 제2항 참조.
>
> 형사소송법 제281조(피고인의 재정의무, 법정경찰권) ① 피고인은 재판장의 허가없이 퇴정하지 못한다.
> ② 재판장은 피고인의 퇴정을 제지하거나 법정의 질서를 유지하기 위하여 필요한 처분을 할 수 있다.

정답 O

23년(1) 모의

108. 피해자가 변호인의 반대신문을 절반가량 남겨둔 상황에서 속행된 증인신문기일에 출석하지 않고 이후 소재불명이 되어 피고인 측에 반대신문의 기회는 제공되었으나 반대신문사항을 모두 신문하지 못한 때에는 실질적 반대신문의 기회가 부여되지 않았으므로 수사기관이 작성한 피해자에 대한 진술조서의 증거능력은 인정되지 않는다.

해설 … 원심은, 변호인의 피해자에 대한 나머지 반대신문을 위하여 증인신문절차를 속행하던 중 제1심 제6회 공판기일까지 피해자가 출석하지 아니하자 그 이후부터 피해자에 대한 증인소환절차를 진행하지 아니한 채 제9회 공판기일에 변론을 종결하였으므로 피고인 또는 변호인의 반대신문권이 실질적으로 보장된 것으로 볼 수 없다고 하면서, 그 구체적인 사유로, 피고인이 수사기관에서부터 공판에 이르기까지 일관하여 피해자의 진술과 정면으로 배치되는 취지로 주장하며 이 사건 공소사실을 극력히 다투어 온 점, 변호인이 미리 준비하여 재판부에 제출하였으나 증인신문절차 속행으로 증인의 답변을 듣지 못한 사항은 전체 반대신문사항의 1/2 정도에 달하는 것으로 폭행의 수단, 방법, 상해의 부위, 정도 등 이 사건 공소사실의 주된 부분에 관한 것이었던 점, 제1심에서 이루어진 다른 증인들의 전체적인 증언 취지가 위 폭행 및 상해 등 이 사건 공소사실과 달랐던 점 등의 사정을 들었다. 원심은 나아가, 피고인 및 변호인이 제1심 제3회 공판기일 및 제5회 공판기일에 각 '이의가 없다'는 취지로 진술하기는 하였으나 실질적 반대신문권을 보장하지 아니한 하자는 그 이후인 제1심 제6회 공판기일 이후에 발생한 것이므로 피고인 또는 변호인이 책문권 포기의 의사를 명시한 것으로 볼 수도 없다는 취지로 판단하였다. 위와 같은 원심판결의 이유와 아래의 이 사건 진술조서의 증거능력과 관련하여 원심이 그 이유로 들고 있는 사정(피해자의 수사기관에서의 진술 중 폭행당하였다는 점에 관하여는 다소 변경되었으므로, 피고인으로서는 반대신문을 통하여 피해자의 위 진술을 탄핵할 필요성이 있었던 점, 그러나 피해자는 제1심 제2회 공판기일 이후부터 증인신문을 의도적으로 회피한 것으로 보이는 점 등)을 관련 법리와 적법하게 채택한 증거에 비추어 살펴보면, 원심이 증인신문절차에서의 실질적 반대신문권 보장, 책문권 포기 등에 관한 법리를 오해하여 판결에 영향을 미친 잘못이 없다(대판 2022.03.17. 2016도17054).

정답

21년 · 22년 · 23년 변시, 14년(1) · 15년(2) · 23년(1) 모의

109. 재판장은 증인이 피고인의 면전에서 충분한 진술을 할 수 없다고 인정한 때에는 피고인을 퇴정하게 하고 증인신문을 진행함으로써 피고인의 직접적인 증인 대면을 제한할 수 있으며, 이러한 경우 피고인의 반대신문권을 배제할 수 있다.

해설 형사소송법 제297조의 규정에 따라 재판장은 증인이 피고인의 면전에서 충분한 진술을 할 수 없다고 인정한 때에는 피고인을 퇴정하게 하고 증인신문을 진행함으로써 피고인의 직접적인 증인 대면을 제한할 수 있지만, 이러한 경우에도 피고인의 반대신문권을 배제하는 것은 허용될 수 없다(대판 2010.01.14. 2009도9344).

형사소송법 제297조(피고인 등의 퇴정) ① 재판장은 증인 또는 감정인이 피고인 또는 어떤 재정인의 면전에서 충분한 진술을 할 수 없다고 인정한 때에는 그를 퇴정하게 하고 진술하게 할 수 있다. 피고인이 다른 피고인의 면전에서 충분한 진술을 할 수 없다고 인정한 때에도 같다.
② 전항의 규정에 의하여 피고인을 퇴정하게 한 경우에 증인, 감정인 또는 공동피고인의 진술이 종료한 때에는 퇴정한 피고인을 입정하게 한 후 법원사무관 등으로 하여금 진술의 요지를 고지하게 하여야 한다.

정답

23년(3) 모의

110. 재판장은 증인이 피고인의 면전에서 충분한 진술을 할 수 없다고 인정한 때에는 그를 퇴정하게 하고 진술하게 할 수 있으나, 증인이 재정한 변호인의 면전에서 충분한 진술을 할 수 없다고 인정한 때에는 그러하지 아니하다.

> **해설** 형사소송규칙 제297조 제1항과 형사소송규칙 제140조의3은 재판장이 퇴정하게 할 수 있는 재정인에 제한을 두고 있지 않다. 처례시설에 관한 판례이기는 하지만, 대판은 "증인이 대면하여 진술함에 있어 심리적인 부담으로 정신의 평온을 현저하게 잃을 우려가 있는 상대방은 피고인인 경우가 대부분일 것이지만, 증인이나 피고인과의 관계에 따라서는 방청인 등 다른 사람도 상대방이 될 수 있다. 이에 따라 형사소송법 제165조의2 제3호도 대상을 '피고인 등'이라고 규정하고 있으므로, 법원은 형사소송법 제165조의2 제3호의 요건이 충족될 경우 피고인뿐만 아니라 검사, 변호인, 방청인 등에 대하여도 차폐시설 등을 설치하는 방식으로 증인신문을 할 수 있으며, 이는 형사소송규칙 제84조의9에서 피고인과 증인 사이의 차폐시설 설치만을 규정하고 있다고 하여 달리 볼 것이 아니다"라고 판시한 바 있다(대판 2015.05.28. 2014도18006).

정답

(4) 피고인이 불출석하는 경우

3. 전문심리위원의 참여

Ⅱ 소송지휘권

21년(1) 모의

111. 방청을 희망하는 피고인들의 가족·친지 기타 일반국민에게 미리 방청권을 발행하고 그 소지자에 한하여 방청을 허용하는 등의 방법으로 방청인의 수를 제한하는 조치는 적법하다.

> **해설** 법원이 법정의 규모·질서의 유지·심리의 원활한 진행 등을 고려하여 방청을 희망하는 피고인들의 가족·친지 기타 일반 국민에게 미리 방청권을 발행하게 하고 그 소지자에 한하여 방청을 허용하는 등의 방법으로 방청인의 수를 제한하는 조치를 취하는 것이 공개재판주의의 취지에 반하는 것은 아니다(대판 1990.06.08. 90도646).

정답

Ⅲ 법정경찰권

제5절 공판기일의 절차

Ⅰ 모두절차

Ⅱ 사실심리절차

1. 증거조사

20년(3) 모의

112. 증거신청은 검사가 먼저 한 후 다음에 피고인 또는 변호인이 한다.

> 해설 형사소송규칙 제133조 참조.
>
> 형사소송규칙 제133조(증거신청의 순서) 증거신청은 검사가 먼저 이를 한 후 다음에 피고인 또는 변호인이 이를 한다.

정답

19년(2) 모의

113. 녹취록이 증거위조죄에 대한 증거로 제출된 경우 신청인이 이를 낭독하여 증거조사를 하여야 한다.

> 해설 녹취록을 증거위조죄의 증거로 사용할 경우 이 녹취록은 증거물로서의 성격을 가지므로 제시가 필요하다.
>
> 형사소송법 제292조의2(증거물에 대한 조사방식) ① 검사, 피고인 또는 변호인의 신청에 따라 증거물을 조사하는 때에는 신청인이 이를 제시하여야 한다.
> ② 법원이 직권으로 증거물을 조사하는 때에는 소지인 또는 재판장이 이를 제시하여야 한다.
> ③ 재판장은 법원사무관등으로 하여금 제1항 및 제2항에 따른 제시를 하게 할 수 있다.

정답

18년(2) 모의

114. 검사, 피고인 또는 변호인은 특별한 사정이 없는 한 증거들을 일괄하여 신청하여야 한다.

> 해설 형사소송규칙 제132조 참조.
>
> 형사소송규칙 제132조(증거의 신청) 검사·피고인 또는 변호인은 특별한 사정이 없는 한 필요한 증거를 일괄하여 신청하여야 한다.

정답

24년 변시, 12년(2)·16년(3)·22년(1) 모의

115. (1) 본래 증거물이지만 증거서류의 성질도 가지고 있는 이른바 '증거물인 서면'을 조사하기 위해서는 원칙적으로 증거 신청인으로 하여금 그 서면을 제시하면서 낭독하게 하거나 낭독에 갈음하여 그 내용을 고지 또는 열람하도록 하여야 한다.

(2) 증거물인 서면'을 조사하기 위해서는 증거서류의 조사방식인 낭독·내용고지 또는 열람의 절차와 증거물의 조사방식인 제시의 절차가 함께 이루어져야 한다.

해설 본래 증거물이지만 증거서류의 성질도 가지고 있는 이른바 '증거물인 서면'을 조사하기 위해서는 증거서류의 조사방식인 낭독·내용고지 또는 열람의 절차와 증거물의 조사방식인 제시의 절차가 함께 이루어져야 하므로, 원칙적으로 증거신청인으로 하여금 그 서면을 제시하면서 낭독하게 하거나 이에 갈음하여 그 내용을 고지 또는 열람하도록 하여야 한다(대판 2013.07.26. 2013도2511).

형사소송법 제292조(증거서류에 대한 조사방식) ①검사, 피고인 또는 변호인의 신청에 따라 증거서류를 조사하는 때에는 신청인이 이를 낭독하여야 한다.
②법원이 직권으로 증거서류를 조사하는 때에는 소지인 또는 재판장이 이를 낭독하여야 한다.
③재판장은 필요하다고 인정하는 때에는 제1항 및 제2항에도 불구하고 내용을 고지하는 방법으로 조사할 수 있다.
④재판장은 법원사무관등으로 하여금 제1항부터 제3항까지의 규정에 따른 낭독이나 고지를 하게 할 수 있다.
⑤재판장은 열람이 다른 방법보다 적절하다고 인정하는 때에는 증거서류를 제시하여 열람하게 하는 방법으로 조사할 수 있다.
제292조의2(증거물에 대한 조사방식) ①검사, 피고인 또는 변호인의 신청에 따라 증거물을 조사하는 때에는 신청인이 이를 제시하여야 한다.
②법원이 직권으로 증거물을 조사하는 때에는 소지인 또는 재판장이 이를 제시하여야 한다.
③재판장은 법원사무관등으로 하여금 제1항 및 제2항에 따른 제시를 하게 할 수 있다.
형사소송규칙 제134조의6(증거서류에 대한 조사방법) ① 법 제292조제3항에 따른 증거서류 내용의 고지는 그 요지를 고지하는 방법으로 한다.
② 재판장은 필요하다고 인정하는 때에는 법 제292조제1항·제2항·제4항의 낭독에 갈음하여 그 요지를 진술하게 할 수 있다.

 정답 O, O

 15년 변시

116. 甲은 도박현장에서, 100억대 자산을 가진 건실한 사업가 乙에게 도박자금으로 1,200만 원을 빌려주었다가 乙의 부도로 인하여 빌려준 돈을 돌려받지 못하게 되자, 위 돈을 돌려받을 목적으로 乙을 사기죄로 고소하면서, 위 돈을 도박자금으로 빌려주었다는 사실을 감추고, 乙이 "사고가 나서 급히 필요하니 1,200만 원을 빌려주면, 내일 아침에 카드로 현금서비스를 받아 갚아주겠다."고 거짓말하여 이에 속아 乙에게 돈을 빌려주었다고 금전 대여경위를 허위로 기재한 고소장을 경찰관에게 제출하였다. 甲의 무고사건에서 甲의 고소장에 대한 증거조사는 낭독 또는 내용의 고지 방법으로 하여야 하고, 제시가 필요한 것은 아니다.

■해설 무고죄 성립과 관련하여 고소장의 법적 성격이 증거서류인가 또는 증거물인 서면인가에 따라 증거조사방식이 달라진다. 학설은 대립하고 있으나 법원실무제요는 내용이 문제가 되는 경우는 증거서류로 취급하고 서면에 기재된 내용뿐만 아니라 그 서면의 존재도 문제되는 경우에는 증거물인 서면으로 취급하고 있는 것으로 보인다. 이에 의하면 무고죄에 있어서 고소장은 허위사실여부판단에 있어서 그 서류에 기재된 내용이 문제가 되고 허위사실의 신고가 있었는가 하는 사실판단과 관련해서 그 고소장의 존재가 증거로 되므로 증거물인 서면으로 보는 것이 타당하다. 따라서 그 증거조사방식에 있어서 증거서류에 대한 조사방식인 '낭독 및 고지'와 관련한 형사소송법 제292조 뿐만 아니라, 증거물에 대한 조사방식인 동법 제292조의2도 적용이 되므로 '제시'가 필요하다.

> 형사소송법 제292조(증거서류에 대한 조사방식) ① 검사, 피고인 또는 변호인의 신청에 따라 증거서류를 조사하는 때에는 신청인이 이를 낭독하여야 한다.
> ② 법원이 직권으로 증거서류를 조사하는 때에는 소지인 또는 재판장이 이를 낭독하여야 한다.
> ③ 재판장은 필요하다고 인정하는 때에는 제1항 및 제2항에도 불구하고 내용을 고지하는 방법으로 조사할 수 있다.
> ④ 재판장은 법원사무관등으로 하여금 제1항부터 제3항까지의 규정에 따른 낭독이나 고지를 하게 할 수 있다.
> ⑤ 재판장은 열람이 다른 방법보다 적절하다고 인정하는 때에는 증거서류를 제시하여 열람하게 하는 방법으로 조사할 수 있다.
>
> 형사소송법 제292조의2(증거물에 대한 조사방식) ① 검사, 피고인 또는 변호인의 신청에 따라 증거물을 조사하는 때에는 신청인이 이를 제시하여야 한다.
> ② 법원이 직권으로 증거물을 조사하는 때에는 소지인 또는 재판장이 이를 제시하여야 한다.
> ③ 재판장은 법원사무관등으로 하여금 제1항 및 제2항에 따른 제시를 하게 할 수 있다.

정답

13년(2)·(3)·16년(3)·20년(1)·21년(3) 모의

117. **당사자의 증거신청에 대한 법원의 채택 여부의 결정은 판결 전의 소송절차에 관한 결정으로서 이의신청을 하는 외에는 달리 불복할 수 있는 방법이 없으며, 다만 그로 말미암아 사실을 오인하여 판결에 영향을 미친 때에는 즉시항고 할 수 있다.**

■해설 즉시항고를 할 수 있다는 명문규정이 없으므로 즉시항고는 할 수 없다(형사소송법 제403조 제1항).

> 형사소송법 제403조(판결 전의 결정에 대한 항고) ① 법원의 관할 또는 판결 전의 소송절차에 관한 결정에 대하여는 특히 즉시항고를 할 수 있는 경우 외에는 항고하지 못한다.

■판례 당사자의 증거신청에 대한 법원의 채택여부의 결정은 판결 전의 소송절차에 관한 결정으로서 이의신청을 하는 외에는 달리 불복할 수 있는 방법이 없고, 다만 그로 말미암아 사실을 오인하여 판결에 영향을 미치기에 이른 경우에만 이를 상소의 이유로 삼을 수 있을 뿐이다(대판 1990.06.08. 90도646).

정답

15년(1) 모의

118. 검사는 피고인 또는 피고인 아닌 자의 진술을 내용으로 하는 조서의 진정성립을 증명하기 위하여 영상녹화물의 조사를 신청할 수 있다.

▸ 해설 피고인의 진술을 내용으로 하는 진정성립을 증명하기 위한 영상녹화물의 조사 신청은 불가능하다.
▸ 형사소송규칙 제134조의2 제1항 및 제134조의3 제1항 참조.

형사소송규칙 제134조의2(영상녹화물의 조사 신청) ① 검사는 피고인이 아닌 피의자의 진술을 영상녹화한 사건에서 피고인이 아닌 피의자가 그 조서에 기재된 내용이 자신이 진술한 내용과 동일하게 기재되어 있음을 인정하지 아니하는 경우 그 부분의 성립의 진정을 증명하기 위하여 영상녹화물의 조사를 신청할 수 있다. <개정 2020. 12. 28.>
형사소송규칙 제134조의3(제3자의 진술과 영상녹화물) ① 검사는 피의자가 아닌 자가 공판준비 또는 공판기일에서 조서가 자신이 검사 또는 사법경찰관 앞에서 진술한 내용과 동일하게 기재되어 있음을 인정하지 아니하는 경우 그 부분의 성립의 진정을 증명하기 위하여 영상녹화물의 조사를 신청할 수 있다.

정답

13년(3) 모의

119. 법원은 법원이 직권으로 결정한 증거를 조사한 후 검사가 신청한 증거를 조사하고, 그 후 피고인 또는 변호인이 신청한 증거를 조사한다.

▸ 해설 형사소송법 제291조의2 제1항, 제2항 참조.

형사소송법 제291조의2(증거조사의 순서) ① 법원은 검사가 신청한 증거를 조사한 후 피고인 또는 변호인이 신청한 증거를 조사한다.
② 법원은 제1항에 따른 조사가 끝난 후 직권으로 결정한 증거를 조사한다.
③ 법원은 직권 또는 검사, 피고인·변호인의 신청에 따라 제1항 및 제2항의 순서를 변경할 수 있다.

정답

13년(3)·18년(2) 모의

120. 법원의 직권에 의한 증거조사는 법원의 권리이자 의무이므로 법원이 직권에 의한 증거조사를 충분히 하지 아니하면 심리미진의 위법이 있는 것으로 보아야 한다.

▸ 해설 법원의 직권에 의한 증거조사에 관하여 이를 법원의 권한에 불과하다는 견해와 법원의 권한인 동시에 의무가 된다는 견해가 대립하고 있다. 그러나 실체진실주의와 공정한 재판이 형사소송의 최고의 이념임에 비추어 직권에 의한 증거조사는 법원의 권한임과 동시에 의무라고 해석하는 것이 타당하다. 따라서 법원이 직권에 의한 증거조사를 다하지 않은 때에는 심리미진의 위법이 있다고 해야 한다(이재상, 형사소송법 제7판, p.472).

[판례] 수사기록 제36장에 의하면 피고인이 본건 범행당시 입고 있었다는 야전잠바를 증거로 압수하였던 같은 기재가 있고, 또 그 잠바의 앞깃과 우측 소매에 범행당시 묻었다는 혈흔이 있었던 것으로 보이는 기재부분이 있어 이는 본건에 있어서 중요한 증거자료가 된다고 아니할 수 없는바, 일건기록상 이에 대한 압수조서나 압수목록이 없고, 또 혈흔감정 등 증거채취나 증거조사를 한 흔적이 보이지 않는다. 그렇다면 이러한 경우에는 원심이 중요한 자료가 될 수 있는 증거에 대하여 그 심리를 다하지 아니하였다는 비난을 받을 수 있다고 아니할 수 없다(대판 1974.01.15. 73도2522).

정답 ○

13년(3) 모의

121. 법원은 검사, 피고인 또는 변호인이 고의로 증거를 뒤늦게 신청함으로써 공판의 완결을 지연하는 것으로 인정할 때에는 결정으로 이를 각하할 수 있다.

[해설] 법원은 검사, 피고인 또는 변호인이 고의로 증거를 뒤늦게 신청함으로써 공판의 완결을 지연하는 것으로 인정할 때에는 직권 또는 상대방의 신청에 따라 결정으로 이를 각하할 수 있다(형사소송법 제294조 제2항).

형사소송법 제294조(당사자의 증거신청) ② 법원은 검사, 피고인 또는 변호인이 고의로 증거를 뒤늦게 신청함으로써 공판의 완결을 지연하는 것으로 인정할 때에는 직권 또는 상대방의 신청에 따라 결정으로 이를 각하할 수 있다.

정답 ○

12년(2)·13년(2)·18년(2)·20년(3) 모의

122. (1) 증거신청의 채택 여부는 법원의 재량으로서 법원이 필요하지 않다고 인정할 때에는 증거를 조사하지 않을 수 있다.
(2) 법원이 적법하게 공판의 심리를 종결하였더라도 피고인이 증인신청을 하면 법원은 공판의 심리를 재개하여 증인신문을 하여야 한다.
(3) 당사자의 증거신청에 대한 채택여부는 법원의 재량에 속하는 것으로서, 그 신청증거를 조사한 바 없다 하여 위법하다고 할 수 없다.

[해설] (1)(3) 증거신청의 채택 여부는 법원의 재량으로서 법원이 필요하지 않다고 인정할 때에는 이를 조사하지 않을 수 있는 것이고, (2) 법원이 적법하게 공판의 심리를 종결한 뒤에 피고인이 증인신청을 하였다 하여 반드시 공판의 심리를 재개하여 증인신문을 하여야 하는 것은 아니므로 원심이 제1심에서 이미 증인신문이 이루어진 증인에 대한 증인신청을 하기 위한 피고인의 변론재개신청을 받아들이지 아니하였다고 하여 위법하다고 할 수 없다(대판 2011.01.27. 2010도7947).

정답 ○, ×, ○

24년 변시

123. 증거신청의 채택 여부는 법원의 재량으로서 법원의 증거결정에 대하여는 보통항고, 즉시항고 모두 할 수 없고, 다만 증거결정에 법령위반이 있는 경우에 한해 이의신청을 할 수 있을 뿐이며, 또한 그로 말미암아 사실을 오인하여 판결에 영향을 미치기에 이른 경우에만 이를 상소의 이유로 삼을 수 있다

해설 당사자의 증거신청을 채택하는지 여부에 관한 법원의 결정은 판결 전의 소송절차에 관한 결정으로서 이의신청을 하는 외에는 달리 불복할 수 있는 방법이 없고, 다만 그로 말미암아 사실을 오인하여 판결에 영향을 미치기에 이른 경우에 이를 들어 상소의 이유로 삼을 수 있을 뿐이다(대판 2013.4.26. 2013도856).

정답

13년(2) 모의

124. 법원은 당사자의 증거신청에 대하여 반드시 채부의 결정을 하여야 한다.

해설 형사소송법 제295조 참조.

> 형사소송법 제295조(증거신청에 대한 결정) 법원은 제294조(당사자의 증거신청) 및 제294조의2(피해자 등의 진술권)의 증거신청에 대하여 결정을 하여야 하며 직권으로 증거조사를 할 수 있다.

정답

13년(2) 모의

125. 증거조사 신청의 기각결정을 하는 때에는 재판에는 이유를 명시하여야 한다는 원칙에 따라 그 사유의 존부에 관하여 구체적인 설명을 밝혀야 한다.

해설 형사소송법 제39조는 "재판에는 이유를 명시하여야 한다. 단, 상소를 불허하는 결정 또는 명령은 예외로 한다."고 규정하고 있으나, 그 이유 기재의 정도에 관하여는 형사소송법 제323조가 유죄판결에 명시될 이유에 관하여 규정하고 있을 뿐 다른 규정은 없으므로, 어느 재판에 어느 정도의 이유 기재를 요하느냐는 그 재판의 성격에 따라 결정할 수밖에 없다. 따라서 증거조사신청의 기각결정 등 판결 전의 소송절차에 관한 재판에는 재판의 간결성의 원칙에 따라 그 사유의 존부에 관하여 자세하고 구체적인 설명을 생략하고 그 신청의 당부에 대한 이유를 다만 신청의 이유가 있다 또는 그 이유가 없다고 간단히 밝히면 된다(대결 1996.11.14. 96모94).

정답 ×

13년(2) 모의

126. 증거조사를 마친 증거가 증거능력이 없음을 이유로 한 이의신청을 이유있다고 인정할 경우에는 그 증거의 전부 또는 일부를 배제한다는 취지의 결정을 하여야 한다.

해설 형사소송규칙 제139조 제4항 참조.

형사소송규칙 제139조(이의신청에 대한 결정의 방식) ④ 증거조사를 마친 증거가 증거능력이 없음을 이유로 한 이의신청을 이유있다고 인정할 경우에는 그 증거의 전부 또는 일부를 배제한다는 취지의 결정을 하여야 한다.

정답 O

12년(2) 모의

127. 피고인의 자백을 보강하는 증거나 정상에 관한 증거는 보강증거 또는 정상에 관한 증거라는 취지를 특히 명시하여 그 조사를 신청해야 한다.

해설 형사소송규칙 제132조의2 제2항 참조.

형사소송규칙 제132조의2(증거신청의 방식) ② 피고인의 자백을 보강하는 증거나 정상에 관한 증거는 보강증거 또는 정상에 관한 증거라는 취지를 특히 명시하여 그 조사를 신청하여야 한다.

정답 O

18년(1) 모의

128. 검사가 수사보고서에 첨부하여 제출한 체포 장면이 녹화된 동영상 CD를 증거조사절차 없이 유죄 증거로 채택하는 것은 위법하다.

해설 피고인들이 금지통고된 옥외집회를 진행하던 중 3회에 걸쳐 자진 해산명령을 받고도 이에 불응하였다고 하여 관할 경찰공무원 등에 의해 체포되어 집회 및 시위에 관한 법률 위반죄로 기소된 사안에서, 검사가 피고인들의 체포장면이 녹화된 동영상 CD를 별도의 증거로 제출하지 아니하고 CD의 내용을 간략히 요약한 수사보고서에 CD를 첨부하여 수사보고서만을 서증으로 제출하였는데, 형사소송법 제292조의3 및 형사소송규칙 제134조의8은 녹음·녹화매체 등에 대한 증거조사는 이를 재생하여 청취 또는 시청하는 방법으로 하도록 규정하고 있으므로, 원심이 CD에 대하여 형사소송규칙에서 정한 증거조사절차를 거치지 아니한 채 유죄의 증거로 채택한 조치는 잘못이지만, 증거능력이 인정되고 적법한 증거조사절차를 거친 나머지 증거들에 의하더라도 유죄를 인정하기에 충분하므로, 위와 같은 잘못은 판결 결과에 영향이 없다고 한 사례(대판 2011.10.13. 2009도13846).

정답 O

18년(2)·20년(1)·(3) 모의

129. 증거결정은 판결 전의 소송절차에 관한 결정으로서 이의신청을 하는 외에는 달리 불복할 수 있는 방법이 없고, 증거결정에 대한 이의신청은 법령위반을 이유로 해서만 가능하다.

해설 형사소송법 제295조, 제296조, 403조, 형사소송규칙 제135조의2 참조.

형사소송법 제296조(증거조사에 대한 이의신청) ① 검사, 피고인 또는 변호인은 증거조사에 관하여 이의신청을 할 수 있다.
② 법원은 전항의 신청에 대하여 결정을 하여야 한다.
형사소송규칙 제135조의2(증거조사에 관한 이의신청의 사유) 법 제296조 제1항의 규정에 의한 이의신청은 법령의 위반이 있거나 상당하지 아니함을 이유로 하여 이를 할 수 있다. 다만, 법 제295조의 규정에 의한 결정에 대한 이의신청은 법령의 위반이 있음을 이유로 하여서만 이를 할 수 있다.
형사소송법 제295조(증거신청에 대한 결정) 법원은 제294조 및 제294조의2의 증거신청에 대하여 결정을 하여야 하며 직권으로 증거조사를 할 수 있다.
형사소송법 제403조(판결 전의 결정에 대한 항고) ① 법원의 관할 또는 판결전의 소송절차에 관한 결정에 대하여는 특히 즉시항고를 할 수 있는 경우 외에는 항고하지 못한다.

정답 O

18년(2) 모의

130. 법원은 증거조사에 관한 이의신청이 있을 때마다 즉시 결정하여야 하며, 이 결정에 대해서도 1회에 한하여 다시 이의신청 할 수 있다.

해설 형사소송규칙 제138조, 제140조, 형법 제296조 참조.

형사소송규칙 제138조(이의신청에 대한 결정의 시기) 이의신청에 대한 법 제296조 제2항 또는 법 제304조 제2항의 결정은 이의신청이 있은 후 즉시 이를 하여야 한다.
형법 제296조(증거조사에 대한 이의신청) ① 검사, 피고인 또는 변호인은 증거조사에 관하여 이의신청을 할 수 있다.
② 법원은 전항의 신청에 대하여 결정을 하여야 한다.
형사소송규칙 제140조(중복된 이의신청의 금지) 이의신청에 대한 결정에 의하여 판단이 된 사항에 대하여는 다시 이의신청을 할 수 없다.

정답 ×

23년(3) 모의

131. 법원은 피의자신문조서가 증거로 제출된 경우에 이에 관한 증거결정을 함에 있어서 제출한 자로 하여금 그 조서를 상대방에게 제시하게 하여 상대방으로 하여금 그 조서의 증거능력 유무에 관한 의견을 진술하게 하여야 한다.

해설) 피의자신문조서는 서류로서 형사소송규칙 제134조 제2항에 의해 제출한 자로 하여금 그 서류 또는 물건을 상대방에게 제시하게 하여 상대방으로 하여금 증거능력 유무에 관한 의견을 진술하게 하여야 한다.

형사소송규칙 제134조(증거결정의 절차) ① 법원은 증거결정을 함에 있어서 필요하다고 인정할 때에는 그 증거에 대한 검사, 피고인 또는 변호인의 의견을 들을 수 있다.
② 법원은 서류 또는 물건이 증거로 제출된 경우에 이에 관한 증거결정을 함에 있어서는 제출한 자로 하여금 그 서류 또는 물건을 상대방에게 제시하게 하여 상대방으로 하여금 그 서류 또는 물건의 증거능력 유무에 관한 의견을 진술하게 하여야 한다. 다만, 법 제318조의3의 규정에 의하여 동의가 있는 것으로 간주되는 경우에는 그러하지 아니하다.
③ 삭제
④ 법원은 증거신청을 기각·각하하거나, 증거신청에 대한 결정을 보류하는 경우, 증거신청인으로부터 당해 증거서류 또는 증거물을 제출받아서는 아니 된다.

정답 O

22년(2) 모의

132. 법원은 증거능력이 없어 증거로 채택되지 아니한 증거서류 또는 증거물을 제출받아서는 안 되고, 일단 제출받은 경우에는 이를 증거신청인에게 반환하여야 한다.

 형사소송규칙 제134조 제4항은 "법원은 증거신청을 기각·각하하거나 증거신청에 대한 결정을 보류하는 경우 증거신청인으로부터 당해 증거서류 또는 증거물을 제출받아서는 아니 된다."라고 규정하고 있으므로, 법원은 증거능력이 없어 증거로 채택되지 아니한 증거서류 또는 증거물을 제출받아서는 안 되고, 일단 제출받은 경우에는 이를 증거신청인에게 반환하여야 한다(대판 2021.07.21. 2018도3226).

정답 O

2. 피고인 신문

법무부(1) · 22년(3) 모의

133. 검사 또는 변호인은 증거조사 종료 후에 순차로 피고인에게 공소사실 및 정상에 관하여 필요한 사항을 신문할 수 있으나, 재판장은 필요하다고 인정하는 때에는 증거조사가 완료되기 전이라도 이를 허가할 수 있다.

 형사소송법 제296조의2 및 제161조의2 참조.

형사소송법 제296조의2(피고인신문) ① 검사 또는 변호인은 증거조사 종료 후에 순차로 피고인에게 공소사실 및 정상에 관하여 필요한 사항을 신문할 수 있다. 다만, 재판장은 필요하다고 인정하는 때에는 증거조사가 완료되기 전이라도 이를 허가할 수 있다.
② 재판장은 필요하다고 인정하는 때에는 피고인을 신문할 수 있다.
③ 제161조의2 제1항부터 제3항까지 및 제5항은 제1항의 신문에 관하여 준용한다.

정답 O

3. 최종변론

16년(2)·(3) 모의

134. 법원이 검사나 피고인에게 주장 및 입증을 위한 충분한 기회를 부여하고 변론을 종결한 이상 다른 특별한 사정이 없는 한 그 후에 이루어진 변론재개신청을 법원이 받아들이지 아니하였다고 하여 이를 위법하다고 할 수는 없다.

 형사소송법 제305조는 "법원은 필요하다고 인정한 때에는 직권 또는 검사, 피고인이나 변호인의 신청에 의하여 결정으로 종결한 변론을 재개할 수 있다."고 규정하고 있는바, 변론종결 후 변론재개신청이 있는 경우에도 종결한 변론을 재개하느냐의 여부는 법원의 재량에 속하므로, 검사나 피고인에게 주장 및 입증을 위한 충분한 기회를 부여하였다가 변론을 종결한 이상 다른 특별한 사정이 없는 한 그 후에 이루어진 변론재개신청을 법원이 받아들이지 아니하였다고 하여 이를 위법하다고 할 수는 없다(대판 2014.04.24. 2014도1414).

정답 O

Ⅲ 판결의 선고

제6절 증인신문·감정과 검증

Ⅰ 증인신문

1. 증인신문의 의의

2. 증인의 의의와 증인적격

21년(1) 모의

135. 甲은 자신의 여동생 A를 강제추행한 乙을 호텔 로비로 유인한 후 주머니에 있는 과도를 보여주며 '사람 많은 이곳에서 다리병신이 될래. 아니면 조용히 방으로 갈까'라고 말하자, 겁을 먹은 乙은 甲을 따라 호텔 객실로 갔다. 객실에서 甲은 위 과도를 휴대한 채 乙에게 A에 대한 사죄가 포함된 반성문을 작성할 것을 요구하면서 乙이 3시간 동안 호텔 객실 밖으로 나가지 못하도록 하였고, 乙은 어쩔 수 없이 반성문을 작성하였다. 甲과 乙은 기소되어, 병합심리 중이다.

乙의 진술을 甲에 대한 유죄의 증거로 사용하기 위해서는 증인신문절차에 의해야 한다. (다툼이 있는 경우 판례에 의함)

 피고인과 별개의 범죄사실로 기소되어 병합심리되고 있던 공동피고인은 피고인에 대한 관계에서는 증인의 지위에 있음에 불과하므로 선서 없이 한 그 공동피고인의 법정 및 검찰진술은 피고인에 대한 공소범죄사실을 인정하는 증거로 할 수 없다(대판 1982.06.22. 82도898).

정답 O

19년(3) 모의

136. 검찰청서기관, 사법경찰관리는 당사자가 아닌 제3자의 지위에 있으므로 그 직무상 취급한 사건에 대하여 증인적격이 인정된다.

> 해설 검찰수사관 등이나 사법경찰관리는 수사검사와 같이 소송의 당사자가 아니므로 제3자로서 증인적격이 인정되며, 조사자증언제도에 의해서도 증언이 가능하다(이창현, 형사소송법 제3판, p.728).

정답

17년·18년·20년·21년 변시, 23년(1) 모의

137.
(1) 피고인과 별개의 범죄사실로 기소되어 병합심리중인 공동피고인은 피고인의 범죄사실에 관하여는 증인의 지위에 있다 할 것이므로 선서 없이 한 공동피고인의 법정진술은 피고인의 범죄사실을 인정하는 증거로 할 수 없다.

(2) 甲과 乙은 길거리에서 서로 몸싸움을 하였다. 출동한 경찰관 P가 甲과 乙을 현행범으로 체포하려고 하자 甲이 P의 얼굴을 주먹으로 쳐 P에게 2주간의 치료를 요하는 타박상을 가하였다. 甲과 乙이 기소되어 병합심리되었는데, 甲이 피고인신문절차에서 "乙이 먼저 나를 폭행하였다."라는 진술을 하였다면 이 진술은 乙의 폭행죄에 대하여 증거능력이 있다.

> 해설 피고인과 별개의 범죄사실로 기소되어 병합심리중인 공동피고인은 피고인의 범죄사실에 관하여는 증인의 지위에 있다 할 것이므로 선서 없이 한 공동피고인의 법정진술이나 피고인이 증거로 함에 동의한 바 없는 공동피고인에 대한 피의자 신문조서는 피고인의 공소 범죄사실을 인정하는 증거로 할 수 없다(대판 1982.09.14. 82도1000).

정답

23년 변시

138.
○ 甲과 乙은 소위 날치기 범행을 공모한 후 함께 차를 타고 범행 대상을 물색하던 중, 은행에서 나와 거리를 걷고 있는 A를 발견하였다. 甲은 하차 후 A의 뒤에서 접근하여 A 소유의 자기앞수표(액면금 1억 원) 총 5매가 들어있는 손가방의 끈을 갑자기 잡아당겼는데, A는 빼앗기지 않으려고 버티다가 바닥에 넘어진 상태로 약 5미터 가량을 끌려가다 힘이 빠져 손가방을 놓쳤다. 甲은 이를 틈타 A의 손가방을 들고, 현장에서 대기하고 있던 乙이 운전하는 차를 타고 도망갔다.

○ 그 뒤 甲은 본인 명의의 계좌를 새로 개설하여 위 자기앞수표 총 5매를 모두 입금하였다가, 며칠 뒤 다시 5억 원 전액을 현금으로 인출한 후, 甲과 따로 살고 있는 사촌 형 丙에게 위 사실관계를 모두 말해 주면서 위 현금 5억 원을 당분간 보관해 달라고 부탁하였다. 이에 동의한 丙은 그 돈을 건네받아 보관하던 중, A의 신고로 수사가 개시되었고 甲, 乙, 丙이 함께 기소되어 공동피고인으로 재판이 계속 중이다.

이에 관한 정오를 판단하시오. (다툼이 있는 경우 판례에 의함)

1) 甲의 손가방 탈취 범행의 유죄 입증과 관련하여, 자백 취지의 乙에 대한 사법경찰관 작성 피의자신문조서에 대하여 甲이 법정에서 내용부인하더라도, 「형사소송법」 제314조에 의해서 증거능력을 인정할 수 있다.

해설 수사기관 작성의 피의자신문조서는 그 피의자의 법정진술에 의하여 그 성립의 진정이 인정되더라도 당해 피고인이 공판기일에서 그 조서의 내용을 부인하면 증거능력이 부정되므로 그 당연한 결과로 그 피의자신문조서에 대하여는 사망 등 사유로 인하여 법정에서 진술할 수 없는 때에 예외적으로 증거능력을 인정하는 규정인 형사소송법 제314조가 적용되지 아니한다(대판 2004.07.15. 2003도7185).

정답

2) 甲의 손가방 탈취 범행의 유죄 입증과 관련하여, 甲과 丙은 서로의 범죄사실에 관하여는 증인의 지위에 있으므로 증인선서 없이 한 丙의 법정진술은 甲의 증거동의가 없는 한 증거능력이 없다.

해설 피고인과 별개의 범죄사실로 기소되어 병합심리중인 공동피고인은 피고인의 범죄사실에 관하여는 증인의 지위에 있다 할 것이므로 선서없이 한 공동피고인의 법정진술이나 피고인이 증거로 함에 동의한 바 없는 공동피고인에 대한 피의자 신문조서는 피고인의 공소 범죄사실을 인정하는 증거로 할 수 없다(대판 1982.09.14. 82도1000).

정답

18년(1) 모의

139. 사고당시 10세 남짓한 초등학교 5학년생으로서 비록 선서무능력자라 하여도 그 증언의 전후 사정으로 보아 의사판단능력이 있다면 증언능력이 인정된다.

해설 사고당시 10세 남짓한 국민학교 5학년생으로서 비록 선서무능력자라 하여도 그 증언 내지 진술의 전후 사정으로 보아 의사판단능력이 있다고 인정된다면 증언능력이 있다고 할 것이다(대판 1984.09.25. 84도619).

정답

140. 증인이 16세 미만일 경우 선서하게 하지 아니하고 신문하여야 한다.

해설 형사소송법 제159조 참조.

> 형사소송법 제159조(선서 무능력) 증인이 다음 각 호의 1에 해당한 때에는 선서하게 하지 아니하고 신문하여야 한다.
> 1. 16세미만의 자
> 2. 선서의 취지를 이해하지 못하는 자

정답 ○

16년·17년 변시, 14년(1)·18년(1) 모의

141. (1) 선서무능력자를 선서하게 하고 신문한 경우라도 그 선서만이 무효가 되고 그 증언은 유효하다.

(2) 사건현장에 있던 피해자의 아들(5세)이 사건을 목격하였고 당시 상황을 이해하고 답변할 수 있다고 하더라도, 피해자의 아들은 16세 미만의 선서무능력자이므로 그의 증언은 증거로 할 수 없다.

해설 사건현장에 있던 피해자의 아들(5세)이 사건을 목격하고 당시 상황을 이해하고 답변할 수 있었으므로 그의 증언은 증거능력이 있다.

> 판례 (1) 선서 무능력자에 대하야 선서케하고 신문한 경우라 할지라도 그 선서만이 무효가 되고 그 증언의 효력에 관하여는 영향이 없고 유효하다(대판 1957.03.08. 4290형상23).
> 판례 (2) 판례는 만 3세 정도의 유아의 증언능력을 인정하고 있으며(대판 2006.04.14. 2005도9561-만 3세 3개월 내지 만 3세 7개월, 대판 2005.09.30. 2005도4201-만 3세, 대판 2004.09.13. 2004도3161-만 4년 6개월 및 만 3년 7개월, 대판 1991.05.10. 91도579-만 3년 6개월)

정답 ○, ×

14년 변시, 16년(2) 모의

142. 甲은 발행일이 백지인 수표 1장을 위조하여 乙에게 교부하였다. 그런데 이 수표가 위조된 사실을 알고 있는 乙은 이를 자신의 채무를 변제하기 위하여 사용하였다. 이 사안에서 甲과 乙이 공동피고인으로 기소된 경우 乙이 피고인으로서 "甲으로부터 그가 위조한 수표를 받은 사실이 있다."라고 한 법정진술은 甲이 乙에게 위조수표를 교부한 사실에 대한 증거로 사용할 수 있다.

해설 甲은 부정수표단속법위반죄, 그리고 乙은 사기죄의 주체가 된다. 甲과 乙이 공동피고인이지만 공범자 아닌 공동피고인관계가 된다. 따라서 乙은 증인으로서 지위를 갖고 乙의 진술을 甲의 유죄의 증거로 사용하기 위해서는 증인으로서 신문했어야 한다.

정답 ×

19년·21년 변시, 15년(1)·17년(2)·18년(1)·(3)·19년(1)·(2)·(3)·20년(1)·(2)·22년(2)·23년(2)(3) 모의

143. 공범인 공동피고인은 당해 소송절차에서는 다른 공동피고인에 대한 공소사실에 관하여 증인이 될 수 없으나, 소송절차가 분리되어 피고인의 지위에서 벗어나게 되면 다른 공동피고인에 대한 공소사실에 관하여 증인이 될 수 있다.

해설 공범인 공동피고인은 당해 소송절차에서는 피고인의 지위에 있으므로 다른 공동피고인에 대한 공소사실에 관하여 증인이 될 수 없으나, 소송절차가 분리되어 피고인의 지위에서 벗어나게 되면 다른 공동피고인에 대한 공소사실에 관하여 증인이 될 수 있다(대판 2008.06.26. 2008도3300).

정답 O

19년(1)·22년(2) 모의

144. 甲은 사실혼 관계에 있는 乙을 태우고 승용차 운전을 하고 가다 과실로 A를 치어 부상을 입혔다. 甲과 乙은 차에서 내려 구호조치를 취하고 경찰에 사고신고를 하였다. 甲은 집행유예 기간 중이었기 때문에 乙에게 乙이 운전한 것으로 수사기관에 말해 달라고 부탁하자 乙은 이를 승낙하고 출동한 교통경찰관에게 가서 자신이 운전하다 사고를 냈다고 허위로 자백하였다. 교통사고 피해자를 조사하는 과정에서 乙이 허위로 경찰에 진술한 것이 밝혀져 甲과 乙은 허위진술과 관련된 범죄의 공범으로 기소되었고, 재판 과정에서 乙은 증인선서 후 甲은 운전하지 않았고 자신이 운전을 하다가 사고를 냈다고 허위로 진술하였다. 이에 대한 설명 중 옳은 것은? (다툼이 있는 경우 판례에 의함)

1) 소송절차가 분리된 후 甲 사건에서 재판장이 乙을 증인신문을 하면서 乙에게 증언거부권을 고지하지 아니하였더라도 乙이 선서하고 증언한 이상 그 증언의 효력에 관하여는 영향이 없다.

해설 공범인 공동피고인은 당해 소송절차에서는 피고인의 지위에 있으므로 다른 공동피고인에 대한 공소사실에 관하여 증인이 될 수 없으나, 소송절차가 분리되어 피고인의 지위에서 벗어나게 되면 다른 공동피고인에 대한 공소사실에 관하여 증인이 될 수 있다(대판 2008.06.26. 2008도3300). 증인신문에 당하여 증언거부권 있음을 설명하지 아니한 경우라 할지라도 증인이 선서하고 증언한 이상 그 증언의 효력에 관하여는 역시 영향이 없고 유효하다고 해석함이 타당하다(대판 1957.03.08. 4290형상23).

정답 O

2) 만일 수사과정에서 乙이 허위로 자백한 것이 밝혀지지 않아 乙만 해당 범죄로 기소된 경우 피고인 특정에 관한 의사설에 의하면 乙뿐만 아니라 진범인 甲도 피고인이 된다.

해설 설문은 성명모용 사안도 위장출석 사안도 아니다. 피고인의 특정에 관하여 어느 견해를 취하든 乙만이 피고인이 되고 甲은 피고인이 될 수 없다.

정답 ×

3. 증인의 의무와 권리
(1) 증인의 소송법상 의무

19년(3) 모의

145. 법원은 감치의 재판을 받은 증인이 감치의 집행 중에 증언을 한 때에는 즉시 감치결정을 취소하고 그 증인을 석방하도록 명하여야 한다.

■해설 형사소송법 제151조 제7항 참조.

형사소송법 제151조 (증인이 출석하지 아니한 경우의 과태료 등) ⑦ 법원은 감치의 재판을 받은 증인이 감치의 집행 중에 증언을 한 때에는 즉시 감치결정을 취소하고 그 증인을 석방하도록 명하여야 한다.

14년(1) 모의

146. 법원은 소환장을 송달받은 증인이 정당한 사유 없이 출석하지 아니한 때에는 결정으로 당해 불출석에 대한 소송비용을 증인이 부담하도록 명할 수 있다.

■해설 형사소송법 제151조 제1항 참조.

형사소송법 제151조(증인이 출석하지 아니한 경우의 과태료 등) ① 법원은 소환장을 송달받은 증인이 정당한 사유 없이 출석하지 아니한 때에는 결정으로 당해 불출석으로 인한 소송비용을 증인이 부담하도록 명하고, 500만 원 이하의 과태료를 부과할 수 있다. 제153조에 따라 준용되는 제76조 제2항·제5항에 따라 소환장의 송달과 동일한 효력이 있는 경우에도 또한 같다.

22년(1) 모의

147. 정당한 사유 없이 소환에 응하지 아니하는 증인에 대하여 법원은 500만 원 이하의 과태료를 부과하여 출석을 간접강제할 수 있지만 직접 구인할 수는 없다.

■해설 형사소송법 제152조 참조.

형사소송법 제152조(증인이 출석하지 아니한 경우의 과태료 등) ① 법원은 소환장을 송달받은 증인이 정당한 사유 없이 출석하지 아니한 때에는 결정으로 당해 불출석으로 인한 소송비용을 증인이 부담하도록 명하고, 500만원 이하의 과태료를 부과할 수 있다. 제153조에 따라 준용되는 제76조제2항·제5항에 따라 소환장의 송달과 동일한 효력이 있는 경우에도 또한 같다.
형사소송법 제152조(소환불응과 구인) 정당한 사유없이 소환에 응하지 아니하는 증인은 구인할 수 있다.

23년 변시

148. 만일 증인소환장을 송달받은 乙이 정당한 사유 없이 증인으로 출석하지 아니한 때에는 법원은 결정으로 당해 불출석으로 인한 소송비용을 증인이 부담하도록 명하고 500만 원 이하의 과태료를 부과할 수 있으며, 乙은 이러한 결정에 대해 즉시항고를 할 수 있다.

해설 형사소송법 제 151조 8항 참조

형사소송법 제151조(증인이 출석하지 아니한 경우의 과태료 등) ⑧ 제1항과 제2항의 결정에 대하여는 즉시항고를 할 수 있다. 이 경우 제410조는 적용하지 아니한다.

정답 O

(2) 증인의 소송법상 권리

 23년 변시

149. 증언거부권이 있는 자에게 증언거부권이 있음을 설명하지 않은 경우라도 증인이 선서하고 증언한 이상 그 증언의 효력에는 영향이 없다.

해설 증언거부권 있음을 설명하지 아니한 경우라 할지라도 증인이 선서하고 증언한 이상 그 증언의 효력에 관하여는 역시 영향이 없고 유효하다고 해석함이 타당하다(대판 1957.03.08. 4290형상23).

정답 O

 23년 변시, 14년(1)·16년(3) 모의

150. 증언거부사유가 있음에도 증인이 증언거부권을 고지 받지 못함으로 인하여 그 증언거부권을 행사하는 데 사실상 장애가 초래된 경우에는 위증죄가 성립하지 않는다.

해설 증언거부권 제도는 증인에게 증언의무의 이행을 거절할 수 있는 권리를 부여한 것으로 형사소송법은 증언거부사유에 대해 규정하고 있는바, 증언거부권을 고지 받지 못함으로 인하여 그 증언거부권을 행사하는 데 사실상 장애가 초래되었다고 볼 수 있는 경우 위증죄의 성립이 부정된다(대판 2010.01.21. 2008도942).

정답 O

◐ 19년 변시, 15년(2) 모의

151. (1) 이혼 후에는 전 배우자가 형사소추를 당할 사실이 발로될 염려가 있더라도 전 배우자의 사건에 대한 증언을 거부할 수 없다.

(2) 甲이 乙을 조수석에 태우고 자동차를 운전하고 가다가 부주의로 사람을 치고 나서 몹시 당황하자, 乙은 걱정 말라고 甲을 달랜 후 자동차를 정비소에 맡겨 사고의 흔적을 없애는 한편, 자신이 운전을 하다 사고를 낸 것이라고 경찰에 허위로 자수하였고 乙은 해당 범죄로 기소되었다. 만약 甲과 乙이 법률상 부부였다가 이혼하였더라도 甲은 친족관계에 있었던 자로 증언거부권이 있다.

▸해설 근친자의 형사책임과 관련하여 증언거부권이 인정되는 근친자의 범위에는 친족관계에 있었던 자도 포함된다. 따라서 전 배우자의 사건에 대하여도 증언을 거부할 수 있다(형사소송법 제148조 제1호 참조).

> 형사소송법 제148조(근친자의 형사책임과 증언거부) 누구든지 자기나 다음 각 호의 어느 하나에 해당하는 자가 형사소추(刑事訴追) 또는 공소제기를 당하거나 유죄판결을 받을 사실이 드러날 염려가 있는 증언을 거부할 수 있다.
> 1. 친족이거나 친족이었던 사람
> 2. 법정대리인, 후견감독인
> [전문개정 2020. 12. 8.]

정답

◐ 14년 변시

152. 甲은 A의 재물을 강취한 후 A를 살해할 목적으로 A가 살고 있는 집에 방화하여 A는 사망하였다. 그 후 수사망을 피해 도피 중이던 甲은 자신의 누나 丁에게 도피자금을 부탁하였고, 丁은 甲에게 도피자금을 송금하였다. 甲의 재판에 증인으로 출석한 丁은 증언거부권을 행사할 수 있다.

▸해설 丁은 甲의 누나로 방계혈족(민법 제768조)으로서 친족에 해당(민법 제767조)하는바, 甲의 누나는 형사소송법 제148조에 따라 증언을 거부할 수 있다.

> 형사소송법 제148조(근친자의 형사책임과 증언거부) 누구든지 자기나 다음 각 호의 어느 하나에 해당하는 자가 형사소추(刑事訴追) 또는 공소제기를 당하거나 유죄판결을 받을 사실이 드러날 염려가 있는 증언을 거부할 수 있다.
> 1. 친족이거나 친족이었던 사람
> 2. 법정대리인, 후견감독인
> [전문개정 2020. 12. 8.]

정답

153. 공무원뿐만 아니라 공무원이었던 자도 그 직무에 관하여 알게 된 사실에 관하여 본인 또는 당해 공무소가 직무상 비밀에 속한 사항임을 신고한 때에는 그 소속공무소 또는 감독관공서의 승낙 없이는 증인으로 신문하지 못한다.

해설 형사소송법 제147조 참조.

형사소송법 제147조(공무상 비밀과 증인자격) ① 공무원 또는 공무원이었던 자가 그 직무에 관하여 알게 된 사실에 관하여 본인 또는 당해 공무소가 직무상 비밀에 속한 사항임을 신고한 때에는 그 소속공무소 또는 감독관공서의 승낙 없이는 증인으로 신문하지 못한다.

정답 ○

154. (1) 변호인에게 증인적격을 인정하더라도 변호사인 변호인은 피고인에게 불리한 사실에 대해서는 증언거부권을 행사할 수 있다.

(2) 변호사는 그 업무상 위탁을 받은 관계로 알게 된 사실로서 타인의 비밀에 관한 것은 증언을 거부할 수 있고, 다만 본인의 승낙이 있거나 중대한 공익상 필요가 있는 때에는 그러하지 아니하다.

해설 형사소송법 제149조 참조.

형사소송법 제146조(증인의 자격) 법원은 법률에 다른 규정이 없으면 누구든지 증인으로 신문할 수 있다.
형사소송법 제149조(업무상비밀과 증언거부) 변호사, 변리사, 공증인, 공인회계사, 세무사, 대서업자, 의사, 한의사, 치과의사, 약사, 약종상, 조산사, 간호사, 종교의 직에 있는 자 또는 이러한 직에 있던 자가 그 업무상 위탁을 받은 관계로 알게 된 사실로서 타인의 비밀에 관한 것은 증언을 거부할 수 있다. 단, 본인의 승낙이 있거나 중대한 공익상 필요있는 때에는 예외로 한다.

정답 ○, ○

155. 이미 유죄의 확정판결을 받은 피고인이라도 공범의 형사사건에서 그 범행에 대한 증언을 거부할 수 있다.

해설 [1] 자신에 대한 유죄판결이 확정된 증인이 공범에 대한 피고사건에서 증언할 당시 앞으로 재심을 청구할 예정이라고 하여도, 이를 이유로 증인에게 형사소송법 제148조에 의한 증언거부권이 인정되지는 않는다. [2] 피고인이 이미 유죄판결을 받아 확정된 후 별건으로 기소된 공범 甲에 대한 공판절차의 증인으로 출석하여 허위의 진술을 한 경우, 피고인에게 증언을 거부할 권리가 없으므로 증언에 앞서 증언거부권을 고지받지 못하였더라도 증인신문절차상 잘못이 없어 위증죄가 인정된다(대판 2011.11.24. 2011도11994).

정답 ×

 23년 변시

156. 자신에 대한 유죄판결이 확정된 증인이 공범에 대한 형사사건에서 증언할 당시 앞으로 재심을 청구할 예정이라면 증인에게 「형사소송법」 제148조(근친자의 형사책임과 증언거부)에 의한 증언거부권이 인정된다.

> **해설** (형사소송법 제420조), 재심사건에는 불이익변경 금지 원칙이 적용되어 원판결의 형보다 중한 형을 선고하지 못하므로(형사소송법 제439조), 자신의 유죄 확정판결에 대하여 재심을 청구한 증인에게 증언의무를 부과하는 것이 형사소추 또는 공소제기를 당하거나 유죄판결을 받을 사실이 발로(發露)될 염려 있는 증언을 강제하는 것이라고 볼 수는 없다. 따라서 자신에 대한 유죄판결이 확정된 증인이 공범에 대한 피고사건에서 증언할 당시 앞으로 재심을 청구할 예정이라고 하여도, 이를 이유로 증인에게 형사소송법 제148조에 의한 증언거부권이 인정되지는 않는다(대판 2011.11.24. 2011도11994).

정답

 24년 변시

157. 수사기관이 피의자를 신문함에 있어서 피의자에게 미리 진술거부권을 고지하지 않은 때에는 그 피의자의 진술은 설령 그 진술의 임의성이 인정되는 경우라도 증거능력이 부정되지만 이는 진술거부권을 고지받지 못한 당해 피의자에 대하여 유죄의 증거로 사용할 수 없다는 의미이므로, 당해 피의자의 공범에 대하여는 유죄의 증거로 사용할 수 있다.

> **해설** 피의자의 진술을 녹취 내지 기재한 서류 또는 문서가 수사기관에서의 조사과정에서 작성된 것이라면, 그것이 '진술조서, 진술서, 자술서'라는 형식을 취하였다고 하더라도 피의자신문조서와 달리 볼 수 없고, 한편 형사소송법이 보장하는 피의자의 진술거부권은 헌법이 보장하는 형사상 자기에 불리한 진술을 강요당하지 않는 자기부죄거부의 권리에 터잡은 것이므로 수사기관이 피의자를 신문함에 있어서 피의자에게 미리 진술거부권을 고지하지 않은 때에는 그 피의자의 진술은 위법하게 수집된 증거로서 진술의 임의성이 인정되는 경우라도 증거능력이 부인되어야 한다. … 공소외 1에 대한 진술조서가 진술조서의 형식을 취하였다고 하더라도 그 내용은 피의자의 진술을 기재한 피의자신문조서와 실질적으로 같고, 그런데도 기록상 검사가 공소외 1의 진술을 들음에 있어 공소외 1에게 미리 진술거부권이 있음을 고지한 사실을 인정할 만한 아무런 자료가 없으므로, 진술의 임의성이 인정되는 경우라도 위법하게 수집된 증거로서 증거능력이 없어 피고인에 대한 유죄의 증거로 쓸 수 없으며, 나아가 검사가 제출한 나머지 증거들만으로 피고인이 공소외 2, 공소외 1 등과 공모하여 2005. 11.경 대학가에 주체사상을 유포시키고 주사파 양성을 위한 전국적 단일 조직의 중앙지도부를 결성하고, 이를 위하여 대학가에 주체사상 학습CD 등을 조직적으로 제작·배포하는 한편 이를 학습·토론함으로서 이적 활동을 찬양·동조하였다는 위 공소사실을 인정하기에는 부족하고, 달리 이를 인정할 만한 아무런 증거가 없다(대판 2009.8.20. 2008도8213).

> **관련판례** 형사소송법 제308조의2는 "적법한 절차에 따르지 아니하고 수집한 증거는 증거로 할 수 없다."고 규정하고 있는데, 수사기관이 헌법과 형사소송법이 정한 절차에 따르지 아니하고 수집한 증거는 유죄 인정의 증거로 삼을 수 없는 것이 원칙이므로, 수사기관이 피고인 아닌 자를 상대로 적법한 절차에 따르지 아니하고 수집한 증거는 원칙적으로 피고인에 대한 유죄 인정의 증거로 삼을 수 없다(대판 2011.6.30. 2009도6717).

▶ 공범인 피의자 / 피고인 아닌 제3자를 상대로 수집한 위법수집증거는 모두 당해 피고인에 대한 유죄의 증거로 쓸 수 없다.

정답

19년(2)·20년(3) 모의

158. 甲은 마약류관리에 관한 법률 위반(향정)죄로 유죄판결을 받아 확정된 후 별건으로 기소된 공범 乙에 대한 공판절차의 증인으로 출석하여 허위의 진술을 하였다. 그런데 甲은 증언에 앞서 증언거부권을 고지받지 못하였다.

(1) 甲이 증언거부권을 고지받지 못하였으므로 절차가 위법하여 공소기각판결을 하여야 한다.

(2) 甲이 재심을 청구할 예정인 경우 진실대로 진술할 것을 기대할 수 있는 기대가능성이 없으므로 위증죄가 성립하지 않는다.

(3) 甲에게 진술거부권이 고지되지 않았더라도 절차상 위법이 없기 때문에 위증죄가 성립한다.

해설 형사소송법 제148조의 증언거부권은 헌법 제12조 제2항에 정한 불이익 진술의 강요금지 원칙을 구체화한 자기부죄거부특권에 관한 것인데, 이미 유죄의 확정판결을 받은 경우에는 헌법 제13조 제1항에 정한 일사부재리의 원칙에 의해 다시 처벌받지 아니하므로 자신에 대한 유죄판결이 확정된 증인은 공범에 대한 사건에서 증언을 거부할 수 없고, 설령 증인이 자신에 대한 형사사건에서 시종 일관 범행을 부인하였더라도 그러한 사정만으로 증인이 진실대로 진술할 것을 기대할 수 있는 가능성이 없는 경우에 해당한다고 할 수 없으므로 허위의 진술에 대하여 위증죄 성립을 부정할 수 없다. 한편 자신에 대한 유죄판결이 확정된 증인이 재심을 청구한다 하더라도, 이미 유죄의 확정판결이 있는 사실에 대해서는 일사부재리의 원칙에 의하여 거듭 처벌받지 않는다는 점에 변함이 없고, 형사소송법상 피고인의 불이익을 위한 재심청구는 허용되지 아니하며(형사소송법 제420조), 재심사건에는 불이익변경 금지 원칙이 적용되어 원판결의 형보다 중한 형을 선고하지 못하므로(형사소송법 제439조), 자신의 유죄 확정판결에 대하여 재심을 청구한 증인에게 증언의무를 부과하는 것이 형사소추 또는 공소제기를 당하거나 유죄판결을 받을 사실이 발로(發露)될 염려 있는 증언을 강제하는 것이라고 볼 수는 없다. 따라서 자신에 대한 유죄판결이 확정된 증인이 공범에 대한 피고사건에서 증언할 당시 앞으로 재심을 청구할 예정이라고 하여도, 이를 이유로 증인에게 형사소송법 제148조에 의한 증언거부권이 인정되지는 않는다(대판 2011.11.24. 2011도11994).

정답  ×, ×, ○

 16년·23년 변시

159. 소송절차가 분리된 공범인 공동피고인이 증언거부권을 고지받은 상태에서 자기의 범죄사실에 대하여 허위로 증언한 경우에는 위증죄가 성립한다.

해설 헌법 제12조 제2항은 '모든 국민은 형사상 자기에게 불리한 진술을 강요당하지 아니한다'고 규정하고 있고 형사소송법 제283조의2 제1항도 "피고인은 진술하지 아니하거나 개개의 질문에 대하여 진술을 거부할 수 있다."고 규정하고 있으므로, 공범인 공동피고인은 당해 소송절차에서는 피고인의 지위에 있어 다른 공동피고인에 대한 공소사실에 관하여 증인이 될 수 없으나, 소송절차가 분리되어 피고인의 지위에서 벗어나게 되면 다른 공동피고인에 대한 공소사실에 관하여 증인이 될 수 있다. 한편 형사소송법 제148조는 피고인의 자기부죄거부특권을 보장하기 위하여 자기가 유죄판결을 받을 사실이 발로될 염려 있는 증언을 거부할 수 있는 권리를 인정하고 있고, 그와 같은 증언거부권 보장을 위하여 형사소송법 제160조는 재판장이 신문 전에 증언거부권을 고지하여야 한다고 규정하고 있으므로, 소송절차가 분리된 공범인 공동피고인에 대하여 증인적격을 인정하고 그 자신의 범죄사실에 대하여 신문한다 하더라도 피고인으로서의 진술거부권 내지 자기부죄거부특권을 침해한다고 할 수 없다. 따라서 증인신문절차에서 형사소송법 제160조에 정해진 증언거부권이 고지되었음에도 불구하고 위 피고인이 자기의 범죄사실에 대하여 증언거부권을 행사하지 아니한 채 허위로 진술하였다면 위증죄가 성립된다고 할 것이다(대판 2012.10.11. 2012도6848).

정답 O

22년(2) 모의

160. 甲과 乙에 대하여 변론이 분리되었다고 하더라도, 이들은 대향범인 공동피고인이므로 다른 공동피고인에 대한 공소사실에 관하여 증인이 될 수 없다.

해설 피고인의 지위에 있는 공동피고인은 다른 공동피고인에 대한 공소사실에 관하여 증인이 될 수 없으나, 소송절차가 분리되어 피고인의 지위에서 벗어나게 되면 다른 공동피고인에 대한 공소사실에 관하여 증인이 될 수 있고, 이는 대향범인 공동피고인의 경우에도 다르지 않다(대판 2012.03.29. 2009도11249).

정답 ×

13년(2) 모의

161. 형사소송법은 민사소송법과 같이 증언거부권제도를 두고 있지만, 재판장의 증언거부권 고지의무제도를 두고 있지는 않다.

해설 재판장의 증언거부권고지의무제도를 규정하고 있다(형사소송법 제160조).

형사소송법 제160조(증언거부권의 고지) 증인이 제148조, 제149조에 해당하는 경우에는 재판장은 신문 전에 증언을 거부할 수 있음을 설명하여야 한다.

정답 ×

4. 증인신문의 방법

22년 변시

162. 공판기일에 증인은 출석하였으나 피고인이 정당한 사유 없이 출석하지 아니하여 「형사소송법」 제276조의 규정에 의하여 공판기일을 연기할 수밖에 없는 경우, 법원이 이미 출석하여 있는 증인에 대하여 공판기일 외의 신문으로서 증인신문을 하고 다음 공판기일에 그 증인신문조서에 대한 서증조사를 하는 것은 증거조사절차로서 위법하다.

해설 공판기일에서 증인을 채택하여 다음 공판기일에 증인신문을 하기로 피고인에게 고지하였는데, 그 다음 공판기일에 증인은 출석하였으나 피고인이 정당한 사유 없이 출석하지 아니한 경우에, 피고인의 출석 없이 개정 가능한 특별규정이 있는 경우가 아니어서 형사소송법 제276조의 규정에 의하여 공판기일을 연기할 수밖에 없더라도, 이미 출석하여 있는 증인에 대하여 공판기일 외의 신문으로서 증인신문을 하고, 다음 공판기일에 그 증인신문조서에 대한 서증조사를 하는 것은 증거조사절차로서 적법하다(대판 2000.10.13. 2000도3265 참조)(대판 2008.02.01 2007도9851).

정답

21년(1) 모의

163. 甲은 자신의 여동생 A를 강제추행한 乙을 호텔 로비로 유인한 후 주머니에 있는 과도를 보여주며 '사람 많은 이곳에서 다리병신이 될래. 아니면 조용히 방으로 갈까'라고 말하자, 겁을 먹은 乙은 甲을 따라 호텔 객실로 갔다. 객실에서 甲은 위 과도를 휴대한 채 乙에게 A에 대한 사죄가 포함된 반성문을 작성할 것을 요구하면서 乙이 3시간 동안 호텔 객실 밖으로 나가지 못하도록 하였고, 乙은 어쩔 수 없이 반성문을 작성하였다. 甲과 乙은 기소되어, 병합심리 중이다.
법정에 증인으로 출석한 A가 피고인 乙과 대면하여 진술하면 심리적인 부담으로 정신의 평온을 현저하게 잃을 우려가 있다고 인정되는 경우 법원은 차폐시설 등을 설치하고 신문할 수 있다. (다툼이 있는 경우 판례에 의함)

해설 형사소송법 제165조의2 제3호 참조.

형사소송법 제165조의2(비디오 등 중계장치 등에 의한 증인신문) 법원은 다음 각 호의 어느 하나에 해당하는 사람을 증인으로 신문하는 경우 상당하다고 인정할 때에는 검사와 피고인 또는 변호인의 의견을 들어 비디오 등 중계장치에 의한 중계시설을 통하여 신문하거나 가림 시설 등을 설치하고 신문할 수 있다.
3. 범죄의 성질, 증인의 나이, 심신의 상태, 피고인과의 관계, 그 밖의 사정으로 인하여 피고인 등과 대면하여 진술할 경우 심리적인 부담으로 정신의 평온을 현저하게 잃을 우려가 있다고 인정되는 사람
[본조신설 2007. 6. 1.] [시행일 : 2021. 12. 9.]

정답

21년(2)·22년(1) 모의

164. A(48세, 여)는 건물 2층에서 카페를 운영하고 있는데 그 건물 1층에서 식당을 운영하는 B와 분쟁이 있었다. 甲(50세, 남)은 오후 8시경 그 식당에서 술을 마시면서 평소 알고 지내던 B로부터 A와의 분쟁에 관한 이야기를 들었고, 마침 A가 내려오자 A에게 말을 걸었다. A는 甲의 말을 무시하고 위 식당 앞 도로변에 주차하여 둔 자신의 차량으로 걸어갔고 이에 甲은 A의 뒤를 쫓아가면서 욕을 하고 바지를 벗어 성기를 A에게 보였다. 그곳은 온천 뒷길로 식당 및 편의점 등이 있어서 오후 8시 무렵에도 사람 및 차량의 왕래가 빈번한 도로이다. 검사는 甲을 기소하였다.
증인 A가 甲과 대면하여 진술하면 심리적인 부담으로 정신의 평온을 현저하게 잃을 우려가 있다고 인정될 때 법원은 차폐시설 등을 설치하고 신문할 수 있으나, 방청인 B로 인한 경우에는 차폐시설 등을 설치하는 방식으로 증인신문을 할 수 없다.(다툼이 있는 경우 판례에 의함)

해설 형사소송법 제165조의2 제3호에 의하면, 법원은 범죄의 성질, 증인의 연령, 피고인과의 관계, 그 밖의 사정으로 인하여 '피고인 등'과 대면하여 진술하면 심리적인 부담으로 정신의 평온을 현저하

게 잃을 우려가 있다고 인정되는 사람을 증인으로 신문하는 경우 상당하다고 인정되는 때에는 검사와 피고인 또는 변호인의 의견을 들어 차폐시설 등을 설치하고 신문할 수 있다. 증인이 대면하여 진술함에 있어 심리적인 부담으로 정신의 평온을 현저하게 잃을 우려가 있는 상대방은 피고인인 경우가 대부분일 것이지만, 증인이나 피고인과의 관계에 따라서는 방청인 등 다른 사람도 상대방이 될 수 있다. 이에 따라 형사소송법 제165조의2 제3호도 대상을 '피고인 등'이라고 규정하고 있으므로, 법원은 형사소송법 제165조의2 제3호의 요건이 충족될 경우 피고인뿐만 아니라 검사, 변호인, 방청인 등에 대하여도 차폐시설 등을 설치하는 방식으로 증인신문을 할 수 있으며, 이는 형사소송규칙 제84조의9에서 피고인과 증인 사이의 차폐시설 설치만을 규정하고 있다고 하여 달리 볼 것이 아니다. 다만 증인이 변호인을 대면하여 진술함에 있어 심리적인 부담으로 정신의 평온을 현저하게 잃을 우려가 있다고 인정되는 경우는 일반적으로 쉽게 상정할 수 없고, 피고인뿐만 아니라 변호인에 대해서까지 차폐시설을 설치하는 방식으로 증인신문이 이루어지는 경우 피고인과 변호인 모두 증인이 증언하는 모습이나 태도 등을 관찰할 수 없게 되어 그 한도에서 반대신문권이 제한될 수 있으므로, 변호인에 대한 차폐시설의 설치는, 특정범죄신고자 등 보호법 제7조에 따라 범죄신고자 등이나 친족 등이 보복을 당할 우려가 있다고 인정되어 조서 등에 인적사항을 기재하지 아니한 범죄신고자 등을 증인으로 신문하는 경우와 같이, 이미 인적사항에 관하여 비밀조치가 취해진 증인이 변호인을 대면하여 진술함으로써 자신의 신분이 노출되는 것에 대하여 심한 심리적인 부담을 느끼는 등의 특별한 사정이 있는 경우에 예외적으로 허용될 수 있을 뿐이다(대판 2015.05.28. 2014도18006).

> 형사소송법 제165조의2(비디오 등 중계장치 등에 의한 증인신문) 법원은 다음 각 호의 어느 하나에 해당하는 사람을 증인으로 신문하는 경우 상당하다고 인정할 때에는 검사와 피고인 또는 변호인의 의견을 들어 비디오 등 중계장치에 의한 중계시설을 통하여 신문하거나 가림 시설 등을 설치하고 신문할 수 있다.
> 1. 「아동복지법」 제71조제1항제1호·제1호의2·제2호·제3호에 해당하는 죄의 피해자
> 2. 「아동·청소년의 성보호에 관한 법률」 제7조, 제8조, 제11조부터 제15조까지 및 제17조제1항의 규정에 해당하는 죄의 대상이 되는 아동·청소년 또는 피해자
> 3. 범죄의 성질, 증인의 나이, 심신의 상태, 피고인과의 관계, 그 밖의 사정으로 인하여 피고인 등과 대면하여 진술할 경우 심리적인 부담으로 정신의 평온을 현저하게 잃을 우려가 있다고 인정되는 사람
>
> [본조신설 2007. 6. 1.] [시행일 : 2021. 12. 9.]

정답

 20년·22년 변시, 19년(3)·20년(3)·21년(2)·22년(1) 모의

165. (1) 주신문에서는 유도신문이 원칙적으로 허용되나 반대신문에서는 유도신문이 허용되지 않는다.

(2) 반대신문은 주신문에 나타난 사항과 이에 관련된 사항에 관하여 하며, 이 경우 필요할 때에는 유도신문을 할 수 있다.

(3) 증인에 대해 반대신문을 할 경우에 필요할 때에는 유도신문을 할 수 있고, 반대신문의 기회에 주신문에 나타나지 아니한 새로운 사항에 관하여 신문하고자 할 때에는 재판장의 허가를 받아야 한다.

해설 형사소송규칙 제75조, 제76조 참조.

형사소송규칙 제75조(주신문) ② 주신문에 있어서는 유도신문을 하여서는 아니된다. 다만, 다음 각호의 1의 경우에는 그러하지 아니하다.
형사소송규칙 제76조(반대신문) ① 법 제161조의2제1항 후단의 규정에 의한 신문(이하 "반대신문"이라 한다)은 주신문에 나타난 사항과 이에 관련된 사항에 관하여 한다.
② 반대신문에 있어서 필요할 때에는 유도신문을 할 수 있다.
③ 재판장은 유도신문의 방법이 상당하지 아니하다고 인정할 때에는 이를 제한할 수 있다.
④ 반대신문의 기회에 주신문에 나타나지 아니한 새로운 사항에 관하여 신문하고자 할 때에는 재판장의 허가를 받아야 한다.
⑤ 제4항의 신문은 그 사항에 관하여는 주신문으로 본다.

정답 ×, ○, ○

24년 변시

166. 만약 乙에 대한 증인신문 당시 검사의 주신문에 대하여 乙이 적의 또는 반감을 보이지 않았음에도 검사가 유도신문을 한 경우, 甲이 그 다음 공판기일에 위 증인신문조서에 대해 '변경할 점과 이의할 점이 없다'고 진술하였다면 유도신문에 의하여 이루어진 주신문의 하자가 치유된다.

해설 사소송규칙 제75조 제2항은 주신문에 있어서는 증인이 주신문을 하는 자에 대하여 적의 또는 반감을 보이는 등 그 단서 각 호의 예외사유가 없는 한 유도신문을 하여서는 아니 된다고 규정하고 있다. 기록에 의하면, 공소외 5 등에 대한 제1심 증인신문 과정에서 검사가 주신문을 하면서 '당시 피고인 1이 자신을 새마을운동중앙회 (이하 생략)단장으로 소개하였지요.'라는 등으로 희망하는 답변을 암시하는 형식의 질문을 하고 이에 공소외 5 등이 '예'라고 답변하는 등 형사소송규칙상 허용되지 않는 유도신문이 이루어진 것으로 볼 여지가 있다. 그러나 기록에 의하면, 제1심법원은 공소외 5 등에 대한 증인신문을 실시하고 각 공판조서(증인신문조서)를 작성한 다음, 각 그 다음 공판기일에서 재판장이 증인신문 결과 등을 위 각 공판조서에 의하여 고지하였는데 피고인 1 및 그 변호인은 '변경할 점과 이의할 점이 없다'고 각 진술하였음을 알 수 있는바, 이와 같이 피고인 1이 책문권 포기 의사를 명시함으로써 유도신문에 의하여 주신문이 이루어진 하자가 치유되었다고 할 수 있으므로, 이 부분 증언이 위법한 증거라고 볼 수는 없다(대판 2012.7.26. 2012도2937).

정답 ○

20년 변시

167. 증인신문은 각 증인에 대하여 신문하여야 하고, 신문하지 아니한 증인이 재정한 때에는 퇴정을 명하여야 한다.

해설 형사소송법 제162조 참조.

형사소송법 제162조(개별신문과 대질) ① 증인신문은 각 증인에 대하여 신문하여야 한다.
② 신문하지 아니한 증인이 재정한 때에는 퇴정을 명하여야 한다.
③ 필요한 때에는 증인과 다른 증인 또는 피고인과 대질하게 할 수 있다.

정답 ○

17년·21년·22년·23년 변시

168. 법률에 근거한 공개금지사유가 없음에도 불구하고 재판의 심리에 관한 공개를 금지하기로 한 공개금지결정은 피고인의 공개재판을 받을 권리를 침해한 것으로서 그 증인신문절차에서 이루어진 증인의 증언은 증거능력이 없으나, 만약 변호인의 반대신문권이 보장되었을 경우에는 이를 증거로 사용할 수 있다.

해설 헌법 제27조 제3항 후문, 제109조와 법원조직법 제57조 제1항, 제2항의 취지에 비추어 보면, 헌법 제109조, 법원조직법 제57조 제1항에서 정한 공개금지사유가 없음에도 불구하고 재판의 심리에 관한 공개를 금지하기로 결정하였다면 그러한 공개금지결정은 피고인의 공개재판을 받을 권리를 침해한 것으로서 그 절차에 의하여 이루어진 증인의 증언은 증거능력이 없고, 변호인의 반대신문권이 보장되었더라도 달리 볼 수 없으며, 이러한 법리는 공개금지결정의 선고가 없는 등으로 공개금지결정의 사유를 알 수 없는 경우에도 마찬가지이다(대판 2013.07.26. 2013도2511).

정답 ✕

 17년·22년 변시

169. 증인이 증인신문에 앞서 법원에 피고인뿐만 아니라 변호인에 대해서까지 차폐시설의 설치를 요구한다면, 그러한 방식으로 증인신문이 이루어지는 경우 반대신문권이 제한될 수 있으므로, 법원은 특별한 사정이 있는 경우에만 예외적으로 변호인에 대한 차폐시설의 설치를 허용할 수 있다.

해설 형사소송법 제165조의2 제3호도 대상을 '피고인 등'이라고 규정하고 있으므로, 법원은 형사소송법 제165조의2 제3호의 요건이 충족될 경우 피고인뿐만 아니라 검사, 변호인, 방청인 등에 대하여도 차폐시설 등을 설치하는 방식으로 증인신문을 할 수 있으며, 이는 형사소송규칙 제84조의9에서 피고인과 증인 사이의 차폐시설 설치만을 규정하고 있다고 하여 달리 볼 것이 아니다. 다만 증인이 변호인을 대면하여 진술함에 있어 심리적인 부담으로 정신의 평온을 현저하게 잃을 우려가 있다고 인정되는 경우는 일반적으로 쉽게 상정할 수 없고, 피고인뿐만 아니라 변호인에 대해서까지 차폐시설을 설치하는 방식으로 증인신문이 이루어지는 경우 피고인과 변호인 모두 증인이 증언하는 모습이나 태도 등을 관찰할 수 없게 되어 그 한도에서 반대신문권이 제한될 수 있으므로, 변호인에 대한 차폐시설의 설치는, 특정범죄신고자 등 보호법 제7조에 따라 범죄신고자 등이나 친족 등이 보복을 당할 우려가 있다고 인정되어 조서 등에 인적사항을 기재하지 아니한 범죄신고자 등을 증인으로 신문하는 경우와 같이, 이미 인적사항에 관하여 비밀조치가 취해진 증인이 변호인을 대면하여 진술함으로써 자신의 신분이 노출되는 것에 대하여 심한 심리적인 부담을 느끼는 등의 특별한 사정이 있는 경우에 예외적으로 허용될 수 있을 뿐이다(대판 2015.05.28. 2014도18006).

정답

22년 변시, 15년(1)·16년(3) 모의

170. 법원이 피고인에게 증인신문의 시일과 장소를 미리 통지함이 없이 증인들의 신문을 시행하였다면 그 후 그 증인신문결과를 소송관계인에게 고지하고 피고인이나 변호인이 이의를 제기하지 않았더라도 증인의 법정진술은 위법한 증거로서 증거능력을 가지지 못한다.

> 해설 법원이 피고인에게 증인신문의 시일과 장소를 미리 통지함이 없이 증인들의 신문을 시행하였음은 위법이나 그 후 동 증인등신문결과를 동 증인 등 신문조서에 의하여 소송관계인에게 고지하였던바, 피고인이나 변호인이 이의를 하지 않았다면 위의 하자는 책문권의 포기로 치유된다(대판 1974.01.15. 73도2967).

> 형사소송법 제163조(당사자의 참여권, 신문권) ① 검사, 피고인 또는 변호인은 증인신문에 참여할 수 있다.
> ② 증인신문의 시일과 장소는 전항의 규정에 의하여 참여할 수 있는 자에게 미리 통지하여야 한다. 단, 참여하지 아니한다는 의사를 명시한 때에는 예외로 한다.

정답 ×

16년(1) 모의

171. 법원은 증인의 연령, 직업, 건강상태 기타의 사정을 고려하여 검사, 피고인 또는 변호인의 의견을 묻고 법정 외에 소환하거나 현재지에서 신문할 수 있다.

> 해설 형사소송법 제165조 참조.

> 형사소송법 제165조(증인의 법정 외 신문) 법원은 증인의 연령, 직업, 건강상태 기타의 사정을 고려하여 검사, 피고인 또는 변호인의 의견을 묻고 법정 외에 소환하거나 현재지에서 신문할 수 있다.

정답 ○

15년(2) 모의

172. 법원은 비디오 등 중계장치에 의한 중계시설을 통하여 증인을 신문할 수 있으나, 신문 내용을 비공개로 할 수는 없다.

> 해설 아동 등 일정한 범위의 범죄피해자가 피고인이나 방청인 앞에서 증언하는 경우에 입게 될 심리적 압박과 정신적 고통을 완화하기 위한 취지로 개정 형사소송법은 비디오 등 중계장치에 의한 증인 신문제도를 도입하였고(형사소송법 제165조의2), 이 경우 법원은 결정으로 심리를 비공개할 수 있도록 하고 있다(형사소송규칙 제84조의6 제1항).

> 형사소송법 제165조의2(비디오 등 중계장치 등에 의한 증인신문) 법원은 다음 각 호의 어느 하나에 해당하는 자를 증인으로 신문하는 경우 상당하다고 인정하는 때에는 검사와 피고인 또는 변호인의 의견을 들어 비디오 등 중계장치에 의한 중계시설을 통하여 신문하거나 차폐(遮蔽)시설 등을 설치하고 신문할 수 있다.
> 형사소송규칙 제84조의6(심리의 비공개) ① 법원은 비디오 등 중계장치에 의한 중계시설 또는 차폐시설을 통하여 증인을 신문하는 경우, 증인의 보호를 위하여 필요하다고 인정하는 경우에는 결정으로 이를 공개하지 아니할 수 있다.

정답 ×

14년(1) 모의

173. 재판장은 피해자나 증인의 안전을 위하여 필요하다고 인정한 때에는 증인의 신문을 청구한 자에 대하여 사전에 신문사항을 기재한 서면의 제출을 명할 수 있다.

> 해설 형사소송법 제66조, 동법 제67조 참조.
>
> 형사소송규칙 제66조(신문사항 등) 재판장은 피해자·증인의 인적사항의 공개 또는 누설을 방지하거나 그 밖에 피해자·증인의 안전을 위하여 필요하다고 인정할 때에는 증인의 신문을 청구한 자에 대하여 사전에 신문사항을 기재한 서면의 제출을 명할 수 있다.
> 형사소송규칙 제67조(결정의 취소) 법원은 제66조의 명을 받은 자가 신속히 그 서면을 제출하지 아니한 경우에는 증거결정을 취소할 수 있다.

5. 피해자의 진술권
(1) 피해자의 진술권의 의의
(2) 형사절차에서의 범죄피해자의 지위강화

11년(1)·16년(1) 모의

174. 검사는 피해자의 신청이 있으면 재판의 결과 뿐 아니라 피의자·피고인의 구속·석방 등 구금에 관한 사항 등에 대해서까지 신속하게 통지하여야 한다.

> 해설 형사소송법 제259조의2 참조.
>
> 형사소송법 제259조의2(피해자 등에 대한 통지) 검사는 범죄로 인한 피해자 또는 그 법정대리인(피해자가 사망한 경우에는 그 배우자·직계친족·형제자매를 포함한다)의 신청이 있는 때에는 당해 사건의 공소제기여부, 공판의 일시·장소, 재판결과, 피의자·피고인의 구속·석방 등 구금에 관한 사실 등을 신속하게 통지하여야 한다.

11년(1)·16년(1) 모의

175. 소송계속 중인 사건의 피해자는 소송기록의 열람 또는 등사를 재판장에게 신청할 수 있다.

> 해설 형사소송법 제294조의4 제1항 참조.
>
> 형사소송법 제294조의4(피해자 등의 공판기록 열람·등사) ① 소송계속 중인 사건의 피해자(피해자가 사망하거나 그 심신에 중대한 장애가 있는 경우에는 그 배우자·직계친족 및 형제자매를 포함한다), 피해자 본인의 법정대리인 또는 이들로부터 위임을 받은 피해자 본인의 배우자·직계친족·형제자매·변호사는 소송기록의 열람 또는 등사를 재판장에게 신청할 수 있다.

11년(1) 모의

176. 소송계속 중인 사건의 피해자는 소송기록의 열람 또는 등사를 재판장에게 신청할 수 있는데, 이 경우 재판장의 소송기록의 열람 또는 등사의 허가결정에는 불복할 수 없으나, 불허가결정이나 열람 또는 등사의 제한적 허용결정에는 불복할 수 있다.

> **해설** 현행 형사소송법은 소송지연을 방지하기 위하여 재판장의 열람 또는 등사에 관한 허가결정 및 제한적 허용결정에 불복할 수 없도록 규정하고 있다.

> 형사소송법 제294조의4(피해자 등의 공판기록 열람·등사) ③ 재판장은 피해자 등의 권리구제를 위하여 필요하다고 인정하거나 그 밖의 정당한 사유가 있는 경우 범죄의 성질, 심리의 상황, 그 밖의 사정을 고려하여 상당하다고 인정하는 때에는 열람 또는 등사를 허가할 수 있다.
> ④ 재판장이 제3항에 따라 등사를 허가하는 경우에는 등사한 소송기록의 사용목적을 제한하거나 적당하다고 인정하는 조건을 붙일 수 있다.
> ⑥ 제3항 및 제4항에 관한 재판에 대하여는 불복할 수 없다.

정답

(3) 피해자의 진술방법

16년(3)·20년(1) 모의

177. 동일한 범죄사실에 관하여 수인의 피해자가 진술을 신청한 때에는 범죄 피해자의 진술권을 보장하기 위하여 신청한 피해자들 전부에게 진술할 기회를 보장하여야 한다.

> **해설** 형사소송법 제294조의2 제1항 본문은 "법원은 범죄로 인한 피해자의 신청이 있는 경우에는 그 피해자를 증인으로 신문하여야 한다."고 규정하는 한편 그 제3항은 "동일한 범죄사실에서 제1항의 규정에 의한 신청인의 수가 다수인 경우에는 증인으로 신문할 자의 수를 제한할 수 있다."고 규정하고 있으므로, 법원으로서는 동일한 범죄사실에 대하여 피해자 진술신청을 한 자가 수인인 경우에는 피고인과의 관계, 피해의 정도와 그 결과, 신청인들이 진술하려는 취지와 내용, 재판절차가 지연될 가능성 등 여러 사정을 고려하여 그 신청인들 중에서 가장 적합하다고 여겨지는 자의 신청만을 받아들이고 그 나머지 자의 신청은 이를 기각할 수도 있다고 해석하여야 할 것이다(대결 1996.11.14. 96모94).

정답

11년(1) 모의

178. 법원은 피해자를 증인으로 신문하는 경우 당해 피해자·법정대리인 또는 검사의 신청에 따라 피해자의 사생활의 비밀이나 신변보호를 위하여 필요하다고 인정하는 때에는 결정으로 심리를 공개하지 않을 수 있다.

> 해설 형사소송법 제294조의3 제1항 참조.

> 형사소송법 제294조의3(피해자 진술의 비공개) ① 법원은 범죄로 인한 피해자를 증인으로 신문하는 경우 당해 피해자·법정대리인 또는 검사의 신청에 따라 피해자의 사생활의 비밀이나 신변보호를 위하여 필요하다고 인정하는 때에는 결정으로 심리를 공개하지 아니할 수 있다.

정답 ○

(4) 피해자의 진술권의 제한

16년(1) 모의

179. 법원은 범죄로 인한 피해자 또는 그 법정대리인의 신청이 있는 때에는 피해자 등이 공판정에서 충분히 진술하여 다시 진술할 필요가 없다고 인정되거나 공판절차가 현저히 지연될 우려가 있는 경우를 제외하고는 그 피해자 등을 증인으로 신문하여야 한다.

> 해설 형사소송법 제294조의2 제1항 참조.

> 형사소송법 제294조의2(피해자등의 진술권) ① 법원은 범죄로 인한 피해자 또는 그 법정대리인(피해자가 사망한 경우에는 배우자·직계친족·형제자매를 포함한다. 이하 이 조에서 "피해자등"이라 한다)의 신청이 있는 때에는 그 피해자등을 증인으로 신문하여야 한다. 다만, 다음 각 호의 어느 하나에 해당하는 경우에는 그러하지 아니하다.
> 2. 피해자등 이미 당해 사건에 관하여 공판절차에서 충분히 진술하여 다시 진술할 필요가 없다고 인정되는 경우
> 3. 피해자등의 진술로 인하여 공판절차가 현저하게 지연될 우려가 있는 경우

정답 ○

Ⅱ 감정·통역·번역

21년(1) · 23년(2) 모의

180. 중국인 甲은 중국인으로 구성된 X아파트 입주민 모임인 Y위원회 대표로 선출되었다. 甲은 자신의 인감증명서를 발급받은 후 인감증명서의 용도란에 X아파트가 위치한 동(洞)의 동장 명의가 기재된 행정봉투를 오려붙이고, 그 옆에 미리 제작해 둔 Y위원회 한자 직인과 한글 직인을 날인하였다. 그리고 자신이 가공한 인감증명서(이하 '위 인감증명서')를 휴대전화로 촬영한 사진 파일을 Y위원회 소속 입주민들이 참여하는 메신저 단체대화방에 게재하였다. 위 인감증명서는 용도란에 다른 부분과 전혀 다른 재질과 색깔의 종이가 붙어 있는 등 그 외관이 조악하였으나, 甲이 촬영·전송한 이미지는 화질이 현저히 떨어져 입주민들이 인감증명서의 하자를 알아채기 쉽지 않았다. 甲은 그 사진을 찍어 단체대화방에 게재할 의도로 위 인감증명서를 만들었던 것이었다.
Y위원회 구성원 B가 甲 사건에서 증언한 다음 당해 사건의 같은 기일에 출석한 또 다른 구성원 C의 진술을 통역한 경우, B가 통역한 C의 증언이 기재된 증인신문조서는 甲의 유죄입증을 위한 증거로 사용할 수 없다.

해설 부인 C는 A의 친족이므로 형사소송법 제25조 제1항 및 제17조 제2호에 의하여 직무집행에서 제척되고, 제척사유가 있는 통역인이 통역한 증인의 증인신문조서는 유죄 인정의 증거로 사용할 수 없다.

> 형사소송법 제17조(제척의 원인) 법관은 다음 경우에는 직무집행에서 제척된다.
> 2. 법관이 피고인 또는 피해자의 친족 또는 친족관계가 있었던 자인 때
> 형사소송법 제25조(법원사무관등에 대한 제척·기피·회피) ① 본장의 규정은 제17조제7호의 규정을 제한 외에는 법원서기관·법원사무관·법원주사 또는 법원주사보(이하 "법원사무관등"이라 한다)와 통역인에 준용한다.

> 판례 형사소송법 제17조 제4호는 '법관이 사건에 관하여 증인, 감정인, 피해자의 대리인으로 된 때에는 직무집행에서 제척된다'고 규정하고 있고, 위 규정은 같은 법 제25조 제1항에 의하여 통역인에게 준용되므로, 통역인이 사건에 관하여 증인으로 증언한 때에는 직무집행에서 제척되고, 제척사유가 있는 통역인이 통역한 증인의 증인신문조서는 유죄 인정의 증거로 사용할 수 없다(대판 2011.04.14. 2010도13583).

정답

18년(1) · 23년(2) 모의

181. 甲이 한국어를 잘하기 때문에 통역인이 필요 없다고 진술하였고 국어에 의한 일상적 회화에 지장이 없어서 공판정에서 통역인 없이 진술한 경우, 법원이 통역인을 붙이지 아니하고 공판심리를 진행하여 유죄판결을 선고한 것이 甲의 방어권 보장을 위한 절차적 권리를 침해했다고 볼 수 없다.

해설 수사기관에서 한국어를 잘하여 통역인이 필요 없다고 진술한 중국 국적의 조선족에게 통역인 없이 공판심리를 진행한 사안에서, 그 진술 내용 및 태도, 변호인이 계속 선임되어 있었던 점 등에 비추어 형사소송법 제180조를 위반하여 피고인의 방어권을 침해한 위법이 없다(대판 2008.01.18. 2007도9327).

정답

III 검증

제7절 공판절차의 특칙

I 간이공판절차

1. 간이공판절차의 의의와 특색

2. 간이공판절차개시의 요건

(1) 제1심 관할사건

18년 변시, 14년(1)·15년(2)·20년(2)·21년(3)·22년(3)·23년(1) 모의

182.
(1) 간이공판절차는 단독판사 관할사건 뿐만 아니라 합의부 관할사건에 대하여도 인정된다.
(2) 국민참여재판은 간이공판절차에 의한 증거능력과 증거조사의 특칙을 적용하기에 부적합한 재판이기 때문에 간이공판절차에 관한 규정을 적용하지 아니한다.
(3) 제1심 관할사건인 한 합의부 관할사건도 간이공판절차에 의하여 심판할 수 있으므로 국민참여재판도 간이공판절차에 의할 수 있다.
(4) 甲이 자백하였기 다면 국민참여재판에서도 간이공판절차를 적용할 수 있다.

[해설] (1) 형사소송법은 간이공판절차의 대상과 관련하여 종래 '단독판사'의 1심 관할 사건으로 제한하고 있었으나, 1995년 개정으로 모든 1심 관할 사건으로 확대하였다. (2)(3) 국민의 형사재판 참여에 관한 법률 제43조 참조.

> 국민의 형사재판 참여에 관한 법률 제43조(간이공판절차 규정의 배제) 국민참여재판에는 「형사소송법」 제286조의2를 적용하지 아니한다.
> 형사소송법 제286조의2(간이공판절차의 결정) 피고인이 공판정에서 공소사실에 대하여 자백한 때에는 법원은 그 공소사실에 한하여 간이공판절차에 의하여 심판할 것을 결정할 수 있다.

정답 O, O, ×, ×

(2) 피고인의 공판정에서의 공소사실에 대한 자백

15년(2)·18년(2)·20년(1) 모의

183. **검사의 신문에는 공소사실을 자백하다가 변호인의 반대신문시 범의나 공소사실을 부인한 경우, 간이공판절차에 의하여 심판할 수 없다.**

[해설] 피고인이 공소사실에 대하여 검사가 신문을 할 때에는 공소사실을 모두 사실과 다름없다고 진술하였으나 변호인이 신문을 할 때에는 범의나 공소사실을 부인하였다면 그 공소사실은 간이공판절차에 의하여 심판할 대상이 아니고, 따라서 피고인의 법정에서의 진술을 제외한 나머지 증거들은 간이공판절차가 아닌 일반절차에 의한 적법한 증거조사를 거쳐 그에 관한 증거능력이 부여되지 아니하는 한 그 공소사실에 대한 유죄의 증거로 삼을 수 없다(대판 1998.02.27. 97도3421).

정답 O

21년 변시, 15년(2)·18년(2) 모의

184. 피고인이 명시적으로 유죄를 자인하는 진술을 하지는 않았으나, 공소장 기재사실을 인정하고 나아가 위법성이나 책임조각사유가 되는 사실을 진술하지 않은 경우는 「형사소송법」제286조의2가 규정하는 간이공판절차의 결정의 요건인 공소사실의 자백에 해당한다.

해설 형사소송법 제286조의2가 규정하는 간이공판절차의 결정의 요건인 공소사실의 자백이라 함은 공소장기재사실을 인정하고 나아가 위법성이나 책임조각사유가 되는 사실을 진술하지 아니하는 것으로 충분하고 명시적으로 유죄를 자인하는 진술이 있어야 하는 것은 아니다(대판 1987.08.18. 87도1269).

▶ 간이공판의 개시절차로서의 자백은 공소장에 기재된 범죄구성요건사실을 전부 인정하고, 위법성조각사유나 책임조각사유가 존재하지 않음을 인정하는 것을 말한다. 따라서 범의 부정, 위법성·책임조각사유의 주장, 범행 당시 심신상실·미약의 주장의 경우 자백에 해당하지 않는다. 다만 공소사실을 인정하고 적용법조만을 다투거나 정상관계사실이나 형면제사유만을 주장하는 것은 간이공판절차 개시요건으로서의 자백에 해당한다.

정답 O

13년(1)·14년(1)·21년(3) 모의

185. 음주만취상태로 운전하다가 교통사고를 내고 도주한 범죄사실로 기소된 피고인이 법정에서 "공소사실은 모두 사실과 다름없다."고 하면서도 술에 만취되어 기억이 없다는 취지로 진술한 경우에 간이공판절차에 의하여 심판할 대상에 해당하지 않는다.

해설 피고인이 법정에서 "공소사실은 모두 사실과 다름없다."고 하면서 술에 만취되어 기억이 없다는 취지로 진술한 경우에, 피고인이 음주상태로 운전하다가 교통사고를 내었고, 또한, 사고 후에 도주까지 하였다고 하더라도 피고인이 술에 만취되어 사고 사실을 몰랐다고 범의를 부인함과 동시에 그 범행 당시 심신상실 또는 심신미약의 상태에 있었다는 주장으로서 형사소송법 제323조 제2항에 정하여진 법률상 범죄의 성립을 조각하거나 형의 감면의 이유가 되는 사실의 진술에 해당하므로 피고인은 적어도 공소사실을 부인하거나 심신상실의 책임조각사유를 주장하고 있는 것으로 볼 여지가 충분하므로 간이공판절차에 의하여 심판할 대상에 해당하지 아니한다고 한 사례(대판 2004.07.09. 2004도2116).

정답 O

14년(3) 모의

186. 피고인이 공판정에서 사형이 법정형으로 규정되어 있는 범죄의 공소사실에 대하여 자백한 때에는 간이공판절차에 의해 심판할 수 없다.

해설 형사소송법은 사형이 법정형으로 규정되어 있는지 여부를 불문하고 공소사실에 대하여 자백한 때에 간이공판절차에 의해 심판할 수 있다고 규정하고 있다(형사소송법 제286조의2).

형사소송법 제286조의2(간이공판절차의 결정) 피고인이 공판정에서 공소사실에 대하여 자백한 때에는 법원은 그 공소사실에 한하여 간이공판절차에 의하여 심판할 것을 결정할 수 있다.

정답 ×

13년(2)·14년(2) 모의

187. **(1) 피고인이 수사기관에서 공소사실에 대하여 자백한 때에는 법원은 그 공소사실에 한하여 간이공판절차에 의하여 심판할 것을 결정할 수 있다.**

(2) 피고인이 공판준비절차에서 공소사실에 대하여 자백한 때에도 법원은 그 공소사실에 한하여 간이공판절차에 의하여 심판할 것을 결정할 수 있다.

> 해설 형사소송법 제286조의2 참조. ▶자백은 공판기일에 공판정에서 하여야 한다. 따라서 수사절차나 공판준비절차에서의 자백으로 간이공판절차를 개시할 수는 없다(이창현, 형사소송법 제3판, p.762).

> 형사소송법 제286조의2(간이공판절차의 결정) 피고인이 공판정에서 공소사실에 대하여 자백한 때에는 법원은 그 공소사실에 한하여 간이공판절차에 의하여 심판할 것을 결정할 수 있다.

정답

13년(1) 모의

188. **간이공판절차의 대상이 되는 사건은 피고인이 공판정에서 공소사실에 대하여 자백한 사건인데, 피고인을 대신하여 변호인이 공소사실을 인정한 경우에도 간이공판절차의 대상이 된다.**

> 해설 간이공판절차에서의 자백은 증거부분에서의 자백(형사소송법 제309조, 제310조)과 달리, 피고인의 자백에 한한다. 피고인이 법인인 경우에 그 대표자의 자백도 이에 포함되며, 피고인이 의사무능력자인 경우에 법정대리인(동법 제26조)이나 특별대리인(동법 제28조)의 자백도 이에 포함된다. 다만, 변호인의 자백만으로는 간이공판절차를 개시할 수 없다.

> 형사소송법 제286조의2(간이공판절차의 결정) 피고인이 공판정에서 공소사실에 대하여 자백한 때에는 법원은 그 공소사실에 한하여 간이공판절차에 의하여 심판할 것을 결정할 수 있다.

정답

(3) 간이공판절차의 개시결정

20년(1) 모의

189. **피고인이 법정에서 공소사실은 모두 사실과 다름없다고 하면서 술에 만취되어 기억이 없다는 취지로 진술한 경우, 법원은 간이공판절차 개시결정을 할 수 있다.**

> 해설 피고인이 법정에서 "공소사실은 모두 사실과 다름없다."고 하면서 술에 만취되어 기억이 없다는 취지로 진술한 경우에, 피고인이 음주상태로 운전하다가 교통사고를 내었고, 또한, 사고 후에 도주까지 하였다고 하더라도 피고인이 술에 만취되어 사고 사실을 몰랐다고 범의를 부인함과 동시에 그 범행 당시 심신상실 또는 심신미약의 상태에 있었다는 주장으로서 형사소송법 제323조 제2항에 정하여진 법률상 범죄의 성립을 조각하거나 형의 감면의 이유가 되는 사실의 진술에 해당하므로 피고인은 적어도 공소사실을 부인하거나 심신상실의 책임조각사유를 주장하고 있는 것으로 볼 여지가 충분하므로 간이공판절차에 의하여 심판할 대상에 해당하지 아니한다(대판 2004.07.09. 2004도2116).

정답 ×

13년(1) 모의

190. 법원이 간이공판절차에 의해 심판할 것으로 결정한 데에 대해서는 검사 또는 피고인, 변호인이 항고할 수 있다.

해설 간이공판절차의 개시결정은 판결 전의 소송절차에 대한 결정이므로 항고할 수 없다(형사소송법 제403조 제1항). 그러나 간이공판절차에 의할 수 없는 경우인데도 이에 의하여 심리한 경우에는 소송절차의 법령위반에 해당하여 항소이유가 된다(동법 제361조의5 제1호).

형사소송법 제403조(판결전의 결정에 대한 항고) ① 법원의 관할 또는 판결전의 소송절차에 관한 결정에 대하여는 특히 즉시항고를 할 수 있는 경우 외에는 항고하지 못한다.

정답

3. 간이공판절차의 특칙
(1) 증거능력에 대한 특칙

21년(3)·23년(3) 모의

191. 甲이 제1심 법원에서 공소사실을 자백하여 간이공판절차로 진행된 후 甲이 항소심에서 범행을 부인하더라도, 제1심 법원에서 이미 증거능력이 있었던 증거는 항소심에서도 증거능력이 그대로 유지되어 심판의 기초가 될 수 있고 다시 증거조사를 할 필요가 없다.

해설 피고인이 제1심법원에서 공소사실에 대하여 자백하여 제1심법원이 이에 대하여 간이공판절차에 의하여 심판할 것을 결정하고, 이에 따라 제1심법원이 제1심판결 명시의 증거들을 증거로 함에 피고인 또는 변호인의 이의가 없어 형사소송법 제318조의3의 규정에 따라 증거능력이 있다고 보고, 상당하다고 인정하는 방법으로 증거조사를 한 이상, 가사 항소심에 이르러 범행을 부인하였다고 하더라도 제1심법원에서 증거로 할 수 있었던 증거는 항소법원에서도 증거로 할 수 있는 것이므로 제1심법원에서 이미 증거능력이 있었던 증거는 항소심에서도 증거능력이 그대로 유지되어 심판의 기초가 될 수 있고 다시 증거조사를 할 필요가 없다(대판 1998.02.27. 97도3421).

정답

20년(1) 모의

192. 간이공판절차에서는 위법수집증거라도 증거동의에 의하여 증거능력이 인정될 수 있다.

해설 간이공판절차에서 증거능력의 제한이 완화되는 것은 전문증거에 한한다. 따라서 위법수집증거 배제법칙이나 자백배제법칙에 의한 증거능력의 제한은 간이공판절차에서도 그대로 유지된다(이은모, 형사소송법 제6판 p.548). ▶ 따라서 위법수집증거, 임의성 없는 자백 등은 증거로 할 수 없다.

정답

(2) 증거조사에 대한 특칙

21년(3) 모의

193. 간이공판절차에서는 공판조서의 일부인 증거목록에 증거방법을 표시하고 증거조사 내용을 '증거조사함'이라고 표시하는 방법으로 하였더라도 위법하지 아니하다.

[해설] 피고인이 공판정에서 공소사실을 자백한 때에 법원이 취하는 심판의 간이공판절차에서의 증거조사는 증거방법을 표시하고 증거조사내용을 "증거조사함"이라고 표시하는 방법으로 하였다면 간이절차에서의 증거조사에서 법원이 인정 채택한 상당한 증거방법이라고 인정할 수 있다(대판 1980.04.22. 80도333).

정답 ○

19년 변시, 13년(1)·(2)·14년(3)·15년(2)·18년(2)·19년(3)·20년(1)·22년(3) 모의

194.
(1) 간이공판절차에서의 증거조사는 교호신문 방식이 아닌 신문이 가능하고, 서류나 물건의 경우 제시나 낭독을 할 필요가 없으며, 증인·공동피고인 신문시 피고인을 퇴정시키지 않아도 무방하다.
(2) 간이공판절차에 있어서는 교호신문의 방식에 의하지 않고 법원이 상당하다고 인정하는 방법으로 증인신문을 할 수 있다.
(3) 간이공판절차에 의해 심판할 것으로 결정한 사건에 대하여는 당사자의 증거조사참여권, 당사자의 증거신청권 등에 관한 규정을 적용하지 아니하며 법원이 상당하다고 인정하는 방법으로 증거조사를 할 수 있다.
(4) 법원이 간이공판절차에 의하여 심판할 것으로 결정한 때에는 공판절차를 정지하고 검사가 제출한 서류만으로 심리하여 판결을 선고할 수 있다.
(5) 간이공판절차에서 법원은 엄격한 증거조사방식에 의하여 증거조사를 할 필요는 없고, 상당한 경우에는 증거조사를 생략할 수 있다.

[해설] (1)(2)간이공판절차에는 증인신문의 방식(형사소송법 제161조의2), 증거조사의 시기와 방식(동법 제290∼제292조), 증거조사결과와 피고인의 의견(동법 제293조), 증인신문시 피고인의 퇴정(동법 제297조) 규정이 적용되지 아니하며, 법원이 상당하다고 인정하는 방법으로 증거조사를 할 수 있다. 그러나 간이공판절차에서는 증거능력과 증거조사방식에 대한 특칙이 인정되는 이외에는 공판절차에 관한 일반규정이 그대로 적용되므로, (3)법원은 당사자의 증거조사참여권(동법 제163조)이나 당사자의 증거신청권(동법 제294조) 등에 관한 규정을 적용하지 않거나, (4)간이공판절차에서 검사가 제출한 서류만으로 심리하여 판결을 선고할 수 없다. (5)간이공판절차라 하여도 증거조사를 생략할 수는 없다. ▶ 간이공판절차에 특칙에 대하여는 형사소송법 제297조의2, 제318조의3 참조.

형사소송법 제297조의2 (간이공판절차에서의 증거조사) 제286조의2의 결정이 있는 사건에 대하여는 제161조의2, 제290조 내지 제293조, 제297조의 규정을 적용하지 아니하며 법원이 상당하다고 인정하는 방법으로 증거조사를 할 수 있다.

형사소송법 제318조의3(간이공판절차에서의 증거능력에 관한 특례) 제286조의2의 결정이 있는 사건의 증거에 관하여는 제310조의2, 제312조 내지 제314조 및 제316조의 규정에 의한 증거에 대하여 제318조 제1항의 동의가 있는 것으로 간주한다. 단, 검사, 피고인 또는 변호인이 증거로 함에 이의가 있는 때에는 그러하지 아니하다.

정답 ○, ○, ×, ×, ×

22년(3) 모의

195. 甲은 공판정에서 공소사실에 대하여 자백하여 법원은 간이공판절차에 의하여 심판하고 있다. 공판개시 이후 공소장변경절차에 의하여 변경된 공소사실에 대해서 甲이 부인하면 법원은 검사의 의견을 들어 간이공판절차를 취소하여야 하고, 이때 공판절차의 갱신이 이루어진다.

해설 형사소송법 제286조의3 및 제301조의2 참조.

> 형사소송법 제286조의3(결정의 취소) 법원은 전조의 결정을 한 사건에 대하여 피고인의 자백이 신빙할 수 없다고 인정되거나 간이공판절차로 심판하는 것이 현저히 부당하다고 인정할 때에는 검사의 의견을 들어 그 결정을 취소하여야 한다.
> 형사소송법 제301조의2(간이공판절차결정의 취소와 공판절차의 갱신) 제286조의2의 결정이 취소된 때에는 공판절차를 갱신하여야 한다. 단, 검사, 피고인 또는 변호인이 이의가 없는 때에는 그러하지 아니하다.

정답

(3) 공판절차에 관한 규정의 적용

14년(1) 모의

196. 간이공판절차는 피고인이 자백한 경우에 이루어지기 때문에 무죄판결은 할 수 없다.

해설 간이공판절차는 공판절차에 관한 일반 규정이 그대로 적용되기 때문에 유죄판결, 공소기각, 관할위반의 재판, 무죄판결 등이 가능하다.

정답

4. 간이공판절차의 취소

21년(3) 모의

197. 법원이 간이공판절차의 개시결정을 할 때에는 검사의 의견을 들을 필요가 없으나 그 결정을 취소할 때에는 검사의 의견을 들어야 한다.

해설 법원이 간이공판절차의 개시결정을 할 때에는 검사의 의견을 들을 필요가 없으나, 그 결정을 취소할 때에는 검사의 의견을 들어야 한다.

> 형사소송법 제286조의2(간이공판절차의 결정) 피고인이 공판정에서 공소사실에 대하여 자백한 때에는 법원은 그 공소사실에 한하여 간이공판절차에 의하여 심판할 것을 결정할 수 있다.
> 형사소송법 제286조의3(결정의 취소) 법원은 전조의 결정을 한 사건에 대하여 피고인의 자백이 신빙할 수 없다고 인정되거나 간이공판절차로 심판하는 것이 현저히 부당하다고 인정할 때에는 검사의 의견을 들어 그 결정을 취소하여야 한다.

정답

13년(2)·14년(1)·(3) 모의

198. 법원은 피고인의 자백이 신빙할 수 없다고 인정하거나 간이공판절차로 심판하는 것이 현저히 부당하다고 인정할 때에는 검사의 공소를 기각하여야 한다.

형사소송법 제286의3 참조.

형사소송법 제286조의3(결정의 취소) 법원은 전조의 결정을 한 사건에 대하여 피고인의 자백이 신빙할 수 없다고 인정되거나 간이공판절차로 심판하는 것이 현저히 부당하다고 인정할 때에는 검사의 의견을 들어 그 결정을 취소하여야 한다.

정답

II 공판절차의 정지와 갱신

1. 공판절차의 정지

20년(1) 모의

199. 공판절차 진행 중 甲이 질병으로 인하여 출정할 수 없는 때에는 법원은 검사와 변호인의 의견을 들을 필요 없이 직권으로 공판절차를 정지하여야 한다.

형사소송법 제306조 제2항 참조.

형사소송법 제306조(공판절차의 정지) ① 피고인이 사물의 변별 또는 의사의 결정을 할 능력이 없는 상태에 있는 때에는 법원은 검사와 변호인의 의견을 들어서 결정으로 그 상태가 계속하는 기간 공판절차를 정지하여야 한다.
② 피고인이 질병으로 인하여 출정할 수 없는 때에는 법원은 검사와 변호인의 의견을 들어서 결정으로 출정할 수 있을 때까지 공판절차를 정지하여야 한다.
③ 전2항의 규정에 의하여 공판절차를 정지함에는 의사의 의견을 들어야 한다.
④ 피고사건에 대하여 무죄, 면소, 형의 면제 또는 공소기각의 재판을 할 것으로 명백한 때에는 제1항, 제2항의 사유 있는 경우에도 피고인의 출정 없이 재판할 수 있다.
⑤ 제277조의 규정에 의하여 대리인이 출정할 수 있는 경우에는 제1항 또는 제2항의 규정을 적용하지 아니한다.

정답

23년(3) 모의

200. 검사가 공판 중에 위 범행과 관련한 공소사실에 범죄의 방법을 일부 추가하는 공소장변경허가신청을 하자 법원이 공소장변경을 허가하였다면, 법원은 甲에게 방어준비를 하게 하기 위하여 공판절차를 정지하여야 한다.

공소장변경을 한 부분은 이 사건 공소사실 제3의 가.항의 범행 방법 중 일부 추가하여 정정하는 것이어서 해당 공소사실의 기본적 요소에 실질적인 영향을 미치지 않을 뿐만 아니라 피고인이 방어권을 실질적으로 행사함에 지장이 있다고 보기도 어려우므로, 공소장변경절차를 거치지 않고서도 직권으로 유죄로 인정함에 별다른 제한이 없는 경우에 해당하지만, 이에 대하여 공소장변경절차를 거친 다음 변경된 공소사실을 유죄로 인정한 것은 심판대상을 명확히 특정함으로써 피고인의 방어권 보장을 강화하는 조치에 해당하는 이상, 여기에 공소장변경에 관한 법리를 오해함으로써 판결에 영향을 미친 잘못이 없다(대판 2022.12.15. 2022도10564). ▶대판은 범행과 관련한 공소사실에 범죄의 방법을 일부 추가하는 공소장변경은 피고인이 방어권을 실질적으로 행사함에 지장이 있는 경우라고 보기 어렵다고 하였다.

> 형사소송법 제298조(공소장의 변경) ③ 법원은 공소사실 또는 적용법조의 추가, 철회 또는 변경이 있을 때에는 그 사유를 신속히 피고인 또는 변호인에게 고지하여야 한다.
> ④ 법원은 전3항의 규정에 의한 공소사실 또는 적용법조의 추가, 철회 또는 변경이 피고인의 불이익을 증가할 염려가 있다고 인정한 때에는 직권 또는 피고인이나 변호인의 청구에 의하여 피고인으로 하여금 필요한 방어의 준비를 하게 하기 위하여 결정으로 필요한 기간 공판절차를 정지할 수 있다.

정답 ×

2. 공판절차의 갱신

18년(2)·20년(1)·(2) 모의

201. 간이공판절차의 결정이 취소된 때에는 공판절차를 갱신하여야 하지만 검사, 피고인 또는 변호인이 이의를 제기하지 않는 때에는 공판절차를 갱신하지 않을 수 있다.

 형사소송법 제301조의2 참조.

> 형사소송법 제301조의2(간이공판절차결정의 취소와 공판절차의 갱신) 제286조의2의 결정이 취소된 때에는 공판절차를 갱신하여야 한다. 단, 검사, 피고인 또는 변호인이 이의가 없는 때에는 그러하지 아니하다.

정답 ○

Ⅲ 변론의 병합·분리·재개

16년(2)·19년(2) 모의

202. 동일한 피고인에 대하여 2개 이상의 사건이 각각 별도로 공소제기되었을 경우 반드시 병합심리하여 동시에 판결을 선고하여야만 되는 것은 아니다.

 동일한 피고인에 대하여 각각 별도로 2개 이상의 사건이 공소제기 되었을 경우 반드시 병합심리하여 동시에 판결을 선고하여야만 되는 것은 아니다(대판 1984.02.14. 83도3013).

정답 ○

16년(2)·19년(2) 모의

203. 다수인의 집합에 의하여 구성되는 집합범이나 2인 이상이 공동하여 죄를 범한 공범의 관계에 있는 피고인들에 대하여 검사가 여러 개의 사건으로 나누어 공소를 제기한 경우에, 법원이 변론을 병합하지 아니하였다고 하여 구두변론주의와 직접심리주의에 위반한 것이라고 볼 수 없다.

 검사가 다수인의 집합에 의하여 구성되는 집합범이나 2인 이상이 공동하여 죄를 범한 공범의 관계에 있는 피고인들에 대하여 여러 개의 사건으로 나누어 공소를 제기한 경우에, 법원이 변론을 병합하지 아니하였다고 하여 형사소송절차에서의 구두변론주의와 직접심리주의에 위반한 것이라고 볼 수 없다(대판 1990.06.22. 90도764).

정답 ○

 24년 변시

204. 종결한 변론을 재개할지 여부는 원칙적으로 법원의 재량에 속하는 사항이나, 항소심이 변론종결한 후 선임된 변호인의 변론재개신청을 들어주지 않았다면 이는 심리미진의 위법이 있는 경우에 해당한다.

해설 종결한 변론을 재개하느냐의 여부는 법원의 재량에 속하는 사항으로서 원심이 변론종결 후 선임된 변호인의 변론재개신청을 들어주지 아니하였다 하여 심리미진의 위법이 있는 것은 아니다(대판 1986.6.10. 86도769).

정답 ×

Ⅳ 국민참여재판의 공판절차

1. 국민참여재판의 의의

2. 국민참여재판의 대상

(1) 사물관할

 12년·20년·24년 변시, 13년(2)·19년(1)·20년(3) 모의

205. (1) 국민참여재판에서도 공소의 철회 또는 공소장변경이 가능하며, 그로 인하여 당해사건이 국민참여재판의 대상사건에 해당하지 아니하게 된 경우 국민참여재판으로 진행할 수 없다.

(2) 공소장변경으로 국민참여재판 대상사건에 해당하지 않게 된 경우에도 법원은 국민참여재판을 계속 진행하여야 하나, 법원은 국민참여재판에 의하지 않고 당해 사건을 지방법원 본원 합의부가 심판하기로 결정할 수 있고 그러한 결정에 대해서는 불복할 수 없다.

해설 국민의 형사재판 참여에 관한 법률 제6조 제1항 참조.

국민의 형사재판 참여에 관한 법률 제6조(공소사실의 변경 등) ① 법원은 공소사실의 일부 철회 또는 변경으로 인하여 대상사건에 해당하지 아니하게 된 경우에도 이 법에 따른 재판을 계속 진행한다. 다만, 법원은 심리의 상황이나 그 밖의 사정을 고려하여 국민참여재판으로 진행하는 것이 적당하지 아니하다고 인정하는 때에는 결정으로 당해 사건을 지방법원 본원 합의부가 국민참여재판에 의하지 아니하고 심판하게 할 수 있다.

 정답 ×, ○

(2) 피고인의 선택권(피고인의 의사확인)

🕐 16년·18년 변시, 13년(3)·19년(1)·22년(1) 모의

206. **(1) 제1심 법원이 피고인의 의사에 따라 국민참여재판으로 진행함에 있어 별도의 국민참여재판 개시결정을 할 필요는 없으나 그에 관한 이의가 있어 국민참여재판으로 진행하기로 결정한 경우, 검사는 그 결정에 대하여 즉시항고를 할 수 있다.**

(2) 국민참여재판으로 진행하는 것은 상당하지 않다는 검사의 이의가 있어 공판준비기일에서 피고인과 검사의 의견을 다시 들은 후 국민참여재판으로 진행하기로 결정하였는데, 이에 대해 검사가 항고한 경우, 법원은 항고기각결정을 해야 한다.

▪ 해설 (1) 국민의 형사재판 참여에 관한 법률에 의하면 제1심 법원이 국민참여재판 대상사건을 피고인의 의사에 따라 국민참여재판으로 진행함에 있어 별도의 국민참여재판 개시결정을 할 필요는 없고, 그에 관한 이의가 있어 제1심 법원이 국민참여재판으로 진행하기로 하는 결정에 이른 경우 이는 판결 전의 소송절차에 관한 결정에 해당하며, 그에 대하여 특별히 즉시항고를 허용하는 규정이 없으므로 위 결정에 대하여는 항고할 수 없다. 따라서 (2) 국민참여재판으로 진행하기로 하는 제1심 법원의 결정에 대한 항고는 항고의 제기가 법률상의 방식을 위반한 때에 해당하여 위 결정을 한 법원이 항고를 기각하여야 하고, 위 결정을 한 법원이 항고기각의 결정을 하지 아니한 때에는 항고법원은 결정으로 항고를 기각하여야 한다(대결 2009.10.23. 2009모1032).

 ×, ○

🕐 22년 변시, 14년(3)·16년(1) 모의

207. **피고인이 국민참여재판을 원하는지에 관한 의사를 확인하지 아니하고 통상절차로 재판을 진행하였다면, 피고인이 항소심에서 국민참여재판을 원하지 아니한다고 하면서 제1심의 절차적 위법을 문제 삼지 아니할 의사를 표시하더라도 그 하자는 치유될 수 없다.**

▪ 해설 국민참여재판은 피고인의 희망 의사 번복에 관한 일정한 제한(국민의 형사재판 참여에 관한 법률 제8조 제4항)이 있는 외에는 피고인의 의사에 반하여 할 수 없는 것이므로, 제1심법원이 국민참여재판의 대상이 되는 사건임을 간과하여 이에 관한 피고인의 의사를 확인하지 아니한 채 통상의 공판절차로 재판을 진행하였더라도, 피고인이 항소심에서 국민참여재판을 원하지 아니한다고 하면서 위와 같은 제1심의 절차적 위법을 문제삼지 아니할 의사를 명백히 표시하는 경우에는 하자가 치유되어 제1심 공판절차는 전체로서 적법하게 된다고 보아야 하고, 다만 국민참여재판제도의 취지와 피고인의 국민참여재판을 받을 권리를 실질적으로 보장하고자 하는 관련 규정의 내용에 비추어 위 권리를 침해한 제1심 공판절차의 하자가 치유된다고 보기 위해서는 같은 법 제8조 제1항, 국민의 형사재판 참여에 관한 규칙 제3조 제1항에 준하여 피고인에게 국민참여재판절차 등에 관한 충분한 안내가 이루어지고 그 희망 여부에 관하여 숙고할 수 있는 상당한 시간이 사전에 부여되어야 한다(대판 2012.06.14. 2011도15484).

정답 ×

19년(3)모의

208. 법원은 대상사건의 피고인에 대하여 국민참여재판을 원하는지 여부에 관한 의사를 서면 등의 방법으로 반드시 확인하여야 한다.

해설 국민의 형사재판 참여에 관한 법률 제8조 제1항 참조.

국민의 형사재판 참여에 관한 법률 제8조 (피고인 의사의 확인) ① 법원은 대상사건의 피고인에 대하여 국민참여재판을 원하는지 여부에 관한 의사를 서면 등의 방법으로 반드시 확인하여야 한다. 이 경우 피고인 의사의 구체적인 확인 방법은 대법원규칙으로 정하되, 피고인의 국민참여재판을 받을 권리가 최대한 보장되도록 하여야 한다.

정답

 12년 변시, 12년(2)·13년(3)·15년(3)·18년(3) 모의

209. 국민참여재판 대상사건의 피고인이 국민참여재판을 원하는지에 관한 의사 확인절차를 거치지 아니한 채 통상의 공판절차로 재판을 진행한 경우 그 절차는 위법하고 이 공판절차에서 이루어진 소송행위는 무효이다.

해설 국민참여재판의 실시 여부는 일차적으로 피고인의 의사에 따라 결정되므로 국민참여재판 대상사건의 공소제기가 있으면 법원은 피고인에 대하여 국민참여재판을 원하는지 여부에 관한 의사를 서면 등의 방법으로 반드시 확인하여야 하고(법 제8조 제1항), 이를 위해 공소장 부본과 함께 피고인 또는 변호인에게 국민참여재판의 절차, 법 제8조 제2항에 따른 서면의 제출, 법 제8조 제4항에 따른 의사번복의 제한, 그 밖의 주의사항이 기재된 국민참여재판에 관한 안내서를 송달하여야 한다(국민의 형사재판 참여에 관한 규칙 제3조 제1항). 만일 이러한 규정에도 불구하고 법원에서 피고인이 국민참여재판을 원하는지에 관한 의사의 확인절차를 거치지 아니한 채 통상의 공판절차로 재판을 진행하였다면, 이는 피고인의 국민참여재판을 받을 권리에 대한 중대한 침해로서 그 절차는 위법하고 이러한 위법한 공판절차에서 이루어진 소송행위도 무효라고 보아야 한다(대판 2013.01.31. 2012도13896).

국민의 형사재판 참여에 관한 법률 제8조(피고인 의사의 확인) ① 법원은 대상사건의 피고인에 대하여 국민참여재판을 원하는지 여부에 관한 의사를 서면 등의 방법으로 반드시 확인하여야 한다. 이 경우 피고인 의사의 구체적인 확인 방법은 대법원규칙으로 정하되, 피고인의 국민참여재판을 받을 권리가 최대한 보장되도록 하여야 한다.

정답

🕐 18년·20년 변시, 19년(1)·22년(2)(3) 모의

210. **(1)** 제1심 법원이 국민참여재판 대상이 되는 사건임을 간과하여 이에 관한 피고인의 의사를 확인하지 아니한 채 통상의 공판절차로 재판을 진행하였더라도, 피고인이 항소심에서 국민참여재판을 원하지 아니한다고 하면서 위와 같은 제1심의 절차적 위법을 문제삼지 아니할 의사를 명백히 표시하는 경우, 제1심 공판절차의 하자가 치유된다고 보기 위해서는 피고인에게 국민참여재판절차 등에 관한 충분한 안내와 그 희망 여부에 관하여 숙고할 수 있는 상당한 시간이 사전에 부여되어야 한다.

(2) 제1심 법원이 국민참여재판 대상사건의 피고인에게 국민참여재판을 원하는지 확인하지 아니한 채 통상의 공판절차에 따라 재판을 진행하였더라도, 항소심 제1회 공판기일에 이에 대하여 이의가 없다는 피고인과 변호인의 진술만으로도 제1심의 공판절차상 하자가 치유되므로, 같은 날 변론을 종결한 후 다음 공판기일에 피고인의 항소를 기각하는 판결을 선고하더라도 이는 적법하다.

▦해설 국민참여재판은 그 실시를 희망하는 의사의 번복에 관하여 국민의 형사재판 참여에 관한 법률 제8조 제4항에 따른 시기적·절차적 제한이 있는 외에는 피고인의 의사에 반하여 할 수 없으므로, 제1심법원이 국민참여재판 대상이 되는 사건임을 간과하여 이에 관한 피고인의 의사를 확인하지 아니한 채 통상의 공판절차로 재판을 진행하였더라도, 피고인이 항소심에서 국민참여재판을 원하지 아니한다고 하면서 위와 같은 제1심의 절차적 위법을 문제삼지 아니할 의사를 명백히 표시하는 경우에는 하자가 치유되어 제1심 공판절차는 전체로서 적법하게 된다고 보아야 하고, 다만 국민참여재판제도의 취지와 피고인의 국민참여재판을 받을 권리를 실질적으로 보장하고자 하는 관련 규정의 내용에 비추어 위 권리를 침해한 제1심 공판절차의 하자가 치유된다고 보기 위해서는 같은 법 제8조 제1항, 국민의 형사재판 참여에 관한 규칙 제3조 제1항에 준하여 피고인에게 국민참여재판절차 등에 관한 충분한 안내와 그 희망 여부에 관하여 숙고할 수 있는 상당한 시간이 사전에 부여되어야 한다(대판 2012.04.26. 2012도1225). 그러므로 같은 날 선고는 부적법하다.

 정답 ○,×

🕐 20년 변시, 14년(3)·18년(3)·19년(1)·(3)·20년(3) 모의

211. 피고인이 공소장 부본을 송달받은 날부터 7일 이내에 국민참여재판을 원하는지 여부에 관한 의사가 기재된 서면을 제출하지 아니하였더라도 제1회 공판기일이 종결되기 전까지는 국민참여재판 신청을 할 수 있다.

▦해설 국민의 형사재판 참여에 관한 법률 제8조는 피고인이 공소장 부본을 송달받은 날부터 7일 이내에 국민참여재판을 원하는지 여부에 관한 의사가 기재된 서면(이하 '의사확인서')을 제출하도록 하고, 피고인이 그 기간 내에 의사확인서를 제출하지 아니한 때에는 국민참여재판을 원하지 아니하는 것으로 보며, 공판준비기일이 종결되거나 제1회 공판기일이 열린 이후 등에는 종전의 의사를 바꿀 수 없도록 규정하고 있다. 위 규정의 취지를 위 기한이 지나면 피고인이 국민참여재판 신청을 할 수 없도록 하려는 것으로는 보기 어려운 점 등에 비추어 볼 때, 공소장 부본을 송달받은 날부터 7일 이내에 의사확인서를 제출하지 아니한 피고인도 제1회 공판기일이 열리기 전까지는 국민참여재판 신청을 할 수 있고, 법원은 그 의사를 확인하여 국민참여재판으로 진행할 수 있다고 봄이 상당하다(대결 2009.10.23. 2009모1032).

국민의 형사재판 참여에 관한 법률 제8조(피고인의 의사의 확인) ② 피고인은 공소장 부본을 송달받은 날부터 7일 이내에 국민참여재판을 원하는지 여부에 관한 의사가 기재된 서면을 제출하여야 한다. 이 경우 피고인이 서면을 우편으로 발송한 때, 교도소 또는 구치소에 있는 피고인이 서면을 교도소장·구치소장 또는 그 직무를 대리하는 자에게 제출한 때에 법원에 제출한 것으로 본다.
③ 피고인이 제2항의 서면을 제출하지 아니한 때에는 국민참여재판을 원하지 아니하는 것으로 본다.
④ 피고인은 제9조 제1항의 배제결정 또는 제10조 제1항의 회부결정이 있거나 공판준비기일이 종결되거나 제1회 공판기일이 열린 이후에는 종전의 의사를 바꿀 수 없다.

(3) 배제결정과 통상절차 회부

20년(3)·21년(3) 모의

212. 피고인이 법원에 국민참여재판을 신청하였으나 법원이 이에 대한 배제결정을 하지 않은 채 통상의 공판절차로 재판을 진행한 경우라도 이 공판절차에서 이루어진 소송행위의 효력에는 영향이 없다.

해설 국민참여재판을 시행하는 이유나 '국민의 형사재판 참여에 관한 법률'의 여러 규정에 비추어 볼 때, 위 법에서 정하는 대상 사건에 해당하는 한 피고인은 원칙적으로 국민참여재판으로 재판을 받을 권리를 가지는 것이므로, 피고인이 법원에 국민참여재판을 신청하였는데도 법원이 이에 대한 배제결정도 하지 않은 채 통상의 공판절차로 재판을 진행하는 것은 피고인의 국민참여재판을 받을 권리 및 법원의 배제결정에 대한 항고권 등 중대한 절차적 권리를 침해한 것으로서 위법하고, 국민참여재판제도의 도입 취지나 위 법에서 배제결정에 대한 즉시항고권을 보장한 취지 등에 비추어 이와 같이 위법한 공판절차에서 이루어진 소송행위는 무효라고 보아야 한다(대판 2011.09.08. 2011도7106).

213. **(1)** 법원은 공범관계에 있는 피고인들 중 일부가 국민참여재판을 원하지 않아 국민참여재판을 진행하는 데 어려움이 있다고 판단한 경우 국민참여재판을 하지 않는 결정을 할 수 있다.

(2) 법원은 공범 관계에 있는 피고인들 중 일부가 국민참여재판을 원하지 아니하여 국민참여재판의 진행에 어려움이 있다고 인정되는 경우에도 국민참여재판을 할 수 있다.

해설 국민의 형사재판 참여에 관한 법률 제9조 제1항 제2호 참조.

국민의 형사재판 참여에 관한 법률 제9조(배제결정) ① 법원은 공소제기 후부터 공판준비기일이 종결된 다음날까지 다음 각 호의 어느 하나에 해당하는 경우 국민참여재판을 하지 아니하기로 하는 결정을 할 수 있다.
 2. 공범 관계에 있는 피고인들 중 일부가 국민참여재판을 원하지 아니하여 국민참여재판의 진행에 어려움이 있다고 인정되는 경우

🕐 14년 변시, 20년(2) 모의

214. 피고인이 국민참여재판을 원하는 의사를 표시한 경우 지방법원 지원 합의부가 배제결정을 하지 아니하는 경우에는 지방법원 지원 합의부는 국민참여재판절차 회부결정을 하여 사건을 지방법원 본원 합의부로 이송하여야 한다.

해설 지방법원 지원은 법원자체의 규모가 작아 국민참여재판의 시행에 곤란이 예상되는 점을 고려하여 지방법원 본원 합의부가 관할권을 가지는 것으로 규정하고 있다(국민의 형사재판 참여에 관한 법률 제10조 제1항 참조).

국민의 형사재판 참여에 관한 법률 제10조(지방법원 지원 관할 사건의 특례) ① 제8조에 따라 피고인이 국민참여재판을 원하는 의사를 표시한 경우 지방법원 지원 합의부가 제9조 제1항의 배제결정을 하지 아니하는 경우에는 국민참여재판절차 회부결정을 하여 사건을 지방법원 본원 합의부로 이송하여야 한다.

정답 O

🕐 12년 변시

215. 법원이 피고인의 의사를 확인하여 국민참여재판으로 공판을 진행하기로 결정하고 제1회 공판기일이 열렸다면 피고인이 통상의 공판절차로 전환하는 것을 원하지 않는 한 통상의 공판절차로 전환할 수 없다.

해설 국민의 형사재판 참여에 관한 법률 제8조 제4항 참조.

국민의 형사재판 참여에 관한 법률 제8조(피고인 의사의 확인) ④ 피고인은 제9조제1항의 배제결정 또는 제10조제1항의 회부결정이 있거나 공판준비기일이 종결되거나 제1회 공판기일이 열린 이후에는 종전의 의사를 바꿀 수 없다.

정답 ×

🕐 13년(1) 모의

216. 법원은 피고인의 질병으로 공판절차가 장기간 정지되어 국민참여재판을 계속 진행하는 것이 부적절하다고 인정하는 경우 사건을 지방법원 본원 합의부가 국민참여재판에 의하지 않고 심판하게 할 수 있다.

해설 국민의 형사재판 참여야 관한 법률 제11조 제1항 참조.

국민의 형사재판 참여에 관한 법률 제11조(통상절차 회부) ① 법원은 피고인의 질병 등으로 공판절차가 장기간 정지되거나 피고인에 대한 구속기간의 만료, 성폭력범죄 피해자의 보호, 그 밖에 심리의 제반 사정에 비추어 국민참여재판을 계속 진행하는 것이 부적절하다고 인정하는 경우에는 직권 또는 검사·피고인·변호인이나 성폭력범죄 피해자 또는 법정대리인의 신청에 따라 결정으로 사건을 지방법원 본원 합의부가 국민참여재판에 의하지 아니하고 심판하게 할 수 있다.

정답 O

3. 국민참여재판과 배심원

20년(3) 모의

217. 공판절차가 개시된 후 새로 재판에 참여하는 예비배심원이 있는 경우 법원은 공판절차를 갱신할 필요가 없다.

> [해설] 국민의 형사재판 참여에 관한 법률 제45조 제1항 참조.

> 국민의 형사재판 참여에 관한 법률 제45조(공판절차의 갱신) ① 공판절차가 개시된 후 새로 재판에 참여하는 배심원 또는 예비배심원이 있는 때에는 공판절차를 갱신하여야 한다.

정답

19년(3) 모의

218. 배심원이 법정에서 폭언 또는 그 밖의 부당한 언행을 하여 공판절차의 진행을 방해하였다는 이유로 검사의 신청에 따라 법원으로부터 배심원 해임결정을 받았다면 변호인은 이에 불복할 수 없다.

> [해설] 국민의 형사재판 참여에 관한 법률 제32조 참조.

> 국민의 형사재판 참여에 관한 법률 제32조 (배심원의 해임) ① 법원은 배심원 또는 예비배심원이 다음 각 호의 어느 하나에 해당하는 때에는 직권 또는 검사·피고인·변호인의 신청에 따라 배심원 또는 예비배심원을 해임하는 결정을 할 수 있다.
>   6. 배심원 또는 예비배심원이 법정에서 재판장이 명한 사항을 따르지 아니하거나 폭언 또는 그 밖의 부당한 언행을 하는 등 공판절차의 진행을 방해한 때
> ③ 제1항의 결정에 대하여는 불복할 수 없다.

정답

18년(3) 모의

219. 직무를 계속 수행하기 어려운 사정이 있는 배심원이 법원에 사임을 신청하여 법원이 배심원의 해임을 결정한 경우, 이에 대하여 피고인은 불복할 수 있다.

> [해설] 국민의 형사재판 참여에 관한 법률 제33조 참조.

> 국민의 형사재판 참여에 관한 법률 제33조(배심원의 사임) ① 배심원과 예비배심원은 직무를 계속 수행하기 어려운 사정이 있는 때에는 법원에 사임을 신청할 수 있다.
> ② 법원은 제1항의 신청에 이유가 있다고 인정하는 때에는 당해 배심원 또는 예비배심원을 해임하는 결정을 할 수 있다.
> ③ 제2항의 결정을 함에 있어서는 검사·피고인 또는 변호인의 의견을 들어야 한다.
> ④ 제2항의 결정에 대하여는 불복할 수 없다.

정답

18년 변시

220. 국민참여재판에서 공판준비기일은 원칙적으로 공개하여야 하나, 배심원은 공판준비기일에는 참여하지 아니한다.

해설 국민의 형사재판 참여에 관한 법률 제37조 참조.

국민의 형사재판 참여에 관한 법률 제37조(공판준비기일) ③ 공판준비기일은 공개한다. 다만, 법원은 공개함으로써 절차의 진행이 방해될 우려가 있는 때에는 공판준비기일을 공개하지 아니할 수 있다.
④ 공판준비기일에는 배심원이 참여하지 아니한다.

정답 O

18년(3) 모의

221. 배심원과 예비배심원은 피고인이나 증인에 대하여 필요한 사항을 신문해 줄 것을 재판장에게 요청할 수 있다.

해설 국민의 형사재판 참여에 관한 법률 제41조 제1항 참조.

국민의 형사재판 참여에 관한 법률 제41조(배심원의 절차상 권리와 의무) ① 배심원과 예비배심원은 다음 각 호의 행위를 할 수 있다.
1. 피고인·증인에 대하여 필요한 사항을 신문하여 줄 것을 재판장에게 요청하는 행위

정답 O

20년 변시, 21년(3) 모의

222. 국민참여재판에서 배심원은 사실의 인정, 법령의 적용 및 형의 양정에 관한 의견을 제시할 권한은 있으나, 법원의 증거능력에 관한 심리에 관여할 수는 없다.

해설 국민참여재판법 제12조, 제44조 참조.

국민참여재판법 제12조(배심원의 권한과 의무) ① 배심원은 국민참여재판을 하는 사건에 관하여 사실의 인정, 법령의 적용 및 형의 양정에 관한 의견을 제시할 권한이 있다.
국민참여재판법 제44조(배심원의 증거능력 판단 배제) 배심원 또는 예비배심원은 법원의 증거능력에 관한 심리에 관여할 수 없다.

정답 O

19년(3) 모의

223. 배심원은 유·무죄에 관하여 전원의 의견이 일치하지 아니하는 때에는 평결을 하기 전에 심리에 관여한 판사의 의견을 들어야 하고, 이 경우 유·무죄의 평결은 다수결의 방법으로 한다.

해설 국민의 형사재판 참여에 관한 법률 제46조 참조.

국민의 형사재판 참여에 관한 법률 제46조 (재판장의 설명·평의·평결·토의 등) ③ 배심원은 유·무죄에 관하여 전원의 의견이 일치하지 아니하는 때에는 평결을 하기 전에 심리에 관여한 판사의 의견을 들어야 한다. 이 경우 유·무죄의 평결은 다수결의 방법으로 한다. 심리에 관여한 판사는 평의에 참석하여 의견을 진술한 경우에도 평결에는 참여할 수 없다.

정답

18년(3)·19년(3)·22년(3) 모의

224. 배심원은 법원의 증거능력에 관한 심리에 관여할 수 있으나, 배심원의 유·무죄에 관한 평결과 의견은 법원을 기속하지 아니한다.

해설 국민의 형사재판 참여에 관한 법률 제44조 및 제46조 참조.

국민의 형사재판 참여에 관한 법률 제44조 (배심원의 증거능력 판단 배제) 배심원 또는 예비배심원은 법원의 증거능력에 관한 심리에 관여할 수 없다.
국민의 형사재판 참여에 관한 법률 제46조 (재판장의 설명·평의·평결·토의 등) ② 심리에 관여한 배심원은 제1항의 설명을 들은 후 유·무죄에 관하여 평의하고, 전원의 의견이 일치하면 그에 따라 평결한다. 다만, 배심원 과반수의 요청이 있으면 심리에 관여한 판사의 의견을 들을 수 있다.
③ 배심원은 유·무죄에 관하여 전원의 의견이 일치하지 아니하는 때에는 평결을 하기 전에 심리에 관여한 판사의 의견을 들어야 한다. 이 경우 유·무죄의 평결은 다수결의 방법으로 한다. 심리에 관여한 판사는 평의에 참석하여 의견을 진술한 경우에도 평결에는 참여할 수 없다.
④ 제2항 및 제3항의 평결이 유죄인 경우 배심원은 심리에 관여한 판사와 함께 양형에 관하여 토의하고 그에 관한 의견을 개진한다. 재판장은 양형에 관한 토의 전에 처벌의 범위와 양형의 조건 등을 설명하여야 한다.
⑤ 제2항부터 제4항까지의 평결과 의견은 법원을 기속하지 아니한다.

정답

12년 변시

225. 배심원은 만 20세 이상의 대한민국 국민 중에서 국민의 형사재판 참여에 관한 법률로 정하는 바에 따라 선정된다.

해설 국민의 형사재판 참여에 관한 법률 제16조 참조.

국민의 형사재판 참여에 관한 법률 제16조(배심원의 자격) 배심원은 만 20세 이상의 대한민국 국민 중에서 이 법으로 정하는 바에 따라 선정된다.

정답

4. 국민참여재판의 절차(공판절차의 특칙)

18년·20년 변시, 14년(3)·16년(3) 모의

226. 국민참여재판에 관하여 변호인이 없는 때에는 「형사소송법」 제33조 제1항 각호(구속, 미성년자, 70세 이상 등)의 어느 하나에 해당하는 경우가 아니더라도 법원은 직권으로 변호인을 선정하여야 한다.

> 해설 국민참여재판에 관하여 변호인이 없는 때에는 법원은 직권으로 변호인을 선정하여야 한다(국민참여재판법 제7조). 또한 국민참여재판에서는 공판준비절차에서 반드시 공판준비기일을 지정하여야 하는데(국민참여재판법 제37조 제1항), 법원은 공판준비기일이 지정된 사건에 관하여 변호인이 없는 때에는 직권으로 변호인을 선정하여야 한다(형사소송법 제266조의8 제4항). 따라서 국민참여재판의 대상사건은 모두 필요적 변호사건이 된다.

정답 O

13년(2)·14년(2)·20년(2) 모의

227. (1) 공판준비절차는 일반 공판절차에서는 임의적 절차이나 국민참여재판에서는 필수적 절차이다.

(2) 피고인이 국민참여재판을 원하는 의사를 표시한 경우에 사건을 공판준비절차에 부쳐야 하지만, 공판준비절차에 부치기 전에 국민참여재판 배제결정이 있는 때에는 그러하지 아니하다.

> 해설 국민참여재판의 경우 필수적으로 공판준비절차를 거칠 것이 요구된다는 점에서 임의적 절차인 일반공판절차(형사소송법 제266조의5)와 차이가 있다.

> 국민의 형사재판 참여에 관한 법률 제36조 (공판준비절차) ① 재판장은 제8조에 따라 피고인이 국민참여재판을 원하는 의사를 표시한 경우에 사건을 공판준비절차에 부쳐야 한다. 다만, 공판준비절차에 부치기 전에 제9조제1항의 배제결정이 있는 때에는 그러하지 아니하다.

정답 O, O

5. 평의·평결 및 선고

21년(3) 모의

228. 국민참여재판에서 재판장이 최종 설명 때 예비적 공소사실의 요지에 관한 설명을 누락한 것은 「국민의 형사재판 참여에 관한 법률」 제46조 제1항에 따라 설명의무가 있는 사항을 설명하지 않은 위법한 조치이므로 이와 같이 위법한 공판절차에서 이루어진 소송행위는 무효라고 보아야 한다.

> 해설 국민참여재판에서 재판장의 최종 설명은 배심원이 올바른 평결에 이를 수 있도록 지도하고 조력하는 기능을 담당하는 것으로서 배심원의 평결에 미치는 영향이 크므로, 재판장이 법률 제46조 제1항, 규칙 제37조 제1항에 따라 설명의무가 있는 사항을 설명하지 않은 것은 원칙적으로 위법한 조치이다. 그러나 위 최종 설명의 대상이 되는 사항 대부분은 공판 진행과정을 통해 배심원이 참여한

법정에 자연스럽게 현출되는 것임에도 법률이 재판장에게 최종 설명의무를 부과하는 것은 사건에 따라 배심원이 이해하기 어려운 사항이 있을 수 있으므로 이를 쉽고 간략하게 정리하여 재확인하도록 하는 취지인 점, 재판장의 최종 설명이 미흡하다고 하더라도 평의 과정에서 재판장이 배심원들에게 의견을 제시하면서 최종 설명을 보완하거나 보충할 수 있는 점 등을 종합하여 보면, 재판장이 최종 설명 때 공소사실에 관한 설명을 일부 빠뜨렸거나 미흡하게 한 잘못이 있다고 하더라도, 이를 두고 그 전까지 절차상 아무런 하자가 없던 소송행위 전부를 무효로 할 정도로 판결에 영향을 미친 위법이라고 쉽게 단정할 것은 아니고, 설명이 빠졌거나 미흡한 부분이 공판 진행과정에서 이미 드러났던 것인지, 공판 진행과정에서 이미 드러났던 것이라면 그 시점과 재판장의 최종 설명 때까지 시간적 간격은 어떠한지, 재판장의 설명 없이는 배심원이 이해할 수 없거나 이해하기 어려운 사항에 해당하는지, 재판장의 최종 설명에 대한 피고인 또는 변호인의 이의가 있었는지, 평의 과정에서 배심원들의 의견이 일치하지 않아 재판장이 법률 제46조 제3항에 따라 의견을 진술하면서 최종 설명을 보충할 수 있었던 사안인지 및 최종 설명에서 누락된 부분과 최종 평결과의 관련성 등을 종합적으로 고려하여, 위와 같은 잘못이 배심원의 평결에 직접적인 영향을 미쳐 피고인의 국민참여재판을 받을 권리 등을 본질적으로 침해하고 판결의 정당성마저 인정받기 어려운 정도에 이른 것인지를 신중하게 판단하여야 한다(대판 2014.11.13. 2014도8377).

> **판례** [판결이유] 최종 설명에서 이 사건 예비적 공소사실의 요지에 관한 설명을 누락한 제1심 재판장의 조치에는, 법률 제46조 제1항이 정하는 최종 설명의무를 제대로 이행하지 아니한 잘못이 있다고 할 것이다. 그러나 앞서 본 법리에 위 사실관계에 나타난 여러 사정, 즉, ① 이 사건 예비적 공소사실의 요지 및 주위적 공소사실과의 차이점 등은 검사와 변호인의 모두진술 등으로써 이 사건 공판 과정에서 이미 드러난 상태인 점, ② 이 사건 예비적 공소사실은 주위적 공소사실에 대한 관계에서 고의의 내용만 다르고 특별히 주위적 공소사실과는 다른 사실관계의 인정이나 법률적 쟁점이 없는 축소사실에 해당하며, 사안과 쟁점도 복잡하지 아니하여, 그에 대한 제1심 재판장의 설명이 없더라도 배심원들이 공판 과정에서 드러난 사정으로 이해할 수 있었을 것으로 보이는 점, ③ 피고인과 변호인은 제1심 재판장에게 최종 설명에 예비적 공소사실에 관한 설명을 포함하여 달라고 요구하거나 그 설명이 누락된 것에 대하여 이의를 제기하지 아니한 점, ④ 제1심 재판장은 최종 설명 때 배심원들에게 평의 과정에서 확인할 필요가 있는 사항이 있을 경우 질문할 수 있다고 설명하였고, 특히 이 사건은 주위적 공소사실의 유·무죄에 관하여 전원의 의견이 일치하지 아니하여 법률 제46조 제3항에 따라 배심원들이 심리에 관여한 판사로부터 그 의견을 들어야 했던 사안으로서, 평의 과정에서 주위적 공소사실에 대한 평결이 무죄인 경우의 후속 조치, 즉 이 사건 예비적 공소사실에 대한 평의와 평결에 관하여 질문과 설명의 기회를 가질 수 있었던 경우인 점, ⑤ 결과적으로 배심원들이 주위적 공소사실에 대하여 다수결로 유죄의 평결을 함으로써 이 사건 예비적 공소사실에 대하여는 나아가 평의와 평결을 할 필요가 없었던 점 등을 종합하여 살펴보면, 제1심 재판장의 최종 설명 과정에서의 위와 같은 잘못으로 피고인의 국민참여재판을 받을 권리가 본질적으로 침해되었다고 보기는 어렵다(대판 2014.11.13. 2014도8377).

정답 ×

13년(2)·21년(3) 모의

229. 재판장이 배심원의 평결결과와 다른 판결을 선고하는 때에는 피고인에게 그 이유를 설명하여야 한다.

해설 국민의 형사재판 참여에 관한 법률 제48조 제4항 참조.

> **국민의 형사재판 참여에 관한 법률 제48조(판결선고기일)** ④ 재판장은 판결선고 시 피고인에게 배심원의 평결결과를 고지하여야 하며, 배심원의 평결결과와 다른 판결을 선고하는 때에는 피고인에게 그 이유를 설명하여야 한다.

정답

13년(3)·14년(3) 모의

230. 국민참여재판에서 배심원이 만장일치의 의견으로 내린 무죄의 평결이 재판부의 심증에 부합하여 그대로 채택된 경우라 하더라도 항소심에서는 원칙적으로 증거의 취사 및 사실의 인정에 관한 제1심의 판단과 달리 판결할 수 있다.

해설 [1] 배심원이 증인신문 등 사실심리의 전 과정에 함께 참여한 후 증인이 한 진술의 신빙성 등 증거의 취사와 사실의 인정에 관하여 만장일치의 의견으로 내린 무죄의 평결이 재판부의 심증에 부합하여 그대로 채택된 경우라면, 이러한 절차를 거쳐 이루어진 증거의 취사 및 사실의 인정에 관한 제1심의 판단은 실질적 직접심리주의 및 공판중심주의의 취지와 정신에 비추어 항소심에서의 새로운 증거조사를 통해 그에 명백히 반대되는 충분하고도 납득할 만한 현저한 사정이 나타나지 않는 한 한층 더 존중될 필요가 있다. [2] 국민참여재판으로 진행된 제1심에서 배심원이 만장일치로 한 평결 결과를 받아들여 강도상해의 공소사실을 무죄로 판단하였으나, 항소심에서는 피해자에 대하여만 증인신문을 추가로 실시한 다음 제1심의 판단을 뒤집어 이를 유죄로 인정한 사안에서, 항소심 판단에 공판중심주의와 실질적 직접심리주의 원칙의 위반 및 증거재판주의에 관한 법리오해의 위법이 있다고 한 사례(대판 2010.03.25. 2009도14065).

정답

제2장 증거

제1절 증거의 의의와 종류

Ⅰ 증거의 의의

Ⅱ 증거의 종류

Ⅲ 증거능력과 증명력

제2절 증명의 기본원칙

Ⅰ 증거재판주의

1. 증거재판주의의 의의

2. 엄격한 증명의 대상

21년(3) 모의

231. 보관·관리하던 회사의 비자금을 임의로 인출·사용한 행위가 불법영득의사를 실현하는 횡령에 해당하는지 여부는, 합리적인 의심의 여지가 없을 정도로 확신을 가지게 하는 증명력이 있는 엄격한 증거에 의하여 증명하여야 하고, 그만한 증거가 없다면 설령 유죄의 의심이 간다고 하더라도 피고인의 이익으로 판단하여야 한다.

해설 불법영득의사를 실현하는 행위로서의 횡령행위가 있었다는 점은, 합리적인 의심의 여지가 없을 정도로 확신을 가지게 하는 증명력이 있는 엄격한 증거에 의하여 증명하여야 하고, 그만한 증거가 없다면 설령 유죄의 의심이 간다고 하더라도 피고인들의 이익으로 판단하여야 한다(대판 2017.05.30. 2016도9027).

정답 O

21년(1) 모의

232. 외국인 甲은 바람이 세게 불어 담뱃불을 붙이기가 어렵자 A 소유의 사과나무 밭에서 마른 풀을 모아 놓고 성냥불을 켜 담뱃불을 붙였다. 甲은 그 불이 완전히 소화되었는지를 확인하지 아니한 채 자리를 떠났고, 남은 불씨가 A 소유의 사과나무에 옮겨 붙어 사과나무 217주 등을 불태웠다. 경찰조사에서 甲은 평소 가지고 있던 외국인 B의 여권을 제시하면서 B의 모든 인적사항을 모용하였다. 검사는 B를 공소장에 피고인으로 적시하여 공소를 제기한 후 제1회 공판기일에서 甲이 B의 성명을 모용한 사실이 밝혀졌으며 A의 부인 C가 甲의 통역인으로 나와 통역하였다.
「형법」제170조(실화) 제2항과 같이 공공의 위험발생이 구성요건에 명시되어 있는 구체적 위험범의 경우에 검사는 공공의 위험발생에 대해서 입증을 해야 한다. (다툼이 있는 경우 판례에 의함)

해설 공소범죄사실에 대한 거증책임은 검사에게 있으므로 검사는 객관적 구성요건해당사실은 물론이고 고의와 과실, 목적, 불법영득의사 등과 같은 주관적 구성요건해당사실에 대해서도 거증책임을 진다(이창현, 형사소송법 제3판, p.788). ▶ 형법 제170조 제2항 참조.

형법 제170조(실화) ② 과실로 자기 소유인 제166조의 물건 또는 제167조에 기재한 물건을 불태워 공공의 위험을 발생하게 한 자도 제1항의 형에 처한다.
[전문개정 2020. 12. 8.] [시행일 : 2021. 12. 9.]

정답 O

19년(1) 모의

233. 횡령죄의 행위자에게 '불법영득의사'가 있었다는 점은 검사가 증명하여야 하나, 그 증명은 반드시 엄격한 증명에 의하여야 하는 것은 아니다.

> **해설** 구성요건에 해당하는 사실은 객관적 구성요건요소인가 또는 주관적 구성요건요소인가를 불문하고 엄격한 증명의 대상이 된다. 따라서 고의, 과실, 목적과 같은 사실도 엄격한 증명을 요한다(이재상, 형사소송법 제9판 p.527). 따라서 불법영득의사도 주관적 구성요건요소로서 범죄성립요건이므로 엄격한 증명의 대상이 된다.

> **판례** 불법영득의사를 실현하는 행위로서의 횡령행위가 있다는 점은 검사가 입증하여야 하는 것으로서, 그 입증은 법관으로 하여금 합리적인 의심을 할 여지가 없을 정도의 확신을 생기게 하는 증명력을 가진 엄격한 증거에 의하여야 하는 것이고 이와 같은 증거가 없다면 설령 피고인에게 유죄의 의심이 간다 하더라도 피고인의 이익으로 판단할 수밖에 없다 할 것인바, 피고인이 자신이 위탁받아 보관하고 있던 돈이 모두 없어졌는데도 그 행방이나 사용처를 제대로 설명하지 못한다면 일응 피고인이 이를 임의소비하여 횡령한 것이라고 추단할 수 있겠지만, 그렇지 아니하고 피고인이 불법영득의사의 존재를 인정하기 어려운 사유를 들어 돈의 행방이나 사용처에 대한 설명을 하고 있고 이에 부합하는 자료도 있다면 피고인이 위탁받은 돈을 일단 타용도로 소비한 다음 그만한 돈을 별도로 입금 또는 반환한 것이라는 등의 사정이 인정되지 아니하는 한 함부로 위탁받은 돈을 불법영득의사로 인출하여 횡령하였다고 인정할 수는 없다(대판 1994.09.09. 94도998).

정답 ×

23년 변시

234. 목적과 용도를 정하여 위탁한 금전을 수탁자가 임의로 소비하면 횡령죄를 구성할 수 있으며 피해자 등이 목적과 용도를 정하여 금전을 위탁한 사실 및 그 목적과 용도가 무엇인지는 엄격한 증명의 대상이 된다.

> **해설** 목적과 용도를 정하여 위탁한 금전을 수탁자가 임의로 소비한 경우, 횡령죄가 성립하는지 여부(적극) 및 이 경우 피해자 등이 목적과 용도를 정하여 금전을 위탁한 사실과 그 목적과 용도가 무엇인지가 엄격한 증명의 대상인지 여부(적극)(대판 2013.11.14. 2013도8121).

정답 ○

 23년 변시

235. 양심적 병역거부를 주장하는 피고인이 자신의 병역거부가 그에 따라 행동하지 않고서는 인격적 존재가치가 파멸되고 말 것이라는 절박하고 구체적인 양심에 따른 것으로 그 양심이 깊고 확고하며 진실한 것이라는 사실의 존재를 수긍할 만한 소명자료를 법원에 제출한 경우, 검사는 제출된 자료의 신빙성을 탄핵하는 방법으로 진정한 양심의 부존재를 증명할 수 있다.

> **해설** 정당한 사유가 없다는 사실은 범죄구성요건이므로 검사가 증명하여야 한다. 다만 진정한 양심의 부존재를 증명한다는 것은 마치 특정되지 않은 기간과 공간에서 구체화되지 않은 사실의 부존재를 증명하는 것과 유사하다. 위와 같은 불명확한 사실의 부존재를 증명하는 것은 사회통념상 불가능

한 반면 그 존재를 주장·증명하는 것이 좀 더 쉬우므로, 이러한 사정은 검사가 증명책임을 다하였는지를 판단할 때 고려하여야 한다. 따라서 양심적 병역거부를 주장하는 피고인은 자신의 병역거부가 그에 따라 행동하지 않고서는 인격적 존재가치가 파멸되고 말 것이라는 절박하고 구체적인 양심에 따른 것이며 그 양심이 깊고 확고하며 진실한 것이라는 사실의 존재를 수긍할 만한 소명자료를 제시하고, 검사는 제시된 자료의 신빙성을 탄핵하는 방법으로 진정한 양심의 부존재를 증명할 수 있다. 이때 병역거부자가 제시하여야 할 소명자료는 적어도 검사가 그에 기초하여 정당한 사유가 없다는 것을 증명하는 것이 가능할 정도로 구체성을 갖추어야 한다(대판 2018.11.01. 2016도10912).

정답 O

16년(2) 모의

236. 주식회사의 대표이사가 회사의 돈을 인출하여 사용하였는데 그 사용처에 관한 증빙자료를 제시하지 못하고 있고 그 인출사유와 사용처에 관하여 납득할 만한 합리적인 설명을 하지 못하고 있다면, 그가 불법영득의 의사로 회사의 돈을 인출하여 개인적 용도로 사용한 것으로 추단할 수 있다.

해설 주식회사의 대표이사가 회사의 돈을 인출하여 사용하였는데 그 사용처에 관한 증빙자료를 제시하지 못하고 있고 그 인출사유와 사용처에 관하여 납득할 만한 합리적인 설명을 하지 못하고 있다면, 이는 그가 불법영득의 의사로 회사의 돈을 인출하여 개인적 용도로 사용한 것으로 추단할 수 있다. 그렇지만 업무상횡령죄에서 불법영득의사를 실현하는 행위로서의 횡령행위가 있다는 점은 검사가 증명하여야 하고, 그러한 증명은 법관으로 하여금 합리적인 의심을 할 여지가 없을 정도의 확신을 생기게 하는 엄격한 증명에 의하여야 하며, 이와 같은 증명이 없다면 설령 피고인에게 유죄의 의심이 간다 하더라도 피고인의 이익으로 판단할 수밖에 없다(대판 2013.06.27. 2013도2510).

14년(3)·15년(3)·17년(2) 모의

237. 범죄구성요건사실의 존부를 알아내기 위해 과학공식 등의 경험칙을 이용하는 경우에는 그 법칙 적용의 전제가 되는 개별적이고 구체적인 사실에 대하여 엄격한 증명을 요한다.

해설 범행 직후에 행위자의 혈액이나 호흡으로 혈중 알코올농도를 측정할 수 있는 경우가 아니라면 위드마크 공식을 사용하여 그 계산결과로 특정 시점의 혈중 알코올농도를 추정할 수도 있으나, 범죄구성요건사실의 존부를 알아내기 위해 과학공식 등의 경험칙을 이용하는 경우에는 그 법칙 적용의 전제가 되는 개별적이고 구체적인 사실에 대하여는 엄격한 증명을 요한다 할 것이고, 위드마크 공식의 경우 그 적용을 위한 자료로는 음주량, 음주시각, 체중, 평소의 음주정도 등이 필요하므로 그런 전제사실을 인정하기 위해서는 엄격한 증명이 필요하다(대판 2000.06.27. 99도128).

정답 O

22년(3) 모의

238. 출입국사범의 필요적 고발사건에서 지방출입국·외국인관서의 장의 적법한 고발이 있었는지 여부가 문제 되는 경우에 법원은 증거조사의 방법이나 증거능력의 제한을 받지 아니하고 제반 사정을 종합하여 적당하다고 인정되는 방법에 의하여 자유로운 증명으로 고발 유무를 판단하면 된다.

해설 출입국사범 사건에서 지방출입국·외국인관서의 장의 적법한 고발이 있었는지 여부가 문제 되는 경우에 법원은 증거조사의 방법이나 증거능력의 제한을 받지 아니하고 제반 사정을 종합하여 적당하다고 인정되는 방법에 의하여 자유로운 증명으로 그 고발 유무를 판단하면 된다(대판 2021.10. 28. 2021도404).

정답 O

14년(3)·16년(2)·19년(1) 모의

239. 행위지의 법률에 의하여 범죄를 구성하는지 여부에 대해서는 자유로운 증명에 의하여 검사가 이를 입증하여야 한다.

해설 행위지 법률에 의하여 범죄를 구성하는지는 형사소송법 제307조의 '범죄사실의 인정'에 관한 부분이므로 검사의 엄격한 증명을 요한다(대판 2011.08.25. 2011도6507).

정답 ×

16년(2) 모의

240. 자동차를 운전하는 자가 선행차량에 충격되어 쓰러진 피해자를 다시 역과하여 사망케 하였다는 공소사실에서 역과 당시 피해자가 생존해 있었다는 점에 관한 증명책임은 검사에게 있다.

해설 형사재판에서 공소가 제기된 범죄사실에 대한 증명책임은 검사에게 있고, 유죄의 인정은 법관으로 하여금 합리적인 의심을 할 여지가 없을 정도로 공소사실이 진실한 것이라는 확신을 가지게 하는 증명력을 가진 엄격한 증거에 의하여야 하며, 이러한 법리는 선행차량에 이어 피고인 운전 차량이 피해자를 연속하여 역과하는 과정에서 피해자가 사망한 경우에도 마찬가지로 적용되므로, 피고인이 일으킨 후행 교통사고 당시에 피해자가 생존해 있었다는 증거가 없다면 설령 피고인에게 유죄의 의심이 있다고 하더라도 피고인의 이익으로 판단할 수밖에 없다(대판 2014.06.12. 2014도3163).

정답 O

16년 변시

241. 사문서위조죄의 행위자에게 '행사할 목적'이 있었다는 점은 검사가 증명하여야 하나, 그 증명은 반드시 엄격한 증명에 의하여야 하는 것은 아니다.

해설 엄격한 증명이란, 증거능력있는 증거에 의하여 법정의 증거조사방식에 따라 행하는 증명을 말한다. 형사절차에서 형벌권의 존부나 범위와 관련된 사실은 모두 엄격한 증명의 대상이 된다고 할 수 있다. 따라서 공소범죄사실로서 구성요건해당성, 위법성과 책임사실, 처벌조건 뿐만 아니라 법률상 형의 가중·감면사실까지 엄격한 증명의 대상이 된다. 따라서 사문서위조죄의 '행사할 목적'이란 구성요건으로서 이는 엄격한 증명의 대상이 된다.

 ×

14년(3) 모의

242. 공모공동정범에 있어서 공모나 모의는 범죄사실을 구성하는 것으로서 이를 인정하기 위하여는 엄격한 증명을 요한다.

▦해설 공모공동정범에 있어서 공모나 모의는 범죄 될 사실이라 할 것이고, 이를 인정하기 위해서는 엄격한 증명에 의해야 한다(대판 1988.09.13. 88도1114). 이와 함께 피고인이 공모를 포함하여 범의를 부인하는 경우 범의와 상당한 관련성이 있는 간접사실 또는 정황사실을 증명하는 방법에 의하여 입증하여야 하고, 간접사실 또는 정황사실 역시 범죄의 구성요건에 관한 것이므로 엄격한 증명을 요한다(대판 2008.03.27. 2008도225)는 점도 같이 숙지해야 한다.

  ○

19년(3) 모의

243. X건설회사 대표 甲은 방파제 공사를 하면서 공무원인 현장감독관 A, B에 대한 식대, 명절 선물비 등으로 지출되는 '대관업무비'의 예산편성을 주도하였다. 또한 甲은 현장소장인 乙이 자신의 판단에 따라 '대관업무비'를 A, B에게 지출한 후 매월 그 상세내역을 보고하면 사후에 이를 확인한 후 결재를 하여 주었으며 금액이 과다하다고 생각되면 그 금액을 삭감하기도 하였다. 만약 甲이 乙과의 공모는 물론이고 범의까지 부인하는 경우, 이러한 주관적 요소로 되는 사실은 사물의 성질상 범의와 상당한 관련성이 있는 간접사실 또는 정황사실을 증명하는 방법에 의하여 이를 입증할 수 있다.

▦해설 공모공동정범에 있어서의 공모나 모의는 범죄사실을 구성하는 것으로서 이를 인정하기 위하여는 엄격한 증명이 요구되지만, 피고인이 그 실행행위에 직접 관여한 사실을 인정하면서도 공모의 섬과 함께 범의를 부인하는 경우에는, 이러한 주관적 요소로 되는 사실은 사물의 성질상 범의와 상당한 관련성이 있는 간접사실 또는 정황사실을 증명하는 방법에 의하여 이를 입증할 수밖에 없고, 무엇이 상당한 관련성이 있는 간접사실에 해당할 것인가는 정상적인 경험칙에 바탕을 두고 치밀한 관찰력이나 분석력에 의하여 사실의 연결상태를 합리적으로 판단하는 방법에 의하여야 한다(대판 2003.01.24. 2002도6103).

  ○

19년(3) 모의

244. 사복경찰관 甲은 취객을 상대로 한 절도범을 검거하기 위하여 공원 인도에 쓰러져 있는 취객 A의 근처에서 잠복하고 있었다. 이러한 사실을 알지 못하는 乙은 A의 재물을 훔치기 위하여 A를 부축하여 10m 정도 끌고 가 지갑을 뒤지기 시작하였는데, 그 순간 甲이 뛰쳐나와 乙을 체포하려고 하였으나 乙은 甲을 밀쳐 넘어뜨리고 도주하기 시작하였다. 甲은 곧바로 일어서서 乙을 추격하기 시작하였는데 도주 중 乙은 이러한 사정을 알지 못하는 丙에게 甲이 자신을 살해하려고 한다고 거짓말을 하면서 도움을 요청하였고, 乙에게 속은 丙은 甲의 앞을 가로막은 후 甲의 멱살을 잡고 흔들었으며 이 과정에서 甲은 목 부위에 찰과상을 입게 되었다. 乙이 甲에 대한 폭행죄로 기소된 경우, 검사는 乙이 자신의 행위가 정당방위에 해당하여 위법성이 조각됨을 다투지 아니하는 때에도 그의 행위가 정당방위에 해당하지 않음을 엄격한 증명의 법리에 따라 입증하여야 한다.

해설 구성요건에 해당하면 위법성이 추정되므로 피고인이 위법성이 조각됨을 다투어야 한다. 따라서 피고인이 이를 다투지 아니하면 검사는 정당방위에 해당하지 않는다는 점을 입증할 필요가 없어진다.

정답

3. 자유로운 증명의 대상

17년(2)·19년(1)·22년(1)·23년(1) 모의

245. 공연히 사실을 적시하여 사람의 명예를 훼손한 행위가 「형법」 제310조의 규정에 따라서 위법성이 조각되기 위해서는 그것이 진실한 사실로서 오로지 공공의 이익에 관한 때에 해당된다는 점을 검사가 증명하여야 하나, 그 증명은 유죄의 인정에 있어 요구되는 것과 같이 법관으로 하여금 의심할 여지가 없을 정도의 확신을 가지게 하는 증명력을 가진 엄격한 증거에 의하여야 하는 것은 아니다.

해설 공연히 사실을 적시하여 사람의 명예를 훼손한 행위가 형법 제310조의 규정에 따라서 위법성이 조각되어 처벌대상이 되지 않기 위하여는 그것이 진실한 사실로서 오로지 공공의 이익에 관한 때에 해당된다는 점을 행위자가 증명하여야 하는 것이나, 그 증명은 유죄의 인정에 있어 요구되는 것과 같이 법관으로 하여금 의심할 여지가 없을 정도의 확신을 가지게 하는 증명력을 가진 엄격한 증거에 의하여야 하는 것은 아니라고 할 것이므로, 이 때에는 전문증거에 대한 증거능력의 제한을 규정한 형사소송법 제310조의2는 적용될 여지가 없다고 보아야 한다(대판 1996.10.25. 95도1473).

정답

14년(3)·15년(3)·16년(2)·17년(2) 모의

246. 몰수, 추징의 대상이 되는지 여부나 추징액의 인정은 자유로운 증명으로 족하다.

해설 몰수대상이 되는지 여부나 추징액의 인정 등 몰수·추징의 사유는 범죄구성요건 사실에 관한 것이 아니어서 엄격한 증명은 필요 없지만 역시 증거에 의하여 인정되어야 한다(대판 2006.04.07. 2005도9858(전합)).

정답

🍊 23년 변시, 16년(2)·18년(1) 모의

247. **친고죄에서 적법한 고소가 있었는지는 엄격한 증명의 대상이 되고, 일죄의 관계에 있는 친고죄 범죄사실 일부에 대한 고소의 효력은 일죄 전부에 대하여 미친다.**

해설 친고죄에서 적법한 고소가 있었는지는 자유로운 증명의 대상이 되고, 일죄의 관계에 있는 범죄사실 일부에 대한 고소의 효력은 일죄 전부에 대하여 미친다(대판 2011.06.24. 2011도4451).

▶ 고소의 취소 또한 소송법적 사실로서 자유로운 증명의 대상이 되는 사실이므로 증거능력이 없는 증거나 법률이 규정한 증거조사 방법을 거치지 아니한 증거에 의한 증명이 가능하다.

정답 ✕

🍊 15년 변시, 법무부(2) 모의 · 22년(1) 모의

248. **'특히 신빙할 수 있는 상태'란 그 진술내용이나 조서의 작성에 허위개입의 여지가 거의 없고, 그 진술내용의 신용성이나 임의성을 담보할 구체적이고 외부적인 정황이 있는 경우를 말하며 검사가 엄격한 증명을 통해 증명하여야 한다.**

해설 판례는 형사소송법 제312조 제4항에 관련하여 특신상태의 의미에 대해 판시하고 있는바, 이는 수사기관 작성의 조서에 관한 것이므로 형사소송법 제312조 제1항의 검사작성의 피의자 신문 조서의 경우에도 그대로 적용될 수 있다고 본다. 또한 그 증명에 있어서는 엄격한 증명이 아니라 자유로운 증명으로 족하다고 본다.

판례 형사소송법 제312조 제4항에서 '특히 신빙할 수 있는 상태'란 진술 내용이나 조서 작성에 허위개입의 여지가 거의 없고, 진술 내용의 신빙성이나 임의성을 담보할 구체적이고 외부적인 정황이 있는 것을 말한다. 그리고 이러한 '특히 신빙할 수 있는 상태'는 증거능력의 요건에 해당하므로 검사가 그 존재에 대하여 구체적으로 주장·증명하여야 하지만, 이는 소송상의 사실에 관한 것이므로 엄격한 증명을 요하지 아니하고 자유로운 증명으로 족하다(대판 2012.07.26. 2012도2937).

정답 ✕

🍊 13년 변시, 22년(1) 모의

249. **반의사불벌죄에서 피고인의 처벌을 희망하지 않는다는 의사표시는 증거능력이 있고 법률이 규정한 증거조사방법을 거친 증거에 의하여 증명하여야 한다.**

해설 반의사불벌죄에서 피고인 또는 피의자의 처벌을 희망하지 않는다는 의사표시 또는 처벌희망 의사표시 철회의 유무나 그 효력 여부에 관한 사실은 엄격한 증명의 대상이 아니라 증거능력이 없는 증거나 법률이 규정한 증거조사방법을 거치지 아니한 증거에 의한 증명, 이른바 자유로운 증명의 대상이다(대판 2010.10.14. 2010도5610).

정답 ✕

250. 자백의 임의성에 대한 증명은 엄격한 증명에 의한다.

해설 증명의 대상이 되는 소송법적 사실에는 순수한 소송법적 사실과 책임관련적 소송법적 사실이 있는데, 순수한 소송법적 사실과는 달리 책임관련적 소송법적 사실인 자백의 임의성의 증명정도에 대해서는 엄격한 증명설과 자유로운 증명설이 대립한다. 판례는 자유로운 증명이면 된다는 입장이다.

판례 피의자의 진술에 관하여 공판정에서 그 임의성 유무가 다투어지는 경우에는 법원은 구체적인 사건에 따라 증거조사의 방법이나 증거능력의 제한을 받지 아니하고 제반사정을 종합 참작하여 적당하다고 인정되는 방법에 의하여 자유로운 증명으로 그 임의성 유무를 판단하면 된다(대판 1986.11.25. 83도1718).

정답

251. 자백의 임의성에 다툼이 있을 때에는 그 임의성을 의심할 만한 합리적이고 구체적인 사실을 피고인이 증명하여야 한다.

해설 임의성 없는 자백의 증거능력을 부정하는 취지가 허위진술을 유발 또는 강요할 위험성이 있는 상태하에서 행하여진 자백은 그 자체로 실체적 진실에 부합하지 아니하여 오판의 소지가 있을 뿐만 아니라 그 진위 여부를 떠나서 자백을 얻기 위하여 피의자의 기본적 인권을 침해하는 위법부당한 압박이 가하여지는 것을 사전에 막기 위한 것이므로 그 임의성에 다툼이 있을 때에는 그 임의성을 의심할 만한 합리적이고, 구체적인 사실을 피고인이 입증할 것이 아니고 검사가 그 임의성의 의문점을 해소하는 입증을 하여야 한다(대판 1998.04.10. 97도3234).

정답

252. 피고인이 공판정에서 그 진정성립을 인정한 검사 작성의 피의자신문조서에 기재된 자신의 진술의 임의성을 다투는 경우 법원은 자유로운 심증으로 임의성 유무를 판정할 수 있다.

해설 [1] 피의자이던 피고인이 공판정에서 그 진정성립을 인정한 검사작성의 피고인에 대한 피의자신문조서는 그 조서에 기재된 피고인의 진술이 임의로 되지 아니한 것이라거나 특히 신빙할 수 없는 상태에서 된 것이라고 의심할 만한 사유가 없으면 증거능력이 있다. [2] 검사작성의 피의자신문조서에 기재된 피의자의 진술에 관하여 공판정에서 그 임의성 유무가 다투어지는 경우에 법원은 구체적 사건에 따라 제반사정을 종합 참작하여 자유로운 심증으로 그 임의성 유무를 판정하면 된다(대판 1986.02.11. 85도2685).

정답

4. 증명을 요하지 않는 사실

II 거증책임
III 자유심증주의
1. 자유심증주의의 의의
2. 자유심증주의의 내용

19년(3) 모의

253. 충분한 증명력이 있는 증거를 합리적인 근거 없이 배척하거나 반대로 객관적인 사실에 명백히 반하는 증거를 아무런 합리적인 근거 없이 채택·사용하는 등으로 논리와 경험의 법칙에 어긋나는 것이 아닌 이상, 법관은 자유심증으로 증거를 채택하여 사실을 인정할 수 있다.

> **해설** 형사소송법 제307조 제1항, 제308조는 증거에 의하여 사실을 인정하되 증거의 증명력은 법관의 자유판단에 의하도록 규정하고 있는데, 이는 법관이 증거능력 있는 증거 중 필요한 증거를 채택·사용하고 증거의 실질적인 가치를 평가하여 사실을 인정하는 것은 법관의 자유심증에 속한다는 것을 의미한다. 따라서 충분한 증명력이 있는 증거를 합리적인 근거 없이 배척하거나 반대로 객관적인 사실에 명백히 반하는 증거를 아무런 합리적인 근거 없이 채택·사용하는 등으로 논리와 경험의 법칙에 어긋나는 것이 아닌 이상, 법관은 자유심증으로 증거를 채택하여 사실을 인정할 수 있다(대판 2015.08.20. 2013도11650(전합)).

정답 O

19년(3) 모의

254. 甲이 乙에게서 불법정치자금을 수수하였다는 내용으로 기소된 경우, 乙의 甲에 대한 배신감, 추가 기소에 대한 두려움 등은 검찰진술의 신빙성을 의심할 만한 근거가 되기 어렵다.

> **해설** 공소외 1의 검찰진술 내용은 인위적으로 만들어낸 것이 아니라 공소외 1 자신의 경험을 자연스럽게 설명한 것으로 보이는 점 등을 고려할 때, 피고인 1에게 정치자금을 건넨 경위와 장소 및 방법에 관한 공소외 1의 검찰진술이 허위라고 의심할 만한 사정이 없다. 앞서 본 사실관계에 비추어 공소외 1과 피고인 1이 상낭한 친문관계를 가지고 있었다는 점도 인정할 수 있으며, 서로 정치자금을 주고받을 수 없는 관계에 있었다고는 보이지 아니한다. 피고인들 또는 피고인 1에 대한 배신감, 빼앗긴 회사를 되찾으려는 목적이나 추가 기소에 대한 두려움, 공소외 7의 회유 등 공소외 1이 검찰에서 허위로 진술할 만한 동기라고 주장되는 사정은 모두 검찰진술의 신빙성을 의심할 만한 근거가 되기 어렵다(대판 2015.08.20. 2013도11650(전합)).

정답 O

19년(3) 모의

255. 甲이 乙에게서 불법정치자금을 수수하였다는 내용으로 기소된 경우, 乙의 검찰진술의 신빙성은 진술 내용 자체의 합리성, 객관적 상당성, 전후의 일관성, 이해관계 유무 등과 함께 다른 객관적인 증거나 정황사실에 의하여 진술의 신빙성이 보강될 수 있는지, 반대로 공소사실과 배치되는 사정이 존재하는지를 두루 살펴 판단하여야 한다.

해설 공소외 1의 검찰진술의 신빙성은 진술 내용 자체의 합리성, 객관적 상당성, 전후의 일관성, 이해관계 유무 등과 함께 다른 객관적인 증거나 정황사실에 의하여 진술의 신빙성이 보강될 수 있는지, 반대로 공소사실과 배치되는 사정이 존재하는지를 두루 살펴 판단하여야 한다(대판 2015.08.20. 2013도11650(전합)).

정답 O

17년(1) 모의

256. 상해진단서가 주로 통증이 있다는 피해자의 주관적인 호소 등에 의존하여 의학적인 가능성만으로 발급되었다 하더라도 법원은 다른 사정의 고려 없이 의사가 발급한 상해진단서만으로 상해죄의 유죄를 인정할 수 있다.

해설 형사사건에서 상해진단서는 피해자의 진술과 함께 피고인의 범죄사실을 증명하는 유력한 증거가 될 수 있다. 그러나 상해 사실의 존재 및 인과관계 역시 합리적인 의심이 없는 정도의 증명에 이르러야 인정할 수 있으므로, 상해진단서의 객관성과 신빙성을 의심할 만한 사정이 있는 때에는 그 증명력을 판단하는 데 매우 신중하여야 한다. 특히 상해진단서가 주로 통증이 있다는 피해자의 주관적인 호소 등에 의존하여 의학적인 가능성만으로 발급된 때에는 그 진단 일자 및 진단서 작성일자가 상해 발생 시점과 시간상으로 근접하고 상해진단서 발급 경위에 특별히 신빙성을 의심할 만한 사정은 없는지, 상해진단서에 기재된 상해 부위 및 정도가 피해자가 주장하는 상해의 원인 내지 경위와 일치하는지, 피해자가 호소하는 불편이 기왕에 존재하던 신체 이상과 무관한 새로운 원인으로 생겼다고 단정할 수 있는지, 의사가 그 상해진단서를 발급한 근거 등을 두루 살피는 외에도 피해자가 상해 사건 이후 진료를 받은 시점, 진료를 받게 된 동기와 경위, 그 이후의 진료 경과 등을 면밀히 살펴 논리와 경험법칙에 따라 그 증명력을 판단하여야 한다(대판 2016.11.25. 2016도15018).

정답 ×

18년(2) 모의

257. 피해자가 입은 상해에 대해 상해진단서를 발행한 의사의 진술이나 진단서는 가해자의 상해행위 자체에 대한 직접적인 증거가 된다.

해설 상해사건 발생 직후 피해자를 진찰한 바 있는 의사의 진술 및 상해진단서를 발행한 의사의 진술이나 진단서는 가해자의 상해 사실 자체에 대한 직접적인 증거가 되는 것은 아니고, 다른 증거에 의하여 상해의 가해행위가 인정되는 경우에 그에 대한 상해의 부위나 정도의 점에 대한 증거가 된다(대판 1995.09.29. 95도852).

정답 ×

17년(1)·19년(3) 모의

258. (1) 증인의 법정진술을 믿을 수 없는 사정 아래에서 증인이 법정에서 검찰진술을 번복하였다는 이유만으로 증인이 피고인에게 정치자금을 공여하였다는 검찰진술의 신빙성이 부정될 수는 없다.
(2) 乙이 수사기관에서는 甲에게 불법정치자금을 공여하였다고 진술하였다가 법정에서 그 진술을 번복한 경우, 乙의 검찰에서의 진술의 신빙성은 부정되어야 한다.

해설 공판중심주의와 실질적 직접심리주의 등 형사소송의 기본원칙상 검찰진술보다 법정진술에 더 무게를 두어야 한다는 점을 감안한다 하더라도, 공소외 1의 법정진술을 믿을 수 없는 사정 아래에서 단지 공소외 1이 법정에서 검찰진술을 번복하였다는 이유만으로 조성 자금을 피고인 1에게 정치자금으로 공여하였다는 검찰진술의 신빙성이 부정될 수는 없다(대판 2015.08.20. 2013도11650(전합)).

정답 ,

 17년 변시

259. 증인이 검찰에서는 자금을 조성하여 피고인에게 정치자금으로 제공하였다고 진술하였다가 제1심 법정에서는 정치자금으로 제공한 사실을 부인하면서 자금의 사용처를 달리 증언하였다고 하더라도, 제1심 법원은 증인의 검찰 진술의 신빙성을 인정하여 피고인에게 유죄를 선고할 수 있다.

해설 국회의원인 피고인이 甲 주식회사 대표이사 乙에게서 3차례에 걸쳐 약 9억 원의 불법정치자금을 수수하였다는 내용으로 기소되었는데, 乙이 검찰의 소환 조사에서는 자금을 조성하여 피고인에게 정치자금으로 제공하였다고 진술하였다가, 제1심 법정에서는 이를 번복하여 자금 조성 사실은 시인하면서도 피고인에게 정치자금으로 제공한 사실을 부인하고 자금의 사용처를 달리 진술한 경우, 공판중심주의와 실질적 직접심리주의 등 형사소송의 기본원칙상 검찰진술보다 법정진술에 더 무게를 두어야 한다는 점을 감안하더라도, 乙의 법정진술을 믿을 수 없는 사정 아래에서 乙이 법정에서 검찰진술을 번복하였다는 이유만으로 조성 자금을 피고인에게 정치자금으로 공여하였다는 검찰진술의 신빙성이 부정될 수는 없고, 진술 내용 자체의 합리성, 객관적 상당성, 전후의 일관성, 이해관계 유무 등과 함께 다른 객관적인 증거나 정황사실에 의하여 진술의 신빙성이 보강될 수 있는지, 반대로 공소사실과 배치되는 사정이 존재하는지 두루 살펴 판단할 때 자금 사용처에 관한 乙의 검찰진술의 신빙성이 인정되므로, 乙의 검찰진술 등을 종합하여 공소사실을 모두 유죄로 인정한 원심판단에 자유심증주의의 한계를 벗어나는 등의 잘못이 없다(대판 2015.08.20. 2013도11650(전합)).

정답

17년(1) 모의

260. 법관은 선서하지 않은 증인의 증언이 선서한 증인의 증언보다 증명력이 높을 때에는 선서한 증인의 증언을 배척할 수 있다.

해설 증인의 연령이나 책임능력 유무와 관계없이 증언의 증명력을 판단할 수 있다. 또한 선서의 유무와 관계없이 선서하지 않은 증인의 증언에 증명력이 있다고 판단되는 경우에는 이와 상반되는 선서한 증인의 증언을 배척할 수도 있다(이재상·조균석, 형사소송법 제10판 p.551).

정답 O

 17년 변시, 17년(1) 모의

261. 호흡측정기에 의한 음주측정치와 혈액검사에 의한 음주측정치가 다른 경우에 혈액채취에 의한 검사결과를 믿지 못할 특별한 사정이 없는 한, 혈액검사에 의한 음주측정치가 호흡측정기에 의한 측정치보다 측정 당시의 혈중알콜농도에 더 근접한 음주측정치라고 보는 것이 경험칙에 부합한다.

해설 호흡측정기에 의한 음주측정치와 혈액검사에 의한 음주측정치가 다른 경우에 어느 음주측정치를 신뢰할 것인지는 법관의 자유심증에 의한 증거취사선택의 문제라고 할 것이나, 호흡측정기에 의한 측정의 경우 그 측정기의 상태, 측정방법, 상대방의 협조정도 등에 의하여 그 측정결과의 정확성과 신뢰성에 문제가 있을 수 있다는 사정을 고려하면, 혈액의 채취 또는 검사과정에서 인위적인 조작이나 관계자의 잘못이 개입되는 등 혈액채취에 의한 검사결과를 믿지 못할 특별한 사정이 없는 한, 혈액검사에 의한 음주측정치가 호흡측정기에 의한 음주측정치보다 측정 당시의 혈중알콜농도에 더 근접한 음주측정치라고 보는 것이 경험칙에 부합한다(대판 2004.02.13. 2003도6905).

정답 O

17년(1) 모의

262. 증거의 취사와 이를 근거로 한 사실의 인정은 그것이 경험칙에 위배된다는 등의 특단의 사정이 없는 한 사실심 법원의 전권에 속한다.

해설 증거의 취사와 이를 근거로 한 사실의 인정은 그것이 경험칙에 위배된다는 등의 특단의 사정이 없는 한 사실심법원의 전권에 속한다(대판 1988.04.12. 87도2709).

정답 O

 17년 변시

263. 형사재판에 있어서 유죄로 인정하기 위한 심증형성의 정도는 합리적인 의심을 할 여지가 없을 정도이어야 하고, 여기서 합리적 의심이란 논리와 경험칙에 기하여 요증사실과 양립할 수 없는 사실의 개연성에 대한 합리성 있는 의문을 의미한다.

해설 증거의 증명력에 대한 법관의 판단은 논리와 경험칙에 합치하여야 하고, 형사재판에서 유죄로 인정하기 위한 심증 형성의 정도는 합리적인 의심을 할 여지가 없을 정도여야 하나, 이는 모든 가능한 의심을 배제할 정도에 이를 것까지 요구하는 것은 아니며, 증명력이 있는 것으로 인정되는 증거를 합리적인 근거가 없는 의심을 일으켜 배척하는 것은 자유심증주의의 한계를 벗어나는 것으로 허용될 수 없다. 여기에서 말하는 합리적 의심이란 모든 의문, 불신을 포함하는 것이 아니라 논리와 경험칙에 기하여 요증사실과 양립할 수 없는 사실의 개연성에 대한 합리성 있는 의문을 의미하는 것으로서, 단순히 관념적인 의심이나 추상적인 가능성에 기초한 의심은 합리적 의심에 포함된다고 할 수 없다(대판 2011.01.27. 2010도12728).

264. 「정치자금법」상 금품수수 혐의로 공소제기된 甲의 혐의를 뒷받침할 금융자료 등 객관적 물증이 없는 경우, 제1심 법원이 금품수수 사실을 부인하는 甲에 대해 증인 乙의 진술만으로 유죄를 인정하기 위해서는 乙의 진술이 증거능력이 있어야 함은 물론 합리적인 의심을 배제할 만한 신빙성이 있어야 한다.

해설 금품수수 여부가 쟁점이 된 사건에서 금품수수자로 지목된 피고인이 수수사실을 부인하고 있고 이를 뒷받침할 금융자료 등 객관적 물증이 없는 경우 금품을 제공하였다는 사람의 진술만으로 유죄를 인정하기 위하여는 그 사람의 진술이 증거능력이 있어야 함은 물론 합리적인 의심을 배제할 만한 신빙성이 있어야 한다(대판 2011.04.28. 2010도14487).

265. 항소심 법원이 1심에서 증언한 증인을 증인으로 다시 신문한 결과 제1심이 들고 있는 의심과 일부 어긋날 수 있는 사실의 개연성이 드러나 제1심의 판단에 의문이 생긴 경우, 제1심이 일으킨 합리적인 의심을 충분히 해소할 수 있을 정도에까지 이르지 아니 하더라도 증인의 진술의 신빙성이 부족하다는 제1심의 판단에 사실오인의 위법이 있다고 인정하여 공소사실을 유죄로 인정할 수 있다.

해설 금품 수수 여부가 쟁점이 된 사건에서 금품을 제공하였다는 사람의 진술에 대하여 제1심이 증인신문 절차 등을 거친 후에 합리적인 의심을 배제할 만한 신빙성이 없다고 보아 공소사실을 무죄로 판단한 경우에, 항소심이 제1심 증인 등을 다시 신문하는 등의 추가 증거조사를 거쳐 신빙성을 심사하여 본 결과 제1심이 들고 있는 의심과 일부 어긋날 수 있는 사실의 개연성이 드러남으로써 제1심의 판단에 의문이 생기더라도, 제1심이 제기한 의심이 금품 제공과 양립할 수 없거나 진술의 신빙성 인정에 장애가 되는 사실의 개연성에 대한 합리성 있는 근거에 기초하고 있고 제1심의 증거조사 결과와 항소심의 추가 증거조사 결과에 의하여도 제1심이 일으킨 합리적인 의심을 충분히 해소할 수 있을 정도에까지 이르지 아니한다면, 일부 반대되는 사실에 관한 개연성 또는 의문만으로 진술의 신빙성 및 범죄의 증명이 부족하다는 제1심의 판단에 사실오인의 위법이 있다고 단정하여 공소사실을 유죄로 인정하여서는 아니된다(대판 2016.02.18. 2015도11428).

17년 변시

266. 증거의 증명력을 법관의 자유판단에 의하도록 하는 것은 그것이 실체적 진실발견에 적합하기 때문이지 법관의 자의적인 판단을 인용한다는 것은 아니다.

▸해설 자유심증주의를 규정한 형사소송법 제308조가 증거의 증명력을 법관의 자유판단에 의하도록 한 것은 그것이 실체적 진실발견에 적합하기 때문이지 법관의 자의적인 판단을 인용한다는 것은 아니므로, 증거판단에 관한 전권을 가지고 있는 사실심 법관은 사실인정에 있어 공판절차에서 획득된 인식과 조사된 증거를 남김없이 고려하여야 한다(대판 2007.05.10. 2007도1950).

정답 ○

 17년 변시, 19년(1) 모의

267. 형사재판에 있어서 관련된 다른 형사사건의 확정판결에서 인정된 사실은 특별한 사정이 없는 한 유력한 증거자료가 되기 때문에 당해 형사재판에서 제출된 다른 증거 내용에 비추어 관련 형사사건 확정판결의 사실판단을 그대로 채택하기 어렵다고 인정될 경우라도 이를 배척할 수 없다.

▸해설 형사재판에서 이와 관련된 다른 형사사건의 확정판결에서 인정된 사실은 특별한 사정이 없는 한 유력한 증거자료가 되는 것이나, 당해 형사재판에서 제출된 다른 증거 내용에 비추어 관련 형사사건 확정판결의 사실판단을 그대로 채택하기 어렵다고 인정될 경우에는 이를 배척할 수 있다(대판 2012.06.14. 2011도15653).

정답 ✕

 19년 변시, 15년(1) 모의

268. 법관의 심증형성시 직접증거보다 간접증거를 우선시할 수 있고, 나아가 간접사실이 논리, 경험칙, 과학법칙에 부합하는 등 종합적 증명력이 있다 하더라도 직접증거 없이 간접증거만으로는 유죄를 인정할 수는 없다.

▸해설 심증이 반드시 직접증거에 의하여 형성되어야만 하는 것은 아니고 경험칙과 논리법칙에 위반되지 아니하는 한 간접증거에 의하여 형성되어도 되는 것이며, 간접증거가 개별적으로는 범죄사실에 대한 완전한 증명력을 가지지 못하더라도 전체 증거를 상호 관련하에 종합적으로 고찰할 경우 그 단독으로는 가지지 못하는 종합적 증명력이 있는 것으로 판단되면 그에 의하여도 범죄사실을 인정할 수가 있다(대판 2013.06.27. 2013도4172).

정답 ✕

22년(2) 모의

269. 甲의 살인죄는 간접증거에 의해서도 인정될 수 있으나, 주요사실의 전제가 되는 간접사실의 인정은 합리적 의심을 허용하지 않을 정도의 증명이 있어야 하고, 그 하나하나의 간접사실이 상호 모순, 저촉이 없어야 함은 물론 논리와 경험칙, 과학법칙에 의하여 뒷받침되어야 한다.

 형사재판에서 범죄사실의 인정은 법관으로 하여금 합리적인 의심을 할 여지가 없을 정도의 확신을 가지게 하는 증명력을 가진 엄격한 증거에 의하여야 하므로, 검사의 증명이 그만한 확신을 가지게 하는 정도에 이르지 못한 경우에는 설령 피고인의 주장이나 변명이 모순되거나 석연치 않은 면이 있어 유죄의 의심이 가는 등의 사정이 있더라도 피고인의 이익으로 판단하여야 한다. 한편 살인죄와 같이 법정형이 무거운 범죄의 경우에도 직접증거 없이 간접증거만으로도 유죄를 인정할 수 있으나, 그 경우에도 주요사실의 전제가 되는 간접사실의 인정은 합리적 의심을 허용하지 않을 정도의 증명이 있어야 하고, 그 하나하나의 간접사실이 상호 모순, 저촉이 없어야 함은 물론 논리와 경험칙, 과학법칙에 의하여 뒷받침되어야 한다. 그러므로 유죄의 인정은 범행 동기, 범행수단의 선택, 범행에 이르는 과정, 범행 전후 피고인의 태도 등 여러 간접사실로 보아 피고인이 범행한 것으로 보기에 충분할 만큼 압도적으로 우월한 증명이 있어야 하고, 피고인이 고의적으로 범행한 것이라고 보기에 의심스러운 사정이 병존하고 증거관계 및 경험법칙상 고의적 범행이 아닐 여지를 확실하게 배제할 수 없다면 유죄로 인정할 수 없다. 피고인은 무죄로 추정된다는 것이 헌법상의 원칙이고, 그 추정의 번복은 직접증거가 존재할 경우에 버금가는 정도가 되어야 한다(대판 2017.05.30. 2017도1549).

정답 ○

14년(3) 모의

270. 형사재판에 있어서 유죄로 인정하기 위한 심증형성의 정도는 합리성이 없는 모든 가능한 의심을 배제할 정도에 이를 것까지 요구하는 것은 아니다.

 증거의 증명력은 법관의 자유판단에 맡겨져 있으나, 형사재판에 있어서 유죄로 인정하기 위해 요구되는 심증형성의 정도는 모든 가능한 의심을 배제할 정도가 아니라 합리적 의심을 할 여지가 없을 정도로 족하다(대판 2011.12.08. 2010도15628).

정답 ○

13년(3) 모의

271. 유전자검사나 혈액검사 등 과학적 증거방법은 그 전제로 하는 사실이 모두 진실임이 입증되고 그 추론의 방법이 과학적으로 정당하여 오류의 가능성이 전무하거나 무시할 정도로 극소한 것으로 인정되는 경우에는 법관이 아무런 합리적 근거 없이 함부로 이를 배척하는 것은 자유심증주의의 한계를 벗어나는 것으로서 허용될 수 없다.

해설 유전자검사나 혈액형검사 등 과학적 증거방법은 그 전제로 하는 사실이 모두 진실임이 입증되고 그 추론의 방법이 과학적으로 정당하여 오류의 가능성이 전무하거나 무시할 정도로 극소한 것으로 인정되는 경우에는 법관이 사실인정을 함에 있어 상당한 정도로 구속력을 가지므로, 비록 사실의 인정이 사실심의 전권이라 하더라도 아무런 합리적 근거 없이 함부로 이를 배척하는 것은 자유심증주의의 한계를 벗어나는 것으로서 허용될 수 없다(대판 2007.05.10. 2007도1950).

정답 O

3. 자유심증주의의 예외
4. 자유심증주의와 in dubio pro reo

15년(1)·(3) 모의

272. 범죄사실에 대한 검사의 입증이 법관으로 하여금 합리적인 의심의 여지가 없을 정도의 확신을 가지게 하지 못한 경우, 비록 피고인의 주장이나 변명이 모순되거나 석연치 않은 면이 있는 등 유죄의 의심이 간다 하더라도 법관은 피고인의 이익으로 판단하여야 한다.

해설 형사재판에서 범죄사실의 인정은 법관으로 하여금 합리적인 의심을 할 여지가 없을 정도의 확신을 가지게 하는 증명력을 가진 엄격한 증거에 의하여야 하므로, 검사의 입증이 위와 같은 확신을 가지게 하는 정도에 충분히 이르지 못한 경우에는 비록 피고인의 주장이나 변명이 모순되거나 석연치 않은 면이 있는 등 유죄의 의심이 간다고 하더라도 피고인의 이익으로 판단하여야 한다(대판 2011.04.28. 2010도14487).

정답 O

제3절 자백배제법칙

I 자백배제법칙의 의의
II 자백배제법칙의 연혁과 비교법적 고찰
III 자백배제법칙의 이론적 근거

13년(3) 모의

273. '자백배제법칙'(형사소송법 제309조)은 일반규정인 위법수집증거배제법칙에 포함되므로 독자적인 의미를 상실하였다.

해설 자백의 임의성은 절차의 위법이 없는 경우에도 부정될 수 있다는 점, 그리고 진술의 임의성에 다툼이 있을 때에는 검사가 그 임의성의 의문점을 없애는 증명을 하여야 하며, 검사가 그 임의성의 의문점을 없애는 증명을 하지 못한 경우에는 그 진술증거는 증거능력이 절대적으로 부정된다는 점에서 자백배제법칙(형사소송법 제309조)은 2007. 6. 1. 공포되어 2008. 1. 1.부터 시행된 개정 형사소송법이 위법수집증거배제법칙(동법 제308조의2)을 명문으로 규정한 이후에도 여전히 독자적인 의미가 있다고 할 것이다. 판례도 형사소송법 제308조의2가 신설된 이후에도 법정에서의 자백의 증거능력을 부정하는 근거로 자백배제법칙을 적용하고 있다.

판례 피고인이 수사기관에서 가혹행위 등으로 인하여 임의성 없는 자백을 하고 그 후 법정에서도 임의성 없는 심리상태가 계속되어 동일한 내용의 자백을 하였다면 법정에서의 자백도 임의성 없는 자백이라고 보아야 한다(대판 2012.11.29. 2010도3029).

정답 ×

Ⅳ 자백배제법칙의 적용범위

1. 고문·폭행·협박·구속의 부당한 장기화로 인한 자백

21년(3)·23년(1)(3) 모의

274. 검찰 수사 이전의 다른 수사기관에서 고문 등 가혹행위로 인하여 임의성이 없는 진술을 하고 그 후 검사의 조사 단계에서도 임의성 없는 심리상태가 계속된 상태에서 같은 내용으로 진술하였다면 검사의 조사 단계에서 고문 등의 강요행위가 없었다고 하여도 검사 앞에서의 진술도 임의성 없는 진술이라고 보아야 한다.

해설 피고인이 검사 이전의 수사기관에서 고문 등 가혹행위로 인하여 임의성 없는 자백을 하고 그 후 검사의 조사단계에서도 임의성 없는 심리상태가 계속되어 동일한 내용의 자백을 하였다면 검사의 조사단계에서 고문 등 자백의 강요행위가 없었다고 하여도 검사 앞에서의 자백도 임의성 없는 자백이라고 볼 수밖에 없는 것이다(대판 1992.11.24. 92도2409).

정답 ○

15년 변시, 18년(1)·19년(1)·20년(3)·21년(1) 모의

275. 피고인이 수사기관에서 가혹행위 등으로 인하여 임의성 없는 자백을 하고, 그 후 법정에서도 임의성 없는 심리상태가 계속되어 동일한 내용의 자백을 하였다면 법정에서의 자백도 임의성 없는 자백이라고 보아야 한다.

해설 피고인이 수사기관에서 가혹행위 등으로 인하여 임의성 없는 자백을 하고 그 후 법정에서도 임의성 없는 심리상태가 계속되어 동일한 내용의 자백을 하였다면 법정에서의 자백도 임의성 없는 자백이라고 보아야 한다(대판 2012.11.29. 2010도3029).

정답 ○

13년(2)·14년(3) 모의

276. 피고인이 검사의 조사 당시는 자백을 강요당한바 없더라도 사법경찰관에게 조사를 받을 당시에 고문에 의하여 임의성이 없는 허위자백을 하고 그 임의성 없는 심리상태가 검사의 조사단계에까지 계속된 경우에는 검사 앞에서의 자백은 임의성이 없다.

해설 피고인이 사법경찰관에게 조사를 받을 당시에 고문을 당하여 허위자백을 하였고, 그 임의성 없는 심리상태가 검사의 조사 당시까지 계속되고 있다면, 검사 앞에서 한 피고인의 자백은 임의성이 없다.

판례 원심판결이 판시 범죄사실을 인정하기 위하여 들고 있는 증거들 중에서 검사 작성의 피고인에 대한 제1회 피의자신문조서에 기재된 피고인의 자백은 피고인을 장기간 불법으로 구금하면서 고문과 폭행을 가하여 허위자백을 받아낸 사법경찰관이 지켜보고 있는 가운데 그로 인한 공포심과 억압된 심리가 계속된 상태에서 진술한 것으로서 임의성이 없으므로 증거능력이 없다(서울고법 2005.07.15. 2000재노16).

정답 O

2. 기타 임의성에 의심 있는 자백

20년(1) 모의

277. 검사가 甲에게 자백하면 보호관찰 및 전자장치부착명령을 청구하지 않겠다는 각서를 작성하여 주면서 자백을 유도한 경우, 이는 자백의 임의성에 의심이 있는 경우에 해당한다.

해설 피고인의 자백이 심문에 참여한 검찰주사가 피의사실을 자백하면 피의사실부분은 가볍게 처리하고 보호감호의 청구를 하지 않겠다는 각서를 작성하여 주면서 자백을 유도한 것에 기인한 것이라면 위 자백은 기망에 의하여 임의로 진술한 것이 아니라고 의심할 만한 이유가 있는 때에 해당하여 형사소송법 제309조 및 제312조 제1항의 규정에 따라 증거로 할 수 없다(대판 1985.12.10. 85도2182,85감도313).

정답 O

15년 변시

278. 피고인의 자백이, 신문에 참여한 검찰수사관이 절도 피의사실을 모두 자백하면 피의사실 부분은 가볍게 처리하고 특정범죄가중처벌등에관한법률위반(절도)죄 대신 형법상 절도죄를 적용하겠다는 각서를 작성하여 주면서 자백을 유도한 것에 기인한 것이라 하여 위 자백이 기망에 의하여 임의로 진술한 것이 아니라고 의심할 만한 이유가 있는 때에 해당한다고 볼 수 없다.

해설 판례는 가벼운 형으로 처벌 받도록 유도한 결과 얻어진 자백의 임의성을 부인한 바 있다.

판례 피고인이 처음 검찰조사시에 범행을 부인하다가 뒤에 자백을 하는 과정에서 금 200만 원을 뇌물로 받은 것으로 하면 특정범죄가중처벌등에관한법률 위반으로 중형을 받게 되니 금 200만 원 중 금 30만 원을 술값을 갚은 것으로 조서를 허위작성한 것이라면 이는 단순 수뢰죄의 가벼운 형으로 처벌되도록 하겠다고 약속하고 자백을 유도한 것으로 위와 같은 상황하에서 한 자백은 그 임의성에 의심이 가고 따라서 진실성이 없다(대판 1984.05.09. 83도2782).

정답 X

15년 변시, 12년(2)·20년(3)·21년(1)·22년(3) 모의

279. **일정한 증거가 발견되면 피의자가 자백하겠다고 한 약속이 검사의 강요나 위계에 의하여 이루어졌다든가 또는 불기소나 경한 죄의 소추 등 이익과 교환조건으로 된 것으로 인정되지 않는다면 이러한 약속 하에 한 자백이라 하여 곧 임의성 없는 자백이라 단정할 수 없다.**

해설 일정한 증거가 발견되면 피의자가 자백하겠다고 한 약속이 검사의 강요나 위계에 의하여 이루어졌다던가 또는 불기소나 경한 죄의 소추등 이익과 교환조건으로 된 것으로 인정되지 않는다면 위와 같은 자백의 약속하에 된 자백이라 하여 곧 임의성 없는 자백이라고 단정할 수는 없다(대판 1983.09.13. 83도712).

정답

12년(2) 모의

280. **공범자 甲을 기망하여 얻은 자백을 다른 공범자 乙에게 제시하고 추궁하여 乙의 자백을 받은 경우에는 乙의 자백은 기망에 의한 자백이 아니므로 증거로 할 수 있다.**

해설 헌법과 형사소송법이 정한 절차에 따르지 아니하고 수집한 증거는 물론 이를 기초로 하여 획득한 2차적 증거 역시 기본적 인권 보장을 위해 마련된 적법한 절차에 따르지 않은 것으로서 원칙적으로 유죄 인정의 증거로 삼을 수 없다(대판 2012.03.29. 2011도10508). 여기의 2차적 증거에는 물적 증거 뿐만 아니라 진술증거인 자백도 포함된다. 따라서 사안의 경우 甲을 기망하여 얻은 1차적 자백은 형사소송법 제309조의 기망에 의한 자백으로 위법한 증거가 되고, 이러한 자백을 제시하여 받아낸 乙의 2차적 자백 역시 위법한 증거가 되어 증거능력이 없다.

정답

Ⅴ 관련문제

1. 인과관계의 요부

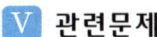 16년 변시, 14년(3)·19년(1)·21년(1)·(3)·23년(3) 모의

281. **피고인의 자백이 임의성이 없다고 의심할 만한 사유가 있더라도 그 임의성이 없다고 의심하게 된 사유들과 피고인의 자백과의 사이에 인과관계가 존재하지 않은 것이 명백한 때에는 그 자백은 임의성이 있는 것으로 인정된다.**

해설 피고인의 자백이 임의성이 없다고 의심할 만한 사유가 있는 때에 해당한다 할지라도 그 임의성이 없다고 의심하게 된 사유들과 피고인의 자백과의 사이에 인과관계가 존재하지 않은 것이 명백한 때에는 그 자백은 임의성이 있는 것으로 인정된다(대판 1984.11.27. 84도2252).

정답

2. 임의성의 입증

15년·20년 변시, 19년(1)모의

282. (1) 피고인이 1989. 8. 3. 구속되어 수사기관에서 조사를 받던 중 그 달 12. 변호인이 접견신청을 하였으나 불허되고 그 달 22. 23:00경 검찰로 송치되어 제1회 피의자신문조서를 작성하였으며 그 후 이틀 뒤인 그 달 24. 위 준항고절차에서 위 접견불허처분이 취소되어 그날 접견이 허용됨으로써 변호인이 피고인과 접견하였던 경우, 위 피의자신문조서는 증거능력이 없다.

(2) 검사가 甲을 긴급체포하여 조사 중, 甲의 친구인 변호사 A가 甲의 변호인이 되기 위하여 검사에게 접견신청을 하였으나, 검사가 변호인선임신고서의 제출을 요구하면서 변호인 접견을 못하게 한 상태에서 검사가 작성한 甲에 대한 피의자신문조서는 甲에 대한 유죄의 증거로 사용할 수 없다.

해설 헌법상 보장된 변호인과의 접견교통권이 위법하게 제한된 상태에서 얻어진 피의자의 자백은 그 증거능력을 부인하는 유죄의 증거에서 실질적이고 완전하게 배제하여야 하는 것인바, 피고인이 구속되어 국가안전기획부에서 조사를 받다가 변호인의 접견신청이 불허되어 이에 대한 준항고를 제기중에 검찰로 송치되어 검사가 피고인을 신문하여 제1회 피의자신문조서를 작성한 후 준항고절차에서 위 접견불허처분이 취소되어 접견이 허용된 경우에는 검사의 피고인에 대한 위 제1회 피의자신문은 변호인의 접견교통을 금지한 위법상태가 계속된 상황에서 시행된 것으로 보아야 할 것이므로 그 피의자신문조서는 증거능력이 없다. … (이유 중) 헌법 제12조 제4항은 신체자유에 관한 기본권의 하나로 누구든지 체포 또는 구속을 당한 때에는 변호인의 조력을 받을 권리가 있음을 명시하고 있고, 이에 따라 형사소송법 제30조 및 제34조는 피고인 또는 피의자는 변호인을 선임할 수 있는 권리와 신체 구속을 당한 경우에 변호인 또는 변호인이 되려는 자와 접견교통할 수 있는 권리가 있음을 규정하고 있다. 이와 같은 변호인과의 접견교통권은 헌법상 보장된 변호인의 조력을 받을 권리의 중핵을 이루는 것으로서 변호인과의 접견교통이 위법하게 제한된 상태에서는 실질적인 변호인의 조력을 기대할 수 없으므로 위와 같은 변호인의 접견교통권제한은 헌법이 보장한 기본권을 침해하는 것으로서 그러한 위법한 상태에서 얻어진 피의자의 자백은 그 증거능력을 부인하여 유죄의 증거에서 배제하여야 하며, 이러한 위법증거의 배제는 실질적이고 완전하게 증거에서 제외함을 뜻하는 것이다(대판 1990.09.25. 90도1586).

 ○, ○

18년(2) 모의

283. 자백의 임의성이 있어 증거능력이 부여되는 경우에는 그 진실성과 신빙성까지도 당연히 인정된다.

해설 자백의 임의성이 인정된다고 하더라도 이것은 그 자백이 엄격한 증명의 자료로서 사용될 자격 즉 증거능력이 있다는 것에 지나지 않고 그 자백의 진실성과 신빙성 즉 증명력까지도 당연히 인정되어야 하는 것은 아니다(대판 1983.09.13. 83도712).

 ×

12년(2)·14년(3)·18년(2)·20년(3)·21년(1) 모의

284. 자백의 임의성에 다툼이 있을 때에는 검사가 그 임의성에 대한 의문점을 해소하는 입증을 하여야 하며, 법원은 구체적인 사건에 따라 당해 조서의 형식과 내용, 피고인의 학력, 경력, 직업, 사회적 지위, 지능정도 등 제반 사정을 참작하여 자유로운 심증으로 피고인이 그 진술을 임의로 한 것인지의 여부를 판단하면 된다.

해설 자백의 임의성에 다툼이 있을 때에는 검사가 그 임의성을 입증하여야 하고(대판 2005.11.10. 2004도42), 법원은 구체적인 사건에서 제반사정을 참작하여 자유로운 심증으로 그 진술의 임의성 여부를 판단하면 된다(대판 1987.11.24. 87도2048).

정답 ○

3. 위법하게 취득한 자백에 의하여 수집된 증거의 증거능력

제4절 위법수집증거배제법칙

Ⅰ 위법수집증거배제법칙의 의의와 연혁
Ⅱ 위법수집증거배제법칙의 근거
Ⅲ 위법수집증거배제법칙의 적용범위

1. 배제의 기준
2. 위법수집증거의 유형
 (1) 헌법상 보장된 기본권의 침해

 21년·24년 변시, 22년(3)·23년(3) 모의

285. (1) 피고인 甲과 변호인으로 선임된 L에게 최종의견 진술의 기회를 주지 않고 변론을 종결하고 판결을 선고하는 것은 소송절차의 법령위반에 해당한다.

(2) 재판장은 검사의 의견을 들은 후 피고인 또는 변호인에게 최종의 의견을 진술할 기회를 주어야 하는데, 필요적 변호사건에서 변호인에게 최종의견 진술의 기회를 주었다면 피고인에게 기회를 주지 아니하였더라도 위법한 것은 아니다.

(3) 최종의견 진술의 기회는 피고인이나 변호인에게 주어지면 되는바, 재판장이 변호인의 최후 변론이 끝나자마자 곧바로 선고기일을 지정·고지함으로써 피고인에게 최종의견 진술의 기회를 주지 아니한 채 변론을 종결하고 판결을 선고하였다 하더라도 이는 재판장의 소송지휘권의 범위 내에 속하는 재량행위로서 소송절차의 법령위반에 해당한다고 볼 수는 없다.

해설 형사소송법 제303조는 "재판장은 검사의 의견을 들은 후 피고인과 변호인에게 최종의 의견을 진술할 기회를 주어야 한다."라고 정하고 있으므로, 최종의견 진술의 기회는 피고인과 변호인 모두

에게 주어져야 한다. 이러한 최종의견 진술의 기회는 피고인과 변호인의 소송법상 권리로서 피고인과 변호인이 사실관계의 다툼이나 유리한 양형사유를 주장할 수 있는 마지막 기회이므로, 피고인이나 변호인에게 최종의견 진술의 기회를 주지 아니한 채 변론을 종결하고 판결을 선고하는 것은 소송절차의 법령위반에 해당한다(대판 2018.03.29. 2018도327).

정답 O,×,×

 14년·23년 변시, 법무부(1)·11년(1)·12년(3)·13년(2)·17년(1)·20년(1)·(3) 모의

286. 검사가 피고인을 소환하여 당해 사건에 대하여 신문하면서 피의자신문조서가 아닌 일반적인 진술조서의 형식으로 조서를 작성한 경우 그 진술의 임의성이 인정되더라도 미리 피고인에게 진술거부권을 고지하지 않았다면 이를 유죄인정의 증거로 사용할 수 없다.

해설 (1)피의자의 진술을 녹취 내지 기재한 서류 또는 문서가 수사기관에서의 조사 과정에서 작성된 것이라면, 그것이 '진술조서, 진술서, 자술서'라는 형식을 취하였다고 하더라도 피의자신문조서와 달리 볼 수 없다. 형사소송법이 보장하는 피의자의 진술거부권은 헌법이 보장하는 형사상 자기에게 불리한 진술을 강요당하지 않는 자기부죄거부의 권리에 터 잡은 것이므로, (2)수사기관이 피의자를 신문함에 있어서 피의자에게 미리 진술거부권을 고지하지 않은 때에는 그 피의자의 진술은 위법하게 수집된 증거로서 진술의 임의성이 인정되는 경우라도 증거능력이 부인되어야 한다(대판 2009.08.20. 2008도8213). ▶ 검사가 국가보안법 위반죄로 구속영장을 발부받아 피의자신문을 한 다음, 구속 기소한 후 다시 피의자를 소환하여 공범들과의 조직구성 및 활동 등에 관한 신문을 하면서 피의자신문조서가 아닌 일반적인 진술조서의 형식으로 조서를 작성한 사안에서, 진술조서의 내용이 피의자신문조서와 실질적으로 같고, 진술의 임의성이 인정되는 경우라도 미리 피의자에게 진술거부권을 고지하지 않았다면 위법수집증거에 해당하므로, 유죄인정의 증거로 사용할 수 없다고 한 사례

정답 O

 17년 변시, 16년(1)·17년(2)·20년(3) 모의

287. 검사는 甲이 변호인의 참여를 원한다는 의사를 명백하게 표시하였음에도, 정당한 사유 없이 변호인을 참여하게 하지 아니한 채 甲을 신문하여 피의자신문조서를 작성하였다. 검사가 작성한 피의자신문조서는 「형사소송법」 제312조 제1항에 정한 '적법한 절차와 방식'에 위반된 증거일 뿐만 아니라, 「형사소송법」 제308조의2에서 정한 '적법한 절차에 따르지 아니하고 수집한 증거'에 해당하므로 이를 증거로 할 수 없다.

해설 헌법 제12조 제1항, 제4항 본문, 형사소송법 제243조의2 제1항 및 그 입법 목적 등에 비추어 보면, 피의자가 변호인의 참여를 원한다는 의사를 명백하게 표시하였음에도 수사기관이 정당한 사유 없이 변호인을 참여하게 하지 아니한 채 피의자를 신문하여 작성한 피의자신문조서는 형사소송법 제312조에 정한 '적법한 절차와 방식'에 위반된 증거일 뿐만 아니라, 형사소송법 제308조의2에서 정한 '적법한 절차에 따르지 아니하고 수집한 증거'에 해당하므로 이를 증거로 할 수 없다(대판 2013.03.28. 2010도3359).

정답 O

23년 변시, 12년(2)·15년(2)·20년(1)·21년(2) 모의

288. 검찰관이 형사사법공조절차를 거치지 아니한 채 외국으로 현지출장을 나가 참고인진술조서를 작성한 경우 조사 대상자가 우리나라 국민이고 조사에 스스로 응함으로써 조사의 방식이나 절차에 강제력이나 위력은 물론 어떠한 비자발적 요소도 개입될 여지가 없었고 피고인과 해당 국가 사이에 국제법상 관할의 원인이 될 만한 아무런 연관성이 없다면 위 참고인진술조서는 위법수집증거라고 할 수 없다.

해설 검찰관이 피고인을 뇌물수수 혐의로 기소한 후, 형사사법공조절차를 거치지 아니한 채 과테말라공화국에 현지출장하여 그곳 호텔에서 뇌물공여자 甲을 상대로 참고인 진술조서를 작성한 경우, 검찰관의 甲에 대한 참고인조사가 증거수집을 위한 수사행위에 해당하고 그 조사 장소가 우리나라가 아닌 과테말라공화국의 영역에 속하기는 하나, 조사의 상대방이 우리나라 국민이고 그가 조사에 스스로 응함으로써 조사의 방식이나 절차에 강제력이나 위력은 물론 어떠한 비자발적 요소도 개입될 여지가 없었음이 기록상 분명한 이상, 이는 서로 상대방 국민의 여행과 거주를 허용하는 우호국 사이에서 당연히 용인되는 우호국 국가기관과 그 국민 사이의 자유로운 의사연락의 한 형태에 지나지 않으므로 어떠한 영토주권 침해의 문제가 생겨날 수 없고, 더욱이 이는 우리나라와 과테말라공화국 사이의 국제법적 문제로서 피고인은 그 일방인 과테말라공화국과 국제법상 관할의 원인이 될 만한 아무런 연관성도 갖지 아니하므로, 피고인에 대한 국내 형사소송절차에서 위와 같은 사유로 인하여 위법수집증거배제법칙이 적용된다고 볼 수 없다(대판 2011.07.14. 2011도3809).

 정답 O

13년(2)·15년(2) 모의

289. 필로폰 수입과 관련된 사건을 수사 중인 검사가 필로폰이 든 포대를 전달한 피고인에 대해서 사실상 피의자로 수사를 개시하였음에도 불구하고 참고인신분으로 조사하면서 진술거부권을 고지하지 않고 작성한 진술조서는 증거능력이 없다.

해설 검사가 공소외 4를 소환하여 조사한 것은 이미 사전조사를 거쳐 공소외 4의 범죄혐의가 있다고 보아 수사를 개시하는 행위를 한 것으로 보아야 한다. 그렇다면, 조사 당시 피의자의 지위에 있었다고 볼 공소외 4의 진술을 기재한 서류가 비록 진술조서라는 형식을 취하였다고 하더라도 피의자신문조서와 달리 볼 수 없고, 그런데도 기록상 검사가 위 진술조서 작성 당시 공소외 4에게 진술거부권이 있음을 고지한 사실을 인정할 아무런 자료가 없으므로, 위 진술조서는 진술의 임의성이 인정되는 경우라도 위법하게 수집된 증거로서 증거능력이 없어 피고인에 대한 유죄의 증거로 쓸 수 없다(대판 2011.11.10. 2010도8294).

 정답 O

13년(3) 모의

290. "적법한 절차에 따르지 아니하고 수집한 증거는 증거로 할 수 없다."(형사소송법 제308조의2)는 규정이 있기 때문에, 증거수집과정에서 적법한 절차를 따르지 아니한 일체의 위법이 있는 경우 그 증거의 증거능력은 인정되지 않는다.

해설 헌법과 형사소송법이 정한 절차에 위반하여 수집한 증거는 기본적 인권 보장을 위해 마련된 적법한 절차에 따르지 않은 것으로서 원칙적으로 유죄의 증거로 삼을 수 없다. 다만, 수사기관의 증거 수집 과정에서 이루어진 절차 위반행위와 관련된 모든 사정을 전체적·종합적으로 살펴볼 때, 수사기관의 절차 위반행위가 적법절차의 실질적인 내용을 침해하는 경우에 해당하지 아니하고, 오히려 그 증거의 증거능력을 배제하는 것이 헌법과 형사소송법이 형사소송에 관한 절차 조항을 마련하여 적법절차의 원칙과 실체적 진실 규명의 조화를 도모하고 이를 통하여 형사 사법 정의를 실현하려 한 취지에 반하는 결과를 초래하는 것으로 평가되는 예외적인 경우라면 법원은 그 증거를 유죄 인정의 증거로 사용할 수 있다(대판 2009.03.12. 2008도763).

정답 ×

(2) 영장주의 위반

20년(3)·21년(3) 모의

291. 형사소송법상 영장주의 원칙을 위반하여 수집된 증거로서 그 절차 위반행위가 적법절차의 실질적인 내용을 침해하는 정도에 이른 경우 이 증거는 피고인이나 변호인의 증거동의가 있다고 하더라도 유죄의 증거로 사용할 수 없다.

해설 형사소송법 제215조 제2항, 제216조 제3항, 제221조, 제221조의4, 제173조 제1항의 규정을 위반하여 수사기관이 법원으로부터 영장 또는 감정처분허가장을 발부받지 아니한 채 피의자의 동의 없이 피의자의 신체로부터 혈액을 채취하고 사후적으로도 지체 없이 이에 대한 영장을 발부받지도 아니한 채 강제채혈한 피의자의 혈액 중 알콜농도에 관한 감정이 이루어졌다면, 이러한 감정결과보고서 등은 형사소송법상 영장주의 원칙을 위반하여 수집되거나 그에 기초한 증거로서 그 절차 위반행위가 적법절차의 실질적인 내용을 침해하는 정도에 해당하고, 이러한 증거는 피고인이나 변호인의 증거동의가 있다고 하더라도 유죄의 증거로 사용할 수 없다(대판 2011.04.28. 2009도2109).

정답 ○

20년 변시

292. 호텔 투숙객 甲이 마약을 투약하였다는 신고를 받고 출동한 경찰관이 임의동행을 거부하는 甲을 강제로 경찰서로 데리고 가서 채뇨 요구를 하자 이에 甲이 응하여 소변검사가 이루어진 경우, 그 결과물인 소변검사시인서는 증거능력이 없다.

해설 [1] 피의자가 동행을 거부하는 의사를 표시하였음에도 불구하고 경찰관들이 영장에 의하지 아니하고 피의자를 강제로 연행한 행위는 수사상의 강제처분에 관한 형사소송법상의 절차를 무시한 채 이루어진 것으로 위법한 체포에 해당하고, 이와 같이 위법한 체포상태에서 마약 투약 혐의를 확인하기 위한 채뇨 요구가 이루어진 경우, 채뇨 요구를 위한 위법한 체포와 그에 이은 채뇨 요구는 마약 투약이라는 범죄행위에 대한 증거 수집을 위하여 연속하여 이루어진 것으로서 개별적으로 그 적법 여부를 평가하는 것은 적절하지 아니하므로 그 일련의 과정을 전체적으로 보아 위법한 채뇨 요구가 있었던 것으로 볼 수밖에 없다. ▶ 소변검사 사인서는 위법한 채뇨요구에 의한 것으로 위법수집증거에 해당한다.
[2] 마약 투약 혐의를 받고 있던 피고인이 임의동행을 거부하겠다는 의사를 표시하였는데도 경찰관들이 피고인을 영장 없이 강제로 연행한 상태에서 마약 투약 여부의 확인을 위한 1차 채뇨절차가 이루어

졌는데, 그 후 압수영장에 기하여 2차 채뇨절차가 이루어지고 그 결과를 분석한 소변 감정서 등이 증거로 제출된 사안에서, 1차 채뇨 요구에 의하여 수집된 증거는 증거능력이 없으나, 제반 사정을 고려할 때 2차적 증거인 소변 감정서 등은 증거능력이 인정된다(대판 2013.03.14. 2012도13611).

정답 ○

17년(1)·18년(2) 모의

293. 사법경찰관이 피의자의 주거지를 수색하는 과정에서 대마를 발견하여 피의자를 「마약류관리에 관한 법률」 위반죄의 현행범으로 체포하면서 대마를 압수하고 그 다음날 피의자를 석방하였음에도 사후 압수·수색영장을 발부받지 않았다면 그 대마는 영장주의를 위반하여 수집한 증거로서 증거능력이 없다.

해설 구 정보통신망 이용촉진 및 정보보호 등에 관한 법률상 음란물 유포의 범죄혐의를 이유로 압수·수색영장을 발부받은 사법경찰리가 피고인의 주거지를 수색하는 과정에서 대마를 발견하자, 피고인을 마약류관리에 관한 법률 위반죄의 현행범으로 체포하면서 대마를 압수하였으나, 그 다음날 피고인을 석방하였음에도 사후 압수·수색영장을 발부받지 않은 경우, 위 압수물과 압수조서는 형사소송법상 영장주의를 위반하여 수집한 증거로서 증거능력이 부정된다(대판 2009.05.14. 2008도10914).

정답 ○

 24년 변시, 18년(3) 모의

294. 수출입물품 통관검사절차에서 이루어지는 물품의 개봉, 시료채취, 성분분석 등의 검사는 수출입물품에 대한 적정한 통관 등을 목적으로 하는 것으로서 세관공무원은 압수·수색영장 없이 이러한 검사를 진행할 수 있지만, 세관공무원이 통관검사를 위하여 직무상 소지하거나 보관하는 물품에 대하여 수사기관이 점유를 취득하기 위해서는 사전 또는 사후에 영장을 받아야만 한다.

해설 ··· 수출입물품 통관검사절차에서 이루어지는 물품의 개봉, 시료채취, 성분분석 등의 검사는 수출입물품에 대한 적정한 통관 등을 목적으로 조사를 하는 것으로서 이를 수사기관의 강제처분이라고 할 수 없으므로, 세관공무원은 압수·수색영장 없이 이러한 검사를 진행할 수 있다. 세관공무원이 통관검사를 위하여 직무상 소지하거나 보관하는 물품을 수사기관에 임의로 제출한 경우에는 비록 소유자의 동의를 받지 않았더라도 수사기관이 강제로 점유를 취득하지 않은 이상 해당 물품을 압수하였다고 할 수 없다. 그러나 마약류 불법거래 방지에 관한 특례법 제4조 제1항에 따른 조치의 일환으로 특정한 수출입물품을 개봉하여 검사하고 그 내용물의 점유를 취득한 행위는 위에서 본 수출입물품에 대한 적정한 통관 등을 목적으로 조사를 하는 경우와는 달리, 범죄수사인 압수 또는 수색에 해당하여 사전 또는 사후에 영장을 받아야 한다(대법원 2017.7.18. 2014도8719). ▶ 마약류 불법거래방지에 관한 특례법 제4조 제1항에 따른 조치가 수사기관의 압수·수색에 해당하는 경우에는 영장주의 원칙이 적용됨

정답 ×

17년(2)·20년(2)·21년(2)·22년(1)·23년(2) 모의

295. 수사기관이 긴급체포된 피의자에 대하여 구속영장을 발부받지 못하여 피의자를 즉시 석방한 경우, 법정기간 내에 법원에 대하여 피의자의 인적사항 등을 통지하지 아니하였더라도 긴급체포에 의한 유치 중에 작성된 피의자신문조서의 작성이 소급하여 위법하게 되는 것은 아니다.

해설 기록에 의하면, 공소외 7이 2009. 11. 2. 22:00경 긴급체포되어 조사를 받고 구속영장이 청구되지 아니하여 2009. 11. 4. 20:10경 석방되었음에도 검사가 그로부터 30일 이내에 법 제200조의4에 따른 석방통지를 법원에 하지 아니한 사실을 알 수 있으나, 공소외 7에 대한 긴급체포 당시의 상황과 경위, 긴급체포 후 조사 과정 등에 특별한 위법이 있다고 볼 수 없는 이상, 단지 사후에 석방통지가 법에 따라 이루어지지 않았다는 사정만으로 그 긴급체포에 의한 유치 중에 작성된 공소외 7에 대한 피의자신문조서들의 작성이 소급하여 위법하게 된다고 볼 수는 없다(대판 2014.08.26. 2011도6035).

정답

16년(1) 모의

296. 위법한 긴급체포에 의한 유치 중에 작성된 피의자신문조서는 원칙적으로 유죄의 증거로 사용할 수 없다.

해설 긴급체포는 영장주의원칙에 대한 예외인 만큼 형사소송법 제200조의3 제1항의 요건을 모두 갖춘 경우에 한하여 예외적으로 허용되어야 하고, 요건을 갖추지 못한 긴급체포는 법적 근거에 의하지 아니한 영장없는 체포로서 위법한 체포에 해당하는 것이다. 여기서 긴급체포의 요건을 갖추었는지 여부는 사후에 밝혀진 사정을 기초로 판단하는 것이 아니라 체포 당시의 상황을 기초로 판단하여야 하고, 이에 관한 검사나 사법경찰관 등 수사주체의 판단에는 상당한 재량의 여지가 있다고 할 것이나, 긴급체포 당시의 상황으로 보아서도 그 요건의 충족여부에 관한 검사나 사법경찰관의 판단이 경험칙에 비추어 현저히 합리성을 잃은 경우에는 그 체포는 위법한 체포라 할 것이고, 이러한 위법은 영장주의에 위배되는 중대한 것이니 그 체포에 의한 유치 중에 작성된 피의자신문조서는 위법하게 수집된 증거로서 특별한 사정이 없는 한 이를 유죄의 증거로 할 수 없다(대판 2008.03.27. 2007도11400).

정답

23년(2) 모의

297. 사법경찰관 P는 "甲이 녹화장비를 몰래 숨기고 X교도소 안으로 들어가서 수용자 A를 인터뷰하고 그 장면을 녹화하였다"는 사실로 甲을 긴급체포한 후 체포현장에서 2km 정도 떨어진 甲의 사무실로 가서 그곳에 보관되어 있던 녹화장비를 압수하였다. P가 甲의 사무실에 보관되어 있는 녹화장비를 체포 시점으로부터 48시간 이내에 압수하였고, 또한 압수 시점으로부터 24시간 이내에 사후 압수·수색영장이 발부되었다면 이러한 압수는 적법하다.

해설 구 형집행법상 교도관은 교정시설 등의 출입자와 반출·반입 물품을 검사·단속해야 할 일반적인 직무상 권한과 의무가 있고, 수용자가 아닌 사람이 금지물품을 교정시설 내로 반입하였다면 교도관의 검사·단속을 피하여 단순히 금지규정을 위반하는 행위를 한 것일 뿐이로써 위계에 의한 공무집행방해죄가 성립한다고 할 수는 없다(대판 2022.04.14. 2019도333). 죄가 되지 않는 사실에 대하여 긴급체포를 한 경우이므로 이에 터잡은 압수·수색은 위법하다.

정답

15년(3)·16년(1) 모의

298. 사전에 구속영장을 제시하지 아니한 채 피고인을 구속하여 자백을 받았다면 그 후 피고인이 제1심 법정에서 자백하면서 이전의 구속 중 이루어진 자백의 임의성이나 신빙성에 대하여 전혀 다투지 않았고 변호인과의 충분한 상의를 거쳤다 하더라도 증거능력이 인정되지 않는다.

> **해설** 사전에 구속영장을 제시하지 아니한 채 구속영장을 집행하고, 그 구속 중 수집한 피고인의 진술증거 중 피고인의 제1심 법정진술은, 피고인이 구속집행절차의 위법성을 주장하면서 청구한 구속적부심사의 심문 당시 구속영장을 제시받은 바 있어 그 이후에는 구속영장에 기재된 범죄사실에 대하여 숙지하고 있었던 것으로 보이고, 구속 이후 원심에 이르기까지 구속적부심사와 보석의 청구를 통하여 구속집행절차의 위법성만을 다투었을 뿐, 그 구속 중 이루어진 진술증거의 임의성이나 신빙성에 대하여는 전혀 다투지 않았을 뿐만 아니라, 변호인과의 충분한 상의를 거친 후 공소사실 전부에 대하여 자백한 것이라면, 유죄 인정의 증거로 삼을 수 있는 예외적인 경우에 해당한다(대판 2009.04.23. 2009도526).

14년(2)·18년(3)·19년(1) 모의

299. 甲은 2017. 11. 11. 자신의 아내 A를 승용차 조수석에 태우고 운전하던 중 교통사고를 가장하여 살해하기로 마음먹고, 도로 옆에 설치된 대전차 방호벽의 안쪽 벽면을 차량 우측 부분으로 들이받아 A가 차에서 탈출하거나 저항할 수 없는 상태가 되자(1차사고), 다시 차량 앞 범퍼 부분으로 위 방호벽 중 진행방향 오른쪽에 돌출된 부분의 모서리를 들이받아(2차사고) A를 살해하였다는 혐의로 기소되었다.

(1) 살인죄와 같이 법정형이 무거운 범죄의 경우 직접증거 없이 간접증거만으로 유죄를 인정할 수 없다.

(2) 甲의 살인혐의에 대해서 직접증거 없이 간접증거만으로 유죄를 인정할 수 있으나, 간접증거에 의하여 주요사실의 전제가 되는 간접사실을 인정할 때에는 간접사실 사이에 모순이 없어야 하고 간접사실이 논리와 경험칙, 과학법칙에 의하여 뒷받침되어야 한다.

(3) 1차사고일로부터 약 3개월이 경과한 2018. 2. 2. 위 대전차 방호벽의 안쪽 벽면에 부착된 철제구조물에서 발견된 위 사고자동차의 강판조각은 영장 없이 압수할 수 있다.

(4) 감정인이 이 사건 강판조각이 甲의 승용차 우측 앞 펜더에서 탈거된 보강용 강판에서 분리된 것인지 여부를 감정하는 과정에서 강판조각을 두드려 펴 그 형상에 변형을 가하는 것은 물건의 파괴로 볼 수 있으므로 법원의 허가를 얻어야 한다.

> **해설** [1] (1)(2)살인죄 등과 같이 법정형이 무거운 범죄의 경우에도 직접증거 없이 간접증거만으로 유죄를 인정할 수 있으나, 그러한 유죄 인정에는 공소사실에 대한 관련성이 깊은 간접증거들에 의하여 신중한 판단이 요구되므로, 간접증거에 의하여 주요사실의 전제가 되는 간접사실을 인정할 때에는 증명이 합리적인 의심을 허용하지 않을 정도에 이르러야 하고, 하나하나의 간접사실 사이에 모순, 저촉이 없어야 하는 것은 물론 간접사실이 논리와 경험칙, 과학법칙에 의하여 뒷받침되어야 한다. [2] 원심 및 제1심의 각 판결이유와 그 채택 증거들 및 법령의 규정에 의하면, (3)이 사건 강판조각은 형사소송법 제218조에 규정된 유류물에, 이 사건 차량에서 탈거 또는 채취된 이 사건 보강용

강판과 페인트는 위 차량의 보관자가 감정을 위하여 임의로 제출한 물건에 각 해당함을 알 수 있다. 따라서 이 사건 강판조각과 보강용 강판 및 차량에서 채취된 페인트는 형사소송법 제218조에 의하여 영장 없이 압수할 수 있으므로 위 각 증거의 수집 과정에 영장주의를 위반한 잘못이 있다 할 수 없고, 나아가 이 사건 공소사실과 위 각 증거와의 관련성 및 그 내용 기타 이 사건 수사의 개시 및 진행 과정 등에 비추어, 비록 상고이유의 주장처럼 위 각 증거의 압수 후 압수조서의 작성 및 압수목록의 작성·교부 절차가 제대로 이행되지 아니한 잘못이 있다 하더라도, 그것이 적법절차의 실질적인 내용을 침해하는 경우에 해당한다거나 앞서 본 위법수집증거의 배제법칙에 비추어 그 증거능력의 배제가 요구되는 경우에 해당한다고 볼 수는 없다. [3] 그리고 원심 및 제1심의 각 판결이유와 그 채택 증거들 및 법령의 규정에 의하면, (4)감정인 공소외 1이 이 사건 강판조각이 이 사건 보강용 강판에서 분리된 것인지 여부를 감정하는 과정에서 이를 두드려 펴 그 형상에 변형을 가한 행위는 형사소송법 제173조 제1항에 따라 법원의 허가를 얻어야 하는 물건의 파괴로는 볼 수 없고 임의수사인 감정에 수반되는 행위이며, 위 페인트의 성분을 비교분석한 행위 역시 법원의 허가를 얻어야 하는 물건의 파괴로는 볼 수 없고 임의수사인 감정에 해당함을 알 수 있다. 그렇다면 이 부분 원심의 판단은 그 이유 설시에 다소 미흡한 점이 있으나 결론에 있어서는 정당하고, 이에 관한 상고이유 주장은 받아들일 수 없다 (대판 2011.05.26. 2011도1902).

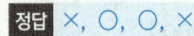

13년(3)·20년(1)·21년(2) 모의

300. 무인장비에 의하여 제한속도 위반차량의 차량번호를 상당한 방법으로 촬영한 사진은 위법하게 수집된 증거가 아니다.

해설 무인장비에 의한 제한속도 위반차량 단속은 이러한 수사활동의 일환으로서 도로에서의 위험을 방지하고 교통의 안전과 원활한 소통을 확보하기 위하여 도로교통법령에 따라 정해진 제한속도를 위반하여 차량을 주행하는 범죄가 현재 행하여지고 있고, 그 범죄의 성질·태양으로 보아 긴급하게 증거보전을 할 필요가 있는 상태에서 일반적으로 허용되는 한도를 넘지 않는 상당한 방법에 의한 것이라고 판단되므로, 이를 통하여 운전 차량의 차량번호 등을 촬영한 사진을 두고 위법하게 수집된 증거로서 증거능력이 없다고 말할 수 없다(대판 1999.12.07. 98도3329).

12년(2) 모의

301. 의식불명 상태에서 병원 응급실에 누워있는 甲의 음주운전을 입증하기 위하여 경찰관이 甲의 처의 동의를 받아 간호사로 하여금 채혈하도록 한 경우 혈액과 그 혈액에 대한 감정결과 보고서는 증거능력이 없다.

해설 형사소송법 규정에 위반하여 수사기관이 법원으로부터 영장 또는 감정처분허가장을 발부받지 아니한 채 피의자의 동의 없이 피의자의 신체로부터 혈액을 채취하고 더구나 사후적으로도 지체 없이 이에 대한 영장을 발부받지 아니하고서 위와 같이 강제 채혈한 피의자의 혈액 중 알코올농도에 관한 감정이 이루어졌다면, 이러한 감정결과보고서 등은 형사소송법상 영장주의 원칙을 위반하여 수집하거나 그에 기초한 증거로서 그 절차 위반행위가 적법절차의 실질적인 내용을 침해하는 정도에 해당한다고 할 것이므로, 피고인이나 변호인의 증거동의 여부를 불문하고 이 사건 범죄사실을 유죄로 인정하는 증거로 사용할 수 없다고 보아야 한다(대판 2011.05.13. 2009도10871).

정답

11년(1)·17년(2)·18년(1) 모의

302. (1) 피의자를 긴급체포하는 경우에 필요한 때에는 영장 없이 체포 현장에서 압수·수색을 할 수 있으나, 압수수색영장을 청구하여 이를 발부받지 아니하고도 즉시 반환하지 아니한 압수물은 유죄 인정의 증거로 사용할 수 없다.

(2) 긴급체포시 압수한 물건에 관하여 압수수색영장을 발부받지 않고 즉시 반환하지 않았더라도 피고인이 이를 증거로 함에 동의하였다면 그 압수물을 증거로 할 수 있다.

해설 형사소송법 제216조 제1항 제2호, 제217조 제2항, 제3항은 사법경찰관은 형사소송법 제200조의3(긴급체포)의 규정에 의하여 피의자를 체포하는 경우에 필요한 때에는 영장 없이 체포현장에서 압수·수색을 할 수 있고, 압수한 물건을 계속 압수할 필요가 있는 경우에는 지체 없이 압수·수색영장을 청구하여야 하며, 청구한 압수·수색영장을 발부받지 못한 때에는 압수한 물건을 즉시 반환하여야 한다고 규정하고 있는바, 형사소송법 제217조 제2항, 제3항에 위반하여 (1)압수·수색영장을 청구하여 이를 발부받지 아니하고도 즉시 반환하지 아니한 압수물은 이를 유죄 인정의 증거로 사용할 수 없는 것이고, 헌법과 형사소송법이 선언한 영장주의의 중요성에 비추어 볼 때 (2)피고인이나 변호인이 이를 증거로 함에 동의하였다고 하더라도 달리 볼 것은 아니다(대판 2009.12.24. 2009도11401).

정답

(3) 불법감청(통신비밀보호법 위반 문제)

23년 변시

303. 甲은 乙의 집을 찾아가 뇌물로 준 1천만 원을 당장 돌려주지 않으면 녹음한 내용을 수사기관과 언론사에 보내겠다고 말하였다. 이에 겁을 먹은 乙은 甲이 지정한 은행 예금계좌로 1천만 원을 입금하였다. 乙의 배우자 丙은 乙의 사전 언급에 따라 甲과 乙의 대화 내용을 옆방에서 자신의 휴대전화로 甲 모르게 녹음하였다
이에 관한 정오를 판단하시오. (다툼이 있는 경우 판례에 의함)

1) 甲이 乙과의 전화상 대화를 휴대전화로 몰래 녹음한 것은 「통신비밀보호법」상 비밀녹음에 해당하여 甲의 뇌물공여죄나 乙의 뇌물수수죄에 대한 유죄의 증거로 사용할 수 없다.

해설 통신비밀보호법 제2조 제7호는 "감청"이라 함은 전기통신에 대하여 당사자의 동의 없이 전자장치·기계장치 등을 사용하여 통신의 음향·문언·부호·영상을 청취·공독하여 그 내용을 지득 또는 채록하거나 전기통신의 송·수신을 방해하는 것을 말한다고 규정하고 있다. 같은 법 제3조 제1항은 누구든지 이 법과 형사소송법 또는 군사법원법의 규정에 의하지 아니하고는 전기통신의 감청을 하지 못한다고 규정하고, 제4조는 제3조의 규정에 위반하여 불법감청에 의하여 지득 또는 채록된 전기통신의 내용은 재판 또는 징계절차에서 증거로 사용할 수 없다고 규정하고 있다. 이에 따르면 전기통신의 감청은 제3자가 전기통신의 당사자인 송신인과 수신인의 동의를 받지 아니하고 전기통신 내용

을 녹음하는 등의 행위를 하는 것만을 말한다고 해석함이 타당하므로, 전기통신에 해당하는 전화통화 당사자의 일방이 상대방 모르게 통화 내용을 녹음하는 것은 여기의 감청에 해당하지 않는다(대판 2019.03.14. 2015도1900).

정답 ×

2) 丙이 甲과 乙의 대화내용을 휴대전화로 몰래 녹음한 것은 대화 당사자인 乙의 사전 동의에 의한 것이므로, 甲의 공갈죄에 대한 유죄의 증거로 사용할 수 있다.

해설 …그러나 제3자의 경우는 설령 전화통화 당사자 일방의 동의를 받고 그 통화 내용을 녹음하였다 하더라도 그 상대방의 동의가 없었던 이상, 이는 여기의 감청에 해당하여 통신비밀보호법 제3조 제1항 위반이 되고, 이와 같이 제3조 제1항을 위반한 불법감청에 의하여 녹음된 전화통화의 내용은 제4조에 의하여 증거능력이 없다(대판 2019.03.14. 2015도1900).

정답 ×

23년 변시

304. 「통신비밀보호법」상 통신사실확인자료 제공요청의 목적이 된 범죄와 관련된 범죄란 통신사실확인자료 제공요청허가서에 기재된 혐의사실과 객관적 관련성이 있고 자료제공 요청대상자와 피의자 사이에 인적 관련성이 있는 범죄를 의미한다.

해설 통신사실 확인자료 제공요청의 목적이 된 범죄와 관련된 범죄라 함은 통신사실 확인자료 제공 요청 허가서에 기재한 혐의사실과 객관적 관련성이 있고, 자료제공 요청대상자와 피의자 사이에 인적 관련성이 있는 범죄를 의미한다(대판 2021.09.16. 2021도2748).

정답 ○

23년 변시

305. '우당탕' 소리는 사람의 목소리가 아니라 사물에서 발생하는 음향이고 '악' 소리도 사람의 목소리이기는 하나 그것만으로 상대방에게 의사를 전달하는 말이라고 보기는 어려워 특별한 사정이 없는 한 「통신비밀보호법」에서 말하는 타인 간의 '대화'에 해당한다고 볼 수 없다.

해설 통신비밀보호법 제1조, 제3조 제1항 본문, 제4조, 제14조 제1항, 제2항의 문언, 내용, 체계와 입법 취지 등에 비추어 보면, 통신비밀보호법에서 보호하는 타인 간의 '대화'는 원칙적으로 현장에 있는 당사자들이 육성으로 말을 주고받는 의사소통행위를 가리킨다. 따라서 사람의 육성이 아닌 사물에서 발생하는 음향은 타인 간의 '대화'에 해당하지 않는다. 또한 사람의 목소리라고 하더라도 상대방에게 의사를 전달하는 말이 아닌 단순한 비명소리나 탄식 등은 타인과 의사소통을 하기 위한 것이 아니라면 특별한 사정이 없는 한 타인 간의 '대화'에 해당한다고 볼 수 없다. … 공소외인이 들었다는 '우당탕' 소리는 사물에서 발생하는 음향일 뿐 사람의 목소리가 아니므로 통신비밀보호법에서 말하는 타인 간의 '대화'에 해당하지 않는다. '악' 소리도 사람의 목소리이기는 하나 단순한 비명소리에 지나지 않아 그것만으로 상대방에게 의사를 전달하는 말이라고 보기는 어려워 특별한 사정이 없는 한 타인 간의 '대화'에 해당한다고 볼 수 없다(대판 2017.03.15. 2016도19843).

정답 ○

21년(1) 모의

306. K는 폭력조직에 가담하였다는 이유로 구속기소되었다. K의 동생인 甲은 수사 및 재판 과정에서 A가 K에게 불리한 진술을 하자 A와 20여분에 걸쳐 전화통화를 하던 중 A의 진술과 관련하여 강한 불만과 적개심을 표시하면서 A의 신체에 위해를 가할 듯한 협박을 하였다. 신변의 위협을 느낀 A는 甲과의 전화통화를 녹음하였다. 한편 甲은 K의 재판을 유리하게 하기 위해 乙을 설득하여 허위 증언할 것을 결의하게 하였다. 이에 따라 乙은 K에 대한 재판의 제9회 공판기일에 출석하여 허위의 증언을 하였는데, 乙은 제21회 공판기일에 다시 출석하여 재판장으로부터 종전 선서의 효력이 유지됨을 고지 받은 후 증언하면서 종전 기일에 한 공소사실 기재 진술이 기억에 반하는 허위 진술임을 시인하고 이를 철회하는 취지의 진술을 하였다.

A의 전화통화 녹음은 「통신비밀보호법」에 위반되지 않는다. (다툼이 있는 경우 판례에 의함)

해설 전화통화의 당사자 일방이 상대방과의 통화내용을 녹음하는 행위는 통신비밀보호법 제3조 제1항의 '전기통신의 감청'에 해당하지 않는다(대판 2008.10.23. 2008도1237). ▶ 골프장 운영업체가 예약 전용 전화선에 녹취시스템을 설치하여 예약담당직원과 고객 간의 골프장 예약에 관한 통화내용을 녹취한 행위는 통신비밀보호법 제3조 제1항 위반죄에 해당하지 않는다는 사례.

정답

19년(1) 모의

307. 甲과 乙은 전기통신금융사기(이른바 보이스피싱 범죄)를 공모하고 범행에 사용할 은행계좌를 구하기 위하여 인터넷게시판에 은행계좌 대여자 모집 글을 올렸고, 이에 자신의 계좌가 보이스피싱 범죄에 이용되리라는 사정을 알았던 丙은 50만 원을 받고 자신의 계좌번호, 현금인출카드를 건네주었다. 甲에게 속은 A는 1,000만 원을 丙의 계좌로 송금하였다. 한편 丙은 자신이 통장과 도장을 보관하고 있는 것을 이용하여 甲의 승낙 없이 위 계좌에서 500만 원을 인출하여 사용하였다. 丙이 甲과의 대화 내용을 甲 몰래 스마트폰으로 녹음하였다가 SD카드에 저장하여 경찰관에게 임의제출한 경우, 이는 「통신비밀보호법」을 위반하여 위법하게 수집된 증거이므로 증거능력이 없다.

해설 공소외인이 피고인과 대화하면서 녹음한 이 사건 녹음파일 사본은 타인 간의 대화를 녹음한 것이 아니므로 타인의 대화비밀 침해금지를 규정한 통신비밀보호법 제14조의 적용 대상이 아니다(대판 2012.09.13. 2012도7461).

정답

23년 변시

308. 수사기관은 통신기관 등에 통신제한조치허가서의 사본을 교부하고 집행을 위탁할 수 있지만, 위탁을 받은 통신기관 등이 허가서에 기재된 집행방법 등을 준수하지 아니한 채 취득한 전기통신의 내용 등은 유죄 인정의 증거로 할 수 없다.

해설 통신제한조치허가서에는 통신제한조치의 종류·목적·대상·범위·기간 및 집행장소와 방법을 특정하여 기재하여야 하고(통신비밀보호법 제6조 제6항), 수사기관은 허가서에 기재된 허가의 내용과 범위 및 집행방법 등을 준수하여 통신제한조치를 집행하여야 한다. 이때 수사기관은 통신기관 등에 통신제한조치허가서의 사본을 교부하고 집행을 위탁할 수 있으나(통신비밀보호법 제9조 제1항, 제2항), 그 경우에도 집행의 위탁을 받은 통신기관 등은 수사기관이 직접 집행할 경우와 마찬가지로 허가서에 기재된 집행방법 등을 준수하여야 함은 당연하다 … 통신제한조치허가서에 기재된 사항을 준수하지 아니한 채 통신제한조치를 집행하였다면, 그러한 집행으로 취득한 전기통신의 내용 등은 헌법과 통신비밀보호법이 국민의 기본권인 통신의 비밀을 보장하기 위해 마련한 적법한 절차를 따르지 아니하고 수집한 증거에 해당하므로(형사소송법 제308조의2), 이는 유죄 인정의 증거로 할 수 없다(대판 2016.10.13. 2016도8137).

정답 ○

17년(2)·18년(2) 모의

309. 보이스피싱 관련 공범들을 파악하기 위해 수사기관이 감청을 허가하는 내용의 통신제한조치허가서를 발부받아 메신저톡 서비스 회사에 집행을 위탁하여 추출된 甲의 메신저톡 대화내용을 제공받았다면 이러한 대화내용은 증거능력이 있다.

해설 '전기통신의 감청'은 '감청'의 개념 규정에 비추어 전기통신이 이루어지고 있는 상황에서 실시간으로 전기통신의 내용을 지득·채록하는 경우와 통신의 송·수신을 직접적으로 방해하는 경우를 의미하는 것이지, 이미 수신이 완료된 전기통신에 관하여 남아 있는 기록이나 내용을 열어보는 등의 행위는 포함하지 않는다. 통신제한조치허가서에는 통신제한조치의 종류·목적·대상·범위·기간 및 집행장소와 방법을 특정하여 기재하여야 하고(통신비밀보호법 제6조 제6항), 수사기관은 허가서에 기재된 허가의 내용과 범위 및 집행방법 등을 준수하여 통신제한조치를 집행하여야 한다. 이때 수사기관은 통신기관 등에 통신제한조치허가서의 사본을 교부하고 집행을 위탁할 수 있으나(통신비밀보호법 제9조 제1항, 제2항), 그 경우에도 집행의 위탁을 받은 통신기관 등은 수사기관이 직접 집행할 경우와 마찬가지로 허가서에 기재된 집행방법 등을 준수하여야 함은 당연하다. 따라서 허가된 통신제한조치의 종류가 전기통신의 '감청'인 경우, 수사기관 또는 수사기관으로부터 통신제한조치의 집행을 위탁받은 통신기관 등은 통신비밀보호법이 정한 감청의 방식으로 집행하여야 하고 그와 다른 방식으로 집행하여서는 아니 된다. 한편 수사기관이 통신기관 등에 통신제한조치의 집행을 위탁하는 경우에는 집행에 필요한 설비를 제공하여야 한다(통신비밀보호법 시행령 제21조 제3항). 그러므로 수사기관으로부터 통신제한조치의 집행을 위탁받은 통신기관 등이 집행에 필요한 설비가 없을 때에는 수사기관에 설비의 제공을 요청하여야 하고, 그러한 요청 없이 통신제한조치허가서에 기재된 사항을 준수하지 아니한 채 통신제한조치를 집행하였다면, 그러한 집행으로 취득한 전기통신의 내용 등은 헌법과 통신비밀보호법이 국민의 기본권인 통신의 비밀을 보장하기 위해 마련한 적법한 절차를 따르지 아니하고 수집한 증거에 해당하므로(형사소송법 제308조의2), 이는 유죄 인정의 증거로 할 수 없다. 이 사건 통신제한조치허가서에 기재된 통신제한조치의 종류는 전기통신의 '감청'이므로, 수사기관으로부터 집행위탁을 받은 카카오는 통신비밀보호법이 정한 감청의 방식, 즉 전자장치 등을 사용하여 실시간으로 이 사건 대상자들이 카카오톡에서 송·수신하는 음향·문언·부호·영상을 청취·공독하여 그 내용을 지득 또는 채록하는 방식으로 통신제한조치를 집행하여야 하고 임의로 선택한 다른 방식으로 집행하여서는 안 된다고 할 것이다. 그런데도 카카오는 이 사건 통신제한조치허가서에 기재된 기간 동안, 이미 수신이 완료되어 전자정보의 형태로 서버에 저장되어 있던 것을 3~7일마다 정기적으로 추출하여 수사기관에 제공하는 방식으로 통신제한조치를 집행하였다. 이러한 카카오의 집행은 동시성 또는 현재성 요건을 충족하지 못해 통신비밀보호법이 정한 감청이라고 볼 수 없으므로 이 사건 통신제한조치허가서에 기재된 방식을 따르지 않은 것으로서 위법하다고 할 것이다. 따라서 이 사건 카카오톡 대화내용은 적법절차의 실질적 내용을 침해하는 것으로 위법하게 수집된 증거라 할 것이므로 유죄 인정의 증거로 삼을 수 없다(대판 2016.10.13. 2016도8137).

정답 ×

20년 변시, 11년(1)·14년(3) 모의

310. 수사기관이 구속수감되어 있던 甲에게 휴대전화를 제공하여 피고인과 통화하고 위 범행에 관한 통화 내용을 녹음하게 한 경우 그 녹음 자체는 물론 이를 근거로 작성된 녹취록 첨부수사보고도 피고인의 증거동의에 상관없이 그 증거능력이 없다.

해설 수사기관이 갑으로부터 피고인의 마약류관리에 관한 법률 위반(향정) 범행에 대한 진술을 듣고 추가적인 증거를 확보할 목적으로, 구속수감 되어 있던 갑에게 그의 압수된 휴대전화를 제공하여 피고인과 통화하고 위 범행에 관한 통화 내용을 녹음하게 한 행위는 불법감청에 해당하므로, 그 녹음 자체는 물론 이를 근거로 작성된 녹취록 첨부 수사보고는 피고인의 증거동의에 상관없이 그 증거능력이 없다고 한 사례(대판 2010.10.14. 2010도9016).

정답 ○

12년(3)·13년(3) 모의

311. 전화통화의 당사자가 아닌 제3자가 전화통화 당사자 일방만의 동의를 얻어 통화내용을 녹음한 경우 그 녹음내용은 증거로 사용할 수 없다.

해설 전기통신에 해당하는 전화통화 당사자의 일방이 상대방 모르게 통화내용을 녹음(위 법에는 '채록'이라고 규정한다)하는 것은 여기의 감청에 해당하지 아니하지만(따라서 전화통화 당사자의 일방이 상대방 몰래 통화내용을 녹음하더라도, 대화 당사자 일방이 상대방 모르게 그 대화내용을 녹음한 경우와 마찬가지로 동법 제3조 제1항 위반이 되지 아니한다), 제3자의 경우는 설령 전화통화 당사자 일방의 동의를 받고 그 통화내용을 녹음하였다 하더라도 그 상대방의 동의가 없었던 이상, 사생활 및 통신의 불가침을 국민의 기본권의 하나로 선언하고 있는 헌법규정과 통신비밀의 보호와 통신의 자유신장을 목적으로 제정된 통신비밀보호법의 취지에 비추어 이는 동법 제3조 제1항 위반이 된다고 해석하여야 할 것이다(이 점은 제3자가 공개되지 아니한 타인간의 대화를 녹음한 경우에도 마찬가지이다)(대판 2002.10.08. 2002도123).

통신비밀보호법 제4조(불법검열에 의한 우편물의 내용과 불법감청에 의한 전기통신내용의 증거사용 금지) 제3조의 규정에 위반하여, 불법검열에 의하여 취득한 우편물이나 그 내용 및 불법감청에 의하여 지득 또는 채록된 전기통신의 내용은 재판 또는 징계절차에서 증거로 사용할 수 없다.

정답 ○

21년(3) 모의

312. 인터넷 통신망을 통한 송·수신은 「통신비밀보호법」 제2조 제3호에서 정한 '전기통신'에 해당하므로 인터넷 통신망을 통하여 흐르는 전기신호 형태의 패킷(packet)을 중간에 확보하여 그 내용을 지득하는 이른바 '패킷 감청'도 같은 법 제5조(범죄수사를 위한 통신제한조치의 허가요건) 제1항에서 정한 요건을 갖추는 경우 허용된다.

해설 인터넷 통신망을 통한 송·수신은 통신비밀보호법 제2조 제3호에서 정한 '전기통신'에 해당하므로 인터넷 통신망을 통하여 흐르는 전기신호 형태의 패킷(packet)을 중간에 확보하여 그 내용을 지득하는 이른바 '패킷 감청'도 같은 법 제5조 제1항에서 정한 요건을 갖추는 경우 다른 특별한 사정이 없는 한 허용된다고 할 것이고, 이는 패킷 감청의 특성상 수사목적과 무관한 통신내용이나 제3자의 통신내용도 감청될 우려가 있다는 것만으로 달리 볼 것이 아니다(대판 2012.10.11. 2012도7455).

정답

13년(1)·21년(3) 모의

313. 인터넷 통신망을 통하여 흐르는 전기신호 형태의 패킷(packet)을 중간에 확보하여 그 내용을 지득하는 이른바 '패킷 감청'은 수사 목적과 무관한 통신내용이나 제3자의 통신내용도 감청될 우려가 있으므로 허용되지 않으며, 이러한 패킷 감청을 통하여 획득한 증거는 위법수집증거에 해당한다.

해설 인터넷 회선 감청은 집행 및 그 이후에 제3자의 정보나 범죄수사와 무관한 정보까지 수사기관에 의해 수집·보관되고 있는지 알 수 없다는 등의 이유로 잠정적용 헌법불합치결정을 받은바 있는데, 현행 통신비밀보호법 제12조에서는 이를 보완하는 규정을 두고 있다.

통신비밀보호법 제12조의2(범죄수사를 위하여 인터넷 회선에 대한 통신제한조치로 취득한 자료의 관리) ① 검사는 인터넷 회선을 통하여 송신·수신하는 전기통신을 대상으로 제6조 또는 제8조(제5조제1항의 요건에 해당하는 사람에 대한 긴급통신제한조치에 한정한다)에 따른 통신제한조치를 집행한 경우 그 전기통신을 제12조제1호에 따라 사용하거나 사용을 위하여 보관(이하 이 조에서 "보관등"이라 한다)하고자 하는 때에는 집행종료일부터 14일 이내에 보관등이 필요한 전기통신을 선별하여 통신제한조치를 허가한 법원에 보관등의 승인을 청구하여야 한다.
② 사법경찰관은 인터넷 회선을 통하여 송신·수신하는 전기통신을 대상으로 제6조 또는 제8조(제5조제1항의 요건에 해당하는 사람에 대한 긴급통신제한조치에 한정한다)에 따른 통신제한조치를 집행한 경우 그 전기통신의 보관등을 하고자 하는 때에는 집행종료일부터 14일 이내에 보관등이 필요한 전기통신을 선별하여 검사에게 보관등의 승인을 신청하고, 검사는 신청일부터 7일 이내에 통신제한조치를 허가한 법원에 그 승인을 청구할 수 있다.
③ 제1항 및 제2항에 따른 승인청구는 통신제한조치의 집행 경위, 취득한 결과의 요지, 보관등이 필요한 이유를 기재한 서면으로 하여야 하며, 다음 각 호의 서류를 첨부하여야 한다.
 1. 청구이유에 대한 소명자료
 2. 보관등이 필요한 전기통신의 목록
 3. 보관등이 필요한 전기통신. 다만, 일정 용량의 파일 단위로 분할하는 등 적절한 방법으로 정보저장매체에 저장·봉인하여 제출하여야 한다.
④ 법원은 청구가 이유 있다고 인정하는 경우에는 보관등을 승인하고 이를 증명하는 서류(이하 이 조에서 "승인서"라 한다)를 발부하며, 청구가 이유 없다고 인정하는 경우에는 청구를 기각하고 이를 청구인에게 통지한다.
⑤ 검사 또는 사법경찰관은 제1항에 따른 청구나 제2항에 따른 신청을 하지 아니하는 경우에는 집행종료일부

터 14일(검사가 사법경찰관의 신청을 기각한 경우에는 그 날부터 7일) 이내에 통신제한조치로 취득한 전기통신을 폐기하여야 하고, 법원에 승인청구를 한 경우(취득한 전기통신의 일부에 대해서만 청구한 경우를 포함한다)에는 제4항에 따라 법원으로부터 승인서를 발부받거나 청구기각의 통지를 받은 날부터 7일 이내에 승인을 받지 못한 전기통신을 폐기하여야 한다.
⑥ 검사 또는 사법경찰관은 제5항에 따라 통신제한조치로 취득한 전기통신을 폐기한 때에는 폐기의 이유와 범위 및 일시 등을 기재한 폐기결과보고서를 작성하여 피의자의 수사기록 또는 피내사자의 내사사건기록에 첨부하고, 폐기일부터 7일 이내에 통신제한조치를 허가한 법원에 송부하여야 한다. [본조신설 2020. 3. 24.]

> [참조판례] 이 사건 법률조항은 인터넷회선 감청의 특성을 고려하여 그 집행 단계나 집행 이후에 수사기관의 권한 남용을 통제하고 관련 기본권의 침해를 최소화하기 위한 제도적 조치가 제대로 마련되어 있지 않은 상태에서, 범죄수사 목적을 이유로 인터넷회선 감청을 통신제한조치 허가 대상 중 하나로 정하고 있으므로 침해의 최소성 요건을 충족한다고 할 수 없다. 이러한 여건 하에서 인터넷회선의 감청을 허용하는 것은 개인의 통신 및 사생활의 비밀과 자유에 심각한 위협을 초래하게 되므로 이 사건 법률조항으로 인하여 달성하려는 공익과 제한되는 사익 사이의 법익 균형성도 인정되지 아니한다. 그러므로 이 사건 법률조항은 과잉금지원칙에 위반하는 것으로 청구인의 기본권을 침해한다. 라. 이 사건 법률조항은 청구인의 기본권을 침해하여 헌법에 위반되지만, 단순위헌결정을 하면 수사기관이 인터넷회선 감청을 통한 수사를 행할 수 있는 법률적 근거가 사라져 범행의 실행 저지가 긴급히 요구되거나 국민의 생명·신체·재산의 안전을 위협하는 중대 범죄의 수사에 있어 법적 공백이 발생할 우려가 있다. 한편, 이 사건 법률조항이 가지는 위헌성은 인터넷회선 감청의 특성에도 불구하고 수사기관이 인터넷회선 감청으로 취득하는 자료에 대해 사후적으로 감독 또는 통제할 수 있는 규정이 제대로 마련되어 있지 않다는 점에 있으므로 구체적 개선안을 어떤 기준과 요건에 따라 마련할 것인지는 입법자의 재량에 속한다. 이러한 이유로 이 사건 법률조항에 대해 단순위헌결정을 하는 대신 헌법불합치결정을 선고하되, 입법자가 이 사건 법률조항의 위헌성을 제거하고 합리적인 내용으로 개정할 때까지 일정 기간 이를 잠정적으로 적용할 필요가 있다(헌재 2018.08.30. 2016헌마263).

정답 ×

13년(1) 모의

314. 통신비밀보호법 제6조 제7항 단서(통신제한조치기간의 연장)에 관하여 헌법불합치 결정이 있었으나 당해 조항의 위헌성이 제거된 개선입법이 이루어지지 아니한 채 위 개정시한이 도과한 경우, 당해 사건에 있어서 헌법불합치결정 이전에 이루어진 통신제한조치기간의 연장허가에 따라 획득한 증거는 위법수집증거에 해당하지 않는다.

[해설] 헌법불합치결정 이전에 이루어진 통신제한 조치기간의 연장허가에 따라 획득한 증거도 위법수집증거에 해당하지 않는다. ▶ 통신비밀보호법 제6조 제7항 및 제8항 참조. 〈2019. 12. 31. 개정〉

> [판례] 헌법재판소는 2010. 12. 28. 통신비밀보호법 제6조 제7항 단서 중 전기통신에 관한 '통신제한조치기간의 연장'에 관한 부분(이하 '이 사건 법률조항'이라고 한다)이 통신제한조치의 총연장기간이나 총연장횟수를 제한하지 아니하고 계속해서 통신제한조치가 연장될 수 있도록 한 것은 과잉금지원칙에 위배하여 통신의 비밀을 침해한다는 이유로 헌법에 합치하지 아니한다고 선언하면서, 이 사건 법률조항은 입법자가 2011. 12. 31.을 시한으로 개정할 때까지 계속 적용한다고 결정하였다(이하 '이 사건 헌법불합치결정'이라고 한다). 이 사건 헌법불합치결정의 내용 및 그 주된 이유 등에 비추어 보면, 헌법재판소가 이 사건 법률조항이 위헌임에도 불구하고 굳이 그 잠정 적용을 명하는 내용의 헌법불합치결정을 한 것은 다음과 같은 취지임이 분명하다. 즉, 단순위헌결정을 하는 경우 그 결정의 효력이 당해 사건 등에 광범위하게 미치는 결과 이미 이 사건 법률조항에 근거하여 받은 통신제한조치의 연장허가나 그에 따른 증거취득의 효력이 전면적으로 재검토되어야 함은 물론 수사목적상 필요한 정당한 통신제한조

치의 연장허가도 가능하지 아니하게 되는 등 법적 공백이나 혼란을 초래할 우려가 있으므로 이를 피하기 위하여 이 사건 법률조항의 위헌성이 제거된 개선입법이 이루어지기까지는 이 사건 법률조항을 그대로 잠정 적용한다는 것이다. 그렇다면 이 사건 법률조항의 위헌성이 제거된 개선입법이 이루어지지 아니한 채 위 개정시한이 도과함으로써 이 사건 법률조항의 효력이 상실되었다고 하더라도 그 효과는 장래에 향하여만 미칠 뿐이며 그 이전에 이 사건 법률조항에 따라 이루어진 통신제한조치기간 연장의 적법성이나 효력에는 영향을 미치지 아니한다고 볼 것이고, 이른바 당해 사건이라고 하여 달리 취급하여야 할 이유는 없다(대판 2012.10.11. 2012도7455).

통신비밀보호법 제6조(범죄수사를 위한 통신제한조치의 허가절차) ⑦ 통신제한조치의 기간은 2개월을 초과하지 못하고, 그 기간 중 통신제한조치의 목적이 달성되었을 경우에는 즉시 종료하여야 한다. 다만, 제5조제1항의 허가요건이 존속하는 경우에는 소명자료를 첨부하여 제1항 또는 제2항에 따라 2개월의 범위에서 통신제한조치기간의 연장을 청구할 수 있다. <개정 2001. 12. 29., 2019. 12. 31.>
⑧ 검사 또는 사법경찰관이 제7항 단서에 따라 통신제한조치의 연장을 청구하는 경우에 통신제한조치의 총 연장기간은 1년을 초과할 수 없다. 다만, 다음 각 호의 어느 하나에 해당하는 범죄의 경우에는 통신제한조치의 총 연장기간이 3년을 초과할 수 없다. <신설 2019. 12. 31.>
  1. 「형법」 제2편 중 제1장 내란의 죄, 제2장 외환의 죄 중 제92조부터 제101조까지의 죄, 제4장 국교에 관한 죄 중 제107조, 제108조, 제111조부터 제113조까지의 죄, 제5장 공안을 해하는 죄 중 제114조, 제115조의 죄 및 제6장 폭발물에 관한 죄
  2. 「군형법」 제2편 중 제1장 반란의 죄, 제2장 이적의 죄, 제11장 군용물에 관한 죄 및 제12장 위령의 죄 중 제78조·제80조·제81조의 죄
  3. 「국가보안법」에 규정된 죄
  4. 「군사기밀보호법」에 규정된 죄
  5. 「군사기지 및 군사시설보호법」에 규정된 죄

정답 O

🍊 21년 변시, 12년(3) 모의

315. 3인 간의 대화에서 그중 한 사람이 그 대화를 녹음하는 경우 다른 두 사람의 발언은 그 녹음자에 대한 관계에서 '타인 간의 대화'가 아니므로, 3인 간의 대화내용을 녹음한 테이프도 증거능력이 있다.

해설 통신비밀보호법 제3조 제1항이 "공개되지 아니한 타인간의 대화를 녹음 또는 청취하지 못한다."라고 정한 것은, 대화에 원래부터 참여하지 않는 제3자가 그 대화를 하는 타인들 간의 발언을 녹음해서는 아니 된다는 취지이다. 3인 간의 대화에 있어서 그 중 한 사람이 그 대화를 녹음하는 경우에 다른 두 사람의 발언은 그 녹음자에 대한 관계에서 '타인 간의 대화'라고 할 수 없으므로, 이와 같은 녹음행위가 통신비밀보호법 제3조 제1항에 위배된다고 볼 수는 없다(대판 2006.10.12. 2006도4981).

정답 O

(4) 형사소송법의 효력규정 위반
(5) 자백배제법칙과의 관계

3. 사인의 위법수집증거의 증거능력

24년 변시, 15년(2)·17년(3)·18년(3)·22년(1) 모의

316. 피고인이 문서위조를 위해 연습한 흔적이 남아 있는 업무일지는 공익과 사익을 비교형량 할 때 피고인의 소송사기를 증명하기 위한 유죄의 증거로 사용할 수 있지만, 만약 그 업무일지가 제3자에 의하여 절취된 것이고 소송사기의 피해자가 대가를 지급하고 이를 취득한 것이라면 유죄의 증거로 사용할 수 없다.

해설 사문서위조·위조사문서행사 및 소송사기로 이어지는 일련의 범행에 대하여 피고인을 형사소추하기 위해서는 이 사건 업무일지가 반드시 필요한 증거로 보이므로, 설령 그것이 제3자에 의하여 절취된 것으로서 위 소송사기 등의 피해자측이 이를 수사기관에 증거자료로 제출하기 위하여 대가를 지급하였다 하더라도, 공익의 실현을 위하여는 이 사건 업무일지를 범죄의 증거로 제출하는 것이 허용되어야 하고, 이로 말미암아 피고인의 사생활 영역을 침해하는 결과가 초래된다 하더라도 이는 피고인이 수인하여야 할 기본권의 제한에 해당된다(대판 2008.06.26. 2008도1584).

정답

12년(2)·17년(2) 모의

317. (1) 사인이 위법하게 증거를 수집한 경우 법원으로서는 효과적인 형사소추 및 형사소송에서의 진실발견이라는 공익과 개인의 인격적 이익 등의 보호이익을 비교형량하여 그 허용 여부를 결정하여야 한다.

(2) 甲, 乙의 간통 범행을 고소한 甲의 남편 丙이 甲의 주거에 침입하여 수집한 혈흔이 묻은 휴지 및 침대시트를 감정의뢰하여 받은 감정서의 증거능력은 효과적인 형사소추 및 형사소송에서의 진실발견이라는 공익과 개인의 인격적 이익 등의 보호이익을 비교형량하여 판단하여야 한다.

해설 [1] 국민의 인간으로서의 존엄과 가치를 보장하는 것은 국가기관의 기본적인 의무에 속하는 것이고 이는 형사절차에서도 당연히 구현되어야 하는 것이지만, 국민의 사생활 영역에 관계된 모든 증거의 제출이 곧바로 금지되는 것으로 볼 수는 없으므로, 법원으로서는 효과적인 형사소추 및 형사소송에서의 진실발견이라는 공익과 개인의 인격적 이익 등의 보호이익을 비교형량하여 그 허용 여부를 결정하여야 한다. [2]피고인 甲, 乙의 간통 범행을 고소한 甲의 남편 丙이 甲의 주거에 침입하여 수집한 후 수사기관에 제출한 혈흔이 묻은 휴지들 및 침대시트를 목적물로 하여 이루어진 감정의뢰회보에 대하여, 丙이 甲의 주거에 침입한 시점은 甲이 그 주거에서의 실제상 거주를 종료한 이후이고, 위 회보는 피고인들에 대한 형사소추를 위하여 반드시 필요한 증거이므로 공익의 실현을 위해서 증거로 제출하는 것이 허용되어야 하고, 이로 말미암아 甲의 주거의 자유나 사생활의 비밀이 일정 정도 침해되는 결과를 초래하더라도 이는 甲이 수인하여야 할 기본권의 제한에 해당된다는 이유로, 위 회보의 증거능력을 인정한 원심판단을 수긍한 사례(대판 2010.09.09. 2008도3990).

정답

19년(1) 모의

318. X주식회사 소유의 Y오피스텔에 대한 분양대행 권한이 있는 甲은 당해 오피스텔을 임대할 권한이 없는데도 Y오피스텔 2층에 있는 분양사무실에서 A에게 자신이 Y오피스텔 분양 책임자라고 소개하고 임대차계약을 체결하면서 컴퓨터를 이용하여 X주식회사 명의로 임대차 계약서 파일을 작성하여 A에게 이메일로 전송하였는데, 이 계약서 파일의 임대인 성명란에는 'X주식회사 (甲의 이름)'으로 기재되어 있고 甲의 개인 도장이 찍혀 있었다. A는 이메일로 송부 받은 계약서 파일을 프린터로 출력하여 임차인 란에 서명하였다. 우연히 위 계약서 출력물을 보게 된 B는 이 출력물이 위조된 것으로 판단하여 A의 동의 없이 이를 가지고 가서 수사기관에 제출하고 甲을 문서 위조 혐의로 고발하였다. 수사기관은 압수·수색영장을 발부받아 甲 소유 컴퓨터에 저장된 파일 중에서 甲의 계약서 위조범죄 혐의사실과 관련 있는 정보를 선별하여 이미징한 후 이미지 파일을 적법하게 압수하였다. B가 수사기관에 제출한 위 계약서 출력물은 형사소송에서의 진실발견을 위하여 필요한 경우라도 甲의 유죄 입증을 위한 증거로 사용할 수 없다.

해설 사인에 의해 위법하게 수집된 증거에 대하여 판례는 형사소추 및 형사소송에서의 진실발견이라는 공익과 개인의 인격적 이익 등 보호이익을 비교형량하여 그 허용 여부를 결정하여야 한다(대판 2013.11.28. 2010도12244)고 하여 이익형량설의 입장을 취하고 있다. ▶ 사안에서 B는 위 계약서 출력물의 소유자, 소지자, 보관자 중 어디에도 해당하지 않으므로, B가 임의제출 한 위 출력물은 사인에 의한 위법수집증거에 해당한다.

정답

13년(3)·19년(1) 모의

319. 甲은 유부녀 乙과 불륜관계를 맺어 오던 중, 공갈의 목적을 숨기고 乙의 동의를 얻어 乙의 나체를 촬영하였다. 甲이 나체사진을 이용하여 乙을 공갈할 의도였다고 하더라도 그 사진의 촬영이 임의성이 배제된 상태에서 이루어진 것이라고 할 수는 없다.

해설 모든 국민의 인간으로서의 존엄과 가치를 보장하는 것은 국가기관의 기본적인 의무에 속하는 것이고, 이는 형사절차에서도 당연히 구현되어야 하는 것이기는 하나 그렇다고 하여 국민의 사생활 영역에 관계된 모든 증거의 제출이 곧바로 금지되는 것으로 볼 수는 없고, 법원으로서는 효과적인 형사소추 및 형사소송에서의 진실발견이라는 공익과 개인의 사생활의 보호이익을 비교형량하여 그 허용 여부를 결정하고, 적절한 증거조사의 방법을 선택함으로써 국민의 인간으로서의 존엄성에 대한 침해를 피할 수 있다고 보아야 할 것이므로, 피고인의 동의하에 촬영된 나체사진의 존재만으로 피고인의 인격권과 초상권을 침해하는 것으로 볼 수 없고, 가사 사진을 촬영한 제3자가 그 사진을 이용하여 피고인을 공갈할 의도였다고 하더라도 사진의 촬영이 임의성이 배제된 상태에서 이루어진 것이라고 할 수는 없으며, 그 사진은 범죄현장의 사진으로서 피고인에 대한 형사소추를 위하여 반드시 필요한 증거로 보이므로, 공익의 실현을 위하여는 그 사진을 범죄의 증거로 제출하는 것이 허용되어야 하고, 이로 말미암아 피고인의 사생활의 비밀을 침해하는 결과를 초래한다 하더라도 이는 피고인이 수인하여야 할 기본권의 제한에 해당된다(대판 1997.09.30. 97도1230).

정답

13년(3) 모의

320. 일기장에 기재된 내용은 기본권의 핵심영역에 속하므로 일기장을 형사재판의 증거로 사용할 수 없다.

> **해설** 형사소송법의 증거능력을 소극적으로 규정하고 있는바, 자백배제법칙(형사소송법 제309조), 위법수집증거배제법칙(형사소송법 제308조의2), 전문증거(형사소송법 제310조의2), 형사소송법 제317조의 규정에 의하여 증거능력이 부정되는 경우가 아니면 원칙적으로 증거능력이 인정된다. 따라서 일기장이라 하더라도 형사소송법상 증거능력이 부정되는 경우에 해당하지 않는 한 공익과 사익을 비교형량하여 형사재판의 증거로 사용될 수 있다.
>
> 정답 ×

4. 독수독과의 원칙과 그 예외(독수과실의 이론)

22년 변시, 20년(2) 모의

321. 甲은 자동차를 운전하고 가다가 A가 바로 앞에서 리어카를 천천히 끌고 가기에 A를 향해 경적을 울렸다. 이에 A가 욕설을 하며 소리를 치자 甲은 화가 나 A에게 겁을 주려고 폭행의 고의로 A를 추월했다가 A 앞에서 급정거하였다. 그런데 뜻하지 않게 A는 이를 피하는 과정에서 넘어져 상해를 입었다. 그 후 甲은 자신의 행위가 발각될 것을 염려하여 과음을 하는 바람에 정상적인 운전을 할 수 없는 상황에 이르게 되었다. 이러한 상태에서 甲은 졸음운전을 하다 신호를 위반하여 행인 B를 치어 전치 2주의 상해를 입힌 후 가로수를 들이 받아 정신을 잃은 상태에서 인근 병원 응급실로 이송되었다.
사법경찰관 P는 응급실로 가서 담당의사로 하여금 甲의 혈액을 채취하게 한 후 혈중알콜농도에 관한 감정의뢰회보를 확보하였으나 사후압수영장은 발부받지 못한 경우 감정의뢰회보의 증거능력은 부정된다.(다툼이 있는 경우 판례에 의함)

> **해설** 형사소송법 제215조 제2항은 "사법경찰관이 범죄수사에 필요한 때에는 검사에게 신청하여 검사의 청구로 지방법원판사가 발부한 영장에 의하여 압수, 수색 또는 검증을 할 수 있다."고 규정하고, 형사소송법 제216조 제3항은 범행 중 또는 범행 직후의 범죄장소에서 긴급을 요하여 법원판사의 영장을 받을 수 없는 때에는 압수·수색·검증을 할 수 있으나 이 경우에는 사후에 지체없이 영장을 받아야 한다고 규정하고 있으며, 한편 검사 또는 사법경찰관으로부터 감정을 위촉받은 감정인은 감정에 관하여 필요한 때에는 검사의 청구에 의해 판사로부터 감정처분허가장을 발부받아 신체의 검사 등 형사소송법 제173조 제1항에 규정된 처분을 할 수 있도록 규정되어 있는바(형사소송법 제221조, 제221조의4, 제173조 제1항), 위와 같은 형사소송법 규정에 위반하여 수사기관이 법원으로부터 영장 또는 감정처분허가장을 발부받지 아니한 채 피의자의 동의 없이 피의자의 신체로부터 혈액을 채취하고 더구나 사후적으로도 지체없이 이에 대한 영장을 발부받지 아니하고서 위와 같이 강제 채혈한 피의자의 혈액 중 알코올농도에 관한 감정이 이루어졌다면, 이러한 감정결과보고서 등은 형사소송법상 영장주의 원칙을 위반하여 수집하거나 그에 기초한 증거로서 그 절차 위반행위가 적법절차의 실질적인 내용을 침해하는 정도에 해당한다고 할 것이므로, 피고인이나 변호인의 증거동의 여부를 불문하고 이 사건 범죄사실을 유죄로 인정하는 증거로 사용할 수 없다고 보아야 한다(대판 2011.05.13. 2009도10871).
>
> 정답 ○

20년(2)·22년(3) 모의

322. 판사의 의사에 기초하여 진정하게 영장이 발부되었다는 점은 외관상 분명하더라도 서명날인란에 날인이 없는 압수·수색·검증영장에 따라 수사기관이 수집한 증거 및 이에 기초하여 획득한 2차적 증거는 위법수집증거로서 증거능력이 부정된다.

해설 이 사건 영장에는 야간집행을 허가하는 판사의 수기와 날인, 그 아래 서명날인란에 판사 서명, 영장 앞면과 별지 사이에 판사의 간인이 있으므로, 판사의 의사에 기초하여 진정하게 영장이 발부되었다는 점은 외관상 분명하다. 당시 수사기관으로서는 영장이 적법하게 발부되었다고 신뢰할 만한 합리적인 근거가 있었고, 의도적으로 적법절차의 실질적인 내용을 침해한다거나 영장주의를 회피할 의도를 가지고 이 사건 영장에 따른 압수·수색을 하였다고 보기 어렵다 … 이 사건 파일 출력물이 위와 같이 적법하지 않은 영장에 기초하여 수집되었다는 절차상의 결함이 있지만, 이는 법관이 공소사실과 관련성이 있다고 판단하여 발부한 영장에 기초하여 취득된 것이고, 위와 같은 결함은 피고인 1의 기본적 인권보장 등 법익 침해 방지와 관련성이 적다. 이 사건 파일 출력물의 취득 과정에서 절차 조항 위반의 내용과 정도가 중대하지 않고 절차 조항이 보호하고자 하는 권리나 법익을 본질적으로 침해하였다고 볼 수 없다. 오히려 이러한 경우에까지 공소사실과 관련성이 높은 이 사건 파일 출력물의 증거능력을 배제하는 것은 적법절차의 원칙과 실체적 진실 규명의 조화를 도모하고 이를 통하여 형사 사법 정의를 실현하려는 취지에 반하는 결과를 초래할 수 있다. 요컨대, 이 사건 영장이 형사소송법이 정한 요건을 갖추지 못하여 적법하게 발부되지 못하였다고 하더라도, 그 영장에 따라 수집한 이 사건 파일 출력물의 증거능력을 인정할 수 있다. 이에 기초하여 획득한 2차적 증거인 위 각 증거 역시 증거능력을 인정할 수 있다(대판 2019.07.11. 2018도20504).

정답

323. 경찰이 피고인이 아닌 유흥주점 종업원과 손님을 성매매혐의로 불법체포한 상태에서 작성된 자술서와 진술조서는 피고인인 유흥주점 업주의 불법영업행위에 대한 유죄의 증거로 삼을 수 없다.

해설 유흥주점 업주와 종업원인 피고인들이 영업장을 벗어나 시간적 소요의 대가로 금품을 받아서는 아니되는데도, 이른바 '티켓영업' 형태로 성매매를 하면서 금품을 수수하였다고 하여 구 식품위생법(2007. 12. 21. 법률 제8779호로 개정되기 전의 것) 위반으로 기소된 사안에서, 경찰이 피고인 아닌 甲, 乙을 사실상 강제연행하여 불법체포한 상태에서 甲, 乙 간의 성매매행위나 피고인들의 유흥업소 영업행위를 처벌하기 위하여 甲, 乙에게서 자술서를 받고 甲, 乙에 대한 진술조서를 작성한 경우, 위 각 자술서와 진술조서는 헌법과 형사소송법이 규정한 체포·구속에 관한 영장주의 원칙에 위배하여 수집된 것으로서 수사기관이 피고인 아닌 자를 상대로 적법한 절차에 따르지 아니하고 수집한 증거에 해당하여 형사소송법 제308조의2에 따라 증거능력이 부정된다(대판 2011.06.30. 2009도6717).

정답 ○

🍊 15년·22년·23년 변시, 13년(1)·17년(3)·20년(1)·(2)·21년(3) 모의

324. 범행 현장에서 지문채취 대상물에 대한 지문채취가 먼저 이루어지고 수사기관이 그 이후에 지문채취 대상물을 적법한 절차에 의하지 아니한 채 압수한 경우, 압수 이전에 채취된 지문은 위법하게 압수한 지문채취 대상물로부터 획득한 2차적 증거에 해당하므로 위법수집증거이다.

해설 범행 현장에서 지문채취 대상물에 대한 지문채취가 먼저 이루어진 이상, 수사기관이 그 이후에 지문채취 대상물을 적법한 절차에 의하지 아니한 채 압수하였다고 하더라도 위와 같이 채취된 지문은 위법하게 압수한 지문채취 대상물로부터 획득한 2차적 증거에 해당하지 아니함이 분명하여, 이를 가리켜 위법수집증거라고 할 수 없다(대판 2008.10.23. 2008도7471).

정답

17년(2) 모의

325. 위법수집증거에 해당하여 그 증거능력이 부정되는 경우 피고인이나 변호인이 이를 증거로 함에 동의하더라도 증거로 사용할 수 없다.

해설 위법한 강제연행 상태에서 호흡측정 방법에 의한 음주측정을 한 다음 강제연행 상태로부터 시간적·장소적으로 단절되었다고 볼 수도 없고 피의자의 심적 상태 또한 강제연행 상태로부터 완전히 벗어났다고 볼 수 없는 상황에서 피의자가 호흡측정 결과에 대한 탄핵을 하기 위하여 스스로 혈액채취 방법에 의한 측정을 할 것을 요구하여 혈액채취가 이루어졌다고 하더라도 그 사이에 위법한 체포 상태에 의한 영향이 완전하게 배제되고 피의자의 의사결정의 자유가 확실하게 보장되었다고 볼 만한 다른 사정이 개입되지 않은 이상 불법체포와 증거수집 사이의 인과관계가 단절된 것으로 볼 수는 없다. 따라서 그러한 혈액채취에 의한 측정 결과 역시 유죄 인정의 증거로 쓸 수 없다고 보아야 한다. 그리고 이는 수사기관이 위법한 체포 상태를 이용하여 증거를 수집하는 등의 행위를 효과적으로 억지하기 위한 것이므로, 피고인이나 변호인이 이를 증거로 함에 동의하였다고 하여도 달리 볼 것은 아니다(대판 2013.03.14. 2010도2094).

정답

326. 수사기관이 법관의 영장에 의하지 아니하고 신용카드 매출전표의 거래명의자에 관한 정보를 획득한 경우, 이에 터잡아 수집한 2차적 증거들의 증거능력을 판단할 때, 수사기관이 의도적으로 영장주의 정신을 회피하는 방법으로 증거를 확보한 것이 아니라고 볼만한 사정, 체포되었던 피의자가 석방된 후 상당한 시간이 경과하였음에도 다시 동일한 내용의 자백을 하였다거나 그 범행의 피해품을 수사기관에 임의로 제출하였다는 사정 등은 통상 2차적 증거의 증거능력을 인정할 만한 정황에 속한다.

해설 수사기관이 법관의 영장에 의하지 아니하고 매출전표의 거래명의자에 관한 정보를 획득한 경우, 이에 터 잡아 수집한 2차적 증거들, 예컨대 피의자의 자백이나 범죄 피해에 대한 제3자의 진술 등이 유죄 인정의 증거로 사용될 수 있는지를 판단할 때, 수사기관이 의도적으로 영장주의 정신을

회피하는 방법으로 증거를 확보한 것이 아니라고 볼 만한 사정, 위와 같은 정보에 기초하여 범인으로 특정되어 체포되었던 피의자가 석방된 후 상당한 시간이 경과하였음에도 다시 동일한 내용의 자백을 하였다거나 그 범행의 피해품을 수사기관에 임의로 제출하였다는 사정, 2차적 증거 수집이 체포 상태에서 이루어진 자백 등으로부터 독립된 제3자의 진술에 의하여 이루어진 사정 등은 통상 2차적 증거의 증거능력을 인정할 만한 정황에 속한다고 볼 수 있다(대판 2013.03.28. 2012도13607).

형사소송법 제308조의2(위법수집증거의 배제) 적법한 절차에 따르지 아니하고 수집한 증거는 증거로 할 수 없다.

정답 ○

12년(2)·13년(3)·15년(3)·20년(2) 모의

327. **(1) 강도 현행범으로 체포된 피고인에게 진술거부권을 고지하지 아니한 채 자백을 받았다면, 비록 최초 자백 이후 40여 일이 지난 후에 변호인의 충분한 조력을 받으면서 공개된 법정에서 피고인이 다시 임의로 자백하였다고 하더라도 그 법정자백은 증거로 할 수 없다.**

(2) 진술거부권을 고지하지 않은 상태에서 임의로 행해진 피고인의 자백에 기초하여 피해자의 신원이 밝혀진 경우라도 그 피해자가 독립적 판단에 의해 적법한 소환절차에 따라 자발적으로 출석하여 공개된 법정에서 임의로 진술을 하였다면 그 진술은 유죄 인정의 증거로 사용할 수 있다.

해설 강도 현행범으로 체포된 피고인에게 진술거부권을 고지하지 아니한 채 강도범행에 대한 자백을 받고, 이를 기초로 여죄에 대한 진술과 증거물을 확보한 후 진술거부권을 고지하여 피고인의 임의자백 및 피해자의 피해사실에 대한 진술을 수집한 경우, 제1심 법정에서의 피고인의 자백은 진술거부권을 고지받지 않은 상태에서 이루어진 최초 자백 이후 40여 일이 지난 후에 변호인의 충분한 조력을 받으면서 공개된 법정에서 임의로 이루어진 것이고, 피해자의 진술은 법원의 적법한 소환에 따라 자발적으로 출석하여 위증의 벌을 경고받고 선서한 후 공개된 법정에서 임의로 이루어진 것이어서, 예외적으로 유죄 인정의 증거로 사용할 수 있는 2차적 증거에 해당한다(대판 2009.03.12. 2008도11437).

정답 ×, ○

15년 변시, 21년(3) 모의

328. **마약 투약 혐의를 받고 있던 피고인을 경찰관들이 영장 없이 강제로 연행한 상태에서 마약 투약 여부의 확인을 위한 1차 채뇨절차가 이루어졌다고 하더라도, 그후 피고인이 법관이 발부한 영장에 의하여 적법하게 구금되고, 압수·수색영장에 의하여 2차 채뇨 및 채모절차가 적법하게 이루어진 이상, 이와 같은 사정은 체포과정에서의 절차적 위법과 2차적 증거수집 사이의 인과관계를 희석하게 할 만한 정황에 속한다.**

해설 마약 투약 혐의를 받고 있던 피고인이 임의동행을 거부하겠다는 의사를 표시하였는데도 경찰관들이 피고인을 영장 없이 강제로 연행한 상태에서 마약 투약 여부의 확인을 위한 1차 채뇨절차가

이루어졌는데, 그 후 피고인의 소변 등 채취에 관한 압수영장에 기하여 2차 채뇨절차가 이루어지고 그 결과를 분석한 소변 감정서 등이 증거로 제출된 사안에서, 피고인을 강제로 연행한 조치는 위법한 체포에 해당하고, 위법한 체포상태에서 이루어진 채뇨 요구 또한 위법하므로 그에 의하여 수집된 '소변검사시인서'는 유죄 인정의 증거로 삼을 수 없으나, 한편 연행 당시 피고인이 마약을 투약한 것이거나 자살할지도 모른다는 취지의 구체적 제보가 있었던 데다가, 피고인이 경찰관 앞에서 바지와 팬티를 내리는 등 비상식적인 행동을 하였던 사정 등에 비추어 피고인에 대한 긴급한 구호의 필요성이 전혀 없었다고 볼 수 없는 점, 경찰관들은 임의동행시점으로부터 얼마 지나지 아니하여 체포의 이유와 변호인 선임권 등을 고지하면서 피고인에 대한 긴급체포의 절차를 밟는 등 절차의 잘못을 시정하려고 한 바 있어, 경찰관들의 위와 같은 임의동행조치는 단지 수사의 순서를 잘못 선택한 것이라고 할 수 있지만 관련 법규정으로부터의 실질적 일탈 정도가 헌법에 규정된 영장주의 원칙을 현저히 침해할 정도에 이르렀다고 보기 어려운 점 등에 비추어 볼 때, <u>위와 같은 2차적 증거 수집이 위법한 체포·구금절차에 의하여 형성된 상태를 직접 이용하여 행하여진 것으로는 쉽사리 평가할 수 없으므로</u>, 이와 같은 사정은 체포과정에서의 절차적 위법과 2차적 증거 수집 사이의 인과관계를 희석하게 할 만한 정황에 속하고, 메스암페타민 투약 범행의 중대성도 아울러 참작될 필요가 있는 점 등 제반 사정을 고려할 때 2차적 증거인 소변 감정서 등은 증거능력이 인정된다(대판 2013.03.14. 2012도13611).

정답 ○

🍊 21년 변시, 16년(3) 모의

329. **甲은 음주상태에서 승용차를 운전하고 가다 신호대기 중이던 차량들을 들이받아 피해차량들에 승차하고 있던 사람들에게 상해를 입혔다. 사고 직후 현장에 출동한 사법경찰관 P는 얼굴색이 붉고 혀가 꼬부라진 발음을 하며 걸음을 제대로 걷지 못하고 비틀거리는 甲에 대해 체포의 필요성에 대한 검토 없이 다짜고짜 경찰서로 강제연행한 후 음주측정을 요구하였으나 甲이 이를 거부한 경우 도로교통법상 음주측정거부죄가 성립한다.**

해설 교통안전과 위험방지를 위한 필요가 없음에도 주취운전을 하였다고 인정할 만한 상당한 이유가 있다는 이유만으로 이루어지는 음주측정은 이미 행하여진 주취운전이라는 범죄행위에 대한 증거 수집을 위한 수사절차로서의 의미를 가지는 것인데, 구 도로교통법상의 규정들이 음주측정을 위한 강제처분의 근거가 될 수 없으므로 위와 같은 음주측정을 위하여 당해 운전자를 강제로 연행하기 위해서는 수사상의 강제처분에 관한 형사소송법상의 절차에 따라야 하고, 이러한 절차를 무시한 채 이루어진 강제연행은 위법한 체포에 해당한다. 이와 같은 위법한 체포 상태에서 <u>음주측정요구가 이루어진 경우</u>, 음주측정요구를 위한 위법한 체포와 그에 이은 음주측정요구는 주취운전이라는 범죄행위에 대한 증거 수집을 위하여 연속하여 이루어진 것으로서 개별적으로 그 적법 여부를 평가하는 것은 적절하지 않으므로 그 일련의 과정을 전체적으로 보아 위법한 음주측정요구가 있었던 것으로 볼 수밖에 없고, <u>운전자가 주취운전을 하였다고 인정할 만한 상당한 이유가 있다 하더라도 그 운전자에게 경찰공무원의 이와 같은 위법한 음주측정요구에 대해서까지 그에 응할 의무가 있다고 보아 이를 강제하는 것은 부당하므로 그에 불응하였다고 하여 음주측정거부에 관한 도로교통법 위반죄로 처벌할 수 없다</u>(대판 2006.11.09. 2004도8404).

정답 ×

14년·15년·20년 변시, 14년(2) 모의

330. 위법한 강제연행 상태에서 호흡측정 방법에 의한 음주측정을 한 직후 피의자가 호흡측정 결과에 대한 탄핵을 하기 위하여 스스로 혈액채취 방법에 의한 측정을 요구하여 혈액채취가 이루어졌다면 특별한 사정이 없는 한 그러한 혈액채취에 의한 측정 결과는 유죄의 증거로 쓸 수 있다.

해설 위법한 강제연행 상태에서 호흡측정 방법에 의한 음주측정을 한 다음 강제연행 상태로부터 시간적·장소적으로 단절되었다고 볼 수도 없고 피의자의 심적 상태 또한 강제연행 상태로부터 완전히 벗어났다고 볼 수 없는 상황에서 피의자가 호흡측정 결과에 대한 탄핵을 하기 위하여 스스로 혈액채취 방법에 의한 측정을 할 것을 요구하여 혈액채취가 이루어졌다고 하더라도 그 사이에 위법한 체포 상태에 의한 영향이 완전하게 배제되고 피의자의 의사결정의 자유가 확실하게 보장되었다고 볼 만한 다른 사정이 개입되지 않은 이상 불법체포와 증거수집 사이의 인과관계가 단절된 것으로 볼 수는 없다. 따라서 그러한 혈액채취에 의한 측정 결과 역시 유죄 인정의 증거로 쓸 수 없다고 보아야 한다. 그리고 이는 수사기관이 위법한 체포 상태를 이용하여 증거를 수집하는 등의 행위를 효과적으로 억지하기 위한 것이므로, 피고인이나 변호인이 이를 증거로 함에 동의하였다고 하여도 달리 볼 것은 아니다(대판 2013.03.14. 2010도2094).

정답

12년(2)·13년(3) 모의

331. 위법수집증거를 기초로 하여 획득한 2차적 증거의 증거능력은 적법절차에 따르지 아니한 증거 수집과 2차적 증거 수집 사이의 인과관계의 희석 또는 단절 여부를 중심으로 판단한다.

해설 절차에 따르지 아니한 증거 수집과 2차적 증거 수집 사이의 인과관계 희석 또는 단절 여부를 중심으로 2차적 증거 수집과 관련된 모든 사정을 전체적·종합적으로 고려하여 예외적인 경우에는 유죄 인정의 증거로 사용할 수 있는 것이다(대판 2007.11.15. 2007도3061(전합)).

정답

19년(2) 모의

332. 甲은 바닷가 백사장에서 바람이 세게 불어 담뱃불을 붙이기 어렵자 버려진 타인의 옷가지에 불을 붙여서 담뱃불을 붙인 후 옷가지에 붙어 있는 불을 대충 끄고 완전히 소화되었는지 여부를 확인하지 아니한 채 자리를 떠났다. 이후 갑자기 강풍이 불어서 남아있던 불씨가 50미터 정도 떨어진 인근의 비닐하우스로 날아가 불이 붙어 비닐하우스와 그 안의 농작물이 전소되었다. 수사기관은 甲이 불을 냈을 가능성이 높다고 생각하였으나 일단 甲을 참고인으로 소환하여 조사를 하였는데, 甲은 진술거부권을 고지받지 아니한 상태에서 자신이 옷가지에 불을 붙였다고 진술하여 그 내용이 진술조서로 작성되었으며, 최초 자백이 있은 다음 40여일이 지난 후 공개된 법정에서 변호인의 충분한 조력을 받으면서 이루어진 재판과정에서도 동일한 취지의 진술을 하였다. 다음 설명 중 옳은 것은? (다툼이 있는 경우 판례에 의함)

1) **甲이 참고인으로 조사를 받으며 수사기관으로부터 진술거부권을 고지받지 않았다는 이유만으로 위 진술조서가 위법수집증거로서 증거능력이 없다고 할 수 없다.**

해설 수사기관은 甲이 불을 냈을 가능성이 높다고 생각하고 甲을 참고인 형태로 소환하여 조사한 것으로 범죄의 혐의가 있다고 보아 수사를 개시한 것이라고 할 수 있다. 따라서 甲의 진술이 진술조서로 작성되었지만 피의자신문조서와 달리 볼 수 없고, 이 과정에서 진술거부권을 고지하지 않은 것은 위법하므로 위 진술조서는 위법수집증거에 해당되어 증거능력이 없다.

판례 피의자의 진술을 기재한 서류 또는 문서가 수사기관에서의 조사 과정에서 작성된 것이라면, 그것이 '진술조서, 진술서, 자술서'라는 형식을 취하였다고 하더라도 피의자신문조서와 달리 볼 수 없고, 수사기관에 의한 진술거부권 고지의 대상이 되는 피의자의 지위는 수사기관이 범죄인지서를 작성하는 등의 형식적인 사건수리 절차를 거치기 전이라도 조사대상자에 대하여 범죄의 혐의가 있다고 보아 실질적으로 수사를 개시하는 행위를 한 때에 인정된다. 특히 조사대상자의 진술 내용이 단순히 제3자의 범죄에 관한 경우가 아니라 자신과 제3자에게 공동으로 관련된 범죄에 관한 것이거나 제3자의 피의사실뿐만 아니라 자신의 피의사실에 관한 것이기도 하여 실질이 피의자신문조서의 성격을 가지는 경우에 수사기관은 진술을 듣기 전에 미리 진술거부권을 고지하여야 한다(대판 2015.10.29. 2014도5939).

정답 ×

2) **자신이 옷가지에 불을 붙였다는 甲의 법정진술은 "기타의 방법으로 임의로 진술한 것이 아니라고 의심할 만한 이유가 있는 때"에 해당하여 이를 유죄의 증거로 하지 못한다.**

해설 甲의 법정진술은 진술거부권을 고지 받지 못한 최초 자백이 있은 다음 40여일 지난 후 공개된 법정에서 변호인의 충분한 조력을 받으면서 공개된 법정에서 임의로 이루어진 동일취지의 진술에 해당한다. 따라서 판례에 따르면 甲의 법정진술은 예외적으로 유죄 인정의 증거로 사용할 수 있는 2차적 증거에 해당한다.

판례 강도 현행범으로 체포된 피고인에게 진술거부권을 고지하지 아니한 채 강도범행에 대한 자백을 받고, 이를 기초로 여죄에 대한 진술과 증거물을 확보한 후 진술거부권을 고지하여 피고인의 임의자백 및 피해자의 피해사실에 대한 진술을 수집한 사안에서, 제1심 법정에서의 피고인의 자백은 진술거부권을 고지받지 않은 상태에서 이루어진 최초 자백 이후 40여 일이 지난 후에 변호인의 충분한 조력을 받으면서 공개된 법정에서 임의로 이루어진 것이고, 피해자의 진술은 법원의 적법한 소환에 따라 자발적으로 출석하여 위증의 벌을 경고받고 선서한 후 공개된 법정에서 임의로 이루어진 것이어서, 예외적으로 유죄 인정의 증거로 사용할 수 있는 2차적 증거에 해당한다고 한 사례(대판 2009.03.12. 2008도11437).

정답 ×

Ⅳ 관련문제

1. 선의의 예외법리
2. 위법수집증거와 증거동의

21년(2)·22년(2) 모의

333. 수사기관이 법원으로부터 영장 또는 감정처분허가장을 발부받지 아니한 채 피의자의 동의 없이 피의자의 신체로부터 혈액을 채취하고 사후에 지체없이 영장을 발부받지도 않은 때에는 피의자의 혈액 중 알코올농도에 관한 감정보고서는 피고인이나 변호인의 증거동의가 있더라도 유죄의 증거로 사용할 수 없다.

> **해설** 수사기관이 법원으로부터 영장 또는 감정처분허가장을 발부받지 아니한 채 피의자의 동의 없이 피의자의 신체로부터 혈액을 채취하고 사후에도 지체 없이 영장을 발부받지 아니한 채 그 혈액 중 알코올농도에 관한 감정을 의뢰하였다면, 이러한 과정을 거쳐 얻은 감정의뢰회보 등은 형사소송법상 영장주의 원칙을 위반하여 수집하거나 그에 기초하여 획득한 증거로서, 그 절차위반행위가 적법절차의 실질적인 내용을 침해하여 피고인이나 변호인의 동의가 있더라도 유죄의 증거로 사용할 수 없다(대판 2014.11.13. 2013도1228).

정답

22년 변시, 11년(1)·12년(3)·14년(2)·17년(3)·18년(3)·20년(1) 모의

334. 범행현장에서 사법경찰관이 범행의 도구인 피고인 소유의 쇠파이프를 피고인의 주거지 앞마당에서 발견하였으면서도 그 소지자 또는 보관자가 아닌 피해자로부터 임의로 제출받아 쇠파이프를 압수한 후 압수물을 찍은 사진을 증거로 제출한 경우, 피고인이 증거사용에 동의하였다면 위 사진은 증거로 사용할 수 있다.

> **해설** 형사소송법 제218조는 '사법경찰관은 소유자, 소지자 또는 보관자가 임의로 제출한 물건을 영장 없이 압수할 수 있다'고 규정하고 있는바, 위 규정을 위반하여 소유자, 소지자 또는 보관자가 아닌 자로부터 제출받은 물건을 영장 없이 압수한 경우 그 압수물 및 압수물을 찍은 사진은 이를 유죄 인정의 증거로 사용할 수 없는 것이고, 헌법과 형사소송법이 선언한 영장주의의 중요성에 비추어 볼 때 피고인이나 변호인이 이를 증거로 함에 동의하였다고 하더라도 달리 볼 것은 아니다(대판 2010.01.28. 2009도10092).

정답

12년(3)·13년(1)·16년(1) 모의

335. 수사기관이 법원으로부터 영장 또는 감정처분허가장을 발부 받지 아니한 채 피의자의 동의 없이 피의자의 혈액 중 알코올농도에 관한 감정이 이루어졌다면, 이러한 감정결과보고서 등은 피고인이나 변호인의 증거동의 여부를 불문하고 유죄로 인정하는 증거로 사용할 수 없다.

> **해설** 형사소송법 제215조 제2항, 제216조 제3항, 제221조, 제221조의4, 제173조 제1항의 규정을 위반하여 수사기관이 법원으로부터 영장 또는 감정처분허가장을 발부받지 아니한 채 피의자의 동의 없이 피의자의 신체로부터 혈액을 채취하고 사후적으로도 지체 없이 이에 대한 영장을 발부받지도

아니한 채 강제채혈한 피의자의 혈액 중 알콜농도에 관한 감정이 이루어졌다면, 이러한 감정결과보고서 등은 형사소송법상 영장주의 원칙을 위반하여 수집되거나 그에 기초한 증거로서 그 절차 위반행위가 적법절차의 실질적인 내용을 침해하는 정도에 해당하고, 이러한 증거는 피고인이나 변호인의 증거동의가 있다고 하더라도 유죄의 증거로 사용할 수 없다(대판 2011.04.28. 2009도2109).

 ○

14년(2)·15년(2) 모의

336. 체포된 피의자가 구속영장에 의하여 구속되지 않고 다음날 석방되었음에도 사법경찰관이 압수한 대마에 대하여 사후 압수수색영장을 받지 아니하였다면 대마는 증거로 사용할 수 없으나, 그 압수조서 중 "위 대마를 피고인에게서 압수하였다."는 취지의 기재는 증거로 사용할 수 있다.

해설 현행범으로 체포된 피고인이 구속영장에 의하여 구속되지 않고 다음날 석방되었음에도 사후 압수·수색영장을 받지 아니한 사실이 인정되므로 위 압수한 대마 및 그 압수조서 중 "위 대마를 피고인에게서 압수하였다."는 취지의 기재 등은 형사소송법상 영장주의를 위반하여 수집한 증거로, 그 절차위반의 정도가 적법절차의 실질적인 내용을 침해하는 것이어서 그 증거능력을 배제하는 것이 형사사법 정의실현의 취지에 합치된다 할 것이고, 따라서 위 각 증거는 증거능력이 없어 위 대마소지의 점에 관한 공소사실의 증거로 사용할 수 없다(대판 2009.05.14. 2008도10914).

 ×

337. 긴급체포를 할 당시 물건을 압수하였는데 그 후 압수수색영장을 발부받지 않았음에도 즉시 반환하지 않은 경우 피고인이나 변호인이 이를 증거로 함에 동의하더라도 증거능력은 인정되지 않는다.

해설 형사소송법 제217조 제2항, 제3항에 위반하여 압수수색영장을 청구하여 이를 발부받지 아니하고도 즉시 반환하지 아니한 압수물은 이를 유죄 인정의 증거로 사용할 수 없는 것이고, 헌법과 형사소송법이 선언한 영장주의의 중요성에 비추어 볼 때 피고인이나 변호인이 이를 증거로 함에 동의하였다고 하더라도 달리 볼 것은 아니다(대판 2009.12.24. 2009도11401).

 ○

3. 위법수집증거와 탄핵증거

20년(3) 모의

338. 위법한 절차에 의해 수집된 증거는 탄핵증거로도 사용할 수 없다.

해설 위법수집증거를 탄핵증거로 사용하는 것을 허용할 때에는 사실상 증거배제의 효과를 회피하는 결과를 초래한다. 따라서 위법수집증거배제법칙에 의하여 증거능력이 배제된 진술증거를 탄핵증거로 사용하는 것은 허용되지 않는다고 해야한다(이은모, 형사소송법 제6판, p.612).

형사소송법 제308조의2(위법수집증거의 배제) 적법한 절차에 따르지 아니하고 수집한 증거는 증거로 할 수 없다.

정답 O

제5절 전문법칙

I 전문증거와 전문법칙
II 형사소송법의 전문법칙

1. 전문법칙의 선언
2. 전문법칙의 근거
3. 전문법칙의 적용범위
 (1) 전문법칙의 적용요건

22년(1) 모의

339. P가 증인으로 법정에 출석하여 상해를 입은 과정에 대해 진술한 경우에 그 증언에는 전문법칙이 적용되지 않는다.

> 해설 진술증거는 원본증거와 전문증거로 나누어지는데, 전문법칙이 적용되는 전문증거는 사실인정의 기초가 되는 경험적 사실을 경험자 자신이 직접 법원에 진술하지 않고 다른 형태에 의하여 간접적으로 보고하는 것을 말한다. 반면, 원본증거 또는 본래증거는 증인이 직접 실험한 사실을 진술하는 경우를 말한다. P는 자신이 경험한 사실을 직접 진술하고 있는데, 이 경우 P의 증언은 원본증거에 해당한다. 따라서 전문법칙 규정인 형사소송법 제316조는 적용되지 않는다.

340. 상해의 증거로 제시된 상해부위를 촬영한 사진은 비진술증거로서 전문법칙이 적용되지 않는다.

> 해설 '공소외인의 상해부위를 촬영한 사진'은 비진술증거로서 전문법칙이 적용되지 않으므로, 위 사진이 진술증거임을 전제로 전문법칙이 적용되어야 한다는 취지의 상고이유의 주장 또한 받아들일 수 없다(대판 2007.7.26. 2007도3906).

23년(3) 모의

341. 乙의 공판에서 P가 작성한 甲에 대한 참고인진술조서(乙이 "가짜 줄기세포로 병신을 만들었다. 피해 입은 사람이 수천 명이다."라고 말하였다는 취지)가 검사에 의해 증거로 제출된 경우, 乙이 이에 대해 공판정에서 증거로 사용함에 동의하지 않더라도「형사소송법」제312조 제4항에 의하여 적법한 절차와 방식, 실질적 진정성립, 반대신문권의 보장, 특신상태가 증명되면 증거능력이 있다.

해설 어떤 증거가 전문증거인지 여부는 요증사실과의 관계에서 정하여지는바, 원진술의 내용인 사실이 요증사실인 경우에는 전문증거이나, 원진술의 존재 자체가 요증사실인 경우, 예컨대 명예훼손 사건에 있어서 명예훼손적 발언을 들은 자의 증언과 같은 경우는 본래증거이지 전문증거가 아니다(대판 2008.09.25. 2008도5347). ▶ 을의 공판에서 을의 진술은 명예훼손죄와 관련하여 요증사실 자체이다. 따라서 전문진술이 아니다. 그러므로 P가 작성한 갑에 대한 참고인진술조서는 재전문증거가 아니다. 그러므로 재전문증거의 증거능력 요건을 갖추지 않고, 제312조 제4항의 요건만 갖추어도 증거능력이 인정될 수 있다.

정답

23년(1) 모의

342. 甲은 복수심에 불타 인터넷에서 만난 乙에게 A의 주소를 알려주고 "A의 집에 들어가 A를 한 번 강간하면 큰돈을 주겠다"고 말하였다. 乙은 甲이 제안한 돈의 액수가 커서 하겠다고 승낙하였으나, 약속을 확실히 하기 위해서 甲과 그 내용을 다시 확인하는 전화통화를 하면서 甲 몰래 이를 녹음하였다. 그러나 乙은 이 약속을 실행에 옮기지는 않았다. 甲과 함께 기소된 乙이 선처를 받기 위하여 甲과의 통화내역 파일을 검사 S에게 제공하고 이 파일이 증거로 제출된 경우, 이 통화내역은 전문증거가 아니다.

해설 ▶ 선처를 받기 위해 약속을 녹음한 것은 진술내용의 진실성을 증명대상으로 하는 것이 아니라 공범과 정범의 지위를 확실하게 하기 위함이라 현장녹음에 해당한다.

현장녹음의 증거능력 학설 (가)비진술증거설 : 범죄사실 또는 상황에 관한 녹음인 현장녹음은 비진술증거에 해당한다는 학설이다. 따라서 현장녹음에는 전문법칙이 적용되지 않으며 범죄사실에 대한 관련성만 증명되면 증거능력이 인정된다고 한다(형사소송법 임동규판사 14판 p570).

정답

24년 변시

343. 전문진술이 기재된 조서는「형사소송법」제312조 또는 제314조의 규정의 요건과「형사소송법」제316조의 규정의 요건을 갖추는 경우 증거능력이 인정된다.

해설 전문진술이나 전문진술을 기재한 조서는 형사소송법 제310조의2의 규정에 따라 원칙적으로 증거능력이 없고, 다만 전문진술은 형사소송법 제316조 제2항의 규정에 따라 원진술자가 사망, 질병, 외국거주 기타 사유로 인하여 진술할 수 없고 그 진술이 특히 신빙할 수 있는 상태하에서 행하여진 때에 한하여 예외적으로 증거능력이 있으며, 전문진술이 기재된 조서는 형사소송법 제312조 또는 제314조의 규정에 따라 증거능력이 인정될 수 있는 경우에 해당하여야 함은 물론 형사소송법 제316조 제2항의 규정에 따른 요건을 갖추어야 예외적으로 증거능력이 있다(대판 2001.9.4. 2001도3081).

정답

21년(2) 모의

344. 피의자신문조서를 복사한 다음 원본과 상위 없다는 인증을 하여 초본 형식으로 제출된 경우, 이와 같은 피의자신문조서초본은 진술증거로서 전문법칙이 적용된다.

해설 피고인에 대한 검사 작성의 피의자신문조서가 그 내용 중 일부를 가린 채 복사를 한 다음 원본과 상위없다는 인증을 하여 초본의 형식으로 제출된 경우에, 위와 같은 피의자신문조서초본은 피의자신문조서원본 중 가려진 부분의 내용이 가려지지 않은 부분과 분리 가능하고 당해 공소사실과 관련성이 없는 경우에만, 그 피의자신문조서의 원본이 존재하거나 존재하였을 것, 피의자신문조서의 원본 제출이 불능 또는 곤란한 사정이 있을 것, 원본을 정확하게 전사하였을 것 등 3가지 요건을 전제로 피고인에 대한 검사 작성의 피의자신문조서원본과 동일하게 취급할 수 있다(대판 2002.10.22. 2000도5461).

정답

21년(1) 모의

345. 일정한 서류를 진술의 존재 자체에 대한 정황증거로 사용하였다면, 그 서류가 다시 진술 내용이나 그 진실성을 증명하는 간접사실로 사용되더라도 전문법칙이 적용되지 않는다.

해설 어떤 진술이 기재된 서류가 그 내용의 진실성이 범죄사실에 대한 직접증거로 사용될 때는 전문증거가 되지만, 그와 같은 진술을 하였다는 것 자체 또는 진술의 진실성과 관계없는 간접사실에 대한 정황증거로 사용될 때는 반드시 전문증거가 되는 것이 아니다. 그러나 어떠한 내용의 진술을 하였다는 사실 자체에 대한 정황증거로 사용될 것이라는 이유로 서류의 증거능력을 인정한 다음 그 사실을 다시 진술 내용이나 그 진실성을 증명하는 간접사실로 사용하는 경우에 그 서류는 전문증거에 해당한다. 서류가 그곳에 기재된 원진술의 내용인 사실을 증명하는 데 사용되어 원진술의 내용인 사실이 요증사실이 되기 때문이다. 이러한 경우 형사소송법 제311조부터 제316조까지 정한 요건을 충족하지 못한다면 증거 능력이 없다(대판 2019.08.29. 2018도13792(전합)).

정답

21년(1)·22년(1) 모의

346. ○○일보 기자 甲은 B로부터 '□□市의 시장 A가 시의 직원을 채용하면서 뇌물을 수수하였다.'는 말을 들은 후, A의 시장 취임 후 ○○일보에 대한 광고비를 삭감한 것에 불만을 가지고 있던 차에 A를 시장 직에서 물러나게 하려는 의도로 B의 제보 내용 그대로를 기사로 작성하여 신문에 게재되도록 하였다. 법정에 출석한 B는 "나는 □□시청 인사팀 직원 C로부터 '누구인지는 말할 수 없지만, 자식을 시청에 취직시킨 아버지가 A에게 현금 1억 원을 전달했다.'라고 말하는 것을 들었다."고 진술하였다. 甲이 기사로 적시한 사실을 진실한 것이라고 믿을 만한 사유가 있어 취재를 하기 시작하였다는 요증사실과 관련해서 B가 법정에서 행한 진술의 증거능력이 인정되기 위해서는, C가 법정에 출석할 수 없고 C의 진술이 특히 신빙할 수 있는 상태 하에서 행하여졌음이 증명되어야 한다.

해설 타인의 진술을 내용으로 하는 진술이 전문증거인지 여부는 요증사실과의 관계에서 정하여지는 것이므로, 원진술의 내용인 사실이 요증사실인 경우에는 전문증거이나, 원진술의 존재 자체가 요증사실인 경우에는 본래증거이지 전문증거가 아니다(대판 2014.02.27. 2013도12155).

정답

17년(2)·20년(1) 모의

347. 어떤 진술이 기재된 서류가 그 내용의 진실성이 범죄사실에 대한 직접증거로 사용될 때는 전문증거가 된다고 하더라도, 그와 같은 진술을 하였다는 것 자체 또는 그 진술의 진실성과 관계없는 간접사실에 대한 정황증거로 사용될 때는 반드시 전문증거가 되는 것은 아니다.

> **해설** 어떤 진술이 기재된 서류가 그 내용의 진실성이 범죄사실에 대한 직접증거로 사용될 때는 전문증거가 된다고 하더라도, 그와 같은 진술을 하였다는 것 자체 또는 그 진술의 진실성과 관계없는 간접사실에 대한 정황증거로 사용될 때는 반드시 전문증거가 되는 것은 아니다(대판 2013.06.13. 2012도16001).

정답 O

23년(2) 모의

348. 검사 작성의 피의자신문조서에 작성자인 검사의 서명날인이 되어 있지 아니한 경우, 진술자인 피고인의 서명날인이 되어 있다거나 피고인이 법정에서 그 피의자신문조서에 대하여 진정성립과 임의성을 인정하더라도 해당 조서는 증거능력이 없다.

> **해설** 형사소송법 제57조 제1항은 공무원이 작성하는 서류에는 법률에 다른 규정이 없는 때에는 작성년월일과 소속공무소를 기재하고 서명날인하여야 한다고 규정하고 있는바, 그 서명날인은 공무원이 작성하는 서류에 관하여 그 기재 내용의 정확성과 완전성을 담보하는 것이므로 검사 작성의 피의자신문조서에 작성자인 검사의 서명날인이 되어 있지 아니한 경우 그 피의자신문조서는 공무원이 작성하는 서류로서의 요건을 갖추지 못한 것으로서 위 법규정에 위반되어 무효이고 따라서 이에 대하여 증거능력을 인정할 수 없다고 보아야 할 것이며, 그 피의자신문조서에 진술자인 피고인의 서명날인이 되어 있다거나, 피고인이 법정에서 그 피의자신문조서에 대하여 진정성립과 임의성을 인정하였다고 하여 달리 볼 것은 아니다(대판 2001.09.28. 2001도4091).

19년(3)·21년(1)·22년(2) 모의

349. X건설회사 대표 甲은 방파제 공사를 하면서 공무원인 현장감독관 A, B에 대한 식대, 명절 선물비 등으로 지출되는 '대관업무비'의 예산편성을 주도하였다. 또한 甲은 현장소장인 乙이 자신의 판단에 따라 '대관업무비'를 A, B에게 지출한 후 매월 그 상세내역을 보고하면 사후에 이를 확인한 후 결재를 하여 주었으며 금액이 과다하다고 생각되면 그 금액을 삭감하기도 하였다. 이 사건 재판과정에서 甲과 乙의 범행 사실에 대한 제3자의 진술을 담고 있는 서류 등의 증거가 그와 같은 진술을 하였다는 것 자체로 사용되거나 그 진술의 진실성과 관계없는 간접사실에 대한 정황증거로 사용될 때에는 반드시 전문증거가 되는 것은 아니다.

> **해설** 어떤 진술을 범죄사실에 대한 직접증거로 사용할 때에는 그 진술이 전문증거가 된다고 하더라도 그와 같은 진술을 하였다는 것 자체 또는 그 진술의 진실성과 관계없는 간접사실에 대한 정황증거로 사용할 때에는 반드시 전문증거가 되는 것은 아니다(대판 2000.02.25. 99도1252).

🍊 19년·20년·21년 변시, 17년(2)·18년(2)·(3)·19년(2)·20년(1)·22년(2) 모의

350.
(1) 타인의 진술을 내용으로 하는 진술이 전문증거인지는 요증사실과의 관계에서 정하여지는데, 원진술의 내용인 사실이 요증사실인 경우에는 전문증거이나, 원진술의 존재 자체가 요증사실인 경우에는 본래증거이지 전문증거가 아니다.

(2) F가 한 진술의 내용인 사실이 요증사실인 경우, F의 진술을 내용으로 하는 G의 진술은 전문증거에 해당한다.

(3) 건축허가를 둘러싼 A의 알선수재사건에서 "건축허가 담당공무원에게 내(B)가 사례비 2,000만 원을 주기로 A와 상의하였다."라는 B의 증언은 전문증거에 해당한다.

(4) 증인 A가 전화를 통하여 피고인 甲으로부터 건축허가 담당 공무원이 외국연수를 가기 때문에 사례비 2,000만 원을 주어야 한다는 말을 들었다고 법정에서 진술하였다면 A의 이와 같은 진술은 甲의 알선수재죄를 입증하는 전문증거에 해당한다.

(5) 甲이 입주자들에게 "현 입주자대표회장인 A는 아파트관리비 5천만원을 착복하였다"라는 내용으로 발송한 문자메시지를 입주자 중 한 명이 촬영하였고 검사가 이 사진을 甲의 명예훼손 혐의에 대한 증거로 제출할 경우, 그 사진은 전문증거에 해당하지 않는다.

해설 (1)(2)타인의 진술을 내용으로 하는 진술이 전문증거인지 여부는 요증사실과의 관계에서 정하여지는바, 원진술의 내용인 사실이 요증사실인 경우에는 전문증거이나, 원진술의 존재 자체가 요증사실인 경우에는 본래증거이지 전문증거가 아니다. 앞에서 본 법리와 기록에 비추어 살펴보면, 공소외 2는 전화를 통하여 피고인으로부터 2005. 8.경 건축허가 담당 공무원이 외국연수를 가므로 사례비를 주어야 한다는 말과 2006. 2.경 건축허가 담당 공무원이 4,000만 원을 요구하는데 사례비로 2,000만 원을 주어야 한다는 말을 들었다는 취지로 수사기관, 제1심 및 원심 법정에서 진술하였음을 알 수 있는데, (3),(4)피고인의 위와 같은 원진술의 존재 자체가 이 사건 알선수재죄에 있어서의 요증사실이므로, 이를 직접 경험한 공소외 2가 피고인으로부터 위와 같은 말들을 들었다고 하는 진술들은 전문증거가 아니라 본래증거에 해당된다(대판 2008.11.13. 2008도8007). ▸(5)의 경우 甲이 입주자들에게 발송한 문자메시지의 존재 자체가 甲의 명예훼손 혐의에 대한 요증사실이 되므로, 그 사진은 전문증거에 해당하지 않는다.

정답 O, O, ×, ×, O

🍊 19년 변시

351. 반국가단체로부터 지령을 받고 국가기밀을 탐지·수집하였다는 공소사실로 기소된 E의 컴퓨터에 저장된 국가기밀문건은 전문증거에 해당한다.

해설 피고인 또는 피고인 아닌 사람이 컴퓨터용디스크 그 밖에 이와 비슷한 정보저장매체에 입력하여 기억된 문자정보 또는 그 출력물을 증거로 사용하는 경우, 이는 실질에 있어서 피고인 또는 피고인 아닌 사람이 작성한 진술서나 그 진술을 기재한 서류와 크게 다를 바 없고, 압수 후의 보관 및 출력과정에 조작의 가능성이 있으며, 기본적으로 반대신문의 기회가 보장되지 않는 점 등에 비추어 그 내용의 진실성에 관하여는 전문법칙이 적용되고, 따라서 원칙적으로 형사소송법 제313조 제1항에 의하여 작성자 또는 진술자의 진술에 의하여 성립의 진정함이 증명된 때에 한하여 이를 증거로 사용할 수 있다. 다만 정보저장매체에 기억된 문자정보의 내용의 진실성이 아닌 그와 같은 내용의 문자정보의

존재 자체가 직접 증거로 되는 경우에는 전문법칙이 적용되지 아니한다(대판 2013.02.15. 2010도3504). ▶ 국가기밀의 소지여부(존재 자체)가 문제되는 것이지 컴퓨터에 저장된 기밀의 내용의 진실성이 문제되는 것이 아니므로 전문법칙이 적용되지 않는다.

14년 변시

352. "甲이 乙을 살해하는 것을 목격했다."하는 丙의 말을 들은 丁이 丙의 진술내용을 증언하는 경우, 甲의 살인 사건에 대하여는 전문증거이지만, 丙의 명예훼손 사건에 대하여는 전문증거가 아니다.

해설 甲의 살인사건에 대하여는 丙은 목격자로서 증인에 해당하고 이러한 丙의 진술을 내용으로 하는 丁의 진술은 전문진술로서 형사소송법 제316조 제2항의 요건을 갖추어야 증거능력이 인정되지만, 丙의 명예훼손 사건에서는 丁은 명예훼손 발언을 직접 경험한 자이므로 丁의 진술은 전문증거가 아니고 본래증거에 해당한다.

(2) 전문법칙이 적용되지 않는 경우

21년(1) 모의

353. K는 폭력조직에 가담하였다는 이유로 구속기소되었다. K의 동생인 甲은 수사 및 재판과정에서 A가 K에게 불리한 진술을 하자 A와 20여분에 걸쳐 전화통화를 하던 중 A의 진술과 관련하여 강한 불만과 적개심을 표시하면서 A의 신체에 위해를 가할 듯한 협박을 하였다. 신변의 위협을 느낀 A는 甲과의 전화통화를 녹음하였다. 한편 甲은 K의 재판을 유리하게 하기 위해 乙을 설득하여 허위 증언할 것을 결의하게 하였다. 이에 따라 乙은 K에 대한 재판의 제9회 공판기일에 출석하여 허위의 증언을 하였는데, 乙은 제21회 공판기일에 다시 출석하여 재판장으로부터 종전 선서의 효력이 유지됨을 고지 받은 후 증언하면서 종전 기일에 한 공소사실 기재 진술이 기억에 반하는 허위진술임을 시인하고 이를 철회하는 취지의 진술을 하였다.

검사가 A에 대한 甲의 협박사실을 증명하기 위하여 제출한 A가 녹음한 전화통화내용에는 전문법칙이 적용되지 않는다. (다툼이 있는 경우 판례에 의함)

해설 검사가 A에 대한 甲의 협박사실을 증명하기 위하여 제출한 A가 녹음한 전화통화 내용은 범행의 직접적인 수단이고 경험자의 진술에 갈음하는 대체물에 해당하지 않으므로, 형사소송법 제310조의2에서 정한 전문법칙이 적용되지 않는다.

참고판례 형사소송법 제310조의2는 사실을 직접 경험한 사람의 진술이 법정에 직접 제출되어야 하고 이에 갈음하는 대체물인 진술 또는 서류가 제출되어서는 안 된다는 이른바 전문법칙을 선언한 것이다. 그런데 정보통신망을 통하여 공포심이나 불안감을 유발하는 글을 반복적으로 상대방에게 도달하게 하는 행위를 하였다는 공소사실에 대하여 휴대전화기에 저장된 문자정보가 그 증거가 되는 경우, 그 문자정보는 범행의 직접적인 수단이고 경험자의 진술에 갈음하는 대체물에 해당하지 않으므로, 형사소송법 제310조의2에서 정한 전문법칙이 적용되지 않는다(대판 2008.11.13. 2006도2556).

정답 O

16년 변시, 16년(3)·17년(2)·21년(3)·23년(2) 모의

354. 수표를 발행하였으나 예금부족 또는 거래정지처분으로 지급되지 아니하게 하였다는 「부정수표단속법」위반의 공소사실을 증명하기 위하여 전자복사기를 사용하여 복사한 수표 사본이 증거로 제출된 경우에는 전문법칙이 적용되지 않는다.

해설 피고인이 수표를 발행하였으나 예금부족 또는 거래정지처분으로 지급되지 아니하게 하였다는 부정수표단속법위반의 공소사실을 증명하기 위하여 제출되는 수표는 그 서류의 존재 또는 상태 자체가 증거가 되는 것이어서 증거물인 서면에 해당하고 어떠한 사실을 직접 경험한 사람의 진술에 갈음하는 대체물이 아니므로, 증거능력은 증거물의 예에 의하여 판단하여야 하고, 이에 대하여는 형사소송법 제310조의2에서 정한 전문법칙이 적용될 여지가 없다. 이때 수표 원본이 아니라 전자복사기를 사용하여 복사한 사본이 증거로 제출되었고 피고인이 이를 증거로 하는 데 부동의한 경우 위 수표 사본을 증거로 사용하기 위해서는 수표 원본을 법정에 제출할 수 없거나 제출이 곤란한 사정이 있고 수표 원본이 존재하거나 존재하였으며 증거로 제출된 수표 사본이 이를 정확하게 전사한 것이라는 사실이 증명되어야 한다(대판 2015.04.23. 2015도2275).

정답 O

19년·20년·21년 변시, 16년(3)·17년(2)·18년(3)·19년(2)·20년(2)·21년(1) 모의

355. 정보통신망을 통하여 공포심이나 불안감을 유발하는 글을 반복적으로 상대방에게 도달하게 하는 행위를 하였다는 공소사실에 대하여 휴대전화기에 저장된 문자정보가 그 증거가 되는 경우에는 전문법칙이 적용될 여지가 없다.

해설 형사소송법 제310조의2는 사실을 직접 경험한 사람의 진술이 법정에 직접 제출되어야 하고 이에 갈음하는 대체물인 진술 또는 서류가 제출되어서는 안 된다는 이른바 전문법칙을 선언한 것이다. 그런데 정보통신망을 통하여 공포심이나 불안감을 유발하는 글을 반복적으로 상대방에게 도달하게 하는 행위를 하였다는 공소사실에 대하여 휴대전화기에 저장된 문자정보가 그 증거가 되는 경우, 그 문자정보는 범행의 직접적인 수단이고 경험자의 진술에 갈음하는 대체물에 해당하지 않으므로, 형사소송법 제310조의2에서 정한 전문법칙이 적용되지 않는다(대판 2008.11.13. 2006도2556).

정답 O

Ⅲ 전문법칙의 예외이론

> 21년 변시, 20년(3)·22년(2)·23년(2) 모의

356. 어떠한 내용의 진술을 하였다는 사실 자체에 대한 정황증거로 사용될 것이라는 이유로 진술의 증거능력을 인정한 다음 그 사실을 다시 진술 내용이나 그 진실성을 증명하는 간접사실로 사용하는 경우에 그 진술은 전문증거에 해당하지 않는다.

▣해설 형사소송법은 제310조의2에서 원칙적으로 전문증거의 증거능력을 인정하지 않고, 제311조부터 제316조까지에서 정한 요건을 충족하는 경우에만 예외적으로 증거능력을 인정한다. 다른 사람의 진술을 내용으로 하는 진술이 전문증거인지는 요증사실이 무엇인지에 따라 정해진다. 다른 사람의 진술, 즉 원진술의 내용인 사실이 요증사실인 경우에는 전문증거이지만, 원진술의 존재 자체가 요증사실인 경우에는 본래증거이지 전문증거가 아니다. 어떤 진술이 기재된 서류가 그 내용의 진실성이 범죄사실에 대한 직접증거로 사용될 때는 전문증거가 되지만, 그와 같은 진술을 하였다는 것 자체 또는 진술의 진실성과 관계없는 간접사실에 대한 정황증거로 사용될 때는 반드시 전문증거가 되는 것이 아니다. 그러나 어떠한 내용의 진술을 하였다는 사실 자체에 대한 정황증거로 사용될 것이라는 이유로 서류의 증거능력을 인정한 다음 그 사실을 다시 진술 내용이나 그 진실성을 증명하는 간접사실로 사용하는 경우에 그 서류는 전문증거에 해당한다. 서류가 그곳에 기재된 원진술의 내용인 사실을 증명하는 데 사용되어 원진술의 내용인 사실이 요증사실이 되기 때문이다. 이러한 경우 형사소송법 제311조부터 제316조까지 정한 요건을 충족하지 못한다면 증거능력이 없다(대판 2019.08.29. 2018도14303(전합)).

Ⅳ 형사소송법상 전문법칙의 예외

1. 법원 또는 법관의 면전조서(제311조)
(1) 제311조의 취지와 성질
(2) 피고인 아닌 자의 진술을 기재한 조서
(3) 피고인의 진술을 기재한 조서
(4) 증거보전절차·증인신문절차에서 작성한 조서

> 14년 변시, 19년(1)·22년(2)·23년(1)(2) 모의

357. 증거보전절차에서 이루어진 甲에 대한 증인신문조서 중 당시 피의자였던 피고인 乙이 당사자로 참여하여 자신의 범행사실을 시인하는 전제하에 甲에게 반대신문을 하는 과정에서 乙이 행한 진술기재 부분은, 형사소송법 제184조에 의한 증인신문조서에 해당하므로 형사소송법 제311조에 의하여 증거능력이 인정된다.

▣해설 위 조서는 공판준비 또는 공판기일에 피고인 등의 진술을 기재한 조서도 아니고, 반대신문과정에서 피의자가 한 진술에 관한 한 형사소송법 제184조에 의한 증인신문조서도 아니므로 위 조서 중 피의자의 진술기재부분에 대하여는 형사소송법 제311조에 의한 증거능력을 인정할 수 없다.

판례 증인신문조서가 증거보전절차에서 피고인이 증인으로서 증언한 내용을 기재한 것이 아니라 증인 (갑)의 증언내용을 기재한 것이고 다만 피의자였던 피고인이 당사자로 참여하여 자신의 범행사실을 시인하는 전제하에 위 증인에게 반대신문 한 내용이 기재되어 있을 뿐이라면, 위 조서는 공판준비 또는 공판기일에 피고인 등의 진술을 기재한 조서도 아니고, 반대신문과정에서 피의자가 한 진술에 관한 한 형사소송법 제184조에 의한 증인신문조서도 아니므로 위 조서 중 피의자의 진술기재부분에 대하여는 형사소송법 제311조에 의한 증거능력을 인정할 수 없다(대판 1984.05.15. 84도508).

형사소송법 제184조(증거보전의 청구와 그 절차) ① 검사, 피고인, 피의자 또는 변호인은 미리 증거를 보전하지 아니하면 그 증거를 사용하기 곤란한 사정이 있는 때에는 제1회 공판기일 전이라도 판사에게 압수, 수색, 검증, 증인신문 또는 감정을 청구할 수 있다.
형사소송법 제311조(법원 또는 법관의 조서) 공판준비 또는 공판기일에 피고인이나 피고인 아닌 자의 진술을 기재한 조서와 법원 또는 법관의 검증의 결과를 기재한 조서는 증거로 할 수 있다. 제184조 및 제221조의2의 규정에 의하여 작성한 조서도 또한 같다.

정답

18년 변시

358. 증인신문조서는 공판기일 전에 작성되었더라도 당연히 증거능력이 있는 서류를 규정하고 있는 「형사소송법」 제315조 제3호의 '특히 신용할 만한 정황에 의하여 작성된 문서'로서 증거능력이 인정된다.

해설 증인신문절차에서 작성된 증인신문조서는 법관의 면전조서로서 당연히 증거능력이 인정된다 (형사소송법 제311조).

형사소송법 제311조(법원 또는 법관의 조서) 공판준비 또는 공판기일에 피고인이나 피고인 아닌 자의 진술을 기재한 조서와 법원 또는 법관의 검증의 결과를 기재한 조서는 증거로 할 수 있다. 제184조 및 제221조의2의 규정에 의하여 작성한 조서도 또한 같다.
형사소송법 제221조의2(증인신문의 청구) ① 범죄의 수사에 없어서는 아니 될 사실을 안다고 명백히 인정되는 자가 전조의 규정에 의한 출석 또는 진술을 거부한 경우에는 검사는 제1회 공판기일 전에 한하여 판사에게 그에 대한 증인신문을 청구할 수 있다.

정답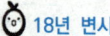

18년(2) 모의

359. 증거보전절차에서 작성한 조서와 증인신문청구절차에서 작성한 조서도 형사소송법 제311조에 의해 당연히 증거능력이 인정되며, 이는 공범인 공동피고인이 증거보전절차에서 증언한 내용을 기록한 증인신문조서도 마찬가지이다.

해설 피고인이 수사단계에서 다른 공동피고인에 대한 증거보전을 위하여 증인으로서 증언한 증인신문조서는 그 다른 공동피고인에 대하여 증거능력이 있다(대판 1966.05.17. 66도276).

> 형사소송법 제311조(법원 또는 법관의 조서) 공판준비 또는 공판기일에 피고인이나 피고인 아닌 자의 진술을 기재한 조서와 법원 또는 법관의 검증의 결과를 기재한 조서는 증거로 할 수 있다. 제184조 및 제221조의2의 규정에 의하여 작성한 조서도 또한 같다.
> 형사소송법 제184조(증거보전의 청구와 그 절차) ① 검사, 피고인, 피의자 또는 변호인은 미리 증거를 보전하지 아니하면 그 증거를 사용하기 곤란한 사정이 있는 때에는 제1회 공판기일 전이라도 판사에게 압수, 수색, 검증, 증인신문 또는 감정을 청구할 수 있다.
> 형사소송법 제221조의2(증인신문의 청구) ① 범죄의 수사에 없어서는 아니 될 사실을 안다고 명백히 인정되는 자가 전조의 규정에 의한 출석 또는 진술을 거부한 경우에는 검사는 제1회 공판기일 전에 한하여 판사에게 그에 대한 증인신문을 청구할 수 있다.

정답

2. 피의자 신문조서(제312조)

(1) 피의자 신문조서의 증거능력

17년(2)·22년(2) 모의

360. 피의자의 진술을 기재한 서류 또는 문서가 수사기관에서의 조사 과정에서 작성된 경우 그것이 '진술조서, 진술서, 자술서라는 형식을 취하였다고 하더라도 피의자신문조서와 달리 볼 수 없다.

해설 형사소송법 제312조 제2항(현행법은 제312조 제3항)은 검사 이외의 수사기관 작성의 피의자신문조서는 공판준비 또는 공판기일에 그 피의자였던 피고인이나 변호인이 그 내용을 인정할 때에 한하여 증거로 할 수 있다고 규정하고 있는바, 피의자의 진술을 녹취 내지 기재한 서류 또는 문서가 수사기관에서의 조사과정에서 작성된 것이라면 그것이 진술조서, 진술서, 자술서라는 형식을 취하였다 하더라도 당해 수사기관이 작성한 피의자신문조서와 달리 볼 수 없다(대판 2007.10.25. 2007도6129).

정답

361. 수사기관에 피의자로 출석한 乙에게 진술거부권을 고지하지 않은 채 자술서를 작성토록 하였다면, 그 자술서는 증거능력이 없다.

해설 형사소송법 제312조 제5항은 피고인이 수사과정에서 작성한 진술서에 관하여 수사기관 작성의 피의자 신문조서와 동일하게 취급할 것을 규정하고 있다.

> 형사소송법 제312조(검사 또는 사법경찰관의 조서 등) ① 검사가 작성한 피의자신문조서는 적법한 절차와 방식에 따라 작성된 것으로서 공판준비, 공판기일에 그 피의자였던 피고인 또는 변호인이 그 내용을 인정할 때에 한정하여 증거로 할 수 있다. <개정 2020. 2. 4.>
> ③ 검사 이외의 수사기관이 작성한 피의자신문조서는 적법한 절차와 방식에 따라 작성된 것으로서 공판준비 또는 공판기일에 그 피의자였던 피고인 또는 변호인이 그 내용을 인정할 때에 한하여 증거로 할 수 있다.
> ⑤ 제1항부터 제4항까지의 규정은 피고인 또는 피고인이 아닌 자가 수사과정에서 작성한 진술서에 관하여 준용한다.

정답

24년 변시

362. 「형사소송법」 제312조 제5항의 적용 대상인 '수사과정에서 작성한 진술서'란 수사가 시작된 이후에 수사기관의 관여 아래 수사관서 내에서 작성된 것을 말하므로, 수사관서 이외의 장소에서 수사기관의 요청에 따라 피의자가 작성한 진술서는 수사과정에서 작성한 진술서에 해당하지 않는다.

> 해설 형사소송법 제312조 제5항의 적용대상인 '수사과정에서 작성한 진술서'란 수사가 시작된 이후에 수사기관의 관여 아래 작성된 것이거나, 개시된 수사와 관련하여 수사과정에 제출할 목적으로 작성한 것으로, 작성 시기와 경위 등 여러 사정에 비추어 그 실질이 이에 해당하는 이상 명칭이나 작성된 장소 여부를 불문한다(대판 2022.10.27. 2022도9510).

정답 ✕

(2) 검사작성의 피고인이 된 피의자의 진술을 기재한 조서

 22년(1)(3) 모의

363. 검사가 작성한 피의자신문조서는 적법한 절차와 방식에 따라 작성된 것으로서 공판준비, 공판기일에 그 피의자였던 피고인 또는 변호인이 그 내용을 인정할 때에 한정하여 증거로 할 수 있으며, 피고인이 검사의 수사과정에서 작성한 진술서는 피고인 또는 변호인이 그 내용을 부정할 때에는 증거로 할 수 없다.

> 해설 형사소송법 제312조 제1항 참조.

> 형사소송법 제312조(검사 또는 사법경찰관의 조서 등) ① 검사가 작성한 피의자신문조서는 적법한 절차와 방식에 따라 작성된 것으로서 공판준비, 공판기일에 그 피의자였던 피고인 또는 변호인이 그 내용을 인정할 때에 한정하여 증거로 할 수 있다. <개정 2020. 2. 4.>

정답 ○

 18년 변시

364. 수사기관이 작성한 조서의 내용이 원진술자가 진술한 대로 기재된 것이라 함은 조서작성 당시 원진술자의 진술대로 기재되었는지의 여부만을 의미하는 것으로, 이와 같이 진술하게 된 연유나 그 진술의 신빙성 여부는 고려할 것이 아니다.

> 해설 검사가 피의자나 피의자 아닌 자의 진술을 기재한 조서는 공판준비 또는 공판기일에서 원진술자의 진술에 의하여 형식적 진정성립 뿐만 아니라, 실질적 진정성립까지 인정된 때에 한하여 비로소 그 성립의 진정함이 인정되어 증거로 사용할 수 있다. 그런데 조서의 내용이 원진술자가 진술한 대로 기재된 것이라 함은 조서 작성 당시 원진술자의 진술대로 기재되었는지의 여부만을 의미하는 것으로, 그와 같이 진술하게 된 연유나 그 진술의 신빙성 여부는 고려할 것이 아니다(대판 2005.06.10. 2005도1849).

정답 ○

🍊 24년 변시

365. 「형사소송법」 제312조 제1항의 '검사가 작성한 피의자신문조서'란 당해 피고인에 대한 피의자신문조서만이 아니라 당해 피고인과 공범관계에 있는 다른 피고인이나 피의자에 대하여 검사가 작성한 피의자신문조서도 포함하는 개념으로서, 이때의 '공범'에는 대향범도 포함된다.

해설 형사소송법 제312조 제1항에서 정한 '검사가 작성한 피의자신문조서'란 당해 피고인에 대한 피의자신문조서만이 아니라 당해 피고인과 공범관계에 있는 다른 피고인이나 피의자에 대하여 검사가 작성한 피의자신문조서도 포함되고, 여기서 말하는 '공범'에는 형법 총칙의 공범 이외에도 서로 대향된 행위의 존재를 필요로 할 뿐 각자의 구성요건을 실현하고 별도의 형벌 규정에 따라 처벌되는 강학상 필요적 공범 또는 대향범까지 포함한다. 따라서 피고인이 자신과 공범관계에 있는 다른 피고인이나 피의자에 대하여 검사가 작성한 피의자신문조서의 내용을 부인하는 경우에는 형사소송법 제312조 제1항에 따라 유죄의 증거로 쓸 수 없다(대판 2023.6.1. 2023도3741).

정답 ○

🍊 18년 변시

366. 검사의 피고인에 대한 당해 공소사실에 관한 진술조서가 기소된 후에 작성된 것이라는 이유만으로도 당사자주의, 공판중심주의에 비추어 그 증거능력은 부정되어야 한다.

해설 검사의 피고인에 대한 진술조서(당해 공소사실에 관한 것임)가 기소 후에 작성된 것이라는 이유만으로 곧 그 증거능력이 없는 것이라고 할 수 없다(대판 1982.06.08. 82도754).

정답 ×

🍊 15년·18년 변시, 법무부(2) 모의

367. 검찰에 송치되기 전에 검사가 작성한 구속 피의자에 대한 피의자신문조서도 작성주체에 따라 전문법칙의 예외를 인정하는 「형사소송법」의 규정체계에 따르는 한 적법한 검사 작성의 피의자신문조서로 볼 수밖에 없다.

해설 검찰에 송치되기 전에 구속피의자로부터 받은 검사 작성의 피의자신문조서는 극히 이례에 속하는 것으로, 그와 같은 상태에서 작성된 피의자신문조서는 내용만 부인하면 증거능력을 상실하게 되는 사법경찰관 작성의 피의자신문조서상의 자백 등을 부당하게 유지하려는 수단으로 악용될 가능성이 있어, 그렇게 했어야 할 특별한 사정이 보이지 않는 한 송치후에 작성된 피의자신문조서와 마찬가지로 취급하기는 어렵다(대판 1994.08.09. 94도1228).

정답 ×

🕐 15년 변시, 법무부(2)·17년(2)·23년(2) 모의

368. 조서 말미에 피고인의 기명만 있고, 그 날인이나 간인이 없는 검사작성의 피고인에 대한 피의자신문조서는 증거능력이 없으나, 그 날인이나 간인이 없는 것이 피고인이 그 날인이나 간인을 거부하였기 때문이어서 그러한 취지가 조서말미에 기재되었다면 그 피의자신문조서는 증거능력이 있다.

> **해설** 검사작성의 피의자 신문조서에 대하여 증거능력을 인정하기 위해서는 적법한 절차와 방식에 따라서 작성된 것이어야 하고(형사소송법 제312조 제1항), 피의자신문조서에는 피의자가 간인한 후 기명날인 또는 서명해야 하므로(형사소송법 제244조 제3항) 이를 위반한 것은 적법한 절차와 방식에 따라서 작성된 것이 아니므로 증거능력을 인정받을 수 없을 것이다.

> **판례** 조서말미에 피고인의 서명만이 있고, 그 날인(무인 포함)이나 간인이 없는 검사 작성의 피고인에 대한 피의자신문조서는 증거능력이 없다고 할 것이고, 그 날인이나 간인이 없는 것이 피고인이 그 날인이나 간인을 거부하였기 때문이어서 그러한 취지가 조서말미에 기재되었다거나, 피고인이 법정에서 그 피의자신문조서의 임의성을 인정하였다고 하여 달리 볼 것은 아니다(대판 1999.04.13. 99도237).

정답 ×

🕐 14년 변시, 15년(3) 모의

369. 검사가 피의자에게 진술거부권을 고지하였으나, 검사 작성의 피의자신문조서에 진술거부권 행사 여부에 대한 피의자의 답변이 자필로 기재되어 있지 아니하거나 그 답변 부분에 피의자의 기명날인 또는 서명이 되어 있지 아니하였다면 그 피의자신문조서는 '적법한 절차와 방식'에 따라 작성된 것이라고 할 수 없다.

> **해설** 헌법 제12조 제2항, 형사소송법 제244조의3 제1항, 제2항, 제312조 제3항에 비추어 보면, 비록 사법경찰관이 피의자에게 진술거부권을 행사할 수 있음을 알려 주고 그 행사 여부를 질문하였다 하더라도, 형사소송법 제244조의3 제2항에 규정한 방식에 위반하여 진술거부권 행사 여부에 대한 피의자의 답변이 자필로 기재되어 있지 아니하거나 그 답변 부분에 피의자의 기명날인 또는 서명이 되어 있지 아니한 사법경찰관 작성의 피의자신문조서는 특별한 사정이 없는 한 형사소송법 제312조 제3항에서 정한 '적법한 절차와 방식'에 따라 작성된 조서라 할 수 없으므로 그 증거능력을 인정할 수 없다(대판 2013.03.28. 2010도3359).

정답 ○

(3) 사법경찰관작성의 피의자 신문조서

🕐 22년 변시

370. 「형사소송법」 제312조 제3항은 검사 이외의 수사기관이 작성한 해당 피고인과 공범 관계에 있는 다른 피고인이나 피의자에 대한 피의자신문조서를 해당 피고인에 대한 유죄의 증거로 채택할 경우에도 적용되는데, 이때 공범에는 형법 총칙의 공범 이외에 필요적 공범 관계에 있는 자들도 포함된다.

해설 형사소송법 제312조 제3항은 검사 이외의 수사기관이 작성한 해당 피고인에 대한 피의자신문조서를 유죄의 증거로 하는 경우뿐만 아니라 검사 이외의 수사기관이 작성한 해당 피고인과 공범관계에 있는 다른 피고인이나 피의자에 대한 피의자신문조서를 해당 피고인에 대한 유죄의 증거로 채택할 경우에도 적용된다. … 나아가 대법원은 형사소송법 제312조 제3항이 형법 총칙의 공범 이외에도, 서로 대향된 행위의 존재를 필요로 할 뿐 각자의 구성요건을 실현하고 별도의 형벌 규정에 따라 처벌되는 강학상 필요적 공범 내지 대향범 관계에 있는 자들 사이에서도 적용된다는 판시를 하기도 하였다. 이는 필요적 공범 내지 대향범의 경우 형법 총칙의 공범관계와 마찬가지로 어느 한 피고인이 자기의 범죄에 대하여 한 진술이 나머지 대향적 관계에 있는 자가 저지른 범죄에도 내용상 불가분적으로 관련되어 있어 목격자, 피해자 등 제3자의 진술과는 본질적으로 다른 속성을 지니고 있음을 중시한 것으로 볼 수 있다(대판 2020.06.11. 2016도9367).

정답

🕐 21년 · 23년 변시

371. 피고인 甲이 사업주(실질적 경영귀속주체)인 사업체의 종업원 乙이 법규위반행위를 하여 甲이 양벌규정에 의하여 기소되고 사법경찰관이 작성한 乙에 대한 피의자신문조서가 증거로 제출되었으나 甲이 이를 내용부인 취지로 부동의하였고 재판 진행 중 乙이 지병으로 사망한 경우 위 피의자신문조서는 「형사소송법」 제314조에 의해 증거능력이 인정될 수 있다.

해설 형사소송법 제312조 제3항은 검사 이외의 수사기관이 작성한 해당 피고인에 대한 피의자신문조서를 유죄의 증거로 하는 경우뿐만 아니라 검사 이외의 수사기관이 작성한 해당 피고인과 공범관계에 있는 다른 피고인이나 피의자에 대한 피의자신문조서를 해당 피고인에 대한 유죄의 증거로 채택할 경우에도 적용된다. 따라서 해당 피고인과 공범관계가 있는 다른 피의자에 대하여 검사 이외의 수사기관이 작성한 피의자신문조서는 그 피의자의 법정진술에 의하여 그 성립의 진정이 인정되는 등 형사소송법 제312조 제4항의 요건을 갖춘 경우라고 하더라도 해당 피고인이 공판기일에서 그 조서의 내용을 부인한 이상 이를 유죄 인정의 증거로 사용할 수 없고, 그 당연한 결과로 위 피의자신문조서에 대하여는 사망 등 사유로 인하여 법정에서 진술할 수 없는 때에 예외적으로 증거능력을 인정하는 규정인 형사소송법 제314조가 적용되지 아니한다(대판 2004.07.15. 2003도7185(전합)). 그리고 이러한 법리는 공동정범이나 교사범, 방조범 등 공범관계에 있는 자들 사이에서뿐만 아니라, 법인의 대표자나 법인 또는 개인의 대리인, 사용인, 그 밖의 종업원 등 행위자의 위반행위에 대하여 행위자가 아닌 법인 또는 개인이 양벌규정에 따라 기소된 경우, 이러한 법인 또는 개인과 행위자 사이의 관계에서도 마찬가지로 적용된다고 보아야 한다(대판 2020.06.11. 2016도9367).

정답

20년(3) 모의

372. 평소 남편 A의 가정폭력에 시달리던 甲은 A를 살해하기로 마음먹고 보관 중이던 맹독성 농약 분말을 술에 타 A에게 먹이려 하였으나 착오로 밀가루를 집어넣었고, A가 그 술을 마셨다. 이 사실을 안 甲의 오빠 乙은 A를 자신의 친구 丙이 운영하는 횟집으로 불러내어 A를 타이르던 중, A가 대들며 욕을 하자 폭행의 고의로 A를 주먹으로 1회 때렸다. 이 장면을 지켜보던 丙은 거의 동시에 폭행의 고의로 A를 주먹으로 1회 때렸다. 이 과정에서 A는 상해를 입었다. 공판절차에서 乙과 丙은 자신의 가격행위로 A의 상해가 발생한 것이 아님을 증명하지 못하였다. A의 신고를 받고 출동한 경찰관 P는 적법한 절차와 방식에 따라 丙의 범행재연진술이 포함된 검증조서를 작성하였다. P가 작성한 검증조서에 기재된 범행재연진술은 乙이 공판정에서 내용을 부인하는 때에는 증거능력이 부정된다.

해설 P가 작성한 검증조서에 기재된 丙의 범행재연 진술은 피의자신문조서에 해당하여 형사소송법 제312조 제3항이 적용되므로 丙이 공판정에서 내용을 인정하여야 증거로 할 수 있다. 나아가 당해 피고인과 공범관계에 있는 다른 피고인 또는 피의자에 대한 검사 이외의 수사기관이 작성한 피의자신문조서를 당해 피고인에 대한 유죄의 증거로 채택할 경우에 있어서도 다같이 적용된다(대판 1986.11.01. 86도1783). 그러나 사안과 같이 당해 피고인과 공범관계에 있지 않은 자에 대한 검사 이외의 수사기관이 작성한 피의자 신문조서의 경우에도 위 규정을 적용할 수 있는지는 논란이 있다. 따라서 P가 작성한 丙에 대한 피의자신문조서에 대해 당해 피고인 乙이 내용을 부인한 경우 증거능력이 부정된다는 지문도 견해에 따라서는 옳은 내용이 될 수 있다. ▶ 동시범 특례를 규정한 형법 제263조는 동시범 사이에 공동정범 성립을 의제하거나 추정하는 것이 아니라 단지 처벌에 있어서 공동정범의 예에 따른다는 것에 불과하다. 따라서 사안의 乙과 丙은 동시범에 해당할 뿐이며 공범관계가 인정되지는 않는다.

참조판례 형사소송법 제312조 제2항은 검사 이외의 수사기관에서 작성한 피의자신문조서는 공판준비 또는 공판기일에서 피의자였던 피고인의 진술에 의하여 그 성립의 진정함이 인정되고 아울러 피고인이나 변호인이 그 내용을 인정한 때에 한하여 증거로 할 수 있다고 규정하여 검사 이외의 수사기관이 작성한 피의자신문조서의 증거능력을 엄격히 제한하고 있는 바, 이 규정은 당해 피고인에 대한 검사 이외의 수사기관이 작성한 피의자신문조서를 유죄의 증거로 하는 경우 뿐만 아니라 당해 피고인과 공범관계에 있는 다른 피고인 또는 피의자에 대한 검사 이외의 수사기관이 작성한 피의자신문조서를 피고인에 대한 유죄의 증거로 채택할 경우에 있어서도 다같이 적용된다고 보아야 할 것이다(대판 1986.11.01. 86도1783).

정답

16년(3)·17년(3) 모의

373. 피고인이 공판기일에서 공소사실을 일관되게 부인하면서 자백의 취지가 담겨 있는 경찰 작성 피의자신문조서의 진술 내용을 인정하지 않았음에도, 공판기일에서 피고인이 위 피의자신문조서의 내용을 인정한 것으로 공판조서에 기재된 경우, 이는 착오 기재 또는 조서를 잘못 정리한 것으로서 위 피의자신문조서의 증거능력을 부정하여야 한다.

해설 형사소송법 제312조 제2항(현행 제312조 제3항 –편집자 주)에 의하면 검사 이외의 수사기관 작성의 피의자신문조서는 공판준비 또는 공판기일에 그 피의자였던 피고인이나 변호인이 그 내용을 인정할 때 한하여 증거로 할 수 있다고 규정하고 있는바, 위 규정에서 그 내용을 인정할 때라 함은 위 피의자신문조서의 기재 내용이 진술내용대로 기재되어 있다는 의미가 아니고(그것은 문서의 진정성립에 속하는 사항임), 그와 같이 진술한 내용이 실제사실과 부합한다는 것을 의미한다고 할 것인바, 기록에 의하면, 피고인은 검찰이래 원심법정에 이르기까지 이 사건 공소사실 중 감금의 점에 대하여 부인하고 있으므로, 이는 감금 부분에 대하여 자백한 취지가 포함되어 있는 경찰 작성의 피의자신문조서의 진술내용을 인정하지 않는 것이라고 보아야 할 것이고, 한편 기록에 편철된 증거목록을 보면 제1심 제1회 공판기일에서 피고인이 경찰 작성의 피의자신문조서의 내용을 인정한 것으로 기재되어 있으나, 이는 착오 기재이었거나 아니면 피고인이 그와 같이 진술한 사실이 있었다는 것을 내용인정으로 조서를 잘못 정리한 것으로 이해될 뿐 이로써 위 피의자신문조서가 증거능력을 가지게 되는 것은 아니다(대판 2001.09.28. 2001도3997).

17년(2) 모의

374. 검사 이외의 수사기관 작성 피의자신문조서의 증거능력 인정 요건인 '내용의 인정'은 그 기재 내용이 진술 내용대로 기재되어 있다는 의미가 아니고 그와 같이 진술한 내용이 실제 사실과 부합한다는 것을 의미한다.

해설 형사소송법 제312조 제2항에서 "그 내용을 인정할 때"라 함은 검사 이외의 수사기관 작성의 피의자신문조서의 기재내용이 진술내용대로 기재되어 있다는 의미가 아니고(그것은 문서의 진정성립에 속하는 사항임), 그와 같이 진술한 내용이 실제 사실과 부합한다는 것을 의미한다(대판 1995.05.23. 94도1735).

17년·18년·19년·20년·21년·22년 변시, 12년(2)·15년(2)·16년(1)·17년(2)·19년(1)·(2)·20년(1)·(3)·22년(1) 모의

375. 당해 피고인과 공범관계 있는 다른 피의자에 대한 검사 이외의 수사기관 작성의 피의자신문조서는 그 피의자의 법정진술에 의하여 그 성립의 진정이 인정되더라도 당해 피고인이 공판기일에서 그 조서의 내용을 부인하면 증거능력이 부정된다.

해설 형사소송법 제312조 제3항은 검사 이외의 수사기관이 작성한 당해 피고인에 대한 피의자신문조서를 유죄의 증거로 하는 경우뿐만 아니라 검사 이외의 수사기관이 작성한 당해 피고인과 공범관계에 있는 다른 피고인이나 피의자에 대한 피의자신문조서를 당해 피고인에 대한 유죄의 증거로 채택할 경우에도 적용된다. 따라서 당해 피고인과 공범관계가 있는 다른 피의자에 대하여 검사 이외의 수사기관이 작성한 피의자신문조서는 그 피의자의 법정진술에 의하여 그 성립의 진정이 인정되는 등 형사소송법 제312조 제4항의 요건을 갖춘 경우라고 하더라도 당해 피고인이 공판기일에서 그 조서의 내용을 부인한 이상 이를 유죄 인정의 증거로 사용할 수 없다(대판 2010.02.25. 2009도14409).

▶ 판례는 제312조 제3항의 '피의자신문조서'에 공범인 공동피고인 작성의 피의자신문조서도 포함되는 것으로 본다.

18년(1) 모의

376. 미국 범죄수사대(CID), 연방수사국(FBI)의 수사관들이 작성한 수사보고서는 피고인이 그 내용을 부인하는 이상 증거로 쓸 수 없다.

해설 형사소송법 제312조 제2항(현행법 제3항)은 검사 이외의 수사기관이 작성한 피의자신문조서는 그 피의자였던 피고인이나 변호인이 그 내용을 인정할 때에 한하여 증거로 할 수 있다고 규정하고 있는바, 피고인이 검사 이외의 수사기관에서 범죄 혐의로 조사받는 과정에서 작성하여 제출한 진술서는 그 형식 여하를 불문하고 당해 수사기관이 작성한 피의자신문조서와 달리 볼 수 없고, 피고인이 수사과정에서 범행을 자백하였다는 검사 아닌 수사기관의 진술이나 같은 내용의 수사보고서 역시 피고인이 공판 과정에서 앞서의 자백의 내용을 부인하는 이상 마찬가지로 보아야 하며, 여기서 말하는 검사 이외의 수사기관에는 달리 특별한 사정이 없는 한 외국의 권한 있는 수사기관도 포함된다(대판 2006.01.13. 2003도6548).

정답 ○

17년·19년·20년 변시, 12년(2) 모의

377.
(1) 피고인과 공범관계가 있는 다른 피의자에 대한 검사 이외의 수사기관 작성의 피의자신문조서에 대하여는 사망 등 사유로 인하여 법정에서 진술할 수 없는 때에 예외적으로 증거능력을 인정하는 규정인 「형사소송법」 제314조가 적용되지 않는다.

(2) 甲과 乙이 공모하여 타인의 재물을 편취한 범죄사실로 기소된 사건에서 甲은 법정에서 범행을 부인하고 乙은 경찰 수사 단계에서 범행을 자백하는 자술서를 작성·제출한 이후 사망한 경우, 乙의 자술서는 그 작성이 특히 신빙할 수 있는 상태하에서 행하여졌음이 증명되면 甲에 대한 유죄 인정의 증거로 할 수 있다.

(3) 검사가 甲에 대한 유죄의 증거로 사법경찰관 P2가 작성한 乙에 대한 피의자신문조서를 제출하자 甲이 그 조서의 내용을 부인하면서 증거로 함에 부동의한 경우, 원진술자인 乙이 외국에 거주 중이므로 증거능력이 인정된다.

해설 형사소송법 제312조 제3항은 검사 이외의 수사기관이 작성한 당해 피고인에 대한 피의자신문조서를 유죄의 증거로 하는 경우뿐만 아니라 검사 이외의 수사기관이 작성한 당해 피고인과 공범관계에 있는 다른 피고인이나 피의자에 대한 피의자신문조서를 당해 피고인에 대한 유죄의 증거로 채택할 경우에도 적용되는바, 당해 피고인과 공범관계가 있는 다른 피의자에 대한 검사 이외의 수사기관 작성의 피의자신문조서는 그 피의자의 법정진술에 의하여 그 성립의 진정이 인정되더라도 당해 피고인이 공판기일에서 그 조서의 내용을 부인하면 증거능력이 부정되므로 그 당연한 결과로 그 피의자신문조서에 대하여는 사망 등 사유로 인하여 법정에서 진술할 수 없는 때에 예외적으로 증거능력을 인정하는 규정인 형사소송법 제314조가 적용되지 아니한다(대판 2009.11.26. 2009도6602).

정답 ○, ×, ×

19년(2) 모의

378. 甲은 자신의 택시에 승차한 승객 乙과 丙에게 질문하여 乙과 丙의 지속적인 답변을 유도하는 방법으로 대화를 이어나가면서 乙과 丙 몰래 그들의 대화를 소형 촬영기와 무선통신장치를 이용하여 실시간으로 중계하는 방식으로 인터넷을 통하여 공개하였다. 乙과 丙은 목적지에 도착한 후 甲이 설치한 소형 촬영기를 발견하고 그 용도가 무엇인지 甲에게 물었고, 甲은 사실대로 답했다. 乙과 丙은 자신들의 사생활의 비밀이 침해된 데 화가 나서 그 소형 촬영기를 떼어내어 부수고, 甲을 주먹으로 때려 상해를 입혔다. 乙과 丙은 甲에 대한 범죄사실로 불구속 기소되었다. 그러나 이 일로 스트레스를 받은 丙은 병원에 입원하였고, 乙만 공판정에 출석하였다. 검사는 乙과 丙의 자백이 담긴 사법경찰관 작성의 乙과 丙에 대한 피의자신문조서를 증거로 제출했다. 그러나 공판정에서 乙은 사법경찰관이 작성한 자신과 丙에 대한 피의자신문조서의 내용 중 소형 촬영기를 부순 것은 사실이지만 甲을 때리지는 않았다고 진술하였다. 이 사례에 관한 설명 중 옳은 것을 모두 고른 것은? (다툼이 있는 경우 판례에 의함)

1) 피고인 乙이 甲에게 폭행을 가하여 상해를 입혔다는 공소사실과 관련하여 사법경찰관 작성 乙에 대한 피의자신문조서는 형사소송법 제312조 제3항에 의하여 증거능력이 없다.

해설 을이 갑에게 폭행을 가하여 상해를 입혔다는 공소사실과 관련하여 사법경찰관이 작성한 을에 대한 피의자신문조서는 공판정에서 을이 '갑을 때리지는 않았다고 진술'함으로써 그 내용을 부인한 것이므로 증거능력이 부정된다(형사소송법 제312조 제3항).

제312조(검사 또는 사법경찰관의 조서 등) ① 검사가 작성한 피의자신문조서는 적법한 절차와 방식에 따라 작성된 것으로서 공판준비, 공판기일에 그 피의자였던 피고인 또는 변호인이 그 내용을 인정할 때에 한정하여 증거로 할 수 있다. <개정 2020. 2. 4.>
② 삭제 <2020. 2. 4.>
③ 검사 이외의 수사기관이 작성한 피의자신문조서는 적법한 절차와 방식에 따라 작성된 것으로서 공판준비 또는 공판기일에 그 피의자였던 피고인 또는 변호인이 그 내용을 인정할 때에 한하여 증거로 할 수 있다.

정답

2) (1) 피고인 乙이 甲에게 폭행을 가하여 상해를 입혔다는 공소사실과 관련하여 사법경찰관 작성 丙에 대한 피의자신문조서는 형사소송법 제312조 제3항에 의하여 증거능력이 없다.

(2) 피고인 乙이 甲에게 폭행을 가하여 상해를 입혔다는 공소사실과 관련하여 사법경찰관 작성 丙에 대한 피의자신문조서에 대해서는 형사소송법 제314조가 적용되지 아니한다.

해설 형사소송법 제312조 제2항(*개정 제312조 제3항)은 검사 이외의 수사기관이 작성한 당해 피고인에 대한 피의자신문조서를 유죄의 증거로 하는 경우뿐만 아니라 검사 이외의 수사기관이 작성한 당해 피고인과 공범관계에 있는 다른 피고인이나 피의자에 대한 피의자신문조서를 당해 피고인에 대한 유죄의 증거로 채택할 경우에도 적용되는바, 당해 피고인과 공범관계가 있는 다른 피의자에 대한 검사 이외의 수사기관 작성의 피의자신문조서는 그 피의자의 법정진술에 의하여 그 성립의 진정이 인정되더라도 당해 피고인이 공판기일에서 그 조서의 내용을 부인하면 증거능력이 부정되므로 그 당연한 결과로 그 피의자신문조서에 대하여는 사망 등 사유로 인하여 법정에서 진술할 수 없는 때에 예외적으로 증거능력을 인정하는 규정인 형사소송법 제314조가 적용되지 아니한다(대판 2004.07.15. 2003도7185(전합)).

정답 O, O

3. 진술조서

(1) 진술조서의 의의와 증거능력

 24년 변시, 23년(3) 모의

379. 조세범칙조사를 담당하는 세무공무원이 피고인이 된 혐의자 또는 참고인에 대하여 심문한 내용을 기재한 조서는 피고인 또는 피고인이 아닌 자가 작성한 진술서나 그 진술을 기재한 서류에 해당하므로 「형사소송법」 제313조에 따라 증거능력의 존부를 판단하여야 한다.

해설 조세범칙조사를 담당하는 세무공무원이 피고인이 된 혐의자 또는 참고인에 대하여 심문한 내용을 기재한 조서는 검사·사법경찰관 등 수사기관이 작성한 조서와 동일하게 볼 수 없으므로 형사소송법 제312조에 따라 증거능력의 존부를 판단할 수는 없고, 피고인 또는 피고인이 아닌 자가 작성한 진술서나 그 진술을 기재한 서류에 해당하므로 형사소송법 제313조에 따라 공판준비 또는 공판기일에서 작성자·진술자의 진술에 따라 성립의 진정함이 증명되고 나아가 그 진술이 특히 신빙할 수 있는 상태 아래에서 행하여진 때에 한하여 증거능력이 인정된다(대판 2022.12.15. 2022도8824).

정답 O

21년(3) 모의

380. 부동산중개업자인 甲은 토지개발사업 시행자인 A에게 '공무원 K를 통해 사업인허가를 받도록 도와주겠다'고 제의하면서 금품을 요구하였고, A로부터 7억 원을 송금받았다. 제1심에서 甲은 A로부터 받은 돈이 모두 대가로 받은 것이 아니라고 부인하였고, 증인으로 공판정에 출석한 A도 대가로 돈을 준 것으로 생각하지 않았다는 취지로 증언하였다. 제1심이 무죄를 선고하자 이에 항소한 검사 S는 항소심 제1회 공판기일이 열리기 전, 검사실로 甲을 불러 신문하여 피고인에 대한 진술조서를 작성하고, 이어 A를 불러 참고인으로 조사하여 진술조서를 작성하여 각각 증거로 제출하였으며, A를 항소심 증인으로 신청하였다. 이에 관한 설명 중 옳은 것은? (다툼이 있는 경우 판례에 의함)

1) 검사 S가 甲을 불러 작성한 피고인에 대한 진술조서가 증거능력이 있다는 점에 판례와 학설이 일치한다.

해설 판례는 "검사작성의 피고인에 대한 진술조서가 공소제기 후에 작성된 것이라는 이유만으로는 곧 그 증거능력이 없다고 할 수 없다"고 판시하여(대판 1984.09.25. 84도1646), 증거능력을 인정한다. 학설은 견해의 대립이 있으나, 공소제기 후에는 제1회 공판기일 전후를 불문하고 피고인을 신문할 수 없다는 견해가 일반적 입장이다(이창현, 형사소송법 제3판, p.531 참조).

정답 ×

2) **(1)** 검사 S가 항소심 공판 이전에 A를 참고인으로 조사하여 작성된 검찰진술조서는 그 내용이 제1심 A의 증언내용을 번복시키는 경우에 한하여 증거능력이 인정되지 않는다.

(2) 제1심에서 피고인에 대하여 무죄판결이 선고되어 검사가 항소한 후 수사기관이 항소심 공판기일에 증인으로 신청하여 신문할 수 있는 사람을 특별한 사정없이 미리 수사기관에 소환하여 작성한 진술조서는 피고인이 증거로 할 수 있음에 동의하지 않는 한 증거능력이 없다.

해설 그 내용이 A의 증언내용을 번복시키는 경우에 한하여 증거능력이 부정되는 것이 아니라, 수사기관이 항소심 공판기일에 증인으로 신청하여 신문할 수 있는 사람을 특별한 사정 없이 미리 수사기관에 소환하여 작성한 진술조서는 피고인이 증거로 할 수 있음에 동의하지 않는 한 증거능력이 부정되는 것이다.

판례 헌법은 제12조 제1항 후문에서 적법절차의 원칙을 천명하고, 제27조에서 재판받을 권리를 보장하고 있다. 형사소송법은 이를 실질적으로 구현하기 위하여, 피고사건에 대한 실체심리가 공개된 법정에서 검사와 피고인 양 당사자의 공격·방어활동에 의하여 행해져야 한다는 당사자주의와 공판중심주의 원칙, 공소사실의 인정은 법관의 면전에서 직접 조사한 증거만을 기초로 해야 한다는 직접심리주의와 증거재판주의 원칙을 기본원칙으로 채택하고 있다. 이에 따라 공소가 제기된 후에는 그 사건에 관한 형사절차의 모든 권한이 사건을 주재하는 수소법원에 속하게 되며, 수사의 대상이던 피의자는 검사와 대등한 당사자인 피고인의 지위에서 방어권을 행사하게 된다. 형사소송법상 법관의 면전에서 당사자의 모든 주장과 증거조사가 실질적으로 이루어지는 제1심법정에서의 절차가 실질적 직접심리주의와 공판중심주의를 구현하는 원칙적인 것이지만, 제1심의 공판절차에 관한 규정은 특별한 규정이 없으면 항소심의 심판절차에도 준용되는 만큼 항소심도 제한적인 범위 내에서 이러한 원칙에 따른 절차로 볼 수 있다. 이러한 형사소송법의 기본원칙에 따라 살펴보면, 제1심에서 피고인에 대하여 무죄판결이 선고되어 검사가 항소한 후, 수사기관이 항소심 공판기일에 증인으로 신청하여 신문할 수 있는 사람을 특별한 사정 없이 미리 수사기관에 소환하여 작성한 진술조서는 피고인이 증거로 할 수 있음에 동의하지 않는 한 증거능력이 없다. 검사가 공소를 제기한 후 참고인을 소환하여 피고인에게 불리한 진술을 기재한 진술조서를 작성하여 이를 공판절차에 증거로 제출할 수 있게 한다면, 피고인과 대등한 당사자의 지위에 있는 검사가 수사기관으로서의 권한을 이용하여 일방적으로 법정 밖에서 유리한 증거를 만들 수 있게 하는 것이므로 당사자주의·공판중심주의·직접심리주의에 반하고 피고인의 공정한 재판을 받을 권리를 침해하기 때문이다. 위 참고인이 나중에 법정에 증인으로 출석하여 위 진술조서의 성립의 진정을 인정하고 피고인 측에 반대신문의 기회가 부여된다 하더라도 위 진술조서의 증거능력을 인정할 수 없음은 마찬가지이다. 위 참고인이 법정에서 위와 같이 증거능력이 없는 진술조서와 같은 취지로 피고인에게 불리한 내용의 진술을 한 경우, 그 진술에 신빙성을 인정하여 유죄의 증거로 삼을 것인지는 증인신문 전 수사기관에서 진술조서가 작성된 경위와 그것이 법정진술에 영향을 미쳤을 가능성 등을 종합적으로 고려하여 신중하게 판단하여야 한다(대판 2019.11.28. 2013도6825).

정답 ×, ○

3) **(1)** 항소심 공판과정에서 A가 위 검찰진술조서가 자신이 진술한 대로 쓰여 있다고 진술하는 때에는 검찰진술조서의 증거능력이 인정된다.

(2) 항소심 공판과정에서 甲이 증인 A에 대한 반대신문권을 행사한 경우라고 하더라도 위 검찰진술조서의 증거능력이 인정되지 않는다.

::해설:: 공판준비 또는 공판기일에서 이미 증언을 마친 증인을 검사가 소환한 후 피고인에게 유리한 증언 내용을 추궁하여 이를 일방적으로 번복시키는 방식으로 작성한 진술조서를 유죄의 증거로 삼는 것은 당사자주의·공판중심주의·직접주의를 지향하는 현행 형사소송법의 소송구조에 어긋나는 것일 뿐만 아니라, 헌법 제27조가 보장하는 기본권, 즉 법관의 면전에서 모든 증거자료가 조사·진술되고 이에 대하여 피고인이 공격·방어할 수 있는 기회가 실질적으로 부여되는 재판을 받을 권리를 침해하는 것이므로, 이러한 진술조서는 피고인이 증거로 할 수 있음에 동의하지 아니하는 한 증거능력이 없고, 그 후 원진술자인 종전 증인이 다시 법정에 출석하여 증언을 하면서 그 진술조서의 성립의 진정함을 인정하고 피고인 측에 반대신문의 기회가 부여되었다고 하더라도 그 증언 자체를 유죄의 증거로 할 수 있음은 별론으로 하고 위와 같은 진술조서의 증거능력이 없다는 결론은 달리할 것이 아니다. 이는 검사가 공판준비 또는 공판기일에서 이미 증언을 마친 증인에게 수사기관에 출석할 것을 요구하여 그 증인을 상대로 위증의 혐의를 조사한 내용을 담은 피의자신문조서의 경우도 마찬가지이다(대판 2013.08.14. 2012도13665).

정답 ×, ○

21년(1) 모의

381. 증인이 반대신문에 대하여 답변을 하지 아니하여 진술내용의 모순이나 불합리를 드러내는 것이 사실상 불가능하였다면, 그 사유가 피고인이나 변호인에게 책임 있는 것이 아닌 한 그 진술증거는 증거로 사용할 수 없다.

::해설:: 검사가 피의자 아닌 자의 진술을 기재한 조서는 원진술자의 공판준비 또는 공판기일에서의 진술에 의하여 그 성립의 진정함이 인정되면 증거로 할 수 있고, 여기에서 성립의 진정이라 함은 간인, 서명, 날인 등 조서의 형식적인 진정과 그 조서의 내용이 진술자의 진술내용대로 기재되었다는 실질적인 진정을 뜻하는 것이므로, 검사가 피의자 아닌 자의 진술을 기재한 조서에 대하여 그 원진술자가 공판기일에서 그 성립의 진정을 인정하면 그 조서는 증거능력이 있는 것이고, 원진술자가 공판기일에서 그 조서의 내용과 다른 진술을 하거나 변호인 또는 피고인의 반대신문에 대하여 아무런 답변을 하지 아니하였다 하여 곧 증거능력 자체를 부정할 사유가 되지는 아니한다(대판 2001.09.14. 2001도1550).

정답 ×

21년 변시

382. A는 2020. 9. 24. 甲에 대한 대여금채권을 피보전권리로 하여 甲이 B에 대하여 가지는 물품대금 채권에 대하여 가압류결정을 받았고, 위 가압류결정 정본은 2020. 10. 7. B에게 송달되었다. 甲은 C에게 채무가 없음에도 허위의 채무를 작출하여 그 허위 채무에 대한 담보로 2020. 10. 6.경 위 물품대금채권을 C에게 양도하기로 하는 채권양도계약을 체결하였고, 2020. 10. 8. 채권양도 통지가 C에게 도달하였다. 한편 甲과 乙은 합동하여 2020. 10. 11. A가 화장실에 간 틈을 타서 甲이 망을 보는 도중에 乙이 A의 핸드백에서 A 소유의 지갑을 꺼내어 가 절취하였다. 경찰은 甲과 乙을 조사한 후 사건을 검찰에 송치하였고, 검사는 A를 참고인으로 조사하면서 진술조서를 작성하고, A의 동의를 받아 참고인 조사 과정을 영상 녹화하였다. 甲은 강제집행면탈죄 및 특수절도죄로, 乙은 특수절도죄로 각 기소되어 함께 재판받고 있다.

(1) 乙은 피의자신문과정에서 '甲이 허위의 채무를 부담하여 허위의 채권양도계약을 체결하는 것을 목격하였다'고 진술하였는데, 이러한 진술이 기재된 경찰 작성의 乙에 대한 피의자신문조서는 「형사소송법」제312조 제3항이 적용되어 당해 피고인인 甲이 공판기일에서 내용을 부인하는 이상 甲의 강제집행면탈에 대한 증거로 쓸 수 없다.

(2) 甲에 대한 제1심 공판절차에서 검사 작성의 A에 대한 진술조서가 증거로 제출되었는데, 이에 대해 甲이 증거로 함에 동의하지 않고, A가 증인으로 출석하여 진정성립을 인정하지 않았다 하더라도, 위 증거를 신청한 검사가 재판장의 허가를 받아 진술조서의 내용을 낭독하는 등으로 법정에서 엄격한 증거조사가 이루어졌다면 증거능력이 있다.

(3) A가 甲과 乙의 범죄사실에 관하여 참고인으로 사법경찰관의 조사를 받으면서 한 진술이 기재된 조서의 실질적 진정성립은 영상녹화물에 의하여는 증명할 수 없다.

해설 (1) 강제집행면탈죄 부분에 있어서 乙은 甲과 공범 아닌 공동피고인의 관계에 있는바, 사법경찰관이 작성한 진술조서에서 '甲이 허위의 채권양도계약을 체결하는 것을 목격하였다'는 乙의 진술 부분은 참고인 진술조서에 해당하여 형사소송법 제312조 제4항이 적용된다. 따라서 甲이 내용을 부인하여도 '① 적법절차와 방식 ② 乙의 진정 성립 인정 ③ 반대신문권 보장 ④ 특신상태'의 요건이 충족될 경우 甲에 대한 유죄의 증거로 사용될 수 있게 된다. (2) A에 대한 참고인 진술조서도 형사소송법 제312조 제4항이 적용되는데, A가 진정성립을 부정하였으므로 제312조 제4항의 요건이 충족되지 않아, 당해 조서를 甲에 대한 유죄의 증거로 사용하는 것은 불가능하다. (3) 丙은 참고인에 해당한다. 따라서 형사소송법 제312조 제4항에 따라 영상녹화물에 의하여 그 진술조서의 실질적 진정성립을 입증할 수 있다.

형사소송법 제312조(검사 또는 사법경찰관의 조서 등) ④ 검사 또는 사법경찰관이 피고인이 아닌 자의 진술을 기재한 조서는 적법한 절차와 방식에 따라 작성된 것으로서 그 조서가 검사 또는 사법경찰관 앞에서 진술한 내용과 동일하게 기재되어 있음이 원진술자의 공판준비 또는 공판기일에서의 진술이나 영상녹화물 또는 그 밖의 객관적인 방법에 의하여 증명되고, 피고인 또는 변호인이 공판준비 또는 공판기일에 그 기재 내용에 관하여 원진술자를 신문할 수 있었던 때에는 증거로 할 수 있다. 다만, 그 조서에 기재된 진술이 특히 신빙할 수 있는 상태하에서 행하여졌음이 증명된 때에 한한다.

정답 ×,×,×

23년(2) 모의

383. 수사기관이 작성한 피고인 아닌 자의 진술을 기재한 조서에 대한 실질적 진정성립을 증명할 수 있는 수단인 '영상녹화물'은 「형사소송법」 및 「형사소송규칙」에 규정된 방식과 절차에 따라 제작되어 조사 신청된 영상녹화물을 의미한다.

해설 형사소송법 제312조 제4항이 실질적 진정성립을 증명할 수 있는 방법으로 규정하는 영상녹화물에 대하여는 형사소송법 및 형사소송규칙에서 영상녹화의 과정, 방식 및 절차 등을 엄격하게 규정하고 있으므로(형사소송법 제221조 제1항 후문, 형사소송규칙 제134조의2, 제134조의3) 수사기관이 작성한 피고인 아닌 자의 진술을 기재한 조서에 대한 실질적 진정성립을 증명할 수 있는 수단으로서 형사소송법 제312조 제4항에 규정된 '영상녹화물'이라 함은 형사소송법 및 형사소송규칙에 규정된 방식과 절차에 따라 제작되어 조사 신청된 영상녹화물을 의미한다(대판 2022.06.16. 2022도364).

23년(3) 모의

384. 피해자의 진술을 영상녹화한 사법경찰관이 사전에 영상녹화에 동의한다는 취지의 서면 동의서를 받지 않았고, 피해자가 자신의 진술조서를 열람하는 도중 영상녹화가 중단되어 조서 열람과정 일부와 조서에 기명날인 또는 서명을 마치는 과정이 녹화되지 않은 영상녹화물은, 특별한 사정이 없는 한 피고인 아닌 자의 진술을 기재한 조서의 실질적 진정성립을 증명할 수 없다.

해설 이러한 형사소송법과 형사소송규칙의 규정 내용과 취지에 비추어 보면, 수사기관이 작성한 피고인이 아닌 자의 진술을 기재한 조서에 대하여 실질적 진정성립을 증명하기 위해 영상녹화물의 조사를 신청하려면 영상녹화를 시작하기 전에 피고인 아닌 자의 동의를 받고 그에 관해서 피고인 아닌 자가 기명날인 또는 서명한 영상녹화 동의서를 첨부하여야 하고, 조사가 개시된 시점부터 조사가 종료되어 참고인이 조서에 기명날인 또는 서명을 마치는 시점까지 조사 전 과정이 영상녹화되어야 하므로 이를 위반한 영상녹화물에 의하여는 특별한 사정이 없는 한 피고인 아닌 자의 진술을 기재한 조서의 실질적 진정성립을 증명할 수 없다(대판 2022.06.16. 2022도364).

정답

18년 변시, 17년(3)·21년(2)·22년(1) 모의

385. 당해 피고인과 공범관계에 있는 다른 피고인에 대한 검사 이외의 수사기관이 작성한 피의자신문조서는 당해 피고인 또는 그 변호인이 그 성립의 진정함을 인정하면 증거능력이 있다.

해설 형사소송법 제312조 제3항은 검사 이외의 수사기관이 작성한 당해 피고인에 대한 피의자신문조서를 유죄의 증거로 하는 경우뿐만 아니라 검사 이외의 수사기관이 작성한 당해 피고인과 공범관계에 있는 다른 피고인이나 피의자에 대한 피의자신문조서를 당해 피고인에 대한 유죄의 증거로 채택할 경우에도 적용된다. 따라서 당해 피고인과 공범관계가 있는 다른 피의자에 대하여 검사 이외의 수사기관이 작성한 피의자신문조서는, 그 피의자의 법정진술에 의하여 그 성립의 진정이 인정되는 등 형사소송법 제312조 제4항의 요건을 갖춘 경우라고 하더라도 당해 피고인이 공판기일에서 그 조서의 내용을 부인한 이상 이를 유죄 인정의 증거로 사용할 수 없다(대판 2009.07.09. 2009도2865).

정답

19년 변시

386. 절도범과 장물범이 공동피고인으로 기소된 경우, 피고인이 증거로 함에 동의한 바 없는 검사 작성의 공동피고인에 대한 피의자신문조서가 증거능력을 인정받기 위해서는 공동피고인의 증언에 의하여 그 성립의 진정이 인정되어야 한다.

해설 공동피고인인 절도범과 그 장물범은 서로 다른 공동피고인의 범죄사실에 관하여는 증인의 지위에 있다 할 것이므로, 피고인이 증거로 함에 동의한 바 없는 공동피고인에 대한 피의자신문조서는 공동피고인의 증언에 의하여 그 성립의 진정이 인정되지 아니하는 한 피고인의 공소 범죄사실을 인정하는 증거로 할 수 없다(대판 2006.01.12. 2005도7601).

정답

🍊 19년 변시

387. 공동피고인이 아닌 공범에 관한 검사 작성의 피의자신문조서가 증거능력을 인정받기 위해서는 피고인이 위 공범에 대한 피의자신문조서를 증거로 함에 동의하지 않는 이상, 그 공범이 현재의 사건에 증인으로 출석하여 그 서류의 성립의 진정을 인정하여야 한다.

해설 공범이나 제3자에 대한 검사 작성의 피의자신문조서등본이 증거로 제출된 경우 피고인이 위 공범 등에 대한 피의자신문조서를 증거로 함에 동의하지 않는 이상, 원진술자인 공범이나 제3자가 각기 자신에 대한 공판절차나 다른 공범에 대한 형사공판의 증인신문절차에서 위 수사서류의 진정성립을 인정해 놓은 것만으로는 증거능력을 부여할 수 없고, 반드시 공범이나 제3자가 현재의 사건에 증인으로 출석하여 그 서류의 성립의 진정을 인정하여야 증거능력이 인정된다(대판 1999.10.08. 99도3063).

정답

17년(3) 모의

388. 공범인 공동피고인에 대한 검사 작성의 피의자신문조서는 그 공동피고인이 성립 및 임의성을 인정하였더라도 피고인이 이를 증거로 함에 부동의하면 증거능력이 없다.

해설 검사 작성의 공동피고인 갑에 대한 피의자신문조서는 갑이 제1심에서 성립 및 임의성을 인정한 경우에는 공동피고인 을이 이를 증거로 함에 부동의하였다고 하더라도 피고인 을의 범죄사실에 대한 유죄의 증거로 삼을 수 있다(대판 1990.12.26. 90도2362).

정답

🍊 20년 변시

389. 甲과 乙은 공모하여 A의 자전거를 편취한 사기죄의 공범으로, 丙은 甲·乙이 편취한 정을 알고도 위 자전거를 매수한 장물취득죄로 함께 기소된 공동피고인이다. 甲은 공소사실을 부인하고 있는 반면, 乙과 丙은 공소사실을 자백하고 있다. 乙에 대한 검사 작성의 피의자신문조서는 적법한 절차와 방식에 따라 작성된 것으로서 乙이 법정에서 실질적 진정성립을 인정하고 임의성과 특신상태가 인정되며 甲에게 반대신문의 기회가 부여된 경우에는 甲이 이를 증거로 함에 부동의하였더라도 甲에 대한 유죄의 증거로 사용할 수 있다. (다툼이 있는 경우 판례에 의함)

해설 당해 피고인과 공범이나 공동피고인 관계에 있는 자에 대한 검사작성 피의자신문조서에 대해 검사가 작성한 피의자신문조서라는 점에서 제312조 제1항을 적용해야 한다는 견해가 있으나 제312조 제1항은 검사가 '피고인이 된 피의자'의 진술을 기재한 조서의 증거능력에 대해 규정하고 있으므로, 동조 제4항의 '피고인이 아닌 자'의 진술을 기재한 조서로 보는 것이 타당하다. 판례도 제312조 제4항을 적용하여야 한다는 입장이다. ▶문제에서 다툼이 있는 경우 판례에 의한다고 하였으므로 기존의 정답을 유지한다. ▶ 2022.1.1. 시행되는 개정 형사소송법에 의하면 검사 작성 피의자신문조서도 사법경찰관 작성 피의자신문조서와 같이 내용인정 이라는 엄격한 요건을 요구하는 취지에 따라, 당해 피고인과 공범관계에 있는 자에 대한 피의자신문조서를 당해 피고인에 대한 유죄의 증거로 하는 경우 제312조 제1항에 따라 증거능력이 검토된다는 견해가 있음에 유의하자(제312조 제1항 적용설)(이창현, 사례형사소송법 제4판, p.466 참조). ▶ 제312조 제1항 적용설에 따를 경우, 공범의 법정진술에 의하여 성립의 진정이 인정되더라도 당해 피고인이 조서의 내용을 부인하면 증거능력이 부정되므로 당해 피고인이 사망 등의 사유로 인하여 법정에서 진술할 수 없는 때에 예외적으로 증거능력이 인정되는 규정인 제314조는 적용되지 않는다(이창현, 사례형사소송법 제4판, p.467 참조).

정답

20년(2) 모의

390. ○○ 소비자단체 공동대표 甲과 乙은 △△ 회사가 특정 일간지에 광고를 편중했다는 이유로 △△ 회사 제품에 대한 불매운동을 벌이겠다는 기자회견을 열었다. △△ 회사 홍보부장 A가 甲에게 만나자고 요청하자, 乙과 함께 A를 만난 甲은 "향후 광고를 편중되게 하지 않겠다"는 내용의 팝업창을 △△ 회사 인터넷 홈페이지에 띄울 것을 요구하였고, 乙은 이에 동조하면서 A에게 "그런 정도하면 빨리 마무리되지 않겠습니까"라고 말하였다. 이에 △△ 회사는 불매운동으로 인한 영업 손실을 우려하여 甲과 乙이 요구한 팝업창을 회사 홈페이지에 띄웠다. 甲과 乙이 기소되었고 법정에 증인으로 출석한 A는 검사 앞에서 甲과 乙의 범행을 진술했던 것과는 달리 검사작성 진술조서의 진정성립을 부인하고 정당한 사유 없이 관련 증언을 거부하였다.
만일 A가 甲과 乙의 반대신문에 대하여는 충분히 답변을 하였다면, 검사가 작성한 A에 대한 참고인진술조서는 甲과 乙에 대한 유죄의 증거가 될 수 있다.

해설 A가 증언거부권을 행사하지 않고 甲과 乙의 반대신문에 충분히 답변을 하였다면, A에 대한 참고인 진술조서는 형사소송법 제312조 제4항이 적용된다. 그런데 A가 성립의 진정을 부인하고 있으므로 영상녹화물이나 그 밖의 객관적인 방법에 의해 성립의 진정이 증명되지 않는다면 위 진술조서는 유죄의 증거로 사용될 수 없다.

정답 ×

17년·22년 변시, 13년(3)·17년(1)·20년(1)·(3)·21년(1) 모의

391. 검사가 공판기일에서 이미 증언을 마친 증인을 소환하여 피고인에게 유리한 증언 내용을 추궁한 다음 그로 하여금 본인의 증언 내용을 번복하는 내용의 진술서를 작성하도록 하여 법원에 제출한 경우, 이러한 진술서는 피고인이 증거로 할 수 있음에 동의하여도 증거능력이 없다.

해설 공판준비 또는 공판기일에서 이미 증언을 마친 증인을 검사가 소환한 후 피고인에게 유리한 그 증언 내용을 추궁하여 이를 일방적으로 번복시키는 방식으로 작성한 진술조서를 유죄의 증거로 삼는 것은 당사자주의·공판중심주의·직접주의를 지향하는 현행 형사소송법의 소송구조에 어긋나는 것일 뿐만 아니라, 헌법 제27조가 보장하는 기본권, 즉 법관의 면전에서 모든 증거자료가 조사·진술되고 이에 대하여 피고인이 공격·방어할 수 있는 기회가 실질적으로 부여되는 재판을 받을 권리를 침해하는 것이므로, 이러한 진술조서는 피고인이 증거로 할 수 있음에 동의하지 아니하는 한 그 증거능력이 없다고 하여야 할 것이고, 그 후 원진술자인 종전 증인이 다시 법정에 출석하여 증언을 하면서 그 진술조서의 성립의 진정함을 인정하고 피고인측에 반대신문의 기회가 부여되었다고 하더라도 그 증언 자체를 유죄의 증거로 할 수 있음은 별론으로 하고 위와 같은 진술조서의 증거능력이 없다는 결론은 달리할 것이 아니다(대판 2000.06.15. 99도1108(전합)).

판례 공판준비 또는 공판기일에서 이미 증언을 마친 증인을 검사가 소환한 후 피고인에게 유리한 증언 내용을 추궁하여 증인에게 증언 내용을 번복하는 내용의 '진술서'를 작성하게 한 경우에도 동일한 법리가 적용된다(대판 2012.06.14. 2012도534).
판례 공판준비 또는 공판기일에서 증언을 마친 증인을 상대로 검사가 위증 혐의를 조사한 내용을 담은 피의자신문조서의 경우에도 같은 법리가 적용된다(대판 2013.08.14. 2012도13665).

정답 ○

🕐 20년 변시

392. 甲은 동생인 乙과 공모하여 함께 丙을 상대로 토지거래허가에 필요한 서류라고 속여서 丙으로 하여금 근저당권설정계약서 등에 서명, 날인하게 하고 丙의 인감증명서를 교부받은 다음, 이를 이용하여 丙 소유의 토지에 관하여 甲을 채무자로 하는 채권최고액 3억 원인 근저당권을 丁에게 설정하여 주고 丁으로부터 2억 원을 차용하였다. 검사는 甲과 乙을 함께 공소제기하였다. 법정에서 甲은 변론분리 후 증인으로 증언하면서 자신의 단독 범행이라고 허위의 진술을 하였다. 이에 검사는 甲을 위증 혐의로 소환하여 乙과 공범이며 법정에서 위증하였음을 인정하는 취지의 피의자신문조서를 작성하여 증거로 제출하였다.
검사가 추가로 제출한 甲에 대한 위증 혐의의 피의자신문조서는 원진술자인 甲이 다시 법정에서 증언하면서 위 조서의 진정 성립을 인정하고 乙에게 반대신문의 기회가 부여되었다면 乙에 대한 유죄의 증거로 사용할 수 있다.

▸해설 공판준비 또는 공판기일에서 이미 증언을 마친 증인을 검사가 소환한 후 피고인에게 유리한 증언 내용을 추궁하여 이를 일방적으로 번복시키는 방식으로 작성한 진술조서를 유죄의 증거로 삼는 것은 당사자주의·공판중심주의·직접주의를 지향하는 현행 형사소송법의 소송구조에 어긋나는 것일 뿐만 아니라, 헌법 제27조가 보장하는 기본권, 즉 법관의 면전에서 모든 증거자료가 조사·진술되고 이에 대하여 피고인이 공격·방어할 수 있는 기회가 실질적으로 부여되는 재판을 받을 권리를 침해하는 것이므로, 이러한 진술조서는 피고인이 증거로 할 수 있음에 동의하지 아니하는 한 증거능력이 없고, 그 후 원진술자인 종전 증인이 다시 법정에 출석하여 증언을 하면서 그 진술조서의 성립의 진정함을 인정하고 피고인 측에 반대신문의 기회가 부여되었다고 하더라도 그 증언 자체를 유죄의 증거로 할 수 있음은 별론으로 하고 위와 같은 진술조서의 증거능력이 없다는 결론은 달리할 것이 아니다. 이는 검사가 공판준비 또는 공판기일에서 이미 증언을 마친 증인에게 수사기관에 출석할 것을 요구하여 그 증인을 상대로 위증의 혐의를 조사한 내용을 담은 피의자신문조서의 경우도 마찬가지이다(대판 2013.08.14. 2012도13665).

정답

17년(1) 모의

393. 검사 작성의 참고인진술조서의 증거능력이 인정되기 위해서는 피고인 또는 변호인이 공판준비 또는 공판기일에 그 기재 내용에 관하여 원진술자를 신문할 수 있어야 하지만, 이 경우 피고인 또는 변호인의 반대신문이 실제로 행해져야 하는 것은 아니다.

▸해설 검사 작성의 참고인진술조서의 증거능력이 인정되기 위해서 피고인 또는 변호인에게 원진술자에 대한 반대신문의 기회가 확실히 보장되면 되고, 현실적으로 반대신문이 행해져야 하는 것은 아니다.

정답

13년(1)·17년(1) 모의

394. 공판기일에 증인으로 출석하여 검사의 신문에 대하여 수사기관에서 사실대로 진술하고 그 내용을 확인한 후 서명날인하였다는 취지로 진술한 경우 그 진술만으로 참고인진술조서의 진정성립을 인정하기는 어렵다.

해설 피해자가 제1심의 제5회 공판기일에 증인으로 출석하여 검사의 신문에 대하여 수사기관에서 사실대로 진술하고 그 내용을 확인한 후 서명날인하였다는 취지로 증언하고 있을 뿐이어서, 과연 그 진술이 조서의 진정성립을 인정하는 취지인지 분명하지 아니하므로 그 진술만으로는 조서의 진정성립을 인정하기에 부족하다(대판 1996.10.15. 96도1301).

정답 O

17년 변시

395. 검사가 작성한 참고인진술조서에 대하여 피고인이 증거로 함에 부동의한 경우, 원진술자가 법정에서 검사나 재판장의 신문에 대하여 수사기관에서 사실대로 진술하였다는 취지로 증언하더라도, 원진술자가 그 진술기재의 내용을 열람하거나 고지받지 못한 채로 그와 같이 증언한 것이라면 그 진술조서는 증거능력이 없다.

해설 피고인이 사법경찰리 작성의 공소외인에 대한 피의자신문조서, 진술조서 및 검사 작성의 피고인에 대한 피의자신문조서 중 위 공소외인의 진술기재 부분을 증거로 함에 부동의하였고, 원진술자인 위 공소외인이 제1심 및 항소심에서 증인으로 나와 그 진술기재의 내용을 열람하거나 고지받지 못한 채 단지 검사나 재판장의 신문에 대하여 수사기관에서 사실대로 진술하였다는 취지의 증언만을 하고 있을 뿐이라면, 그 피의자신문조서와 진술조서는 증거능력이 없어 이를 유죄의 증거로 삼을 수 없다(대판 1994.11.11. 94도343).

정답 O

(2) 제314조에 의한 증거능력의 인정

24년 변시

396. 아파트입주민 B가 甲에 대한 정식재판에 증인으로 소환받고도 출산을 앞두고 있다는 이유로 출석하지 아니한 경우, 甲이 증거로 함에 부동의한 B에 대한 사법경찰관 작성 진술조서는 「형사소송법」 제314조에 의하여 증거능력이 인정될 수 없다.

해설 공판기일에 증인으로 소환받고도 출산을 앞두고 있다는 이유로 출석하지 아니한 것은 특별한 사정이 없는 한 사망, 질병, 외국거주 기타 사유로 인하여 진술을 할 수 없는 때에 해당한다고 할 수 없어 형사소송법 제314조에 의한 증거능력이 있다고 할 수 없다(대판 1999.4.23. 99도915).

정답 O

○ 22년·23년 ·24년 변시, 20년(2)(3)·21년(1)·22년(3)·23년(1) 모의

397. (1) 증인이 자신에 대한 관련 형사판결이 확정되었음에도 정당한 이유 없이 법정증언을 거부하여 피고인이 반대신문을 하지 못하였다면, 설령 피고인이 증인의 증언거부 상황을 초래하였다고 하더라도「형사소송법」제314조의 '그밖에 이에 준하는 사유로 인하여 진술할 수 없는 때'에 해당하지 않아 수사기관에서 그 증인의 진술을 기재한 서류는 증거능력이 없다.

(2) 건축업자 甲과 乙은 공사 편의를 위해 시청 건축과 담당 공무원 丙에게 2천만원의 뇌물을 주었다. 검사 S는 이 사건을 수사하면서 甲의 회사에서 근무하던 경리직원 A를 참고인으로 불러 "甲이 '丙에게 뇌물을 주었다'고 내게 말했다"라는 진술을 확보하고 이를 조서에 기재하였다. 乙과 丙은 도주하였고, 검사 S는 甲을 기소하였다. 甲은 공판정에서 일체의 증거에 대하여 증거동의를 하지 않았다.

A가 공판정에서 증언거부권을 행사한 경우 A에 대한 참고인진술조서는 甲에 대한 유죄의 증거로 사용할 수 있다.

해설 수사기관에서 진술한 참고인이 법정에서 증언을 거부하여 피고인이 반대신문을 하지 못한 경우에는 정당하게 증언거부권을 행사한 것이 아니라도, 피고인이 증인의 증언거부 상황을 초래하였다는 등의 특별한 사정이 없는 한 형사소송법 제314조의 '그 밖에 이에 준하는 사유로 인하여 진술할 수 없는 때'에 해당하지 않는다고 보아야 한다. 따라서 증인이 정당하게 증언거부권을 행사하여 증언을 거부한 경우와 마찬가지로 수사기관에서 그 증인의 진술을 기재한 서류는 증거능력이 없다. 다만 **피고인이 증인의 증언거부 상황을 초래하였다는 등의 특별한 사정이 있는 경우에는** 형사소송법 제314조의 적용을 배제할 이유가 없다. 이러한 경우까지 형사소송법 제314조의 '그 밖에 이에 준하는 사유로 인하여 진술할 수 없는 때'에 해당하지 않는다고 보면 사건의 실체에 대한 심증 형성은 법관의 면전에서 본래증거에 대한 반대신문이 보장된 증거조사를 통하여 이루어져야 한다는 실질적 직접심리주의와 전문법칙에 대하여 예외를 정한 형사소송법 제314조의 취지에 반하고 정의의 관념에도 맞지 않기 때문이다(대판 2019.11.21. 2018도13945(전합)). ▶ 설사 회사 경리직원이 정당하게 증언거부권을 행사한 경우라 해도 증거능력이 인정되지 않는다.

형사소송법 제148조(근친자의 형사책임과 증언거부) 누구든지 자기나 다음 각 호의 1에 해당한 관계있는 자가 형사소추 또는 공소제기를 당하거나 유죄판결을 받을 사실이 발로될 염려있는 증언을 거부할 수 있다.
 1. 친족 또는 친족관계가 있었던 자
 2. 법정대리인, 후견감독인
형사소송법 제149조(업무상비밀과 증언거부) 변호사, 변리사, 공증인, 공인회계사, 세무사, 대서업자, 의사, 한의사, 치과의사, 약사, 약종상, 조산사, 간호사, 종교의 직에 있는 자 또는 이러한 직에 있던 자가 그 업무상 위탁을 받은 관계로 알게 된 사실로서 타인의 비밀에 관한 것은 증언을 거부할 수 있다. 단, 본인의 승낙이 있거나 중대한 공익상 필요있는 때에는 예외로 한다.

정답 ×, ×

23년(1) 모의

398. 乙이 마련한 술자리에서 甲이 "뭐 이렇게 많이 준비했나, 앞으로는 내가 확실하게 뒤봐줄 테니 걱정 말고 사업해라"라고 말하는 것을 직접 들었다는 클럽 종업원 B에 대한 참고인 진술조서 등을 증거로 한 경우 甲이 이에 대해 부동의하자 법정에 증인으로 출석한 B가 甲이 보낸 협박편지 때문에 증언을 거부하는 경우, 「형사소송법」 제314조에 따라 특신상태가 인정되는 한 위 증거를 甲에 대한 유죄의 증거로 사용할 수 있다.

해설 피고인이 정당하게 증언거부권을 행사하여 증언을 거부한 경우와 마찬가지로 수사기관에서 그 증인의 진술을 기재한 서류는 증거능력이 없다. 다만 **피고인이 증인의 증언거부 상황을 초래하였다는 등의 특별한 사정이 있는 경우에는** 형사소송법 제314조의 적용을 배제할 이유가 없다. 이러한 경우까지 형사소송법 제314조의 '그 밖에 이에 준하는 사유로 인하여 진술할 수 없는 때'에 해당하지 않는다고 보면 사건의 실체에 대한 심증 형성은 법관의 면전에서 본래증거에 대한 반대신문이 보장된 증거조사를 통하여 이루어져야 한다는 실질적 직접심리주의와 전문법칙에 대하여 예외를 정한 형사소송법 제314조의 취지에 반하고 정의의 관념에도 맞지 않기 때문이다(대판 2019.11.21. 2018도13945(전합)). ▶ 피고인 甲이 증인 B에 협박편지로 증언거부 상황을 초래한 경우 이다.

정답 O

19년 변시·20년(3)·22년(1) 모의

399. 피고인이 증거서류의 진정성립을 묻는 검사의 질문에 대하여 진술거부권을 행사하여 진술을 거부한다면 이는 「형사소송법」 제314조의 '그 밖에 이에 준하는 사유로 인하여 진술할 수 없는 때'에 해당한다.

해설 현행 형사소송법 제314조의 문언과 개정 취지, 진술거부권 관련 규정의 내용 등에 비추어 보면, 피고인이 증거서류의 진정성립을 묻는 검사의 질문에 대하여 **진술거부권을 행사하여 진술을 거부한 경우는** 형사소송법 제314조의 '그 밖에 이에 준하는 사유로 인하여 진술할 수 없는 때'에 해당하지 아니한다고 할 것이다(대판 2013.06.13. 2012도16001).

형사소송법 제314조(증거능력에 대한 예외) 제312조 또는 제313조의 경우에 공판준비 또는 공판기일에 진술을 요하는 자가 사망·질병·외국거주·소재불명 그 밖에 이에 준하는 사유로 인하여 진술할 수 없는 때에는 그 조서 및 그 밖의 서류(피고인 또는 피고인 아닌 자가 작성하였거나 진술한 내용이 포함된 문자·사진·영상 등의 정보로서 컴퓨터용디스크, 그 밖에 이와 비슷한 정보저장매체에 저장된 것을 포함한다)를 증거로 할 수 있다. 다만, 그 진술 또는 작성이 특히 신빙할 수 있는 상태하에서 행하여졌음이 증명된 때에 한한다.

정답 ×

🍊 15년·20년·22년·23년 변시, 12년(2)·13년(2)·15년(1)·(3)·17년(1)·(3)·18년(3)·21년(3) 모의

400. (1) 법률의견서는 「형사소송법」 제313조 제1항에 규정된 '피고인 아닌 자가 작성한 진술서나 그 진술을 기재한 서류'에 해당한다.

(2) 변호사 甲이 법률자문 과정에서 작성한 법률의견서는 전문증거로서 공판준비 또는 공판기일에서 그 작성자 또는 진술자인 甲의 진술에 의하여 그 성립의 진정함이 증명되어야 증거능력을 인정할 수 있다.

(3) 법률의견서의 작성자인 변호사가 공판기일에 출석하여 진정성립 등에 관하여 진술하지 아니한 것이 정당하게 증언거부권을 행사한 것이라면 「형사소송법」 제314조에 의하여 그 의견서의 증거능력을 인정할 수 있다.

(4) 법정에 출석한 증인이 형사소송법 제148조(근친자의 형사책임과 증언거부) 또는 제149조(업무상 비밀과 증언거부)가 정한 바에 따라 정당하게 증언거부권을 행사하여 증언을 거부한 경우는 형사소송법 제314조에서 규정한 '그 밖에 이에 준하는 사유로 인하여 진술할 수 없는 때'에 해당하지 않는다.

해설 甲 주식회사 및 그 직원인 피고인들이 정비사업전문관리업자의 임원에게 甲 회사가 주택재개발사업 시공사로 선정되게 해 달라는 청탁을 하면서 금원을 제공하였다고 하여 구 건설산업기본법 위반으로 기소되었는데, 변호사가 법률자문 과정에 작성하여 甲 회사 측에 전송한 전자문서를 출력한 '법률의견서'에 대하여 피고인들이 증거로 함에 동의하지 아니하고, 변호사가 원심 공판기일에 증인으로 출석하였으나 증언할 내용이 甲 회사로부터 업무상 위탁을 받은 관계로 알게 된 타인의 비밀에 관한 것임을 소명한 후 증언을 거부한 경우, (1) 위 법률의견서는 압수된 디지털 저장매체로부터 출력한 문건으로서 실질에 있어서 형사소송법 제313조 제1항에 규정된 '피고인 아닌 자가 작성한 진술서나 그 진술을 기재한 서류'에 해당하는데, 공판준비 또는 공판기일에서 작성자 또는 진술자인 변호사의 진술에 의하여 성립의 진정함이 증명되지 아니하였으므로 위 규정에 의하여 증거능력을 인정할 수 없고, (2)(3) 나아가 원심 공판기일에 출석한 변호사가 그 진정성립 등에 관하여 진술하지 아니한 것은 형사소송법 제149조에서 정한 바에 따라 정당하게 증언거부권을 행사한 경우에 해당하므로 형사소송법 제314조에 의하여 증거능력을 인정할 수도 없다(대판 2012.05.17. 2009도6788(전합)).

형사소송법 제314조(증거능력에 대한 예외) 제312조 또는 제313조의 경우에 공판준비 또는 공판기일에 진술을 요하는 자가 사망·질병·외국거주·소재불명 그 밖에 이에 준하는 사유로 인하여 진술할 수 없는 때에는 그 조서 및 그 밖의 서류(피고인 또는 피고인 아닌 자가 작성하였거나 진술한 내용이 포함된 문자·사진·영상 등의 정보로서 컴퓨터용디스크, 그 밖에 이와 비슷한 정보저장매체에 저장된 것을 포함한다)를 증거로 할 수 있다. 다만, 그 진술 또는 작성이 특히 신빙할 수 있는 상태하에서 행하여졌음이 증명된 때에 한한다.

정답 ○, ○, ×, ○

17년(1) 모의

401. '외국거주'라고 함은 진술을 요하는 자가 외국에 있다는 것만으로는 부족하고, 가능하고 상당한 수단을 다하더라도 그 진술을 요할 자를 법정에 출석하게 할 수 없는 사정이 있어야 한다.

해설 '외국거주'는 진술을 하여야 할 사람이 단순히 외국에 있다는 것만으로는 부족하고, 가능하고 상당한 수단을 다하더라도 그 사람을 법정에 출석하게 할 수 없는 사정이 있어야 예외적으로 그 요건이 충족될 수 있다고 할 것인데, 통상적으로 그 요건이 충족되었는지는 소재의 확인, 소환장의 발송과 같은 절차를 거쳐 확정되는 것이기는 하지만 항상 그러한 절차를 거쳐야만 되는 것은 아니다(대판 2016.10.13. 2016도8137).

정답

17년(1) 모의

402. 참고인 진술조서가 형사소송법 제314조에 의하여 증거능력을 부여받기 위한 요건으로서 참고인의 진술 또는 작성이 '특히 신빙할 수 있는 상태하에서 행하여졌음에 대한 증명'은 단지 그러할 개연성이 있다는 정도로는 부족하고 합리적인 의심의 여지를 배제할 정도에 이르러야 한다.

해설 참고인의 진술 또는 작성이 '특히 신빙할 수 있는 상태하에서 행하여졌음에 대한 증명'은 단지 그러할 개연성이 있다는 정도로는 부족하고 합리적인 의심의 여지를 배제할 정도에 이르러야 한다(대판 2014.04.30. 2012도725).

정답

21년 변시, 17년(1) · 22년(2) 모의

403. 전문증거의 증거능력을 갖추기 위한 요건에 관한 증명책임은 검사에게 있으므로, 법원이 증인이 소재불명이거나 그 밖에 이에 준하는 사유로 인하여 진술할 수 없는 때에 해당한다고 인정할 수 있으려면, 증인의 법정 출석을 위한 가능하고도 충분한 노력을 다하였음에도 불구하고 부득이 증인의 법정 출석이 불가능하게 되었다는 사정을 검사가 증명한 경우여야 한다.

해설 법원이 증인이 소재불명이거나 그 밖에 이에 준하는 사유로 인하여 진술할 수 없는 때에 해당한다고 인정할 수 있으려면, 증인의 법정 출석을 위한 가능하고도 충분한 노력을 다하였음에도 불구하고 부득이 증인의 법정 출석이 불가능하게 되었다는 사정을 검사가 증명한 경우여야 한다(대판 2013.04.11. 2013도1435).

정답

17년(1) 모의

404. 진술을 요하는 자가 공판정에서 진술을 했지만 증인신문 당시 일정한 사항에 관하여 기억이 나지 않는다는 취지로 진술하여 그 진술의 일부가 재현 불가능하게 된 경우는 '진술을 요하는 자가 진술할 수 없는 때'에 포함되지 않는다.

해설 수사기관에서 진술한 피해자인 유아가 공판정에서 진술을 하였더라도 증인신문 당시 일정한 사항에 관하여 기억이 나지 않는다는 취지로 진술하여 그 진술의 일부가 재현 불가능하게 된 경우, 형사소송법 제314조, 제316조 제2항에서 말하는 '원진술자가 진술을 할 수 없는 때'에 해당한다고 한 사례(대판 2006.04.14. 2005도9561).

정답

(3) 수사기관의 증인이나 피고인에 대한 진술조서

(4) 피의자진술 영상녹화물의 증거능력

4. 진술서 등

(1) 진술서의 의의와 종류

(2) 진술서의 증거능력

 22년 변시, 22년(3) 모의

405. 사법경찰관 P1은 甲이 지하철역 에스컬레이터에서 휴대전화 카메라를 이용하여 A의 치마 속을 몰래 촬영하는 것을 발견하고 甲을 현행범인으로 체포하면서 甲의 휴대전화를 압수하였고, 사건을 인계받은 사법경찰관 P2는 甲을 피의자로 신문한 후 석방하였다. 이후 甲은 음주 후 승용차를 운전하던 중 음주단속을 피하기 위하여 도망가다가 운전 중인 승용차로 단속 중이던 사법경찰관 P3을 고의로 들이받아 전치 6주의 상해를 입혔다. 검사는 甲을 위 범죄사실로 기소하였다. (다툼이 있는 경우 판례에 의함)

(1) P1이 甲의 휴대전화를 적법하게 압수하면서 작성한 압수조서의 '압수경위'란에 '甲이 지하철역 에스컬레이터에서 짧은 치마를 입고 올라가는 여성을 쫓아가 뒤에 밀착하여 치마 속으로 휴대전화를 집어넣는 등 해당 여성의 신체를 몰래 촬영하는 행동을 하였다'는 내용이 기재되어 있고, 그 하단에 甲의 범행을 직접 목격하고 위 압수조서를 작성한 P1의 기명날인이 있는 경우, 위 압수조서의 '압수경위'란에 기재된 내용은 「형사소송법」 제312조 제5항의 '피고인이 아닌 자가 수사과정에서 작성한 진술서'에 준하는 것으로 볼 수 있다.

(2) 만약 위 휴대전화에 대한 압수가 위법한 경우, P1이 작성한 압수조서 중 '압수경위'란에 기재된 내용은 위법하게 수집된 증거에 터잡아 획득한 2차적 증거로서 피고인이 증거로 함에 동의하더라도 원칙적으로 증거능력이 없다.

해설 피고인이 지하철역 에스컬레이터에서 휴대전화기의 카메라를 이용하여 성명불상 여성 피해자의 치마 속을 몰래 촬영하다가 현행범으로 체포되어 성폭력범죄의 처벌 등에 관한 특례법 위반(카메라등이용촬영)으로 기소된 사안에서, 피고인은 공소사실에 대해 자백하고 검사가 제출한 모든 서류에 대하여 증거로 함에 동의하였는데, 그 서류들 중 체포 당시 임의제출 방식으로 압수된 피고인 소유 휴대전화기(이하 '휴대전화기'라고 한다)에 대한 압수조서의 '압수경위'란에 '지하철역 승강장 및 게이트 앞에서 경찰관이 지하철범죄 예방·검거를 위한 비노출 잠복근무 중 검정 재킷, 검정 바지, 흰색 운동화를 착용한 20대가량 남성이 짧은 치마를 입고 에스컬레이터를 올라가는 여성을 쫓아가 뒤에 밀착하여 치마 속으로 휴대폰을 집어넣는 등 해당 여성의 신체를 몰래 촬영하는 행동을 하였다'는 내용이 포함되어 있고, 그 하단에 피고인의 범행을 직접 목격하면서 위 압수조서를 작성한 사법경찰관 및 사법경찰리의 각 기명날인이 들어가 있으므로, 위 압수조서 중 '압수경위'란에 기재된 내용은 피고인이 범행을 저지르는 현장을 직접 목격한 사람의 진술이 담긴 것으로서 형사소송법 제312조 제5항에서 정한 '피고인이 아닌 자가 수사과정에서 작성한 진술서'에 준하는 것으로 볼 수 있고, 이에 따라 휴대전화기에 대한 임의제출절차가 적법하였는지에 영향을 받지 않는 별개의 독립적인 증거에 해당하여, 피고인이 증거로 함에 동의한 이상 유죄를 인정하기 위한 증거로 사용할 수 있을 뿐 아니라 피고인의 자백을 보강하는 증거가 된다고 볼 여지가 많다는 이유로, 이와 달리 피고인의 자백을 뒷받침할 보강증거가 없다고 보아 무죄를 선고한 원심판결에 자백의 보강증거 등에 관한 법리를 오해하거나 필요한 심리를 다하지 아니한 잘못이 있다고 한 사례(대판 2019.11.14. 2019도13290).

 O, X

21년(3) 모의

406. 디지털 저장매체로부터 출력한 문건을 진술증거로 사용하는 경우 그 기재 내용의 진실성에 관하여는 전문법칙이 적용되므로, 문서의 압수·수색의 주체가 검사인가 사법경찰관인가에 따라 증거능력의 인정요건이 달라지게 된다.

해설 압수물인 디지털 저장매체로부터 출력한 문건을 증거로 사용하기 위해서는 디지털 저장매체 원본에 저장된 내용과 출력한 문건의 동일성이 인정되어야 하고, 이를 위해서는 디지털 저장매체 원본이 압수시부터 문건 출력시까지 변경되지 않았음이 담보되어야 한다. 특히 디지털 저장매체 원본을 대신하여 저장매체에 저장된 자료를 '하드카피' 또는 '이미징'한 매체로부터 출력한 문건의 경우에는 디지털 저장매체 원본과 '하드카피' 또는 '이미징'한 매체 사이에 자료의 동일성도 인정되어야 할 뿐만 아니라, 이를 확인하는 과정에서 이용한 컴퓨터의 기계적 정확성, 프로그램의 신뢰성, 입력·처리·출력의 각 단계에서 조작자의 전문적인 기술능력과 정확성이 담보되어야 한다. 그리고 압수된 디지털 저장매체로부터 출력한 문건을 진술증거로 사용하는 경우, 그 기재 내용의 진실성에 관하여는 전문법칙이 적용되므로 형사소송법 제313조 제1항에 따라 그 작성자 또는 진술자의 진술에 의하여 그 성립의 진정함이 증명된 때에 한하여 이를 증거로 사용할 수 있다(대판 2007.12.13. 2007도7257).

 X

20년(3) 모의

407. 甲은 乙이 다른 사람들의 시선을 가려주는 사이 지하철에서 A의 옆구리에 칼을 들이대고 스마트폰을 강취하였다. 마침 지하철범죄 예방·검거를 위하여 잠복 중이던 사법경찰관 P는 이들의 범행을 목격하였다. P가 다가가자 乙은 눈치를 채고 도주하였고, P는 甲을 현행범인으로 체포하면서 스마트폰을 임의제출 방식으로 압수하였다. 그 후 P는 압수조서를 작성하였다. 압수조서의 압수경위란에는 ㉠ P가 피고인의 범행과 관련하여 목격한 내용이 기재되어 있었다.

압수경위란에 기재된 ㉠ 부분은 형사소송법 제312조 제5항에서 정한 '피고인이 아닌 자가 수사과정에서 작성한 진술서'에 준하는 것으로 볼 수 있고, 스마트폰에 대한 임의제출절차가 적법하였는지 여부에 영향을 받지 않는 별개의 독립적인 증거에 해당한다.

해설 피고인이 지하철역 에스컬레이터에서 휴대전화기의 카메라를 이용하여 성명불상 여성 피해자의 치마 속을 몰래 촬영하다가 현행범으로 체포되어 성폭력범죄의 처벌 등에 관한 특례법 위반(카메라등이용촬영)으로 기소된 사안에서, 피고인은 공소사실에 대해 자백하고 검사가 제출한 모든 서류에 대하여 증거로 함에 동의하였는데, 그 서류들 중 체포 당시 임의제출 방식으로 압수된 피고인 소유 휴대전화기(이하 '휴대전화기'라고 한다)에 대한 압수조서의 '압수경위'란에 '지하철역 승강장 및 게이트 앞에서 경찰관이 지하철범죄 예방·검거를 위한 비노출 잠복근무 중 검정 재킷, 검정 바지, 흰색 운동화를 착용한 20대가량 남성이 짧은 치마를 입고 에스컬레이터를 올라가는 여성을 쫓아가 뒤에 밀착하여 치마 속으로 휴대폰을 집어넣는 등 해당 여성의 신체를 몰래 촬영하는 행동을 하였다'는 내용이 포함되어 있고, 그 하단에 피고인의 범행을 직접 목격하면서 위 압수조서를 작성한 사법경찰관 및 사법경찰리의 각 기명날인이 들어가 있으므로, 위 압수조서 중 '압수경위'란에 기재된 내용은 피고인이 범행을 저지르는 현장을 직접 목격한 사람의 진술이 담긴 것으로서 형사소송법 제312조 제5항에서 정한 '피고인이 아닌 자가 수사과정에서 작성한 진술서'에 준하는 것으로 볼 수 있고, 이에 따라 휴대전화기에 대한 임의제출절차가 적법하였는지에 영향을 받지 않는 별개의 독립적인 증거에 해당하여, 피고인이 증거로 함에 동의한 이상 유죄를 인정하기 위한 증거로 사용할 수 있을 뿐 아니라 피고인의 자백을 보강하는 증거가 된다고 볼 여지가 많다는 이유로, 이와 달리 피고인의 자백을 뒷받침할 보강증거가 없다고 보아 무죄를 선고한 원심판결에 자백의 보강증거 등에 관한 법리를 오해하거나 필요한 심리를 다하지 아니한 잘못이 있다고 한 사례(대판 2019.11.14. 2019도13290).

20년(3) 모의

408. 사법경찰관 P는 甲의 마약류관리에 관한 법률 위반 혐의를 포착하고 압수·수색·검증영장을 발부받아 주거지에서 사용 흔적이 있는 주사기 5개를 압수하였다. 영장기재사항에는 압수대상물로 피의자의 소변 30cc와 모발 100수도 기재되어 있었다. P는 압수를 위해 甲을 2시간 정도 설득했으나 甲은 소변의 임의제출을 거부하고 영장집행에 저항하며 자해하였다.

채취된 소변에 대한 국립과학수사연구원의 감정결과 마약 양성반응이 나왔다는 내용이 기재된 감정보고서는 형사소송법 제312조 제4항에 의해 증거능력이 인정된다.

해설 형사소송법 제313조 제3항 참조. ▶ 수사기관의 감정을 사실조회의 형식으로 하여 감정서 대신 사실조회회보라는 명칭으로 작성된 경우에도 그 내용이 감정의 경과와 결과가 기재된 것이라면 사실조회회보도 감정서에서와 같이 제313조 제3항을 적용할 수 있다고 본다(이창현, 형사소송법 제3판, p.918).

형사소송법 제313조(진술서등) ① 전2조의 규정 이외에 피고인 또는 피고인이 아닌 자가 작성한 진술서나 그 진술을 기재한 서류로서 그 작성자 또는 진술자의 자필이거나 그 서명 또는 날인이 있는 것(피고인 또는 피고인 아닌 자가 작성하였거나 진술한 내용이 포함된 문자·사진·영상 등의 정보로서 컴퓨터용디스크, 그 밖에 이와 비슷한 정보저장매체에 저장된 것을 포함한다. 이하 이 조에서 같다)은 공판준비나 공판기일에서의 그 작성자 또는 진술자의 진술에 의하여 그 성립의 진정함이 증명된 때에는 증거로 할 수 있다. 단, 피고인의 진술을 기재한 서류는 공판준비 또는 공판기일에서의 그 작성자의 진술에 의하여 그 성립의 진정함이 증명되고 그 진술이 특히 신빙할 수 있는 상태하에서 행하여 진 때에 한하여 피고인의 공판준비 또는 공판기일에서의 진술에 불구하고 증거로 할 수 있다.
② 제1항 본문에도 불구하고 진술서의 작성자가 공판준비나 공판기일에서 그 성립의 진정을 부인하는 경우에는 과학적 분석결과에 기초한 디지털포렌식 자료, 감정 등 객관적 방법으로 성립의 진정함이 증명되는 때에는 증거로 할 수 있다. 다만, 피고인 아닌 자가 작성한 진술서는 피고인 또는 변호인이 공판준비 또는 공판기일에 그 기재 내용에 관하여 작성자를 신문할 수 있었을 것을 요한다.
③ 감정의 경과와 결과를 기재한 서류도 제1항 및 제2항과 같다.

참조판례 향정신성의약품관리법위반 사건의 피고인 모발에서 메스암페타민 성분이 검출되었다는 국립과학수사연구소장의 사실조회회보가 있는 경우, 그 회보의 기초가 된 감정에 있어서 실험물건 모발이 바뀌었다거나 착오나 오류가 있었다는 등의 구체적인 사정이 없는 한, 피고인으로부터 채취한 모발에서 메스암페타민 성분이 검출되었다고 인정하여야 하고, 따라서 논리와 경험의 법칙상 피고인은 감정의 대상이 된 모발을 채취하기 이전 언젠가에 메스암페타민을 투약한 사실이 있다고 인정하여야 할 것이다(대판 1994.12.09. 94도1680).

정답

20년(2) 모의

409. (1) 甲은 A(20세)와 성관계 중 A의 동의 하에 성행위 장면을 핸드폰으로 촬영하여 보관하여오다가 A가 헤어지자고 하자 이를 유포하겠다고 협박하였다. 이에 불안에 떨던 A는 경찰에 甲을 고소하였고, 이를 알게 된 甲은 성관계 동영상 파일을 컴퓨터로 재생하면서 모니터에 나타난 A의 나체를 휴대전화 카메라로 촬영하여 유포하고 도주하였다. (2) 며칠 후 甲은 자신의 쌍둥이 동생인 乙에게 경찰서에 가서 乙이 범인이라고 허위자백을 하도록 시켰고, 이에 따라 乙은 경찰서에 가서 자신이 범인이라고 허위자백을 하였다.

(1)에서 甲이 이러한 사실을 수첩에 적어 놓은 경우 이 수첩이 甲의 범죄사실에 대한 증거로 법정에 제출되더라도 甲이 이를 증거로 함에 동의하지 않고 그 성립의 진정도 부인하면 이는 증거로 할 수 없다.

해설 사안의 수첩은 형사소송법 제313조 제1항의 피고인이 작성한 진술서에 해당하므로 피고인이 증거로 함에 동의하지 않은 경우 피고인의 진술에 의해 성립의 진정이 인정되어야 증거로 사용할 수 있다. 다만 피고인이 성립의 진정을 부인하는 경우 감정 등 객관적인 방법으로 성립의 진정이 증명되면 증거로 사용할 수 있다.

> **형사소송법 제313조(진술서등)** ① 전2조의 규정 이외에 피고인 또는 피고인이 아닌 자가 작성한 진술서나 그 진술을 기재한 서류로서 그 작성자 또는 진술자의 자필이거나 그 서명 또는 날인이 있는 것(피고인 또는 피고인 아닌 자가 작성하였거나 진술한 내용이 포함된 문자·사진·영상 등의 정보로서 컴퓨터용 디스크, 그 밖에 이와 비슷한 정보저장매체에 저장된 것을 포함한다. 이하 이 조에서 같다)은 공판준비나 공판기일에서의 그 작성자 또는 진술자의 진술에 의하여 그 성립의 진정함이 증명된 때에는 증거로 할 수 있다. 단, 피고인의 진술을 기재한 서류는 공판준비 또는 공판기일에서의 그 작성자의 진술에 의하여 그 성립의 진정함이 증명되고 그 진술이 특히 신빙할 수 있는 상태하에서 행하여 진 때에 한하여 피고인의 공판준비 또는 공판기일에서의 진술에 불구하고 증거로 할 수 있다.
> ② 제1항 본문에도 불구하고 진술서의 작성자가 공판준비나 공판기일에서 그 성립의 진정을 부인하는 경우에는 과학적 분석결과에 기초한 디지털포렌식 자료, 감정 등 객관적 방법으로 성립의 진정함이 증명되는 때에는 증거로 할 수 있다. 다만, 피고인 아닌 자가 작성한 진술서는 피고인 또는 변호인이 공판준비 또는 공판기일에 그 기재 내용에 관하여 작성자를 신문할 수 있었을 것을 요한다.

19년(2) 모의

410. 甲은 미성년자인 친딸 A를 강제추행하였다는 범죄사실로 재판을 받고 있다. 甲은 누나인 乙로 하여금 A의 허위진술을 유도해서 녹음하여 증거로 제출하도록 부탁하였다. 乙은 A와 자신의 딸인 B가 자연스럽게 대화하도록 하면서 '아빠가 때려서 그것 때문에 화나서 아빠가 몸에다 손댔다고 거짓말하였다.'는 취지로 한 A의 허위진술을 유도하여 자신의 휴대폰에 녹음하고, 이 진술이 담긴 녹음파일과 그 녹취록을 담당재판부에 증거로 제출하였다. 녹음파일이 甲의 강제추행죄에 대한 증거로 제출된 경우 A가 증거동의를 하지 않는 한 증거능력이 인정되지 않는다.

해설 강제추행죄의 증거로 사용되기 위한 녹음파일의 성격과 관련하여 「참고인이 타인의 형사사건 등에 관하여 제3자와 대화를 하면서 허위로 진술하고 위와 같은 허위 진술이 담긴 대화 내용을 녹음한 녹음파일 또는 이를 녹취한 녹취록은 참고인의 허위진술 자체 또는 참고인 작성의 허위 사실확인서 등과는 달리 그 진술내용만이 증거자료로 되는 것이 아니고 녹음 당시의 현장음향 및 제3자의 진술 등이 포함되어 있어 그 일체가 증거자료가 된다고 할 것이므로, (중략) 그 녹음의 자연스러움을 뒷받침하는 현장성이 강하여(하략)(대판 2013.12.26. 2013도165)」라고 할 경우 비진술증거인 현장녹음으로 보아 요증사실과의 관련성을 증명하는 것에 의해 증거능력을 인정할 수 있게 된다.
▶ 또한 위 파일을 진술증거로 볼 경우 313조 제1항의 진술기재서에 해당하는데, 진술자인 A가 성립의 진정을 부인하는 취지의 증거부동의를 한 경우 진술기재서에 대해서도 동조 제2항을 적용할 수 있다는 견해를 취하면 녹음파일의 증거능력을 인정할 수 있게 된다.

> **형사소송법 제313조(진술서등)** ① 전2조의 규정 이외에 피고인 또는 피고인이 아닌 자가 작성한 진술서나 그 진술을 기재한 서류로서 그 작성자 또는 진술자의 자필이거나 그 서명 또는 날인이 있는 것(피고인 또는 피고인 아닌 자가 작성하였거나 진술한 내용이 포함된 문자·사진·영상 등의 정보로서 컴퓨터용 디스크, 그 밖에 이와 비슷한 정보저장매체에 저장된 것을 포함한다. 이하 이 조에서 같다)은 공판준비나 공판기일에서의 그 작성자 또는 진술자의 진술에 의하여 그 성립의 진정함이 증명된 때에는 증거로 할 수 있다. 단, 피고인의 진술을 기재한 서류는 공판준비 또는 공판기일에서의 그 작성자의 진술에 의하여 그 성립의 진정함이 증명되고 그 진술이 특히 신빙할 수 있는 상태하에서 행하여 진 때에 한하여 피고인의 공판준비 또는 공판기일에서의 진술에 불구하고 증거로 할 수 있다.

② 제1항 본문에도 불구하고 진술서의 작성자가 공판준비나 공판기일에서 그 성립의 진정을 부인하는 경우에는 과학적 분석결과에 기초한 디지털포렌식 자료, 감정 등 객관적 방법으로 성립의 진정함이 증명되는 때에는 증거로 할 수 있다. 다만, 피고인 아닌 자가 작성한 진술서는 피고인 또는 변호인이 공판준비 또는 공판기일에 그 기재 내용에 관하여 작성자를 신문할 수 있었을 것을 요한다.

정답 ×

17년(3)·22년(3) 모의

411. **(1) 수사기관이 아닌 사인이 피고인의 진술을 내용으로 하는 진술기재서를 작성한 경우, 작성자가 진정성립을 인정하고 특신상태가 증명되더라도, 원진술자인 피고인이 진정성립을 부인하는 경우에는 그 진술기재서에 기재된 피고인의 진술내용은 증거로 사용할 수 없다.**

(2) 감정의 경과와 결과를 기재한 서류는 공판준비 또는 공판기일에서 작성자가 그 성립의 진정을 부인하면 감정 등 객관적 방법으로 성립의 진정함이 증명되더라도 증거로 할 수 없다.

 형사소송법 제313조 참조.

형사소송법 제313조(진술서등) ① 전2조의 규정 이외에 피고인 또는 피고인이 아닌 자가 작성한 진술서나 그 진술을 기재한 서류로서 그 작성자 또는 진술자의 자필이거나 그 서명 또는 날인이 있는 것(피고인 또는 피고인 아닌 자가 작성하였거나 진술한 내용이 포함된 문자·사진·영상 등의 정보로서 컴퓨터용 디스크, 그 밖에 이와 비슷한 정보저장매체에 저장된 것을 포함한다. 이하 이 조에서 같다)은 공판준비나 공판기일에서의 그 작성자 또는 진술자의 진술에 의하여 그 성립의 진정함이 증명된 때에는 증거로 할 수 있다. 단, 피고인의 진술을 기재한 서류는 공판준비 또는 공판기일에서의 그 작성자의 진술에 의하여 그 성립의 진정함이 증명되고 그 진술이 특히 신빙할 수 있는 상태하에서 행하여 진 때에 한하여 피고인의 공판준비 또는 공판기일에서의 진술에 불구하고 증거로 할 수 있다.
② 제1항 본문에도 불구하고 (1)진술서의 작성자가 공판준비나 공판기일에서 그 성립의 진정을 부인하는 경우에는 과학적 분석결과에 기초한 디지털포렌식 자료, 감정 등 객관적 방법으로 성립의 진정함이 증명되는 때에는 증거로 할 수 있다. 다만, 피고인 아닌 자가 작성한 진술서는 피고인 또는 변호인이 공판준비 또는 공판기일에 그 기재 내용에 관하여 작성자를 신문할 수 있었을 것을 요한다.
③ (2)감정의 경과와 결과를 기재한 서류도 제1항 및 제2항과 같다.

정답 ×, ×

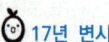 17년 변시

412. **피고인이 자필로 작성한 범행을 인정하는 내용의 메모지가 피고인의 집에서 발견되어 증거로 제출된 경우, 피고인이 공판기일에서 그 성립의 진정을 부인하면 필적감정에 의하여 성립의 진정함이 증명되더라도 증거로 사용할 수 없다.**

해설 형사소송법 제313조 제2항 참조.

> **형사소송법 제313조(진술서등)** ① 전2조의 규정 이외에 피고인 또는 피고인이 아닌 자가 작성한 진술서나 그 진술을 기재한 서류로서 그 작성자 또는 진술자의 자필이거나 그 서명 또는 날인이 있는 것(피고인 또는 피고인 아닌 자가 작성하였거나 진술한 내용이 포함된 문자·사진·영상 등의 정보로서 컴퓨터용디스크, 그 밖에 이와 비슷한 정보저장매체에 저장된 것을 포함한다. 이하 이 조에서 같다)은 공판준비나 공판기일에서의 그 작성자 또는 진술자의 진술에 의하여 그 성립의 진정함이 증명된 때에는 증거로 할 수 있다. 단, 피고인의 진술을 기재한 서류는 공판준비 또는 공판기일에서의 그 작성자의 진술에 의하여 그 성립의 진정함이 증명되고 그 진술이 특히 신빙할 수 있는 상태하에서 행하여 진 때에 한하여 피고인의 공판준비 또는 공판기일에서의 진술에 불구하고 증거로 할 수 있다.
> ② 제1항 본문에도 불구하고 진술서의 작성자가 공판준비나 공판기일에서 그 성립의 진정을 부인하는 경우에는 과학적 분석결과에 기초한 디지털포렌식 자료, 감정 등 객관적 방법으로 성립의 진정함이 증명되는 때에는 증거로 할 수 있다. 다만, 피고인 아닌 자가 작성한 진술서는 피고인 또는 변호인이 공판준비 또는 공판기일에 그 기재 내용에 관하여 작성자를 신문할 수 있었을 것을 요한다.

정답

17년 · 23년 변시, 23년(1) 모의

413.
1. 화가 난 甲은 乙에게 전화하여 "A가 입금한 1,000만 원을 돌려주지 않으면 죽여버린다."라고 말하였는데, 乙은 甲의 이러한 협박 발언을 녹음한 후, 자신의 동생 丙에게 『내 계좌에 모르는 사람으로부터 1,000만 원이 입금되어 있기에 사용했는데, 이를 안 甲이 나에게 돌려주지 않으면 죽여버린다고 협박했다.』라는 내용의 문자메시지를 보냈다. 이후 A와 丙의 신고로 수사가 개시되어 甲이 기소되었고, 검사는 乙이 녹음한 녹음파일 중 甲의 협박 발언 부분 및 문자메시지를 촬영한 사진을 증거로 신청하였다. 이에 정오를 판단하시오 (다툼이 있는 경우 판례에 의함)

(1) 검사의 입증취지가 甲이 위와 같이 협박한 사실인 경우, 乙이 녹음한 녹음파일 중 甲의 협박 발언 부분은 전문증거이다.

(2) 검사의 입증취지가 甲이 위와 같이 협박한 사실인 경우, 문자메시지를 촬영한 사진은 전문증거이다.

(3) 피해자 A는 강간의 피해내용을 아버지 B에게 문자메시지로 보냈고 B가 그 문자메시지를 촬영한 사진이 증거로 제출된 경우, A와 B가 법정에 출석하여 A는 사진 속 문자메시지의 내용이 자신이 작성해 보낸 것과 동일함을 확인하고, B는 A가 보낸 문자메시지를 촬영한 사진이 맞다고 확인한 때에는 증거로 사용할 수 있다.

(4) 도박에 빠진 경찰 甲은 단속할 의사 없이 관할구역에서 클럽 불법영업을 하는 乙에게 "너 하나 감방 보내고 클럽 문 닫게 하는 것은 식은 죽 먹기다, 잘 판단하라"는 내용의 문자메시지를 보냈고, 겁을 먹은 乙은 클럽에서 술자리를 마련하고 현금 5천만 원을 甲에게 건넸다. 검사는 乙이 임의제출한 甲이 보낸 문자메시지를 촬영한 사진을 증거로 제출 했는데 이에 대해서는 전문법칙의 적용이 없고, 원본증거를 공판정에 제출할 수 없거나 곤란한 사정이 있고 원본과의 동일성 및 사건 관련성이 인정되는 한 증거능력이 인정된다.

해설 이 사건 문자메시지는 피해자가 피고인으로부터 풀려난 당일에 남동생에게 도움을 요청하면서 피고인이 협박한 말을 포함하여 공갈 등 피고인으로부터 피해를 입은 내용을 문자메시지로 보낸 것이므로, 이 사건 문자메시지의 내용을 촬영한 사진은 증거서류 중 피해자의 진술서에 준하는 것으로 취급함이 상당할 것인바, 진술서에 관한 형사소송법 제313조에 따라 이 사건 문자메시지의 작성자인 피해자 공소외 1이 제1심 법정에 출석하여 자신이 이 사건 문자메시지를 작성하여 동생에게 보낸 것과 같음을 확인하고, 동생인 공소외 3도 제1심 법정에 출석하여 피해자 공소외 1이 보낸 이 사건 문자메시지를 촬영한 사진이 맞다고 확인한 이상, 이 사건 문자메시지를 촬영한 사진은 그 성립의 진정함이 증명되었다고 볼 수 있으므로 이를 증거로 할 수 있다(대판 2010.11.25. 2010도8735).

비교판례 형사소송법 제310조의2는 사실을 직접 경험한 사람의 진술이 법정에 직접 제출되어야 하고 이에 갈음하는 대체물인 진술 또는 서류가 제출되어서는 안 된다는 이른바 전문법칙을 선언한 것이다. 그런데 정보통신망을 통하여 공포심이나 불안감을 유발하는 글을 반복적으로 상대방에게 도달하게 하는 행위를 하였다는 공소사실에 대하여 휴대전화기에 저장된 문자정보가 그 증거가 되는 경우, 그 문자정보는 범행의 직접적인 수단이고 경험자의 진술에 갈음하는 대체물에 해당하지 않으므로, 형사소송법 제310조의2에서 정한 전문법칙이 적용되지 않는다

검사가 위 죄에 대한 유죄의 증거로 문자정보가 저장되어 있는 휴대전화기를 법정에 제출하는 경우, 휴대전화기에 저장된 문자정보 그 자체가 범행의 직접적인 수단으로서 증거로 사용될 수 있다. 또한, 검사는 휴대전화기 이용자가 그 문자정보를 읽을 수 있도록 한 휴대전화기의 화면을 촬영한 사진을 증거로 제출할 수도 있는데, 이를 증거로 사용하려면 문자정보가 저장된 휴대전화기를 법정에 제출할 수 없거나 그 제출이 곤란한 사정이 있고, 그 사진의 영상이 휴대전화기의 화면에 표시된 문자정보와 정확하게 같다는 사실이 증명되어야 한다(대판 2008.11.13. 2006도2556).

414. 참고인이 수사과정에서 진술서를 작성하였지만 수사기관이 그에 대한 조사과정을 기록하지 아니한 경우에는, 특별한 사정이 없는 한 '적법한 절차와 방식'에 따라 수사과정에서 진술서가 작성되었다 할 수 없으므로 증거능력을 인정할 수 없다.

해설 형사소송법 제312조 제5항은 피고인 또는 피고인이 아닌 자가 수사과정에서 작성한 진술서의 증거능력에 관하여는 형사소송법 제312조 제1항부터 제4항까지 준용하도록 규정하고 있으므로, 위와 같은 법리는 피고인이 아닌 자가 수사과정에서 작성한 진술서의 증거능력에 관하여도 그대로 적용된다고 할 것이다. 형사소송법 제221조 제1항에서 검사 또는 사법경찰관은 수사에 필요한 때에는 피의자가 아닌 자의 출석을 요구하여 진술을 들을 수 있다고 규정하고, 제244조의4 제3항, 제1항에서 검사 또는 사법경찰관이 피의자가 아닌 자를 조사하는 경우에는 피의자를 조사하는 경우와 마찬가지로 조사장소에 도착한 시각, 조사를 시작하고 마친 시각, 그 밖에 조사과정의 진행경과를 확인하기 위하여 필요한 사항을 조서에 기록하거나 별도의 서면에 기록한 후 수사기록에 편철하여야 한다고 규정하고 있다. 이와 같이 수사기관으로 하여금 피의자가 아닌 자를 조사할 수 있도록 하면서도 그 조사과정을 기록하도록 한 취지는 수사기관이 조사과정에서 피조사자로부터 진술증거를 취득하는 과정을 투명하게 함으로써 그 과정에서의 절차적 적법성을 제도적으로 보장하려는 데 있다. 따라서 수사기관이 수사에 필요하여 피의자가 아닌 자를 조사하는 과정에서 그 진술을 청취하여 증거로 남기는 방법으

로 진술조서가 아닌 진술서를 작성·제출받는 경우에도 그 절차는 준수되어야 할 것이다. 이러한 형사소송법의 규정 및 그 입법 목적 등을 종합하여 보면, 피고인이 아닌 자가 수사과정에서 진술서를 작성하였지만 수사기관이 그에 대한 조사과정을 기록하지 아니하여 형사소송법 제244조의4 제3항, 제1항에서 정한 절차를 위반한 경우에는, 특별한 사정이 없는 한 '적법한 절차와 방식'에 따라 수사과정에서 진술서가 작성되었다 할 수 없으므로 그 증거능력을 인정할 수 없다(대판 2015.04.23. 2013도3790).

정답 ○

415. 압수된 컴퓨터 디스켓에 들어 있는 문건은 그 작성자 또는 진술자의 진술에 의하여 그 성립의 진정함이 증명되면 증거로 사용할 수 있다.

해설 컴퓨터 디스켓에 담긴 문건이 증거로 사용되는 경우 그 기재 내용의 진실성에 관하여는 전문법칙이 적용된다 할 것이고, 따라서 피고인 또는 피고인 아닌 자가 작성하거나 또는 그 진술을 기재한 문건의 경우 원칙적으로 형사소송법 제313조 제1항 본문에 의하여 그 작성자 또는 진술자의 진술에 의하여 그 성립의 진정함이 인정된 때에 이를 증거로 사용할 수 있다(대판 2001.03.23. 2000도486).

정답 ○

(3) 제313조의 적용범위

416. 디지털 저장매체로부터 출력한 문건을 진술증거로 사용하는 경우, 그 기재 내용의 진실성에 관하여는 전문법칙이 적용되므로, 문서의 압수·수색의 주체가 검사인가 사법경찰관인가에 따라 증거능력의 인정요건이 달라지게 된다.

해설 컴퓨터 디스켓에 들어 있는 문건이 증거로 사용되는 경우 그 컴퓨터 디스켓은 그 기재의 매체가 다를 뿐 실질에 있어서는 피고인 또는 피고인 아닌 자의 진술을 기재한 서류와 크게 다를 바 없고, 압수 후의 보관 및 출력과정에 조작의 가능성이 있으며, 기본적으로 반대신문의 기회가 보장되지 않는 점 등에 비추어 그 기재내용의 진실성에 관하여는 전문법칙이 적용된다고 할 것이고, 따라서 형사소송법 제313조 제1항에 의하여 그 작성자 또는 진술자의 진술에 의하여 그 성립의 진정함이 증명된 때에 한하여 이를 증거로 사용할 수 있다(대판 1999.09.03. 99도2317).

정답 ×

417. 외국에 거주하는 참고인과의 전화 대화내용을 문답형식으로 기재한 검찰주사보 작성의 수사보고서에 대해 「형사소송법」 제313조를 적용하기 위해서는 진술자인 참고인의 서명 또는 날인이 있어야 한다.

> **해설** 외국에 거주하는 참고인과의 전화 대화내용을 문답형식으로 기재한 검찰주사보 작성의 수사보고서는 전문증거로서 형사소송법 제310조의2에 의하여 제311조 내지 제316조에 규정된 것 이외에는 이를 증거로 삼을 수 없는 것인데, 위 수사보고서는 제311조, 제312조, 제315조, 제316조의 적용대상이 되지 아니함이 분명하므로, 결국 제313조의 진술을 기재한 서류에 해당하여야만 제314조의 적용 여부가 문제될 것인바, 제313조가 적용되기 위하여는 그 진술을 기재한 서류에 그 진술자의 서명 또는 날인이 있어야 한다(대판 1999.02.26. 98도2742).

정답 ○

5. 검증조서와 감정서
(1) 검증조서의 의의
(2) 법원 또는 법관의 검증조서

> 14년·18년 변시, 16년(3)·22년(3) 모의

418. (1) 사인(私人)이 피고인이 아닌 자의 진술을 녹음한 녹음테이프에 대하여 법원이 실시한 검증의 내용이, 녹음테이프에 녹음된 대화내용이 검증조서에 첨부된 녹취서에 기재된 내용과 같다는 것에 불과한 경우, 그 검증조서는 형사소송법 제311조의 '법원의 검증의 결과를 기재한 조서'에 해당하여 그 조서 중 위 진술내용은 위 제311조에 의하여 증거능력이 인정된다.

(2) 피고인과 상대방 사이의 대화 내용에 관한 녹취서가 공소사실의 증거로 제출되어 녹취서의 기재 내용과 녹음테이프의 녹음 내용이 동일한지에 대하여 법원이 검증을 실시한 경우, 피고인이 녹음테이프를 증거로 할 수 있음에 동의하지 않은 이상 녹음테이프에 녹음된 피고인의 진술 내용을 증거로 사용하기 위해서는 형사소송법 제313조 제1항 단서에 따른 요건이 인정되어야 한다.

(3) 피해자와 피고인 아닌 자의 대화를 녹음한 녹음테이프에 대하여 법원이 실시한 검증의 내용이 그 진술 당시 진술자의 상태 등을 확인하기 위한 것인 경우에는 형사소송법 제313조 제1항에 따른 요건을 갖추어야 증거능력이 인정될 수 있다.

(4) A가 진술 당시 술에 취하여 횡설수설하였다는 것을 확인하기 위하여 제출된 A의 진술이 녹음된 녹음테이프는 전문증거에 해당한다.

> **해설** (1)(2) 수사기관이 아닌 사인이 피고인 아닌 자와의 전화대화를 녹음한 녹음테이프에 대하여 법원이 실시한 검증의 내용이 녹음테이프에 녹음된 전화대화의 내용이 검증조서에 첨부된 녹취서에 기재된 내용과 같다는 것에 불과한 경우에는 증거자료가 되는 것은 여전히 녹음테이프에 녹음된 대화 내용이므로, 그 중 피고인 아닌 자와의 대화의 내용은 실질적으로 형사소송법 제311조, 제312조 규정 이외의 피고인 아닌 자의 진술을 기재한 서류와 다를 바 없어서, 피고인이 그 녹음테이프를 증거로 할 수 있음에 동의하지 않은 이상 그 녹음테이프 검증조서의 기재 중 피고인 아닌 자의 진술내용을 증거로 사용하기 위해서는 형사소송법 제313조 제1항에 따라 공판준비나 공판기일에서 원진술자의 진술에 의하여 그 녹음테이프에 녹음된 진술내용이 자신이 진술한 대로 녹음된 것이라는 점이 인정되어야 하는 것이지만, 이와는 달리 (3)(4) 녹음테이프에 대한 검증의 내용이 그 진술 당시 진술자의 상태 등을

확인하기 위한 것인 경우에는, 녹음테이프에 대한 검증조서의 기재 중 진술내용을 증거로 사용하는 경우에 관한 위 법리는 적용되지 아니하고, 따라서 위 검증조서는 법원의 검증의 결과를 기재한 조서로서 형사소송법 제311조에 의하여 당연히 증거로 할 수 있다(대판 2008.07.10. 2007도10755).

정답 ×, ○, ×, ×

17년 변시

419. 검사가 CCTV 녹화기록을 증거로 제출하였는데, 제1심 법원이 공판기일에 CCTV에 대한 검증을 행한 경우, 그 검증결과가 바로 증거가 되는 것이고 그 검증의 결과를 기재한 검증조서가 서증으로서 증거가 되는 것은 아니다.

해설 엘리베이터 CCTV 동영상 검증에 관하여 수소법원이 공판기일에 검증을 행한 경우에는 그 검증결과 즉 법원이 오관의 작용에 의하여 판단한 결과가 바로 증거가 되고, 그 검증의 결과를 기재한 검증조서가 서증으로서 증거가 되는 것은 아니다(대판 2009.11.12. 2009도8949).

정답 ○

(3) 검사 또는 사법경찰관의 검증조서

20년·21년·22년 변시, 20년(2)·23년(1) 모의

420. (1) 피고인이 범행을 재연하는 사진이 첨부되어 있는 사법경찰관이 작성한 검증조서에 대하여 피고인이 증거로 함에 동의한 것만으로 피고인이 범행을 재연하는 사진의 증거능력이 인정되는 것은 아니다.

(2) 甲과 乙은 합동하여 평소 알고 지내던 A의 집에서 현금 1,000만 원을 절취하였다는 사실로 특수절도로 공소가 제기되어 함께 재판을 받고 있다. 사법경찰관 작성의 검증조서에 甲이 A의 거실에서 현금을 가지고 나오면서 "빨리 도망가자"라고 말한 진술기재 부분과 범행을 재연하는 사진이 첨부되어 있는 경우, 甲이 법정에서 검증조서에 대해서만 증거로 활용함에 동의하고 진술기재 부분과 재연사진에 대해서는 그 성립의 진정 및 내용을 부인하였다면, 위 진술기재 부분과 재연사진은 유죄의 증거로 사용할 수 없다.

해설 사법경찰관 작성의 검증조서에 대하여 피고인이 증거로 함에 동의만 하였을 뿐 공판정에서 검증조서에 기재된 진술내용 및 범행을 재연한 부분에 대하여 그 성립의 진정 및 내용을 인정한 흔적을 찾아 볼 수 없고 오히려 이를 부인하고 있는 경우에는 그 증거능력을 인정할 수 없으므로, 위 검증조서 중 범행에 부합되는 피고인의 진술을 기재한 부분과 범행을 재연한 부분을 제외한 나머지 부분만을 증거로 채용하여야 함에도 이를 구분하지 아니한 채 그 전부를 유죄의 증거로 인용한 항소심의 조치는 위법하다(대판 1998.03.13. 98도159).

정답 ○, ○

15년(2)·17년(1)·18년(1)·(3)·20년(3)·21년(2)·22년(1)·23년(2)모의

421. (1) 수사보고서에 검증의 결과에 해당하는 기재가 있더라도, 수사보고서는 수사의 경위 및 결과를 내부적으로 보고하기 위하여 작성된 서류에 불과하므로 「형사소송법」 제312조 제6항의 '검사 또는 사법경찰관이 검증의 결과를 기재한 조서'라고 할 수 없다.

(2) 수사보고서에 검증의 결과에 해당하는 기재가 있는 경우, 공판준비 또는 공판기일에서의 작성자의 진술에 따라 그 성립의 진정이 인정되는 때에는 증거로 할 수 있다.

(3) 수사보고서에 "피고인의 왼쪽 눈부위에 타박상이 있다"라는 검증의 결과에 해당하는 기재가 있더라도 그 기재 부분은 증거로 할 수 없다.

해설 수사보고서에 검증의 결과에 해당하는 기재가 있는 경우, 그 기재 부분은 실황조사서에 해당하지 아니하며, 단지 수사의 경위 및 결과를 내부적으로 보고하기 위하여 작성된 서류에 불과하므로 그 안에 검증의 결과에 해당하는 기재가 있다고 하여 이를 형사소송법 제312조 제1항(현 제312조 제6항)의 '검사 또는 사법경찰관이 검증의 결과를 기재한 조서'라고 할 수 없을 뿐만 아니라 이를 같은 법 제313조 제1항의 '피고인 또는 피고인이 아닌 자가 작성한 진술서나 그 진술을 기재한 서류'라고 할 수도 없고, 같은 법 제311조, 제315조, 제316조의 적용대상이 되지 아니함이 분명하므로 그 기재 부분은 증거로 할 수 없다(대판 2001.05.29. 2000도2933).

정답 O, ×, O

15년(1) 모의

422. 검증조서는 그 작성주체가 검사이냐 사법경찰관이냐에 따라 전문법칙에 따른 증거능력 인정요건을 달리한다.

해설 검증조서의 경우 작성주체가 검사이냐 사법경찰관이냐에 따라 증거능력 인정요건이 달라지지 않는다.

형사소송법 제312조(검사 또는 사법경찰관의 조서 등) ⑥ 검사 또는 사법경찰관이 검증의 결과를 기재한 조서는 적법한 절차와 방식에 따라 작성된 것으로서 공판준비 또는 공판기일에서의 작성자의 진술에 따라 그 성립의 진정함이 증명된 때에는 증거로 할 수 있다.

정답 ×

13년(3)·20년(1)·(3) 모의

423. 검사 또는 사법경찰관이 검증의 결과를 기재한 조서는 적법한 절차와 방식에 따라 작성된 것으로서 공판준비 또는 공판기일에서의 작성자의 진술에 따라 그 성립의 진정함이 증명된 때에는 증거로 할 수 있다. 다만, 그 조서에 기재된 진술이 특히 신빙할 수 있는 상태하에서 행하여졌음이 증명된 때에 한한다.

해설 형사소송법 제312조 제6항 참조.

> **형사소송법 제312조(검사 또는 사법경찰관의 조서 등)** ⑥ 검사 또는 사법경찰관이 검증의 결과를 기재한 조서는 적법한 절차와 방식에 따라 작성된 것으로서 공판준비 또는 공판기일에서의 작성자의 진술에 따라 그 성립의 진정함이 증명된 때에는 증거로 할 수 있다.

정답 ×

(4) 감정서

🍊 14년 변시, 15년(1)·22년(1) 모의

424. 수사기관에 의하여 감정을 위촉받은 감정수탁자가 작성한 감정서는 감정수탁자의 자필이거나 그 서명 또는 날인이 있고 공판준비나 공판기일에서 감정수탁자의 진술에 의하여 그 성립의 진정함이 증명된 때에만 증거능력이 있으나, 법원의 명령에 의하여 감정인이 제출한 감정서는 무조건 증거능력이 있다.

해설 감정서가 법원 또는 법관의 감정명령에 의하는 경우에는 선서(형사소송법 제170조)와 형법상의 제재에 의하여 공정성이 담보된다는 점에서 진술서에 준하여 증거능력이 인정된다(형사소송법 제313조 제3항). 즉 감정서는 동법 제315조 제1호의 직무상 증명할 수 있는 사항에 관한 공무원작성문서가 아니라 제313조 제3항에 의하여 증거능력이 인정된다. 따라서 법원의 명령에 의한 감정서의 경우도 당연히 증거능력이 있는 것이 아니라 ㉠ 감정인의 자필이거나 서명 또는 날인이 있어야 하며 ㉡ 감정인의 법정진술에 의하여 그 성립의 진정이 증명되어야 증거로 사용할 수 있으므로 지문의 후단은 옳지 않다. 한편 제313조 제3항의 감정서에는 법원의 명령에 의한 감정서 뿐 아니라 수사기관에 의하여 감정을 촉탁받은 자가 작성한 감정서도 포함된다는 것이 통설이므로 지문의 전단은 옳다.

> **형사소송법 제313조(진술서등)** ① 전2조의 규정 이외에 피고인 또는 피고인이 아닌 자가 작성한 진술서나 그 진술을 기재한 서류로서 그 작성자 또는 진술자의 자필이거나 그 서명 또는 날인이 있는 것은 공판준비나 공판기일에서의 그 작성자 또는 진술자의 진술에 의하여 그 성립의 진정함이 증명된 때에는 증거로 할 수 있다. 단, 피고인의 진술을 기재한 서류는 공판준비 또는 공판기일에서의 그 작성자의 진술에 의하여 그 성립의 진정함이 증명되고 그 진술이 특히 신빙할 수 있는 상태하에서 행하여 진 때에 한하여 피고인의 공판준비 또는 공판기일에서의 진술에 불구하고 증거로 할 수 있다.
> ② 제1항 본문에도 불구하고 진술서의 작성자가 공판준비나 공판기일에서 그 성립의 진정을 부인하는 경우에는 과학적 분석결과에 기초한 디지털포렌식 자료, 감정 등 객관적 방법으로 성립의 진정함이 증명되는 때에는 증거로 할 수 있다. 다만, 피고인 아닌 자가 작성한 진술서는 피고인 또는 변호인이 공판준비 또는 공판기일에 그 기재 내용에 관하여 작성자를 신문할 수 있었을 것을 요한다.
> ③ 감정의 경과와 결과를 기재한 서류도 제1항 및 제2항과 같다.

정답 ×

6. 당연히 증거능력이 있는 서류

21년(2) 모의

425. 불법적인 영업을 위하여 그 필요상 작성된 문서라도 사무내역을 그때그때 계속적, 기계적으로 기재한 문서라면 「형사소송법」 제315조 제2호가 정한 업무상 필요로 작성한 통상문서에 해당한다.

> 해설 성매매업소에 고용된 여성들이 성매매를 업으로 하면서 영업에 참고하기 위하여 성매매 상대방의 아이디와 전화번호 및 성매매방법 등을 메모지에 적어두었다가 직접 메모리카드에 입력하거나 업주가 고용한 다른 여직원이 그 내용을 입력한 경우, 위 메모리카드의 내용은 형사소송법 제315조 제2호의 '영업상 필요로 작성한 통상문서'로서 당연히 증거능력 있는 문서에 해당한다(대판 2007.07.26. 2007도3219).

정답 ○

21년 변시, 21년(2) 모의

426. 대한민국 주중국 대사관 영사가 작성한 사실확인서 중 공인 부분을 제외한 나머지 부분이 영사의 공무수행 과정 중 작성되었지만 공적인 증명보다는 상급자 등에 대한 보고를 목적으로 하는 것이더라도, 그 부분은 「형사소송법」 제315조 제3호의 '기타 특히 신용할 만한 정황에 의하여 작성된 문서'에 해당한다.

> 해설 기록에 의하면, 대한민국 주중국 대사관 영사 공소외 1 작성의 사실확인서 중 공인 부분을 제외한 나머지 부분은 북한 조선상명무역공사 북경대표처 지사장 공소외 2가 사용 중인 승용차의 소유주가 공소외 3이라는 것과 공소외 3의 신원 및 공소외 3이 대표로 있는 (상호 생략)무역공사의 실체에 관한 내용, 위 공소외 2가 거주 중인 북경시 조양구 소재 주택이 북한 대남공작조직의 공작 아지트로 활용되고 있다는 내용, 피고인 3이 2006. 6. 24.경 북경에서 만난 공소외 4가 북한공작원이라는 취지의 내용으로, 비록 영사 공소외 1이 공무를 수행하는 과정에서 작성된 것이지만 그 목적이 공적인 증명에 있다기보다는 상급자 등에 대한 보고에 있는 것으로서 엄격한 증빙서류를 바탕으로 하여 작성된 것이라고 할 수 없으므로, 위와 같은 내용의 각 사실 확인 부분은 형사소송법 제315조 제1호에서 규정한 호적의 등본 또는 초본, 공정증서등본 기타 공무원 또는 외국공무원의 직무상 증명할 수 있는 사항에 관하여 작성한 문서라고 볼 수 없고, 또한 같은 조 제3호에서 규정한 기타 특히 신용할 만한 정황에 의하여 작성된 문서에 해당하여 당연히 증거능력이 있는 서류라고 할 수 없다(대판 2007.12.13. 2007도7257). ▶ 대한민국 주중국 대사관 영사가 작성한 사실확인서 중 공인 부분을 제외한 나머지 부분이 비록 영사의 공무수행 과정 중 작성되었지만 공적인 증명보다는 상급자 등에 대한 보고를 목적으로 하는 것인 경우, 형사소송법 제315조 제1호의 '공무원의 직무상 증명할 수 있는 사항에 관하여 작성한 문서' 또는 제3호의 '기타 특히 신뢰할 만한 정황에 의하여 작성된 문서'라고 볼 수 없으므로 증거능력이 없다고 한 사례

정답 ✕

20년(1) 모의

427. 성매매업소 업주가 성매매를 전후하여 영업상 참고하기 위하여 고객정보를 입력한 메모리카드에 기재된 내용은 「형사소송법」 제315조 제2호의 영업상 필요로 작성된 통상문서로서 당연히 증거능력이 인정된다.

> **해설** 성매매업소에 고용된 여성들이 성매매를 업으로 하면서 영업에 참고하기 위하여 성매매 상대방의 아이디와 전화번호 및 성매매방법 등을 메모지에 적어두었다가 직접 메모리카드에 입력하거나 업주가 고용한 다른 여직원이 그 내용을 입력한 경우, 위 메모리카드의 내용은 형사소송법 제315조 제2호의 '영업상 필요로 작성한 통상문서'로서 당연히 증거능력 있는 문서에 해당한다(대판 2007.07.26. 2007도3219).

정답

19년(3) 모의

428. 甲이 乙에게서 불법정치자금을 수수하였다는 내용으로 기소된 경우, 乙이 甲에게 정치자금을 제공한 사실을 기재한 乙 작성의 업무상 금전출납부는 「형사소송법」 제315조(당연히 증거능력이 있는 서류) 제2호에 의하여 증거능력이 인정된다.

> **해설** 상업장부나 항해일지, 진료일지 또는 이와 유사한 금전출납부 등과 같이 범죄사실의 인정 여부와는 관계없이 자기에게 맡겨진 사무를 처리한 내역을 그때그때 계속적, 기계적으로 기재한 문서는 사무처리 내역을 증명하기 위하여 존재하는 문서로서 형사소송법 제315조 제2호에 의하여 당연히 증거능력이 인정된다(대판 2015.07.16. 2015도2625(전합)).

정답

16년(2)·21년(2)·22년(3) 모의

429. 체포·구속인접견부는 유치된 피의자가 죄증을 인멸하거나 도주를 기도하는 등 유치장의 안전과 질서를 위태롭게 하는 것을 방지하기 위한 목적으로 작성되는 서류로 보일 뿐이어서 「형사소송법」 제315조에 규정된 당연히 증거능력이 있는 서류로 볼 수는 없다.

> **해설** 체포·구속인접견부는 유치된 피의자가 죄증을 인멸하거나 도주를 기도하는 등 유치장의 안전과 질서를 위태롭게 하는 것을 방지하기 위한 목적으로 작성되는 서류로 보일 뿐이어서 형사소송법 제315조 제2, 3호에 규정된 당연히 증거능력이 있는 서류로 볼 수는 없다(대판 2012.10.25. 2011도5459).

정답

🕐 20년·24년 변시, 20년(2) 모의

430. 보험사기 사건에서 건강보험심사평가원이 수사기관의 의뢰에 따라 그 보내온 자료를 토대로 입원진료의 적정성에 대한 의견을 제시하는 내용의 '건강보험심사평가원의 입원진료 적정성 여부 등 검토의뢰에 대한 회신'은 사무 처리 내역을 계속적, 기계적으로 기재한 문서가 아니므로 「형사소송법」 제315조 제3호의 '기타 특히 신용할 만한 정황에 의하여 작성된 문서'에 해당하지 않는다.

∷해설∷ 사무처리 내역을 계속적, 기계적으로 기재한 문서가 아니라 범죄사실의 인정 여부와 관련 있는 어떠한 의견을 제시하는 내용을 담고 있는 문서는 형사소송법 제315조 제3호에서 규정하는 당연히 증거능력이 있는 서류에 해당한다고 볼 수 없으므로, 이른바 보험사기 사건에서 건강보험심사평가원이 수사기관의 의뢰에 따라 그 보내온 자료를 토대로 입원진료의 적정성에 대한 의견을 제시하는 내용의 '건강보험심사평가원의 입원진료 적정성 여부 등 검토의뢰에 대한 회신'은 형사소송법 제315조 제3호의 '기타 특히 신용할 만한 정황에 의하여 작성된 문서'에 해당하지 않는다(대판 2017.12.05. 2017도12671).

🕐 14년·20년 변시, 11년(1)·14년(2)·15년(3)·18년(2)·19년(1) 모의

431. 공범자가 당해 피고인과 별개의 공판절차에서 피고인으로서 공동범행에 관하여 한 진술이 기재된 공판조서가 당해 피고인의 공판에서 증거로 제출된 경우 이는 형사소송법 제311조에서 규정한 '법원 또는 법관의 조서'에 해당되지는 않지만, 특히 신용할 만한 정황에 의하여 작성된 문서이므로 그 증거능력이 인정된다.

∷해설∷ 판례는 형사소송법 제311조의 공판조서는 당해사건의 조서에 한정된다는 입장이다. 이러한 판례에 따르면 다른 사건의 공판조서는 제311조가 아닌 제315조 제3호에 의하여 증거능력이 인정된다고 본다.

형사소송법 제315조(당연히 증거능력이 있는 서류) 다음에 게기한 서류는 증거로 할 수 있다.
3. 기타 특히 신용할 만한 정황에 의하여 작성된 문서

🕐 21년 변시, 20년(3)·21년(2)·(3)·23년(2) 모의

432. 다른 피고인에 대한 형사사건의 공판조서는 「형사소송법」 제315조 제3호에 정한 서류로서 당연히 증거능력이 있고, 공판조서 중 일부인 증인신문조서 역시 마찬가지이다.

∷해설∷ 다른 피고인에 대한 형사사건의 공판조서는 형사소송법 제315조 제3호에 정한 서류로서 당연히 증거능력이 있는바, 공판조서 중 일부인 증인신문조서 역시 형사소송법 제315조 제3호에 정한 서류로서 당연히 증거능력이 있다고 보아야 할 것이다(대판 2005.04.28. 2004도4428).

🕐 21년·23년 변시, 18년(2)·(3)·19년(1)·22년(1)·(3) 모의

433.
(1) 구속적부심문조서는 형사소송법 제311조가 규정한 문서에는 해당하지 않으나, 특히 신용할 만한 정황에 의하여 작성된 문서이므로 특별한 사정이 없는 한 피고인이 증거로 함에 부동의하더라도 당연히 그 증거능력이 인정된다.

(2) 乙이 구속적부심사절차에서 자신의 범행을 자백하여 그 내용이 조서에 기재된 경우 乙이 공판정에서 자신의 범행을 부인하면 구속적부심문조서를 乙에 대한 유죄의 증거로 사용할 수 없다.

(3) 구속된 乙이 구속적부심문을 받으면서 자신의 범죄사실을 인정하였다면 乙이 증거로 함에 동의하지 않더라도 乙의 진술이 기재된 구속적부심문조서는 乙에 대한 유죄의 증거로 사용할 수 있다.

(4) 甲은 乙의 사기범행을 자신이 저질렀다는 취지로 수사기관에 출석하여 허위로 자수하였는데, 甲이 구속에서 풀려나겠다는 생각으로 사기죄를 저지른 것은 자신이 아니라 乙이라고 자백한 내용이 구속적부심문조서에 기재되었다면, 그 조서는 당연히 증거능력이 있다.

▮해설 구속적부심은 구속된 피의자 또는 그 변호인 등의 청구로 수사기관과는 별개 독립의 기관인 법원에 의하여 행하여지는 것으로서 구속된 피의자에 대하여 피의사실과 구속사유 등을 알려 그에 대한 자유로운 변명의 기회를 주어 구속의 적부를 심사함으로써 피의자의 권리보호에 이바지하는 제도인바, 법원 또는 합의부원, 검사, 변호인, 청구인이 구속된 피의자를 심문하고 그에 대한 피의자의 진술 등을 기재한 구속적부심문조서는 형사소송법 제311조가 규정한 문서에는 해당하지 않는다 할 것이나, 특히 신용할 만한 정황에 의하여 작성된 문서라고 할 것이므로 특별한 사정이 없는 한, 피고인이 증거로 함에 부동의하더라도 형사소송법 제315조 제3호에 의하여 당연히 그 증거능력이 인정된다(대판 2004.01.16. 2003도5693).

정답 ○, ×, ○, ○

7. 전문진술

(1) 전문진술과 전문법칙
(2) 제316조 제1항의 예외

🕐 20년 변시, 19년(3) 모의

434.
(1) 甲을 조사하였던 사법경찰관 P가 법정에서 "甲이 수사과정에서 범행을 자백하였다."라고 진술하였을 경우, 甲의 진술이 특히 신빙할 수 있는 상태하에서 행하여졌음이 증명되면, P의 법정진술을 甲에 대한 유죄의 증거로 사용할 수 있다.

(2) 甲의 성폭력범죄를 조사했던 사법경찰관 P가 법정에서 甲이 진술했던 내용에 대하여 증언을 하고 甲의 진술이 특히 신빙할 수 있는 상태에서 행하여졌더라도 원진술자인 甲이 법정에 출석하여 진술할 수 있는 한 증거능력이 인정될 수 없다.

해설 형사소송법 제316조 참조.

> **형사소송법 제316조 (전문의 진술)** ① 피고인이 아닌 자(공소제기 전에 피고인을 피의자로 조사하였거나 그 조사에 참여하였던 자를 포함한다. 이하 이 조에서 같다)의 공판준비 또는 공판기일에서의 진술이 피고인의 진술을 그 내용으로 하는 것인 때에는 그 진술이 특히 신빙할 수 있는 상태하에서 행하여졌음이 증명된 때에 한하여 이를 증거로 할 수 있다.

정답 ○, ×

16년(2) 모의

435. 13세 미만 미성년자 A를 강간하였다는 피의사실로 체포·구속된 甲은 경찰관 P로부터 조사를 받았으며 조사 당시 변호인 동석은 없었다. 그리고 공판정에서 甲은 공소사실을 부인하였다. P가 '내가 A를 강간하였다'는 甲의 말을 조사 과정에서 들었다고 공판정에서 진술했다고 하더라도, 甲의 진술은 변호인의 동석 없이 이루어졌고 또한 甲이 자신의 진술의 경위나 과정에 관하여 공판정에서 치열하게 다투고 있다면 특히 신빙할 수 있는 상태에서 행해졌다고 단정할 수 없다.

해설 피고인을 조사하였던 경찰관 공소외인의 원심 법정진술은 '피고인이 이 사건 공소사실 기재와 같은 범행을 저질렀다'는 피고인의 진술을 그 내용으로 하고 있는바, 이를 증거로 사용할 수 있기 위해서는 피고인의 위와 같은 진술이 특히 신빙할 수 있는 상태하에서 행하여졌음이 증명되어야 하는데, 피고인이 그 진술 경위나 과정에 관하여 치열하게 다투고 있는 점, 위와 같은 진술이 체포된 상태에서 변호인의 동석없이 이루어진 점 등을 고려해 보면, 피고인의 위와 같은 진술이 특히 신빙할 수 있는 상태하에서 행하여졌다는 점이 증명되었다고 보기 어려우므로, 피고인의 위와 같은 진술을 내용으로 한 공소외인의 당심 법정에서의 진술은 증거능력이 없다(대판 2012.10.25. 2011도5459).

정답 ○

18년(3) 모의

436. 피고인 甲의 진술이 특히 신빙할 수 있는 상태에서 행해졌고 위 사건을 조사했던 경찰관 P가 甲이 진술했던 내용에 대하여 법정에서 증언을 하더라도, 甲이 법정에 출석하여 진술할 수 있는 한 P의 증언은 증거능력이 인정될 수 없다.

해설 피고인 甲에 대한 공소사실의 범위와 사법경찰관 P의 조사범위가 분명하지 아니하나 미성년자의제강간·강제추행의 범죄사실에까지 미친다고 선해하여 사안을 살펴보면 피고인이 아닌 사법경찰관 P의 공판기일에서의 진술이 피고인 甲의 진술을 그 내용으로 하는 경우에는 신용성의 정황적 보장이 인정되는 것을 전제로 증거능력을 인정할 수 있다. 사안의 경우 피고인 甲의 진술에 신용성의 정황적 보장이 인정되므로 사법경찰관 P의 법정증언에 대하여 甲이 법정에 출석하여 진술할 수 있더라도 형사소송법 제316조 제1항에 의해 사법경찰관 P의 증언은 증거능력이 인정 될 수 있다.

정답 ×

🕐 18년·19년 변시

437. 시골마을에 사는 할머니 甲은 경작지의 농수 문제로 시비가 붙어 인근에 사는 A 할머니를 둔기로 때려 살해하였다는 혐의로 검사 S에 의해 기소되었다. 甲의 주거지 근처에서 피가 묻은 둔기는 발견되었으나, A의 사체는 발견되지 않았다. 만약 주민 B가 "甲이 나에게 '망할 놈의 할망구, 내가 A를 없애 버렸다'고 말한 적이 있다."라고 증언하였다면, 甲의 진술이 특히 신빙할 수 있는 상태 하에서 행하여졌음이 증명된 때에 한하여 B의 진술을 증거로 할 수 있다.

해설 피고인 아닌 자의 공판기일에서의 진술이 피고인의 진술을 그 내용으로 하는 것인 때에는 형사소송법 제316조 제1항의 규정에 따라 그 진술이 특히 신빙할 수 있는 상태하에서 행하여진 때에는 이를 증거로 할 수 있고, 여기서 '그 진술이 특히 신빙할 수 있는 상태하에서 행하여진 때'라 함은 그 진술을 하였다는 것에 허위 개입의 여지가 거의 없고, 그 진술 내용의 신빙성이나 임의성을 담보할 구체적이고 외부적인 정황이 있는 경우를 가리킨다(대판 2010.11.25. 2010도8735). 지문은 피고인 아닌 자(B)의 공판정에서의 진술이 피고인의 진술(甲)을 그 내용으로 하는 것에 해당한다. 따라서 형사소송법 제316조 제1항에 요건인 특히 신빙할 수 있는 상태 하에서 행하여졌음이 증명된 때에 한하여 증거로 할 수 있다.

형사소송법 제316조(전문의 진술) ① 피고인이 아닌 자(공소제기 전에 피고인을 피의자로 조사하였거나 그 조사에 참여하였던 자를 포함한다. 이하 이 조에서 같다)의 공판준비 또는 공판기일에서의 진술이 피고인의 진술을 그 내용으로 하는 것인 때에는 그 진술이 특히 신빙할 수 있는 상태하에서 행하여졌음이 증명된 때에 한하여 이를 증거로 할 수 있다.

정답

(3) 제316조 제2항의 예외

🕐 22년 변시, 22년(3) 모의

438. 甲과 乙은 丙과 공모하여 피해자 A로부터 금품을 갈취한 공소사실로 기소되었는데, 丙은 경찰 수사 단계에서 범행을 자백하는 취지의 진술서를 작성한 이후 갑자기 사망하였다. 검사는 丙의 동생인 B가 丙으로부터 "나는 甲, 乙과 함께 A의 금품을 갈취하였다."라는 말을 들었다는 것을 알고, B를 조사하여 그와 같은 내용의 B에 대한 진술조서를 작성하였다. 甲과 乙은 공판과정에서 위 공소사실을 다투고 있다. (다툼이 있는 경우 판례에 의함)

1) 乙이 출석한 공판기일에서 乙을 조사한 사법경찰관이 법정에 증인으로 출석하여 乙에 대한 피의자신문을 하면서 乙이 자백하는 것을 들었던 내용을 증언한 경우, 그 증언은 乙의 진술이 특히 신빙할 수 있는 상태하에서 행하여졌음이 증명된 경우라도 甲의 증거동의가 없는 한 甲에 대한 유죄 인정의 증거로 사용할 수 없다.

해설 원진술자인 乙이 공판정에 출석하였으므로 필요성 요건이 충족되지 않아, 당해 피고인인 甲의 증거동의가 있는 경우에 한하여 乙을 조사한 사법경찰관의 법정 증언에 증거능력이 부여된다.

> **판례** 형사소송법 제316조 제2항은 "피고인 아닌 자의 공판준비 또는 공판기일에서의 진술이 피고인 아닌 타인의 진술을 그 내용으로 하는 것인 때에는 원진술자가 사망, 질병, 외국거주, 소재불명, 그 밖에 이에 준하는 사유로 인하여 진술할 수 없고, 그 진술이 특히 신빙할 수 있는 상태하에서 행하여졌음이 증명된 때에 한하여 이를 증거로 할 수 있다"고 규정하고 있고, 같은 조 제1항에 따르면 위 '피고인 아닌 자'에는 공소제기 전에 피고인 아닌 타인을 조사하였거나 그 조사에 참여하였던 자(이하 '조사자'라고 한다)도 포함된다. 따라서 조사자의 증언에 증거능력이 인정되기 위해서는 원진술자가 사망, 질병, 외국거주, 소재불명, 그 밖에 이에 준하는 사유로 인하여 진술할 수 없어야 하는 것이라서, 원진술자가 법정에 출석하여 수사기관에서 한 진술을 부인하는 취지로 증언한 이상 원진술자의 진술을 내용으로 하는 조사자의 증언은 증거능력이 없다(대판 2008.09.25. 2008도6985).
>
> **형사소송법 제316조(전문의 진술)** ② 피고인 아닌 자의 공판준비 또는 공판기일에서의 진술이 피고인 아닌 타인의 진술을 그 내용으로 하는 것인 때에는 원진술자가 사망, 질병, 외국거주, 소재불명 그 밖에 이에 준하는 사유로 인하여 진술할 수 없고, 그 진술이 특히 신빙할 수 있는 상태하에서 행하여졌음이 증명된 때에 한하여 이를 증거로 할 수 있다. <개정 1995. 12. 29., 2007. 6. 1.> [전문개정 1961. 9. 1.]
> **형사소송법 제318조(당사자의 동의와 증거능력)** ① 검사와 피고인이 증거로 할 수 있음을 동의한 서류 또는 물건은 진정한 것으로 인정한 때에는 증거로 할 수 있다.

정답 O

2) 丙이 경찰에서 작성한 진술서는 그 작성이 특히 신빙할 수 있는 상태에서 행하여졌음이 증명된다면 甲이 증거로 사용함에 동의하지 않더라도 甲에 대한 유죄 인정의 증거로 사용할 수 있다.

> **해설** 형사소송법 제312조 제2항(개정법 제312조 제3항)은 검사 이외의 수사기관이 작성한 피의자신문조서는 그 피의자였던 피고인이나 변호인이 그 내용을 인정할 때에 한하여 증거로 할 수 있다고 규정하고 있는바, 피고인이 검사 이외의 수사기관에서 범죄 혐의로 조사받는 과정에서 작성하여 제출한 진술서는 그 형식 여하를 불문하고 당해 수사기관이 작성한 피의자신문조서와 달리 볼 수 없고, 피고인이 수사 과정에서 범행을 자백하였다는 검사 아닌 수사기관의 진술이나 같은 내용의 수사보고서 역시 피고인이 공판 과정에서 앞서의 자백의 내용을 부인하는 이상 마찬가지로 보아야 하며, 여기서 말하는 검사 이외의 수사기관에는 달리 특별한 사정이 없는 한 외국의 권한 있는 수사기관도 포함된다(대판 2006.01.13. 2003도6548).
>
> **형사소송법 제312조(검사 또는 사법경찰관의 조서 등)** ③ 검사 이외의 수사기관이 작성한 피의자신문조서는 적법한 절차와 방식에 따라 작성된 것으로서 공판준비 또는 공판기일에 그 피의자였던 피고인 또는 변호인이 그 내용을 인정할 때에 한하여 증거로 할 수 있다.
> ⑤ 제1항부터 제4항까지의 규정은 피고인 또는 피고인이 아닌 자가 수사과정에서 작성한 진술서에 관하여 준용한다.

정답 X

14년(3) 모의

439. **고소인의 법정증언이 피고인 아닌 타인의 진술을 내용으로 하는 때에는 피고인은 그 증언에 대하여는 증거동의를 할 수 없다.**

 고소인의 법정증언이 피고인 아닌 타인의 진술을 내용으로 하는 전문진술(형사소송법 제316조 제2항)이라고 하더라도 피고인은 그 증언에 대하여 증거동의를 할 수 있다.

형사소송법 제316조(전문의 진술) ② 피고인 아닌 자의 공판준비 또는 공판기일에서의 진술이 피고인 아닌 타인의 진술을 그 내용으로 하는 것인 때에는 원진술자가 사망, 질병, 외국거주, 소재불명 그 밖에 이에 준하는 사유로 인하여 진술할 수 없고, 그 진술이 특히 신빙할 수 있는 상태 하에서 행하여졌음이 증명된 때에 한하여 이를 증거로 할 수 있다.

판례 피고인이 신청한 증인(고소인)의 증언이 피고인 아닌 타인의 진술을 그 내용으로 하는 전문진술이라고 하더라도 피고인이 그 증언에 대하여 별 의견이 없다고 진술하였다면 그 증언을 증거로 함에 동의한 것으로 볼 수 있으므로 이는 증거능력 있다(대판 1983.09.27. 83도516).

정답 ×

20년 변시, 13년(2) 모의

440. **(1) 형사소송법 제316조 제2항 "피고인 아닌 자의 공판준비 또는 공판기일에서의 진술이 피고인 아닌 타인의 진술을 그 내용으로…"규정에서 '피고인 아닌 타인'에는 제3자는 물론 피고인의 공범자 및 공동피고인이 포함되기 때문에, 피고인 甲의 공범자인 A가 B에게 피고인 甲과 공동범행사실을 말하고 B가 공판정에서 A로부터 들은 내용을 진술하는 경우에 B의 진술의 증거능력은 제316조 제2항에 의해 판단된다.**

(2) 시청 건설국장인 甲은 건설업자인 乙이 건축허가를 신청하자 "해당 토지가 자연녹지라서 건축허가를 내 줄 수 없다. 돈을 주면 어떻게든 건축허가를 내 주겠다."라고 거짓말하여 乙로부터 500만 원을 받았다. 乙은 동업자 A에게 "내가 甲에게 500만 원을 줬으니 건축허가는 잘 해결될 것이다."라고 알려 주었다. 만약 甲은 뇌물수수죄로, 乙은 뇌물공여죄로 기소되어 공동피고인으로 출석하고 있는 법정에서 A가 乙로부터 들은 대로 증언한 경우라면, A의 증언은 甲에 대하여 증거능력이 없다.

 (1)지문의 경우 피고인 아닌 자(B)의 공판기일에서의 진술이 피고인 아닌 타인(공범자 A)의 진술을 그 내용으로 하는 것이므로 형사소송법 제316조 제2항이 적용된다.

(2)사안에서 乙은 甲의 뇌물죄의 공범으로서 피고인 甲에 대해 형사소송법 제316조 제2항 피고인 아닌 타인에 해당한다. 따라서 乙의 피고인 甲에 진술을 내용으로 하는 A의 증언은 형사소송법 제316조 제2항에 의해 원칙적으로 증거능력이 없다.

판례 형사소송법 제316조 제2항에 의하면 피고인 아닌 자의 공판준비 또는 공판 기일에서의 진술이 피고인 아닌 타인의 진술을 그 내용으로 하는 것인 때에는 원진술자가 사망, 질병 기타 사유로 인하여 진술할 수 없고 그 진술이 특히 신빙할 수 있는 상태하에서 행하여진 때에 한하여 이를 증거로 할 수 있다고 규정하고 있는데 여기서 말하는 "피고인 아닌 타인"이라 함은 제3자는 말할 것도 없고 공동피고인이나 공범자를 모두 포함한다(대판 1984.11.27. 84도2279).

형사소송법 제316조(전문의 진술) ② 피고인 아닌 자의 공판준비 또는 공판기일에서의 진술이 피고인 아닌 타인의 진술을 그 내용으로 하는 것인 때에는 원진술자가 사망, 질병, 외국거주, 소재불명 그 밖에 이에 준하는 사유로 인하여 진술할 수 없고, 그 진술이 특히 신빙할 수 있는 상태 하에서 행하여졌음이 증명된 때에 한하여 이를 증거로 할 수 있다.

정답 O, O

21년 변시

441. 甲이 A종중으로부터 명의신탁을 받아 보관 중인 X토지에 관하여 A종중의 승낙 없이 B로부터 금원을 차용하면서 B 앞으로 채권최고액 3억 원의 근저당권을 설정하여 주었는데, 그 당시 X토지의 시가는 8억 원이고, 위 근저당권 설정 이전에 이미 채권최고액 2억 원의 1순위 근저당권 설정등기가 마쳐져 있었다. 한편 위 각 근저당권의 실제 피담보채무액도 위 각 채권최고액과 같다.

1) 만약 甲이 피의자신문을 받으면서 사법경찰관 P에게 'A종중으로부터 X토지에 관한 근저당권설정행위에 대하여 동의를 받은 일이 없다'고 진술하였고, P가 甲의 횡령행위에 대한 제1심 공판절차에 증인으로 출석하여 甲이 피의자 조사과정에서 위와 같이 진술하였다고 진술하였다면, 이러한 P의 법정진술은 甲의 동의가 없다고 하더라도 甲의 위 진술이 특히 신빙할 수 있는 상태하에서 행하여졌음이 증명된 때에 한하여 甲에 대하여 증거능력이 있다.

해설 P의 법정진술은 피고인 甲의 진술을 그 내용으로 하고 있는 것인바, 설문에서 甲의 동의가 없더라도 형사소송법 제316조 제1항의 요건을 충족하면 유죄의 증거로 쓸 수 있다.

형사소송법 제316조(전문의 진술) ① 피고인이 아닌 자(공소제기 전에 피고인을 피의자로 조사하였거나 그 조사에 참여하였던 자를 포함한다. 이하 이 조에서 같다)의 공판준비 또는 공판기일에서의 진술이 피고인의 진술을 그 내용으로 하는 것인 때에는 그 진술이 특히 신빙할 수 있는 상태하에서 행하여졌음이 증명된 때에 한하여 이를 증거로 할 수 있다.

정답 O

2) 만약 A종중의 대표자 C가 친구 D에게 'A종중은 甲에게 X토지에 관한 근저당권설정행위에 대하여 동의하여 준 일이 없다'고 말하였고, D가 甲의 횡령행위에 대한 제1심 공판절차에 증인으로 출석하여 C로부터 들었다고 하면서 C가 말해준 위 내용을 진술하였다면, 이러한 D의 법정진술은 甲의 동의가 없는 한 甲에 대한 유죄의 증거로 쓸 수 없다.

해설 D의 법정진술은 피고인 아닌 C의 진술을 그 내용으로 하는 것인바, 피고인 甲의 동의가 없어도 형사소송법 제316조 제2항의 요건을 갖추면 甲에 대한 유죄의 증거로 사용할 수 있다.

형사소송법 제316조(전문의 진술) ② 피고인 아닌 자의 공판준비 또는 공판기일에서의 진술이 피고인 아닌 타인의 진술을 그 내용으로 하는 것인 때에는 원진술자가 사망, 질병, 외국거주, 소재불명 그 밖에 이에 준하는 사유로 인하여 진술할 수 없고, 그 진술이 특히 신빙할 수 있는 상태 하에서 행하여졌음이 증명된 때에 한하여 이를 증거로 할 수 있다.

정답

23년 변시, 22년(3)·23년(1) 모의

442. 甲은 회식 자리에서 직원 A의 옆에 앉아 술을 마시며 대화하던 중 오른손으로 갑자기 A의 엉덩이 부위를 옷 위로 쓰다듬었다. 그 자리에 있던 동료 직원 B는 수사기관에 참고인으로 출석하여 "甲이 A의 엉덩이 부위를 쓰다듬어 A가 매우 놀라며 황급히 일어나 밖으로 나가는 것을 보았다."라고 진술하였다. 결국 甲은 A를 위와 같이 강제추행하였다는 공소사실로 기소되었는데, A는 제2회 공판기일 법정에서 甲으로부터 위와 같이 강제추행을 당하였다고 증언하였고, 동료 직원 B는 같은 공판기일 법정에 출석하였으나 증언거부 사유가 없음에도 증언을 거부하였으며, 다른 동료 직원 C는 같은 공판기일 법정에서 "이 사건 다음 날 A로부터 '甲에게 추행을 당했다'는 말을 들었다."라고 증언하였다.
이에 관한 정오를 판단하시오. (다툼이 있는 경우 판례에 의함)

1) 「형사소송법」 제297조(피고인등의 퇴정)의 규정에 따라 재판장은 증인 A가 피고인 甲의 면전에서 충분한 진술을 할 수 없다고 인정한 때에는 피고인을 퇴정하게 하고 증인신문을 진행함으로써 피고인의 직접적인 증인 대면을 제한할 수 있지만, 이러한 경우 피고인의 반대신문권까지 배제하는 것은 허용될 수 없다.

해설 형사소송법 제297조의 규정에 따라 재판장은 증인이 피고인의 면전에서 충분한 진술을 할 수 없다고 인정한 때에는 피고인을 퇴정하게 하고 증인신문을 진행함으로써 피고인의 직접적인 증인 대면을 제한할 수 있지만, 이러한 경우에도 피고인의 반대신문권을 배제하는 것은 허용되지 않는다(대판 2012.02. 23. 2011도15608).

정답

2) C가 법정에서 한 증언은 원진술자인 A가 법정에 증인으로 출석하였으므로 「형사소송법」 제316조 제2항의 요건이 충족되지 않아 피고인 甲의 증거동의가 없는 이상 증거능력이 없다.

해설 … 피해자가 공소외인에게 '피고인이 추행했다'는 진술을 하였다는 것 자체에 대한 증거로 사용된다는 이유로 증거능력을 인정한 것이나, 원심은 위와 같이 판단한 다음 공소외인의 위 진술이 피해자의 진술에 부합한다고 보아 공소외인의 위 진술을 피해자의 진술 내용의 진실성을 증명하는 간접사실로 사용하였다. 따라서 위 공소외인의 진술은 전문증거에 해당하고, 형사소송법 제310조의2, 제316조 제2항의 요건을 갖추지 못하므로 증거능력이 없다(대판 2021.02.25. 2020도17109).

정답 O

3) **(1) 어떠한 내용의 진술을 하였다는 사실 자체에 대한 정황증거로 사용될 것이라는 이유로 진술의 증거능력을 인정한 다음 그 사실을 다시 진술 내용이나 그 진실성을 증명하는 간접사실로 사용하는 경우에 그 진술은 원진술의 내용인 사실을 증명하는 데 사용되어 전문증거에 해당한다.**

(2) "피해자로부터 '피고인이 추행했다'는 취지의 말을 들었다"는 증인의 법정진술 부분은 피해자가 증인에게 위와 같은 진술을 하였다는 것 자체에 대한 증거로 사용되는 경우에는 증인이 경험한 사실에 관한 진술에 해당하여 전문법칙이 적용되지 않으므로, 「형사소송법」 제316조 제2항의 요건을 갖추지 못하더라도 증인의 위 진술이 피해자의 진술에 부합한다고 보아 피해자의 진술 내용의 진실성을 증명하는 간접사실로 사용할 수 있다.

해설 … 그러나 어떠한 내용의 진술을 하였다는 사실 자체에 대한 정황증거로 사용될 것이라는 이유로 진술의 증거능력을 인정한 다음 그 사실을 다시 진술 내용이나 그 진실성을 증명하는 간접사실로 사용하는 경우에 그 진술은 전문증거에 해당한다. 그 진술에 포함된 원진술의 내용인 사실을 증명하는 데 사용되어 원진술의 내용인 사실이 요증사실이 되기 때문이다. 이러한 경우 형사소송법 제311조부터 제316조까지 정한 요건을 충족하지 못한다면 증거능력이 없다. 원심의 이 부분 판단은, 피해자가 공소외인에게 '피고인이 추행했다.'는 진술을 하였다는 것 자체에 대한 증거로 사용된다는 이유로 증거능력을 인정한 것이나, 원심은 위와 같이 판단한 다음 공소외인의 위 진술이 피해자의 진술에 부합한다고 보아 공소외인의 위 진술을 피해자의 진술 내용의 진실성을 증명하는 간접사실로 사용하였다. 따라서 위 공소외인의 진술은 전문증거에 해당하고, 형사소송법 제310조의2, 제316조 제2항의 요건을 갖추지 못하므로 증거능력이 없다. 이 부분 원심판단에는 전문증거에 관한 법리를 오해한 잘못이 있으나 피해자 진술의 신빙성을 인정한 앞서 본 원심판단에 잘못이 없으므로 판결 결과에 영향이 없다(대판 2021.02. 25. 2020도17109).

정답 O, ×

(4) 피고인의 전문진술

8. 재전문

21년(1) 모의

443. 甲은 전철역에서 우연히 보게 된 중학교 1학년인 여학생 A에게 다가가 갑자기 A의 엉덩이를 갑자기 쓸어 만졌다. 甲에 대한 유죄의 증거로 아래의 증거가 제출되었다. A의 진술을 기재한 사법경찰관 작성의 진술조서(㉮), A로부터 甲에게 추행을 당하였다는 이야기를 들었다는 B(A의 모)의 사법경찰관 작성의 진술조서(㉯) 및 법정진술(㉰), B가 A로부터 들었다는 A의 피해사실을 B로부터 다시 전해 들어서 알게 되었다는 C(A의 부)의 법정진술(㉱). (다툼이 있는 경우 판례에 의함)

1) ㉯와 ㉰는 재전문증거로서 甲이 증거동의가 없는 한 유죄의 증거로 사용할 수 없다.

[해설] ㉰는 전문진술, ㉯는 전문진술이 기재된 조서이므로, 전문법칙의 각 요건을 충족할 경우 피고인의 증거동의가 없더라도 유죄의 증거로 사용할 수 있다.

[판례] 전문진술이나 전문진술을 기재한 조서는 형사소송법 제310조의2의 규정에 따라 원칙적으로 증거능력이 없고, 다만 전문진술은 형사소송법 제316조 제2항의 규정에 따라 원진술자가 사망·질병·외국거주 기타 사유로 인하여 진술할 수 없고, 그 진술이 특히 신빙할 수 있는 상태하에서 행하여진 때에 한하여 예외적으로 증거능력이 있으며, 전문진술이 기재된 조서는 형사소송법 제312조 또는 제314조의 규정에 따라 증거능력이 인정될 수 있는 경우에 해당하여야 함은 물론 형사소송법 제316조 제2항의 규정에 따른 요건을 갖추어야 예외적으로 증거능력이 있다(대판 2010.07.08. 2008도7546).

정답

2) ㉱는 재전문진술증거로서 甲이 증거동의가 없는 한 유죄의 증거로 사용할 수 없다.

[해설] ㉱는 재전문진술로서 피고인의 증거동의가 없는 한 증거능력이 없다.

[판례] 형사소송법은 전문진술에 대하여 제316조에서 실질상 단순한 전문의 형태를 취하는 경우에 한하여 예외적으로 그 증거능력을 인정하는 규정을 두고 있을 뿐, 재전문진술이나 재전문진술을 기재한 조서에 대하여는 달리 그 증거능력을 인정하는 규정을 두고 있지 아니하고 있으므로, 피고인이 증거로 하는 데 동의하지 아니하는 한 형사소송법 제310조의2의 규정에 의하여 이를 증거로 할 수 없다(대판 2004.03.11. 2003도171).

정답

22년 변시, 20년(3) 모의

444. 甲은 자신의 딸 A(5세)가 어린이집에서 어린이집 부원장 乙에게 성추행을 당했다는 말을 듣고는 곧바로 乙을 고소하였다. 검사는 甲에 대한 진술조서를 작성하였고 그 조서에는 "'乙이 계단 아래 구석으로 데려가서 팬티 속으로 손을 넣었다'는 말을 A에게서 들었다"라고 기재되어 있다.

1) 甲에 대한 진술조서는 재전문서류에 해당하며, 판례가 증거능력을 부정하는 재전문진술 자체나 재전문진술을 기재한 진술조서와는 구별된다.

해설 [1] 전문진술이나 재전문진술을 기재한 조서는 형사소송법 제310조의2의 규정에 의하여 원칙적으로 증거능력이 없는 것인데, 다만 전문진술은 형사소송법 제316조 제2항의 규정에 따라 원진술자가 사망, 질병, 외국거주 기타 사유로 인하여 진술할 수 없고 그 진술이 특히 신빙할 수 있는 상태하에서 행하여진 때에 한하여 예외적으로 증거능력이 있다고 할 것이고, 전문진술이 기재된 조서는 형사소송법 제312조 또는 제314조의 규정에 의하여 각 그 증거능력이 인정될 수 있는 경우에 해당하여야 함을 물론 나아가 형사소송법 제316조 제2항의 규정에 따른 위와 같은 요건을 갖추어야 예외적으로 증거능력이 있다고 할 것인바, 여기서 '그 진술이 특히 신빙할 수 있는 상태하에서 행하여진 때'라 함은 그 진술을 하였다는 것에 허위개입의 여지가 거의 없고, 그 진술내용의 신빙성이나 임의성을 담보할 구체적이고 외부적인 정황이 있는 경우를 가리킨다. [2] 형사소송법은 전문진술에 대하여 제316조에서 실질상 단순한 전문의 형태를 취하는 경우에 한하여 예외적으로 그 증거능력을 인정하는 규정을 두고 있을 뿐, 재전문진술이나 재전문진술을 기재한 조서에 대하여는 달리 그 증거능력을 인정하는 규정을 두고 있지 아니하고 있으므로, 피고인이 증거로 하는 데 동의하지 아니하는 한 형사소송법 제310조의2의 규정에 의하여 이를 증거로 할 수 없다(대판 2000.03.10. 2000도159).

정답 O

2) 甲이 공판기일에 진술조서의 진정성립을 인정하고 A에게 공판기일에 진술할 수 없는 사유가 존재하며 A의 진술이 특히 신빙할 수 있는 상태에서 행해졌다면 진술조서는 증거능력이 있다.

해설 피고인 乙의 증거동의가 있거나, 형사소송법 제312조 제4항(적법절차, 실질적 진정성립, 반대신문권 보장, 특신상태) 및 제316조 제2항(원진술자가 공판기일에 진술할 수 없는 사유, 특신상태)의 요건이 인정된다면, 검사 작성의 甲에대한 참고인진술조서를 乙에 대한 유죄의 증거로 사용할 수 있다.

판례 전문진술이 기재된 조서는 형사소송법 제312조 또는 제314조에 따라 증거능력이 인정될 수 있는 경우에 해당하여야 함은 물론 형사소송법 제316조 제2항에 따른 요건을 갖추어야 예외적으로 증거능력이 있다(대판 2017.07.18. 2015도12981).

형사소송법 제312조(검사 또는 사법경찰관의 조서 등) ④ 검사 또는 사법경찰관이 피고인이 아닌 자의 진술을 기재한 조서는 적법한 절차와 방식에 따라 작성된 것으로서 그 조서가 검사 또는 사법경찰관 앞에서 진술한 내용과 동일하게 기재되어 있음이 원진술자의 공판준비 또는 공판기일에서의 진술이나 영상녹화물 또는 그 밖의 객관적인 방법에 의하여 증명되고, 피고인 또는 변호인이 공판준비 또는 공판기일에 그 기재 내용에 관하여 원진술자를 신문할 수 있었던 때에는 증거로 할 수 있다. 다만, 그 조서에 기재된 진술이 특히 신빙할 수 있는 상태하에서 행하여졌음이 증명된 때에 한한다.
형사소송법 제316조(전문의 진술) ② 피고인 아닌 자의 공판준비 또는 공판기일에서의 진술이 피고인 아닌 타인의 진술을 그 내용으로 하는 것인 때에는 원진술자가 사망, 질병, 외국거주, 소재불명 그 밖에 이에 준하는 사유로 인하여 진술할 수 없고, 그 진술이 특히 신빙할 수 있는 상태하에서 행하여졌음이 증명된 때에 한하여 이를 증거로 할 수 있다.

정답 O

23년 변시

445. 피고인 아닌 자의 공판기일에서의 진술이 피고인 아닌 타인의 진술을 그 내용으로 하는 경우 「형사소송법」 제316조 제2항이 요구하는 특히 신빙할 수 있는 상태하에서 행하여졌음에 대한 증명은 단지 그러한 개연성이 있다는 정도로는 부족하고 합리적인 의심의 여지를 배제하는 정도에 이르러야 한다.

해설 형사소송법 제312조 또는 제313조는 참고인이 진술하거나 작성한 진술조서나 진술서에 대하여 피고인 또는 변호인의 반대신문권이 보장되는 등 엄격한 요건이 충족될 경우에 한하여 증거능력을 인정하고 있다. 형사소송법 제314조는 참고인 소재불명 등의 경우에 직접심리주의 등 기본원칙에 대한 예외를 인정한 것에 대하여 다시 중대한 예외를 인정하여 원진술자 등에 대한 반대신문의 기회조차 없이 증거능력을 부여할 수 있도록 한 것이다. 따라서 이러한 경우 참고인의 진술 또는 작성이 '특히 신빙할 수 있는 상태 하에서 행하여졌음에 대한 증명'은 단지 그러할 개연성이 있다는 정도로는 부족하고 합리적인 의심의 여지를 배제할 정도에 이르러야 한다. 나아가 이러한 법리는 원진술자의 소재불명 등을 전제로 하고 있는 형사소송법 제316조 제2항의 경우에도 그대로 적용된다(대판 2017.07.18. 2015도12981, 2015전도218).

17년(3) · 22년(2) 모의

446. 피고인 아닌 자의 공판준비 또는 공판기일에서의 진술이 피고인의 진술을 그 내용으로 하는 것인 때에는 「형사소송법」 제316조 제1항의 규정에 따라 그 진술이 특히 신빙할 수 있는 상태하에서 행하여진 때에 한하여 이를 증거로 할 수 있고, 그 전문진술이 기재된 조서는 「형사소송법」 제312조 내지 314조의 규정에 의하여 그 증거능력이 인정될 수 있는 경우에 해당하여야 함은 물론, 나아가 「형사소송법」 제316조 제1항의 규정에 따른 위와 같은 조건을 갖춘 때에 예외적으로 증거능력을 인정하여야 한다.

해설 전문진술이나 전문진술을 기재한 조서는 형사소송법 제310조의2의 규정에 의하여 원칙적으로 증거능력이 없으나, 다만 피고인 아닌 자의 공판준비 또는 공판기일에서의 진술이 피고인의 진술을 그 내용으로 하는 것인 때에는 형사소송법 제316조 제1항의 규정에 따라 그 진술이 특히 신빙할 수 있는 상태하에서 행하여진 때에 한하여 이를 증거로 할 수 있고, 그 전문진술이 기재된 조서는 형사소송법 제312조 내지 314조의 규정에 의하여 그 증거능력이 인정될 수 있는 경우에 해당하여야 함은 물론 나아가 형사소송법 제316조 제1항의 규정에 따른 위와 같은 조건을 갖춘 때에 예외적으로 증거능력을 인정하여야 한다(대판 2002.05.10. 2002도1187).

🕐 19년·20년 변시, 13년(2)·17년(2)·19년(2)·20년(3)·21년(2)·(3) 모의

447. **(1) 전문진술이 기재된 조서, 전문진술을 내용으로 하는 재전문진술, 재전문진술이 기재된 조서는 모두 이중의 예외에 해당하는 재전문증거로서 전문법칙의 예외로 인정되지 않아 증거능력이 부정된다.**

(2) 재전문진술이나 재전문진술을 기재한 조서는 증거능력이 인정되지 않지만 피고인이 증거로 하는 데 동의하면 증거로 할 수 있다.

(3) 성폭력 피해아동이 어머니에게 진술한 내용을 어머니가 상담원에게 전한 후, 상담원이 그 내용을 검사 면전에서 진술하여 작성된 진술조서는 이른바 '재전문진술을 기재한 조서'로서, 피고인이 동의하지 않는 한 증거능력이 인정되지 아니한다.

> 해설 전문진술을 기재한 조서는 아래 판례에 해당하는 요건을 갖춘다면 증거능력이 인정되지만, 재전문진술이나 재전문진술이 기재된 조서는 당사자의 증거동의가 없는 한 증거능력을 부정하는 것이 판례의 태도이다.

> 판례 [1] 전문진술이나 재전문진술을 기재한 조서는 형사소송법 제310조의2의 규정에 의하여 원칙적으로 증거능력이 없는 것인데, 다만 전문진술은 형사소송법 제316조 제2항의 규정에 따라 원진술자가 사망, 질병, 외국거주 기타 사유로 인하여 진술할 수 없고 그 진술이 특히 신빙할 수 있는 상태하에서 행하여진 때에 한하여 예외적으로 증거능력이 있다고 할 것이고, (1)전문진술이 기재된 조서는 형사소송법 제312조 또는 제314조의 규정에 의하여 각 그 증거능력이 인정될 수 있는 경우에 해당하여야 함을 물론 나아가 형사소송법 제316조 제2항의 규정에 따른 위와 같은 요건을 갖추어야 예외적으로 증거능력이 있다고 할 것인바, 여기서 '그 진술이 특히 신빙할 수 있는 상태하에서 행하여진 때'라 함은 그 진술을 하였다는 것에 허위개입의 여지가 거의 없고, 그 진술내용의 신빙성이나 임의성을 담보할 구체적이고 외부적인 정황이 있는 경우를 가리킨다. [2] 형사소송법은 전문진술에 대하여 제316조에서 실질상 단순한 전문의 형태를 취하는 경우에 한하여 예외적으로 그 증거능력을 인정하는 규정을 두고 있을 뿐, (2)재전문진술이나 재전문진술을 기재한 조서에 대하여는 달리 그 증거능력을 인정하는 규정을 두고 있지 아니하고 있으므로, 피고인이 증거로 하는 데 동의하지 아니하는 한 형사소송법 제310조의2의 규정에 의하여 이를 증거로 할 수 없다(대판 2000.03.10. 2000도159).

정답 ×, ○, ○

🕐 17년·18년 변시

448. **피고인 甲은 친구인 乙에게 자신의 범행을 이야기하였는데, 乙은 다시 이 사실을 丙에게 이야기하였다. 丙이 乙로부터 들은 甲의 진술내용을 사법경찰관에게 진술하였고 그러한 진술이 기재된 진술조서가 증거로 제출된 경우, 해당 진술조서 중 甲의 진술기재 부분은 「형사소송법」 제316조 제1항 및 제312조 제4항의 규정에 따른 요건을 갖춘 때에 한하여 증거로 사용할 수 있다.**

> 해설 전문진술이나 재전문진술을 기재한 조서는 형사소송법 제310조의2의 규정에 의하여 원칙적으로 증거능력이 없는 것인데, 다만 '전문진술'은 형사소송법 제316조 제2항의 규정에 따라 원진술자가 사망, 질병, 외국거주 기타 사유로 인하여 진술할 수 없고 그 진술이 특히 신빙할 수 있는 상태하

에서 행하여진 때에 한하여 예외적으로 증거능력이 있다고 할 것이고, '전문진술이 기재된 조서'는 형사소송법 제312조 또는 제314조의 규정에 의하여 각 그 증거능력이 인정될 수 있는 경우에 해당하여야 함은 물론 나아가 형사소송법 제316조 제2항의 규정에 따른 위와 같은 요건을 갖추어야 예외적으로 증거능력이 있다고 할 것이며, 형사소송법은 전문진술에 대하여 제316조에서 실질상 단순한 전문의 형태를 취하는 경우에 한하여 예외적으로 그 증거능력을 인정하는 규정을 두고 있을 뿐, 재전문진술이나 재전문진술을 기재한 조서에 대하여는 달리 그 증거능력을 인정하는 규정을 두고 있지 아니하고 있으므로, 피고인이 증거로 하는 데 동의하지 아니하는 한 형사소송법 제310조의2의 규정에 의하여 이를 증거로 할 수 없다(대판 2004.03.11. 2003도171). ▶ 사안의 경우 재전문진술을 기재한 조서로서 전문법칙 예외규정이 없고, 증거동의가 없는 한 증거로 할 수 없다.

정답 ×

15년(2)·(3)·23년(2) 모의

449. 甲은 B에게 "내가 乙에게 건축허가를 청탁하고 乙의 배우자 丙에게 돈을 줬다."라고 말했고 B는 甲으로부터 들은 말을 C에게 이야기하였고 C는 甲의 피고사건에서 B로부터 甲의 위 발언을 전해 들었다고 증언한 경우, C의 증언은 甲이 이를 증거로 함에 동의하더라도 甲의 유죄입증을 위한 증거로 사용할 수 없다.

해설 재전문진술이나 재전문진술을 기재한 조서에 대하여는 달리 그 증거능력을 인정하는 규정을 두고 있지 아니하고 있으므로, 피고인이 증거로 하는 데 동의하지 아니하는 한 형사소송법 제310조의2의 규정에 의하여 이를 증거로 할 수 없다(대판 2004.03.11. 2003도171). ▶ 재전문진술의 경우에도 증거동의가 있다면 증거능력이 있다.

정답 ×

Ⅴ 진술의 임의성

18년·19년 변시, 13년(2)·15년(3)·16년(1)·17년(3)·19년(3)·21년(2) 모의

450. (1) 피고인이 검사 작성 피의자신문조서에 대하여 성립의 진정을 인정하였다가 증거조사 완료 후 이를 번복하였다면 이미 인정된 조서의 증거능력이 당연히 상실된다.

(2) 피고인이 검사 작성의 피고인에 대한 피의자신문조서의 성립이 진정함을 인정하는 진술을 하고, 그 피의자신문조서에 대하여 증거조사가 완료되었다면, 절차적 안정성을 위해 진술의 취소는 허용될 수 없다.

(3) 피고인이나 그 변호인이 검사작성의 당해 피고인에 대한 피의자신문조서의 임의성을 인정하는 진술을 하였다가 이를 번복하여 증거조사 완료 후 그 진술의 임의성을 다투는 경우에는 그 임의성을 의심할 만한 합리적이고 구체적인 사실을 피고인이 증명하여야 한다.

(4) 검사 작성의 당해 피고인에 대한 피의자신문조서에 기재된 진술의 임의성에 다툼이 있을 때에는 검사가 그 임의성의 의문점을 없애는 증명을 하여야 하고, 검사가 그 임의성의 의문점을 없애는 증명을 하지 못한 경우에는 그 조서는 유죄 인정의 증거로 사용할 수 없다.

[1] 피고인이나 그 변호인이 검사 작성의 당해 피고인에 대한 피의자신문조서의 성립의 진정함을 인정하는 진술을 하였다 하더라도, 그 피의자신문조서에 대하여 구 형사소송법(2007. 6. 1. 법률 제8496호로 개정되기 전의 것) 제292조에서 정한 증거조사가 완료되기 전에는 최초의 진술을 번복함으로써 그 피의자신문조서를 유죄 인정의 자료로 사용할 수 없도록 할 수 있으나, 그 피의자신문조서에 대하여 위의 증거조사가 완료된 뒤에는 그와 같은 번복의 의사표시에 의하여 (1)이미 인정된 조서의 증거능력이 당연히 상실되는 것은 아니다. 다만, 적법절차 보장의 정신에 비추어 성립의 진정함을 인정한 최초의 진술에 그 효력을 그대로 유지하기 어려운 중대한 하자가 있고 그에 관하여 진술인에게 귀책사유가 없는 경우에 한하여 (2)예외적으로 증거조사 절차가 완료된 뒤에도 그 진술을 취소할 수 있고, 그 취소 주장이 이유 있는 것으로 받아들여지게 되면 법원은 구 형사소송규칙(2007. 10. 29. 대법원규칙 제2106호로 개정되기 전의 것) 제139조 제4항의 증거배제결정을 통하여 그 조서를 유죄 인정의 자료에서 제외하여야 한다. [2] 검사 작성의 당해 피고인에 대한 피의자신문조서에 기재된 (3),(4)진술의 임의성에 다툼이 있을 때에는 그 임의성을 의심할 만한 합리적이고 구체적인 사실을 피고인이 증명할 것이 아니라 검사가 그 임의성의 의문점을 없애는 증명을 하여야 하고, 검사가 그 임의성의 의문점을 없애는 증명을 하지 못한 경우에는 그 조서는 유죄 인정의 증거로 사용할 수 없는데, 이러한 법리는 피고인이나 그 변호인이 검사 작성의 당해 피고인에 대한 피의자신문조서의 임의성을 인정하는 진술을 하였다가 이를 번복하는 경우에도 마찬가지로 적용되어야 한다. 따라서 증거조사를 마친 조서의 임의성을 다투는 주장이 받아들여지게 되면, 그 조서는 구 형사소송규칙(2007. 10. 29. 대법원규칙 제2106호로 개정되기 전의 것) 제139조 제4항의 증거배제결정을 통하여 유죄 인정의 자료에서 제외하여야 한다(대판 2008.07.10. 2007도7760).

 ×, ×, ×, ○

18년(1) 모의

451. 구속된 피의자를 일정 기간 동안 거의 매일 검사실로 소환하여 밤늦게까지 조사를 하였다면 이는 임의성을 의심할 만한 사정에 해당하고, 검사가 그 임의성의 의문점을 해소하는 입증을 하지 못하면 피의자에 대한 진술서는 증거능력이 없다.

알선수재 사건의 공여자 등이 별건으로 구속된 상태에서 10여 일 내지 수십여 일 동안 거의 매일 검사실로 소환되어 밤늦게까지 조사를 받았다면 이들은 과도한 육체적 피로, 수면부족, 심리적 압박감 속에서 진술을 한 것으로 보여지므로 이들에 대한 진술조서는 그 임의성을 의심할 만한 사정이 있고, 검사가 그 임의성의 의문점을 해소하는 입증을 하지 못하면 위 진술조서는 증거능력이 없다(대판 2002.10.08. 2001도3931).

 ○

Ⅵ 특수한 증거방법과 전문법칙

1. 사진의 증거능력

21년(2) 모의

452. 사법경찰관이 작성한 검증조서에 피고인이 자백한 범행내용을 현장에 따라 진술·재연한 내용이 기재되고 그 재연과정을 촬영한 사진이 첨부되어 있다면, 그 사진은 피고인이 부인하면 증거능력이 없다.

> 해설 '사법경찰관이 작성한 검증조서 중 피고인의 진술 부분을 제외한 기재 및 사진의 각 영상'에는 이 사건 범행에 부합되는 피의자이었던 피고인이 범행을 재연하는 사진이 첨부되어 있으나, 기록에 의하면 행위자인 피고인이 위 검증조서에 대하여 증거로 함에 부동의하였고 공판정에서 검증조서 중 범행을 재연한 부분에 대하여 그 성립의 진정 및 내용을 인정한 흔적을 찾아 볼 수 없고 오히려 이를 부인하고 있으므로 그 증거능력을 인정할 수 없는바, 원심으로서는 위 검증조서 중 피고인의 진술 부분 뿐만 아니라 범행을 재연한 부분까지도 제외한 나머지 부분만을 증거로 채용하여야 함에도 이를 구분하지 아니한 채 피고인의 진술 부분을 제외한 나머지를 유죄의 증거로 인용한 조치는 위법하다(대판 2007.04.26. 2007도1794).

정답

21년(2) 모의

453. 진술자의 진술내용을 보충하기 위해 검증조서나 감정서에 첨부된 사진은 진술증거의 일부를 이루는 보조수단으로 진술증거인 검증조서나 감정서와 일체로 증거능력이 판단된다.

> 해설 검증조서나 감정서에 사진이 첨부되는 경우나 참고인이 사진을 이용하여 진술을 하고 이를 진술조서에 첨부한 경우, 이러한 사진은 진술증거의 일부를 이루는 보조수단에 불과하므로 사진의 증거능력도 진술증거인 검증조서나 감정서 등과 일체적으로 판단된다(법원실무제요, 형사Ⅱ, p.128).

정답

21년(2) · 23년(2) 모의

454. 검사가 甲의 유죄입증을 위하여 X가 甲 등이 의자에 앉아있는 모습을 촬영한 사진을 증거로 제출하였는데 甲이 사진의 촬영일자 부분이 조작되었다고 다투는 경우, 사진의 촬영일자 부분은 전문증거에 해당한다.

> 해설 … 피고인이 이 사건 사진의 촬영일자 부분에 대하여 조작된 것이라고 다툰다고 하더라도 이 부분은 전문증거에 해당되어 별도로 증거능력이 있는지를 살펴보면 족한 것이므로, 원심과 같이 피고인의 변소에 비추어 위 증거동의 의사표시가 단순히 사진 속의 인물이 피고인이 맞다는 취지의 진술에 불과하다고 단정할 수는 없다 할 것이고, 피고인이 원심에 이르러 증거동의를 철회하였다고 하더라도 증거조사를 마친 후의 증거에 대하여는 동의의 철회로 인하여 적법하게 부여된 증거능력이 상실되는 것이 아니므로, 이 사건 사진이 진정한 것으로 인정되는 한 이로써 이 사건 사진은 증거능력을 취득한 것이라 할 것이다(대판 1997.09.30. 97도1230). ▶ 현장사진이란 범행과정이나 그 전후, 범

행장소의 상황 등을 촬영한 사진이 독립증거로 제출된 경우로 현장을 촬영한 비디오테이프의 영상이나 휴대전화로 녹화된 동영상은 현장사진과 사실상 동일하다. 이와 같은 현장사진의 증거능력에 관하여 견해가 대립한다. (2) 학설은 ㉠ 사람의 지각에 의한 진술이 아니므로 비진술증거에 해당한다고 보는 비진술증거설, ㉡ 기계적 방법을 사용하여 과거사실을 재현하므로 사실의 진술과 동일하다고 보는 진술증거설, ㉢ 비진술증거성을 인정하면서도 조작가능성을 고려하여 검증조서에 준하여 증거로 할 수 있다고 보는 검증조서유추설의 대립이 있다. (3) 判例는 '이 사건 사진이 진정한 것으로 인정되는 한 이로써 이 사건 사진은 증거능력을 취득한 것이라 할 것이다'라고 판시하여 사진 전체에 대하여는 비진술증거로 판단한 것으로 보여진다(신동운, 신형사소송법 제5판 p.1270 : 법원실무제요 형사[II] p.127).

정답 O

2. 녹음테이프의 증거능력

(1) 녹음테이프의 의의와 법적성격

(2) 통신비밀보호법 관련문제(위법수집증거배제법칙 부분 참고)

14년 변시, 22년(1) 모의

455. 甲은 A의 재물을 강취한 후 A를 살해할 목적으로 A가 살고 있는 집에 방화하여 A는 사망하였다. 그 후 수사망을 피해 도피 중이던 甲은 자신의 누나 丁에게 도피자금을 부탁하였고, 丁은 甲에게 도피자금을 송금하였다. 한편 사법경찰관 丙은 丁의 동의를 얻은 후 강도살인과 방화와 관련된 甲과 丁의 사이의 통화내용을 녹음하여 녹음테이프를 검사에게 증거로 제출하였다. 이때 丙이 증거로 제출한 녹음테이프에 대해서는 丙이 공판정에서 성립의 진정을 인정하더라도 증거능력이 인정되지 않는다.

해설 제3자의 경우는 설령 전화통화 당사자 일방의 동의를 받고 그 통화내용을 녹음하였다 하더라도 그 상대방의 동의가 없었던 이상, 사생활 및 통신의 불가침을 국민의 기본권의 하나로 선언하고 있는 헌법규정과 통신비밀의 보호와 통신의 자유신장을 목적으로 제정된 통신비밀보호법의 취지에 비추어 이는 동법 제3조 제1항 위반이 된다고 해석하여야 할 것이다(이 점은 제3자가 공개되지 아니한 타인간의 대화를 녹음한 경우에도 마찬가지이다)(대판 2002.10.08. 2002도123). 따라서 丙이 증거로 제출한 녹음테이프는 통신비밀보호법 제3조 제1항 위반 행위로 수집된 증거이므로 증거능력이 부정된다(동법 제4조).

통신비밀보호법 제3조(통신 및 대화비밀의 보호) ① 누구든지 이 법과 형사소송법 또는 군사법원법의 규정에 의하지 아니하고는 우편물의 검열·전기통신의 감청 또는 통신사실확인자료의 제공을 하거나 공개되지 아니한 타인간의 대화를 녹음 또는 청취하지 못한다. 다만, 다음 각호의 경우에는 당해 법률이 정하는 바에 의한다.
통신비밀보호법 제4조(불법검열에 의한 우편물의 내용과 불법감청에 의한 전기통신내용의 증거사용 금지) 제3조의 규정에 위반하여, 불법검열에 의하여 취득한 우편물이나 그 내용 및 불법감청에 의하여 지득 또는 채록된 전기통신의 내용은 재판 또는 징계절차에서 증거로 사용할 수 없다.

정답 O

(3) 진술녹음의 증거능력

456. 甲은 동생인 乙과 공모하여 함께 丙을 상대로 토지거래허가에 필요한 서류라고 속여서 丙으로 하여금 근저당권설정계약서 등에 서명, 날인하게 하고 丙의 인감증명서를 교부받은 다음, 이를 이용하여 丙 소유의 토지에 관하여 甲을 채무자로 하는 채권최고액 3억 원인 근저당권을 丁에게 설정하여 주고 丁으로부터 2억 원을 차용하였다. 검사는 甲과 乙을 함께 공소제기하였다. 법정에서 甲은 변론분리 후 증인으로 증언하면서 자신의 단독 범행이라고 허위의 진술을 하였다. 이에 검사는 甲을 위증 혐의로 소환하여 乙과 공범이며 법정에서 위증하였음을 인정하는 취지의 피의자신문조서를 작성하여 증거로 제출하였다. 만약 甲이 위 사기범행을 인정하는 취지의 乙·丁간의 대화내용을 몰래 녹음하였다면, 그 녹음파일은 乙에 대한 유죄의 증거로 사용할 수 있다.

> **해설** 통신비밀보호법을 위반하여 수집한 증거로 위법수집증에 해당한다. 따라서 308조의 2에 따라 증거능력이 부정된다.
>
> 통신비밀보호법 제14조(타인의 대화비밀 침해금지) ① 누구든지 공개되지 아니한 타인간의 대화를 녹음하거나 전자장치 또는 기계적 수단을 이용하여 청취할 수 없다.
> 형사소송법 제308조의2(위법수집증거의 배제) 적법한 절차에 따르지 아니하고 수집한 증거는 증거로 할 수 없다.

정답 ×

457. 甲과 乙은 길거리에서 서로 몸싸움을 하였다. 출동한 경찰관 P가 甲과 乙을 현행범으로 체포하려고 하자 ㉠ 甲이 P의 얼굴을 주먹으로 쳐 P에게 2주간의 치료를 요하는 타박상을 가하였다. 乙이 나중에 "甲이 경찰관의 얼굴을 때리는 것을 보았다."라고 한 말을 친구 A가 보이스펜으로 녹음한 파일은 乙이 그 진정성립을 부인하더라도 ㉠행위의 목격사실을 부인하는 乙의 법정진술의 증명력을 다투기 위한 증거로 사용할 수 있다.

> **해설** 형사소송법 제313조 제1항의 진술서에 해당하는 당해 녹음한 파일은 乙이 진정성립을 부인하였으므로 증거능력은 부정되나, 형사소송법 제318조의2에 의하여 ㉠행위의 목격사실을 부인하는 乙의 법정진술의 증명력을 다투기 위한 증거로 사용될 수 있다.
>
> **판례** 수사기관이 아닌 사인(私人)이 피고인 아닌 사람과의 대화내용을 녹음한 녹음테이프는 형사소송법 제311조, 제312조 규정 이외의 피고인 아닌 자의 진술을 기재한 서류와 다를 바 없으므로, 피고인이 그 녹음테이프를 증거로 할 수 있음에 동의하지 아니하는 이상 그 증거능력을 부여하기 위하여는 첫째, 녹음테이프가 원본이거나 원본으로부터 복사한 사본일 경우(녹음디스크에 복사할 경우에도 동일하다)에는 복사과정에서 편집되는 등의 인위적 개작 없이 원본의 내용 그대로 복사된 사본일 것, 둘째 형사소송법 제313조 제1항에 따라 공판준비나 공판기일에서 원진술자의 진술에 의하여 그 녹음테이프에 녹음된 각자의 진술내용이 자신이 진술한 대로 녹음된 것이라는 점이 인정되어야 할 것이고, 사인이 피고인 아닌 사람과의 대화내용을 대화 상대방 몰래 녹음하였다고 하더라도 위와 같은 조건이 갖추어진 이상 그것만으로는 그 녹음테이프가 위법하게 수집된 증거로서 증거능력이 없다

고 할 수 없으며, 사인이 피고인 아닌 사람과의 대화내용을 상대방 몰래 비디오로 촬영·녹음한 경우에도 그 비디오테이프의 진술부분에 대하여도 위와 마찬가지로 취급하여야 할 것이다(대판 1999.03.09. 98도3169).

형사소송법 제313조(진술서등) ① 전2조의 규정 이외에 피고인 또는 피고인이 아닌 자가 작성한 진술서나 그 진술을 기재한 서류로서 그 작성자 또는 진술자의 자필이거나 그 서명 또는 날인이 있는 것(피고인 또는 피고인 아닌 자가 작성하였거나 진술한 내용이 포함된 문자·사진·영상 등의 정보로서 컴퓨터용디스크, 그 밖에 이와 비슷한 정보저장매체에 저장된 것을 포함한다. 이하 이 조에서 같다)은 공판준비나 공판기일에서의 그 작성자 또는 진술자의 진술에 의하여 그 성립의 진정함이 증명된 때에는 증거로 할 수 있다. 단, 피고인의 진술을 기재한 서류는 공판준비 또는 공판기일에서의 그 작성자의 진술에 의하여 그 성립의 진정함이 증명되고 그 진술이 특히 신빙할 수 있는 상태하에서 행하여 진 때에 한하여 피고인의 공판준비 또는 공판기일에서의 진술에 불구하고 증거로 할 수 있다.
형사소송법 제318조의2(증명력을 다투기 위한 증거) ① 제312조부터 제316조까지의 규정에 따라 증거로 할 수 없는 서류나 진술이라도 공판준비 또는 공판기일에서의 피고인 또는 피고인이 아닌 자(공소제기 전에 피고인을 피의자로 조사하였거나 그 조사에 참여하였던 자를 포함한다. 이하 이 조에서 같다)의 진술의 증명력을 다투기 위하여 증거로 할 수 있다.

정답

 17년·19년 변시, 14년(3)·16년(2) 모의

458. (1) 甲은 A의 집에 들어가 금품을 절취하려다 A에게 발각되자 A를 강간한 후에 도주하였다. 甲은 양심에 가책을 느꼈지만 처벌이 두려워 자수하지 못하고 친구인 乙에게 자신의 범행을 이야기 하였는데, 乙이 甲과의 대화를 녹음한 녹음테이프의 원본이 증거로 제출된 경우, 공판기일에서 甲이 녹음내용을 부인하여도 乙의 진술에 의하여 녹음테이프에 녹음된 甲의 진술내용이 甲이 진술한 대로 녹음된 것이 증명되고 그 진술이 특히 신빙할 수 있는 상태하에서 행하여진 것이 인정되는 때에는 증거로 사용할 수 있다.

(2) 법정에서 피고인 甲에 대한 증거로 제출된 보이스펜의 녹음내용을 증거로 함에 甲이 부동의한 경우에는 보이스펜이 甲이 말한 내용을 녹음한 원본임이 입증되고, 「형사소송법」제313조 제1항 단서에 따라 공판준비 또는 공판기일에서 丙의 진술에 의하여 보이스펜에 녹음된 甲의 진술내용이 甲이 진술한 대로 녹음된 것임이 증명되고, 그 진술이 특히 신빙할 수 있는 상태에서 행하여진 것임이 인정되면 보이스펜에 녹음된 진술의 증거능력을 인정할 수 있다.

해설 녹음테이프에 대하여 실시한 검증의 내용은 녹음테이프에 녹음된 대화의 내용이 검증조서에 첨부된 녹취서에 기재된 내용과 같다는 것에 불과하여 증거자료가 되는 것은 여전히 녹음테이프에 녹음된 대화의 내용이라 할 것인바, 그 중 피고인의 진술내용은 실질적으로 형사소송법 제311조, 제312조 규정 이외에 피고인의 진술을 기재한 서류와 다를 바 없으므로, 피고인이 그 녹음테이프를 증거로 할 수 있음에 동의하지 않은 이상 그 녹음테이프 검증조서의 기재 중 피고인의 진술내용을 증거로 사용하기 위해서는 형사소송법 제313조 제1항 단서에 따라 공판준비 또는 공판기일에서 그 작성자인 고소인의 진술에 의하여 녹음테이프에 녹음된 피고인의 진술내용이 피고인이 진술한 대로 녹음된 것이라는 점이 증명되고 그 진술이 특히 신빙할 수 있는 상태하에서 행하여진 것으로 인정되어야 한다(대판 2001.10.09. 2001도3106). ▶ 피고인 등이 작성했거나 진술한 내용이 포함된 문자·사진·영상 등의 정보가 컴퓨터용디스크 등 정보저장매체에 저장돼 있는 디지털 증거를 전문증거의 대상에 포함하는 법 개정이 이루어졌다. 최근 전기통신기술의 비약적인 발전에 따라 컴퓨터 등 각종 정보저장매체를 이용한 정보저장이 일상화되었고, 범죄행위에 사용된 증거들도 종이문서가 아닌 전자적 정보의 형태로 디지털화되어 있는 현실을 고려하여, '진술서' 및 그에 준하는 '디지털 증거'의 진정성립은 '과학적 분석결과에 기초한 디지털포렌식 자료, 감정 등 객관적 방법'으로도 인정할 수 있도록 하되, 피고인 아닌 자가 작성한 경우 반대신문권이 보장됨을 명확히 규정하고 있다.

> 형사소송법 제313조(진술서등) ① 전2조의 규정 이외에 피고인 또는 피고인이 아닌 자가 작성한 진술서나 그 진술을 기재한 서류로서 그 작성자 또는 진술자의 자필이거나 그 서명 또는 날인이 있는 것(피고인 또는 피고인 아닌 자가 작성하였거나 진술한 내용이 포함된 문자·사진·영상 등의 정보로서 컴퓨터용디스크, 그 밖에 이와 비슷한 정보저장매체에 저장된 것을 포함한다. 이하 이 조에서 같다)은 공판준비나 공판기일에서의 그 작성자 또는 진술자의 진술에 의하여 그 성립의 진정함이 증명된 때에는 증거로 할 수 있다. 단, 피고인의 진술을 기재한 서류는 공판준비 또는 공판기일에서의 그 작성자의 진술에 의하여 그 성립의 진정함이 증명되고 그 진술이 특히 신빙할 수 있는 상태하에서 행하여 진 때에 한하여 피고인의 공판준비 또는 공판기일에서의 진술에 불구하고 증거로 할 수 있다. <개정 2016.5.29.>
> ② 제1항 본문에도 불구하고 진술서의 작성자가 공판준비나 공판기일에서 그 성립의 진정을 부인하는 경우에는 과학적 분석결과에 기초한 디지털포렌식 자료, 감정 등 객관적 방법으로 성립의 진정함이 증명되는 때에는 증거로 할 수 있다. 다만, 피고인 아닌 자가 작성한 진술서는 피고인 또는 변호인이 공판준비 또는 공판기일에 그 기재 내용에 관하여 작성자를 신문할 수 있었을 것을 요한다. <개정 2016.5.29.>

 ○, ○

14년(3)·19년(2) 모의

459. (1) 사인이 녹음한 녹음테이프에 기록된 피고인 아닌 자의 진술의 증거능력을 인정하기 위해서는 원진술자의 진술에 의하여 진정성립이 증명되어야 한다.

(2) 대화 내용을 녹음한 파일 등 전자매체는 성질상 작성자나 진술자의 서명 또는 날인이 없을 뿐만 아니라, 녹음자의 의도나 특정한 기술에 의하여 내용이 편집·조작될 위험성이 있음을 고려하여, 대화 내용을 녹음한 원본이거나 원본으로부터 복사한 사본일 경우에는 복사과정에서 편집되는 등의 인위적 개작 없이 원본의 내용 그대로 복사된 사본임이 증명되어야 한다.

해설 수사기관이 아닌 사인이 피고인 아닌 사람과의 대화내용을 녹음한 녹음테이프는 형사소송법 제311조, 제312조 규정 이외의 피고인 아닌 자의 진술을 기재한 서류와 다를 바 없으므로, 피고인이 그 녹음테이프를 증거로 할 수 있음에 동의하지 아니하는 이상 그 증거능력을 부여하기 위하여는 첫째, 녹음테이프가 원본이거나 원본으로부터 복사한 사본일 경우(녹음디스크에 복사할 경우에도 동일하다)에는 복사과정에서 편집되는 등의 인위적 개작 없이 원본의 내용 그대로 복사된 사본일 것, 둘째 형사소송법 제313조 제1항에 따라 공판준비나 공판기일에서 원진술자의 진술에 의하여 그 녹음테이프에 녹음된 각자의 진술내용이 자신이 진술한 대로 녹음된 것이라는 점이 인정되어야 한다 (대판 1999.03.09. 98도3169).

 ○, ○

19년(3) 모의

460. 乙은 직장 상사 甲이 자신의 횡령사실을 눈치챘다는 것을 알고 甲의 입을 막고자 조직폭력배 丙에게 사례금을 약속하고 甲을 겁을 먹을 만큼만 폭행해달라고 부탁하였다. 이에 丙은 甲의 집 앞에서 기다리다 甲으로 판단되는 사람이 나타나자 그를 폭행했는데 상대방이 의외로 강하게 반항하자 홧김에 평소 가지고 있던 흉기로 상해를 입혔다. 그러나 상해를 입은 자는 甲의 동생 A였다. 한편, 乙은 우연히 회사 근처에서 甲이 음주운전을 하다 사고를 내 심하게 피를 흘리고 있는 것을 발견하였지만 자신의 약점이 탄로날 것이 두려운 나머지 아무런 구호조치를 취하지 않아 결국 甲은 중상해를 입고 불구가 되었다. 검사 S는 乙이 丙에게 甲을 폭행해달라고 부탁하고 丙이 이를 수용하는 진술내용을 丙이 보이스펜으로 乙 몰래 녹음한 후 이를 재녹음한 녹음테이프를 법원에 증거로 제출하였다. 이 사안에 관한 설명으로 옳지 않은 것은? (다툼이 있는 경우에는 판례에 의함)

(1) 丙이 乙 몰래 재녹음한 녹음테이프에 대한 검증조서의 기재 중 乙의 진술내용에 대하여 丙이 공판정에서 乙이 말한 대로 작성되었음을 인정한 경우, 그 진술이 특히 신빙할 수 있는 상태 하에서 행하여 진 때에는 형사소송법 제313조 제1항에 따라 증거로 사용할 수 있다.

(2) 丙이 乙 몰래 재녹음한 녹음테이프는 위법수집증거가 아니며, 원본의 내용 그대로 복사된 사본으로서 동일성이 인정되어야 증거로 사용할 수 있다.

▶해설 피고인과 피해자 사이의 대화내용에 관한 녹취서가 공소사실의 증거로 제출되어 그 녹취서의 기재내용과 녹음테이프의 녹음내용이 동일한지 여부에 관하여 법원이 검증을 실시한 경우에 증거자료가 되는 것은 녹음테이프에 녹음된 대화내용 그 자체이고, 그 중 피고인의 진술내용은 실질적으로 형사소송법 제311조, 제312조의 규정 이외에 피고인의 진술을 기재한 서류와 다름없어 피고인이 그 녹음테이프를 증거로 할 수 있음에 동의하지 않은 이상 그 녹음테이프 검증조서의 기재 중 피고인의 진술내용을 증거로 사용하기 위해서는 형사소송법 제313조 제1항 단서에 따라 공판준비 또는 공판기일에서 그 작성자인 피해자의 진술에 의하여 녹음테이프에 녹음된 피고인의 진술내용이 피고인이 진술한 대로 녹음된 것임이 증명되고 나아가 그 진술이 특히 신빙할 수 있는 상태하에서 행하여진 것임이 인정되어야 할 것이고, 녹음테이프는 그 성질상 작성자나 진술자의 서명 혹은 날인이 없을 뿐만 아니라, 녹음자의 의도나 특정한 기술에 의하여 그 내용이 편집, 조작될 위험성이 있음을 고려하여, 그 대화내용을 녹음한 원본이거나 혹은 원본으로부터 복사한 사본일 경우에는 복사과정에서 편집되는 등의 인위적 개작 없이 원본의 내용 그대로 복사된 사본임이 입증되어야만 하고, 그러한 입증이 없는 경우에는 쉽게 그 증거능력을 인정할 수 없다(대판 2005.12.23. 2005도2945)

12년(3)·14년(3) 모의

461. 디지털 녹음기에 녹음된 내용을 전자적 방법으로 테이프에 전사한 사본인 녹음테이프를 대상으로 법원이 검증절차를 진행하여 녹음된 내용이 녹취록의 기재와 일치하고 그 음성이 진술자의 음성임을 확인하였다면 그 녹음테이프의 증거능력을 인정하기 위한 요건이 충족된다.

해설 피고인과 상대방 사이의 대화내용에 관한 녹취서가 공소사실의 증거로 제출되어 그 녹취서의 기재내용과 녹음테이프의 녹음내용이 동일한지 여부에 대하여 법원이 검증을 실시한 경우에, 증거자료가 되는 것은 녹음테이프에 녹음된 대화내용 그 자체이고, 그 중 피고인의 진술내용은 실질적으로 형사소송법 제311조, 제312조의 규정 이외에 피고인의 진술을 기재한 서류와 다름없어, 피고인이 그 녹음테이프를 증거로 할 수 있음에 동의하지 않은 이상 그 녹음테이프 검증조서의 기재 중 피고인의 진술내용을 증거로 사용하기 위해서는 형사소송법 제313조 제1항 단서에 따라 공판준비 또는 공판기일에서 그 작성자인 상대방의 진술에 의하여 녹음테이프에 녹음된 피고인의 진술내용이 피고인이 진술한 대로 녹음된 것임이 증명되고 나아가 그 진술이 특히 신빙할 수 있는 상태하에서 행하여진 것임이 인정되어야 하며, 또한 녹음테이프는 그 성질상 작성자나 진술자의 서명 혹은 날인이 없을 뿐만 아니라, 녹음자의 의도나 특정한 기술에 의하여 그 내용이 편집, 조작될 위험성이 있음을 고려하여, 그 대화내용을 녹음한 원본이거나 혹은 원본으로부터 복사한 사본일 경우에는 복사과정에서 편집되는 등의 인위적 개작 없이 원본의 내용 그대로 복사된 사본임이 증명되어야만 하고, 그러한 증명이 없는 경우에는 쉽게 그 증거능력을 인정할 수 없다고 할 것이며, 녹음테이프에 수록된 대화내용이 이를 풀어쓴 녹취록의 기재와 일치한다거나 녹음테이프의 대화 내용이 중단되었다고 볼 만한 사정이 없다는 녹음테이프에 대한 법원의 검증 결과만으로는 위와 같은 증명이 있다고는 할 수 없을 것이다(대판 2008.12.24. 2008도9414).

정답

17년(3) 모의

462. 피고인의 동료 교사가 학생들과의 사적인 대화 중에 피고인이 수업시간에 학생들에게 북한을 찬양·고무하는 발언을 하였다는 사실에 대한 학생들의 대화 내용을 학생들 모르게 녹음한 녹음테이프의 경우, 그 중 위와 같은 학생들의 대화의 내용은 피고인 아닌 자의 진술을 기재한 서류와 다를 바 없다.

해설 피고인의 동료 교사가 학생들과의 사적인 대화 중에 피고인이 수업시간에 학생들에게 북한을 찬양·고무하는 발언을 하였다는 사실에 대한 학생들의 대화 내용을 학생들 모르게 녹음한 녹음테이프에 대하여 실시한 검증의 내용은 녹음테이프에 녹음된 대화의 내용이 검증조서에 첨부된 녹취서에 기재된 내용과 같다는 것에 불과하여 증거자료가 되는 것은 여전히 녹음테이프에 녹음된 대화의 내용이라고 할 것인바, 그 중 위와 같은 내용의 학생들의 대화의 내용은 실질적으로 형사소송법 제311조, 제312조 규정 이외의 피고인 아닌 자의 진술을 기재한 서류와 다를 바 없으므로, 피고인이 그 녹음테이프를 증거로 할 수 있음에 동의하지 않은 이상 녹음테이프의 녹음내용 중 위와 같은 내용의 학생들의 진술 및 이에 관한 검증조서의 기재 중 학생들의 진술내용을 공소사실을 인정하기 위한 증거자료로 사용하기 위하여서는 형사소송법 제313조 제1항에 따라 공판준비나 공판기일에서 원진술자인 학생들의 진술에 의하여 이 사건 녹음테이프에 녹음된 각자의 진술내용이 자신이 진술한 대로 녹음된 것이라는 점이 인정되어야 한다(대판 1997.03.28. 96도2417).

정답

3. 영상녹화물의 증거능력

20년(3)·23년(2) 모의

463. 공사장 출입구에 설치되어 있는 CCTV에 甲 등이 의자에 앉아있는 모습이 촬영되었는데 CCTV 영상파일 원본이 삭제되어 그 복사본이 甲의 유죄입증을 위한 증거로 제출된 경우, 원본과 복사본의 동일성을 확인할 수 없기 때문에 그 복사본이 복사 과정에서 위조되거나 변조되지 않았음이 입증되더라도 그 증거능력을 인정할 수 없다.

해설 원심은 다음과 같은 이유로 위 증거를 증거로 사용할 수 있다고 판단하였다. 충북지방경찰청에서 이루어진 제2차 포렌식 과정 중 복제본을 생성하는 과정에서 오류가 발생하였으나, 제3차 포렌식에서 추출된 증거와 관련된 저장매체가 영구적으로 손상되었다고 보기 어렵다. 그리고 CCTV 영상파일은 그 원본이 존재하지 않아 원본과 동일한지 확인할 수는 없지만, 원본으로부터 복사한 사본으로서 복사 과정에서 위조되거나 변조되지 않았다. 원심판결 이유를 관련 법리와 기록에 비추어 살펴보면, 원심의 판단에 상고이유 주장과 같이 증거능력에 관한 법리를 오해한 잘못이 없다(대판 2018.05.11. 2018도4075).

정답

20년(2) 모의

464. 甲과 乙은 A(여, 18세)의 집으로 들어가 A를 협박하고 손을 묶은 뒤 장롱 서랍을 뒤져 귀금속을 강취하고, 甲은 A의 음부를 만지면서 강간하려고 하였으나 A가 수술한지 얼마 안되어 배가 아프다면서 애원하자 간음행위를 중단하였다(제1행위). 甲, 乙은 집에서 나오던 중 옆집의 신고를 받고 출동한 사법경찰관 P가 체포하려 하자 乙은 도주하였고 甲은 체포를 면탈할 목적으로 바닥에 있던 유리병으로 P를 때려 3주의 치료를 요하는 상해를 가하였다(제2행위). 검사는 甲, 乙을 함께 기소하였다.

1) 수사기관은 A의 진술 내용과 조사 과정을 비디오녹화기 등 영상물 녹화장치로 촬영·보존하여야 하며, 이 영상물에 수록된 A의 진술은 조사 과정에 동석하였던 신뢰관계에 있는 사람의 공판준비기일 또는 공판기일에서의 진술에 의하여 그 성립의 진정함이 인정되면 증거로 할 수 있다.

해설 아동·청소년의 성보호에 관한 법률 제2조 및 제26조 참조.

아동·청소년의 성보호에 관한 법률(약칭 : 청소년 성보호법) 제2조(정의) 이 법에서 사용하는 용어의 뜻은 다음과 같다.
 1. "아동·청소년"이란 19세 미만의 자를 말한다. 다만, 19세에 도달하는 연도의 1월 1일을 맞이한 자는 제외한다.
아동·청소년의 성보호에 관한 법률 제26조(영상물의 촬영·보존 등) ① 아동·청소년대상 성범죄 피해자의 진술내용과 조사과정은 비디오녹화기 등 영상물 녹화장치로 촬영·보존하여야 한다.
② 제1항에 따른 영상물 녹화는 피해자 또는 법정대리인이 이를 원하지 아니하는 의사를 표시한 때에는 촬영을 하여서는 아니 된다. 다만, 가해자가 친권자 중 일방인 경우는 그러하지 아니하다.
⑥ 제1항부터 제4항까지의 절차에 따라 촬영한 영상물에 수록된 피해자의 진술은 공판준비기일 또는 공판기일에 피해자 또는 조사과정에 동석하였던 신뢰관계에 있는 자의 진술에 의하여 그 성립의 진정함이 인정된 때에는 증거로 할 수 있다.

정답 ○

2) **수사기관이 조사과정을 녹화한 영상에 A가 피해상황을 진술하면서 보충적으로 작성한 메모도 함께 촬영되어 있다면, 메모의 작성자인 A가 진정성립을 인정하여야만 증거로 쓸 수 있다.**

해설 성폭력범죄의 처벌 및 피해자보호 등에 관한 법률 제21조의3에 따라 촬영한 영상물에 수록된 성폭력 범죄 피해자의 진술은 조사 과정에 동석하였던 신뢰관계 있는 자의 진술에 의하여 성립의 진정함이 인정된 때에는 증거로 할 수 있다. 그리고 위와 같이 촬영한 영상에 피해자가 피해상황을 진술하면서 보충적으로 작성한 메모도 함께 촬영되어 있는 경우, 이는 영상물에 수록된 피해자 진술의 일부와 다름없으므로, 위 법률에 따라 조사과정에 동석하였던 신뢰관계 있는 자의 진술에 의하여 성립의 진정함이 인정된 때에는 증거로 할 수 있다(대판 2009.12.24. 2009도11575).

20년·21년 변시, 15년(3)·17년(2)·23년(2) 모의

465. **수사기관이 사기 사건의 피해자를 참고인으로 조사하는 과정에서 그 참고인의 진술을 녹화한 영상녹화물은 피고인의 공소사실을 직접 증명할 수 있는 독립적인 증거로 사용할 수 있다.**

해설 2007. 6. 1. 법률 제8496호로 개정되기 전의 형사소송법에는 없던 수사기관에 의한 피의자 아닌 자(이하 '참고인'이라 한다) 진술의 영상녹화를 새로 정하면서 그 용도를 참고인에 대한 진술조서의 실질적 진정성립을 증명하거나 참고인의 기억을 환기시키기 위한 것으로 한정하고 있는 현행 형사소송법의 규정 내용을 영상물에 수록된 성범죄 피해자의 진술에 대하여 독립적인 증거능력을 인정하고 있는 성폭력범죄의 처벌등에 관한 특례법 제30조 제6항 또는 아동.청소년의 성보호에 관한 법률 제26조 제6항의 규정과 대비하여 보면, 수사기관이 참고인을 조사하는 과정에서 형사소송법 제221조 제1항에 따라 작성한 영상녹화물은, 다른 법률에서 달리 규정하고 있는 등의 특별한 사정이 없는 한, 공소사실을 직접 증명할 수 있는 독립적인 증거로 사용될 수는 없다고 해석함이 타당하다(대판 2014.07.10. 2012도5041).

20년(1) 모의

466. **피의자의 진술을 담은 영상녹화물은 피의자의 진술을 기재한 조서로 간주되어 「형사소송법」 제312조에 의하여 피의자신문조서로서 증거능력이 인정될 수 있다.**

해설 판례는 형사소송법 제312조에 의하면 영상녹화물을 검사 또는 사법경찰관 작성의 참고인 진술조서의 실질적 진정성립을 증명하는 방법으로서만 인정하고 있으므로 위 규정의 해석상 영상녹화물에 독립적인 증거능력을 인정할 수 없다는 본증부정설의 입장을 취한다(이창현, 형사소송법 제3판 p.942 참조).

🕐 17년 변시

467. 19세 미만의 성폭력범죄의 피해자의 진술 내용과 조사 과정을 촬영한 영상물에 수록된 피해자의 진술은 그 피해자가 공판기일에 출석하지 아니하더라도 조사 과정에 동석하였던 신뢰관계인의 공판기일에서의 진술에 의하여 그 성립의 진정함이 인정되었다면 증거로 사용할 수 있다.

해설 성폭력범죄의 처벌 등에 관한 특례법 제30조 제6항 참조.

성폭력범죄의 처벌 등에 관한 특례법 제30조(영상물의 촬영·보존 등) ① 성폭력범죄의 피해자가 19세 미만이거나 신체적인 또는 정신적인 장애로 사물을 변별하거나 의사를 결정할 능력이 미약한 경우에는 피해자의 진술 내용과 조사 과정을 비디오녹화기 등 영상물 녹화장치로 촬영·보존하여야 한다.
② 제1항에 따른 영상물 녹화는 피해자 또는 법정대리인이 이를 원하지 아니하는 의사를 표시한 경우에는 촬영을 하여서는 아니 된다. 다만, 가해자가 친권자 중 일방인 경우는 그러하지 아니하다.
⑥ 제1항에 따라 촬영한 영상물에 수록된 피해자의 진술은 공판준비기일 또는 공판기일에 피해자나 조사 과정에 동석하였던 신뢰관계에 있는 사람 또는 진술조력인의 진술에 의하여 그 성립의 진정함이 인정된 경우에 증거로 할 수 있다.

정답

4. 컴퓨터 기록의 증거능력

🕐 21년 변시, 23년(3) 모의

468. (1) 증거로 제출된 전자문서 파일의 사본이나 출력물이 복사·출력 과정에서 편집되는 등 인위적 개작 없이 원본 내용을 그대로 복사·출력한 것이라는 사실은 전자문서 파일의 사본이나 출력물의 생성과 전달 및 보관 등의 절차에 관여한 사람의 증언이나 진술, 원본이나 사본 파일 생성 직후의 해시값의 비교, 전자문서 파일에 대한 검증·감정 결과 등 제반 사정을 종합하여 판단할 수 있다.
(2) 전자문서를 수록한 파일 등의 경우에는 원본임이 증명되거나 혹은 원본으로부터 복사한 사본일 경우에는 복사 과정에서 편집되는 등 인위적 개작 없이 원본의 내용 그대로 복사된 사본임이 증명되어야만 하고, 그러한 증명이 없는 경우에는 쉽게 그 증거능력을 인정할 수 없다. 이때 원본 동일성은 증거능력의 요건에 해당하므로 검사가 그 존재에 대하여 구체적으로 주장·증명하여야 한다.

해설 전자문서를 수록한 파일 등의 경우에는, 그 성질상 작성자의 서명 혹은 날인이 없을 뿐만 아니라 작성자·관리자의 의도나 특정한 기술에 의하여 그 내용이 편집·조작될 위험성이 있음을 고려하여, 원본임이 증명되거나 혹은 원본으로부터 복사한 사본일 경우에는 복사 과정에서 편집되는 등 인위적 개작 없이 원본의 내용 그대로 복사된 사본임이 증명되어야만 하고, 그러한 증명이 없는 경우에는 쉽게 그 증거능력을 인정할 수 없다. 그리고 증거로 제출된 전자문서 파일의 사본이나 출력물이 복사·출력 과정에서 편집되는 등 인위적 개작 없이 원본 내용을 그대로 복사출력한 것이라는 사실은 전자문서 파일의 사본이나 출력물의 생성과 전달 및 보관 등의 절차에 관여한 사람의 증언이나 진술, 원본이나 사본 파일 생성 직후의 해시값의 비교, 전자문서 파일에 대한 검증·감정 결과 등 제반 사정을 종합하여 판단할 수 있다(대판 2016.09.28. 2014도9903 참조). 이러한 원본 동일성은 증거능력의 요건에 해당하므로 검사가 그 존재에 대하여 구체적으로 주장·증명해야 한다(대판 2001.09.04. 2000도1743 참조).(대판 2018.02.08. 2017도13263).

정답

16년(3) 모의

469. 정보저장매체 원본이 압수 시부터 문건 출력 시까지 변경되지 않았다는 사정, 즉 무결성(無缺性)은 원칙적으로 절차에 참여한 수사관이나 전문가 등의 증언, 또는 법원이 그 원본에 저장된 자료와 증거로 제출된 출력 문건을 대조하는 방법으로 증명하여야 한다.

▸ 해설 출력 문건과 정보저장매체에 저장된 자료가 동일하고 정보저장매체 원본이 문건 출력 시까지 변경되지 않았다는 점은, 피압수·수색 당사자가 정보저장매체 원본과 '하드카피' 또는 '이미징'한 매체의 해쉬(Hash) 값이 동일하다는 취지로 서명한 확인서면을 교부받아 법원에 제출하는 방법에 의하여 증명하는 것이 원칙이나, 그와 같은 방법에 의한 증명이 불가능하거나 현저히 곤란한 경우에는, 정보저장매체 원본에 대한 압수, 봉인, 봉인해제, '하드카피' 또는 '이미징' 등 일련의 절차에 참여한 수사관이나 전문가 등의 증언에 의해 정보저장매체 원본과 '하드카피' 또는 '이미징'한 매체 사이의 해쉬 값이 동일하다거나 정보저장매체 원본이 최초 압수 시부터 밀봉되어 증거 제출 시까지 전혀 변경되지 않았다는 등의 사정을 증명하는 방법 또는 법원이 그 원본에 저장된 자료와 증거로 제출된 출력 문건을 대조하는 방법 등으로도 그와 같은 무결성·동일성을 인정할 수 있으며, 반드시 압수·수색 과정을 촬영한 영상녹화물 재생 등의 방법으로만 증명하여야 한다고 볼 것은 아니다(대판 2013.07.26. 2013도2511).

정답

12년 변시

470. 디지털 저장매체로부터 출력한 문건을 증거로 사용하기 위해서는 정보저장매체 원본에 저장된 내용과 출력한 문건의 동일성이 인정되어야 하고, 이를 위해서는 디지털 저장매체원본이 압수시부터 문건 출력시까지 변경되지 않았음이 담보되어야 한다.

▸ 해설 압수물인 디지털 저장매체로부터 출력한 문건을 증거로 사용하기 위해서는 디지털 저장매체 원본에 저장된 내용과 출력한 문건의 동일성이 인정되어야 하고, 이를 위해서는 디지털 저장매체 원본이 압수시부터 문건 출력시까지 변경되지 않았음이 담보되어야 한다. 특히 디지털 저장매체 원본을 대신하여 저장매체에 저장된 자료를 '하드카피' 또는 '이미징'한 매체로부터 출력한 문건의 경우에는 디지털 저장매체 원본과 '하드카피' 또는 '이미징'한 매체 사이에 자료의 동일성도 인정되어야 할 뿐만 아니라, 이를 확인하는 과정에서 이용한 컴퓨터의 기계적 정확성, 프로그램의 신뢰성, 입력·처리·출력의 각 단계에서 조작자의 전문적인 기술능력과 정확성이 담보되어야 한다. 그리고 압수된 디지털 저장매체로부터 출력한 문건을 진술증거로 사용하는 경우, 그 기재 내용의 진실성에 관하여는 전문법칙이 적용되므로 형사소송법 제313조 제1항에 따라 그 작성자 또는 진술자의 진술에 의하여 그 성립의 진정함이 증명된 때에 한하여 이를 증거로 사용할 수 있다(대판 2007.12.13. 2007도7257).

정답

VII 거짓말탐지기 검사결과의 증거능력

20년(2) 모의

471. 거짓말탐지기의 검사결과가 증거능력이 있는 경우에도 그 검사결과는 검사를 받는 사람의 진술의 신빙성을 가늠하는 정황증거로서의 기능을 하는데 그친다.

> **해설** 거짓말탐지기의 검사는 그 기구의 성능, 조작기술 등에 있어 신뢰도가 극히 높다고 인정되고 그 검사자가 적격자이며, 검사를 받는 사람이 검사를 받음에 동의하였으며 검사서가 검사자 자신이 실시한 검사의 방법, 경과 및 그 결과를 충실하게 기재하였다는 등의 전제조건이 증거에 의하여 확인되었을 경우에만 형사소송법 제313조 제2항에 의하여 이를 증거로 할 수 있는 것이고 위와 같은 조건이 모두 충족되어 증거능력이 있는 경우에도 그 검사결과는 검사를 받는 사람의 진술의 신빙성을 가늠하는 정황증거로서의 기능을 하는데 그치는 것이다(대판 1987.07.21. 87도968).

정답

제6절 당사자의 동의와 증거능력

I 동의의 의의와 성질

13년 변시

472. 전문법칙에 의하여 증거능력이 없는 증거라고 할지라도 당사자가 동의하고 법원이 진정한 것으로 인정한 경우에는 증거능력이 있다.

> **해설** 형사소송법 제318조 제1항은 전문증거금지의 원칙에 대한 예외로서 반대신문권을 포기하겠다는 피고인의 의사표시에 의하여 서류 또는 물건의 증거능력을 부여하려는 규정이므로 피고인의 의사표시가 위와 같은 내용을 적극적으로 표시하는 것이라고 인정되는 경우이면 증거동의로서의 효력이 있다(대판 1983.03.08. 82도2873).

> 형사소송법 제318조(당사자의 동의와 증거능력) ① 검사와 피고인이 증거로 할 수 있음을 동의한 서류 또는 물건은 진정한 것으로 인정한 때에는 증거로 할 수 있다.

정답

II 동의의 방법

1. 동의의 주체와 상대방

 18년·20년·21년·23년 변시, 14년(2)·15년(3)·16년(3)·17년(1)·19년(3)·23년(3) 모의

473. (1) 변호인은 피고인의 명시한 의사에 반하여 증거로 함에 동의할 수 있다.

(2) 피고인이 출석한 공판기일에서 증거로 함에 부동의한다는 의견을 진술한 후 피고인이 출석하지 아니한 공판기일에 변호인만이 출석하여 종전 의견을 번복하여 증거로 함에 동의하였다면 이는 특별한 사정이 없는 한 증거동의의 효력이 없다.

해설 (1)형사소송법 제318조에 규정된 증거동의의 주체는 소송 주체인 검사와 피고인이고, 변호인은 피고인을 대리하여 증거동의에 관한 의견을 낼 수 있을 뿐이므로 피고인의 명시한 의사에 반하여 증거로 함에 동의할 수는 없다. (2)따라서 피고인이 출석한 공판기일에서 증거로 함에 부동의한다는 의견이 진술된 경우에는 그 후 피고인이 출석하지 아니한 공판기일에 변호인만이 출석하여 종전 의견을 번복하여 증거로 함에 동의하였다 하더라도 이는 특별한 사정이 없는 한 효력이 없다(대판 2013.03.28. 2013도3).

정답 ×, ○

 12년 변시, 14년(3)·16년(3)·17년(3)·20년(3) 모의

474. (1) 증거동의의 주체는 검사와 피고인이므로, 변호인의 경우 피고인의 명시적인 위임이 없는 한 피고인을 대리하여 증거로 함에 동의할 수 없다.

(2) 변호인은 피고인의 명시한 의사에 반하지 아니하는 한 증거로 함에 동의할 수 있고, 이 경우 변호인의 동의에 대하여 피고인이 즉시 이의하지 아니하는 경우에는 변호인의 동의로 증거능력이 인정된다.

(3) 피고인이 증거로 함에 동의하지 아니한다고 명시적인 의사표시를 한 경우에도 변호인은 서류나 물건에 대하여 증거로 함에 동의할 수 있다.

해설 증거로 함에 대한 동의의 주체는 소송주체인 당사자라 할 것이지만 변호인은 피고인의 명시한 의사에 반하지 아니하는 한 피고인을 대리하여 이를 할 수 있음은 물론이므로 피고인이 증거로 함에 동의하지 아니한다고 명시적인 의사표시를 한 경우 이외에는 변호인은 서류나 물건에 대하여 증거로 함에 동의할 수 있고 이 경우 변호인의 동의에 대하여 피고인이 즉시 이의하지 아니하는 경우에는 변호인의 동의로 증거능력이 인정되고 증거조사 완료 전까지 앞서의 동의가 취소 또는 철회하지 아니한 이상 일단 부여된 증거능력은 그대로 존속한다(대판 1999.08.20. 99도2029).

정답 ×, ○, ×

2. 동의의 대상

◷ 13년·15년 변시, 12년(1)·(2)·14년(1)·15년(1)·18년(1)·(2) 모의

475. (1) 진술의 임의성에 다툼이 있을 때에는 피고인이 그 임의성을 의심할 만한 합리적이고 구체적인 사실을 입증하여야 하고 검사가 그 임의성의 의문점을 해소하는 입증을 하는 것은 아니다.

(2) 진술에 임의성이 인정되지 않아 증거능력이 없는 증거라고 할지라도 당사자가 동의하고 법원이 진정한 것으로 인정한 경우에는 증거능력이 있다.

(3) 임의성 없는 자백이라도 법관의 자유심증에 따라 증거로 할 수 있다.

▒해설 [1] 임의성 없는 진술의 증거능력을 부정하는 취지는, 허위진술을 유발 또는 강요할 위험성이 있는 상태하에서 행하여진 진술은 그 자체가 실체적 진실에 부합하지 아니하여 오판을 일으킬 소지가 있을 뿐만 아니라 그 진위를 떠나서 진술자의 기본적 인권을 침해하는 위법 부당한 압박이 가하여지는 것을 사전에 막기 위한 것이므로, 그 (1)임의성에 다툼이 있을 때에는 그 임의성을 의심할 만한 합리적이고 구체적인 사실을 피고인이 증명할 것이 아니고 검사가 그 임의성의 의문점을 없애는 증명을 하여야 할 것이고, 검사가 그 임의성의 의문점을 없애는 증명을 하지 못한 경우에는 그 진술증거는 증거능력이 부정된다. [2] 기록상 진술증거의 임의성에 관하여 의심할 만한 사정이 나타나 있는 경우에는 법원은 직권으로 그 임의성 여부에 관하여 조사를 하여야 하고, (2),(3)임의성이 인정되지 아니하여 증거능력이 없는 진술증거는 피고인이 증거로 함에 동의하더라도 증거로 삼을 수 없다(편저자 주 : 형사소송법 제309조에 위반하여 위법하게 취득된 자백의 증거능력제한은 절대적임). [3] 기록에 의하면 참고인에 대한 검찰 진술조서가 강압상태 내지 강압수사로 인한 정신적 강압상태가 계속된 상태에서 작성된 것으로 의심되어 그 임의성을 의심할 만한 사정이 있는데도, 검사가 그 임의성의 의문점을 없애는 증명을 하지 못하였으므로 증거능력이 없다(대판 2006.11.23. 2004도7900).

 ×, ×, ×

3. 동의의 시기와 방식

17년(1) 모의

476. 법원이 직권으로 수집한 전문증거는 검사와 피고인 모두의 증거동의가 있어야 증거능력이 인정된다.

▒해설 법원에서 직권으로 수집한 전문증거에 대해서는 검사와 피고인 양 당사자의 동의가 있어야 한다(이재상, 형사소송법 제9판, p.637)

 ○

23년(2) 모의

477. 피고인이나 변호인이 피고인의 무죄에 관한 자료로 제출한 서증 가운데 유죄임을 뒷받침하는 내용이 있다 하여도 법원은 검사의 원용(동의)이 없는 한 당해 서류의 진정성립 여부 등을 조사하고 아울러 당해 서류에 대한 피고인이나 변호인의 의견과 변명의 기회를 준 다음이 아니면 당해 서증을 유죄인정의 증거로 사용할 수 없다.

> **해설** 증거공통의 원칙이란 증거의 증명력은 그 제출자나 신청자의 입증취지에 구속되지 않는다는 것을 의미하고 증서의 증거능력이나 증거에 관한 조사절차를 불필요하게 할 수 있는 힘은 없으므로 피고인이나 변호인이 무죄에 관한 자료로 제출한 서증가운데 도리어 유죄임을 뒷받침하는 내용이 있다 하여도 법원은 상대방의 원용(동의)이 없는 한 그 서류의 진정성립 여부 등을 조사하고 아울러 그 서류에 대한 피고인이나 변호인의 의견과 변명의 기회를 준 다음이 아니면 그 서증을 유죄인정의 증거로 쓸 수 없다고 보아야 한다(대판 1989.10.10. 87도966).

정답

20년·23년 변시, 14년(1)·17년(1) 모의

478. (1) 피고인이 검사가 제시한 모든 증거에 대하여 증거로 함에 동의한다는 방식으로 증거동의를 하더라도 이는 유효하다.
(2) '검사가 제출한 모든 증거에 대하여 증거로 함에 동의한다'는 방식으로 이루어진 증거동의는 포괄적 동의에 해당하므로 증거동의로서의 효력이 인정되지 않는다.

> **해설** 형사소송법 제318조 제1항은 전문증거금지의 원칙에 대한 예외로서 반대신문권을 포기하겠다는 피고인의 의사표시에 의하여 서류 또는 물건의 증거능력을 부여하려는 규정이므로 피고인의 의사표시가 위와 같은 내용을 적극적으로 표시하는 것이라고 인정되면 증거동의로서의 효력이 있다 할 것인 바, 그 의사표시의 절차와 방법에 관하여 형사소송법상 어떠한 제한이 있는 것은 아니므로 피고인들의 의사표시가 하나 하나의 증거에 대하여 형사소송법상의 증거조사방식을 거쳐 이루어진 것이 아니라 검사가 제시한 모든 증거에 대하여 증거로 함에 동의한다는 방식으로 이루어진 것이라 하여 그 효력을 부정할 이유가 되지 못한다 할 것이나(대판 1983.03.08. 82도2873).

정답

Ⅲ 동의의 의제

1. 피고인의 불출석

20년 변시

479. 제1심 공판절차에서 피고인이 공시송달의 방법에 의한 공판기일 소환을 2회 이상 받고도 출석하지 아니하여 「소송촉진 등에 관한 특례법」 제23조 본문에 따라 피고인의 출정 없이 증거조사를 하는 때에는, 「형사소송법」 제318조 제2항에 따른 증거동의가 간주된다.

해설 소송촉진 등에 관한 특례법(이하 '소촉법'이라 한다) 제23조는 "제1심 공판절차에서 피고인에 대한 송달불능보고서가 접수된 때부터 6개월이 지나도록 피고인의 소재를 확인할 수 없는 경우에는 대법원규칙으로 정하는 바에 따라 피고인의 진술 없이 재판할 수 있다. 다만, 사형, 무기 또는 장기 10년이 넘는 징역이나 금고에 해당하는 사건의 경우에는 그러하지 아니하다."라고 규정하고 있고, 형사소송법 제318조 제2항은 "피고인의 출정 없이 증거조사를 할 수 있는 경우에 피고인이 출정하지 아니한 때에는 피고인의 동의가 있는 것으로 간주한다. 단, 대리인 또는 변호인이 출정한 때에는 예외로 한다."고 규정하고 있는바, 소촉법 제23조의 경우 피고인의 출정 없이도 심리·판결할 수 있고 공판심리의 일환으로 증거조사가 행해지게 마련이어서 피고인이 출석하지 아니한 상태에서 증거조사를 할 수밖에 없는 경우에는 형사소송법 제318조 제2항의 규정상 피고인의 진의와는 관계없이 형사소송법 제318조 제1항의 동의가 있는 것으로 간주하게 되어 있는 점, 형사소송법 제318조 제2항의 입법 취지가 재판의 필요성 및 신속성, 즉 피고인의 불출정으로 인한 소송행위의 지연 방지 내지 피고인 불출정의 경우 전문증거의 증거능력을 결정하지 못함에 따른 소송지연 방지에 있는 점 등에 비추어, 피고인이 공시송달의 방법에 의한 공판기일의 소환을 2회 이상 받고도 출석하지 아니하여 법원이 피고인의 출정 없이 증거조사를 하는 경우에는 형사소송법 제318조 제2항에 따른 피고인의 증거동의가 있는 것으로 간주된다고 할 것이다(대판 2011.03.10. 2010도15977).

 정답 ○

12년 · 24년 변시, 12년(3)·15년(2)·16년(3)·20년(3) 모의

480. 乙이 약식명령에 불복하여 변호인 선임 없이 정식재판을 청구한 후 연속으로 2회 불출정한 경우, 법원은 乙의 출정 없이 증거조사를 할 수 있고, 이 경우에는 「형사소송법」 제318조 제2항에 따라 乙의 증거동의가 간주된다.

해설 약식명령에 불복하여 정식재판을 청구한 피고인이 정식재판절차에서 2회 불출정하여 법원이 피고인의 출정 없이 증거조사를 하는 경우에 형사소송법 제318조 제2항에 따른 피고인의 증거동의가 간주된다(대판 2010.07.15. 2007도5776).

형사소송법 제365조(피고인의 출정) ② 피고인이 정당한 사유 없이 다시 정한 기일에 출정하지 아니한 때에는 피고인의 진술 없이 판결을 할 수 있다.
형사소송법 제458조(준용규정) ② 제365조의 규정은 정식재판절차의 공판기일에 정식재판을 청구한 피고인이 출석하지 아니한 경우에 이를 준용한다.

  정답 ○

23년(1) 모의

481. 약식명령에 불복하여 정식재판을 청구한 피고인이 정식재판절차의 제1심에서 2회 불출정하여 「형사소송법」 제318조 제2항에 따른 증거동의가 간주된 후 증거조사를 완료하였더라도, 피고인이 항소심에 출석하여 공소사실을 부인하면서 간주된 증거동의를 철회 또는 취소한다는 의사표시를 하였다면 증거동의가 간주된 증거들의 증거능력은 상실된다.

::해설:: 약식명령에 불복하여 정식재판을 청구한 피고인이 정식재판절차의 제1심에서 2회 불출정하여 형사소송법 제318조 제2항에 따른 증거동의가 간주된 후 증거조사를 완료한 이상, 간주의 대상인 증거동의는 증거조사가 완료되기 전까지 철회 또는 취소할 수 있으나 일단 증거조사를 완료한 뒤에는 취소 또는 철회가 인정되지 아니하는 점, 증거동의 간주가 피고인의 진의와는 관계없이 이루어지는 점 등에 비추어, 비록 피고인이 항소심에 출석하여 공소사실을 부인하면서 간주된 증거동의를 철회 또는 취소한다는 의사표시를 하더라도 그로 인하여 적법하게 부여된 증거능력이 상실되는 것이 아니다(대판 2010.07.15. 2007도5776).

정답

13년·20년 변시, 14년(2)·16년(1)·(2)·18년(3)·22년(3)·23년(2) 모의

482. 피고인이 재판장의 허가 없이 퇴정하고 변호인도 이에 동조하여 퇴정해 버린 상태에서 증거조사를 할 수밖에 없는 경우에는 피고인의 진의와는 관계없이 증거에 대하여 피고인의 동의가 있는 것으로 간주된다.

::해설:: 필요적 변론사건이라 하여도 피고인(관련 공동피고인들 포함)이 재판거부의 의사를 표시하고 재판장의 허가 없이 퇴정하고 변호인 마저 이에 동조하여 퇴정해 버린 것은 모두 피고인측의 방어권의 남용 내지 변호권의 포기로 볼 수밖에 없는 것이어서 수소법원으로서는 형사소송법 제330조에 의하여 피고인이나 변호인의 재정 없이도 심리판결 할 수 있는 것이고, 또 공판심리는 사실심리와 증거조사가 행해지게 마련인데 이와 같이 피고인과 변호인들이 출석하지 않은 상태에서 증거조사를 할 수밖에 없는 경우에는 형사소송법 제318조 제2항의 규정상 피고인의 진의와는 관계없이 형사소송법 제318조 제1항의 동의가 있는 것으로 간주하게 되어 있다(대판 1991.06.28. 91도865).

형사소송법 제318조(당사자의 동의와 증거능력) ② 피고인의 출정없이 증거조사를 할 수 있는 경우에 피고인이 출정하지 아니한 때에는 전항의 동의가 있는 것으로 간주한다. 단, 대리인 또는 변호인이 출정한 때에는 예외로 한다.

정답 ○

16년·23년 변시, 14년(3) 모의

483. 피고인의 출정없이 증거조사를 할 수 있는 경우에 피고인이 출정하지 아니한 때에는 「형사소송법」 제318조 제1항의 증거동의가 있는 것으로 간주되지만, 대리인 또는 변호인이 출정한 때에는 그러하지 아니하다.

::해설:: 피고인의 출정 없이 증거조사를 할 수 있는 경우에 피고인이 출정하지 않았으나, 변호인이 출정한 때에는 형사소송법 제318조 제1항의 증거동의가 있는 것으로 간주할 수 없다.

형사소송법 제318조(당사자의 동의와 증거능력) ① 검사와 피고인이 증거로 할 수 있음을 동의한 서류 또는 물건은 진정한 것으로 인정한 때에는 증거로 할 수 있다.
② 피고인의 출정 없이 증거조사를 할 수 있는 경우에 피고인이 출정하지 아니한 때에는 전항의 동의가 있는 것으로 간주한다. 단, 대리인 또는 변호인이 출정한 때에는 예외로 한다.

정답

2. 간이공판절차에서의 특칙(제318조의3)

16년·20년·21년 변시, 13년(2)·14년(1)·(3)·20년(3)·22년(3) 모의

484. (1) 법원이 간이공판절차에 의하여 심판할 것으로 결정한 때에는 공판준비기일에 법원 또는 법관의 검증의 결과를 기재한 조서에 대해서도 형사소송법 제318조 제1항의 증거동의가 있는 것으로 간주된다.

(2) 간이공판절차의 결정이 있는 사건의 증거에 관하여는 당사자의 동의에 관한 「형사소송법」 제318조 제1항의 동의가 있는 것으로 간주되지만, 검사, 피고인 또는 변호인이 증거로 함에 이의가 있는 때에는 그러하지 아니하다.

해설 (1)제311조의 법원 또는 법관의 조서는 간이공판절차에서 제318조 제1항의 동의가 있는 것으로 간주되는 증거에 포함되지 않는다. (2)간이공판절차에서 제318조 제1항의 동의가 있는 것으로 간주되는 증거는 제310조의2, 제312조 내지 제314조, 제316조이다. 그러나 피고인 또는 변호인이 이의가 있는 경우에는 그러하지 아니하다.

형사소송법 제318조의3(간이공판절차에서의 증거능력에 관한 특례) 제286조의2의 결정이 있는 사건의 증거에 관하여는 제310조의2, 제312조 내지 제314조 및 제316조의 규정에 의한 증거에 대하여 제318조 제1항의 동의가 있는 것으로 간주한다. 단, 검사, 피고인 또는 변호인이 증거로 함에 이의가 있는 때에는 그러하지 아니하다.
형사소송법 제286조의2(간이공판절차의 결정) 피고인이 공판정에서 공소사실에 대하여 자백한 때에는 법원은 그 공소사실에 한하여 간이공판절차에 의하여 심판할 것을 결정할 수 있다

정답

Ⅳ 동의의 효과

1. 전문증거의 증거능력
2. 진정성의 조사

485. (1) 甲과 乙은 함께 은행강도를 하기로 모의하였다. 乙은 甲에게 은행건물의 구조와 청원경찰의 근무상황 등을 자세하게 설명해 주고 범행도구인 총도 제공하였다. 甲은 乙이 운전하는 차량으로 은행으로 갔으나, 乙은 양심의 가책을 느껴 甲이 은행에 들어가기 전에 도망쳤다. 2,000만원을 강취해 은행 밖으로 나온 甲은 乙이 없다는 사실을 알고 택시를 타고 도주하였으나, 다음날 경찰에 체포되어 수사를 받고 기소되었다. 이에 甲은 乙에게 범행시간에 다른 곳에서 함께 식사를 하고 있었다는 취지의 허위 증언을 부탁하였다. 그러나 乙이 이에 응하지 않자 甲은 만약을 위해서 녹음해 둔 자신과 乙의 범행모의 내용을 담은 테이프를 검사에게 증거로 제출하게 하였고 乙도 기소되었다. 甲이 제출한 녹음내용에 대하여 乙의 변호인이 이를 증거로 함에 동의하는 것만으로 그 녹음내용을 증거로 사용할 수는 없다.

(2) 검사와 피고인이 증거로 할 수 있음에 동의한 서류라고 하더라도 법원이 진정한 것으로 인정한 때에 증거로 할 수 있다.

해설 형사소송법 제318조의 증거동의의 주체는 검사나 피고인 또는 그 변호인이다. 사안의 녹음내용은 피고인이나 그의 변호인의 증거동의의 대상이 되지만 증거동의가 있어도 진정한 것으로 인정되어야 증거로 할 수 있다. 이 경우 법원은 증거동의가 있으면 직권으로 진정성여부를 조사하여야 한다.

▶ (1)은 '증거동의가 있는 것만으로'라고 한정하여 표현하고 있어, '그 것만으로 증거로 사용할 수는 없고 추가적인 요건이 필요하다'는 의미로 이해됩니다. 따라서 '증거동의 하는 것만으로 증거로 사용할 수는 없다'는 지문은 옳은 내용으로 처리합니다. (2)형사소송법 제318조 제1항 참조.

형사소송법 제318조(당사자의 동의와 증거능력) ① 검사와 피고인이 증거로 할 수 있음을 동의한 서류 또는 물건은 진정한 것으로 인정한 때에는 증거로 할 수 있다.

정답 ○, ○

3. 증거동의의 효력범위

18년 변시

486. 피고인이 제1심 법정에서 경찰의 검증조서 중 범행에 관한 현장진술 부분에 대해서만 부동의하고 범행현장상황 부분에 대해서는 증거동의한 경우, 위 검증조서 중 동의한 범행현장상황 부분만을 증거로 채용할 수는 없다.

해설 피고인들이 제1심 법정에서 경찰의 검증조서 가운데 범행부분만 부동의하고 현장상황 부분에 대해서는 모두 증거로 함에 동의하였다면, 위 검증조서 중 범행상황 부분만을 증거로 채용한 제1심 판결에 잘못이 없다(대판 1990.07.24. 90도1303).

정답 ×

V 동의의 철회와 취소

23년 변시, 22년(3) 모의

487. 증거동의의 의사표시는 증거조사가 완료되기 전까지 철회할 수 있으나, 일단 증거조사가 완료된 뒤에는 철회가 인정되지 아니하므로 제1심에서 한 증거동의를 제2심에서 철회할 수 없다.

해설 형사소송법 제318조에 규정된 증거동의의 의사표시는 증거조사가 완료되기 전까지 취소 또는 철회할 수 있으나, 일단 증거조사가 완료된 뒤에는 취소 또는 철회가 인정되지 아니하므로 제1심에서 한 증거동의를 제2심에서 취소할 수 없고, 일단 증거조사가 종료된 후에 증거동의의 의사표시를 취소 또는 철회하더라도 취소 또는 철회 이전에 이미 취득한 증거능력이 상실되지 않는다(대판 1999.08.20. 99도2029).

정답 ○

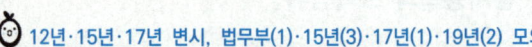

488. 피고인이 증거동의의 법적 효과에 대하여 잘 모르고 동의한 것이었다고 주장하나 그렇게 볼 만한 자료가 없고 변호인이 공판정에 재정하고 있으면서 피고인이 하는 동의에 대하여 아무런 이의나 취소를 한 사실이 없다면 그 동의에 법률적 하자가 있다고는 할 수 없다.

해설 피고인이 사법경찰관작성의 피해자진술조서를 증거로 동의함에 있어서 그 동의가 법률적으로 어떠한 효과가 있는지를 모르고 한 것이었다고 주장하더라도 변호인이 그 동의시 공판정에 재정하고 있으면서 피고인이 하는 동의에 대하여 아무런 이의나 취소를 한 사실이 없다면 그 동의에 무슨 하자가 있다고 할 수 없다(대판 1983.06.28. 83도1019).

정답 O

489. 검사가 제출한 증거에 대해 피고인이 증거동의 하였다면, 공판기일에서의 증거조사가 완료된 후 피고인이 증거동의의 의사표시를 취소하더라도 이미 취득한 증거능력이 상실된다고 볼 수 없다.

해설 형사소송법 제318조에 규정된 증거동의의 의사표시는 증거조사가 완료되기 전까지 취소 또는 철회할 수 있으나, 일단 증거조사가 완료된 뒤에는 취소 또는 철회가 인정되지 아니하므로 제1심에서 한 증거동의를 제2심에서 취소할 수 없고, 일단 증거조사가 종료된 후에 증거동의의 의사표시를 취소 또는 철회하더라도 취소 또는 철회 이전에 이미 취득한 증거능력이 상실되지 않는다(대판 1999.08.20. 99도2019).

정답 O

12년 · 24년 변시, 12년(3)·15년(1)·16년(3) 모의

490. (1) 약식명령에 불복하여 정식재판을 청구한 피고인이 2회 불출정한 경우, 검사 제출의 유죄증거에 관하여 증거동의가 간주된 후 증거조사를 완료하였더라도, 피고인이 항소심에 출석하여 그 증거동의를 철회 또는 취소한다는 의사표시를 하면 제1심의 증거능력은 상실된다.

(2) 乙이 정식재판에서 증거동의가 간주되고 증거조사가 완료된 후 벌금 100만 원이 선고되자 항소하였고, 乙이 항소심에 출석하여 증거동의를 철회 또는 취소한다는 의사표시를 한 경우, 제1심에서의 증거동의 간주는 乙의 진의와 관계없이 이루어진 것이므로 증거동의의 효력은 상실된다

해설 [1] 약식명령에 불복하여 정식재판을 청구한 피고인이 정식재판절차에서 2회 불출정하여 법원이 피고인의 출정 없이 증거조사를 하는 경우에 위 법 제318조 제2항에 따른 피고인의 증거동의가 간주된다. [2] 약식명령에 불복하여 정식재판을 청구한 피고인이 정식재판절차의 제1심에서 2회 불출정하여 형사소송법 제318조 제2항에 따른 증거동의가 간주된 후 증거조사를 완료한 이상, 간주의 대상인 증거동의는 증거조사가 완료되기 전까지 철회 또는 취소할 수 있으나 일단 증거조사를 완료한 뒤에는 취소 또는 철회가 인정되지 아니하는 점, 증거동의 간주가 피고인의 진의와는 관계없이

이루어지는 점 등에 비추어, 비록 피고인이 항소심에 출석하여 공소사실을 부인하면서 간주된 증거동의를 철회 또는 취소한다는 의사표시를 하더라도 그로 인하여 적법하게 부여된 증거능력이 상실되는 것이 아니다(대판 2010.07.15. 2007도5776).

제7절 탄핵증거

I 탄핵증거의 의의와 본질

⏱ 17년·18년 변시

491.
(1) 탄핵증거는 진술의 증명력을 감쇄하기 위하여 인정되는 것이므로 범죄사실 또는 그 간접사실을 인정하는 증거로서는 허용되지 않는다.
(2) 탄핵증거에 대하여는 그 진정성립이 증명되지 않더라도 무방하다.

▪해설▪ (1)탄핵증거는 범죄사실을 인정하는 증거가 아니므로 그것이 증거서류이든 진술이든 간에 유죄증거에 관한 소송법상의 (2)엄격한 증거능력을 요하지 아니한다(대판 1985.05.14. 85도441).

II 탄핵증거의 범위

⏱ 18년 변시, 18년(3) 모의

492. 「형사소송법」 제318조의2 제2항에 따른 영상녹화물의 탄핵증거로의 사용에 대해서 논란은 있으나, 영상녹화물의 재생은 법원의 직권이나 검사의 신청이 있는 경우에 한하고, 기억의 환기가 필요한 피고인 또는 피고인 아닌 자에게만 이를 재생하여 시청하게 하여야 한다.

▪해설▪ 형사소송법 제318조의2 제2항에 따른 영상녹화물의 재생은 검사의 신청이 있는 경우에 한한다.

형사소송법 제318조의2(증명력을 다투기 위한 증거) ① 제312조부터 제316조까지의 규정에 따라 증거로 할 수 없는 서류나 진술이라도 공판준비 또는 공판기일에서의 피고인 또는 피고인이 아닌 자(공소제기 전에 피고인을 피의자로 조사하였거나 그 조사에 참여하였던 자를 포함한다. 이하 이 조에서 같다)의 진술의 증명력을 다투기 위하여 증거로 할 수 있다.
② 제1항에도 불구하고 피고인 또는 피고인이 아닌 자의 진술을 내용으로 하는 영상녹화물은 공판준비 또는 공판기일에 피고인 또는 피고인이 아닌 자가 진술함에 있어서 기억이 명백하지 아니한 사항에 관하여 기억을 환기시켜야 할 필요가 있다고 인정되는 때에 한하여 피고인 또는 피고인이 아닌 자에게 재생하여 시청하게 할 수 있다.
형사소송규칙 제134조의5(기억 환기를 위한 영상녹화물의 조사) ① 법 제318조의2 제2항에 따른 영상녹화물의 재생은 검사의 신청이 있는 경우에 한하고, 기억의 환기가 필요한 피고인 또는 피고인 아닌 자에게만 이를 재생하여 시청하게 하여야 한다.

493. 검사가 피고인이 아닌 자의 진술을 기재한 조서는 원진술자가 성립의 진정을 부인하더라도 그의 증언의 증명력을 다투기 위한 증거로 할 수 있다.

해설 증언의 증명력을 다투기(탄핵증거) 위한 경우에는 소송법상 엄격한 증거능력을 요구하지 않는다. 따라서 검사 작성의 피고인 아닌 자의 진술조서의 경우 형사소송법 제312조 제4항의 요건을 갖추지 않아도 된다(동법 제318조의2 제1항). 그리고 자기모순진술은 탄핵증거의 범위에 관한 어느 학설을 따르더라도 탄핵증거로 제출할 수 있다.

형사소송법 제318조의2(증명력을 다투기 위한 증거) ① 제312조부터 제316조까지의 규정에 따라 증거로 할 수 없는 서류나 진술이라도 공판준비 또는 공판기일에서의 피고인 또는 피고인이 아닌 자(공소제기 전에 피고인을 피의자로 조사하였거나 그 조사에 참여하였던 자를 포함한다. 이하 이 조에서 같다)의 진술의 증명력을 다투기 위하여 증거로 할 수 있다.

정답

III 탄핵의 범위와 대상

494. 증인의 신용성을 탄핵하기 위하여 공판정 외에서의 자기모순의 진술을 증거로 제출하는 경우는 전문법칙이 적용되지 않는다.

해설 진술의 증명력을 다투기 위하여 제출되는 증거인 탄핵증거는 증거능력이 없는 전문증거라도 적극적으로 원진술의 진실성을 증명하기 위한 경우가 아니므로 전문법칙이 적용되지 않는다(형사소송법 제318조의2)(이창현, 형사소송법 제3판, p.855). 그리고 탄핵증거의 허용범위에 관한 학설 중 그 범위가 가장 좁은 한정설에 의하더라도 자기모순진술은 탄핵증거로 제출할 수 있으므로, 이에 관한 어느 학설을 따르더라도 자기모순진술은 탄핵증거로 제출할 수 있다.

정답

495. 甲과 乙은 길거리에서 서로 몸싸움을 하였다. 출동한 경찰관 P가 甲과 乙을 현행범으로 체포하려고 하자 ㉠ 甲이 P의 얼굴을 주먹으로 쳐 P에게 2주간의 치료를 요하는 타박상을 가하였다. 乙이 나중에 "甲이 경찰관의 얼굴을 때리는 것을 보았다."라고 한 말을 친구 A가 보이스펜으로 녹음한 파일은 乙이 그 진정성립을 부인하더라도 ㉠행위의 목격사실을 부인하는 乙의 법정진술의 증명력을 다투기 위한 증거로 사용할 수 있다.

해설 형사소송법 제313조 제1항의 진술서에 해당하는 당해 녹음한 파일은 乙이 진정성립을 부인하였으므로 증거능력은 부정되나, 형사소송법 제318조의2에 의하여 ㉠행위의 목격사실을 부인하는 乙의 법정진술의 증명력을 다투기 위한 증거로 사용될 수 있다.

판례 수사기관이 아닌 사인(私人)이 피고인 아닌 사람과의 대화내용을 녹음한 녹음테이프는 형사소송법 제311조, 제312조 규정 이외의 피고인 아닌 자의 진술을 기재한 서류와 다를 바 없으므로, 피고인이 그 녹음테이프를 증거로 할 수 있음에 동의하지 아니하는 이상 그 증거능력을 부여하기 위하여는 첫째, 녹음테이프가 원본이거나 원본으로부터 복사한 사본일 경우(녹음디스크에 복사할 경우에도 동일하다)에는 복사과정에서 편집되는 등의 인위적 개작 없이 원본의 내용 그대로 복사된 사본일 것, 둘째 형사소송법 제313조 제1항에 따라 공판준비나 공판기일에서 원진술자의 진술에 의하여 그 녹음테이프에 녹음된 각자의 진술내용이 자신이 진술한 대로 녹음된 것이라는 점이 인정되어야 할 것이고, 사인이 피고인 아닌 사람과의 대화내용을 대화 상대방 몰래 녹음하였다고 하더라도 위와 같은 조건이 갖추어진 이상 그것만으로는 그 녹음테이프가 위법하게 수집된 증거로서 증거능력이 없다고 할 수 없으며, 사인이 피고인 아닌 사람과의 대화내용을 상대방 몰래 비디오로 촬영·녹음한 경우에도 그 비디오테이프의 진술부분에 대하여도 위와 마찬가지로 취급하여야 할 것이다(대판 1999.03.09. 98도3169).

형사소송법 제313조(진술서등) ① 전2조의 규정 이외에 피고인 또는 피고인이 아닌 자가 작성한 진술서나 그 진술을 기재한 서류로서 그 작성자 또는 진술자의 자필이거나 그 서명 또는 날인이 있는 것(피고인 또는 피고인 아닌 자가 작성하였거나 진술한 내용이 포함된 문자·사진·영상 등의 정보로서 컴퓨터용디스크, 그 밖에 이와 비슷한 정보저장매체에 저장된 것을 포함한다. 이하 이 조에서 같다)은 공판준비나 공판기일에서의 그 작성자 또는 진술자의 진술에 의하여 그 성립의 진정함이 증명된 때에는 증거로 할 수 있다. 단, 피고인의 진술을 기재한 서류는 공판준비 또는 공판기일에서의 그 작성자의 진술에 의하여 그 성립의 진정함이 증명되고 그 진술이 특히 신빙할 수 있는 상태하에서 행하여 진 때에 한하여 피고인의 공판준비 또는 공판기일에서의 진술에 불구하고 증거로 할 수 있다.

형사소송법 제318조의2(증명력을 다투기 위한 증거) ① 제312조부터 제316조까지의 규정에 따라 증거로 할 수 없는 서류나 진술이라도 공판준비 또는 공판기일에서의 피고인 또는 피고인이 아닌 자(공소제기 전에 피고인을 피의자로 조사하였거나 그 조사에 참여하였던 자를 포함한다. 이하 이 조에서 같다)의 진술의 증명력을 다투기 위하여 증거로 할 수 있다.

정답

16년(2) 모의

496. 13세 미만 미성년자 A를 강간하였다는 피의사실로 체포·구속된 甲을 친구인 B가 접견하였고 甲과 B 사이의 대화를 기록한 체포·구속인접견부가 작성되었으며 공판정에서 甲은 공소사실을 부인하였다. 체포·구속인접견부에 '내가 A를 강간하였다'라는 甲의 진술이 기재되어 있다고 하면서 이 문서를 탄핵증거로 검사가 신청한 경우, 이는 공소사실 자체를 입증하기 위한 것이므로 탄핵증거로 볼 수 없다.

해설 탄핵증거는 진술의 증명력을 감쇄하기 위하여 인정되는 것이고 범죄사실 또는 그 간접사실의 인정의 증거로서는 허용되지 않는다. 검사가 탄핵증거로 신청한 체포·구속인접견부 사본은 피고인의 부인진술을 탄핵한다는 것이므로 결국 검사에게 입증책임이 있는 공소사실 자체를 입증하기 위한 것에 불과하므로 형사소송법 제318조의2 제1항 소정의 피고인의 진술의 증명력을 다투기 위한 탄핵증거로 볼 수 없다(대판 2012.10.25. 2011도5459).

정답

Ⅳ 증거로 할 수 있는 범위
Ⅴ 탄핵증거의 조사방법

18년 변시, 22년(3) 모의

497. (1) 피고인이 법정에서 내용부인을 한 사법경찰관 작성의 피의자신문조서에 대하여 검사가 증거제출 당시 탄핵증거라는 입증취지를 명시하지 아니하였다면 피고인의 법정진술에 대한 탄핵증거로서의 증거조사절차가 대부분 이루어졌다고 하더라도 그 조서를 피고인의 법정진술에 대한 탄핵증거로 사용할 수 없다.

(2) 탄핵증거는 범죄사실을 인정하는 증거가 아니므로 법정에서의 증거조사가 필요하지 않다.

해설 검사가 유죄의 자료로 제출한 사법경찰리 작성의 피고인에 대한 피의자신문조서는 피고인이 그 내용을 부인하는 이상 증거능력이 없으나, 그것이 임의로 작성된 것이 아니라고 의심할 만한 사정이 없는 한 피고인의 법정에서의 진술을 탄핵하기 위한 반대증거로 사용할 수 있으며, 또한 탄핵증거는 범죄사실을 인정하는 증거가 아니므로 엄격한 증거조사를 거쳐야 할 필요가 없음은 형사소송법 제318조의2의 규정에 따라 명백하나 법정에서 이에 대한 탄핵증거로서의 증거조사는 필요한 것이고, 한편 증거신청의 방식에 관하여 규정한 형사소송규칙 제132조 제1항의 취지에 비추어 보면 탄핵증거의 제출에 있어서도 상대방에게 이에 대한 공격방어의 수단을 강구할 기회를 사전에 부여하여야 한다는 점에서 그 증거와 증명하고자 하는 사실과의 관계 및 입증취지 등을 미리 구체적으로 명시하여야 할 것이므로, 증명력을 다투고자 하는 증거의 어느 부분에 의하여 진술의 어느 부분을 다투려고 한다는 것을 사전에 상대방에게 알려야 한다(대판 2005.08.19. 2005도2617).

정답 ×, ×

18년(3) 모의

498. 증거목록에 기재되지 않았고 증거결정이 있지 않았던 증거는 공판과정에서 그 입증취지가 구체적으로 명시되고 제시까지 되었더라도 탄핵증거로서의 증거조사가 이루어졌다고 볼 수 없다.

해설 원심이 공소사실에 부합하는 증거인 피해자의 진술을 탄핵하는 증거로 삼은 변호인 제출의 신용카드 사용내역승인서 사본 및 현금서비스 취급내역서 사본에 관하여 살펴보면, 변호인은 항소이유서에 현금서비스 취급내역서 사본을 첨부하여 제출하면서 2004. 4. 2.자 공소사실을 탄핵하였고, 원심 제1회 공판기일에는 피고인반대신문을 하면서 신용카드 사용내역승인서 사본과 함께 다시 이를 제시하여 2004. 3. 15.자 공소사실까지 아울러 탄핵하였는바, 비록 증거목록에 기재되지 않았고 증거결정이 있지 아니하였다 하더라도 공판과정에서 그 입증취지가 구체적으로 명시되고 제시까지 된 이상 위 각 서증들에 대하여 탄핵증거로서의 증거조사는 이루어졌다고 보아야 할 것이다(대판 2006.05.26. 2005도6271).

정답 ×

🍊 17년·18년·20년·23년·24년 변시, 12년(2)·15년(1)·17년(2)·18년(2)·(3)·20년(3) 모의

499. **(1) 사법경찰관 작성의 피고인에 대한 피의자신문조서는 피고인이 그 내용을 부인하는 이상 증거능력이 없는바, 그러한 증거는 「형사소송법」 제312조 제3항의 특별한 입법취지에 비추어 설령 임의로 작성된 것이라 하더라도 피고인의 법정에서의 진술을 탄핵하기 위한 반대증거로도 사용될 수 없다.**

(2) 검사가 유죄의 자료로 제출한 사법경찰관 작성의 甲에 대한 피의자신문조서는 甲이 그 내용을 부인하는 이상 증거능력이 없으나, 그것이 임의로 작성된 것이 아니라고 의심할 만한 사정이 없는 한 甲의 법정에서의 진술을 탄핵하기 위한 반대증거로 사용할 수 있다.

(3) 탄핵증거는 범죄사실을 인정하는 증거가 아니므로 엄격한 증거조사를 거칠 필요는 없는바, 증명력을 다투고자 하는 증거의 어느 부분에 의하여 진술의 어느 부분을 다투려고 한다는 것까지 사전에 상대방에게 알릴 필요는 없다.

해설 검사가 유죄의 자료로 제출한 사법경찰리 작성의 피고인에 대한 피의자신문조서는 피고인이 그 내용을 부인하는 이상 증거능력이 없으나, (1)(2) 그것이 임의로 작성된 것이 아니라고 의심할 만한 사정이 없는 한 피고인의 법정에서의 진술을 탄핵하기 위한 반대증거로 사용할 수 있으며, 또한 (3) 탄핵증거는 범죄사실을 인정하는 증거가 아니므로 엄격한 증거조사를 거쳐야 할 필요가 없음은 형사소송법 제318조의2의 규정에 따라 명백하나 법정에서 이에 대한 탄핵증거로서의 증거조사는 필요한 것이고, 한편 증거신청의 방식에 관하여 규정한 형사소송규칙 제132조 제1항의 취지에 비추어 보면 탄핵증거의 제출에 있어서도 상대방에게 이에 대한 공격방어의 수단을 강구할 기회를 사전에 부여하여야 한다는 점에서 그 증거와 증명하고자 하는 사실과의 관계 및 입증취지 등을 미리 구체적으로 명시하여야 할 것이므로, 증명력을 다투고자 하는 증거의 어느 부분에 의하여 진술의 어느 부분을 다투려고 한다는 것을 사전에 상대방에게 알려야 한다(대판 2005.08.19. 2005도2617).

정답 ×, ○, ×

🍊 17년 변시, 12년(2)·18년(3) 모의

500. **탄핵증거는 범죄사실을 인정하는 증거가 아니므로 엄격한 증거조사를 거쳐야 할 필요가 없으나, 법정에서 이에 대한 탄핵증거로서의 증거조사는 필요하다.**

해설 탄핵증거는 범죄사실을 인정하는 증거가 아니므로 엄격한 증거조사를 거쳐야 할 필요가 없음은 형사소송법 제318조의2의 규정에 따라 명백하다고 할 것이나, 법정에서 이에 대한 탄핵증거로서의 증거조사는 필요하다(대판 1998.02.27. 97도1770).

정답 ○

제8절 자백과 보강증거

I 자백의 보강법칙

21년(3) 모의

501. 자백에 대한 보강증거는 피고인의 자백이 가공적인 것이 아닌 진실한 것임을 인정할 수 있는 정도를 넘어 범죄사실의 전부 또는 최소한 중요 부분을 인정할 수 있는 정도에 이르러야 한다.

> 해설 자백에 대한 보강증거는 자백사실이 가공적인 것이 아니고 진실한 것이라고 담보할 수 있는 정도이면 족한 것이지 범죄사실의 전부나 그 중요부분의 전부에 일일이 그 보강증거를 필요로 하는 것이 아니다(대판 2000.09.26. 2000도2365).

정답

23년(3) 모의

502. 자백에 대한 보강증거에는 그것만으로 공소사실을 인정할 수 있는 정도의 증명력이 요구되지 않는다

> 해설 자백에 대한 보강증거는 범죄사실의 전부 또는 중요부분을 인정할 수 있는 정도가 되지 아니하더라도 피고인의 자백이 가공적인 것이 아닌 진실한 것임을 인정할 수 있는 정도만 되면 족할 뿐만 아니라 직접증거가 아닌 간접증거나 정황증거도 보강 증거가 될 수 있으며, 또한 자백과 보강증거가 서로 어울려서 전체로서 범죄사실을 인정할 수 있으면 유죄의 증거로 충분하다고 할 것이다(대판 2007.07.12. 2007도3041).

정답

22년(2) 모의

503. 피고인이 피의자신문조서에 기재된 피고인의 진술 및 공판기일에서의 피고인의 진술의 임의성을 다투면서 그것이 허위자백이라 다투는 경우 법원은 구체적인 사건에 따라 피고인의 학력, 경력, 직업, 사회적 지위, 지능 정도, 진술의 내용, 피의자신문조서의 경우 그 조서의 형식 등 제반 사정을 참작하여 자유로운 심증으로 위 진술이 임의로 된 것인지의 여부를 판단하면 된다.

> 해설 피고인이 피의자신문조서에 기재된 피고인의 진술 및 공판기일에서의 피고인의 진술의 임의성을 다투면서 그것이 허위자백이라고 다투는 경우, 법원은 구체적인 사건에 따라 피고인의 학력, 경력, 직업, 사회적 지위, 지능정도, 진술의 내용, 피의자신문조서의 경우 그 조서의 형식 등 제반 사정을 참작하여 자유로운 심증으로 위 진술이 임의로 된 것인지의 여부를 판단하면 된다(대판 2003.05.30. 2003도705).

정답

21년(2) 모의

504. 피고인의 자백을 내용으로 하는 진술은 보강증거가 될 수 없다.

해설 피고인의 자백을 내용으로 하고 있는 이와 같은 진술기재내용을 피고인의 자백의 보강증거로 삼는다면 결국 피고인의 자백을 피고인의 자백으로서 보강하는 결과가 되어 아무런 보강도 하는 바 없는 것이니 보강증거가 되지 못하고 오히려 보강증거를 필요로 하는 피고인의 자백과 동일하게 보아야 할 성질의 것이라고 할 것이다(대판 1981.07.07. 81도1314).

정답

20년(1) 모의

505. 증거능력이 없는 증거라도 구성요건 사실을 입증하는 직접증거의 증명력을 보강하는 보조사실의 인정자료로는 사용할 수 있다.

해설 구성요건에 해당하는 사실은 엄격한 증명에 의하여 이를 인정하여야 하고, 증거능력이 없는 증거는 구성요건 사실을 추인하게 하는 간접사실이나 구성요건 사실을 입증하는 직접증거의 증명력을 보강하는 보조사실의 인정자료로서도 허용되지 아니한다(대판 2006.12.08. 2006도6356).

정답

22년 변시, 19년(1)·21년(3)·22년(2) 모의

506. 피고인이 범행을 자인하는 것을 들었다는 피고인 아닌 자의 진술은 피고인의 자백에 포함되지 아니하므로, 피고인 자백의 보강증거가 될 수 있다.

해설 공판정에서의 피고인의 자백도 보강증거가 필요하다는 것이 판례이므로 보강증거가 필요하다. 이때 보강증거의 범위와 관련해 문제되는 것은 피고인이 범행을 인정하는 것을 들었다는 피고인 아닌 자의 진술이 기재된 진술조서가 보강증거가 될 수 있느냐라는 것이다. 판례는 "피고인이 범행을 자인하는 것을 들었다는 피고인 아닌 자의 진술내용은 형사소송법 제310조의 피고인의 자백에는 포함되지 아니하나 피고인의 자백을 피고인의 자백으로 보강하는 결과가 되기 때문에 피고인의 자백의 보강증거로 될 수 없다"(대판 2008.02.14. 2007도10937).

정답

19년(1) · 23년(3) 모의

507. 소년보호사건에 있어서 비행사실의 일부에 관하여 자백 이외의 다른 증거가 없더라도 소년부 판사가 결정한 소년보호처분은 위법하지 아니하다.

해설 형사소송절차가 아닌 소년보호사건에 있어서는 비행사실의 일부에 관하여 자백이외의 다른 증거가 없다 하더라도 법령적용의 착오나 소송절차의 법령위반이 있다고 할 수 없다(대판 1982.10.15. 82모36).

정답

13년·15년 변시, 13년(1)·18년(2)·20년(2)·21년(3) 모의

508. (1) 즉결심판절차 및 간이공판절차에서는 자백만 있으면 보강증거 없이도 유죄판결을 할 수 있다.
(2) 제1심 법원이 甲의 자백에 따라 사건을 간이공판절차에 의해서 심판하게 되었다고 하더라도 甲의 자백에 대한 보강증거가 없으면 甲의 유죄를 인정할 수 없다.

해설 (1) 즉결심판절차 관련 부분 : 자백의 보강법칙이 적용되지 않는다. ▶즉결심판에 관한 절차법 제10조 및 형사소송법 제310조 참조. (1)(2) 간이공판절차 관련 부분 : 증거능력에 관한 것이 아니라 증명력과 관련된 자유심증주의(법 제308조)나 자백보강법칙(법 제310조)도 간이공판절차에서 그대로 적용된다(이창현, 형사소송법 제3판, p.764). ▶형사소송법 제318조의3 참조.

> 즉결심판에 관한 절차법 제10조(증거능력) 즉결심판절차에 있어서는 형사소송법 제310조, 제312조 제3항 및 제313조의 규정은 적용하지 아니한다.
> 형사소송법 제310조(불이익한 자백의 증거능력) 피고인의 자백이 그 피고인에게 불이익한 유일의 증거인 때에는 이를 유죄의 증거로 하지 못한다.
> 형사소송법 제318조의3(간이공판절차에서의 증거능력에 관한 특례) 제286조의2의 결정이 있는 사건의 증거에 관하여는 제310조의2, 제312조 내지 제314조 및 제316조의 규정에 의한 증거에 대하여 제318조 제1항의 동의가 있는 것으로 간주한다. 단, 검사, 피고인 또는 변호인이 증거로 함에 이의가 있는 때에는 그러하지 아니하다.

정답 ×, ○

14년(3) 모의

509. 자백보강법칙은 약식절차에서도 적용된다.

해설 즉결심판절차법 제10조에서는 자백보강법칙의 적용을 명문으로 부정하고 있으나 약식명령에 관해서는 형사소송법이 자백보강법칙의 적용을 부정하는 규정을 두고 있지 아니한바 학설은 약식명령에 대하여 자백보강법칙의 적용을 긍정한다(이재상, 형사소송법 제9판, p.829).

정답 ×

II 보강을 필요로 하는 자백

1. 피고인의 자백

21년(3)·22년(2) 모의

510. 검찰에서의 피고인의 자백이 법정진술과 다르다거나 피고인에게 지나치게 불리한 내용이라는 사유만으로는 그 자백의 신빙성이 의심스럽다고 할 수 없다.

해설 피고인의 수사기관에서나 제1심 법정에서의 자백이 그 후의 제1심 내지 항소심에서의 법정진술과 다르다는 사유만으로는 그 자백의 증명력 내지 신빙성이 의심스럽다고 할 수는 없는 것이고, 자백의 신빙성 유무를 판단함에 있어서는 자백의 진술 내용 자체가 객관적으로 합리성을 띠고 있는

지, 자백의 동기나 이유가 무엇이며, 자백에 이르게 된 경위는 어떠한지, 그리고 자백 이외의 정황증거 중 자백과 저촉되거나 모순되는 것이 없는지 하는 점 등을 고려하여 피고인의 자백에 형사소송법 제309조 소정의 사유 또는 자백의 동기나 과정에 합리적인 의심을 갖게 할 상황이 있었는지를 판단하여야 한다 (대판 2008.06.26. 2008도1994).

정답 O

18년(2) 모의

511. 자백배제법칙에 관한 형사소송법 제309조의 '피고인의 자백'에는 수사기관을 상대로 행한 피의자의 자백도 포함된다.

해설 형사소송법 제309조에 피고인의 자백이라고 규정하고 있으나 이는 증거능력을 판단하는 단계에서 피고인의 지위에 있는 자라는 의미이고, 자백을 하는 자의 법률상의 지위는 문제가 되지 않으므로 피고인이나 피의자는 물론이고 증인, 참고인의 지위에서나 일반인이 행한 자백도 모두 자백에 해당한다(이창현, 형사소송법 제3판, p.840).

형사소송법 제309조(강제등 자백의 증거능력) 피고인의 자백이 고문, 폭행, 협박, 신체구속의 부당한 장기화 또는 기망 기타의 방법으로 임의로 진술한 것이 아니라고 의심할 만한 이유가 있는 때에는 이를 유죄의 증거로 하지 못한다.

정답 O

2. 공판정의 자백

15년(3)·21년(2)·23년(2) 모의

512. 공판정에서 행한 피고인의 자백에 대하여도 자백의 보강법칙이 적용된다.

해설 수사 도중 피고인이 자백한 경우 뿐만 아니라 공판정에서 피고인이 자백한 경우에도 보강증거가 필요하다.

판례 피고인의 법정 및 검찰이나 경찰에서의 자백은 형사소송법 제310조에서 규정하는 자백의 개념에 포함되어 그 자백만으로는 유죄의 증거로 삼을 수 없는 것이다(대판 1965.06.29. 65도405).

정답 O

3. 공범자의 자백

Ⅲ 보강증거의 성질

1. 독립증거

🍊 17년 변시, 법무부(2)·12년(2)·13년(2)·14년(1)·(3)·15년(3) 모의

513. 전과에 관한 사실은 누범가중의 사유가 되는 경우에도 피고인의 자백만으로 인정할 수 있다.

▪해설 전과에 관한 사실은 엄격한 의미에서의 범죄사실과는 구별되는 것으로서 피고인의 자백만으로서도 이를 인정할 수 있다고 할 것인데 피고인은 수사기관이래 공판정에 이르기까지 일관하여 전과에 관한 사실을 자백하고 있고 다만 형의 집행을 완료한 날짜에 착오가 있는듯하지만 누범가중되는 전과임에는 틀림이 없으므로 채증법칙 위배의 위법이 없다(대판 1973.03.20. 73도280).

정답 ○

🍊 17년·19년 변시, 법무부(2)·12년(2)·13년(2)·14년(1)·(3)·15년(3)·18년(3) 모의

514. "경찰관 乙에게 200만 원을 뇌물로 주었다."라는 피고인 甲의 진술이 유일한 증거인 경우, "甲으로부터 그런 얘기를 들었다."라는 甲의 부인 A의 법정증언을 보강증거로 하여 甲의 뇌물공여를 유죄로 인정할 수 있다.

▪해설 피고인이 범행을 자인하는 것을 들었다는 피고인 아닌 자의 진술내용은 형사소송법 제310조의 피고인의 자백에는 포함되지 아니하나 이는 피고인의 자백의 보강증거로 될 수 없다(대판 2008.02.14. 2007도10937).

> 형사소송법 제310조(불이익한 자백의 증거능력) 피고인의 자백이 그 피고인에게 불이익한 유일의 증거인 때에는 이를 유죄의 증거로 하지 못한다.

정답 ×

🍊 19년 변시, 12년(2)·14년(3)·17년(3) 모의

515.
(1) 범죄사실의 인정 여부와는 관계없이 자기에게 맡겨진 사무를 처리한 사무 내역을 그때그때 계속적·기계적으로 기재한 문서는 설령 공소사실에 일부 부합되는 사실의 기재가 있다고 하더라도, 피고인의 자백에 대한 보강증거로 사용할 수 있다.
(2) 상업장부나 금전출납부 등과 같이 범죄사실의 인정 여부와는 관계없이 우연히 피고인이 자기에게 맡겨진 사무를 처리한 사무 내역을 그때그때 계속적, 기계적으로 기재한 문서라도 공소사실에 일부 부합되는 사실의 기재가 있다면 이는 범죄사실을 자백하는 문서로 보아야 한다.
(3) 피고인이 뇌물공여 혐의를 받기 이전에 뇌물자금과 기타자금을 구분하지 아니하고 기재한 수첩의 기재내용은 보강증거를 필요로 하는 자백에 해당하고, 이는 피고인의 수사기관에서의 자백에 대한 보강증거가 될 수는 없다.

해설 (1)상법장부나 항해일지, 진료일지 또는 이와 유사한 금전출납부 등과 같이 범죄사실의 인정 여부와는 관계없이 자기에게 맡겨진 사무를 처리한 사무 내역을 그때그때 계속적, 기계적으로 기재한 문서 등의 경우는 사무처리 내역을 증명하기 위하여 존재하는 문서로서 그 존재 자체 및 기재가 그러한 내용의 사무가 처리되었음의 여부를 판단할 수 있는 별개의 독립된 증거자료이고, 설사 그 문서가 우연히 피고인이 작성하였고 그 문서의 내용 중 피고인의 범죄사실의 존재를 추론해 낼 수 있는, 즉 공소사실에 일부 부합되는 사실의 기재가 있다고 하더라도, 이를 일컬어 피고인이 범죄사실을 자백하는 문서라고 볼 수는 없다. (2),(3)피고인이 뇌물공여 혐의를 받기 전에 이와는 관계없이 준설공사에 필요한 각종 인·허가 등의 업무를 위임받아 이를 추진하는 과정에서 그 업무수행에 필요한 자금을 지출하면서, 스스로 그 지출한 자금내역을 자료로 남겨두기 위하여 뇌물자금과 기타 자금을 구별하지 아니하고 그 지출 일시, 금액, 상대방 등 내역을 그때그때 계속적, 기계적으로 기입한 수첩의 기재 내용은, 피고인이 자신의 범죄사실을 시인하는 자백이라고 볼 수 없으므로, 증거능력이 있는 한 피고인의 금전출납을 증명할 수 있는 별개의 증거라고 할 것인즉, 피고인의 검찰에서의 자백에 대한 보강증거가 될 수 있다(대판 1996.10.17. 94도2865(전합)).

정답  O, ×, ×

18년(1) 모의

516. **피고인을 현행범으로 체포한 피해자의 수사기관에서의 진술과 현장사진이 첨부된 수사보고서는 피고인이 재물을 절취하였음을 인정하는 자백의 진실성을 담보하기에 충분한 보강증거가 되지 않는다.**

해설 피고인이 甲과 합동하여 乙의 재물을 절취하려다가 미수에 그쳤다는 내용의 공소사실을 자백한 사안에서, 피고인을 현행범으로 체포한 乙의 수사기관에서의 진술과 현장사진이 첨부된 수사보고서가 피고인 자백의 진실성을 담보하기에 충분한 보강증거가 되는데도, 이와 달리 본 원심판결에 법리오해의 위법이 있다고 한 사례(대판 2011.09.29. 2011도8015).

정답 ×

13년 변시

517. **전문증거는 전문법칙의 예외에 해당하는지 여부에 관계없이 보강증거가 될 수 있다.**

해설 보강증거도 증거능력이 있어야 하므로 전문증거는 전문법칙의 예외에 해당하는 경우를 제외하고는 보강증거가 될 수 없다.

정답 ×

2. 정황증거

518. 공소장에 기재된 대마 흡연일자로부터 한 달 후 피고인의 주거지에서 압수된 대마 잎은 비록 피고인의 자백이 구체적이고 그 진실성이 인정된다고 하더라도 피고인의 자백에 대한 보강증거가 될 수 없다.

> 해설 기소된 대마 흡연일자로부터 한 달 후 피고인의 주거지에서 압수된 대마 잎이 피고인의 자백에 대한 보강증거가 된다(대판 2007.09.20. 2007도5845).

정답 ×

519. 피고인이 다세대주택의 여러 세대에서 7건의 절도행위를 한 것으로 기소되었는데 그 중 4건은 범행 장소인 구체적 호수가 특정되지 않은 사안에서, 위 4건에 관한 피고인 자백의 진실성이 인정되는 경우라면, 피고인의 집에서 압수한 위 4건의 각 피해품에 대한 압수조서와 압수물 사진은 위 자백에 대한 보강증거가 된다.

> 해설 [1] 자백에 대한 보강증거는 범죄사실의 전부 또는 중요부분을 인정할 수 있는 정도가 되지 아니하더라도 피고인의 자백이 가공적인 것이 아닌 진실한 것임을 인정할 수 있는 정도만 되면 족한 것으로서, 자백과 서로 어울려서 전체로서 범죄사실을 인정할 수 있으면 유죄의 증거로 충분하고, 나아가 사람의 기억에는 한계가 있는 만큼 자백과 보강증거 사이에 어느 정도의 차이가 있어도 중요부분이 일치하고 그로써 진실성이 담보되면 보강증거로서의 자격이 있다. [2] 피고인이 자신이 거주하던 다세대주택의 여러 세대에서 7건의 절도행위를 한 것으로 기소되었는데 그 중 4건은 범행장소인 구체적 호수가 특정되지 않은 사안에서, 위 4건에 관한 피고인의 범행 관련 진술이 매우 사실적·구체적·합리적이고 진술의 신빙성을 의심할 만한 사유도 없어 자백의 진실성이 인정되므로, 피고인의 집에서 해당 피해품을 압수한 압수조서와 압수물 사진은 위 자백에 대한 보강증거가 된다고 한 사례(대판 2008.05.29. 2008도2343).

정답 ○

520. 「국가보안법」상 회합죄를 피고인이 자백하는 경우, 회합 당시 상대방으로부터 받았다는 명함의 현존은 보강증거로 될 수 있다.

> 해설 자백에 대한 보강증거는 범죄사실 전체에 관한 것이 아니라 할지라도 피고인의 자백사실이 가공적인 것이 아니고 진실한 것이라고 인정할 수 있는 정도이면 충분하고, 이러한 증거는 직접증거뿐만 아니라 간접증거 내지 정황증거라도 족하다 할 것이므로 국가보안법상 회합죄를 피고인이 자백하는 경우 회합 당시 상대방으로부터 받았다는 명함의 현존은 보강증거로 될 수 있다(대판 1990.06.22. 90도741).

정답 ○

521. 2017. 2. 18. 01:35경 자동차를 타고 온 甲으로부터 필로폰을 건네받은 후 甲이 위 차량을 운전해 갔다고 한 A의 진술과 2017. 2. 20. 甲으로부터 채취한 소변에서 나온 필로폰 양성 반응 결과는, 甲이 2017. 2. 18. 02:00경의 필로폰 투약으로 정상적으로 운전하지 못할 우려가 있는 상태에서 운전하였다는 자백을 보강하는 증거가 되기에 충분하다.

해설 자백에 대한 보강증거는 범죄사실의 전부 또는 중요 부분을 인정할 수 있는 정도가 되지 아니하더라도 피고인의 자백이 가공적인 것이 아닌 진실한 것임을 인정할 수 있는 정도만 되면 족할 뿐만 아니라, 직접증거가 아닌 간접증거나 정황증거도 보강증거가 될 수 있고, 또한 자백과 보강증거가 서로 어울려서 전체로서 범죄사실을 인정할 수 있으면 유죄의 증거로 충분하다. 2010. 2. 18. 01:35경 자동차를 타고 온 피고인으로부터 필로폰을 건네받은 후 피고인이 위 차량을 운전해 갔다고 한 甲의 진술과 2010. 2. 20. 피고인으로부터 채취한 소변에서 나온 필로폰 양성 반응은, 피고인이 2010. 2. 18. 02:00경의 필로폰 투약으로 정상적으로 운전하지 못할 우려가 있는 상태에 있었다는 공소사실 부분에 대한 자백을 보강하는 증거가 되기에 충분하므로, 위 공소사실 부분에 대한 보강증거가 없다는 원심판단에 보강증거의 정도에 관한 법리오해의 위법이 있다(대판 2010.12.23. 2010도11272).

정답

522. 2021. 10. 19. 채취한 소변에 대한 검사결과 메스암페타민 성분이 검출된 경우, 위 소변검사결과는 2021. 10. 17. 메스암페타민을 투약하였다는 자백에 대한 보강증거가 될 수는 있지만, 각 투약행위에 대한 자백의 보강증거는 별개의 것이어야 하므로, 같은 달 13. 메스암페타민을 투약하였다는 자백에 대한 보강증거는 될 수 없다.

해설 [1] 자백에 대한 보강증거는 범죄사실의 전부 또는 중요 부분을 인정할 수 있는 정도가 되지 아니하더라도 피고인의 자백이 가공적인 것이 아닌 진실한 것임을 인정할 수 있는 정도만 되면 족할 뿐만 아니라 직접증거가 아닌 간접증거나 정황증거도 보강증거가 될 수 있으며, 또한 자백과 보강증거가 서로 어울려서 전체로서 범죄사실을 인정할 수 있으면 유죄의 증거로 충분하다. [2] 대마 흡연자에 대한 소변검사에서 대마 성분이 검출되는 기간에 관한 심리 없이 피고인으로부터 채취한 소변에서 대마 성분이 검출되었다는 국립과학수사연구소장 작성의 감정의뢰회보와 간이소변검사결과가 소변 채취 시점으로부터 5일 이전에 대마를 흡연하였다는 피고인의 자백에 대한 보강증거가 될 수 없다고 한 원심판결을 파기한 사례(대판 1999.08.24. 99도1858).

정답

19년(1) 모의

523. 무직자 甲은 신축건물을 취득하여 취득세 3천만 원의 납부의무를 부담하게 된 A에게 세무공무원에게 부탁하여 취득세를 감면해 주겠다고 하여 1천만 원을 받은 후 친분관계가 있는 세무공무원 乙에게 5백만 원을 주고 A에 대한 취득세를 감면해줄 것을 요청하였다. 乙은 A에게 도급금액을 기준으로 취득세를 부과하여야 함을 알고 있음에도 과세시가표준액을 기준으로 계산하여 산출세액을 금 3백만 원으로 기재한 세액계산서를 작성하여 발행하였는데, 이 세액계산서에는 도급금액이 아니라 과세시가표준액을 기준으로 산출세액을 계산한 이유에 관하여는 아무런 기재가 되어 있지 아니하였다. 이후 甲, 乙은 뇌물 관련 범죄로 구속, 기소되어 공동피고인으로 재판을 받게 되었는데, 甲은 혐의에 대하여 자백하였으나 乙은 모든 혐의를 부인하고 있다. 甲의 유죄입증을 위한 증거로서 甲의 자백만 있는 경우, 甲과 乙이 만난 적이 있다는 사실은 간접증거나 정황증거에 불과하여 보강증거가 될 수 없다.

해설 자백에 대한 보강증거는 피고인의 자백이 가공적인 것이 아닌 진실한 것임을 인정할 수 있는 정도만 되면 족할 뿐만 아니라 직접증거가 아닌 간접증거나 정황증거도 보강증거가 될 수 있다. 뇌물공여의 상대방인 공무원이 뇌물한 사실을 부인하면서도 그 일시 경에 뇌물공여자를 만났던 사실 및 공무에 관한 청탁을 받기도 한 사실을 수수자체는 시인하였다면, 이는 뇌물을 공여하였다는 뇌물공여자의 자백에 대한 보강증거가 될 수 있다고 한 사례(대판 1995.06.30. 94도993).

정답 ×

 13년·19년 변시, 13년(2)·14년(3)·15년(3)·18년(3)·19년(1)·20년(3)·21년(2)·22년(2) 모의

524. (1) 횡령죄의 피고인이 제출한 항소이유서에 "피고인은 돈이 급해 지어서는 안될 죄를 지었습니다.", "진심으로 뉘우치고 있습니다."라고 기재되어 있더라도, 이어진 검사와 재판장 및 변호인의 각 신문에 대하여 범죄사실을 일관되게 부인한다면 범죄사실을 자백한 것이라고 볼 수 없다.
(2) 자백에 대한 보강증거는 자백이 가공적인 것이 아닌 진실한 것임을 인정할 수 있는 정도로 충분하지만, 자백과 보강증거만으로도 유죄의 증거로 충분하다고 볼 수 있으므로, 간접증거나 정황증거는 보강증거가 될 수 없다.
(3) 자백에 대한 보강증거는 범죄사실의 전부 또는 중요 부분을 인정할 수 있는 정도가 되지 않더라도 피고인의 자백이 가공적인 것이 아닌 진실한 것임을 인정할 수 있는 정도만 되면 충분하다

해설 [1] (1)피고인이 제출한 항소이유서에 '피고인은 돈이 급해 지어서는 안될 죄를 지었습니다.', '진심으로 뉘우치고 있습니다.'라고 기재되어 있고 피고인은 항소심 제2회 공판기일에 위 항소이유서를 진술하였으나, 곧 이어서 있는 검사와 재판장 및 변호인의 각 심문에 대하여 피고인은 범죄사실을 부인하였고, 수사단계에서도 일관되게 그와 같이 범죄사실을 부인하여 온 점에 비추어 볼 때, 위와 같이 추상적인 항소이유서의 기재만을 가지고 범죄사실을 자백한 것으로 볼 수 없다. [2] (2)(3)자백에 대한 보강증거는 범죄사실의 전부 또는 중요 부분을 인정할 수 있는 정도가 되지 않더라도 피고인의 자백이 가공적인 것이 아닌 진실한 것임을 인정할 수 있는 정도만 되면 충분하다. 직접증거가 아닌 간접증거나 정황증거도 보강증거가 될 수 있고, 또한 자백과 보강증거가 서로 어울려서 전체로서 범죄사실을 인정할 수 있으면 유죄의 증거로 충분하다(대판 1999.11.12. 99도3341).

정답  ○, ×, ○

12년(2)·14년(3) 모의

525. **아내가 간통범행 무렵에 가출과 외박이 잦았다는 남편의 진술은 아내의 간통 자백에 대한 보강증거가 될 수 있다.**

해설 피고인이 간통사실을 자인하는 것을 들었고 공소사실 기재의 간통범행 일시 경에 피고인의 가출과 외박이 잦아 의심을 하게 되었다는 취지의 피고인의 남편에 대한 진술조서 기재는 피고인의 간통사실 자백에 대한 보강증거가 될 수 있다(대판 1983.05.10. 83도686).

정답

12년(2) 모의

526. **피고인이 위조신분증을 제시·행사한 사실을 자백하고 있고, 제시·행사한 신분증이 현존한다면, 그 신분증은 피고인이 행한 자백의 진실성을 인정할 간접증거가 된다.**

해설 자백에 대한 보강증거는 피고인의 임의적인 자백사실이 가공적인 것이 아니고 진실하다고 인정될 정도의 증거이면 직접증거이거나 간접증거이거나 보강증거능력이 있다 할 것이고, 반드시 그 증거만으로 객관적 구성요건에 해당하는 사실을 인정할 수 있는 정도의 것임을 요하는 것이 아니라 할 것이므로, 피고인이 위조신분증을 제시·행사한 사실을 자백하고 있고, 위 제시·행사한 신분증이 현존한다면 그 자백이 임의성이 없는 것이 아닌 한 위 신분증은 피고인의 위 자백사실의 진실성을 인정할 간접증거가 된다고 보아야 한다(대판 1983.02.22. 82도3107).

정답

3. 공범자의 자백

22년 변시, 21년(3)·23년(1) 모의

527. **(1) 공동피고인은 피고인의 지위에서 자백을 할 수 있으므로, 공범인 공동피고인이라도 증인신문절차가 아닌 피고인신문절차에서 자백을 한 때에는 상피고인과 이해관계가 상반되더라도 피고인의 자백으로서 증거능력이 인정된다.**
(2) 공동피고인의 자백을 피고인에 대한 유죄의 증거로 삼기 위해서는 다른 보강증거가 있어야 한다.

해설 형사소송법 제310조의 피고인의 자백에는 공범인 공동피고인의 진술은 포함되지 않으며, 이러한 공동피고인의 진술에 대하여는 피고인의 반대신문권이 보장되어 있어 독립한 증거능력이 있다(대판 1992.7.28. 92도917). 그리고 이는 피고인들간에 이해관계가 상반된다고 하여도 마찬가지라 할 것이다(대판 2006.05.11. 2006도1944).

정답

🕐 17년·19년·20년·21년 변시, 법무부(2)·13년(2)·14년(3)·15년(1)·17년(2)·18년(2)·(3)·20(3) 모의

528.
(1) 공범인 공동피고인의 법정자백은 이에 대한 피고인의 반대신문권이 보장되어 있어 증인으로 신문한 경우와 다를 바 없으므로 독립한 증거능력이 있다.

(2) 유흥주점 단속업무를 담당하고 있는 공무원 甲과 乙은 뇌물을 수수하기로 공모하여 유흥주점을 운영하는 丙을 찾아가 단속을 무마해 달라는 취지의 뇌물 4,000만 원을 수수하였다. 사무실로 돌아간 후 甲, 乙은 각자 2,000만 원씩 나누어 가졌다. 乙은 그 돈을 바로 자신의 예금계좌에 입금하였다가 일주일 뒤 양심의 가책을 받아 丙에게 전액 반환하였다. 甲, 乙, 丙이 위와 같은 범죄사실로 공동피고인으로 재판중인 경우, 공판과정에서 丙은 甲, 乙에게 준 돈의 명목을 대여금이라고 주장하면서 범행을 부인하고 있는데 乙에 대한 피고인신문 과정 중 이루어진 "甲과 함께 있는 자리에서 丙이 단속을 무마해 달라면서 우리에게 4,000만 원을 줬다."는 乙의 진술은 丙에 대한 유죄의 증거로 사용될 수 있다.

(3) 甲과 乙은 공모하여 A의 자전거를 편취한 사기죄의 공범으로, 丙은 甲·乙이 편취한 정을 알고도 위 자전거를 매수한 장물취득죄로 함께 기소된 공동피고인이다. 甲은 공소사실을 부인하고 있는 반면, 乙과 丙은 공소사실을 자백하고 있다. 乙의 법정진술은 이에 대한 甲의 반대신문권이 보장되어 있어 증인으로 신문한 경우와 다를 바 없으므로 甲에 대한 유죄의 증거로 사용할 수 있다.

해설 형사소송법 제310조의 피고인의 자백에는 공범인 공동피고인의 진술은 포함되지 않으며, 이러한 공동피고인의 진술에 대하여는 피고인의 반대신문권이 보장되어 있어 독립한 증거능력이 있다 (대판 1992.07.28. 92도917).

정답 O, O, O

🕐 13년·17년·19년·20년 변시, 14년(1)·(3)·18년(2)·(3)·19년(2)·20년(2)·21년(2)·22년(1)·23년(2)(3) 모의

529.
(1) 공범인 공동피고인들이 공판기일에 모두 자백하면 다른 보강증거 없이도 모두에게 유죄가 선고될 수 있다.

(2) 甲, 乙, 丙이 공모하여 타인의 재물을 편취한 범죄사실로 기소된 사건에서, 피고인 甲과 공동피고인 乙이 범죄사실을 자백하고 공동피고인 丙은 범죄사실을 부인하는 경우, 乙의 자백을 甲의 자백에 대한 보강증거로 사용할 수 없다.

(3) 乙과 丙이 A로부터 신용카드를 강취한 사실에 관해 공동피고인이 된 경우, 乙의 자백이 丙에게 불이익한 유일의 증거인 때에도 丙에게 유죄 판결할 수 있다.

(4) 시청 건설국장인 甲은 건설업자인 乙이 건축허가를 신청하자 "해당 토지가 자연녹지라서 건축허가를 내 줄 수 없다. 돈을 주면 어떻게든 건축허가를 내 주겠다."라고 거짓말하여 乙로부터 500만 원을 받았다. 乙은 동업자 A에게 "내가 甲에게 500만 원을 줬으니 건축허가는 잘 해결될 것이다."라고 알려 주었다. 만약 甲은 뇌물수수죄로, 乙은 뇌물공여죄로 기소되어 병합심리되었는데, 甲은 부인하고 乙은 자백한 경우라면 다른 증거가 없더라도 법원은 甲에 대하여 유죄선고를 할 수 있다.

해설 형사소송법 제310조 소정의 "피고인의 자백"에 공범인 공동피고인의 진술은 포함되지 아니하므로 공범인 공동피고인의 진술은 다른 공동피고인에 대한 범죄사실을 인정하는 증거로 할 수 있는 것일 뿐만 아니라 공범인 공동피고인들의 각 진술은 상호간에 서로 보강증거가 될 수 있다(대판 1990.10.30. 90도1939).

정답 O, ×, O, O

23년 변시

530. 유흥주점의 지배인 甲은 피해자 A로부터 신용카드를 강취하고 신용카드 비밀번호를 알아냈다. 甲은 위 주점 직원 乙, 丙과 모의하면서, 자신은 주점에서 A를 붙잡아 두면서 감시하고, 乙과 丙은 위 신용카드를 이용하여 인근 편의점에 있는 현금자동지급기에서 300만 원의 예금을 인출하기로 하였다. 그에 따라 甲이 A를 감시하는 동안 乙과 丙은 위 편의점에 있는 현금자동지급기에 신용카드를 넣고 비밀번호를 입력하여 300만 원의 예금을 인출하였고, 이를 甲, 乙, 丙 각자 100만 원씩 분배하였다. 결국 甲, 乙, 丙은 특수(합동)절도죄로 공소제기되었는데, 甲은 법정에서 범행을 부인하였으나, 甲의 공동피고인 乙과 丙은 법정에서 범행을 자백하였다.
이에 관한 정오를 판단하시오. (다툼이 있는 경우 판례에 의함)

1) 공범인 공동피고인 乙, 丙의 법정에서의 자백은 소송절차를 분리하여 증인신문하는 절차를 거치지 않았더라도 甲에 대하여 증거능력이 인정된다.

해설 … 공동피고인의 자백은 이에 대한 피고인의 반대신문권이 보장되어 있어 증인으로 신문한 경우와 다를 바 없으므로 독립한 증거능력이 있다(대판 1985.06.25. 85도691).

정답 O

2) 만약 위 사례에서 甲이 범행을 자백하였고, 甲이 범행을 자인하는 것을 들었다는 피고인 아닌 제3자의 진술이 있다면, 이는 「형사소송법」 제310조의 피고인 자백에는 포함되지 아니하므로 甲의 자백에 대한 보강증거가 될 수 있다.

해설 피고인이 범행을 자인하는 것을 들었다는 피고인 아닌 자의 진술내용은 형사소송법 제310조의 피고인의 자백에는 포함되지 아니하나 이는 피고인의 자백의 보강증거로 될 수 없다(대판 1981.07.07. 81도1314).

정답 ×

22년(1) 모의

531. 甲과 乙은 공범으로 기소되어 공동피고인으로 재판을 받고 있다. 법정에서 甲은 P에 대한 범행을 자백하였으나 乙은 이를 부인하는 경우, 甲의 자백 진술을 乙에 대한 유죄의 증거로 사용하기 위하여 반드시 甲과 乙의 변론을 분리하여야 하는 것은 아니다.

해설 변론을 분리할 필요가 없다.

판례 형사소송법 제310조 소정의 "피고인의 자백"에 공범인 공동피고인의 진술은 포함되지 아니하므로 공범인 공동피고인의 진술은 다른 공동피고인에 대한 범죄사실을 인정하는 증거로 할 수 있는 것일 뿐만 아니라 공범인 공동피고인들의 각 진술은 상호간에 서로 보강증거가 될 수 있다(대판 1990.10.30. 90도1939).

정답 ○

 13년 변시, 14년(1) 모의

532. 피고인이 자백한 상황에서 나머지 2명의 공동피고인 중 한 사람이 자백하였으나 다른 한 사람이 부인하는 경우에는 유죄판결을 할 수 없고, 공동피고인 전원이 자백한 경우에 한하여 유죄판결이 가능하다.

해설 공동피고인중의 한 사람이 자백하였고 피고인 역시 자백했다면 다른 공동피고인 중의 한 사람이 부인한다 하여도 위 공동피고인중의 한 사람의 자백은 피고인의 자백에 대한 보강증거가 된다(대판 1968.03.19. 68도43).

정답 ×

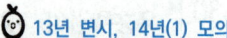 24년 변시, 23년(1) 모의

533. 甲은 평소 주벽과 의처증이 심한 남편 A와의 불화로 인해 이혼소송을 준비하던 중 A의 운전기사 乙에게 A를 살해하도록 부탁하였다. 乙은 甲의 부탁대로 술에 취하여 자고 있던 A의 목을 졸라 살해하였다. 검사는 乙을 살인죄로, 甲을 살인교사죄로 기소하였고 법원은 甲과 乙을 병합심리하고 있다. 이에 관한 정오를 판단하시오. (다툼이 있는 경우 판례에 의함)

1) 甲이 사법경찰관의 피의자신문에서는 교사사실을 인정하였으나 법정에서는 이를 부인하는 경우, 甲이 내용을 부인한 甲에 대한 사법경찰관 작성 피의자신문조서는 임의성이 인정되는 한 甲의 법정 진술을 탄핵하기 위한 반대증거로 사용될 수 있다.

해설 검사가 유죄의 자료로 제출한 사법경찰리 작성의 피고인에 대한 피의자신문조서는 피고인이 그 내용을 부인하는 이상 증거능력이 없으나, 그것이 임의로 작성된 것이 아니라고 의심할 만한 사정이 없는 한 피고인의 법정에서의 진술을 탄핵하기 위한 반대증거로 사용할 수 있으며, 또한 탄핵증거는 범죄사실을 인정하는 증거가 아니므로 엄격한 증거조사를 거쳐야 할 필요가 없음은 형사소송법 제318조의2의 규정에 따라 명백하나 법정에서 이에 대한 탄핵증거로서의 증거조사는 필요…(대판 2005.8.19. 2005도2617).

정답 ○

2) 乙의 친구 W가 법정에 출석하여 乙로부터 '자신이 A를 살해하였다'는 이야기를 들은 적이 있다고 진술한 경우, 원진술자인 乙이 법정에 출석하여 있는 한 W의 진술은 乙에 대한 유죄의 증거로 사용될 수 없다.

해설 W의 진술은 '피고인(乙)의 진술을 내용으로 하는' 피고인 아닌 자의 공판기일에서의 진술(= 전문의 진술)이다. 따라서 형사소송법 제316조 제1항의 요건인 특신상태를 충족하면 증거로 사용가능하다.

형사소송법 제316조(전문의 진술) ① 피고인이 아닌 자(공소제기 전에 피고인을 피의자로 조사하였거나 그 조사에 참여하였던 자를 포함한다. 이하 이 조에서 같다)의 공판준비 또는 공판기일에서의 진술이 피고인의 진술을 그 내용으로 하는 것인 때에는 그 진술이 특히 신빙할 수 있는 상태하에서 행하여졌음이 증명된 때에 한하여 이를 증거로 할 수 있다.

정답

3) 甲과 乙이 모두 공소사실을 자백하고 있으나 달리 자백을 뒷받침할 다른 증거가 없는 경우, 甲과 乙에게 무죄를 선고하여야 한다.

해설 형사소송법 제310조 소정의 "피고인의 자백"에 공범인 공동피고인의 진술은 포함되지 아니하므로 공범인 공동피고인의 진술은 다른 공동피고인에 대한 범죄사실을 인정하는 증거로 할 수 있는 것일 뿐만 아니라 공범인 공동피고인들의 각 진술은 상호간에 서로 보강증거가 될 수 있다(대판 1990.10.30. 90도1939). ▶ 공범인 공동피고인 甲(乙)의 자백은 자백보강법칙 적용 대상인 '피고인의 자백'에 해당하지 않아, 서로의 범죄사실에 대하여 독립된 별개의 증거이자 甲(乙)의 자백에 대한 보강증거가 될 수 있다. 지문에서 甲과 乙이 모두 공소사실을 자백하고 있으므로 甲과 乙 모두에 대하여 유죄판결 선고 가능하다.

정답

4) 甲이 법정에서 A에 대한 살인교사 혐의를 자백한 경우, 甲의 진술은 乙에 대한 유죄의 증거로 사용될 수 있다.

해설 형사소송법 제310조의 피고인의 자백에는 공범인 공동피고인의 진술은 포함되지 않으며, 이러한 공동피고인의 진술에 대하여는 피고인의 반대신문권이 보장되어 있어 독립한 증거능력이 있다(대판 1992.7.28. 92도917). ▶ 乙의 공범인 공동피고인 甲에게 반대신문권이 보장되어 있기 때문에 그 '법정진술'은 乙의 공소사실과 관련하여 증거능력이 있다. 한편, 위 ㄷ.에서와 같이 공범인 공동피고인의 진술에는 독립한 증거능력이 있다.

관련판례 공범인 공동피고인은 당해 소송절차에서는 피고인의 지위에 있어 다른 공동피고인에 대한 공소사실에 관하여 증인이 될 수 없으나, 소송절차가 분리되어 피고인의 지위에서 벗어나게 되면 다른 공동피고인에 대한 공소사실에 관하여 증인이 될 수 있다(대판 2008.6.26. 2008도3300)

정답

5) 제1심법원이 甲에게 형의 선고를 하면서 乙이 A의 목을 졸라 살해한 사실을 적시하지 않았더라도, 甲의 방어권이나 甲의 변호인의 변호권이 본질적으로 침해되지 않았다고 볼 만한 특별한 사정이 있다면, 판결에 영향을 미친 법령의 위반은 아니다.

해설 정범의 성립은 교사범, 방조범의 구성요건의 일부를 형성하고 교사범, 방조범이 성립함에는 먼저 정범의 범죄행위가 인정되는 것이 그 전제요건이 되는 것은 공범의 종속성에 연유하는 당연한 귀결이며, 따라서 교사범, 방조범의 사실 적시에 있어서도 정범의 범죄 구성요건이 되는 사실 전부를 적시하여야 하고, 이 기재가 없는 교사범, 방조범의 사실 적시는 죄가 되는 사실의 적시라고 할 수 없다 할 것인바, … 피고인의 범죄사실을 적시하고 있으나, 주범이라고 보여지는 공소외 1의 범죄사실은 전혀 판시가 없을 뿐만 아니라 도시 판문에 기재된 " 공소외 1로 하여금 전항과 같이"라는 전항은 판결문에 그 기재조차 없는 것으로 이는 범죄될 사실의 적시가 없는 것임이 명백하여 결국 원심판결에는 유죄판결에 명시될 이유를 갖추지 아니한 제1심 판결을 유지하여 이유불비의 위법이 있어 이 위법은 판결결과에 영향을 미쳤음이 명백하므로 상고논지는 이 점에서 그 이유있다고 할 것이다 (대판 1981.11.24. 81도2422). ▶ 범죄의 구성요건 사실은 유죄판결에 명시될 이유에 해당하며, 공범 사실을 명시할 때에는 정범의 구성요건 사실도 적시해야 한다. 지문에서 교사범 甲에게 형 선고하면서 정범 乙의 살인죄 구성요건 사실 적시하지 않아 판결에 영향 미친 위법이 있다. 아래 판례와 혼동 주의.

> 형사소송법 제323조 (유죄판결에 명시될 이유) ①형의 선고를 하는 때에는 판결이유에 범죄될 사실, 증거의 요지와 법령의 적용을 명시하여야 한다.
> 제383조(상고이유) 다음 사유가 있을 경우에는 원심판결에 대한 상고이유로 할 수 있다. <개정 1961. 9. 1., 1963. 12. 13.>
> 1. 판결에 영향을 미친 헌법·법률·명령 또는 규칙의 위반이 있는 때

비교판례 살인죄와 같은 중죄에서도 범죄의 일시·장소와 방법은 범죄의 구성요건이 아닐 뿐만 아니라 이를 구체적으로 명확히 인정할 수 없는 경우에는 다소 개괄적으로 설시하여도 무방하다. 같은 취지에서 원심이, 이 사건 살인의 점에 관한 공소사실 중 범행시간이 특정한 시점으로 정해져 있지 않고 그 범행의 방법이 구체적으로 적시되어 있지 않더라도 이것들과 함께 적시된 다른 사항들에 의하여 이 부분 공소사실을 특정할 수 있을 뿐만 아니라 이러한 정도의 공소사실 적시에 의하여 피고인의 방어권 행사에 지장이 초래되었다고 보기 어렵다고 판단한 제1심판결을 유지한 조치는 정당하고, 거기에 상고이유의 주장과 같은 공소사실의 특정에 관한 법리오해 등의 위법이 없다(대판 2008.6.26. 2008도2792).
비교판례 위와 같은 공소장변경 절차에 관한 법규의 내용과 취지에 비추어 보면, 검사의 서면에 의한 공소장변경허가신청이 있는데도 법원이 피고인 또는 변호인에게 공소장변경허가신청서 부본을 송달·교부하지 않은 채 공소장변경을 허가하고 공소장변경허가신청서에 기재된 공소사실에 관하여 유죄판결을 하였다면, 공소장변경허가신청서 부본을 송달·교부하지 않은 법원의 잘못은 판결에 영향을 미친 법령 위반에 해당한다. 다만 공소장변경 내용이 피고인의 방어권과 변호인의 변호권 행사에 지장이 없는 것이거나 피고인과 변호인이 공판기일에서 변경된 공소사실에 대하여 충분히 변론할 기회를 부여받는 등 피고인의 방어권이나 변호인의 변호권이 본질적으로 침해되지 않았다고 볼 만한 특별한 사정이 있다면 판결에 영향을 미친 법령 위반이라고 할 수 없다(대판 2021.6.30. 2019도7217).

정답 ×

Ⅳ 보강증거의 범위

🕐 18년 변시, 12년(2)·14년(1)·(3)·15년(3)·18년(3)·21년(2) 모의

534. 실체적 경합범은 실질적으로 수죄이므로 각 범죄사실에 관하여 자백에 대한 보강증거가 있어야 한다.

> **해설** 실체적 경합범은 실질적으로 수죄이므로 각 범죄사실에 관하여 자백에 대한 보강증거가 있어야 한다(대판 2008.02.14. 2007도10937).

정답 O

🕐 18년 변시

535. 약 3개월에 걸쳐 8회의 도박을 하였다는 혐의로 검사가 피고인에 대해 상습도박죄로 기소한 경우, 총 8회의 도박 중 3회의 도박사실에 대해서는 피고인의 자백 외에 보강증거가 없는 경우에도 법원은 소위 진실성담보설에 입각하여 8회의 도박행위 전부에 대하여 유죄판결을 할 수 있다.

> **해설** 피고인의 습벽을 범죄구성요건으로 하며 포괄일죄인 상습범에 있어서도 이를 구성하는 각 행위에 관하여 개별적으로 보강증거를 요구하고 있다(대판 1996.02.13. 95도1794).

정답

제9절 공판조서의 증명력

Ⅰ 공판조서의 증명력과 그 전제

🕐 19년 변시

536. 공판기일의 소송절차에 관하여는 수소법원의 재판장이 아니라 참여한 법원사무관 등이 공판조서를 작성한다.

> **해설** 형사소송법 제51조 제1항 참조.

> 형사소송법 제51조(공판조서의 기재요건) ① 공판기일의 소송절차에 관하여는 참여한 법원사무관등이 공판조서를 작성하여야 한다.

정답 O

17년·19년 변시, 13년(3)·14년(1)·16년(2)·(3)·18년(2)·19년(1) 모의

537. **(1) 공판기일의 소송절차로서 공판조서에 기재된 것은 그 조서만으로 증명하고, 명백한 오기인 경우를 제외하고는 다른 자료에 의한 반증이 허용되지 않는다.**

(2) 공소제기 후, 검사가 제출한 증거에 대한 피고인의 동의 또는 진정성립 여부 등에 관한 의견이 증거목록에 기재되었다면 증거목록의 기재는 공판조서의 일부로서 명백한 오기가 아닌 이상 절대적인 증명력을 가지게 된다.

해설 (1)공판조서의 기재가 명백한 오기인 경우를 제외하고는 공판기일의 소송절차로서 공판조서에 기재된 것은 조서만으로써 증명하여야 하고 그 증명력은 공판조서 이외의 자료에 의한 반증이 허용되지 않는 절대적인 것이므로, (2)검사 제출의 증거에 관하여 동의 또는 진정성립 여부 등에 관한 피고인의 의견이 증거목록에 기재된 경우에는 그 증거목록의 기재는 공판조서의 일부로서 명백한 오기가 아닌 이상 절대적인 증명력을 가지게 된다(대판 2012.06.14. 2011도12571).

형사소송법 제56조(공판조서의 증명력) 공판기일의 소송절차로서 공판조서에 기재된 것은 그 조서만으로써 증명한다.

정답  ○, ○

18년(2)·19년(1) 모의

538. 공판기일에 열석하지 아니한 판사가 재판장으로서 서명날인한 공판조서는 소송법상 무효라 할 것이므로 공판조서로서의 증명력이 인정되지 않는다.

해설 공판조서에 서명날인할 재판장은 당해 공판기일에 열석한 재판장이어야 하므로 당해 공판기일에 열석하지 아니한 판사가 재판장으로서 서명날인한 공판조서는 적식의 공판조서라고 할 수 없어 이와 같은 공판조서는 소송법상 무효라 할 것이므로 공판기일에 있어서의 소송절차를 증명할 공판조서로서의 증명력이 없다(대판 1983.02.08. 82도2940).

정답 ○

16년(2) 모의

539. 동일한 사항에 관하여 두 개의 서로 다른 내용이 기재된 공판조서가 병존할 때에 두 공판조서의 증명력에는 우열이 없으므로 어느 쪽 공판조서의 기재를 진실한 것으로 볼 것인지는 법관의 자유로운 심증에 따를 수밖에 없다.

해설 공판조서에 기재된 것은 그 조서만으로써 증명한다(형사소송법 제56조)고 규정하며 공판조서의 배타적 증명력을 인정한 것은 자유심증주의에 대한 예외가 된다는 의미이나(이재상, 형사소송법 제9판, p.668), 동일한 사항에 관해 두 개의 서로 다른 내용이 기재된 공판조서가 병존할 때에는 증명력의 우열이 없으므로 자유심증주의가 작용한다.

판례 동일한 사항에 관하여 두개의 서로 다른 내용이 기재된 공판조서가 병존하는 경우 양자는 동일한 증명력을 가지는 것으로서 그 증명력에 우열이 있을 수 없다고 보아야 할 것이므로 그 중 어느 쪽이 진실한 것으로 볼 것인지는 공판조서의 증명력을 판단하는 문제로서 법관의 자유로운 심증에 따를 수 밖에 없다(대판 1988.11.08. 86도1646).

정답 ○

16년(2) 모의

540. 공판조서의 기재가 소송기록상 명백한 오기인 경우에는 공판조서는 그 올바른 내용에 따라 증명력을 가진다.

> **해설** 형사소송법 제56조는 "공판기일의 소송절차로서 공판조서에 기재된 것은 그 조서만으로써 증명한다."고 규정하고 있으므로 소송절차에 관한 사실은 공판조서에 기재된 대로 공판절차가 진행된 것으로 증명되고 다른 자료에 의한 반증은 허용되지 아니하나, 공판조서의 기재가 소송기록상 명백한 오기인 경우에는 공판조서는 그 올바른 내용에 따라 증명력을 가진다(대판 1995.04.14. 95도110).
>
> 정답

19년 변시, 16년(2) 모의

541. 피고인이 원하는 시기에 공판조서를 열람·등사하지 못하였다 하더라도 그 변론종결 이전에 이를 열람·등사한 경우에는 피고인의 방어권행사에 지장이 있었다는 등의 특별한 사정이 없는 한 피고인의 공판조서의 열람·등사청구권이 침해되었다고 볼 수 없고, 그 공판조서는 유죄의 증거로 할 수 있다.

> **해설** 비록 피고인이 차회 공판기일 전 등 원하는 시기에 공판조서를 열람·등사하지 못하였다 하더라도 그 변론종결 이전에 이를 열람·등사한 경우에는 그 열람·등사가 늦어짐으로 인하여 피고인의 방어권 행사에 지장이 있었다는 등의 특별한 사정이 없는 한 형사소송법 제55조 제1항 소정의 피고인의 공판조서의 열람·등사청구권이 침해되었다고 볼 수 없어, 그 공판조서를 유죄의 증거로 할 수 있다고 보아야 한다(대판 2007.07.26. 2007도3906).
>
> 정답

Ⅱ 증명력이 인정되는 범위

1. 공판기일의 소송절차

14년(1)·16년(2) 모의

542. 공판기일 외에서의 소송절차, 예컨대 공판기일 외에서의 증인신문 또는 검증에 대하여는 공판조서의 배타적 증명력이 인정되지 않는다.

> **해설** 형사소송법 제56조의 적용범위와 관련해서는 문언 표현 그대로 '공판기일의 소송 절차로서 공판조서에 기재된' 경우에만 적용된다는 것이 확립된 견해이다(이재상, 형사소송법 제9판, p.668).
>
> 정답 ○

2. 공판조서에 기재된 소송절차

Ⅲ 배타적 증명력이 있는 공판조서

제3장 재 판

제1절 재판의 기본개념

20년(1) 모의

543. 공소제기가 부적법·무효인 경우, 법원은 형식재판은 물론이고 실체재판도 할 수 없다.

해설 공소제기가 부적법하거나 무효인 경우 형식적 소송계속이 발생하고, 이러한 경우 법원은 면소 또는 공소기각의 재판 등 형식재판으로 절차를 종결시켜야 한다(임동규, 형사소송법 제13판 p.318, 이은모, 형사소송법 제6판 p.418).

정답 ×

제2절 종국재판

I 유죄의 판결

1. 유죄판결의 의의

21년(1) 모의

544. 검사는 甲이 차량을 운행하던 중 교통신호를 위반하여 A에게 상해를 입혔다는 혐의로 甲을 교통사고처리특례법위반죄로 공소제기 하였다. (다툼이 있는 경우 판례에 의함)

(1) 만약 A가 중상해를 입었는데, 甲의 신호위반으로 인한 것이 아니라 전방주시의무 위반으로 인한 것으로 밝혀졌고 A가 甲에 대한 처벌을 원한다면, 甲의 차량이 종합보험에 가입되어 있더라도 甲에게 유죄판결이 선고되어야 한다.

(2) 만약 甲의 신호위반으로 인한 것이 아니라 전방주시의무 위반으로 A가 사망한 경우, 甲의 차량이 종합보험에 가입되어 있더라도 甲에게 유죄판결이 선고되어야 한다.

해설 교통사고를 일으킨 차가 차량 종합보험에 가입되어 있어도 피해자가 중상해를 입은 경우, 검사는 차의 교통으로 업무상과실치상죄 또는 중과실치상죄를 범한 운전자에 대하여 공소제기가 가능한데(교통사고처리 특례법 제4조 제1항 2호), 업무상과실치상죄 또는 중과실치상죄는 반의사불벌죄에 해당하므로(교통사고처리특례법 제3조 제2항), A가 甲에 대한 처벌을 원한다면, 甲에게 유죄판결이 선고되어야 한다. 그리고 피해자가 사망에 이른 경우에는, 교통사고를 일으킨 차가 차량 종합보험에 가입되어 있어도 교통사고처리 특례법 제4조 제1항 본문의 차량 종합보험 가입 특례가 적용되지 않으므로, 甲에게 유죄판결이 선고되어야 한다(교통사고처리 특례법 제3조 제1항).

형법 제268조(업무상과실·중과실 치사상) 업무상과실 또는 중대한 과실로 사람을 사망이나 상해에 이르게 한 자는 5년 이하의 금고 또는 2천만원 이하의 벌금에 처한다. [전문개정 2020. 12. 8.]

교통사고처리 특례법 제3조(처벌의 특례) ① 차의 운전자가 교통사고로 인하여 「형법」 제268조의 죄를 범한 경우에는 5년 이하의 금고 또는 2천만원 이하의 벌금에 처한다.
② 차의 교통으로 제1항의 죄 중 업무상과실치상죄(業務上過失致傷罪) 또는 중과실치상죄(重過失致傷罪)와 「도로교통법」 제151조의 죄를 범한 운전자에 대하여는 피해자의 명시적인 의사에 반하여 공소(公訴)를 제기할 수 없다. 다만, 차의 운전자가 제1항의 죄 중 업무상과실치상죄 또는 중과실치상죄를 범하고도 피해자를 구호(救護)하는 등 「도로교통법」 제54조제1항에 따른 조치를 하지 아니하고 도주하거나 피해자를 사고 장소로부터 옮겨 유기(遺棄)하고 도주한 경우, 같은 죄를 범하고 「도로교통법」 제44조제2항을 위반하여 음주측정 요구에 따르지 아니한 경우(운전자가 채혈 측정을 요청하거나 동의한 경우는 제외한다)와 다음 각 호의 어느 하나에 해당하는 행위로 인하여 같은 죄를 범한 경우에는 그러하지 아니하다.
교통사고처리 특례법 제4조(보험 등에 가입된 경우의 특례) ① 교통사고를 일으킨 차가 「보험업법」 제4조, 제126조, 제127조 및 제128조, 「여객자동차 운수사업법」 제60조, 제61조 또는 「화물자동차 운수사업법」 제51조에 따른 보험 또는 공제에 가입된 경우에는 제3조제2항 본문에 규정된 죄를 범한 차의 운전자에 대하여 공소를 제기할 수 없다. 다만, 다음 각 호의 어느 하나에 해당하는 경우에는 그러하지 아니하다.
1. 제3조제2항 단서에 해당하는 경우
2. 피해자가 신체의 상해로 인하여 생명에 대한 위험이 발생하거나 불구(不具)가 되거나 불치(不治) 또는 난치(難治)의 질병이 생긴 경우
3. 보험계약 또는 공제계약이 무효로 되거나 해지되거나 계약상의 면책 규정 등으로 인하여 보험회사, 공제조합 또는 공제사업자의 보험금 또는 공제금 지급의무가 없어진 경우

정답 ○, ○

22년(1) 모의

545. 법원은 벌금, 과료 또는 추징의 선고를 하는 경우에 판결의 확정 후에는 집행할 수 없거나 집행하기 곤란할 염려가 있다고 인정한 때에는 직권 또는 검사의 청구로 피고인에게 벌금, 과료 또는 추징에 상당한 금액의 가납을 형의 선고와 동시에 판결로 선고할 수 있고, 이 판결은 즉시 집행할 수 있다.

해설 형사소송법 제334조 참조.

형사소송법 제334조(재산형의 가납판결) ① 법원은 벌금, 과료 또는 추징의 선고를 하는 경우에 판결의 확정 후에는 집행할 수 없거나 집행하기 곤란할 염려가 있다고 인정한 때에는 직권 또는 검사의 청구에 의하여 피고인에게 벌금, 과료 또는 추징에 상당한 금액의 가납을 명할 수 있다.
② 전항의 재판은 형의 선고와 동시에 판결로써 선고하여야 한다.
③ 전항의 판결은 즉시로 집행할 수 있다.

정답 ○

2. 유죄판결에 명시할 이유

22년(3) · 23년(1) 모의

546. 甲은 계약서에 따라 단전조치를 취하였고 그로 인해 A의 사무실에 근무하던 직원들은 더 이상 일을 할 수 없게 되었다. 甲은 업무방해의 혐의로 기소되었다. 단전조치는 A의 승낙에 의한 것이라고 甲이 공판정에서 진술하였다면, 법원은 甲에 대하여 유죄판결을 하면서 판결이유에 甲의 진술에 대한 판단을 명시하여야 한다.

> **해설** 형사소송법 제323조 및 형법 제24조 참조.
>
> **형사소송법 제323조(유죄판결에 명시될 이유)** ① 형의 선고를 하는 때에는 판결이유에 범죄될 사실, 증거의 요지와 법령의 적용을 명시하여야 한다.
> ② 법률상 범죄의 성립을 조각하는 이유 또는 형의 가중, 감면의 이유되는 사실의 진술이 있은 때에는 이에 대한 판단을 명시하여야 한다.
>
> **형법 제24조(피해자의 승낙)** 처분할 수 있는 자의 승낙에 의하여 그 법익을 훼손한 행위는 법률에 특별한 규정이 없는 한 벌하지 아니한다.

정답

21년(1) 모의

547. 양형이 과중하다는 피고인의 항소이유에 대하여 그 이유없다고만 판시하여 항소를 기각한 항소심의 판단은 위법하다.

> **해설** 항소심판결은 항소이유에 대한 판단을 기재함으로써 충분하고 제1심 판결을 파기하여 유죄의 판결을 하는 경우 외에는 판결이유에 범죄된 사실과 증거의 요지를 기재할 필요가 없다고 할 것임은 형사소송법 제369조의 해석상 명백하므로 양형이 과중하다는 항소이유에 대하여 그 이유없다고만 판시하여 항소를 기각한 항소심의 판단은 정당하고 형사소송법 제323조에 위배된다고 할 수 없다(대판 1982.12.28. 82도2642).
>
> **형사소송법 제369조(재판서의 기재방식)** 항소법원의 재판서에는 항소이유에 대한 판단을 기재하여야 하며 원심판결에 기재한 사실과 증거를 인용할 수 있다. <개정 1963. 12. 13.> [전문개정 1961. 9. 1.]

정답

12년(3) 모의

548. 형을 선고하는 때에는 피고인이 주장한 심신장애가 그 범행을 처벌하지 않게 하는 정도의 것인지 아니면 형을 감경하여야 할 사유가 되는지를 가려야 할 뿐만 아니라 판결이유에서 이에 대한 판단을 명시하여야 한다.

> **해설** 심신장애자로서의 범행이었다고 주장한 것으로 볼 수 있는 경우에는 그 심신장애가 그 범행을 벌하지 않는 정도의 것인지 형을 감경하여야 할 경우의 것인지를 가려보고 형의 선고를 하는 경우에는 그 판결이유서 이에 대한 판단을 명시하여야 한다(대판 1969.07.29. 69도916).

정답

22년(3) 모의

549. 만약 자수한 甲이 자수감경을 주장한 경우, 법원은 자수감경을 인정하지 않더라도 자수의 주장에 대한 판단을 명시하여야 한다.

> **해설** 자수는 형의 필요적 감경 또는 면제사유가 아니고 형의 양정에 영향을 미치는 사유에 지나지 아니하여 형사소송법 제323조 소정의 유죄판결에 명시할 이유에 해당하지 아니한다(대판 1983.04. 12. 83도503).

정답 ×

Ⅱ 무죄판결

22년 변시, 21년(1) 모의

550. 검사는 甲이 차량을 운행하던 중 교통신호를 위반하여 A에게 상해를 입혔다는 혐의로 甲을 교통사고처리특례법위반죄로 공소제기 하였다.

법원이 제1심에서 사건의 실체에 관한 심리를 마친 후 甲의 차량이 종합보험에 가입되어 있고 A가 경한 상해에 해당하며 甲의 신호위반이라고 볼 수 없고 신호위반 외의 다른 업무상 과실로 교통사고를 일으켰다고 인정할 만한 증거를 찾을 수 없다는 이유로 공소기각판결이 아닌 무죄판결을 선고한 것은 위법하다. (다툼이 있는 경우 판례에 의함)

> **해설** 사안은 실체에 관한 심리가 이미 완료된 상황이고, 교통사고처리 특례법 제3조 제2항 단서에 정한 사유에 대한 언급이 없고, 피해자 A가 경한 상해를 입긴 하였으나 운전자 甲에게 신호위반이나 다른 업무상 과실이 인정되지 않아 동법 제3조 제1항의 죄를 범하였다고 인정되지 않는 경우에 속하며, 동법 제3조 제2항 본문이나 제4조 제1항 본문의 사유도 없으므로, 사실심법원이 피고인의 이익을 위하여 교통사고처리 특례법 위반의 공소사실에 대하여 무죄의 실체판결을 선고하였다면, 이를 위법이라고 볼 수는 없다.

> **판례** 교통사고처리특례법 제3조 제1항, 제2항 단서, 형법 제268조를 적용하여 공소가 제기된 사건에서, 심리 결과 교통사고처리특례법 제3조 제2항 단서에서 정한 사유가 없고 같은 법 제3조 제2항 본문이나 제4조 제1항 본문의 사유로 공소를 제기할 수 없는 경우에 해당하면 공소기각의 판결을 하는 것이 원칙이다. 그런데 사건의 실체에 관한 심리가 이미 완료되어 교통사고처리특례법 제3조 제2항 단서에서 정한 사유가 없는 것으로 판명되고 달리 피고인이 같은 법 제3조 제1항의 죄를 범하였다고 인정되지 않는 경우, 설령 같은 법 제3조 제2항 본문이나 제4조 제1항 본문의 사유가 있더라도, 사실심법원이 피고인의 이익을 위하여 교통사고처리특례법 위반의 공소사실에 대하여 무죄의 실체판결을 선고하였다면, 이를 위법이라고 볼 수는 없다고 할 것이다(대판 2015.05.28. 2013도10958).

정답 ×

20년(3) 모의

551. 甲은 A죄(甲은 필리핀에서 범한 A죄로 필리핀 교도소에 미결구금되었다가 무죄 취지의 판결을 받고 석방된 바 있다), B죄, C죄로 기소되었다. 항소심법원은 A죄, B죄를 상상적 경합관계에 있다고 보고 A죄에 대하여는 유죄판결, B죄에 대하여는 무죄판결을 하였으며, C죄에 대하여는 면소판결을 하였다. 이에 대하여 검사와 피고인 쌍방이 상고하였다.

C죄의 적용법조에 대하여 원심판결 선고 후 헌법재판소의 위헌결정이 있었다면 이 부분 공소사실에 대하여 법원은 무죄판결을 선고하여야 한다.

▶해설 피고인의 이 부분 공소사실에 관한 위 적용법조에 대하여 원심판결 선고 후 헌재 1999.09.16. 99헌가1에 의하여 헌법에 위반된다는 위헌결정이 있었고, 위헌결정으로 인하여 형벌에 관한 법률 또는 법률조항이 소급하여 그 효력을 상실한 경우에는 당해 법조를 적용하여 기소한 피고 사건은 범죄로 되지 아니하는 때에 해당한다고 할 것이므로, 결국 이 부분 공소사실은 무죄라 할 것이다(대판 1999.12.24. 99도3003).

정답

17년·20년 변시

552. (1) 공소제기된 사건에 적용된 법령이 헌법재판소의 위헌결정으로 효력이 소급하여 상실된 경우는 '범죄후의 법령개폐로 형이 폐지되었을 때'에 해당하므로 법원은 면소판결을 선고하여야 한다.

(2) 甲이 간통죄로 기소된 이후에 간통죄가 헌법재판소의 위헌결정으로 인하여 소급하여 그 효력을 상실한 경우 면소판결을 하여야 한다.

▶해설 헌법재판소법 제47조 제2항 단서는 형벌에 관한 법률조항에 대하여 위헌결정이 선고된 경우 그 조항이 소급하여 효력을 상실한다고 규정하고 있으므로, 형벌에 관한 법률조항이 소급하여 효력을 상실한 경우에 당해 조항을 적용하여 공소가 제기된 피고사건은 범죄로 되지 아니한 때에 해당하고, 법원은 이에 대하여 형사소송법 제325조 전단에 따라 무죄를 선고하여야 한다(대판 2011.06.23. 2008도7562(전합)).

정답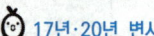

III 관할위반과 공소기각의 재판

21년 변시

553. 甲은 A가 빌린 돈을 갚지 않자 'A는 지난 수년간 직장 상사 모 씨와 불륜관계를 유지하면서 모 씨의 도움으로 승진까지 하였다'는 내용의 유인물을 작성하여 직장 게시판에 게시하였다. 그 후 甲은 A를 비롯한 직장 동료 10명과 회식을 하다가 A가 비아냥거리자 A에게 "개같은 년"이라고 말하였다.

1) **만약 A의 고소가 없음에도 검사가 甲을 「형법」 제307조 제1항 명예훼손과 「형법」 제311조 모욕으로 기소하였다면, 법원으로서는 명예훼손과 모욕에 대해 「형사소송법」 제327조 제2호에 따라 공소기각판결을 하여야 한다.**

해설 설문에서 '직장 상사 모 씨와 불륜관계를 유지하면서 모 씨의 도움으로 승진까지 하였다'는 내용의 유인물은 명예훼손죄의 사실적시에 해당한다. 그러나 '개같은 년'이라는 말은 명예훼손죄의 사실의 적시로 볼 수 없고, 사람의 사회적 평가를 저하시킬 만한 추상적 판단이나 경멸적 감정을 표현하는 모욕으로 볼 수 있다. 따라서 A의 고소가 없는 경우, 법원은 반의사불벌죄인 명예훼손죄에 대해서는 공소기각 판결을 할 수 없으나 친고죄인 모욕죄에 대해서는 형사소송법 제327조 제2호에 따라 공소기각 판결을 하여야 한다.

형법 제307조(명예훼손) ① 공연히 사실을 적시하여 사람의 명예를 훼손한 자는 2년 이하의 징역이나 금고 또는 500만원 이하의 벌금에 처한다.
② 공연히 허위의 사실을 적시하여 사람의 명예를 훼손한 자는 5년 이하의 징역, 10년 이하의 자격정지 또는 1천만원 이하의 벌금에 처한다.
형법 제311조(모욕) 공연히 사람을 모욕한 자는 1년 이하의 징역이나 금고 또는 200만원 이하의 벌금에 처한다.
형법 제312조(고소와 피해자의 의사) ① 제308조와 제311조의 죄는 고소가 있어야 공소를 제기할 수 있다.
② 제307조와 제309조의 죄는 피해자의 명시한 의사에 반하여 공소를 제기할 수 없다.

판례 명예훼손죄가 성립하기 위하여는 사실의 적시가 있어야 하는데, '사실의 적시'란 가치판단이나 평가를 내용으로 하는 의견표현에 대치되는 개념으로서 시간과 공간적으로 구체적인 과거 또는 현재의 사실관계에 관한 보고 내지 진술을 의미하는 것이며 그 표현내용이 증거에 의한 입증이 가능한 것을 말한다(대판 2007.10.26. 2006도5924).
판례 형법 제311조의 모욕죄는 사람의 가치에 대한 사회적 평가를 의미하는 외부적 명예를 보호법익으로 하는 범죄로서, 모욕죄에서 말하는 모욕이란 사실을 적시하지 아니하고 사람의 사회적 평가를 저하시킬 만한 추상적 판단이나 경멸적 감정을 표현하는 것을 의미한다(대판 2015.09.10. 2015도2229).

 23년 변시

2) **만약 A가 甲을 모욕으로 고소하였다가 甲과 합의가 되어 '모욕에 대한 고소를 취소한다'는 합의서를 甲에게 작성하여 준 경우, 甲이 위 합의서를 자신의 모욕 사건에 대한 항소심이 진행되던 중에 제출하였다 하더라도, 검사가 모욕으로 공소제기하기 이전에 위와 같이 합의하였다면, 항소심 법원은 甲에 대해 공소기각판결을 선고할 수밖에 없다.**

해설 형사소송법 제232조 제1항,제3항에 의하면 친고죄에서 고소의 취소 및 반의사불벌죄에서 처벌을 희망하는 의사표시의 철회는 제1심판결 선고 전까지만 할 수 있고, 따라서 제1심판결 선고 후에 고소가 취소되거나 처벌을 희망하는 의사표시가 철회된 경우에는 효력이 없으므로 형사소송법 제327조 제5호 내지 제6호의 공소기각 재판을 할 수 없다. 그리고 고소의 취소나 처벌을 희망하는 의사표시의 철회는 수사기관 또는 법원에 대한 법률행위적 소송행위이므로 공소제기 전에는 고소사건을 담당하는 수사기관에, 공소제기 후에는 고소사건의 수소법원에 대하여 이루어져야 한다(대판 2012.02.23. 2011도17264).

23년(2) 모의

554. 검사가 ⓒ의 사실로 甲에 대한 공소를 제기한 경우, 그 제1심 판결 선고 전에 甲에 대한 또 다른 사건의 검찰 수사과정에서 B가 甲에 대한 이전의 모든 고소를 취소한다는 취지의 합의서가 작성되었더라도 ⓒ의 사실과 관련한 B의 甲에 대한 고소가 취소된 것으로 볼 수 없다.

해설 피고인이 甲의 명예를 훼손하고 甲을 모욕하였다는 내용으로 기소된 사안에서, 공소제기 후에 피고인에 대한 다른 사건의 검찰 수사과정에서 피고인에 대한 이전의 모든 고소 등을 취소한다는 취지가 기재된 합의서가 작성되었으나 그것이 제1심판결 선고 전에 법원에 제출되었다거나, 그 밖에 甲이 고소를 취소하고 처벌의사를 철회하였다고 볼 만한 자료가 없는데도, 이와 달리 보아 공소를 기각한 원심판결에 법리오해의 위법이 있다고 한 사례(대판 2012.02.23. 2011도17264).

정답

20년(2) 모의

555. (1) 甲은 A(20세)와 성관계 중 A의 동의 하에 성행위 장면을 핸드폰으로 촬영하여 보관하여오다가 A가 헤어지자고 하자 이를 유포하겠다고 협박하였다. 이에 불안에 떨던 A는 경찰에 甲을 고소하였고, 이를 알게 된 甲은 성관계 동영상 파일을 컴퓨터로 재생하면서 모니터에 나타난 A의 나체를 휴대전화 카메라로 촬영하여 유포하고 도주하였다. (2) 며칠 후 甲은 자신의 쌍둥이 동생인 乙에게 경찰서에 가서 乙이 범인이라고 허위자백을 하도록 시켰고, 이에 따라 乙은 경찰서에 가서 자신이 범인이라고 허위자백을 하였다.

만약 甲이 경찰서에 가서 자백을 하면서 乙의 인적사항과 주민등록증을 제시하여 乙의 이름으로 공소가 제기되었고 그 사실이 공판심리 중에 밝혀진 경우, 검사가 성명모용을 바로잡기 위한 조치를 취하지 않으면 법원은 공소기각판결을 선고하여야 한다.

해설 [가] 피의자가 다른 사람의 성명을 모용한 탓으로 공소장에 피모용자가 피고인으로 표시되었다 하더라도 이는 당사자의 표시상의 착오일 뿐이고 검사는 모용자에 대하여 공소를 제기한 것이므로 모용자가 피고인이 되고 피모용자에게 공소의 효력이 미친다고 할 수 없고, 이와 같은 경우 검사는 공소장의 인적 사항의 기재를 정정하여 피고인의 표시를 바로잡아야 하는 것인바, 이는 피고인의 표시상의 착오를 정정하는 것이지 공소장을 변경하는 것이 아니므로 형사소송법 제298조에 따른 공소장변경의 절차를 밟을 필요가 없고 법원의 허가도 필요로 하지 아니한다. [나] 위 "가"항에 있어 검사가 공소장의 피고인 표시를 정정하여 모용관계를 바로잡지 아니한 경우에는 외형상 피모용자 명의로 공소가 제기된 것으로 되어 있어 공소제기의 방식이 형사소송법 제254조의 규정에 위반하여 무효라 할 것이므로 법원은 공소기각의 판결을 선고하여야 한다(대법원 1993.01.19. 92도2554).

정답

20년(1) 모의

556. 甲에 대한 특수폭행치상의 공소사실에 대하여 법원이 특수폭행의 사실을 인정하는 경우, A가 甲에 대해 처벌불원의 의사를 표시하면 법원은 공소기각판결을 할 수 있다.

해설 특수폭행죄는 폭행죄나 존속폭행죄의 경우와는 달리 반의사불벌죄의 규정이 적용되지 아니한다.
▶ 형사소송법 제327조 제6호, 형법 제260조 및 제261조 참조.

형사소송법 제327조(공소기각의 판결) 다음 경우에는 판결로써 공소기각의 선고를 하여야 한다.
  6. 피해자의 명시한 의사에 반하여 공소를 제기할 수 없는 사건에서 처벌을 원하지 아니하는 의사표시를 하거나 처벌을 원하는 의사표시를 철회하였을 때 [전문개정 2020. 12. 8.]
형법 제260조(폭행, 존속폭행) ①사람의 신체에 대하여 폭행을 가한 자는 2년 이하의 징역, 500만원 이하의 벌금, 구류 또는 과료에 처한다.
② 자기 또는 배우자의 직계존속에 대하여 제1항의 죄를 범한 때에는 5년 이하의 징역 또는 700만원 이하의 벌금에 처한다.
③ 제1항 및 제2항의 죄는 피해자의 명시한 의사에 반하여 공소를 제기할 수 없다.
형법 제261조(특수폭행) 단체 또는 다중의 위력을 보이거나 위험한 물건을 휴대하여 제260조제1항 또는 제2항의 죄를 범한 때에는 5년 이하의 징역 또는 1천만원 이하의 벌금에 처한다.

20년(1) 모의

557. 검사가 동일한 사건에 대하여 동일한 법원에 다시 공소를 제기한 경우, 수소법원은 공소기각판결을 선고하여야 한다.

해설 형사소송법 제327조 제3호 참조.

형사소송법 제327조(공소기각의 판결) 다음 경우에는 판결로써 공소기각의 선고를 하여야 한다.
  3. 공소가 제기된 사건에 대하여 다시 공소가 제기되었을 때 [전문개정 2020. 12. 8.]

20년(2) 모의

558. A(16세)는 「교통사고처리특례법」 위반 등으로 소년부에 송치되었고, 법원은 A에 대하여 단기보호관찰을 명하였다. A는 보호관찰 대상자로서 자신의 집으로 걸려온 ○○보호관찰소의 음성감독 시스템 전화에 직접 응답하여 음성을 등록하고 재택 여부를 확인시켜야 한다. 그런데도 A는 친구 B(16세)에게 자신 대신 자신의 집에서 전화를 받을 것을 부탁하였다. B는 외출제한 음성감독 시스템 전화를 받자 A에게 휴대전화로 전화하였고, A는 휴대전화의 스피커폰 기능을 이용하여 음성감독 시스템 전화에 응답, 음성을 등록하였다. 이후 ○○보호관찰소장의 신청에 따라 법원은 A에 대한 보호처분을 단기 소년원 송치로 변경하였고, 검사는 음성등록에 관한 A와 B의 행위에 대하여 약식명령을 청구하였다.

1) 보호처분을 받은 소년에 대하여는 그 심리가 결정된 사건은 다시 공소를 제기하거나 소년부에 송치할 수 없다.

해설 소년법 제53조 참조.

소년법 제53조(보호처분의 효력) 제32조의 보호처분을 받은 소년에 대하여는 그 심리가 결정된 사건은 다시 공소를 제기하거나 소년부에 송치할 수 없다. 다만, 제38조제1항제1호의 경우에는 공소를 제기할 수 있다.

정답 O

2) A에 대한 검사의 약식명령 청구에 대해 법원은 공소기각 판결을 선고하여야 한다.

해설 보호처분의 변경은 보호처분결정에 따른 위탁 또는 집행 과정에서 발생한 준수사항 위반 등 사정변경을 이유로 종전 보호처분결정을 변경하는 것이다. 즉 이는 종전 보호처분 사건에 관한 재판이다. 따라서 종전 보호처분에서 심리가 결정된 사건이 아닌 사건에 대하여 공소를 제기하거나 소년부에 송치하는 것은 소년법 제53조에 위배되지 않는다(대판 2019.05.10. 2018도3768). ▶소년법상 보호처분을 받은 소년에 대한 보호처분의 변경은 '종전 보호처분사건에 관한 재판'이지 '종전 보호처분에서 심리가 결정된 사건'이 아니므로, 공소를 제기하거나 소년부에 송치하여도 소년법 제53조에 위배되지 않아, A에 대한 검사의 약식명령청구에 대해 법원은 실체판단을 하여야 한다.

정답 X

16년·20년·22년 변시, 18년(1)·20년(1)·22년(1)·23년(1)(3) 모의

559. (1) 소년법상 보호처분을 받아 확정된 사건과 동일한 사건에 관하여 다시 공소제기가 되었다면, 이는 일사부재리의 효력이 미치는 확정판결이 존재하는 때에 해당하므로 면소판결을 하여야 한다.

(2) 乙이 절도범행으로 소년법에 따라 보호처분을 받은 이후에 동일한 절도범행으로 다시 공소 제기 된 경우 법원은 면소판결을 선고해야 한다.

(3) 사기의 공소사실로 기소된 甲(당시 16세)이 상습성이 인정되어 이미 소년법상의 보호처분(단기소년원송치) 결정을 받았음이 공판 중 확인되었다면, 법원은 사기에 대하여 공소기각판결을 해야 한다.

해설 소년법 제32조의 보호처분을 받은 사건과 동일(상습죄 등 포괄일죄 포함)한 사건에 관하여 다시 공소제기가 되었다면, 이는 공소제기 절차가 법률의 규정에 위배하여 무효인 때에 해당한 경우이므로 형사소송법 제327조 제2호의 규정에 의하여 공소기각의 판결을 하여야 한다(대판 1996.02.23. 96도47).

정답 X, X, O

18년(1) 모의

560. 피고인에 대하여 재판권이 없는 경우 공소기각판결을 선고하여야 한다.

> 해설 형사소송법 제327조 제1호, 제4호 참조.
>
> 형사소송법 제327조(공소기각의 판결) 다음 경우에는 판결로써 공소기각의 선고를 하여야 한다.
> 1. 피고인에 대하여 재판권이 없는 때 [전문개정 2020. 12. 8.]

정답 O

20년 변시

561. 공소취소를 이유로 한 재판이 확정된 후 다른 중요한 증거 없이 다시 공소가 제기된 경우 공소기각판결을 선고하여야 한다.

> 해설 형사소송법 제327조 제1호, 제4호 참조.
>
> 형사소송법 제327조(공소기각의 판결) 다음 경우에는 판결로써 공소기각의 선고를 하여야 한다.
> 4. 제329조를 위반하여 공소가 제기되었을 때 [전문개정 2020. 12. 8.]
> 형사소송법 제329조(공소취소와 재기소) 공소취소에 의한 공소기각의 결정이 확정된 때에는 공소취소 후 그 범죄사실에 대한 다른 중요한 증거를 발견한 경우에 한하여 다시 공소를 제기할 수 있다.

정답 O

18년(1)·21년(3) 모의

562. 검사가 피고인이 필로폰을 투약하였다고 하여 마약류관리에관한법률위반(향정)으로 기소하면서 공소장에 범행일시를 모발감정 결과에 기초하여 투약가능기간을 역으로 추정한 '2010. 11.경'으로, 투약장소를 '부산 사하구 이하 불상지'로 기재한 경우 공소기각 판결을 선고하여야 한다.

> 해설 공소사실에 기재된 범행일시는 피고인의 모발을 대상으로 실험을 한 결과 필로폰 양성반응이 나왔다는 감정 결과만에 기초하여 그 정도 길이의 모발에서 필로폰이 검출된 경우 그 투약가능한 기간을 역으로 추산한 것이고, 투약량이나 투약방법 역시 마약복용자들의 일반적인 통례이거나 피고인의 종전 전과에 나타난 투약량과 투약방법을 근거로 한 것에 불과하며, 그 투약의 장소마저 위와 같이 기재한 것만으로는 형사소송법 제254조 제4항의 요건에 맞는 구체적 사실의 기재라고 볼 수 없으므로, 이 사건 공소는 그 공소사실이 특정되었다고 할 수 없다(대판 2005.12.09. 2005도7465).
>
> 형사소송법 제327조(공소기각의 판결) 다음 경우에는 판결로써 공소기각의 선고를 하여야 한다.
> 2. 공소제기의 절차가 법률의 규정에 위반하여 무효인 때 [전문개정 2020. 12. 8.]

정답 O

13년(1) 모의

563. 검사가 협박죄의 공소를 취소하면 법원은 결정으로 공소를 기각하여야 한다.

해설 형사소송법 제328조 제1항 제1호.

> 형사소송법 제328조(공소기각의 결정) ① 다음 경우에는 결정으로 공소를 기각하여야 한다.
> 1. 공소가 취소되었을 때

정답

19년(3) · 22년(3) 모의

564. 제1심 법원의 공판진행 중 피고인 乙이 지병으로 인해 사망하였다면, 법원은 乙에 대하여 공소기각의 결정을 하여야 한다.

해설 형사소송법 제328조 참조.

> 형사소송법 제328조(공소기각의 결정) ① 다음 경우에는 결정으로 공소를 기각하여야 한다.
> 2. 피고인이 사망하거나 피고인인 법인이 존속하지 아니하게 되었을 때

정답

18년(1) 모의

565. 부정수표단속법위반 사건에서 수표가 그 제시기일에 제시되지 아니한 사실이 공소사실 자체에 의하여 명백한 경우 공소기각판결을 선고해야 한다.

해설 부정수표단속법위반 사건에 있어서 수표가 그 제시기일에 제시되지 아니한 사실이 공소사실 자체에 의하여 명백하다면 이 공소사실에는 범죄가 될 만한 사실이 포함되지 아니하는 때에 해당하므로 형사소송법 제328조 제1항 제4호에 의하여 공소기각의 재판을 하여야 한다(대판 1973.12.11. 73도2173).

> 형사소송법 제328조(공소기각의 결정) ① 다음 경우에는 결정으로 공소를 기각하여야 한다.
> 1. 공소가 취소 되었을 때
> 2. 피고인이 사망하거나 피고인인 법인이 존속하지 아니하게 되었을 때
> 3. 제12조 또는 제13조의 규정에 의하여 재판할 수 없는 때
> 4. 공소장에 기재된 사실이 진실하다 하더라도 범죄가 될 만한 사실이 포함되지 아니하는 때

정답

Ⅳ 면소의 판결

566. 기소 후 해당 형벌규정 제정 당시의 사회적, 경제적 사정의 변경에 따라 해당 형벌규정이 폐지된 경우 면소의 대상이 된다.

> 해설 일반적으로 어떤 행위에 대한 형벌규정이 폐지된 경우에 그것이 법률이념의 변경에 따라 종전에 그 행위를 처벌대상으로 삼은 것이 부당하다는 반성적 고려에서 폐지된 것이라면 이는 형사소송법 제326조 제4호 소정의 범죄후 법령의 개폐로 형이 폐지된 경우에 해당하여 면소의 대상이 되지만, 이와 달리 다만 형벌규정 제정당시의 사회적, 경제적 사정의 변경에 따라 형벌규정이 폐지되거나 또는 처벌법규의 체계를 정리하기 위하여 발전적으로 폐지된 경우에는 면소의 대상이 되지 않는다(대판 1985.05.14. 85도529).

 ×

567. 공소제기 당시에는 공소시효가 완성되지 않았으나 판결의 확정이 없이 공소를 제기한 때로부터 25년을 경과한 경우 판결로써 면소의 선고를 하여야 한다.

> 해설 형사소송법 제326조 제3호, 제249조 제2항 참조.
>
> 형사소송법 제326조(면소의 판결) 다음 경우에는 판결로써 면소의 선고를 하여야 한다.
> 3. 공소의 시효가 완성되었을 때
> 형사소송법 제249조(공소시효의 기간) ② 공소가 제기된 범죄는 판결의 확정이 없이 공소를 제기한 때로부터 25년을 경과하면 공소시효가 완성한 것으로 간주한다.

568. 외국에서 유죄판결을 받고 그 판결이 확정된 다음 우리나라에서 동일한 사건으로 다시 공소가 제기된 경우 판결로써 면소의 선고를 하여야 한다.

> 해설 피고인이 동일한 행위에 관하여 외국에서 형사처벌을 과하는 확정판결을 받았다 하더라도 이런 외국판결은 우리나라에서는 기판력이 없으므로 여기에 일사부재리의 원칙이 적용될 수 없다(대판 1983.10.25. 83도2366).

 ×

20년(1)·22년(2)·23년(2) 모의

569. 상습범(선행범죄)으로 유죄의 확정판결을 받은 사람이 그 후 동일한 습벽에 의해 범행(후행범죄)을 저지른 경우, 재심이 개시된 선행범죄에 대한 공소제기의 효력은 후행범죄에도 미친다.

해설 재심심판절차에서 선행범죄, 즉 재심대상판결의 공소사실에 후행범죄를 추가하는 내용으로 공소장을 변경하거나 추가로 공소를 제기한 후 이를 재심대상사건에 병합하여 심리하는 것이 허용되지 않으므로 재심심판절차에서는 후행범죄에 대하여 사실심리를 할 가능성이 없다. 또한 재심심판절차에서 재심개시결정의 확정만으로는 재심대상판결의 효력이 상실되지 않으므로 재심대상판결은 확정판결로서 유효하게 존재하고 있고, 따라서 재심대상판결을 전후하여 범한 선행범죄와 후행범죄의 일죄성은 재심대상판결에 의하여 분단되어 동일성이 없는 별개의 상습범이 된다. 그러므로 선행범죄에 대한 공소제기의 효력은 후행범죄에 미치지 않고 선행범죄에 대한 재심판결의 기판력은 후행범죄에 미치지 않는다(대판 2019.06.20. 2018도20698(전합)).

정답 ×

 20년 변시, 23년(1) 모의

570. (1) 포괄일죄의 관계에 있는 범행 일부에 관하여 약식명령이 확정된 경우, 약식명령의 발령시를 기준으로 하여 그 전의 범행에 대하여는 면소의 판결을 하여야 하고 그 이후의 범행에 대하여서만 일죄로 처벌하여야 한다.

(2) 戊에 대하여 2019. 1. 1.부터 2019. 6. 30.까지 신고 없이 분식점을 운영하였다는 취지의 식품위생법위반죄로 벌금 100만 원의 약식명령이 2019. 8. 16. 발령되고 2019. 10. 1. 확정되었다. 戊는 2019. 9. 1.부터 2019. 9. 30.까지 같은 장소에서 신고 없이 동일한 분식점을 운영하였다는 취지의 식품위생법위반죄로 공소가 제기되었다. 이에 대하여 법원은 면소판결을 하여야 한다.

해설 법원은 실체판결을 하여야 한다.

판례 면소판결을 선고할 수 있는 범위는 확정판결의 일사부재리의 효력이 미치는 범위와 동일하다. 구체적으로 주관적 측면에서 면소판결의 대상이 되는 피고인은 검사가 피고인으로 지정하여 확정판결을 받은 사람이어야 하고(법 제248조 제1항 참조), 객관적 측면에서 면소판결의 대상이 되는 범죄사실은 확정판결이 있었던 범죄사실과 동일성이 인정되는 사실이어야 하고(대판 1996.06.28. 95도1270), 시간적 측면에서 사실심리의 가능성이 있는 최후의 시점인 사실심 판결선고시까지 행하여진 범죄사실이어야 한다. 다만 약식명령의 경우에는 발령시점이 사실심리의 가능성이 있는 최후의 시점이므로 송달시가 아니라 발령시를 기준으로 한다(대판 1994.08.09. 94도1318).

정답 ○, ×

🕐 20년 변시

571. J은 신호위반으로 인한 교통사고를 일으켜 A의 자동차를 손괴하였다는 취지의 도로교통법위반죄로 벌금 50만 원의 약식명령을 받아 그 약식명령이 확정되었다. 그 이후에 J은 위 교통사고로 A에게 상해를 입게 하였다는 취지의 교통사고처리특례법위반(치상)죄로 공소가 제기되었다. 이에 대하여 법원은 면소판결을 하여야 한다.

해설 법원은 면소판결을 하여야 한다.

판례 약식명령이 확정된 피고인의 도로교통법 제74조 위반죄와 이 사건으로 공소제기된 죄는 모두 피고인의 동일한 업무상과실로 발생한 수개의 결과로서 형법 제40조 소정의 상상적 경합관계에 있다 할 것이고(당원 1977.09.28. 77도2203), 이미 확정된 약식명령의 효력은 이 사건 공소사실에 미친다 할 것이므로 원심이 같은 이유로 이 사건 공소사실은 확정판결이 있는 때에 해당한다고 판단하여 면소의 판결을 하였음은 정당하다(대판 1986.02.11. 85도2658).

정답

🕐 12년·17년 변시

572. A죄와 B죄가 상상적 경합관계에 있는 경우에 A죄에 대한 판결이 확정되었다면 법원은 공소제기된 B죄에 대하여 면소판결을 선고하여야 한다.

해설 형법 제40조 소정의 상상적 경합 관계의 경우에는 그 중 1죄에 대한 확정판결의 기판력은 다른 죄에 대하여도 미치는 것이고, 여기서 1개의 행위라 함은 법적 평가를 떠나 사회 관념상 행위가 사물자연의 상태로서 1개로 평가되는 것을 의미한다(대판 2007.02.23. 2005도10233). 따라서 일죄에 대한 판결이 확정되었다면 다른 일죄에 대해서는 유죄·무죄의 실체재판을 할 것이 아니라 형사소송법 제327조 제1호의 규정에 의하여 면소판결을 하여야 한다.

정답

🕐 16년·17년·21년 변시, 20년(1)·23년(3) 모의

573. 재심대상판결 확정 후에 형 선고의 효력을 상실케 하는 특별사면이 있었다고 하더라도, 재심개시결정이 확정되어 재심심판절차를 진행하는 법원은 그 심급에 따라 다시 심판하여 실체에 관한 유·무죄 등의 판단을 해야지, 특별사면이 있음을 들어 면소판결을 하여서는 아니된다.

해설 면소판결 사유인 형사소송법 제326조 제2호의 '사면이 있는 때'에서 말하는 '사면'이란 일반사면을 의미할 뿐, 형을 선고받아 확정된 자를 상대로 이루어지는 특별사면은 여기에 해당하지 않으므로, 재심대상판결 확정 후에 형 선고의 효력을 상실케 하는 특별사면이 있었다고 하더라도, 재심개시결정이 확정되어 재심심판절차를 진행하는 법원은 그 심급에 따라 다시 심판하여 실체에 관한 유·무죄 등의 판단을 해야지, 특별사면이 있음을 들어 면소판결을 하여서는 아니된다(대판 2015.05.21. 2011도1932(전합)).

정답

15년 변시

574. 혼인빙자등간음죄를 규정한 구 「형법」 제304조가 폐지되었는바, 제304조의 내용 중 위계간음죄 부분의 폐지는 법률이념의 변천에 따라 반성적 고려에서 비롯되었으며, 이는 범죄 후의 법령 개폐로 범죄를 구성하지 않게 되어 형이 폐지되었을 때에 해당하므로 폐지 전에 행한 위계간음행위에 대하여 면소판결을 하여야 한다.

해설 혼인빙자간음죄는 헌법재판소의 위헌결정으로 인해 소급하여 효력을 상실하였으므로 당해 법령을 적용하여 공소가 제기된 사건은 면소가 아닌 무죄 판결을 하여야 하나(2005도8317), 본 사건은 혼인빙자사건이 아니라 구 형법 제304조 중 "기타 위계로써 간음"에 해당하는 사건이고, 위 조항의 삭제의 동기가 반성적 고려에 있는 만큼 형법 제1조 제2항의 "범죄 후 법령의 개폐에 의해 범죄를 불구성"하는 경우이므로 무죄가 아닌 면소판결을 한 것이다.

판례 구 형법 제304조의 삭제는 법률이념의 변천에 따라 과거에 범죄로 본 음행의 상습없는 부녀에 대한 위계간음 행위에 관하여 현재의 평가가 달라짐에 따라 이를 처벌대상으로 삼는 것이 부당하다는 반성적 고려에서 비롯된 것으로 봄이 타당하므로, 이는 범죄 후의 법령개폐로 범죄를 구성하지 않게 되어 형이 폐지되었을 때에 해당한다. 그렇다면 구 형법 제304조에 해당하는 위계간음 행위는 형사소송법 제326조 제4호에 의하여 면소판결의 대상이 될 뿐이다(대판 2014.04.24. 2012도14253).

형사소송법 제326조(면소의 판결) 다음 경우에는 판결로써 면소의 선고를 하여야 한다.
4. 범죄 후의 법령개폐로 형이 폐지되었을 때

정답

23년(2)(3) 모의

575. (1) 재판장이 주문을 낭독한 이후라도 판결선고가 종료되기 전까지는 재판서에 기재된 주문과 이유를 잘못 낭독하거나 설명하는 등 실수가 있거나 판결 내용에 잘못이 있음이 발견된 경우와 같이 특별한 사정이 있는 경우라면 선고의 변경이 허용된다.

(2) 법원은 乙에게 벌금 5백만 원을 부과하는 유죄 취지의 주문을 낭독한 뒤 상소기간 등에 관한 고지를 하던 중 乙이 "재판이 개판이다."라는 말과 욕설을 하자 재판장은 선고형을 정정하여 벌금 1천만 원을 선고하였다. 재판장이 乙에 대한 선고절차 종료 전에 형량을 변경하여 선고한 것은 적법하다.

해설 결 선고는 전체적으로 하나의 절차로서 재판장이 판결의 주문을 낭독하고 이유의 요지를 설명한 다음 피고인에게 상소기간 등을 고지하고, 필요한 경우 훈계, 보호관찰 등 관련 서면의 교부까지 마치는 등 선고절차를 마쳤을 때에 비로소 종료된다. 재판장이 주문을 낭독한 이후라도 선고가 종료되기 전까지는 일단 낭독한 주문의 내용을 정정하여 다시 선고할 수 있다. 그러나 판결 선고절차가 종료되기 전이라도 변경 선고가 무제한 허용된다고 할 수는 없다. 재판장이 일단 주문을 낭독하여 선고 내용이 외부적으로 표시된 이상 재판서에 기재된 주문과 이유를 잘못 낭독하거나 설명하는 등 실수가 있거나 판결 내용에 잘못이 있음이 발견된 경우와 같이 특별한 사정이 있는 경우에 변경 선고가 허용된다(대판 2022.05.13. 2017도3884).

정답

Ⅴ 종국재판의 부수효과

제3절 재판의 효력

Ⅰ 재판의 확정
Ⅱ 재판의 확정력
1. 형식적 확정력

 16년·23년 변시, 15년(1)·23년(2) 모의

576. 제1심 판결에 대하여 항소가 제기된 경우 판결의 확정력이 미치는 시간적 한계는 항소심 판결선고 시라고 보는 것이 상당하고, 항소이유서를 제출하지 아니하여 결정으로 항소가 기각된 경우에는 항소기각 결정 시가 그 기준 시점이 된다.

 판결의 확정력은 사실심리의 가능성이 있는 최후의 시점인 판결선고시를 기준으로 하여 그때까지 행하여진 행위에 대하여만 미치는 것으로서, 제1심 판결에 대하여 항소가 된 경우 판결의 확정력이 미치는 시간적 한계는 현행 형사항소심의 구조와 운용실태에 비추어 볼 때 항소심 판결선고시라고 보는 것이 상당한데 항소이유서를 제출하지 아니하여 결정으로 항소가 기각된 경우에도 형사소송법 제361조의4 제1항에 의하면 피고인이 항소한 때에는 법정기간 내에 항소이유서를 제출하지 아니하였다 하더라도 판결에 영향을 미친 사실오인이 있는 등 직권조사사유가 있으면 항소법원이 직권으로 심판하여 제1심 판결을 파기하고 다시 판결할 수도 있으므로 사실심리의 가능성이 있는 최후시점은 항소기각 결정시라고 보는 것이 옳다(대판 1993.05.25. 93도836).

정답 ○

2. 내용적 확정력

Ⅲ 내용적 구속력
Ⅳ 일사부재리의 효력(기판력)
1. 의의
2. 일사부재리의 효력이 인정되는 재판

 23년 변시

577. 헌법 제13조 제1항이 규정하고 있는 이중처벌금지의 원칙 내지 일사부재리의 원칙에서의 '처벌'에는 범죄에 대한 국가의 형벌권 실행으로서의 과벌 이외에도 국가가 행하는 일체의 제재나 불이익 처분이 모두 포함된다.

■해설 헌법은 제13조 제1항에서 "모든 국민은 … 동일한 범죄에 대하여 거듭 처벌받지 아니한다."라고 규정하여 이른바 이중처벌금지의 원칙 내지 일사부재리의 원칙을 선언하고 있다. 이는 한번 판결이 확정되면 그 후 동일한 사건에 대해서는 다시 심판하는 것이 허용되지 않는다는 원칙을 말한다. 여기에서 '처벌'이란 원칙적으로 범죄에 대한 국가의 형벌권 실행으로서의 과벌을 의미하고, 국가가 행하는 일체의 제재나 불이익처분이 모두 여기에 포함되는 것은 아니다(대판 2017.08.23. 2016도5423).

 ✕

21년(1) 모의

578. 일사부재리의 효력은 재판이 확정된 때에 발생하는 것이므로 검사가 사기 혐의사실에 대하여 무혐의 결정을 하였다가 다시 공소를 제기하였더라도 일사부재리의 원칙에 위배된 것이라고는 할 수 없다.

■해설 일사부재리의 효력은 확정판결이 있을 때에 발생하는 것이므로 검사가 일차 무혐의 결정을 하였다가 다시 공소를 제기하였다 하여도 이를 일사부재리의 원칙에 위배된 것이라고는 할 수 없다(대판 1984.11.27. 84도1545).

14년 변시

579. 공소기각과 관할위반의 형식재판에 대하여는 일사부재리의 효력이 인정되지 아니한다.

■해설 유죄·무죄의 실체재판에 일사부재리의 효력이 인정된다는 점에서 이론이 없다. 한편 공소기각과 관할위반의 형식재판에 대하여는 일사부재리의 효력을 인정할 여지가 없다.

3. 일사부재리의 효력이 미치는 범위
(1) 객관적 범위

23년 변시

580. 한 개의 행위가 여러 개의 죄에 해당하는 「형법」 제40조의 상상적 경합 관계에 있는 경우에는 그중 일죄에 대한 확정판결의 기판력은 다른 죄에 미치지 않는다.

■해설 상상적 경합은 1개의 행위가 수개의 죄에 해당하는 경우를 말한다(형법 제40조). 여기에서 1개의 행위란 법적 평가를 떠나 사회관념상 행위가 사물자연의 상태로서 1개로 평가되는 것을 의미한다. 그리고 상상적 경합 관계의 경우에는 그중 1죄에 대한 확정판결의 기판력은 다른 죄에 대하여도 미친다(대판 2017.09.21. 2017도11687).

 ✕

🍊 22년 변시

581. X회사에 근무하던 甲은 대표이사 A와 갈등으로 퇴사하게 되자 재직하면서 알게 된 회사 비리를 국세청과 수사기관에 알리겠다며 각각 3차례에 걸쳐 A에게 협박 메일을 발송하였다. 이후 甲은 ○○빌딩 6층에 있는 X회사에 들어갈 생각으로 5층 베란다 테라스의 난간을 잡고 기어올라 6층 창문을 통해 자신이 사용하던 사무실로 들어갔다.

甲의 3차례 협박 범행에 대해 상습성이 인정되고, 그중 2차 협박 범행에 대하여 상습범으로 유죄판결이 확정된 경우, 확정판결 후에 행해진 3차 협박의 범죄사실은 1차 협박의 범죄사실과 분리되어 별개의 상습협박죄가 된다. (다툼이 있는 경우 판례에 의함)

해설 상습범에 있어서 공소제기의 효력은 공소가 제기된 범죄사실과 동일성이 인정되는 범죄사실의 전체에 미치는 것이므로 상습범의 범죄사실에 대한 공판심리 중에 그 범죄사실과 동일한 습벽의 발현에 의한 것으로 인정되는 범죄사실이 추가로 발견된 경우에는 검사는 공소장변경절차에 의하여 그 범죄사실을 공소사실로 추가할 수 있다고 할 것이나, 공소제기 된 범죄사실과 추가로 발견된 범죄사실 사이에 그것들과 동일한 습벽에 의하여 저질러진 또 다른 범죄사실에 대한 유죄의 확정판결이 있는 경우에는 전후 범죄사실의 일죄성은 그에 의하여 분단되어 공소제기된 범죄사실과 판결이 확정된 범죄사실만이 포괄하여 하나의 상습범을 구성하고, 추가로 발견된 확정판결 후의 범죄사실은 그것과 경합범 관계에 있는 별개의 상습범이 되므로, 검사는 공소장변경절차에 의하여 이를 공소사실로 추가할 수는 없고 어디까지나 별개의 독립된 범죄로 공소를 제기하여야 할 것이다(대판 2000.03.10. 99도2744).

정답

🍊 21년·22년 변시

582. 상습범인 선행범죄(A)로 유죄의 확정판결을 받은 사람이 그 후 동일한 습벽에 의해 다시 후행범죄(B)를 저질렀는데 유죄의 확정판결에 대하여 재심이 개시된 경우에, 동일한 습벽에 의한 후행범죄(B)가 선행범죄(A)에 대한 재심판결 선고 전에 저지른 범죄라 하더라도 재심판결의 기판력은 후행범죄(B)에 미치지 않는다.

해설 상습범으로 유죄의 확정판결(이하 앞서 저질러 재심의 대상이 된 범죄를 '선행범죄'라 한다)을 받은 사람이 그 후 동일한 습벽에 의해 범행을 저질렀는데(이하 뒤에 저지른 범죄를 '후행범죄'라 한다) 유죄의 확정판결에 대하여 재심이 개시된 경우, 동일한 습벽에 의한 후행범죄가 재심대상판결에 대한 재심판결 선고 전에 저질러진 범죄라 하더라도 재심판결의 기판력이 후행범죄에 미치지 않는다. 재심심판절차에서 선행범죄, 즉 재심대상판결의 공소사실에 후행범죄를 추가하는 내용으로 공소장을 변경하거나 추가로 공소를 제기한 후 이를 재심대상사건에 병합하여 심리하는 것이 허용되지 않으므로 재심심판절차에서는 후행범죄에 대하여 사실심리를 할 가능성이 없다. 또한 재심심판절차에서 재심개시결정의 확정만으로는 재심대상판결의 효력이 상실되지 않으므로 재심대상판결은 확정판결로서 유효하게 존재하고 있고, 따라서 재심대상판결을 전후하여 범한 선행범죄와 후행범죄의 일죄성은 재심대상판결에 의하여 분단되어 동일성이 없는 별개의 상습범이 된다. 그러므로 선행범죄에 대한 공소제기의 효력은 후행범죄에 미치지 않고 선행범죄에 대한 재심판결의 기판력은 후행범죄에 미치지 않는다(대판 2019.06.20. 2018도20698(전합)).

정답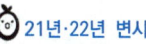

14년 변시

583. 일사부재리의 효력이 미치는 객관적 범위는 공소사실과 단일하고 동일한 관계에 있는 모든 사실에 미치므로, 그 물적 범위는 현실적 심판대상인 사실에 한정되지 아니한다.

해설 일사부재리의 효력이 미치는 객관적 범위는 법원의 현실적 심판의 대상인 당해 공소사실은 물론 그 공소사실과 단일하고 동일한 관계에 있는 사실의 전부에 미친다고 하는 것이 다수설의 태도이다(이재상, 형사소송법 제9판, p.709).

정답 ○

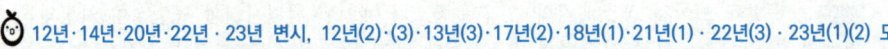 12년·14년·20년·22년·23년 변시, 12년(2)·(3)·13년(3)·17년(2)·18년(1)·21년(1)·22년(3)·23년(1)(2) 모의

584. (1) 상습범의 일부에 대하여 유죄판결이 확정된 경우 기판력이 그 사실심판결 선고 전에 저질러진 나머지 범죄에 미치기 위해서는 그 확정판결에서 당해 피고인이 상습범으로 기소되어 처단되었을 것이 필요하고, 상습범이 아닌 기본 구성요건의 범죄로 처단되는 데 그친 경우에는 기판력이 미치지 아니한다.

(2) 제2범죄사실에 대하여 제1심에서 丙과 丁에게 상습범 아닌 기본 구성요건의 범죄로 유죄판결이 선고되어 확정된 후, 검사가 위 범행 이전에 행한 5회의 범행과 위 확정판결 이후에 행한 3회의 범행에 대하여 丙과 丁을 상습범으로 기소하였고 공판심리 결과 상습성이 인정되는 경우, 법원은 면소판결을 하여야 한다.

(3) 만약 포괄일죄의 관계에 있는 여러 개의 절도사실 중 하나에 대하여 단순절도의 유죄판결이 선고·확정된 후 그 판결 선고 전에 범한 나머지 절도사실에 대하여 새로이 공소가 제기되었다면 법원은 그에 대해 면소판결을 선고하여야 한다.

(4) 丙이 절도죄로 징역 1년의 판결을 선고받아 그 판결이 확정된 이후에 그 선고 전에 저지른 절도범행이 발견되어 상습절도죄로 기소 된 경우 법원은 면소판결을 선고해야 한다.

(5) 판결에 대한 기판력의 효력도 일죄의 전부에 대해 미치므로 일죄의 일부에 해당하는 공소사실에 대하여 판결이 확정되면 공소가 제기되지 않은 나머지 부분에 대하여 다시 공소를 제기할 수 없으며, 만일 공소를 제기하게 되면 이미 확정판결이 있는 때에 해당하여 법원은 공소기각의 판결을 선고하여야 한다.

(6) 甲은 2022. 3. 3. 15:00경 A의 주거에 들어가 다이아몬드 반지를 훔쳐 도망갔다(①범행). 이후 체포된 甲에 대한 수사를 통해 甲은 2022. 2. 5. 12:00경 B의 주거에 침입하여 금목걸이를 훔친 사실(②범행)이 비로소 밝혀졌다. ① 범행, ② 범행을 통하여 甲에게 상습성이 인정되어 상습절도죄의 유죄판결이 확정된 후, 甲이 2021. 10. 20.의 절도범행으로 다시 기소되었고 이 범행도 甲의 절도습벽의 발현으로 인정된다면 법원은 면소판결을 하여야 한다.

(7) 만약 甲의 ① 범행에 대하여 단순절도의 유죄판결이 확정된 후 비로서 ② 범행이 밝혀지고 ① 범행과 ② 범행이 상습범으로 판단된다면, ① 범행에 대한 유죄판결의 기판력은 ② 범행에도 미친다.

(8) 甲은 乙의 도박을 상습으로 방조하였다는 공소사실로 기소되어 2021. 9. 1. 유죄판결이 확정되었으며, 乙도 상습도박의 범죄사실로 기소되어 제1심법원에서 징역 6월을 선고받았다. 한편 2021. 12. 1. 현재 甲은 2020. 8. 20.부터 2020. 8. 25.까지 상습으로 도박을 하였다는 공소사실로 기소되어 제1심법원에서 재판을 받고 있다. 제1심법원은 甲의 상습도박의 공소사실에 대하여 면소판결을 선고하여야 한다.

해설 상습범으로서 포괄적 일죄의 관계에 있는 여러 개의 범죄사실 중 일부에 대하여 유죄판결이 확정된 경우에, 그 확정판결의 사실심판결 선고 전에 저질러진 나머지 범죄에 대하여 새로이 공소가 제기되었다면 그 새로운 공소는 확정판결이 있었던 사건과 동일한 사건에 대하여 다시 제기된 데 해당하므로 이에 대하여는 판결로써 면소의 선고를 하여야 하는 것인바(형사소송법 제326조 제1호), 다만 **이러한 법리가 적용되기 위해서는 전의 확정판결에서 당해 피고인이 상습범으로 기소되어 처단되었을 것을 필요로 하는 것이고**, 상습범 아닌 기본 구성요건의 범죄로 처단되는 데 그친 경우에는, 가사 뒤에 기소된 사건에서 비로소 드러났거나 새로 저질러진 범죄사실과 전의 판결에서 이미 유죄로 확정된 범죄사실 등을 종합하여 비로소 그 모두가 상습범으로서의 포괄적 일죄에 해당하는 것으로 판단된다 하더라도 뒤늦게 앞서의 확정판결을 상습범의 일부에 대한 확정판결이라고 보아 그 기판력이 그 사실심판결 선고 전의 나머지 범죄에 미친다고 보아서는 아니 된다(대판 2004.09.16. 2001도3206(전합)).

정답 O, X, X, X, X, O, X, O

19년(2) 모의

585. 甲은 자신과 이혼한 A의 동의나 승낙을 받지 아니하고 A의 명의로 신용카드를 발급받아 이를 사용하여 2018. 12. 1. L전자대리점에서 500만원 상당의 물품을 구매하고, 같은 날 현금자동지급기에서 현금서비스의 형태로 70만원을 인출하고, 2018. 12.2. 역시 현금서비스의 방식으로 200만원을 자신 명의의 은행계좌로 송금하여 이를 인출하여 사용하였다. 이때 甲은 자신이 경영하던 사업이 부도 직전이라서 카드대금을 지불할 능력이 없었다. 결국 甲은 A 명의의 카드사용대금을 갚지 못하고 연체하였다. 甲은 2019. 2. 1. 친구 B의 신용카드를 절취하여 E마트에서 100만원 상당의 생필품을 구매하였고, 이튿날 B의 신고로 B의 신용카드 절취 및 사용 관련 범죄사실로 기소되어 2019. 5. 1. 절도죄와 사기죄 및 신용카드부정사용의 죄로 유죄가 인정되어 판결이 확정되었다. 2019. 5. 10. A의 신고로 A 명의 신용카드 발급 및 사용에 관한 범죄사실로 甲을 기소한 검사는 B의 신용카드를 사용한 범죄 전력 등을 고려하여 甲에게 사기습벽이 있는 것으로 판단하고 있다.

(1) 법원이 甲에게 상습사기죄를 인정하는 경우 포괄일죄인 상습사기죄의 일부에 관하여 이미 유죄의 확정판결이 있었으므로 그 기판력이 상습사기죄의 공소사실에 미친다.

(2) 법원은 피고인 甲에 대하여 A의 명의를 모용하여 발급받은 신용카드를 이용하여 물품을 구매한 공소사실 부분에 대해서는 면소판결을 선고해야 한다.

해설 [1] [다수의견] 상습성을 갖춘 자가 여러 개의 죄를 반복하여 저지른 경우에는 각 죄를 별죄로 보아 경합범으로 처단할 것이 아니라 그 모두를 포괄하여 상습범이라고 하는 하나의 죄로 처단하는 것이 상습범의 본질 또는 상습범 가중처벌규정의 입법취지에 부합한다. [2] [다수의견] 상습범으로서 포괄적 일죄의 관계에 있는 여러 개의 범죄사실 중 일부에 대하여 유죄판결이 확정된 경우에, 그 확정판결의 사실심판결 선고 전에 저질러진 나머지 범죄에 대하여 새로이 공소가 제기되었다면 그 새로운 공소는 확정판결이 있었던 사건과 동일한 사건에 대하여 다시 제기된 데 해당하므로 이에 대하여는 판결로써 면소의 선고를 하여야 하는 것인바(형사소송법 제326조 제1호), 다만 이러한 법리가 적용되기 위해서는 전의 확정판결에서 당해 피고인이 상습범으로 기소되어 처단되었을 것을 필요로 하는 것이고, 상습범 아닌 기본 구성요건의 범죄로 처단되는 데 그친 경우에는, 가사 뒤에 기소된 사건에서 비로소 드러났거나 새로 저질러진 범죄사실과 전의 판결에서 이미 유죄로 확정된 범죄사실 등을 종합하여 비로소 그 모두가 상습범으로서의 포괄적 일죄에 해당하는 것으로 판단된다 하더라도 뒤늦게 앞서의 확정판결을 상습범의 일부에 대한 확정판결이라고 보아 그 기판력이 그 사실심판결 선고 전의 나머지 범죄에 미친다고 보아서는 아니 된다(대판 2004.09.16. 2001도3206(전합)). ▶ 단순사기죄에 대한 확정판결의 기판력은 그 이전에 저질러진 상습사기에 미치지 않는다. 따라서 상습사기죄의 공소사실에 대해 면소판결을 할 것이 아니라 유무죄의 실체판결을 하여야 한다.

정답

12년(3) 모의

586. 음주상태로 자동차를 운전하다가 제1차 사고를 내고도 그대로 진행하여 약 20분 후 제2차 사고를 내고 음주측정을 받아 도로교통법 위반(음주운전)죄로 약식명령을 받아 확정되었는데 그 후 제1차 사고 당시의 음주운전으로 기소된 경우, 위 공소사실에 대하여는 이미 확정된 약식명령의 기판력이 미치지 않는다.

해설 음주운전으로 인한 도로교통법 위반죄의 보호법익과 처벌방법을 고려할 때, 혈중알콜농도 0.05% 이상의 음주상태로 동일한 차량을 일정기간 계속하여 운전하다가 1회 음주측정을 받았다면 이러한 음주운전행위는 동일 죄명에 해당하는 연속된 행위로서 단일하고 계속된 범의 하에 일정기간 계속하여 행하고 그 피해법익도 동일한 경우이므로 포괄일죄에 해당한다. 음주상태로 자동차를 운전하다가 제1차 사고를 내고 그대로 진행하여 제2차 사고를 낸 후 음주측정을 받아 도로교통법 위반(음주운전)죄로 약식명령을 받아 확정되었는데, 그 후 제1차 사고 당시의 음주운전으로 기소된 사안에서 위 공소사실이 약식명령이 확정된 도로교통법 위반(음주운전)죄와 포괄일죄 관계에 있다(대판 2007.07.26. 2007도4404). 따라서 기판력이 미치므로 형사소송법 제326조 제1호에 해당하여 면소판결을 선고하여야 한다.

정답

12년(3) 모의

587. 병역법은 공익근무요원이 정당한 사유 없이 통산 8일 이상 복무를 이탈한 경우 처벌하고 있는바, 공익근무요원인 피고인이 2009. 1. 13.부터 2009. 1. 15.까지 3일간, 2009. 9. 17.부터 2009. 9. 21.까지 3일간, 2009. 9. 23.부터 2009. 9. 24.까지 2일간 등 정당한 사유 없이 통산 8일 이상 복무를 이탈하여 병역법 위반으로 기소되었는데, 별도로 이와 동종의 범죄사실로 유죄판결을 받아 2009. 5. 16. 위 판결이 확정된 경우, 확정판결 전에 범한 3일간의 복무이탈 부분에 대해서는 면소판결을 해야 하고, 나머지 공소사실 부분인 통산 5일간의 복무이탈 부분에 대해서는 무죄를 선고하여야 한다.

해설 [1] 구 병역법(2009. 6. 9. 법률 제9754호로 개정되기 전의 것) 제89조의2 제1호에서 정한 범죄는 정당한 사유 없이 계속적 혹은 간헐적으로 행해진 통산 8일 이상의 복무이탈행위 전체가 하나의 범죄를 구성하고, 계속적 혹은 간헐적으로 행해진 통산 8일 이상의 복무이탈행위 중간에 동종의 죄에 관한 확정판결이 있는 경우에는 일련의 복무이탈행위는 그 확정판결 전후로 분리된다. [2] 공익근무요원인 피고인이 2009. 1. 13.부터 2009. 1. 15.까지 3일간, 2009. 9. 17.부터 2009. 9. 21.까지 3일간, 2009. 9. 23.부터 2009. 9. 24.까지 2일간 등 정당한 사유 없이 통산 8일 이상 복무를 이탈하여 구 병역법 위반으로 기소되었는데, 별도로 이와 동종의 범죄사실로 유죄판결을 받아 2009. 5. 16. 위 판결이 확정된 경우, 위 공소사실 중 확정판결 전에 범한 3일간의 복무이탈 부분에 대해서는 판결이 확정된 구 병역법 위반죄와 하나의 범죄를 구성한다는 이유로 면소를 선고하고, 나머지 공소사실 부분인 통산 5일간의 복무이탈 부분에 대해서는 범죄로 되지 아니하는 때에 해당하므로 무죄이다(대판 2011.03.10. 2010도9317).

정답 ○

(2) 주관적 범위

20년(1) 모의

588. 甲은 시키는 대로 하지 않으면 자신이 가지고 있는 A의 은밀한 신체 부위가 드러난 사진을 유포하겠다고 A를 협박하여 A는 어쩔 수 없이 스스로 가슴 사진, 성기 사진, 가슴을 만지는 동영상을 촬영하여 甲에게 전송하였다.

甲에 대하여 공소가 제기되었으나 乙이 甲인 것처럼 공판정에 출석하여 재판을 받고 판결이 선고된 경우, 판결의 효력은 甲과 乙 모두에게 미친다.

해설 위장출석이란 검사가 공소장에는 피고인을 정확히 기재하였으나 그 피고인 대신 다른 사람이 공판정에 출석하여 재판을 받는 경우를 말한다. 법원이 위장출석사실을 간과하여 판결이 선고된 경우에는 판결의 효력이 형식적 피고인에게 미치게 되므로 항소 또는 상고에 의해 공소기각판결을 선고하고, 실질적인 피고인에 대하여는 다시 공소를 제기할 필요는 없지만 제1심 절차부터 새로이 진행하여야 한다(이창현, 형사소송법 제3판, p.93). ▶ 판결의 효력은 乙에게만 미치고 甲에게는 미치지 않는다.

(3) 시간적 범위

14년·17년 변시, 법무부(1)·20년(2)·23년(2) 모의

589. 약식명령의 기판력이 미치는 시간적 범위는 약식명령의 송달시가 아닌 발령시를 기준으로 한다.

해설 유죄의 확정판결의 기판력의 시적범위 즉 어느 때까지의 범죄사실에 관하여 기판력이 미치느냐의 기준시점은 사실심리의 가능성이 있는 최후의 시점인 판결선고시를 기준으로 하여 가리게 되고, 판결절차 아닌 약식명령은 그 고지를 검사와 피고인에 대한 재판서 송달로써 하고 따로 선고하지 않으므로 약식명령에 관하여는 그 기판력의 시적범위를 약식명령의 송달시를 기준으로 할 것인가 또는 그 발령시를 기준으로 할 것인지 이론의 여지가 있으나 그 기판력의 시적 범위를 판결절차와 달리 하여야 할 이유가 없으므로 그 발령시를 기준으로 하여야 한다(대판 1984.07.24. 84도1129).

590. 甲은 2021. 1. 20.부터 영업허가를 받지 아니하고 음식점 영업행위를 하였다. 이에 ㉠ 검사는 2021. 6. 21. 甲에 대해 '2021. 1. 20.부터 2021. 5. 31.까지'의 식품위생법위반죄로 공소제기하였다. 그럼에도 甲은 계속해서 무허가 영업을 하였고, 이로 인해 이웃 乙과 다툼이 잦았다. 어느 날 ㉡ 乙은 도박으로 돈을 잃고 밤에 귀가하던 중 甲의 음식점 문을 뜯고 들어가 보관함에 있던 현금을 가지고 나왔다. 다음날 甲이 간밤에 도둑이 들었다면서 乙을 의심하며 큰소리로 다툼을 하자, ㉢ 뛰쳐나온 이웃주민 A, B가 있는 자리에서 乙은 "甲은 징역 살다온 전과자다."라고 수회 소리를 쳤다. 이에 관한 설명 중 옳은 것은? (다툼이 있는 경우 판례에 의함)

1) ㉠의 기소로 제1심 공판절차 진행 중 甲이 2021. 3. 20.부터 2021. 5. 20.까지의 동일한 식품위생법위반죄로 2021. 6. 3. 벌금 100만 원의 약식명령을 발령받아 그 무렵 확정되었음이 밝혀졌다면, 법원은 甲에게 공소기각의 판결을 선고해야 한다.

해설 포괄일죄의 관계에 있는 범행 일부에 대하여 판결이 확정된 경우에는 사실심 판결선고 시를 기준으로 그 이전에 이루어진 범행에 대하여는 확정판결의 기판력이 미쳐 면소의 판결을 선고하여야 하고, 이러한 법리는 영리를 목적으로 무면허 의료행위를 업으로 하는 자의 여러 개의 무면허 의료행위가 포괄일죄의 관계에 있고 그 중 일부에 대하여 판결이 확정된 경우에도 마찬가지로 적용되며, 그 확정판결의 범죄사실이 '보건범죄 단속에 관한 특별조치법' 제5조 제1호 위반죄가 아니라 단순히 의료법 제27조 제1호 위반죄로 공소제기된 경우라고 하여 달리 볼 것이 아니다(대판 2014.01.16. 2013도11649).

정답 ×

2) ㉠의 약식명령이 확정되었음이 밝혀지자 검사는 범행일자를 '2021. 6. 4.부터 2021. 10. 20.까지'로 변경하는 내용의 공소장변경허가신청을 하였다면, 법원은 이를 허가하여야 한다.

해설 포괄일죄인 영업범에서 공소제기의 효력은 공소가 제기된 범죄사실과 동일성이 인정되는 범죄사실의 전체에 미치므로, 공판심리 중에 그 범죄사실과 동일성이 인정되는 범죄사실이 추가로 발견된 경우에 검사는 공소장변경절차에 의하여 그 범죄사실을 공소사실로 추가할 수 있다. 그러나 공소제기된 범죄사실과 추가로 발견된 범죄사실 사이에 그 범죄사실들과 동일성이 인정되는 또 다른 범죄사실에 대한 유죄의 확정판결이 있는 때에는, 추가로 발견된 확정판결 후의 범죄사실은 공소제기된 범죄사실과 분단되어 동일성이 없는 별개의 범죄가 된다. 따라서 이때 검사는 공소장변경절차에 의하여 확정판결 후의 범죄사실을 공소사실로 추가할 수는 없고 별개의 독립된 범죄로 공소를 제기하여야 한다(대판 2017.04.28. 2016도21342).

정답 ×

3) ㉢과 관련하여, 명예훼손죄 판단에 있어서 乙 발언의 전파가능성에 대한 증명은 검사의 자유로운 증명으로 충분하다.

해설 공연성은 명예훼손죄의 구성요건으로서, 특정 소수에 대한 사실적시의 경우 공연성이 부정되는 유력한 사정이 될 수 있으므로, 전파될 가능성에 관하여는 검사의 엄격한 증명이 필요하다(대판 2020.11.19. 2020도5813(전합)).

정답 ×

21년(3)·22년(3) 모의

591. 의사 甲이 운영하는 병원에서 근무하는 간호보조사 乙은 2010년 6월부터 2011년 7월까지 자기 스스로 환자에게 주름살 보정용 보톡스주사를 한 공소사실로 인해 의료법위반으로 2012년 4월 18일 유죄의 확정판결을 받았다. 그러나 乙은 형사절차 중에도 이러한 행위를 멈추지 않아 2012년 3월까지 동일한 의료행위를 한 것이 드러났다. 이에 관한 설명 중 옳지 <u>않은</u> 것은? (다툼이 있는 경우 판례에 의함)

1) 2012년 3월까지 이어진 의료법위반행위를 2013년 10월에 다시 기소한 경우 2012년 4월 18일의 확정판결의 기판력이 이에 미치는 것은 아니다.

> **해설** 무면허 의료행위는 그 범죄구성요건의 성질상 동종 범죄의 반복이 예상되는 것이므로, 영리를 목적으로 무면허 의료행위를 업으로 하는 자가 반복적으로 여러 개의 무면허 의료행위를 단일하고 계속된 범의 아래 일정 기간 계속하여 행하고 그 피해법익도 동일한 경우라면 이들 각 행위를 통틀어 포괄일죄로 처단하여야 할 것이다. 한편 포괄일죄의 관계에 있는 범행 일부에 대하여 판결이 확정된 경우에는 사실심 판결선고 시를 기준으로 그 이전에 이루어진 범행에 대하여는 확정판결의 기판력이 미쳐 면소의 판결을 선고하여야 하고, 이러한 법리는 영리를 목적으로 무면허 의료행위를 업으로 하는 자의 여러 개의 무면허 의료행위가 포괄일죄의 관계에 있고 그 중 일부에 대하여 판결이 확정된 경우에도 마찬가지로 적용되며, 그 확정판결의 범죄사실이 '보건범죄 단속에 관한 특별조치법' 제5조 제1호 위반죄가 아니라 단순히 의료법 제27조 제1호 위반죄로 공소제기된 경우라고 하여 달리 볼 것이 아니다(대판 2014.01.16. 2013도11649).

 ×

2) 검사가 乙의 2012년 3월까지의 무면허의료행위의 공소사실을 포괄적으로 기재하였다고 하여 공소사실불특정의 위법이 있는 것은 아니다.

> **해설** 포괄일죄에 있어서는 그 일죄의 일부를 구성하는 개개의 행위에 대하여 구체적으로 특정되지 아니하더라도 그 전체 범행의 시기와 종기, 범행방법, 범행횟수 또는 피해액의 합계 및 피해자나 상대방을 명시하면 이로써 그 범죄사실은 특정된다(대판 1989.05.23. 89도570).

3) 甲이 의료법상 양벌규정에 의해 기소된 경우, 사법경찰관이 乙을 상대로 작성한 피의자신문조서는 乙의 법정진술에 의해 그 성립의 진정이 인정되고 甲이 乙에 대해 반대신문권을 행사하였더라도, 甲이 그 조서의 내용을 부인하면 이를 甲의 유죄인정의 증거로 사용할 수 없다.

> **해설** 형사소송법 제312조 제3항은 검사 이외의 수사기관이 작성한 해당 피고인에 대한 피의자신문조서를 유죄의 증거로 하는 경우뿐만 아니라 검사 이외의 수사기관이 작성한 해당 피고인과 공범관계에 있는 다른 피고인이나 피의자에 대한 피의자신문조서를 해당 피고인에 대한 유죄의 증거로 채택할 경우에도 적용된다. 따라서 해당 피고인과 공범관계가 있는 다른 피의자에 대하여 검사 이외의 수사기관이 작성한 피의자신문조서는 그 피의자의 법정진술에 의하여 성립의 진정이 인정되는 등 형사소송법 제312조 제4항의 요건을 갖춘 경우라도 해당 피고인이 공판기일에서 그 조서의 내용을 부인한 이상 이를 유죄 인정의 증거로 사용할 수 없고, 그 당연한 결과로 위 피의자신문조서에 대하여는 사망 등 사유로

인하여 법정에서 진술할 수 없는 때에 예외적으로 증거능력을 인정하는 규정인 형사소송법 제314조가 적용되지 아니한다. 그리고 이러한 법리는 공동정범이나 교사범, 방조범 등 공범관계에 있는 자들 사이에서뿐만 아니라, 법인의 대표자나 법인 또는 개인의 대리인, 사용인, 그 밖의 종업원 등 행위자의 위반행위에 대하여 행위자가 아닌 법인 또는 개인이 양벌규정에 따라 기소된 경우, 이러한 법인 또는 개인과 행위자 사이의 관계에서도 마찬가지로 적용된다고 보아야 한다(대판 2020.06.11. 2016도9367).

 정답 ○

14년(3)·20년(3) 모의

592. 포괄일죄의 관계에 있는 범행의 일부에 대하여 약식명령이 확정된 경우에는 그 약식명령의 재판서가 피고인에게 송달된 시점을 기준으로 하여 그 이전에 이루어진 범행에 대하여는 면소의 판결을 선고하여야 한다.

해설 여러 개의 업무상 횡령행위라 하더라도 피해법익이 단일하고, 범죄의 태양이 동일하며, 단일범의의 발현에 기인하는 일련의 행위라고 인정될 때에는, 포괄하여 1개의 범죄라고 봄이 타당하고, 포괄일죄의 관계에 있는 범행의 일부에 대하여 약식명령이 확정된 경우에는 그 약식명령의 발령시를 기준으로 하여 그 이전에 이루어진 범행에 대하여는 면소의 판결을 선고하여야 한다(대판 2013.06.13. 2013도4737).

 정답 ×

Ⅴ 확정력의 배제

제4절 소송비용

23년(1) 모의

593. A의 고소에 의하여 甲에 대한 공소가 제기된 후 甲이 무죄판결을 받은 경우 A에게 고의 또는 중대한 과실이 있는 때에는 A는 소송비용의 전부 또는 일부를 부담할 수 있다.

해설 형사소송법 제188조 참조.

형사소송법188조(고소인등의 소송비용부담) 고소 또는 고발에 의하여 공소를 제기한 사건에 관하여 피고인이 무죄 또는 면소의 판결을 받은 경우에 고소인 또는 고발인에게 고의 또는 중대한 과실이 있는 때에는 그 자에게 소송비용의 전부 또는 일부를 부담하게 할 수 있다.

 정답 ○

MEMO

꼭 봐야 할 형소법 핵심기출 OX

제5편
상소·비상구제절차·특별절차

제1장 상 소
제2장 비상구제절차
제3장 재판의 집행과 형사보상
제4장 특별절차

제1장 상소

제1절 상소 통칙

I 상소의 의의와 종류
II 상소권

1. 상소권자

14년(1)·(3)·16년(3)·19년(1) 모의

1. **(1) 변호인은 피고인의 상소권이 소멸된 후에는 상소를 제기할 수 없다.**
   (2) 피고인이 상소를 포기하였다면 변호인은 피고인을 위하여 상소할 수 없다.

   해설 형사소송법 제341조 제1항에 원심의 변호인은 피고인을 위하여 상소할 수 있다 함은 변호인에게 고유의 상소권을 인정한 것이 아니고 피고인의 상소권을 대리하여 행사하게 한 것에 불과하므로, 변호인은 피고인의 상소권이 소멸된 후에는 상소를 제기할 수 없는 것이고, 상소를 포기한 자는 형사소송법 제354조에 의하여 그 사건에 대하여 다시 상소를 할 수 없다(대판 1998.03.27. 98도253).

   정답 O, O

12년(2) 모의

2. **피고인의 법정대리인과 변호인은 피고인의 이익을 위하여 그의 명시적인 의사에 반하여서도 상소를 제기할 수 있다.**

   해설 형사소송법 제340조는 피고인의 법정대리인은 피고인을 위하여 상소할 수 있다고 규정하는바, 형사소송법 제341조 제2항을 고려할 때 피고인의 명시한 의사에 반하여도 상소할 수 있다고 해석된다. 따라서 지문의 법정대리인 부분은 옳다. 형사소송법 제341조 제1항, 제2항에서 변호인은 피고인을 위하여 상소할 수 있으나, 피고인의 명시한 의사에 반하여 상소를 제기할 수 없다고 규정한다. 따라서 지문의 변호인 부분은 틀렸다.

   형사소송법 제340조(당사자 이외의 상소권자) 피고인의 법정대리인은 피고인을 위하여 상소할 수 있다.
   형사소송법 제341조(동전) ① 피고인의 배우자, 직계친족, 형제자매 또는 원심의 대리인이나 변호인은 피고인을 위하여 상소할 수 있다.
   ② 전항의 상소는 피고인의 명시한 의사에 반하여 하지 못한다.

   정답 X

2. 상소권의 발생·소멸·회복

20년(2) 모의

3. **제1심판결에 대하여 검사의 항소에 의한 항소심판결이 선고된 후 동일한 제1심판결에 대한 피고인의 항소권 회복청구는 적법하지 않다.**

해설 제1심판결에 대하여 피고인 또는 검사가 항소하여 항소법원이 판결을 선고한 후에는 상고법원으로부터 사건이 환송 또는 이송되는 경우 등을 제외하고는 항소법원이 다시 항소심 소송절차를 진행하여 판결을 선고할 수 없다. 따라서 항소심판결이 선고되면 제1심판결에 대한 항소권이 소멸되어 제1심판결에 대한 항소권 회복청구와 항소는 적법하다고 볼 수 없다. 이는 제1심 재판 또는 항소심 재판이 소송촉진 등에 관한 특례법이나 형사소송법 등에 따라 피고인이 출석하지 않은 가운데 불출석 재판으로 진행된 경우에도 마찬가지이다. 따라서 제1심판결에 대하여 검사의 항소에 의한 항소심판결이 선고된 후 피고인이 동일한 제1심판결에 대하여 항소권 회복청구를 하는 경우 이는 적법하다고 볼 수 없어 형사소송법 제347조 제1항에 따라 결정으로 이를 기각하여야 한다(대결 2017.03.30. 2016모2874).

정답

20년(2) 모의

4. **상소권회복의 청구가 있으면 법원은 청구의 허부에 관한 결정을 할 때까지 재판의 집행을 정지하는 결정을 할 수 있다.**

해설 형사소송법 제348조 제1항 참조.

> 형사소송법 제348조(상소권회복청구와 집행정지) ① 상소권회복의 청구가 있는 때에는 법원은 전조의 결정을 할 때까지 재판의 집행을 정지하는 결정을 할 수 있다.

정답

16년(3)·20년(2) 모의

5. **(1) 본인 또는 대리인의 귀책사유와 상소제기기간의 도과라는 결과 사이에 다른 독립한 원인이 개입된 경우는 「형사소송법」 제345조의 '자기 또는 대리인이 책임질 수 없는 사유'에 포함되지 않는다.**
(2) 피고인이 소송이 계속 중인 사실을 알면서도 법원에 거주지 변경 신고를 하지 않았다 하더라도, 잘못된 공시송달에 터 잡아 피고인의 진술 없이 공판이 진행되고 피고인이 출석하지 않은 기일에 판결이 선고된 이상, 피고인은 자기 또는 대리인이 책임질 수 없는 사유로 상소제기기간 내에 상소를 하지 못한 것으로 봄이 타당하다.

해설 피고인이 소송이 계속된 사실을 알면서 법원에 거주지 변경 신고를 하지 않은 잘못을 저질렀다고 하더라도, 상소제기기간이란 상소의 대상이 되는 판결의 선고일자를 기준으로 정해지는 것인데, 공판의 진행과 판결의 선고에 절차상 위법이 없었다면 그 판결이 그 날짜에 선고될 수는 없는 이

치로서, 그러한 법원의 직무상 위법과 피고인이 상소제기기간을 지키지 못한 것 사이에 관련이 없다고 보기 어렵고, 공판과 판결의 절차에 명백한 위법이 있음에도 거주지 변경 신고의무의 해태라는 본인의 잘못을 이유로 불복의 기회를 박탈한다면, 이는 비단 피고인의 권익 보호 차원에서 부당할 뿐만 아니라 소송절차상 위법의 통제라는 형사 상소제도의 목적에도 반하며, 형사소송법 제345조의 '자기 또는 대리인이 책임질 수 없는 사유'라 함은 본인 또는 대리인에게 귀책사유가 전혀 없는 경우는 물론, 본인 또는 대리인의 귀책사유가 있더라도 그와 상소제기기간의 도과라는 결과 사이에 다른 독립한 원인이 개입된 경우를 배제한다고 보기 어려우므로, 위법한 공시송달에 터 잡아 피고인의 진술 없이 공판이 진행되고, 피고인이 출석하지 않은 기일에 판결이 선고된 이상, 피고인은 자기 또는 대리인이 책임질 수 없는 사유로 인하여 상소제기기간 내에 상소를 하지 못한 것으로 봄이 상당하다(대결 2006.02.08. 2005모507).

 정답 ×, ○

19년(1)·20년(2)·21년(3) 모의

6. **상소권회복의 청구는 그 사유가 해소된 날로부터 상소기간에 해당하는 기간 내에 서면으로 그 사유와 함께 원심법원에 해야 하고, 상소는 상소권회복의 청구와 동시에 제기해야 한다.**

해설 상소권회복의 청구는 그 사유가 해소된 날부터 상소의 제기기간에 해당하는 기간 내에 서면으로 원심법원에 제출하여야 하고, 그 청구와 동시에 상소를 제기하여야 한다(형사소송법 제346조 제1항, 제3항).

형사소송법 제346조(상소권회복 청구의 방식) ① 상소권회복을 청구할 때에는 제345조의 사유가 해소된 날부터 상소 제기기간에 해당하는 기간 내에 서면으로 원심법원에 제출하여야 한다.
② 상소권회복을 청구할 때에는 제345조의 책임질 수 없는 사유를 소명하여야 한다.
③ 상소권회복을 청구한 자는 그 청구와 동시에 상소를 제기하여야 한다.
[전문개정 2020. 12. 8.] [시행일 : 2021. 12. 9.]

 정답 ○

17년(2) 모의

7. **피고인을 대리하여 법원결정 정본을 수령한 교도소장이 1주일이 지난 뒤에 그 사실을 피고인에게 알림으로써 피고인이 소정기간 내에 항고장을 제출할 수 없었던 경우는 피고인이 상소권을 회복할 수 있는 사유이다.**

해설 상소권회복신청의 요건을 규정한 형사소송법 제345조의 "대리인"이란 피고인을 대신하여 상소에 필요한 행위를 할 수 있는 지위에 있는 자를 말하는 것이고 교도소장은 피고인을 대리하여 결정정본을 수령할 수 있을 뿐이고 상소권 행사를 돕거나 대신할 수 있는 자가 아니어서 이에 포함되지 아니하므로, 만일 교도소장이 결정정본을 송달받고 1주일이 지난 뒤에 그 사실을 피고인에게 알렸기 때문에 피고인이나 그 배우자가 소정 기간 내에 항고장을 제출할 수 없게된 것이라면 상소권회복신청은 인용할 여지가 있을 것이다(대판 1991.05.06. 91모32).

 정답 ○

17년(2) 모의

8. **피고인이 주소변경사실을 법원에 신고하지 아니하여 항소심에서 궐석재판이 행하여지고 피고인이 판결 선고 사실을 알지 못하여 상고제기기간이 도과되어 상고를 하지 못한 경우는 피고인이 상소권을 회복할 수 있는 사유이다.**

해설 위 인정 사실에 의하면, 원고는 이 사건 소제기 후 1개월도 되지 아니하여 자신의 주거를 옮겼으므로 주소변경 사실을 법원에 신고하여야 했는데, 그 주소를 변경신고하지 아니하여 제1심법원에서 최초변론기일 소환장을 소장 기재 원고의 주소지로 발송하였으나 주소불명 등의 사유로 송달불능되자 원고에게 발송송달하였음에도 원고 스스로 위 사실을 알아내어 변론기일에 혼자 출석하여 재판을 받았으며, 또한 제1심법원이 그 판결정본을 원고의 주소지로 발송하였으나 수취인부재로 송달불능되자 원고에 대하여 공시송달하였음에도 그 후 원고는 위 판결정본을 직접 수령하였고, 이에 기하여 집행문을 부여 받아 강제집행까지 신청하였는바(더구나 기록에 의하면, 2003. 4. 21. 항소심에서 강제집행정지결정이 있었던 사실도 인정된다), 그렇다면 원고는 주소변경 사실을 법원에 신고하였어야 함은 물론 법원에 문의·확인하는 등의 방법으로 피고의 항소 여부 등 이 사건 소송의 진행 상황과 그 결과를 충분히 알아볼 수 있었고 그러한 소송의 진행 상황을 조사할 의무도 있다고 할 것이므로 비록 이 사건 항소장 부본 및 원심판결정본이 공시송달의 방법으로 송달되어 원고가 실제로 원심판결 선고 사실을 몰라서 불변기간인 상고기간을 준수할 수 없었다고 하더라도, 달리 특별한 사정이 없는 한 원고가 책임을 질 수 없는 사유로 인하여 그 기간을 준수할 수 없었던 경우라고는 할 수 없으므로 결국 이 사건 상고는 불변기간인 상고기간이 지난 후에 제기된 것으로서 소송행위 추후보완의 요건을 갖추지 못하여 부적법하고, 그 흠결을 보정할 수 있는 것도 아니다(대판 2004.03.12. 2004다2083).

17년(2) 모의

9. **피고인이 판결 선고 당시 법정이 소란하여 선고한 판결의 내용을 잘못 알아들었기 때문에 상소하지 못한 경우는 피고인이 상소권을 회복할 수 있는 사유이다.**

해설 징역 1년의 실형을 선고받았으나 법정구속을 하지 않으므로 형의 집행유예를 선고받은 것으로 잘못 전해 듣고 또한 선고당시 법정이 소란하여 판결주문을 알아들을 수 없어서 항소제기 기간내 항소를 하지 못한 것이라면 그 사유만으로는 형사소송법 제345조의 자기 또는 대리인이 책임질 수 없는 사유로 상소제기 기간내 상소를 하지 못한 경우에 해당된다고 볼 수 없다(대판 1987.04.08. 87모19).

17년(2) 모의

10. **피고인이 단순히 질병으로 입원하거나 기거불능으로 상소제기기간 내에 상소하지 못한 경우는 피고인이 상소권을 회복할 수 있는 사유이다.**

해설 형사소송법 제345조에서 말하는 대리인중에는 본인의 보조인으로서 본인의 부탁을 받아 상소에 관한 서면을 작성하여 이를 제출하는등 본인의 상소에 필요한 사실행위를 대행하는 사람을 포함하며, 책임질 수 없는 사유란 상소를 하지 못한 사유가 상소권자 본인 또는 대리인의 고의 또는 과실에 기하지 아니함을 말한다 할 것이므로 상소권자 또는 대리인이 단순히 질병으로 입원하였다거나 기거불능하였었기 때문에 상소를 하지 못하였다는 것은 상소권회복의 사유에 해당하지 아니한다(대판 1986.09.17. 86모46).

정답

14년(1)·22년(2) 모의

11. 상소권을 포기한 후 상소제기기간이 도과한 다음에 상소포기의 효력을 다투는 한편, 자기 또는 대리인이 책임질 수 없는 사유로 인하여 상소제기기간 내에 상소를 하지 못하였다고 주장하는 사람은 상소권회복청구가 인용된 다음에야 상소를 제기할 수 있다.

해설 상소권회복은 자기 또는 대리인이 책임질 수 없는 사유로 인하여 상소제기기간 내에 상소를 하지 못한 사람이 이를 청구하는 것이므로, ㉠ 상소권을 포기한 후 상소제기기간이 도과하기 전에 상소포기의 효력을 다투면서 상소를 제기한 자는 원심 또는 상소심에서 그 상소의 적법 여부에 대한 판단을 받으면 되고, 별도로 상소권회복청구를 할 여지는 없다고 할 것이나, ㉡ 상소권을 포기한 후 상소제기기간이 도과한 다음에 상소포기의 효력을 다투는 한편, 자기 또는 대리인이 책임질 수 없는 사유로 인하여 상소제기기간 내에 상소를 하지 못하였다고 주장하는 사람은 상소를 제기함과 동시에 상소권회복청구를 할 수 있다(대결 2004.01.13. 2003모451).

형사소송법 제346조(상소권회복 청구의 방식) ③ 상소권회복을 청구한 자는 그 청구와 동시에 상소를 제기하여야 한다. [전문개정 2020. 12. 8.]

정답

Ⅲ 상소의 이익

1. 상소의 이익의 의의
2. 검사의 상소의 이익
3. 상소의 이익의 판단기준

19년(3)·21년(1) 모의

12. (1) 검사는 공익의 대표자로서 법령의 정당한 적용을 청구할 임무를 가지므로 피고인에게 불이익한 재판에 대하여도 그것이 위법일 때에는 재판의 주문이나 이유만을 다투기 위하여 상소로써 불복할 수 있다.

(2) 판결이유가 피고인의 이익에 대한 기대불가능한 침해를 가져오고 그로 인하여 사회통념상 불이익을 받게 될 우려가 있는 경우, 피고인은 무죄판결에 대하여서도 재판의 이유만을 다투기 위하여 상소할 수 있다.

해설 검사는 공익의 대표자로서 법령의 정당한 적용을 청구할 임무를 가지므로 반대당사자에게 불이익한 재판에 대하여도 그것이 위법일 때에는 위법을 시정하기 위하여 상소로써 불복할 수 있지만 불복은 재판의 주문에 관한 것이어야 하고 재판의 이유만을 다투기 위하여 상소하는 것은 허용되지 않는다(대판 2004.03.26. 2003도8249).

정답

4. 상소의 이익의 구체적 내용

21년(1) 모의

13. 형의 면제판결은 유죄판결의 일종이므로 피고인에게 불이익한 재판에 해당하고 이에 대하여 피고인이 무죄를 주장하여 상소할 수 있다.

> **해설** 형선고의 유죄판결이 피고인에게 가장 불이익한 재판이므로 무죄를 주장하거나 보다 경한 형의 선고를 주장하여 상소하는 경우에는 상소이익이 당연히 인정된다. 형면제 또는 형의 선고유예 판결(법 제322조)도 유죄판결의 일종이므로 무죄를 주장하는 상소는 상소이익이 인정된다. 유죄판결에 대해 피고인이 소송조건의 결여를 이유로 형식재판을 주장하는 상소도 가능하다(이창현, 형사소송법 제3판, p.1150).

정답 ○

21년(1) 모의

14. 심신상실을 이유로 한 무죄판결에 대하여 피고인이 사건의 실체에 관한 이유로 무죄판결을 구하는 상소도 가능하다.

> **해설** 불복은 재판의 주문에 관한 것이어야 하고 재판의 이유만을 다투기 위하여 상소하는 것은 허용되지 않는다(대결 1993.03.04. 92모21).

정답 ×

24년 변시

15. 항소심에서 변호인이 피고인을 신문하겠다는 의사를 표시하였음에도 변호인에게 일체의 피고인신문을 허용하지 않은 재판장의 조치는 소송절차의 법령위반으로서 상고이유에 해당한다.

> **해설** 형사소송법 제370조, 제296조의2 제1항 본문은 "검사 또는 변호인은 증거조사 종료 후에 순차로 피고인에게 공소사실 및 정상에 관하여 필요한 사항을 신문할 수 있다."라고 규정하고 있으므로, 변호인의 피고인신문권은 변호인의 소송법상 권리이다. 한편 재판장은 검사 또는 변호인이 항소심에서 피고인신문을 실시하는 경우 제1심의 피고인신문과 중복되거나 항소이유의 당부를 판단하는 데 필요 없다고 인정하는 때에는 그 신문의 전부 또는 일부를 제한할 수 있으나(형사소송규칙 제156조의6 제2항) 변호인의 본질적 권리를 해할 수는 없다(형사소송법 제370조, 제299조 참조). 따라서 재판장은 변호인이 피고인을 신문하겠다는 의사를 표시한 때에는 피고인을 신문할 수 있도록 조치하여야 하고, 변호인이 피고인을 신문하겠다는 의사를 표시하였음에도 변호인에게 일체의 피고인신문을 허용하지 않은 것은 변호인의 피고인신문권에 관한 본질적 권리를 해하는 것으로서 소송절차의 법령위반에 해당한다(대판 2020.12.24. 2020도10778).

정답 ○

19년(3) 모의

16. 피고인이 누범에 해당하는 전과가 있음에도 불구하고 누범가중을 하지 아니한 것은 위법하다고 주장하여 상소하는 경우, 구체적인 사안에 따라 피고인에게 상소이익이 인정될 수도 있다.

해설 원심이 피고인에게 누범에 해당하는 전과가 있음에도 불구하고 형법 제35조 제2항에 의한 누범가중을 하지 아니한 것은 위법하다고 할 것이나, 피고인으로서 위와 같은 위법을 주장하는 것은 자기에게 불이익을 주장하는 것이 되므로 이는 적법한 상고이유가 될 수 없다(대판 1994.08.12. 94도1591).

정답

17년(2) 모의

17. 하급심법원의 재판이 피고인에게 불이익하지 않으면 이에 대하여 피고인은 상소권을 가질 수 없다.

해설 피고인을 위한 상소는 하급심법원의 재판에 대한 불복으로서 피고인에게 불이익한 재판을 시정하여 이익된 재판을 청구함을 그 본질로 하는 것이므로 하급심법원의 재판이 피고인에게 불이익하지 아니하면 이에 대하여 피고인은 상소권을 가질 수 없으니 피고인이 제1심판결에 대하여 항소권을 포기하였고 검사가 양형이 과경하다는 이유로 항소하였으나 제2심판결이 이를 기각하였다면 피고인은 이 판결에 대하여는 상고권이 없다 할 것이다(대판 1987.08.31. 87도1702).

정답

15년 변시, 19년(3)·21년(1)·(3) · 22년(3) · 23년(3) 모의

18. 면소판결에 대하여 무죄판결이 선고되어야 한다고 주장하면서 상고할 수 없는 것이 원칙이므로, 형벌에 관한 법령이 재심판결 당시 폐지되었다면 설사 그 폐지가 당초부터 헌법에 위배되어 효력이 없는 법령에 대한 것이었더라도 무죄판결을 구하는 취지로 면소판결에 대하여 상고하는 것은 허용되지 않는다.

해설 형벌에 관한 법령이 재심판결 당시 폐지되었다 하더라도 그 '폐지'가 당초부터 헌법에 위배되어 효력이 없는 법령에 대한 것이었다면 형사소송법 제325조 전단이 규정하는 '범죄로 되지 아니한 때'의 무죄사유에 해당하는 것이지, 같은 법 제326조 제4호의 면소사유에 해당한다고 할 수 없다. 따라서 면소판결에 대하여 무죄판결인 실체판결이 선고되어야 한다고 주장하면서 상고할 수 없는 것이 원칙이지만, 위와 같은 경우에는 이와 달리 면소를 할 수 없고 피고인에게 무죄의 선고를 하여야 하므로 면소를 선고한 판결에 대하여 상고가 가능하다(대판 2010.12.16. 2010도5986(전합)).

정답

14년(3)·19년(1)·(3)·21년(1)·22년(2)·23년(1) 모의

19. **(1) 피고인은 무죄판결에 대하여 상소권이 없으나, 공소기각의 재판에 대하여는 상소권이 있다.**

(2) 공소기각의 재판이 있으면 그 재판은 피고인에게 불이익한 재판이라고 할 수 없어서 원칙적으로 피고인은 상소권이 없으나, 공소기각의 재판보다 무죄판결이 객관적으로 피고인에게 유리함이 명백히 인정되는 경우 피고인은 예외적으로 상소할 수 있다.

해설 무죄판결과 공소기각판결 모두 피고인에게 불이익한 재판이라고 할 수 없으므로 피고인은 상소권이 없다.

판례 피고인의 상소는 불이익한 원재판을 시정하여 이익된 재판을 청구함을 그 본질로 하는 것이어서 재판이 자기에게 불이익하지 아니하면 이에 대한 상소권을 가질 수 없다고 할 것이므로 피고인에게 가장 유리한 판결인 무죄판결에 대한 피고인의 상고는 부적법하다(대판 1994.07.29. 93도1091).

판례 피고인을 위한 상소는 피고인에게 불이익한 재판을 시정하여 이익된 재판을 청구함을 그 본질로 하는 것이므로 피고인은 재판이 자기에게 불이익하지 아니하면 이에 대한 상소권이 없다. 공소기각의 재판이 있으면 피고인은 유죄판결의 위험으로부터 벗어나는 것이므로 그 재판은 피고인에게 불이익한 재판이라고 할 수 없어서 이에 대하여 피고인은 상소권이 없다(대판 2008.05.15. 2007도6793).

정답 ×, ×

Ⅳ 상소의 제기와 포기·취하

1. 상소의 제기

23년(1) 모의

20. **상소의 제기로 피고사건에 대한 소송계속이 원심법원에서 상소법원으로 넘어가는 이심의 효력이 발생하는 시기는 상소를 제기한 때이다.**

해설 … 형사사건에 있어 항소법원의 소송계속은 제1심판결에 대한 항소에 의하여사건이 이심된 때로부터 그 법원의 판결에 내하여 상고가 제기되거나 그 판결이 확정되는 때까지 유지된다 할 것이니, 항소법원은 항소피고사건의 심리중 또는 판결선고후 상고제기 또는 판결확정에 이르기까지 수소법원으로서 형사소송법 제70조 제1항 각호의 사유있는 불구속피고인을 구속할 수 있다 할 것이고 이것은 이미 구속되어 있던 피고인에 대하여 상소기간중 또는 상소중의사건에 관한 소송기록이 있는 원심법원이 상소법원의 권한을 대행하여 구속기간의 갱신 등을 하도록 한 형사소송법 제105조, 형사소송규칙 제57조의 각 규정과 아무런 관계가 없으며, 또 수소법원아닌 검사가 형의 확정후 형을 집행하기 위하여 발부하는 집행영장과도 전혀 다른 것이다(대결 1985.07.23. 85모12).

정답 ○

21. 甲은 변호사 乙을 찾아가 아래와 같이 법률상담을 하였다. 乙의 답변 중 옳은 것(O)과 옳지 않은 것(×)을 판단하시오.

甲: 변호사님, 저는 2018. 8. 8. 수요일 ○○지방법원에서 특정경제범죄가중처벌등에관한법률위반(사기)죄로 징역 3년, 집행유예 5년을 선고받았습니다. 너무 억울해서 항소하여 무죄를 받고 싶습니다. 언제까지 항소장을 제출해야 하는가요?

乙: (ㄱ) 선고일로부터 7일 이내에 제출하면 되는데, 8월 15일은 공휴일이므로 공휴일이 아닌 8월 16일까지 원심법원에 제출하면 됩니다.

甲: 항소이유서는 언제까지 제출해야 하나요?

乙: (ㄴ) 소송기록이 항소심인 ○○고등법원에 송부된 날로부터 20일 이내에 항소법원에 제출해야 합니다.

甲: 항소이유서를 제때 제출하지 않으면 어떻게 되나요?

乙: (ㄷ) 원칙적으로 항소심 법원은 항소를 기각하지만, 직권조사사유가 있거나 항소장에 항소이유의 기재가 있는 때에는 예외입니다.

해설 (ㄱ) 상소의 제기기간은 재판을 선고 또는 고지한 날로부터 진행하므로(형사소송법 제343조) 甲이 형을 선고받은 2018. 8. 8.의 익일부터 계산하여(동법 제66조 제1항) 항소의 제기기간인 7일(동법 제358조)째인 8. 15.까지 항소장을 제출하면 된다. 그러나 8. 15.는 공휴일이므로 기간에 산입하지 않아(동법 제66조 제3항) 익일인 8. 16. 까지 원심법원에(동법 제359조) 제출하면 된다.

형사소송법 제343조(상소 제기기간) ① 상소의 제기는 그 기간 내에 서면으로 한다.
② 상소의 제기기간은 재판을 선고 또는 고지한 날로부터 진행된다.
형사소송법 제358조(항소제기기간) 항소의 제기기간은 7일로 한다.
형사소송법 제359조(항소제기의 방식) 항소를 함에는 항소장을 원심법원에 제출하여야 한다.
형사소송법 제66조(기간의 계산) ① 기간의 계산에 관하여는 시(時)로 계산하는 것은 즉시(卽時)부터 기산하고 일(日), 월(月) 또는 연(年)으로 계산하는 것은 초일을 산입하지 아니한다. 다만, 시효(時效)와 구속기간의 초일은 시간을 계산하지 아니하고 1일로 산정한다.
② 연 또는 월로 정한 기간은 연 또는 월 단위로 계산한다.
③ 기간의 말일이 공휴일이거나 토요일이면 그날은 기간에 산입하지 아니한다. 다만, 시효와 구속기간에 관하여는 예외로 한다.
[전문개정 2020. 12. 8.]

(ㄴ) 형사소송법 제361조의2 제1항, 제361조의3 제1항 참조.

형사소송법 제361조의2(소송기록접수와 통지) ① 항소법원이 기록의 송부를 받은 때에는 즉시 항소인과 상대방에게 그 사유를 통지하여야 한다.
형사소송법 제361조의3(항소이유서와 답변서) ① 항소인 또는 변호인은 전조의 통지를 받은 날로부터 20일 이내에 항소이유서를 항소법원에 제출하여야 한다. 이 경우 제344조를 준용한다.

(ㄷ) 형사소송법 제361조의4 제1항 참조.

> 형사소송법 제361조의4(항소기각의 결정) ① 항소인이나 변호인이 전조 제1항의 기간 내에 항소이유서를 제출하지 아니한 때에는 결정으로 항소를 기각하여야 한다. 단, 직권조사사유가 있거나 항소장에 항소이유의 기재가 있는 때에는 예외로 한다.
> ② 전항의 결정에 대하여는 즉시항고를 할 수 있다.

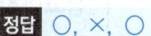 ○, ×, ○

15년(1) 모의

22. 상소기간은 공판정에서 판결이 선고된 날로부터 기산되나, 피고인이 불출석한 상태에서 재판을 하는 경우라면 상소의 제기기간은 판결등본이 당사자에게 송달된 날로 보아야 한다.

해설 형사소송법 제343조 제2항에서는, "상소의 제기기간은 재판을 선고 또는 고지한 날로부터 진행한다."고 규정하고 있으므로, 형사소송에 있어서는 판결등본이 당사자에게 송달되는 여부에 관계없이 공판정에서 판결이 선고된 날로부터 상소기간이 기산되며, 이는 피고인이 불출석한 상태에서 재판을 하는 경우에도 마찬가지라고 할 것이고, 형사소송법 제374조는 상고기간은 7일로 한다고 규정하고 있는 바, 재항고인은 이 사건 본안판결 선고일인 2001. 9. 14.로부터 상고기간 7일을 도과한 2001. 9. 28.에야 상고장을 제출하였음이 기록상 분명하므로, 재항고인의 위 상고를 상고권소멸 후의 상고로 보아 상고를 기각한 위 지방법원의 합의부의 결정은 정당하다(대결 2002.09.27. 2002모6).

 ×

15년(1) 모의

23. 피고인이 난청으로 인하여 재판장의 선고내용 및 상소기간, 상소법원을 잘 듣지 못하여 판결이 송달되면 항소하려 했으나, 재판서가 송달되지 않아 항소를 못해 재판이 확정되었다면 이는 국민의 재판청구권 및 알권리를 침해하는 것으로 볼 수 있다.

해설 재판의 선고는 공판기일에 출석한 피고인에게 주문을 낭독하고 이유의 요지를 설명하여야 하는 것이 원칙으로 되어 있으며, 형사소송법 제324조는 형을 선고하는 경우에는 재판장은 피고인에게 상소할 기간과 상소할 법원을 고지하여야 한다고 규정하고 있으므로, 법원이 형을 선고받은 피고인에게 재판서를 송달하지 않는다고 하여 국민의 알 권리를 침해한다고 할 수 없고, 형사소송법 제343조 제2항이 상소기간을 재판서 송달일이 아닌 재판선고일로부터 계산하는 것이 과잉으로 국민의 재판청구권을 제한한다고 할 수 없다(헌재 1995.03.23. 92헌바1).

 ×

2. 상소의 포기·취하

21년(2) 모의

24. 보호감호를 선고받은 피고인이 보호감호가 선고된 것으로 알고 상고를 제기하였다가 보호감호청구가 기각되었다는 취지의 교도관의 말과 공판에 출정한 교도관이 작성한 판결선고결과보고서의 기재를 믿은 나머지 착오에 빠져 판결등본송달을 기다리지 않고 상고취하를 함으로써 보호감호처분이 확정된 경우, 상고취하를 무효로 볼 수 없다.

해설 보호감호를 선고받은 피고인이 보호감호가 선고된 것으로 알고 일단 상고를 제기하였다가 보호감호청구가 기각되었다는 취지의 교도관의 말과 공판출정 교도관이 작성한 판결선고결과보고서의 기재를 믿은 나머지 착오에 빠져 판결등본송달(형사소송규칙 제148조)을 기다리지 않고 상고취하를 함으로써 위 보호감호처분이 확정된 경우 위 상고취하에 피고인의 과실이 없었다고 단정할 수 없어 이를 무효로 볼 수 없다는 이유로 피고인의 상소절차속행신청을 기각한 사례(대결 1992.03.13. 92모1).

정답 O

21년(2)·23년(2)(3) 모의

25. 미성년자인 피고인이 항소취하서를 제출하였고 법정대리인인 어머니도 항소취하에 동의하는 취지의 서면을 제출하였으나 법정대리인인 아버지의 동의가 없었던 경우, 피고인의 항소취하는 효력이 없다.

해설 형사소송법 제350조 참조.

> **형사소송법 제350조(상소의 포기등과 법정대리인의 동의)** 법정대리인이 있는 피고인이 상소의 포기 또는 취하를 함에는 법정대리인의 동의를 얻어야 한다. 단, 법정대리인의 사망 기타 사유로 인하여 그 동의를 얻을 수 없는 때에는 예외로 한다.

미성년자인 피고인이 제1심판결에 불복하여 항소하였다가 항소취하서를 제출하며 항소이유서를 제출하지 아니하였고, 피고인의 법정대리인 중 어머니가 항소취하에 동의하는 취지의 서면을 제출하였으나 아버지는 항소취하 동의서를 제출하지 아니하였는데, 원심이 국선변호인을 선정하여 소송기록접수통지를 하였음에도 국선변호인이 항소이유서 제출기간 만료일까지 항소이유서를 제출하지 아니하자 피고인의 어머니가 사선변호인을 선임한 사안에서, 피고인이 항소취하서를 제출하였으나 법정대리인인 피고인 아버지의 동의가 없었으므로 항소취하 효력이 없고, 따라서 국선변호인은 항소이유서 제출기간 내에 항소이유서를 제출하여야 함에도 법정기간 내에 항소이유서를 제출하지 아니하였으므로, 미성년자로서 필요적으로 변호인의 조력을 받아야 하는 피고인이 위와 같이 법정대리인의 동의 없이 항소취하서를 제출하였다는 사정만으로 국선변호인이 항소이유서 제출기간 내에 항소이유서를 제출하지 않은 것에 대하여 피고인에게 귀책사유가 있다고 볼 수 없는데도, 이와 달리 보아 국선변호인의 선정을 취소하고 사선변호인에게 다시 소송기록접수통지를 하여 사선변호인으로 하여금 그 통지를 받은 때로부터 형사소송법 제361조의3 제1항의 기간 내에 피고인을 위하여 항소이유서를 제출할 수 있도록 기회를 주지 아니한 채 곧바로 피고인의 항소를 기각한 원심판결에 국선변호인의 조력을 받을 권리에 관한 헌법 및 형사소송법의 법리를 오해한 잘못이 있다(대판 2019.07.10. 2019도4221).

정답 O

21년(2) 모의

26. 사형이나 무기징역이 선고된 판결에 대하여 피고인 또는 상소권의 대리행사자는 상소의 포기를 할 수 없다.

> **해설** 형사소송법 제349조 참조.
>
> 형사소송법 제349조(상소의 포기, 취하) 검사나 피고인 또는 제339조에 규정한 자는 상소의 포기 또는 취하를 할 수 있다. 단, 피고인 또는 제341조에 규정한 자는 사형 또는 무기징역이나 무기금고가 선고된 판결에 대하여는 상소의 포기를 할 수 없다.

정답

17년(2)·21년(2) 모의

27. 변호인이 상소취하를 할 때 원칙적으로 피고인은 이에 동의하는 취지의 서면을 제출하여야 하나 공판정에서 구술로써 동의를 할 수 있고, 변호인의 항소취하 진술에 대하여 피고인이 아무런 의견도 진술하지 아니하더라도 변호인의 항소취하는 유효하다.

> **해설** 변호인은 피고인의 동의를 얻어 상소를 취하할 수 있으므로(형사소송법 제351조, 제341조), 변호인의 상소취하에 피고인의 동의가 없다면 그 상소취하의 효력은 발생하지 아니한다. 한편 변호인이 상소취하를 할 때 원칙적으로 피고인은 이에 동의하는 취지의 서면을 제출하여야 하나(형사소송규칙 제153조 제2항), 피고인은 공판정에서 구술로써 상소취하를 할 수 있으므로(형사소송법 제352조 제1항 단서), 변호인의 상소취하에 대한 피고인의 동의도 공판정에서 구술로써 할 수 있다. 다만 상소를 취하하거나 상소의 취하에 동의한 자는 다시 상소를 하지 못하는 제한을 받게 되므로(형사소송법 제354조), 상소취하에 대한 피고인의 구술 동의는 명시적으로 이루어져야만 한다(대판 2015.09.10. 2015도7821).

정답

15년(1)·16년(3)·21년(2) 모의

28. 상소제기 후 상소의 포기 및 취하는 상소법원에 하지만, 소송기록이 상소법원에 송부되지 아니한 경우에는 상소의 취하를 원심법원에 제출할 수 있다.

> **해설** 상소포기란 상소권자가 상소기간 내에 법원에 대하여 상소권의 행사를 포기한다는 의사표시를 하는 것을 말하고, 상소취하란 일단 제기한 상소를 철회하는 것을 말한다.
>
> 형사소송법 제353조(상소포기 등의 관할) 상소의 포기는 원심법원에, 상소의 취하는 상소법원에 하여야 한다. 단, 소송기록이 상소법원에 송부되지 아니한 때에는 상소의 취하를 원심법원에 제출할 수 있다.

정답

23년(1) 모의

29. 착오에 의한 소송행위가 무효로 되기 위하여서는 통상인의 판단을 기준으로 하여 만일 착오가 없었다면 그러한 소송행위를 하지 않았으리라고 인정되는 중요한 점(동기를 포함)에 관하여 착오가 있고, 착오가 행위자 또는 대리인이 책임질 수 없는 사유로 인하여 발생하였으며, 그 행위를 유효로 하는 것이 현저히 정의에 반한다고 인정되어야 한다.

해설 절차형성적 소송행위가 착오로 인하여 행하여진 경우, 절차의 형식적 확실성을 강조하면서도 피고인의 이익과 정의의 희생이 커서는 안된다는 측면에서 그 소송행위의 효력을 고려할 필요가 있으므로 착오에 의한 소송행위가 무효로 되기 위하여서는 첫째 통상인의 판단을 기준으로 하여 만일 착오가 없었다면 그러한 소송행위를 하지 않았으리라고 인정되는 중요한 점(동기를 포함)에 관하여 착오가 있고, 둘째 착오가 행위자 또는 대리인이 책임질 수 없는 사유로 인하여 발생하였으며, 셋째 그 행위를 유효로 하는 것이 현저히 정의에 반한다고 인정될 것 등 세 가지 요건을 필요로 한다(대결 1992.03.13. 92모1).

정답

16년(2)·21년(1) 모의

30. 항소포기와 같은 절차형성적 소송행위가 착오로 행하여진 경우 그 행위가 무효로 되기 위해서는 착오가 행위자 또는 대리인이 책임질 수 없는 사유로 발생하였을 것이 요구되는데, 교도관이 내어 주는 상소권포기서를 항소장으로 잘못 믿은 나머지 이를 확인하지 않고 서명무인하였다면, 항소인에게 과실이 있다고 보기는 어렵고 상소포기는 무효이다.

해설 [가] 항소포기와 같은 절차형성적 소송행위가 착오로 인하여 행하여진 경우 그 행위가 무효로 되기 위하여는 그 착오가 행위자 또는 대리인이 책임질 수 없는 사유로 발생하였을 것이 요구된다. [나] 교도관이 내어 주는 상소권포기서를 항소장으로 잘못 믿은 나머지 이를 확인하여 보지도 않고 서명 무인한 경우, 항소포기가 유효하다고 본 원심 결정을 수긍한 사례(대판 1995.08.17. 95모49).

정답

14년(3) 모의

31. 상소를 취하한 자 또는 상소의 포기나 취하에 동의한 자는 그 사건에 대하여 다시 상소를 하지 못한다.

해설 형사소송법 제354조 참조.

형사소송법 제354조(상소포기 후의 재상소의 금지) 상소를 취하한 자 또는 상소의 포기나 취하에 동의한 자는 그 사건에 대하여 다시 상소를 하지 못한다.

정답

Ⅴ 일부상소

1. 일부상소의 의의

16년(2) 모의

32. 공범인 공동피고인의 일부가 재판의 전부에 대하여 상소하는 경우는 일부상소에 해당하지 않는다.

해설 상소는 재판의 일부에 대하여 할 수 있으나(형사소송법 제342조 제1항), 재판의 일부란 재판의 객관적 범위의 일부를 의미하므로 공범인 공동피고인의 일부가 상소하는 경우는 일부상소에 해당하지 않는다.

정답

2. 일부상소의 범위

(1) 일부상소의 허용범위

20년(1) 모의

33. 경합범에 대하여 일부 유죄, 일부 무죄를 선고한 제1심판결에 대하여 피고인과 검사 쌍방이 항소한 결과 검사의 항소가 받아들여져 제1심판결 전부가 파기됨으로써 피고인에 대한 형량 전체를 다시 정해야 하는 경우, 불이익변경금지의 원칙이 적용되지 않는다.

해설 원심이 경합범으로 공소제기 된 수 개의 범죄사실 중 그 일부에 대하여 유죄, 일부에 대하여 무죄를 각 선고하였고, 그 중 유죄 부분에 대하여는 피고인이 상고하고 무죄 부분에 대하여는 검사가 상고한 경우에 있어서는, 원심판결 전부의 확정이 차단되어 상고심에 이심되는 것이고 유죄 부분에 대한 피고인의 상고가 이유 없더라도 무죄 부분에 대한 검사의 상고가 이유 있는 때에는 피고인에게 하나의 형이 선고되어야 하는 관계로 무죄 부분뿐 아니라 유죄 부분도 함께 파기되어야 하는 것이다. 또한 불이익변경금지의 원칙은, 피고인의 상소권을 보장하기 위하여 피고인이 상소한 사건과 피고인을 위하여 상소한 사건에 있어서는 원심판결의 형보다 중한 형을 선고하지 못한다는 것이므로, 피고인과 검사 쌍방이 상소한 결과 검사의 상소가 받아들여져 원심판결 전부가 파기됨으로써 피고인에 대한 형량 전체를 다시 정해야 하는 경우에는 적용되지 아니하는 것이며, 사건이 경합범에 해당한다고 하여 개개 범죄별로 불이익변경의 여부를 판단할 것은 아니다(대판 2007.06.28. 2005도7473).

정답

19년(1) 모의

34. 항소심이 공소사실에 대하여 경합범으로 판단하여 일부무죄·일부유죄를 선고한 경우 피고인은 유죄부분에 대하여만 상고할 수 있다.

해설 일부상소가 허용되기 위하여는 재판의 내용이 가분적이고 독립된 판결이 가능할 것을 요한다. 수죄, 즉 경합범의 각 부분에 대하여 각각 다른 수개의 재판이 선고된 때에는 재판내용이 가분적인 경우에 해당하므로 일부상소가 가능하다. 다만, 피고인이 상소하는 경우 무죄부분에 대하여는 상소의 이익이 부정되어 허용되지 않는다. 따라서 피고인은 유죄부분에 대하여만 상소할 수 있다.

정답

13년(1)·19년(2) 모의

35. 두 죄가 실체적 경합관계에 있다면 피고인은 유죄부분에 대하여만 상고할 수 있다.

해설 경합범으로 동시에 기소된 사건에 대하여 일부 유죄, 일부 무죄를 선고하는 등 판결주문이 수개일 때에는 그 1개의 주문에 포함된 부분을 다른 부분과 분리하여 일부상소를 할 수 있다(대판 2010.11.25. 2010도10985). 다만, 피고인의 상소는 불이익한 원재판을 시정하여 이익된 재판을 청구함을 그 본질로 하는 것이어서 재판이 자기에게 불이익하지 아니하면 이에 대한 상소권을 가질 수 없으므로 피고인에게 가장 유리한 판결인 무죄판결에 대한 피고인의 상고는 부적법하다(대판 1994.07.29. 93도1091). ▶ 따라서 피고인이 상소하는 경우 무죄부분에 대하여는 상소의 이익이 부정된다. 피고인은 유죄부분에 대하여만 상소할 수 있다.

정답

18년(3) 모의

36. 경합범 중 일부는 유죄가 선고되고 일부는 무죄가 선고된 경우, 검사만 항소하면서 무죄부분에 관하여는 항소이유를 기재하고 유죄부분에 관하여는 항소이유를 기재하지 않은 때에는 항소범위를 '전부'로 표시하더라도 일부상소라고 본다.

해설 형법 제37조 전단 경합범 관계에 있는 공소사실 중 일부에 대하여 유죄, 나머지 부분에 대하여 무죄를 선고한 제1심판결에 대하여 검사만이 항소하면서 무죄 부분에 관하여는 항소이유를 기재하고 유죄 부분에 관하여는 이를 기재하지 않았으나 항소 범위는 '전부'로 표시하였다면, 이러한 경우 제1심판결 전부가 이심되어 원심의 심판대상이 되므로, 원심이 제1심판결 무죄 부분을 유죄로 인정하는 때에는 제1심판결 전부를 파기하고 경합범 관계에 있는 공소사실 전부에 대하여 하나의 형을 선고하여야 한다(대판 2014.03.27. 2014도342).

정답

11년(1)·13년(1)·19년(3) 모의

37.
(1) 경합범 중 일부에 대하여 유죄, 다른 일부에 대하여 무죄판결이 선고된 경우 일부상소가 허용된다.

(2) 경합범 중 일부에 대하여 무죄, 일부에 대하여 유죄를 선고한 판결에 대하여 검사만이 무죄 부분에 대하여 상소를 하여 유죄 부분은 판결이 확정된 경우, 검사가 상소한 부분만 파기하게 되면 피고인이 2개의 유죄판결을 받게 되어 불리하므로 이를 파기할 때에는 유죄부분까지 전부 파기하여야 한다.

해설 (1)경합범으로 동시에 기소된 사건에 대하여 일부 유죄, 일부 무죄를 선고하는 등 판결주문이 수개일 때에는 그 1개의 주문에 포함된 부분을 다른 부분과 분리하여 일부상소를 할 수 있고 당사자 쌍방이 상소하지 아니한 부분은 분리 확정되므로, (2)경합범 중 일부에 대하여 무죄, 일부에 대하여 유죄를 선고한 제1심판결에 대하여 검사만이 무죄 부분에 대하여 항소를 한 경우, 피고인과 검사가 항소하지 아니한 유죄판결 부분은 항소기간이 지남으로써 확정되어 항소심에 계속된 사건은 무죄판결 부분에 대한 공소뿐이며, 그에 따라 항소심에서 이를 파기할 때에는 무죄 부분만을 파기하여야 한다(대판 2010.11.25. 2010도10985). ▶ 일부상소가 허용되기 위하여는 재판의 내용이 가분적이고 독립된 판결이 가능할 것을 요한다. 수죄, 즉 경합범의 각 부분에 대하여 각각 다른 수개의 재판이 선고된 때에는 재판내용이 가분적인 경우에 해당하므로 일부상소가 가능하다. 다만, 피고인이 상소하는 경우 무죄부분에 대하여는 상소의 이익이 부정되어 허용되지 않는다. 따라서 피고인은 유죄부분에 대하여만 상소할 수 있다.

정답 ○, ×

11년(1) 모의

38. **경합범 전부에 대하여 유죄판결이 선고되었지만 일부는 징역형, 다른 일부는 벌금형이 선고된 경우 일부상소가 허용된다.**

해설 경합범의 각 부분에 대하여 일부는 징역형, 일부는 벌금형이 선고된 경우와 같이 판결주문에서 2개 이상의 다른 형이 병과된 경우에도 일부상소는 가능하다(이재상, 형사소송법 제9판, p.734).

정답 ○

11년(1) 모의

39. **수개의 공소사실이 확정판결 전후에 범한 죄에 해당하여 수개의 형이 선고된 경우 일부상소가 허용된다.**

해설 수개의 공소사실이 확정판결 전후에 범한 죄로써 수개의 형이 선고된 경우 일부상소가 허용된다(이재상, 형사소송법 제9판, p.734).

정답 ○

(2) 일부상소의 제한

 18년 변시, 12년(2)·13년(1)·15년(2)·18년(3)·19년(3)·22년(2) 모의

40. **피고사건의 재판 가운데 몰수 또는 추징에 관한 부분만을 불복 대상으로 하여 상소가 제기된 때에는 상소불가분의 원칙에 의하여 본안에 관한 판단부분까지 상소심으로 이심된다.**

해설 몰수 또는 추징은 범죄행위로 인한 이득의 박탈을 목적으로 하는 것이 아니라 징벌적인 성질을 가지는 처분으로 부가형으로서의 성격을 띠고 있다. 이는 피고사건 본안에 관한 판단에 따른 주형 등에 부가하여 한 번에 선고되고 이와 일체를 이루어 동시에 확정되어야 하고 본안에 관한 주형 등과 분리되어 이심되어서는 아니 되는 것이 원칙이므로, 피고사건의 주위적 주문과 몰수 또는 추징에 관한 주문은 상호 불가분적 관계에 있어 상소불가분의 원칙이 적용되는 경우에 해당한다. 따라서 피고사건의 재판 가운데 몰수 또는 추징에 관한 부분만을 불복대상으로 삼아 상소가 제기되었다 하더라도, 상소심으로서는 이를 적법한 상소제기로 다루어야 하고, 그 부분에 대한 상소의 효력은 그 부분과 불가분의 관계에 있는 본안에 관한 판단 부분에까지 미쳐 그 전부가 상소심으로 이심된다(대판 2008.11.20. 2008도5596(전합)).

정답 ○

18년(3) 모의

41. 위치추적 전자장치의 부착명령은 보호관찰부 집행유예와 불가분의 관계에 있으므로 보호관찰부 집행유예와 독립하여 상소의 대상이 될 수 없다.

> 해설 특정 범죄자에 대한 위치추적 전자장치 부착 등에 관한 법률(이하 '법'이라 한다) 제4장에서는 '형의 집행유예와 부착명령'에 관하여 규정하고 있는데, 그 장에 포함된 법 제28조 제1항에서 정한 부착명령은 법원이 형의 집행을 유예하면서 보호관찰을 받을 것을 명하는 때에만 가능한 것으로서, 법 제2장에서 정하고 있는 '징역형 종료 이후의 부착명령'과는 성질과 요건이 다르다. 또한 법 제4장의 부착명령에 관하여는 법 제31조가 부착명령 '청구사건'의 판결에 대한 상소에 관한 규정들인 법 제9조 제8항과 제9항은 준용하지 아니하고 있는 점, 보호관찰부 집행유예의 경우 보호관찰명령 부분만에 대한 일부상소는 허용되지 않는 점 등에 비추어 볼 때, 위와 같은 부착명령은 보호관찰부 집행유예와 서로 불가분의 관계에 있는 것으로서 독립하여 상소의 대상이 될 수 없다(대판 2012.08.30. 2011도14257).

정답

11년(1)·18년(3)·21년(2) 모의

42. 상습범으로 포괄적 일죄의 관계에 있는 수개의 절도행위에 대하여 일부는 유죄, 다른 일부는 무죄판결이 선고된 경우 일부상소가 허용된다.

> 해설 포괄일죄의 일부에 대하여는 상소가 허용되지 않고 상소불가분의 원칙이 적용된다.

> 판례 포괄적 1죄의 관계에 있는 공소사실의 일부에 대하여만 유죄로 인정하고 나머지는 무죄가 선고되어 검사는 위 무죄부분에 대하여 불복상고하고 피고인은 유죄부분에 대하여 상고하지 않은 경우, 공소불가분의 원칙상 경합범의 경우와는 달리 포괄적 1죄의 일부만에 대하여 상고할 수는 없으므로 검사의 무죄부분에 대한 상고에 의해 상고되지 않은 원심에서 유죄로 인정된 부분도 상고심에 이심되어 심판의 대상이 된다고 볼 것이다(대판 1985.11.12. 85도1998).

정답

13년(1) 모의

43. 일죄의 일부에 대해서만 상소하더라도 일죄의 전부가 상소심의 심판대상이 된다.

> 해설 경합범이 아닌 단순일죄·포괄일죄·과형상 일죄 등의 일부에 대한 상소는 허용되지 않으며, 이 경우에는 상소불가분원칙이 적용된다.

> 판례 단순일죄의 관계에 있는 공소사실의 일부에 대하여만 유죄로 인정하고 나머지 부분에 대하여는 무죄로 판단한 제1심 판결에 대하여 피고인만이 항소하였더라도, 상소불가분의 원칙상 항소의 효력이 제1심판결의 유죄부분과 무죄부분을 전부에 대하여 미치는 것이므로, 무죄부분을 포함한 공소사실 전부가 항소심에 이심되어 그 심판대상이 된다(대판 1990.01.25. 89도478).

정답

3. 일부상소의 방식과 상소심의 심판범위
(1) 일부상소의 방식

🕐 21년 변시, 21년(3) · 22년(2) 모의

44. 검사와 피고인 양쪽이 상소를 제기한 경우, 어느 일방의 상소는 이유 없으나 다른 일방의 상소가 이유 있어 원판결을 파기하고 다시 판결하는 때에는 이유 없는 상소에 대해서는 판결이유 중에서 그 이유가 없다는 점을 적으면 충분하고 주문에서 그 상소를 기각해야 하는 것은 아니다.

▶해설 검사와 피고인 양쪽이 상소를 제기한 경우, 어느 일방의 상소는 이유 없으나 다른 일방의 상소가 이유 있어 원판결을 파기하고 다시 판결하는 때에는 이유 없는 상소에 대해서는 판결이유 중에서 그 이유가 없다는 점을 적으면 충분하고 주문에서 그 상소를 기각해야 하는 것은 아니다(대판 2020.06.25. 2019도17995).

(2) 일부상소와 상소심의 심판범위

🕐 22년 변시

45. 피고인을 금고 이상의 형에 처한 판결이 확정된 다음, 확정판결 전의 공소사실과 확정판결 후의 공소사실에 대하여 따로 유죄를 선고하여 두 개의 형을 정한 제1심 판결에 대하여 피고인만이 확정판결 전의 유죄판결 부분에 대하여 항소한 경우, 피고인과 검사가 항소하지 아니한 확정판결 후의 유죄판결 부분은 항소기간이 지남으로써 확정되어 항소심에 계속된 사건은 확정판결 전의 유죄판결 부분뿐이고, 그에 따라 항소심이 심리·판단하여야 할 범위는 확정판결 전의 유죄판결 부분에 한정된다.

▶해설 형법 제37조 전단의 경합범으로 동시에 기소된 수 개의 공소사실에 대하여 일부 유죄, 일부 무죄를 선고하거나 수 개의 공소사실이 금고 이상의 형에 처한 확정판결 전후의 것이어서 형법 제37조 후단, 제39조 제1항에 의하여 각기 따로 유·무죄를 선고하거나 형을 정하는 등으로 판결주문이 수 개일 때에는 그 1개의 주문에 포함된 부분을 다른 부분과 분리하여 일부상소를 할 수 있고, 이때 당사자 쌍방이 상소하지 아니한 부분은 분리 확정된다. 그러므로 확정판결 전의 공소사실과 확정판결 후의 공소사실에 대하여 따로 유죄를 선고하여 두 개의 형을 정한 제1심판결에 대하여 피고인만이 확정판결 전의 유죄판결 부분에 대하여 항소한 경우, 피고인과 검사가 항소하지 아니한 확정판결 후의 유죄판결 부분은 항소기간이 지남으로써 확정되어 항소심에 계속된 사건은 확정판결 전의 유죄판결 부분 뿐이고, 그에 따라 항소심이 심리·판단하여야 할 범위는 확정판결 전의 유죄판결 부분에 한정된다(대판 2018.03.29. 2016도18553).

22년(1) 모의

46. 경합범에 대한 항소심의 일부유죄·일부무죄 판결에 대하여 피고인과 검사 모두가 상고를 제기하였으나 무죄 부분에 대한 검사의 상고만 이유 있는 경우, 항소심판결의 유죄 부분도 무죄 부분과 함께 파기되어야 한다.

해설 수개의 범죄사실에 대하여 항소심이 일부는 유죄, 일부는 무죄의 판결을 하고 그 판결에 대하여 피고인 및 검사 쌍방이 상고를 제기하였으나, 유죄 부분에 대한 피고인의 상고는 이유 없고 무죄 부분에 대한 검사의 상고만 이유 있는 경우, 항소심이 유죄로 인정한 죄와 무죄로 인정한 죄가 형법 제37조 전단의 경합범 관계에 있다면 항소심판결의 유죄 부분도 무죄 부분과 함께 파기되어야 한다(대판 2009.02.12. 2007도2733).

정답 O

22년(1) 모의

47. 경합범에 대한 항소심의 일부유죄·일부무죄 판결에 대하여 검사만이 일부무죄 부분에 대해서만 상고를 하여 대법원이 무죄판결의 죄에 대해서만 파기하고 이를 원심법원에 환송한 경우에 환송 후의 원심법원은 무죄 부분에 대해서만 심리하여야 한다.

해설 피고인에 대한 병역법위반죄와 하천법위반죄의 경합범에 대하여 항소심이 전자에 대해서는 유죄, 후자에 대해서는 무죄를 선고하자 검사만이 후자에 대해서 상고하여 상고심이 후자 부분만을 파기환송하였으면 항소심은 후자에 대해서만 심판해야 한다(대판 1974.10.08.74도1301).

정답 O

21년(1) 모의

48. 甲은 내연관계이던 A와의 유사성행위 장면이 담긴 동영상을 몰래 찍었다. A가 결별을 요구하면서 연락을 피하자 甲은 '네 애에게 동영상 먼저 보낸다' 등의 문자메시지, A의 남편과의 대화내역을 캡처한 화상, A와의 대화내역을 녹음한 음향, A와의 유사성행위 동영상 등을 20여일에 걸쳐 총 535회 연속적으로 A에게 카카오톡으로 전송하였다. 또 '너 톡 안 보면 니 남편, 애들에게 사진 보낸다, 너가 날 또 배신해?'라는 문자메시지를 보내면서 내연관계 사실을 A의 가족들에게 알릴 것처럼 겁을 주었다. A는 수사기관에 甲을 고소하였고 검사는 甲의 위 범죄사실 전부를 기소하면서 A에게 「성폭력범죄의 처벌 등에 관한 특례법」에 따라 국선변호사 L을 선정해주었다. L은 제1심 판결 선고 직전 재판부에 'A는 甲과 합의했으므로 이 사건 고소를 취소하고, 甲에 대한 처벌을 원하지 않는다는 의사를 표시한다'는 내용 등을 기재한 '고소취소 및 처벌불원서'를 제출했으나 제1심법원은 공소사실 전부에 대하여 유죄판결을 선고하였다.

제1심법원이 공소사실 전부를 인정하면서 형법 제37조 전단의 경합범관계에 있다는 이유로 甲에게 하나의 형을 선고하였다면, 항소심법원은 제1심판결을 전부 파기하여야 한다. (다툼이 있는 경우 판례에 의함)

해설 원심판결 중 특정범죄 가중처벌 등에 관한 법률 위반(도주차량)죄 부분과 사고 후 미조치로 인한 도로교통법 위반죄 부분은 파기되어야 할 것이나, 위 각 죄는 나머지 도로교통법 위반(음주운전)죄와 형법 제37조 전단의 경합범관계에 있어 하나의 형이 선고되었으므로 원심판결 전부를 파기하고, 사건을 다시 심리·판단하도록 하기 위하여 원심법원에 환송하기로 하여, 관여 대법관의 일치된 의견으로 주문과 같이 판결한다(대판 2012.07.12. 2012도1474).

정답 O

12년(2)·16년(2)·17년(2)·(3)·18년(3)·19년(1)·(2)·(3)·21년(3)·22년(1)·23년(1) 모의

49. 원심이 두개의 죄를 경합범으로 보고 한 죄는 유죄, 다른 한 죄는 무죄를 각 선고하자 검사가 무죄 부분에 대해서만 불복상고 하였다면 비록 위 두 죄가 상상적 경합관계에 있더라도 유죄부분은 상고심의 심판대상이 되지 않는다.

해설 원심이 두개의 죄를 경합범으로 보고 한 죄는 유죄, 다른 한 죄는 무죄를 각 선고하자 검사가 무죄부분 만에 대하여 불복상고 하였다고 하더라도 위 두죄가 상상적 경합관계에 있다면 유죄부분도 상고심의 심판대상이 된다(대판 1980.12.09. 80도384(전합)).

정답 ×

18년(2)·19년(1)·(2) 모의

50. 항소심이 공소사실에 대하여 경합범으로 판단하여 일부무죄·일부유죄를 선고한 경우 유죄부분에 대하여는 피고인이 상고하고 무죄부분에 대하여는 검사가 상고한 경우에는 유죄부분에 대한 피고인의 상고가 이유 없더라도 무죄부분에 대한 검사의 상고가 이유 있는 때에는 피고인에게 하나의 형이 선고되어야 하므로 무죄부분뿐만 아니라 유죄 부분도 함께 파기되어야 한다.

해설 원심이 경합범으로 공소제기 된 수 개의 범죄사실 중 그 일부에 대하여 유죄, 일부에 대하여 무죄를 각 선고하였고, 그 중 유죄 부분에 대하여는 피고인이 상고하고 무죄 부분에 대하여는 검사가 상고한 경우에 있어서는, 원심판결 전부의 확정이 차단되어 상고심에 이심되는 것이고 유죄 부분에 대한 피고인의 상고가 이유 없더라도 무죄 부분에 대한 검사의 상고가 이유 있는 때에는 피고인에게 하나의 형이 선고되어야 하는 관계로 무죄 부분뿐 아니라 유죄 부분도 함께 파기되어야 하는 것이다(대판 2007.06.28. 2005도7473).

정답 O

19년 변시, 13년(1)·16년(2)·(3)·17년(3)·18년(3)·19년(1)·(2)·21년(2) 모의

51. (1) 경합범 중 일부는 유죄가 선고되고 일부는 무죄가 선고된 경우, 검사만 무죄부분에 대하여 상소한 때에는 유죄부분은 확정되고 무죄부분만 상소심에 이심된다.

(2) 경합범 중 무죄부분에 대하여만 검사만이 상소를 한 경우에는 유죄부분은 상소기간의 경과로 확정되므로 무죄부분에 대해 상소이유가 인정되는 때에는 상소심은 그 무죄부분만을 파기하여야 한다.

해설 형법 제37조 전단의 경합범으로 같은 법 제38조 제1항 제2호에 해당하는 경우 하나의 형으로 처벌하여야 함은 물론이지만 위 규정은 이를 동시에 심판하는 경우에 관한 규정인 것이고 경합범으

로 동시에 기소된 사건에 대하여 일부 유죄, 일부 무죄의 선고를 하거나 일부의 죄에 대하여 징역형을, 다른 죄에 대하여 벌금형을 선고하는 등 판결주문이 수개일 때에는 그 1개의 주문에 포함된 부분을 다른 부분과 분리하여 일부상소를 할 수 있는 것이고 당사자 쌍방이 상소하지 아니한 부분은 분리 확정된다고 볼 것인바, 경합범 중 일부에 대하여 무죄, 일부에 대하여 유죄를 선고한 항소심 판결에 대하여 검사만이 무죄 부분에 대하여 상고를 한 경우 피고인과 검사가 상고하지 아니한 유죄판결 부분은 상고기간이 지남으로써 확정되어 상고심에 계속된 사건은 무죄판결 부분에 대한 공소뿐이라 할 것이므로 상고심에서 이를 파기할 때에는 무죄 부분만을 파기할 수 밖에 없다(대판 1992.01.21. 91도1402(전합)). ▶ 판례는 일부파기설의 입장에서 무죄부분만을 파기해야 한다는 입장이다.

정답 O, O

17년(2)·(3) 모의

52. **항소심이 사실 적시에 의한 명예훼손 부분만을 유죄로 인정하고 나머지 허위사실 적시에 의한 명예훼손 부분을 무죄로 판단한 경우, 이에 대해 피고인만이 유죄 부분에 대하여 상고하더라도 위 무죄 부분도 상고심의 심판대상이 된다.**

해설 제1심법원이 공소사실의 동일성이 인정되는 범위 내에서 공소가 제기된 범죄사실에 포함된 보다 가벼운 범죄사실을 유죄로 인정하면서 법정형이 보다 가벼운 다른 법조를 적용하여 피고인을 처벌하고, 유죄로 인정된 부분을 제외한 나머지 부분에 대하여는 범죄의 증명이 없다는 이유로 판결 이유에서 무죄로 판단한 경우, 그에 대하여 피고인만이 유죄 부분에 대하여 항소하고 검사는 무죄로 판단된 부분에 대하여 항소하지 아니하였다면, 비록 그 죄 전부가 피고인의 항소와 상소불가분의 원칙으로 인하여 항소심에 이심되었다고 하더라도 무죄 부분은 심판대상이 되지 않는다. 따라서 그 부분에 관한 제1심판결의 위법은 형사소송법 제361조의4 제1항 단서의 '직권조사사유' 또는 같은 법 제364조 제2항에 정한 '항소법원은 판결에 영향을 미친 사유에 관하여는 항소이유서에 포함되지 아니한 경우에도 직권으로 심판할 수 있다'는 경우에 해당하지 않으므로, 항소심법원이 직권으로 심판대상이 아닌 무죄 부분까지 심리한 후 이를 유죄로 인정하여 법정형이 보다 무거운 법조를 적용하여 처벌하는 것은 피고인의 방어권 행사에 불이익을 초래하는 것으로서 허용되지 않는다. 이는 제1심판결에 무죄로 판단된 부분에 대한 이유를 누락한 잘못이 있다고 하더라도 동일하다(대판 2008.09.25. 2008도4740).

정답 ×

15년(1)·17년(2)·(3)·19년(3)·23년(3) 모의

53. **포괄일죄 관계에 있는 공소사실 중 일부 유죄, 나머지 무죄의 판결에 대하여 검사만이 무죄부분에 대한 상고를 하고 피고인은 상고하지 않은 경우, 유죄부분도 상고심에 이심되어 심판대상이 된다.**

해설 포괄적 일죄의 관계에 있는 공소사실 중 일부 유죄, 나머지 무죄의 판결에 대하여 검사만이 무죄부분에 대한 상고를 하고 피고인은 상고하지 아니하더라도 상소불가분의 원칙상 검사의 상고는 그 판결의 유죄부분과 무죄부분 전부에 미치는 것이므로 유죄부분도 상고심에 이전되어 그 심판대상이 된다(대판 1989.04.11. 86도1629).

정답 O

🕐 12년·20년 변시, 14년(1)·17년(3) 모의

54. 상상적 경합관계에 있는 수죄에 대하여 모두 무죄가 선고되었고, 검사가 그 전부에 대하여 상고하였으나 그중 일부에 대하여는 상고 이유로 삼지 않았다고 하더라도 상고심에 전부 이심되며 상고심으로서는 그 무죄부분까지 나아가 판단하여야 한다.

해설 환송 전 원심에서 상상적 경합 관계에 있는 수죄에 대하여 모두 무죄가 선고되었고, 이에 검사가 무죄 부분 전부에 대하여 상고하였으나 그 중 일부 무죄 부분(A)에 대하여는 이를 상고이유로 삼지 않은 경우, 비록 상고이유로 삼지 아니한 무죄 부분(A)도 상고심에 이심되지만 그 부분은 이미 당사자 간의 공격방어의 대상으로부터 벗어나 사실상 심판대상에서 이탈하게 되므로, 상고심으로서도 그 무죄 부분에까지 나아가 판단할 수 없다. 따라서 상고심으로부터 다른 무죄 부분(B)에 대한 원심판결이 잘못되었다는 이유로 사건을 파기환송 받은 원심은 그 무죄 부분(A)에 대하여 다시 심리·판단하여 유죄를 선고할 수 없다(대판 2008.12.11. 2008도8922).

정답

🕐 12년 변시, 15년(2)·16년(2) 모의

55. 경합범 중 일부에 대하여는 유죄, 일부에 대하여 무죄를 선고하고, 유죄 부분과 상상적 경합관계에 있는 다른 일부에 대하여는 무죄임을 판시하면서 주문에 별도의 선고를 하지 않은 항소심판결에 대하여 검사가 무죄 부분 전체에 대하여 상고를 한 경우, 유죄 부분도 상고심의 판단대상이 된다.

해설 상상적 경합관계에 있는 두 죄에 대하여 한 죄는 무죄, 한 죄는 유죄가 선고되어 검사만이 무죄 부분에 대하여 상고하였다 하여도 유죄 부분도 상고심의 심판대상이 되는 것이고, 공소사실 중 일부에 대하여는 유죄를, 실체적 경합관계에 있는 일부에 대하여는 무죄를 각 선고하고, 그 유죄 부분과 상상적 경합관계에 있는 다른 일부에 대하여는 무죄임을 판시하면서 주문에 별도의 선고를 하지 않은 항소심판결에 대하여, 검사가 무죄 부분 전체에 대하여 상고를 한 경우 그 유죄 부분은 형식상 검사 및 피고인 어느 쪽도 상고한 것 같아 보이지 않지만 그 부분과 상상적 경합관계에 있는 무죄 부분에 대하여 검사가 상고함으로써 그 유죄 부분은 그 무죄 부분의 유·무죄 여하에 따라서 처단될 죄목과 양형을 좌우하게 되므로, 결국 그 유죄 부분도 함께 상고심의 판단대상이 된다(대판 2005.01.27. 2004도7488).

정답

23년(3) 모의

56. 경합범 관계에 있는 공소사실 중 일부 유죄, 일부 무죄의 판결 전부에 대하여 검사가 상소하였는데 상소심에서 무죄 부분을 파기할 경우에 있어서 유죄 부분과 파기되는 무죄 부분이 형법 제37조 전단의 경합범 관계에 있어 하나의 형이 선고되어야 하는 경우라면 유죄 부분과 파기되는 무죄 부분을 함께 파기하여야 한다.

> 해설 경합범 관계에 있는 공소사실 중 일부 유죄, 일부 무죄를 선고하여 판결주문이 수 개일 때 검사가 판결 전부에 대하여 상소하였는데 상소심에서 이를 파기할 때에는 유죄 부분과 파기되는 무죄 부분이 형법 제37조 전단의 경합범 관계에 있어 하나의 형이 선고되어야 하므로, 유죄 부분과 파기되는 무죄 부분을 함께 파기하여야 한다. 그러나 위와 같이 하나의 형을 선고하기 위해서 파기하는 경우를 제외하고는 경합범의 관계에 있는 공소사실이라고 하더라도 개별적으로 파기되는 부분과 불가분의 관계에 있는 부분만을 파기하여야 한다(대판 2022.01.13. 2021도13108).

정답 ○

11년(1)·16년(2) 모의

57. 경합범 관계에 있는 공소사실 전부에 대하여 무죄판결이 선고된 경우 일부상소가 허용된다.

> 해설 경합범 관계에 있는 공소사실 전부에 무죄가 선고된 경우에도 일부상소가 허용된다.

> 판례 전부 무죄판결에 대하여는 그중 일부 공소사실만을 특정하여 상소할 수 있으므로 항소대상이 되지 아니한 부분은 심판할 수 없다(대판 1973.07.10. 73도142).

정답 ○

13년(3)·16년(2) 모의

58. 경합범이라도 그 전부에 대하여 하나의 형이 선고된 경우에는 상소불가분의 원칙이 적용된다.

> 해설 형사소송법 제342조는 제1항에서 일부 상소를 원칙적으로 허용하면서, 제2항에서 이른바 상소불가분의 원칙을 선언하고 있다. 따라서 불가분의 관계에 있는 재판의 일부만을 불복대상으로 삼은 경우 그 상소의 효력은 상소불가분의 원칙상 피고사건 전부에 미쳐 그 전부가 상소심에 이심되고, 이러한 경우로는 일부 상소가 피고사건의 주위적 주문과 불가분적 관계에 있는 주문에 대한 것, 일죄의 일부에 대한 것, 경합범에 대하여 1개의 형이 선고된 경우 경합범의 일부 죄에 대한 것 등에 해당하는 경우를 들 수 있다(대판 2008.11.20. 2008도5596(전합)).

정답 ○

13년(1)·(3)·14년(3)·15년(1)·(3)·19년(1)·(2)·21년(2) 모의

59. 포괄일죄의 일부만이 유죄로 인정된 경우 그 유죄 부분에 대하여 피고인만이 상고하였을 뿐 무죄나 공소기각으로 판단된 부분에 대하여 검사가 상고를 하지 않았더라도, 상고심은 무죄나 공소기각으로 판단된 부분에까지 나아가 판단할 수 있다.

> 해설 포괄일죄의 일부만이 유죄로 인정된 경우 그 유죄 부분에 대하여 피고인만이 상고하였을 뿐 무죄나 공소기각으로 판단된 부분에 대하여 검사가 상고를 하지 않았다면, 상소불가분의 원칙에 의하여 유죄 이외의 부분도 상고심에 이심되기는 하나 그 부분은 이미 당사자 간의 공격·방어의 대상으로부터 벗어나 사실상 심판대상에서부터도 이탈하게 되므로, 상고심으로서도 그 부분에까지 나아가 판단할 수 없다(대판 2004.10.28. 2004도5014).

정답 ×

22년(1) 모의

60. 포괄일죄의 일부만이 유죄로 인정된 경우 그 유죄 부분에 대하여 피고인만이 항소하였을 뿐이라면, 유죄 이외의 부분도 항소심에 이심되기는 하나 그 부분은 항소심의 심판대상이 되지 않는다.

해설 환송 전 항소심에서 포괄일죄의 일부만이 유죄로 인정된 경우 그 유죄부분에 대하여 피고인만이 상고하였을 뿐 무죄부분에 대하여 검사가 상고를 하지 않았다면 상소불가분의 원칙에 의하여 무죄부분도 상고심에 이심되기는 하나 그 부분은 이미 당사자 간의 공격방어의 대상으로부터 벗어나 사실상 심판대상에서부터도 벗어나게 되어 상고심으로서도 그 무죄부분에까지 나아가 판단할 수 없는 것이고, 따라서 상고심으로부터 위 유죄부분에 대한 항소심판결이 잘못되었다는 이유로 사건을 파기환송 받은 항소심은 그 무죄부분에 대하여 다시 심리판단하여 유죄를 선고할 수 없다(대판 1991.03.12. 90도2820).

정답

24년 변시, 13년(2) 모의

61. (1) 경합범 중 일부에 대하여 무죄, 일부에 대하여 유죄를 선고한 항소심판결에 대하여 검사만이 무죄 부분에 대하여 상고를 제기한 경우, 상고심에서 이를 파기할 때에는 무죄 부분만을 파기하여야 한다.

(2) 甲은 지적공부와 등기부가 멸실되어 무주 부동산임을 이유로 국유화된 국유지를 찾아 그 매도증서를 위조하고 민사소송을 제기하여 승소판결을 받는 방법으로 소유권을 취득하는 범행을 계획하고, 2010. 10. 2. 자신이 원고가 되어 대한민국을 상대로 파주시 탄현면 대동리 임야에 관한 소유권보존등기 말소청구 소송을 제기하였다. 甲은 이미 사망한 매도인 A와 甲의 父 B(사망)를 매수인으로 하는 매도증서 1장을 허위로 작성하여 이를 증거로 법원에 제출하였고, 이에 속은 제1심 법원으로부터 2011. 6. 28. 원고 승소판결을 선고받고 이 판결이 확정되었다. 제1심에서 사기죄에 대하여 유죄판결이 선고되었고 사문서위조 및 동행사죄에 대하여 무죄판결이 선고되었고 검사가 제1심 판결의 무죄부분에 대하여만 항소하였다면, 항소심에 계속되는 사건은 무죄부분에 한정된다.

해설 항소심이 경합범으로 공소제기 된 수 개의 범죄사실 중 그 일부에 대하여 유죄, 일부에 대하여 무죄를 각 선고하고 무죄 부분에 대하여는 검사가 상고하였으나 유죄 부분에 대하여는 피고인과 검사 모두 상고하지 아니한 경우, 그 유죄 부분은 상소기간의 도과로 확정되므로 무죄 부분의 상고가 이유 있는 경우에도 그 무죄 부분만이 파기되어야 한다(대판 2007.06.28. 2005도7473). ▶ 판례는 경합범의 일부무죄, 일부유죄에 대한 일부상소시의 심판범위에 관해 검사만이 상소한 사안에서는 일부파기설, 검사와 피고인이 동시에 상소한 사안에서는 전부파기설을 따른다.

정답 ,

Ⅵ 불이익변경금지의 원칙
1. 불이익변경금지원칙의 의의
2. 불이익변경금지원칙의 적용범위

21년(2) 모의

62. 甲은 변제할 의사나 능력이 없음에도 A를 기망하여 2020. 2. 1. 500만 원, 2020. 3. 1. 1천만 원을 차용금 명목으로 건네받아 A에 대한 사기죄의 포괄일죄로 공소제기 되었다. 한편 乙은 음주운전이 적발되어 운전면허가 취소된 상태에서 2020. 4. 1. 23시 30분경 A의 집에 몰래 들어가 A의 승용차를 임의로 운전하여 나와 다음 날 03시 경까지 운전하였다는 내용으로 야간주거침입절도죄와 도로교통법위반(무면허운전)죄의 경합범으로 공소제기 되었다.

乙에 대한 재판에서 야간주거침입절도죄는 유죄, 도로교통법위반죄는 무죄로 판단되었고 乙은 야간주거침입절도죄에 대하여, 검사는 도로교통법위반죄에 대하여 각각 항소한 경우에는 불이익변경금지의 원칙이 적용된다. (다툼이 있는 경우 판례에 의함)

해설 불이익변경금지의 원칙은 피고인이 상소한 사건과 피고인을 위하여 상소한 사건에 있어서는 원심판결의 형보다 중한 형을 선고하지 못한다는 것이므로, 피고인과 검사 쌍방이 상소한 사건에 대하여는 적용되지 아니한다(대판 2006.06.15. 2006도1718).

정답

21년(2)·(3) 모의

63. X 전자 가전제품 설치기사 甲은 어느 날 자정 무렵 퇴근하던 중 A의 주택 창문이 약간 열려 있는 것을 발견하고 휴대하고 있던 드라이버로 창문을 물리적으로 훼손하지 않고 분리한 후 안으로 들어가 A 소유 손목시계를 가지고 나왔다. 甲은 이 범죄(제1사건)에 대하여 벌금 3백만 원의 약식명령을 받았으며, 이후 정식재판을 청구하여 2019. 9. 유죄가 인정되어 벌금 3백만 원이 선고되었다. 甲은 2019. 10. 다른 기회에 범한 상해죄(제2사건)로 징역 1년의 유죄판결을 선고받았다. 甲은 제1사건과 제2사건 모두에 대하여 항소하였고 검사는 제2사건에 대하여서만 항소하였는데, 항소심 법원은 제1사건과 제2사건을 병합심리한 후 제1심 판결을 모두 파기하고 각 죄에 대하여 유죄를 인정하고 경합범 가중을 하여 징역형을 선고하였다.

항소심 법원이 제1사건과 제2사건을 병합심리하여 이를 경합범으로 처단한 것은 형종 상향금지 원칙에 위배된다. (다툼이 있는 경우 판례에 의함)

해설 형사소송법 제457조의2 제1항은 "피고인이 정식재판을 청구한 사건에 대하여는 약식명령의 형보다 중한 종류의 형을 선고하지 못한다."라고 규정하여, 정식재판청구 사건에서의 형종 상향 금지의 원칙을 정하고 있다. 위 형종 상향 금지의 원칙은 피고인이 정식재판을 청구한 사건과 다른 사건이 병합·심리된 후 경합범으로 처단되는 경우에도 정식재판을 청구한 사건에 대하여 그대로 적용된다(대판 2020.03.26. 2020도355). 이는 피고인이 정식재판을 청구해 벌금형이 선고된 제1심판결에 대한 항소사건에서도 마찬가지이다(대판 2020.06.11. 2020도4231). ▶ 제1사건은 피고인만이 정식재판을 청구한 사건이므로 형종 상향 금지의 원칙에 따라 그 각 죄에 대하여는 약식명령의 벌금형보다 중한 종류의 형인 징역형을 선택하지 못하고, 나아가 제1사건이 항소심에서 제2사건과 병합·심리되어 경합범으로 처단되더라도 제1사건에 대하여는 징역형을 선고하여서는 아니된다.

정답 ○

◐ 21년 변시

64. 만약 제1심 법원이 甲에 대하여 유죄를 인정하고 벌금 500만원을 선고하여 甲만 양형부당으로 항소하였다면, 항소심 법원은 500만 원을 초과하여 벌금형을 선고할 수 있다.

> 해설 항소심 법원은 제1심 판결의 형보다 중한 형을 선고할 수 없다(형사소송법 제368조). 따라서 500만원을 초과하는 벌금형을 선고할 수 없다.

정답 ×

◐ 21년 변시

65. 재심대상사건에서 징역형의 집행유예를 선고하였음에도 재심사건에서 원판결보다 주형을 경하게 하고 집행유예를 없앤 경우, 불이익변경금지원칙에 위배된다.

> 해설 제1심에서 징역형의 집행유예를 선고한 데 대하여 제2심이 그 징역형의 형기를 단축하여 실형을 선고하는 것도 불이익변경금지원칙에 위배된다(대결 1986.03. 25. 86모2 등 참조). 마찬가지로 재심대상사건에서 징역형의 집행유예를 선고하였음에도 재심사건에서 원판결보다 주형을 경하게 하고, 집행유예를 없앤 경우는 형사소송법 제439조에 의한 불이익변경금지원칙에 위배된다(대판 2016. 03.24. 2016도1131).

정답 ○

20년(1) 모의

66. 피고인만 항소한 사건에서 항소심이 제1심보다 법정형이 가벼운 죄를 인정하면서 제1심의 형보다 가벼운 형을 선고하지 아니한 경우는 불이익변경금지의 원칙에 위반된다.

> 해설 피고인의 상고에 의하여 상고심에서 원심판결을 파기하고 사건을 항소심에 환송한 경우에 환송 후의 원심에서 적법한 공소장변경이 있어 이에 따라 그 항소심이 새로운 범죄사실을 유죄로 인정하면서 환송 전 원심에서 정한 선고형과 동일한 형을 선고하였다고 하여 불이익변경금지원칙에 위배된다고 할 수 없고, 이는 법정형이 가벼운 죄로 공소사실의 변경이 이루어진 경우라 하여 달리 볼 것은 아니다. 따라서 피고인들에 대한 공소사실이 강도살인죄에서 강도치사죄로 공소장변경이 이루어진 후 변경된 범죄사실을 유죄로 인정하면서 환송 전 원심과 동일한 형을 선고한 원심의 조치에 상고이유에서 주장하는 바와 같은 위법이 있다고 할 수 없다(대판 2001.03.09. 2001도192).

정답 ×

◐ 21년 변시, 20년(1) 모의

67. 피고인만 항소한 사건에서 제1심법원이 소송비용의 부담을 명하는 재판을 하지 않았는데 항소심법원이 제1심의 소송비용에 관하여 피고인에게 부담하도록 재판을 한 경우는 불이익변경금지의 원칙에 위반된다.

■해설 형사소송법 제186조 제1항은 "형의 선고를 하는 때에는 피고인에게 소송비용의 전부 또는 일부를 부담하게 하여야 한다."고 규정하고 있고, 같은 법 제191조 제1항은 "재판으로 소송절차가 종료되는 경우에 피고인에게 소송비용을 부담하게 하는 때에는 직권으로 재판하여야 한다."고 규정하고 있는바, 소송비용의 부담은 형이 아니고 실질적인 의미에서 형에 준하여 평가되어야 할 것도 아니므로 불이익변경금지원칙의 적용이 없다(대판 2001.04.24. 2001도872).

정답 ×

20년(1) 모의

68. 경합범 관계에 있는 A죄와 B죄에 대하여 징역 1년에 집행유예 2년을 선고한 판결이 확정되고 집행유예기간이 도과된 후 개시된 재심절차에서 법원이 A죄의 공소사실에 대하여 무죄를 선고하고 B죄의 공소사실에 대하여 벌금형을 선고하더라도 불이익변경금지의 원칙에 위반되지 않는다.

■해설 원판결이 선고한 집행유예가 실효 또는 취소됨이 없이 유예기간이 지난 후에 새로운 형을 정한 재심판결이 선고되는 경우에도, 그 유예기간 경과로 인하여 원판결의 형선고 효력이 상실되는 것은 원판결이 선고한 집행유예 자체의 법률적 효과로서 재심판결이 확정되면 당연히 실효될 원판결 본래의 효력일 뿐이므로, 이를 형의 집행과 같이 볼 수는 없고, 재심판결의 확정에 따라 원판결이 효력을 잃게 되는 결과 그 집행유예의 법률적 효과까지 없어진다 하더라도 재심판결의 형이 원판결의 형보다 중하지 않다면 불이익변경금지의 원칙이나 이익재심의 원칙에 반한다고 볼 수 없다(대판 2018.02.28. 2015도15782).

정답 ○

18년·19년 변시, 13년(2) 모의

69. (1) 피고인만의 상고에 의하여 원심판결을 파기하고 사건을 항소심에 환송한 경우, 환송 전 원심판결과의 관계에서도 불이익변경금지의 원칙이 적용된다.

(2) 甲은 종중으로부터 명의신탁된 시가 10억 원 상당의 임야에 대하여 ㉠ 2013. 7. 3. 자신의 채무를 담보하기 위하여 A에게 채권최고액 2억 원의 근저당권을 임의로 설정하여 주었고, ㉡ 2018. 7. 4. 다시 B에게 이를 임의매도하고 대금 8억 원을 받아 소비하였다. 甲은 ㉠, ㉡죄의 경합범으로 기소된 후 제1심에서 전부 유죄로 인정되어 징역 2년을 선고받았다. 이에 甲만 무죄라는 취지로 항소하였다. 항소심 법원은 ㉠죄에 대하여는 무죄를 선고하고, ㉡죄에 대하여는 유죄로 인정하여 징역 2년을 선고하였다. 검사는 ㉠부분에 대하여만 상고하였고 대법원은 ㉠죄도 유죄라고 판단하였다. 환송받은 법원은 ㉠죄 부분을 유죄로 판단하더라도 형을 선고하지 아니한다는 주문을 선고하여야 한다.

■해설 (1) 피고인만의 상고에 의하여 상고심에서 원심판결을 파기하고 사건을 항소심에 환송한 경우에는 환송전 원심판결과의 관계에서도 불이익변경금지의 원칙이 적용되어 그 파기된 항소심판결보다 중한 형을 선고할 수 없다(대판 1992.12.08. 92도2020). ▶ (2)따라서 비록 유죄의 판단이 들더라도 불이익변경금지의 원칙상 2심은 "형을 선고하지 아니한다"라는 과형없는 유죄판결을 선고하여야 한다.

정답 ○, ○

19년 변시, 21년(3) 모의

70. 甲이 제1심 법원에서 징역 1년 6월, 집행유예 3년의 판결을 선고받아 甲만이 항소한 경우, 항소심 법원이 징역 1년의 실형을 선고하였다면,「형사소송법」제368조에 정해진 불이익변경금지원칙에 위배된다.

해설 징역 1년에 3년간 집행유예가 선고된 제1심 판결에 대하여 피고인 및 검사가 제기한 항소를 기각하고 직권으로 제1심 판결의 형이 중하다는 이유로 이를 파기한 후 징역 10월의 실형을 선고한 경우에는 불이익변경의 금지규정에 위배된다(실질적으로 보면 집행유예라는 법률적, 사회적 가치판단은 높게 평가하지 않을 수 없으므로 총체적으로 고려하여 보면 원심의 형(실형 10월)은 제1심의 형(징역 1년 집행유예 3년간)보다 중하다고 하지 않을 수 없다)(대법원 1965.12.10. 65도826).

정답

14년(3)·18년(2) 모의

71. (1) 불이익변경금지원칙은 피고인이 항소한 사건에만 적용되는 원칙이다.
(2) 불이익변경금지의 원칙은 피고인이 상소한 사건뿐만 아니라 검사가 피고인을 위하여 상소한 사건에도 적용된다.

해설 불이익변경금지의 원칙은 피고인이 항소한 사건뿐만 아니라 피고인을 위하여 항소한 사건에 대하여도 적용된다.

형사소송법 제368조(불이익변경의 금지) 피고인이 항소한 사건과 피고인을 위하여 항소한 사건에 대해서는 원심판결의 형보다 무거운 형을 선고할 수 없다. [전문개정 2020. 12. 8.]

정답

14년(3)·18년(1) 모의

72. 쌍방이 항소한 사건에서 검사의 항소가 기각되는 경우에는 불이익변경금지원칙이 적용되지 않는다.

해설 피고인과 검사 쌍방이 항소하였으나 검사가 부착명령 청구사건에 대한 항소이유서를 제출하지 아니하여 부착명령 청구사건에 대한 검사의 항소를 기각하여야 하는 경우에는 실질적으로 부착명령 청구사건에 대해서는 피고인만이 항소한 경우와 같게 되므로 항소심은 불이익변경금지의 원칙에 따라 부착명령 청구사건에 관하여 제1심판결의 형보다 중한 형을 선고하지는 못한다고 할 것이다(대판 2014.03.27. 2013도9666).

정답

23년(3) 모의

73. 불이익변경금지의 원칙은 피고인만이 상소한 사건에 대하여 적용되는데, 피고인만이 항소하더라도 항소심에서 공소장변경으로 공소사실이 추가·철회·변경된 경우에는 불이익변경금지의 원칙이 적용되지 않는다.

> **해설** 형사소송법 제368조, 제399조는 피고인이 상소하거나 피고인을 위하여 상소한 사건에 대하여는 원심판결의 형보다 중한 형을 선고하지 못한다고 규정하여 이른바 불이익변경금지의 원칙을 설명하고 있는바, 피고인만이 항소한 항소심에서 공소장변경에 의하여 공소사실이 추가·철회·변경된 경우에도 형의 불이익변경은 허용되지 아니한다(대판 2021.04.15. 2021도1140).

정답 O

13년(2) 모의

74. 징역 1년에 3년간 집행유예가 선고된 제1심판결에 대하여 피고인과 검사 모두 항소한 경우 항소심은 징역 10월의 형을 선고할 수 있다.

> **해설** 피고인과 검사 모두 항소한 사건에 대해서는 불이익변경금지원칙이 적용되지 않는다. 지문의 경우 집행유예가 선고된 판결에 대해 항소심이 실형을 선고하는 경우, 이는 불이익변경에 해당하나 검사와 피고인 모두 항소한 경우이므로 불이익변경금지원칙이 적용되지 않아 이러한 형의 선고가 가능하다.

정답 O

3. 불이익변경금지원칙의 내용

(1) 불이익변경금지원칙의 대상

14년(3) 모의

75. 살인죄에 대하여 유기징역형을 선택하여 징역 15년을 선고한 1심 판결에 대하여 피고인만이 항소한 사건에서 항소심이 무기징역형을 선택하였다면 선고형에 상관없이 불이익하게 변경된 것이다.

> **해설** 불이익변경 금지의 원칙은 형의 선고에 관련한 것이다.
>
> **판례** 형사소송법 제368조에 의하여 불이익변경이 금지되는 것은 형의 선고에 한하므로, 살인죄에 대하여 원심이 유기징역형을 선택한 1심보다 중하게 무기징역형을 선택하였다 하더라도 결과적으로 선고한 형이 중하게 변경되지 아니한 이상 위 조문에서 말하는 중한 형을 선고하였다고 할 수 없다(대판 1999.02.05. 98도4534).

정답 ×

14년(1) 모의

76. 항소심에서도 공소장의 변경이 가능하며, 항소심에서 공소장변경을 통해 새로운 공소사실이 경합범으로 추가되는 경우에는 불이익변경금지원칙이 적용되지 않는다.

> **해설** 불이익변경금지원칙은 상소사건에 대하여만 적용되므로 항소심에서 다른 사건이 병합되어 경합범으로 처단되는 때에는 불이익변경금지원칙이 적용되지 않는다(이재상, 형사소송법 제9판, p.742).

> **판례** 항소심에서 두 개의 사건이 병합 심판되어 경합범으로 처단되는 경우에는 제1심의 각 형량보다 중한 형이 선고되었다고 하여 위법이라고 할 수 없다(대판 1980.05.27. 80도981).

정답 ○

(2) 불이익변경판단의 기준

 14년·18년 변시, 11년(1)·21년(3)·23년(2) 모의

77. (1) 부정기형을 정기형으로 변경하는 경우, 부정기형의 장기를 기준으로 하여 형의 경중을 판단하여야 한다.

(2) 피고인이 항소심 선고 이전에 만 19세에 도달하여 항소심이 제1심에서 선고한 부정기형을 파기하고 정기형을 선고하는 경우, 불이익변경금지 원칙 위반 여부를 판단하는 기준은 부정기형의 장기와 단기의 중간형이 된다.

(3) 제1심에서 소년임을 이유로 징역 장기 10년, 단기 5년의 부정기형을 선고한 데 대하여 피고인만이 항소한 경우, 항소심이 위 피고인이 항소심에 이르러 성년이 되었음을 이유로 제1심 판결을 파기하고 징역 7년을 선고하였다면 이는 위법하다.

> **해설** 부정기형을 정기형으로 변경할 때 불이익변경금지 원칙의 위반 여부는 부정기형의 장기와 단기의 중간형을 기준으로 삼는 것이 부정기형의 장기 또는 단기를 기준으로 삼는 것보다 상대적으로 우월한 기준으로 평가될 수 있음은 분명하다고 볼 수 있다. 이와 달리 불이익변경금지 원칙을 적용하여 부정기형과 정기형 사이의 경중을 가리는 경우에 부정기형 중 단기형과 정기형을 비교하여야 한다는 취지로 판시한 대판 1953.11.10. 4286형상14, 대판 1959.08.21. 4292형상242, 대판 1969.03.18. 69도114, 대판 2006.04.14. 2006도734 등을 비롯하여 같은 취지의 대법원 판결들은 이 판결의 견해에 배치되는 범위에서 이를 모두 변경하기로 한다(대판 2020.10.22. 2020도4140(전합)). ▶ (2)의 경우 장기 10년, 단기 5년의 부정기형의 중간형은 징역 7년 6월이므로 항소심이 징역 7년의 정기형을 선고한 것은 피고인에게 불이익하지 않아 위법하다 할 수 없다.

정답

(3) 형의 경중의 비교

🕐 13년 변시, 11년(1)·18년(2)·21년(1) 모의

78. (1) 피고인에 대한 벌금형이 제1심보다 감경되었다면 비록 그 벌금형에 대한 노역장유치기간이 제1심보다 더 길어졌다고 하더라도 전체적으로 보아 형이 불이익하게 변경되었다고 할 수는 없다.

(2) 자유형을 벌금형으로 변경하면서 벌금형에 대한 노역장유치기간이 자유형을 초과하는 경우, 다수설과 판례는 노역장유치는 환형처분으로서 벌금이 납부되지 않은 경우에만 집행되는 벌금형의 특수한 집행방법에 불과하므로 불이익변경이 되지 않는다고 한다.

해설 [1] (1)피고인에 대한 벌금형이 제1심보다 감경되었다면 비록 그 벌금형에 대한 노역장유치기간이 제1심보다 더 길어졌다고 하더라도 전체적으로 보아 형이 불이익하게 변경되었다고 할 수는 없다 할 것이고, 피고인에 대한 벌금형이 제1심보다 감경되었을 뿐만 아니라 그 벌금형에 대한 노역장유치기간도 줄어든 경우라면 노역장유치 환산의 기준 금액이 제1심의 그것보다 낮아졌다 하여도 형이 불이익하게 변경되었다고 할 수는 없다. [2] 벌금형에 대한 노역장유치기간의 산정에는 형법 제69조 제2항에 따른 제한이 있을 뿐 그 밖의 다른 제한이 없으므로, (2)징역형과 벌금형 가운데서 벌금형을 선택하여 선고하면서 그에 대한 노역장유치기간을 환산한 결과 선택형의 하나로 되어 있는 징역형의 장기보다 유치기간이 더 길 수 있게 되었다 하더라도 이를 위법이라고 할 수는 없다(대판 2000.11.24. 2000도3945).

정답 O, O

🕐 17년 변시, 18년(1) 모의

79. 징역형의 선고유예를 변경하여 벌금형을 선고하는 것은 피고인에게 불이익하게 변경된 것이어서 허용되지 아니한다.

해설 제1심의 징역형의 선고유예의 판결에 대하여 피고인만이 항소한 경우에 제2심이 벌금형을 선고한 것은 제1심판결의 형보다 중한 형을 선고한 것에 해당된다(대판 1999.11.26. 99도3776).

정답 O

17년(2)·18년(2) 모의

80. 1심에서 별개의 사건으로 징역 1년에 집행유예 2년과 추징금 1,000만 원의 선고 및 징역 1년 6월과 추징금 100만 원의 형을 선고받고 항소한 피고인에 대하여 항소심이 사건을 병합 심리한 후 경합범으로 처단하면서 1심의 각 형량보다 중한 형인 징역 2년과 추징금 1,100만 원을 선고한 것은 불이익변경에 해당되지 않는다.

해설 원심이, 제1심에서 별개의 사건으로 징역 1년에 집행유예 2년과 추징금 1천만 원 및 징역 1년 6월과 추징금 1백만 원의 형을 선고받고 항소한 피고인 1에 대하여 사건을 병합 심리한 후 경합범으로 처단하면서 제1심의 각 형량보다 중한 형인 징역 2년과 추징금 1,100만 원을 선고한 것이 불이익변경금지의 원칙에 어긋나지 아니하므로 이 부분 피고인 1의 상고이유도 받아들이지 아니한다(대판 2001.09.18. 2001도3448).

정답 O

🍊 18년 변시, 23년(2) 모의

81. 제1심이 뇌물수수죄를 인정하여 피고인에게 징역 1년 6월 및 추징을 선고한 데 대하여 피고인만이 항소한 경우, 항소심이 제1심이 누락한 필요적 벌금형 병과규정을 적용하여 피고인에게 징역 1년 6월에 집행유예 3년, 추징 및 벌금 5,000만 원을 선고하였다면 이는 위법하다.

> **해설** 선고된 형이 피고인에게 불이익하게 변경되었는지 여부는 일단 형법상 형의 경중을 기준으로 하되, 한 걸음 더 나아가 병과형이나 부가형, 집행유예, 노역장 유치기간 등 주문 전체를 고려하여 피고인에게 실질적으로 불이익한가에 의하여 판단하여야 한다. 제1심이 뇌물수수죄를 인정하여 피고인에게 징역 1년 6월 및 추징 26,150,000원을 선고한 데 대해 피고인만이 항소하였는데, 원심이 제1심이 누락한 필요적 벌금형 병과규정인 특정범죄 가중처벌 등에 관한 법률 제2조 제2항을 적용하여 피고인에게 징역 1년 6월에 집행유예 3년, 추징 26,150,000원 및 벌금 50,000,000원을 선고한 사안에서, 집행유예의 실효나 취소 가능성, 벌금 미납 시 노역장 유치 가능성과 그 기간 등을 전체적·실질적으로 고찰할 때 원심이 선고한 형은 제1심이 선고한 형보다 무거워 피고인에게 불이익하다(대판 2013.12.12. 2012도7198).

정답 ○

🍊 17년 변시, 18년(3) 모의

82. 제1심에서 추가로 강제추행전과가 밝혀져 벌금 300만 원이 선고되었고 이에 甲만이 항소하여 항소심에서는 제1심과 동일한 벌금형을 선고하면서 성폭력치료프로그램 이수명령이 병과된 경우, 이는 불이익변경금지원칙에 반하지 않는다.

> **해설** 동일한 벌금형 선고하면서 이수명령 부과한 경우, 이수명령은 이른바 범죄인에 대한 사회내 처우의 한 유형으로서 형벌 그 자체가 아니라 보안처분의 성격을 가지는 것이지만, 성폭력 치료프로그램의 의무적 이수를 받도록 함으로써 실질적으로는 신체적 자유를 제한하는 것이 된다. … 벌금 500만 원의 약식명령에 대하여 피고인만이 정식재판을 청구하고, 제1심판결이 동일한 벌금 500만 원을 선고한 데에 대하여 피고인만이 항소한 이 사건에서 원심이 제1심판결에서 정한 벌금형과 동일한 벌금형을 선고하면서 새로 이수명령을 병과한 것은 전체적·실질적으로 볼 때 피고인에게 불이익하게 변경한 것이므로 허용되지 않는다(대판 2012.09.27. 2012도8736).

정답 ×

🍊 18년 변시

83. 제1심에서 징역 1년에 처하되 형의 집행을 면제한다는 판결을 선고한 데 대하여 피고인만이 항소한 경우, 항소심이 위 피고인에 대해 징역 8월에 집행유예 2년을 선고하였다면 이는 위법하다.

> **해설** 불이익변경원칙의 적용에 있어서는 이를 개별적, 형식적으로 고찰할 것이 아니라 전체적, 실질적으로 고찰하여 결정하여야 할 것인데 형의 집행유예의 판결은 소정 유예기간을 특별한 사유 없이 경과한 때에는 그 형의 선고의 효력이 상실되나 형의 집행면제는 그 형의 집행만을 면제하는데 불과하여, 전자가 후자보다 피고인에게 불이익한 것이라 할 수 없다(대판 1985.09.24. 84도2972(전합)).

정답 ×

🕗 17년 변시

84. 제1심과 항소심의 선고형이 동일한 경우, 제1심에서 일죄로 인정한 것을 항소심에서 검사의 공소장변경신청을 받아들여 경합범으로 선고하더라도 불이익변경금지원칙에 위배되지 아니한다.

■해설 피고인에 관하여 형법 제156조만을 의율한 제1심 판결에 대하여 피고인만이 항소한 경우에 있어서 항소심판결이 검사의 공소장 변경신청에 의하여 제1심판결의 적용법조와는 달리 형법 제37조, 동법 제38조 제1항 제2호를 의율하여 경합죄로 처단하였다 하더라도 항소심판결의 선고형이 제1심 선고형과 동일하다면 불이익변경금지의 원칙에 위배된다고 할 수 없다(대판 1984.04.24. 83도3211).

정답 O

🕗 17년 변시

85. 제1심에서는 청구되지 않았고 항소심에서 처음 청구된 검사의 전자장치부착명령 청구에 대하여 항소심에서 부착명령을 선고하는 것은 불이익변경금지원칙에 위배되지 아니한다.

■해설 특정 범죄자에 대한 위치추적 전자장치 부착 등에 관한 법률 제5조 제4항은 "제1항부터 제3항까지의 규정에 따른 부착명령의 청구는 공소가 제기된 특정범죄사건의 항소심 변론종결 시까지 하여야 한다."고 규정하고 있을 뿐이지 피고인만이 항소한 사건의 경우에는 부착명령 청구를 할 수 없다는 등의 제한 규정을 두고 있지 아니하며, 위 규정은 성범죄 피해의 심각성을 인식하여 전자장치부착명령의 청구시기를 항소심까지 가능하도록 하였고, 이는 항소심에 이르러 비로소 부착명령의 필요성이 밝혀진 경우를 예상하여 규정하게 된 것으로 보이는 점에 비추어 보면, 피고인만이 항소한 경우라도 법원이 항소심에서 처음 청구된 검사의 부착명령 청구에 기하여 부착명령을 선고하는 것이 불이익변경금지의 원칙에 저촉되지 아니한다고 봄이 상당하다(대판 2010.11.25. 2010도9013).

정답 O

🕗 17년 변시, 15년(1) 모의

86. (1) 형기의 변경 없이 금고형을 징역형으로 바꾸어 집행유예를 선고하더라도 불이익변경금지원칙에 위배되지 않는다.
(2) 제1심이 피고인에게 금고 5월의 실형을 선고하였는데, 항소심이 징역 5월, 집행유예 2년, 보호관찰 및 40시간의 수강명령을 선고하였다면 피고인에게 불이익하게 변경된 것이어서 허용되지 아니한다.

■해설 판례는 피고인에게 금고 5월을 선고한 제1심판결에 대해 피고인만이 항소하였는데, 원심이 제1심과 마찬가지로 유죄를 인정하여 甲죄에 대하여는 금고형을, 乙죄와 丙죄에 대하여는 징역형을 선택한 후 각 죄를 형법 제37조 전단 경합범으로 처벌하면서 피고인에게 금고 5월, 집행유예 2년, 보호관찰 및 40시간의 수강명령을 선고한 사안에서 경합범 가중에 관한 형법 제38조 제2항을 간과하여 금고형을 선고한 제1심의 위법을 시정하지 아니한 원심판결에 법리오해의 잘못이 있다고 하면서 금고형과 징역형을 선택하여 경합범 가중을 하는 경우에는 형법 제38조 제2항에 따라 금고형과 징

역형을 동종의 형으로 간주하여 징역형으로 처벌하여야 하고, 피고인만이 항소한 이 사건에서 원심이 피고인에 대하여 형기의 변경 없이 위 금고형을 징역형으로 바꾸어 집행유예를 선고하는 것은 불이익변경금지의 원칙에 위반되지 않는다고 판시하였다(대판 2013.12.12. 2013도6608). 불이익변경금지의 원칙을 적용함에 있어서는 주문을 개별적·형식적으로 고찰할 것이 아니라 전체적·실질적으로 고찰하여 그 형의 경중을 판단하여야 한다(대판 1998.03.26. 97도1716(전합)).

 ○, ×

16년(2)·(3) 모의

87. 계주인 甲은 A, B, C 세 명의 계원을 단일하고 계속된 범의 아래 같은 장소에 5차례 모아 놓고 계불입금을 편취하였다. 검사는 A에 대한 제1회부터 제5회까지의 범행에 대하여 기소하였고, 제1심이 기소된 범죄 모두에 대하여 유죄를 인정하여 징역 2년을 선고하자 甲만이 항소하여 항소심은 일부 유죄, 일부 무죄를 인정하여 징역 1년을 선고하였다. 항소심판결에 대하여 검사만이 상고하였고 대법원이 검사의 상고를 받아 들여, 제1회부터 제5회까지의 범행 모두에 대하여 유죄를 인정하면서 징역 2년에 집행유예 3년과 함께 벌금 1,000만 원을 선고하였다면 이 판결은 적법하다.

해설 피고인만이 항소한 제2심판결에 대하여 검사가 상고한 경우에는, 상고심에서 불이익변경금지 원칙이 적용되어 상고심에서는 제1심판결판결의 형보다 중한 형을 선고할 수 없다(대판 1957.10.04. 4290형비상1). 항소심의 잘못 때문에 항소한 피고인이 불이익을 받아서는 안 되기 때문이다. 징역 2년6월 및 벌금 7,500,000원의 형을 선고한 1심판결에 대하여 피고인만이 항소한 항소심에서 징역 2년6월 및 벌금 15,000,000원에 징역형에 대한 집행유예 3년의 형을 선고하였다면 이는 불이익변경금지의 원칙에 저촉된다(대판 1981.01.27. 80도2977). 따라서 징역형이 선고된 자에게 집행유예를 붙이면서 벌금형을 병과하거나 벌금액을 늘린 경우는 불이익한 변경에 해당한다. 사안은 피고인 甲만이 항소한 항소심판결에 대하여 검사만이 상고했으므로 상고심에서도 불이익변경금지원칙이 적용된다. 상고심은 징역 2년의 제1심판결보다 중한 형을 선고할 수 없는데, 징역 2년에 집행유예 3년과 함께 벌금 1,000만 원을 선고하였으므로 불이익변경금지원칙에 위배된다.

 ×

16년(3) 모의

88. 항소심이 징역 장기 7년, 단기 5년 및 5년 동안의 위치추적 전자장치 부착명령을 선고한 제1심판결을 파기한 후 징역 장기 5년, 단기 3년 및 20년 동안의 위치추적 전자장치 부착명령을 선고한 것은 불이익변경이 아니다.

해설 불이익변경금지 원칙의 적용에 있어 그 선고된 형이 피고인에게 불이익하게 변경되었는지 여부에 관한 판단은 형법상 형의 경중을 기준으로 하되 이를 개별적·형식적으로 고찰할 것이 아니라 주문 전체를 고려하여 피고인에게 실질적으로 불이익한지 아닌지를 보아 판단하여야 할 뿐 아니라, 「구 특정 성폭력범죄자에 대한 위치추적 전자장치 부착에 관한 법률」에 의한 전자감시 제도는 성폭력범죄자의 재범 방지와 성행교정을 통한 재사회화를 위하여 그의 행적을 추적하여 위치를 확인할 수 있는 전자장치를 신체에 부착하게 하는 부가적인 조치를 취함으로써 성폭력범죄로부터 국민을 보호함

목적으로 하는 일종의 보안처분으로서 형벌과 구별되어 그 본질을 달리하는 점에 비추어 본다면, 원심이 피고인에게 징역 장기 7년, 단기 5년 및 5년 동안의 위치추적 전자장치 부착명령을 선고한 제1심판결을 파기한 후 피고인에 대하여 징역 장기 5년, 단기 3년 및 20년 동안의 위치추적 전자장치 부착명령을 선고한 것이 불이익변경금지의 원칙에 어긋나는 것이라고 할 수 없다(대판 2010.11.11. 2010도7955).

정답 O

14년(3)·15년(1)·18년(2) 모의

89. **(1) 불이익변경금지의 원칙은 상소법원이 파기자판하는 경우와는 달리 파기이송이나 파기환송의 경우에는 적용되지 않는다.**

(2) 피고인만 상고한 사건의 파기환송심에서 공소사실이 강도살인죄에서 강도치사죄로 공소장변경이 이루어진 후 변경된 범죄사실을 유죄로 인정하면서 환송 전 원심과 동일한 형을 선고하였다면 불이익변경금지원칙에 위배된다.

해설 (1)파기환송·파기이송을 받은 법원이 피고사건에 대하여 형을 선고하는 경우에는 파기 전의 원판결과의 관계에서도 이 원칙이 적용된다. 상소심에서 자판을 하느냐, 환송·이송을 하느냐에 따라 이 원칙의 적용여부가 달라지는 것은 불합리하기 때문이다(신호진, 형사소송법요론 2016년판, p.833).

판례 피고인의 상고에 의하여 상고심에서 원심판결을 파기하고 사건을 항소심에 환송한 경우에 환송 후의 원심에서 적법한 공소장변경이 있어 이에 따라 (2)그 항소심이 새로운 범죄사실을 유죄로 인정하면서 환송전 원심에서 정한 선고형과 동일한 형을 선고하였다고 하여 불이익변경금지원칙에 위배된다고 할 수 없고, 이는 법정형이 가벼운 죄로 공소사실의 변경이 이루어진 경우라 하여 달리 볼 것은 아니다(대판 2001.03.09. 2001도192).

정답 ×, ×

13년(2)·15년(1) 모의

90. **환송 전 원심에서 징역 1년형의 선고유예를 선고받은 데 대하여 피고인만이 상고하여 상고심에서 파기환송하여, 환송 후 원심에서 벌금 4천만 원 형과 금 1천 6백만 원의 추징의 선고를 모두 유예한 경우, 환송 전 원심판결보다 불이익하게 변경되었다고 볼 수 없다.**

해설 피고인에 대하여 제1심이 징역 1년 6월에 집행유예 3년의 형을 선고하고, 이에 대하여 피고인만이 항소하였는데, 환송 전 원심은 제1심판결을 파기하고 징역 1년 형의 선고를 유예하였으며, 이에 대하여 피고인만이 상고하여 당원이 원심판결을 파기하고 사건을 원심에 환송하자, 환송 후 원심은 제1심판결을 파기하고, 벌금 40,000,000원 형과 금 16,485,250원 추징의 선고를 모두 유예하였다면, 환송 후 원심이 제1심이나 환송 전 원심보다 가볍게 그 주형을 징역 1년 6월형의 집행유예 또는 징역 1년 형의 선고유예에서 벌금 40,000,000원 형의 선고유예로 감경한 점에 비추어, 그 선고를 유예한 금 16,485,250원의 추징을 새로이 추가하였다고 하더라도, 전체적·실질적으로 볼 때 피고인에 대한 형이 제1심판결이나 환송 전 원심판결보다 불이익하게 변경되었다고 볼 수는 없다(대판 1998.03.26. 97도1716(전합)).

정답 O

15년(1) 모의

91. 아동·청소년 대상 성폭력범죄의 피고인에게 '징역 15년 및 5년 동안의 위치추적 전자장치 부착명령'을 선고한 제1심판결을 파기한 후 '징역 9년, 5년 동안의 공개명령 및 6년 동안의 위치추적 전자장치 부착명령'을 선고한 경우, 항소심의 조치는 불이익변경금지원칙에 위배되지 않는다.

해설 '특정 성폭력범죄자에 대한 위치추적 전자장치 부착에 관한 법률'에 의한 전자감시제도는 성폭력범죄자의 재범 방지와 성행교정을 통한 재사회화를 위하여 그의 행적을 추적하여 위치를 확인할 수 있는 전자장치를 신체에 부착하게 하는 부가적인 조치를 취함으로써 성폭력범죄로부터 국민을 보호함을 목적으로 하는 일종의 보안처분으로서 형벌과 구별되며 그 본질을 달리한다(대판 2009.09.10. 2009도6061, 2009전도13 등 참조). 이러한 취지에서 원심이 피고인 겸 피부착명령청구자(이하 '피고인'이라고만 한다)에게 징역 15년 및 5년 동안의 위치추적 전자장치 부착명령을 선고한 제1심판결을 파기한 후 피고인에 대하여 징역 9년, 5년 동안의 공개명령 및 6년 동안의 위치추적 전자장치 부착명령을 선고한 조치가 불이익변경금지의 원칙에 어긋나는 것이라고 할 수 없다(대판 2011.04.14. 2010도16939).

정답 ○

14년(3) 모의

92. 두 개의 벌금형을 선고한 원심판결에 대하여 피고인만이 상고하여 파기환송되자, 환송 후 원심이 징역형의 집행유예와 사회봉사명령을 선고한 것은 불이익변경금지의 원칙에 위배된다.

해설 두 개의 벌금형을 선고한 환송 전 원심판결에 대하여 피고인만이 상고하여 파기 환송되었는데, 환송 후 원심이 징역형의 집행유예와 사회봉사명령을 선고한 것은 불이익변경금지의 원칙에 위배된다(대판 2006.05.26. 2005도8607). ▶ 집행유예가 실효·취소되는 경우를 고려하는 경우 벌금형보다 징역형의 집행유예가 중한 형벌이므로 불이익변경금지원칙에 위배된다.

정답 ○

16년(1) 모의

93. 피고인만 항소하고 검사는 항소하지 않은 경우 항소심에서 검사의 공소장변경 신청은 허용되지 않는다.

해설 불이익변경금지의 원칙은 피고인의 또는 피고인을 위한 상소사건에 있어서 원심의 형, 즉 판결주문의 형보다 중한 형을 선고할 수 없다는 것에 불과하므로, 제1심판결에 대하여 피고인들만이 항소한 경우, 항소심이 검사의 공소장변경신청을 허가하고 그 변경된 적용법률에 의하여 판결을 선고하였다 하더라도, 선고된 항소심의 형이 제1심의 그것보다 가벼운 이상 불이익변경금지의 원칙에 위배된다고 할 수 없다(대판 1999.10.08. 99도3225).

정답 ×

24년·23년 변시

94. 피고인만이 상소한 사건에서 상소심이 원심법원이 인정한 범죄사실의 일부를 무죄로 인정하면서도 피고인에 대하여 원심법원과 동일한 형을 선고하였더라도 불이익변경금지 원칙을 위반한 것은 아니다.

해설 '불이익변경의 금지'에 관한 형사소송법 제368조에서 피고인이 항소한 사건과 피고인을 위하여 항소한 사건에 대하여는 원심판결의 형보다 중한 형을 선고하지 못한다고 규정하고 있고, 위 법률조항은 형사소송법 제399조에 의하여 상고심에도 준용된다. 이러한 불이익변경금지 원칙은, 상소심에서 원심판결의 형보다 중한 형을 선고받을 수 있다는 우려로 말미암아 피고인의 상소권 행사가 위축되는 것을 막기 위한 정책적 고려의 결과로 입법자가 채택하였다. 위 법률조항의 문언이 '원심판결의 형보다 중한 형'으로의 변경만을 금지하고 있을 뿐이고, 상소심은 원심법원이 형을 정함에 있어서 전제로 삼았던 사정이나 견해에 반드시 구속되는 것은 아닌 점 등에 비추어 보면, 피고인만이 상소한 사건에서 상소심이 원심법원이 인정한 범죄사실의 일부를 무죄로 인정하면서도 피고인에 대하여 원심법원과 동일한 형을 선고하였다고 하여 그것이 불이익변경금지 원칙을 위반하였다고 볼 수 없다(대판 2021.5.6. 2021도1282).

정답 O

13년 변시

95. 피고인만이 항소한 경우, 동일 물건에 대하여 제1심판결에서 선고된 추징을 몰수로 변경하는 것은 불이익변경금지원칙에 위반되지 않는다.

해설 제1심판결에서 선고된 추징을 항소심판결로 몰수로 변경하는 것은 형식적으로 보면 제1심이 선고하지 아니한 전혀 새로운 형을 선고하는 것으로 보일지 모르나, 추징은 몰수할 물건의 전부 또는 일부를 몰수하지 못할 때 몰수에 갈음하여 그 가액의 납부를 명하는 처분으로서, 실질적으로 볼 때 몰수와 표리관계에 있어 차이가 없는 것이고, 형법 제134조나 공무원범죄에 관한 몰수특례법 소정의 필요적 몰수와 추징은 어느 것이나 공무원이 뇌물수수 등 직무관련범죄로 취득한 부정한 이익을 계속 보유하지 못하게 하는 데 그 목적이 있으므로, 항소심이 몰수의 가능성에 관하여 제1심과 견해를 달리하여 추징을 몰수로 변경하더라도, 그것만으로 피고인의 이해관계에 실질적 변동이 생겼다고 볼 수는 없으며, 따라서 이를 두고 형이 불이익하게 변경되는 것이라고 보아서는 안 된다(대판 2005.10.28. 2005도5822).

정답 O

11년(1) 모의

96. 징역형을 금고형으로 변경하면서 형기를 높이거나 형기를 그대로 두고 금고형을 징역형으로 변경하는 것은 불이익변경에 해당한다.

해설 형법 제41조와 형법 제50조에 따라 판단을 할 때, 동일한 형기라면 금고보다 징역형이 중한 형이지만 형기가 높아지게 되면 금고가 더 중한 형이 된다. 또한 금고형을 징역형으로 변경하는 것은 불이익변경에 해당하지만 형기를 단축하는 경우에는 불이익변경에 해당하지 않는다.

> 형법 제41조(형의 종류) 형의 종류는 다음과 같다.
> 1. 사형 / 2. 징역 / 3. 금고 / 4. 자격상실 / 5. 자격정지 / 6. 벌금 / 7. 구류 / 8. 과료 / 9. 몰수
> 형법 제50조(형의 경중) ① 형의 경중은 제41조 각 호의 순서에 따른다. 다만, 무기금고와 유기징역은 무기금고를 무거운 것으로 하고 유기금고의 장기가 유기징역의 장기를 초과하는 때에는 유기금고를 무거운 것으로 한다.
> ② 같은 종류의 형은 장기가 긴 것과 다액이 많은 것을 무거운 것으로 하고 장기 또는 다액이 같은 경우에는 단기가 긴 것과 소액이 많은 것을 무거운 것으로 한다.
> ③ 제1항 및 제2항을 제외하고는 죄질과 범정(犯情)을 고려하여 경중을 정한다.
> [전문개정 2020. 12. 8.]

정답

11년(1) 모의

97. **상소심에서 유기징역을 무기징역으로 변경하거나, 제1심에서 무기징역을 선고한 후 항소심에서 확정판결 이전의 다른 범행을 경합범으로 하여 무기징역과 징역 6월을 선고하는 것은 불이익변경이 된다.**

해설 수죄로 무기징역을 선고받은 피고인만이 항소하였는데 항소심이 유죄확정판결 전의 범행이 있다는 이유로 동 확정판결 전의 범행에 대하여 징역 6월, 그 후의 범행에 대하여 무기징역을 각 선고한 것은 불이익변경금지원칙에 위배되어 위법하다. 왜냐하면 첫째, 형사소송법 제462조에 의하여 중한 형인 무기징역을 집행 중 사면에 의하여 무기형이 사면 또는 감형되면 사면 또는 감형된 형기 종료 후 위 징역 6월 형의 집행가능성이 있고 둘째로, 징역 6월의 형과 무기징역형은 그 상호간에 형법 제37조 후단의 경합관계에 있는 것이 아니므로 형법 제39조 제2항, 제38조 제1항 제1호에 의하여 징역 6월의 형은 집행하지 아니한다는 이론은 성립할 수 없기 때문이다(대판 1981.09.08. 81도1945).

정답

VII 파기판결의 구속력

20년(3) 모의

98. **종전 상고심이 피고인들의 상고이유를 받아들여 환송 전 원심판결을 전부 파기·환송하면서 피고인들이 상고이유로 삼지 아니한 부분에 대한 상고가 이유 없다는 판단을 따로 한 바 없다면, 이를 환송받은 원심이 그 부분에 대하여 다시 심리·판단하여 그 중 일부를 무죄로 선고할 수 있다.**

해설 종전 상고심이 피고인들의 상고이유를 받아들여 환송 전 원심판결을 전부 파기·환송하면서 피고인들이 상고이유로 삼지 아니한 부분에 대한 상고가 이유 없다는 판단을 따로 한 바 없다면, 그 환송판결의 선고로 그 부분에 대한 유죄판단이 실체적으로 확정되는 것은 아니므로, 이를 환송받은 원심이 그 부분에 대하여 다시 심리·판단하여 그 중 일부를 무죄로 선고하였다고 하여 환송판결과 배치되는 판단을 하였다고 볼 수 없다(대판 2009.08.20. 2007도7042).

정답

20년(3) 모의

99. 상고심으로부터 형사사건을 환송받은 법원은 환송 후의 심리과정에서 새로운 증거가 제시되어 기속력 있는 판단의 기초가 된 증거관계에 변동이 생기지 않는 한 그 사건의 재판에서 상고법원이 파기이유로 제시한 사실상의 판단에도 기속된다.

해설 법원조직법 제8조는 "상급법원의 재판에 있어서의 판단은 당해 사건에 관하여 하급심을 기속한다"고 규정하고, 형사소송법 제436조 제2항 후문도 상고법원이 파기의 이유로 삼은 사실상 및 법률상의 판단은 하급심을 기속한다는 취지를 규정하고 있으며, 형사소송법에서는 이에 상응하는 명문의 규정은 없지만 법률심을 원칙으로 하는 상고심은 형사소송법 383조 또는 384조에 의하여 사실인정에 관한 원심판결의 당부에 관하여 제한적으로 개입할 수 있는 것이므로 조리상 상고심판결의 파기이유가 된 사실상의 판단도 기속력을 가진다. 따라서 상고심으로부터 사건을 환송받은 법원은 그 사건을 재판함에 있어서 상고법원이 파기이유로 한 사실상 및 법률상의 판단에 대하여 환송 후의 심리과정에서 새로운 증거가 제시되어 기속적 판단의 기초가 된 증거관계에 변동이 생기지 않는 한 이에 기속된다(대판 2009.04.09. 2008도10572).

정답

20년(3) 모의

100. 대법원의 전원합의체가 종전의 환송판결의 법률상 판단을 변경할 필요가 있다고 인정하는 경우에는 그에 기속되지 아니하고 통상적인 법령의 해석적용에 관한 의견의 변경절차에 따라 이를 변경할 수 있다.

해설 대법원의 전원합의체는 종전에 대법원에서 판시한 법령의 해석적용에 관한 의견을 변경할 수 있으므로(법원조직법 제7조 제1항 제3호) 대법원의 전원합의체가 파기판결의 법률상 판단을 변경할 필요가 있다고 인정하는 경우에 한하여 예외적으로 파기판결에 기속되지 않는다고 본다(이창현, 형사소송법 제3판, p.1199, 아래판례 각주인용).

참조판례 … 그러나 한편, 대법원은 법령의 정당한 해석적용과 그 통일을 주된 임무로 하는 최고법원이고, 대법원의 전원합의체는 종전에 대법원에서 판시한 법령의 해석적용에 관한 의견을 스스로 변경할 수 있는 것인바(법원조직법 제7조 제1항 제3호), 환송판결이 파기이유로 한 법률상 판단도 여기에서 말하는 '대법원에서 판시한 법령의 해석적용에 관한 의견'에 포함되는 것이므로 대법원의 전원합의체가 종전의 환송판결의 법률상 판단을 변경할 필요가 있다고 인정하는 경우에는, 그에 기속되지 아니하고 통상적인 법령의 해석적용에 관한 의견의 변경절차에 따라 이를 변경할 수 있다고 보아야 할 것이다(대판 2001.03.15. 98두15597(전합)).

정답

19년 변시, 17년(1)·20년(3) 모의

101. 상고심에서 상고이유의 주장이 이유 없다고 판단되어 배척된 부분이라도 상고심으로부터 당해 사건을 환송받은 법원은 이와 배치되는 판단을 할 수 있다.

해설 상고심에서 상고이유의 주장이 이유 없다고 판단되어 배척된 부분은 그 판결 선고와 동시에 확정력이 발생하여 이 부분에 대하여는 피고인은 더 이상 다툴 수 없고, 또한 환송받은 법원으로서도 이와 배치되는 판단을 할 수 없다고 할 것이므로 피고인으로서는 더 이상 이 부분에 대한 주장을 상고이유로 삼을 수 없다 할 것이고, 이러한 사정은 확정력이 발생한 부분에 대하여 새로운 주장이 추가된 경우에도 마찬가지이며, 또 적용법률의 개정으로 공소장이 변경된 경우에도 환송받은 법원이 새로운 죄명과 적용법조 및 법정형을 고려하여 재판하여야 할 뿐 그와 관계없이 이미 확정력이 발생한 부분에 대하여 피고인이 더 이상 다툴 수 없음은 마찬가지라 할 것이다(대판 2006.06.09. 2006도2017).

정답 ×

17년(3)·20년(3) 모의

102. 상고심이 「형법」 제309조 제2항의 출판물에 의한 명예훼손의 공소사실을 유죄로 인정한 환송 전 원심판결에 위법이 있다고 판결하였다면, 환송 후 원심에서는 이 부분 공소사실이 「형법」 제307조 제2항의 명예훼손죄의 공소사실로 변경되었다고 하여도 새롭게 사실인정을 할 재량권이 없다.

해설 법원조직법 제8조는 "상급법원의 재판에 있어서의 판단은 당해 사건에 관하여 하급심을 기속한다."고 규정하고, 민사소송법 제436조 제2항 후문도 상고법원이 파기의 이유로 삼은 사실상 및 법률상의 판단은 하급심을 기속한다는 취지를 규정하고 있으며, 형사소송법에서는 이에 상응하는 명문의 규정은 없지만, 법률심을 원칙으로 하는 상고심도 형사소송법 제383조 또는 제384조에 의하여 사실인정에 관한 원심판결의 당부에 관하여 제한적으로 개입할 수 있는 것이므로 조리상 상고심판결의 파기이유가 된 사실상의 판단도 기속력을 가지는 것이며, 이 경우에 파기판결의 기속력은 파기의 직접 이유가 된 원심판결에 대한 소극적인 부정 판단에 한하여 생긴다고 할 것이다. 파기환송판결의 사실판단의 기속력은 파기의 직접 이유가 된 환송 전 원심에 이르기까지 조사한 증거들만에 의하여서는 출판물에 의한 명예훼손의 공소사실이 인정되지 아니한다는 소극적인 부정 판단에만 미치는 것이므로, 환송 후 원심에서 이 부분 공소사실이 형법 제307조 제2항의 명예훼손죄의 공소사실로 변경된 이상 환송 후 원심은 이에 대하여 새롭게 사실인정을 할 재량권을 가지게 되는 것이고 더 이상 파기환송판결이 한 사실판단에 기속될 필요는 없게 되었다(대판 2004.04.09. 2004도340).

정답

제2절 항소

I 항소의 의의와 항소심의 구조

21년(3) 모의

103. 항소심에서 원판결의 당부에 대한 판단은 항소심판결 선고시점이 아니라, 원판결시점을 기준으로 한다.

해설 항소심은 기본적으로 속심이라고 볼 때, 항소심에서 원판결의 당부에 대한 판단은 항소심 판결 시를 기준으로 판단하여야 한다.

판례 [1] 현행 형사소송법상 항소심은 기본적으로 실체적 진실을 추구하는 면에서 속심적 기능이 강조되고 있고, 다만 사후심적 요소를 도입한 형사소송법의 조문들이 남상소의 폐단을 억제하고 항소법원의 부담을 감소시킨다는 소송경제상의 필요에서 항소심의 속심적 성격에 제한을 가하고 있음에 불과하다. [2] 공소의 효력과 판결의 기판력의 기준시점은 사실심리의 가능성이 있는 최후의 시점인 판결선고시라고 할 것이나, 항소된 경우 그 시점은 현행 항소심의 구조에 비추어 항소심 판결선고시라고 함이 타당하고, 그것은 파기자판한 경우이든 항소기각된 경우든 다를 바가 없다(대판 1983.04.26. 82도2829).

정답

21년(1) 모의

104. 항소심에서 항소이유가 없음이 명백하여 항소기각의 판결을 받는 때와 상고심의 판결 등 예외적으로 법률에 의하여 서면심리에 의한 판결이 가능하도록 규정되어 있는 경우를 제외하고는 판결은 구두변론을 거쳐야 함이 원칙이다.

해설 판결은 항소심에서 항소이유가 없음이 명백하여 항소기각의 판결을 하는 때와 상고심의 판결 등 예외적으로 법률에 의하여 서면심리에 의한 판결이 가능하도록 규정되어 있는 경우를 제외하고는 구두변론을 거쳐야 함이 원칙이다(대판 1994.10.21. 94도2078).

정답

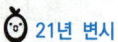 21년 변시

105. 제1심 법원에서 이미 증거능력이 있었던 증거는 항소심에서도 증거능력이 그대로 유지되어 심판의 기초가 될 수 있고, 다시 증거조사를 할 필요가 없으므로, 항소심법원의 재판장은 증거조사절차에 들어가기에 앞서 제1심의 증거관계와 증거조사결과의 요지를 고지할 필요가 없다.

해설 형사소송법 제364조 제3항은 "제1심법원에서 증거로 할 수 있었던 증거는 항소법원에서도 증거로 할 수 있다."라고 정하고 있다. 따라서 제1심법원에서 이미 증거능력이 있었던 증거는 항소심에서도 증거능력이 그대로 유지되어 심판의 기초가 될 수 있고, 다시 증거조사를 할 필요가 없다(대판 2009.04.09. 2009도377 참조). 다만 항소법원의 재판장은 증거조사 절차에 들어가기에 앞서 제1심의 증거관계와 증거조사 결과의 요지를 고지하여야 한다(형사소송규칙 제156조의5 제1항).

정답

19년 변시

106. **(1)** 양형부당은 원심판결의 선고형이 구체적인 사안의 내용에 비추어 너무 무겁거나 너무 가벼운 경우를 말하는데, 양형은 법정형을 기초로 하여 「형법」 제51조에서 정한 양형의 조건이 되는 사항을 두루 참작하여 합리적이고 적정한 범위 내에서 이루어지는 재량 판단이라 할 수 있다.

(2) 양형판단에 관하여 제1심의 고유한 영역이 존재하는데, 항소심의 사후심적 성격 등에 비추어 보면, 제1심과 비교하여 양형의 조건에 변화가 없고 제1심의 양형이 재량의 합리적인 범위를 벗어나지 아니하는 경우에는 항소심 법원은 이를 존중함이 타당하다.

(3) 제1심의 형량이 재량의 합리적인 범위 내에 속함에도 항소심의 견해와 다소 다르다는 이유만으로 제1심판결을 파기하여 제1심과 별로 차이 없는 형을 선고하는 것은 자제함이 바람직하다.

(4) 항소심이 자신의 양형판단과 일치하지 아니한다고 하여 양형부당을 이유로 제1심판결을 파기하는 것이 바람직하지 아니한 점이 있다고 하더라도 이를 두고 양형심리 및 양형판단이 위법하다고까지 할 수는 없다.

해설 [1] (1)양형부당은 원심판결의 선고형이 구체적인 사안의 내용에 비추어 너무 무겁거나 너무 가벼운 경우를 말한다. 양형은 법정형을 기초로 하여 형법 제51조에서 정한 양형의 조건이 되는 사항을 두루 참작하여 합리적이고 적정한 범위 내에서 이루어지는 재량 판단으로서, 공판중심주의와 직접주의를 취하고 있는 우리 형사소송법에서는 (2)양형판단에 관하여도 제1심의 고유한 영역이 존재한다. 이러한 사정들과 아울러 항소심의 사후심적 성격 등에 비추어 보면, 제1심과 비교하여 양형의 조건에 변화가 없고 제1심의 양형이 재량의 합리적인 범위를 벗어나지 아니하는 경우에는 이를 존중함이 타당하며, (3)제1심의 형량이 재량의 합리적인 범위 내에 속함에도 항소심의 견해와 다소 다르다는 이유만으로 제1심판결을 파기하여 제1심과 별로 차이 없는 형을 선고하는 것은 자제함이 바람직하다. 그렇지만 제1심의 양형심리 과정에서 나타난 양형의 조건이 되는 사항과 양형기준 등을 종합하여 볼 때에 제1심의 양형판단이 재량의 합리적인 한계를 벗어났다고 평가되거나, 항소심의 양형심리 과정에서 새로이 현출된 자료를 종합하면 제1심의 양형판단을 그대로 유지하는 것이 부당하다고 인정되는 등의 사정이 있는 경우에는, 항소심은 형의 양정이 부당한 제1심판결을 파기하여야 한다. [2] 항소심은 제1심에 대한 사후심적 성격이 가미된 속심으로서 제1심과 구분되는 고유의 양형재량을 가지고 있으므로, (4)항소심이 자신의 양형판단과 일치하지 아니한다고 하여 양형부당을 이유로 제1심판결을 파기하는 것이 바람직하지 아니한 점이 있다고 하더라도 이를 두고 양형심리 및 양형판단 방법이 위법하다고까지 할 수는 없다. 그리고 원심의 판단에 근거가 된 양형자료와 그에 관한 판단 내용이 모순 없이 설시되어 있는 경우에는 양형의 조건이 되는 사유에 관하여 일일이 명시하지 아니하여도 위법하다고 할 수 없다(대판 2015.07.23. 2015도3260(전합)).

정답 O, O, O, O

15년(3) 모의

107. 제1심에서 부적법한 공시송달로 인하여 피고인이 공판기일에 출석하지 않은 가운데 증거조사 및 판결선고가 이루어진 경우, 항소심으로서는 다시 적법한 절차에 의하여 소송행위를 새로이 한 후 항소심에서의 진술과 증거조사 등 심리 결과에 기초하여 다시 판결하여야 한다.

해설 공시송달 방법에 의한 피고인 소환이 부적법하여 피고인이 공판기일에 출석하지 않은 가운데 진행된 제1심의 절차가 위법하고 그에 따른 제1심판결이 파기되어야 한다면, 항소심으로서는 다시 적법한 절차에 의하여 소송행위를 새로이 한 후 항소심에서의 진술과 증거조사 등 심리 결과에 기초하여 다시 판결하여야 한다(대판 2012.04.26. 2012도986).

정답 O

13년(2)·15년(1) 모의

108. 항소심의 구조를 속심으로 보면 항소이유가 있을 때 항소심 판결은 원칙적으로 파기자판의 형식을 취하게 된다.

해설 현행법상의 항소심의 구조에 대하여는 ① 항소심은 제1심의 변론이 재개된 것처럼 항소심에서 원심의 심리절차를 인계하고 새로운 심리와 증거를 보완하여 심판하는 심급으로 보는 속심설과 ② 항소심은 어디까지나 원심에 나타난 자료에 따라 원심판결시를 기준으로 하여 원판결의 당부를 사후적으로 판단하는 심급으로 보는 사후심설이 대립한다. 속심설에 의하면 ⅰ)항소심의 심판대상은 피고사건의 실체이고 ⅱ)항소이유에는 제한이 없고 ⅲ)제1심 판결 후에 발생한 사실도 증거조사가 가능하며 ⅳ)항소심에서의 공소장변경도 가능하고 ⅴ)항소이유가 있는 경우 원칙적으로 파기자판하며 ⅵ)기판력의 시적범위는 항소심판결선고시가 된다. 반면에 사후심설에 의하면 ⅰ)항소심의 심판대상은 원판결의 당부이고 ⅱ)항소이유에는 제한이 있으며 ⅲ)제1심 판결 후에 발생한 사실은 증거조사가 불가능하며 ⅳ)항소심에서의 공소장변경도 불가능하고 ⅴ)항소이유가 있는 경우 파기환송해야 하며 ⅵ)기판력의 시적범위는 원심판결선고시가 된다. 한편 판례는 '현행 형사소송법상 항소심은 기본적으로 실체적 진실을 추구하는 면에서 속심적 기능이 강조되고 있고, 다만 사후심적 요소를 도입한 형사소송법의 조문들이 남상소의 폐단을 억제하고 항소법원의 부담을 감소시킨다는 소송경제상의 필요에서 항소심의 속심적 성격에 제한을 가하고 있음에 불과하다(대판 1983.04.26. 82도2829)'고 하여 원칙적 속심설을 취한다.

정답 O

 12년 변시, 12년(2)·15년(3)·16년(2)·18년(2)·20년(1) 모의

109. 필요적 변호사건의 제1심 공판절차가 변호인 없이 이루어진 경우 항소심으로서는 피고인의 심급의 이익을 박탈하지 않기 위하여 위법한 제1심판결을 파기하고 사건을 제1심법원으로 환송하여야 한다.

해설 형사소송법 제282조에 규정된 필요적 변호사건에 해당하는 사건에서 제1심의 공판절차가 변호인 없이 이루어진 경우에 항소심으로서는 변호인 있는 상태에서 소송행위를 새로이 한 후 위법한 공판절차에 따른 제1심판결을 파기하고, 항소심에서의 진술 및 증거조사 등 심리결과에 기하여 다시 판결하여야 한다(대결 2002.09.04. 2002모239). ▶ 판례는 항소심의 구조에 대해 원칙적 속심설을 취한다. 따라서 항소이유가 있을 때 항소심 판결은 원칙적으로 파기자판의 형식을 취한다.

정답

II 항소이유

20년(3) 모의

110. 甲은 A죄(甲은 필리핀에서 범한 A죄로 필리핀 교도소에 미결구금되었다가 무죄 취지의 판결을 받고 석방된 바 있다), B죄, C죄로 기소되었다. 항소심법원은 A죄, B죄를 상상적 경합관계에 있다고 보고 A죄에 대하여는 유죄판결, B죄에 대하여는 무죄판결을 하였으며, C죄에 대하여는 면소판결을 하였다. 이에 대하여 검사와 피고인 쌍방이 상고하였다.

항소심법원이 A죄와 상상적 경합범의 관계에 있는 B죄에 대하여 판결 주문에서 무죄를 표시한 것은 판결에 영향을 미친 위법사유가 된다.

해설 상상적 경합범의 관계에 있는 공소사실의 일부에 대하여 무죄를 선고하여야 할 것으로 판단되는 경우에는 이를 판결주문에 따로 표시할 필요가 없으나, 판결주문에 표시하였다 하더라도 판결에 영향을 미친 위법사유가 되는 것은 아니다(대판 1999.12.24. 99도3003).

정답

20년(2) 모의

111. 간이공판절차의 요건이 갖추어지지 않았음에도 불구하고 제1심법원이 간이공판절차에 의하여 심판한 경우는 제1심판결에 대한 항소이유로 된다.

해설 피고인이 절도의 공소사실을 부인하였다면 절도의 공소사실은 간이공판절차에 의하여 심판할 대상이 아니고, 따라서 피고인의 법정에서의 진술을 제외한 나머지 증거들은 간이공판절차가 아닌 일반절차에 의한 적법한 증거조사절차를 거쳐 그에 관한 증거능력이 부여되지 않는 한 절도의 공소사실에 대한 유죄의 증거로 삼을 수 없는 것임에도 불구하고, 이러한 절차를 거치지 아니한 채 이를 증거로 하여 절도의 공소사실을 유죄로 인정한 제1심판결에 대하여 그 증거들이 적법하게 증거조사를 마친 증거라면서 그 증거들에 의하여 피고인의 유죄를 인정한 원심판결에 간이공판절차에 관한 법리를 오해하거나 형사소송법 제307조에 위반하여 증거 없이 절도의 공소사실을 유죄로 인정함으로써 판결에 영향을 미친 법률 위반의 위법이 있다고 한 사례(대판 1995.11.10. 95도1859).

정답

16년(3) 모의

112. 공판심리 도중에 판사의 경질이 있음에도 불구하고 공판절차를 갱신하지 않고 판결을 한 경우는 항소이유 중 "법률상 그 재판에 관여하지 못할 판사가 그 사건의 심판에 관여한 때"(형사소송법 제361조의5 제7호)에 해당한다.

해설 공판개정 후 판사의 경질이 있는 때에는 공판절차를 갱신하여야 하는바(형사소송법 제301조 본문), 만일 판사의 경질이 있었음에도 불구하고 공판절차를 갱신하지 아니한 경우는 '사건의 심리에 관여하지 아니한 판사가 그 사건의 판결에 관여한 경우'로서 제361조의5 제7호가 아닌 제8호의 사유로 절대적 항소이유가 된다.

정답 ×

16년(3) 모의

113. 증거능력 없는 증거에 의하여 사실을 인정하였다고 하더라도 그로 인하여 판결에 영향을 미친 경우에만 항소이유가 된다.

해설 증거능력 없는 증거에 의하여 사실을 인정한 것은 '사실의 오인'에 해당하므로 판결에 영향을 미친 경우에만 항소이유가 되는 상대적 항소이유이다(형사소송법 제361조의5 제14호).

정답 ○

Ⅲ 항소심의 절차

19년 변시·13년(3)·15년(1)·16년(3)·18년(2)·20년(2)·23년(1) 모의

114. 甲과 乙에게 국선변호인이 선임되었으며 피고인 모두에게 1심에서 실형이 선고되었고, 乙은 항소를 포기하였고 국선변호인은 甲의 귀책사유가 없음에도 불구하고 법정기간 내에 항소이유서를 제출하지 아니하였다면, 항소법원은 종전 국선변호인의 선정을 취소하고 새로운 국선변호인을 선정하여 다시 소송기록접수통지를 하여야 한다.

해설 피고인을 위하여 선정된 국선변호인이 법정기간 내에 항소이유서를 제출하지 아니하면 이는 피고인을 위하여 요구되는 충분한 조력을 제공하지 아니한 것으로 보아야 하고, 이런 경우에 피고인에게 책임을 돌릴 만한 아무런 사유가 없는데도 항소법원이 형사소송법 제361조의4 제1항 본문에 따라 피고인의 항소를 기각한다면, 이는 피고인에게 국선변호인으로부터 충분한 조력을 받을 권리를 보장하고 이를 위한 국가의 의무를 규정하고 있는 헌법의 취지에 반하는 조치이다. 따라서 피고인과 국선변호인이 모두 법정기간 내에 항소이유서를 제출하지 아니하였더라도, 국선변호인이 항소이유서를 제출하지 아니한 데 대하여 피고인에게 귀책사유가 있음이 특별히 밝혀지지 않는 한, 항소법원은 종전 국선변호인의 선정을 취소하고 새로운 국선변호인을 선정하여 다시 소송기록접수통지를 함으로써 새로운 국선변호인으로 하여금 그 통지를 받은 때로부터 형사소송법 제361조의3 제1항의 기간 내에 피고인을 위하여 항소이유서를 제출하도록 하여야 한다(대결 2012.02.16. 2009모1044(전합)).

정답 ○

13년(3)·16년(2)·22년(1)·23년(3) 모의

115. **甲은 구속된 상태에서 재판을 받고 있고, 항소심법원이 국선변호인을 선정하고 甲과 그 변호인에게 소송기록접수통지를 한 다음 甲이 사선변호인을 선임하자, 항소심법원은 국선변호인의 선정을 취소하였다. 항소심법원은 사선변호인에게 다시 소송기록접수통지를 하여야 하며, 항소이유서 제출기간은 사선변호인이 소송기록접수통지를 받은 날부터 계산하여야 한다.**

해설 형사소송법은 항소법원이 항소인인 피고인에게 소송기록접수통지를 하기 전에 변호인의 선임이 있는 때에는 변호인에게도 소송기록접수통지를 하도록 정하고 있으므로(제361조의2 제2항), 피고인에게 소송기록접수통지를 한 다음에 변호인이 선임된 경우에는 변호인에게 다시 같은 통지를 할 필요가 없다. 이는 필요적 변호사건에서 항소법원이 국선변호인을 선정하고 피고인과 그 변호인에게 소송기록접수통지를 한 다음 피고인이 사선변호인을 선임함에 따라 항소법원이 국선변호인의 선정을 취소한 경우에도 마찬가지이다. 이러한 경우 항소이유서 제출기간은 국선변호인 또는 피고인이 소송기록접수통지를 받은 날부터 계산하여야 한다(대결 2018.11.22. 2015도10651(전합)).

23년(1) 모의

116. **피고인의 항소대리권자인 배우자가 피고인을 위하여 항소한 경우, 그 배우자가 소송기록접수통지를 받고 적법한 기간 내에 항소이유서를 제출하지 아니한 때에는 피고인에게 소송기록접수통지가 이루어지지 않았더라도 항소이유서 제출기간이 지났다는 이유로 항소기각결정을 할 수 있다.**

해설 형사소송법 제361조의4, 제361조의3, 제361조의2에 따르면, 항소인이나 변호인이 항소법원으로부터 소송기록접수통지를 받은 날로부터 20일 이내에 항소이유서를 제출하지 않고 항소장에도 항소이유의 기재가 없는 경우에는 결정으로 항소를 기각할 수 있도록 정하고 있다. 그러나 항소이유서 부제출을 이유로 항소기각의 결정을 하기 위해서는 항소인이 적법한 소송기록접수통지서를 받고서도 정당한 이유 없이 20일 이내에 항소이유서를 제출하지 않았어야 한다. 피고인의 항소대리권자인 배우자가 피고인을 위하여 항소한 경우(형사소송법 제341조)에도 소송기록접수통지는 항소인인 피고인에게 하여야 하는데(형사소송법 제361조의2), 피고인이 적법하게 소송기록접수통지서를 받지 못하였다면 항소이유서 제출기간이 지났다는 이유로 항소기각결정을 하는 것은 위법하다(대결 2018.03.29. 2018모642).

16년(2) 모의

117. 국선변호인의 교체가 피고인의 귀책사유에 의하지 아니한 사정으로 이루어진 경우에는 법원은 형사소송규칙 제156조의2 규정을 적용하여 새로이 선정된 국선변호인에게 소송기록접수통지를 하여야 하고, 그 경우 항소이유서 제출기간은 새로이 선정된 변호인이 소송기록접수통지를 받은 날로부터 20일 이내라 할 것이다.

해설 변호인의 조력을 받을 위와 같은 피고인의 권리는 필요적 변호사건에서 법원이 국선변호인을 선정한 후 그 변호인에게 소송기록접수통지를 하였다가 항소이유서 제출기간 내에 피고인의 귀책사유에 의하지 아니한 사정으로 그 선정결정을 취소하고 새로운 국선변호인을 선정한 경우에도 마찬가지로 보호되어야 한다고 할 것이므로, 국선변호인의 교체가 피고인의 귀책사유에 의하지 아니한 사정으로 이루어진 경우에는 법원은 형사소송규칙 제156조의2 규정을 적용하여 새로이 선정된 국선변호인에게 소송기록접수통지를 하여야 하고, 그 경우 항소이유서 제출기간은 새로이 선정된 변호인이 소송기록접수통지를 받은 날로부터 20일 이내라 할 것이다(대판 2006.03.09. 2005모304).

정답

16년(1) 모의

118. 피고인에게 소송기록접수통지를 한 후에 변호인의 선임이 있는 경우에는 변호인에게 다시 같은 통지를 할 필요가 없다.

해설 형사소송법 제361조의2와 제361조의3 제1항에 의하면, 항소법원이 기록의 송부를 받은 때에는 즉시 항소인과 그 상대방에게 통지하여야 하고 이 통지 전에 변호인의 선임이 있는 때에는 변호인에게도 통지를 하여야 하며, 항소인 또는 변호인은 이 통지를 받은 날로부터 20일 이내에 항소이유서를 제출하도록 되어 있으므로, 피고인에게 소송기록접수통지를 한 후에 변호인의 선임이 있는 경우에는 변호인에게 다시 같은 통지를 할 필요가 없고 항소이유서의 제출기간도 피고인이 그 통지를 받은 날로부터 계산하면 되나, 피고인에게 소송기록접수통지가 되기 전에 변호인의 선임이 있는 때에는 변호인에게도 소송기록접수통지를 하여야 하고 변호인의 항소이유서 제출기간은 변호인이 이 통지를 받은 날로부터 계산하여야 한다(대판 1996.09.06. 96도166).

정답

14년(2)·16년(1) 모의

119. 필요적 변호사건에서 피고인이 항소이유서 제출기간 이내에 항소이유서를 제출하지 않고 항소장에도 항소이유를 기재하지 않았다고 하더라도 피고인에게 변호인이 없는 때에는 국선변호인을 선정하지 않은 채 결정으로 피고인의 항소를 기각할 수는 없다.

해설 사건이 사형, 무기 또는 단기 3년 이상의 징역이나 금고에 해당하는 소위 필요적 변호 사건의 경우, 항소심은 항소심에 준용되는 형사소송법 제282조, 제283조, 형사소송규칙 제16조 제1항, 제17조 제1항에 의하여 피고인에게 변호인이 없는 때에는 국선변호인을 선정하여 그 국선변호인으로 하여금 항소이유서를 작성, 제출하도록 하여야 하는 것이고, 피고인이 항소이유서 제출기간 이내에 항소이유서를 제출하지 않고, 항소장에도 항소이유를 기재하지 않았다고 하더라도, 피고인에게 변호인이 없는 때에는 국선변호인을 선정하지 않은 채 형사소송법 제361조의4 제1항에 의하여 결정으로 피고인의 항소를 기각할 수는 없다(대결 1996.11.28. 96모100).

정답 O

16년 변시, 16년(1) 모의

120. **항소이유서가 제출되지 않은 경우, 항소심법원은 그 제출기간의 경과를 기다리지 않고 변론을 종결하여 심판할 수 없다.**

해설 형사소송법 제361조의3, 제364조 등의 규정에 의하면 항소심의 구조는 피고인 또는 변호인이 법정기간 내에 제출한 항소이유서에 의하여 심판되는 것이고, 이미 항소이유서를 제출하였더라도 항소이유를 추가·변경·철회할 수 있으므로, 항소이유서 제출기간의 경과를 기다리지 않고는 항소사건을 심판할 수 없다. 따라서 항소이유서 제출기간 내에 변론이 종결되었는데 그 후 위 제출기간 내에 항소이유서가 제출되었다면, 특별한 사정이 없는 한 항소심법원으로서는 변론을 재개하여 항소이유의 주장에 대해서도 심리를 해 보아야 한다(대판 2015.04.09. 2015도1466).

형사소송법 제361조의3(항소이유서와 답변서) ① 항소인 또는 변호인은 전조의 통지를 받은 날로부터 20일 이내에 항소이유서를 항소법원에 제출하여야 한다. 이 경우 제344조를 준용한다.
형사소송법 제361조의4(항소기각의 결정) ① 항소인이나 변호인이 전조 제1항의 기간 내에 항소이유서를 제출하지 아니한 때에는 결정으로 항소를 기각하여야 한다. 단, 직권조사사유가 있거나 항소장에 항소이유의 기재가 있는 때에는 예외로 한다.

정답 O

23년(2) 모의

121. **항소이유서 제출기간 내에 변론이 종결되고 그 후 그 제출기간 내에 항소이유서가 제출된 경우, 특별한 사정이 없는 한 항소심법원은 변론을 재개하여 항소이유 주장에 대해서 심리를 해야 한다.**

해설 이 사건에서 피고인의 제2사건에 대한 항소이유서 제출기간은 소송기록 접수통지서가 송달된 2018. 5. 23.부터 20일 이내인 2018. 6. 12.까지이다. 피고인과 국선변호인이 2018. 5. 24. 공판기일에서 구두로 항소이유는 양형부당이라고 진술하고 바로 변론이 종결되었으나, 피고인이 항소이유서 제출기간 내인 2018. 5. 28. 소송절차의 위법을 다투는 서면을 제출하였다. 위 서면의 내용은 실질적으로 항소이유에 해당하므로 그 범위에서는 새로운 항소이유를 적법하게 추가하였다고 볼 수 있다. 그러나 추가된 항소이유에 대한 심리가 이루어졌다고 보기 어려우므로, 원심으로서는 특별한 사정이 없는 한 변론을 재개하여 추가된 항소이유에 대하여 심리를 해 보았어야 한다. 그런데도 원심이 피고인의 '탄원서, 반성문'이 제출된 후 공판기일을 열어 피고인에게 변론할 기회를 부여하는 등의 절차를 거치지 않은 채 그대로 판결을 선고함으로써 항소이유서 제출기간 만료 시까지 항소이유서를 제출하고 이에 관하여 변론을 한 후 심판을 받을 수 있는 기회를 피고인으로부터 박탈하고 말았다. 이러한 원심 조치에는 항소이유서 제출기간 및 변론재개에 관한 법리를 오해하여 판결에 영향을 미친 위법이 있다(대판 2018.11.29. 2018도12896).

정답 O

15년(3) 모의

122. 항소이유서를 제출한 자는 항소심의 공판기일에 항소이유서에 기재된 항소이유의 일부를 철회할 수 있고, 이 경우 항소심 법원은 판결이유에서 철회된 항소이유에 대하여 판단을 설시할 필요가 없다.

해설 항소이유서를 제출한 자는 항소심의 공판기일에 항소이유서에 기재된 항소이유의 일부를 철회할 수 있고, 이 경우 항소심 법원으로서는 판결이유에서 그 철회된 항소이유에 대하여 판단을 설시할 필요가 없는 것이지만, 이와 같이 항소이유를 철회하면 이를 다시 상고이유로 삼을 수 없게 되는 제한을 받을 수도 있으므로, 항소이유의 철회는 명백히 이루어져야만 그 효력이 있다(대판 1999.06.11. 99도1238).

정답 O

14년(2) 모의

123. 필요적 변호사건에서 피고인의 국선변호인 선정청구에 따라 선정된 국선변호인이 '항소이유보충서'의 명목으로 항소이유서를 제출한 경우 항소이유서 제출기간이 경과되기 전에 항소를 기각한 원심의 조치는 위법하지 않다.

해설 필요적 변호사건에서 피고인의 국선변호인 선정청구에 따라 선정된 국선변호인이 '항소이유보충서'의 명목으로 항소이유서를 제출한 경우, 항소이유서 제출기간이 경과되기 전에 항소를 기각한 원심의 조치는 항소이유서 제출기간 만료시까지 항소이유서를 제출하거나 수정·추가 등을 할 수 있는 기회를 박탈한 것으로 위법하다(대판 2009.04.09. 2008도11213).

정답 ×

16년(1) · 23년(2) 모의

124. 乙이 유죄판결에 항소하면서 "위 사건에 대한 원심판결은 도저히 납득할 수 없는 억울한 판결이므로 항소를 한 것입니다"라고 기재한 항소이유서를 제출한 경우, 항소심은 이를 제1심판결에 사실의 오인이 있거나 양형부당의 위법이 있다는 항소이유를 기재한 것으로 선해하여 그 항소이유에 대하여 심리를 하여야 한다.

해설 형사소송법 제361조의4 제1항은 항소인 또는 변호인이 그 법 제361조의3 제1항의 기간 내에 항소이유서를 제출하지 아니한 때에는 직권조사사유가 있거나 항소장에 항소이유의 기재가 있는 경우를 제외하고 결정으로 항소를 기각하여야 한다고 규정하고 있으므로 항소인 또는 변호인이 항소이유서에 추상적으로 제1심판결이 부당하다고만 기재함으로써 항소이유를 특정하여 구체적으로 명시하지 아니하였다고 하더라도 항소이유서가 법정의 기간 내에 적법하게 제출된 경우에는 이를 항소이유서가 법정의 기간 내에 제출되지 아니한 것과 같이 보아 형사소송법 제361조의4 제1항에 의하여 결정으로 항소를 기각할 수는 없다. 항소심은 사후심적 성격이 가미된 속심인 점에 비추어 항소인들이 항소이유서에 '위 사건에 대한 원심판결은 도저히 납득할 수 없는 억울한 판결이므로 항소를 한 것입니다'라고 기재하였다고 하더라도 항소심으로서는 이를 제1심판결에 사실의 오인이 있거나 양형부당의 위법이 있다는 항소이유를 기재한 것으로 선해하여 그 항소이유에 대하여 심리를 하여야 한다(대결 2002.12.03. 2002모265).

정답 O

23년(1) 모의

125. 항소이유서 송달을 규정한 형사소송법 조문은 항소한 소송관계인의 상대방으로 하여금 방어를 준비할 기회를 주기 위한 것이므로 상대방이 항소이유서의 부본을 송달받지 못하여 방어를 준비할 기회를 갖지 못하였다 하더라도 항소한 피고인 본인이 이를 탓할 수는 없다.

해설 형사소송법 제361조의3 제1항 내지 제4항은 항소한 소송관계인의 상대방으로 하여금 방어를 준비할 기회를 주기 위한 것이므로 상대방이 항소이유서의 부본을 송달 받지 못하여 방어를 준비할 기회를 갖지 못하였다 하더라도 항소한 소송관계인 본인이 이를 탓할 수 없다 할 것인바, 기록에 의하면 피고인이 제출한 항소이유서 부본이 검사에게 송달되지 아니하였고 이로 인하여 검사가 답변서를 제출할 기회를 갖지 못하였으나 검사가 원심 공판기일에 출석하여 항소이유서 부본의 불송달과 이로 인한 답변서를 제출하지 못한 점에 대하여 아무런 이의를 제기하지 않은 채 피고인이 항소이유서를 진술하고 검사가 이에 대하여 항소가 이유 없다는 취지의 답변을 한 다음 검사와 피고인이 이에 기하여 변론을 하는 등으로 이 사건 항소심 공판절차의 진행에 협조한 사실을 알 수 있는바, 사실관계가 그러하다면 항소인인 피고인이 항소이유서 부본이 송달되지 아니하였음을 비난할 수 없다 할 것이므로 이 부분 상고이유의 주장은 받아들이지 아니한다(대판 2001.12.27. 2001도5810).

정답

15년(2)·21년(2) 모의

126. (1) 상소제기 후 소송기록이 상소법원에 도달하지 않고 있는 사이에는 피고인을 구속할 필요가 있는 경우에도 기록이 없는 상소법원에서 구속의 요건이나 필요성 여부에 대한 판단을 하여 피고인을 구속하는 것은 실질적으로 불가능하다.

(2) 항소 후 소송기록이 항소법원에 도달하지 않고 있는 사이에 피고인을 구속할 필요가 있는 경우 불출석상태에서 징역형을 선고받고 항소한 피고인에 대하여 제1심법원이 구속영장을 발부한 것은 적법하지 않다.

해설 [1] 상소제기 후 소송기록이 상소법원에 도달하지 않고 있는 사이에는 피고인을 구속할 필요가 있는 경우에도 기록이 없는 상소법원에서 구속의 요건이나 필요성 여부에 대한 판단을 하여 피고인을 구속하는 것이 실질적으로 불가능하다는 점 등을 고려하면, 상소기간 중 또는 상소 중의 사건에 관한 피고인의 구속을 소송기록이 상소법원에 도달하기까지는 원심법원이 하도록 규정한 형사소송규칙 제57조 제1항의 규정이 형사소송법 제105조의 규정에 저촉된다고 보기는 어렵다. [2] 불출석상태에서 징역형을 선고받고 항소한 피고인에 대하여 제1심법원이 소송기록이 항소심법원에 도달하기 전에 구속영장을 발부한 것은 적법하다(대결 2007.07.10. 2007모460).

정답 ,

14년(2) 모의

127. 항소를 함에는 항소장을 항소법원에 제출하여야 한다.

해설 항소는 원심법원에 항소장을 제출하는 방식으로 제기하여야 한다(형사소송법 제359조).

형사소송법 제359조(항소제기의 방식) 항소를 함에는 항소장을 원심법원에 제출하여야 한다.

정답

14년(2)·20년(1) 모의

128. (1) 항소의 제기가 법률상의 방식에 위반하거나 항소권소멸 후인 것이 명백한 때에는 항소법원은 판결로 항소를 기각하여야 한다.
(2) 제1심법원이 유죄판결을 선고하고 7일이 경과한 후에 항소가 제기된 경우, 법원은 결정으로 항소를 기각하여야 하고 이 결정에 대하여 항고할 수 있다.

해설 형사소송법 제343조 제2항, 제358조, 제360조 제1항 및 제2항 참조.

형사소송법 제343조(상소 제기기간) ① 상소의 제기는 그 기간 내에 서면으로 한다.
② 상소의 제기기간은 재판을 선고 또는 고지한 날로부터 진행된다.
형사소송법 제358조(항소제기기간) 항소의 제기기간은 7일로 한다.
형사소송법 제360조(원심법원의 항소기각 결정) ① 항소의 제기가 법률상의 방식에 위반하거나 항소권소멸 후인 것이 명백한 때에는 원심법원은 결정으로 항소를 기각하여야 한다.
② 전항의 결정에 대하여는 즉시항고를 할 수 있다.

정답

19년 변시, 14년(2) 모의

129. 항소인이 항소이유서를 그 제출기간 내에 제출하지 아니한 경우에는 직권조사사유가 있더라도 항소를 기각하여야 한다.

해설 형사소송법 제361조의4 제1항 단서 참조.

제361조의4(항소기각의 결정) ① 항소인이나 변호인이 전조제1항의 기간 내에 항소이유서를 제출하지 아니한 때에는 결정으로 항소를 기각하여야 한다. 단, 직권조사사유가 있거나 항소장에 항소이유의 기재가 있는 때에는 예외로 한다.
② 전항의 결정에 대하여는 즉시항고를 할 수 있다.

정답 ×

22년(2) 모의

130. 항소심 제4회 공판기일에 피고인이 변호인과 함께 출석하자 법원이 변론을 종결하고 제5회 공판기일인 선고기일을 지정하여 고지하였는데, 피고인과 변호인이 모두 제5회 공판기일에 출석하지 아니하자 피고인의 출석 없이 공판기일을 개정하여 피고인의 항소를 기각한 것은 「형사소송법」 제365조(피고인의 출정)에 따른 적법한 결정이다.

해설 [1] 항소심에서도 피고인의 출석 없이는 개정하지 못하는 것이 원칙이다(형사소송법 제370조, 제276조). 다만 피고인이 항소심 공판기일에 출정하지 않아 다시 기일을 정하였는데도 정당한 사유 없이 그 기일에도 출정하지 않은 때에는 피고인의 진술 없이 판결할 수 있다(형사소송법 제365조). 이와 같이 피고인이 불출석한 상태에서 그 진술 없이 판결할 수 있기 위해서는 피고인이 적법한 공판기일 통지를 받고서도 2회 연속으로 정당한 이유 없이 출정하지 않은 경우에 해당하여야 한다. [2] 피고인이 제1심에서 도로교통법 위반(음주운전)죄로 유죄판결을 받고 항소한 후 원심 제1회, 제2회 공판기일에 출석하였고, 제3회 공판기일에 변호인만이 출석하고 피고인은 건강상 이유를 들어 출석하지 않았으나, 제4회 공판기일에 변호인과 함께 출석하자 원심은 변론을 종결하고 제5회 공판기일인 선고기일을 지정하여 고지하였는데, 피고인과 변호인이 모두 제5회 공판기일에 출석하지 아니하자 원심이 피고인의 출석 없이 공판기일을 개정하여 피고인의 항소를 기각하는 판결을 선고한 사안에서, 피고인이 고지된 선고기일인 제5회 공판기일에 출석하지 않았더라도 제4회 공판기일에 출석한 이상 2회 연속으로 정당한 이유 없이 출정하지 않은 경우에 해당하지 않아 형사소송법 제365조 제2항에 따라 제5회 공판기일을 개정할 수 없다는 이유로, 그런데도 피고인의 출석 없이 제5회 공판기일을 개정하여 판결을 선고한 원심의 조치에 소송절차에 관한 형사소송법 제365조에 반하여 판결에 영향을 미친 잘못이 있다고 한 사례(대판 2019.10.31. 2019도5426).

정답 ×

21년(3) 모의

131. 형법 제37조 전단 경합범 관계에 있는 공소사실 중 일부에 대하여 유죄, 나머지 부분에 대하여 무죄를 선고한 판결에 대하여 검사만이 항소하면서 항소장의 항소범위란에 '재판의 일부에 대하여만 항소한다'는 기재가 없는 경우에는 판결전부에 대하여 항소한 것으로 보아야 한다.

해설 검사가 제출한 항소장의 불복의 범위란에 '재판의 일부에 대하여서만 상소한다'는 기재가 없는 한 검사의 청구대로 되지 아니한 판결 전부에 대하여 상소한 것이라고 보아야 할 것이고, 검사가 항소장에 판결주문을 기재함에 있어 재판의 일부를 기재하지 아니하였다 하여 무죄부분에 대하여는 항소하지 아니한 것이라고 단정한 것은 성급한 조치이다(대판 1991.11.26. 91도1937).

정답 ○

21년(1) 모의

132. 법원은 항소이유서에 포함시키지 않은 사항을 항소인이 항소심 재판시 진술하게 되면 그 사항이 판결에 영향을 미친 사유인지와 관계없이 항소이유에 그러한 주장이 포함되어 있다고 보고 항소심의 심판대상으로 삼을 수 있다.

해설 항소법원은 직권조사사유에 관하여는 항소제기가 적법하다면 항소이유서가 제출되었는지 여부나 항소이유서에 포함되었는지 여부를 가릴 필요 없이 반드시 심판하여야 할 것이지만, 직권조사사유가 아닌 것에 관하여는 그것이 항소장에 기재되었거나 그렇지 아니하면 소정 기간 내에 제출된 항소이유서에 포함된 경우에 한하여 심판의 대상으로 할 수 있고, 다만 판결에 영향을 미친 사유에 한하여 예외적으로 항소이유서에 포함되지 아니하였다 하더라도 직권으로 심판할 수 있다 할 것이고, 한편 피고인이나 변호인이 항소이유서에 포함시키지 아니한 사항을 항소심 공판정에서 진술한다 하더라도 그 진술에 포함된 주장과 같은 항소이유가 있다고 볼 수 없다(대판 1998.09.22. 98도1234).

정답

16년(3) 모의

133. 검사가 불복의 범위란에 아무런 기재를 안 하고 판결주문란에 유죄부분의 형만을 기재하고 무죄의 주문은 기재하지 않은 항소장을 제출한 경우, 항소이유서에 무죄부분에 대한 항소이유를 개진했더라도 이는 유죄부분만에 대한 항소로 보아야 한다.

해설 검사가 불복의 범위란에 아무런 기재를 아니하고, 판결주문란에 유죄부분의 형만을 기재하고 무죄의 주문은 기재하지 아니한 항소장을 제출하였으나 항소이유서에 무죄부분에 대하여도 항소이유를 개진한 경우, 판결전부에 대한 항소로 보아야 한다(대판 1991.11.26. 91도1937).

정답

16년(1) 모의

134. 항소이유서에 포함되지 아니한 경우에는 판결에 영향을 미친 사유라 할지라도 항소심 법원은 이를 직권으로 심판할 수 없다.

해설 형사소송법 제364조 제1항, 제2항 참조.

형사소송법 제364조(항소법원의 심판) ① 항소법원은 항소이유에 포함된 사유에 관하여 심판하여야 한다.
② 항소법원은 판결에 영향을 미친 사유에 관하여는 항소이유서에 포함되지 아니한 경우에도 직권으로 심판할 수 있다.

판례 항소법원은 직권조사사유에 관하여는 항소제기가 적법하다면 항소이유서가 제출되었는지 여부나 항소이유서에 포함되었는지 여부를 가릴 필요 없이 반드시 심판하여야 할 것이지만, 직권조사사유가 아닌 것에 관하여는 그것이 항소장에 기재되었거나 그렇지 아니하면 소정 기간 내에 제출된 항소이유서에 포함된 경우에 한하여 심판의 대상으로 할 수 있고, 다만 판결에 영향을 미친 사유에 한하여 예외적으로 항소이유서에 포함되지 아니하였다 하더라도 직권으로 심판할 수 있다 할 것이고, 한편 피고인이나 변호인이 항소이유서에 포함시키지 아니한 사항을 항소심 공판정에서 진술한다 하더라도 그 진술에 포함된 주장과 같은 항소이유가 있다고 볼 수 없다(대판 1998.09.22. 98도1234).

정답 ×

135. 피고인이 적법하게 지정·고지된 항소심 공판기일에 출정하지 아니하여 법원이 당사자가 출석하지 아니한 그 기일에 다시 새로운 기일을 지정·고지하였음에도 피고인이 그 기일마저 정당한 사유 없이 출정하지 아니한 경우 법원은 피고인의 진술 없이 판결을 선고할 수 있다.

> **해설** 형사소송법 제365조에 의하면, 피고인이 항소심 공판기일에 출정하지 아니한 때에는 다시 기일을 정하고 피고인이 정당한 이유 없이 다시 정한 기일에도 출정하지 아니한 때에는 피고인의 진술 없이 판결할 수 있도록 되어 있으나, 이와 같이 피고인의 진술 없이 판결할 수 있기 위하여는 피고인이 적법한 공판기일 소환장을 받고서 정당한 이유 없이 출정하지 아니할 것을 필요로 한다(대판 2002.09.24. 2002도2502).

정답 ○

136. 제1심 공판절차에서 피고인에 대한 송달불능보고서가 접수된 때부터 6개월이 지나도록 피고인의 소재를 확인할 수 없는 경우에는 대법원규칙으로 정하는 바에 따라 피고인의 진술 없이 재판할 수 있으나, 사형, 무기 또는 장기 10년이 넘는 징역이나 금고에 해당하는 사건의 경우에는 피고인의 진술 없이 재판할 수 없다.

> **해설**
> 소송촉진 등에 관한 특례법 제23조(제1심 공판의 특례) 제1심 공판절차에서 피고인에 대한 송달불능보고서(送達不能報告書)가 접수된 때부터 6개월이 지나도록 피고인의 소재(所在)를 확인할 수 없는 경우에는 대법원규칙으로 정하는 바에 따라 피고인의 진술 없이 재판할 수 있다. 다만, 사형, 무기 또는 장기(長期) 10년이 넘는 징역이나 금고에 해당하는 사건의 경우에는 그러하지 아니하다.
> 소송촉진 등에 관한 특례규칙 제19조(불출석피고인에 대한 재판) ②피고인이 제1항의 규정에 의한 공판기일의 소환을 2회이상 받고도 출석하지 아니한 때에는 법 제23조의 규정에 의하여 피고인의 진술없이 재판할 수 있다.

정답 ○

137. (1) 법원은 피고인이 항소심의 공판기일에 출정하지 아니한 때에는 다시 기일을 정하고, 피고인이 다시 정한 기일에도 정당한 사유없이 출정하지 아니한 경우 피고인의 진술 없이 판결할 수 있다.

(2) 甲이 항소심 제1회 공판기일 소환장을 적법하게 송달받고도 불출석하였다가 제2회 공판기일에는 출석하였으나 다시 제3회 공판기일에 불출석한 경우, 항소심은 제3회 공판기일에 피고인의 출석 없이 공판절차를 진행하여 변론을 종결할 수 있다.

해설 형사소송법 제370조, 제276조에 의하면 항소심에서도 공판기일에 피고인의 출석 없이는 개정하지 못하나, 같은 법 제365조가 피고인이 항소심 공판기일에 출석하지 아니한 때에는 다시 기일을 정하고, 피고인이 정당한 사유 없이 다시 정한 기일에도 출석하지 아니한 때에는 피고인의 진술 없이 판결할 수 있도록 정하고 있으므로 피고인의 출석 없이 개정하려면 불출석이 2회 이상 계속된 바가 있어야 한다. 피고인들이 제1회 공판기일에 불출석하였으나 제2회 공판기일에는 출석하였으므로 원심으로서는 피고인들이 제3회 공판기일에 불출석하였다고 하여 바로 개정할 수 없고 제4회 공판기일을 다시 정하여 제4회 공판기일에도 불출석한 때 비로소 피고인들의 출석 없이 개정할 수 있다고 할 것이다. 그럼에도 원심은 피고인들이 2회 이상 계속하여 불출석한 것으로 보고 피고인들의 출석 없이 제3회 공판기일을 개정하였으니, 거기에는 형사소송법 제365조 등 소송절차에 관한 법령을 위반하여 판결에 영향을 미친 위법이 있다(대판 2016.04.29. 2016도2210).

정답 ○, ×

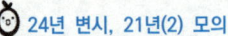 24년 변시, 21년(2) 모의

138. 피고인은 항소심 제1회 공판기일에는 불출석, 제2회 공판기일에는 출석하였으나 제3회 공판기일에 다시 불출석하자 법원이 피고인의 변호인과 검사만 출석한 상태에서 공판절차를 진행하여 변론을 종결한 다음 제4회 공판기일에 피고인의 항소를 기각하는 판결을 선고하였다면, 이는 「형사소송법」 제365조에 따른 조치로서 적법하다.

해설 형사소송법 제370조, 제276조에 의하면 항소심에서도 피고인의 출석 없이는 개정하지 못하는 것이 원칙이다. 다만 같은 법 제365조에 의하면 피고인이 항소심 공판기일에 출정하지 아니하여 다시 기일을 정하였는데도 정당한 사유 없이 그 기일에도 출정하지 아니한 때에는 피고인의 진술 없이 판결할 수 있으므로, 이와 같이 피고인이 불출석한 상태에서 그 진술 없이 판결할 수 있기 위해서는 피고인이 적법한 공판기일 통지를 받고서도 2회 연속으로 정당한 이유 없이 출정하지 아니한 경우에 해당하여야 한다(대판 2012.06.28. 2011도16166).

정답 ×

21년(3) 모의

139. 항소심으로서는 제1심의 판단을 그대로 유지하는 것이 현저히 부당하다고 인정되는 예외적인 경우가 아니라면, 제1심 증인이 한 진술의 신빙성 유무에 대한 제1심의 판단이 항소심의 판단과 다르다는 이유만으로 이에 대한 제1심의 판단을 함부로 뒤집어서는 안 된다.

해설 항소심이 항소이유가 있다고 인정하는 경우에는 제1심이 조사한 증인을 다시 심문하지 아니하고 그 조서의 기재만으로 그 증언의 신빙성 유무를 판단할 수 있는 것이 원칙이지만, 공판중심주의와 직접심리주의의 원칙상, 제1심판결 내용과 제1심에서 적법하게 증거조사를 거친 증거들에 비추어 제1심 증인이 한 진술의 신빙성 유무에 대한 제1심의 판단이 명백하게 잘못되었다고 볼 특별한 사정이 있거나, 제1심의 증거조사 결과와 항소심 변론종결시까지 추가로 이루어진 증거조사 결과를 종합하면 제1심 증인이 한 진술의 신빙성 유무에 대한 제1심의 판단을 그대로 유지하는 것이 현저히 부당하다고 인정되는 예외적인 경우가 아니라면, 항소심으로서는 제1심 증인이 한 진술의 신빙성 유무에 대한 제1심의 판단이 항소심의 판단과 다르다는 이유만으로 이에 대한 제1심의 판단을 함부로 뒤집어서는 아니 된다 할 것이다(대판 2007.05.11. 2007도2020).

정답 ○

21년(1) 모의

140. 항소심은 제1심 증인이 한 진술의 신빙성 유무에 대한 제1심의 판단이 항소심의 판단과 다르다는 이유만으로 이에 대한 제1심 판단을 함부로 뒤집어서는 안 된다.

▦해설 제1심 증인이 한 진술에 대한 항소심의 신빙성 유무 판단은 원칙적으로 증인신문조서를 포함한 기록만을 그 자료로 삼게 되므로, 진술의 신빙성 유무 판단을 할 때 가장 중요한 요소 중의 하나라 할 수 있는 진술 당시 증인의 모습이나 태도, 진술의 뉘앙스 등을 그 평가에 반영하기가 어렵다. 이러한 사정을 고려하면, 제1심판결 내용과 제1심에서 증거조사를 거친 증거들에 비추어 제1심 증인이 한 진술의 신빙성 유무에 대한 제1심의 판단이 명백하게 잘못되었다고 볼 특별한 사정이 있거나, 제1심의 증거조사 결과와 항소심 변론종결 시까지 추가로 이루어진 증거조사 결과를 종합하면 제1심 증인이 한 진술의 신빙성 유무에 대한 제1심의 판단을 그대로 유지하는 것이 현저히 부당하다고 인정되는 예외적인 경우가 아니라면, 항소심으로서는 제1심 증인이 한 진술의 신빙성 유무에 대한 제1심의 판단이 항소심의 판단과 다르다는 이유만으로 이에 대한 제1심의 판단을 함부로 뒤집어서는 안 된다(대판 2019.07.24. 2018도17748).

 ○

17년 변시, 15년(1) 모의

141. 피고인은 면소판결에 대하여 무죄의 실체판결을 구하는 상소를 할 수 없는 것이 원칙이다.

▦해설 피고인에게는 실체 판결청구권이 없는 것이므로 면소판결에 대하여 무죄의 실체판결을 구하여 상소를 할 수는 없는 것이다(대판 1984.11.27. 84도2106).

 ○

15년(3) 모의

142. 항소심이 제1심의 양형이 과중하다는 피고인의 항소이유를 받아들여 제1심판결을 파기하면서 제1심 그대로의 형을 선고하더라도 판결 결과에 영향을 미친 위법이 있는 것은 아니다.

▦해설 항소심이 제1심의 양형이 과중하다고 인정하여 피고인의 항소이유를 받아들여 제1심판결을 파기하면서 제1심 그대로의 형을 선고하면 판결의 이유와 주문이 저촉·모순되는 위법이 있고 이러한 위법은 판결 결과에 영향이 있는 것이다(대판 1999.07.23. 99도1682).

 ×

15년(3), 21년(1) 모의

143. 제1심의 형량이 너무 가벼워서 부당하다는 이유로 검사만 항소한 경우, 항소심 법원은 검사의 항소이유에 대한 판단에 앞서 직권으로 제1심판결에 양형이 부당하다고 인정할 사유가 있는지 여부를 심판할 수 있고, 그러한 사유가 있는 때에는 제1심판결을 파기하고 제1심의 양형보다 가벼운 형을 정하여 선고할 수 있다.

해설 항소법원은 항소이유에 포함된 사유에 관하여 심판하여야 하고, 다만 판결에 영향을 미친 사유에 관하여는 항소이유서에 포함되지 아니한 경우에도 직권으로 심판할 수 있다(형사소송법 제364조 제1항, 제2항). 한편 항소이유에는 '형의 양정이 부당하다고 인정할 사유가 있는 때'가 포함되고(형사소송법 제361조의5 제15호), 위와 같이 판결에 영향을 미치는 사유는 항소이유서에 포함되지 아니한 것이라도 항소심의 심판의 대상이 될 뿐만 아니라, 검사만이 항소한 경우 항소심이 제1심의 양형보다 피고인에게 유리한 형량을 정할 수 없다는 제한이 있는 것도 아니다. 따라서 항소법원은 제1심의 형량이 너무 가벼워서 부당하다는 검사의 항소이유에 대한 판단에 앞서 직권으로 제1심판결에 양형이 부당하다고 인정할 사유가 있는지 여부를 심판할 수 있고, 그러한 사유가 있는 때에는 제1심판결을 파기하고 제1심의 양형보다 가벼운 형을 정하여 선고할 수 있다(대판 2010.12.09. 2008도1092).

정답 O

15년(1) 모의

144. 제1심이 경합범 관계에 있는 공소사실 중 일부에 대하여 재판을 누락한 경우 항소심은 당사자의 주장이 없더라도 직권으로 제1심의 누락 부분을 파기하고 그 부분에 대하여 재판하여야 한다.

해설 제1심이 경합범 관계에 있는 공소사실 중 일부에 대하여 재판을 누락한 경우 원심으로서는 당사자의 주장이 없더라도 직권으로 제1심의 누락 부분을 파기하고 그 부분에 대하여 재판하여야 한다(대판 2013.03.14. 2011도7259).

정답 O

13년(2)·20년(2) 모의

145. 甲과 乙이 유죄판결에 대하여 항소하였고 항소심이 甲의 유죄판결을 파기하는 경우, 파기의 이유가 乙에게 공통되는 때에도 乙이 이를 항소이유로 주장하지 아니하였다면 법원은 乙에 대한 유죄판결을 파기할 수 없다.

해설 형사소송법 제364조의2는, 항소법원이 피고인을 위하여 원심판결을 파기하는 경우에 파기의 이유가 항소한 공동피고인에게 공통되는 때에는 그 공동피고인에 대하여도 원심판결을 파기하여야 하도록 규정하고 있고, 이는 공동피고인 상호간의 재판의 공평을 도모하려는 취지이므로, 원심이 공동피고인에 대한 제1심판결을 파기함에 있어서는 파기의 이유가 공통되는 각 공소사실에 관하여 직권으로 공범인 피고인에 대하여도 같은 이유로 제1심판결을 파기하여야 한다(대판 2003.02.26. 2002도6834).

정답 X

제3절 상고

I 상고의 의의와 상고심의 구조

21년(2) 모의

146. 상고심에는 변호사 아닌 자를 변호인으로 선임하지 못하며, 변호인이 아니면 피고인을 위하여 변론하지 못한다.

> 해설 형사소송법 제386조, 제387조 참조.

> 형사소송법 제386조(변호인의 자격) 상고심에는 변호사 아닌 자를 변호인으로 선임하지 못한다.
> 형사소송법 제387조(변론능력) 상고심에는 변호인 아니면 피고인을 위하여 변론하지 못한다.

정답 ○

16년(3) 모의

147. 경합범 중 제1심 법원이 공소를 기각한 부분에 대하여 검사만이 항소하였으나 항소가 기각된 경우, 피고인은 항소기각판결에 대하여 상고의 이익이 있다.

> 해설 제1심 판결에 대하여 피고인은 항소하지 않고 검사만 항소하여 그 항소가 기각된 경우 항소심 판결은 피고인에게 불이익한 판결이 아니므로 피고인은 그 판결에 대하여 상고할 수 없다(대판 1990. 01.25. 89도2166).

정답 ×

 23년 변시, 15년(2) 모의

148. 상소를 제기하면 벌금에 대한 가납판결의 집행도 정지되나, 항고는 즉시항고 외에는 재판의 집행을 정지하는 효력이 없다.

> 해설 상소를 제기하여도 벌금에 대한 가납판결의 집행은 정지되지 않고(형사소송법 제334조 제3항), 항고는 즉시항고 외에는 재판의 집행을 정지하는 효력이 없는 것이 원칙이다(형사소송법 제409조).

> 형사소송법 제334조(재산형의 가납판결) ① 법원은 벌금, 과료 또는 추징의 선고를 하는 경우에 판결의 확정 후에는 집행할 수 없거나 집행하기 곤란할 염려가 있다고 인정한 때에는 직권 또는 검사의 청구에 의하여 피고인에게 벌금, 과료 또는 추징에 상당한 금액의 가납을 명할 수 있다.
> ② 전항의 재판은 형의 선고와 동시에 판결로써 선고하여야 한다.
> ③ 전항의 판결은 즉시로 집행할 수 있다.
> 형사소송법 제409조(보통항고와 집행정지) 항고는 즉시항고 외에는 재판의 집행을 정지하는 효력이 없다. 단, 원심법원 또는 항고법원은 결정으로 항고에 대한 결정이 있을 때까지 집행을 정지할 수 있다.

정답 ×

12년(3)·16년(1) 모의

149. 즉시항고의 제기기간 내와 그 제기가 있는 때에는 재판의 집행은 정지된다.

해설 즉시항고의 제기기간 내와 그 제기가 있는 때에는 재판의 집행은 정지된다(형사소송법 제410조). 그러나 보통항고에는 재판의 집행을 정지하는 효력이 없다. 단, 원심법원 또는 항고법원은 결정으로 항고에 대한 결정이 있을 때까지 집행을 정지할 수 있다(형사소송법 제409조).

> 형사소송법 제409조(보통항고와 집행정지) 항고는 즉시항고 외에는 재판의 집행을 정지하는 효력이 없다. 단, 원심법원 또는 항고법원은 결정으로 항고에 대한 결정이 있을 때까지 집행을 정지할 수 있다.
> 형사소송법 제410조(즉시항고와 집행정지의 효력) 즉시항고의 제기기간 내와 그 제기가 있는 때에는 재판의 집행은 정지된다.

정답

18년(2) 모의

150. 준항고는 재판의 집행을 정지하는 효력이 없으나, 관할법원은 결정으로 준항고에 대한 결정이 있을 때까지 집행을 정지할 수 있다.

해설 형사소송법 제419조, 제409조 참조.

> 형사소송법 제419조(준용규정) 제409조, 제413조, 제414조, 제415조의 규정은 제416조, 제417조의 청구있는 경우에 준용한다
> 형사소송법 제409조(보통항고와 집행정지) 항고는 즉시항고 외에는 재판의 집행을 정지하는 효력이 없다. 단, 원심법원 또는 항고법원은 결정으로 항고에 대한 결정이 있을 때까지 집행을 정지할 수 있다.

정답

Ⅱ 상고이유

21년(2) 모의

151. 원심판결 당시 미성년으로서 부정기형을 선고받은 자가 그 후 상고심 계속 중 가까운 시일 안에 성년이 된다는 사유는 적법한 상고이유가 아니다.

해설 상고심의 심판대상은 항소심 판결당시를 기준으로 하여 그 당부를 심사하는데 있는 것이므로 항소심 판결당시 미성년인 피고인에 대한 부정기형의 선고는 피고인이 그후 상고심 계속중에 성년이 된다 하더라도 위법이 될 수 없다. 재판을 너무 빨리 한 나머지 피고인에게 부정기형을 선고하게 된 것은 적법한 상고이유가 되지 못한다(대판 1986.01.28. 85도2500).

정답

21년(2) · 22년(2) · 23년(1) 모의

152. 상고심은 항소심에서 심판대상으로 되었던 사항에 한하여 상고이유의 범위 내에서 그 당부만을 심사하여야 하므로 항소이유로 주장하거나 항소심이 직권으로 심판대상으로 삼아 판단한 사항 이외의 사유를 상고이유로 삼아 다시 상고심의 심판범위에 포함시키는 것은 상고심의 사후심 구조에 반한다.

해설 상고심은 항소심판결에 대한 사후심으로서 항소심에서 심판대상으로 되었던 사항에 한하여 상고이유의 범위 내에서 그 당부만을 심사하여야 한다. 그 결과 항소인이 항소이유로 주장하거나 항소심이 직권으로 심판대상으로 삼아 판단한 사항 이외의 사유는 상고이유로 삼을 수 없고 이를 다시 상고심의 심판범위에 포함시키는 것은 상고심의 사후심 구조에 반한다. 이러한 점에서 이른바 '상고이유 제한에 관한 법리'(이하 '상고이유 제한 법리'라고 한다)는 형사소송법이 상고심을 사후심으로 규정한 데에 따른 귀결이라고 할 수 있다. … 피고인들이 약사법 위반으로 기소되어 제1심에서 각각 벌금형을 선고받은 후 항소하지 않거나 양형부당만을 이유로 항소하였고 검사도 양형부당을 이유로 항소하였는데, 항소심에서 검사의 항소이유가 인용됨으로써 제1심판결이 파기되고 피고인들에 대해 각각 그보다 높은 형이 선고되자, 피고인들이 항소심에서 심판대상이 되지 않았던 채증법칙위반, 심리미진 및 법리오해의 새로운 사유를 상고이유로 삼아 상고한 사안에서, 피고인들의 위 상고이유 주장은 항소심에서 심판대상이 되지 아니한 사항이므로 적법한 상고이유가 아니라고 한 사례(대판 2019.03.21. 2017도16593-1(전합)).

정답

20년(1) 모의

153. 제척사유가 있는 법관이 항소심의 심판에 관여한 경우는 상고이유 중 '판결에 영향을 미친 헌법·법률·명령 또는 규칙의 위반이 있는 때'에 해당하지 않는다.

해설 약식명령을 한 판사가 그 정식재판 절차의 항소심판결에 관여함은 형사소송법 제17조 제7호 소정의 "법관이 사건에 관하여 전심재판 또는 그 기초되는 조사, 심리에 관여한 때"에 해당하여 제척의 원인이 된다(대판 2002.02.26. 2001도4936 참조). 기록에 의하면, 약식명령을 한 판사가 그 약식명령에 대한 정식재판 절차의 항소심인 원심의 판결에 관여하였음을 알 수 있다. 그렇다면 원심판결에는 법률상 그 재판에 관여하지 못할 판사가 그 사건의 심리에 관여하여 판결에 영향을 미친 법률위반의 위법이 있다. 이 점을 지적하는 상고이유의 주장은 이유 있다(대판 2011.04.28. 2011도17).

형사소송법 제383조(상고이유) 다음 사유가 있을 경우에는 원심판결에 대한 상고이유로 할 수 있다.
1. 판결에 영향을 미친 헌법·법률·명령 또는 규칙의 위반이 있는 때

정답

17년(1) 모의

154. 항소심이 피고인에 대하여 사형·무기 또는 10년 이상의 징역이나 금고를 선고한 경우 검사가 항소심의 양형이 심히 가볍다는 이유로 상고할 수 없다.

해설 피고인에 대하여 사형, 무기 또는 10년 이상의 징역이나 금고의 형이 선고된 경우에 있어서도 형사소송법 제383조 제4호의 해석상 검사는 그 형이 심히 가볍다는 이유로는 상고할 수 없다(대판 1994.08.12. 94도1750).

정답 O

19년 변시, 13년(2)·17년(1)·21년(1) 모의

155. 피고인이 제1심판결에 대하여 양형부당만을 이유로 항소한 경우 항소심 판결에 대하여 법령위반이나 사실오인을 주장하여 상고할 수 없다.

해설 피고인이 제1심판결에 대하여 양형부당만을 항소이유로 내세워 항소하였다가 그 항소가 기각된 경우 피고인은 원심판결에 대하여 사실오인 또는 법리오해의 위법이 있다는 것을 상고이유로 삼을 수 없고, 이는 피고인이 제1심판결에 대하여 양형부당만을 항소이유로 내세워 항소하였는데 원심이 이를 인용하여 제1심판결을 파기하고 그보다 가벼운 형을 선고한 경우에도 마찬가지이다(대판 2006.10.26. 2005도9825).

정답 O

17년 변시, 13년(3)·14년(3)·15년(1)·19년(1)·23년(3) 모의

156. 제1심 판결에 대하여 검사만이 양형부당을 이유로 항소하였을 뿐 피고인은 항소하지 아니한 경우, 피고인으로서는 항소심 판결에 대하여 사실오인, 채증법칙 위반, 심리미진 또는 법령 위반 등의 사유를 들어 상고이유로 삼을 수 없다.

해설 제1심판결에 대하여 검사만이 양형부당을 이유로 항소하였을 뿐 피고인은 항소하지 아니한 경우에는, 피고인으로서는 항소심판결에 대하여 사실오인, 채증법칙 위반, 심리미진 또는 법령위반 등의 사유를 들어 상고이유로 삼을 수 없다(대판 2009.05.28. 2009도579).

정답 O

16년(2) 모의

157. 피고인이 항소심에서 항소이유로 주장하지 아니하거나 항소심이 직권으로 심판대상으로 삼은 사항 이외의 사유에 대하여는 이를 상고이유로 삼을 수 없다.

해설 항소심에서 심판대상이 되지 않은 사항은 상고심의 심판범위에 들지 않는 것이어서 피고인이 항소심에서 항소이유로 주장하지 아니하거나 항소심이 직권으로 심판대상으로 삼은 사항 이외의 사유에 대하여는 이를 상고이유로 삼을 수 없다(대판 2000.03.28. 99도2831).

정답 O

17년 변시

158. 공무원인 甲은 건설회사 대표 乙에게 자신이 속한 부서가 관장하는 관급공사를 수주할 수 있게 해주겠다고 약속하고, 그 대가로 乙로부터 2016. 3. 15. 1,000만 원을, 2016. 4. 1. 1,500만 원을 받았다. 그 후 甲은 乙에게 직무상 비밀인 관급공사의 예정가격을 알려주어 乙이 공사를 수주하게 되었다. 심리결과 1,500만 원에 대한 부분만 무죄로 판단되는 경우에는 판결이유에만 기재하고 주문에서 따로 무죄를 선고할 것이 아님에도 불구하고 법원이 그 판결주문에 무죄를 표시하였더라도 이러한 잘못이 판결에 영향을 미친 위법사유가 되는 것은 아니다.

해설 2016. 3. 15. 1,000만 원, 2016. 4. 1. 1,500만 원을 수수한 것은 뇌물수수죄의 포괄일죄에 해당한다. 판례는 포괄일죄의 관계에 있는 공소사실 중 일부가 무죄로 판단된다고 하더라도 주문에서 따로 무죄의 선고를 할 것이 아님에도 불구하고, 공소사실 일부에 대하여 무죄의 선고를 하고 이를 판결주문에 표시하였다고 하여 이러한 잘못이 판결에 영향을 미칠 위법사유가 되는 것은 아니라고 판시한바 있다(대판 1995.03.24. 94도1112).

정답

18년(3) 모의

159. 甲이 乙과 공동으로 A를 상해하여 사망에 이르게 하였다고 판시함으로써 「형법」 제30조를 적용하고 있음이 판결서에 비추어 명백하더라도, 같은 법조의 적용을 명시하지 않았다면 법령을 잘못 적용하여 판결에 영향을 미친 위법이 있다.

해설 대법원은 유사한 사안에서 원심판결이 피고인이 "타인들과 공동하여" 재물을 손괴하고 사람들의 신체를 상해하였다고 판시함으로써 형법 제30조를 적용하고 있음이 판결서에 비추어 명백한 이상, 같은 법조의 적용을 명시하지 않았더라도, 법령을 잘못 적용하여 판결에 영향을 미친 위법이 있다고 볼 수 없다(대판 1990.04.27. 90도527).

정답

17년 변시

160. 사실심 법원은 주장과 증거에 대하여 신중하고 충실한 심리를 하여야 하고, 그에 이르지 못하여 필요한 심리를 다하지 아니하는 등으로 판결 결과에 영향을 미친 때에는 사실인정을 사실심 법원의 전권으로 인정한 전제가 충족되지 아니하므로 이는 당연히 상고심의 심판대상에 해당한다.

해설 사실심 법원으로서는, 형사소송법이 사실의 오인을 항소이유로는 하면서도 상고이유로 삼을 수 있는 사유로는 규정하지 아니한 데에 담긴 의미가 올바르게 실현될 수 있도록 주장과 증거에 대하여 신중하고 충실한 심리를 하여야 하고, 그에 이르지 못하여 자유심증주의의 한계를 벗어나거나 필요한 심리를 다하지 아니하는 등으로 판결 결과에 영향을 미친 때에는, 사실인정을 사실심 법원의 전권으로 인정한 전제가 충족되지 아니하므로 당연히 상고심의 심판대상에 해당한다(대판 2016.10.13. 2015도17869).

정답

16년(2)·21년(2) 모의

161. 원심판결 후에 나타난 사실이나 증거가 상고이유서 등에 첨부되어 있는 경우에는 상고심은 원칙적으로 이를 소송자료로 사용할 수 있다.

해설 상고심은 사후심으로서, 원심까지의 소송자료만을 기초로 삼아 원심판결의 당부를 판단하여야 하므로, 직권조사 기타 법령에 특정한 경우를 제외하고는 새로운 증거조사를 할 수 없을뿐더러, 원심판결 후에 나타난 사실이나 증거의 경우 비록 그것이 상고이유서 등에 첨부되어 있다 하더라도 사용할 수 없음이 원칙이다(대판 2010.10.14. 2009도4894).

정답 ×

18년 변시, 16년(2) 모의

162. 피고인에 대하여 10년 미만의 징역형이 선고된 사건에서 원심의 형량이 너무 무거워서 부당하다는 취지의 주장이나 원심이 정상에 관하여 심리를 제대로 하지 아니하였다는 사유는 적법한 상고이유가 될 수 없다.

해설 피고인에 대하여 10년 미만의 징역형이 선고된 사건에 있어서 원심의 형량이 너무 무거워서 부당하다는 취지의 주장은 적법한 상고이유가 될 수 없을 뿐만 아니라, 이러한 경우 사실심인 원심이 피고인에 대한 양형조건이 되는 범행의 동기 및 수법이나 범행 전후의 정황 등의 제반 정상에 관하여 심리를 제대로 하지 아니하였음을 들어 상고이유로 삼을 수도 없다(대판 2001.12.27. 2001도5304).

정답 ○

12년(2) 모의

163. 구체적인 논리법칙 위반이나 경험법칙 위반의 점 등을 지적하지 아니한 채 단지 원심의 증거취사와 사실인정만을 다투는 주장은 형사소송법 제383조 제1호가 상고이유로 규정하고 있는 법령위반에 해당한다.

해설 원심의 구체적인 논리법칙 위반이나 경험법칙 위반의 점 등을 지적하지 아니한 채 단지 원심의 증거취사와 사실인정만을 다투는 것은 특별한 사정이 없는 한 사실오인의 주장에 불과하다(대판 2008.05.29. 2007도1755).

정답 ×

Ⅲ 상고심의 절차

21년(2) 모의

164. 상고의 제기가 법률상의 방식에 위반하거나 상고권소멸 후인 것이 명백한 때에는 원심법원은 결정으로 상고를 기각하여야 하고, 이 결정에 대하여는 즉시항고를 할 수 없다.

해설 형사소송법 제376조 참조.

> 형사소송법 제376조(원심법원에서의 상고기각 결정) ① 상고의 제기가 법률상의 방식에 위반하거나 상고권소멸 후인 것이 명백한 때에는 원심법원은 결정으로 상고를 기각하여야 한다.
> ② 전항의 결정에 대하여는 즉시항고를 할 수 있다.

정답

17년(2) 모의

165. 변호인 선임서를 제출하지 않은 채 상고이유서만을 제출하고 상고이유서 제출기간이 지난 후에 변호인 선임서를 제출하였다 하더라도 그 상고이유서는 적법·유효한 변호인의 상고이유서가 된다.

해설 변호인의 선임은 심급마다 변호인과 연명날인한 서면으로 제출하여야 한다(형사소송법 제32조 제1항). 따라서 변호인 선임서를 제출하지 않은 채 상고이유서만을 제출하고 상고이유서 제출기간이 지난 후에 변호인 선임서를 제출하였다면 그 상고이유서는 적법·유효한 변호인의 상고이유서가 될 수 없다(대판 2015.02.26. 2014도12737).

정답

Ⅳ 비약적 상고

16년(2) 모의

166. 검사의 비약적 상고는 피고인의 항소제기가 있으면 상고로서의 효력은 물론 항소로서의 효력도 인정되지 않는다.

해설 형사소송법 제373조 참조.

> 형사소송법 제373조(항소와 비약적 상고) 제1심판결에 대한 상고는 그 사건에 대한 항소가 제기된 때에는 그 효력을 잃는다. 단, 항소의 취하 또는 항소기각의 결정이 있는 때에는 예외로 한다.

정답

24년 변시

167. 제1심판결에 대하여 피고인은 비약적 상고를, 검사는 항소를 각각 제기하여 이들이 경합한 경우, 피고인의 비약적 상고는 효력을 잃게 되므로, 피고인의 비약적 상고가 항소기간 준수 등 항소로서의 적법요건을 모두 갖추었을 뿐만 아니라 피고인이 항소심에서 제1심판결을 다툴 의사가 있었더라도 피고인의 비약적 상고에 항소로서의 효력을 부여할 수 없다.

해설 형사소송법 제372조, 제373조 및 관련 규정의 내용과 취지, 비약적 상고와 항소가 제1심판결에 대한 상소권 행사로서 갖는 공통성, 이와 관련된 피고인의 불복의사, 피고인의 상소권 보장의 취지 및 그에 대한 제한의 범위와 정도, 피고인의 재판청구권을 보장하는 헌법합치적 해석의 필요성 등을 종합하여 보면, 제1심판결에 대하여 피고인은 비약적 상고를, 검사는 항소를 각각 제기하여 이들이 경합한 경우 피고인의 비약적 상고에 상고의 효력이 인정되지는 않더라도, 피고인의 비약적 상고가 항소기간 준수 등 항소로서의 적법요건을 모두 갖추었고, 피고인이 자신의 비약적 상고에 상고의 효력이 인정되지 않는 때에도 항소심에서는 제1심판결을 다툴 의사가 없었다고 볼 만한 특별한 사정이 없다면, 피고인의 비약적 상고에 항소로서의 효력이 인정된다고 보아야 한다(대판 2022.5.19. 2021도17131, 2021전도170(전합)).

정답

Ⅴ 상고심판결의 정정

16년(2) 모의

168. 대법원이 채증법칙위배에 대한 판단을 잘못하였으니 무죄판결로 정정하여 달라고 주장하는 경우는 판결정정의 사유인 "판결의 내용에 오류가 있음"에 해당하지 않는다.

▸ 해설 ◂ 형사소송법 제400조에서 정하고 있는 판결정정은 상고심판결에 위산·오기(違算·誤記) 기타 이와 유사한 명백한 잘못이 있는 경우 직권 또는 검사, 상고인이나 변호인의 신청에 의하여 판결로써 이를 정정하는 제도이다. 이와 같이 판결정정의 사유는 명백한 잘못이 있는 경우에 제한되므로 유죄판결을 정정하여 달라는 것이나 채증법칙에 위배하여 판단을 잘못하였다는 주장은 정정사유에 해당하지 아니한다(헌재 2015.09.08. 2015헌마856).

형사소송법 제400조(판결정정의 신청) ① 상고법원은 그 판결의 내용에 오류가 있음을 발견한 때에는 직권 또는 검사, 상고인이나 변호인의 신청에 의하여 판결로써 정정할 수 있다.

정답

제4절 항고

Ⅰ 항고의 의의와 종류

21년(1) 모의

169. 법관의 재판에 대한 준항고의 청구는 재판의 고지가 있는 날로부터 3일 이내에 하여야 한다.

▸ 해설 ◂ 형사소송법 제416조 제3항 참조. ▶ 수임판사의 증거보전기각결정(명령)에 대하여는 3일 이내의 항고로 불복이 가능하다(형사소송법 제184조 제3항).

형사소송법 제416조(준항고) ① 재판장 또는 수명법관이 다음 각 호의 1에 해당한 재판을 고지한 경우에 불복이 있으면 그 법원소속의 법원에 재판의 취소 또는 변경을 청구할 수 있다.
 1. 기피신청을 기각한 재판
 2. 구금, 보석, 압수 또는 압수물환부에 관한 재판
 3. 감정하기 위하여 피고인의 유치를 명한 재판
 4. 증인, 감정인, 통역인 또는 번역인에 대하여 과태료 또는 비용의 배상을 명한 재판

② 지방법원이 전항의 청구를 받은 때에는 합의부에서 결정을 하여야 한다.
③ 제1항의 청구는 재판의 고지있는 날로부터 7일 이내에 하여야 한다. <개정 2019. 12. 31.>
④ 제1항 제4호의 재판은 전항의 청구기간 내와 청구가 있는 때에는 그 재판의 집행은 정지된다.

정답 ×

20년(1) 모의

170. 변호인선임신고서를 제출하지 않은 변호인이 변호인 명의로 재항고장을 제출한 경우, 적법·유효한 재항고로서의 효력이 발생하지 않는다.

해설 형사소송법 제32조 제1항에서 변호인의 선임은 심급마다 변호인과 연명날인한 서면으로 제출하여야 한다고 규정하고 있다. 그리고 변호인선임신고서를 제출하지 않은 변호인이 변호인 명의로 재항고장을 제출한 경우, 그 재항고장은 적법·유효한 재항고로서의 효력이 없다(대결 2017.07.27. 2017모1377).

정답 ○

19년(1) 모의

171. 공소가 제기된 이후의 공판절차에서 법원이 변호인과 피고인 사이의 접견교통권을 침해하는 결정을 한 경우에는 항고할 수 있다.

해설 공소가 제기된 이후에 피고인과 변호인 사이의 접견교통권이 수소법원에 의하여 제한되는 경우에는 구금에 관한 결정이 있는 것으로 보아 항고가 허용된다(임동규, 형사소송법 제13판, p.221). 형사소송법 제403조 참조.

제403조(판결 전의 결정에 대한 항고) ① 법원의 관할 또는 판결 전의 소송절차에 관한 결정에 대하여는 특히 즉시항고를 할 수 있는 경우 외에는 항고하지 못한다.
② 전항의 규정은 구금, 보석, 압수나 압수물의 환부에 관한 결정 또는 감정하기 위한 피고인의 유치에 관한 결정에 적용하지 아니한다.

정답 ○

16년(3) 모의

172. 범행의 증거물로 압수된 신용카드에 대하여 법원이 피해자환부결정을 한 때 검사는 항고할 수 없다.

해설 압수물의 환부는 법원의 결정으로 하며, 이 결정에 대해서는 검사의 항고가 허용된다(형사소송법 제403조 제2항 참조).

형사소송법 제403조(판결 전의 결정에 대한 항고) ① 법원의 관할 또는 판결 전의 소송절차에 관한 결정에 대하여는 특히 즉시항고를 할 수 있는 경우 외에는 항고하지 못한다.
② 전항의 규정은 구금, 보석, 압수나 압수물의 환부에 관한 결정 또는 감정하기 위한 피고인의 유치에 관한 결정에 적용하지 아니한다.

정답

12년(3)·16년(1) 모의

173. 결정과 명령에 대한 상소를 항고라고 한다.

해설 판결에 대한 상소방법은 항소와 상고, 결정에 대한 상소방법은 항고와 재항고에 의한다. 그러나 명령에 대해서는 일반적인 상소방법은 없고 예외적으로 일정한 경우에 준항고(형사소송법 제416조)나 이의신청(형사소송법 제304조)이 허용된다.

형사소송법 제402조(항고할 수 있는 재판) 법원의 결정에 대하여 불복이 있으면 항고를 할 수 있다. 단, 이 법률에 특별한 규정이 있는 경우에는 예외로 한다.

정답

21년 변시, 12년(3)·15년(2)·16년(1)·19년(3)·21년(3) 모의

174. (1) 지방법원판사가 한 압수·수색영장의 발부에 대한 재판은 항고의 대상이 되지 않는다.
(2) 甲의 스마트폰에 대해 지방법원 판사가 한 압수영장발부의 재판에 대하여는 형사소송법 제416조에 따른 준항고로 불복할 수 있다.

해설 형사소송법 제416조는 재판장 또는 수명법관이 한 재판에 대한 준항고에 관하여 규정하고 있는바, 여기에서 말하는 '재판장 또는 수명법관'이라 함은 수소법원의 구성원으로서의 재판장 또는 수명법관만을 가리키는 것이어서, 수사기관의 청구에 의하여 압수영장 등을 발부하는 독립된 재판기관인 지방법원 판사가 이에 해당된다고 볼 수 없으므로, 지방법원 판사가 한 압수영장발부의 재판에 대하여는 위 조항에서 정한 준항고로 불복할 수 없고, 나아가 같은 법 제402조, 제403조에서 규정하는 항고는 법원이 한 결정을 그 대상으로 하는 것이므로 법원의 결정이 아닌 지방법원 판사가 한 압수영장발부의 재판에 대하여 그와 같은 항고의 방법으로도 불복할 수 없다(대결 1997.09.29. 97모66).

형사소송법 제402조 (항고할 수 있는 재판) 법원의 결정에 대하여 불복이 있으면 항고를 할 수 있다. 단, 이 법률에 특별한 규정이 있는 경우에는 예외로 한다.
형사소송법 제403조 (판결 전의 결정에 대한 항고) ① 법원의 관할 또는 판결 전의 소송절차에 관한 결정에 대하여는 특히 즉시항고를 할 수 있는 경우 외에는 항고하지 못한다.
② 전항의 규정은 구금, 보석, 압수나 압수물의 환부에 관한 결정 또는 감정하기 위한 피고인의 유치에 관한 결정에 적용하지 아니한다
형사소송법 제416조 (준항고) ① 재판장 또는 수명법관이 다음 각 호의 1에 해당한 재판을 고지한 경우에 불복이 있으면 그 법관소속의 법원에 재판의 취소 또는 변경을 청구할 수 있다.

1. 기피신청을 기각한 재판
2. 구금, 보석, 압수 또는 압수물환부에 관한 재판
3. 감정하기 위하여 피고인의 유치를 명한 재판
4. 증인, 감정인, 통역인 또는 번역인에 대하여 과태료 또는 비용의 배상을 명한 재판
② 지방법원이 전항의 청구를 받은 때에는 합의부에서 결정을 하여야 한다.
③ 제1항의 청구는 재판의 고지있는 날로부터 7일 이내에 하여야 한다. <2019. 12. 31.>
④ 제1항제4호의 재판은 전항의 청구기간 내와 청구가 있는 때에는 그 재판의 집행은 정지된다.

정답 O, ×

16년(1) 모의

175. 대법원의 결정에 대해서는 항고가 허용되지 않는다.

해설 대법원의 결정은 최종적인 재판이므로 항고로 불복할 수 없다(대결 1983.06.30. 83모34).

정답 O

12년(3) 모의

176. 항고법원 또는 고등법원의 결정에 대한 항고를 재항고라고 한다.

해설 항고법원 또는 고등법원의 결정에 대한 항고를 재항고라고 한다. 재항고는 즉시항고이다(형사소송법 제415조). 따라서 재항고의 절차는 즉시항고의 경우와 같다.

형사소송법 제415조(재항고) 항고법원 또는 고등법원의 결정에 대하여는 재판에 영향을 미친 헌법·법률·명령 또는 규칙의 위반이 있음을 이유로 하는 때에 한하여 대법원에 즉시항고를 할 수 있다.

정답 O

22년(1)(3), 23년(1) 모의

177. 『형사소송법』 제415조가 고등법원의 결정에 대한 재항고를 즉시항고로 규정하고 있으므로 고등법원이 한 보석취소결정에 대한 재항고에는 집행정지의 효력이 인정된다.

해설 제1심 법원이 한 보석취소결정에 대하여 불복이 있으면 보통항고를 할 수 있고(형사소송법 제102조 제2항, 제402조, 제403조 제2항), 보통항고에는 재판의 집행을 정지하는 효력이 없다(형사소송법 제409조). 이는 결정과 동시에 집행력을 인정함으로써 석방되었던 피고인의 신병을 신속히 확보하려는 것으로, 당해 보석취소결정이 제1심 절차에서 이루어졌는지 항소심 절차에서 이루어졌는지 여부에 따라 그 취지가 달라진다고 볼 수 없다. 즉시항고는 법률관계나 재판절차의 조속한 안정을 위해 일정한 기간 내에서만 제기할 수 있는 항고로서, 즉시항고의 제기기간 내와 그 제기가 있는 때에 재판의 집행을 정지하는 효력이 있다(형사소송법 제410조). 그러나 보통항고의 경우에도 법원의 결정으로 집행정지가 가능한 점(형사소송법 제409조)을 고려하면, 집행정지의 효력이 즉시항고의 본질적인 속성에서 비롯된 것이라고 볼 수는 없다. 형사소송법 제415조는 "고등법원의 결정에 대하여는 재판에 영향을 미친 헌법·법률·명령 또는 규칙의 위반이 있음을 이유로 하는 때에 한하여 대법원에 즉시항고

를 할 수 있다."라고 규정하고 있다. 이는 재항고이유를 제한함과 동시에 재항고 제기기간을 즉시항고 제기기간 내로 정함으로써 재항고심의 심리부담을 경감하고 항소심 재판절차의 조속한 안정을 위한 것으로, 형사소송법 제415조가 고등법원의 결정에 대한 재항고를 즉시항고로 규정하고 있다고 하여 당연히 즉시항고가 가지는 집행정지의 효력이 인정된다고 볼 수는 없다. 만약 고등법원의 결정에 대하여 일률적으로 집행정지의 효력을 인정하면, 보석허가, 구속집행정지 등 제1심 법원이 결정하였다면 신속한 집행이 이루어질 사안에서 고등법원이 결정하였다는 이유만으로 피고인을 신속히 석방하지 못하게 되는 등 부당한 결과가 발생하게 되고, 나아가 항소심 재판절차의 조속한 안정을 보장하고자 한 형사소송법 제415조의 입법목적을 달성할 수 없게 된다.(대결 2020.10.29. 2020모633).

정답 ×

18년(2) 모의

178. 위헌제청신청을 기각하는 결정은 판결 전의 소송절차에 관한 결정으로서 그에 대해서는 항고할 수 없다.

 어떤 특정한 법률규정이 헌법에 위반된다는 이유로 제기된 위헌여부제청신청에 대하여 그 법률규정이 위헌이 아니라는 이유로 그 위헌제청신청을 기각하는 하급심의 결정은 중간재판적 성질을 가지는 것으로서 이는 본안에 대한 하급심판결이 상소되었을 때에 이와 함께 그 판단도 상소심의 판단을 받는데 불과하고, 위 결정에 대하여 독립하여 항고, 재항고를 할 수는 없다(대결 1986.07.18. 85모49).

정답 ○

18년(2) 모의

179. 판결 전 소송절차에 관한 결정이더라도 구금에 관한 결정에 대해서는 항고할 수 있으나, 체포·구속적부심사청구에 대한 법원의 결정에 대해서는 항고할 수 없다.

 형사소송법 제403조, 제214조의2 제8항 참조.

형사소송법 제403조(판결 전의 결정에 대한 항고) ① 법원의 관할 또는 판결 전의 소송절차에 관한 결정에 대하여는 특히 즉시항고를 할 수 있는 경우 외에는 항고하지 못한다.
② 전항의 규정은 구금, 보석, 압수나 압수물의 환부에 관한 결정 또는 감정하기 위한 피고인의 유치에 관한 결정에 적용하지 아니한다.
형사소송법 제214조의2(체포와 구속의 적부심사) ③ 법원은 제1항에 따른 청구가 다음 각 호의 어느 하나에 해당하는 때에는 제4항에 따른 심문 없이 결정으로 청구를 기각할 수 있다. <개정 1987. 11. 28., 1995. 12. 29., 2007. 6. 1., 2020. 12. 8.>
 1. 청구권자 아닌 사람이 청구하거나 동일한 체포영장 또는 구속영장의 발부에 대하여 재청구한 때
 2. 공범이나 공동피의자의 순차청구(順次請求)가 수사 방해를 목적으로 하고 있음이 명백한 때
④ 제1항의 청구를 받은 법원은 청구서가 접수된 때부터 48시간 이내에 체포되거나 구속된 피의자를 심문하고 수사 관계 서류와 증거물을 조사하여 그 청구가 이유 없다고 인정한 경우에는 결정으로 기각하고, 이유 있다고 인정한 경우에는 결정으로 체포되거나 구속된 피의자의 석방을 명하여야 한다. 심사 청구 후 피의자에 대하여 공소제기가 있는 경우에도 또한 같다. <개정 2020. 12. 8.>
⑧ 제3항과 제4항의 결정에 대해서는 항고할 수 없다. <개정 2020. 12. 8.>

정답 ○

18년(2) · 22년(1) 모의

180. S구청에서 도시계획도 관련 업무에 종사하는 공무원 甲은 건축사 사무실 직원 乙로부터 "S구 소재 다세대주택의 부지 경계선이 '8m 도시계획도로선'과 90㎝ 떨어져 있어서 다세대주택의 건축에 애로가 있으니 다세대주택의 부지 경계선과 도시계획도로선을 일치시켜 달라"는 부탁을 받고 乙로부터 금 300만 원을 교부받았다. 이후 甲은 행사할 목적으로 권한 없이 다세대주택의 부지 경계선과 일치되도록 도시계획도로선을 새로 그어 고친 후 고친 도시계획도를 구청 지적서고에 비치하였다. 시민단체의 간사인 A가 甲과 乙의 범죄사실을 검찰에 고발하자, 이를 담당한 S검찰청 소속 검사 P는 甲에 대해서만 기소하고 乙에 대해서는 불기소처분을 하였다. 이 사안에 관한 설명으로 옳지 않은 것은? (다툼이 있는 경우 판례에 따름)

(1) 고발인 A는 검사 P로부터 乙에 대한 불기소처분의 통지를 받으면 S검찰청을 거쳐 관할 고등검찰청 검사장에게 항고할 수 있다.

(2) 검찰항고를 받은 관할 고등검찰청 검사장은 항고가 이유 있다고 인정하면 소속 검사로 하여금 지방검찰청 또는 지청 검사의 불기소처분을 직접 경정하게 할 수 있다.

(3) 재정신청을 할 수 있는 신청권자는 검찰항고를 기각하는 처분에 대하여 재정신청을 하거나 「검찰청법」에 따른 재항고를 할 수 있다.

해설 (1) 검찰청법 제10조 참조.

검찰청법 제10조(항고 및 재항고) ① (1)검사의 불기소처분에 불복하는 고소인이나 고발인은 그 검사가 속한 지방검찰청 또는 지청을 거쳐 서면으로 관할 고등검찰청 검사장에게 항고할 수 있다. 이 경우 해당 지방검찰청 또는 지청의 검사는 항고가 이유 있다고 인정하면 그 처분을 경정하여야 한다.
② (2)고등검찰청 검사장은 제1항의 항고가 이유 있다고 인정하면 소속 검사로 하여금 지방검찰청 또는 지청 검사의 불기소처분을 직접 경정하게 할 수 있다. 이 경우 고등검찰청 검사는 지방검찰청 또는 지청의 검사로서 직무를 수행하는 것으로 본다.
③ (3)제1항에 따라 항고를 한 자[형사소송법」 제260조에 따라 재정신청을 할 수 있는 자는 제외한다]는 그 항고를 기각하는 처분에 불복하거나 항고를 한 날부터 항고에 대한 처분이 이루어지지 아니하고 3개월이 지났을 때에는 그 검사가 속한 고등검찰청을 거쳐 서면으로 검찰총장에게 재항고할 수 있다. 이 경우 해당 고등검찰청의 검사는 재항고가 이유 있다고 인정하면 그 처분을 경정하여야 한다.

정답 O, O, ×

Ⅱ 항고심의 절차

1. 항고의 제기

22년(1) 모의

181. 법원의 결정에 대한 일반적인 불복방법인 항고는 즉시항고 외에는 불복기간의 제한 없이 원결정을 취소할 실익이 있는 한 언제든지 제기할 수 있다.

> **해설** 형사소송법 제404조 참조.

> **형사소송법 제404조(보통항고의 시기)** 항고는 즉시항고 외에는 언제든지 할 수 있다. 단, 원심결정을 취소하여도 실익이 없게 된 때에는 예외로 한다.

정답 O

22년(3) 모의

182. 항고법원이 제1심법원으로부터 소송기록을 송부받고 항고인에게 소송기록접수통지서가 송달된 날에 곧바로 항고인의 즉시항고를 기각한 것은 당사자에게 항고에 관하여 그 이유서를 제출하거나 의견을 진술하고 유리한 증거를 제출할 기회를 부여하였다고 할 수 없으므로 위법하다.

> **해설** 정식재판청구권회복청구를 기각한 제1심법원으로부터 소송기록을 송부받은 항고법원이 항고인에게 소송기록접수통지서를 송달한 날 곧바로 즉시항고를 기각한 것은 형사소송법 제411조에 따라 당사자에게 항고에 관하여 그 이유서를 제출하거나 의견을 진술하고 유리한 증거를 제출할 기회를 부여하였다고 할 수 없으므로 위법하다(대결 2008.01.02. 2007모601).

정답 O

2. 항고심의 심판

22년(1) · 23년(3) 모의

183. (1) 항고심법원은 결정을 함에 있어 사실을 조사하는 때 필요한 경우에는 증인을 신문하거나 감정을 명할 수 있다.

(2) 절차에 관한 재판인 결정을 함에는 구두변론을 거치지 아니할 수 있으며 필요한 경우에는 사실을 조사할 수 있는데, 사실조사를 위해 필요한 때에는 증인을 신문하거나 감정을 명할 수 있고, 이 경우에는 검사, 피고인, 피의자 또는 변호인을 참여하게 할 수 있다.

> **해설** 형사소송법 제37조 제3항 및 형사소송규칙 제24조 제1항 참조.

> **형사소송법 제37조(판결, 결정, 명령)** ① 판결은 법률에 다른 규정이 없으면 구두변론(口頭辯論)을 거쳐서 하여야 한다.
> ② 결정이나 명령은 구두변론을 거치지 아니할 수 있다.
> ③ 결정이나 명령을 할 때 필요하면 사실을 조사할 수 있다.
> ④ 제3항의 조사는 부원(部員)에게 명할 수 있고 다른 지방법원의 판사에게 촉탁할 수 있다.
> **형사소송규칙 제24조(결정, 명령을 위한 사실조사)** ① 결정 또는 명령을 함에 있어 법 제37조제3항의 규정에 의하여 사실을 조사하는 때 필요한 경우에는 법 및 이 규칙의 정하는 바에 따라 증인을 신문하거나 감정을 명할 수 있다.
> ② 제1항의 경우에는 검사, 피고인, 피의자 또는 변호인을 참여하게 할 수 있다.

정답 O, O

Ⅲ 준항고

21년(1) 모의

184. 증인에 대하여 과태료를 명한 재판에 관하여 준항고의 청구가 있더라도 재판의 집행이 정지되는 것은 아니다.

> **해설** 준항고는 보통항고와 같이 집행정지의 효력은 없으며 관할법원이 결정으로 준항고에 대한 결정이 있을 때까지 집행을 정지할 수 있을 뿐이다(법 제419조, 제409조). 다만 증인, 감정인, 통역인 또는 번역인에 대하여 과태료 또는 비용의 배상을 명한 재판에 대하여는 준항고청구기간 내와 준항고의 청구가 있는 때에는 그 재판의 집행은 정지된다(법 제416조 제4항)(이창현, 형사소송법 제3판, p.1264).
>
> 형사소송법 제416조(준항고) ① 재판장 또는 수명법관이 다음 각 호의 1에 해당한 재판을 고지한 경우에 불복이 있으면 그 법관소속의 법원에 재판의 취소 또는 변경을 청구할 수 있다.
>   4. 증인, 감정인, 통역인 또는 번역인에 대하여 과태료 또는 비용의 배상을 명한 재판
> ③ 제1항의 청구는 재판의 고지있는 날로부터 7일 이내에 하여야 한다. <개정 2019. 12. 31.>
> ④ 제1항제4호의 재판은 전항의 청구기간 내와 청구가 있는 때에는 그 재판의 집행은 정지된다.

정답

21년(1) 모의

185. 검사가 정당한 사유 없이 변호인의 피의자신문 참여를 제한한 경우 변호인은 그 처분에 대하여 준항고를 제기할 수 있는데, 이 때 그 검사가 소속된 검찰청에 그 처분의 취소를 청구할 수 있다.

> **해설** 형사소송법 제243조의2 제1항 및 제417조 참조. ▶ 그 검사가 소속된 검찰청이 아니라, 그 직무집행지의 관할법원 또는 검사의 소속검찰청에 대응한 법원에 그 처분의 취소 또는 변경을 청구할 수 있다.
>
> 형사소송법 제243조의2(변호인의 참여 등) ① 검사 또는 사법경찰관은 피의자 또는 그 변호인·법정대리인·배우자·직계친족·형제자매의 신청에 따라 변호인을 피의자와 접견하게 하거나 정당한 사유가 없는 한 피의자에 대한 신문에 참여하게 하여야 한다.
> 형사소송법 제417조(동선) 검사 또는 사법경찰관의 구금, 압수 또는 압수물의 환부에 관한 처분과 제243조의2에 따른 변호인의 참여 등에 관한 처분에 대하여 불복이 있으면 그 직무집행지의 관할법원 또는 검사의 소속검찰청에 대응한 법원에 그 처분의 취소 또는 변경을 청구할 수 있다. <개정 2007. 6. 1., 2007. 12. 21.>

정답

21년(1) 모의

186. 준항고에 관한 결정에 대해서는 항고를 거쳐 대법원에 재항고를 할 수 있다

> **해설** 준항고에 대한 결정에 대하여는 대법원에 재항고(형사소송법 제415조)를 할 수 있다고 함이 판례이다(대결 1983.05.12. 83모12). 따라서 법관의 재판에 대한 소속 합의부의 결정 또는 수사기관의 처분에 대한 법원(단독판사)의 결정은 그 결정에 대한 별도의 항고를 거쳐 재항고를 할 수 있는 것이 아니고, 그 자체가 바로 재항고의 대상이 된다(형사소송법 제419조)(제요2 553).

형사소송법 제419조(준용규정) 제409조, 제413조, 제414조, 제415조의 규정은 제416조, 제417조의 청구있는 경우에 준용한다. <개정 1995. 12. 29.>
형사소송법 제415조(재항고) 항고법원 또는 고등법원의 결정에 대하여는 재판에 영향을 미친 헌법·법률·명령 또는 규칙의 위반이 있음을 이유로 하는 때에 한하여 대법원에 즉시항고를 할 수 있다.

정답 ×

23년(3) 모의

187. 구금된 피의자는 도주, 자해, 다른 사람에 대한 위해 등의 사유에 해당하지 않는 이상 보호장비 착용을 강제당하지 않을 권리를 가지므로, 검사는 조사실에서 피의자를 신문할 때 해당 피의자에게 그러한 특별한 사정이 없는 이상 교도관에게 보호장비의 해제를 요청할 의무가 있고, 교도관은 이에 응하여야 한다.

해설 구금된 피의자는 형집행법 제97조 제1항 각호에 규정된 사유에 해당하지 않는 이상 보호장비 착용을 강제당하지 않을 권리를 가진다. 검사는 조사실에서 피의자를 신문할 때 해당 피의자에게 그러한 특별한 사정이 없는 이상 교도관에게 보호장비의 해제를 요청할 의무가 있고, 교도관은 이에 응하여야 한다(대판 2020.03.17. 2015모2357).

정답 ○

21년 변시, 22년(1)(3) 모의

188. 변호인으로 선임된 L이 피의자신문 절차에서 인정신문을 시작하기 전에 검사에게 피의자 甲의 수갑을 해제하여 달라고 계속 요구하였으나 검사가 도주, 자해, 다른 사람에 대한 위해 등의 위험이 없음에도 L의 요구를 거부한 경우, 검사의 거부 조치에 대해서 L은 「형사소송법」 제417조의 준항고를 제기할 수 있다.

해설 형사소송법 제417조는 검사 또는 사법경찰관의 '구금에 관한 처분'에 불복이 있으면 법원에 그 처분의 취소 또는 변경을 청구할 수 있다고 규정하고 있다. 검사 또는 사법경찰관이 보호장비 사용을 정당화할 예외적 사정이 존재하지 않음에도 구금된 피의자에 대한 교도관의 보호장비 사용을 용인한 채 그 해제를 요청하지 않는 경우에, 검사 및 사법경찰관의 이러한 조치를 형사소송법 제417조에서 정한 '구금에 관한 처분'으로 보지 않는다면 구금된 피의자로서는 이에 대하여 불복하여 침해된 권리를 구제받을 방법이 없게 된다. 따라서 검사 또는 사법경찰관이 구금된 피의자를 신문할 때 피의자 또는 변호인으로부터 보호장비를 해제해 달라는 요구를 받고도 거부한 조치는 형사소송법 제417조에서 정한 '구금에 관한 처분'에 해당한다고 보아야 한다(대결 2020.03.17. 2015모2357).

정답 ○

22년(1) 모의

189. 甲의 변호인이 피의자신문이 진행되는 중에 검사의 부당한 신문방법에 대한 이의제기를 하였다는 이유만으로 검사가 변호인을 조사실에서 퇴거시키는 조치를 하였다면 이는 위법하다.

> **해설** 검사 또는 사법경찰관이 그러한 특별한 사정 없이, 단지 변호인이 피의자신문 중에 부당한 신문방법에 대한 이의제기를 하였다는 이유만으로 변호인을 조사실에서 퇴거시키는 조치는 정당한 사유 없이 변호인의 피의자신문 참여권을 제한하는 것으로서 허용될 수 없다(대결 2020.03.17. 2015모2357).

정답

15년(2)·16년(1)·19년(3) 모의

190. (1) 압수영장에 의한 수사기관의 압수에 관한 처분이 이루어진 경우 그 처분에 대하여 불복이 있으면 형사소송법 제417조에서 정한 준항고의 방법으로 불복할 수 있다.

(2) 甲의 스마트폰에 대하여 지방법원 판사로부터 발부받은 압수영장에 의한 수사기관의 압수에 관한 처분이 이루어진 경우, 그 처분에 대하여 불복이 있으면 형사소송법 제417조에 따른 준항고로 불복할 수 있다.

> **해설** 압수영장에 의한 수사기관의 압수에 관한 처분에 대한 불복이 있는 경우 형사소송법 제417조에 의한 준항고를 통해 불복할 수 있다.

> **형사소송법 제417조(동전)** 검사 또는 사법경찰관의 구금, 압수 또는 압수물의 환부에 관한 처분과 제243조의2에 따른 변호인의 참여 등에 관한 처분에 대하여 불복이 있으면 그 직무집행지의 관할법원 또는 검사의 소속검찰청에 대응한 법원에 그 처분의 취소 또는 변경을 청구할 수 있다.

정답

15년(2) 모의

191. 구속기간의 연장을 허가하지 아니하는 지방법원 판사의 결정에 대하여는 항고의 방법으로는 불복할 수 없으나, 형사소송법 제416조가 정하는 준항고의 대상이 된다.

> **해설** 형사소송법 제402조, 제403조에서 말하는 법원은 형사소송법상의 수소법원만을 가리킨다고 할 것이므로, 같은 법 제205조 제1항 소정의 구속기간의 연장을 허가하지 아니하는 지방법원 판사의 결정에 대하여는 같은 법 제402조, 제403조가 정하는 항고의 방법으로는 불복할 수 없다고 보아야 할 것이다. 나아가 그 지방법원 판사는 수소법원으로서의 재판장 또는 수명법관도 아니므로 그가 한 재판은 같은 법 제416조가 정하는 준항고의 대상이 되지도 않는다 할 것이다. 따라서 같은 취지의 원심결정은 정당하고 거기에 상고이유로 주장하는 바와 같은 법리오해의 위법이 있다고 할 수 없다. 그러므로 재항고를 기각하기로 하여 관여 법관의 일치된 의견으로 주문과 같이 결정한다(대결 1997.06.16. 97모1).

정답

12년(2)·13년(1)·14년(2)·15년(2)·18년(2) 모의

192. 수사기관이 피의자신문을 하면서 정당한 사유 없이 변호인에 대하여 피의자로부터 떨어진 곳으로 옮겨 앉으라고 지시를 한 다음 이러한 지시에 따르지 않았음을 이유로 변호인의 피의자신문 참여권을 제한하는 것은 준항고의 대상이 된다.

> 해설 형사소송법 제243조의2 제1항에 의하면, 검사 또는 사법경찰관은 피의자 또는 변호인 등이 신청할 경우 정당한 사유가 없는 한 변호인을 피의자신문에 참여하게 하여야 한다고 규정하고 있는바, 여기에서 '정당한 사유'라 함은 변호인이 피의자신문을 방해하거나 수사기밀을 누설할 염려가 있음이 객관적으로 명백한 경우 등을 말하는 것이므로, 수사기관이 피의자신문을 하면서 위와 같은 정당한 사유가 없는데도 변호인에 대하여 피의자로부터 떨어진 곳으로 옮겨 앉으라고 지시를 한 다음 이러한 지시에 따르지 않았음을 이유로 변호인의 피의자신문 참여권을 제한하는 것은 허용될 수 없다. … 재항고인이 위와 같이 변호인에게 퇴실을 명한 행위는 변호인의 피의자신문 참여권을 침해한 처분에 해당한다고 할 것이므로, 이를 이유로 이 사건 준항고를 받아들여 재항고인의 위 처분을 취소한 원심의 조치는 옳고, 거기에 재판에 영향을 미친 헌법·법률·명령 또는 규칙의 위반이 없다(대결 2008.09.12. 2008모793).

> 형사소송법 제417조(준항고) 검사 또는 사법경찰관의 구금, 압수 또는 압수물의 환부에 관한 처분과 제243조의2에 따른 변호인의 참여 등에 관한 처분에 대하여 불복이 있으면 그 직무집행지의 관할법원 또는 검사의 소속검찰청에 대응한 법원에 그 처분의 취소 또는 변경을 청구할 수 있다.

정답 O

15년(2) 모의

193. 구금장소가 경찰서 유치장으로 기재된 구속영장에 의하여 경찰서 유치장에 구속이 집행되었다가 (구)국가안전기획부 청사로 구금장소가 임의적으로 변경된 경우라도 접견교통권의 행사에 중대한 장애가 초래되지는 않으므로 준항고의 대상이 되지 않는다.

> 해설 수사기관의 위법한 구금에 관한 처분에 해당하므로 형사소송법 제417조의 준항고로 불복 가능하다.

> 판례 구속영장에는 청구인을 구금할 수 있는 장소로 특정 경찰서 유치장으로 기재되어 있었는데, 청구인에 대하여 위 구속영장에 의하여 1995. 11. 30. 07:50경 위 경찰서 유치장에 구속이 집행되었다가 같은 날 08:00에 그 신병이 조사차 국가안전기획부 직원에게 인도된 후 위 경찰서 유치장에 인도된 바 없이 계속하여 국가안전기획부 청사에 사실상 구금되어 있다면, 청구인에 대한 이러한 사실상의 구금장소의 임의적 변경은 청구인의 방어권이나 접견교통권의 행사에 중대한 장애를 초래하는 것이므로 위법하다(대결 1996.05.15. 95모94).

정답 ✕

15년(2) 모의

194. 준항고에 대한 법원의 결정에 대해서는 재판에 영향을 미친 규칙의 위반이 있음을 이유로 대법원에 재항고 할 수 없다.

> **해설** 준항고에 대한 법원의 결정에 대해서는 법령위반을 이유로 대법원에 재항고 할 수 있다(형사소송법 제419조, 제415조). 판례도 같은 취지이다.

> 형사소송법 제419조(준용규정) 제409조, 제413조, 제414조, 제415조의 규정은 제416조, 제417조의 청구있는 경우에 준용한다.
> 형사소송법 제415조(재항고) 항고법원 또는 고등법원의 결정에 대하여는 재판에 영향을 미친 헌법·법률·명령 또는 규칙의 위반이 있음을 이유로 하는 때에 한하여 대법원에 즉시항고를 할 수 있다.

> **판례** 형사소송법 제416조, 제417조의 준항고에 관한 결정에 대하여는 재판에 영향을 미친 헌법, 법률, 명령, 규칙의 위반이 있음을 이유로 하는 때에 한하여 대법원에 즉시 항고할 수 있는바, 이는 제419조, 제415조에 의한 재항고에 해당한다(대결 1983.05.12. 83모12).

정답

15년(2) 모의

195. 준항고는 재판장·수명법관의 재판뿐만 아니라 수임판사 또는 수탁판사의 재판 및 수사기관의 처분에 대하여 법원에 그 취소·변경을 청구하는 불복신청방법이다.

> **해설** 준항고란 재판장 또는 수명법관의 재판과 검사 또는 사법경찰관의 처분에 대하여 그 소속법원 또는 관할법원에 취소 또는 변경을 청구하는 불복신청방법을 말한다(형사소송법 제416조, 제417조). 준항고의 대상으로는 재판장 또는 수명법관의 재판(동법 제416조) 및 수사기관의 처분(동법 제417조)이 있다. 따라서 수임판사 또는 수탁판사의 처분에 대하여는 제416조의 준항고를 제기할 수 없다. 다만, 수임판사의 증거보전기각결정(명령)에 대하여는 3일 이내의 항고로 불복이 가능한 예외를 두고 있다(동법 제184조 제3항).

정답

13년 변시, 18년(1)·22년(1)·23년(3) 모의

196. 구속영장 청구에 대한 영장담당판사의 재판은 항고나 준항고의 대상이 되지 않는다.

> **해설** 검사의 체포영장 또는 구속영장 청구에 대한 지방법원판사의 재판은 형사소송법 제402조의 규정에 의하여 항고의 대상이 되는 '법원의 결정'에 해당하지 아니하고, 제416조 제1항의 규정에 의하여 준항고의 대상이 되는 '재판장 또는 수명법관의 구금 등에 관한 재판'에도 해당하지 아니한다(대판 2006. 12. 18. 선고 2006모646). ▶구속영장 기각결정에 대하여 검사가 형사소송법상 불복할 방법은 없고, 새로운 구속사유를 이유로 구속영장을 재청구할 수 있을 뿐이다.

정답

18년(2)·22년(3) 모의

197. 검사의 체포영장 또는 구속영장 청구에 대한 지방법원판사의 재판은 항고의 대상이 되는 '법원의 결정'에 해당되지 아니하고, 준항고의 대상이 되는 '재판장 또는 수명법관의 구금 등에 관한 재판'에도 해당되지 아니한다.

해설 검사의 체포영장 또는 구속영장 청구에 대한 지방법원판사의 재판은 형사소송법 제402조의 규정에 의하여 항고의 대상이 되는 '법원의 결정'에 해당하지 아니하고, 제416조 제1항의 규정에 의하여 준항고의 대상이 되는 '재판장 또는 수명법관의 구금 등에 관한 재판'에도 해당하지 아니한다(대결 2006.12.18. 2006모646).

정답

18년(2) 모의

198. 검사의 압수에 관한 처분에 대하여 준항고가 허용되나, 검사가 압수·수색영장의 청구 등 강제처분을 위한 조치를 취하지 아니한 것 자체에 대해서는 준항고할 수 없다.

해설 헌법과 형사소송법 및 검찰청법 등의 규정을 종합해 보면, 고소인 또는 고발인, 그 밖의 일반국민이 검사에 대하여 영장청구 등의 강제처분을 위한 조치를 취하도록 요구하거나 신청할 수 있는 권리를 가진다고 할 수 없고, 검사가 수사과정에서 영장의 청구 등 강제처분을 위한 조치를 취하지 아니함으로 말미암아 고소인 또는 고발인, 그 밖의 일반국민의 법률상의 지위가 직접적으로 어떤 영향을 받는다고도 할 수 없다. 따라서 검사가 수사과정에서 증거수집을 위한 압수·수색영장의 청구 등 강제처분을 위한 조치를 취하지 아니하고 그로 인하여 증거를 확보하지 못하고 불기소처분에 이르렀다면, 그 불기소처분에 대하여 형사소송법상의 재정신청이나 검찰청법상의 항고·재항고 등으로써 불복하는 것은 별론으로 하고, 검사가 압수·수색영장의 청구 등 강제처분을 위한 조치를 취하지 아니한 것 그 자체를 형사소송법 제417조 소정의 '압수에 관한 처분'으로 보아 이에 대해 준항고로써 불복할 수는 없다. 검사의 불기소처분에 대하여 검찰청법의 규정에 따른 항고 또는 재항고의 결과 고등검찰청검사장 등이 하는 이른바 재기수사명령은 검찰 내부에서의 지휘권의 행사에 지나지 아니하므로 그 재기수사명령에서 증거물의 압수·수색이 필요하다는 등의 지적이 있었다고 하여 달리 볼 것은 아니다(대판 2007.05.25. 2007모82).

정답

제2장 비상구제절차

제1절 재심

I 재심의 의의와 구조

14년(2) 모의

199. 재심은 법적 안정성을 위태롭게 하지 않는 범위 안에서 실질적 정의를 실현하는 제도이다.

해설 판결이 정의감에 비추어 용납될 수 없을 정도로 허위임이 인정되는 경우에 법적 안정성과 법적 평온을 위태롭게 하지 않는 범위 안에서 실질적 정의를 실현하고자 하는 제도가 바로 재심이다 (이재상, 형사소송법 제9판, p.782).

정답 O

II 재심이유

1. 유죄의 확정판결에 대한 재심이유

21년(3) 모의

200. 형벌에 관한 법령이 당초부터 헌법에 위배되어 법원에서 위헌·무효라고 선언한 경우에는, 형사소송법 제420조 제5호의 재심사유인 '유죄의 선고를 받은 자에 대하여 무죄를 인정할 명백한 증거가 새로 발견된 때'에 해당한다.

해설 [1] 형사소송법 제420조 제5호의 재심사유에서 무죄 등을 인정할 '증거가 새로 발견된 때'란 재심대상이 되는 확정판결의 소송절차에서 발견되지 못하였거나 또는 발견되었다 하더라도 제출할 수 없었던 증거로서 이를 새로 발견하였거나 비로소 제출할 수 있게 된 때는 물론이고, 형벌에 관한 법령이 당초부터 헌법에 위배되어 법원에서 위헌·무효라고 선언한 때에도 역시 이에 해당한다. [2] 재항고인의 '국가안전과 공공질서의 수호를 위한 대통령긴급조치'(이하 '긴급조치 제9호'라 한다) 위반 공소사실에 대하여 유죄를 선고한 재심대상판결이 확정되었는데, 그 후 재항고인이 위 판결에 대하여 재심을 청구한 사안에서, 대법원 2013. 4. 18.자 2011초기689 전원합의체 결정에서 긴급조치 제9호가 당초부터 위헌·무효라고 판단된 이상, 이는 '유죄의 선고를 받은 자에 대하여 무죄를 인정할 명백한 증거가 새로 발견된 때'에 해당하므로, 결국 재심대상판결에는 형사소송법 제420조 제5호의 재심사유가 있는데도, 위 재심청구가 법률상의 방식에 위배되어 부적법하다고 판단한 원심결정에 법리오해의 잘못이 있다고 한 사례이다(대결 2013.04.18. 2010모363).

정답

🕐 21년 변시

201. 「형사소송법」 제420조 제4호의 "원판결의 증거된 재판이 확정재판에 의하여 변경된 때"의 "원판결의 증거된 재판"이라 함은 원판결의 이유 중에서 증거로 채택되어 죄로 되는 사실을 인정하는 데 인용된 다른 재판을 뜻한다.

> **해설** 형사소송법 제420조 제4호 소정의 "원판결의 증거된 재판"이라 함은 원판결의 이유 중에서 증거로 채택되어 죄로 되는 사실을 인정하는데 인용된 타의 재판을 뜻한다(대결 1986.08.28. 86모15).
>
> 형사소송법 제420조(재심이유) 재심은 다음 각 호의 어느 하나에 해당하는 이유가 있는 경우에 유죄의 확정판결에 대하여 그 선고를 받은 자의 이익을 위하여 청구할 수 있다.
> 4. 원판결의 증거가 된 재판이 확정재판에 의하여 변경된 때
> [전문개정 2020. 12. 8.]

정답 O

🕐 20년 변시

202. 재심사유로서 '원판결이 인정한 죄보다 경한 죄를 인정할 경우'라 함은 원판결에서 인정한 죄와는 별개의 경한 죄를 말하는 것이지, 원판결에서 인정한 죄 자체에는 변함이 없고 다만 양형상의 자료에 변동을 가져올 사유에 불과한 경우를 말하는 것은 아니다.

> **해설** 형사소송법 제420조 제5호에서 말하는 "원판결이 인정한 죄보다 경한 죄를 인정할" 경우라 함은 원판결에서 인정한 죄와는 별개의 죄로서 그보다 경한 죄를 말한다 할 것이고 원판결에서 인정한 죄 자체에는 변함이 없고 다만 양형상의 자료에 변동을 가져올 사유에 불과한 것은 여기에 해당하지 아니한다(대판 1992.08.31. 92모31).

정답 O

🕐 20년 변시, 19년(3) 모의

203.
(1) 수사기관이 영장주의를 배제하는 위헌적 법령에 따라 영장 없는 체포·구금을 한 경우는 '공소의 기초된 수사에 관여한 검사나 사법경찰관이 그 직무에 관한 죄를 범한 것이 확정판결에 의하여 증명된 때'라는 재심사유에 해당하지 아니한다.

(2) 유죄의 선고를 받은 자에 대한 수사과정에서 수사기관이 영장주의를 배제하는 위헌적 법령에 따라 영장 없는 체포·구금을 하였으나 그런 행위에 관하여 당시의 법령에 의하여 불법체포·감금죄가 성립하지 아니하고 수사기관이 유죄판결을 받은 바 없는 경우, 재심사유가 인정되지 아니한다.

> **해설** 재심제도의 목적과 이념, 형사소송법 제420조 제7호의 취지, 영장주의를 배제하는 위헌적 법령에 따른 체포·구금으로 인한 기본권 침해 결과 등 제반 사정을 종합하여 보면, 수사기관이 영장주의를 배제하는 위헌적 법령에 따라 영장 없는 체포·구금을 한 경우에도 불법체포·감금의 직무범죄가 인정되는 경우에 준하는 것으로 보아 형사소송법 제420조 제7호의 재심사유가 있다고 보아야 한다.

위와 같이 유추적용을 통하여 영장주의를 배제하는 위헌적 법령에 따라 영장 없는 체포·구금을 당한 국민에게 사법적 구제수단 중의 하나인 재심의 문을 열어놓는 것이 헌법상 재판받을 권리를 보장하는 헌법합치적 해석이다(대결 2018.05.02. 2015모3243).

> 형사소송법 제420조(재심이유) 재심은 다음 각 호의 어느 하나에 해당하는 이유가 있는 경우에 유죄의 확정판결에 대하여 그 선고를 받은 자의 이익을 위하여 청구할 수 있다.
> 7. 원판결, 전심판결 또는 그 판결의 기초가 된 조사에 관여한 법관, 공소의 제기 또는 그 공소의 기초가 된 수사에 관여한 검사나 사법경찰관이 그 직무에 관한 죄를 지은 것이 확정판결에 의하여 증명된 때. 다만, 원판결의 선고 전에 법관, 검사 또는 사법경찰관에 대하여 공소가 제기되었을 경우에는 원판결의 법원이 그 사유를 알지 못한 때로 한정한다.
> [전문개정 2020. 12. 8.]

정답 ,

 20년 변시

204. 형사재판에서 재심은 유죄의 확정판결 및 유죄판결에 대한 항소 또는 상고를 기각한 확정판결에 대하여만 허용되며, 면소판결을 대상으로 한 재심청구는 부적법하다.

■해설■ 형사재판에서 재심은 형사소송법 제420조, 제421조 제1항의 규정에 의하여 유죄 확정판결 및 유죄판결에 대한 항소 또는 상고를 기각한 확정판결에 대하여만 허용된다. 면소판결은 유죄 확정판결이라 할 수 없으므로 면소판결을 대상으로 한 재심청구는 부적법하다(대결 2018.05.02. 2015모3243).

정답

🍊 18년 변시, 14년(2)·17년(3)·23년(3) 모의

205. (1) 형사소송법은 재심의 대상을 유죄의 확정판결로 규정하고 있으므로, 무죄판결에 중대한 사실의 오인이 있다고 하더라도 재심의 대상이 되지 않는다.

(2) 공소기각판결이 이루어진 재판에 대해서 무죄판결을 구하는 재심청구는 허용되지 않는다.

■해설■ 재심의 대상은 형사소송법 제420조에 의하면 유죄의 확정판결, 형사소송법 제421조에 의하면 항소 또는 상고의 기각판결이다. '유죄'의 확정판결에는 확정된 약식명령이나 확정된 즉결심판도 포함된다. 다만, 무죄판결이나 면소판결·공소기각판결·관할위반판결 등의 형식재판은 재심의 대상이 아니다.

> 형사소송법 제420조(재심이유) 재심은 다음 각 호의 어느 하나에 해당하는 이유가 있는 경우에 유죄의 확정판결에 대하여 그 선고를 받은 자의 이익을 위하여 청구할 수 있다. [전문개정 2020. 12. 8.]
> 형사소송법 제421조(동전) ① 항소 또는 상고의 기각판결에 대하여는 전조 제1호, 제2호, 제7호의 사유 있는 경우에 한하여 그 선고를 받은 자의 이익을 위하여 재심을 청구할 수 있다

판례 형사소송법 제420조 본문에 의하면 재심은 유죄의 확정판결에 대하여 그 선고를 받은 자의 이익을 위하여 청구할 수 있다. 항소심의 유죄판결에 대하여 상고가 제기되어 상고심 재판이 계속되던 중 피고인이 사망하여 형사소송법 제382조, 제328조 제1항 제2호에 따라 공소기각결정이 확정되었다면 항소심의

유죄판결은 이로써 당연히 그 효력을 상실하게 되므로, 이러한 경우에는 형사소송법상 재심절차의 전제가 되는 '유죄의 확정판결'이 존재하는 경우에 해당한다고 할 수 없다(대판 2013.06.27. 2011도7931).

정답 O, O

23년(3) 모의

206. 제1심 유죄판결에 대하여 항소하였으나 항소기각판결이 있었던 경우에 헌법재판소의 위헌결정을 이유로 재심을 청구하려면 재심대상판결은 항소기각판결이 아니라 제1심 유죄판결이 된다.

해설 형벌에 관한 법률조항에 대하여 헌법재판소의 위헌결정이 선고되어 헌법재판소법 제47조에 따라 재심을 청구하는 경우 그 재심사유는 형사소송법 제420조 제1호, 제2호, 제7호 어느 것에도 해당하지 않는다. 즉 형벌조항에 대하여 헌법재판소의 위헌결정이 있는 경우 헌법재판소법 제47조에 의한 재심은 원칙적인 재심대상판결인 제1심 유죄판결 또는 파기자판한 상급심판결에 대하여 청구하여야 한다. 제1심이 유죄판결을 선고하고, 그에 대하여 불복하였으나, 항소 또는 상고기각판결이 있었던 경우에 헌법재판소법 제47조를 이유로 재심을 청구하려면 재심대상판결은 제1심판결이 되어야 하고, 항소 또는 상고기각판결을 재심대상으로 삼은 재심청구는 법률상의 방식을 위반한 것으로 부적법하다(대결 2022.06.16. 2022모509).

정답 O

 18년 변시, 16년(1)·17년(2) 모의

207. 특별사면된 유죄의 확정판결은 재심청구의 대상이 되지 않는다.

해설 유죄판결 확정 후에 형 선고의 효력을 상실케 하는 특별사면이 있었다고 하더라도, 확정된 유죄판결에서 이루어진 사실인정과 그에 따른 유죄의 판단까지 없어지는 것은 아니므로, 위 유죄판결은 여전히 존재하는 것으로 보아야 하고, 한편 형사소송법 제420조 각 호의 재심사유가 있는 피고인으로서는 재심을 통하여 특별사면에도 불구하고 여전히 남아 있는 불이익을 제거할 필요가 있으므로, 특별사면으로 형 선고의 효력이 상실된 유죄의 확정판결도 형사소송법 제420조의 '유죄의 확정판결'로서 재심청구의 대상이 될 수 있다고 해석함이 타당하다(대판 2015.05.21. 2011도1932(전합)).

정답 ×

 18년 변시, 16년(1)·17년(3) 모의

208. 항소심에서 파기된 제1심판결을 대상으로 하는 재심청구는 법률상의 방식에 위반된다.

해설 형사소송법 제420조, 제421조가 유죄의 확정판결 또는 유죄 판결에 대한 항소 또는 상고의 기각판결에 대하여만 재심을 청구할 수 있도록 규정하고 있는 이상, 항소심에서 파기되어버린 제1심판결에 대해서는 재심을 청구할 수 없는 것이므로, 위 제1심판결을 대상으로 하는 재심청구는 법률상의 방식에 위반하는 것으로 보지 않을 수 없다(대결 2004.02.13. 2003모464).

정답 O

23년(1) 모의

209. 제1심법원이 유죄판결을 선고하고 그에 대하여 불복하였으나 항소 또는 상고기각판결이 있었던 경우, 형벌에 관한 법률조항에 대하여 헌법재판소의 위헌결정이 선고되어 「헌법재판소법」 제47조를 이유로 하는 재심청구의 대상판결은 제1심판결이므로 항소 또는 상고기각판결을 재심대상으로 삼은 재심청구는 법률상의 방식을 위반한 것으로 부적법하다.

해설 형벌에 관한 법률조항에 대하여 헌법재판소의 위헌결정이 선고되어 헌법재판소법 제47조에 따라 재심을 청구하는 경우 그 재심사유는 형사소송법 제420조 제1호, 제2호, 제7호 어느 것에도 해당하지 않는다. 즉 형벌조항에 대하여 헌법재판소의 위헌결정이 있는 경우 헌법재판소법 제47조에 의한 재심은 원칙적인 재심대상판결인 제1심 유죄판결 또는 파기자판한 상급심판결에 대하여 청구하여야 한다. 제1심이 유죄판결을 선고하고, 그에 대하여 불복하였으나, 항소 또는 상고기각판결이 있었던 경우에 헌법재판소법 제47조를 이유로 재심을 청구하려면 재심대상판결은 제1심판결이 되어야 하고, 항소 또는 상고기각판결을 재심대상으로 삼은 재심청구는 법률상의 방식을 위반한 것으로 부적법하다(대결 2022.06.16. 2022모509).

정답

18년 변시

210. 약식명령에 대한 정식재판청구에 따라 유죄의 판결이 확정된 경우의 약식명령은 재심의 대상이다.

해설 형사소송법 제420조 본문은 재심은 유죄의 확정판결에 대하여 그 선고를 받은 자의 이익을 위하여 청구할 수 있도록 하고, 같은 법 제456조는 약식명령은 정식재판의 청구에 의한 판결이 있는 때에는 그 효력을 잃도록 규정하고 있다. 위 각 규정에 의하면, 약식명령에 대하여 정식재판 청구가 이루어지고 그 후 진행된 정식재판 절차에서 유죄판결이 선고되어 확정된 경우, 재심사유가 존재한다고 주장하는 피고인 등은 효력을 잃은 약식명령이 아니라 유죄의 확정판결을 대상으로 재심을 청구하여야 한다. 그런데도 피고인 등이 약식명령에 대하여 재심의 청구를 한 경우, 법원으로서는 재심의 청구에 기재된 재심을 개시할 대상의 표시 이외에도 재심청구의 이유에 기재된 주장 내용을 살펴보고 재심을 청구한 피고인 등의 의사를 참작하여 재심청구의 대상을 무엇으로 보아야 하는지 심리·판단할 필요가 있다. 그러나 법원이 심리한 결과 재심청구의 대상이 약식명령이라고 판단하여 그 약식명령을 대상으로 재심개시결정을 한 후 이에 대하여 검사나 피고인 등이 모두 불복하지 아니함으로써 그 결정이 확정된 때에는, 그 재심개시결정에 의하여 재심이 개시된 대상은 약식명령으로 확정되고, 그 재심개시결정에 따라 재심절차를 진행하는 법원이 재심이 개시된 대상을 유죄의 확정판결로 변경할 수는 없다. 이 경우 그 재심개시결정은 이미 효력을 상실하여 재심을 개시할 수 없는 약식명령을 대상으로 한 것이므로, 그 재심개시결정에 따라 재심절차를 진행하는 법원으로서는 심판의 대상이 없어 아무런 재판을 할 수 없다(대판 2013.04.11. 2011도10626).

정답

18년 변시

211. 재정신청기각의 결정에 대하여는 재심이 허용되지 않는다.

해설 형사소송법상 재심청구는 유죄의 확정판결에 대하여서만 할 수 있고 결정에 대하여는 재심청구가 허용되지 않는다(대결 1986.10.29. 86모38).

정답 O

17년(3) 모의

212. 항소기각의 확정판결과 그 판결에 의하여 확정된 제1심판결에 대하여 재심의 청구가 있는 경우, 제1심법원이 재심의 판결을 한 때에는 항소법원은 결정으로 재심의 청구를 기각하여야 한다.

해설 형사소송법 제436조 제1항 참조.

형사소송법 제436조(청구의 경합과 청구기각의 결정) ① 항소기각의 확정판결과 그 판결에 의하여 확정된 제1심판결에 대하여 재심의 청구가 있는 경우에 제1심법원이 재심의 판결을 한 때에는 항소법원은 결정으로 재심의 청구를 기각하여야 한다.

정답 O

17년(1) 모의

213. 위헌으로 결정된 법률 또는 법률의 조항에 대하여 종전에 합헌으로 결정한 사건이 없는 경우, 이 법률 또는 법률의 조항에 근거한 유죄의 확정판결에 대하여는 재심을 청구할 수 있다.

해설 헌법재판소법 제47조 제4항에 따라 재심을 청구할 수 있는 '위헌으로 결정된 법률 또는 법률의 조항에 근거한 유죄의 확정판결'이란 헌법재판소의 위헌결정으로 인하여 같은 조 제3항의 규정에 의하여 소급하여 효력을 상실하는 법률 또는 법률의 조항을 적용한 유죄의 확정판결을 의미한다. 따라서 위헌으로 결정된 법률 또는 법률의 조항이 같은 조 제3항 단서에 의하여 종전의 합헌결정이 있는 날의 다음 날로 소급하여 효력을 상실하는 경우 그 합헌결정이 있는 날의 다음 날 이후에 유죄판결이 선고되어 확정되었다면, 비록 범죄행위가 그 이전에 행하여졌다 하더라도 그 판결은 위헌결정으로 인하여 소급하여 효력을 상실한 법률 또는 법률의 조항을 적용한 것으로서 '위헌으로 결정된 법률 또는 법률의 조항에 근거한 유죄의 확정판결'에 해당하므로 이에 대하여 재심을 청구할 수 있다고 보아야 한다(대결 2016.11.10. 2015모1475).

정답 O

14년 변시, 15년(2)·16년(3) 모의

214. **'원판결의 증거된 증언'이 나중에 확정판결에 의하여 허위인 것이 증명되었더라도, 그 허위증언 부분을 제외하고서도 다른 증거에 의하여 유죄로 인정될 경우에는 재심사유에 해당하지 아니한다.**

해설 형사소송법 제420조 제2호 소정의 '원판결의 증거 된 증언'이 나중에 확정판결에 의하여 허위인 것이 증명된 이상, 그 허위증언 부분을 제외하고서도 다른 증거에 의하여 그 '죄로 되는 사실'이 유죄로 인정될 것인지 여부에 관계없이 형사소송법 제420조 제2호의 재심사유가 있는 것으로 보아야 한다(대판 2012.04.13. 2011도8529).

정답

16년(1) 모의

215. **증거의 명백성은 확정판결이 그 사실인정의 자료로 한 증거보다 논리경험칙상 객관적으로 우위에 있다고 보이는 증거를 의미하는 것으로 법관의 자유심증에 의하여 그 증거가치가 좌우되는 증거를 말하는 것이 아니다.**

해설 증거의 명백성이란 새로운 증거에 의해 확정판결의 정당성이 의심되는 수준을 넘어 그 판결을 그대로 유지할 수 없을 정도로 고도의 개연성이 인정되는 경우를 말한다. 따라서 새로운 증거의 가치는 확정판결이 그 사실인정의 자료로 한 증거보다 경험칙이나 논리칙상 객관적으로 우위에 있다고 보여져야 하며, 법관의 자유심증에 의하여 그 좌우될 수는 없는 것이다(대결 1999.08.11. 99모93).

정답

19년(3) 모의

216. **유죄의 선고를 받은 자에 대하여 무죄, 면소 또는 공소기각의 재판을, 형의 선고를 받은 자에 대하여 형의 면제 또는 원판결이 인정한 죄보다 경한 죄를 인정할 명백한 증거가 새로 발견된 경우, 재심사유가 인정된다.**

해설 형사소송법 제420조 제5호는 유죄의 선고를 받은 자에 대하여 무죄 또는 면소를, 형의 선고를 받은 자에 대하여 형의 면제 또는 원판결이 인정한 죄보다 경한 죄를 인정할 명백한 증거가 발견된 때에는 재심을 청구할 수 있다고 규정하고 있고, 위 법조 소정의 '원판결이 인정한 죄보다 경한 죄'라 함은 원판결이 인정한 죄와는 별개의 죄로서 그 법정형이 가벼운 죄를 말하는 것이므로, 동일한 죄에 대하여 공소기각을 선고받을 수 있는 경우는 여기에서의 경한 죄에 해당하지 않는다고 할 것이다(대결 1997.01.13. 96모51).

정답

13년(3)·16년(1)·19년(2)·23년(2) 모의

217. (1) 공범자 중 1인에 대하여는 무죄의 확정판결, 다른 1인에 대하여는 유죄의 확정판결이 있는 경우에 무죄의 확정판결 자체만으로 유죄의 확정판결에 대한 새로운 증거로서의 재심사유에 해당한다.

(2) 甲은 마약류관리에 관한 법률 위반(향정)죄로 유죄판결을 받아 확정된 후 별건으로 기소된 공범 乙에 대한 공판절차의 증인으로 출석하여 허위의 진술을 하였다. 그런데 甲은 증언에 앞서 증언거부권을 고지받지 못하였다. 만일 乙에 대하여 무죄판결이 확정된 경우 그 무죄판결 자체만으로 甲의 유죄판결에 대한 새로운 증거로서 재심사유에 해당한다.

해설 형사소송법 제420조 제5호의 명백한 증거가 새로 발견되었을 때라 함은 신증거의 존재가 본안판결의 전후를 불문하고 판결법원에 현출되지 아니한 당해 사건의 증거자료로서 증거가치가 다른 증거에 비하여 객관적으로 우월성이 인정될 근거가 있는 것을 말하며, 당해 사건의 증거가 아니고 공범자 중 1인에 대하여는 무죄, 다른 1인에 대하여는 유죄의 확정판결이 있는 경우에 무죄확정 판결의 증거자료를 자기의 증거자료로 하지 못하였고 또 새로 발견된 것이 아닌 한 무죄확정판결 자체만으로는 유죄확정 판결에 대한 새로운 증거로서의 재심사유에 해당한다고 할 수 없다(대결 1984.04.13. 84모14).

정답 ×, ×

15년(2) 모의

218. 원판결의 증거된 증언이란 법률에 의하여 선서한 증인의 증언을 말하고 공동피고인의 공판정에서의 진술은 이에 해당하지 않는다.

해설 형사소송법 제420조 제2호에 규정된 원판결의 증거된 증언이라 함은 법률에 의하여 선서한 증인의 증언을 말하고 공동피고인의 공판정에서의 진술은 여기에 해당하지 않는다(대결 1985.06.01. 85모10).

정답 ○

15년(2)·19년(3) 모의

219. 원판결의 증거된 증언이 확정판결에 의하여 허위인 것이 증명된 때라 함은 원판결의 증거된 증언을 한 자가 그 재판 과정에서 자신의 증언과 반대되는 취지의 증언을 한 다른 증인을 위증죄로 고소하였다가 그 고소가 허위임이 밝혀져 무고죄로 유죄의 확정판결을 받은 경우를 말한다.

해설 형사소송법 제420조 제2호 소정의 '원판결의 증거된 증언'이라 함은 원판결의 증거로 채택되어 범죄사실을 인정하는 데 사용된 증언을 뜻하는 것이고 단순히 증거 조사의 대상이 되었을 뿐 범죄사실을 인정하는 증거로 사용되지 않은 증언은 위 '증거된 증언'에 포함되지 않는 것이며, '원판결의 증거된 증언이 확정판결에 의하여 허위인 것이 증명된 때'라 함은 그 증인이 위증을 하여 그 죄에 의하여 처벌되어 그 판결이 확정된 경우를 말하는 것이고, 원판결의 증거된 증언을 한 자가 그 재판 과정에서 자신의 증언과 반대되는 취지의 증언을 한 다른 증인을 위증죄로 고소하였다가 그 고소가 허위임이 밝혀져 무고죄로 유죄의 확정판결을 받은 경우는 위 재심사유에 포함되지 아니한다(대판 2005.04.14. 2003도1080).

정답 ×

15년(2) 모의

220. 재심대상이 된 피고사건과 별개의 사건에서의 증언내용을 기재한 증인신문조서나 진술조서가 서증으로 제출되어 이것이 채용된 경우 형사소송법 제420조 제2호(원판결의 증거된 증언, 감정, 통역 또는 번역이 확정절차에 의하여 허위인 것이 증명된 때)에 해당하지 않는다.

해설 재심대상이 된 피고사건과 별개의 사건에서 증언이 이루어지고 그 증언을 기재한 증인신문조서나 그 증언과 유사한 진술이 기재된 진술조서가 재심대상이 된 피고사건에 서증으로 제출되어 이것이 채용된 경우는 형사소송법 제420조 제2호에 규정된 '원판결의 증거된 증언'에 해당한다고 할 수 없으므로, 그 증언이 확정판결에 의하여 허위인 것으로 증명되었더라도 위 제2호 소정의 재심사유에 포함될 수 없다(대결 1999.08.11. 99모93).

정답 ○

14년(2) 모의

221. 법률 조항 자체는 그대로 둔 채 그 법률 조항에 관한 특정한 내용의 해석·적용만을 위헌으로 선언하는 한정위헌결정은 재심사유가 될 수 없다.

해설 대법원은 위헌판결에 대해서는 재심사유로 인정하나 한정위헌결정에 대해서는 기속력을 부정하여 재심사유가 될 수 없다고 본다. 다만 이 경우 헌법재판소의 헌법소원의 대상이 될 것인지는 헌법상의 문제가 될 것이다.

판례 헌법재판소가 법률 조항 자체는 그대로 둔 채 그 법률 조항에 관한 특정한 내용의 해석·적용만을 위헌으로 선언하는 이른바 한정위헌결정에 관하여는 헌법재판소법 제47조가 규정하는 위헌결정의 효력을 부여할 수 없으며, 그 결과 한정위헌결정은 법원을 기속할 수 없고 재심사유가 될 수 없다(대판 2013.03.28. 2012재두299).

비교판례 형사소송법 제420조 제5호의 재심사유에서 무죄 등을 인정할 '증거가 새로 발견된 때'란 재심대상이 되는 확정판결의 소송절차에서 발견되지 못하였거나 또는 발견되었다 하더라도 제출할 수 없었던 증거로서 이를 새로 발견하였거나 비로소 제출할 수 있게 된 때는 물론이고, 형벌에 관한 법령이 당초부터 헌법에 위배되어 법원에서 위헌·무효라고 선언한 때에도 역시 이에 해당한다(대결 2013.04.18. 2010모363).

정답 ○

23년(1)(2) 모의

222. 「형사소송법」 제420조 제5호에서 무죄 등을 인정할 증거가 '새로 발견된 때'에 해당하는지는 재심을 청구하는 피고인이 아니라 재심 개시 여부를 심사하는 법원이 새로이 발견하여 알게 된 것인지 여부에 따라 결정되어야 한다.

■해설 형사소송법 제420조 제5호에 정한 재심사유인 '증거가 새로 발견된 때'와 관련하여 그 증거가 법원뿐만 아니라 재심을 청구한 피고인에게도 새로워야 하는지 여부(적극) 형사소송법 제420조 제5호에 정한 무죄 등을 인정할 '증거가 새로 발견된 때'란 재심대상이 되는 확정판결의 소송절차에서 발견되지 못하였거나 또는 발견되었다 하더라도 제출할 수 없었던 증거를 새로 발견하였거나 비로소 제출할 수 있게 된 때를 말한다. 증거의 신규성을 누구를 기준으로 판단할 것인지에 대하여 위 조항이 그 범위를 제한하고 있지 않으므로 그 대상을 법원으로 한정할 것은 아니다.(대결 2009.07.16. 2005모472(전합)).

정답 ×

14년·15년·22년 변시, 13년(3)·16년(1)·22년(2)(3)모의

223. 피고인이 새로운 증거를 발견하였다고 하여 재심을 청구한 경우 재심대상판결의 소송절차 중에 그러한 증거를 제출하지 못한 데에 피고인의 과실이 있더라도 A그 증거는 '증거가 새로 발견된 때'에 해당한다.

■해설 재심은 당해 심급에서 또는 상소를 통한 신중한 사실심리를 거쳐 확정된 사실관계를 재심사하는 예외적인 비상구제절차이므로, 피고인이 판결확정 전 소송절차에서 제출할 수 있었던 증거까지 거기에 포함된다고 보게 되면, 판결의 확정력이 피고인이 선택한 증거제출시기에 따라 손쉽게 부인될 수 있게 되어 형사재판의 법적 안정성을 해치고, 헌법이 대법원을 최종심으로 규정한 취지에 반하여 제4심으로서의 재심을 허용하는 결과를 초래할 수 있다. 따라서 피고인이 재심을 청구한 경우 재심대상이 되는 확정판결의 소송절차 중에 그러한 증거를 제출하지 못한 데 과실이 있는 경우에는 그 증거는 위 조항에서의 '증거가 새로 발견된 때'에서 제외된다고 해석함이 상당하다(대결 2009.07.16. 2005모472(전합)).

정답 ×

18년(3) 모의

224. 乙의 특정범죄가중처벌등에관한법률위반(도주차량)죄의 유죄가 확정된 후 乙의 자백에 의해서 범행의 전모가 밝혀졌다면, 乙은 재심을 청구할 수 있다.

■해설 판례는 형사소송법 제420조 제5호의 신규성과 관련하여 당사자가 확정판결의 소송절차 중에 증거를 제출하지 못한 데에 과실이 있는 경우에는 신규성을 부정하고 있는 바, 사안과 같은 위장자수의 경우 진범의 발견이 당사자에게 새로운 증거가 아니므로 乙의 재심청구는 기각될 것이다.

정답 ×

225. 甲이 乙을 조수석에 태우고 자동차를 운전하고 가다가 부주의로 사람을 치고 나서 몹시 당황하자, 乙은 걱정 말라고 甲을 달랜 후 자동차를 정비소에 맡겨 사고의 흔적을 없애는 한편, 자신이 운전을 하다 사고를 낸 것이라고 경찰에 허위로 자수하였고 乙은 해당 범죄로 기소되었다. 만약 乙이 유죄판결 확정 후 변심하여 숨겨두었던 사고 당시 甲이 운전하는 모습을 촬영한 사진을 증거로 제출하였다면, 재심사유로서 '증거가 새로 발견된 때'에 해당한다.

해설 형사소송법 제420조 제5호는 재심사유로 증거의 신규성과 명백성을 요구하고 있고 판례는 증거가 있음을 알고 제출이 가능하였음에도 제출하지 않은 경우에는 신규성을 인정하지 않으므로 乙에 대한 유죄판결이 확정된 후 사고 당시 甲이 운전하는 모습을 촬영한 사진을 증거로 제출하였더라도, 재심사유로 증거가 새로 발견된 때에 해당하지 아니한다고 해야 한다.

정답 ×

226. '무죄 등을 인정할 명백한 증거'에 해당하는지 여부는 새로 발견된 증거만을 독립적·고립적으로 고찰하여 그 증거가치만으로 판단하여야 하고, 그 새로운 증거의 명백성에 대한 심증의 정도는 확정판결의 사실인정에 합리적인 의심을 생기게 하는 정도이면 충분하다.

해설 형사소송법 제420조 제5호에 정한 '무죄 등을 인정할 명백한 증거'에 해당하는지 여부를 판단할 때에는 법원으로서는 새로 발견된 증거만을 독립적·고립적으로 고찰하여 그 증거가치만으로 재심의 개시 여부를 판단할 것이 아니라, 재심대상이 되는 확정판결을 선고한 법원이 사실인정의 기초로 삼은 증거들 가운데 새로 발견된 증거와 유기적으로 밀접하게 관련되고 모순되는 것들은 함께 고려하여 평가하여야 하고, 그 결과 단순히 재심대상이 되는 유죄의 확정판결에 대하여 그 정당성이 의심되는 수준을 넘어 그 판결을 그대로 유지할 수 없을 정도로 고도의 개연성이 인정되는 경우라면 그 새로운 증거는 위 조항의 '명백한 증거'에 해당한다. 만일 법원이 새로 발견된 증거만을 독립적·고립적으로 고찰하여 명백성 여부를 평가·판단하여야 한다면, 그 자체만으로 무죄 등을 인정할 수 있는 명백한 증거가치를 가지는 경우에만 재심 개시가 허용되어 재심사유가 지나치게 제한되는데, 이는 새로운 증거에 의하여 이전과 달라진 증거관계 아래에서 다시 살펴 실체적 진실을 모색하도록 하기 위해 '무죄 등을 인정할 명백한 증거가 새로 발견된 때'를 재심사유의 하나로 정한 재심제도의 취지에 반하기 때문이다(대결 2009.07.16. 2005모472(전합)).

정답 ×

227. '형의 면제를 인정할 명백한 증거가 새로 발견될 때"에서 '형의 면제'라 함은 형의 필요적 면제뿐만 아니라 임의적 면제도 포함한다.

해설 형의 면제는 필요적 면제만을 의미하고 임의적 면제는 포함하지 않는다(대결 1984.05.30. 84모32).

정답 ×

228.
🕐 14년 변시, 19년(3) 모의

재심사유 해당 여부를 판단함에 있어 '사법경찰관 등이 범한 직무에 관한 죄'가 사건의 실체관계에 관계된 것인지 여부나 당해 사법경찰관이 직접 피의자에 대한 조사를 담당하였는지 여부는 고려할 사정이 아니다.

해설 형사소송법 제420조 제7호의 재심사유 해당 여부를 판단함에 있어 사법경찰관 등이 범한 직무에 관한 죄가 사건의 실체관계에 관계된 것인지 여부나 당해 사법경찰관이 직접 피의자에 대한 조사를 담당하였는지 여부는 고려할 사정이 아니다(대결 2008.04.24. 2008모77).

정답 O

2. 상소기각의 확정판결에 대한 재심사유

🕐 15년 변시, 17년(3) 모의

229.
제1심 확정판결에 대한 재심청구사건의 판결이 있은 후에는 항소기각 판결에 대하여 다시 재심을 청구하지 못한다.

해설 형사소송법 제421조 제2항 참조.

형사소송법 제421조(동전) ② 제1심확정판결에 대한 재심청구사건의 판결이 있은 후에는 항소기각 판결에 대하여 다시 재심을 청구하지 못한다.

정답 O

14년(2) 모의

230.
상소기각판결을 대상으로 재심을 청구하는 때에 상소기각판결의 등본뿐만 아니라 원판결의 등본 및 증거자료도 첨부하여야 한다.

해설 재심을 청구함에는 재심청구의 취지와 이유를 구체적으로 기재하고 원판결의 등본 및 증거자료를 첨부하여 제출하여야 한다(형사소송규칙 제166조). 이때 첨부할 원판결등본이란 재심의 대상이 되는 판결등본을 말함은 물론인데, 유죄의 확정판결 자체에 대한 재심청구일 때는 문제가 없으나, 상소기각판결에 대한 재심청구일 때는 그 상소기각판결등본 뿐 아니라 그 원심판결 등본까지 첨부할 필요가 있는 경우도 있을 것이다.

형사소송규칙 제166조(재심청구의 방식) 재심의 청구를 함에는 재심청구의 취지 및 재심청구의 이유를 구체적으로 기재한 재심청구서에 원판결의 등본 및 증거자료를 첨부하여 관할법원에 제출하여야 한다.

판례 형사소송법 제421조 제1항에서 항소 또는 상고의 기각판결이라 함은 위 상소기각판결에 의하여 확정된 1심 또는 항소판결을 의미하는 것이 아니고, 항소기각 또는 상고기각판결 자체를 의미한다(대결 1984.07.27. 84모48).

정답 O

3. 확정판결에 대신하는 증명

Ⅲ 재심개시절차

1. 재심의 관할

 22년 변시, 21년(2) 모의

231. 「소송촉진 등에 관한 특례법」 제23조에 따라 진행된 제1심의 불출석 재판에 대하여 검사만 항소하고 항소심도 불출석 재판으로 진행한 후에 새로 또는 다시 유죄판결을 선고하여 그 유죄판결이 확정된 경우에는 피고인이 귀책사유 없이 제1심과 항소심의 공판절차에 출석할 수 없었더라도 항소심 법원에 그 유죄판결에 대한 재심을 청구할 수 없다.

> **해설** 소송촉진 등에 관한 특례법(이하 '소송촉진법'이라 한다) 제23조(이하 '특례 규정'이라 한다)와 소송촉진법 제23조의2 제1항(이하 '재심 규정'이라 한다)의 내용 및 입법 취지, 헌법 및 형사소송법에서 정한 피고인의 공정한 재판을 받을 권리 및 방어권의 내용, 적법절차를 선언한 헌법 정신, 귀책사유 없이 불출석한 상태에서 제1심과 항소심에서 유죄판결을 받은 피고인의 공정한 재판을 받을 권리를 실질적으로 보호할 필요성 등의 여러 사정들을 종합하여 보면, 특례 규정에 따라 진행된 제1심의 불출석 재판에 대하여 검사만 항소하고 항소심도 불출석 재판으로 진행한 후에 제1심판결을 파기하고 새로 또는 다시 유죄판결을 선고하여 유죄판결이 확정된 경우에도, 재심 규정을 유추 적용하여 귀책사유 없이 제1심과 항소심의 공판절차에 출석할 수 없었던 피고인은 재심 규정이 정한 기간 내에 항소심 법원에 유죄판결에 대한 재심을 청구할 수 있다(대판 2015.06.25. 2014도17252(전합)).

정답 ×

 21년 변시

232. 군사법원의 판결이 확정된 후 피고인에 대한 재판권이 더 이상 군사법원에 없게 된 경우에 군사법원의 판결에 대한 재심사건의 관할은 원판결을 한 군사법원과 같은 심급의 일반법원에 있다.

> **해설** 군사법원의 판결이 확정된 후 피고인에 대한 재판권이 더 이상 군사법원에 없게 된 경우에 군사법원의 판결에 대한 재심사건의 관할은 원판결을 한 군사법원과 같은 심급의 일반법원에 있고, 여기에서 '군사법원과 같은 심급의 일반법원'은 법원조직법과 형사소송법에 규정된 추상적 기준에 따라 획일적으로 결정하여야 한다(대결 2020.06.26. 2019모3197).

정답 ○

2. 재심의 청구

 19년(2) 모의

233. 재심의 청구는 원판결의 법원이 관할한다.

해설 형사소송법 제423조 참조.

> 형사소송법 제423조(재심의 관할) 재심의 청구는 원판결의 법원이 관할한다.

정답 O

19년(2) 모의

234. 재심의 청구는 유죄의 선고를 받은 자, 그 법정대리인, 그 배우자, 직계친족 또는 형제자매가 할 수 있으며, 검사는 재심의 청구를 할 수 없다.

해설 형사소송법 제424조 참조.

> 형사소송법 제424조(재심청구권자) 다음 각 호의 1에 해당하는 자는 재심의 청구를 할 수 있다.
> 1. 검사
> 2. 유죄의 선고를 받은 자
> 3. 유죄의 선고를 받은 자의 법정대리인
> 4. 유죄의 선고를 받은 자가 사망하거나 심신장애가 있는 경우에는 그 배우자, 직계친족 또는 형제자매

정답 ×

19년(2) 모의

235. 재심의 청구는 형의 집행을 종료하거나 형의 집행을 받지 아니하게 된 때에도 할 수 있다.

해설 형사소송법 제427조 참조.

> 형사소송법 제427조(재심청구의 시기) 재심의 청구는 형의 집행을 종료하거나 형의 집행을 받지 아니하게 된 때에도 할 수 있다.

정답 O

19년(3)·22년(3)·23년(1) 모의

236. 관할법원에 대응한 검찰청검사는 재심청구에 대한 재판이 있을 때까지 형의 집행을 정지하여야 하며, 법원은 재심개시의 결정을 할 때에는 형의 집행을 정지하여야 한다.

해설 형사소송법 제428조 참조.

> 형사소송법 제428조 (재심과 집행정지의 효력) 재심의 청구는 형의 집행을 정지하는 효력이 없다. 단 관할법원에 대응한 검찰청검사는 재심청구에 대한 재판이 있을 때까지 형의 집행을 정지할 수 있다.
> 형사소송법 제435조(재심개시의 결정) ② 재심개시의 결정을 할 때에는 결정으로 형의 집행을 정지할 수 있다. <개정 1995. 12. 29.>

정답 ×

19년(2)·20년(2) 모의

237. 재심개시의 결정에 대하여는 검사가 즉시항고할 수 있으나, 즉시항고로 인한 집행정지의 효력은 발생하지 않는다.

> **해설** 재심개시의 결정에 대하여 즉시항고가 가능하다(형사소송법 제435조, 제437조). 즉시항고가 제기되면 재판의 집행은 정지된다(형사소송법 제410조).
>
> 형사소송법 제435조(재심개시의 결정) ① 재심의 청구가 이유있다고 인정한 때에는 재심개시의 결정을 하여야 한다.
> 형사소송법 제437조(즉시항고) 제433조, 제434조제1항, 제435조제1항과 전조제1항의 결정에 대하여는 즉시항고를 할 수 있다.
> 형사소송법 제410조(즉시항고와 집행정지의 효력) 즉시항고의 제기기간 내와 그 제기가 있는 때에는 재판의 집행은 정지된다.

정답

17년(1) 모의

238. 재심청구인이 재심청구를 취하한 경우에는 동일한 이유로 다시 재심을 청구하지 못한다.

> **해설** 형사소송법 제429조 참조.
>
> 형사소송법 제429조(재심청구의 취하) ① 재심의 청구는 취하할 수 있다.
> ② 재심의 청구를 취하한 자는 동일한 이유로써 다시 재심을 청구하지 못한다.

정답

18년(3) 모의

239. 유죄의 확정판결이 있은 후 유죄에 결정적이었던 목격자의 증언이 허위임이 밝혀져 甲이 재심청구를 하였으나 청구에 대한 결정이 확정되기 전에 甲이 사망한 경우, 甲의 배우자나 친족 등은 재심청구인의 지위를 승계하므로 재심절차는 속행할 수 있다.

> **해설** 형사소송법이나 형사소송규칙에는 재심청구인이 재심의 청구를 한 후 청구에 대한 결정이 확정되기 전에 사망한 경우에 재심청구인의 배우자나 친족 등에 의한 재심청구인 지위의 승계를 인정하거나 형사소송법 제438조와 같이 재심청구인이 사망한 경우에도 절차를 속행할 수 있는 규정이 없으므로, 재심청구절차는 재심청구인의 사망으로 당연히 종료하게 된다(대판 2014.05.30. 2014모739).

정답

3. 재심청구에 대한 심판

22년 변시

240. 「형사소송법」상 재심개시절차에서는 「형사소송법」 등에서 규정하고 있는 재심사유가 있는지 여부를 판단할 뿐만 아니라, 재심사유가 재심대상판결에 영향을 미칠 가능성이 있는가의 실체적 사유도 함께 고려하여야 한다.

해설 [1] 형사소송법 제420조 제7호의 재심사유 해당 여부를 판단함에 있어 사법경찰관 등이 범한 직무에 관한 죄가 사건의 실체관계에 관계된 것인지 여부나 당해 사법경찰관이 직접 피의자에 대한 조사를 담당하였는지 여부는 고려할 사정이 아니다. [2] 형사소송법상 재심절차는 재심개시절차와 재심심판절차로 구별되는 것이므로, 재심개시절차에서는 형사소송법에서 규정하고 있는 재심사유가 있는지 여부만을 판단하여야 하고, 나아가 재심사유가 재심대상판결에 영향을 미칠 가능성이 있는가의 실체적 사유는 고려하여서는 아니 된다(대결 2008.04.24. 2008모77).

정답 ×

23년(1) 모의

241. 경합범 관계에 있는 수 개의 범죄사실을 유죄로 인정하여 한 개의 형을 선고한 불가분의 확정판결 중 일부의 범죄사실에 대하여만 재심청구의 이유가 있는 것으로 인정되었으나 그 판결 전부에 대하여 재심개시의 결정을 한 경우, 재심사유가 없는 범죄에 대한 재심법원의 새로운 양형은 이중처벌금지 위반은 아니며 불이익변경금지 원칙에 따라 원판결의 형보다 중한 형을 선고하지 못할 뿐이다.

해설 경합범 관계에 있는 수 개의 범죄사실을 유죄로 인정하여 1개의 형을 선고한 불가분의 확정판결에서 그중 일부의 범죄사실에 대하여만 재심청구의 이유가 있는 것으로 인정되었으나 형식적으로는 1개의 형이 선고된 판결에 대한 것이어서 판결 전부에 대하여 재심개시의 결정을 한 경우, 재심법원은 재심사유가 없는 범죄에 대하여는 새로이 양형을 하여야 하는 것이므로 이를 헌법상 이중처벌금지의 원칙을 위반한 것이라고 할 수 없고, 다만 재심사건에는 불이익변경의 금지 원칙이 적용되어 원판결의 형보다 중한 형을 선고하지 못하는 것이다(대판 2014.11.13. 2014도10193).

정답

23년(2) 모의

242. 경합범관계에 있는 수 개의 범죄사실을 유죄로 인정하여 1개의 형을 선고한 불가분의 확정판결에서 그중 일부의 범죄사실에 대하여만 재심청구의 이유가 있는 것으로 인정된 경우, 법원은 그 판결 전부에 대하여 재심개시결정을 해야 하고, 이때 재심법원은 재심사유가 없는 범죄사실 부분도 심리하여 무죄로 인정할 수 있다.

해설 경합범 관계에 있는 수개의 범죄사실을 유죄로 인정하여 한 개의 형을 선고한 불가분의 확정판결에서 그 중 일부의 범죄사실에 대하여만 재심청구의 이유가 있는 것으로 인정된 경우에는 형식적으로는 1개의 형이 선고된 판결에 대한 것이어서 그 판결 전부에 대하여 재심개시의 결정을 할 수

밖에 없지만, 비상구제수단인 재심제도의 본질상 재심사유가 없는 범죄사실에 대하여는 재심개시결정의 효력이 그 부분을 형식적으로 심판의 대상에 포함시키는데 그치므로 재심법원은 그 부분에 대하여는 이를 다시 심리하여 유죄인정을 파기할 수 없고, 다만 그 부분에 관하여 새로이 양형을 하여야 하므로 양형을 위하여 필요한 범위에 한하여만 심리를 할 수 있을 뿐이(대판 2021.07.08. 2021도2738).

정답

20년(2) 모의

243. 재심청구가 원판결을 한 법원이 아닌 다른 법원에 잘못 제기된 경우에는 재심청구가 법률상의 방식에 위반한 것에 해당하므로, 법원은 「형사소송법」 제433조에 따라 결정으로 재심청구를 기각하여야 한다.

해설 재심청구가 재심관할법원인 항소심법원이 아닌 제1심법원에 잘못 제기된 경우 제1심법원은 그 재심의 소를 부적법하다 하여 각하할 것이 아니라 재심관할법원인 항소심법원에 이송하여야 할 것인데, 제1심법원이 항소심법원으로 이송결정 대신 재심청구기각결정을 하고 이에 대하여 재심청구인으로부터 항고가 제기된 경우라면 항고를 받은 법원이 마침 재심관할법원인 항소심법원인 경우에는 그 법원으로서는 형사소송법 제367조를 유추적용하여 관할권이 없는 제1심결정을 파기하고 재심관할법원으로서 그 절차를 취하여야 한다(대결 2003.09.23. 2002모344).

정답

17년(2)·22년(3) 모의

244. 경합범 관계에 있는 수개의 범죄사실을 유죄로 인정하여 한 개의 형을 선고한 불가분의 확정판결에서 그 중 일부의 범죄사실에 대하여만 재심청구의 이유가 있는 것으로 인정된 경우에는 그 판결 전부에 대하여 재심개시의 결정을 할 수밖에 없지만, 재심법원은 재심사유가 없는 범죄사실 부분에 대하여는 이를 다시 심리하여 유죄인정을 파기할 수 없고 양형을 위하여 필요한 범위에 한하여만 심리를 할 수 있을 뿐이다.

해설 경합범 관계에 있는 수개의 범죄사실을 유죄로 인정하여 한 개의 형을 선고한 불가분의 확정판결에서 그 중 일부의 범죄사실에 대하여만 재심청구의 이유가 있는 것으로 인정된 경우에는 형식적으로는 1개의 형이 선고된 판결에 대한 것이어서 그 판결 전부에 대하여 재심개시의 결정을 할 수밖에 없지만, 비상구제수단인 재심제도의 본질상 재심사유가 없는 범죄사실에 대하여는 재심개시결정의 효력이 그 부분을 형식적으로 심판의 대상에 포함시키는데 그치므로 재심법원은 그 부분에 대하여는 이를 다시 심리하여 유죄인정을 파기할 수 없고, 다만 그 부분에 관하여 새로이 양형을 하여야 하므로 양형을 위하여 필요한 범위에 한하여만 심리를 할 수 있을 뿐이다(대판 1996.06.04. 96도477).

정답

17년(2)·19년(2) 모의

245. 재심에는 원판결의 형보다 중한 형을 선고하지 못한다.

> **해설** 재심에는 원판결의 형보다 중한 형을 선고하지 못한다(형사소송법 제439조). 유죄의 확정판결을 받는 자의 이익을 위한 재심만을 인정하고 있기 때문에 검사가 재심을 청구한 경우에도 불이익변경 금지의 원칙이 적용된다.
>
> 형사소송법 제439조(불이익변경의 금지) 재심에는 원판결의 형보다 무거운 형을 선고할 수 없다.
> [전문개정 2020. 12. 8.]

정답 O

17년(1) 모의

246. 재심청구를 기각하는 법원의 결정에 대해서는 즉시항고할 수 있다.

> **해설** 형사소송법 제437조 참조.
>
> 형사소송법 제433조(청구기각 결정) 재심의 청구가 법률상의 방식에 위반하거나 청구권의 소멸 후인 것이 명백한 때에는 결정으로 기각하여야 한다.
> 형사소송법 제434조(동전) ① 재심의 청구가 이유없다고 인정한 때에는 결정으로 기각하여야 한다.
> 형사소송법 제437조(즉시항고) ① 제433조, 제434조제1항, 제435조제1항과 전조 제1항의 결정에 대하여는 즉시항고를 할 수 있다.

정답 O

15년 변시

247. 재심이 개시된 사건에서 범죄사실에 대하여 적용하여야 할 법령은 재심판결 당시의 법령이고, 법원은 재심대상판결 당시의 법령이 폐지된 경우에는 「형사소송법」 제326조 제4호를 적용하여 그 범죄사실에 대하여 면소를 선고하는 것이 원칙이다.

> **해설** 재심이 개시된 사건에서 범죄사실에 대하여 적용하여야 할 법령은 재심판결 당시의 법령이므로, 법원은 재심대상판결 당시의 법령이 변경된 경우에는 그 범죄사실에 대하여 재심판결 당시의 법령을 적용하여야 하고, 폐지된 경우에는 형사소송법 제326조 제4호를 적용하여 그 범죄사실에 대하여 면소를 선고하는 것이 원칙이다(대판 2010.12.16. 2010도5986(전합)).

정답 O

20년(2) 모의

248. 재심이 개시된 사건에서 범죄사실에 대하여 적용하여야 할 법령은 재심판결 당시의 법령이고, 재심대상판결 당시의 법령이 변경된 경우 법원은 그 범죄사실에 대하여 재심판결 당시의 법령을 적용하여야 한다.

> 해설 재심이 개시된 사건에서 범죄사실에 대하여 적용하여야 할 법령은 재심판결 당시의 법령이고, 재심대상판결 당시의 법령이 변경된 경우 법원은 범죄사실에 대하여 재심판결 당시의 법령을 적용하여야 하며, 법령을 해석할 때에도 재심판결 당시를 기준으로 하여야 한다(대판 2011.10.27. 2009도1603).

정답 O

23년(3) 모의

249. 재심이 개시된 사건에서 재심의 심판에 관계된 법령을 해석하는 경우, 그 해석의 기준은 재심대상판결 당시가 아니라 재심판결 당시를 기준으로 한다.

> 해설 재심이 개시된 사건에서 재심의 심판에 관계된 법령을 해석하는 경우, 그 해석의 기준은 재심대상판결 당시가 아니라 재심판결 당시를 기준으로 하여야 한다(대판 2013.07.25. 2011도6380).

정답 O

Ⅳ 재심심판절차

21년(3) 모의

250. 재심판결에서 피고인에게 또 다시 집행유예를 선고할 경우, 그 집행유예 기간의 시기는 재심대상판결의 확정일이 아니라 재심판결의 확정일로 보아야 한다.

> 해설 [1] 우리 형법이 집행유예 기간의 시기에 관하여 명문의 규정을 두고 있지는 않지만, 형사소송법 제459조가 "재판은 이 법률에 특별한 규정이 없으면 확정한 후에 집행한다."라고 규정한 취지나 집행유예 제도의 본질 등에 비추어 보면 집행유예를 함에 있어 그 집행유예 기간의 시기는 집행유예를 선고한 판결 확정일로 하여야 한다. [2] 피고인이 재심대상판결에서 정한 집행유예의 기간 중 특정범죄 가중처벌 등에 관한 법률 위반(보복협박등)죄로 징역 6개월을 선고받아 그 판결이 확정됨으로써 위 집행유예가 실효되고 피고인에 대하여 유예된 형이 집행되었는데, 재심판결인 원심판결에서 새로이 형을 정하고 원심판결 확정일을 기산일로 하는 집행유예를 다시 선고한 사안에서, 재심판결에서 피고인에게 또다시 집행유예를 선고할 경우 그 집행유예 기간의 시기는 재심대상판결의 확정일이 아니라 재심판결의 확정일로 보아야 하고, 그로 인하여 재심대상판결이 선고한 집행유예의 실효 효과까지 없어지더라도, 재심판결이 확정되면 재심대상판결은 효력을 잃게 되는 재심의 본질상 당연한 결과이므로, 재심판결에서 정한 형이 재심대상판결의 형보다 중하지 않은 이상 불이익변경금지원칙이나 이익재심원칙에 반하지 않는다고 본 원심판결이 정당하다고 한 사례이다(대판 2019.02.28. 2018도13382).

정답 O

22년(2)·23년(2) 모의

251. 이른바 '여순사건' 당시 내란 및 국권문란 혐의로 군법회의에 회부되어 사형을 선고받고 그 판결에 따라 사형이 집행된 피고인들의 유족들이 그 후 위 판결에 대해 재심을 청구하여 재심개시결정이 있게 되자 검사가 재항고를 한 사안에서, 재심대상판결의 판결서가 발견되지 않았으므로 위 재심대상판결이 존재하지 않은 것으로 볼 수 있다.

해설 '여순사건' 당시 내란 및 국권문란 혐의로 군법회의에 회부되어 사형을 선고받고 그 판결에 따라 사형이 집행된 피고인들의 유족들이 그 후 위 판결(이하 '재심대상판결'이라 한다)에 대해 재심을 청구하여 재심개시결정이 있게 되자 검사가 재항고를 한 사안에서, 재심대상판결의 판결서는 발견되지 않았으나 판결의 존재와 판결서의 존재는 구별되는 것이고, … 등을 종합하면, 유죄의 확정판결로서 재심의 대상이 되는 재심대상판결이 존재한다고 본 원심판단이 정당하다고 한 사례(대결 2019.03.21. 2015모2229(전합)).

정답 ×

21년(3)·22년(2)·23년(2) 모의

252. 재심심판절차에서는 특별한 사정이 없는 한 검사가 재심대상사건과 별개의 공소사실을 추가하는 내용으로 공소장을 변경하는 것은 허용되지 않고, 재심대상사건에 일반절차로 진행 중인 별개의 형사사건을 병합하여 심리하는 것도 허용되지 않는다.

해설 [다수의견] 재심의 취지와 특성, 형사소송법의 이익재심 원칙과 재심심판절차에 관한 특칙 등에 비추어 보면, 재심심판절차에서는 특별한 사정이 없는 한 검사가 재심대상사건과 별개의 공소사실을 추가하는 내용으로 공소장을 변경하는 것은 허용되지 않고, 재심대상사건에 일반 절차로 진행 중인 별개의 형사사건을 병합하여 심리하는 것도 허용되지 않는다(대판 2019.06.20. 2018도20698(전합)).

정답 ○

20년 변시, 20년(2)·21년(3) 모의

253. 재심심판절차는 원판결의 당부를 심사하는 종전 소송절차의 후속절차가 아니라 사건 자체를 처음부터 다시 심판하는 완전히 새로운 소송절차로서, 종전의 확정판결은 재심판결이 확정된 때 효력을 상실한다.

해설 재심심판절차는 원판결의 당부를 심사하는 종전 소송절차의 후속 절차가 아니라 사건 자체를 처음부터 다시 심판하는 완전히 새로운 소송절차로서 재심판결이 확정되면 원판결은 당연히 효력을 잃는다. 이는 확정된 판결에 중대한 하자가 있는 경우 구체적 정의를 실현하기 위하여 그 판결의 확정력으로 유지되는 법적 안정성을 후퇴시키고 사건 자체를 다시 심판하는 재심의 본질에서 비롯된 것이다. 그러므로 재심판결이 확정됨에 따라 원판결이나 그 부수처분의 법률적 효과가 상실되고 형 선고가 있었다는 기왕의 사실 자체의 효과가 소멸하는 것은 재심의 본질상 당연한 것으로서, 원판결의 효력 상실 그 자체로 인하여 피고인이 어떠한 불이익을 입는다 하더라도 이를 두고 재심에서 보호되어야 할 피고인의 법적 지위를 해치는 것이라고 볼 것은 아니다(대판 2019.02.28. 2018도13382).

정답 ○

254.
유죄의 확정판결 등에 대해 재심개시결정이 확정된 후 재심심판절차가 진행 중이라는 것만으로는 확정판결의 존재 내지 효력을 부정할 수 없고, 재심개시결정이 확정되어 법원이 그 사건에 대해 다시 심리를 한 후 재심의 판결을 선고하고 그 재심판결이 확정된 때에 종전의 확정판결이 효력을 상실한다.

해설 재심 개시 여부를 심리하는 절차의 성질과 판단 범위, 재심개시결정의 효력 등에 비추어 보면, 유죄의 확정판결 등에 대해 재심개시결정이 확정된 후 재심심판절차가 진행 중이라는 것만으로는 확정판결의 존재 내지 효력을 부정할 수 없고, 재심개시결정이 확정되어 법원이 그 사건에 대해 다시 심리를 한 후 재심의 판결을 선고하고 그 재심판결이 확정된 때에 종전의 확정판결이 효력을 상실한다(대판 2019.06.20. 2018도20698(전합)).

255.
'재심에는 원판결의 형보다 중한 형을 선고하지 못한다.'라는 것은 단순히 원판결보다 무거운 형을 선고할 수 없다는 원칙일 뿐만 아니라, 실체적 정의를 실현하기 위하여 재심을 허용하지만 피고인의 법적 안정성을 해치지 않는 범위 내에서 재심이 이루어져야 한다는 취지이다.

해설 형사소송법은 유죄의 확정판결과 항소 또는 상고의 기각판결에 대하여 각 그 선고를 받은 자의 이익을 위하여 재심을 청구할 수 있다고 규정함으로써 피고인에게 이익이 되는 이른바 이익재심만을 허용하고 있으며(제420조, 제421조 제1항), 그러한 이익재심의 원칙을 반영하여 제439조에서 "재심에는 원판결의 형보다 중한 형을 선고하지 못한다."라고 규정하고 있는데, 이는 단순히 원판결보다 무거운 형을 선고할 수 없다는 원칙만을 의미하는 것이 아니라 실체적 정의를 실현하기 위하여 재심을 허용하지만 피고인의 법적 안정성을 해치지 않는 범위 내에서 재심이 이루어져야 한다는 취지이다(대판 2018.02.28. 2015도15782).

256.

재심심판절차에서 사망자를 위하여 재심청구를 하였거나, 유죄의 선고를 받은 자가 재심판결 전에 사망한 경우, 공소기각의 결정을 할 수 없고 실체판결을 하여야 한다.

해설 형사소송법 제438조 제2항 및 제328조 제1항 참조.

> 형사소송법 제438조(재심의 심판) ① 재심개시의 결정이 확정한 사건에 대하여는 제436조의 경우 외에는 법원은 그 심급에 따라 다시 심판을 하여야 한다.
> ② 다음 경우에는 제306조 제1항, 제328조 제1항 제2호의 규정은 전항의 심판에 적용하지 아니한다.
> 1. 사망자 또는 회복할 수 없는 심신장애인을 위하여 재심의 청구가 있는 때
> 2. 유죄의 선고를 받은 자가 재심의 판결 전에 사망하거나 회복할 수 없는 심신장애인으로 된 때

> **형사소송법 제328조(공소기각의 결정)** ① 다음 경우에는 결정으로 공소를 기각하여야 한다.
> 1. 공소가 취소 되었을 때
> 2. 피고인이 사망하거나 피고인인 법인이 존속하지 아니하게 되었을 때
> 3. 제12조 또는 제13조의 규정에 의하여 재판할 수 없는 때
> 4. 공소장에 기재된 사실이 진실하다 하더라도 범죄가 될 만한 사실이 포함되지 아니하는 때

23년(3) 모의

257. 재심개시의 결정이 확정한 사건에 대하여 법원은 그 심급에 따라 다시 심판하는데, 재심사건에서는 재심대상판결의 기초가 된 증거와 재심사건의 심리과정에서 제출된 증거를 모두 종합하여 공소사실이 인정되는지를 새로이 판단하여야 한다.

해설 형사소송법 제438조 제1항은 "재심개시의 결정이 확정한 사건에 대하여는 제436조의 경우 외에는 법원은 그 심급에 따라 다시 심판을 하여야 한다."고 규정하고 있다. 여기서 '다시' 심판한다는 것은 재심대상판결의 당부를 심사하는 것이 아니라 피고 사건 자체를 처음부터 새로 심판하는 것을 의미하므로, 재심대상판결이 상소심을 거쳐 확정되었더라도 재심사건에서는 재심대상판결의 기초가 된 증거와 재심사건의 심리과정에서 제출된 증거를 모두 종합하여 공소사실이 인정되는지를 새로이 판단하여야 한다(대판 2015.05.14. 2014도2946).

22년(3) · 23년(1) 모의

258. 유죄의 확정판결에 대하여 재심개시결정이 확정되어 법원이 그 사건에 대하여 다시 심판을 하여 재심의 판결을 선고하고 그 재심판결이 확정된 때에는, 종전의 확정판결은 당연히 효력을 상실하므로 종전의 확정판결을 전제로 누범가중한 판결도 유지될 수 없다.

해설 [1] 유죄의 확정판결에 대하여 재심개시결정이 확정되어 법원이 그 사건에 대하여 다시 심판을 한 후 재심의 판결을 선고하고 그 재심판결이 확정된 때에는 종전의 확정판결은 당연히 효력을 상실한다. [2] 피고인이 폭력행위등처벌에관한법률위반(집단·흉기등재물손괴등)죄 등으로 징역 8월을 선고받아 판결이 확정되었는데(이하 '확정판결'이라고 한다), 그 집행을 종료한 후 3년 내에 상해죄 등을 범하였다는 이유로 제1심 및 원심에서 누범으로 가중처벌된 사안에서, 피고인이 누범전과인 확정판결에 대해 재심을 청구하여, 재심개시절차에서 재심대상판결 중 헌법재판소가 위헌결정을 선고하여 효력을 상실한 구 폭력행위 등 처벌에 관한 법률(2014. 12. 30. 법률 제12896호로 개정된 것) 제3조 제1항, 제2조 제1항 제1호, 형법 제366조를 적용한 부분에 헌법재판소법 제47조 제4항의 재심사유가 있다는 이유로 재심대상판결 전부에 대하여 재심개시결정이 이루어졌고, 상해죄 등 범행 이후 진행된 재심심판절차에서 징역 8월을 선고한 재심판결이 확정됨으로써 확정판결은 당연히 효력을 상실하였으므로, 더 이상 상해죄 등 범행이 확정판결에 의한 형의 집행이 끝난 후 3년 내에 이루어진 것이 아니다(대판 2017.09.21. 2017도4019).

제2절 비상상고

I 비상상고의 의의

II 비상상고의 대상

19년(2) 모의

259. 상고기각의 결정이 법령에 위반한 때에는 비상상고를 할 수 있다.

해설 본조는 판결이 확정한 후 그 사건의 심판이 법령에 위반한 것을 발견한 때에는 비상상고를 할 수 있다고 규정하였는바 본법 제380조에 의한 상고기각의 결정은 공소심판결을 확정시키는 효력이 있는 해당사건에 관한 종국적인 재판이므로 그 결정에 대하여 법령위반이 있음을 발견한 때에는 비상상고를 할 수 있다고 해석함이 타당하다(대판 1963.01.10. 62오4).

형사소송법 제380조(상고기각 결정) ① 상고인이나 변호인이 전조제1항의 기간 내에 상고이유서를 제출하지 아니한 때에는 결정으로 상고를 기각하여야 한다. 단, 상고장에 이유의 기재가 있는 때에는 예외로 한다.
② 상고장 및 상고이유서에 기재된 상고이유의 주장이 제383조 각 호의 어느 하나의 사유에 해당하지 아니함이 명백한 때에는 결정으로 상고를 기각하여야 한다.
형사소송법 제441조(비상상고이유) 검찰총장은 판결이 확정한 후 그 사건의 심판이 법령에 위반한 것을 발견한 때에는 대법원에 비상상고를 할 수 있다.

정답

16년(2) 모의

260. 당연무효의 판결도 비상상고의 대상이 된다.

해설 비상상고에 의하여 무효를 확인할 필요가 있으므로, 당연무효의 판결도 대상이 된다는 것이 통설이다.

정답

16년 변시, 16년(2)·19년(2) 모의

261. (1) 법원이 원판결의 선고 전에 피고인이 이미 사망한 사실을 알지 못하여 공소기각의 결정을 하지 않고 실체판결에 나아감으로써 법령위반의 결과를 초래한 경우는 비상상고의 이유인 사건의 심판이 법령에 위반한 것에 해당한다.

(2) 甲은 乙의 부동산을 명의신탁받아 보관하던 중, 乙의 승낙 없이 ×은행으로부터 1억 원을 대출받고 제1근저당권을 설정해주었다. 그후 甲은 다시 丙으로부터 1억 5천만 원을 대여받고 제2근저당권을 설정해주었다. 검사는 위의 사실관계를 토대로 甲을 기소하였으며, 제1심법원은 유죄판결을 선고하여 그 판결이 확정되었다. 하지만 甲은 판결 선고 전에 사고로 사망하였다. 이때 위 판결은 「형사소송법」 제441조에 따라 비상상고의 대상이 된다.

:: 해설 甲이 판결 선고 전에 이미 사망한 사실을 알지 못하여 법원이 유죄판결을 선고한 것은 '그 심판이 법령에 위반한 것'에 해당하지 않으므로 비상상고의 이유가 될 수 없다.

> 판례 [1] 형사소송법 제441조는 "검찰총장은 판결이 확정한 후 그 사건의 심판이 법령에 위반한 것을 발견한 때에는 대법원에 비상상고를 할 수 있다."고 규정하고 있는바, 이러한 비상상고 제도는 법령 적용의 오류를 시정함으로써 법령의 해석·적용의 통일을 도모하려는 데에 주된 목적이 있는 것이므로, '그 사건의 심판이 법령에 위반한 것'이라고 함은 확정판결에서 인정한 사실을 변경하지 아니하고 이를 전제로 한 실체법의 적용에 관한 위법 또는 그 사건에 있어서의 절차법상의 위배가 있음을 뜻하는 것이므로, 단순히 그 법령 적용의 전제사실을 오인함에 따라 법령위반의 결과를 초래한 것과 같은 경우는 법령의 해석적용을 통일한다는 목적에 유용하지 않으므로 '그 사건의 심판이 법령에 위반한 것'에 해당하지 않는다고 해석함이 상당하다. [2] 법원이 원판결의 선고 전에 피고인이 이미 사망한 사실을 알지 못하여 공소기각의 결정을 하지 않고 실체판결에 나아감으로써 법령위반의 결과를 초래하였다고 하더라도, 이는 형사소송법 제441조에 정한 '그 심판이 법령에 위반한 것'에 해당한다고 볼 수 없다(대판 2005.03.11. 2004오2).

정답 ×, ×

Ⅲ 비상상고의 이유

1. 판결의 법령위반과 소송절차의 법령위반

19년(2) 모의

262. 항소심 법원이 적법한 증거조사의 절차를 거치지 않고 증거능력이 없는 증거를 유죄의 증거로 채택하였다면 법령에 위반한 것으로서 비상상고의 이유가 된다.

:: 해설 비상상고 이유의 요지는 형사소송에 있어서 사실인정은 증거에의 하여야 하며 그 증거는 적법한 증거조사를 거쳐야 하는바 원판결에 인용된 각 증거 중 제4항의 「검찰관 작성의 피고인에 대한 피의자 신문조서」 및 제6항의 「검사작성의공소외인에 대한 진술조서」는 증거로서 공판정에 제출되거나 또는 군법회의에서 직권으로 채택한 흔적이 없어 하등의 적법한 증거조사를 거친 바도 없고 제10항의 감정서는 검사가 증거조사를 신청한바 있으나 그 성립의 진정함이 인정되는 절차를 거치지 않았음에도 불구하고 증거능력이 있는 것으로 하여 유죄의 증거로 채택하였음은 모두 법령에 위반한 것이라는데 있다. 원판결과 제1심 판결을 기록에 대조하여 검토하여 보면 본 건 비상상고이유에서 지적하고 있는 바와 같이 적법한 증거조사의 절차를 거치지 않고 증거능력이 없다고 볼 수 있는 소론 각 증거를 판결이유에 거시한바 있음을 알아낼 수 있다. 이는 원판결이 법령에 위반한 것이라 아니할 수 없고 이점을 지적하는 비상상고는 이유 있는 것이며 원판결 거시의 다른 증거자료를 종합함으로서도 피고인에 대한 범죄사실을 인정할 수 있으므로 위 적법한 증거조사 절차를 거치지 않는 각 증거를 원판결이유에 거시한 부분만을 파기하기로 하여 관여법관 전원의 일치된 의견으로 주문과 같이 판결한다(대판 1964.06.16. 64오2).

정답 ○

19년(2) 모의

263. 즉결심판절차에서 허용되는 범위를 넘는 벌금 30만 원의 즉결심판을 선고한 것은 심판이 법령에 위반한 경우에 해당하여 비상상고의 이유가 된다.

해설 비상상고이유를 판단한다. 기록에 의하면, 원심이 2014. 3. 24. 피고인에 대한 경범죄처벌법위반 피고사건에서 경범죄처벌법 제3조 제3항 제2호를 적용하여 피고인을 벌금 30만 원에 처하고 이에 대하여 주문 기재와 같이 환형유치를 한다는 취지의 즉결심판을 선고하였으며, 정식재판 청구기간의 경과로 그 심판이 확정된 사실을 알 수 있다. 그런데 즉결심판에 관한 절차법 제2조는 "지방법원, 지원 또는 시·군법원의 판사는 즉결심판절차에 의하여 피고인에게 20만 원 이하의 벌금, 구류 또는 과료에 처할 수 있다."고 규정하고 있으므로, 원심으로서는 경범죄처벌법 제3조 제3항 제2호에서 정한 형 중 벌금형을 선택할 경우에 위 즉결심판에 관한 절차법 규정에 따라 벌금 20만 원을 초과하지 아니하는 범위 내에서 처벌하였어야 한다. 그럼에도 이와 달리 원심이 즉결심판절차에서 허용되는 범위를 넘는 벌금 30만 원의 즉결심판을 선고한 것은 심판이 법령에 위반한 경우에 해당하므로, 이를 지적하는 비상상고이유 주장은 이유 있다. 그러므로 원즉결심판을 파기하고, 피고인에 대한 범죄사실은 즉결심판서의 해당란 기재를 인용하며, 경범죄처벌법 제3조 제3항 제2호를 적용하여 주문 기재와 같은 형을 선고하기로 하여, 관여 대법관의 일치된 의견으로 주문과 같이 판결한다(대판 2015.05.28. 2014오3).

정답

19년(2) 모의

264. 피해자에게 환부하여야 할 압수물건을 약식명령으로 몰수한 것은 법령에 위반한 경우에 해당하여 비상상고의 이유가 된다.

해설 원심 약식명령과 동 사건기록에 의하면 원심은 소론과 같이 피고인이 군부에서 부정유출된 장물인 정을 알면서 탄피 273관 전선 22관 동 동선 15관을 매수하여 장물을 취득한 사실과 군화창 539족을 임치받아 장물을 보관한 사실을 인정한 다음 피고인에게 벌금 15만환을 양정 처단함과 동시에 피고인으로부터 압수된 주문 게기의 물건을 형법 제48조 제1항 제2호에 의하여 전부 몰수한다는 약식 재판을 하여 그것이 동년 11월 2일 확정된 것이 분명한 바 우 물건이 본시 재산범죄로 인해서 군부에서 부정유출 된 소위 장물에 해당하다고 인정한 이상 이는 몰수할 수 없는 것이고 형사소송법 제333조 제1항에 의하여 의당 그 피해자에게 환부하여야 할 것이다 그렇다면 이를 피고인 이외의 제3자의 소유에 속하지 않는 물건이라고 해서 몰수를 한 원심의 약식명령은 결국 사건의 심판이 법령에 위반된 경우에 해당한다(대판 1960.12.21. 4293비상1).

정답

2. 사실오인과 비상상고

Ⅳ 비상상고의 절차

1. 비상상고의 신청

2. 비상상고의 심리

16년(2) 모의

265. 비상상고를 심리하기 위하여는 공판기일을 열어야 하지만, 공판기일에 피고인을 소환해야 하는 것은 아니다.

해설 비상상고의 공판절차에는 상고심 절차가 준용되는바, 상고심의 공판기일에는 피고인의 출석을 요하지 않으므로(형사소송법 제389조의2) 공판기일에 피고인을 소환해야 하는 것은 아니다.

> 형사소송법 제389조의2(피고인의 소환 여부) 상고심의 공판기일에는 피고인의 소환을 요하지 아니한다.

정답

3. 비상상고의 판결

16년(2) 모의

266. 원심소송절차의 법령위반이 있어 비상상고가 이유 있다고 인정한 때에는 원판결을 파기하지 않고 위반된 절차만을 파기한다.

해설 원심소송절차가 법령에 위반한 때에는 그 위반된 절차를 파기하는바(형사소송법 제446조 제2호), 이 경우에는 원판결 자체는 파기되지 않고 위반된 절차만 파기되므로 부분파기에 해당되고 자판할 수는 없다. 소송절차의 법령위반은 판결내용에 영향을 미치지 않는 법령위반을 의미하고, 만일 판결내용에 영향을 준 경우에는 판결의 법령위반(동조 제1호)이 되는 것이다(이창현, 형사소송법 제3판, p.1317).

> 형사소송법 제446조(파기의 판결) 비상상고가 이유 있다고 인정한 때에는 다음의 구별에 따라 판결을 하여야 한다.
> 1. 원판결이 법령에 위반한 때에는 그 위반된 부분을 파기하여야 한다. 단, 원판결이 피고인에게 불이익한 때에는 원판결을 파기하고 피고사건에 대하여 다시 판결을 한다.
> 2. 원심소송절차가 법령에 위반한 때에는 그 위반된 절차를 파기한다.

정답

16년(2) 모의

267. 비상상고의 판결은 원판결을 파기하고 피고사건에 대하여 다시 판결을 하는 경우 외에는 그 효력이 피고인에게 미치지 아니한다.

해설 비상상고의 판결은 피고인의 이익을 위한 파기자판의 경우 외에는 그 효력이 피고인에게 미치지 않는바(형사소송법 제447조), 판결의 위법부분을 파기하고 자판하지 않은 경우나 소송절차만이 파기된 경우에는 판결 주문은 그대로 효력을 가지고 소송절차의 법령위반을 이유로 파기한 경우에 그 사건의 소송절차가 부활되어 소송계속상태로 돌아가는 것도 아니므로, 재판의 옷을 입은 학설에 불과하다는 비판이 있다.

> **형사소송법 제447조(판결의 효력)** 비상상고의 판결은 전조 제1호 단행의 규정에 의한 판결 외에는 그 효력이 피고인에게 미치지 아니한다.

정답 O

제3장 재판의 집행과 형사보상

제1절 재판의 집행

22년(1)·23년(3) 모의

268. 판결은 판결원본의 기재에 의하여 효력이 발생되는 것이 아니므로, 선고된 형과 기재된 형이 다른 경우에는 검사는 선고된 형을 집행하여야 한다.

해설 판결은 그 선고에 의하여 효력을 발생하고 판결원본의 기재에 의하여 효력을 발생하는 것이 아니므로 양자의 형이 다른 경우에는 검사는 선고된 형을 집행하여야 한다(대결 1981.05.14. 81모8).

정답 O

제2절 형사보상

22년(1) 모의

269. 국가는 무죄판결이 확정된 경우에 당해 사건의 피고인이었던 자에 대하여 그 재판에 소요된 비용을 보상하여야 하지만, 「형법」 제9조(형사미성년자)의 사유에 따른 무죄판결이 확정된 경우에는 그 비용의 전부 또는 일부를 보상하지 않을 수 있다.

해설 형사소송법 제194조의2 제2항 제3호 참조.

> **형사소송법 제194조의2(무죄판결과 비용보상)** ① 국가는 무죄판결이 확정된 경우에는 당해 사건의 피고인이었던 자에 대하여 그 재판에 소요된 비용을 보상하여야 한다.
> ② 다음 각 호의 어느 하나에 해당하는 경우에는 제1항에 따른 비용의 전부 또는 일부를 보상하지 아니할 수 있다.
>   1. 피고인이었던 자가 수사 또는 재판을 그르칠 목적으로 거짓 자백을 하거나 다른 유죄의 증거를 만들어 기소된 것으로 인정된 경우

2. 1개의 재판으로써 경합범의 일부에 대하여 무죄판결이 확정되고 다른 부분에 대하여 유죄판결이 확정된 경우
3. 「형법」 제9조 및 제10조제1항의 사유에 따른 무죄판결이 확정된 경우
4. 그 비용이 피고인이었던 자에게 책임지울 사유로 발생한 경우
[본조신설 2007.6.1]

정답 O

제4장 특별절차

제1절 약식절차

I 약식절차의 의의와 합헌성
II 약식명령의 청구

1. 청구의 대상

 15년 변시, 14년(2)·18년(1)·(2)·23년(3) 모의

270. (1) 약식명령 청구의 대상은 지방법원의 관할에 속하는 벌금, 과료, 몰수에 처할 수 있는 사건이다.

(2) 벌금, 과료 또는 몰수의 형이 단독이나 선택적으로 선고될 수 있는 사건이면 지방법원합의부의 사물관할에 속하는 사건도 약식명령청구의 대상이 된다.

(3) 공문서부정행사죄는 벌금형 이외에 징역형이 규정되어 있으므로, 검사는 甲의 범죄혐의에 대해서 약식명령을 청구할 수 없다.

해설 약식명령을 청구할 수 있는 사건은 지방법원의 관할에 속하는 사건으로서 벌금·과료 또는 몰수에 처할 수 있는 사건에 한한다. 벌금·과료 또는 몰수의 형이 법정형에 선택적으로 규정되어 있으면 족하다(이재상, 형사소송법 제9판, p.827).

형사소송법 제448조(약식명령을 할 수 있는 사건) ① 지방법원은 그 관할에 속한 사건에 대하여 검사의 청구가 있는 때에는 공판절차없이 약식명령으로 피고인을 벌금, 과료 또는 몰수에 처할 수 있다.

정답 O, O, ×

2. 청구의 방식

15년·17년 변시, 11년(1)·14년(3)·16년(2)·17년(1)·20년(3) 모의

271. 검사의 약식명령 청구와 동시에 증거서류 및 증거물이 법원에 제출되었다고 하여 공소장일본주의를 위반하였다고 할 수 없고, 그 후 약식명령에 대한 정식재판청구가 제기되었음에도 법원이 증거서류 및 증거물을 검사에게 반환하지 않고 보관하고 있다고 하여 그 이전에 이미 적법하게 제기된 공소제기절차가 위법하게 된다고 할 수 없다.

해설 검사가 약식명령을 청구하는 때에는 약식명령의 청구와 동시에 약식명령을 하는 데 필요한 증거서류 및 증거물을 법원에 제출하여야 하는바(형사소송규칙 제170조), 이는 약식절차가 서면심리에 의한 재판이어서 공소장일본주의의 예외를 인정한 것이므로 약식명령의 청구와 동시에 증거서류 및 증거물이 법원에 제출되었다 하여 공소장일본주의를 위반하였다 할 수 없고, 그 후 약식명령에 대한 정식재판청구가 제기되었음에도 법원이 증거서류 및 증거물을 검사에게 반환하지 않고 보관하고 있다고 하여 그 이전에 이미 적법하게 제기된 공소제기의 절차가 위법하게 된다고 할 수도 없다(대판 2007.07.26. 2007도3906).

 정답 ○

23년(1) 모의

272. 약식명령의 청구는 공소의 제기와 동시에 서면으로 하여야 하고 공소의 제기는 공소장에 「형사소송법」 제254조에 규정된 사항을 기재하여야 하므로, 약식명령청구서에 공소사실을 기재함에 있어 타문서인 고발장에 기재된 범죄사실을 인용한 경우에는 제254조의 '공소사실의 기재'라고는 할 수 없어 그 절차가 법률에 위반하여 무효인 공소제기에 해당한다.

해설 … 형사소송법 제449조에 의하면 약식명령의 청구는 공소의 제기와 동시에 서면으로 하여야 하고 동법 제254조에 의하면 공소의 제기는 공소장에 동조 소정사항을 필요적으로 기재하여야 하므로 약식명령청구서에도 당연히 동조 소정사항을 기재하여야 할 것인바 일건 기록을 검토하건대 본건 약식명령청구서에는 동조 제3항 제3호의 공소사실을 기재함에 있어 타문서인 고발서기재 범죄사실을 인용하였으니 이는 구 형사소송법 제291조의 소위 「범죄사실의 적시」라는 요건은 충족한다 할 수 있으나 현행 형사소송법 제254조의 소위 「공소사실의 기재」라고는 할 수 없으므로 결국 본건 공소제기는 그 절차가 법률에 위반하여 무효인 경우에 해당한 것으로 봄이 타당할 뿐 아니라 이에 구 형사소송법 제524조 및 291조의 문의를 대조하면 채택한 감이 없지 아니하다 결국 논지는 이유없으므로 형사소송법 제390조에 의하여 주문과 같이 판결한다(대판 1955.09.22. 4288형상212).

 정답 ○

Ⅲ 약식절차의 심판

1. 법원의 사건심사

14년(2) 모의

273. 약식절차에서 법원이 서면심사에 의하여 약식명령의 당부를 판단하기 어려운 경우에는 사실조사를 할 수 있다.

해설 약식명령의 청구가 있으면 법원은 검사가 제출한 서류 및 증거물에 대한 서면심사를 하게 되는데 여기서 서면심사에 의하여 약식명령의 당부를 판단하기 어려운 경우에 법원이 사실조사를 할 수 있는가가 문제된다. 학설은 약식명령의 법적성질에 관하여는 견해가 대립하나 법원이 필요한 때에는 사실조사를 할 수 있다는 점에 관하여는 동의하는 것으로 보인다(이재상, 형사소송법 제9판, p.828).

정답 O

2. 공판절차에의 이행

14년(2)·18년(1) 모의

274. (1) 약식절차에서도 피고인의 이익을 위하여 무죄나 면소, 공소기각의 재판을 할 수 있다.

(2) 법원이 약식명령으로 하는 것이 적당하지 않다고 인정하는 때에는 약식명령청구에 대하여 기각결정을 하고 사건을 검사에게 송치해야 한다.

해설 (1)약식명령으로 할 수 없는 경우란 법정형으로 벌금·과료가 규정되어 있지 않은 죄에 대하여 약식명령의 청구가 있거나 무죄·면소·공소기각 또는 관할위반의 재판을 선고해야 할 경우를 말한다(이재상·조균석, 형사소송법 제10판, p.856).

형사소송법 제450조(보통의 심판) 약식명령의 청구가 있는 경우에 그 사건이 약식명령으로 할 수 없거나 (2)약식명령으로 하는 것이 적당하지 아니하다고 인정한 때에는 공판절차에 의하여 심판하여야 한다.

정답  ×, ×

3. 약식명령

20년(3) 모의

275. 약식명령의 청구가 있는 경우에 그 사건이 약식명령으로 할 수 없거나 약식명령으로 하는 것이 적당하지 아니하다고 인정한 때에는 법원은 공판절차에 의하여 심판하여야 한다.

해설 형사소송법 제450조 참조.

형사소송법 제450조(보통의 심판) 약식명령의 청구가 있는 경우에 그 사건이 약식명령으로 할 수 없거나 약식명령으로 하는 것이 적당하지 아니하다고 인정한 때에는 공판절차에 의하여 심판하여야 한다.

정답 O

20년(3) 모의

276. 피고인에 대하여 약식명령이 확정된 절도죄와 그 약식명령의 확정일 이전에 피고인이 범한 사기죄는 형법 제37조 후단의 경합범 관계에 있다.

> 해설 형법 제37조 후단에서 '금고 이상의 형에 처한 판결이 확정된 죄와 그 판결확정 전에 범한 죄'를 경합범으로 규정하고 있으므로, 벌금형을 선고한 판결이나 약식명령이 확정된 죄는 형법 제37조 후단의 경합범이 될 수 없다(대판 2017.07.11. 2017도7287).

> 형법 제37조(경합범) 판결이 확정되지 아니한 수개의 죄 또는 금고 이상의 형에 처한 판결이 확정된 죄와 그 판결확정전에 범한 죄를 경합범으로 한다. <개정 2004. 1. 20.>
> 형사소송법 제448조(약식명령을 할 수 있는 사건) ①지방법원은 그 관할에 속한 사건에 대하여 검사의 청구가 있는 때에는 공판절차없이 약식명령으로 피고인을 벌금, 과료 또는 몰수에 처할 수 있다.
> ② 전항의 경우에는 추징 기타 부수의 처분을 할 수 있다.

정답

14년(2) 모의

277. 확정된 약식명령에 대하여 재심의 청구가 가능하다.

> 해설 약식명령은 정식재판의 청구기간이 경과하거나 그 청구의 취하 또는 청구기각의 결정이 확정한 때에는 확정판결과 동일한 효력이 있다. 유죄의 확정판결과 동일한 효력이 있으므로 기판력과 집행력이 발생하며, 재심 또는 비상상고의 대상이 될 수 있다(이재상, 형사소송법 제9판, p.832).

> 형사소송법 제457조(약식명령의 효력) 약식명령은 정식재판의 청구기간이 경과하거나 그 청구의 취하 또는 청구기각의 결정이 확정한 때에는 확정판결과 동일한 효력이 있다.

정답

 24년 변시

278. 「형사소송법」 제457조의2 제1항에서 규정하는 형종 상향 금지의 원칙은 피고인만이 정식재판을 청구한 사건과 다른 사건이 병합 심리된 후 경합범으로 처단되는 경우에도 정식재판을 청구한 사건에 대하여 그대로 적용되며, 이는 피고인만이 정식재판을 청구해 벌금형이 선고된 제1심판결에 대한 항소사건에서도 마찬가지이다.

> 해설 형사소송법 제457조의2 제1항은 "피고인이 정식재판을 청구한 사건에 대하여는 약식명령의 형보다 중한 종류의 형을 선고하지 못한다."라고 규정하여, 정식재판청구 사건에서의 형종 상향 금지의 원칙을 정하고 있다. 위 형종 상향 금지의 원칙은 피고인이 정식재판을 청구한 사건과 다른 사건이 병합·심리된 후 경합범으로 처단되는 경우에도 정식재판을 청구한 사건에 대하여 그대로 적용된다. … 제2사건은 피고인만이 정식재판을 청구한 사건이므로 형종 상향 금지의 원칙에 따라 그 각 죄에 대하여는 약식명령의 벌금형보다 중한 종류의 형인 징역형을 선택하지 못하고, 나아가 제2사건이 항소심에서 제1사건과 병합·심리되어 경합범으로 처단되더라도 제2사건에 대하여는 징역형을 선

고하여서는 아니 된다. 그런데도 원심은 제2사건의 항소심에서 각 죄에 대하여 약식명령의 벌금형보다 중한 종류의 형인 징역형을 선택한 다음 경합범가중 등을 거쳐 제1사건의 각 죄와 제2사건의 각 죄에 대하여 하나의 징역형을 선고하고 말았다. 이러한 원심판결에는 형사소송법 제457조의2 제1항에서 정한 형종 상향 금지의 원칙을 위반한 잘못이 있다(대판 2020.3.26. 2020도355). ▶ 서울지방법원은 2019.9.5. 피고인의 제1사건에 관하여 징역 1년 2월의 유죄판결을 선고하였다. 한편, 제2사건에 관하여는 벌금 300만 원의 약식명령 발령하였고, 피고인의 정식재판회복청구를 받아들여 벌금 300만 원의 유죄판결이 선고되었다. 이에 원심이 제1사건과 제2사건의 항소사건을 병합하여 위 제1심판결들을 모두 파기하면서 하나의 징역형을 선고한 사례.

정답 O

11년(1) 모의

279. 법원은 약식사건을 심리한 결과 공판절차로의 이행결정이 있는 경우가 아니면 청구한 날로부터 14일 이내에 약식명령을 고지하여야 하며, 약식명령에는 범죄사실·적용법조·주형·부수처분과 약식명령의 고지를 받은 날로부터 7일 이내에 정식재판을 청구할 수 있음을 명시하여야 한다.

해설 형사소송법 제451조, 동법 규칙 제171조 참조.

형사소송법 제451조(약식명령의 방식) 약식명령에는 범죄사실, 적용법령, 주형, 부수처분과 약식명령의 고지를 받은 날로부터 7일 이내에 정식재판의 청구를 할 수 있음을 명시하여야 한다.
형사소송규칙 제171조(약식명령의 시기) 약식명령은 그 청구가 있는 날로부터 14일 이내에 이를 하여야 한다.

정답 O

24년 변시

280. 동일 죄명에 해당하는 여러 개의 행위를 단일하고 계속된 범의 아래 일정 기간 계속하여 행하고 그 피해법익도 동일하여 포괄일죄의 관계에 있는 범행의 일부에 관하여 약식명령이 확정된 경우, 그 약식명령의 발령 시를 기준으로 하여 그 전의 포괄일죄의 일부에 해당하는 범행뿐만 아니라 그와 상상적 경합관계에 있는 다른 죄에도 약식명령의 기판력이 미친다.

해설 포괄일죄 관계인 범행의 일부에 대하여 판결이 확정된 경우에는 사실심 판결선고 시를 기준으로, 약식명령이 확정된 경우에는 약식명령 발령 시를 기준으로, 그 이전에 이루어진 범행에 대하여는 확정판결의 기판력이 미친다. 또한 상상적 경합범 중 1죄에 대한 확정판결의 기판력은 다른 죄에 대하여도 미친다. 따라서 포괄일죄 관계인 범행의 일부에 대하여 판결이 확정되거나 약식명령이 확정되었는데 그 사실심 판결선고 시 또는 약식명령 발령 시를 기준으로 그 이전에 이루어진 범행이 포괄일죄의 일부에 해당할 뿐만 아니라 그와 상상적 경합관계에 있는 다른 죄에도 해당하는 경우에는 확정된 판결 내지 약식명령의 기판력은 위와 같이 상상적 경합관계에 있는 다른 죄에 대하여도 미친다(대판 2023.6.29. 2020도3705).

정답 O

Ⅳ 정식재판의 청구

281. 검사 또는 피고인은 약식명령의 고지를 받은 날로부터 7일 이내에 정식재판의 청구를 할 수 있다.

> 해설 형사소송법 제453조 제1항 참조.
>
> 형사소송법 제453조(정식재판의 청구) ① 검사 또는 피고인은 약식명령의 고지를 받은 날로부터 7일 이내에 정식재판의 청구를 할 수 있다. 단, 피고인은 정식재판의 청구를 포기할 수 없다.

정답

282. 약식명령은 정식재판청구에 의한 판결이 있는 때에는 그 효력을 잃는다.

> 해설 형사소송법 제456조 참조.
>
> 형사소송법 제456조(약식명령의 실효) 약식명령은 정식재판의 청구에 의한 판결이 있는 때에는 그 효력을 잃는다.

정답

283.
(1) 피모용자가 약식명령을 송달받고 이에 대하여 정식재판의 청구를 하여 피모용자를 상대로 심리를 하는 과정에서 성명모용 사실이 발각되고 검사가 공소장을 정정하는 등 사실상의 소송계속이 발생하고 형식상 또는 외관상 피고인의 지위를 갖게 된 경우 법원은 피모용자에게 면소의 판결을 하여야 한다.

(2) 성명모용에서 피모용자가 약식명령을 송달받고 이에 대하여 정식재판의 청구를 하여 심리를 하는 과정에서 성명모용 사실이 발각되고 사실상의 소송계속이 발생한 경우에는 법원은 피모용자에게 형사소송법 제327조 제2호를 유추적용하여 공소기각의 판결을 하여야 한다.

(3) 피모용자가 약식명령을 송달받고 정식재판의 청구를 하여 정식재판에서 성명모용 사실이 발각된 경우, 검사는 공소장에 기재된 피고인 표시를 정정하고 법원은 약식명령의 피고인 표시를 정정하여 본래의 약식명령과 함께 이 경정결정을 모용자인 피고인에게 송달해야 비로소 약식명령은 적법하게 송달된 것이다.

> 해설 (1)(2)피모용자가 약식명령을 송달받고 이에 대하여 정식재판의 청구를 하여 피모용자를 상대로 심리를 하는 과정에서 성명모용 사실이 발각되고 검사가 공소장을 정정하는 등 사실상의 소송계속이 발생하고 형식상 또는 외관상 피고인의 지위를 갖게 된 경우에는 법원으로서는 피모용자에게 적법한 공소의 제기가 없음을 밝혀주는 의미에서 형사소송법 제327조 제2호를 유추적용하여 공소기각의 판결

을 함으로써 피모용자의 불안정한 지위를 명확히 해소해 주어야 할 것이지만, (3)진정한 피고인인 모용자에게는 아직 약식명령의 송달이 없었다고 할 것이므로 검사는 공소장에 기재된 피고인 표시를 정정하고 법원은 이에 따라 약식명령의 피고인 표시를 정정하여 본래의 약식명령과 함께 이 경정결정을 모용자인 피고인에게 송달하면 이때야 비로소 위 약식명령은 적법한 송달이 있다고 볼 것이고, 이에 대하여 소정의 기간 내에 정식재판의 청구가 없으면 이 약식명령은 확정된다(대판 1997.11.28. 97도2215).

정답 ×, ○, ○

284. **약식명령에 대한 정식재판절차에서는 피고인의 출석 없이 개정할 수 있으나, 피고인의 진술 없이 판결할 수 있기 위해서는 피고인이 적법한 공판기일 소환장을 받고도 정당한 이유 없이 출정하지 아니할 것을 필요로 한다.**

해설 약식명령에 대한 정식재판청구의 경우 형사소송법 제458조에 의해 형사소송법 제365조가 준용되므로, 피고인이 출석하지 않으면 다시 기일을 정해야 하고 바로 피고인의 출석 없이 개정할 수 없다. 다만 피고인이 정당한 사유 없이 2회 연속으로 출정하지 않을 경우에는 피고인의 진술 없이 판결할 수 있다.

형사소송법 제458조(준용규정) ① 제340조 내지 제342조, 제345조 내지 제352조, 제354조의 규정은 정식재판의 청구 또는 그 취하에 준용한다.
② 제365조의 규정은 정식재판절차의 공판기일에 정식재판을 청구한 피고인이 출석하지 아니한 경우에 이를 준용한다.
형사소송법 제365조(피고인의 출정) ① 피고인이 공판기일에 출정하지 아니한 때에는 다시 기일을 정하여야 한다.
② 피고인이 정당한 사유없이 다시 정한 기일에 출정하지 아니한 때에는 피고인의 진술없이 판결을 할 수 있다.

판례 [1] 형사소송법 제370조, 제276조에 의하면 항소심에서도 피고인의 출석 없이는 개정하지 못하는 것이 원칙이다. 다만 같은 법 제365조에 의하면 피고인이 항소심 공판기일에 출정하지 아니하여 다시 기일을 정하였는데도 정당한 사유 없이 그 기일에도 출정하지 아니한 때에는 피고인의 진술 없이 판결할 수 있으므로, 이와 같이 피고인이 불출석한 상태에서 그 진술 없이 판결할 수 있기 위해서는 피고인이 적법한 공판기일 통지를 받고서도 2회 연속으로 정당한 이유 없이 출정하지 아니한 경우에 해당하여야 한다.
[2] 약식명령에 대해 피고인만이 정식재판을 청구한 사건의 항소심에서, 원심법원이 피고인이 출석한 제1회 공판기일에 변론을 종결하고 제2회 공판기일인 선고기일을 지정하여 고지하였는데, 피고인이 출석하지 아니하자 선고기일을 연기하고 제3회 공판기일을 지정하였으나 피고인에게 따로 공판기일 통지를 하지 않은 경우, 제3회 공판기일에 대해서는 적법한 통지가 없었으므로 형사소송법 제365조가 적용될 수 없고 약식명령에 피고인만이 정식재판을 청구하여 형사소송법 제370조, 제277조 제4호에 따라 당초 지정한 선고기일에 피고인 출석 없이 판결을 선고할 수 있었으나, 굳이 그 기일을 연기하고 선고기일을 다시 지정한 이상 적법한 기일통지를 해야 하므로, 피고인의 출석 없이 공판기일을 열어 판결을 선고한 원심의 조치는 위법하다(대판 2012.06.28. 2011도16166).

정답 ×

14년(3) 모의

285. 정식재판청구권회복결정이 부당하더라도 이미 그 결정이 확정되었다면 정식재판청구사건을 처리하는 법원으로서는 정식재판청구권회복청구가 적법한 기간 내에 제기되었는지 여부나 그 회복사유의 존부 등에 대하여는 살펴 볼 필요 없이 통상의 공판절차를 진행하여 본안에 대하여 심판하여야 한다.

해설 정식재판청구권회복결정에 대하여는 형사소송법 제458조 제1항, 제347조 제2항에 규정되어 있는 즉시항고에 의하여서만 불복할 수 있고, 이러한 불복이 없이 확정된 정식재판청구권회복결정의 효력에 대하여는 더 이상 다툴 수 없다 할 것이므로, 설령 그 정식재판청구권회복결정이 부당하더라도 이미 그 결정이 확정되었다면 정식재판청구사건을 처리하는 법원으로서는 정식재판청구권회복청구가 적법한 기간 내에 제기되었는지 여부나 그 회복사유의 존부 등에 대하여는 살펴 볼 필요 없이 통상의 공판절차를 진행하여 본안에 관하여 심판하여야 할 것이다(대결 2005.01.17. 2004모351).

정답

24년 변시, 23년(1) 모의

286. 약식명령은 그 재판서를 피고인에게 송달함으로써 효력이 발생하고, 변호인이 있는 경우라도 반드시 변호인에게 약식명령 등본을 송달해야 하는 것은 아니므로, 정식재판 청구기간은 피고인에 대한 약식명령 고지일을 기준으로 하여 기산하여야 한다.

해설 형사소송법 제452조에서 약식명령의 고지는 검사와 피고인에 대한 재판서의 송달에 의하도록 규정하고 있으므로, 약식명령은 그 재판서를 피고인에게 송달함으로써 효력이 발생하고, 변호인이 있는 경우라도 반드시 변호인에게 약식명령 등본을 송달해야 하는 것은 아니다. 따라서 정식재판 청구기간은 피고인에 대한 약식명령 고지일을 기준으로 하여 기산하여야 한다(대판 2017.7.27. 2017모1557).

정답

12년(3) 모의

287. 자신에 대하여 소추가 제기된 사실을 알고 있었던 자가 사무소에 나가지 아니하여 사무소로 송달된 약식명령을 송달받지 못하여 정식재판 청구기간이 도과한 경우 이는 이미 확정된 약식명령에 대하여 적법한 정식재판청구권회복청구의 사유가 될 수 없다.

해설 사무소에 나가지 아니하여 사무소로 송달된 약식명령을 송달받지 못하였다 할지라도 자신에 대하여 소추가 제기된 사실을 알고 있었던 자로서는 스스로 위 사무소에 연락하여 우편물을 확인하거나 기타 소송진행상태를 알 수 있는 방법 등을 강구하였어야 할 것이므로 이에 이르지 않은 이상, 위와 같은 사정은 자기가 책임질 수 없는 사유가 아니라 할 것이어서, 정식재판 청구기간 도과로 인하여 이미 확정된 약식명령에 대하여 적법한 정식재판청구권회복청구의 사유가 될 수 없다(대결 2002.09.27. 2002모184).

정답

24변시,12년(3) 모의

288.
(1) 약식명령에 대한 정식재판의 청구는 서면으로 하여야 하고, 정식재판청구서에 청구인의 기명날인이 없는 경우 정식재판의 청구가 법령상의 방식을 위반한 것으로서 그 청구를 결정으로 기각하여야 한다.

(2) 만약 판사 R이 甲에게 공문서부정행사죄로 약식명령을 발령하였고, 이를 송달받은 A가 甲을 위하여 법원에 甲의 이름만 기재하고 기명날인 또는 서명이 없는 정식재판청구서를 제출하였음에도 법원공무원이 보정을 구하지 않은 채 이를 접수하였다면, 법원은 위 정식재판청구에 대하여 기각결정을 할 수 없다.

::해설 약식명령에 대한 정식재판의 청구는 서면으로 제출하여야 하고, 공무원 아닌 자가 작성하는 서류에는 연월일을 기재하고 기명날인(인장이 없으면 지장을 사용)하여야 하므로, 정식재판청구서에 청구인의 기명날인이 없는 경우에는 정식재판의 청구가 법령상의 방식을 위반한 것으로서 그 청구를 결정으로 기각하여야 하고, 이는 정식재판의 청구를 접수하는 법원공무원이 청구인의 기명날인이 없는데도 이에 대한 보정을 구하지 아니하고 적법한 청구가 있는 것으로 오인하여 청구서를 접수한 경우에도 마찬가지이다. 다만, 법원공무원의 위와 같은 잘못으로 인하여 적법한 정식재판청구가 제기된 것으로 신뢰한 채 정식재판청구기간을 넘긴 피고인은 자기의 '책임질 수 없는 사유'에 의하여 청구기간 내에 정식재판을 청구하지 못한 때에 해당하여 정식재판청구권의 회복을 구할 수 있을 뿐이다(대결 2008.07.11. 2008모605).

 정답 ○,×

제2절 즉결심판절차

I 즉결심판절차의 의의

11년(1) 모의

289. 즉결심판절차에 의하여 처리할 수 있는 사건은 20만 원 이하의 벌금 또는 구류나 과료에 처할 범죄사건이며, 즉결심판의 청구권자는 경찰서장이며, 경찰서장은 관할경찰서장과 관할해양경찰서장을 포함한다.

::해설 즉결심판에관한절차법 제2조, 동법 제3조 제1항 참조.

즉결심판에관한절차법 제2조(즉결심판의 대상) 지방법원, 지원 또는 시·군법원의 판사(이하 "판사"라 한다)는 즉결심판절차에 의하여 피고인에게 20만 원 이하의 벌금, 구류 또는 과료에 처할 수 있다.
즉결심판에관한절차법 제3조(즉결심판청구) ① 즉결심판은 관할경찰서장 또는 관할해양경비안전서장(이하 "경찰서장"이라 한다)이 관할법원에 이를 청구한다.

 정답 ○

Ⅱ 즉결심판의 청구

🕐 24년 변시, 21년(3) 모의

290. 경찰서장이 범칙행위에 대하여 통고처분을 한 이상, 통고처분에 따라 범칙금을 납부한 범칙자에 대하여는 형사소추와 형사처벌을 면제받을 기회가 부여되므로 통고처분에서 정한 범칙금 납부기간까지는 원칙적으로 경찰서장은 즉결심판을 청구할 수 없고, 검사도 동일한 범칙행위에 대하여 공소를 제기할 수 없다.

> **해설** 경찰서장이 범칙행위에 대하여 통고처분을 한 이상, 범칙자의 위와 같은 절차적 지위를 보장하기 위하여 통고처분에서 정한 범칙금 납부기간까지는 원칙적으로 경찰서장은 즉결심판을 청구할 수 없고, 검사도 동일한 범칙행위에 대하여 공소를 제기할 수 없다. 또한 범칙자가 범칙금 납부기간이 지나도록 범칙금을 납부하지 아니하였다면 경찰서장이 즉결심판을 청구하여야 하고, 검사는 동일한 범칙행위에 대하여 공소를 제기할 수 없다. 나아가 특별한 사정이 없는 이상 경찰서장은 범칙행위에 대한 형사소추를 위하여 이미 한 통고처분을 임의로 취소할 수 없다(대판 2021.04.01. 2020도15194).

정답 O

Ⅲ 즉결심판청구사건의 심리

🕐 15년 · 24년 변시, 18년(1) 모의

291. (1) 즉결심판절차에서는 피고인의 자백만 있고 보강증거가 없더라도 유죄를 선고할 수 있다.

(2) 즉결심판절차에서는 사법경찰관이 작성한 피의자신문조서에 대하여 피고인이 내용을 인정하지 않더라도 증거로 사용할 수 있다.

(3) 즉결심판절차에서는 사법경찰관이 적법한 절차와 방식에 따라 작성한 피의자신문조서는 그 피의자였던 피고인이 내용을 인정하지 않더라도 증거능력이 있고, 자백에 대한 보강증거는 요하지 않으나 자백배제법칙은 여전히 적용된다.

> **해설** 검사 이외의 수사기관이 작성한 피의자신문조서의 증거능력을 제한한 형사소송법 제312조 제3항과 진술서나 진술기재서 등의 증거능력을 제한한 제313조가 적용되지 않는다(즉결심판법 제10조). 그러나 위법수집증거배제법칙(법 제308조의2)과 자백배제법칙(법 제309조)은 물론이고 제312조 제3항과 제313조를 제외한 전문증거에 대한 규정 등은 즉결심판절차에 적용된다고 보아야 한다(이창현, 『형사소송법』(제9판), 1381면).

> 즉결심판에 관한 절차법 제10조(증거능력) 즉결심판절차에 있어서는 (1)형사소송법 제310조, (2)제312조 제3항 및 제313조의 규정은 적용하지 아니한다.
> 형사소송법 제310조(불이익한 자백의 증거능력) 피고인의 자백이 그 피고인에게 불이익한 유일의 증거인 때에는 이를 유죄의 증거로 하지 못한다.
> 형사소송법 제312조(검사 또는 사법경찰관의 조서 등) ③ 검사 이외의 수사기관이 작성한 피의자신문조서는 적법한 절차와 방식에 따라 작성된 것으로서 공판준비 또는 공판기일에 그 피의자였던 피고인 또는 변호인이 그 내용을 인정할 때에 한하여 증거로 할 수 있다.

정답 O, O, O

Ⅳ 즉결심판의 선고와 효력

11년(1) 모의

292. 즉결심판이 확정된 때에는 확정판결과 동일한 효력이 생기지만, 재판의 확정력과 일사부재리 효력은 발생하지 않는다.

해설 확정된 각 즉결심판의 기판력은 이 사건 각 범죄사실에 관하여도 미친다고 할 것이고 같은 취지에서 피고인에 대한 이 사건 공소사실에 관하여는 이미 확정판결이 있은 때에 해당한다(대판 1986.12.23. 85도1142).

즉결심판에관한절차법 제16조(즉결심판의 효력) 즉결심판은 정식재판의 청구기간의 경과, 정식재판청구권의 포기 또는 그 청구의 취하에 의하여 확정판결과 동일한 효력이 생긴다. 정식재판청구를 기각하는 재판이 확정된 때에도 같다.

정답

Ⅴ 정식재판의 청구

21년(3) 모의

293. 즉결심판에 대한 정식재판청구가 법령상의 방식에 위반하거나 청구권의 소멸 후인 것이 명백한 때에는 결정으로 기각하여야 하며, 이 결정에 대하여는 즉시항고를 할 수 있다.

해설 즉결심판에 관한 정식재판의 청구에 대하여는 형사소송법 제455조가 준용된다. 따라서 즉결심판의 청구가 청구가 법령상의 방식에 위반하거나 청구권의 소멸 후인 것이 명백한 때에는 결정으로 기각하여야 한다. 그리고 기각결정에 대하여는 즉시항고를 할 수 있다.

즉결심판에 관한 절차법 제14조(정식재판의 청구) ① 정식재판을 청구하고자 하는 피고인은 즉결심판의 선고·고지를 받은 날부터 7일 이내에 정식재판청구서를 경찰서장에게 제출하여야 한다. 정식재판청구서를 받은 경찰서장은 지체없이 판사에게 이를 송부하여야 한다.
④ 형사소송법 제340조 내지 제342조, 제344조 내지 제352조, 제354조, 제454조, 제455조의 규정은 정식재판의 청구 또는 그 포기·취하에 이를 준용한다.

형사소송법 제455조(기각의 결정) ① 정식재판의 청구가 법령상의 방식에 위반하거나 청구권의 소멸 후인 것이 명백한 때에는 결정으로 기각하여야 한다.
② 전항의 결정에 대하여는 즉시항고를 할 수 있다.
③ 정식재판의 청구가 적법한 때에는 공판절차에 의하여 심판하여야 한다.

정답

제3절 배상명령절차

<small>11년(1) 모의</small>

294. 배상명령절차는 법원이 직권 또는 피해자의 신청에 의하여 피고인에게 피고인의 범죄행위로 인하여 발생한 손해의 배상을 명하는 절차로서 우리나라는 「소송촉진 등에 관한 특례법」에서 이를 규정하고 있다.

▸해설 소송촉진 등에 관한 특례법 제25조 제1항 참조.

> 소송촉진 등에 관한 특례법 제25조(배상명령) ① 제1심 또는 제2심의 형사공판 절차에서 「형법」제257조 제1항, 제258조 제1항 및 제2항, 제259조 제1항, 제262조(존속폭행치사상의 죄는 제외한다), 같은 법 제26장, 제32장(제304조의 죄는 제외한다), 제38장부터 제40장까지 및 제42장에 규정된 죄에 관하여 유죄판결을 선고할 경우, 법원은 직권에 의하여 또는 피해자나 그 상속인(이하 "피해자"라 한다)의 신청에 의하여 피고사건의 범죄행위로 인하여 발생한 직접적인 물적(物的) 피해, 치료비 손해 및 위자료의 배상을 명할 수 있다.

정답

제4절 소년에 대한 특별절차

<small>21년(3) 모의</small>

295. 「소년법」 제60조(부정기형) 제2항이 적용되는 '소년'이란 심판시에 19세 미만인 사람을 뜻하며, 소년법의 적용을 받으려면 심판시, 즉 사실심판결 선고시에 19세 미만이어야 한다.

▸해설 소년법이 적용되는 '소년'이란 19세 미만인 자를 말한다. 소년법의 적용을 받으려면, 사실심판결 선고시에 19세 미만이어야 한다. 항소심은 기본적으로 속심으로서 사실심에 해당하므로 1심에서 소년이기 때문에 부정기형을 선고받은 자가 항소심 계속중에 성년에 달하였을 때에는 원판결을 파기하고 징기형을 선고하여야 한다. 항소심판결 선고당시 성년이 되었음에도 불구하고 정기형을 선고함이 없이 부정기형을 선고한 제1심판결을 인용하여 항소를 기각한 것은 위법하다(대판 1990.04.24. 90도539).

> 소년법 제60조(부정기형) ① 소년이 법정형으로 장기 2년 이상의 유기형(有期刑)에 해당하는 죄를 범한 경우에는 그 형의 범위에서 장기와 단기를 정하여 선고한다. 다만, 장기는 10년, 단기는 5년을 초과하지 못한다. ② 소년의 특성에 비추어 상당하다고 인정되는 때에는 그 형을 감경할 수 있다.
> 소년법 제2조(소년 및 보호자) 이 법에서 "소년"이란 19세 미만인 자를 말하며, "보호자"란 법률상 감호교육(監護敎育)을 할 의무가 있는 자 또는 현재 감호하는 자를 말한다.

정답

12년(2)·17년(1)·23년(2) 모의

296. 상고심에서의 심판대상은 항소심 판결 당시를 기준으로 하여 그 당부를 심사하는 데에 있는 것이므로 항소심판결 선고 당시 미성년이었던 피고인이 상고 이후에 성년이 되었다고 하여 항소심의 부정기형의 선고가 위법이 되는 것이 아니다.

해설 상고심에서의 심판대상은 항소심 판결 당시를 기준으로 하여 그 당부를 심사하는 데에 있는 것이므로 항소심판결 선고 당시 미성년이었던 피고인이 상고 이후에 성년이 되었다고 하여 항소심의 부정기형의 선고가 위법이 되는 것은 아니다(대판 1998.02.27. 97도3421).

정답 O

❖ 종합문제

24년 변시, 22년(1)·23년(2) 모의

1. 연예인 甲은 2023. 3. 9. 08:00경 고속도로에서 자동차종합보험에 가입되어 있는 자신의 승용차를 운전하여 가던 중 도로 좌측 노면 턱을 들이받는 바람에 그 충격으로 자신에게 전치 6주의 상해를, 조수석에 타고 있던 사실혼 관계인 乙에게 전치 8주의 상해를 각 입게 하였다. 甲, 乙은 사고 직후 승용차에서 내렸으나 바로 의식을 잃었고, 그 상태로 병원에 이송되었다. 乙은 의식이 깨자 甲의 연예인 활동에 지장이 생길 것을 우려하여 경찰관 P에게 자신이 위 승용차를 운전하다가 교통사고를 발생하게 하였다는 허위사실을 진술하였다. 이에 관한 정오를 판단하시오. (다툼이 있는 경우 판례에 의함)

1) P가 운전석 근처에서 발견되어 병원으로 이송된 乙의 음주운전 여부를 수사하려 하였으나 乙의 의식이 깨지 않자 간호사 A로부터 A가 치료 목적으로 乙로부터 채취한 혈액 중 일부를 임의제출 받아 영장 없이 압수한 경우, 그 압수절차는 적법절차에 위반된다.

해설 경찰관이 간호사로부터 진료 목적으로 이미 채혈되어 있던 피고인의 혈액 중 일부를 주취운전 여부에 대한 감정을 목적으로 임의로 제출 받아 이를 압수한 경우, 당시 간호사가 위 혈액의 소지자 겸 보관자인 병원 또는 담당의사를 대리하여 혈액을 경찰관에게 임의로 제출할 수 있는 권한이 없었다고 볼 특별한 사정이 없는 이상, 그 압수절차가 피고인 또는 피고인의 가족의 동의 및 영장 없이 행하여졌다고 하더라도 이에 적법절차를 위반한 위법이 있다고 할 수 없다(대판 1999.9.3. 98도968).

정답 ×

2) 乙이 도로교통법위반(음주운전)죄 및 교통사고처리특례법위반(치상)죄로 기소되었고, 제1회 공판기일에 乙 및 乙의 변호인은 혈액감정의뢰회보에 대하여 증거부동의를 하였는데, 제3회 공판기일에 乙이 출석하지 아니한 상태에서 乙의 변호인이 이를 증거로 하는 데 동의하였다면 위 증거동의는 효력이 있다.

해설 형사소송법 제318조에 규정된 증거동의의 주체는 소송 주체인 검사와 피고인이고, 변호인은 피고인을 대리하여 증거동의에 관한 의견을 낼 수 있을 뿐이므로 피고인의 명시한 의사에 반하여 증거로 함에 동의할 수는 없다. 따라서 피고인이 출석한 공판기일에서 증거로 함에 부동의한다는 의견이 진술된 경우에는 그 후 피고인이 출석하지 아니한 공판기일에 변호인만이 출석하여 종전 의견을 번복하여 증거로 함에 동의하였다 하더라도 이는 특별한 사정이 없는 한 효력이 없다고 보아야 한다(대판 2013.3.28. 2013도3).

정답 ×

24년 변시

2. 甲과 A는 동거하지 않는 형제 사이인데 A가 실종되었다. 甲은 2023. 1.경 법원이 선임한 A의 부재자 재산관리인으로서 A 앞으로 공탁된 수용보상금 7억 원을 수령하였다. 그 후 법원은 2023. 3.경 A의 부재자 재산관리인을 甲에서 B로 개임하였다. 그럼에도 甲은 B에게 공탁금의 존재를 알려 주지도 않고 인계하지도 않았다. 2023. 5.경 위 사실을 알게 된 B가 2023. 6.경 법원으로부터 고소권 행사에 관하여 허가를 받고 나서 바로 甲을 위 사실에 관하여 특정경제범죄가중처벌등에관한법률위반(배임)죄로 수사기관에 고소하였다. 이에 관한 정오를 판단하시오 (다툼이 있는 경우 판례에 의함)

1) 甲, B, 甲의 누나 C가 모여서 같이 대화를 나누던 중, B는 증거수집 목적으로 자신의 휴대전화 녹음 기능을 사용하여 위 3명의 대화를 녹음하였는데, 이러한 녹음 행위는 「통신비밀보호법」 제16조 제1항에 해당하며 위법하다.

해설 통신비밀보호법 제3조 제1항이 "공개되지 아니한 타인간의 대화를 녹음 또는 청취하지 못한다"라고 정한 것은, 대화에 원래부터 참여하지 않는 제3자가 그 대화를 하는 타인들 간의 발언을 녹음해서는 아니 된다는 취지이다. 3인 간의 대화에 있어서 그 중 한 사람이 그 대화를 녹음하는 경우에 다른 두 사람의 발언은 그 녹음자에 대한 관계에서 '타인 간의 대화'라고 할 수 없으므로, 이와 같은 녹음행위가 통신비밀보호법 제3조 제1항에 위배된다고 볼 수는 없다(대판 2006.10.12. 2006도4981).

정답 ×

2) B는 A의 부재자 재산관리인으로서 그 관리대상인 A의 재산에 대한 범죄행위에 관하여 법원으로부터 고소권 행사에 관한 허가를 얻었으므로 A의 법정대리인으로서 적법한 고소권자에 해당한다.

해설 법원이 선임한 부재자 재산관리인이 그 관리대상인 부재자의 재산에 대한 범죄행위에 관하여 법원으로부터 고소권 행사에 관한 허가를 얻은 경우 부재자 재산관리인은 형사소송법 제225조 제1항에서 정한 법정대리인으로서 적법한 고소권자에 해당한다고 보아야 한다(대판 2022.5.26. 2021도2488).

정답 ○

3) 사법경찰관 P가 특정경제범죄가중처벌등에관한법률위반(배임)죄로 甲에 대한 체포영장을 발부받은 후 집 앞 주차장에 차량을 주차하고 있는 甲을 발견하고 위 체포영장에 기하여 체포하면서 甲의 차량을 수색한 것은 「형사소송법」 제216조 제1항 제2호에 따라 적법하다.

해설 수사관들이 사전에 발부된 체포영장에 의하여 위 피고인을 체포한 직후에 한 체포영장의 제시 및 고지는 적법하다고 보이며, 나아가 수사관들이 위 피고인이 체포 과정에서 타고 있었던 차량을 수색하여 필로폰과 대마 등을 압수한 것은 형사소송법 제216조 제1항 제2호에 따른 것으로 적법하다고 볼 수 있다(대판 2015.5.28. 2015도364).

정답 ○

4) **甲이 위 3)과 같은 체포 과정에서 자신의 차량으로 사법경찰관 P를 충격하여 상해를 가했다면, 甲에게 특수공무집행방해치상죄 및 특수상해죄가 성립하고, 양 죄는 상상적 경합 관계이다.**

해설 기본범죄를 통하여 고의로 중한 결과를 발생하게 한 경우에 가중 처벌하는 부진정결과적가중범에 있어서, 고의로 중한 결과를 발생하게 한 행위가 별도의 구성요건에 해당하고 그 고의범에 대하여 결과적가중범에 정한 형보다 더 무겁게 처벌하는 규정이 있는 경우에는 그 고의범과 결과적가중범이 상상적 경합관계에 있다고 보아야 할 것이지만, 위와 같이 고의범에 대하여 더 무겁게 처벌하는 규정이 없는 경우에는 결과적가중범이 고의범에 대하여 특별관계에 있다고 해석되므로 결과적가중범만 성립하고 이와 법조경합의 관계에 있는 고의범에 대하여는 별도로 죄를 구성한다고 볼 수 없다. 따라서 직무를 집행하는 공무원에 대하여 위험한 물건을 휴대하여 고의로 상해를 가한 경우에는 특수공무집행방해치상죄만 성립할 뿐, 이와는 별도로 폭력행위 등 처벌에 관한 법률 위반(집단·흉기 등 상해)죄를 구성한다고 볼 수 없다(대판 2008.11.27. 2008도7311). ▶ 위 판례사안은 구 폭력행위처벌법위반죄에 관한 것이나, 형법상 특수상해죄의 법정형 역시 특수공무집행방해치상죄의 법정형보다 무겁지 않으므로 ㄹ.의 경우에도 특수상해죄가 별도로 성립하지 않는다.

정답 ×

5) **만약 甲이 A의 동거하지 않는 아들인데 B의 고소가 2023. 12. 20.에 이루어졌다면 법원은 甲의 특정경제범죄가중처벌등에관한법률위반(배임)죄에 대하여 「형사소송법」 제327조 제2호에 따라 판결로써 공소기각의 선고를 하여야 한다.**

해설 형법 제361조, 제328조의 규정에 의하면, 직계혈족, 배우자, 동거친족, 동거가족 또는 그 배우자 간의 횡령죄는 그 형을 면제하여야 하고 그 외의 친족 간에는 고소가 있어야 공소를 제기할 수 있는바, 형법상 횡령죄의 성질은 '특정경제범죄 가중처벌 등에 관한 법률'(이하 '특경법'이라고 한다) 제3조 제1항에 의해 가중 처벌되는 경우에도 그대로 유지되고, 특경법에 친족상도례에 관한 형법 제361조, 제328조의 적용을 배제한다는 명시적인 규정이 없으므로, 형법 제361조는 특경법 제3조 제1항 위반죄에도 그대로 적용된다(대판 2013.9.13. 2013도7754). ▶ 갑과 A가 동거하지는 않으나, 직계혈족 관계에 있음이 명백하다. 따라서 형법 제361조, 제328조 제1항이 적용되어 형을 면제하여야 한다. 제328조 제2항의 적용에 따른 고소기간 도과 여부는 문제되지 않는다.

정답

3. 甲은 술에 취한 상태로 조수석에 이혼한 전처 乙을 태우고 빌린 승용차를 캠핑장에서 주차하던 중 액셀을 브레이크로 착각하고 세게 밟아 바위에 충돌하여 위 승용차 차량 뒷 범퍼가 파손되었다. 신고로 출동한 사법경찰관은 甲이 술에 취하여 운전하였다고 판단하고 甲에게 음주측정을 요구하였으나 甲은 거부하였다. 검사는 甲을 도로교통법위반(음주측정거부)죄 및 업무상과실재물손괴로 인한 도로교통법위반죄로 기소하였다. 乙은 위 사건의 제2회 공판기일에 증인으로 출석하여 증언거부권을 고지받고 선서한 후 甲이 아니라 자신이 운전을 하였다고 증언하였고, 증인신문절차가 그대로 종료되었다. 한편, 검사는 공소제기 후 법원 영장전담판사(수소법원 이외의 지방법원판사)로부터 위 차량에 대한 압수·수색영장을 발부받아 차량 블랙박스 메모리칩을 압수한 결과 甲이 위 사건 당시 운전하는 장면을 발견하고 위 영상을 CD에 저장하여 추가 증거로 제출하였다. 이후 검사는 乙을 위증죄의 피의자로 소환하여 제2회 공판기일의 증언을 번복시켜 '운전자가 甲이 맞고 제2회 공판기일 당시 위증을 하였다'는 자백을 받아 이를 피의자신문조서에 기재하였다. 법원은 검사의 신청에 따라 乙을 다시 증인으로 채택하였고, 제5회 공판기일에 증인으로 출석한 乙은 위 피의자신문조서의 진정성립을 인정하는 동시에 운전자가 甲이 맞다는 취지로 진술하였다.

이에 관한 정오를 판단하시오. (다툼이 있는 경우 판례에 의함)

1) **甲은 위 차량에 대한 업무상과실재물손괴로 인한 도로교통법위반의 죄책을 진다.**

   해설 "건조물이나 그 밖의 재물"에는 자동차 등 재물과 가드레일 등 도로시설물, 건물 등 동산과 부동산을 불문하고 모든 물건이 포함된다. **다만 운전자 본인이 운행한 차량은 "다른 사람의 재물"에 해당하지 않는다.** 차량운행과 관련 없는 제3자의 재물을 보호하려는 데에 도로교통법 제151조의 입법 취지가 있기 때문이다(대판 2007.03.15.2007도291).

   도로교통법 제151조(벌칙) 차 또는 노면전차의 운전자가 업무상 필요한 주의를 게을리하거나 중대한 과실로 다른 사람의 건조물이나 그 밖의 재물을 손괴한 경우에는 2년 이하의 금고나 500만원 이하의 벌금에 처한다. <개정 2018. 03. 27>
   [전부개정 2011. 06. 08]

2) **검사는 공소제기 후에도 甲에 대한 원활한 공소유지를 위하여 위와 같이 법원의 영장을 받아 「형사소송법」 제215조에 따라 압수·수색을 할 수 있으므로 위 차량 블랙박스 동영상이 저장된 CD는 적법하게 수집된 증거이다.**

   해설 형사소송법은 제215조에서 검사가 압수·수색 영장을 청구할 수 있는 시기를 공소제기 전으로 명시적으로 한정하고 있지는 아니하나, 헌법상 보장된 적법절차의 원칙과 재판받을 권리, 공판중심주의·당사자주의·직접주의를 지향하는 현행 형사소송법의 소송구조, 관련 법규의 체계, 문언 형식, 내용 등을 종합하여 보면, 일단 공소가 제기된 후에는 피고사건에 관하여 검사로서는 형사소송법 제215조에 의하여 압수·수색을 할 수 없다고 보아야 하며, 그럼에도 검사가 공소제기 후 형사소송법

제215조에 따라 수소법원 이외의 지방법원 판사에게 청구하여 발부받은 영장에 의하여 압수·수색을 하였다면, 그와 같이 수집된 증거는 기본적 인권 보장을 위해 마련된 적법한 절차에 따르지 않은 것으로서 원칙적으로 유죄의 증거로 삼을 수 없다(대판 2011.04.28. 2009도10412).

정답 ×

3) 검사가 乙에 대하여 작성한 피의자신문조서는 당해 사건의 피고인이 아닌 사람의 진술을 기재한 서류로서 「형사소송법」제312조 제4항에 따라 원진술자에 의한 진정성립이 인정되었으므로 甲의 증거동의가 없더라도 당해 사건에 대해 증거능력이 인정된다.

해설 공판준비 또는 공판기일에서 이미 증언을 마친 증인을 검사가 소환한 후 피고인에게 유리한 증언 내용을 추궁하여 이를 일방적으로 번복시키는 방식으로 작성한 진술조서를 유죄의 증거로 삼는 것은 당사자주의·공판중심주의·직접주의를 지향하는 현행 형사소송법의 소송구조에 어긋나는 것일 뿐만 아니라, 헌법 제27조가 보장하는 기본권, 즉 법관의 면전에서 모든 증거자료가 조사·진술되고 이에 대하여 피고인이 공격·방어할 수 있는 기회가 실질적으로 부여되는 재판을 받을 권리를 침해하는 것이므로, 이러한 진술조서는 피고인이 증거로 할 수 있음에 동의하지 아니하는 한 증거능력이 없고, 그 후 원진술자인 종전 증인이 다시 법정에 출석하여 증언을 하면서 그 진술조서의 성립의 진정함을 인정하고 피고인 측에 반대신문의 기회가 부여되었다고 하더라도 그 증언 자체를 유죄의 증거로 할 수 있음은 별론으로 하고 위와 같은 진술조서의 증거능력이 없다는 결론은 달리할 것이 아니다. 이는 검사가 공판준비 또는 공판기일에서 이미 증언을 마친 증인에게 수사기관에 출석할 것을 요구하여 그 증인을 상대로 위증의 혐의를 조사한 내용을 담은 피의자신문조서의 경우도 마찬가지이다(대판 2013.08.14. 2012도13665).

정답 ×

꼭 봐야 할 형소법 핵심기출 OX

판례색인

[서울고등법원]

서울고법 2005.07.15. 2000재노16	386

[헌법재판소]

헌재 1990.08.27. 89헌가118	37
헌재 1993.09.27. 92헌마284	249
헌재 1995.03.23. 92헌바1	557
헌재 1996.12.26. 94헌바1	208
헌재 1997.03.27. 96헌바28	137
헌재 1999.09.16. 99헌가1	524
헌재 2003.03.27. 2000헌마474	62
헌재 2010.06.24. 2009헌마257	43
헌재 2010.09.30. 2008헌마628	146
헌재 2011.02.15. 2011헌마30	80
헌재 2011.05.26. 2009헌마341	146
헌재 2012.05.31. 2010헌바128	307
헌재 2015.09.08. 2015헌마856	612
헌재 2018.08.30. 2016헌마263	403

[대법원 선고]

대법 2014.02.27. 2013도12155	177
대법원 1965.12.10. 65도826	575
대법원 1993.01.19. 92도2554	234, 526

[대법원 결정]

대결 1969.10.04. 69모68	75
대결 1976.11.10. 76모69	68
대결 1983.05.12. 83모12	623
대결 1983.06.30. 83모34	615
대결 1984.03.29. 84모15	203
대결 1984.04.13. 84모14	632
대결 1984.05.30. 84모32	635
대결 1984.07.16. 84모38	199
대결 1984.07.27. 84모48	636
대결 1985.06.01. 85모10	632
대결 1985.07.23. 85모12	141
대결 1986.03. 25. 86모2	573
대결 1986.04.30. 86모10	271
대결 1986.07.18. 85모49	616
대결 1986.08.28. 86모15	626
대결 1986.10.29. 86모38	630
대결 1987.03.28. 87모17	303
대결 1988.01.29. 86모58	225
대결 1990.04.18. 90모22	154
대결 1990.07.16. 90모34	229
대결 1990.11.02. 90모44	33
대결 1991.02.26. 91모1	158
대결 1992.03.13. 92모1	558
대결 1993.03.04. 92모21	553
대결 1995.04.03. 95모10	32
대결 1996.05.15. 95모94	58, 622
대결 1996.06.03. 96모18	145
대결 1996.08.12. 96모46	144

대결 1996.08.16. 94모51(전합)	202
대결 1996.11.14. 96모94	324, 346
대결 1996.11.28. 96모100	595
대결 1997.01.13. 96모51	631
대결 1997.06.16. 97모1	621
대결 1997.08.27. 97모21	151, 152
대결 1997.09.29. 97모66	614
대결 1999.08.11. 99모93	631, 633
대결 1999.09.07 99초355	156
대결 1999.12.01. 99모161	180
대결 2000.11.10. 2000모134	142, 144
대결 2001.05.25. 2001모85	278
대결 2001.05.29. 2000모22(전합)	152
대결 2002.05.06. 2000모112	57
대결 2002.09.04. 2002모239	591
대결 2002.09.27. 2002모184	659
대결 2002.09.27. 2002모6	557
대결 2002.12.03. 2002모265	596
대결 2003.09.23. 2002모344	641
대결 2004.01.13. 2003모451	552
대결 2004.02.13. 2003모464	628
대결 2005.01.17. 2004모351	659
대결 2005.01.20. 2003모429	72, 75
대결 2006.02.08. 2005모507	550
대결 2006.12.18. 2006모646	624
대결 2007.01.31. 2006모656	57
대결 2007.01.31. 2006모657	51
대결 2007.07.10. 2007모460	597
대결 2008.04.24. 2008모77	636, 640
대결 2008.07.11. 2008모605	660
대결 2008.09.12. 2008모793	59, 622
대결 2009.07.16. 2005모472(전합)	634, 635
대결 2009.10.23. 2009모1032	358, 360
대결 2011.05.26. 2009모1190	162
대결 2012.02.16. 2009모1044(전합)	592
대결 2013.01.24. 2012모1393	62
대결 2013.04.18. 2010모363	625, 633
대결 2013.07.01. 2013모160	110, 112
대결 2015.07.16. 2011모1839(전합)	178
대결 2015.10.15. 2013모1970	202
대결 2016.06.14. 2015모1032	142
대결 2016.11.10. 2015모1475)	630
대결 2017.03.30. 2016모2874	549
대결 2017.07.27. 2017모1377	613
대결 2018.05.02. 2015모3243	627
대결 2020.03.17. 2015모2357	620
대결 2020.04.16. 2019모3526	169
대결 2020.06.26. 2019모3197	637

[대법원 판결]

대판 1953.11.10. 4286형상14	577
대판 1957.03.08. 4290형상23	331, 332
대판 1957.10.04. 4290형비상1	581
대판 1959.08.21. 4292형상242	577
대판 1960.07.13. 4293형상166	31
대판 1960.12.21. 4293비상1	649
대판 1963.01.10. 62오4	647
대판 1964.06.16. 64오2	648
대판 1964.12.15. 64도481	95

대판 1965.06.29. 65도405	505		대판 1981.07.07. 81도1314	503
대판 1965.10.26. 65도599	293		대판 1981.09.08. 81도1945	585
대판 1965.12.21. 65도899	133		대판 1981.11.24. 81도2422	236
대판 1966.03.24. 65도114(전합)	239		대판 1981.6.9. 81도1269	239
대판 1966.05.17. 66도276	424		대판 1982.03.23. 81도1450	41
대판 1967.05.23. 67도471	102		대판 1982.06.08. 82도754	427
대판 1968.03.19. 68도43	514		대판 1982.06.22. 82도898	328
대판 1969.02.18. 68도1601	278		대판 1982.09.14. 82도1000	329
대판 1969.03.18. 69도114	577		대판 1982.09.14. 82도1504	73
대판 1969.07.29. 69도916	522		대판 1982.10.15. 82모36	503
대판 1970.07.28. 70도942	73		대판 1982.12.14. 82도2442	234
대판 1971.07.06. 71도974	30		대판 1982.12.28. 82도2642	522
대판 1971.12.21. 71도2004	245		대판 1983.02.08. 82도2940	518
대판 1973.03.20. 73도280	506		대판 1983.02.22. 82도3107	511
대판 1973.07.10. 73도142	570		대판 1983.03.08. 82도2873	488, 491
대판 1973.07.24. 73도1256	281, 284		대판 1983.04.12. 82도2939	289
대판 1973.12.11. 73도2173	530		대판 1983.04.26. 82도2829	588, 590
대판 1974.01.15. 73도2522	323		대판 1983.04.26. 83도323	100
대판 1974.01.15. 73도2967	344		대판 1983.05.10. 83도686	511
대판 1975.06.24. 70도2660	242		대판 1983.06.28. 83도1019	496
대판 1975.11.25. 75도294	235		대판 1983.09.13. 83도712	387, 388
대판 1975.12.23. 75도3238	239		대판 1983.09.27. 83도516	467
대판 1976.05.25. 76도1126(전합)	240		대판 1983.10.25. 83도2366	531
대판 1976.05.26. 76도1126	239		대판 1983.11.08. 83도1979	243
대판 1976.12.28. 76도3203	223		대판 1984.02.14. 83도3013	356
대판 1979.02.27. 78도3204	31		대판 1984.02.28. 83도3074	275
대판 1980.04.22. 80도333	353		대판 1984.04.24. 83도3211	580
대판 1980.05.27. 80도981	577		대판 1984.05.09. 83도2782	386
대판 1980.12.09. 80도384(전합)	567		대판 1984.05.15. 84도508	424
대판 1981.01.27. 80도2977	581		대판 1984.06.26. 84도666	277

대판 1984.07.24. 84도1129	541
대판 1984.07.24. 84초45	28
대판 1984.09.25. 84도1646	217
대판 1984.09.25. 84도619	330
대판 1984.11.27. 84도1545	536
대판 1984.11.27. 84도2106	603
대판 1984.11.27. 84도2252	387
대판 1984.11.27. 84도2279	468
대판 1985.03.12. 85도190	93
대판 1985.04.23. 85도281	31
대판 1985.05.14. 85도441	497
대판 1985.05.14. 85도529	531
대판 1985.09.24. 84도2972(전합)	579
대판 1985.11.12. 85도1940	101
대판 1985.11.12. 85도1998	564
대판 1985.12.10. 85도2182,85감도313	386
대판 1986.01.28. 85도2500	606
대판 1986.02.11. 85도2658	533
대판 1986.02.11. 85도2685	376
대판 1986.09.17. 86모46	552
대판 1986.09.23. 86도1487	223
대판 1986.11.01. 86도1783	430
대판 1986.11.25. 83도1718	376
대판 1986.12.23. 85도1142	662
대판 1987.01.20. 86도2396	275
대판 1987.04.08. 87모19	551
대판 1987.05.26. 87도527	286, 287
대판 1987.07.21. 87도546	288
대판 1987.07.21. 87도968	488
대판 1987.08.18. 87도1269	350
대판 1987.08.31. 87도1702	554
대판 1987.11.24. 87도2048	389
대판 1987.12.22. 87도84	252
대판 1988.04.12. 87도2709	380
대판 1988.09.13. 88도1114	373
대판 1988.11.08. 86도1646	203, 518
대판 1989.02.14. 85도1435	238
대판 1989.03.14. 88도1399	188
대판 1989.04.11. 86도1629	568
대판 1989.05.23. 89도570	543
대판 1989.09.12. 89도612	31
대판 1990.01.25. 89도1317	306
대판 1990.01.25. 89도2166	605
대판 1990.01.25. 89도478	564
대판 1990.04.24. 90도539	663
대판 1990.04.27. 90도527	609
대판 1990.06.08. 90도646	318, 321
대판 1990.06.12. 90도672	315
대판 1990.06.22. 90도741	508
대판 1990.06.22. 90도764	356
대판 1990.07.24. 90도1303	495
대판 1990.09.25. 90도1586	388
대판 1990.10.16. 90도1813	244
대판 1990.10.26. 90도1229	292
대판 1990.10.30. 90도1939	513
대판 1990.12.07. 90도1283	291
대판 1990.12.26. 90도2362	439
대판 1991.05.06. 91모32	550
대판 1991.05.10. 91도579	331
대판 1991.06.28. 91도865	493

대판 1991.11.26. 91도1937	599, 600	대판 1995.04.14. 95도110	519
대판 1992.01.21. 91도1402(전합)	568	대판 1995.04.25. 94도2347	279
대판 1992.03.10. 91도3237	68	대판 1995.05.23. 94도1735	431
대판 1992.04.24. 91도1438	222	대판 1995.06.30. 94도993	510
대판 1992.04.24. 91도3150	300	대판 1995.08.17. 95모49	72, 560
대판 1992.06.23. 92도682	38	대판 1995.09.29. 95도456	285
대판 1992.07.28. 92도917	512	대판 1995.09.29. 95도852	378
대판 1992.08.31. 92모31	626	대판 1995.11.10. 95도1859	591
대판 1992.09.14. 92도1532	238	대판 1996.02.13. 95도1794	517
대판 1992.12.08. 92도2020	574	대판 1996.02.23. 96도47	528
대판 1992.7.28. 92도917	511	대판 1996.06.04. 96도477	641
대판 1993.01.19. 92도2554	234	대판 1996.06.28. 95도1270	276, 532
대판 1993.05.25. 93도836	535	대판 1996.09.06. 96도166	594
대판 1993.06.22. 93도743	287	대판 1996.09.24. 96도2151	306
대판 1993.10.22.93도2178	297	대판 1996.10.11. 96도1698	299
대판 1994.03.22. 93도2080(전합)	277, 308	대판 1996.10.11.96도1698	297
대판 1994.04.26. 93도1689	96	대판 1996.10.15. 96도1301	442
대판 1994.07.29. 93도1091	555, 562	대판 1996.10.17. 94도2865(전합)	507
대판 1994.08.09. 94도1228	427	대판 1996.10.25. 95도1473	374
대판 1994.08.09. 94도1318	532	대판 1996.12.10. 96도2507	75
대판 1994.08.12. 94도1591	554	대판 1997.03.28. 96도2417	483
대판 1994.08.12. 94도1750	608	대판 1997.06.13. 96도3069	126
대판 1994.09.09. 94도998	370	대판 1997.09.30. 97도1230	406, 477
대판 1994.10.21. 94도2078	588	대판 1997.11.28. 97도2215	658
대판 1994.11.11. 94도343	442	대판 1997.12.12. 97도2463	27
대판 1994.12.09. 94도1680	450	대판 1998.02.27. 97도1770	501
대판 1995.02.17. 94도3297	308	대판 1998.02.27. 97도3421	349, 352
대판 1995.02.24. 94도252	82	대판 1998.03.13. 98도159	457
대판 1995.02.28. 94도2880	47	대판 1998.03.26. 97도1716(전합)	581, 582
대판 1995.03.24. 94도1112	609	대판 1998.03.27. 98도253	548

대판 1998.09.22. 98도1234	600
대판 1998.10.13. 97도3337	133
대판 1999.01.26. 98도3029	134
대판 1999.02.05. 98도4534	576
대판 1999.02.26. 98도2742	456
대판 1999.03.09. 98도3169	480, 481, 499
대판 1999.03.09. 98도4621	265
대판 1999.04.13. 99도237	428
대판 1999.04.13. 99도375	309
대판 1999.04.15. 96도1922(전합)	101
대판 1999.04.23. 99도915	314
대판 1999.06.11. 99도1238	596
대판 1999.07.23. 99도1682	603
대판 1999.08.20. 99도2019	496
대판 1999.08.20. 99도2029	489
대판 1999.08.24. 99도1858	509
대판 1999.09.03. 98도968	195
대판 1999.09.03. 99도2317	455
대판 1999.09.03. 99도2317)	109
대판 1999.10.08. 99도3063	439
대판 1999.10.08. 99도3225	583
대판 1999.11.12. 99도3341	510
대판 1999.11.26. 99도2461	288
대판 1999.11.26. 99도2651	289
대판 1999.11.26. 99도3776	578
대판 1999.11.26.99도3929	297
대판 1999.12.07. 98도3329	396
대판 1999.12.24. 99도3003	524, 591
대판 1999.12.24. 99도3784	89
대판 1999.12.28. 98도4181	235
대판 2000.02.11. 99도4797	291
대판 2000.02.25. 99도1252	419
대판 2000.03.10. 2000도159	472, 474
대판 2000.03.10. 99도2744	300, 537
대판 2000.03.28. 99도2831	608
대판 2000.04.11. 2000도565	302
대판 2000.05.12. 2000도745	294
대판 2000.06.09. 2000도1765	194
대판 2000.06.15. 99도1108(전합)	219, 440
대판 2000.06.27. 99도128	371
대판 2000.07.04. 99도4341	126, 131
대판 2000.07.28. 98도4558	288
대판 2000.09.26. 2000도2365	502
대판 2000.10.13. 2000도3265	340
대판 2000.11.24. 2000도3945	578
대판 2001.03.09. 2001도192	37, 573, 582
대판 2001.03.15. 98두15597(전합)	586
대판 2001.03.23. 2000도486	455
대판 2001.03.27. 2001도116	303
대판 2001.04.24. 2001도872	574
대판 2001.05.29. 2000도2933	458
대판 2001.06.29. 2001도1091	293
대판 2001.08.24. 2001도2902	251
대판 2001.09.04. 2000도1743	486
대판 2001.09.04. 2001도3081	90
대판 2001.09.14. 2001도1550	436
대판 2001.09.18. 2001도3448	578
대판 2001.09.28. 2001도3997	431
대판 2001.09.28. 2001도4291	125, 140
대판 2001.10.09. 2001도3106	480

대판 2001.10.26. 2000도2968	85		대판 2004.09.23. 2004도3203	224
대판 2001.12.27. 2001도5304	610		대판 2004.09.24. 2004도4066	96
대판 2002.02.26. 2001도4936	607		대판 2004.10.28. 2004도5014	570
대판 2002.03.15. 2002도158	77		대판 2005.01.14. 2002도5411	103
대판 2002.04.12. 2002도944	30		대판 2005.01.27. 2004도7488	569
대판 2002.05.10. 2001도300	127		대판 2005.03.11. 2004오2	648
대판 2002.05.10. 2002도1187	473		대판 2005.04.14. 2003도1080	632
대판 2002.09.24. 2002도2502	601		대판 2005.04.28. 2004도4428	462
대판 2002.10.08. 2001도3931	476		대판 2005.06.10. 2005도1849	426
대판 2002.10.08. 2002도123	401, 478		대판 2005.07.08. 2005도279	294
대판 2002.10.11. 2002도2939	252, 282		대판 2005.08.19. 2005도2617	501
대판 2002.10.22. 2000도5461	418		대판 2005.09.30. 2005도4201	331
대판 2003.01.24. 2002도6103	373		대판 2005.10.14. 2005도4758	143
대판 2003.02.26. 2002도6834	604		대판 2005.10.28. 2005도1247	83
대판 2003.03.27. 2002모81	121		대판 2005.10.28. 2005도5822	584
대판 2003.05.13. 2003도1366	291		대판 2005.11.10. 2004도42	389
대판 2003.10.09. 2002도4372	279		대판 2005.12.09. 2005도7465	529
대판 2003.10.10. 2003도3282	44		대판 2005.12.09. 2005도7569	122
대판 2003.11.14. 2003도2735	71		대판 2005.12.23. 2005도2945	482
대판 2004.01.16. 2003도5693	463		대판 2005.12.23. 2005도6402	304
대판 2004.02.13. 2003도6905	380		대판 2006.01.12. 2005도7601	438
대판 2004.03.11. 2003도171	471, 475		대판 2006.01.13. 2003도6548	432, 466
대판 2004.03.12. 2004다2083	551		대판 2006.03.09. 2005모304	594
대판 2004.03.26. 2003도8249	552		대판 2006.04.07. 2005도9858(전합)	374
대판 2004.04.09. 2004도340	587		대판 2006.04.14. 2005도9561	331, 447
대판 2004.07.09. 2004도2116	350, 351		대판 2006.04.14. 2005도9743	281
대판 2004.07.15. 2003도7185(전합)	429, 434		대판 2006.04.14. 2006도734	577
대판 2004.07.22. 2003도8153	305		대판 2006.04.27. 2006도514	302
대판 2004.09.13. 2004도	331		대판 2006.04.28. 2005도4085	238
대판 2004.09.16. 2001도3206(전합)	539, 540		대판 2006.05.11. 2004도5972	235

대판 2006.05.11. 2006도1944	511
대판 2006.05.25. 2006도1146	241, 242
대판 2006.05.26. 2005도6271	500
대판 2006.05.26. 2005도8607	583
대판 2006.06.09. 2006도2017	587
대판 2006.07.06. 2005도6810	106, 107, 108
대판 2006.09.08. 2006도148	120
대판 2006.09.22. 2006도4883	104
대판 2006.10.12. 2006도4981	109, 404
대판 2006.10.26. 2005도9825	608
대판 2006.11.09. 2004도8404	105, 411
대판 2006.11.23. 2004도7900	490
대판 2006.11.23. 2006도2732	134
대판 2006.11.23. 2006도5586	200
대판 2006.12.05. 2006초기335	19
대판 2006.12.08. 2006도6356	252, 503
대판 2006.6.15. 2006도1718	572
대판 2007.02.23. 2005도10233	533
대판 2007.04.13. 2007도1249	125
대판 2007.04.13. 2007도425	100, 102
대판 2007.04.26. 2007도1794	477
대판 2007.05.10. 2007도1950	382, 384
대판 2007.05.10. 2007도2372	290
대판 2007.05.11. 2007도2020	602
대판 2007.05.11. 2007도748	244
대판 2007.05.25. 2007모82	624
대판 2007.05.31. 2007도1903	84
대판 2007.06.28. 2005도7473	561, 567, 571
대판 2007.06.29. 2007도3164	84
대판 2007.07.26. 2007도3219	460, 461
대판 2007.07.26. 2007도3906	519, 653
대판 2007.07.26. 2007도4404	540
대판 2007.07.26. 2007도4532	82
대판 2007.08.23. 2007도2595	299
대판 2007.09.20. 2007도5845	508
대판 2007.10.25. 2007도4663	290
대판 2007.10.25. 2007도6129	425
대판 2007.10.26. 2006도5924	525
대판 2007.11.15. 2007도3061(전합)	412
대판 2007.12.13. 2007도7257	448, 460, 487
대판 2007.12.27. 2007도4749	285
대판 2008. 3. 14. 선고 2007도10601	254
대판 2008.01.17. 2007도5201	86
대판 2008.02.01 2007도9851	340
대판 2008.02.14. 2005도4202	249
대판 2008.02.14. 2007도10937	503, 506, 517
대판 2008.03.27. 2007도11000	237
대판 2008.03.27. 2007도11400	394
대판 2008.03.27. 2008도225	373
대판 2008.05.15. 2007도6793	555
대판 2008.05.15. 2008도1097	196
대판 2008.05.29. 2007도1755	610
대판 2008.05.29. 2008도2343	508
대판 2008.06.12. 2006도8568	23
대판 2008.06.26. 2007도11125	289
대판 2008.06.26. 2008도1584	405
대판 2008.06.26. 2008도3300	39, 332
대판 2008.07.10. 2007도10755	457
대판 2008.07.10. 2007도7760	476
대판 2008.07.10. 2008도1664	237

대판 2008.07.10. 2008도2245	192
대판 2008.07.10. 2008도3747	292
대판 2008.07.24. 2008도2794	84
대판 2008.09.12. 2008모793	58
대판 2008.09.25. 2008도4740	568
대판 2008.09.25. 2008도6985	466
대판 2008.10.09. 2007도1220	285
대판 2008.10.23. 2008도1237	399
대판 2008.10.23. 2008도7362	83
대판 2008.10.23. 2008도7471	409
대판 2008.11.13. 2006도2556	422
대판 2008.11.13. 2008도8007	420
대판 2008.11.20. 2008도5596	76
대판 2008.11.20. 2008도5596(전합)	563, 570
대판 2008.11.27. 2008도2493	101
대판 2008.12.11. 2008도4101	262, 263, 264
대판 2008.12.11. 2008도8922	569
대판 2008.12.24. 2008도9414	483
대판 2009.01.15. 2008도9327	236
대판 2009.02.26. 2008도11813	74
대판 2009.03.12. 2008도11437	38, 410, 413
대판 2009.03.12. 2008도763	161, 175, 182, 392
대판 2009.04.09. 2008도10572	586
대판 2009.04.09. 2008도11213	596
대판 2009.04.09. 2009도377	588
대판 2009.04.23. 2009도526	395
대판 2009.05.14. 2008도10914	393, 415
대판 2009.05.28. 2009도579	608
대판 2009.06.11. 2008도11042	233
대판 2009.06.11. 2008도12111	86
대판 2009.06.23. 2009도1322	112
대판 2009.07.09. 2009도2865	438
대판 2009.07.23. 2008도5930	236
대판 2009.07.23. 2009도3282	103
대판 2009.08.20. 2007도7042	585
대판 2009.08.20. 2008도8213	390
대판 2009.09.10. 2009도6061, 2009전도13	583
대판 2009.10.22. 2009도7436(전합)	245, 246
대판 2009.10.29. 2009도6614	103
대판 2009.11.12. 2009도8949	457
대판 2009.11.12. 2009도9189	308
대판 2009.11.19. 2009도6058(전합)	42
대판 2009.11.26. 2009도6602	432
대판 2009.12.24. 2009도11401	186, 190, 397, 415
대판 2009.12.24. 2009도11575	485
대판 2010.01.14. 2009도9344	317
대판 2010.01.21. 2008도942	334
대판 2010.01.28. 2009도10092	194, 414
대판 2010.02.25. 2009도14263	276
대판 2010.02.25. 2009도14409	431
대판 2010.03.25. 2009도14065	368
대판 2010.06.24. 2008도11226	125
대판 2010.06.24. 2009도9593	275
대판 2010.07.08. 2008도7546	471
대판 2010.07.15. 2007도5776	492, 497
대판 2010.09.09. 2008도3990	405
대판 2010.09.30. 2008도4762	97
대판 2010.10.14. 2009도4894	610

대판 2010.10.14. 2010도5610	375
대판 2010.10.14. 2010도9016	108, 401
대판 2010.10.28. 2008도11999	81
대판 2010.11.11. 2009도224	229
대판 2010.11.11. 2010도10512	292
대판 2010.11.11. 2010도7955	582
대판 2010.11.25. 2010도10985	562, 563
대판 2010.11.25. 2010도8735	454, 465
대판 2010.11.25. 2010도9013	580
대판 2010.12.09. 2008도1092	604
대판 2010.12.16. 2010도5986(전합)	554, 642
대판 2010.12.23. 2010도11272	509
대판 2011.01.27. 2008도7375	248
대판 2011.01.27. 2010도12728	381
대판 2011.01.27. 2010도7947	323
대판 2011.03.10. 2010도15977	492
대판 2011.03.10. 2010도17353	49
대판 2011.03.10. 2010도9317	541
대판 2011.04.14. 2010도13583	29, 348
대판 2011.04.14. 2010도16939	583
대판 2011.04.28. 2009도010412	221
대판 2011.04.28. 2009도10412	220
대판 2011.04.28. 2009도2109	392, 415
대판 2011.04.28. 2010도14487	381, 384
대판 2011.04.28. 2011도17	30, 607
대판 2011.05.13. 2009도10871	397, 407
대판 2011.05.13. 2011도1094	69
대판 2011.05.13. 2011도2233	307
대판 2011.05.26. 2011도1902	396
대판 2011.05.26. 2011도3682	127, 129
대판 2011.06.23. 2008도7562(전합)	524
대판 2011.06.24. 2011도4451	375
대판 2011.06.30. 2009도6717	408
대판 2011.06.30. 2011도1651	282
대판 2011.07.14. 2011도3809	391
대판 2011.07.28. 2009도9122	281
대판 2011.08.25. 2009도9112	100
대판 2011.08.25. 2011도6507	372
대판 2011.09.08. 2011도6325	313
대판 2011.09.08. 2011도7106	361
대판 2011.09.29. 2011도8015	507
대판 2011.10.13. 2009도13846	325
대판 2011.10.27. 2009도1603	643
대판 2011.11.10. 2010도8294	391
대판 2011.11.10. 2011도8125	36, 39, 113
대판 2011.11.24. 2009도7166	273, 286
대판 2011.11.24. 2011도11994	336, 338
대판 2011.12.08. 2010도15628	383
대판 2011.12.22. 2011도12927	20, 130
대판 2012.01.26. 2011도15356	298
대판 2012.02.23. 2010도9524	92, 93, 94
대판 2012.02.23. 2011도17264	102, 525
대판 2012.02.23. 2011도7282	256
대판 2012.03.29. 2011도10508	387
대판 2012.03.29. 2011도15137	265
대판 2012.04.13. 2010도16659	273
대판 2012.04.13. 2011도8529	631
대판 2012.04.26. 2012도986	590
대판 2012.05.17. 2009도6788(전합)	445
대판 2012.05.24. 2012도1284	45

대판 2012.06.14. 2011도12571		518
대판 2012.06.14. 2011도15484		358
대판 2012.06.14. 2011도15653		382
대판 2012.06.14. 2012도534		440
대판 2012.06.28. 2011도16166		602, 658
대판 2012.06.28. 2012도2087		298
대판 2012.07.12. 2012도1474		567
대판 2012.07.26. 2012도2937		375
대판 2012.08.30. 2011도14257		564
대판 2012.09.13. 2012도7461		399
대판 2012.09.27. 2010도17052		73
대판 2012.09.27. 2012도8736		579
대판 2012.10.11. 2012도6848		339
대판 2012.10.11. 2012도7455		180, 402, 404
대판 2012.10.25. 2011도5459		461, 464, 499
대판 2012.10.25. 2012도4644		109
대판 2012.11.15. 2011도15258		189
대판 2012.11.29. 2010도3029		385
대판 2013.01.31. 2012도13896		359
대판 2013.02.15. 2010도3504		421
대판 2013.02.28. 2011도14986		309
대판 2013.03.14. 2010도2094		409, 412
대판 2013.03.14. 2011도7259		604
대판 2013.03.14. 2012도13611		393, 411
대판 2013.03.28. 2010도3359		390, 428
대판 2013.03.28. 2012도13607		106, 410
대판 2013.03.28. 2012재두299		633
대판 2013.03.28. 2013도3		489
대판 2013.04.11. 2011도10626		629
대판 2013.04.11. 2013도1435		193, 446
대판 2013.04.25. 2013도1658		26
대판 2013.06.13. 2012도16001		419, 444
대판 2013.06.13. 2013도4737		544
대판 2013.06.27. 2011도7931		628
대판 2013.06.27. 2013도2510		371
대판 2013.06.27. 2013도2714		69
대판 2013.06.27. 2013도4172		382
대판 2013.07.12. 2013도5165		68
대판 2013.07.26. 2013도2511		320, 343, 487
대판 2013.07.26. 2013도6182		252
대판 2013.07.26. 2013도6182,2013전도123		282
대판 2013.08.14. 2012도13665		436, 440, 441
대판 2013.09.12. 2011도12918		34
대판 2013.09.12. 2012도2349		132
대판 2013.09.26. 2013도7718		181
대판 2013.11.28. 2010도12244		406
대판 2013.12.12. 2012도7198		579
대판 2013.12.12. 2013도6608		581
대판 2013.12.26. 2013전도165		451
대판 2014.01.16. 2013도10316		29
대판 2014.01.16. 2013도11649		542, 543
대판 2014.01.16. 2013도7101		179
대판 2014.02.27. 2011도13999		87
대판 2014.02.27. 2013도12155		418
대판 2014.03.27. 2013도9666		575
대판 2014.03.27. 2014도342		562
대판 2014.04.24. 2012도14253		534
대판 2014.04.24. 2013도9162		263
대판 2014.04.24. 2014도1414		328

대판 2014.04.30. 2012도725	446
대판 2014.05.16. 2012도12867	255, 256
대판 2014.05.30. 2014모739	639
대판 2014.06.12. 2014도3163	372
대판 2014.07.10. 2012도5041	485
대판 2014.08.26. 2011도6035	394
대판 2014.11.13. 2013도1228	168, 414
대판 2014.11.13. 2014도8377	367
대판 2014.12.11. 2014도7976	88
대판 2015.01.22. 2014도10978	176
대판 2015.01.29. 2012도2957	246
대판 2015.02.12. 2012도4842	260, 261
대판 2015.02.16. 2014도14843	296
대판 2015.02.26. 2014도12737	611
대판 2015.04.09. 2015도1466	595
대판 2015.04.23. 2013도3790	455
대판 2015.04.23. 2014도13148	290
대판 2015.04.23. 2015도2275	422
대판 2015.05.14. 2012도11431	76
대판 2015.05.21. 2011도1932(전합)	533, 628
대판 2015.05.28. 2013도10958	523
대판 2015.05.28. 2014도18006	341, 343
대판 2015.05.28. 2014오3	649
대판 2015.05.28. 2015도1362	260
대판 2015.06.24. 2015도5916	263
대판 2015.06.25. 2014도17252(전합)	637
대판 2015.07.09. 2014도16051	105
대판 2015.07.16. 2013모2347(전합)	227
대판 2015.07.16. 2015도2625(전합)	461
대판 2015.07.23. 2015도3260(전합)	589
대판 2015.08.20. 2013도11650(전합)	377, 378, 379
대판 2015.09.10. 2012도14755	216
대판 2015.09.10. 2015도2229	525
대판 2015.09.10. 2015도7081	256
대판 2015.09.10. 2015도7821	559
대판 2015.10.15. 2015도1803	21
대판 2015.10.29. 2014도5939	81, 413
대판 2015.11.17. 2013도7987	233
대판 2015.12.10. 2015도11696	271
대판 2015.12.23. 2015도9951	46, 47
대판 2016.01.14. 2013도8118	306
대판 2016.02.18. 2015도11428	381
대판 2016.02.18. 2015도13726	195
대판 2016.03.10. 2013도11233	201
대판 2016.03.24. 2016도1131	573
대판 2016.04.29. 2016도2210	602
대판 2016.09.28. 2014도9903	486
대판 2016.10.13. 2015도17869	609
대판 2016.10.13. 2016도5814	122
대판 2016.10.13. 2016도8137	401, 446
대판 2016.11.10. 2016도7622	48
대판 2016.11.25. 2016도15018	378
대판 2016.11.25. 2016도9470	97
대판 2016.12.29. 2016도11138	297
대판 2017.02.15. 2016도19027	232
대판 2017.03.09. 2013도16162	55, 56, 57
대판 2017.03.15. 2013도2168	135
대판 2017.03.16. 2016도21075	284
대판 2017.04.27. 2017도2583	255

대판 2017.04.28. 2016도21342	295, 296, 542
대판 2017.05.30. 2016도9027	369
대판 2017.05.30. 2017도4578	283
대판 2017.07.11. 2016도14820	254
대판 2017.07.11. 2017도7287	655
대판 2017.07.18. 2015도12981	472
대판 2017.09.07. 2015도10648	176
대판 2017.09.12. 2017도10309	190
대판 2017.09.21. 2015도12400	176
대판 2017.10.12. 2017도10368	247
대판 2017.11.14. 2017도3449	182
대판 2017.11.29. 2017도9747	183
대판 2017.12.05. 2017도12671	462
대판 2017.12.05. 2017도1345	161
대판 2017.12.05. 2017도13458	157, 159, 166, 209
대판 2018.02.08. 2017도13263	174, 486
대판 2018.02.28. 2015도15782	574, 645
대판 2018.03.29. 2016도18553	565
대판 2018.03.29. 2018도327	390
대판 2018.07.12. 2018도5909	283
대판 2018.07.12. 2018도6219	169, 170, 173
대판 2018.07.24. 2018도3443	280
대판 2018.10.12. 2018도6252	160
대판 2018.10.25. 2018도9810	303
대판 2019.02.28. 2018도13382	643, 644
대판 2019.02.28. 2018도19034	141
대판 2019.03.21. 2017도16593-1(전합)	607
대판 2019.05.10. 2018도3768	528
대판 2019.06.20. 2018도20698(전합)	532, 537, 644
대판 2019.07.11. 2018도20504	408
대판 2019.07.24. 2018도17748	603
대판 2019.08.29. 2018도13792(전합)	418
대판 2019.08.29. 2018도14303(전합)	423
대판 2019.11.14. 2019도13290	194, 448, 449
대판 2019.11.21. 2018도13945(전합)	443, 444
대판 2019.11.28. 2013도6825	435
대판 2020.06.11. 2016도9367	429, 544
대판 2020.06.11. 2020도4231	572
대판 2020.06.25. 2019도17995	565
대판 2020.10.22. 2020도4140(전합)	577
대판 2020.11.19. 2020도5813(전합)	542
대판 2020.11.26. 2020도10729	58
대판 2020.3.26. 2020도355	572
대판 2021.02.18. 2016도18761(전합)	282
대판 2021.04.01. 2020도15194	661
대판 2021.06.16. 2020도15891	218

MEMO